2021 최신판

관세평가법

박영기 저

SAMIL | 삼일인포마인

www.samil*i*.com 사이트 **제품몰** 코너에서 본 도서 **수정사항**을 클릭하시면
정오표 및 중요한 수정 사항이 있을 경우 그 내용을 확인하실 수 있습니다.

머리말

「관세평가법」은 관세평가, 즉 관세 과세가격 결정의 방법과 절차 등에 관한 해설서이다. 관세평가는 품목분류, 관세형사와 함께 관세법에서 가장 이슈가 많은 분야이고, 또한 상당히 복잡하고 전문적인 분야이다. 이 책은 저자가 과거 4년간 서울시립대학교 세무학과에서 관세법을 강의하면서 틈틈이 준비했던 강의안을 기초로 하여 저자가 세관사건 전문변호사로 활동하면서 작성했던 많은 의견서와 소송 자료, 판례, 논문 등을 참고하여 지난 8개월간의 집필작업을 거쳐 탄생하게 되었다. 당초 「관세평가법」을 출간하려는 계획을 갖고 있지 않았으나, 서울시립대학교 세무학과 정지선 교수님의 여러 차례에 걸친 권유가 있었고, 또한 관세평가에 관한 최신 참고서가 부족하다는 주위의 의견들도 있어서 책으로 출간하게 되었다.

「관세평가법」 출간의 주된 目的은 일반인들에게 관세평가에 관한 기본이론, 판례, 과세관청의 예규 등을 정확하고 이해하기 쉽게 전달하여 과세현장이나 불복단계에서 자신의 기본권을 적극 방어하도록 하고, 아울러 과세관청에게는 정확하고 신중한 과세를 유도하는데 있다고 할 수 있다.

이 책의 특징은 다음과 같다.

첫째, 「관세평가법」의 해석에 있어 가장 중요한 규준인 WTO관세평가협정과 WCO관세평가기술위원회의 기술문서를 이 책에 거의 모두 반영하고 해설하였다. WTO관세평가협정과 WCO관세평가기술위원회의 기술문서는 실제 과세현장이나 불복단계에서 「관세평가법」의 해석에 있어 매우 중요한 기준으로 작용하고 있어 이에 대한 정확하고 깊이 있는 이해가 필수적이기 때문이다.

둘째, 관세평가에 관한 이론을 빠짐없이 정리하였고, 관세평가에 관한 판례를 가급적 많이 소개하였다. 대법원판례뿐만 아니라 확정된 하급심 판례도 소개하였는데, 그 이유는 관세평가에 관한 대법원 판례가 많이 부족하고 확정된 하급심 판례들 중에 중요한 관세평가 이슈를 다룬 판례들이 많기 때문이다. 판례 요지뿐만 아니라 판결이유도 일부 함께 실어서 독자들이 판례를 이해하는데 도움이 되도록 배려하였다. 아울러, 조세심판례도 인용결정 위주로 소개하여 불복단계에서 문제되고 있는 다양한 이슈들을 접할 수 있도록 하였다.

셋째, 기획재정부, 관세청 등의 예규나 유권해석례를 소개하여 과세관청의 과세시각이나 과세경향도 파악할 수 있도록 하였다. 아울러, 필요한 부분에 있어서는 미국 및 일본 관세청 예규도 소개하였는데, 미국예규는 관세평가분류원이 발간한 미국평가대사전(2013)과 미국관세청 예규검색시스템 CROSS[Customs Ruling Online Search System; https://rulings.cbp.gov/]를 참고하였고, 일본예규는 관세평가분류원이 발간한 일본관세평가해설(2017)을 참고하였다.

넷째, 사례연습을 별도의 장(제5장)으로 만들어서 앞에서 배운 이론을 실제 사례에서 적용해 볼 수 있도록 하였다. 사례연습은 대부분 판례를 기초로 만든 것이고, 일부는 WCO관세평가기술위원회의 기술문서에 있는 것들이다. 본문을 읽으면서 해당 부분의 사례연습을 찾아 함께 공부하면 더 효과적일 것이다. 본문의 판례에 해당 사례연습 번호를 부기해두었다.

다섯째, 제4장 제2절 제2항에서는 '관세형사제재'를 간략히 소개하였는데, 이는 기업심사 과정에서 종종 조사의뢰로 발전되는 경우가 있어서 세관직원이나 일반인들도 관세형사법에 대한 기본적 이해가 필요하다고 생각했기 때문이다.

저자가 오랜기간 세관사건을 전담하여 처리해 오면서 쌓은 지식과 경험, 그리고 대학에서 관세법을 가르치면서 얻은 경험 등을 이 책에 최대한 반영하고자 많은 노력을 기울였다. 앞으로 이 책이 관세평가법에 관한 필독서가 될 수 있도록 계속 보완, 발전시켜 나갈 것을 약속드린다.

이 책을 출간하기까지에는 많은 분들의 도움이 있었다. 먼저, 이 책의 출간을 여러 차례에 걸쳐 적극 권유해주신 서울시립대학교 정지선 교수님에게 감사드린다. 이 책의 초안, 수정본, 최종본을 세밀하게 검토하고 수정하거나 보완할 부분을 지적해주고, 여러 주제에 대해 세관실무와 과세관청의 시각을 친절히 설명해 준 서울본부세관 양현 사무관님에게 깊이 감사드린다. 그리고 이 책을 검토하고 여러 가지 주제에 대해 개선할 부분을 지적해 준 세관사건 전문변호사인 조재웅, 태정욱 변호사님, 자료 수집과 교정을 맡아준 법무법인 광장 관세팀의 변문태, 김기락, 김창희, 공도윤 전문위원님, 초안을 검토해준 광양세관 최승화계장님, 강동윤, 오선관세사님, 바쁜 일정에도 불구하고 이 책의 출간에 많은 도움을 주신 삼일인포마인의 이희태 대표이사님, 조원오 전무님께 깊이 감사드린다. 마지막으로 이 책의 집필기간 동안 저자를 항상 격려해주고 많은 시간을 양보해준 사랑하는 아내 경림과 아들 성근에게도 고마움을 전한다.

2021년 7월

저 자

약어표

[1] 법령

관세법 → 법

관세법시행령 → 영

관세법시행규칙 → 규칙

[2] WTO관세평가협정, WCO관세평가기술위원회 기술문서

WTO관세평가협정 → 평가협정

WTO관세평가위원회 결정 → 평가협정 결정

WCO관세평가기술위원회 권고의견 → 평가협정 권고의견

WCO관세평가기술위원회 예해 → 평가협정 예해

WCO관세평가기술위원회 해설 → 평가협정 해설

WCO관세평가기술위원회 사례연구 → 평가협정 사례연구

WCO관세평가기술위원회 연구 → 평가협정 연구

[3] 판례

헌법재판소 1998. 2. 5. 96헌바96 결정 → 헌결 96헌바96

대법원 1998. 8. 21. 선고 97두13115 판결 → 대판 97두13115

서울고법 1997. 7. 15. 선고 96누5911 판결 → 서울고판 96누5911

부산지방법원 2014. 2. 20. 선고 2012구합5818 판결 → 부산지판 2012구합5818

[4] 조세심판례(심판례)

조심 2016관0180, 2017. 11. 15. → 조심 2016관0180

[5] 예규

기획재정부 유권해석 등 → 유권해석

대한민국 관세청 예규, 유권해석 등 → 관세청예규 또는 예규

관세평가협의회 결정 → 평가협의회 또는 협의회

미국관세청 예규, 유권해석 등 → 미국예규

일본관세청 예규, 유권해석 등 → 일본예규

차 례

제1장 관세평가 개관

CONTENTS

차 례

차 례

차 례

차 례

차 례

차 례

차 례

제5장 사례연습

부 록

제1장

관세평가 개관

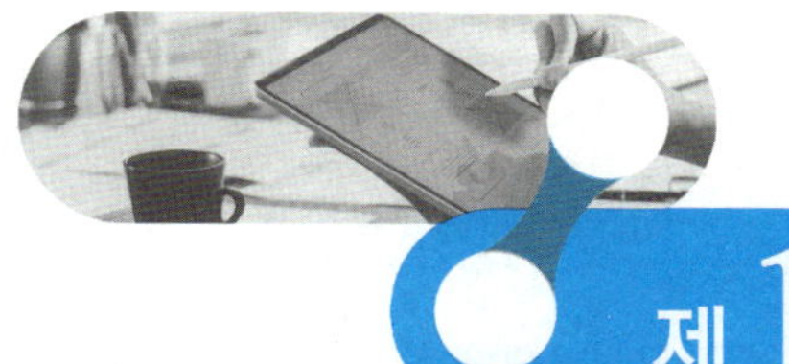

제 1 절

관세평가의 의의 및 연혁

제 1 항 관세평가의 의의

I 과세요건과 과세가격

과세요건은 조세를 부과하기 위한 요건으로서 납세의무의 성립요건을 의미한다. 관세도 조세의 일종이므로 관세를 부과함에 있어 과세요건을 갖추어야 하는데, 관세의 과세요건은 과세물건(과세대상), 납세의무자, 과세표준, 관세율이다. 과세요건이 충족되면 관세를 부과할 수 있는데, 관세는 해당 관세를 부과할 수 있는 날부터 5年, 다만 부정한 방법으로 관세를 포탈하였거나 환급 또는 감면받은 경우에는 관세를 부과할 수 있는 날부터 10年이 지나면 부과할 수 없다(법 제21조 제1항).[1]

1. 과세가격

(1) 의의

과세표준이란 세액산출의 기초가 되는 것으로서 금액의 형태로 표시된 과세대상의 수량 또는 가액을 말한다. 관세의 과세표준은 수입물품의 가격 또는 수량으로 한다(법 제15조). 특히, 금액으로 표시된 과세대상의 가액을 과세가격이라 한다. 수입물품의 가격이 과세표준이면 '종가세'라 하고, 수입물품의 수량이 과세표준이면 '종량세'라 한다. 관세법은 극히 일부 물품(품목번호 제3706호의 영화용 필름 등)을 제외하고는 과세가격을 수입물품의 과세표준으로 규정하고 있다.

---

1) 이를 관세부과의 제척기간이라 한다. 관세부과의 제척기간을 산정할 때 (원칙적으로) 수입신고한 날의 다음날을 관세를 부과할 수 있는 날로 한다(영 제6조 제1항).

(2) 결제통화와 과세환율

1) 결제통화

송품장에 표시된 외국통화로 수입물품의 대금을 지급하는 경우에는 과세가격을 결정하기 위하여 외국통화로 표시된 가격을 국내통화로 환산할 필요가 있다. 다만, 송품장에 기재된 통화와 실제로 결제되는 통화가 상이한 것이 관계자료 등에 의하여 확인된 경우에는 "실제로 결제되는 통화"를 기초로 하여 과세가격을 결정한다(관세평가 운영에 관한 고시 제2조). 그러나 가격의 결제가 수입국 통화로 행해지는 경우에는 통화환산이 필요하지 않을 것이다(WTO관세평가협정 권고의견 20.1).

[예시] 송품장과 실제지급한 통화가 상이할 경우 실제 지급한 통화를 기준으로 과세가격을 계산한다(평가협정 권고의견 20.1). ① 송품장가격이 ￥으로 표시되고 구매자가 판매자에게 US$로 지급했다면, US$를 국내통화로 환산하여 과세가격을 결정한다. ② 송품장가격이 US$로 표시되고, 구매자가 판매자에게 US$로 지급했다면 US$를 국내통화로 환산하여 과세가격을 결정한다. ③ 송품장가격이 US$로 표시되고, 구매자가 판매자에게 국내통화로 지급했다면 국내통화로 과세가격을 계산하면 된다. ④ 내국인이 보세판매장 판매물품 구매시 신용카드를 이용하여 '원화'로 결제한 물품을 수입통관할 경우 적용할 과세통화는 실제 결제한 통화를 적용하는 것이 원칙이므로, 보세판매장에서 실제 지불한 통화(원화)를 적용하는 것이 타당하다(관세평가과-974). ⑤ 원화표시 금액으로 수입되어 이 금액을 송금일 현재의 환율에 따라 환전하여 외화로 송금하는 경우에는 과세가격의 결정을 위한 통화 환전이 불필요하고, 따라서 동 원화표시 금액을 기초로 하여 관세의 과세가격이 결정되는 것이다(평가분류-47221-65).

2) 과세환율

수입물품의 과세가격을 결정하는 경우 외국통화로 표시된 가격을 내국통화로 환산할 때에는 관세법 제17조에 따른 날(보세건설장에 반입된 물품의 경우에는 수입신고를 한 날을 말한다)이 속하는 주의 전주의 외1국환매도율을 평균하여 관세청장이 그 율을 정한다(법 제18조).

[WTO관세평가협정 제9조] 과세가격을 결정하기 위하여 통화환산이 필요한 경우, 사용될 환율은 관련 수입국의 권한 있는 당국에 의하여 정당한 절차에 따라 공표되어야 하며, 각 공표문서가 대상으로 하고 있는 기간과 관련하여, 상거래에 사용된 통화의 현재가치를 가능한 한 효과적으로 수입국의 통화로 반영하여야 한다. 사용될 환율은 각 회원국에서 규정하는 바에 따라, 수출 또는 수입시점(수입신고시점이 포함될 수 있다)에 유효한 환율이 되어야 한다.

관세청장은 외국환업무취급기관이 관세법 제17조에 따른 날이 속하는 주의 전주(前週) 월요일부터 금요일까지 매일 최초 고시하는 대고객(對顧客) 전신환매도율을 평균하여 과세환율을 결정한다. 다만, 대고객 전신환매도율을 고시하는 외국환업무취급기관이 하나도 없는 경우에는 대고객 현찰매도율을 평균하여 과세환율을 결정한다(규칙 제1조의2 제1항). 이와 같이 결정된 과세환율의 적용기간은 일요일 00시부터 토요일 24시까지로 하며, 관세청 전자통관시스템(UNI－PASS)을 통하여 알린다(관세평가 운영에 관한 고시 제3조 제2항).

그러나 관세법상 밀수입죄(법 제269조 제2항)가 성립한 경우, 밀수입죄의 범칙금액은 (관세청장이 고시한 환율이 아니라) 범죄행위시인 수입시(국내 반입시)의 환율로 산정하여야 한다.

2. 과세물건, 납세의무자, 관세율

(1) 과세물건(과세대상)

1) 과세물건의 의의

과세물건이란 과세의 대상이 되는 물건, 행위 또는 사실을 말한다. 관세법 제14조는 "수입물품에는 관세를 부과한다"고 규정하고 있으므로, 관세의 과세물건은 '수입물품'이다. 과세물건은 수입신고서에 품명, 모델 · 규격, 품목번호 등에 의하여 특정되고, 수입물품 중 어느 물품이 과세대상이 되는지에 대해서는 관세법 별표인 「관세율표」에 규정되어 있다.

輸入물품에 대해서만 관세가 부과되고 수출물품, 반송물품, 통과화물 등에는 관세가 부과되지 아니한다.[2] 다만, 수입물품이라 하더라도 관세율표에 게기되어 있지 않거나 관세율이 0%인 물품(예: 품목번호 제4901호의 인쇄서적 · 소책자 · 리플릿과 이와 유사한 인쇄물)은 관세가 부과되지 않는데, 이를 '무세품'이라 한다. 무세품은 관세면제물품과 다른 개념인데, 즉 무세품은 관세의 납세의무 자체가 성립하지 않는 것인데 반하여, 관세면제물품은 납세의무는 성립 · 확정되지만 법령(관세법, 다른 법령) 또는 조약상 면제사유가 있어 성립 · 확정된 납세의무를 면제해주는 것이다.

관세는 有體物에 대해서만 부과되고, 무체물에는 관세가 부과되지 아니한다. 다만, 무체물 중 전기 · 가스 등 관리할 수 있는 무체물은 과세물건에 포함된다.[3] 관세법 별표인 관세율표에서도 전기, 가스 등을 과세물건으로 규정하고 있다. 한편, 관세법 제30조 제1항에서는 특허권, 상표권 등의 사용료(권리사용료)를 과세가격에 가산하도록 규정하고 있는데, 이 경우도 권리사용료가

2) 부가가치세의 경우에도 수입물품에만 부과하고, 수출물품에 대해서는 (부가가치세를 부과하지 않고) 영세율을 적용한다.

3) 민법 제98조(물건의 정의) 본법에서 物件이라 함은 유체물 및 전기 기타 관리할 수 있는 자연력을 말한다.

수입물품과 관련되고 거래조건으로 지급된 경우에만 과세를 하도록 규정하여 물품(유체물)에 대한 과세원칙을 유지하고 있다. 또한 소프트웨어를 수록한 전달매체(CD-ROM 등)의 과세가격은 전달매체 자체의 가격뿐만 아니라 소프트웨어 가치도 포함하여 결정함이 원칙이다(대판 98두152).[4)]

2) 과세물건의 확정시기

관세는 원칙적으로 수입신고(입항전수입신고 포함)를 하는 때의 물품의 성질(性質)과 그 수량(數量)에 의하여 부과한다(법 제16조 본문). 수입신고를 통해 정상적으로 수입되는 물품의 과세물건 확정시기는 "수입신고시"가 된다.

(2) 납세의무자

1) 관세의 납세의무자는 관세를 납부할 의무를 부담하는 자를 말한다. 수입신고를 한 물품에 대하여는 "그 물품을 수입신고하는 때의 화주"가 관세의 납세의무자가 된다(법 제19조 제1항 제1호 본문). "그 물품을 수입신고하는 때의 화주"란 물품을 수입한 실제 소유자를 의미한다(대판 2002두8442). 다만, 화주가 불분명한 때에는 ① 수입을 위탁받아 수입업체가 대행수입한 물품인 경우에는 그 물품의 수입을 위탁한 자, ② 수입을 위탁받아 수입업체가 대행수입한 물품이 아닌 경우에는 상업서류(송품장, 선하증권 또는 항공화물운송장)에 기재된 수하인, ③ 수입물품을 수입신고 前에 양도한 경우에는 그 양수인을 관세의 납세의무자로 한다(법 제19조 제1항 제1호 각목). 관세의 납세의무자는 관세포탈죄(법 제270조 제1항)의 주체가 된다.

2) 수입화주(수입물품의 실제 소유자) 판단 기준

관세법 제19조 제1항 제1호의 관세의 납세의무자인 물품을 수입한 실제 소유자인지 여부는 구체적으로 ① 수출자와의 교섭, 신용장의 개설, 대금의 결제 등 수입절차의 관여 방법, ② 수입화물의 국내에서의 처분·판매의 방법의 실태, ③ 당해 수입으로 인한 이익의 귀속관계 등의 사정을 종합하여 판단하여야 한다. 이와 같이 해석하는 것이 관세법에도 적용되는 실질과세 원칙에 부합한다(대판 2002두8442).

---

4) 인터넷이나 모뎀 등을 이용한 전송방식으로 국내로 소프트웨어 프로그램을 공급(전송)받는 경우는 원칙적으로 과세대상인 수입물품에 해당하지 않는다(관세청, 평일 47221-399). 그러나 소프트웨어가 물품에 체화되어 물품가격의 일부를 구성할 때에는 그 물품과 함께 과세물건으로 된다. 또한 영상물을 수록한 디스크는 그 자체로 과세물건으로 확정되는 것이고, 무체물인 영상물을 디스크로부터 분리하여 디스크만 과세물건으로 확정하는 것은 아니다.

[판례] 甲농산은 중국수출업체로부터 유기농 콩(이 사건 수입물품)을 수입하여 원고회사에 공급하고, 원고회사는 공급받은 유기농 콩으로 유기농 두부와 콩나물을 생산하여 국내에 판매한다. 비록 원고회사가 유기농 인증이나 생산물 이력추적을 위하여 이 사건 수입물품의 재배지를 선정하고 생산과정을 수시로 확인하였으며, 수입 前 검수절차를 통하여 최종 합격품을 선정하거나 때로는 수입물량과 가격에 관하여 부분적으로 중국 수출업체와 협상한 적이 있다고 하더라도, 이 사건 수입물품에 관한 중국 수출업체와의 교섭, 신용장 개설 및 대금결제 등은 모두 수입자인 甲농산이 수행한 점, 원고회사와 甲농산 사이의 '수입물품 구매계약'상으로 이 사건 수입물품의 국내 지정장소에 입고될 때까지 甲농산이 관리책임을 부담하도록 되어 있고 실제로도 원고회사에 납품되기 前에 발생한 하자에 대하여 원고회사가 甲농산에 책임을 추궁하기도 하였으므로 이 사건 수입물품이 수입되기 前 단계의 법률상 소유자는 甲농산인 점, 원고회사는 甲농산과 이 사건 수입물품의 구매가격을 절충하였고 甲농산이 중국 수출업체로부터 공급받은 물량과 원고에게 납품하는 물량이 반드시 일치하였던 것으로는 보이지 않는 점, 이 사건 수입물품의 판매로 인한 이득이 甲농산에 귀속된 점 등을 종합하여 보면, 원고회사를 관세법 제19조 제1항 제1호 본문에서 정한 관세의 납세의무자인 '이 사건 수입물품의 화주'로 볼 수는 없다고 할 것이다(대판 2014두8636: **사례연습 1**).

3) 구매대행의 경우

구매대행의 경우에는 원칙적으로 "국내 소비자"가 물품을 수입한 실제 소유자이다(대판 2014두2270). 다만, 자가사용물품을 수입하려는 화주의 요청에 따라 사이버몰(컴퓨터 등과 정보통신설비를 이용하여 재화 등을 거래할 수 있도록 설정된 가상의 영업장을 말한다) 등으로부터 해당 수입물품의 구매를 대행하는 것을 업(業)으로 하는 자(구매대행업자)가 다음의 모두에 해당하는 경우, 구매대행업자와 수입신고하는 때의 화주가 연대하여 관세, 가산세 등을 납부할 의무를 진다(법 제19조 제5항 제1호 다목).

① 화주로부터 해당 물품에 대하여 납부할 관세 등에 상당하는 금액을 수령하였을 것

② 수입신고인 등에게 과세가격 등의 정보를 거짓으로 제공하였을 것

(3) 관세율

1) 관세율은 관세액을 산출하기 위하여 과세표준에 대하여 적용되는 비율을 말한다. 과세표준이 금액 내지 가액에 의하여 정하여지는 경우에는 관세율은 보통 백분비율에 의하여 정하여지고, 과세표준이 수량에 의하여 정하여지는 경우에는 세율은 과세표준의 단위당 일정한 금액으로 정하여진다. 관세법상 관세율에는 기본세율, 잠정세율, 덤핑방지관세, 상계관세, 할당관세, 조정관세, 국제협력관세 등 여러 가지 종류가 있다.

2) 주의할 점은 양허관세, 할당관세를 적용받기 위해서는 추천기관(또는 그 위임을 받은 자)의

추천서를 수입신고수리前까지 세관장에게 제출하여야 한다. 다만, 해당 물품이 보세구역에서 반출되지 않은 경우에는 수입신고 수리일부터 15日이 되는 날까지 제출할 수 있다(영 제92조 제4항, 영 제94조). 따라서 할당관세 또는 양허관세의 추천서를 수입신고수리前까지(보세구역에서 반출하지 않은 경우에는 수입신고 수리일로부터 15日이 되는 날까지) 세관장에게 제출하지 아니하면 할당관세(양허관세)를 적용받을 수 없게 된다(대판 2016두34417, 85누614, 86도221, 2001두4832, 99다65035).

Ⅱ 과세가격 결정의 의의

신고납세방식에서 납세자가 납세신고를 하거나 부과과세방식에서 부과고지를 할 때 납부하거나 징수할 관세는 과세표준에 관세율을 곱하여 산출되는데, 종가세의 경우 과세표준은 과세가격이 된다(관세 = 과세가격 × 관세율). 즉, 수입물품의 관세의 과세가격(customs value, dutiable value)은 수입물품에 종가세를 부과하기 위한 물품가격을 말한다(WTO관세평가협정 제15조 제1항). 이와 같이 납부하거나 징수할 관세를 산정하기 위한 전제로서 과세가격을 결정(산정)하는 것이 필요한데, 이러한 작업이나 절차를 "과세가격결정" 또는 "관세평가"(customs valuation)라 한다. 어떤 물건의 가격은 그것의 취득에 의해 반영되어 나타나는데, 과세가격이라는 용어 역시 재화가 한 국가에서 다른 국가로 물리적 이동을 하면서 수입자(구매자)가 수입국의 세관당국에게 과세가격 신고를 함으로써 그 가치를 반영하게 된다. 수입물품의 과세가격은 관세의 종류와 관계없이 독립적으로 결정된다.

무세물품(관세감면물품 포함)이나 종량세물품의 경우에도 과세가격을 산정해야 하는 경우에는 관세법 제30조 내지 제35조, WTO관세평가협정에 규정된 과세가격 결정방법에 따라 과세가격을 결정한다.

관세평가는 관세행정에 있어서 매우 중요한 업무 분야이고, 또한 상당히 복잡하고 전문적인 분야라고 할 수 있다.

제2항 관세평가의 연혁과 WTO관세평가협정

Ⅰ 관세평가의 연혁

관세평가에 관한 통일적인 국제규범을 제정하기 위한 노력은 아래와 같이 전개되었고, 그 결과 WTO관세평가협정이 WTO회원국들에게 채택되어 현재 관세평가에 관한 통일적인 국제규범으로서 역할을 하고 있다.

1. 1947년도 관세와 무역에 관한 일반협정(GATT) 제7조

(1) 관세평가에 관한 통일적인 국제규범을 창설하기 위한 노력은 1947. 12. 23. 제네바회의의 결과로 체결된 "관세와 무역에 관한 일반협정"(GATT, General Agreement on Tariffs and Trade)으로부터 본격적으로 시작되었는데, 관세평가에 관한 내용은 동협정 제7조에서 규정하였다. 우리나라는 1967년 4월 GATT에 가입하였다.

(2) 1947년도 GATT 제7조(관세목적의 평가)에서는 "수입물품의 관세목적의 가격은 관세가 부과되는 해당 수입물품 또는 동종물품의 실제가격(actual value)에 기초하여야 하며, 국내산인 물품의 가격이나 자의적 또는 가공적인 가격에 기초하여서는 아니된다. 실제가격은 수입국의 법률에서 정한 시간과 장소에서 해당 수입물품 또는 동종물품이 완전경쟁 조건하의 통상적인 거래과정(the ordinary course of trade under fully competitive conditions)에서 판매되거나 판매를 위하여 제의된 때의 가격이다. **실제가격을 확인할 수 없는 경우 관세목적의 가격은 확인 가능한 한 실제가격에 가장 가까운 상당치에 기초하여야 한다**"고 규정하였다.

그리고 부속서Ⅰ에서는 『실제가격은 실제가격의 본연의 구성요소인 정당한 비용으로서 송장가격(Invoice Price)에 포함되지 아니한 부담액을 더하고 또한 통상적인 경쟁가격으로부터의 비정상적인 할인액 또는 그 밖의 경감액도 더한 송장가격으로 표시할 수 있다고 추정하는 것은 제7조에 합치된다. 체약국이 "통상적인 거래과정에서 .... 완전경쟁 조건 하의"라는 문구를 구매자와 판매자가 서로 독립적이지 아니하며 가격이 유일한 대가(consideration)가 아닌 거래를 배제하는 것으로 해석하는 것은 제7조 제2항에 합치된다. '완전 경쟁 조건'이라는 기준은 체약국이 독점대리인에게 한정되는 특별할인이 포함된 가격을 대가에서 제외하는 것을 허용한다』[5)]고 규정하였다.

(3) 1947년도 GATT 제7조는 관세평가에 관한 일반원칙을 천명하였다는 점에서 의의가 있으나, 평가원칙이 너무 일반적이고 과세가격 결정에 관한 구체적·세부적인 규정을 두고 있지 아니하여 관세평가방법의 의미 있는 통일성을 창출하지 못하였으며, 복수국간무역협정으로 인해 협정에 가입한 GATT의 일부 체약국에만 적용된다는 점에서 그 실효성에 限界가 있었다

2. 브뤼셀관세평가협정

(1) 1947년도 GATT 제7조 제정 以後 1950. 12. 15. 벨기에 브뤼셀에서 관세협력이사회설립협약, 품목분류협약, 관세평가협약을 기초로 관세협력이사회(CCC, Customs Cooperation Council)가 설립되었다. CCC는 GATT 제7조를 구체화하기 위하여 유럽관세동맹연구단[6]이 제정한 관세평가협약을 포함하여 "관세목적을 위한 물품평가에 관한 협정"(The Convention on the Valuation of Goods for Customs Purpose; 브뤼셀관세평가협정)을 탄생시켰고, 동협정은 1953. 7. 27.에 발효되었다.[7]

(2) 「브뤼셀관세평가협정」은 '관념적 가격'을 과세가격의 개념으로 채택하였다. 즉, 수입하는 종가세물품의 과세가격은 '정상가격'(normal price)에 의하는데, '정상가격'이란 관세가 부과되는 때에 공개시장에서 상호독립한 판매자와 구매자간의 거래가격을 의미한다(동협정 부속서 제1조). 이러한 브뤼셀관세평가협정상 가격 정의를 BDV정의(Brussels Definition of Value)라 부르는데, BDV는 "동일한 상거래 상황(시간, 수량, 장소, 목적지, 상거래 단계)에 주어진 품목은 관세목적상 단일한 정확한 가격 또는 가격범위를 가져야 한다"라는 사고에 기초하고 있다.[8] 이에 반하여 아래 설명하는 「관세와 무역에 관한 일반협정 제7조의 이행에 관한 협정」은 실증적인 가격(실제 가격)의 개념을 채택하였다. 관념적 가격의 개념하에서는 1개의 과세가격만 존재하게 되지만[9] 실증적 가격의 개념하에서는 2개 이상의

5) 즉, 거래당사자가 서로 독립적이지 아니하면서 가격이 유일한 대가가 아닌 거래 또는 독점대리인에게 한정된 특별할인이 반영된 구매가격은 "완전경쟁조건 하에서 물품이 판매되거나 판매를 위하여 제의된 가격"으로 인정되지 않는다는 의미이다.

6) European Customs Union Study Group.

7) 브뤼셀관세평가협정에 대한 자세한 내용은 [채형복, EU관세법상 관세평가제도에 대한 고찰, 법조, 2003]을 참고할 것.

8) 따라서 동일한 수량의 동일한 칫솔이 동일한 날짜에 홍콩의 한 제조자가 뉴욕으로 각기 다른 가격으로 3개의 선적분을 선적했을 경우, BDV정의에 의해 하나의 확실한 사항은 이들 모두가 동일한 가격으로 평가될 것이라는 점이었다. BDV는 수량, 거래단계, 목적지 그리고 여타 요인들의 차이에 따른 가격의 차이를 인정했으나, 이론적으로 여전히 이상적인 가격을 추구했으며 실제로도 각종의 가정된 상황을 반영하기 위해 실제 발생한 비용을 조정하는 경우가 허다했다. GATT관세평가협정은 이러한 BDV사고를 배척한다(Saul L. Sherman & Hinrich Glashoff, GATT 관세평가규정 해설집, 1991. 9. 대한상공회의소, 181~182쪽).

9) 따라서 브뤼셀관세평가협정 하에서는 이론적으로는 정상가격이라는 1개의 과세가격만 상정될 수 있었다.

가격이 존재할 수 있게 된다.

또한 관세의 과세가격은 물품이 수입되는 시점에서 수입자(구매자)에게 인도하는 조건의 가격이라고 하여, CIF주의를 채택하였다.

(3) 브뤼셀관세평가협정은 「관세와 무역에 관한 일반협정(GATT) 제7조의 이행에 관한 협정」이 등장하기 前까지 유럽국가들뿐만 아니라 일본, 호주 등 100여개 이상의 국가들이 관세평가에 관한 국제규범으로 수용하여 운영했던 관세평가협정이었다. 그런데, 브뤼셀관세평가협정은 CIF주의를 채택하고 있어서 FOB주의를 채택하고 있는 미국, 캐나다 등이 이 협정에 가입을 하지 않았고 적용국가들 사이에서도 협정의 적용과 해석에 있어 상당한 재량이 있어 관세평가에 관한 국제규범으로 발전하는데 한계를 가지고 있었다.[10)] 이에 미국, 캐나다 등 세계무역 강국들이 지속적으로 새로운 관세평가에 관한 국제규범의 제정을 주창하여 1973년부터 1979년 사이에 도쿄라운드로 알려진 GATT 다자무역회담이 개최되었고, 그 결과로 1979년에 「관세와 무역에 관한 일반협정(GATT) 제7조의 이행에 관한 협정」이 채택되었다.

3. 관세와 무역에 관한 일반협정(GATT) 제7조의 이행에 관한 협정 (GATT관세평가협정)

1979년에 도쿄라운드의 결과로 「관세와 무역에 관한 일반협정 제7조의 이행에 관한 협정」이 채택되었는데, 이 관세평가협정은 25개 국가가 체결하여 1981. 1. 1.에 발효되었다. 이를 「GATT관세평가협정」이라 하는데, 우리나라는 1981. 1. 6. 이 협정에 가입하였고, 1983. 12. 29. 개정관세법에서 GATT관세평가협정의 주요내용을 도입하였다. CIF주의를 채택했던 브뤼셀평가협정과 달리 GATT관세평가협정은 FOB 및 CIF국가 모두에게 적용되었다.

GATT관세평가협정에 이르러 거래가격에 기초한 과세가격 결정의 원칙이 확립되었고 공정하고 중립적인 관세평가제도의 구체적인 기준과 절차 등도 규정되었다. GATT관세평가협정에서는 BDV의 관념적 가격을 배척하고 실증적 가격개념에 기초하여 비록 제한된 구매자에게만 제공된 할인된 가격이라고 하더라도 당사자간에 적용하기로 합의된 가격이라면 최종적으로 합의된 가격을 거래가격으로 인정하였다.[11)] 그러나 GATT관세평가협정은 복수국간무역협정(plurilateral trade

10) 우리나라도 1968. 7월에 브뤼셀관세평가협정에 가입하였고, 이에 따라 '정상도착가격원칙'을 관세법에 도입하여 적용하여 오다가 1981년 「관세와 무역에 관한 일반협정 제7조의 이행에 관한 협정」에 가입(동시에 1981년 브뤼셀관세평가협약 탈퇴)하여 관세평가제도를 실제거래가격원칙에 따라 대폭 변경하고 1983. 12. 29. 개정관세법에서 이를 반영하여 현행 관세평가제도의 기초가 마련되었다.
[1967. 11. 29. 개정관세법] 제9조 (과세가격) ① 종가세물품의 과세표준은 **정상도착가격**에 의한다.

11) **[평가협정 예해 21.1]** WTO관세평가협정은 관념적이거나 추정되는 가격에 반대되는 실제가격에 기초한 관세평가제도를 확립하였다.

agreement)으로 협정에 가입한 GATT의 일부 체약국에만 적용되는 한계가 있었다.[12) GATT관세평가협정은 이후 WTO의 출범으로 WTO체제로 편입되었다.

4. 1994년 관세와 무역에 관한 일반협정 제7조의 이행에 관한 협정 (WTO관세평가협정)

도쿄라운드가 종결된 以後에 새로운 무역협상인 우루과이라운드(UR)가 1986년 9월부터 시작되어 1993년 12월에 협상이 실제적으로 마무리되었는데, 그 핵심 내용은 1995년 1월 1일에 발효하는 세계무역기구(WTO, World Trade Organization)를 창설하고, 협상 대상에 금융, 정보, 통신 등 서비스분야까지 포함시켰으며, WTO의 모든 회원국은 GATT관세평가협정을 포함하여 모든 GATT체제를 받아들일 것을 의무화한 것이다. 이로 인하여 GATT관세평가협정은 WTO체제로 편입되었고, 자의적 또는 가공적인 과세가격의 사용을 배제하는 공정하고 일관되며 중립적인 관세목적의 관세평가체제 확립을 기본목표로 하여 GATT관세평가협정의 의도 및 내용이 강화되었다. 이것이 「1994년 관세와 무역에 관한 일반협정 제7조의 이행에 관한 협정」, 즉 「WTO관세평가협정」이다. 우리나라는 1994. 12. 30. WTO에 가입함으로써 WTO설립협정문에 포함된 다자간무역협정내의 부속서 1A인 WTO관세평가협정은 헌법 제62조 제1항에 의하여 관세법과 동일한 효력을 갖게 되었다.

WTO관세평가협정은 GATT관세평가협정과 본질적으로 동일하다고 할 수 있다. 즉, 협정의 체계에 있어서 실제적 내용을 이루는 부분은 거의 동일하게 규정되어 있고, 비실체적 문제에 대해서는 '분쟁해결규칙 및 절차에 관한 양해'(DSU)를 별도로 체결하여 GATT관세평가협정 중에서 규율되었던 내용을 DSU에서 수용하였다. 한편 과거 「GATT 제7조의 이행에 관한 협정의 의정서」는 WTO관세평가협정 제3부속서에 의하여 조문의 구성방식만 바뀐 채 사실상 내용의 변경 없이 수용되었다.[13)

[판례] 우리 나라는 1967. 4. 14. 관세와 무역에 관한 일반협정(조약 제243호, 이하 'GATT협정'이라 한다)에, 1981. 1. 6. 관세 및 무역에 관한 일반협정 제7조의 시행에 관한 협약(GATT신평가협약, 조약 제729호, 이하 '협약'이라 한다)에 각 가입하였고, 그 후 1994. 12. 30. 세계무역기구(WTO)에 가입함으로써 WTO협정문에 포함된 다자간무역협정 내의 부속서 1A인 1994년도 관세와 무역에 관한 일반협정 제7조의 이행에 관한 협약(이하 '신평가협약1994'라 한다)에 가입하였는바, GATT협정 제7조 제2항 (a) 및 (b)는 "수입상품의 관세상 가액은 관세가 부과되는 수입상품 또는 동종상품의 '실제가액'에 따라야 하며, 실제가액이라 함은 수입국의

12) 한국국제경제법학회, 신국제경제법, 박영사, 2018년, 288쪽.

13) 한국국제경제법학회, 앞의 책, 289쪽.

법령에서 정한 시간과 장소에서 동 상품 또는 동종의 상품이 통상적인 상거래에 있어서 완전한 경쟁적 조건하에서 판매되거나 판매를 위하여 제공된 가격을 말한다."고 하고, 협약 제1조 제1항은 "수입물품의 과세가격은 거래가격이어야 한다(대판 98두1512).

WTO관세평가협정

1. WTO관세평가협정의 구조와 기본 내용

(1) 구조

WTO관세평가협정은 일반서설, 제1부(관세평가 규칙), 제2부(관리, 협의 및 분쟁해결), 제3부(특별 및 차등대우), 제4부(최종조항), 부속서Ⅰ(주해), 부속서Ⅱ(관세평가기술위원회), 부속서Ⅲ으로 구성되어 있다.

(2) 기본 내용

1) '일반서설'에서는 "거래가격은 관세평가의 基本的인 방법이며 전 세계적으로 회원국으로 수입되는 수입물품의 대부분은 거래가격 방법을 사용하여 과세가격을 결정한다. 다만, 거래가격이 적용될 수 없는 例外的인 경우에는 5가지 대체적 과세가격 결정방법이 제공된다. 거래가격 방법을 포함한 6가지의 과세가격 결정방법은 순차적으로 적용된다. 그리고 **WTO관세평가협정 제1조는 항상 제8조와 함께 해석되어야 한다**"고 규정하고 있다. 즉, WTO관세평가협정은 과세가격 결정은 최대한 평가될 물품의 "실제 거래가격", 즉 去來價格을 기초로 결정한다는 원칙을 규정하고 있다. 이 점은 브뤼셀관세평가협정 과세가격 정의(BDV)와 다른 점이다.
2) 제1부 '관세평가규칙'은 17개의 조항으로 구성되어 있는데, 과세가격 결정방법으로 제1조에서 거래가격에 기초한 과세가격 결정방법, 제2조에서 동종·동질물품의 거래가격에 기초한 과세가격 결정방법, 제3조에서 유사물품의 거래가격에 기초한 과세가격 결정방법, 제5조에서 공제가격을 기초로 한 과세가격 결정방법, 제6조에서 산정가격에 기초한 과세가격 결정방법, 제7조에서 기타 합리적인 방법에 의한 과세가격 결정방법을 각 규정하고 있고, 제8조에서는 제1항에서 과세가격에 가산(조정)할 사항(가산요소)을 규정하고, 제2항에서 수입항까지의 운송비용·보험료 등을 과세가격에 포함 또는 제외할지 與否를 각 회원국의 선택에 맡겨 놓아 CIF국가뿐만 아니라 FOB국가에도 WTO관세평가협정이 적용될 수 있게 되었다.
3) 부속서 Ⅰ의 주해는 WTO관세평가협정을 구성하는 不可分의 일부를 구성하며 이 협정의

해당 조항은 각각의 주해와 연관하여 해석되고 적용되어야 한다. 부속서 Ⅱ와 Ⅲ도 WTO관세평가협정의 不可分의 일부를 구성한다(WTO관세평가협정 제14조).

2. WTO관세평가협정의 국내법적 수용

우리나라는 1994. 12. 30. WTO에 가입함으로써 WTO설립협정의 제1부속서에 속해 있는 WTO관세평가협정은 국내법과 동일한 法的 效力(국내발효일: 1995. 1. 1.)을 갖게 되었다(헌법 제6조 제1항). WTO관세평가협정 부속서(Ⅰ, Ⅱ, Ⅲ)도 국내법과 동일한 법적 효력을 갖는 것이다.

3. 관세평가위원회 및 관세평가기술위원회와 기술문서들

(1) 관세평가위원회

WTO관세평가협정(이하 **'평가협정'**)에 따라 각 회원국 대표로 구성되는 '관세평가위원회'가 설치된다. 관세평가위원회는 위원회의 의장을 선출하고, 평가협정의 운영 또는 목적의 증진에 영향을 미칠 수 있는 특정 회원국의 관세평가 제도의 시행과 관련된 사항을 협의할 기회를 회원국에게 부여하고, 회원국에 의해 위원회에 부의된 그 밖의 임무를 수행하기 위하여, 통상적으로 1年에 1회 또는 평가협정의 관련 조항에서 달리 예정한 바에 따라 회의를 개최한다. 이 회의에서 WTO회원국에 대한 연간보고서를 준비한다. 세계무역기구 사무국은 위원회의 사무국 역할을 담당한다(평가협정 제18조 제1항). 관세평가위원회가 채택한 '결정'(Decision)은 회원국이 국내법적으로 수용하여 법령화하지 않는 한 법적 구속력이 없다. 관세평가위원회는 WTO산하의 위원회이고, 아래의 관세평가기술위원회는 세계관세기구(WCO, World Customs Organization) 산하의 위원회이다.

(2) 관세평가기술위원회

관세협력이사회(현재는 WCO)의 주도로 '관세평가기술위원회'를 설치한다. 관세평가기술위원회는 평가협정 부속서 Ⅱ에 규정된 의무[14]를 수행하고, 부속서 Ⅱ에 포함된 절차규정에 따라 운영된다(평가협정 제18조 제2항). 관세평가기술위원회는 요청이 있는 경우 협의에 참가한

14) 평가협정 부속서 Ⅱ에 규정된 관세평가기술위원회의 의무: ① 회원국 관세평가제도의 일상적인 운영에 있어서 제기되는 구체적인 기술상의 문제점을 검토하고 제시된 사실에 근거한 적절한 해결방안에 대한 권고의견 제공, ② 요청이 있는 경우, 이 협정과 관련이 있는 평가법령, 절차 및 관행을 연구하고 그러한 연구결과에 대한 보고서 작성, ③ 이 협정의 운영 및 지위에 대한 기술적 측면에 관한 연례보고서 작성 및 배포, ④ 수입물품에 대한 관세목적상의 평가에 관한 모든 문제에 대하여 회원국 또는 위원회가 요청하는 정보와 조언의 제공, 이러한 정보와 권고는 권고의견, 예해 또는 해설의 형태를 취할 수 있다.

회원국들에게 조언과 지원을 제공해야 한다. 평가협정 부속서 Ⅱ에 따른 의무이행으로 인한 관세평가기술위원회의 결정의 법적 지위를 고려할 때 관세평가기술위원회가 기술적인 수준에서 평가협정의 해석과 적용에 관한 일관성을 달성하도록 하는 지침으로써 '기술문서'(instruments)를 준비하는 것이 평가협정의 의도이다. 권고의견(ADVISORY OPINIONS), 예해(COMMENTARIES), 해설(EXPLANATORY NOTES), 사례연구(CASE STUDIES), 연구(STUDIES) 또는 보고서(이하에서는 권고의견은 **'평가협정 권고의견'**, 예해는 **'평가협정 예해'**, 해설은 **'평가협정 해설'**, 사례연구는 **'평가협정 사례연구'**, 연구는 **'평가협정 연구'**)는 모두 이러한 성격의 기술문서가 될 것이다(평가협정 제19조).[15]

기술문서의 종류와 내용

- **'권고의견'**은 실제 또는 이론적인 일련의 특정 사실관계에 관하여 평가협정의 적용에 관한 질문에 답변한다. 따라서 어떤 상황의 사실이 권고의견에 기술된 것과 동일할 때에 세관당국의 활용에 대한 명확한 해결책이 가능하다. 사실관계가 동일하지 않은 경우에는 권고의견은 직접적으로 적용될 수는 없지만 그럼에도 불구하고 문제를 해결하는데 도움이 될 수 있다.
- **'예해'**는 본문 자체의 문자 그대로의 독해가 추가 지침에 의해 유용하게 보완될 수 있는 상황을 명확히 하기 위한 의도로 평가협정 본문의 일부에 대한 일련의 의견으로 구성된 논문이다. 예해는 적절한 경우에 설명적인 예시를 포함한다. 따라서 '예해'는 여러 상황에 대하여 평가협정의 특정 부분의 적용에 관한 지침을 세관당국에 통상적으로 제공할 것이다.
- **'해설'**은 협정의 하나 이상의 조항으로 인해 발생하는 일반적인 성격의 문제에 관한 관세평가기술위원회의 견해를 밝히고 있다. 해설은 또한 무역관행을 그것들이 질문과 관련되기 때문에 조사하고, 필요한 결론을 이끌어 낼 수 있다. '해설'을 참고하면 세관당국은 그 대상 범위에 속하는 다양한 상업적 상황에 대해 평가협정의 조항을 적용할 수 있다.
- **'사례연구'**는 협정의 하나 이상의 조항의 실제 적용을 입증하기 위해 사용될 수 있는 실제 상업 거래를 기반으로 한 복잡한 일련의 사실을 보여주는 것이다.
- **'연구'**는 평가협정과 관련된 모든 질문, 특히 평가협정의 부속서 Ⅱ 제2항(b)에 의거하여 관세평가기술위원회에 제출된 질문에 대한 심도 깊은 조사 결과를 제시한다. 즉 협정과 관련된 문제에 대한 구체적인 연구결과를 제시한다(예: 중고 자동차의 처리에 관한 연구).

그러나 이러한 기술문서들은 국제법을 구성하지 않는다. 평가협정 부속서Ⅰ에 포함된 평가협정 주해와는 달리 관세평가기술위원회의 어떠한 결정이 회원국의 국내법에 구체화되지 않는 한 회원국내에서 法的 효력을 갖는다는 것을 암시하는 어떠한 내용도 평가협정에는

15) 관세평가기술위원회의 보고서 및 권고의견, 예해, 해설 또는 기타 결정은 관세의 기술적 측면에 대한 관세협력이사회의 승인을 조건으로 한다. 관세협력이사회는 관세평가기술위원회의 보고서의 어떤 부분에 대해서도 추가 검토 또는 재검토를 지시할 수 있다.

없다. 즉, 관세평가기술위원회의 기술문서들은 회원국이 국내법적으로 수용하여 법령화하지 않는 한 법적 구속력이 없다는 것이다. 그렇지만 관세평가기술위원회의 기술문서들은 평가협정의 해석과 적용의 통일성을 확보하기 위한 목적으로 제공된다는 점에서 평가협정의 해석 및 적용에 있어 매우 중요한 지침이 되고 있다. 참고로, 관세청고시인 「관세평가 운영에 관한 고시」(이하 '**관세평가 고시**')에서는 평가협정 권고의견이나 예해 등을 수용하여 규정한 조항이 있는데, 이러한 조항들은 (관세법령의 위임을 받아 규정한 사항이 아닌 한) 대외적 구속력(법규성)이 인정되지 않는다.

[판례] 관세법 제30조 내지 제35조, 관세법 시행령 제17조를 해석함에 있어서는 WTO가 WTO 관세평가협정의 해석기준으로 제시한 WTO관세평가협정 권고의견이 하나의 기준이 될 수 있다고 봄이 상당하다(부산고판 2015누20312).

관세평가 고시의 법규성 여부와 관련해서는, 관세평가 고시 규정들 중에서 상위 법령(관세법령)에서 위임받은 사항을 규율하는 조항의 경우에는 해당 관세법령과 결합하여 대외적으로 구속력 있는 법령보충적 행정규칙에 해당한다(대판 90누5054, 91누10763).

제 2 절

관세평가의 기본체계

과세가격 결정방법 개관

수입물품의 관세의 과세가격을 결정하기 위한 대표적 규준(規準)으로서 기능하는 국제협약인 평가협정 서문에서는 "관세목적을 위한 물품평가의 기초는 최대한 평가될 물품의 거래가격을 기초로 하여야 하고, 과세가격은 상관행에 부합되는 단순하고 공정한 기준을 기초로 해야 하며, 관세평가 절차는 물품의 공급원 간에 차별 없이 일반적으로 적용되어야 한다. 또한 관세평가절차가 덤핑방지를 위해 사용되어서는 아니된다"고 규정하고 있고, 평가협정 제1조 및 관세법 제30조 제1항에서도 "수입물품의 과세가격은 거래가격으로 한다"고 규정하여, 수입물품의 과세가격은 거래가격을 기초로 결정해야 한다는 原則(거래가격 원칙)을 천명하고 있다. 이를 "제1방법"이라고 한다.

여기서 "거래가격"(Transaction Value)은 관세평가의 대상이 되는 물품의 거래 당사자들이 "합의한 가격"(The price negotiated by the buyer and seller)을 의미하는데, 이와 같이 해당물품에 대한 개별 당사자들의 거래가격을 과세가격의 기초로 삼는다는 것은 동일한 수입물품의 과세가격은 모두 동일해야 한다는 관념을 부정하고, 개별적 수입물품의 가격은 그 자체의 가격에 따라 평가되어야 한다는 것을 의미한다. 즉, 동일한 물품이라고 하더라도 거래단계, 당사자들의 협상 능력, 거래 시기, 거래수량, 기타 사정 등에 따라 그 과세가격이 동일하지 않을 수 있다는 사실을 인정하는 것이다. 따라서 평가대상물품의 가격이 동종·동질물품의 일반적인 시장가격보다 낮다는 단순한 사실만으로 거래가격을 부인해서는 아니된다(평가협정 권고의견 2.1).[16)]

이러한 거래가격 원칙은 현대 私法의 대원칙인 사적자치원칙의 한 내용인 계약자유의 원칙을 과세행정 영역에서도 존중하려는 취지인바, 즉 당사자 간에 자유로운 의사의 합치(合致)에

16) Saul L. Sherman & Hinrich Glashoff, 앞의 책, 138~139쪽.
[관세청예규] 나석 다이아몬드 등을 '국제경매'에 의하여 낙찰받은 것은 완전한 경쟁적 조건하에서 판매되는 것으로 그때의 낙찰가격이 실제 거래가격으로 볼 수 있다(평가분류 47221-534).

의하여 계약의 내용(목적물, 가격 등)을 임의로 정하도록 하고, 국가는 이를 존중하여 원칙적으로 이러한 계약 내용에 간섭하여 임의로 수정(변경)할 수 없도록 하고 간섭하는 경우에도 그 간섭을 최소화하도록 한다는 것을 의미한다.

이와 같은 거래가격 원칙을 최대한 관철하기 위하여 평가협정 및 관세법은 당사자들에 의해 정해진 가격에 대해서 최소한의 조정(가산요소 및 거래가격 배제사유의 최소화)만 허용하고 있고, 가격배제(불인정) 사유 및 거래가격에 기초한 과세가격 결정방법 以外의 과세가격 결정방법을 적용할 수 있는 경우를 엄격하게 제한하고 있다(대판 2005두17188 등).

[판례] 구 관세법(2000. 12. 29. 법률 제6305호로 전문 개정되기 전의 것) 제9조의3 제1항에서 구매자가 실제로 지급하였거나 지급하여야 할 가격을 원칙적인 과세가격으로 규정하고 있는 이상, 그 적용을 배제하고 같은 조 제4항, 제5항을 적용하여 같은 법 제9조의4 내지 제9조의8이 정한 방법으로 과세가격을 결정하는 것은 가급적 그 요건을 엄격히 해석할 필요가 있다(대판 2005두17188).

거래가격에 기초하여 과세가격을 결정함에 있어서, 수입물품에 대하여 실제로 지급하였거나 지급하여야 할 가격에 권리사용료, 생산지원비 등을 '가산'(가산요소)하고(법 제30조 제1항 각호, 평가협정 제8조 제1항), 수입물품의 수입 後에 수행된 건설 · 설치 · 조립 · 유지 등의 비용 등은 '공제'(공제요소)하여 과세가격을 결정한다(법 제30조 제2항 각호, 평가협정 주해 제1조).

거래가격에 기초하여 과세가격을 결정할 수 없는 경우에는 동종 · 동질물품(identical goods)의 거래가격을 기초로 과세가격을 결정하는 방법(제2방법: 법 제31조, 평가협정 제2조), 유사물품(similar goods)의 거래가격을 기초로 과세가격을 결정하는 방법(제3방법: 법 제32조, 평가협정 제3조), 국내판매가격에서 통상적인 이윤(또는 통상적인 수수료) 및 일반경비, 수입항에 도착한 후에 발생한 운임 · 보험료 · 관련비용, 수입국에서 부과된 조세와 그 밖의 공과금을 공제하여 과세가격을 결정하는 방법(제4방법 또는 '공제가격방법': 법 제33조, 평가협정 제5조), 해당 수입물품의 제조원가에 수출국 생산자의 통상적인 이윤 및 일반경비, 수입항까지의 운임 · 보험료 · 관련비용 등을 합한 산정가격(computed value)을 기초로 과세가격을 결정하는 방법(제5방법 또는 '산정가격방법': 법 제34조, 평가협정 제6조), 합리적인 기준에 따른 과세가격 결정방법(제6방법: 법 제35조, 평가협정 제7조)을 적용하여 과세가격을 결정한다. 제6방법은 제1방법 내지 제5방법으로 과세가격을 결정할 수 없을 때, 제1방법 내지 제5방법 적용 요건을 완화하여 신축적으로 과세가격을 결정하거나 기타의 합리적인 방법으로 과세가격을 결정하는 방법이다.

| 관세법과 평가협정 조문 비교 |

과세가격 결정방법	관세법 조문	평가협정 조문
거래가격 (과세가격 결정의 원칙): 제1방법	제30조 제1항, 제3항	제1조
동종·동질물품의 거래가격: 제2방법	제31조	제2조
유사물품의 거래가격: 제3방법	제32조	제3조
공제가격(국내판매가격): 제4방법	제33조	제5조
산정가격: 제5방법	제34조	제6조
기타 합리적인 가격: 제6방법	제35조	제7조
가산(조정) 요소	제30조 제1항 각호	제8조
공제 요소	제30조 제2항 각호	주해 제1조

 과세가격결정방법의 적용순서

과세가격은 제1방법 내지 제6방법을 順次的으로 적용하여 결정한다. 과세가격 결정에 대한 최우선적인 방법은 거래가격에 기초한 과세가격 결정방법(제1방법)이며, 수입물품은 제1방법 적용요건이 충족되는 때에는 언제나 제1방법에 따라 과세가격을 결정해야 한다.

제1방법에 따라 과세가격을 결정할 수 없는 경우에는 후순위 방법을 순차적으로 적용하여 과세가격을 결정한다.[17] 다만, 수입자가 제4방법과 제5방법의 적용 순서를 바꾸어 줄 것을 요청하는 경우에는 제5방법을 제4방법보다 우선하여 적용한다. 물론, 수입자가 제4방법과 제5방법의 순서를 바꾸어 줄 것을 요청하지 아니하는 경우에는 정상적인 적용순위(제4방법 → 제5방법)를 따라야 한다(평가협정 제4조). 수입자가 제5방법을 먼저 적용하여 줄 것을 요청하였으나 제5방법에 따라 과세가격을 결정하는 것이 불가능하다는 것이 증명되는 경우에는 제4방법에 따라 과세가격이 결정될 수 있다면 제4방법에 따라 과세가격을 결정해야 한다(제5방법 → 제4방법). 과세가격이 제1방법 내지 제5방법에 따라 결정될 수 없는 경우에는 제6방법에 따라 과세가격을 결정한다(평가협정 일반주해, 법 제30조 내지 제35조, 관세평가 고시 제13조). 만약 과세관청이 과세가격 결정방법의 적용순서에 따르지 않고 과세가격을 결정한 후 과세처분을 하게 되면 그 과세처분은 위법할 수 있게 된다.

17) **[평가협정 일반주해]** 평가협정 제1조의 규정에 따라 과세가격이 결정될 수 없는 경우에는 후순위 조(제2조부터 제7조)에 대하여 순차적으로 진행하여 과세가격이 결정될 수 있는 첫 번째 조에 따라 과세가격이 결정되어야 한다. 평가협정 제4조에 규정된 경우를 제외하고는, 특정 조의 규정에 따라 과세가격이 결정될 수 없는 경우에만 다음 순서의 조의 규정을 사용할 수 있다.

[판례]

관세법 제35조를 적용하기 위해서는 관세법 제30조 내지 제34조를 먼저 순차적으로 적용해 보았음에도 과세가격을 결정할 수 없어야 하는바, 피고는 원고의 저가신고로 인해 냉동새우의 실제 거래가격(제30조, 제1방법)에 의하여 과세가격을 결정할 수 없었으므로, 원고가 수입한 냉동새우와 동종·동질물품의 거래가격(제31조, 제2방법), 유사물품의 거래가격(제32조, 제3방법), 해당물품, 동종·동질물품 또는 유사물품의 국내 판매가격에서 이윤, 일반경비 등 국내도착 후의 비용을 공제한 가격(제33조, 제4방법), 해당 물품의 생산에 사용된 원자재 기타 가공비용에 통상이윤 등을 합한 가격(제34조, 제5방법)을 **순차, 보충적으로 적용하였음을 입증할 자료를 전혀 제출하지 못하고 있다.** 피고가 실제로 관세법 제31조 내지 제34조의 적용 가능성을 검토하였다면 내부보고서 또는 의사결정권자로부터 결재를 받은 서류 등이 존재하여야 할 것임에도 피고는 이를 제출하지 못하고 있는바, **이 사건 각 처분 以前에 피고는 관세법 제31조 내지 제34조를 먼저 순차적으로 적용한 것으로 보이지 않는다. 나아가 아래에서 보는 바와 같이 피고는 이 사건 처분을 하기 以前에 관세법 제31조 내지 제34조를 적용할 수 있었을 것으로 보인다.** 먼저, 동종·동질물품의 거래가격(제2방법), 유사물품의 거래가격(제3방법)에 관하여 보건대, 피고는 냉동새우의 특성상 공산품과 달리 정형화된 표준규격이 존재하지 않고, 품질, 크기, 껍질의 유무, 양식 여부 등 그 가격에 영향을 미치는 다양한 사항이 존재함에도 원고가 수입신고서에 이러한 사항을 기재하지 않아서 동종·동질물품의 거래가격, 유사물품의 거래가격을 확인할 수 없었다고 주장한다. 그러나 앞서 본 바와 같이 **피고가 원고의 냉동새우 수입신고가격이 저가라는 것을 밝혀내기 위해 냉동새우를 수입하는 다른 업체들의 수입신고가격과 비교한 사실에 비추어 이는 다소 모순되는 주장**이라고 할 것이다. 나아가 관세법 시행령 제26조는 '유사물품은 당해 수입물품의 생산국에서 생산된 것으로서 모든 면에서 동일하지는 아니하지만 동일한 기능을 수행하고 대체사용이 가능할 수 있을 만큼 비슷한 특성과 비슷한 구성요소를 가지고 있는 물품을 말한다'고 정하고 있는바, 적어도 유사물품의 거래가격을 확인하기 위해서는 피고의 주장과 같이 냉동새우의 품질, 크기, 껍질의 유무, 양식 여부 등 그 가격에 영향을 미치는 다양한 사항을 모두 고려할 필요는 없다고 할 것이다. 다음으로, 해당물품, 동종·동질물품 또는 유사물품의 국내 판매가격에서 이윤, 일반경비 등 국내도착 후의 비용을 공제한 가격(제4방법)에 관하여 보건대, 피고는 이 사건 냉동새우의 정당한 국내 판매가격이나 생산에 사용된 비용 등을 알 수 있는 자료가 전혀 존재하지 않았다고 주장한다. 그러나 관세법 제33조 제1항은 해당물품, 동종·동질물품 또는 유사물품의 수입신고일 등에 특수관계 없는 자에게 가장 많은 수량으로 국내에서 판매되는 단위가격을 기초로 산출된 금액에서 국내 판매와 관련하여 통상 지급되는 수수료, 이윤, 운임, 조세 등을 공제하여 과세가격을 결정한다고 정하고 있는바, 이러한 국내 판매가격 등은 원고의 협조와 무관하게 피고가 다른 냉동새우의 수입신고 등을 통해 축적된 자료의 조사를 통해 확인하거나 충분히 확인할 수 있을 것으로 보인다. 따라서, **관세법 제30조 내지 제34조까지에 규정된 방법으로 과세가격을 결정할 수 없을 때에 해당하지 않음에도 불구하고 제2방법 내지 제5방법을 검토하지 아니하고 곧바로 제6방법으로 과세가격을 결정한 이 사건 각 처분은 위법하다**고 할 것이다(대구고판 2015누6362, 대판 2017두33251).

일반적으로 인정된 회계원칙의 사용

관세의 과세가격은 상업적 관행과 일치하는 단순하고 공평한 기준을 기초로 하여야 하며, 평가절차는 공급원간의 차별없이 일반적으로 적용되어야 한다(평가협정 일반서설). 이러한 관점에서, 과세가격은 각 회원국의 일반적으로 인정된 회계원칙에 따라 작성된 정보를 활용하여 결정되어야 한다(평가협정 일반주해).

"일반적으로 인정된 회계원칙"은 어떠한 경제적 자원 및 의무가 자산 및 부채로 기록되어야 하는지, 자산 및 부채에 있어서의 어떠한 변화가 기록되어야 하는지, 자산 및 부채 및 자산과 부채의 변화는 어떻게 측정되어야 하는지, 어떤 정보가 공개되어야 하고 어떻게 공개해야 하는지, 어떤 재무제표(회계보고서)를 작성할 것인지에 대해서 특정시기에 특정국가 내에서 인정된 합의(recognized consensus) 또는 실질적이고 권위있는 지지(substantial authoritative support)를 말한다. 이러한 기준은 구체적인 관행 및 절차뿐만 아니라 일반적 적용에 대한 광범위한 지침이 될 수 있다. 평가협정의 목적상, 각 회원국의 관세당국은 당해 조항에 적절한 것으로서 국내에서 일반적으로 인정된 회계원칙과 일치되게 작성된 정보를 활용해야 한다. 예컨대 제4방법의 통상적인 이윤 및 일반경비는 '수입국'의 일반적으로 인정된 회계원칙에 부합하는 방식으로 작성된 정보를 활용함으로써 결정된다. 한편 제5방법의 통상적인 이윤 및 일반경비는 '생산국'의 일반적으로 인정된 회계원칙에 부합하는 방식으로 작성된 정보를 활용함으로써 결정된다. 또 하나의 例로서 수입국에서 수행된 평가협정 제8조 제1항 b(ii)호(영 제18조 제2호)에 규정된 생산지원요소의 결정은 당해 '수입국'에서 일반적으로 인정된 회계원칙에 부합하는 방식으로 작성된 정보를 활용하여 결정된다(평가협정 일반주해).

[판례] 관세법 제5조 제1항은 이 법을 해석하고 적용할 때에는 과세의 형평과 해당 조항의 합목적성에 비추어 납세자의 재산권을 부당하게 침해하지 아니하도록 하여야 한다고 규정하고 있는 점, 관세법 시행령 제27조 제4항이 관세법 제33조에 의한 국내판매가격을 기초로 한 과세가격 산정의 한 요소인 '통상적으로 부가되는 이윤 및 일반경비'를 일반적으로 인정된 회계원칙에 따라 작성된 회계보고서를 근거로 하여 산정하도록 하고 있는 이상, 과세가격 산정의 다른 요소들 또한 특별히 다른 규정이 있거나 다른 기준이 없는 한 일반적으로 인정된 회계원칙에 따른 금액을 근거로 산정하여야 과세가격 산정 근거가 되는 여러 가지 요소들의 금액 사이에 모순이나 충돌이 발생하지 않는 점, 우리나라가 가입한 세계무역기구(WTO) 관세평가협정의 부속서 I 주해 총설은 "일반적으로 인정되는 회계원칙(generally accepted accounting principles: GAAP)은 자세한 관행 및 절차가 될 수 있을 뿐만 아니라 일반적으로 적용되는 광범위한 지침(broad guidelines of general application)이 될 수 있고, 이 협약의 목적상

세계무역기구(WTO) 회원국의 세관 당국은 당해 조항에 적절한 것으로서 국내에서 일반적으로 인정되는 회계원칙과 일치되게 작성된 정보를 활용하여야 한다"고 규정하여, **관세법상 과세가격 산정에 있어서 별다른 기준이 없는 한 일반적으로 인정되는 회계원칙을 기준으로 삼아야 한다는 취지로 규정하고 있는 점, 국내에서 일반적으로 인정되는 회계원칙으로 볼 수 있는 기업회계기준 제38조(매출액)는 "상품 또는 제품의 매출액은 총매출액에서 매출에누리와 환입 및 매출할인을 차감한 금액으로 한다. 이 경우에 일정 기간의 거래수량이나 거래금액에 따라 매출액을 감액하는 것은 매출에누리에 포함된다**"고 규정하고 있는데다, 금융감독원(소관: 회계감리국)은 2006. 11. 24. **'재무보고에 관한 실무의견서(제목: 판매인센티브에 관한 회계처리)'에서 대량 구매에 따라 지급되는 현금보조와 현금할인은 기업회계기준상 매출에누리와 경제적 실질이 동일하므로 매출에서 차감하는 것이 타당하다**고 발표한 점 등에 비추어 보면, 관세법 제33조 제1항 제1호가 정하고 있는 '특수관계가 없는 자에게 가장 많은 수량으로 국내에서 판매되는 단위가격을 기초로 하여 산출한 금액'은 일반적으로 인정된 회계원칙인 기업회계기준이 정한 바에 따라 '특수관계가 없는 자에게 가장 많은 수량으로 국내에서 판매한 매출액에서 판매장려금을 공제한 금액'이라고 봄이 상당하다(대판 2010두16998, 서울고판 2009누10873).

 허위문서와 불완전한 문서의 처리

1. 허위문서의 처리

수입물품은 실제 사실을 근거로 관세법 및 평가협정에서 정하는 바에 따라 과세가격을 결정해야 한다. 그러므로 해당 사실에 대하여 허위정보를 담고 있는 일체의 서류는 관세법이나 평가협정의 의도에 위배된다. 이러한 관점에서 평가협정 제17조에서는 "관세평가 목적상 세관에 제출된 진술, 문서 또는 신고의 진실성 또는 정확성에 대하여 이를 확인하고자 하는 관세당국의 권리를 제한하거나 이의를 제기하는 것으로 해석되지 않아야 한다"고 규정하여 관세당국에게 스스로 확인할 수 있는 권리를 부여하고 있다. 그리고 과세가격을 결정한 후에 문서가 허위라고 입증되는 경우에 해당 과세가격을 무효로 할 것인지 여부는 국내법령으로 다루어야 할 문제이다(평가협정 권고의견 10.1).[18]

2. 부주의로 인한 오류와 불완전한 문서에 대한 처리

세관은 과세가격 결정 관련 정보에 대하여 불완전하거나 관련 정보를 왜곡하는데 영향을

18) 형사사건에서 원고가 불기소처분(증거불충분의 혐의없음)을 받았다고 하여 행정소송에서 이에 기속되어 판단해야 하는 것은 아니다(인천지판 2010구합3910).

주는 부주의한 오류를 수록하고 있는 서류에 의존해야 하는 것도 아니다. 불완전하거나 부주의한 오류를 포함한 문서의 처리는 사안별로 다양할 수 있다(평가협정 권고의견 11.1).

[평가협정 권고의견 11.1] 평가협정에 따라 가격을 결정함에 있어서 세관당국은 관련 정보에 대하여 불완전하거나 관련 정보를 왜곡하는데 영향을 주는 부주의한 오류(inadvertent errors)를 포함하는 문서를 신뢰하도록 요구받을 수 없다. 하지만, 불완전한 문서(incomplete document)에 포함된 정보를 활용하고 그러한 문서에서 누락된 정보나 사실을 취득하기 위해 추가로 조사하는 것이 필요한 상황이 생기게 된다. 마찬가지로 문서의 일부에만 부주의한 오류가 있고 문서의 다른 부분에는 일체의 그러한 오류도 없어 신뢰가 가는 경우도 있다. 그러한 경우 수입자 또는 그의 대리인이 완전한 정보를 제공하거나 문서의 오류를 수정한다는 것을 조건으로 평가협정 제13조에서 규정하고 있는 잠정통관(provisional clearance)에 대한 청구가 받아들여질 수 있다. **그러므로 불완전하거나 부주의한 오류를 포함한 문서의 처리는 사안별로 다양할 수 있다.** 이러한 점에서 세관당국이 준수해 온 관행과 세관당국에 주어진 재량권의 정도에 따라 차이가 있다는 점 또한 인식되어야 한다.

V 과세자료와 비밀유지

성격상 비밀이거나 또는 관세평가 목적을 위해 비밀로 제공된 모든 정보는 관계당국에 의하여 엄격히 비밀로 취급되어야 하고 사법절차와 관련해서 공개가 요구되는 경우를 제외하고 이러한 정보를 제공한 당사자나 정부기관의 분명한 허가가 없는 경우에는 공개하지 않아야 한다(평가협정 제10조).

VI 과세가격 결정의 지연에 따른 조치

수입물품에 대한 과세가격을 결정하는 과정에서 과세가격의 최종결정을 지연할 필요가 있는 경우, 보증이 요구될 때에 그 수입자가 당해 물품에 대해 부과될 수 있는 최대 관세 지급액을 부보하는 담보, 예치 또는 그 밖의 적절한 증서의 형태로 충분한 보증(sufficient guarantee)을 제공한다면, 해당 물품의 수입자는 세관당국으로부터 수입물품을 반출할 수 있어야 한다. 각 회원국의 법률은 이러한 상황에 대한 규정을 마련하여야 한다(평가협정 제13조, 권고의견 18.1).[19]

19) **[평가협정 권고의견 18.1]** 평가협정 제13조는 수입물품의 과세가격을 결정하는 과정에서 해당 과세가격에 대한 최종적인 결정을 지연할 필요성이 있는 경우에만 적용된다. 이 상황의 사례는 제8조에 따른 조정이

수입자의 권리와 세관당국의 권리

1. 수입자의 권리

WTO회원국의 법률은 관세의 과세가격 결정에 대하여 수입자 또는 관세를 납부할 의무가 있는 자에게 제재 없이 불복 청구할 수 있는 권리를 제공해야 한다(평가협정 제11조, 평가협정 주해 제11조 제2항).

서면 요청을 조건으로, 수입자는 자신의 수입물품에 대한 과세가격이 어떻게 결정되었는지에 대해 수입국의 세관당국으로부터 서면으로 설명을 받을 권리를 가진다(평가협정 제16조).

2. 세관당국의 권리

평가협정의 어떠한 규정도 관세평가 목적을 위하여 제출된 진술, 문서 또는 신고의 진실성 또는 정확성에 관하여 이를 확인하고자 하는 세관당국의 권리를 제한하거나 이의를 제기하는 것으로 해석되지 않아야 한다(평가협정 제17조, 평가협정 권고의견 19.1).

필요하지만 수입시점에 관련 정보가 입수될 수 없는 경우이다. 실제로 이러한 종류의 수많은 사례는 협정에 따른 과세가격을 결정하는 과정에서 제기될 수 있다. 이러한 상황에서 이 조항의 조건은 최종적인 관세 지급액을 부보하기에 충분한 보증 또는 담보가 제공된다면 물품을 반출하도록 규정한 것이다.

제3절

내국세 정상가격 결정방법과의 관계

국제조세조정에 관한 법률상 정상가격 산출방법

1. 정상가격 산출방법의 의의 및 종류

'이전가격'(Transfer price)은 거주자가 국외특수관계인과 행하는 재화, 용역 및 기타 거래에 적용되는 거래가격을 의미한다.[20] 다국적 기업이 국가간 법인세율 차이를 이용한 稅後 이익(소득) 극대화를 위해 이전가격을 조작하는 경우가 문제되는데, 이전가격을 조작하는 경우 이전가격을 부인하고 '정상가격'을 기준으로 소득금액을 다시 계산하여 과세하는데 이를 '이전가격세제'라고 한다.[21] 국제조세조정에 관한 법률 제7조 제1항에서는 "과세당국은 거주자와 국외특수관계인 간의 국제거래에서 그 거래가격이 정상가격보다 낮거나 높은 경우에는 정상가격을 기준으로 거주자의 과세표준 및 세액을 결정하거나 경정할 수 있다"고 규정하고 있다.

"정상가격"(Arm's length price)이란 거주자, 내국법인 또는 국내사업장이 국외특수관계인이 아닌 자와의 통상적인 거래에서 적용하거나 적용할 것으로 판단되는 가격을 말한다(국제조세조정에 관한 법률 제2조 제1항 제5호).[22]

국제조세조정에 관한 법률상 '정상가격'은 국외특수관계인이 아닌 자와의 통상적인 거래에서

---

20) WCO관세평가 교육모듈(중급/고급용), 294쪽. 이전가격의 특징은 한 나라에서 납부하는 다국적 기업의 전체 납세액을 최소화한다는 것이다. 통상적으로 이것은 관련 세금 혜택을 최대화하기 위해 수입물품의 신고가격(과세가격)을 조정함으로써 가능하다. 다국적 기업은 가장 이로운 세금/관세율을 이용하기 위해 수입물품의 가격을 최소화하거나 최대화함으로써 이전가격으로 이익을 얻을 것이다.

21) 2개 이상의 국가에서 기업을 설립하여 경영활동을 수행하는 다국적 기업에 있어 높은 법인세율 국가의 소득은 감소시키고 낮은 법인세율 국가의 소득을 증가시켜 다국적 기업의 세후 소득을 극대화하려는 전략 등에 따른 조세회피를 방지하기 위해 '이전가격세제'가 도입되었다. '이전가격세제'란 기업이 국외특수관계자와의 거래에 있어 정상가격보다 높거나 낮은 가격을 적용함으로써 과세소득이 감소되는 경우 과세당국이 그 거래에 대하여 정상가격을 기준으로 과세소득금액을 다시 계산하여 조세를 부과하는 제도이다.

22) 유사한 상황에서 유사한 거래를 행하는 독립기업을 현실에서 발견한다는 것은 매우 어렵기 때문에, 일반적으로 비교가능 상황에서 비교대상거래로부터 도출된 결과를 기준으로 정상가격을 추정한다.

적용되거나 적용될 것으로 판단되는 재화 또는 용역의 특성·기능 및 경제환경 등 거래조건을 고려하여 다음의 각 산출방법 중 가장 合理的인 방법으로 계산한 가격으로 한다. 다만, 아래 (6)의 방법은 (1) 내지 (5)의 방법으로 정상가격을 산출할 수 없는 경우에만 적용한다 (국제조세조정에 관한 법률 제8조 제1항).

(1) **비교가능제삼자가격방법**(CUP, Comparable Uncontrolled Price Method)

1) 비교가능제삼자가격방법은 거주자와 국외특수관계인 간의 국제거래와 유사한 거래 상황에서 특수관계가 없는 독립된 사업자 간의 거래가격을 정상가격으로 보는 방법이다.[23)]

2) 이 방법은 정상가격결정의 가장 원칙적인 방법으로 독립된 제삼자 간 거래가격을 비교하는 방법인데, 여기서 '제삼자'란 특수관계가 없는 기업간 거래(① 관계기업의 어느 한 쪽이 제삼자에게 판매하는 경우, ② 제삼자가 관계기업 어느 한 쪽에 판매하는 경우, ③ 관계기업과 관련이 없는 독립기업 간 거래의 경우)를 의미한다(국제조세조정에 관한 법률 제5조). 이 방법에서는 제품(거래자산)의 유사성이 비교가능성에 가장 큰 영향을 미친다.[24)] 비교대상 제품 간에 상당한 차이가 있고, 이러한 차이에 대한 조정이 이루어질 수 없으면 이 방법을 적용해서는 아니된다(국제조세조정에 관한 법률 시행령 제5조).

(2) **재판매가격방법**(RP, Resale Price Method)

1) 재판매가격방법은 거주자와 국외특수관계인 간의 국제거래에서 거래 당사자 중 어느 한쪽인 구매자가 특수관계가 없는 자에 대한 판매자가 되는 경우 그 판매가격에서 그 구매자가

---

23) 이 방법은 통제되지 않는(특수관계에 있지 않은 당사자) 거래에서 동종·동질 물품에 부과되는 가격에 대한 비교를 기초로 한다. 통제되지 않은 거래는 같은 시장, 즉 동일한 수입국과 동일한 상업수준에서 유사한 수량으로 동일한 상품을 매매하는 유사한 비즈니스 기업과 관련된 것이어야 한다(WCO관세평가 교육모듈(중급/고급용), 298쪽).

24) 이용섭, 이동신 공저, 국제조세, 세경사, 2012, 860쪽.

□ **국제조세조정에 관한 법률 시행령 제5조(비교가능 제3자 가격방법)** 법 제8조 제1항 제1호에 따른 비교가능 제3자 가격방법을 국내 또는 국외의 공개시장에서 거래되는 원유, 농산물, 광물 등에 대하여 적용할 때에는 다음 각 호의 사항을 고려해야 한다.

1. 거주자(내국법인과 국내사업장을 포함한다)와 국외특수관계인 간의 물품거래와 공개시장에서 특수관계가 없는 독립된 사업자 간의 물품거래를 비교하여 물품의 물리적 특성 및 품질, 공급물량·시기, 계약기간, 운송조건 등 거래조건에 상당한 차이가 있는 경우에는 이러한 차이를 합리적으로 조정할 것
2. 가격 산출의 기준이 되는 시점(이하 "가격결정시점")은 다음 각 목의 구분에 따라 결정할 것
   가. 거주자가 가격결정시점에 대한 신뢰할 만한 자료를 제출하는 경우: 거주자가 제출한 자료에 근거하여 결정
   나. 거주자가 가격결정시점에 대한 자료를 제출하지 않았거나 거주자가 제출한 자료에 근거하여 가격결정시점을 결정하는 것이 실제 거래에 비추어 합리적이지 않은 경우: 선하증권에 적힌 선적일 등 과세당국이 이용할 수 있는 자료에 근거하여 결정

판매자로서 얻는 통상의 이윤으로 볼 수 있는 금액을 뺀 가격을 정상가격으로 보는 방법이다.[25)]

2) 이 방법은 해외에서 상품을 수입하여 국내에서 (제조·가공 등을 하지 아니하고) 판매하는 경우 주로 이용된다.

3) 이 방법을 적용할 때 구매자가 판매자로서 얻는 '통상의 이윤'은 그 구매자가 특수관계가 없는 자에게 판매한 금액에 판매기준 통상이익률을 곱하여 계산한 금액으로 한다. 이 경우 판매기준 통상이익률은 구매자와 특수관계가 없는 자 간의 거래 중 해당 거래와 수행된 기능, 사용된 자산 및 부담한 위험의 정도가 유사한 거래에서 실현된 매출액에 대한 매출 총이익(매출액에서 매출원가를 뺀 금액을 말한다)의 비율로 한다.[26)] 이 경우 구매자와 특수관계가 없는 자 간의 거래에서 적정한 판매기준 통상이익률을 산출할 수 없는 경우에는 특수관계가 없는 자 간의 제3의 거래 중 해당 거래와 수행된 기능, 사용된 자산 및 부담한 위험의 정도가 유사한 거래에서 발생한 판매기준 통상이익률을 판매기준 통상이익률로 사용할 수 있다(국제조세조정에 관한 법률 시행령 제6조).

4) 재판매가격법에서 정상가격의 산정은 제삼자에게 재판매되는 가격에서 매출총이익에 해당하는 통상이윤을 차감한 후 물품구입과 관련한 다른 원가(관세 등)를 조정한 후의 가격이 정상가격이 된다.

(3) 원가가산방법(CP, Cost Plus Method)

1) 원가가산방법은 거주자와 국외특수관계인 간의 국제거래에서 거래 당사자 중 어느 한쪽이 자산을 제조·판매하거나 용역을 제공하는 경우 자산의 제조·판매나 용역의 제공 과정에서 발생한 원가에 자산 판매자나 용역 제공자의 통상의 이윤으로 볼 수 있는 금액을 더한 가격을 정상가격으로 보는 방법이다.[27)]

---

25) 이 방법은 통상적으로 독립적인 고객에게 판매하는 '유통업자'에게 적용된다. 이 방법은 기본적으로 통제되지 않는 가격에서 제3자 소비자에게까지 작용한다. 이 방법을 적용하기 위해서는 동일한 유형의 비즈니스 관련 위험과 기능 및 독립적으로 매매되는 유사상품(반드시 동종·동질 상품일 필요는 없다)을 가진 유사한 독립업체를 찾아야 한다. 총이윤을 확인하여 종속적 수입회사의 거래에 적용한다. 서로 다른 기능과 관련된 비용(예: 보증, 신용채권 등)을 종속적 수입회사와 독립적인 회사 사이의 비교에 적용할 때, 수량화가 가능한 경우 이 방법을 통해 이윤을 조정할 수 있다(WCO관세평가 교육모듈(중급/고급용), 299~300쪽).

26) 통상이윤 = 제삼자판매가격 × 판매기준 통상이익률(비교거래와 수행기능, 사용자산, 부담위험의 정도가 비슷한 독립거래의 매출총이익률)

27) 이 방법은 반제품/제조품의 판매가 있을 경우 또는 특수관계자에게 제공되는 서비스에 대해 가장 흔히 사용된다. 본질적으로 이 방법은 통제되지 않은 가격이라는 전제를 바탕으로 하고, 물품이나 서비스의 제공자에 의해 발생되는 직접 비용의 확인이 필요하다. 그 비용에 동일한 시장에서 유사한 비즈니스를 수행하는 독립적인 회사가 실시한 것과 비슷한 수준의 가격인상/상향조정이 추가된다(WCO관세평가 교육모듈(중급/고급용), 300쪽).

2) 이 방법은 관계기업들이 반제품 또는 용역을 거래하거나 공동설비계약 또는 장기구매 공급약정을 맺는 경우에 아주 유용하다. 관계거래와 독립거래 간 차이가 존재하는 경우 매출총이익률은 영향을 받는다. 이 경우 독립거래에서 도출된 매출총이익의 조정이 필요하다. 이때에는 수행기능 및 부담위험과 관련한 영업비용을 고려해야 한다. 영업비용에는 이러한 기능차이가 반영되기 때문이다. 수행기능의 차이로 인해 매출총이익에 미치는 영향이 반드시 관련 영업비용의 영향과 동일하지는 않다. 이 방법을 사용하는 경우에는 제조 또는 조립의 복잡성, 제조·생산·공정기술, 원자재구입·재고관리, 검사기능, 판매관리비, 환율변동위험, 계약조건(보증범위 및 조건, 판매 또는 구입량, 신용조건, 운송조건)의 차이가 조정되어야 한다.

3) 이 방법을 적용할 때 자산 판매자나 용역 제공자의 통상의 이윤은 다음의 각 구분에 따른 원가에 원가기준 통상이익률을 곱하여 계산한 금액으로 한다.[28] 이 경우 원가기준 통상이익률은 자산 판매자 또는 용역 제공자와 특수관계가 없는 자 간의 거래 중 해당 거래와 수행된 기능, 사용된 자산 및 부담한 위험의 정도가 유사한 거래에서 발생한 원가에 대한 매출 총이익의 비율로 한다(국제조세조정에 관한 법률 시행령 제7조 제1항).

① 자산 판매자의 경우: 그 자산을 정상가격으로 구입·건설 또는 제조하는 데 필요한 원가

② 용역 제공자의 경우: 그 용역을 제공하는 과정에서 정상가격에 의하여 발생한 원가

자산 판매자나 용역 제공자와 특수관계가 없는 자 간의 거래에서 적정한 원가기준 통상이익률을 산출할 수 없는 경우에는 특수관계가 없는 자 간의 제3의 거래 중 해당 거래와 수행된 기능, 사용된 자산 및 부담한 위험의 정도가 유사한 거래에서 발생한 원가기준 통상이익률을 원가기준 통상이익률로 사용할 수 있다(국제조세조정에 관한 법률 시행령 제7조 제2항).

(4) 거래순이익률방법(TNMM, Transactional Net Margin Method)

1) 거래순이익률법은 거주자와 국외특수관계인 간의 국제거래와 유사한 거래 중 거주자와 특수관계가 없는 자 간의 거래에서 실현된 통상의 거래순이익률을 기초로 산출한 거래가격을 정상가격으로 보는 방법이다.[29]

---

28) 통상이윤 = 발생원가 × 원가기준 통상이익률(비교거래와 수행기능, 사용자산, 부담위험의 정도가 비슷한 독립거래 발생원가에 대한 원가총이익률)

29) 이 방법은 유사한 거래에서 수입회사의 순수익과 다른 비교가능한 회사의 순수익 사이의 비교를 기초로 한다. 원가가산방법 및 재판매가격방법과 비슷하지만, 총이익과 직접 비용만을 기초로 하지는 않기 때문에 세무당국이 더 쉽게 적용할 수 있다(WCO관세평가 교육모듈(중급/고급용), 302쪽). '거래순이익률법'은 적용의

2) 이 방법을 적용할 때 가장 적합한 '순이익률지표'를 선택해야 하는데, 순이익률지표에는 ① 영업이익률(영업이익/매출), ② 자산수익률(영업이익/사업용자산), ③ 총원가가산율(영업이익/총원가), ④ 베리비율(Berry ratio, 매출총이익/판매관리비), ⑤ 其他 합리적 비율(투자자본수익률, 매출총이익률, 매출원가가산율)이 있다(국제조세조정에 관한 법률 시행령 제8조 제1항). 거주자와 특수관계가 없는 자 간의 거래에서 실현된 통상의 거래순이익률을 산출할 수 없는 경우에는 국외특수관계인과 특수관계가 없는 자 간의 거래, 특수관계가 없는 자 간의 제3의 거래 중 해당 거래와 수행된 기능, 사용된 자산 및 부담한 위험의 정도가 유사한 거래에서 발생한 통상의 거래순이익률을 제1항에 따른 통상의 거래순이익률로 사용할 수 있다(동조 제2항).

3) 선택된 거래순이익률지표는 분석대상 당사자와 독립된 제삼자 사이에서 같은 기준으로 측정하고, 관계거래와의 직접・간접적 관련성 및 영업활동과의 관련성 등을 고려하여 합리적인 수준까지 전체기업의 재무정보를 세분화하여 측정하여야 한다(국제조세조정에 관한 법률 시행규칙 제6조 제3항).

(5) 이익분할방법(PSM, Profit Split Method)

1) 이익분할방법은 거주자와 국외특수관계인 간의 국제거래에서 거래 당사자 양쪽이 함께 실현한 거래순이익을 합리적인 배부기준에 따라 측정된 거래당사자들 간의 상대적 공헌도에 따라 배부하고, 이와 같이 배부된 이익을 기초로 산출한 거래가격을 정상가격으로 보는 방법이다.[30]

2) 이익분할방법을 적용할 때에는 다음의 각 사항을 고려하여야 한다(국제조세조정에 관한 법률 시행령 제9조 제1항).

① 거래 당사자 양쪽이 함께 실현한 거래순이익은 제3자와의 거래에서 실현한 거래순이익으로 할 것

② 상대적 공헌도는 다음의 각 기준과 각 기준이 거래순이익의 실현에 미치는 중요도를

유연성 및 정보의 상대적 입수가능성 때문에 선진국이나 개발도상국에서 실무적으로 가장 일상적으로 적용되는 방법이다. 재무회계 보고서는 가장 쉽게 입수가능한 잠재적 비교가능성 정보의 출처이므로, 재무회계 보고서에 나타난 순이익률 정보를 토대로 하는 거래순이익률법이 광범위하게 사용되고 있다. 우리나라의 경우 APA 도입 이후 2017년까지 타결된 총 418건 중 거래순이익률방법이 사용된 사례가 375건으로 전체의 90%를 차지하였다(국세청, '2017 APA 연차보고서', 2019).

30) 이 방법을 사용하기 위해서는 각 특수관계 회사들(자회사 등)의 사용 자산 및 추정 위험 등을 바탕으로 물품과 서비스의 생산 및 판매에 관련된 모든 수입국의 특수관계 수입회사 사이에 배분된, 물품 및 서비스 제공에 대한 다국적 기업의 전 세계적 이윤에 대해 자세히 알아야 한다. 따라서 특정 그룹 내 모든 회사/자회사들의 이윤 및 각 거래에 대한 전 세계적 이윤에 대해 알아야 하지만 이 정보를 얻기가 항상 쉬운 것은 아니다(WCO관세평가 교육모듈(중급/고급용), 302쪽).

고려하여 유사한 상황에서 특수관계가 없는 독립된 사업자 간의 거래에 적용될 것으로 판단되는 합리적인 배부기준에 따라 측정할 것

a. 사용된 자산과 부담한 위험을 고려하여 평가된 거래 당사자가 수행한 기능의 상대적 가치

b. 영업자산, 유형 · 무형의 자산 또는 사용된 자본

c. 연구 · 개발, 설계, 마케팅 등 핵심 분야에 지출 · 투자된 비용

d. 그 밖에 판매 증가량, 핵심 분야의 고용인원 또는 노동 투입시간, 매장 규모 등 거래순이익의 실현과 관련하여 합리적으로 측정할 수 있는 배부기준

(6) 그 밖에 대통령령으로 정하는 바에 따라 합리적이라고 인정되는 방법

"그 밖에 대통령령으로 정하는 바에 따라 합리적이라고 인정되는 방법"이란 국제조세조정에 관한 법률에서 정한 산출방법 外에 거래의 실질 및 관행에 비추어 합리적이라고 인정되는 방법을 말한다(국제조세조정에 관한 법률 시행령 제10조).

2. 정상가격 산출방법의 선택 및 적용

(1) 의의

비교가능제삼자가격법, 재판매가격법, 원가가산법을 '전통적 거래방법'이라 하고, 거래순이익률법, 거래이익분할법을 '거래이익방법'이라고 부른다. 전통적 거래방법은 매출총이익 수준을 분석하며, 거래이익방법은 영업이익 수준을 주로 분석한다.[31] 정상가격산출방법 간에는 우선순위가 없지만, 다만 '그 밖에 대통령령으로 정하는 바에 따라 합리적이라고 인정되는 방법'은 전통적 거래방법이나 거래이익방법으로 정상가격을 산출할 수 없는 경우에만 적용한다(동법 제8조 제1항 단서).

(2) 정상가격 산출방법의 선택

(가) 가장 합리적인 방법의 선택

국제조세조정에 관한 법률 제8조 제1항에 따라 정상가격을 산출할 때에는 다음의 각 기준을 고려하여 가장 合理的인 방법을 선택해야 한다(국제조세조정에 관한 법률 시행령 제14조 제1항).

1) 다음의 어느 하나에 해당하여 특수관계가 있는 자 간의 국제거래와 특수관계가 없는 자 간의 거래 사이에 **'비교가능성'**이 높을 것

31) 김준석, 한인섭, 김태경 공저, 국제조세실무, 2019년, 934쪽.

① 비교되는 상황 간의 차이가 비교되는 거래의 가격이나 순이익에 중대한 영향을 주지 않는 경우

② 비교되는 상황 간의 차이가 비교되는 거래의 가격이나 순이익에 중대한 영향을 주는 경우에도 그 영향에 의한 차이를 제거할 수 있는 합리적 조정이 가능한 경우

2) 사용되는 자료의 확보·이용 가능성이 높을 것

3) 특수관계가 있는 자 간의 국제거래와 특수관계가 없는 자 간의 거래를 비교하기 위하여 설정된 경제 여건, 경영 환경 등에 대한 가정(假定)이 현실에 부합하는 정도가 높을 것

4) 사용되는 자료 또는 설정된 가정의 결함이 산출된 정상가격에 미치는 영향이 적을 것

5) 특수관계가 있는 자 간의 국제거래와 정상가격 산출방법의 **'적합성'**이 높을 것

(나) 비교가능성의 평가

위에서 비교가능성이 높은지를 평가하는 경우에는 다음의 각 사항을 분석해야 한다(국제조세조정에 관한 법률 시행령 제14조 제2항, 동법 시행규칙 제6조 제1항).

1) 재화나 용역의 종류 및 특성

① 유형자산의 거래인 경우: 재화의 물리적 특성, 품질 및 신뢰도, 공급 물량·시기 등 공급 여건

② 무형자산의 거래인 경우: 거래 유형(사용허락 또는 판매 등을 말한다), 자산의 형태(특허권, 상표권, 노하우 등을 말한다), 보호기간과 보호 정도, 자산 사용으로 인한 기대편익

③ 용역의 제공인 경우: 제공되는 용역의 특성 및 범위

2) 사업활동의 기능: 설계, 제조, 조립, 연구·개발, 용역, 구매, 유통, 마케팅, 광고, 운송, 재무 및 관리 등 수행하고 있는 핵심 기능

3) 거래에 수반되는 위험: 제조원가 및 제품가격 변동 등 시장의 불확실성에 따른 위험, 유형자산에 대한 투자·사용 및 연구·개발 투자의 성공 여부 등에 따른 투자위험, 환율 및 이자율 변동 등에 따른 재무위험, 매출채권 회수 등과 관련된 신용위험

4) 사용되는 자산: 자산의 유형(유형자산·무형자산 등을 말한다)과 자산의 특성(내용연수, 시장가치, 사용지역, 법적 보호장치 등을 말한다)

5) 계약 조건: 거래에 수반되는 책임, 위험, 기대편익 등이 거래 당사자 간에 배분되는 형태(사실상의 계약관계를 포함한다)

6) 경제 여건: 시장 여건(시장의 지리적 위치, 시장 규모, 도매·소매 등 거래단계, 시장의 경쟁 정도 등을 말한다)과 경기 순환변동의 특성(경기·제품 주기 등을 말한다)

7) 사업전략: 시장침투, 기술혁신 및 신제품 개발, 사업 다각화, 위험 회피 등 기업의 전략

(다) 적합성의 평가

위에서 정상가격 산출방법의 적합성이 높은지를 평가하는 경우에는 다음의 각 구분에 따른 사항을 고려하여 분석해야 한다(국제조세조정에 관한 법률 시행령 제14조 제3항, 동법 시행규칙 제6조 제2항).

1) 비교가능 제3자 가격방법을 적용할 경우: 비교대상 재화나 용역 간에 동질성이 있는지 여부. 이 경우 거래 시기, 거래 시장, 거래 조건, 무형자산의 사용 여부 등에 따른 차이는 합리적으로 조정될 수 있어야 한다.
2) 재판매가격방법을 적용할 경우: 분석대상 당사자가 중요한 가공기능 또는 제조기능 없이 판매 등을 하는지 여부. 이 경우 거래되는 재화나 용역의 특성보다는 분석대상 당사자와 비교가능 대상 간에 기능상 동질성이 있는지를 우선적으로 고려해야 하며, 고유한 무형자산(상표권이나 고유한 마케팅 조직 등을 말한다)의 사용 등에 따른 차이는 합리적으로 조정될 수 있어야 한다.
3) 원가가산방법을 적용할 경우: 특수관계인 간에 반제품(半製品) 등의 중간재(中間材)가 거래되거나 용역이 제공되는지 여부. 이 경우 분석대상 당사자와 비교가능 대상 간에 기능상 동질성이 있는지를 우선적으로 고려해야 하며, 분석대상 당사자와 비교가능 대상 사이에서 비교되는 총이익은 원가와의 관련성이 높고 동일한 회계기준에 따라 측정될 수 있어야 한다.
4) 거래순이익률방법을 적용할 경우: 거래순이익률 지표(영 제8조 제1항 각 호의 거래순이익률 지표를 말한다. 이하 같다)와 영업활동의 상관관계가 높은지 여부. 이 경우 그 밖의 정상가격 산출방법보다 더 엄격하게 특수관계 거래와 비교가능 거래의 유사성이 확보될 수 있거나 비교되는 상황 간의 차이가 합리적으로 조정될 수 있어야 한다.

   이 경우 거래순이익률의 각 지표(영 제8조 제1항 제5호의 경우는 제외한다)는 다른 특별한 사정이 없으면 다음의 각 구분에 따른 사항을 고려하여 선택해야 한다. 이 경우 선택된 거래순이익률 지표는 분석대상 당사자와 독립된 제3자 사이에서 같은 기준으로 측정하고, 특수관계 거래와의 직접적 · 간접적 관련성 및 영업활동과의 관련성 등을 고려하여 합리적인 수준까지 전체 기업의 재무정보를 세분화하여 측정해야 한다.

   ① 매출액에 대한 거래순이익의 비율의 경우: 특수관계인으로부터 구매한 제품을 독립된 제3자에게 재판매하는 경우에 사용할 것. 이 경우 판매장려금, 매출할인, 외환손익에 대해서는 분석대상 당사자와 비교가능 대상에 대하여 동일한 회계기준을 적용해야 한다.

② 자산에 대한 거래순이익의 비율의 경우: 유형자산 집약적인 제조활동, 자본집약적인 재무활동 등과 같이 분석대상 당사자가 창출한 거래순이익과 자산의 관련성이 큰 경우에 사용할 것. 이 경우 자산의 범위에는 다음 각 목의 것을 포함하되, 투자자산 및 현금은 금융산업인 경우에만 영업자산으로 한다.

a. 토지 · 건물 · 설비 · 장비 등 유형의 영업자산

b. 특허권 · 노하우 등 영업활동에 사용되는 무형의 영업자산

c. 재고자산 · 매출채권(매입채무는 제외한다) 등 운전자본(運轉資本)

③ 매출원가 및 영업비용에 대한 거래순이익의 비율의 경우: 거래순이익과 매출원가 및 영업비용의 관련성이 높은 경우에 사용할 것. 이 경우 매출원가 및 영업비용은 분석대상 당사자가 사용한 자산, 부담한 위험, 수행한 기능 및 영업활동과의 관련성을 고려하여 측정한다.

④ 영업비용에 대한 매출 총이익의 비율의 경우: 분석대상 당사자가 재고에 대한 부담 없이 단순 판매활동을 하는 경우(특수관계인으로부터 재화를 구입하여 다른 특수관계인에게 판매하는 단순 중개활동을 하는 경우 등을 말한다)에 사용할 것

⑤ 이익분할방법을 적용할 경우: 특수관계인 양쪽이 특수한 무형자산 형성에 관여하는 등 고도로 통합된 기능을 수행하는 경우에 특수관계가 없는 독립된 당사자 사이에서도 각자의 기여에 비례하여 그 이익을 분할하는 것이 합리적으로 기대되는지 여부

(3) 정상가격 산출방법의 적용

1) 가장 합리적인 방법을 선택하여 정상가격을 산출하는 경우에는 납세자의 사업 환경 및 특수관계 거래 분석, 내부 및 외부의 비교가능한 거래에 대한 자료 수집, 정상가격 산출방법의 선택 및 가격 · 이윤 또는 거래순이익 산출, 비교가능한 거래의 선정 및 합리적인 차이 조정 등의 분석절차를 거쳐야 한다(국제조세조정에 관한 법률 시행령 제15조 제1항, 동법 시행규칙 제7조 제1항).

2) 정상가격 산출방법을 적용할 때 개별 거래들이 서로 밀접하게 연관되거나 연속되어 있어 거래별로 구분하여 가격 · 이윤 또는 거래순이익을 산출하는 것이 합리적이지 않을 경우에는 개별 거래들을 統合하여 평가할 수 있다(국제조세조정에 관한 법률 시행령 제15조 제2항).

3) 정상가격 산출방법을 적용할 때 경제적 여건이나 사업전략 등의 영향이 여러 해에 걸쳐 발생함으로써 해당 사업연도의 자료만으로 가격 · 이윤 또는 거래순이익을 산출하는 것이 합리적이지 않을 경우에는 여러 사업연도의 자료를 사용할 수 있다(국제조세조정에 관한 법률 시행령 제15조 제3항).

4) 정상가격을 산출하는 경우 해당 거래와 특수관계가 없는 자 간의 거래 사이에서 비교가능성 분석요소의 차이로 가격 · 이윤 또는 거래순이익에 차이가 발생할 때에는 그 가격 · 이윤 또는 거래순이익의 차이를 합리적으로 조정해야 한다(국제조세조정에 관한 법률 시행령 제15조 제4항).

5) 정상가격을 산출하는 경우에는 특수관계가 없는 자 간에 있었던 둘 이상의 거래를 토대로 정상가격 범위를 산정하여 이를 거주자가 정상가격에 의한 신고 등의 여부를 결정하거나 과세당국이 정상가격에 의한 결정 및 경정 여부를 판정할 때 사용할 수 있다(국제조세조정에 관한 법률 시행령 제15조 제5항).

6) 거주자 또는 과세당국이 정상가격 범위를 벗어난 거래가격에 대하여 정상가격에 의한 신고 또는 결정 및 경정 등을 하는 경우에는 그 정상가격 범위의 거래에서 산정된 평균값, 중위값, 최빈값, 그 밖의 합리적인 특정 가격을 기준으로 해야 한다(국제조세조정에 관한 법률 시행령 제15조 제6항).

Ⅱ 관세법상 과세가격 결정방법과의 차이점

1. 수입물품에 대한 관세의 과세가격은 국제협약인 평가협정 및 관세법에 따라 결정하고, 내국세 목적의 이전가격은 국제조세조정에 관한 법률 및 OECD 이전가격 가이드라인(OECD Transfer Pricing Guideline)에서 규정하고 있는 정상가격 산출방법에 따라 결정하고 있다. 그런데, 국제조세조정에 관한 법률 및 OECD 이전가격 가이드라인상 정상가격 산출방법과 평가협정 및 관세법상 과세가격 결정방법은 그 원칙, 목적, 과세관점, 내용 등이 상이하다.[32]

   또한 특수관계자간 거래에 있어서, 관세당국의 관심은 어떤 거래가격이 당사자간의 특수관계에 의해서 영향을 받았는지 여부를 규명하는 것인 반면, 내국세목적은 '정상가격'을 찾는데 있다. 구체적으로 거래가격의 수용가능성을 결정하기 위한 관세법상 과세가격 결정방법들 하에서는 상품의 유사성이 요구되나, 정상가격 결정방법하에서는 기능, 위험

32) 동일한 과세물건의 이전가격에 대하여 세무당국은 이전가격이 높게 책정된 것이 아닌지 대해 조사하고, 세관당국은 이전가격이 낮게 책정된 것이 아닌지를 심사한다. 즉, 양자의 과세관점이 다르다. 그리고 '국제조세조정에 관한 법률'상 정상가격 산출방법 중 비교가능제삼자가격방법은 관세법상 동종 · 동질 또는 유사물품의 거래가격방법(제2방법, 제3방법)과 유사하고, '재판매가격법'은 국내판매가격에 기초한 과세가격 결정방법(제4방법)과 유사하며, '원가가산법'은 산정가격방법(제5방법)과 유사한 측면이 있기는 하나, 관세당국의 초점은 거래가격을 기초로 한 방법(제1방법)과 구매자와 판매자가 특수관계일 때 신고된 가격이 영향을 받았는지 여부에 있기 때문에 양자는 그 기본전제나 목적이 다르고 세부내용에 있어서도 차이가 있다.

등의 유사성(예: 유사한 기능을 수행하는 회사의 이익률과 비교)에 중점을 두고 있다. 그리고 관세법 및 평가협정은 모든 개별 수입물품에 대한 과세가격이 결정되어야 함을 요구하기 때문에, 거래가격 수용 가능성 여부, 특수관계가 거래가격에 영향을 미쳤는지 여부 등에 대한 결정 또한 반드시 품목별로 이루어져야 한다. 그러나 내국세는 일정기간 발생한 소득에 중점을 두고 있어 각 상품에 대한 각각의 거래의 평가를 반드시 필요로 하지 않는다.[33)]

2. 이와 같이 관세목적의 과세가격과 내국세목적의 정상가격은 그 결정방법, 대상, 목적 등에 있어서 차이가 있기 때문에, 당사자간 거래가격이 국제조세조정에 관한 법률이나 OECD 이전가격 가이드라인에 부합하게 결정되었다고 하여 그 사정만으로 관세법상으로 특수관계가 거래가격에 영향을 미치지 않았다고 판단할 수는 없는 것이다. 즉, 국제조세조정에 관한 법률에 따른 정상가격은 관세의 부과를 목적으로 하는 관세법에 따른 과세가격과 목적 및 산출방법 등이 상이하므로 국제조세조정에 관한 법률에 의한 내국세의 조정에 따라 거래당사자가 당초 수입가격을 조정하더라도 관세의 과세가격 산정에는 영향을 미치지 아니한다(재경부 관협 47040-310호).

   判例도 "관세 부과를 목적으로 하는 관세법에 의한 '과세가격'의 목적과 산출방법은 내국세 부과를 목적으로 하는 국제조세조정에 관한 법률에 의한 '정상가격'의 그것과 다르므로, 수입물품의 거래가격이 국제조세조정에 관한 법률에서 정한 정상가격 산출방법(예: 거래순이익률법)에 따랐다 할지라도, 그러한 사정만으로 관세법상으로도 특수관계가 거래가격에 영향을 미치지 않았다고 할 수는 없다"고 하고(부산고판 2010누2982, 서울고판 2016누75618 등), 또한 "관세의 과세가격 결정은 거래당사자 사이의 전체 거래에 의하여 결정하는 것이 아니라 당해 수입물품의 거래가격을 기초로 결정하는 것이므로, 특수관계가 거래가격에 영향을 미쳤는지 여부를 판단할 때도 거래당사자 사이의 전체 거래를 기준으로 하는 것이 아니라 당해 수입물품의 거래가격(당해 수입물품의 거래와 관련한 거래상황)을 기초로 판단하여야 한다(부산고판 2010누2982, 서울고판 2009누34664, 서울고판 2016누75618 등).

Ⅲ 양자의 조화 문제

국내 외국계 기업 A사가 의료기기를 1대당 1억원에 수입하고 있는데, 세관에서 기업심사를 통해 수입가격은 低價로 판단하고 과세가격을 1.5억원으로 상향조정하고 그 차액에 대해

33) 이는 주로 과세표준의 상이(相異)에 기인한다. 관세의 과세표준은 해당 수입물품의 가격이나 법인세의 과세표준은 사업연도별 사업소득에서 일정한 금액을 공제한 금액이다(관세법 제15조, 법인세법 제13조).

관세 등을 부과하는 경우, 관세측면에서는 세관조사로 수입가격이 1.5억원으로 상향조정되어 관세 등을 추가로 납부하는 상황인데, 내국세측면에서는 관세측면에서 상향조정된 수입가격 1.5억원을 비용으로 인정하는 것이 아니라 수입가격 1억원을 그대로 하여 소득을 계산하여 법인세를 부과하는 상황이 발생할 수 있게 된다. 즉, 관세의 과세가격과 내국세의 과세가격이 따로 존재하여 A사는 그로 인하여 손실을 보게 되는 것이다. 이와 같은 문제점을 시정하기 위하여 내국세의 정상가격 결정방법과 관세의 과세가격 결정방법을 상호 조정 및 조화시켜야 한다는 비판이 제기되어 왔다.

과거 '국제조세조정에 관한 법률'상 정상가격 산출방법과 관세법상 과세가격 결정방법을 조화시키려는 이론적 연구들이 많이 행하여져 왔으나 그리 실효적이지 못하였다.[34] 또한 양자를 조화시키기 위하여 관세법 제37조의2, 제38조의4 및 국제조세조정에 관한 법률 제20조에서 "수입물품의 과세가격 조정에 따른 관세의 과세가격 결정방법과 국세의 정상가격 산출방법의 사전조정", "수입물품의 과세가격 조정에 따른 경정"을 규정하고 있으나, 이 제도들은 실제 거의 활용되고 있지 않은 실정이다.

WCO에서도 양자의 상호 조정 또는 통합은 그것이 기초하고 있는 현존하는 법적 체계의 특징을 고려할 때 현실적인 제안이 아니라는 것을 인정하고,[35] 최근에는 내국세 납부 목적으로 작성된 이전가격 책정 관련 서류(Transfer pricing policy, Transfer pricing study, Transfer pricing guideline, 국제거래정보통합보고서 등)에 수록된 정보가 관세의 과세가격을 최종적으로 결정함에 있어 수입물품에 대한 신고가격에 당사자의 관계(특수관계)에 의해 어느 정도로 영향을 받았는지 아닌지를 관세당국이 결정하는데 유익한 정보로 활용할 수 있는지,[36] 이전가격 책정 목적상 수입통관 후에 이루어지는 보상조정 등을 관세측면에서 어떻게 처리(가격조정약관 등의 문제)할 것인지에 대한 논의에 집중하고 있다(평가협정 예해 23.1, 4.1, 평가협정 사례연구 10.1 참조).[37] 그 결과 WCO는 평가협정 사례연구 14.1과 14.2를 발표하여

34) 이에 관한 참고서적으로는 Juan Martin Jovanovich, Customs Valuation and Transfer Pricing, 2002, KLUWER LAW.

35) 특히, 평가협정에 포함된 과세가격 결정방법론의 적용이 WTO회원국에 대하여는 하나의 의무이고 그것이 短期 내지 中期에 수정(개정)되기를 기대하기 어렵다는 사실을 감안할 때 양자의 조정 또는 통합은 현실적인 제안이 아니라는 것이 명백하므로, 현실적인 제안은 평가협정 조항의 제약 내에서 가능한 제안을 검토하게 되었다.

36) 이전가격 계약서(Transfer pricing agreements)는 대개 모회사가 전 세계적으로 작성한다. 여기에는 자회사/특수관계 회사와의 비즈니스 관계 및 비즈니스 거래의 모든 측면들이 포함되고, 이전가격 정책 및 자회사의 의무에 대한 기초를 제공할 것이다. 대부분의 경우, 모회사와 자회사간의 이전가격 계약서는 모회사가 결정한다. 세관이 신고된 특수관계자 거래를 다루고 있고 그 당사자들에 대해 세관이 사전에 알고 있지 않은 경우, 기본원칙 뿐만 아니라 이전가격 계약의 모든 측면을 포함하고 있는 이전가격계약서는 검토해야 할 중요한 문서이다(WCO관세평가 교육모듈(중급/고급용), 304쪽).

37) WCO, WCO GUIDE TO Customs Valuation & Transfer Pricing, 2015. 참조.

특수관계자 간 거래 검토시 이전가격 문서의 사용 방안에 대해 사례를 통해 설명하고 있으나, 구체적인 해결방안은 제시하지 못하고 있는 실정이다.

[평가협정 예해 23.1] 다음으로 제기되는 쟁점은 내국세 목적으로 준비되고 수입자에 의해 제출된 이전가격 연구를 세관 당국이 판매 주변상황을 검토하기 위한 기초로 활용할 수 있는지 여부이다. 한편으로, 이전가격 연구가 판매 주변상황에 대한 관련 정보를 포함하고 있다면, 수입자가 제출한 이전가격 연구는 훌륭한 정보의 출처가 될 수 있다. 반대로, 수입물품의 가격을 결정하기 위해 평가협정에 있는 방법과 「OECD 이전가격 지침」에 있는 방법 사이에 존재하는 본질적이고 중요한 차이 때문에 이전가격 연구가 판매 주변상황을 검토하는데 있어 관련 없거나 적절하지 않을 수도 있다. 따라서 판매상황을 검토하기 위한 가능한 기초로서 이전가격 연구의 사용은 사안별로 고려되어야 한다. 결론적으로, 수입자가 제출하는 일체의 관련 정보와 문서들은 판매 주변상황을 검토하기 위하여 활용될 수 있다. 이전가격 연구는 이러한 정보에 대한 하나의 공급원이 될 수 있다.

기본적으로 정상가격 산출방법과 평가협정 및 관세법상 과세가격 결정방법은 그 원칙, 목적, 과세관점, 내용 등이 상이하기 때문에 내국세 목적[38]으로 작성된 이전가격 보고서를 관세당국이 그래도 수용하기에는 어려움이 있는 것이다.

38) 이전가격 보고서는 기업의 주된 관심사인 내국세 목적을 위해 작성된다. 관세목적으로 이전가격보고서가 작성되는 경우는 극히 드물다고 할 수 있다. 특히, 선진국에서는 관세율이 직접세율보다 일반적으로 낮기 때문에 많은 수입자들은 관세 의무의 중요성은 최소화하고 직접세 의무에 우선순위를 둔다(WCO관세평가 교육모듈(중급/고급용), 308쪽).

제2장

거래가격에 기초한 과세가격 결정방법(제1방법)

거래가격에 기초한 과세가격 결정방법, 즉 '제1방법'은 과세가격결정의 原則으로서 '거래가격'(Transaction Value)을 과세가격으로 결정하는 방법이다(관세법 제30조 제1항).

관세법 제30조 제1항 본문에서는 "수입물품의 과세가격은 우리나라에 수출하기 위하여 판매되는 물품에 대하여 구매자가 실제로 지급하였거나 지급하여야 할 가격에 다음 각호의 금액을 더하여 조정한 去來價格으로 한다"고 규정하고 있고, 평가협정 제1조에서는 "수입물품의 관세의 과세가격은 거래가격이 되어야 한다"(The customs value of imported goods shall be the transaction value)고 규정하고 있다. 거래가격에 기초한 과세가격 결정방법은 최우선적으로 적용되는 과세가격 결정방법이다.[39)]

거래가격에 기초한 과세가격 결정방법(제1방법)은 우리나라에 수출(輸出)하기 위하여 판매(販賣)된 물품에 대해서만 적용되고, 거래가격에 영향을 미치는 해당 물품의 처분 또는 사용에 제한이 있거나 금액으로 계산할 수 없는 조건 또는 사정이 있거나 적절히 조정할 수 없는 사후귀속이익이 있거나 특수관계가 거래가격에 영향을 미친 경우(거래가격 배제사유)에는 거래가격에 기초하여 과세가격을 결정할 수 없다. 먼저, 수입물품의 거래가격은 원칙적으로 독립한 별개의 당사자간에 물품의 소유권이전의무와 대가지급의무를 각각 부담하는 '수출판매'의 경우에만 과세가격으로 적용되는데, 그 이유는 수출판매 以外의 거래형태에서는 당사자가 합의한 거래가격이 수입물품의 실제가격에 가장 가까운 상당치를 반영하고 있다고 보기 어려워 去來價格을 과세가격으로 결정하는 것이 적절치 않기 때문이다. 수출판매 以外의 거래형태에 대해서는 관세법 제31조 내지 제35조에 따라 과세가격을 결정한다. 그리고 수출판매가 존재하여 거래가격을 과세가격으로 채택하고자 하는 경우에도 거래의 成立이나 去來價格에 여러 가지 왜곡(歪曲)이 있을 수 있는데, 그러한 왜곡들이 관세법 제30조 제3항 각호의 "거래가격 배제사유"에 해당하면 거래가격이 배제되고 제2방법 내지 제6방법에 따라 과세가격을 결정한다. 다만, 그러한 거래가격의 왜곡이 관세법 제30조 제1항 각호의 '가산요소' 규정에 따라 가격조정으로 해결할 수 있는 경우에는 거래가격을 배제하지 않고 가산요소금액을 실제지급가격에 가산하여 거래가격으로 과세가격을 결정한다.

제1방법에서의 과세가격인 거래가격은 실제지급가격에 관세법 제30조 제1항 각호의 가산요소금액을 더하고 관세법 제30조 제2항 각호의 공제요소금액을 뺀 금액으로 한다. '실제지급가격'에는 직접지급뿐만 아니라 간접지급도 포함된다. '가산요소'에는 중개료 또는

39) 대부분의 국가들에서 거래가격이 전체 수입통관의 90~95% 수준으로 사용되고 있는 것으로 알려지고 있다(WCO, WCO GUIDE TO Customs Valuation & Transfer Pricing, 2015. 참조).

수수료, 포장 및 용기비용, 권리사용료, 생산지원비, 사후귀속이익, 수입항까지의 운임·보험료·운송관련비용 등이 있으며, '공제요소'에는 수입 後의 수입물품의 건설·설치·조립·정비·유지 및 기술지원에 필요한 비용, 수입항 도착 後의 운임·보험료·운송관련비용, 해당 수입물품에 부과된 조세와 그 밖의 공과금, 연불이자 등이 있다.

우리나라에 수출하기 위하여 판매된 물품이고 거래가격 배제사유가 없는 경우라 하더라도 평가대상물품의 신고가격이 동종·동질물품 또는 유사물품의 거래가격과 현저한 차이가 있는 등 이를 과세가격으로 인정하기 곤란한 사유가 있는 경우, 세관장은 납세의무자에게 신고가격이 事實과 같음을 증명할 수 있는 자료를 제출할 것을 요구할 수 있고(법 제30조 제4항), 납세의무자가 제출한 자료가 수입물품의 거래관계를 구체적으로 나타내지 못하는 등 거래가격의 진실성 또는 정확성에 대하여 합리적 의심(疑心)이 있는 경우에는 거래가격을 불인정(법 제30조 제5항)하고 제2방법 내지 제6방법에 따라 과세가격을 결정한다.

이하 제1절에서는 제1방법의 적용요건(우리나라에 수출하기 위한 판매, 거래가격 배제사유가 없을 것),[40] 제2절에서는 과세가격 결정(실제지급가격, 가산요소, 공제요소), 제3절에서는 거래가격에 대한 합리적 의심과 거래가격 불인정에 대해 차례로 설명하기로 한다.

40) 거래가격 배제사유는 法 조문 순서상으로는 법 제30조 '제3항'에 규정되어 있지만, 실제 제1방법의 적용과정에 따라 (평가협정 체계와 같이) '거래가격 배제사유'를 거래가격 적용요건에 포함하여 설명하기로 한다.

제 1 절

적용요건

법 제30조(과세가격 결정의 원칙) ① 수입물품의 과세가격은 우리나라에 수출하기 위하여 판매되는 물품에 대하여 구매자가 실제로 지급하였거나 지급하여야 할 가격에 다음 각 호의 금액을 더하여 조정한 거래가격으로 한다.

③ 다음 각 호의 어느 하나에 해당하는 경우에는 제1항에 따른 거래가격을 해당 물품의 과세가격으로 하지 아니하고 제31조부터 제35조까지에 규정된 방법으로 과세가격을 결정한다. 이 경우 세관장은 다음 각 호의 어느 하나에 해당하는 것으로 판단하는 근거를 납세의무자에게 미리 서면으로 통보하여 의견을 제시할 기회를 주어야 한다.

1. 해당 물품의 처분 또는 사용에 제한이 있는 경우. 다만, 세관장이 제1항에 따른 거래가격에 실질적으로 영향을 미치지 아니한다고 인정하는 제한이 있는 경우 등 대통령령으로 정하는 경우는 제외한다.
2. 해당 물품에 대한 거래의 성립 또는 가격의 결정이 금액으로 계산할 수 없는 조건 또는 사정에 따라 영향을 받은 경우
3. 해당 물품을 수입한 후에 전매·처분 또는 사용하여 생긴 수익의 일부가 판매자에게 직접 또는 간접으로 귀속되는 경우. 다만, 제1항에 따라 적절히 조정할 수 있는 경우는 제외한다.
4. 구매자와 판매자 간에 대통령령으로 정하는 특수관계(이하 "특수관계"라 한다)가 있어 그 특수관계가 해당 물품의 가격에 영향을 미친 경우. 다만, 해당 산업부문의 정상적인 가격결정 관행에 부합하는 방법으로 결정된 경우 등 대통령령으로 정하는 경우는 제외한다.

제1방법은 "우리나라에 수출하기 위하여 판매되는 물품"에 대해서만 적용된다.[41] 그러나 수입물품에 대하여 관세법 제30조 제3항 각호에 규정된 거래가격 배제사유(① 수입물품의 처분 또는 사용의 제한, ② 금액으로 계산할 수 없는 조건 또는 사정, ③ 적절히 조정할 수 없는 사후귀속이익, ④ 특수관계가 거래가격에 영향을 미친 경우)가 있으면 제1방법을 적용할

41) 평가협정 제1조: The customs value of imported goods shall be the transaction value, that is the price actually paid or payable for the goods when sold for export to the country of importation adjusted in accordance with the provisions of Article 8.

수 없다(관세법 제30조, 평가협정 제1조). 따라서 제1방법은 (1) **우리나라에 수출하기 위한 판매일 것**과 (2) **거래가격 배제사유가 없을 것**이라는 2가지 要件이 충족되는 경우에만 적용할 수 있고, 만약 2가지 요건 중 하나라도 충족하지 못하면 제1방법은 적용할 수 없고 제2방법 내지 제6방법에 따라 과세가격을 결정해야 한다.

제1항 우리나라에 수출하기 위한 판매일 것

법 제30조 제1항: 수입물품의 과세가격은 우리나라에 수출하기 위하여 판매되는 물품에 대하여 구매자가 실제로 지급하였거나 지급하여야 할 가격에 다음 각 호의 금액을 더하여 조정한 거래가격으로 한다.

I 판매(Sale)

1. 의의

제1방법은 구매자와 판매자간의 '판매'(Sale, 販賣)에 대해서만 적용된다. 그런데, 관세법이나 평가협정에서는 판매에 대한 정의규정을 두고 있지 않다. 다만, 관세평가 고시 제15조 제1항에서 "판매는 각각 자기 책임과 계산으로 해당 수입물품에 대한 대가를 지급하고 소유권 이전을 목적으로 하는 구매자와 판매자간의 거래를 말한다"고 규정하고 있을 뿐이다. 따라서 특정거래가 판매에 해당하는지 여부는 국내법에 의해 결정되지만, 국제물품매매계약에 관한 UN협약상 매매에 관한 규정과 평가협정 제1조 및 제8조, 평가협정 권고의견 1.1 및 14.1 등도 함께 고려할 수 있을 것이다.

2. 민법 및 국제물품매매계약에 관한 UN협약상 매매

(1) 의의

민법상 매매(賣買)는 매도인이 재산권을 상대방에게 이전할 것을 약정하고, 매수인은 이에 대하여 그 대금(금전)을 지급할 것을 약정함으로써 성립하는 계약이다(민법 제563조).

국제물품매매계약에 관한 UN협약(비엔나협약)에 국제매매에 대한 정의규정은 없으나,

제2편의 계약의 성립에 관한 규정(청약, 승낙, 계약의 성립시기, 도달 등), 제3편의 매도인의무(소유권이전의무, 물품인도의무, 서류교부의무 등)와 매수인의 의무(대금지급의무, 물품의 수령의무 등)에 관한 규정들을 살펴볼 때, "매매계약"은 한 당사자(매도인)가 물품을 인도하고 필요한 경우 동 물품과 관련한 서류를 인도하며 물품에 대한 소유권을 이전할 의무를 부담하고, 이에 대하여 타방당사자(매수인)는 물품에 대한 대금을 지급하고 계약이 요구하는 방식으로 협력할 의무를 부담하는 계약이라고 할 수 있다.[42)]

(2) 법적 성질

매매계약은 재산권의 이전의무와 대금의 지급의무가 서로 견련관계에 있는 유상·쌍무계약이다. 즉, 매매계약은 계약당사자 쌍방이 서로 대가적 의미 있는 財産上의 출연을 하는 유상(有償)계약이고, 계약당사자가 서로 대가적 의미를 가지는 債務를 부담하는 쌍무(雙務)계약에 해당한다. 또한, 매매계약은 당사자간의 의사의 합치(합의)만으로 성립하는 낙성계약이고, 매매계약의 성립에는 어떤 특정한 방식을 요구하지 않으므로 불요식계약이다.[43)] 매매계약의 경우 매매계약체결시 매매계약의 기본요소(매매목적물, 이전방법, 매매가액 및 지급방법 등)의 내용이 확정되어 있거나 적어도 확정될 수 있는 기준이 설정되어 있어야 한다(대판 93다4908).

(3) 매도인과 매수인의 의무 등

매매계약이 성립하면 매도인은 재산권(매매목적물의 소유권)을 이전할 의무를 지고, 매수인은 그 대가로서 매매대금의 지급의무를 부담한다(민법 제568조 제1항).

(가) 매도인의 의무

1) 매도인의 재산권이전의무는 당사자 사이에 특약이 없는 한 매매목적물에 대한 제한이나 부담이 없는 완전한 소유권을 이전하여야 할 의무이다(소유권의 내용은 사용, 수익, 처분권으로 이루어진다). 당사자 사이에 특약이 없음에도 불구하고 제한이나 부담이 존재하는 재산권을 이전한 경우에, 매도인은 담보책임 또는 채무불이행책임을 부담할 수 있다.[44)]

---

42) 국제물품매매계약에 관한 UN협약(비엔나협약)에 대한 자세한 설명은 [석광현, 국제물품매매계약의 법리, 박영사, 2009]을 참고하라.

43) 지원림, 민법강의, 제17판, 홍문사, 2020년, 1429쪽.

44) 지원림, 앞의 책, 1438~1440쪽.

2) 매도인은 매매목적물의 인도의무도 부담한다. 매도인은 자기의 물건뿐만 아니라 타인소유의 물건에 대해서도 매매계약(타인권리의 매매)을 체결할 수 있으나, 매도인은 매매의 목적이 된 권리를 취득하여 매수인에게 이전할 의무를 진다(민법 제569조).

3) 매도인이 물건을 매수인에게 이전하였는데, 당해 물건에 어떠한 하자가 발생한 경우, 매수인이 그 하자에 대하여 알고 있고 그 하자 내용을 가격에 반영하였다면 그것은 유효한 계약으로 별 다른 문제를 발생시키지 아니한다. 그러나 매수인이 그 하자에 대하여 선의·무과실인 경우, 매수인은 매도인에게 하자담보책임(민법 제570조 내지 제584조: 계약해제, 손해배상 등)을 물을 수 있다. 물건의 하자(瑕疵)란 특정물건의 성질·품질에 관하여 현실적으로 있는 상태와 마땅히 있어야 할 상태 사이의 불일치를 말한다. 하자여부에 대한 판단은 1차적으로 당사자가 합의한 물건의 성질·품질을 갖추고 있는지 여부에 대해 판단하고, 2차적으로 그러한 당사자간의 합의가 없는 경우(불분명한 경우)에는 객관적으로 보아 그 물건이 가질 것으로 기대되는 통상의 품질·성능을 갖고 있는지 여부에 대해 판단한다. 원칙적으로 매수인은 그 사실을 안 날로부터 1년 내에 하자담보책임을 물을 수 있다. 다시 말하면 그 기간동안 매도인은 "하자보증의무"를 부담하는 것이다(민법 제580조, 제575조 제1항).

또한, 매도인(판매자)은 물품의 운송주선의무, 정보제공의무, 그 밖에 판매조건으로 합의하거나 신의칙상 인정되는 사항을 이행할 의무를 부담한다.

(나) 매수인의 의무

매수인의 대금지급의무는 매매목적물에 대한 대가(consideration)를 '금전'으로 지급하는 의무를 말한다. 매수인은 매도인이 제3자에게 부담하는 채무를 변제(민법 제469조)하거나 매도인의 매수인에 대한 다른 금전채무와 매수인의 대금지급의무를 상계(민법 제492조)[45]하는 방법 등으로 대금지급의무를 이행할 수 있다. 매수인은 매매목적물을 이전받아 어떠한 제한이 없이 자유로이 사용, 수익, 처분할 수 있다. 그리고 매수인은 신의칙 내지 거래관행상 인정되는 협력의무로서 물품검사·수령의무 등을 부담한다(국제물품매매계약에 관한 UN협약 참조).

---

45) 민법 제469조(제삼자의 변제) ① 채무의 변제는 제삼자도 할 수 있다. 그러나 채무의 성질 또는 당사자의 의사표시로 제삼자의 변제를 허용하지 아니하는 때에는 그러하지 아니하다. ② 이해관계없는 제삼자는 채무자의 의사에 반하여 변제하지 못한다.
민법 제492조(상계의 요건) ① 쌍방이 서로 같은 종류를 목적으로 한 채무를 부담한 경우에 그 쌍방의 채무의 이행기가 도래한 때에는 각 채무자는 대등액에 관하여 상계할 수 있다. 그러나 채무의 성질이 상계를 허용하지 아니할 때에는 그러하지 아니하다.

(4) 구별 개념

(가) 민법상 다른 계약

1) 교환

교환은 당사자 쌍방이 금전 以外의 재산권을 서로 이전할 것을 약정함으로써 성립하는 계약으로(민법 제596조), 有償·雙務계약이다. 따라서 교환계약은 금전 이외의 재산권을 상호 이전한다는 점에서 매수인이 매도인에게 대금(금전)지급의무를 지는 매매와 구별된다.[46] 당사자 일방이 재산권이전과 금전의 보충지급을 약정한 때에는 그 금전에 대하여는 매매대금에 관한 규정을 준용한다(민법 제597조). 교환은 국제무역에서 구상무역이나 물물교환과 같이 거래당사자간에 수출과 수입이 연계되는 경우에 나타난다.

[평가협정 권고의견 6.1] 평가협정에 따른 물품교환 또는 구상무역의 처리

① 국제적인 물물교환은 여러 가지 형태를 취하고 있다. 가장 순수한 형태로서 거래를 나타내기 위하여 일반적인 측정 단위(화폐)에 의지하지 않고, 거의 동등한 가치의 물품이나 용역을 교환하는 것이다. 예를 들어, E국의 A 상품 X톤과 I국의 B 상품 Y단위를 교환하는 경우, 판매가 순수한 물물교환의 사례에서 발생하였는지 여부에 관련한 문제는 논외로 하더라도, **거래가 화폐 조건으로 표시되거나 결제되지 않고, 거래가격이나 그 가격을 결정하기 위한 객관적이고 수량화할 수 있는 자료가 없는 경우에 과세가격은 협정에서 순차적으로 규정하고 있는 기타 방법 중의 하나에 기초하여 결정되어야 한다.**

② 다양한 이유(예를 들면 기장, 통계, 세제 등)로 국제무역 관계에서 화폐의 개재를 전적으로 부인하는 것은 어려운 실정이다. 따라서 오늘날에는 순수한 형태의 물물교환은 거의 보이지 않는다. 지금의 물물교환은 물물교환되는 물품의 가격이 결정되고(예를 들면 현행 국제 시장가격 등을 기초로 하는 등) 화폐 조건으로 표시되는 보다 복잡한 거래를 일반적으로 포함한다. 예를 들어, 수입국 I의 제조자 F는 E국에서 생산된 동등한 가치의 물품을 E국으로부터 구매하여 수출하는 것을 조건으로 E국에 전기 장비를 판매할 기회를 얻는다. F와 I국 내에서 합판을 거래하는 X간의 협의 후, X는 E국으로부터 일정량의 합판을 I국으로 수입하고 F는 E국으로 전기 장비를 수출하는데, 해당 장비는 100,000 c.u.로 청구된다. 합판 수입 시 제시된 송장에도 100,000 c.u.로 가격이 표시되어 있다. 하지만 X와 E국의 판매자간에 대금 결제는 이루어지지 않고, 물품에 대한 지급은 F의 전기 장비 수출로 갈음된다.

③ 비록 화폐 조건으로 표시되는 많은 물물교환 거래가 금전적인 정산이 이루어지지 않고 종결된다 할지라도, 예를 들면 정산과정에서 대차잔액이 지급되어야 하거나, 거래의 일부는 화폐 지급을 수반하는 부분적 물물교환(partial barter)의 경우와 같이 화폐가 교환되는 상황이 있다. 예를 들어, I국의 수입자 X는 E국으로부터 50,000 c.u.에 가격이 책정된 기계 2대를 수입하면서,

46) 지원림, 앞의 책, 1481쪽.

이 총 금액의 5분의 1은 화폐로 정산하고 나머지는 지정된 수량의 섬유 상품을 인도하는 것으로 보충하기로 한다. 수입 시에 제시된 송장은 50,000 c.u.의 가격이 표시되지만, X와 E국의 판매자 간에 화폐 정산은 단지 10,000 c.u.만 이루어지고, 차액은 섬유상품의 인도로 갈음된다.

일부 국가의 법률에 따라 화폐 조건으로 표시되는 물물교환 거래가 판매로 간주될 수 있지만, 당연히 이러한 거래는 제1조 제1항(b)의 규정에 따라야 한다. 물물교환 또는 구상무역 거래는 물품 공급이나 가격이 해당 거래와 관련 없는 요인에 의해 결정되는 특정 판매거래와 혼동되지 않아야 한다. **이는 다음의 사례에 적용된다.**

a. 물품가격이 구매자가 그의 공급자에게 판매하는 다른 물품의 가격에 따라 정해지는 경우: 수출국 E의 제조자 F는 I국의 수입자 X와 F가 디자인한 특화된 장비를 10,000 c.u.의 단위가격에 공급하기 위하여, 수입자 X가 해당 장비의 생산에 사용되는 계전기를 150 c.u.의 단위가격에 공급하는 조건으로 계약한다.

b. 수입물품 가격이 동일한 공급자로부터 다른 물품을 특정수량 또는 특정가격으로 획득하고자 하는 구매자의 의사에 좌우되는 경우: 수출국 E의 제조자 F가 I국의 구매자 X에게 50 c.u.의 단위가격으로 가죽 물품을 판매하는데, X가 30 c.u.의 단위가격으로 신발 또한 구매하는 조건인 경우

이러한 거래 역시 평가협정 제1조 제1항(b)에서 정하고 있는 조건의 대상임을 유의해야 한다.

2) 도급계약

도급계약은 당사자 일방(수급인)이 일정한 일을 完成할 것을 약정하고, 상대방(도급인)이 그 일의 결과에 대하여 보수(報酬)를 지급할 것을 약정함으로써 성립하는 有償·雙務 계약이다(민법 제664조). 수급인은 일의 완성의무,[47] 완성물의 인도의무, 하자담보책임(매도인의 담보책임 준용)을 부담하고, 도급인은 이에 대하여 보수지급의무를 부담한다. 대외무역법상 '위탁가공무역'과 '수탁가공무역'(대외무역관리규정 제2조), 물품의 수리 등을 위한 수출입 등이 여기에 해당한다. 수급인이 하여야 할 일이 어떠한 재료에 제작·변경·수선 등의 작업을 하여 완성물을 만드는 것일 때에는 다른 특약이나 관행이 없으면 수급인은 도급인이 제공한 재료에 작업을 할 의무만을 부담한다. 그런데, 더 나아가 '수급인'이 재료조달의무까지 부담하는 경우에는 특별히 '제작물공급계약'이라고 하는데, 제작물공급계약은 매매와 도급의 성질을 함께 가지고 있으므로 매매 또는 도급에 관한 규정이 적용된다(대판 2010다56685).

수급인의 완성물인도의무와 관련하여 완성된 물건의 所有權이 누구에게 귀속되는지

47) 도급계약에서 수급인은 스스로 일을 완성해야 하는 것은 아니므로, 제3자를 보조자로 사용하여 일을 완성하거나 제3자에게 일의 완성을 맡겨도 된다(지원림, 앞의 책, 1570쪽).

문제되는데, 소유권 귀속에 관한 당사자간의 합의가 있다면 당연히 그에 의하지만, 합의가 없는 경우에는 일의 완성에 필요한 재료의 전부 또는 중요부분을 도급인이 공급한 경우에는 완성된 물건의 소유권은 원시적으로 도급인에게 귀속되고, 수급인이 재료의 전부 또는 중요부분을 제공한 경우에는 완성된 물건의 소유권은 수급인에게 귀속된다(대판 97다88601, 98다16675, 2044다36352).

3) 증여

증여는 당사자 일방이 무상(無償)으로 재산을 상대방에게 수여하는 의사를 표시하고 상대방이 이를 승낙함으로써 성립하는 계약이다(민법 제554조). 증여는 증여자 일방만이 물건의 소유권이전의무를 부담하고 수증자는 그에 상응하는 반대급부의무를 부담하지 않는 무상・편무계약[48]이라는 점에서 유상・쌍무계약인 매매계약과 구별된다.

4) 임대차, 사용대차

임대차란 당사자 일방(임대인)이 상대방(임차인)에게 목적물을 사용・수익하게 할 것을 약정하고, 상대방(임차인)이 이에 대한 대가로서 차임을 지급할 것을 약정함으로써 그 효력이 생기는 有償・雙務계약을 말한다(민법 제618조). 대외무역법상 임대수출이나 임차수입이 여기에 해당하는데, 즉 '임대수출'이란 임대계약(사용대차 포함)에 의하여 물품등을 수출하여 일정기간 후 다시 수입하거나 그 기간의 만료 전 또는 만료 후 해당 물품등의 소유권을 이전하는 수출을 말하고, '임차수입'이란 임차계약(사용대차 포함)에 의하여 물품등을 수입하여 일정기간 후 다시 수출하거나 그 기간의 만료 전 또는 만료 후 해당 물품의 소유권을 이전받는 수입을 말한다(대외무역관리규정 제2조).

한편, 사용대차란 당사자 일방(대주)이 상대방(차주)에게 無償으로 사용・수익하게 하기 위하여 목적물을 인도할 것을 약정하고, 상대방(차주)은 이를 사용・수익한 후 그 물건을 반환할 것을 약정함으로써 성립하는 무상・편무계약이다(민법 제609조).

임대차계약이나 사용대차계약이 성립하더라도 임대차(사용대차) 목적물의 소유권은 임차인(차주)에게 이전되지 않고, 여전히 임대인(대주)이 보유한다. 이 점에서 민법상 매매나 교환과 다르다. 임대차는 사용・수익의 대가를 지급한다는 점에서, 사용・수익에 대한 대가를 지급하지 않는 사용대차와 다르다.

48) '무상계약'은 유상계약의 반대개념으로서 당사자 일방만이 급부를 하든지 쌍방이 급부를 하더라도 그 급부들 사이에 대가적 의미가 없는 계약을 말한다. '편무계약'은 쌍무계약의 반대개념으로서 당사자 일방만이 채무를 부담하는 계약을 말한다.

(나) 대외무역법상 위탁판매, 위탁가공 등

1) 위탁판매수출(수입)

자기명의로써 타인의 계산으로 물건 또는 유가증권의 매매를 영업으로 하는 자를 '위탁매매인'(또는 위탁판매인)이라고 한다(상법 제101조). 즉, 위탁판매인은 타인(위탁자)으로부터 물건이나 유가증권의 매매를 위탁받고 이를 자기의 이름으로 제3자와 매매하여 그 결과로 얻은 대금 또는 매수한 물건을 위탁자에게 귀속시키는 것을 업(業)으로 한다. 위탁판매인의 매매는 위탁계약의 이행행위로써 행해진다.

국제무역거래에서 위탁판매수출이란 물품등을 무환으로 수출하여 해당 물품이 판매된 범위안에서 대금을 결제하는 계약에 의한 수출을 말하고(대외무역법 제2조 제4호), 수탁판매수입이란 물품등을 무환으로 수입하여 해당 물품이 판매된 범위안에서 대금을 결제하는 계약에 의한 수입을 말한다(동조 제5호). 위탁판매계약은 수출자(위탁자)가 물품을 무환으로 수출하되 소유권은 수출자가 계속 보유하고, 수입자(수탁자)는 판매위탁을 받은 물품을 판매하고 판매된 범위 내에서 자신의 경비 및 수수료 등을 공제한 판매대금을 수출자(위탁자)에게 송금하고 판매되지 아니한 물품은 반환하는 형태의 거래이다. 또한 위탁자와 위탁판매인 간의 거래는 동일한 法人格 간의 거래에 불과하다. 따라서, 위탁자와 수탁자 사이에는 물건의 '매매'가 있는 것이 아니다. 수탁자(위탁판매인)는 제3자와의 관계에서 자신의 이름으로 제3자와 판매계약을 하게 된다.[49)]

2) 위탁가공무역(임가공무역)

위탁가공무역이란 가공임을 지급하는 조건으로 외국에서 가공(제조, 조립, 재생, 개조를 포함)할 원료의 전부 또는 일부를 거래 상대방에게 수출하거나 외국에서 조달하여 이를 가공한 후 가공물품등을 수입하거나 외국으로 인도하는 수출입을 말하고, '수탁가공무역'이란 가득액을 영수하기 위하여 원자재의 전부 또는 일부를 거래 상대방의 위탁에 의하여 수입하여 이를 가공한 후 위탁자 또는 그가 지정하는 자에게 가공물품등을 수출하는 수출입을 말한다(대외무역관리규정 제2조 제6호, 제7호). 위탁가공무역을 '임가공무역'이라고도 한다.

위탁가공무역의 경우, 가공한 물품의 소유권은 원시적으로 위탁자에게 귀속됨이 원칙이다.

---

49) 대외적으로 위탁물의 매매계약은 수탁자(위탁판매인)의 명의로 하게 되어, 수탁자는 위탁자를 위한 매매로 인하여 상대방에 대하여 직접 권리를 취득하고 의무를 부담하지만, 위탁자와 수탁자간의 거래에 있어서는 수탁자는 위탁자의 대리인(위탁판매대리인)에 불과하기 때문에 위탁자와 수탁자 간의 내부거래는 동일한 법인격 간의 거래에 불과하다.

3. 판매 개념의 확대

(1) 문제의 소재

평가협정 권고의견 1.1에서는 "수입물품의 거래가격이 관세평가 목적상 최대한 사용되어야 한다는 평가협정의 기본 취지에 따라 해석과 적용의 통일성은 판매라는 용어를 가장 넓은 의미로 받아들임으로써 달성될 수 있으며, 이는 함께 해석되는 평가협정 제1조(법 제30조 제1항 본문)와 제8조(법 제30조 제1항 각호)의 규정에 의해서만 결정된다"고 하면서, 판매 개념을 가급적 넓게 해석, 적용해야 한다고 설명하고 있다.

이러한 판매 개념의 확대와 관련하여, "해외에서 제조, 가공 또는 수리한 물품을 재수입"하는 경우, '판매'의 개념에 해당하는지, 재수입물품에 대한 과세가격 결정은 어떻게 해야 하는지가 문제될 수 있다(평가협정 예해 5.1). 교토협약 부속서 E. 8.에서는 "역외가공을 위한 일시수출이란 관세영역 내에서 자유롭게 유통되는 물품을 일시 수출하여 해외에서 제조, 가공 또는 수리 과정을 거친 後 수입관세 및 제세의 전부 또는 일부를 면제받고 재수입하는 세관절차를 말한다"고 규정하고 있다. 이러한 재수입물품에 대해서는 관세법 제101조(해외임가공물품 등의 감면)[50] 등에 의하여 관세가 감면될 수 있으나, 관세감면과 과세가격 결정은 별개의 문제이다.

아래 (2)의 문제상황에서 물품들에 대한 수입거래의 법적 성질은 사안에 따라 민법상 매매 또는 도급계약에 해당하는 것들이고, 해당물품의 수입을 초래한 거래와 지급된 가격 모두는 수입된 그 상태의 물품이 아니라 외국의 제조자가 사용한 재료와 제공한 용역, 어떤 경우에 있어서는 용역에만 관련이 있다.

(2) 문제 상황(평가협정 예해 5.1)

[상황 1] 국내 수입상 甲은 중국의 乙로부터 특수하게 제작된 기계들을 수입하는데, 이 기계에는 甲이 수출자 乙에게 제공한 전기모터가 장착되어 있다.

[상황 2] 국내 수입상 甲은 베트남의 乙로부터 남성용 셔츠를 수입하는데, 이 셔츠에 사용되는 직물은 甲이 수출자 乙에게 제공한 것이다. 수출자 乙은 단지 재봉을 하고 악세사리(단추, 실 및 라벨 등) 제공에 대한 책임만 진다.

---

50) 법 제101조(해외임가공물품 등의 감면) ① 다음 각 호의 어느 하나에 해당하는 물품이 수입될 때에는 대통령령으로 정하는 바에 따라 그 관세를 경감할 수 있다.
1. 원재료 또는 부분품을 수출하여 기획재정부령으로 정하는 물품으로 제조하거나 가공한 물품
2. 가공 또는 수리할 목적으로 수출한 물품으로서 기획재정부령으로 정하는 기준에 적합한 물품

[상항 2-1] 국내 구두회사 甲은 중국의 乙과 임가공계약을 체결하고, 甲은 구두 제작에 필요한 디자인(일본 丙이 개발), 가죽, 고무(국내 구매) 등을 乙에게 제공하면 乙은 구두를 제작한 후 甲에게 수출한다. 甲은 乙에게 임가공비를 지급한다.

[상황 3] 국내 수입상 甲은 미국의 乙로부터 플라스틱제 톱니바퀴를 수입하는데, 이들 제품들은 甲이 제공한 폴리아미드 성형재료를 사용하여 수출자 乙이 미국에서 제조하였다.

[상황 4] 국내 기계상 甲은 수리를 위해 일본의 乙에게 공작기계를 보낸 후 재수입하는데, 재수입시 甲은 乙에게 수리비용만 지급한다.

(3) '판매'에 해당하는지 여부

관세평가기술위원회는 '판매'의 개념을 확대하여 위 문제상황들의 경우에도 '수출판매'가 있다고 보고 제1방법(거래가격)을 적용할 수 있다고 설명하고 있다. 즉, [상황 1], [상황 2], [상황 2-1], [상황 3]의 경우, 甲이 제공한 물품 등은 생산지원비로서 실제지급가격에 가산하여 거래가격으로 과세가격을 결정할 수 있으므로 販賣가 존재하는 것으로 본다. 달리 말하면 乙은 '일'(가공, 수리 등)을 완성하여 완성물을 甲에게 인도할 의무(소유권은 원시적으로 甲에게 있지만, 물품을 인도하여 소유권을 甲에게 완전하게 이전할 의무)를 부담하고, 甲은 '대가'(보수)지급의무를 부담하기 때문이다.[51] 그런데, [상황 4]와 같이 용역의 제공이 더 중요한 문제인 경우에는, 수출판매 개념의 존재 여부에 대해 다툼이 있을 수 있다. 이에 대해 평가협정 예해 5.1에서는 "평가협정 권고의견 1.1에 따라 수출판매 개념을 넓게 해석하여 [상황 4]도 [상황 1] 내지 [상황 3]과 같은 방식으로 과세가격을 결정하는 것이 타당하다. 그렇지 않다면 제2방법 내지 제6방법으로 과세가격을 결정해야 하고, 특수한 수리의 경우에는 (제2방법 내지 제5방법을 적용할 수 없는 경우에는) 제6방법을 적용하되 제1방법을 신축적으로 적용하는 방식으로 과세가격을 결정할 수 있다"고 설명하고 있다(평가협정 예해 5.1).

이는 [상황 4]는 용역의 제공이 더 중요한 문제이고 거래의 법적 성격이 (매매가 아니라) 도급계약으로 볼 수 있지만,[52] 수출자(乙)는 '일'(가공, 수리)을 완성하여 완성물(수리한 시계)을 인도할 의무를 부담하고(시계의 소유권은 당초부터 甲에게 있지만, 乙이 시계를 甲에게 인도하여 소유권을 완전하게 이전할 의무), 수입자 甲은 그에 대한 '대가'(보수)를 지급하는 것이기 때문에 관세법 제30조 제1항 본문의 실제지급가격과 각호의 가산요소를

51) 즉, 재료의 전부 또는 중요부분을 甲이 제공한 경우이면 남성용 셔츠나 구두 등의 소유권은 원시적으로 甲에게 귀속된다. 임가공계약의 경우 가공된 물품의 소유권은 임가공을 위탁한 者(수입자)에게 원시적으로 귀속되는 것이 통상적일 것이다.

52) [상황 2-1]의 경우(임가공무역)도 마찬가지이다.

함께 고려하여 판매개념을 넓게 해석하면 거래가격에 기초하여 과세가격을 결정하는데 문제가 없기 때문에 販賣의 개념에 포함시킬 수 있다고 해석하고 있는 것이다. 아울러, 수입물품의 과세가격 결정은 최대한 평가대상물품의 거래가격이 되어야 하고, 관세평가절차는 공급원간의 차별 없이 일반적으로 적용되어야 한다는 평가협정 일반서설에 따라 모든 재수입물품은 평가목적상 동일한 방식으로 처리하는 것이 타당할 것이다(평가협정 예해 5.1).

[평가협정 권고의견 1.1, 평가협정 예해 5.1] 수입물품의 거래가격이 관세평가 목적상 최대한 사용되어야 한다는 평가협정의 기본 취지에 따라, **"판매"의 개념에 대해 해석과 적용의 통일성은 "판매"라는 용어를 가장 넓은 의미로 받아들임으로써 달성될 수 있으며**, 이는 함께 해석되는 평가협정 제1조 및 제8조의 규정에 의해서만 결정된다. 그러나 함께 해석되는 평가협정 제1조 및 제8조의 요건 및 조건을 충족하는 판매를 구성하지 않는 것으로 간주되는 사례의 목록을 준비하는 것이 유용할 것이다. 이러한 경우에는 사용되는 평가방법 역시 평가협정에서 정하고 있는 우선순위에 따라 결정되어야 한다.

(4) 우리나라의 경우

우리나라도 평가협정 권고의견 1.1과 평가협정 예해 5.1을 수용하여 수리 또는 가공 후 재수입되는 물품에 대해 수출판매가 존재하는 것으로 보고 제1방법을 적용하여 다음과 같이 과세가격을 결정한다.[53)]

즉, 수리 또는 가공한 후 재수입하는 물품의 과세가격은 **"수리 또는 가공하기 위하여 수출된 물품의 가격"**과 다음의 각 비용이 포함된다.

1) 수리 또는 가공하는 국가(지역을 포함)까지의 해당 물품의 운임 및 보험료. 다만 수출신고가격에 '국내 내륙운송료'가 포함된 것이 확인되면 국내 내륙운송료를 가산해서는 아니된다(기획재정부, 관세 47040-93).
2) 수리 또는 가공하는 국가에서의 양하비와 수리업자 또는 가공업자에게 인도하는데 소요된 기타의 제비용
3) 수리 또는 가공에 소요된 비용
4) 수리 또는 가공후의 수리국 내에서의 운송비, 선적비 등 수리 또는 가공 후 선적시까지 소요된 제비용
5) 수리 또는 가공한 국가의 수출항으로부터 최초 수입항까지의 해당 물품의 운임, 보험료 및 기타의 비용

53) 관세청 예규(평가분류 47221-1067), 구 수입물품 과세가격 결정에 관한 고시 제38조

6) 수입자가 위의 1) 및 2)의 비용을 부담하고 4) 및 5)의 비용을 부담하지 않는 경우에 4) 및 5)의 비용은 1) 및 2)의 비용과 동일한 금액으로 하는 것을 원칙으로 하되, 운송형태 등의 차이가 있는 경우에는 이를 감안하여 조정한다(그 반대의 경우에도 같다).

[평가협의회] 국내 甲사는 패턴공정 중 오류가 발생하여 사용하지 못하는 웨이퍼(오류웨이퍼)에 대한 재활용을 위하여 일본 제조업체 J사와 수리계약을 체결하였다. 이에 따라 甲사는 EXW조건으로 J사에 오류웨이퍼를 수출하면 J사는 검사를 거친 후 재생이 가능한 웨이퍼에 대하여 패턴을 삭제하고 웨이퍼를 재생하여 甲사에 공급한다. **이 경우 수출판매가 존재하는 것으로 보고 제1방법에 따라 과세가격을 결정할 수 있다.** 과세가격은 오류웨이퍼가격 + 수리비 + 수출입에 소요되는 운임 · 보험료 · 운송관련비용 등이다(결정 11-02-02).

[미국예규] 본건에서 적절한 평가방법은 수입자가 해외 정련공장에 지급한 금액을 의미하는 거래가격에, 생산지원으로 해외 정련공장에 무상으로 공급한 구리 정광의 가격을 더하는 것이다. 수입자와 정련공장 간의 거래는 비록 정련공장에 실제로 지급하였거나 지급하여야 할 가격이 **단지 물품의 '가공'에만 관련이 있다고 하더라도 미국으로의 '수출판매'에 해당한다**(543971).

앞에서 설명한 바와 같이, 해외임가공물품에 대해서는 관세가 '감면'된다(법 제101조). 즉, ① 원재료 또는 부분품을 수출하여 기획재정부령으로 정하는 물품으로 제조하거나 가공한 물품에 대해서는 수입물품의 제조 · 가공에 사용된 원재료 또는 부분품의 수출신고가격에 당해 수입물품에 적용되는 관세율을 곱한 금액, ② 가공 또는 수리할 목적으로 수출한 물품으로서 기획재정부령으로 정하는 기준에 적합한 물품에 대해서는 가공 · 수리물품의 수출신고가격에 해당 수입물품에 적용되는 관세율을 곱한 금액의 관세가 경감된다(영 제119조).[54] 즉, 가공 · 수리 등으로 인한 부가가치 상승분(왕복운임, 보험료, 가공수리비 등)에 대해서는 관세가 면제되지 않는 것이다.

(5) 그 밖의 경우

판매했다가 환불(credit)을 위해 국내로 반품되어 수입된 물품에 대한 과세가격 결정도

54) 다만, 수입물품이 매매계약상의 하자보수보증 기간(수입신고수리 후 1년으로 한정한다) 중에 하자가 발견되거나 고장이 발생하여 외국의 매도인 부담으로 가공 또는 수리하기 위하여 수출된 물품에 대하여는 다음의 각 금액을 합한 금액에 해당 수입물품에 적용되는 관세율을 곱한 금액으로 한다(영 제119조 제2호 단서).
① 수출물품의 수출신고가격, ② 수출물품의 양륙항까지의 운임 · 보험료
③ 가공 또는 수리 후 물품의 선적항에서 국내 수입항까지의 운임 · 보험료
④ 가공 또는 수리의 비용에 상당하는 금액

일방에서 타방으로 대가를 매개로 소유권이 이전되기 때문에 그 반품은 販賣에 해당하므로 거래가격에 기초하여 과세가격을 결정하는 것이 타당하다(미국예규 H218759). 또한, 자동차 폐촉매를 수탁가공 後 폐촉매에 함유된 귀금속을 수입자가 매입하는 수입거래의 경우, 수입물품과 동일한 가치를 지닌 수입물품에 함유된 귀금속을 수입자가 매입하고 그 대가를 수출자에게 지급하는 것이고, 또한 평가협정 권고의견 1.1에 규정하고 있는 販賣에 해당하지 않는 사례에도 해당하지 않으므로 '수출판매'가 존재하는 것으로 보아 거래가격에 기초하여 과세가격을 결정할 수 있다(관세평가과-1022).[55)]

그러나 교체(교환)를 위해 국내로 반품된 하자 있는 물품(부분품 등)은 우리나라로 수출되기 위해 販賣된 것으로 볼 수 없으므로 거래가격으로 과세가격을 결정할 수 없고(미국예규 543288), 또한 수리를 위해 국내로 반입된 물품은 수출판매가 없기 때문에 거래가격을 기초로 과세가격을 결정할 수 없다(미국예규 563355).

4. 관세법 및 평가협정상 판매의 개념 및 개념요소

(1) 판매의 개념

1) 앞에서 살펴본 민법상 매매에 관한 규정, 국제물품매매계약에 관한 UN협약상 규정, 관세법 제30조, 평가협정 일반서설, 제1조, 평가협정 권고의견 1.1 및 14.1, 평가협정 예해 5.1 등을 종합적으로 고려하여 볼 때, 관세법 및 평가협정상 '판매'(sale)는 민법 및 국제물품매매계약에 관한 UN협약상 物件에 대한 '매매'(賣買)와 기본적으로 동일한 개념이지만, 일정한 경우에는 물품에 관한 교환이나 도급계약까지도 포함하는 더 넓은 개념으로 이해할 수 있을 것이다.[56)]

즉, 販賣는 원칙적으로 민법상 매매와 같이 독립한 별개(別個)의 당사자인 판매자와 구매자간에 '판매자'는 특정 가격에 물품의 소유권을 구매자에게 이전할 것을 약정하고, '구매자'는 이에 대하여 그 대금을 지급할 것을 약정함으로써 성립하는 계약으로 정의할 수 있을 것이다. 따라서 販賣에는 반드시 특정가격에 물품의 소유권을 이전하겠다고 동의한

---

55) 본건의 경우 평가협정 예해 4.1에서 해설하는 '가격조정약관'이 있는 경우에 해당하고, 이러한 가격조정약관은 거래가격을 결정할 수 없는 조건이나 고려사항에 해당되지 않으므로 제1방법에 의하여 과세가격을 결정할 수 있는 것이다(관세평가과-1022).

56) 美國의 경우에는, 수출판매는 '진정한 판매'(bona fide sale)를 의미한다고 하고, "판매"란 대가로 한 당사자로부터 다른 당사자에게 재산(소유권, property)이 이전되는 것을 의미하고, "대가"(consideration)란 수입 물품에 대하여 한 당사자에서 다른 당사자에게로의 '지급'(payment)을 의미한다고 한다(미국예규 544417, 547844, 544352 등). 한편 日本의 경우, 관세정률법 기본통달 4-1에서도 수입거래(수출판매)를 물품을 일본에 도착시키는 것을 목적으로 하여 판매자와 구매자 사이에 이루어진 '賣買'로 규정하고 있다.

판매자와 특정가격에 물품을 구매하겠다고 동의한 구매자간의 합의가 필요하다. 대금의 지급은 화폐뿐만 아니라 신용장 또는 유통증권에 의해 이루어질 수도 있다(평가협정 주해 제1조).

다만, 민법상 교환(交換)에 해당되는 물품의 거래도 화폐조건으로 표시되거나 결제되고 그 가격을 결정하기 위한 객관적이고 수량화할 수 있는 자료가 있는 경우에는 판매개념에 포함시킬 수 있을 것이고(평가협정 권고의견 6.1), 또한 민법상 도급(都給)에 해당하는 해외에서 수리 또는 제조·가공 후 재수입되는 물품도 수입으로 인해 구매자에게 소유권이 완전히 귀속되고(판매자에게 소유권이 유보되어 있지 않고) 구매자는 이에 대해 대가를 지급하며, 관세법 제30조 제1항 본문과 각호(특히, 생산지원비)를 함께 고려하면 거래가격에 따라 과세가격을 결정할 수 있으므로 판매개념에 포함시킬 수 있다(평가협정 예해 5.1).

2) 그리고 관세평가 대상물품은 수입국으로의 판매(sold for export to the country of importation)를 전제하고 있어, 거래가격에 기초한 과세가격을 결정하기 위해 판매는 관세평가대상물품이 수입국 또는 수입 관세영역(customs territory of importation)에 도착하기 이전인 수입 以前에 발생해야 한다. 따라서 수입 以前에 판매가 발생하지 않은 경우에는 거래가격에 기초하여 과세가격을 결정할 수 없다.[57]

3) 그러나, 장소와 시간은 중요한 요소가 아니다. 즉, 판매자와 구매자는 일반적으로 수출국과 수입국에 각각 거주할 것이나, 구매자와 판매자는 수입국 또는 제3국 내에 있을 수도 있다(평가협정 권고의견 14.1 참조). 과세가격을 결정하는 기초는 수입을 야기하는 판매에서 결정된 실제 가격이며, 거래가 발생한 시간은 중요하지 않다. 평가협정 제1조(법 제30조 제1항, 제3항)에서 규정하고 있는 조건이 충족된다면 수입물품의 거래가격은 판매계약이 체결된 시점과 계약 체결일 以後의 어떠한 시가변동(예: 계약 이후의 환율변동 등) 여부와도 상관없이 수용되어야 한다(평가협정 해설 1.1).

(2) 판매의 개념요소

'판매'는 아래의 개념요소를 충족해야만 실제의 판매 또는 진정한 판매로 인정될 수 있다.

(가) 판매는 당사자의 '합의'에 의해 성립하는 '계약'이다.

1) 판매는 구매자와 판매자의 청약과 승낙에 의해 성립되는 '계약'이다. 따라서 구매자와 판매자는 계약자유의 원칙에 따라 계약의 內容이나 方式 등을 자유롭게 정할 수 있으므로,

57) [미국예규] 수입물품 과세가격결정시 거래가격을 결정하기 위해서, 미국으로 수출하기 위한 판매가 물품의 수출에 앞서 어떠한 시기에 반드시 이루어져야만 한다(543868).

구매자와 판매자는 독립된 거래당사자로서 판매목적물이나 가격 등 '판매조건'에 대해 협상(協商)을 하여 거래의 내용 등을 정할 수 있다. 따라서 판매의 당사자가 판매목적물에 대한 價格을 일정금액으로 합의하였다면, 그 금액이 판매가격
(판매의 대가)이 된다. 판매가격이 판매목적물과 반드시 경제적으로 동일한 가치를 가질 필요는 없다.

2) 판매의 당사자가 자유롭게 정할 수 있는 '판매조건'(거래조건, Condition of Sale)은 판매계약의 당사자가 판매계약에서 약정한 당사자의 의무사항이나 수행해야 할 활동 등을 말하는데, 상거래관행상 판매계약에 통상적으로 포함되는 판매조건에는 ① 판매물품의 성질・수량, ② 판매물품의 가격(판매물품의 대가), ③ 이전되는 소유권의 내용(사용이나 처분의 제한 여부), ④ 판매대금의 지급방법 내지 결제조건(할부, 연불조건, 판매 후 판매대금의 일부를 지급), 가격할인, ⑤ 인도방법 및 운송조건(FOB, CIF 등), ⑥ 보험조건, ⑦ 포장조건, ⑧ 클레임해결사항, ⑨ 중요사항의 통지(보고)의무, ⑩ 하자보증의 내용 및 범위와 하자보증의무자, 그리고 ⑪ 특허권・상표권 등의 사용권 구매와 권리사용료의 금액 및 그 계산기준, 권리사용료의 지급방법과 상대방, ⑫ 계약의 해지(종결)조항, ⑬ 최선의 노력조항 등이 있다.

판매자와 구매자는 이러한 판매조건들을 고려하여 거래의 成立여부 또는 價格을 결정하게 된다. 판매에서 당사자가 합의한 去來價格은 거래통념 또는 상거래관행상 통상적인 것으로 인정되는 판매조건을 포함하고 있으면 실제가격에 가까운 상당치가 될 것이다.

당사자가 판매조건을 이행하지 아니하는 경우, 조건의 내용 및 성격에 따라 계약이 불성립하거나 불이행에 대한 책임(손해배상, 계약해제, 대금감액 등)을 지게 된다.

[판례] 납세의무자는 경제활동을 할 때 특정 경제적 목적을 달성하기 위하여 어떠한 법적 형식을 취할 것인지 임의로 선택할 수 있고, 과세관청으로서도 그것이 가장행위라거나 조세회피 목적이 있다는 등의 **특별한 사정이 없는 한 납세의무자가 선택한 법적 형식에 따른 법률관계를 존중해야 한다.** 그러므로 수입자와 수출자가 동일한 모회사의 자회사들로서 물품 수입 및 공급거래의 과정 및 수입물품에 관한 경제적 위험을 분담하는 과정에서 모회사의 개입이 있는 등 일반적인 제3자 사이의 거래와 다른 특수한 점이 있다고 하더라도 그것이 거래통념상 자회사들 사이에서 보통 이루어지는 거래방식에서 벗어난 것이 아니라면, 관련 당사자들 사이의 계약 내용을 무시하거나 그 계약의 실제 내용이 그와 다르다고 쉽게 단정할 것은 아니다(대판 2015두49320).

3) 관세법상 관련문제

① 판매에서는 당사자가 자유롭게 협의하여 가격 등을 정하도록 되어 있는데, '특수관계'에

있는 구매자와 판매자간에 가격 등에 관한 실질적인 협상이 없이 판매자가 일방적으로 가격 등을 결정하고 구매자는 이를 그대로 수용하는 경우라면 '당사자의 합의'라는 판매의 개념 요소에 일부 흠결이 있기는 하나 그것만으로 판매가 존재하지 않는다고 할 수는 없고, 다만 (판매의 존재는 인정하되) 특수관계로 인하여 거래가격에 왜곡이 발생했을 것이라는 의심을 갖게 하므로 특수관계가 거래가격에 영향을 미쳤는지 여부를 검증하여 영향을 미친 것으로 확인되는 경우에는 去來價格을 배제하도록 하고 있다(서울고판 2016누53936, 부산고판 2017누21661).

② 판매에서 당사자는 자유롭게 '판매조건'을 정할 수 있지만, 관세목적상으로는 그 판매조건이 거래통념 내지 상거래관행상 해당물품의 수출판매에 통상적으로 관련되거나 연계(결합)되는 것으로 보기 어려운 조건(의무사항)으로서 거래의 성립 또는 가격결정에 영향을 미친 경우이면 거래가격이 배제된다(법 제30조 제3항 제2호).

(나) 판매자와 구매자는 별개(別個)의 독립한 당사자이어야 한다.

1) 판매자와 구매자는 자기의 계산과 위험부담(책임) 하에 수출판매(수입거래)를 하는 者이어야 한다(관세평가 고시 제15조).[58] 판매자와 구매자가 同一한 법인격인 경우는 판매에 해당하지 아니한다. 따라서 외국법인의 한국 사무소가 명목상 수입물품의 구매자로 되어 있는 경우라도 해당 사무소가 실질적으로 해당 외국법인의 계산과 위험부담 하에 해당 수입물품의 판매를 하고 있는 경우에 해당 사무소는 수출판매에서 구매자가 될 수 없다고 할 것이다(일본 관세정률법기본통달 4-1).

   수출이나 수입을 대신해주는 수출대행자나 수입대행자는 판매의 당사자가 아니고, 그 수출 또는 수입을 위탁한 자가 판매자 또는 구매자가 된다.

2) 수출판매에 있어서 판매자와 구매자 사이에 중개자가 개입하는 경우, 중개자는 구매자나 판매자를 지원하는 그들의 '대리인'(구매대리인, 판매대리인)으로서의 역할을 수행하는 것이 보통이나 예외적으로 중개자가 독립적인 구매자 또는 판매자로서의 기능을 수행할 수도 있다. 중개자가 개입하는 경우, 어떠한 판매가 관세법 제30조의 수출'판매'에 해당하는지 문제되고 그에 따라 다른 관세법상 문제(구매수수료, 판매수수료 등)도 파생된다. 따라서 중개인 또는 대리인이 수행하는 기능이나 역할에 대한 검토가 필요하다. 이에 대해서는 이 '항'의 [**심화학습**]에서 자세히 살펴보기로 한다.

3) 관세법상 관련문제

   판매자와 구매자간에 관세법 시행령 제23조의 '특수관계'가 있다고 하더라도 판매자와

58) 평가협정 제1조의 근저에 깔려 있는 전제는 일반적으로 구매자는 수입국에 소재하고 있고 실제지급가격은 이 구매자가 지급한 가격에 기초한다는 것이다(평가협정 예해 22.1).

구매자가 別個의 법인격이라면 판매개념은 충족하므로, 그 특수관계가 거래가격에 영향을 미친 경우가 아니라면 수출판매에서의 거래가격에 기초하여 과세가격을 결정할 수 있다(법 제30조 제3항 제4호).

(다) '판매자'는 목적물을 인도하고 소유권을 이전할 의무 또는 '일'을 완성하고 완성물을 인도할 의무를 부담하고, '구매자'는 이에 대하여 '대가'(물품대금 또는 보수)를 지급할 의무를 부담하는 有償·雙務계약이다.

1) 판매자는 구매자에게 목적물을 인도하고 소유권을 이전할 의무 또는 일을 완성하고 완성물을 인도할 의무를 부담한다.

이때 판매자의 소유권이전의무(물건 손실 등의 위험 이전 포함)는 원칙적으로 판매목적물의 처분 또는 사용에 制限이 없는 完全한 소유권을 이전할 의무이다. 다만 당사자간의 특약으로 판매목적물의 소유권의 내용인 처분 또는 사용을 제한할 수 있다.

판매목적물에 대한 소유권이 이전되었는지 여부는 구매자가 수입물품의 손실에 대한 위험을 부담하는지 여부, 수입물품의 법적 소유권을 취득하였는지 여부 등을 고려해서 결정한다. 따라서 목적물의 '사용권'만 이전하는 임대차(사용대차), 소유권을 판매자에게 유보하는 위탁판매계약은 판매에 해당하지 않는다.

또한 소유권을 이전하는 의무뿐만 아니라 '일'을 완성하고 완성물(당초부터 구매자 소유의 물건)을 구매자에게 인도할 의무를 부담하는 경우도 販賣의 개념에 포함된다. 예를 들어, 앞에서 살펴본 문제상황(평가협정 예해 5.1)과 같이, 해외에서 제조, 가공 또는 수리 後 재수입되는 물품과 같이 법적 성격이 물품에 관한 '도급계약'인 경우도 수출자는 일(가공, 수리 등)을 완성하고 완성물(가공한 물품 등)을 수입자에게 인도하고, 이에 대하여 수입자는 수출자에게 일정한 대가(보수)를 지급하는 경우이므로 販賣에 포함된다. 이 경우 수입물품의 소유권은 원시적으로 '수입자'에게 있으므로 수입물품의 소유권이 이전되는 것은 아니고, 또한 수출자에게 수입물품의 소유권이 유보되어 있지도 않다.

2) 구매자는 이에 대하여 '대가'(물품대금 또는 보수)를 지급할 의무를 부담한다.

구매자는 원칙적으로 소유권이전에 대한 대가(물품대금)를 지급할 의무를 부담한다. 다만 거래의 성격이 도급계약의 성격을 갖는 경우(해외임가공계약 등)에는 수입자는 일(가공, 수리 등)의 完成에 대한 '보수'(가공임, 수리비 등)를 지급할 의무를 부담한다.

대가의 지급은 화폐의 이전뿐만 아니라 신용장 또는 유통증권에 의해 이루어질 수도 있다. 대가를 '물건'으로 지급하는 경우(교환)에는 그 가치가 화폐조건으로 표시되거나 금액으로 계산할 수 있어야 한다(평가협정 권고의견 6.1). 대가지급의무는 제3자 변제나 상계 등의

방법(간접지급)으로 이행될 수도 있다.[59]

따라서, 구매자(수입자)가 대가지급의무를 부담하지 않는 무상계약인 '증여'나 '사용대차'는 販賣에 해당하지 아니한다.

3) 관세법상 관련문제

① 판매자의 소유권이전의무와 관련하여, 당사자 간의 특약으로 판매목적물의 소유권의 내용인 처분 또는 사용을 제한할 수 있다. 그렇지만 이는 관세목적상 물품의 처분 또는 사용의 制限에 해당하고, 그 제한이 거래가격에 실질적으로 영향을 미친 경우에는 거래가격이 배제된다(법 제30조 제3항 제1호).

② 구매자의 대금지급의무는 일부는 수입 前 또는 수입시에, 나머지는 수입물품의 재판매로 인한 수익에서 지급할 수도 있다. 그렇지만 대금지급의무의 일부를 수입물품을 판매한 수익(사후귀속이익)에서 지급하기로 한 경우, 그 금액을 적절히 조정할 수 없는 경우에는 거래가격이 배제되고(법 제30조 제3항 제3호), 조정할 수 있는 경우에는 실제지급가격에 가산한다(법 제30조 제1항 제5호).

5. '판매'에 해당하지 않는 물품의 例

앞에서 설명한 판매의 정의 및 범위에 해당하지 않는 물품의 例로 다음과 같은 것들을 들 수 있다(영 제17조, 평가협정 권고의견 1.1). 아래 물품들은 例示的인 것이므로, 아래 물품에 해당하지 않더라도 앞에서 설명한 販賣의 개념에 해당하지 않는 물품들은 거래가격에 기초하여 과세가격(제1방법)을 결정할 수 없으므로 제2방법 내지 제6방법으로 과세가격을 결정해야 한다.

(1) 무상으로 수입하는 물품

판매는 일정한 대가를 지급하는 '유상' 계약이므로, 대가지급을 수반하지 않는 無償수입물품(예: 선물, 견본, 홍보물 등)은 販賣에 해당하지 아니한다(평가협정 권고의견 1.1). 무상수입이란 판매계약에서 구매자에게 대가지급의무가 없는 경우를 말한다. 따라서 판매계약상 대가지급의무가 없으면 수입신고서에 명목상 금액을 가격으로 기재하더라도 무상수입이고, 반대로 판매계약상 대가지급의무가 있으면 수입시에 아직 대금을 지급하지 않았더라도 무상수입이 아니다. 수입물품대금을 별도로 지급하지 않고 수수료 등 다른 대금에 포함하여 지급한 경우도 무상수입이 아니다(서울고판 2018누30923).

59) 이 경우, 외국환거래법 제16조의 신고 절차 등을 이행해야 함에 유의해야 한다.

[예규] ① 외국의 유명 화장품 회사로부터 국내 면세점에서 테스트용, 증정용, 견본 및 광고용 물품 등으로 사용할 것을 조건으로 **무상 공급받는 화장품류**는 무상 수입물품으로서 우리나라에 수출하기 위하여 판매되는 물품이 아니므로 거래가격에 기초하여 과세가격을 결정할 수 없다(종합심사 47221-87). ② 판매자가 자신의 사정으로 하자보수를 이행할 수 없어 이를 수입자가 직접 이행하는 조건으로 하자보수 비용에 상당하는 금액만큼의 물품을 무상으로 원 수입물품과 함께 공급한 경우, 원 수입물품은 당초의 가격으로 결정하고, **무상으로 공급받은 물품은 수출판매에 해당하지 않으므로** 제2방법 이하로 과세가격을 결정한다(종합심사 47400-47).

(2) 수입 後 경매 등을 통하여 판매가격이 결정되는 위탁판매수입물품

1) 위탁판매수입물품은 수입물품의 소유권이 수입자(수탁자)에게 이전되지 않고 수출자(위탁자)가 계속해서 소유권을 보유하기 때문에 販賣에 해당하지 아니한다. 즉, 위탁판매 거래에서는 해당 물품이 판매의 결과로서 수입국에 송부된 것이 아니라, 공급자의 계산으로 가장 유리한 가격에 판매할 의도로 수입국에 송부된 것이므로 수입시점에서는 販賣가 발생하지 않는다(평가협정 권고의견 1.1).

[예시] 미국의 제조자 B는 국내의 대리인 A에게 경매로 판매하기 위해 카펫 50개의 위탁판매물품을 송부하는데, 그 카펫은 수입된 後에 국내의 최종고객에게 판매될 때까지 A의 회계장부에 B의 자산으로 남아 있다. 카펫은 국내에서 총 5,000달러로 판매되었다. A가 수입물품에 대한 지급으로 B에게 송금해야 하는 총금액은 5,000달러에서 물품의 판매와 관련하여 A가 부담한 비용과 해당 거래에 대한 A의 보수를 공제한 금액이 된다. 이 경우 B와 A간의 거래는 '판매'에 해당하지 아니하므로 거래가격에 기초하여 과세가격을 결정할 수 없다(평가협정 권고의견 1.1 참조).

위탁판매하기 위해 수입된 물품으로 그 물품이 창고로부터 인취될 때 최종적으로 가격이 정하여지는 물품(또는 창고에서 반출될 때만 수입자가 대금을 지급하는 물품)은 수출판매가 존재하지 않으므로 거래가격을 적용할 수 없고, 그 송품장 가격(국내로 반입시의 견적 송품장 가격)이 반입시점 以後로 창고로부터 인취될 때까지 변하지 않는다면 그 송품장 가격을 사용하여 합리적 기준에 따른 방법으로 과세가격을 결정할 수 있다(미국예규 H021399). 위탁판매물품이라는 사실이 동종·동질물품 또는 유사물품의 거래가격의 사용을 부인하는 근거가 되지는 않는다(미국예규 547591).

[예규] 당해 수입물품은 수출자와 수입자 사이에 체결된 **'수탁판매계약'에 의해 수입**된 것으로, 물품의 소유권이 국내 재판매 後 대금지급이 완료될 때까지 수출자에게 있으며, 계약기간 내에 재판매되지 않을 경우 수출자에게 반환되는 점으로 볼 때 우리나라에 수출하기 위하여 판매된 물품으로 볼 수 없다. 따라서 거래가격에 기초하여 과세가격을 결정할 수 없고 제2방법 내지 제6방법에 따라 과세가격을 결정해야 한다(관세평가과-1169).

그러나 물품이 다른 나라에서 경매로 판매되어 수입국의 구매자에 의하여 바로 수출되는 경우, 경매에서 지급된 가격이 수출판매를 위한 기초로 사용될 수 있다. 다만 경매에서 지급한 가격의 증거가 실제지급가격의 증거로 제출되어야 한다. 충분한 증거가 없다면 거래가격이 성립되는 것이 불가능할 것이고 다른 평가 방법을 고려할 필요가 있을 것이다(WCO관세평가 교육모듈).[60]

2) 위탁판매수입은 이익분배거래(profit sharing transaction)와 구별된다. 이익분배거래의 경우에는 판매에 따라 물품이 수입되고 수입국 시장에서 물품이 판매될 때 실현되는 이익의 일부가 가산되어야 하는 특정가격(certain price)으로 잠정적인 송장이 작성되는데, 이러한 종류의 거래는 "최종가격의 결정에 대한 유보조항이 있는 판매"로 간주되어야 한다. 이익분배거래의 본질이 거래가격을 배제하는 것은 아니나, 관세법 제30조 제3항 제3호(평가협정 제1조 제1항(c))의 적절히 조정할 수 없는 사후귀속이익에 해당하는지 여부에 대한 검토가 필요하다(평가협정 권고의견 1.1).

(3) 수출자의 책임으로 국내에서 판매하기 위하여 수입하는 물품

1) 이 경우도 수입물품의 소유권이 수입자에게 이전되지 않고 수출자가 계속해서 소유권을 보유하기 때문에 販賣에 해당하지 아니한다.

[판례] 관세법 시행령 제17조 제3호의 **'수출자의 책임으로 국내에서 판매하기 위하여 수입하는 물품'이라 함은 수입 시점에 물품의 소유권이 수입자에게 이전되지 않고 실질적으로 수출자가 자신의 계산과 위험부담 하에 수입하는 경우를 의미한다.**[61] 다음과 같은 사실 및 사정들, 즉 원고 등(원고와 S반도체를 말한다)이 SH(수출자)와 체결한 물품구매계약서에 따르면 SH와 원고 등은 제조자와 분기별로 이 사건 물품(LED Chip)의 수입단가와 물량 등에 대한 협상을 진행하며, 구매단가는 제조자가 제3자에게 유사수량·기간·조건 및 동등 스펙으로 판매하는 가격 중 가장 낮은 가격으로 결정하기로 한 점, SH는 원고의 창고까지 특송업체를 통해 이

60) 관세청, WCO관세평가 교육모듈(중급/고급용), 2007. 60쪽.

> 사건 물품을 운송하고, 원고의 창고에 반입될 때까지 운송비용, 보험료, 통관비용 등 제반비용을 모두 부담하는 점, **물품구매계약서에 따르면, 수입통관 以後에도 원고의 창고에 보관 중인 제품의 소유권은 여전히 SH에게 있는 것으로 약정하였으며 천재지변이나 불가항력으로 제품에 손상이 발생한 경우에도 원고의 책임이 아닌 것으로 규정되어 있는 점, 시가분석보고서에 의하면, 원고가 최종구매자인 S반도체에 납품하기 前까지 이 사건 물품의 소유권은 SH에게 있으며,** 이 사건 물품을 S반도체에 공급하는 시점에 소유권과 실물이 이전되고, 원고는 이 사건 물품이 원고의 창고로부터 반출되는 시점부터 S반도체에 납품되는 시점 사이에 일시적인 소유권만을 가지게 되므로 재고자산과 관련한 위험을 거의 부담하지 않는 점, SH의 **회계보고서에 의하면, 이 사건 물품은 원고의 창고로부터 반출되기 전까지는 여전히 SH의 재고로 위험과 보상의 책임은 원고에게 이전되지 않고, 반출시점에야 SH는 비로소 매입·매출로 회계처리하는 점,** 원고는 수입가격에 2.2-4.6%의 마진을 가산한 가격으로 최종구매자인 S반도체에 이 사건 물품을 공급하는 점, 원고 등은 제조자와 합의하에 결함품 여부를 결정하고, 결함품으로 결정된 제품은 수출자에게 반품하며, 수출자는 한국측의 통보 접수 후 3영업일 이내에 RMA를 발행하여 이를 새제품으로 교환해주고, 결함품으로 인한 직접적인 손실과 관련한 보상금액 및 방법은 원고 등과 제조자가 협의하여 결정하는 점 등에 비추어 보면, **이 사건 물품 수입시점에는 사실상 그 소유권이 원고에게 이전되었다고 보기 어렵고, 이 사건 판매 以後에도 원고가 S반도체에 대한 하자보증책임을 전적으로 부담한다고 보기도 어렵다.** 따라서, **이 사건 물품 수입시점에 소유권 및 위험의 이전이 발생하지 않아 여전히 수출자인 SH가 그 책임을 부담하고 있으므로, 이 사건 물품은 '수출자의 책임으로 국내에서 판매하기 위하여 수입하는 물품'에 해당한다고 할 것이다**(광주고판 2017누5958; 사례연습 2).

2) 물품을 구매하지 않고 수입 後 물품을 판매하는 '중개인'(intermediaries)이 수입하는 물품도 수출자와 수입자간에 물품의 소유권이 이전되지 않고 수출자가 소유권을 계속 보유하기 때문에 販賣에 해당하지 아니한다.[62] 이는 물품이 판매의 대상이 되지 않고 중개인에게 인도되고 국제관례상 일반적으로 위탁판매 수입물품으로 간주되지 않는 상관행에서 직면하는 모든 경우를 포함한다. 그러나 공급자와 고객 간에 [때로는 대리인(agent)과 고객 간에 명목상으로] 이미 체결된 판매계약에 따른 공급(distribution)을 위한 대행수입(agency importations)은 평가협정 제1조(관세법 제30조 제1항)에서 정하는 과세가격 결정의 기초로 사용될 수 있는 거래(transactions)를 구성한다[63]는 점에 유의해야 한다(평가협정 권고의견 1.1).

---

61) 원고는 LED Chip을 제조·수입하는 업체로 국내 소재 S반도체가 그 지분 60%를 보유하고 있다. 원고는 S반도체, 중국 H사와 함께 합작투자법인 SH, ST, SS를 설립하였다. 원고회사는 SH, ST, SS로부터 이 사건 물품을 수입하여 S반도체에 독점공급하였다.

62) [예시] 국내 A는 미국의 제조자 B의 대리인 역할을 하고 있다. 대리점 재고를 보충하기 위하여 A가 수입물품에 대한 세관통관을 마친 후 B의 계산과 위험으로 국내에서 판매되는 경우가 이에 해당한다(권고의견 1.1).

63) 즉, 이 경우 '수출판매'가 존재하기 때문에 거래가격에 기초하여 과세가격을 결정(제1방법)할 수 있다는 의미이다.

(4) 별개의 독립된 법적 사업체가 아닌 支店(branches) 등에서 수입하는 물품

판매는 별개의 독립된 두 당사자간의 거래이기 때문에, 별개의 독립된 사업체가 아닌 지점 등에서 수입하는 물품(동일 법인격을 가지는 본지점간의 거래에 따라 수입하는 물품)은 販賣에 해당하지 아니한다. 관련 법률에 따라 지점이 별개의 법적 사업체로 간주되지 않는 경우에는 판매가 있을 수 없으며, 販賣는 반드시 별개의 두 당사자 간의 거래를 수반한다는 것을 유념해야 한다(평가협정 권고의견 1.1).

수출판매에 '별개의 독립된 법적 사업체가 아닌 지점 등에서 수입하는 물품'이 포함되지 않는다는 규정은 "단순히 지점이 수입하는 물품은 판매에서 배제된다는 것을 의미하는 것이 아니고, 독립되지 아니한 두 당사자간의 거래되는 물품은 판매되는 물품으로 보지 않는다"는 것을 의미한다. 따라서, 지점이 외국의 독립적인 법적 사업체로부터 수입하는 물품은 우리나라에 수출하기 위하여 판매된 물품에 해당한다(기획재정부, 관세협력과-105). 따라서, 지점에 의한 물품 수입거래가 판매로 인정받는지 與否는 거래에서 지점이 맡은 역할에 달려 있다. 만약 지점의 주요 기능이 모기업을 위해 고객을 찾고 물류기능(수납, 보관)만 수행하는 것에 불과하다면, 모기업과 지점간에는 販賣가 이루어지지 않는다. 다만, 이 경우 수입 以前에 특수관계 없는 국내 구매자에게 판매가 이루어진다면 그것은 관세법상 販賣에 해당한다고 할 것이다.[64)]

(5) 임대차계약에 따라 수입하는 물품

임대차계약은 수입물품의 소유권이 수입자에게 이전되지 않고 임대인(수출자)이 계속해서 소유권을 보유하기 때문에 販賣에 해당하지 아니한다. 임대차 거래는 계약이 임대차물품의 구입을 위한 '구매선택권'을 포함한다 할지라도 그 본질상 판매를 구성하지 않는다.[65)] 송하인의 소유(property of sender)로 남아 있는 대여물품도 마찬가지이다(평가협정 권고의견 1.1).

임차계약에 따라 수입된 물품에 대하여 임차기간 종료 後 그 물품을 수입자가 '구매'하는 경우에도 수입시점의 가격을 과세가격으로 결정하기 때문에 거래가격에 기초하여 과세가격을 결정할 수 없고 제2방법 내지 제6방법에 따라 과세가격을 결정해야 할 것인데,[66)] 동종동질 또는 유사물품이 없는 경우가 많고 국내판매도 없기 때문에 제6방법으로 과세가격을 결정하는 경우가 많을 것이다.

---

64) 관세청, WCO관세평가 교육모듈(초급용), 2007. 92~94쪽.

65) [미국예규] '구매선택권'이 있는 리스계약에 따라 물품이 수입된 경우, 그 물품은 외국에 수출하기 위하여 판매되어진 것으로 간주될 수 없으므로 거래가격으로 과세가격을 결정할 수 없다(542996).

66) WCO관세평가 교육모듈(중급/고급용), 72쪽.

(6) 무상으로 임차하는 수입물품

無償으로 임차(사용대차)하는 수입물품 역시 대가지급을 수반하지 않기 때문에 販賣에 해당하지 아니한다.

(7) 산업쓰레기 등 수출자의 부담으로 국내에서 폐기하기 위하여 수입하는 물품(웨이스트나 스크랩)

이 경우도 수입물품의 소유권이 수입자에게 이전되지 않고 수출자가 계속해서 소유권을 보유하고, 또한 수입자는 수입물품에 대한 대가를 지급하는 것이 아니라 수입물품을 인수하고 폐기하는 대가(폐기와 관련된 용역에 대한 대가)를 수령하기 때문에 販賣가 발생했다고 간주할 수 없다(평가협정 권고의견 1.1).

[심판례]

청구법인은 쟁점물품이 산업폐기물로서 재활용을 위하여 수출자로부터 보조금을 받고 무상 수입하여 국내의 수요처에 내륙운송비에 해당되는 실비만을 받고 사실상 무상으로 공급하였는바, 내륙운송비에 해당되는 실비만을 받은 것을 국내판매가격으로 볼 수는 없으므로 처분청이 쟁점물품에 대한 국내판매가격이 없다고 하여 관세법 제33조의 과세가격결정방법을 적용하지 아니하고 같은 **법 제35조의 규정에 따라 합리적인 기준으로 선적비와 해상운임만을 과세가격에 가산하여 경정한 것은 타당하다**(국심 2002관0192).

[평가협의회]

수출자(일본 발전회사)의 부담으로 국내에서 폐기하기 위하여 무상으로 수입하는 **일본산 석탄재는 수출판매에 해당하지 아니하므로** 관세법 제30조에 의한 거래가격으로 과세가격을 결정할 수 없다. 제2방법 내지 제6방법을 순차적으로 적용하여 과세가격을 결정해야 하는데, 제6방법에 의하여 과세가격을 결정하는 경우, **일본산 석탄재의 공급자인 발전회사로부터 우리나라 수입항에 도착하기까지 발생한 비용(중개수수료, 운송비용 등)을 과세가격으로 결정한다.** 수입자가 상업적 가치가 없는 물품을 수입하여 실제지급가격이 없다 할지라도 CIF주의를 채택하고 있는 우리나라의 경우에는 수입거래를 위하여 거래물품이 공급자로부터 수입항에 도착하기까지 발생한 비용을 과세가격으로 하는 것이 합리적이기 때문이다(결정 09-03-03).[67]

---

67) 수입 '폐유'의 과세가격 결정시, 제6방법에 따라 과세가격을 결정하는 경우 '폐유 수집비용'에 수입장소까지의 운송비용을 더한 금액으로 과세가격을 결정한다(WCO관세평가기술위원회, 관세평가핸드북).

Ⅱ '우리나라에 수출'하기 위한 판매

1. 의의

판매는 "우리나라(輸入國)에 수출(輸出)"하기 위한 판매이어야 한다. 즉, '수출'을 위한 판매이어야 하고, 또한 '우리나라'에 수출하기 위한 판매이어야 한다.

2. '수출'하기 위한 판매

판매는 수출(輸出, export)을 위한 판매이어야 한다. 물품 소유권의 이전과 함께 반드시 (수입국으로의) 물품 수출이 발생해야 한다. 즉, 판매 중에서 물품의 실제적인 국가간 이동(actual international transfer of goods)을 수반하는 판매만이 거래가격이 적용되는 수출판매에 해당하는 것이다. 그러나 당해 물품을 수출하기 위한 목적으로 판매되었으면 족하고, 반드시 수출국 내에서 해당 물품에 대한 판매가 발생할 필요는 없다. 즉 **수출자와 수입자간에 물품에 대한 판매계약이 체결되고, 그 판매계약에 기하여 당해 물품이 국가간에 실제로 이전되는 거래이면 된다.**[68] 판매계약을 체결하는 판매자가 수출국, 수입국 또는 제3국에 위치하느냐는 중요하지 않으므로, 판매계약이 수입국에서 이루어지더라도 관계없다. 판매자와 수출자가 다를 수도 있다. 수입자가 검토 중에 있는 직접적인 영향을 미치는 판매가 수입국으로 물품을 수출(輸出)할 목적으로 발생하였다는 것을 입증할 수 있다면 거래가격을 과세가격으로 적용할 수 있다(평가협정 권고의견 14.1).

[평가협정 권고의견 14.1] ① 미국에 소재하는 다국적 호텔 체인의 본사(A)는 호텔 운영에 필요한 물자를 구매한다. 연초 한국(甲), 일본(乙), 싱가폴(丙)의 체인 호텔은 필요한 물자에 대한 구매 주문서를 A에 제출한다. A는 체인 호텔이 제출한 주문을 취합하여 미국 소재 공급자(B)에게 구매 주문서를 보낸다. 주문품은 B가 직접 각각의 체인호텔에 보내거나 A로 선적한 후 각각 체인점에 선적된다. 어느 경우이나 공급자는 A에게 대금을 청구하고 A는 이를 나누어 체인 호텔(甲, 乙, 丙)에 청구한다. 위 사례에서 A가 B로부터 물자를 구매한 후 각 체인 호텔이 소재하고 있는 나라로 수출하기 위해 각 체인호텔에 물자를 판매하기 때문에 A와 B 사이의 거래는 물품의 국제간 이전이 이루어지는 거래가 아니라 수출국에서의 國內 去來이다. **이 거래에서 본사(A)와 각 체인 호텔(甲, 乙, 丙)간의 거래가 국제거래인 수출판매에 해당된다.** 따라서 특수관계가 가격에 영향을 미치지 않았다면 이 거래는 평가협정 제1조에 따른 평가의

68) 관세평가를 위하여 물품이 세관에 제시되었다는 사실은 그 자체로 해당물품의 수입이 있었다는 것을 입증하는 것이고 이것은 다시 해당물품의 '수출'이 있었다는 것이다(평가협정 권고의견 14.1).

기초가 된다. ② **서울에 소재하는 A사는 부산에 소재하는 B사로부터 물품을 구매하기로 계약**하였는데, B사는 물품을 인도네시아에 재고로 보유하고 있어서 해당물품을 인도네시아에서 인천항으로 운송하였다. 이 경우, A사와 B사간의 판매가 수출판매에 해당한다. ③ 미국의 수출자 A는 국내 구매자 甲에게 물품을 판매하고 선적한다. 물품이 공해에 있는 동안 甲이 A에게 대금지급과 물품 인수를 할 수 없다고 통지하자, A는 역시 국내에 있는 다른 구매자(乙)를 물색할 수 있어 판매계약을 체결하고 구매자 乙에게 물품을 인도한다. 따라서 乙이 물품을 국내로 수입한다. 이 경우 **A와 乙간의 판매는** 물품의 수입으로 귀결되었고 결과적으로 수출하기 위한 판매가 된다. 해당 거래는 물품의 국제간 이동을 구성하므로 평가협정 제1조에 따른 과세가격 결정의 기초가 된다.

3. '우리나라(수입국)'에 수출하기 위한 판매

(1) 의의

'우리나라'(輸入國)에 수출하기 위한 판매이어야 하므로, 수출판매 중에서 '우리나라'(우리나라 관세영역)에 수출되는 판매만이 수출판매에 해당한다.[69] 즉, '우리나라에 수출하기 위한 판매'는 관세평가 대상물품을 수입국인 우리나라 관세영역[70]에 반입(도착)하기 위한 판매(수입거래)를 의미한다.

EU관세법 제70조는 "물품이 유럽연합의 관세영역으로 수출하기 위해 판매된 때"로 규정하고 있고, 관세평가 고시에서는 "우리나라에 수출하기 위하여 판매되는 물품에 대한 가격은 해당 물품의 실제적인 국제간 이동을 수반하는 거래로서 우리나라에 도착하기 직전에 이루어진 판매에서의 가격을 말한다"고 규정하고 있다(제15조 제2항).[71]

(2) 연속판매(거래)와 수출판매

(가) 의의

평가대상물품이 우리나라에 도착하기까지(물품이 국가간 이동함에 있어) 둘 이상의

69) 평가협정 제15조 제1항: "수입국"은 수입국 또는 수입관세영역을 말한다.

70) 통관법(관세법 제6장~제9장)상 보세구역은 外國으로 취급되지만, 관세평가상 보세구역은 '우리나라'의 관세영역으로 취급된다. 다시 말하면 관세평가상 보세구역은 외국이 아니라 國內인 것이다. 다만 '보세공장'의 경우에는 관세법 제188조에 따라 제품과세 물품의 경우에는 '외국물품'으로 취급되므로 그 경우에 한하여 외국으로 취급된다(후술 참조).

71) 일본 관세정률법 기본통달에서는 "수입거래는 일본에 거점을 갖고 있는 구매자로서 물품을 일본에 도착시키는 것을 목적으로 하여 판매자와의 사이에 이루어진 매매로서 실제로 해당물품이 일본에 도착하는 것을 말한다"고 규정하고 있다.

연속적인 판매나 거래가 행해지는 경우, 어떤 판매(거래)를 "우리나라에 수출하기 위한 판매"로 보아야 하는지 문제될 수 있다. 즉, 연속판매는 둘 이상의 연속적인 물품 판매에 대한 계약으로 구성되는데, 연속판매의 기본적인 쟁점은 관세법 제30조 제1항(평가협정 제1조 및 제8조)에 따른 거래가격 결정에 어떠한 거래가 사용되어야 하는 가에 있다(평가협정 예해 22.1).

(나) 문제되는 연속판매 상황

연속판매에 있어, 수입국으로 수출하기 위하여 판매된 때 물품에 대해 실제로 지급하였거나 지급하여야 할 가격을 확인하기 위하여 어떤 거래가 검토되어야 하는지 결정하는 것이 필요하다. 일체의 연속판매는 상업적 사슬(commercial chain)에서 수입국으로 물품을 수입하기 이전에 발생하는 마지막 거래(최종거래, the last sale)와 상업적 사슬에서 첫 번째(또는 이전)거래를 포함하고 있다. 아래와 같은 연속판매 상황에서 어떠한 판매(거래)가 "우리나라에 수출하기 위한 판매"인지 문제된다(평가협정 권고의견 14.1, 평가협정 예해 22.1, 일본 관세정률법 기본통달 4-1).

[상황①] 미국에 소재하는 A는 그 국가에 소재하는 제조자 M으로부터 공기청정기를 구매하여 서울 소재 B에게 판매하였다. 다만, 그 공기청정기는 M이 직접 B에게 운송하였다.

[상황①-1] 위 [상황①]의 사안에서 M이 선적한 공기청정기가 운송도중 일본에서 환적하여 포장 정비 後 인천항에 도착한 경우는 어떠한가?

[상황②] 미국에 소재하는 A는 서울 소재 B에게 공기청정기를 판매하고, 선적 前에 B는 그 공기청정기를 다시 부산 소재 C에게 판매하였다. 다만, 공기청정기는 A에서 C로 바로 운송되었다.

[상황③] 미국 소재 A는 공기청정기를 프랑스 소재 F에게 판매하여 선적 후 프랑스로 운송 도중 公海에서 F는 다시 그 공기청정기를 서울 소재 B에게 판매하였고, 공기청정기는 인천항에 도착하였다.

[상황④] 미국 소재 A는 공기청정기를 서울 소재 B에게 판매하여 선적 後 운송 도중에 B는 다시 그 공기청정기를 부산 소재 C에게 판매하였고, 공기청정기는 부산항에 도착하였다.

[상황⑤] 미국 소재 A는 서울 소재 B에게 공기청정기 500대를 판매하였는데, B는 그 중 300대는 자신을 수취인으로 하여 국내 수출하고, 나머지 200대는 홍콩으로 운송한 後 거기에 있는 창고에 보관한다. 홍콩 창고에 보관 중 B는 국내 C에게 공기청정기 200대를 판매하였다.

[상황⑥] 미국 소재 A는 공기청정기의 위탁판매를 위하여 인천 소재 위탁판매인 B에게 공기청정기를 수출하였고, B는 이를 인천에 있는 보세창고에 반입하였다. 보세창고 장치 중에 B는 그 공기청정기를 대전 소재 C에게 판매하였다.

[상황⑦] 미국 소재 A는 공기청정기를 국내 B에게 판매하여 선적하였고, B는 그 물품이 국내에 도착하자 인천 소재 보세창고에 보관하였다. 보관 도중에 B는 서울 소재 C에게 공기청정기를 판매하고, B는 C에게 B/L양도시 A가 발행한 송품장 금액에 자신의 마진을 추가하여 본인의 명의로 송품장을 발행한다. C는 B/L양도받아 수입통관을 하였다.

(다) '우리나라에 수출하기 위한 판매'의 결정기준

1) 평가협정 예해 22.1

연속판매에서의 수출판매와 관련하여, 평가협정 예해 22.1에서는 "우리나라(수입국)로 물품이 수입되기 以前에 발생한 마지막 판매"를 수출판매로 해석하고 있다.

[평가협정 예해 22.1] **첫째,** 연속판매에서 첫 번째 판매를 기초로 한 거래가격은 평가협정 일반서설과 제1조 및 제8조에서 예견하고 있는 전체 상업적 사슬의 일부를 형성하거나, 상업적 사슬로 인한 투입의 실체를 충분히 반영하지 않을 수 있다. 반대로, 마지막 판매를 기초로 한 거래가격은 예견한 바와 같이 전체 거래의 실체를 보다 더 충분히 반영한 것이 될 것이다. 평가협정 일반서설은 거래가격의 적정한 결정은 제8조와 제1조를 함께 적용하여 결정한다는 것을 명확히 하고 있다. 연속판매에서, 첫 번째 판매에 있어 구매자는 반드시 권리사용료를 지급하거나 생산지원요소를 제공하는 당사자는 아니다. 그러므로 첫 번째 판매를 적용하면 특정 판매수수료, 권리사용료 및 생산지원비가 거래가격에 달리 포함되어 있지 않는 한 가산되지 않을 수도 있다. 마찬가지로 제8조 제1항(d)에 따른 판매자에게 직접 또는 간접으로 귀속되는 수익금만이 실제로 지급하였거나 지급하여야 할 가격에 가산될 수 있다. 수입국의 구매자가 지급한 수익금은 반드시 첫 번째 판매에서의 판매자에게 귀속하지 않는다. **둘째,** 마지막 판매는 일반적으로 수입국에 소재하고 있는 구매자가 관련되고, 이 판매에 대한 정보는 첫 번째 판매에 관한 정보보다 일반적으로 수입국에서 보다 더 쉽게 입수할 수 있다. **셋째,** 평가협정 제1조의 근저에 깔려있는 가정은 일반적으로 구매자는 수입국에 소재하고 있고 실제지급가격은 이 구매자가 지급한 가격에 근거한다는 견해를 갖고 있다. 연속판매에서 마지막 판매에 기초한 거래가격 결정은 이러한 일관성의 필요성을 강조한다. 단일의 판매상황에서, 실제로 지급하였거나 지급하여야 할 가격은 일반적으로 수입국의 구매자가 지급한 가격으로 표시된다. 연속판매 상황에서, 거래가격이 마지막 판매에 기초하고 있다면, 그 결과는 일반적으로 동일할 것이다. 다시 말하면 거래가격은 수입국의 구매자가 지급한 가격에 기초한다. 반대로, 만약 거래가격이 첫 번째 판매에 기초하고 있다면, 실제로 지급하였거나 지급하여야 할 가격은 일반적으로 수입국 밖에 있는 구매자가 지급한 가격으로 표시될 것이고 그 결과는 다른 거래가격이다. 따라서 **관세평가기술위원회는 연속판매 상황에서 수입국으로 수출하기 위하여 판매된 때에 수입물품에 대하여 실제로 지급하였거나 지급하여야**

할 가격은 첫 번째(또는 이전)판매 대신에 수입국으로 물품이 수입되기 이전에 발생한 마지막 판매에서 지급된 가격이라고 결론짓는다. 이러한 결론은 협정의 목적과 전체적인 문맥에 부합한다.

2) EU와 일본의 경우

EU관세법시행규정 제128조에서는 "유럽연합의 관세영역으로 수출하기 위하여 판매된 물품의 거래가격은 물품이 관세영역으로 반입되기 바로 직전에 발생하는 판매(최종적인 판매)에 기초하여 관세신고수리시점에 결정된다"고 규정하고 있다. 다만, 예외적으로 "유럽연합으로 도착할 때 수출판매가 존재하지 않고, 세관창고에서의 판매가 존재하는 경우 특정조건하에서 그 판매를 수출판매로 본다"고 규정하고 있다. 일본 관세정률법 기본통달 4-1에서도 "실제로 해당물품이 일본에 도착하게 한 매매가 수입거래가 된다"고 규정하고 있다.[72)]

3) 미국의 경우

미국의 경우, 수출판매는 '진정한 판매'(bona fide sale)를 의미하며, 진정한 판매는 진정한 또는 선의의 판매, 그리고 미국으로 수출하기 위한 물품의 판매라는 2가지 요소를 포함한다. "판매"란 대가를 전제로 한 당사자로부터 다른 당사자에게 재산(소유권, property)이 이전되는 것을 의미하고, 대가(consideration)란 수입 물품에 대하여 한 당사자에서 다른 당사자에게로의 지급(payment)을 의미한다. 진정한 판매에 해당하는지 여부는 물품에 대한 권리(소유권) 및 손실위험이 판매자로부터 구매자에게 이전되었는지 여부 등을 검토하여 판단한다(미국예규 544417, 547844, 544352 등).

세관은 거래가격이 '수입자'에 의하여 지급된 가격에 기초한다고 추정한다. 이 추정을 부인하고 거래가격이 다른 가격에 기초되어야 한다는 것을 입증하기 위해서는 거래와 관련이 있는 모든 구체적인 사항과 서류(구매주문서, 송품장, 지급영수증, 계약서 및 기타 관련 서류 포함)들이 세관에 제출되어야 한다(미국관세청고시).

제조자(수출자) → 중간상 → 수입자의 연속거래에서 거래가격으로 사용될 수 있는 판매가 2개 이상이 존재하는 경우, 제조자(수출자)와 중간상 간의 판매가 진정한 판매에 해당하기 위해서는 ① 제조자(수출자)와 중간상 간의 판매가 독립적으로 이루어졌을 것과 ② 그 판매 당시 판매물품은 미국행으로 명백하게 예정되어 있을 것이라는 2가지 요건(Nissho요건)을 충족해야 하고, 이에 대한 입증책임은 '수입자'에게 있고, 만약 수입자가 입증책임을 다하지

72) 일부 회원국들은 물품이 수입국에 도달하기 前에 발생하는 가장 최근의 판매인 '**최종판매**'만을 평가협정 제1조의 수출판매로 간주할 수 있다. 다만, 일부 회원국들은 일부 상황에서 최종 판매 前에 발생한 판매 역시 평가협정 제1조에 의거한 수출판매로 인정할 수 있다고 규정한다(WCO관세평가 교육모듈(중급/고급), 52쪽).

못하면 거래가격은 수입자에 의해 지급된 가격을 기초로 하여 결정된다고 한다(미국판례 Nissho Iwai American Corporation v. U.S. 미국예규 545645, 545967, 545612, 547668 등).

[미국예규] 중간상이 제조자에게 지급한 낮은 가격으로 수입물품을 평가하기 위해서는 **수입자는 독립적으로 이루어진 판매이고, 수출하기 위한 판매였음을 입증**하기 위한 충분한 증거를 제시해야만 한다. 본 건에서 외국제조자는 중간상과 특수관계에 있지 아니하며 외국 제조자가 중간상에게 행한 판매는 독자적이며 독립적인 거래에 해당한다. 또한 **물품이 미국행으로 명백히 예정되어 있는 것을 나타내는 증거가 제출되었다.** 수입자가 중간상에게 한 주문의 결과로 물품의 수입이 이루어지고, 중간상은 다시 제조자에게 주문한다. 그 물품은 미국시장용으로 특별히 수입자를 위해 제조된다. 거래가격은 중간상이 제조자에게 지급하는 금액을 기초로 한다(545967).

4) 결론

'우리나라에 수출'하기 위한 판매, 다시 말하면 우리나라에 수입하기 위한 판매이어야 하고, 평가대상물품의 거래가격은 일반적으로 수입국에 소재하는 구매자 또는 수입자[73]가 지급한 가격에 기초하여야 하므로, '우리나라에 수출하기 위한 판매'는 평가대상물품을 우리나라 관세영역에 반입(도착)하는데 있어 직접적이고 결정적인 원인이 된 판매, 즉 평가대상물품이 우리나라 관세영역에 반입(도착)되기 바로 직전에 발생한 판매(최종판매)를 의미한다고 할 것이다(관세평가 고시 제15조 제2항, 조심 2019관0105, 2019관0014).

[심판례] 청구법인은 당초 국내법인 A가 해외법인 B로부터 구매(선행거래)한 쟁점물품(원유)을 A로부터 그대로 구매(후행거래)한 후 2014. 8. 14.부터 2014. 12. 26.까지 '입항전 수입신고'를 하면서 선행거래의 거래가격을 과세가격으로 하여 신고하였고, S세관장은 이를 수리하였다. 이 건 거래는 청구법인은 A로부터 구입한 쟁점물품이 이란에 있는 상태에서 A와 수입항인 P항으로 이전하는 계약을 체결하고, 수입항 도착 前에 B/L양도를 통해 쟁점물품의 소유권을 이전한 후 입항전수입신고를 한 것이었다. 이 경우, 과세가격을 결정하기 위한 전제로서 관세법 제30조 제1항에서 말하는 '우리나라에 수출하기 위하여 판매되는 물품'과 관련된 거래란 실제적인 국제간 이동을 수반하는 거래로서 우리나라로 물품이 수입되기 이전에 발생한 거래를 말하고, **연속거래에 있어서는 원칙적으로 수입국으로 물품이 수입되기 이전에 발생한 마지막 거래를 말하는 것이며**, 평가협정 권고의견 14.1 및 예해 22.1 또한 같은 취지로 보이는데, 그렇다면 이 건의 경우 청구주장과는 달리 A와 청구법인 사이의 후행거래가 쟁점물품이 우리나라

73) 평가협정의 어떤 규정은 '구매자'와 '수입자'라는 용어를 호환성 있게 사용하고 있다(평가협정 예해 22.1). 전형적인 수입거래에 있어서는 물품의 수출자 및 수입자가 각각 판매자 및 구매자가 되지만, 수출자 및 수입자는 단순히 물품의 발송인 및 수취인이고 해당물품을 실제로 '판매' 또는 '구매'하는 자가 따로 존재하는 때에는 해당 판매 또는 구매하는 자가 각각 판매자 및 구매자가 된다.

(수입국)로 수입되기 이전에 발생한 마지막 거래에 해당함이 명백하므로 그 거래가격을 과세가격으로 보는 것이 타당한 점 등에 비추어 청구주장은 받아들이기 어려우므로 이 건 처분에는 달리 잘못이 없는 것으로 판단된다(조심 2019관0105).

5) 문제 해결

따라서 앞의 연속판매 상황에서, [상황①] 및 [상황① -1][74]의 경우는 A와 B간의 판매, [상황②]의 경우는 B와 C간의 판매, [상황③]의 경우는 F와 B간의 판매, [상황④]의 경우는 B와 C간의 판매, [상황⑤]의 경우 300대는 A와 B간의 판매, 나머지 200대는 B와 C간의 판매, [상황⑦]의 경우는 A와 B간의 판매가 우리나라 관세영역에 반입(도착)되기 바로 직전에 발생한 판매(최종판매), 즉 '우리나라에 수출하기 위한 판매'에 해당한다.

(라) 우리나라에 도착한 以後의 판매 및 계약변경 등

해당 수입물품이 우리나라에 도착하면 "해당 수입물품에 대한 우리나라에 수출하기 위한 판매"가 完成된다. 따라서 우리나라에 도착한 以後의 판매(앞의 **[상황⑦]에서 B와 C간의 판매**)는 國內去來에 불과하다. 또한 해당 수입물품이 우리나라에 도착한 以後에 구매자와 판매자 간에 이루어지는 가격에 대한 환불(rebate), 감액(decrease), 계약변경으로 인한 가격의 할인이나 조정 등은 실제지급가격을 결정할 때 고려되지 아니한다. 다만, 해당 수입물품이 우리나라에 도착하기 以前에 관세법시행규칙 제3조 제3항 제3호 각목의 요건을 모두 충족하는 '가격조정약관'이 유효하게 존재하고 해당 수입물품의 가격이 해당 가격조정약관에 따른 경우에는 그러하지 아니한다(관세평가 고시 제16조 제3항, EU관세법시행규정 제130조).

[심판례] 최초 수입자와 계약이 파기되어 국내 보세구역 내에서 장치되어 있는 쟁점물품을 수출자가 청구법인에게 가격을 할인하여 거래하였으나, **이 경우 국내 보세구역에 반입된 상태에서 청구법인에 판매된 쟁점물품은 우리나라의 관세영역으로 가져온 以後에 거래된 물품이므로 우리나라에 수출하기 위하여 판매된 물품으로 보기 어려워 보이는 점 등**에 비추어 처분청이 청구법인과 수출자와의 거래가격을 부인하고 관세법 제31조에 규정된 '동종·동질물품의 거래가격'을 기초로 과세가격을 결정하여 과세한 처분은 달리 잘못이 없다고 판단된다(조심 2015관0057, 평가 47221-264).

74) [상황① -1]의 경우에도 단순한 환적에 불과하고 중간에 다른 판매가 존재하지 아니한다. 여기서 수출국이 미국인지 일본인지 여부는 중요한 쟁점이 아니다.

(마) 보세구역(보세창고 등)에 반입된 물품의 거래와 수출판매 해당 여부

1) 의의

앞에서 설명한 바와 같이 '우리나라에 수출하기 위한 판매'는 수입물품이 우리나라 관세영역에 반입(도착)되기 바로 직전에 발생한 판매(최종 판매)이다. 따라서 우리나라에 도착한 以後 보세구역에 반입된 물품에 대한 판매는 國內去來에 불과하고 수출판매에 해당하지 않으므로 제1방법은 적용할 수 없고 제2방법 내지 제6방법을 적용하여 과세가격을 결정해야 한다.

2) 보세구역 내 거래유형과 과세가격 결정

① 보세구역에 반입된 위탁판매물품의 거래

앞의 [상황⑥]이 여기에 해당하는데, A와 B간의 거래는 수출판매가 아니고 B와 C간의 거래는 國內去來이므로 제1방법은 적용할 수 없고 제2방법 내지 제6방법으로 과세가격을 결정한다(조심 2015관0057 등). 판매자(A)가 자신의 책임으로 국내에서 판매하기 위하여 국내의 대리인(B)에게 물품을 수출하고, 보세창고에 장치 중 국내 구매자(C)에게 그 물품을 판매한 경우도 마찬가지이다.

② 보세구역 반입 後 전매

앞의 [상황⑦]이 여기에 해당하는데, 이 경우 수출판매는 A와 B간의 거래이므로 A와 B간의 송장가격(Invoice Price)을 기초로 과세가격을 결정해야 한다. 만약 C가 수입신고시 A와 B간의 송장 가격을 알 수 없는 경우에는 제2방법 내지 제6방법에 따라 과세가격을 결정한다. B와 C간의 거래는 國內去來이므로 B와 C간의 송장가격에 기초한 거래가격을 과세가격으로 결정할 수는 없다(조심 2015관0057, 관세평가과-1700).

③ 보세구역 반입 後 구매자 또는 가격의 변경

물품이 보세구역에 반입된 후에 구매자(C)의 파산이나 대금 지급거부(신용장조건의 불일치로 인한 지급보류) 등으로 계약을 파기하고 국내의 다른 구매자(D)에게 전매하는 경우(조심 2015관0057, 평가 47221-264, 47221-402), 자유무역지역에 반입한 물품을 다른 국내 구매자(D)에게 판매하는 경우(관세평가협의회, 15-01-01) 등은 모두 '수출판매'가 아니고 國內去來에 불과하므로 거래가격에 기초하여 과세가격(제1방법)을 결정할 수 없고 제2방법 내지 제6방법에 따라 과세가격을 결정해야 한다.

또한 보세구역 반입 後 가격재협상을 통한 가격할인(인하)은 가격조정약관의 경우가 아니면 허용되지 않는바(관세평가협의회 결정 11-02-01),[75] 가격조정약관에 대해서는 제2절 제1항

---

75) [관세평가협의회결정] 수출계약 후 운송과정에서 국제시세가 급락한 물품에 대해, 보세구역 반입 後 국제시세 급락을 이유로 수출자와 거래가격을 재협상한 결과 최근 국제시세를 반영한 가격으로 조정하기로 합의된

「실제지급가격」에서 자세히 설명하기로 한다.

[심판례] ① 과세물건의 확정시기는 수입신고 시점이나, 평가협정 및 관세법 제30조의 규정에 의하여 수입물품의 과세가격은 수입국에 수출하기 위하여 판매되는 물품에 대하여 실제로 지급하였거나 지급하여야 할 가격에 가산요소를 조정한 거래가격으로 결정하여야 하는 점, 당해거래가 수입국에 물품을 수출할 목적으로 이루어졌다는 사실이 입증되면 바로 WTO 관세평가협정 제1조를 적용할 수 있는 점, WTO 관세평가협정 제1조에 열거되어 있는 요건을 충족시키는 한, 수입물품의 거래가격은 판매가격이 체결된 시점과는 무관하게, 또한 계약체결일자 이후의 어떠한 시장변동과 무관하게 인정되어야 하는 점, **보세구역(보세창고 등)내에서의 계약변경 시점의 거래가격은 우리나라에 수출하기 위하여 판매되는 물품에 대하여 지급하였거나 지급할 가격이 아니므로 과세가격으로 채택할 수 없는 점** 등을 종합하여 볼 때, **청구법인이 변경 後 신고한 거래가격을 부인하고, 변경 前 신고한 거래가격을 과세가격으로 관세 등을 부과한 처분청의 처분은 달리 잘못이 없다**고 판단된다. 다만, 쟁점물품은 수입신고일 以前에 변질되었거나 손상된 물품이므로 관세법 제100조에 규정된 손상감세 대상은 아니나, 청구인은 B/L별로 반입된 물품을 최초 일부 분할통관(100톤)한 후, S 및 K 등에 의뢰하여 검정을 실시하고 수입신고일 이전 써베이리포트 등을 발행(2011. 2. 8.~2011. 7. 21.)받은 이후 2011. 7. 25. 쟁점물품인 나머지 잔량에 대해 수입신고(300톤)하였고, 청구인은 쟁점물품이 수입신고를 하기 전에 일부 변질되었거나 손상되었음을 증명하는 써베이리포트 등 관련자료를 발행받았으므로 처분청은 이를 근거로 하거나 객관적인 자료 등으로 **수입신고 당시의 변질 및 손상 정도를 감안한 성질과 수량으로 쟁점물품의 과세가격을 다시 산정한 후, 그 결과에 따라 과세표준 및 세액을 경정하는 것이 합리적**이라고 판단된다(조심 2013관0140). ② **보세구역 내에서 계약변경된 거래가액은 쟁점물품에 대하여 지급하였거나 지급할 가격이 아니므로 이를 적용 할 수 없고** 처분청은 공인조사기관 조사결과에 따라 수입신고 당시 변질・손상정도를 반영한 성질・수량으로 과세가격을 산정한 결과에 따라 과세가격을 결정하였으므로 이 건 과세는 정당하다. 우리나라에 수출하기 위하여 판매되는 물품의 실제지급가격은 우리나라 수입항에 최초로 도착하는 시점까지의 가격으로 **보세구역 반입 後 조정가격(가격인하 등)은 과세가격으로 인정할 수 없으며,** 수입물품은 정상적인 수출판매계약에 따라 우리나라에 도착했고, **보세구역 반입 後 신용장 조건 불일치, 가격재협상 등은 당초 수출판매계약에 영향을 미치지 않았으므로,** 당초 수출판매된 거래가격을 기초로 과세가격을 결정하여야 한다(조심 2014관0226, 관세평가협의회 11-02-01).

경우, 이는 우리나라에 도착한 以後의 가격조정이므로 과세가격으로 인정될 수 없다. 따라서 당초 수출판매된 거래가격을 기초로 과세가격을 결정하여야 한다(11-02-01).

[예규] 국내 甲은 이태리 공급자 T와 L/C조건으로 수입거래계약을 체결하고, 甲이 수입물품을 우리나라 보세장치장에 반입하였으나, 甲의 부도로 인하여 대금을 지급하지 못하자 국내 乙은행이 L/C대금을 T에게 대신 지급하였다. 국내 丙은 당해 수입물품을 동 L/C금액이 아닌 할인금액으로 乙은행에게 지급한 후 수입통관하였다. 이 경우 **국내 보세장치장에 장치되어 있는 물품을 丙이 수입한 거래는 (우리나라의 관세영역으로 가져온 이후의 물품거래로서) 관세법상 수출판매에 해당하지 않으므로,** 丙이 乙은행에게 지급한 금액을 과세가격으로 채택할 수 없다(평가 47221-264, 47520-55). 동일한 사안에서 乙은행이 직접 수입하는 경우도 수출판매에 해당하지 아니한다(종합심사 47221-402).

(3) 보세공장 또는 자유무역지역에서 제조된 물품 등의 국내 반입과 수출판매

[관세법]

제188조(제품과세) 외국물품이나 외국물품과 내국물품을 원료로 하거나 재료로 하여 작업을 하는 경우 그로써 생긴 물품은 외국으로부터 우리나라에 도착한 물품으로 본다. 다만, 대통령령으로 정하는 바에 따라 세관장의 승인을 받고 외국물품과 내국물품을 혼용하는 경우에는 그로써 생긴 제품 중 해당 외국물품의 수량 또는 가격에 상응하는 것은 외국으로부터 우리나라에 도착한 물품으로 본다.

제189조(원료과세) ① 보세공장에서 제조된 물품을 수입하는 경우 제186조에 따른 사용신고 전에 미리 세관장에게 해당 물품의 원료인 외국물품에 대한 과세의 적용을 신청한 경우에는 제16조에도 불구하고 제186조에 따른 사용신고를 할 때의 그 원료의 성질 및 수량에 따라 관세를 부과한다.

[자유무역지역의 지정 및 운영에 관한 법률]

제29조(물품의 반입 또는 수입) ④ 다음 각 호의 어느 하나에 해당하는 경우 그 반출을 하려는 자는 수입신고를 하고 관세등을 내야 한다.

1. 자유무역지역에서 외국물품등의 전부 또는 일부를 원재료로 하여 제조·가공·조립·보수 등의 과정을 거친 후 그 물품을 관세영역으로 반출하려는 경우
2. 외국물품등을 자유무역지역에서 그대로 관세영역으로 반출하려는 경우

제44조(자유무역지역에서 생산한 물품에 대한 관세등의 부과기준) 제29조 제4항 제1호의 경우 그 반출되는 물품은 외국으로부터 우리나라에 도착된 외국물품으로 보아 관세등을 부과한다.

일반 보세구역과 달리 보세공장이나 자유무역지역의 경우에는 보세공장이나 자유무역지역에서 제조된 물품을 국내로 반입하는 경우, 그 물품을 외국으로부터 우리나라에 도착한

물품으로 간주하는 규정(관세법 제188조, 자유무역지역법 제44조)을 두고 있으므로, 아래와 같이 (일반 보세구역과 다르게) 처리해야 한다.

1) 보세공장(또는 자유무역지역)에서 '제조 · 가공'된 물품을 수입하는 경우

보세공장이나 자유무역지역에서 외국물품이나 외국물품과 내국물품을 원료로 하거나 재료로 하여 제품을 제조 · 가공한 후 그 제품[76]을 國內 구매자(국내 실수요자)에게 판매 · 수입하는 경우에는 '수출판매'가 존재하는 것으로 보고,[77] 보세공장에서 국내 실수요자에게 판매한 가격(거래가격)을 기초로 과세가격(제1방법)을 결정한다(관세평가과-1527).[78] 물론 관세법 제30조 제3항 각호의 거래가격 배제사유에 해당하면 거래가격이 배제된다. 이는 보세공장에서 제조 · 가공한 물품은 보세공장에 재료나 원료로 반입한 외국물품과는 '동일성'이 인정되지 않는 다른 물품이어서 수출이 존재하지 않지만, 관세법 제188조(자유무역지역법 제44조)에 의하여 보세공장에서 제조 · 가공한 물품의 거래를 외국으로부터 우리나라에 도착한 물품의 거래, 즉 '수출'판매로 간주하는 것이다.

다만, 보세공장에서 제조한 물품을 '보세공장운영인'이 수입자가 되어 수입하는 경우에는 同一人 간의 거래이므로 원칙적으로 販賣에 해당하지 않는다.[79] 따라서 거래가격에 기초하여 과세가격을 결정할 수 없으므로 제2방법 내지 제6방법으로 과세가격을 결정해야 한다. 그러나 보세공장운영인이 직접 수입통관하지만, 실제 국내구매자가 확정된 상태에서 보세공장운영인이 수입통관한 경우에는 이때의 구매자는 형식적 수입자가 아닌 '실제 구매자'가 되는 것이므로 실질과세의 원칙에 따라 보세공장운영인이 국내 실수요자에게 판매한 가격(거래가격)이 관세법 제30조의 요건을 갖추었다면 동 가격을 기초로 과세가격을 결정할 수 있다(관세평가협의회 결정 07-01-01).

---

76) 다만, 원료과세의 경우, 사용신고할 때는 실제지급가격이 확정되어 있지 않고, 고객에게 제품을 판매하기 위하여 계약을 체결할 때 그때의 LME가격(Booking Price)으로 실제지급가격이 확정되는 경우라면 수입신고시의 원료의 과세가격은 당초 사용신고가격이 아닌 LME가격을 기초로 결정될 것이다. 마찬가지로 고객에게 무상으로 제공하기 위하여 보세공장에서 제조되고 이미 원료과세 적용신청한 물품을 국내로 반입하는 경우의 과세가격도 마찬가지이다(관세평가과-1527). 관세법 제189조의 원료과세 신청을 하지 않은 보세공장 반입물품을 제조 · 가공한 以後 직접 통관하는 경우 관세법 제188조의 '제품과세'에 해당하므로 보세공장 사용신고 가격을 그대로 과세가격으로 적용할 수 없다(관세평가과-1139).

77) 이 경우 '보세공장운영인'이 수출판매자가 되고, '국내 실수요자'는 구매자가 된다.

78) **[관세청예규]** 원칙적으로 보세공장으로부터 국내로 인취시점이 수입시점이 되는 것이므로 이를 '수출판매'로 보고 이때의 '거래가격'을 과세가격으로 결정한다. 다만, 무상거래이거나, 특수관계가 거래가격에 영향을 미치는 등의 거래가격 배제사유가 있으면 제2방법 내지 제6방법으로 과세가격을 결정한다(평가일 22740-507).

79) 보세공장운영인이 구매자가 결정되지 않은 상태에서 일단 통관한 후 구매자가 결정되면 판매하기 위해 수입통관하는 경우가 여기에 해당한다.

2) 보세공장에서 위탁가공한 물품을 수입하는 경우

조세심판원과 관세평가분류원은 "보세공장에서 제조·가공을 통하여 수입하는 물품(반도체칩)은 무환위탁가공계약에 의하여 주요 원재료인 반도체 제조용 웨이퍼를 국내위탁자로부터 무상으로 제공받고 수입 또는 국내에서 구입한 보조원재료를 추가하여 제조·가공한 후 완제품(반도체칩)을 납품하고 가공임을 받는 거래의 경우, 이 거래는 '販賣'에 해당하지 않기 때문에 제1방법에 따라 과세가격을 결정할 수 없다"고 해석하고 있다(조심 2013관0183, 관세평가과-1717). 그러나 이 거래는 앞에서 설명한 위탁가공거래와 유사한 구조를 갖기 때문에 확대된 판매개념에 포함될 수 있으므로 제1방법을 적용하는 것이 타당하다고 본다. 다만, 위탁자가 제공한 웨이퍼 가격은 '생산지원비'로 가산해야 하고, 만약 위탁자가 영업상 비밀을 이유로 무상 공급한 웨이퍼의 가격을 공개하지 않고, 다른 객관적이고 수량화할 수 있는 자료가 없다면 제1방법을 적용할 수 없으므로, 제2방법 내지 제6방법으로 과세가격을 결정하는 것이 타당할 것이다.

[판례] 보세공장운영인(甲)이 국내 임가공 위탁업체(乙)와 반도체칩 임가공계약을 체결하고, 乙로부터 웨이퍼를 무상공급받아 보세공장에 반입한 후 외국으로부터 반입한 리드프레임, 에폭시수지 등을 결합시키는 패키징 임가공 공정을 거쳐 반도체칩을 생산하여 국내로 수입한 경우(제품과세 적용),[80] 과세가격 결정은 어떻게 해야 하는가? 이 경우 甲과 乙간의 거래는 판매의 개념에 해당하지 아니하므로 거래가격에 기초하여 과세가격을 결정할 수 없고, 반도체 회로의 특성상 사용되는 산업별·물품별로 회로설계와 포함되는 집적소자 등이 매우 다양하여 제2방법 또는 제3방법을 적용할 수 없고, 구매자가 생산지원(웨이퍼 무상공급)을 하였고 국내판매가격을 확인할 수 없으므로 제4방법도 사용할 수 없으며, 생산자가 수출하기 위하여 통상적으로 반영하는 이윤 및 일반경비를 확인하기 어렵기 때문에 제5방법도 적용할 수 없으므로, 제6방법으로 과세가격을 결정해야 할 것이다. **제6방법으로 과세가격을 결정할 때 임가공비용에 乙이 甲에게 무상으로 공급한 웨이퍼 가격을 산출하여 합산하는 것이 합리적인 기준으로 과세가격을 산정하는 방법에 해당한다**(서울고판 2014누73908; 사례연습 3).

80) 수입물품에 대하여 관세법 제188조의 제품과세 방식을 선택한다면 관세는 '수입물품 전체'에 대하여 부과되고 그에 따른 부가가치세 역시 수입물품 전체에 대하여 과세되지만, 관세법 제188조 단서 규정에 따라 세관장에게 내·외국물품 혼용승인을 얻거나 관세법 제189조의 원료과세 방식을 선택하게 되면 관세는 수입물품 중 원재료인 '외국물품'에 대해서만 부과되어 그에 따른 부가가치세도 원재료인 외국물품에 대해서만 과세된다. 원고 역시 이 사건 거래와 동일하게 웨이퍼를 무상으로 공급받고 임가공을 한 경우라도 외국물품인 원재료의 관세율이 낮고 완제품의 관세율이 높은 경우에는 원료과세를 신청하여 국내 위탁자로부터 무상으로 공급받은 웨이퍼 등에 대한 관세 및 부가가치세를 부담하지 않는 등 완제품과 원재료의 관세율의 차이를 세제상 유리한 신고방식으로 스스로 선택해 왔다. 원고가 이 사건 물품에 관하여 제품과세방식을 선택한 이상, 웨이퍼의 가격을 포함한 이 사건 물품 전체의 가격을 산정하는 것이 합리적인 과세가격 결정방법이라고 본다(서울고판 2014누73908).

[심판례]

청구법인이 위탁자와의 임가공계약에 의하여 위탁자가 무상으로 제공한 웨이퍼를 보세공장에서 임가공하여 쟁점물품을 제조·가공한 후 위탁자에게 다시 납품하고 있어 청구법인은 완성된 쟁점물품을 위탁자에 판매한 것이 아니라 위탁자에게 임가공용역을 제공하는 것이므로 **관세법 제30조 제1항의 수출판매에 해당되지 아니한다.** 그리고, 이 건 제2방법 내지 제5방법이 불가하여 **제6방법으로 과세가격을 결정하는 경우 임가공비와 웨이퍼 가격을 합산한 합리적인 가격을 과세가격으로 결정함이 타당하다.** 또한, 청구법인은 보세공장을 운영하는 자로서, 위탁자가 무상공급한 웨이퍼와 외국으로부터 반입된 외국물품을 결합하여 각종 비메모리 반도체 패키지를 제조·가공하여 수입하면서 관세법 제188조 제품과세 방식을 선택하였는데 보세공장에서 내·외국 물품이 혼용되어 임가공 완료된 물품은 '외국으로부터 우리나라에 도착된 물품'으로 수입신고가 수리되기 前까지는 관세법 제2조 제4호상 '외국물품'에 해당하는 것이고, 청구법인의 수입신고를 거쳐 우리나라에 반입된 것은 동법 제2조 제1호에서 정한 '수입'에 해당하므로 쟁점물품은 관세의 과세대상은 물론 부가가치세법 제1조 및 제8조에 따라 부가가치세가 과세되는 것으로 판단된다(조심 2013관0183).

3) 보세공장 '잉여물품'을 수입하는 경우

보세공장 '잉여물품'(보세공장에서 생산 예정 제품의 단종으로 인하여 반입 당시의 원재료 상태로 국내 수요자에게 판매되는 물품 등)도 제조·가공물품에 준하여 보세공장에서 국내로 인취할 때의 '거래가격'을 과세가격(제1방법)으로 결정할 수 있으나, 거래가격 배제사유에 해당될 경우에는 제2방법 내지 제6방법으로 과세가격을 결정해야 한다(관세청 50-2000-0009호). 보세공장 '잉여물품'이나 보세공장에서 제조가 중단된 물품 중 원래의 목적으로 사용이 불가능한 물품에 대해 '경쟁입찰방식'에 따라 국내판매계약이 체결된 경우에도 낙찰자가 그 물품을 보세공장에서 국내로 반입하는 것은 관세법 제188조의 수출로 간주되므로, '낙찰가격'이 (거래가격 배제사유에 해당되지 않는다면) 낙찰자에게 수출판매된 가격으로서 실제로 지급하였거나 지급하여야 할 가격에 해당하므로, 그 물품에 대한 과세가격은 제1방법으로 결정된다(관세평가과-2187).

그러나 생산 및 판매가 중단되어 회수 후 보세공장에 재반입되어 잉여물품으로 보관 중인 물품을 해체, 폐기, 재활용을 위해 국내로 반입하는 경우는 소유권이 완전히 이전되었다고 볼 수 없고, 따라서 판매가 존재한다고 볼 수 없으므로 거래가격에 기초하여 과세가격(제1방법)을 결정할 수 없다(관세평가분류원, 30-2017-0020).

4) 보세공장에서 내국물품과 외국물품을 '혼용'하여 제조한 물품의 과세가격 결정방법

보세공장에서 내국물품과 외국물품의 혼용에 관한 승인을 받아 제조된 물품의 과세가격은 다음의 산식에 따른다(규칙 제7조의6 제1항). 자세한 내용은 제3장 제4절의 [제6방법]에서 살펴보기로 한다.

제품가격 × [외국물품가격 ÷ (외국물품가격 + 내국물품가격)]

그러나 보세공장에서 내국물품과 외국물품의 혼용에 관한 '승인'을 받지 아니하고 제조·가공한 물품에 대해서는 제품 전체를 우리나라에 도착한 물품으로 간주하여 제품과세를 하게 된다(관세평가협의회 결정 13-02-01).

5) 보세공장이나 자유무역지역에 반입된 외국물품이 '원상태'로 수입되는 경우

보세공장에서 국내로의 물품반입을 수출로 간주하는 것은 반입하는 물품이 관세법 제188조의 규정에 따라 보세공장에서 제조·가공한 물품인 경우만 해당하므로, 보세공장에 반입할 당시의 기능 및 성상에 변화가 없는 '원상태'의 외국물품을 국내로 반입하는 것[81]은 보세구역을 경유하여 외국물품을 우리나라에 수입하는 경우와 같으므로, '수출판매'에 해당하지 않는다. 이 경우 외국물품을 보세공장에 반입하게 한 거래가 관세평가상 수출판매이며, 보세공장 반입 이후 보세공장에서 국내로의 반입을 초래한 거래는 수입 이후의 國內去來에 불과하다. 따라서 외국에서 보세공장으로 물품(원재료)반입을 야기한 거래에서의 구매자(보세공장 운영인)가 판매자(수출자)에게 실제로 지급하였거나 지급하여야 할 가격[82]을 기초로 과세가격을 결정하는 것이 타당하다(관세평가과-94).[83] 자유무역지역의 경우도 마찬가지이다(관세평가협의회 결정 12-01-02).[84]

참고로, 보세공장에 수출용원재료로 사용하기 위하여 '환급대상수출물품 반입확인서'에 의해 반입한 내국물품을 다시 국내로 반입하는 경우, 이미 관세환급을 받은 경우에는 외국물품이므로(수출용 원재료에 대한 관세 등 환급에 관한 특례법 제18조 제2항) 수입통관절차를 거쳐야 하나, 아직 환급을 받지 아니한 경우는 여전히 내국물품이므로 '환급대상수출물품 반입확인서' 정정·취하절차를 거치면 된다.

---

81) 외국에서 보세공장에 반입한 물품과 보세공장에서 국내로 반입하는 물품 간에 '동일성'이 유지되는 경우를 말한다.

82) 보통은 원재료의 보세공장 반입시의 '사용신고 가격'이 될 것이다.

83) 보세공장에서 제조·가공한 후 수출하였으나 불량으로 확인되어 반송된 물품을 국내판매하는 경우에는 수출판매가 존재하지 않으므로 제2방법 내지 제6방법으로 과세가격을 결정해야 할 것이다.

84) **[관세평가협의회 결정]** 자유무역지역에서 원상태로 국내로 반출하는 것은 관세법상 물품의 국내이동에 불과하므로, 원상태로 국내로 반출하는 물품의 과세가격은 거래가격 배제사유가 없는 한 자유무역지역에 반입할 당시의 수출판매가격을 기초로 과세가격을 결정하여야 한다(12-01-02).

6) 자유무역지역 內에서의 물품 거래의 경우

자유무역지역에 반입되어 원상태로 보관 중인 물품의 소유자인 일본 J사가 보관 중인 물품을 자유무역입주기업인 한국 K사에게 판매하는 것은 국제간의 이전거래가 없어 '수출판매'가 존재하지 않으므로 해당 거래가격을 제1방법으로 적용할 수 없고, (물품의 실제적인 국제간 이전에 해당하는 거래가격이 확인되지 않는 경우에는) 제2방법 내지 제6방법으로 과세가격을 결정해야 한다(관세평가협의회 결정 15-01-01).

판매대리인/구매대리인과 구매자/판매자의 구별

1. 의의

판매에서 판매자와 구매자는 별개(別個)의 독립한 당사자이어야 한다. 그런데, 판매자와 구매자 사이에 중개자가 개입하는 경우, 중개자는 구매자나 판매자를 지원하는 그들의 '대리인'(구매대리인, 판매대리인)으로서의 역할을 수행하는 것이 보통이나 예외적으로 중개자가 독립적인 구매자 또는 판매자로서의 기능을 수행할 수도 있다. 중개인 또는 대리인이 수행하는 기능이나 역할에 따라 중개자는 판매의 독립한 당사자 또는 당사자의 대리인이 될 수도 있고, 그에 따라 어떠한 거래가 販賣에 해당하는지, 중개자에게 지급되는 수수료는 실제지급가격에 가산되는지(판매수수료 또는 구매수수료), 특수관계가 거래가격에 영향을 미쳤는지 여부를 판단하는 대상은 어느 거래인지 등의 관세법상 문제가 발생한다.

2. 민법상 당사자 확정의 법리

민사법에서 계약을 체결하는 행위자가 他人의 이름으로 법률행위를 한 경우에 행위자 또는 명의인 가운데 누구를 계약의 당사자로 볼 것인가에 관하여는, 우선 행위자와 상대방의 의사(意思)가 일치한 경우에는 그 일치한 의사대로 행위자 또는 명의인을 계약의 당사자로 확정하여야 할 것이고, 행위자와 상대방의 의사가 일치하지 않는 경우에는 그 계약의 성질·내용·목적·체결 경위 등 그 계약 체결 전후의 구체적인 제반 사정을 토대로 상대방이 합리적인 사람이라면 행위자와 명의자 중 누구를 계약당사자로 이해할 것인가에 의하여 당사자를 결정하여야 한다(대판 2001다32120, 2008도7451 등).

3. 구매대리인과 판매자의 구별

(1) 구매대리인의 의의 및 업무

'구매대리인'이란 수입물품의 구매와 관련하여 외국에서 구매자의 계산과 위험부담으로 구매자를 대신(대리)하여 활동하는 개인 또는 회사를 말한다. 여기서 '外國에서'라는 제한은 부분적으로는 수출국에서 또한 부분적으로는 수입국 내에서 상담을 수행하는 구매대리인의 총 수수료를 포함시키기 위해 관대하게 해석되어야 한다.[85)]

구매대리인은 공급자 물색, 구매 관련 사항 전달, 샘플수집, 물품검사, 보험·운송·보관 및 인도 등을 알선하는 등의 업무(용역)을 수행한다. 그러나 ① 구매대리인이 자기의 계산으로 용역을 수행하는 경우, ② 해당 수입물품에 대하여 소유권 또는 그 밖의 이와 유사한 권리가 있는 경우, ③ 해당 거래나 가격을 통제하여 실질적인 결정권을 행사하는 경우에는 '구매대리인'으로 볼 수 없다(영 제17조의2 제1항, 규칙 제3조의3, 평가협정 주해 제8조, 평가협정 예해 17.1). 물품의 구매가 아니라 생산관리에 관한 용역을 대행하는 자는 구매대리인이 아님에 유의해야 한다(이에 대해서는 제2장 제2절 제3항의 「생산지원비」를 참고하라).

[평가협정예해 17.1] 대리인 관계를 입증하는 충분한 증빙(대리점계약서, 구매주문서, 텔렉스, 신용장, 무역서한 등)이 제출되지 않은 경우에는 세관은 구매대리점 관계가 존재하지 않는다고 결론내릴 수 있다. 때때로, 해당 계약서나 서류들은 소위 대리인의 활동에 대한 본질을 명백히 표현하거나 반영하고 있지 않다. 이러한 상황에서는 사안의 실제적인 사실들을 결정하고 아래에서 설명하는 다양한 요인들을 검토하는 것이 필수적이다. 조사대상이 될 수 있는 쟁점 중 하나는 소위 구매대리인이 평가협정 해설 2.1의 9번 단락에서 例示하고 있는 **구매대리인이 통상적으로 수행하는 용역 以外의 어떠한 위험을 부담하거나 부가적인 용역을 수행하는지 여부**이다. 이러한 부가적인 용역의 정도는 구매수수료의 처리에 영향을 미칠 수 있다. 예를 들어, **대리인이 수입물품에 대한 지급을 위하여 자신의 자금을 사용할 수 있다.** 이것은 소위 구매대리인이 구매대리인으로써 행동함으로써 합의된 보수를 받기보다는 오히려 물품의 소유로 인한 손실을 부담하거나 또는 이윤을 취할 가능성이 있음을 보여준다. 이러한 경우에는 구매대리계약을 명백하게 규명할 수 있는 모든 상황이 검토될 수 있다. 이 조사의 결과는 대리인이 자신의 계산으로 행동하고/하거나 물품에 재산적 이익을 갖고 있다는 것을 보여줄 수 있다. 이러한 점에서 구매대리인과 유사한 활동을 수행하지만, 구매대리인과 달리 재산적 이익을 가지고 거래 또는 수입자가 지급한 가격을 통제하는 Export house 또는 소위 독립적인 대리인에 주의하여야 한다. **이런 경우에 속하는 소위 중개인은 구매대리인으로 간주될 수 없다.** 검토되어야 하는 또 하나의 요소로는 거래에 관련된 당사자들의 평가협정 제15조 제4항에서 규정하고 있는 '특수관계'에 대한 것이다. 예를 들면, 대리인과 판매자 또는 판매자와 특수관계에 있는 자와 특수관계는 구매자의 이익을 대변하는 대리인으로 불리는 자의 능력과 관계가 있다. **대리점계약의 존재에도 불구하고 세관은 소위 대리인이 실제로 구매자를 대리하여 행동하고 판매자의 계산으로 행동하지 않는 것인지 또는 완전히 자신의 계산으로 행동하는지 여부를 결정하기 위하여 전체 상황을 검토할 권한이 있다** 어떤 거래에 있어서는 대리인은 계약을 체결한 후 수입자에게 물품의 가격과 그의 보수를 구분하여 송장을 재발행한다. 단지 송장을 재발행하는 행위가 대리인을 물품의 판매자로 만드는 것은 아니다. 하지만 공급자에게 지급한 가격이 평가협정에 따른 거래가격의 기초이므로 세관은 신고인에게 공급자가 발행한 송장과 신고된 가격을 입증하는 기타 문서의 제출을 요구할 수 있다. 수입자가 세관에 판매자가 대리인에게 송부한 상업 송장이나 기타 판매에 대한 충분한

85) Saul L. Sherman & Hinrich Glashoff, 앞의 책, 187쪽.

증거를 제출하지 못하는 경우에는 세관은 수입국으로 수출하기 위한 것이라고 주장하는 판매에 있어 실제지급가격을 검증하지 못하므로 **세관은 그 판매를 진정한 수출하기 위한 판매로 간주할 수 없다. 때로는 구매대리인은 구매대리인에 대한 일반적인 기능의 범위를 벗어난 다른 용역을 수행할 수도 있다. 이러한 부가적인 용역은 구매인에게 청구된 보수에 영향을 미칠 것이다. 이 경우 청구된 총 보수는 구매수수료로 간주될 수 없다.** 하지만, 구매대리 용역과 관련되는 것으로 확인되는 보수의 일부는 구매수수료로 간주될 수 있다.

다국적 기업은 글로벌 가치사슬구조(Global value chain)를 통해 제조 및 판매시설을 갖추지 않은 채 본사 또는 별도로 세운 계열사가 무형자산의 보유, 관리를 담당하고, 제3자 계약제조방식으로 물품을 조달하여 현지 판매법인을 통해 판매하는 방식을 취하고 있다.[86] 이러한 방식 하에서 다국적 기업의 본사(또는 별도의 계열사)는 세계 각국의 계열사들과 서비스 계약(Service agreement) 또는 소싱계약(Sourcing Agreement) 등을 체결하여 소싱(sourcing), 행정(administrative) 등 다양한 서비스를 제공하고 있는데, 이 경우 'Service agreement' 또는 'Sourcing Agreement'에서 소싱(sourcing) 서비스 등을 제공하는 본사(또는 별도의 계열사)가 구매대리인(구매수수료)인지 아니면 실제 판매자(실제지급가격)인지가 종종 문제되고 있다.

(2) 구매대리인과 구매수수료

'구매수수료'(buying commissions)란 해당 수입물품의 구매와 관련하여 외국에서 구매자를 대리하여 행하는 용역의 대가로서 구매자가 구매대리인에게 지급하는 비용(보수)을 말하는데(영 제17조의2, 평가협정 주해 제8조 제1항), 구매수수료는 실제지급가격에 가산하지 아니한다(법 제30조 제1항 제1호 단서). 구매수수료에 대한 자세한 내용은 제2장 제2절 제3항의 「가산요소」에서 살펴보기로 한다.

86) 다국적기업은 1980년대 以前에는 신발, 의류, 스포츠 용품 등을 직접 생산하여 세계 각국에 설립한 판매회사를 통하여 판매하였으나, 1980년대 以後 아시아 지역의 신발 및 섬유생산업체들에 의하여 생산시장이 지속적으로 잠식당하게 되자, 1990년대 초에 이르러 원가절감 및 생산, 구매, 물류의 효율성 증대를 위하여 직접 생산하는 양을 줄이는 대신 비용이 적게 되는 중국이나 동남아시아에 있는 제조업체를 물색하여 상품의 제조만을 맡기고, 본사 또는 별도로 설립한 계열사가 제조업체로부터의 다국적기업의 상표가 부착된 상품의 구매업무를 담당하게 되었다.

(3) 판매자와의 구별기준

1) 문제의 소재

국내 甲사는 미국 乙사와 소싱(sourcing) 서비스계약을 체결하고, 乙사를 통해 베트남 丙사로부터 의류를 수입한다. 甲사는 丙사에게는 의류대금을, 乙사에게는 서비스 수수료를 각각 지급한다. 이 경우 중개자인 乙사의 역할이 '구매대리인'인지 아니면 '판매자'인지 與否에 따라 어떤 거래가 수출판매인지 결정되고 그에 따라 乙사에게 지급한 수수료의 성격이 '구매수수료' 또는 '실제지급가격의 일부'가 될 수 있고, 또한 특수관계의 존재 여부에 대한 판단의 대상(甲－乙 또는 甲－丙)도 달라지게 된다. 이러한 문제는 특히 구매자(甲)와 중개자(乙)가 '특수관계'에 있는 경우에 자주 발생하는데, 실제 판매자인지 아니면 구매대리인인지 여부를 판단하기 위해서는 "판매를 둘러싼 상황들"에 대한 검토가 필요하게 된다.

2) 미국의 경우

미국의 판례와 관세청예규는 '구매자'(수입자)에게 구매대리관계의 존재 및 구매수수료라는 점에 대한 입증책임이 있다[87]는 전제하에서 구매대리인과 판매자를 구별하는 기준으로 다음과 같은 사항들을 들고 있다: ① 구매대리계약의 존재 여부, ② 중개자가 수행하는 업무의 내용(중개자가 구매대리인의 전형적인 업무를 수행했는지 아니면 그 범위를 넘어 생산과정에 과도하게 개입했는지 여부), ③ 구매자가 중개자를 指示·統制할 수 있는 권한의 유무(중개자에 대한 지시·감독 권한의 유무,[88] 제조자의 선택·물품주문 등을 함에 있어 사전에 구매자의 승인이 필요한지, 가격 등 판매조건의 결정과 같은 중요사항에 대한 최종적인 결정권한이 구매자에게 있었는지 여부), ④ 구매자가 중개자를 통하지 않고 제조자로부터 직접 물품을 구매할 수 있었는지 여부, ⑤ 중개자가 주로 자신의 이익을 위하여 독립된 거래를 수행하였는지 여부(중개자가 자신의 재량으로 제조자로부터 물품을 구매할 수 있는지 여부 등), ⑥ 중개자가 수입물품의 파손·손실위험을 부담하는지 여부,[89] ⑦ 판매자의 송품장과 별도로 중개자의 송품장이 발행되었는지 여부, ⑧ 중개자는 구매자로부터만 수수료를 받고 판매자(제조자)로부터는 수수료를 받지 않는지 여부, ⑨ 중개자와 판매자(제조자)의 관계 및 재정적 분리 여부[90] ⑩ 수입자(구매자)의 지급방법 통제 여부[91] 등이다(미국판례: Rosenthai－Netter, Inc v.

---

87) '구매자'(수입자)가 이를 입증하지 못하면 구매대리관계는 인정되지 아니한다고 한다.

88) '구매대리인'임을 주장하는 자가 구매자의 지시에 따라 구매자를 대신하여 행동하고 본인의 서면승인 없이는 물품구매 조건의 어떠한 변경도 하지 못한다는 내용 등이 있는지 여부

89) "중개자는 상품의 소유권을 보유하지 않는다"는 문구 등이 있는지 여부

90) 구매대리인과 판매자(제조자)사이의 특수관계가 구매대리관계의 존재를 배제하지는 않지만, 그러한 "특수관계 거래를 둘러싼 상황"은 수수료가 진정한 구매수수료인지 아닌지를 결정함에 있어 보다 정밀한 조사의 대상이

U.S., 미국예규 547054, 546341, 547117, H043842 등).

3) 우리나라의 경우

大法院은 구매대리행위의 존재 및 구매수수료라는 점에 대한 입증책임은 구매자가 부담한다는 전제 하에서, 아래에서 보는 바와 같이 중개자를 '구매대리인'에 불과하다고 판시한 것도 있고, '실제 판매자'에 해당한다고 판시한 것도 있는데, '구매대리인'과 '실제 판매자(수출자)'를 區別하는 기준으로 다음과 같은 사항들을 들고 있다. 즉, ① 구매자와 해외제조자간에 직접 체결된 물품공급계약서가 존재하는지,[92] ② '해외제조자'를 실질적으로 선정(선택)할 권한이 누구에게 있고, 수입물품에 대한 '價格결정권한'이 누구에게 있는지, ③ 중개자가 구매할 물품의 결정, 가격결정, 제조사 선정 등 중요사항을 결정함에 있어 구매자의 승인을 얻어야 하는지, ④ 중개자가 제조자에게 구매자의 대리인임을 표시하였는지(물품주문시 구매자의 주문번호와 고객번호를 명시했는지 여부 등) 및 제조자가 중개자를 대리인으로 인식하고 있었는지(중개자를 대리인으로 표시하여 구매자에게 송품장을 발행하였는지 여부 등), ⑤ 본사 또는 소싱사의 업무내용 및 범위가 어떠한지(구매대리인의 전형적인 업무범위를 넘어 본사 또는 소싱사가 생산 과정의 전반을 감독하고 품질검사를 수행하고 있는지), ⑥ 판매하지 못한 물품의 재고 등 위험은 누가 부담하고 물품의 하자 및 클레임에 대한 책임을 실질적으로 누가 부담하는지, ⑦ 구매자가 중개자를 통하지 않고도 직접 해외 제조자로부터 상품을 구매한 사실이 있는지, ⑧ 구매자-중개자-제조자 간의 대금지급방식이 어떠하고,[93] 운송 및 보험에 관한 책임과 비용을 누가 부담하는지, ⑨ 중개자가 수수료 및 물품대금에 대한 회계처리를 어떻게 하고 있는지(중개자가 제조사에 대한 미지급 물품대금을 매입채무로 계상하고, 구매자에게 공급한 물품의 하자에 대비한 클레임 충당금을 계상하고 있는지 등) 여부 등을 종합적으로 고려하여

된다(미국예규 544512).

91) **[미국예규]** 대리인에 의해 수행된 임무는 진정한 구매대리인에 의해 전형적으로 수행되는 것이고, 대리인은 수입자가 지시하거나 지정한 구매주문을 제출한다. 수입자는 지급방법을 통제하고, 구매대리계약서에는 물품의 구매와 관련된 중요한 문제에 대하여 수입자의 서면 승인을 요구한다. 이 경우 구매대리자에게 지급된 수수료는 '구매수수료'에 해당한다(545420).

92) 다만, 중개자나 본사가 실질적으로 해외제조사들을 선정, 통제하기 때문에 구매자에게는 해외제조사들에 대한 선택권이 제한된다고 하더라도, 해외제조자 선정 과정에 구매자를 비롯한 판매회사들의 의견이 반영되기 때문에 이러한 사정만으로 중개자가 구매대리인이라는 점을 뒤집기 부족하다(서울고판 2010누23349).

93) 중개자가 신용장을 개설하여 해외제조자에게 물품대금을 先지급하고, 그 후 구매자가 중개자에게 물품대금과 수수료를 지급하는 경우, 이러한 지급방식을 중개자를 실질적 판매자로 판단함에 있어 평가협정 예해 17.1과 함께 고려요소로 판시한 판결(대판 2014두7572, 서울고판 2013누20969, 대판 2014두7572)도 있고, 반대로 구매자가 대금을 지급하기 以前에 중개자가 신용장을 개설하여 해외제조자에게 물품대금을 지급하였더라도 이는 중개자가 구매자를 대리하여 우선 제조자에게 물품대금을 지급한 것으로 볼 수 있기 때문에 중개자를 구매대리인으로 봄에 있어 장애가 되지 않는다고 판시한 판결(부산고판 2010누4827, 대판 2011두17530)도 있다.

판단하고 있다. 아울러 소싱서비스비용이 구매물량과 관계없이 정률(정액)로 정해져 있는 점(또는 본사에서 발생한 원가의 일부에 상응하여 산정되는 금액인지 여부),[94] 선적서류 및 수입신고서류에 수출자(공급자)가 중개자로 기재되어 있고 구매자(수입자)의 재무제표에 제품의 매입처가 (제조자가 아니라) 중개자로 되어 있는 점,[95] 구매자는 정상가격산출방법 신고서·국제거래명세서 등에 중개자와의 거래를 용역거래가 아닌 유형자산 매출·매입 거래라고 기재하여 세무서장에게 제출하였다는 점, 외국환거래법상 제3자 지급신고를 하지 않았다는 점 등도 부수적으로 고려하여 판단하고 있다.

조세심판원은 "구매자는 '중개자'를 지시·통제할 입장에 있지 않을 뿐만 아니라 '중개자'를 통하지 않고는 쟁점물품을 구매할 수 없어 해외제조업체에 대한 선택권이 없다 할 것이므로 중개자는 수입물품을 공급하는 판매자 또는 수출자의 역할을 수행한 것으로 볼 수 있어 구매대리인에 해당하지 않는다. 중개자는 사실상 그룹본사의 지시를 받아 구매자를 포함하여 특수관계에 있는 각국의 판매자회사에 대하여 특정브랜드 제품을 공급하는 판매자 또는 수출자의 역할을 수행한 것으로 볼 수 있다. 따라서 구매자가 중개자에게 지급한 수수료는 과세가격에서 제외되는 구매수수료로 볼 수 없다"고 결정한 사례가 다수 있다(국심 2004관77, 2006관0128, 조심 2010관0056 등).

[판례] [구매대리인에 해당한다고 본 판례][96] ① 다국적 기업의 계열사인 NA가 수입자(구매자)인 NK의 구매대리인인지 또는 별개의 판매자(수출자)인지 여부가 쟁점인데, 아래와 같은 사정을 고려하면 NA는 **실질적 판매자(수출자)가 아닌 구매대리인에 해당한다.** ㉠ **구매대리계약상 국외 제조자 선정, 가격결정, 운송 등 업무에 관한 최종 결정권은 NK가 갖고 있다는 점,** ㉡ NA는 국외 제조자에게 제품을 주문할 때에도 NK의 주문번호와 고객번호를 명시하였는데 이는 구매대리인의 자격을 표시한 것이고, 국외 제조자 역시 NA를 구매대리인으로 표시한 인보이스를 NK와 NA에게 동시에 발행하여, **당사자들의 의사가 NA는 구매대리인이라는 점을 인식하고 있었다는 점,** ㉢ NK는 국외 제조자에게 물품대금을 모두 지불하였고, 운송보험에 직접 가입하고 운송료를 지급하였으므로, **물품의 구매는 모두 NK의 계산으로 이루어진 것으로 볼 수 있다는 점,** ㉣ NA는 국외 제조자와 물품 가격을 직접 협상하는 주체이기는 하나, **이는 NA가 NK로부터 가격협상 등 포괄적인 권한을 위임 받았기 때문이라는 점,** ㉤ 수입물품의 운송이 FOB 조건으로 NA를 거치지 않고, 국외 제조자로부터 NK에게 바로 이루어지고

94) 구매수수료가 제품가격의 일정비율(정률) 또는 정액으로 정해져 있다는 점에 관해서는, 실제 판매자로 판단함에 있어 고려요소로 판시하고 있는 판례도 있으나(서울고판 2015누46132, 대판 2016두34059, 대판 2014두7572), 중개자의 업무가 정형화되어 있기 때문에 정률 또는 정액으로 정해진 것이기 때문에 중요한 고려요소가 아니라고 본 판례도 있다(부산고판 2010누6229, 대판 2011두17820).

95) 이러한 사정들은 구매자가 다수의 제조자들로부터 제품을 구매하기 때문에 공급자를 각 제조자로 표시하는 번거로움을 피하기 위한 것에 불과하다고 판시한 판결들이 있다(부산고판 2010누4827, 대판 2011두17530).

있고, **구매대리계약상 NA는 수입 물품에 대한 소유권 및 멸실로 인한 위험부담을 전혀 보유하지 않는다는 점,** ⓗ NA는 NK의 클레임 요청을 전달할 뿐, 클레임에 대한 최종 결정은 클레임 데스크가 하며, **최종 책임은 국외 제조자가 부담하므로 NA가 클레임에 관한 독자적인 결정권을 갖지 않는다는 점,** ⓢ NK는 **NA를 통하지 않고도 직접 국외 제조자로부터 상품을 구매한 사실도 있다는 점,** ⓞ NA의 회계처리 방식을 살펴볼 때, 물품대금은 NK로부터 지급받아 국외 제조자에게 지급하여야 하는 금액으로 인식하고, 소싱 수수료는 수익으로 처리하여, 스스로를 구매대리인으로 파악하고 있는 것으로 보이는 점, ⓙ 수입신고필증에 NA가 수출자로 기재되어 있는 것은 NK가 다수의 국외 제조자로부터 제품을 수입하기 때문에 번거로움을 피하기 위한 것으로 보인다는 점(서울고판 2015누6847, 대판 2017두35158).[97] ② 다국적기업 계열사인 A사 수입자(구매자)인 원고의 구매대리인인지 아니면 판매자인지 여부에 관하여 본다. 원고와 특수간계에 있는 A가 이 사건 제품들의 판매자인 경우는 **A가 제조자로부터 이 사건 제품들을 구매하여 소유권을 취득한 後 다시 원고에게 이를 판매하는 경우**뿐이므로 과연 A가 제조자로부터 이 사건 제품을 구매하였는지 여부는 **제조자로부터 이 사건 제품들의 소유권이 A에게 이전되어 그로 인한 위험, 즉 상품의 가격 등락에 따른 손익, 멸실·훼손 등의 위험을 A가 부담하였는가에 달려 있다.** 그런데, 원고가 A에게 이 사건 제품들을 주문하면 A는 제조자에게 원고의 주문번호, 고객번호, F.O.B운송조건 등을 명시하여 주문 내용을 제조자에게 전달하여 주고, 제조자는 그 요구대로 F.O.B운송조건으로 제품을 선적한 사실, 선하증권상 송하인은 제조자, 수하인은 원고로 기재되어 있는 사실, **이 사건 제품들의 운송에 대한 위험에 대하여 원고가 보험에 가입한 사실, 원고가 이 사건 제품들의 운송료를 지급한 사실, 원고와 A사이의 구매대리서비스 계약상 A는 제품에 대한 소유권을 보유하지 않기로 하고, 구매자 선정, 가격결정, 운송 기타 관련업무에 대한 최종결정권은 원고가 가지기로 약정한 점,** A는 위 구매대리서비스 계약에 정해진 대로 원고에게 제조자를 물색해주고 원고의 요구사항을 제조자에게 알려주며, 샘플 수집, 물품 검수 확인 및 물품의 운송과 관련된 제반 사항을 주선하는 업무를 수행한 점, **A가 제조자에게 제품을 주문할 때에도 원고의 주문번호와 고객번호를 명시하였는데 이는 A가 원고의 대리인자격을 표시한 것으로 볼 수 있는 점, 제조자는 A를 원고의 대리인으로 표시한 송장을 발생한 점,** 원고가 A를 통하여 수입한 제품에 대한 하자 처리에 있어 A는 원고의 하자처리 요청을 제조자에게 전달하고 원고와 제조자 사이에서 하자처리 과정을 협의하는 역할만을 하고 **하자에 대한 책임은 '제조자'가 부담한 점** 등에 비추어 보면, **이 사건 제품들에 대한 매매계약의 당사자는 원고와 제조자라고 할 것이다.** 따라서 A는 이 사건 제품들에 대한 원고의 구매대리인이고 이 사건 수수료를 구매대리인에게 지급하는 구매수수료로 봄이 상당하다(부산고판 2010누5943, 대판 2011두17813, 같은 취지: 부산고판 2010누6229, 대판 2011두17820; 부산고판 2010누4827, 대판 2011두17530; 사례연습 4). ③ A(외국 소재)는 원고와 체결한 구매대리서비스 계약에 정해진 대로 원고에게 제조자를 물색해 주고 원고의 요구사항을 제조자에게 알려주며, 샘플을 수집, 물품을 검수 확인하고 물품의 운송과 관련된 제반 사항을 주선하는 업무를 수행한 점, A가 제조자에게 제품을 주문할 때에도 원고의 주문번호와 고객번호를 명시하였는데 이는 A가 원고의 대리인 자격을 표시한 것으로 볼 수 있는 점, 제조자는 A를 원고의 대리인으로 표시한 송장을 발행한 점, 원고가 A를 통하여 수입한 제품에 대한 하자처리에 있어, A는 원고의 하자처리 요청을 제조자에게 전달하고 원고와 제조자 사이에서 하자처리 과정을 협의하는 역할만을 하고 하자에 대한 책임은 제조자가 부담한 점 등을 종합하여 보면, **이 사건 제품에 대한 매매계약의 당사자는 원고와 제조자이고, A는 이 사건 제품에 대한 원고의 구매대리인이며, 원고가 A에게 지급한 수수료는 구매대리인에게 지급한 수수료에 해당한다.** 한편 원심판결 이유에 의하면, 피고가 주장하는 바와 같이, 원고가 대금을 지급하기 이전에 A가 제조자에게 물품대금을 지급한 점, 원고는 해외제조자들에 대한 선택권이 제한되고, A를 통하지 않고 "A"상표 제품을 구매하는 경우가 있는 점, 이 사건 제품에 대한 수입신고필증에 원고에 대한 공급자가 A로 기재되어 있고, 원고의 재무제표에도 "A"상표 제품의 매입처가 A로 되어 있는 점 등이 인정되기는 하나, 이러한 사정들은 A가 원고의 구매대리인이고 원고가 A에게 지급한 수수료가 관세법 제30조 제1항 제1호 단서에 해당하는 구매수수료라는 판단을 뒤집기에는 부족하다(대판 2008두9508).

[판례] [실제 판매자로 본 판례] ① 아래와 같은 사정들을 종합하여 보면 다국적기업인 C그룹의 미국 본사를 원고의 구매대리인으로 볼 수 없고, 따라서 소싱서비스 비용은 구매수수료에 해당되지 않아 과세대상에 해당된다. ㉠ 미국 본사의 소싱 활동은 상품기획, 국외공급자의 파악, 국외 공급자와의 유리한 조건 협상과 제품 원가의 결정, 재료 소싱 등으로 이루어지고 이는 C그룹의 제품을 효율적으로 납품하려는 데 그 목적이 있다는 점, ㉡ 미국 본사는 원고와 체결한 '서비스계약'에 기하여 위와 같은 소싱서비스를 제공하고 수수료를 받고 있는데 이러한 계약은 그룹 전체 차원에서 이루어지고 있고, **또한 소싱서비스 비용이 구매물량과 관계없이 미국 본사에 발생한 원가의 일정 부분에 상응하여 산정되고 있는 점, ㉢ 국외 공급자에 대한 최종 선정권한은 미국 본사에게 있는 것으로 보이고, 미국 본사는 제조사를 승인할 최종 권한을 갖고 있으며, 특정 시즌에 어느 공장에 주문을 할지 결정할 권한이 있는 반면, 한국 원고는 한국 내에서만 제조사를 선정할 수 있다는 점, ㉣ 미국 본사는 제품의 원가, 현지 제품 가격 등에 대하여 결정할 수 있는 권한이 있어 수입물품에 대한 거래나 가격을 통제하고 있는 점, ㉤ 미국 본사가 그 생산의 전 과정을 감독하고 생산된 제품의 품질검사를 수행하는 등** C그룹 차원에서 품질기준을 확립하고 있는 점, ㉥ 국외 제조자가 각국 판매법인에게 발송하고 남은 **재고물량에 대한 권리를 미국 본사가 국외 제조자로부터 인계받게 되어 있는 점**(대판 2016두34059: **사례연습 5**). ② 다국적기업의 계열사인 TL이 원고(수입자)의 구매대리인인지 또는 실질적인 판매자(수출자)인지 여부가 쟁점인데, 다음의 사정을 고려하면 TL은 구매

96) 대법원 판례들에 대한 비교분석에 대해서는 「한상필, 구매자가 부담하는 수수료가 관세법상 수입물품의 가격에 가산되지 않는 "구매수수료"에 해당하는지 여부, 판례평석, 2019.」을 참고하라.

97) 같은 취지의 판결로는 [서울고판 2010누23349]이 있는데, 이 판결에서도 중개자를 구매대리인으로 보고, 중개자에게 지급한 수수료는 '구매수수료'이어서 과세대상이 아니라고 판단하였다.

대리인인 아닌 실질적인 판매자(수출자)에 해당한다. ㉠ WCO 관세평가예해는, '대리인이 수입물품 결제를 위하여 자신의 자금을 지급하는 경우 이는 구매대리인이 단순히 구매대리인으로서 행동하여 합의된 약정수수료를 받는 것이라기보다는 물품의 소유권과 같은 이해관계를 가지고 있는 가능성을 보여주는 것이므로 구매대리 약정에 관한 모든 상황을 조사하여야 하며, 조사 결과 수출 회사 또는 소위 독립대리인은 구매대리인으로 간주되어서는 안된다(예해 17.1 제10, 11항)'고 설명하고 있다는 점, ㉡ 아래 내용을 살펴보면, TL은 원고가 아닌 자신의 책임과 비용 부담으로 활동한다고 볼 수 있고, TL은 국외 제조자에게 물품을 주문하고 대금을 지급한 이후에서야 비로소 원고에게 대금 지급을 청구할 수 있으며, 이에 따라 TL은 자신의 명의로 개설한 신용장거래에 의하여 물품대금을 제조자에게 지급하는 점, ㉢ **TL의 회계처리를 보면, 국외 제조자에 대한 미지급 물품대금을 매입채무로 계상하고 있고, 원고에게 공급한 물품의 하자에 대비한 클레임 충당금을 계상하고 있는 점,** ㉣ **원고와 소싱사인 TL간의 소싱계약(Sourcing Agreement)에서는 상품은 "상품에 대한 소유권은 상품이 전달된 시점에 원고에게 이전된다."고 규정하고 있는데,** 누구에게서 원고에게 소유권이 이전된다는 것인지 명백하지 않을 뿐만 아니라 만약 국외 제조자로부터 원고에게 물품의 소유권이 직접 이전된다는 취지라면 이러한 내용을 TL과 원고 사이의 계약 내용으로 정할 것은 아닌 점, ㉤ 2005년 소싱계약서상 TL이 순간적인 소유권(flash title)을 보유한다고 규정하고 있으므로, 원고가 소유권을 보유하기 以前에 TL이 먼저 소유권을 보유한다고 볼 수 있는 점, ㉥ **TL은 국외 제조자들과 표준구매계약서를 작성하였는데, 위 계약서는 TL이 Buyer이고 소유권과 위험이 TL에게 이전된다고 규정하고 있을 뿐, TL이 원고의 구매대리인이라는 등 TL과 원고의 대리관계가 나타나 있지 않고, 한편 원고와 국외 제조자들 사이에 직접 작성된 계약서는 별도로 존재하지 않는다는 점,** ㉦ 국외 제조자로서는 TL로부터 주문받아 제조한 물품을 그 지시대로 선적하고 물품대금을 TL로부터 지급받으면 모든 거래가 완료되는 것이고, 물품대금도 TL이 자신의 명의로 개설한 신용장거래에 의하여 제조자에게 지급되고, 이와 같이 TL이 신용장을 개설하여 대금을 선지급하는 무역거래를 함에도 원고는 TL에게 사후송금방식에 의하여 대금을 결제함으로써 그에 따른 위험을 TL이 부담하고 있는 점, ㉧ **국외 제조자는 수입자를 'TL'로만 표시한 상업송장을 발행하고 있는점,** 거래물품이 다양함에도 소싱 수수료를 일률적으로 5%로 정하고 있고, 물품거래의 종류·난이도·업무량 등을 반영하지 못하고 있는 점, ㉨ **원고는 물품에 하자가 발생할 경우 하자 처리에 대한 요청을 제조자에게 직접 하지 않고 TL에게 하는바 이는 TL이 물품 하자에 대한 1차적인 책임을 부담하는 것으로 보이는 점,** ㉩ **원고는 세관 수입신고서에 해외거래처를 TL이라고 기재하고 법인세 신고시 TL과의 거래를 용역(수수료)거래 가 아닌 재화(물품)거래로 신고하고,** TL이 재무제표상 매입채무와 클레임 충당금을 부채로 계상하고 있다는 점(대판 2014두7572). ③ 이 사건에서, 비록 다국적 기업계열사인 N사가 외국 제조업체로부터 N사상표제품을 수입함에 있어 원고의 구매대리인으로 선임되어 있고 그에게 구매수수료라는 명목으로 비용이 지급되고 있다고 하더라도, N사는 원고의 전 주식을 소유하는 법인으로서, **원고는 N사를 통하지**

아니하고는 해외로부터 N사상표제품을 구매할 수 없을 뿐만 아니라 해외 제조업체에 대한 선택권이 없으며, 사실상 N사가 제조업체를 지시, 통제하고 있는 점 및 원고의 대금결제 역시 N사의 하도급업체인 NI에게 하고 매매계약상 수출자가 NI인 점, 그리고 수수료가 제품공장도 가격의 7%로서 정율로 되어 있는 점 등에 비추어 보면, N사는 단순한 원고의 구매대리인이 아니라 실질적인 제품의 수출자 또는 판매자로서의 역할을 수행한다고 할 것이고, 나아가 **원고가 N사에게 구매수수료 명목으로 지급하는 금액은 물품에 대한 대가로서의 성격을 가지고 있다**고 할 것이다(부산고판 97구3569).

(4) '조달계약'에서 판매자 또는 구매대리인의 판단기준

국내 甲사가 외국에 설립한 현지법인 乙사와 물품조달계약을 체결하고 乙사를 통해 해외공급자들로부터 물품을 수입하는 경우, 현지법인 乙사가 판매자인지 아니면 구매대리인인지 문제되는데, 이에 관한 판단기준은 앞의 (3)의 경우와 기본적으로 동일하다고 할 수 있다.

[판례] B소스는 원고가 미국 현지에 설립한 법인으로서 원고와는 특수관계에 있는 점, B소스는 오렌지 등 공급자들로부터 B소스의 명의로 수출용 오렌지 등을 구매하였고, 이에 대한 선적 前 검사와 내륙운송 및 해상운송의 의뢰 역시 B소스의 명의로 진행하였던 점, **원고가 수입한 오렌지 등에 관한 선하증권, 상업송장, 포장명세서 등의 송하인 및 수출자란에도 B소스가 기재되어 있을 뿐만 아니라 위 상업송장 및 포장명세서 하단에 해당 선적물이 B소스에 의해 포장되었다는 내용의 문구가 기재되어 있는 점,** 원고가 피고에게 제출한 오렌지 등 수입물품에 대한 신고서의 공급자란에도 B소스가 공급자로 기재되어 있는 점, **B소스가 원고에게 송부한 오더워크시트상에는 쟁점금액이 수수료(commission)가 아닌 이익(profit)이라고 기재되어 있는 등** B소스는 당초부터 원고에 대하여 구매수수료가 아닌 판매 또는 수출로 인한 이익을 지급받고자 하였던 것으로 보이는 점, B소스를 원고의 구매대리인으로 보기 위하여는 오렌지 등의 수출자는 B소스가 아닌 오렌지 등의 현지 공급자라야 할 것인데, 오렌지 등의 현지 공급자를 수출자로 볼 만한 아무런 자료가 없는 점, **원고와 B소스 사이에 체결된 조달계약서상에 B소스가 원고의 구매대리인으로서 수행해야 할 구체적인 서비스의 내용, 즉 용역의 범위에 관한 내용이 전혀 기재되어 있지 아니할 뿐만 아니라 B소스가 원고의 구매대리인이라면 수출거래에 따른 위험, 손실을 분담할 필요가 없음에도 위 조달계약서 제6-2조에 상품의 결함에 따른 처분비용을 분담한다**고 기재되어 있는 점 등에 비추어 **위 조달계약서는 그 문언 자체에 의하더라도 원고와 B소스 사이의 물품 조달계약으로 해석해야 할 것이지 구매대리계약으로 해석하기는 어려운 점** 등을 종합해 보면, **이 사건에 있어서 B소스는 그의 이름으로 오렌지 등을 현지 공급자로부터 구매한 다음, 스스로 판매자가 되어 원고에게 오렌지 등을 수출한 것으로 보일 뿐, 원고의 대리인 자격에서 원고를 대리하여 미국 현지 공급자들로부터 오렌지 등을 구매하는 등으로 원고에게 용역을 제공한 것이라고 볼 수 없다.** 따라서, 원고가 B소스에게 지급한

쟁점금액은 그 실질상 수입자가 수출자에게 지급한 물품대금에 해당하는 것일뿐, 관세법 제30조 제1항 제1호 단서에 규정한 구매수수료로 볼 수 없다고 할 것이다(부산고판 2006누4974, 대판 2007두15063; 사례연습 6).

4. 판매대리인과 구매자의 구별

(1) 판매대리인의 의의 및 업무

'판매대리인'이란 수출물품의 판매와 관련하여 판매자의 계산과 위험부담으로 판매자를 대신(대리)하여 활동하는 개인 또는 회사를 말한다.

판매대리인은 판매자의 물품을 구매할 고객 물색, 구매자로부터 판매주문을 받고 그것을 판매자에게 전달하기, 잠재 구매자에게 샘플 보여주기 및 상품 설명, 보험・운송・보관・인도를 위한 절차 지원, 송품장을 비롯한 수출문서 작성 지원 등의 업무를 수행한다(WCO관세평가 교육모듈).[98]

(2) 판매대리인과 판매수수료

판매대리인에게 지급하는 수수료를 '판매수수료'라 하는데, 판매수수료는 (구매수수료와 달리) 실제지급가격에 가산한다(법 제30조 제1항 제1호). 판매수수료에 대한 자세한 내용은 제2장 제2절 제3항의 「가산요소」에서 살펴보기로 한다.

(3) 구매자와의 구별 기준

1) 문제의 소재

수입자가 국내 구매자의 주문을 받아 자신과 특수관계에 있는 해외 판매자로부터 물품을 수입하는 경우, 그 수입자가 실제 구매자인지 아니면 판매대리인에 불과한지가 종종 문제된다. 예를 들어, 미국 소재 A(판매자)가 국내 자회사인 B를 통해 국내 C에게 물품을 판매하고 물품대금은 C가 B에게 지급하고 B는 일정금액(B의 마진 등)을 공제한 후 A에게 지급하는데, 이 경우 어떠한 거래가 '수출판매'이고 누가 실제 구매자 또는 판매대리인이며, 그에 따라 B가 C로부터 받은 금액에서 공제하는 금액의 성격이 실제지급가격에 가산되는 '판매수수료'에 해당하는지 여부 등이 문제된다. 특히 이 문제는 판매자(A)와 수입자(B)가 특수관계에 있는 경우에 자주 발생한다(사례연습 7).

98) WCO관세평가 교육모듈(초급용), 193~194쪽.

만약, B가 '판매대리인'으로서의 기능과 역할을 수행하고 있다면, A와 C간의 거래가 수출판매에 해당하고 C가 실제 구매자(B는 판매대리인)가 되며, B가 공제한 금액은 실제지급가격에 가산되는 '판매수수료'가 될 것이고, 또한 이 경우에는 수입자(납세의무자는 B)와 구매자(C)가 분리되는 문제가 발생한다.[99] 반대로 B가 '구매자'로서의 기능과 역할을 수행하고 있다면 A와 B간의 거래가 수출판매에 해당하고 B가 실제 구매자가 되며, B가 공제한 금액은 판매수수료가 아니고 과세대상도 아니다(이 경우에는 납세의무자와 구매자는 모두 B가 된다).

2) 미국의 경우

수출자(A) → 수입자(B) → 미국고객(C)간의 거래에서 A와 C간에 수출판매(진정한 판매)가 존재한다고 판단되고, 아울러 특수관계에 있는 A와 B간에는 진정한 판매가 존재하지 않는 경우, 수입자 B는 특수관계에 있는 수출자 A의 '판매대리인'으로서 역할을 하게 되며,[100] 거래가격은 C에 의해 실제로 지급하였거나 지급하여야 할 가격을 기초로 하여 결정되며, B가 취득하는 수수료는 판매수수료로 실제지급가격에 가산된다고 한다(미국예규 544957, 544793). 그러나 특수관계에 있는 수출자(A)와 수입자(B)간에 진정한 판매가 존재하는 경우에는 B는 구매자이고 판매대리인이 아니므로 B가 C로부터 수령한 금액 중 송금하고 남은 금액(마진 등)은 판매수수료도 아니고 과세대상도 아니다(미국예규 545518).

[미국예규]

① 일본제조자(수출자)와 미국 최종구매자간에는 거래가격 결정 목적상의 미국으로의 수출판매(진정한 판매)가 존재하고, **특수관계인 수출자와 수입자간에는 진정한 판매가 존재하지 아니한다.** 특수관계에 있는 수입자는 일본 수출자의 판매대리인으로서의 역할을 하며 수입자에 의해 보유(retain)된 금액은 실제지급가격에 가산되는 '판매수수료'로 간주된다(544793). 수입자는 미국고객으로부터 주문을 받으면 추후 외국 제조자에게 이러한 주문을 발송한다. 계약에 따라 제조자는 미국고객의 지급불능 신용위험을 부담한다. 더욱이, 제조자는 품질관련 사항과 신용위험을 모두 책임진다. 제조자는 모든 위험에 대비하여 물품을 보험에 부보할 책임을 진다. 즉 물품을 구매한 미국고객이 수입자를 상대로 물품의 품질에 대한 손해배상 청구소송을 제기할 경우, 제조자는 그 소송과 수입자에게 불리한 판결에 대해 방어할 책임을 진다. **제시된 증거는 수입자와 외국 제조자간의 거래가격의 기초가 되는 판매가 존재한다는 것을 입증하지 못한다. 미국으로 수출하기 위한 판매는 외국 제조자와 최종 미국고객 간의**

---

99) 외국법인의 일본 사무소가 명목상 수입물품의 구매자로 되어 있는 경우라도 해당 사무소가 실질적으로 해당 외국법인의 계산과 위험부담 하에 해당 수입물품의 판매를 하고 있는 경우에 해당 사무소는 수입거래에서 구매자가 될 수 없음에 유의해야 한다(일본 관세정률법 기본통달 4-1).

100) 물론 B가 판매대리인으로서의 역할(업무)을 수행한 경우이어야 한다.

판매이며, 실제지급가격은 최종 미국구매자에 의해 지급된 가격으로 한다(545865). 제시된 증거에 기초할 때 수입자는 물품의 구매자로서가 아니라 '판매대리인'으로서 행동하고 있다. **송품장에서 공제된 금액은 판매를 주선한 것에 대한 판매대리인의 수수료이다.** 판매자는 선적조건으로 물품이 미국고객의 사업장에 도착할 때까지 물품에 대한 손실위험을 부담해야 할 의무가 있다. 수입물품의 소유권은 대리인에게는 절대로 양도될 수 없고 물품이 미국고객의 사업장에 도착할 때까지 판매자에게 남아 있다. 판매수수료는 거래가격결정시 실제지급가격에 가산된다(546037). ② **수입자와 그와 특수관계에 있는 프랑스 판매자간에 진정한 판매가 존재한다.** 수입자는 판매자와 협상하며 판매조건을 CIF로 하여 물품에 대한 권리를 획득하고 손실위험을 부담한다. 또한 수입자가 주문된 상품을 생산하도록 할 판매자의 시설에 대하여 알고 있다는 점과 시장에서 그러한 물품이 거래되는 가격을 알고 있다는 점 등을 바탕으로 수입자는 미국고객과 물품에 대한 가격협상을 한다. 수입자와 미국고객간에 가격이 협의되면 고객은 수입자에게 구매주문서를 보내게 된다. 수입자가 미국고객으로부터 구매주문서를 접수하였을 때, 수입자는 별도로 구매주문서를 발행하여 판매자에게 발송한다. **미국고객의 권리와 의무를 판매자에게 연결시킬 수 있는 어떠한 계약도 존재하지 않는다. 수입자는 판매자를 대리하여 계약할 어떠한 권한도 없다. 판매자와 수입자간의 물품에 대한 청구와 지급은 수입자와 미국고객간의 청구와 지급과는 별도로 진행된다.** 미국고객은 물품에 대한 지급금액을 직접 수입자에게 송금한다. 수입자는 자기 몫의 할증액을 남겨두고,[101] 수입물품의 대가로 협상된 금액만을 판매자에게 송금한다(545518, 546110).

3) 우리나라의 경우

수입자가 구매자 또는 판매대리인지 與否는 수입자의 실질적인 기능과 역할에 따라 판단해야 할 것인데, 우리나라의 경우에는 '진정한 판매' 개념을 채택하지 않고 있고 연속판매(거래)에서 '최종판매'를 수출판매로 보고 있으며, 또한 관세법상 납세의무자는 수입물품의 실제 소유자이기 때문에(대판 2002두8442), 원칙적으로 관세법상 수입자(납세의무자)가 구매자에 해당한다고 할 것이다.

判例도 이와 같은 경우 실질적으로는 국내 구매자(C)가 해외 수출자(A)로부터 직접 수입한 것과 동일하게 볼 수 있는 特別한 사정이 없는 한 납세의무자 및 수입자로 수입신고(납세신고)를 하고 물품을 수입한 자(B)를 단순한 수출자의 판매대리인으로 보아서는 아니 될 것이라고 한다(대판 2015두49320, 2017두55718). 따라서 B가 A에게 지급한 금액이 실제지급가격이 되는 것이고, B가 C로부터 수령한 금액에서 공제한 금액은 판매수수료에 해당하지 않는다.[102]

101) 수입자는 판매대리인이 아니라 '구매자'이기 때문에 할증액은 판매수수료도 아니고 과세대상도 아니다.

102) 즉, B가 A에게 지급하는 금액은 B가 C로부터 받은 금액에서 원고의 마진(1~2%), 관세 등 수입항 도착 후 제비용 등을 제외한 금액이다. 원고의 마진은 판매수수료가 아니다.

판례

수입물품에 대한 관세의 과세가격은 구매자가 실제로 지급하였거나 지급하여야 할 가격에 수수료, 운임 등을 조정한 거래가격으로 한다(관세법 제30조 제1항). 그러므로 그 **과세가격은 원칙적으로 물품의 수입자가 해외 수출자에게 지급한 수입가격을 기초로 결정하여야 한다.** 다만 수입자가 해외 수출자의 국내 판매대리인에 불과하여 실질적으로는 국내 구매자가 해외 수출자로부터 직접 수입한 것과 동일하게 볼 수 있는 특별한 사정이 있는 때에는 실질에 따라 국내 구매자가 수입자에게 지급한 가격이 과세가격 결정의 기준이 될 수 있다. 이때 **수입자가 국내 구매자에 대한 독립적인 판매자의 지위에 있는지 아니면 수출자의 판매대리인으로서 단순 보조자에 불과한지는 물품 수입계약 및 국내 구매자에 대한 판매계약의 각 계약당사자, 수입가격 및 국내 판매가격의 결정 방식, 국내 구매자에 대한 물품공급 과정, 수입물품에 관한 위험부담의 법적 귀속주체, 관세회피 목적의 유무 등을 종합적으로 고려하여 거래관념과 사회통념에 따라 합리적으로 판단하여야 한다.** 다만 납세의무자는 경제활동을 할 때 특정 경제적 목적을 달성하기 위하여 어떤 법적 형식을 취할 것인지 임의로 선택할 수 있고, 과세관청으로서도 그것이 가장행위라거나 조세회피 목적이 있다는 등의 특별한 사정이 없는 한 납세의무자가 선택한 법적 형식에 따른 법률관계를 존중하여야 한다. 그러므로 수입자가 수출자의 국내 자회사로서 물품 수입 및 공급거래의 과정에서 모회사의 지시에 따르거나 수입물품에 관한 경제적 위험을 모회사와 분담하는 등 일반적인 제3자 사이의 거래와 다른 특수한 점이 있다고 하더라도, **그것이 거래통념상 모회사와 자회사 사이에서 보통 이루어지는 거래방식에서 벗어난 것이 아니라면, 관련 당사자들 사이의 계약 내용을 무시하고 자회사를 수입물품의 구매자가 아닌 '판매대리인'에 불과하다고 쉽게 단정할 것은 아니다.** 다음과 같은 사정들을 앞에서 본 법리에 비추어 살펴보면, AML 홍콩으로부터 **이 사건 물품을 구매한 수출입거래의 당사자는 '원고'로 봄이 타당하고,** 그 과정에서 원고가 모회사인 AML 홍콩의 지시를 받았다는 등의 사정이 있다고 하여 달리 볼 것은 아니다. ① 원고는 국내 구매자들의 입찰공고에 응하여 입찰에 참가한 후 최저 입찰가로 낙찰받아 원고 명의로 국내 구매자들과 이 사건 물품 판매계약을 체결함으로써 국내 구매자들에게 직접 이 사건 물품을 공급할 의무를 부담하였고, 이를 토대로 AML 홍콩과 이 사건 물품의 수입계약을 체결하였으며, 실제 이행과정에서도 원고는 국내 구매자들에 대한 이 사건 물품의 공급자로서 계약상 책임을 이행하였다. ② 또한 원고와 국내 구매자들 사이의 이 사건 물품 판매계약은 매도인이 물품을 수입·통관하고 지정된 목적지까지 운송하여야 하는 관세지급반입 인도조건(Delivered Duty Paid 조건, 이하 'DDP 조건'이라고 한다)으로 체결되었고, 원고와 AML 홍콩 사이의 이 사건 물품 수입계약은 매도인이 수입항까지의 해상운임과 보험료를 부담하는 운임보험료 포함조건(CIF 조건)으로 체결되었다. 이로써 이 사건 물품이 수입항에 도착한 이후 국내 구매자들이 지정한 목적지에 도착하기까지는 원고가 이 사건 물품에 대한 소유권을 보유하고 그 멸실의 위험 및 납품지연에 따른 손해배상책임도 원고가 부담하며, 국내 구매자들에 대한 물품대금채권도 원고가 보유한다고 할 것이다. 또한 국내 구매자들로서도 CIF 가격이 아니라 수입통관절차까지 마쳐서 납품할 것을 전제로 하는 DDP 조건으로 구매가격을 정하여 거래한 것은 해외 수출자인 AML 홍콩이 아니라 원고를 거래상대방으로 하여 거래할 의사였던 것으로 봄이 상당하다. ③ 한편 원고가 국내 구매자들과 이 사건 물품 판매계약을 체결하면서 AML 홍콩으로부터 가격협상에 관한 구체적인 전략 등을 지시받았고, 이 사건 물품의 수입가격을 결정할 때에도 독자적인 가격협상을 거친 것은 아니며, 재고관리의 위험뿐만 아니라 AML 홍콩과의 수입계약 조항을 통하여 이 사건 물품의 납품지연에 따른 손해배상책임과 대금결제에 관한 위험도 사실상 부담하지 아니하였던 사정은 인정된다. 하지만 이는 모회사와 자회사 사이에 일반적으로 있을 수 있는 협력관계에 따른 것이거나 이 사건 물품거래의 특수성에서 비롯된 것에 불과하고, 이러한 점이 반영되어 원고는 이 사건 물품의 수입거래 과정에서 불과 수입가격의 1% 내지 2% 정도의 판매이윤을 얻는 데 그친 것으로 볼 수 있으므로, 위와 같은 사정만으로 원고를 이 사건 물품의 판매자인 AML 홍콩의 판매대리인에 불과하다고 단정할 수는 없다. ④ 그리고 원고가 얻은 위와 같은 판매이윤이 통상적인 경우와 비교하여 과다하다거나 또는 원고와 AML 홍콩이 관세 부담을 줄이고자 하는 의도에서 비정상적인 판매이윤을 개재시킨 것이라고 볼 만한 사정도 없다(대판 2015두49320: 사례연습 7).[103)]

5. 전자상거래에서 실제 구매자(납세의무자) 판단기준

(1) 문제의 소재

甲, 乙 등 국내 구매자들은 인터넷쇼핑몰에 접속하여 해외판매자 B가 판매하는 물품을 선택하여 주문하고 결제(계좌이체 또는 신용카드 결제)하는데, 결제금액에는 물품가격 以外에 관세와 '대행수수료'(물품가격의 3%)가 포함되어 있다. 주문이 들어오면 B는 국내구매자들에게 직접 배송하고 수입통관도 국내구매자들의 명의로 이루어진다. 국내운송 및 수입신고 등은 국내 A가 담당해주고, A는 B로부터 수수료를 받고 있다. 수입통관은 소액면세통관 또는 목록통관 방식으로 이루어지고, 수입신고시 과세가격은 국내구매자들이 위 인터넷쇼핑몰에서 구매한 가격이 아니라 B가 미국도매업자로부터 구매한 가격으로 신고하였다. 국내구매자들이 배송된 물품의 하자로 인한 반품 및 교환요청을 하면 국내 택배회사를 통해 A에게 물품이 전량 반송되고, A는 이를 재판매하거나 폐기처분하는 등의 방법으로 처리한다. A와 B는 특수관계에 있거나 A(또는 B)가 B(또는 A)를 실질적으로 지배하고 있다.[104)] 이 경우, 실제 구매자 또는 납세의무자를 누구로 볼 것인지(목록통관의 경우에는 밀수입의 주체가

---

103) **[기획재정부 유권해석]** 해외공급자의 국내 독점대리점업체가 국내의 실수요자와 물품공급계약을 체결한 後 물품을 직접 수입하여 공급한 경우, 국내의 실수요자로부터 지급받은 물품가격과 독점대리점업체가 수출자에게 지급한 물품가격과의 차액은 **판매수수료가 아니라 전매차익에 해당하므로** 과세대상이 아니다(관협 47040-3호).

104) 국내 인터넷쇼핑몰 운영자가 해외법인을 설립하여 실질적으로 운영하는 방식으로 관세법상 감면 또는 면세규정을 잠탈하거나 식품위생법, 전파법 등 다른 법령상 규제사항을 회피하는 결과가 초래될 수 있다.

누구인지) 등이 문제된다.

(2) 判例

判例는 이 경우 원칙적으로 국내 구매자 甲, 乙 등이 실제 수입자 및 납세의무자에 해당한다고 보고 있다.

[판례] **국내 소비자가 해외 판매자에게서 물품을 직접 주문하여 국내 소비자 명의로 배송이 이루어지고 그 명의로 수입 통관절차를 거친 경우에는 국내 소비자의 편의나 해외 판매자의 판매촉진·반품 등과 관련하여 일부 보조적 행위를 한 국내사업자가 따로 있더라도 특별한 사정이 없는 한 물품을 수입한 실제 소유자는 국내사업자가 아니라 국내 소비자이다.** 국내 소비자가 해외 판매자에게서 직접 수입하는 것과 같은 거래의 외관을 취하였더라도 실질에서는 국내사업자가 해외 판매자에게서 직접 수입하여 다시 국내 소비자에게 판매하는 거래에 해당하는 경우라면 물품을 수입한 실제 소유자를 국내사업자로 볼 수 있겠지만, 이러한 경우에 해당하기 위해서는 해외 판매자와 국내사업자, 그리고 국내사업자와 국내 소비자 간의 2단계 거래가 실질적으로 존재하는 사정 등이 증명되어야 하고, 설령 국내사업자가 해외 판매자를 실질적으로 지배·관리하면서 소득이나 수익을 지배·관리하였더라도 이는 국내사업자를 실질적인 해외 판매자로 보아 그와 국내 소비자 간에 수입 거래가 있었다고 할 수는 있을지언정 국내사업자와 국내 소비자 간에 별도의 국내 거래가 있었다고 단정할 수는 없으므로, 이러한 사정이 충분히 증명되지 아니한 경우에는 물품을 수입한 실제 소유자를 여전히 국내 소비자로 보아야 한다. 앞서 본 사실관계를 이러한 법리에 따라 살펴보면, 이 사건에서 국내 소비자는 자신이 화주가 되어 해외로부터 직접 건강기능식품 등을 수입하는 거래를 하였다고 보아야 하고, 원심이 들고 있는 사정[105]만으로 국내 소비자가 국내 거래를 통하여 원고가 수입을 마친 건강기능식품 등을 다시 구입하는 거래에 해당한다고 단정할 수는 없다(대판 2014두2270: **사례연습 6-1**).

따라서 전자상거래에서 관여하는 구매대행자 등 '중개자'가 저가신고에 대해 관세법위반으로 형사처벌되는지 여부와 관계없이 중개자는 수입물품의 화주가 아니므로 중개자에게 (누락 또는 탈루된 관세 등에 대하여) 과세처분하는 것은 위법하다. 다만, 관세법 제19조 제5항 제1호 다목에 해당하는 경우에는 구매대행자는 수입신고하는 때의 화주와 연대하여 납세의무를 부담한다.

---

105) [원심판단] 이 사건 인터넷쇼핑몰이 국내 소비자만을 대상으로 개설되어 판매물품의 현금결제, 반품 및 환불이 국내에서 이루어진 점, 반품된 물품이 원고에 의하여 국내에서 전량 재판매되거나 폐기처분된 점, 원고가 판매대금 중 상당 부분을 자신의 부동산 구입자금 등으로 사용한 점 등에 비추어, 이 사건 인터넷쇼핑몰의 운영자 및 수입화주로서 관세 및 부가가치세의 납세의무를 부담하는 자를 '원고'로 보아야 한다는 이유로, 이 사건 처분은 적법하다고 판단하였다.

제2항

거래가격 배제사유가 없을 것

'우리나라에 수출하기 위한 판매'라 하더라도 관세법 제30조 제3항 제1호 내지 제4호의 거래가격 배제사유에 해당하면 거래가격에 기초하여 과세가격 결정을 할 수 없고, 제2방법 내지 제6방법에 따라 과세가격을 결정한다. 그 이유는 수출판매에 관세법 제30조 제3항 각호의 거래가격 배제사유가 있게 되면 그로 인하여 거래가격에 상당한 왜곡이 발생(거래가격에 실질적 영향 발생)할 가능성이 높기 때문에[106] 去來價格을 배제하는 것이다. 다만, 제1방법이 과세가격 결정의 원칙이고 관세목적의 물품평가에 대한 기초는 최대한 평가대상 물품의 거래가격이 되어야 함을 고려하여 거래가격 배제사유는 가급적 그 요건을 엄격히 해석할 필요가 있다(대판 2005두17188, 서울고판 2015누23915, 평가협정 일반서설). 따라서 관세법 제30조 제3항 각호에서 규정하고 있는 4가지 거래가격 배제사유 以外의 다른 사유를 근거로 거래가격을 배제해서는 아니된다.[107]

관세법 제30조 제3항 제1호와 제3호는 판매에서의 기본적 의무사항인 소유권이전의무와 대가지급의무에 관한 사유, 제2호는 그 밖의 상거래관행상 통상적이지 않는 조건 또는 사정(당사자의 의무사항)에 관한 사유, 제4호는 구매자와 판매자간의 (특수한) '관계'라는 사유를 거래가격 배제사유로 규정하고 있다.

세관장은 거래가격 배제사유 중 어느 하나에 해당하는 것으로 판단하는 경우, 그 근거를 납세의무자에게 미리 서면으로 통보하여 의견을 제시할 기회를 주어야 한다(법 제30조 제3항).

[판례] 관세법 제30조 제3항 제1호가 처분 또는 사용의 제한이 있는 경우에 거래가격을 배제하는 이유는 **처분 또는 사용의 제한으로 인하여 거래가격에 실질적으로 영향을 미친 경우에 그로 인해 왜곡된 가격을 배제**하는데 있다(서울고판 2015누23916, 상고기각).

---

106) 거래가격 배제사유가 있으면 해당 수입물품의 거래가격은 실제가격에 가까운 상당치를 반영했다고 보기 어렵기 때문이다.

107) WCO관세평가 교육모듈(중급/고급용), 6쪽.

I 해당 물품의 처분 또는 사용에 制限이 있는 경우

제1호: 해당 물품의 처분 또는 사용에 제한이 있는 경우. 다만, 세관장이 제1항에 따른 거래가격에 실질적으로 영향을 미치지 아니한다고 인정하는 제한이 있는 경우 등 대통령령으로 정하는 경우는 제외한다.

1. 의의 및 규정취지

해당 물품의 처분 또는 사용에 제한이 있고, 그러한 制限(restrictions)이 거래가격에 실질적으로 영향을 미친 경우에는 거래가격 적용을 배제한다(법 제30조 제3항 제1호).

판매에서 판매인의 의무는 원칙적으로 판매목적물에 대하여 처분 또는 사용에 제한이 없는 完全한 소유권을 이전할 의무를 부담한다. 다만, 판매자와 구매자간의 특약으로 판매목적물의 처분 또는 사용을 제한할 수 있는데, 이러한 제한은 상거래관행상 일반적이고 통상적인 판매관행(상황)과 다르고 판매목적물의 가격결정에 영향을 미쳐 거래가격이 왜곡될 가능성이 높기 때문에 거래가격 적용을 배제하는 것이다(서울고판 2015누23916). 가사 당사자의 특약으로 처분 또는 사용의 제한을 반영하여 거래가격을 정했다고 하더라도 제한의 특성상 객관적이고 공정한 가치를 반영하였는지 여부를 판단하기 어렵기 때문에 법 제30조 제3항 제2호와 달리 "금액으로 계산할 수 없는"을 규정하고 있지 아니하다.

2. '해당물품의 처분 또는 사용에 制限이 있다'의 의미

"해당물품의 처분 또는 사용에 제한이 있다"라 함은 해당물품 자체는 정상적인 물품(소유권의 내용에 제한이 없는 물품)이지만 당사자의 意思(합의)로 해당물품의 처분 또는 사용에 제한을 가하여 구매자는 당사자간에 합의한 내용대로만 사용하거나 처분해야 하는 의무를 부담하는 경우를 말한다. 따라서 당사자간의 합의 以前에 당해 수입물품 자체가 정상적인 물품(처분 또는 사용의 제한이 없는 동종 · 동질물품)과 처분 또는 사용의 범위 등이 다른 경우, 양자는 서로 다른 물품인 것이고 여기서의 '처분 또는 사용의 제한'에 해당하지 않는다.

예를 들어, 평가용 소프트웨어는 비록 일반용 소프트웨어와 그 프로그램의 내용 등에 있어 동일하다고 하더라도 저작권자가 지정한 사용권한의 범위가 다르고 그에 따라 그 가치가 상이하며 상업적으로 상호 교환이 가능한 것이라고 볼 수도 없다면, 과세가격을 결정함에 있어 평가용 소프트웨어가 수록된 매체는 일반용 소프트웨어가 수록된 매체와는 서로 다른 물건이라고 함이 상당하므로, 평가용 소프트웨어는 일반용과 동일한 물건이지만 '처분 또는 사용의 제한'에 의하여 영향을 받는 것으로 보아 거래가격을 배제하고 일반용의 거래가격으로 과세가격을 결정하는 것은 위법하다(대판 98두1512). 또한 구매자는 판매용 물품과 선전용물품(또는 테스트용물품)을 구매하는데(선전용물품의 가격은 판매용물품의 가격의 1/2 수준), 양자는 품질이나 성능 등은 동일하지만 용기 및 포장에 'Demonstration' 및 'Not for Resale'의 표시 등이 있는 경우, 일반 상거래관행상 양자는 다르게 구별되어 취급되므로 처분 또는 사용의 제한에 해당하지 아니한다(관세평가과-1718).

[판례] 원고가 1992. 12. 29.부터 1995. 1. 11.까지 미국의 소외 AT사(이하 '소외 회사'라고 한다)가 제작한 컴퓨터응용설계프로그램(CAD)을 비롯한 판시 평가용 컴퓨터소프트웨어(이하 '소프트웨어'라고 한다)를 무상으로 수입하면서 컴퓨터응용설계프로그램의 경우 무상 또는 미화 390달러, 삼차원 영상 프로그램(3D STUDIO)의 경우 무상 또는 미화 36달러, 873달러로 각 신고한 후 그에 기하여 산출한 관세 등을 납부한 사실, **피고는 원고가 일반용과 동일한 물품을 평가용으로 용도를 구분하여 거래가격을 다르게 신고한 것으로 보고,** 구 관세법 제9조의3 제2항 제1호 규정에 의하여, **원고가 신고한 거래가격을 인정하지 않고 관세법 제9조의4 소정의 동종·동질물품의 거래가격을 기초로 한 방법에 따라 과세가격을 결정**하여 1995. 6. 8. 관세 및 부가가치세의 부과처분을 한 사실, 원고가 소외 회사로부터 수입하는 소프트웨어에는 일반 사용자에게 아무런 제한 없이 판매할 수 있는 **일반용,** 학교 등 교육기관에서 교육용으로 사용할 수 있도록 일반용보다 저가로 판매하는 **교육용,** 수입자나 딜러 등이 광고선전 및 일반 사용자 교육 등 자가 목적으로 사용하는 **딜러용,** 고급사용자들을 상대로 프로그램의 사용에 대한 의견을 구하여 이를 최종판에 반영할 목적으로 관련단체 등에게 무상으로 제공하는 **평가용,** 이미 종전 소프트웨어를 구입하여 사용하는 자가 개선된 소프트웨어를 염가로 교체사용할 수 있도록 제공하는 **업그레이드용** 등이 있고, **소프트웨어는 그 내용이 동일하더라도 사용자에 대하여 사용권한을 제3자에게 양도할 수 있는 권리를 준 경우(일반용)와 주지 아니한 경우(평가용, 교육용, 딜러용, 업그레이드용)로 나눌 수 있으며, 동일한 프로그램을 사용권한의 범위 또는 사용자 계층에 따라 특정용도로 가격을 달리하여 판매한 경우 그와 같은 소프트웨어는 당해 용도로만 사용할 수 있을 뿐, 용도의 전용이나 타인에게 양도, 임대하는 것이 허용되지 않는 사실, 교육용과 딜러용은 일반용의 24%, 업그레이드용은 일반용의 12% 수준의 가격으로 판매하고, 평가용은 무상으로 공급하는 것이 소프트웨어업계의 거래관행인 사실,** 이 사건 소프트웨어의 하나인 오토캐드(AUTOCAD)의 경우 일반용에 대하여는 재판매 제한이 없음에 반하여, 교육용과 평가용에는 마그네틱디스켓의 표지에 "NOT FOR RESALE"**이라고 표시**하여 제3자에게 당해 소프트웨어의 사용권한을 양도할 수 없음을 명기하는 한편, 포장상자에 교육용은 한글과 영문으로 "**교육용**(educational version)"으로, 평가용의 경우에는 영문으로 "EVALUATION"으로 각 표기되어 있고, 제품 레이블에는 제품고유번호의 첫 3자리를 일반용은 110(영문판), 120(한글판), 교육용은 117(영문판), 127(한글판), 평가용은 124(한글판)로 각기 구분 표기되어 있으며, **프로그램을 실행할 때 나타나는 초기화면에도 일련번호와**

함께 재판매금지라는 표시가 나타나도록 되어 있는 사실, 소프트웨어는 사용권한의 제한유무와 사용자층에 기하여 별개의 값으로 수입하고 있으며 실제의 유통과정에서도 양자가 별개의 가격과 별개의 소비자군을 형성하고 있는 사실, 과세관청은 일반용과 비교할 때 프로그램 내용이 동일한 업그레이드용에 대하여 이를 일반용과 다른 별개의 물건으로 보아 그 실거래가격에 의하여 과세하도록 하고 있는 사실을 인정한 다음, 관세는 수출국에서 수입국으로 판매되는 물건에 대하여 부과되는 것인데, 소프트웨어 그 자체는 물건이 아니며 소프트웨어의 매매라 하는 것은 소프트웨어가 포함된 매체를 판매하는 것이 아니라 프로그램의 저작권자가 사용자에게 매체에 담긴 프로그램의 사용권한을 주고 사용자가 그에 대한 사용료를 받는 것이고, **이 경우 사용료는 매체의 종류에 의하여 결정되는 것이 아니라 매체에 수록된 소프트웨어의 내용과 그 사용권한의 범위, 사용권한의 대상자 등에 의하여 결정되는 것인 점에 비추어 보면, 일반용 소프트웨어와 평가용 소프트웨어는 별개의 물건으로 봄이 상당하다고 하여 피고가 평가용 소프트웨어는 일반용과 동일한 물건이지만 '처분 또는 사용의 제한'에 의하여 영향을 받는 것으로 보고 일반용의 거래가격을 과세가격으로 하여 관세를 부과한 것은 위법하다**(대판 98두1512; **사례연습 8**).

[예규] ① 패키지소프트웨어는 일반판매용, 교육용, 업그레이드용의 형태로 수입되면서 내용면에서는 완전히 동일하지만 **업그레이드용의 가격은 일반판매용의 15%수준으로 거래**된다. 이 경우, **업그레이드용과 일반판매용은 서로 구별되는 별개의 상품이므로**, 업그레이드용을 기존 버전 사용자에게만 판매하는 것이 구매자에게 부과된 "수입물품의 가격에 영향을 미치는 처분 또는 사용의 제한"이라 할 수 없다(기획재정부, 관협 47040-35). ② 본건 수입물품인 테스트용 화장품은 일반 판매용 물품(정품)과 같은 시설에서 생산되고 품질 및 성상(용기), 제품번호 등이 모두 동일하나, 다만 **용기 및 외포장에 'TESTER NOT FOR SALE' 스티커가 부착되어 수입된다.** 테스트용 화장품은 제조원가와 거의 대등한 수준인 정품가격의 50% 수준으로 수입된다. 이 경우 과세가격 결정은 어떠한가? **테스트용 화장품은 일반 판매용 물품과 다른 별개의 물품이므로** 거래가격 배제사유가 없는 한 당해 물품의 거래가격을 기초로 과세가격을 결정한다(관세청, 관세평가과-1718).

3. 거래가격 배제사유로서 해당 물품의 '처분' 또는 '사용'에 제한이 있는 경우

"처분(disposition) 또는 사용(use)에 制限이 있는 경우"는 수입물품에 대한 소유권의 내용인 사용·수익·처분에 제한이 있는 경우를 말하는데, 여기서 '처분'에는 '전매'(resale)가 당연히 포함된다(부산지판 2008구합1864). 처분 또는 사용의 제한이 있는 경우에는 다음과 같은 경우가 포함된다(법 제30조 제3항 제1호 본문, 영 제21조).

(1) 전시용 · 자선용 · 교육용 등 당해 물품을 特定 용도로 사용하도록 하는 제한

이는 수입물품의 '용도'를 특정용도로 제한하여 물품의 소유권의 내용 중 하나인 사용권을 제한하는 것이다. 예를 들어 수입물품을 무상 A/S수리용으로만 사용하고 재판매할 수 없다는 조건으로 수입가격을 50% 할인해준 경우,[108] 수입하는 물품은 국내제조 과정에서 주문샘플을 만들기 위해서만 사용하고 재판매할 수 없다는 조건으로 수입가격을 40% 할인해준 경우 등이 여기에 해당한다.[109]

> **[판례]** 일반용 소프트웨어와 교육용 또는 딜러용 소프트웨어는 별개의 물품으로 보아야 할 것이고, 교육용 · 딜러용으로 수입된 S/W의 가격이 처분 또는 사용상 제한으로 인해 영향을 받은 것으로 볼 수 없다(대판 98두5231).

(2) 당해 물품을 特定人에게만 판매 또는 임대하도록 하는 제한

이는 소유권의 내용 중 하나인 수익권과 처분권을 제한하는 것으로, 수입물품 또는 수입물품을 소분재포장한 물품(수입물품을 이용하여 제조한 물품도 포함)을 특정업체나 특수관계에 있는 者에게만 판매하도록 제한하는 경우가 여기에 해당한다. 예를 들어, 구매자는 판매자로부터 수입하는 특수규격의 플라스틱 시트와 피복용지를 이용하여 제조한 전기부품 전량을 판매자의 국내 자회사에만 판매해야 하는 제한이 있는 경우가 여기에 해당한다(일본예규).

> **[판례]** ① 이 사건 수입반제품은 약사법상으로는 제조공정이 완료되지 아니한 것으로서 이 사건 완제의약품과 구분되는 물품이라고 할 것이다. 이 사건 수입반제품은 수입 당시 주성분인 도네페질산염이 다른 부형제 등과 이미 혼합된 후 타정까지 완료된 상태의 제품이었던 사실, 원고는 이 사건 수입반제품을 수입한 후 국내에서 추가로 정제하는 등의 작업은 거치지 않고 벌크 포장에서 소분재포장을 하고 약사법상 기재를 요구하는 각종 사항을 표시하는 공정을 거쳐 이 사건 완제의약품을 생산한 사실은 당사자 사이에 다툼이 없으므로 **이 사건 수입반제품은 이 사건 완제의약품과 그 본질적인 특성은 동일하다고 볼 수 있는 점**(품목번호도 모두 제3004호에 해당된다)에 비추어 보면, **관세법상 과세가격을 결정하기 위하여 해당 물품의 처분 또는 사용에 제한이 있는 경우에 해당되는지 여부를 살펴볼 때에는 이 사건 수입반제품 자체의 처분 또는 사용상 제한뿐만 아니라 이 사건 완제의약품의 처분 또는 사용상의 제한도**

108) 이 경우 거래가격으로 과세가격을 결정할 수 없다. 따라서 동종 · 동질물품의 거래가격(유상 A/S에 사용하는 수리용 부품의 가격)에 근거해서 과세가격을 결정할 수 있을 것이다.

109) 다만, 단순한 용도의 제한이 아니라 완전히 別個의 물품으로 볼 수 있는 객관적 사정이 있는 경우에는 처분 또는 사용의 제한에 해당하지 아니한다(대판 98두1512).

함께 고려할 수 있다고 봄이 상당하다. 그런데, 원고와 일본 B사 사이에 체결된 라이센스 및 공급계약 1차 수정계약에는 8.1.조로 '원고는 원료, 의약품, 반제품, 기타 부자재를 일본 B사로부터 구매하는 것에 동의한다. 원고는 M의약품(이 사건 완제의약품)의 제조 이외의 목적으로 원료의약품, 반제품 및 기타 부자재를 이용할 수 없다. 일본 B사는 직접적으로 또는 피지명인을 통하여 원고에게 원료의약품, 반제품 및 M의약품(이 사건 완제의약품)을 만들기 위하여 필요한 부자재를 공급한다'라는 내용이 포함되어 있는 사실, 원고와 일본 B사 사이의 라이센스 및 공급계약 최초계약에는 15.1.조로 **'원고는 일본 B사 또는 한국 A사에 일본 B사의 지시에 따라 제조된 M의약품 전부를 공급하거나 운반하여야 한다'**라는 내용이 포함되어 있는 사실이 인정되는 바, 그렇다면 **원고가 일본 B사와 체결한 위 각 계약에 따라 이 사건 수입 반제품을 이용하여 이 사건 완제의약품을 생산한 후 이를 전량 한국 A사에게만 공급하여야 하는 것은 결국 이 사건 수입 반제품의 거래가격에 영향을 미치는 '해당 물품의 처분에 제한이 있는 경우'에 해당한다고 할 것이다.** 한편, 어떤 원료의약품 또는 반제품을 가지고 여러 종류의 완제의약품을 제조하는 것이 가능하다고 하더라도 그 가능한 범위의 완제의약품 중 어떠한 제품을 만들 것인지는 당해 제약회사의 사업목적, 생산설비, 시장전망 등에 따라 자율적으로 결정이 가능한 것이고 반드시 그 원료의약품 또는 반제품으로 생산 가능한 여러 종류의 완제의약품에 대한 제조판매품목허가를 받아야 하는 것은 아닌 점을 고려할 때, 원고가 이 사건 완제의약품에 대한 제조판매품목허가를 받은 후 이 사건 수입반제품을 수입함으로써 이 사건 수입반제품을 이 사건 완제의약품을 제조하기 위한 용도로만 사용해야 하는 것은 약사법 제31조 제2항에 의한 법령상 제한에 해당된다고 볼 수 있을 것이나,[110] 앞서 본 바와 같이 **이 사건 수입반제품을 이용하여 제조한 이 사건 완제의약품을 한국 A사에게만 전량 판매하여야 하는 제한이 이 사건 수입반제품에 대한 처분상 제한에 해당되고 그 처분상의 제한은 법령상 요구되는 제한이라고 볼 수 없는 이상,** 이러한 사정은 이 사건 처분의 적법여부에 대한 판단에 영향을 미치지 아니한다(서울고판 2017누34935). ② 원고(수입자)는 중국소재 SH등(수출자, 판매자)으로부터 이 사건 물품(LED Chip)을 수입한다. 원고와 S반도체(이 사건 물품을 원고로부터 납품받는 회사)는 모자회사 관계에 있고, 상호 특허권을 공유하고 있으며, 원고는 매출의 대부분인 96%를 S반도체를 통해 얻고 있는데, 원고는 생산능력 부족을 해결하기 위해 S반도체와 함께 특허권을 공유할 수 있는 SH 등 합작회사를 설립하게 된 점, SH 및 ST와 물품공급계약을 체결할 때 S반도체가 계약당사자로 참여하였고, **원고와 S반도체는 '한국측'이라고 함께 지칭되었으며, 물품공급계약상 SH 및 ST는 이 사건 물품을 '한국측'에 독점적으로 공급하도록 한 점, 원고도 매출 대부분을 S반도체로부터 얻고 있는 상황에서 수입한 이 사건 물품을 제3자에게 판매할 것으로 보이지 않고 실제로도 원고가 S반도체에게 총 납품하는 물량이 전체매출의 96%를 차지하고 있는 점**(원고가 S반도체 및 S반도체의 자회사에 직접 납품하는 거래는 전체 매출의 79%을 차지하고, 원고가 S반도체의 외주처에 판매하여 최종적으로 S반도체에 간접적으로 납품된 비율은 17%이다), **양해각서에서 원고와 S반도체를 'SEOUL'이라 칭하며 'SEOUL'에게만 독점 공급한다고 정하고 있는**

점 등에 비추어 보면, 이 사건 물품은 특정인인 S반도체에게만 판매하도록 제한된 경우에 해당하므로, 관세법 시행령 제21조 제2호 및 관세법 제30조 제3항 제1호에 해당함이 상당하다(광주고판 2017누5958: **사례연습 2**).

[심판례] 청구법인은 국내 대기업 및 정부기관 등에 입찰을 목적으로 쟁점판매자와 쟁점물품의 거래가격을 협의하여 결정하였고, 쟁점물품의 거래가격은 처분 또는 사용의 제한에 의하여 실질적으로 영향을 받지 않았으므로 그 거래가격이 인정되어야 한다고 주장하나, 청구법인과 쟁점판매자가 합의한 일반용 프로젝터의 분기별 거래가격(List Price 가격)이 존재하고, 일반용 프로젝터는 청구법인의 자유로운 의사에 따라 모든 소비자를 대상으로 무차별적으로 판매되는 반면, **쟁점물품은 일반용과 동일한 모델·규격의 물품임에도 조달용으로 납품하기 위하여 특정인에게만 판매하는 조건으로 List Price 가격에서 일정률이 할인된 가격으로 수입된 점, 이는 쟁점물품에 처분 또는 사용의 제한이 있고, 그러한 제한으로 인하여 쟁점물품의 거래가격이 실질적으로 영향을 받은 것으로 보이는 점,** 처분 또는 사용의 제한이 실질적으로 쟁점물품의 거래가격에 영향을 미치지 않았다는 청구주장을 뒷받침하는 자료가 제시되지 아니한 점 등에 비추어 볼 때, 처분청이 쟁점물품의 거래가격을 배제하고 제2방법 이하의 방법으로 과세가격을 결정하여 과세한 처분은 잘못이 없는 것으로 판단된다(조심 2016관0145, 0146).

[평가협의회] 수입자는 일반적으로 해외 수출자로부터 반도체를 수입하면서 기준가격으로 수입한 후, 국내 판매가격에 따라 일정액을 수출자로부터 보상(rebate)받는 Ship & Debit(선공급 후정산) 거래방식[111]으로 수입하지만, **특정 4개 품목에 한하여 국내 특정 매입사에게만 판매할 조건으로 Ship & Debit 거래를 배제하고 특별할인가격으로 수입한 물품**은 처분 또는 사용의 제한으로 인하여 가격에 실질적으로 영향을 미치는 제한에 해당한다(결정 17-01-02).

(3) 其他 당해 물품의 價格에 실질적으로 영향을 미치는 제한

(1), (2)는 (3)의 例示이므로, 거래가격 배제사유인 처분 또는 사용의 제한은 당해 물품의 가격(value)에 실질적·본질적(substantially)인 영향을 미치는 처분 또는 사용의 제한을 의미하는 것이다. 따라서 당사자간 합의된 처분 또는 사용상의 제한이 거래가격에 실질적으로 영향을 미치지 않았다면 그 거래가격의 적용을 배제할 수는 없는 것이다(부산고판 2015누23915).

앞의 (1)과 (2)의 경우는 당해 물품의 가격에 실질적으로 영향을 미치는 처분 또는 제한으로

110) [제1심판단] 이 사건 수입반제품에 대하여도 위 계약에 의하면 이 사건 완제의약품의 제조 以外의 목적으로 사용할 수 없도록 되어 있으므로 이는 반제품의 사용상의 제한에 해당한다.

111) 이는 대표적인 Seller Market인 반도체 시장에서 공급자가 각국의 대리점들에게 일정한 공급가격을 유지하고 국내 재판매가격 및 최종구매자들을 관리하기 위해 시행하는 반도체 시장의 일반적인 가격정책이다.

간주되므로, 이에 대한 추가적인 입증이 필요하지 않다. 그러나 앞의 (3)의 경우, 당해 물품의 가격에 실질적으로 영향을 미쳤는지 여부를 결정(판단)함에 있어서는 제한의 유형 및 본질, 수입상품의 종류 및 특징, 산업의 특징, 상거래관행 그리고 가격에의 영향이 상업적으로 중요한지 여부 등을 종합적으로 고려해야 하고, 이들 요인은 사안별로 다를 수 있으므로 일률적인 기준을 적용하는 것은 적합하지 않다(평가협정 예해 12.1). 그리고 당해 물품의 가격에 실질적으로 영향을 미치는 제한은 관련 거래에서 통상적이지 않은 경우이다. 이러한 제한의 사례로는 구매자가 자선 목적에만 사용하는 조건으로 명목상 가격으로 판매하는 기계의 경우를 들 수 있다(평가협정 예해 12.1).[112)]

(4) 그러나, 해당물품의 처분 또는 사용에 제한이 있다고 하더라도 다음의 경우에는 거래가격이 배제되지 아니한다(법 제30조 제3항 제1호 단서, 영 제22조 제1항, 평가협정 제1조).

(가) 우리나라의 法令이나 법령에 의한 처분(處分)에 의하여 부과되거나 요구되는 제한

평가협정 제1조에서는 "수입국 내의 법률 또는 행정당국에 의하여 부과되거나 요구되는 제한"으로 규정하고 있다. 따라서 행정당국에 의하여 처분 또는 사용에 제한을 가하는 경우(예: 재판매 또는 사용 이전에 행정당국의 허가나 승인을 받도록 하는 경우 등[113)])도 여기에 포함된다.

우리나라의 법령에 의한 물품의 처분 제한의 대표적인 例로는 도시가스사업법 제10조의6의 자가소비용 직수입자 등의 처분 제한(자가소비용 직수입자는 원칙적으로 수입한 천연가스를 국내의 제3자에게 처분할 수 없다)이 있다. 법령에 의하여 재판매 또는 사용 이전에 특정 라벨링 혹은 포장에 대한 요건을 부과하거나 테스트 또는 검사 요건을 부과하는 경우도 여기에 해당한다.[114)]

(나) 수입물품이 판매(전매, resale)될 수 있는 지역(地域)의 제한

판매자는 지역적 배분과 같은 영토 제한을 부과하여 특정 지역(국가, 국가군, 지역)에서만 재판매가 가능하도록 할 수 있다. 수입물품의 구매자인 독점 판매권자가 판매자로부터 해당 수입물품을 재판매(전매)할 수 있는 지역에 대한 제한을 받는 경우가 여기에 해당한다(평가협정

112) 이에 대한 例로는 구매자가 '자선 목적'에만 사용하는 조건으로 명목상 가격으로 판매하는 '기계'의 경우를 들 수 있다.

113) WCO관세평가 교육모듈(초급용), 142~143쪽.

114) WCO관세평가 교육모듈(초급용), 142쪽. 예를 들어, 수입 의료기기나 의약품에 대하여 의료기기법이나 약사법상 사용방법 등의 제한이 있는 경우도 여기에 해당한다. 구매자는 판매자로부터 의료기기를 수입하는데, 해당 의료기기는 식약처의 허가를 받기 위한 목적으로 수입되었다. 이는 법령에 의한 제한이므로 처분 또는 사정에 해당하지 아니한다(일본 관세정률법 기본통달 4-16).

사례연구 3.1, 일본 관세정률법 기본통달 4-16). 수입물품을 수입국 以外의 제3국에 수출하는 것을 제한하는 것도 여기에 해당한다(일본예규).

[평가협정 사례연구 3.1] 독일자동차 제조업체 A사와 서울소재 B사는 A사가 제조, 판매하는 자동차의 독점판매계약을 체결하면서, B사의 판매권을 우리나라로 한정하고 제3국으로의 판매를 제한하였다. 이는 수입물품이 판매되는 지역을 제한하는 경우에 해당한다.

(다) 그 밖에 해당 수입물품의 특성, 해당 산업부문의 관행 등을 고려하여 通常的으로 허용되는 제한으로서 수입가격에 實質的으로 영향을 미치지 않는다고 세관장이 인정하는 制限의 경우에는 거래가격의 적용이 배제되지 아니한다(법 제30조 제3항 제1호 단서, 영 제22조 제1항).

通常的으로 허용되는 제한이면서, 수입가격에 實質的으로 영향을 미치지 않는 제한이어야 한다.[115] 물품의 가치(거래가격)에 실질적으로 영향을 미치지 않는 처분 또는 제한의 例로는 판매자가 자동차 구매자에게 모델연도의 시작을 나타내는 특정일(예: 2022. 1. 1.) 以前에는 자동차를 판매하거나 전시하지 않도록 요구하는 경우, 화장품 제조업체가 계약 규정을 통해 모든 수입자에게 자신의 상품을 방문판매를 수행하는 개별 판매대리인을 통해서만 소비자에게 판매할 것을 요구하는 경우 등[116]이 있다(평가협정 주해 제1조, 평가협정 예해 12.1).

判例에 의하면 "비록 처분 또는 사용의 제한이 있고 세관장이 거래가격에 실질적으로 영향을 미치지 아니하였다고 인정하지 아니하였다 하더라도, 거래가격에 실질적으로 영향을 미치지 않았다면 그 거래가격의 적용을 배제할 수 없다"고 한다(부산고판 2015누23915).

[판례] **관세법 제30조 제1항 제1호가 처분 또는 사용의 제한이 있는 경우에 거래가격을 배제하는 이유가 이로 인하여 거래가격에 실질적으로 영향을 미친 경우에 그로 인해 왜곡된 가격을 배제하는데 있는 점,** 관세법 시행령 제22조 제1항 제3호가 거래가격에 실질적으로 영향을 미치지 아니하였다고 세관장에 인정하는 제한의 경우에 거래가격을 배제하지 아니하도록 한 것은, 세관장의 합리적인 판단을 존중하는 취지에서 규정한 것이지 세관장에게 무제한의 자유재량을 주어 거래가격에 실질적으로 영향을 미치지 아니하였음에도 세관장이 이를 인정하지 아니한다는 이유만으로 거래가격 적용을 배제하고자 하는 취지로 위 조항을 해석할 수 없는 점, 거래가격을 과세가격으로 함이 원칙이고 그 적용 배제 사유는 엄격하게 해석하여야 하는

115) 이와 같은 사정은 구매자가 입증하여야 할 것이다(서울행판 2016구합68892).

116) 판매대리인을 통해 소비자에게 방문 판매 형식에 따라 사업을 하고 있는 판매자가 구매자에 대하여 방문 판매 형식에 의한 수입물품의 국내 판매를 의무화하는 경우도 여기에 해당한다(일본 관세정률법 기본통달 4-16).

점 등을 고려해 보면, **비록 처분 또는 사용의 제한이 있고 세관장이 거래가격에 실질적으로 영향을 미치지 아니하였다고 인정하지 아니하였다 하더라도, 거래가격에 실질적으로 영향을 미치지 않았다면 그 거래가격의 적용을 배제할 수 없다고 보아야 한다.** 피고가 제출한 특별수주할인요청 및 승인서 등에 의하면 특별할인된 물품이 발주처인 A사 등에게만 납품하도록 되어 있어 해당 물품의 처분 또는 사용에 제한이 있는 것으로 보이기는 한다. 그러나 위와 같은 특별할인가격은 원고가 이 사건 물품의 국내 가격경쟁력 확보, 시장점유율 확대, 영업이익 증가 등을 고려하여 해당 프로젝트를 낙찰받기 위하여 원고의 특별할인 요청 및 일본본사의 승인이라는 절차를 통하여 합의된 가격인 점, **이 사건 물품에 대한 특별할인가격 결정 방식은 외국인투자기업으로서 공개입찰방식에 의해 프로젝트별로 제어시스템 등을 수입할 경우 일반적으로 이용되는 가격결정방식으로 보이는 점** 등에 비추어 보면, 특별할인가격으로 수입한 해당 물품이 발주처에만 납품하도록 되어 있다 하여도 그와 같은 제한이 수입가격에 실질적으로 영향을 미쳤다고 볼 수는 없다(부산고판 2015누23915, 서울고판 2015누23916).

4. 과세가격의 결정

처분 또는 사용의 제한이 있는 경우에는 거래가격이 배제된다. 즉, 해당물품의 처분 또는 사용에 제한이 있고, 그러한 제한이 당해 물품의 가격에 실질적으로 영향을 미친 경우에는 거래가격이 배제된다. 그러나 처분 또는 사용에 제한이 있더라도 그러한 제한이 통상적으로 허용되는 제한으로서 해당물품의 거래가격에 실질적으로 영향을 미치지 않은 경우에는 거래가격이 배제되지 아니한다.

Ⅱ 거래의 성립 또는 가격의 결정이 금액으로 계산할 수 없는 條件 또는 事情에 따라 영향을 받은 경우

제2호: 해당 물품에 대한 거래의 성립 또는 가격의 결정이 금액으로 계산할 수 없는 조건 또는 사정에 따라 영향을 받은 경우

1. 의의 및 규정취지

해당 물품에 대한 거래의 성립 또는 가격의 결정이 금액으로 계산할 수 없는 조건 또는 사정에 따라 영향을 받은 경우에는 거래가격 적용을 배제한다(법 제30조 제3항 제2호). 평가협정 제1조에서는 "판매 또는 가격이 평가대상물품과 관련하여 가치(value)를 결정할 수 없는 조건 또는 사정에 좌우되지 않아야 한다"고 규정하고 있다.

販賣에서 판매자와 구매자는 특정물품의 판매와 관련하여 판매계약에서 약정하거나 상거래관행상 인정되는 여러 가지 의무를 부담하게 된다. 그런데 판매자와 구매자는 해당 물품(평가대상물품)의 수출판매에 거래통념 내지 상거래관행상 통상적으로 부수되거나 연계(결합)되지 아니하는 조건 또는 사정을 부가할 수 있고 그로 인하여 거래가격에 왜곡이 발생할 수 있기 때문에 이를 배제하기 위하여 '조건 또는 사정'을 거래가격 배제사유로 규정한 것이다. 다만, 금액으로 계산할 수 있는 조건 또는 사정인 경우에는 거래가격의 최우선 및 최대한 존중의 원칙에 따라 계산할 수 있는 금액을 실제지급가격에 포함(가산)시켜 거래가격에 기초하여 과세가격을 결정하도록 한다.

2. '조건' 또는 '사정'의 개념 및 요건

(1) 개념

조건 또는 사정의 개념 정의와 관련하여, 관세법 제30조 제3항 제2호의 "거래의 成立 또는 價格의 결정에 영향을 미치는 조건 또는 사정"의 의미를 어떻게 해석할 것인지가 문제된다.

판매자와 구매자가 거래의 성립(판매) 또는 가격결정을 함에 있어서 수출입 당사자의 영업실적, 자금현황, 사업계획, 시장상황, 사업전망 등 여러 가지 조건 또는 사정이 영향을 주게 되는데, 거래가격 배제사유로서의 조건 또는 사정의 범위를 제한하지 않으면 이러한 모든 조건 또는 사정으로 인하여 거의 모든 무역거래의 거래가격이 배제되는 불합리한 결과를 가져올 것이다. 따라서 거래가격 원칙을 최대한 관철하기 위하여 거래가격 배제사유는 엄격하게 해석해야 하고, 관세법 제30조 제3항, 관세법 시행령 제22조 제2항 각호 및 평가협정 주해 제1조 제1항, 관세법 제30조 제3항 제4호(정상적), 관세법 시행령 제23조 제2항(정상적, 통상적), 평가협정 사례연구 3.1(usual business practices) 등에서 통상적인 상거래관행에 부합하는 제한이나 조건은 거래가격 배제사유에서 제외하고 있으므로, 本書에는 거래가격 배제사유로서의 조건 또는 사정을 **"거래당사자의 의무사항으로서 거래통념 내지 상거래관행상 해당물품의 수출판매에 통상적으로 부수되거나 연계(결합)되지 아니하는 의무사항 또는 수행해야 할 활동으로서 그 가치를 금액으로 계산할 수 없는 것"**으로 정의하기로 한다.

(2) 개념요소(요건)

거래가격 배제사유로서의 조건 또는 사정은 다음과 같은 요건을 모두 갖추어야 할 것이다.

1) 거래당사자의 의무사항 또는 수행해야 하는 활동

먼저, 조건 또는 사정은 해당물품 수출판매의 '판매조건'으로 부가된 판매자와 구매자 간의 의무사항 또는 수행해야 하는 활동을 의미한다.

2) 거래통념 내지 상거래관행상 해당물품의 수출판매에 통상적으로 부수되거나 연계(결합)되지 아니하는 의무사항 또는 수행해야 하는 활동

거래통념 내지 상거래관행상 해당물품의 수출판매에 통상적으로 부수되거나 연계(결합)되지 아니하는 의무사항 등은 거래의 成立 또는 價格의 결정에 영향을 미치는 의무사항 등으로 해석할 수 있을 것이다. 상거래관행상 통상적인지 與否는 사안별로 개별적, 구체적으로 판단할 수밖에 없을 것이다.

3) 금액으로 계산할 수 없는 의무사항 또는 수행해야 하는 활동

금액으로 계산할 수 없는 의무사항 등만 거래가격 배제사유가 되고, 금액으로 계산할 수 있는 의무사항 등은 (거래가격을 적용하고) 실제지급금액(간접지급)에 포함시켜 과세가격을 결정한다.

이하에서는 각 개념 요소들에 대해 차례로 자세히 살펴보기로 한다.

3. 거래당사자의 의무사항 또는 수행해야 하는 활동

(1) 의의

거래가격 배제사유로서의 '조건'(condition) 또는 '사정'(consideration)은 구매자와 판매자 간의 의무사항 또는 구매자 또는 판매자가 수행해야 하는 활동을 의미한다(평가협정 예해 2.1).[117] 즉, 거래당사자의 意思(합의)에 의해 해당물품의 수출판매계약에 부가된 의무사항을 의미한다. Consideration은 반대급부 또는 고려사항으로 해석된다.[118] 거래당사자의 의무사항 또는 수행해야 하는 활동(이하 '의무사항 등')은 다른 개념요소(거래의 성립 또는 가격결정)와 종합하여 해석하면, 결국 해당물품 수출판매의 '판매조건'(거래조건)으로 부가(연계)된 거래당사자의 의무사항 등을 의미하는 것이다.

(2) 다음과 같이 판매자나 구매자의 '의무사항'과 관련이 없는 사항은 '조건 또는 사정'에 해당하지 아니하므로 거래가격이 배제되지 아니한다.

117) [참고 판례] 조건 또는 사정에 해당한다고 하기 위해서는 관세법 시행령 제22조 제2항 각호 소정의 3가지 경우에 준해서 당해 물품의 거래의 성립 또는 가격의 결정과 관련하여 구매자와 판매자 사이에 특정한 조건이나 대가관계 내지 의무사항 등이 있는 경우이어야 할 것이다(부산고판 2015누23915).

118) 조건 또는 사정은 민법상 조건과 동일한 개념이 아니다. 민법상 조건(條件)이라 함은 법률행위(예: 계약)의 효력의 발생 또는 소멸을 장래의 불확실한 사실의 成否에 의존케 하는 법률행위의 부관을 말한다.

① 구매자의 국내 수익성 악화 및 국내 경쟁사와의 가격경쟁력 확보를 이유로 가격할인(인하)(조심 2017관0156), ② 구매자의 영업손실을 보전하거나 영업이익을 증가시키기 위한 가격할인(인하)(부산지판 2015구합20252, 조심 2014관0313), ③ 구매자의 국내시장 확보의 어려움을 해소하기 위하여 거래당사자가 협의하여 가격할인(국심 1995관0108), ④ 경쟁사 제품의 저가공세에 따른 판매부진 타개 및 시장점유율의 확대를 위한 가격인하(국심 2007관0020), ⑤ 최초의 거래이기 때문에 가격할인을 제공하는 경우나 사업상 동업관계 형성이나 장기적 거래관계 유지 차원에서의 가격할인(인하)(부산지판 2014구합21609), ⑥ Warranty 및 경쟁가격할인(미국예규 H218255), ⑦ 계절에 따라 시세변동이 심한 물품(농산물)에 대해 구매자가 원하는 기간에 선적이 어려워 수입 以前에 재협상을 통해 당초 협상한 가격의 70% 수준으로 수입가격을 정한 경우, ⑧ 판매자의 제조공장의 자동화에 따라 제조비용이 절감되어 구매자에게 가격할인을 해주는 경우(일본예규), ⑨ 당사자의 의사와 관련이 없는 외부적인 시장상황, 사업전망, 보험약가의 인하 등 국내 정책의 변화(조심 2015관0030), ⑩ 특수관계가 있다는 사실 자체(조심 2013관0283) 등은 조건 또는 사정에 해당하지 아니한다. 그리고 ⑪ 당사자에게 의무를 부과하지 않고 '무조건'적으로 적용되는 가격할인(예: 구매자가 상점을 리모델링했기 때문에 5%의 가격할인 제공)도 조건 또는 사정에 해당하지 아니한다(미국예규 H241893, H21556, W563462).

또한 '가격조정약관'도 수입 이후 거래당사자가 통제할 수 없는 변수에 기초한 사실과 관련되므로 여기서의 조건 또는 사정에 해당하지 아니한다(평가협정 예해 4.1).

[심판례] ① **청구법인은 쟁점물품의 국내 수익성 악화 등을 이유로 수출자 마진율 인하를 통해 거래가격을 일괄 인하하였고, 이는 청구법인 및 수출자의 의무사항과 관련이 있다고 보기 어려운 점,** 처분청이 조건 또는 사정으로 보는 다른 제품군의 수출자 마진율이 현저히 높기는 하나, 쟁점물품 가격인하와 관계없이 과거부터 동일한 마진율을 적용하고 있는 것으로 보이는 점 등에 비추어 쟁점물품의 거래가격이 조건 또는 사정의 영향을 받았다고 보아 관세 등을 과세한 처분은 잘못이 있는 것으로 판단된다(조심 2017관0156). ② 청구법인과 수출자간 쟁점물품의 수입 거래가격 결정절차 등을 보면 **수입가격 인하는 당사자간 특수관계에 따라 영업손실을 보전하기 위한 목적으로 이루어지고 있어 당사자간에 수행하여야 하는 활동 또는 의무사항과 관련이 있다고 보기 어려운 점** 등에 비추어 처분청이 쟁점물품의 수입신고가격을 관세법에서 정한 '조건 또는 사정'의 영향을 받은 것으로 보아 그 할인액을 쟁점물품의 수입신고가격에 가산하여 과세한 처분은 잘못이 있다(조심 2014관0313). ③ 관세법 제30조 제3항 제2호의 조건 또는 사정을 '구매자와 판매자 간의 의무사항' 또는 '구매자 또는 판매자가 수행해야 하는 활동'으로 해석하는 한 **보험약가의 인하 여부가 구매자 또는 판매자가 아닌 정부에 의해 결정되는 점에서** 보험약가의 인하를 예상하여 쟁점물품의 수입가격을 인하한 사실에서 보험약가의 인하를 관세법 제30조 제3항 제2호의 조건 또는 사정으로 보기는 어렵다 할 것이다(조심 2015관0030). ④

내자거래인 쟁점물품에 대하여 국내 판촉활동에 대한 대가로서 해외공급자로부터 판매수수료에 상응하는 할인을 받았다고 하더라도 그 할인액은 쟁점물품을 수입하면서 청구법인이 수출자에게 지급하거나 지급하여야 할 금액이 아닌 점, 외자거래의 경우 해외공급자가 청구법인에게 지급하는 판매수수료를 제외하면 내자거래와 동일한 금액이 해외공급자에게 귀속되는 점, 청구법인은 해외공급자와 독점판매계약 등을 체결한 후 쟁점물품을 수입하여 독점판매하는 대리점으로서 해외공급자와 특수관계에 해당하지 아니하면서 계약에서 정한 바에 따라 해외공급자가 발행한 송장가격으로 대금을 지급하고 실제 거래가격으로 수입신고하였으므로 할인된 거래가격을 조건 또는 사정에 의하여 영향을 받은 것이 아니라 **정상적인 가격협상에 따른 가격인하나 전매차익으로 볼 수 있는 점,** 청구법인과 해외공급자간에 작성한 계약서상의 판매대리점 의무 및 가격과 할인 등에 관한 내용을 보면, 쟁점물품판매자인 해외공급자가 부담하여야 할 의무 등을 구매자인 청구법인이 자신의 비용으로 대신 부담한다는 내용 등이 없고, 청구법인이 일반적인 구매자와 같이 쟁점물품을 수입해서 자유롭게 처분할 수 있으며, 그 처분과정에서 청구법인 자신의 계산으로 인한 부가가치가 발생하고 그에 따른 위험을 부담하는 것으로 보아 대법원 판결(대판 93누17881) 사례와 다른 것으로 보이는 점, **청구법인이 해외공급자의 독점판매 대리점이라는 이유만으로 내자거래가 조건 또는 사정에 의하여 영향을 받은 것으로 보기 어려운 점 등**에 비추어 처분청이 해외공급자와 독점판매계약 등에 따라 수입한 쟁점물품의 내자거래금액과 해외공급자인 수출자가 직접 국내판매한 외자거래금액과의 차액을 조건 또는 사정에 의하여 영향을 받은 할인이거나 판매수수료에 상응하는 할인으로 보아 그 할인된 가격을 쟁점물품의 과세가격에 포함하여 관세 등을 과세한 처분은 잘못이 있다고 판단된다(조심 2014관0319). ⑤ 쟁점물품의 경우, 청구법인이 수출자에게 할인후의 가격으로 실제지급한 점, 기준가격이 청구법인과 수출자의 가격협상에 의해 거래가격으로 확정된 가격은 아니라는 점, **수출자가 쟁점물품 판매시 특별한 조건이나 사정을 청구법인에게 부여하였다고 볼만한 입증자료가 없다는 점 등으로 보아 쟁점물품에 대하여 할인전의 기준가격으로 과세가격을 결정하는 것은 타당하지 않다고 판단된다**(조심 2013관0287).

4. 거래통념 내지 상거래관행상 해당물품의 수출판매에 통상적으로 부수되거나 연계(결합)되지 아니하는 의무사항 등

(1) 의의

거래통념 내지 상거래관행상 '해당물품의 수출판매'에 通常的으로 부수되거나 연계(결합)되는 의무사항 등은 특별한 사정이 없으면 조건 또는 사정에 해당하지 아니한다(다만 실제 지급가격의 일부, 특히 간접지급으로 처리될 수는 있을 것이다). 왜냐하면 수출판매에서의 販賣(거래의 성립)나 價格은 상거래관행상 해당물품의 수출판매에서 통상적으로 부수되거나 연계(결합)되는 의무사항 등을 고려하여 결정되기 때문이다. 즉, 이 경우 '거래가격'은 해당 수입물품의 실제가격에 가장 가까운 상당치를 반영하고 있는 것이다.

따라서 조건 또는 사정은 거래통념 내지 상거래관행상 '해당물품의 수출판매'에 通常的으로 부수되거나 연계(결합)되지 아니하는 의무사항 등을 의미하는데, 그 해당 여부는 개별적, 구체적으로 검토해야 하겠지만 주로 해당물품 以外의 '다른 물품' 등에 관한 의무사항 등이나 해당물품의 수출판매와 관련이 없는 의무사항 등이 여기에 해당할 것이다.[119)]

(2) '해당물품'에 관한 의무사항 등

(가) '해당물품'의 공급(수출판매)에 관한 의무사항

'해당물품' 자체의 공급(수출판매)과 관련된 의무사항으로는 수입물품을 운송할 선박을 수배할 의무, 수입물품에 대한 보험을 부보할 의무, 물품의 포장에 관한 의무, 클레임 해결에 관한 의무, 선적서류 등을 제공할 의무, 물품의 검사・수령의무, 중요사항을 통지하거나 보고할 의무 등이 있는데, 이러한 의무사항들은 상거래관행상 통상적인 의무사항 등이므로 특별한 경우가 아니면 조건 또는 사정에 해당하지 아니한다.

[심판례] 쟁점물품의 수입과 관련하여 **처분청이 조건 또는 사정이라고 본 '기존 압출라인의 업그레이드'는 쟁점물품을 수입하는 목적으로서 쟁점물품의 공급계약 그 자체이므로 계약에 부수 또는 부속된 조건으로 보기 어려운 점, 가격할인 또한 청구법인이 쟁점물품을 입찰방식을 통하여 구입하는 과정에서 구매자와 판매자 간에 정상적인 가격협상을 통하여 이루어진 것이므로 할인 후의 90달러(단위)가 쟁점물품의 실제지급가격이 되며 조건 또는 사정에 의하여 영향을 받은 가격이 아니라고 할 것인 점** 등에 비추어 청구법인이 기존 압출라인을 업그레이드하면서 단위당 10달러를 할인받아 단위당 90달러에 쟁점물품을 구매한 것에 대하여 조건 또는 사정에 의하여 영향을 받은 것으로 보아 단위당 10달러에 해당하는 관세 등을 부과한 처분은 잘못이 있는 것으로 판단된다(조심 2014관0353).

[평가협의회] ① 인터넷쇼핑몰 유료회원제는 전자상거래업체 및 소매판매점이 일반적으로 사용하는 '통상적인 상업관행'에 해당하고 누구나 가입하여 할인된 물품을 구입할 수 있도록 구매기회를 제공하고 있으므로, **유료회원제 가입은 '금액으로 계산할 수 없는 조건이나 사정'에 해당하지 아니하고, 유료회원에게만 제공되는 특별할인행사의 구매가격을 기초로 과세가격을 결정할 수 있다**(결정 18-03-03). ② 구매자(수입자)가 전자상거래업체가 발행한 바우처를 소셜커머스업체를 통하여 구매하여 동 바우처를 이용하여 전자상거래업체에서 물품을 구매하는 경우(바우처를

---

119) 최천식, 거래가격 배제사유인 조건 또는 사정의 사례수집 및 유형화, 2020, 75쪽 이하에서는 조건 또는 사정을 결합거래의 관점에서 파악하여, 조건 또는 사정을 물품, 권리, 용역과의 결합조건의 거래유형별로 유형화하고 있다.

75달러에 구매하였으나 전자상거래업체 쇼핑몰에서는 150달러로 사용할 수 있고, 150달러를 초과하는 경우에는 초과하는 금액만 카드로 결제하면 됨), 당해 바우처를 사용하는 구매자에게 사실상 50% 할인을 제공하게 되는데, 이는 특별할인에 해당하더라도 **국제적으로 이미 일반화된 상거래로 볼 수 있으므로** 다른 거래가격 배제사유에 해당하지 않으면 구매자가 실제로 지급한 금액을 기초로 하여 과세가격을 산정하는 것이 타당하다(결정 13-01-01).

(나) 해당물품의 국내 장치, 국내 판매나 마케팅 등에 관한 의무사항 등

1) 해당 수입물품을 국내에 장치할 장소나 시설(창고, 탱크 등)을 구비할 의무를 부과하는 경우는 상거래관행에 부합하므로 조건 또는 사정에 해당하지 않는다.[120]
2) 수입물품의 國內 販賣나 '마케팅'(marketing)과 관련한 조건은 거래가격 배제사유로서의 조건 또는 사정에 해당하지 아니한다(평가협정 주해 제1조, 관세평가 고시 제27조). 이는 이러한 활동이 상거래관행에 부합하고, 평가협정이 구매자가 자신의 이익을 위해 자기의 계산으로 수행한 활동에 대한 비용은 실제지급가격에 포함시키지 않는 기본취지(평가협정 주해 제1조 제2항)에서 비롯된 것이다.

[평가협정 주해 제1조] 구매자가 자신의 계산으로 수행한 활동은 비록 판매자에게 이익이 되는 것으로 간주된다 할지라도 판매자에 대한 간접 지급으로 인정될 수 없다. 따라서 이러한 활동의 비용은 과세가격을 결정함에 있어서 실제로 지급하였거나 지급하여야 할 가격에 가산되지 아니한다.

따라서 구매자가 자기의 계산으로 수행한 광고선전활동비, 보관료, 검사비용, 하자보증비, 확인수수료 등은 실제지급가격에 가산(포함)되지 아니한다. 이에 대해서는 제2장 제2절 제1항 「실제지급가격」을 참고하라.

수입물품의 '마케팅'과 관련한 활동이 구매자가 비록 판매자와의 합의에 의한 것이라 할지라도 구매자가 자기의 계산으로 수행된 경우라면, 이러한 활동의 가치는 관세의 과세가격의 일부도 아니며 그러한 활동은 거래가격을 부인하는 결과를 초래하지도 않는다(평가협정 주해 제1조).

예를 들어, 독일자동차 제조회사인 B사와 국내 A사(유통업자)가 B사가 제조한 자동차에 대한 국내 독점공급(독점유통)계약을 체결하면서, A사에게 다음과 같은 의무를 부과하는 것은 수입물품의 '마케팅'과 관련된 조건 또는 사정에 해당하고, 통상적인 사업관행(usual

120) 다만, 장치설비를 판매자와 특수관계에 있는 者로부터 구매하거나 임차하도록 의무를 부과한다면 이는 조건 또는 사정에 해당할 수 있을 것이다.

business practices)에 일치하기 때문에 거래가격 배제사유인 조건 또는 사정에 해당하지 아니한다(평가협정 사례연구 3.1; **사례연습 10**).

① A사는 2~3개월분의 자동차 재고분과 이에 상응하는 예비부품의 재고를 유지해야 한다.

② A사는 전시장을 유지하고 적합한 직원을 훈련된 판매원으로 고용하거나 작업장을 갖춘 딜러 체인을 설립해야 한다.

③ A사는 국내에서 B사 자동차에 대한 광고선전활동을 수행해야 한다.

④ A는 B사로부터 수입하여 國內에 판매한 모든 자동차에 대한 A/S를 제공하여야 한다.

⑤ A사는 國內에서 딜러에 대한 소매가격과 할인율을 정해야 한다.

⑥ B사는 國內의 어떠한 회사에게도 자동차를 판매해서는 아니된다.

⑦ A사는 자신이 수입한 자동차에 대해 어떠한 수량할인도 받지 않아야 한다.

⑧ A사의 판매권은 수입국(우리나라) 外의 국가로 확장되지 아니한다(이는 허용되는 해당물품의 처분 또는 사용의 제한에 해당한다).

[심판례] 처분청에서 주장하는 바와 같이 쟁점가격 2가 special price라고 하더라도 distributor가 **경쟁사 제품의 저가공세에 따른 판매부진 타개 및 시장점유율 확대를 위하여 수출자에게 가격인하를 요청하여 수출자가 한시적으로 특별가격을 적용한** 것은 수입가격 인하율[쟁점가격 1 : 4.1%(OOO US$/케이스), 쟁점가격 2 : 1.1%(OOO US$/케이스)]에 비해 국내판매가격 인하율[쟁점가격 1 : 22.3%(OOO원/케이스), 쟁점가격 2 : 17.8%(OOO원/케이스)]이 훨씬 큰 점에 비추어 볼 때 **수출자가 distributor의 판매원가를 보전하기 위한 방안보다는 마케팅 차원에서 일정수준의 가격을 인하한 것으로 보여지며, 마케팅 차원에서의 가격인하는 일반적인 상거래 관행으로 볼 수 있는 점,** 수출자가 특정기간(1999. 11.~1999. 12.) 동안에는 일정수량(15만 케이스)을 추가 구매하는 조건으로 특별가격을 적용하였으나 **쟁점가격이 적용되는 시기에는 특별히 다른 조건을 distributor에게 부담시키고 있지 아니한 점,** 관세법 및 관세평가협약에서 "거래의 성립 또는 가격의 결정이 조건 또는 사정에 의해 영향을 받은 경우"의 예시조항을 보면 '구매자가 판매자로부터 특정수량의 다른 물품을 구매하는 조건으로 당해 물품의 가격이 결정되는 경우' 등과 같이 가격의 결정이 다른 거래 조건에 따라 결정되거나 거래의 형태가 구상무역·보상거래 등 결합거래(tie-in sales)인 경우를 예시로 들고 있는 바 쟁점가격과 거래의 성립이 위 예시조항에 해당되지 아니한 점, **일반적으로 거래의 성립 또는 가격을 결정함에 있어 여하한 조건 또는 사정에 의하여 영향을 받지 아니하는 경우가 거의 없는 상황에서 거래가격 배제요건인 "거래의 성립 또는 가격의 결정이 조건 또는 사정에 의해 영향을 받은 경우"를 확대해석할 경우 거래가격에 의한 과세가격 결정방법을 지향하는 관세평가협약** 기본정신과 배치되므로 이를 제한적으로 해석함이 관세평가협약의 합목적성에

부합하는 점 등을 종합하여 볼 때 쟁점가격은 관세법에서 규정하고 있는 거래가격 배제요건인 "거래의 성립 또는 가격의 결정이 조건 또는 사정에 의하여 영향을 받은 경우"에 해당되지 아니한 것으로 판단된다(국심 2007관0020).

3) 해당물품을 국내에서 판매하는 方式이나 판매에 필요한 부수적인 사항에 관한 의무사항은 상거래관행상 통상적인 것이므로 조건 또는 사정에 해당하지 않으나, 해당물품을 국내에서 판매할 價格 자체를 制限하는 것은 조건 또는 사정에 해당한다고 할 것이다. 이는 국내 판매의 본질적인 부분을 제한하는 것이어서 상거래관행상 통상적인 의무사항 등으로 보기 어렵기 때문이다.

[예시] 의약품 판매자가 구매자가 해당상품을 수입국의 시장에서 **수출국내 판매자의 가격 리스트를 기초로 정한 價格에 재판매한다는 조건** 하에 할인된 가격으로 판매하는 경우는 '조건 또는 사정'에 해당하는데, 그 조건의 가치를 금액으로 계산할 수 있으면 제1방법에 따라 과세가격을 결정할 수 있고, 그렇지 않으면 제2방법 이하로 과세가격을 결정해야 한다(WCO관세평가 교육모듈).[121]

(다) 해당물품의 生産, 해당물품에 체화(결합)된 무형재산권, 기술개발 등에 관한 의무사항 등

1) 의의

관세법 제30조 제1항 각호 및 평가협정 제8조에 규정된 가산요소 규정 등을 통해 거래가격의 왜곡[122]을 시정(조정)할 수 있는 의무사항 등은 조건 또는 사정에 해당하지 아니한다. 이는 생산지원비나 권리사용료 등 가산요소의 조정을 통해 거래가격의 왜곡을 시정할 수 있는 경우에는 거래가격을 배제하지 않고 평가협정 제1조와 제8조의 종합적 해석을 통해 가산요소 등을 조정하여 거래가격의 적용범위를 최대한 확대하고자 하는 평가협정의 기본정신에서 비롯된 것이다. 그러나 가산요소 등에 해당하지 아니하여 거래가격의 왜곡을 시정할 수 없는 경우에는 조건 또는 사정에 해당할 수 있다.

2) 생산지원비

해당 수입물품의 '生産'과 관련한 조건은 거래가격 배제사유로서의 조건 또는 사정에 해당하지 아니한다(평가협정 주해 제1조, 관세평가 고시 제27조). 예를 들면, 구매자가 판매자에게 수입국 내에서 수행된 기술 및 설계도를 제공한다는 사실은 관세법 제30조의 목적상 거래가격을 부인하는

121) WCO관세평가 교육모듈(중급/고급용), 88쪽.

122) 조건 또는 사정으로 인하여 발생한 거래가격의 왜곡을 말한다.

결과를 초래하지 않는다(평가협정 주해 제1조).[123] 비과세되는 생산지원뿐만 아니라 과세되는 생산지원(물품, 외국에서 개발된 기술・설계 등)의 경우에도 가산요소 규정에 따라 가격조정이 이루어진 경우에는 거래가격이 배제되지 않는다.[124]

이는 구매자의 생산지원을 통해 수입가격이 왜곡되는 부분에 대해서는 생산지원비의 가산조정을 통해 왜곡을 시정할 수 있기 때문에 거래가격을 배제하지 않는 것이다. 예를 들면, 구매자가 판매자로부터 남성복을 수입하는데, 남성복 생산에 필요한 '직물'을 구매자가 제공하고 의류의 수입가격은 직물가격을 공제한 금액으로 정하기로 한 경우, 구매자의 직물 제공의무는 조건이 될 것이지만, 이는 생산지원비(직물 비용 등)를 실제지급가격에 가산하는 방법으로 왜곡을 시정할 수 있기 때문에 거래가격을 배제하지 않는 것이다.

3) 권리사용료

구매자가 별도로 지급하는 권리사용료는 실제지급가격에 그 금액을 가산조정하는 방법으로 거래가격을 결정할 수 있기 때문에 거래가격을 배제하지 않는다.

4) 사후귀속이익

수입물품에 대한 대금지급의무는 일부는 수입시에, 일부는 수입물품을 처분 또는 사용하여 얻은 수익에서 지급할 수 있는데, 이러한 구매자의 의무사항은 조건에 해당할 수 있지만 적절히 조정할 수 있는 사후귀속이익은 가산요소 조정으로 처리되고(거래가격 적용), 그렇지 않은 경우에는 관세법 제30조 제3항 제3호에 따라 거래가격이 배제되므로, 여기서의 조건 또는 사정에 해당하지 아니한다.

5) '처분 또는 사용의 제한'과의 관계

수입물품의 처분 또는 사용의 제한은 거래당사자의 합의로 해당물품의 처분 또는 사용에 제한을 가하는 것으로, 그 결과 구매자는 해당 수입물품을 특정한 용도로만 사용하거나 특정인에게만 처분・임대하도록 하는 등의 의무를 부담하므로 일종의 조건 또는 사정으로 볼 수 있는 측면이 있으나, 이는 해당 물품 자체에 대한 조건 또는 사정으로서 관세법 제30조 제3항 제1호에서 별도로 "처분 또는 사용의 제한"을 규정하고 있으므로 거래가격 배제사유인 조건 또는 사정에는 해당하지 않는다. 다만 동일한 사안에서 처분 또는 사정의 제한과 조건 또는 사정이 함께 문제될 수는 있을 것이다.

---

123) 또한, 國內에서 개발된 것이라면 그 비용을 금액으로 계산할 수 있는 경우라도 이를 실제지급가격에 가산할 수 없다.

124) Saul L. Sherman & Hinrich Glashoff, 앞의 책, 273쪽.

6) 가산요소에 해당하지 아니하는 다른 의무사항 등

관세법 제30조 제1항 각호의 권리사용료, 생산지원비 등에 해당하지 아니하여[125] 거래가격의 왜곡을 시정할 수 없는 의무사항 등(예: 공동기술개발계약이나 기술평가계약, 생산에 관한 용역제공계약상의 의무사항 등이 해당물품의 판매조건으로 되어 있는 경우)은 상거래관행상 통상적으로 보기 어려운 경우가 많으므로 조건 또는 사정에 해당하는 경우가 많을 것이다.

[예규] 구매자와 판매자가 해당물품의 수출판매계약과 별도로 기존에 수입된 물품(기계)의 성능을 개선한 새로운 물품의 공동개발을 목적으로 체결한 **'기술평가계약'을 체결**하고, 구매자가 공동개발 성공시 성능이 개선된 물품을 국내에 판매하기 위하여 잠정적으로 책정한 가격으로 수입한 경우, 그 경우는 다른 거래에 관한 조건으로서 가산요소 조정으로 처리될 수 없으므로 금액으로 계산할 수 없는 조건 또는 사정에 해당한다(관세평가과-2595).

(3) '다른 물품'에 관한 의무사항 등

1) 의의

대응무역의 경우, 해당물품의 수출판매와 다른 물품의 판매(거래)를 연계(결합)시킨 경우, 다른 물품에 관한 의무사항(예: 손해배상의무 등)을 해당물품의 수출판매와 결부하여 거래가격을 결정한 경우 등이 여기에 해당한다.[126]

2) '대응무역'(물품교환, 대응구매, 구상무역, 스왑거래 등)의 경우

'대응무역'(물품교환, 대응구매, 구상무역, 스왑거래 등)은 해당 물품과 다른 물품을 교환하는 거래로서 다른 물품에 관한 의무사항을 해당물품의 판매조건에 결부시키는 경우이므로 특별한 경우가 아니면 조건 또는 사정에 해당한다고 할 것이다. 즉, 이 경우는 거래의 '成立'(판매)에 영향을 미치는 조건 또는 사정에 해당할 것이다. 다만, 대응무역의 경우, 먼저 실제로 지급하였거나 지급할 가격을 계산하는 것이 가능한지 여부를 고려해야 할 것이고, 만약 판매조건이 화폐조건으로 표시되지 않거나 금액으로 계산할 수 없는 경우에는 거래가격이 배제된다(평가협정 권고의견 6.1, 평가협정 예해 11.1).

---

125) 의무사항에 관한 내용의 실질이 그 자체로 권리사용료, 생산지원비에 해당하지 않는 경우를 의미한다.

126) 일본관세정률법 제4조 제2항 제2호에서는 "해당 수입물품의 거래가격이 **해당 수입물품 以外의 물품**의 거래수량 또는 거래가격에 의존하여 결정된다는 조건 기타 해당 수입품의 과세가격 결정을 곤란하게 하는 조건"으로 규정하고 있다.

[예시]

국내에 있는 제조자 甲은 미국에 전기장비를 판매하고 같은 가격의 미국 생산품을 구입하기로 한다. 국내에서 합판판매업을 하고 있는 乙과 甲은 상호 동의하에 乙이 미국으로부터 합판을 수입하고 甲은 전기장비를 미국에 수출하는데 전기장비의 송장가격은 100,000달러로 표시되고 있다. 乙과 미국의 합판수출자 丙 간에는 화폐지급이 이루어지지 않기 때문에 합판수입에 따른 송장표시가격은 100,000달러로 나타나 있다(이 경우 객관적 가치를 반영한 송장표시가격은 거래가격으로 채택될 수 있을 것이다).

3) '다른 물품'의 판매와 해당물품의 수출판매를 결합(연계)시킨 경우

관세법 시행령 제22조 제2항 및 평가협정 주해 제1조 제1항에서는 금액으로 계산할 수 없는 조건 또는 사정에 의하여 영향을 받은 경우를 다음과 같이 例示하고 있는데, 이 경우가 여기에 해당한다.[127)]

① 구매자가 판매자로부터 특정수량의 다른 물품을 '구매'하는 조건으로 당해 물품의 가격이 결정되는 경우

[예시]

국내 수입자 甲이 미국 乙로부터 신발제품을 단위당 50달러로 100개 구매한다는 조건으로 乙은 甲에게 가죽가방을 단위당 200달러로 판매한다. 甲은 신발제품을 50달러에 구매함으로써 가죽제품 구입함에 있어 단위당 30달러를 절약하는 것으로 증명된다면, 가죽제품은 거래가격하에서 여전히 단위당 230달러(200 + 30 달러)로 매겨진다.

② 구매자가 판매자에게 '판매'하는 다른 물품의 가격에 따라 당해 물품의 가격이 결정되는 경우

[예시]

국내 수입자 A가 미국 제조업자 B에게 장비생산에 소요되는 계전기를 단위당 1,000달러에 공급하는 조건으로 B는 A에게 그가 고안한 특수장비를 단위당 30,000달러로 공급하기로 동의하였다.

③ 판매자가 '반제품'을 구매자에게 공급하고 그 대가로 그 완제품의 일정수량을 받는 조건으로 당해 물품의 가격이 결정되는 경우[128)]

---

127) 영 제22조 제2항은 관세법 제30조에 위임규정이 없으나, 평가협정의 일부로서 법적 구속력이 있는 평가협정 주해 제1조에서 규정하고 있으므로 이에 의해 법규성이 인정된다.

128) 반제품 공급에 대한 대가로 완제품의 일정수량을 '무상'으로 받는 경우이다.

[예시] 수입자 A가 외국의 판매자 B로부터 목재를 구입하는데, A는 책상을 만들기 위해 목재를 사용한다. A가 B로부터 목재를 구입하는 가격은 A가 B에게 '무상'으로 제공하는 완제품 책상의 수량에 달려있다.

다만, 관세법 시행령 제22조 제2항 및 평가협정 주해 제1조 제1항의 적용과 관련하여 조건 또는 사정의 적용이 의도된 목적 이상으로 확대되지 않도록 주의해야 한다.

[평가협정 예해 11.1] 관세법 시행령 제22조 제2항 및 평가협정 주해 제1조 제1항과 관련하여, 조건 또는 사정에 관한 규정[평가협정 제1조 제1항(b)]의 적용이 의도된 목적 이상으로 확대되지 않도록 주의해야 한다. 예를 들면, 만약 판매자가 하나의 주문(single order)의 수량이나 금전적인 가치(value)에 따라 계산되는 수량할인을 인정하는 경우에, 수많은 다른 품목들로 이루어진 주문에 의하여 구매자에게 할인 자격이 부여되고, 이들 품목을 이루는 각각의 물품은 할인 자격이 없다는 사실이 평가협정 제1조 제1항(b)이 적용되는 상황에 해당하지 않는다.

4) 그 밖의 '다른 물품'에 관한 의무사항 등

위의 3)의 관세법 시행령 제22조 제2항 및 평가협정 주해 제1조 제1항은 例示的 규정이다. 따라서 위의 3)의 경우 以外의 '다른 物品'에 관한 의무사항 등도 조건 또는 사정에 해당할 수 있다. 다른 물품에 관한 의무사항(예: 손해배상의무 등)을 해당물품의 수출판매와 결부하여 거래가격을 결정한 경우 등이 여기에 해당하는데(다만 앞에서 설명한 권리사용료 등 가산요소에 해당하는 경우는 제외한다), 이러한 의무사항 등은 조건 또는 사정에 해당하는 경우가 많을 것이다.

[판례] 원심은, 원고가 1990. 1. 12.부터 1994. 10. 28.까지의 사이에 건설중장비 제조에 필요한 디젤엔진 등 조립된 상태의 부품인 양산용 부품과 그 부품을 구성하는 너트 등 낱개의 부품으로 주로 수리·보수에 사용되는 A/S(애프터 서비스)용 부품을 소외 회사들로부터 수입하면서 그 수입물품의 과세가격을 소외 회사들에게 실제 지급한 가격으로 신고하고 그에 따른 관세 등을 납부한 사실, 이에 대하여 피고는 원고가 수입한 A/S용 부품에 대하여 신고된 과세가격은 통상의 판매가격보다 할인된 가격으로 그 할인금은 구매자가 판매자에게 실제로 지급하여야 할 수입물품의 대가로서 과세가격에 포함되어야 한다고 하여 당초 신고가격에 할인금 상당액을 가산하여 과세가격을 결정한 사실, 원고는 위 각 부품을 수입함에 있어 별도의 부품발주서를 작성하고 수량과 구입가격을 개별적으로 결정하였기 때문에 **A/S용 부품의 거래가격은 양산용 부품의 거래가격과는 독자적·개별적으로 결정되고, 양산용 부품의 계속적인 구입이 A/S용 부품의 거래조건으로 전제되는 것이 아닌 사실, 원고는 소외 회사들과의 사이에 보증수리의무를 이행하는 대가로 A/S용 부품을 통상의 판매가격보다 할인하여 구입하기로 약정한 바가 없고,** 무상보증수리기간 동안 양산용 부품의 하자로 인하여 발생한 수리비용은 소외 회사들이

부담하였으며, 원고가 소외 회사들로부터 수입하는 A/S용 부품의 가격도 무상보증수리용인지 유상수리용인지에 상관없이 동일한 사실, 소외 회사들은 양산용 부품에 대하여는 예상수요를 감안하여 생산하기 때문에 그 판매가격을 실제 거래가격에 맞게 결정하는 반면, **A/S용 부품은 소량·다품종인데다 보관·관리 등의 부대비용이 소요되어 그 판매가격을 상향조정하여 결정하되, 양산용 부품을 구성하고 있는 개별적인 A/S용 부품의 총가격이 양산용 부품의 가격에 비하여 3~4배 가량 높은 점을 감안하여**, 장부상의 거래가격을 정하여 놓고 구매물량이나 거래상대방의 중요도 등을 고려하여 내부적으로 구체적인 할인율을 정한 후 그 기준에 따라 10% 내지 50%를 차등 할인하여 주거나 모든 구매자에게 동일한 할인율을 적용하여 판매하여 왔고, 원고도 위와 같은 할인율을 적용받은 사실 등을 인정한 다음, 이와 같이 **A/S용 부품의 수입가격은 양산용 부품의 구입과 관련성이나 조건성이 없고 A/S용 부품의 구입 여부나 수량 등의 결정권이 전적으로 원고에게 있는 점, A/S용 부품에 대한 할인금은 양산용 부품의 거래와는 상관없이 A/S용 부품의 구입수량 등에 따라 소외 회사들이 정한 할인율에 따라 결정되고, 그 할인의 대가로 소외 회사들이 부담하여야 할 무상보증수리의무를 원고가 대신 부담하기로 한 것도 아닌 점, A/S용 부품은 건설중장비의 유지관리 및 수리보수 전반에 사용되는 것으로 전시용, 광고용 등으로만 사용하거나 특정인에게만 판매하도록 하는 등의 처분 또는 사용상 제한이 없고 할인가격이 통상의 거래가격인 점** 등을 종합하여 보면, **원고가 소외 회사들로부터 수입한 A/S용 부품의 처분 또는 사용에 제한이 있다거나 그 거래의 성립 또는 가격결정이 금액으로 환산할 수 없는 조건이나 사정에 의하여 영향을 받은 경우에 해당하지 아니한다고 하여, 위 할인금 상당액은 원고가 수입한 A/S용 부품의 과세가액에 포함될 수 없다**고 판단하였는바, 이는 정당하다(대판 97누12495: **사례연습 11**).

[심판례] ① 쟁점물품의 **거래가격은 구장비의 성능미달과 乙의 업그레이드 불이행을 이유로 청구법인이 제기한 손해배상청구소송을 취하하는 조건으로 낮은 가격을 제안한 것으로 보이는 점**, 청구법인이 입은 손해를 금액으로 환산하기 어려운 점 등에 비추어 처분청이 쟁점물품의 거래가격이 금액으로 계산할 수 없는 조건 또는 사정에 따라 영향을 받았다고 보아 거래가격을 배제하고 관세법 제35조에 규정된 방법으로 과세가격을 재산정하여 관세 등을 부과한 처분은 잘못이 없다(조심 2015관0001). ② 쟁점물품에 적용된 부품설계 결함 추가할인액은 청구법인이 **종전에 수출자로부터 수입한 A 부품의 잦은 결함 및 그에 대한 수출자의 수리불가능 판단이라는 조건 또는 사정**이 쟁점물품의 거래가격에 영향을 미친 것이라 할 것이고, 이러한 조건 또는 사정이 금액으로 계산이 가능한 경우라 할 것이므로 처분청이 관세법 제30조 제3항에 따라 부품설계 결함 추가할인액을 쟁점물품의 과세가격에 가산한 것도 잘못이 없다고 판단된다(조심 2014관0348). ③ 쟁점물품의 수입가격에 적용된 **부품신용**은 하자보증기간내에 우발적으로 발생한 고장에 대한 것이 아니고 **하자보증기간이 경과된 이후에 부품의 정상적인 마모로 인한 것으로 이를 하자보증으로 보기 어려운 점, 부품신용의 경우 수출자 또는 제3자가 의무적으로 수행하여야 하는 쟁점물품의 하자보증으로서 청구법인이 이를 대신하고 받은 할인이 아닌**

점, 쟁점물품의 거래조건으로 종전에 수입된 부품의 반환조건은 그 반환부품의 가치가 0원이므로 쟁점물품의 수입가격에 영향을 받았다고 보기 어려운 점 등에 비추어 쟁점물품에 대하여 적용된 부품신용할인이 종전 거래물품의 조건 또는 사정에 의하여 할인되었다고 보기는 어렵다고 판단된다(조심 2014관0118).

[예규] ① 해당물품에 대한 하자보증과 관련하여 판매자가 자신의 하자보증의무를 구매자에게 부담시키고 가격을 할인해주는 경우는 간접지급으로 실제지급가격에 포함되어야 하나(영 제20조의2 제1항 제2호, 평가협정 예해 20.1), 판매자가 해당물품뿐만 아니라 **판매자가 우리나라에 판매한 모든 물품들**에 대한 하자보증의무를 구매자에게 부담시키고 가격할인을 해주는 경우는 '다른 물품에 관한 수출판매'에 관한 의무사항이 부가되었기 때문에 조건 또는 사정으로 거래가격 배제사유에 해당한다(기획재정부, 관협 47040-16). ② **사용한 중고물품**을 판매자에게 송부한다는 조건으로 신품의 가격을 정상가격보다 50% 낮게 정한 경우도 '다른 물품'의 수출판매에 관한 의무사항이므로 조건 또는 사정에 해당한다(일본예규). ③ **국내에서 회수해 간 부품**이 수입물품의 생산에 재생 사용된 사실이 과세가격 결정에 있어서 조건 또는 사정에 해당하는지 여부는 수입물품의 생산에 재생 사용된 부품의 반환여부에 따라 동일한 수입물품에 서로 다른 수입가격이 적용되거나, 부품반환이 거래의 필수적 조건이라면 동 반환조건이 수입가격과 거래 성립에 영향을 미쳤다고 볼 수 있다(기획재정부, 관협 47040-55). ④ 수입자는 새로 건설하는 공장에서 사용할 X기계 구매에 관하여 수출자와 상담하고 X기계 제작에 장기간이 소요되어 공장준공식에 Y기계를 임차하여 전시할 계획을 세우고 수출자와 Y기계 임차에 관하여 상담한 결과, 수출자는 수입자가 **Y기계를 임차 대신 구매하는 경우 X기계의 가격을 15% 할인하여 주겠다**고 제의함. 이에 수입자는 수출자의 제의를 수락하고 Y기계를 구매하는 조건으로 X기계 가격을 15% 할인받음(Y기계는 통상적인 판매가격 적용). 이 경우 평가대상물품의 거래나 가격이 다른 조건이나 사정에 의해 영향을 받은 것이므로 할인된 가격을 거래가격으로 인정할 수 없음(관세청, 30-1989-1호).[129)]

(4) 그 밖의 해당물품의 수출판매와 관련이 없는 의무사항 등

해당물품의 수출판매와 직접 관련이 없는 의무사항 등(예: 공장건설, 합작회사설립 등)을 판매조건으로 부가한 경우 등이 여기에 해당하는데, 이러한 의무사항 등은 상거래관행상 통상적인 것으로 볼 수 없으므로 특별한 경우가 아니면 조건 또는 사정에 해당한다고 할 것이다.

129) **[미국예규]** 수입자는 판매자와 "상호 비용절약 계약"을 맺었다. 그러한 계약은 수입자가 그 사우디아라비아 자회사를 통하여 판매자의 일본 자회사에 글리콜을 공급하고, 반대급부로 판매자는 수입자의 미국 공장에 제품을 공급할 때 발생하는 관세 및 운송비용 절감액에 관한 계산을 포함하고 있다. 거래가격은 가격을 결정할 수 없는 조건 또는 사정이 존재하므로 과세가격 결정방법에서 배제된다(HQ 544491).

[심판례] 처분청은 건설이나 시설투자조건으로 계약하였다는 명백하고 객관적인 자료는 없지만, **구매계약 검토서 등의 자료와 여러 정황으로 미루어 건설이나 시설투자조건으로 가격할인을 받은 것이라는 의견을 제시하고 있으나, 이를 입증할 구체적인 자료를 제시하지 못하고 있으므로 조건 또는 사정에 영향을 받은 비정상적인 할인으로 보기 어려워 보이므로** (생략) 쟁점물품의 거래가격은 실수요자인 ㈜B의 설비투자가 가격결정에 영향을 준, 즉 조건 또는 사정에 영향을 받은 가격으로 보아 부가가치세 등을 부과한 처분은 잘못이라고 판단된다(조심 2013관0283).

[예규] 국내 구매자가 수입물품의 수출자와 수출국내에 **합작회사를 설립한다는 조건**으로 타사의 수입가격보다 저렴한 가격으로 수입한 경우, 이는 조건 또는 사정에 해당하므로 거래가격이 배제된다(종합심사 47400-489).[130)]

5. 금액으로 계산할 수 없는 조건 또는 사정

(1) 의의

거래의 성립 또는 가격의 결정이 금액(Value)으로 계산할 수 없는 조건 또는 사정에 따라 영향을 받은 경우에는 거래가격이 배제된다. 따라서 해당물품의 과세가격은 제2방법 내지 제6방법을 순차적으로 적용하여 결정한다. 예를 들어, 구매자가 판매자로부터 지게차용 LPG엔진을 수입함에 있어 수입자가 생산하는 지게차 및 신 모델 개발에 판매자 以外의 다른 회사의 엔진을 사용하지 아니하는 조건으로 종전 거래가격에서 할인이 이루어진 경우, 이는 금액으로 계산할 수 없는 조건 또는 사정에 해당하므로 제2방법 이하로 과세가격을 결정한다.

앞에서 설명한 관세법 시행령 제22조 제2항 각호 및 평가협정 주해 제1조에서 규정하고 있는 ① 구매자가 판매자로부터 특정수량의 다른 물품을 '구매'하는 조건으로 당해 물품의 가격이 결정되는 경우, ② 구매자가 판매자에게 '판매'하는 다른 물품의 가격에 따라 당해 물품의 가격이 결정되는 경우, ③ 판매자가 '반제품'을 구매자에게 공급하고 그 대가로 그 완제품의 일정수량을 받는 조건으로 당해 물품의 가격이 결정되는 경우 등도 금액으로 계산할 수 없는 조건 또는 사정에 해당한다.

---

130) **[미국예규]** 계약서에는 미국 구매자가 해수처리공장의 건설과 경영에 대한 책임이 있다고 되어 있다. 원래의 계약서에는 공장에 대한 근무가 소유주와의 계약 하에 공급된 인원에 의해 수행되어야만 한다는 것을 나타내는 것은 없었다. 거래가격은 가격을 결정할 수 없는 조건 또는 사정에 의해 영향을 받았으므로 적용이 배제된다(HQ 543066).

[심판례] 쟁점물품의 거래가격은 구장비의 성능미달과 乙의 업그레이드 불이행을 이유로 청구법인이 제기한 손해배상청구소송을 취하하는 조건으로 낮은 가격을 제안한 것으로 보이는 점, **청구법인이 입은 손해를 금액으로 환산하기 어려운 점 등**에 비추어 처분청이 쟁점물품의 거래가격이 **금액으로 계산할 수 없는 조건 또는 사정에 따라 영향을 받았다**고 보아 거래가격을 배제하고 관세법 제35조에 규정된 방법으로 과세가격을 재산정하여 관세 등을 부과한 처분은 잘못이 없다(조심 2015관0001).

(2) 금액으로 계산할 수 '있는' 조건 또는 사정과 평가처리

조건 또는 사정의 가치(value)가 알려진 가격이고 해당 수입물품과 관련되어 있다면 실제로 지급하였거나 지급하여야 할 가격의 일부인 것이다(평가협정 권고의견 16.1).[131] 따라서 금액으로 계산할 수 있는 조건 또는 사정의 경우, 거래가격은 배제되지 아니하므로 '거래의 成立'에 관한 조건 또는 사정은 계산할 수 있는 금액을 거래가격으로 결정하고, '價格'에 관한 조건 또는 사정은 계산할 수 있는 금액을 실제지급가격에 포함(가산)시켜 과세가격을 결정한다.

判例도 "수출자가 부담하여야 할 의무 등을 자신의 비용으로 대신 부담하여 정상적인 가격에서 할인한 것은 간접적으로 지급한 금액이므로 과세가격에 포함시킨 처분은 적법하다"고 한다(대판 93누17898, 93누7824).

[판례] 자동차를 수입하면서 자동차회사가 부담하여야 할 보증수리의무 등을 수입회사가 대신 부담하는 조건으로 자동차의 가격을 일부할인하여 준 경우 그 할인금액은 관세법 제9조의3 제1항 소정의 "구매자가 실제로 지급하였거나 지급하여야 할 가격"에 포함된다고 보아 할인금액이 포함된 정상거래가격이 과세가격임을 전제로 한 관세부과처분이 정당하다(서울고판 93누7824).

[예규] 판매자로부터 이미 구매하여 사용 중이던 물품을 국내에 있는 판매자의 대리점에 반환하는 조건으로 동종의 신품기계를 인하된 금액으로 구매한다 함은 신품기계의 수입거래가 사용 중이던 기계를 반환하는 조건에 의하여 영향을 받은 것이며, 이 조건 이행시 수입물품의 가격은 50,000달러에서 25,000달러로 인하될 것이므로 이 조건은 금액으로 환산가능한 조건이라 할 것이다. 따라서 구매자가 수입하는 기계의 과세가격은 25,000달러의 거래가격에 금액으로 환산가능한 조건을 조정한 금액인 50,000달러가 되어야 하는 것이다(평가일 22740-547).

---

131) [평가협정 권고의견 16.1] 조건 또는 사정에 관한 규정은 평가대상 물품과 관련하여 조건 또는 사정의 가치(value)가 결정될 수 있다면 수입물품의 과세가격은 평가협정 제1조의 다른 규정이나 요건이 충족하는 경우에 제1조에 따라 결정되는 거래가격을 의미하는 것으로 해석되어야 한다. 조건 또는 사정의 가치를 구체적으로 결정하기 위해 개별 당국이 무엇을 충분한 정보로서 고려할 것인지 여부는 개별 당국에 맡겨두어야 한다.

6. 관련 문제: 가격할인

(1) 할인(Discount)의 의의 및 종류

1) '가격할인'이라 함은 기본가격을 정해 놓고 일정한 '조건'이 충족되는 경우에 기본가격에서 몇 %를 깎아주는 것을 말하지만, 종종 기본가격의 인하를 포함하는 용어로 사용되기도 한다. 거래가격은 구매자가 실제로 지급하였거나 지급하여야 할 가격이므로, 가격할인이 있는 경우 가격할인이 관세법상 인정되는 정상적인 것이라면 '거래가격'은 가격할인을 공제한 후의 가격(할인 후의 가격)일 것이다.

2) 평가협정 권고의견에서는 수량할인(Quantity Discount)과 현금할인(Cash Discount)에 대해서만 언급하고 있다. '수량할인'이란 물품의 거래수량에 상응하여 물품의 가격을 할인해주는 것을 말하는데, 수입물품의 구매단가가 구매수량이 증가한 만큼 낮아지도록 계약서의 할인율표에 따라 할인을 제공하는 경우, 연간 구매수량이 5,000개를 초과하는 물품에 대해서만 5%의 수량할인을 제공하는 경우(예를 들어 6,000개를 구매한 경우, 5,000개까지는 할인이 없고, 5,000개를 초과한 1,000개에 대해서만 5%의 할인을 해주는 경우) 등이 여기에 해당한다.

   '현금할인'은 수입물품의 대가를 현금으로 지급하는 경우에 제공되는 할인인데, 예를 들어 물품대금의 일부를 현금으로 선지급(대금선불)하는 경우 5%할인을 제공하는 경우, 특정 기간 내 현금지급(예: 송장 수령 후 즉시 또는 수령 후 10일 이내 등)하는 경우 3%의 할인을 제공하는 경우 등이 여기에 해당한다.

3) 그렇지만 수량할인이나 현금할인 以外의 할인도 정상적인 할인이라면 인정된다고 할 것이다. 관세평가분류원도 현행 평가협정이 정상적인 무역경로 및 완전경쟁조건을 전제로 하여 일반적으로 인정되는 현금할인 및 수량할인의 경우에만 가격할인을 인정하는 것이 아니므로, 가격할인이 현금할인이나 수량할인이 아닌 '특별할인'이라고 하더라도, 동 할인이 제한이나 조건 또는 사정 등에 해당하지 아니하고 할인금액이 실제지급가격에 포함되어 있지 않다면 할인된 거래가격을 인정하고 있다(관세평가분류원, 30-2011-0027호).

(2) 특수관계 문제와 조건 또는 사정의 구별

관세법 제30조 제3항에서는 '조건' 또는 '사정'(제2호)과 특수관계가 거래가격에 영향을 미친 경우(제4호)를 구분해서 규정하고 있다. "특수관계가 거래가격에 영향을 미친 경우"는 구매자와 판매자의 關係가 수입물품에 어떠한 영향을 미쳤는가의 문제이고, 또한 특수관계가 거래가격에 영향을 미쳤는지 여부를 검증함에 있어 고려되는 판매를 둘러싼 상황은 '가격'이라는 판매조건을 결정하기 위해 당사자가 고려하였거나 고려하였어야 할 내부적, 외부적 사실이나 상황을 의미하기 때문에 당사자의 의무사항인 '조건 또는 사정'과 다르다. 따라서 양자의 문제는 구별해서 검토해야 하고, 조건 또는 사정에 해당하는지 여부를 검토함에 있어 판매자와 구매자간에 특수관계가 있다는 사실 자체를 "조건 또는 사정"으로 고려해서는 아니되고, "판매자와 구매자간의 의무사항 또는 구매자 또는 판매자가 수행해야 하는 활동"에 대한 검토를 통해 거래의 성립 또는 가격결정에 영향을 미치는 조건 또는 사정에 해당하는지 여부를 판단해야 한다.[132)]

[심판례] ① 쟁점물품의 경우, 청구법인이 수출자에게 할인후의 가격으로 실제지급한 점, 기준가격이 청구법인과 수출자의 가격협상에 의해 거래가격으로 확정된 가격은 아니라는 점, **수출자가 쟁점물품 판매시 특별한 조건이나 사정을 청구법인에게 부여하였다고 볼만한 입증자료가 없다는 점 등으로 보아 쟁점물품에 대하여 할인전의 기준가격으로 과세가격을 결정하는 것은 타당하지 않다고 판단된다.** 그러나, 쟁점물품의 수입가격은 수출자의 국내자회사인 甲사 동종·동질물품의 수입가격 보다 20% 내지 45% 저가이고, 지난 5년간 ABC(주)의 수입가격 대비 10% 이상 차이가 나는 건이 전체 약 87%이므로 **쟁점물품의 수입가격은 특수관계의 영향을 받은 측면이 있는 것으로 보여진다.** 따라서, 쟁점물품의 과세가격은 관세법 제30조 제3항의 규정에 따라 청구법인이 수출자에게 실제지급하는 금액으로 결정할 수 없고 같은법 제31조 내지 제35조에서 규정한 방법을 순차적으로 적용하여 과세가격을 재조사한 후 그 결과에 따라 경정함이 타당하다고 판단된다(조심 2013관0287). ② 처분청은 구매계약 검토서 등의 자료와 여러 정황으로 미루어 **건설이나 시설투자조건으로 가격할인을 받은 것이라는 의견을 제시하고 있으나,** 이를 입증할 구체적인 자료를 제시하지 못하고 있으므로 **조건 또는 사정에 영향을 받은 비정상적인 할인으로 보기 어려워 보이는 반면, 쟁점물품의 가격은 '장기독점공급계약', '대량거래'라는 거래요인에 따라 협상된 정상적인 거래가격으로 보이는 점,** 처분청이 통상적인 국제관례를 위해 참고하였다는 'ABC업체의 거래가격'은 '판매자', '성분', '거래시기' 및 '거래물량' 등의 차이로 인하여 **쟁점물품의 국제시세를 입증하는 객관적인 자료로 보기 어렵고,** 쟁점물품의 가격과 직접 비교하는 자료로도 사용하기 어려워 보이는 점, 관세법 시행령 제29조 제2항 제5호에서는 '우리나라 외의 국가에 수출하는 물품의 가격은 과세가격의 근거로 삼을 수 없다'라고 규정하고 있으나, 처분청은 비교가격으로 관세법 제35조에서 정한 합리적 기준에 의한 과세가격의 결정방법

---

132) 예를 들어, 판매자 A가 특수관계에 있는 구매자 B에게만 가구를 판매할 때에는 5%의 할인을 해주고 특수관계가 없는 C에게 판매할 때에는 할인을 해주지 않고 있다면, 이 경우 조건 또는 사정으로 가격할인(할인 후의 가격)을 배제하기 위해서는 판매자와 구매자간의 의무사항이나 수행활동을 검토해야 하고, 그러한 사항이 없다면 조건 또는 사정으로 거래가격을 배제해서는 아니될 것이다. 한편, 그러한 할인과 관련하여 특수관계가 거래가격에 영향을 미쳤는지 여부를 검토하여 영향을 미친 경우에는 거래가격이 배제되고 가사 금액으로 계산할 수 있는 것이라도 제1방법을 적용하여 할인前의 가격(할인금액을 실제지급가격에 포함한 가격)으로 과세가격을 결정해서는 아니된다. 다만, 제2방법인 '동종·동질물품'의 거래가격을 적용하여 그것과 동일한 결과가 나올 수는 있을 것이다.

적용시에도 사용할 수 없는 **'우리나라 외의 국가에 수출하는 물품의 가격'을 비교한 점**, '우리나라 外의 국가에 수출하는 물품의 가격'은 같은 법 시행령 제23조 제2항 제3호 가목에서 정하고 있는 '특수관계가 없는 우리나라의 구매자에게 수출되는 동종·동질물품 또는 유사물품의 거래가격' 등이 아닌 점, **이 사건 구매자인 청구법인과 판매자와의 거래는 청구법인이 특수관계자인 판매자로부터 쟁점물품을 수입하면서 신고한 가격에 대해 특수관계에 의해 영향을 받은 거래로 본다 하더라도 관세법 제30조에서 정한 제1방법을 적용할 수 없고 같은 법 제31조 내지 제35조에서 정한 제2방법 이하를 순차적으로 적용하여야 하나 제1방법으로 과세하였고**, 쟁점물품가격과 비교대상물품 가격 차이가 5%에 불과한 점으로 미루어 관세법 시행규칙 제5조 제1항의 비교가격과 차이가 100분의 10 이하인 경우에는 특수관계의 영향을 받지 아니한 것으로 볼 수 있다는 규정이 적용될 여지가 있는 점, 설령 동조 동항의 단서조항에 "세관장이 해당 물품의 특성·거래내용·거래관행 등으로 보아 그 수입가격이 불합리한 가격이라고 인정되는 경우"에는 이를 적용하지 않도록 규정되어 있으나 **처분청이 제출한 자료로는 쟁점물품의 거래가격이 불합리한 가격이라고 인정하기는 어려운 점** 등을 종합적으로 고려해 보면, 처분청이 이 사건의 거래가 특수관계자간의 거래로서 특수관계가 거래가격의 결정에 영향을 미쳤고, 쟁점물품의 가격이 비정상적인 특별 할인을 받았으며, 쟁점물품의 거래가격은 실수요자인 甲사의 설비투자가 가격결정에 영향을 준, 즉 조건 또는 사정에 영향을 받은 가격으로 보아 부가가치세 등을 부과한 처분은 잘못이라고 판단된다(조심 2013관0283).

(3) 할인의 허용 與否

(가) 수입 以後의 가격 할인은 허용되지 않는다.

해당 수입물품이 우리나라에 도착한 以後에 구매자와 판매자 간에 이루어지는 가격에 대한 환불, 감액 등은 실제지급가격을 결정할 때 고려되지 않는다. 다만, 해당 수입물품이 우리나라에 도착하기 以前에 법령상 요건을 갖춘 '가격조정약관'이 유효하게 존재하고 해당 수입물품의 가격이 해당 가격조정약관에 따른 경우에는 그렇지 않다(관세평가 고시 제16조 제2항; 미국연방관세규정 §152.103).[133]

133) 미국의 경우, 미국관세청은 가격할인이나 가격조정이 수입물품의 거래가격의 일부로 고려되어야 할지 여부를 결정함에 있어 지속적으로 3가지 범주를 열거해 왔다. **첫째는** 그 할인이나 가격조정은 수입 以前에 합의되어야 한다는 것과 **둘째는** 수입자는 할인의 존재를 뒷받침하는 충분한 서면증거자료를 세관에 제출할 수 있어야 하고, **셋째는** 할인 또는 가격조정은 무조건적이어야 하고, 만약 조건적이면 모든 조건은 수입 전에 성취가 되어야 한다(H240546). 할인된 가격이 실제지급가격에 해당하기 위해서는 할인이 수입 以前에 합의되어야만 효력이 있는 것인데, 수입자가 판매자와 합의하였다는 주장의 근거가 되는 45일 선지급 2% 할인에 대한 입증자료를 제출하지 못하였다. 할인에 대하여 입증자료를 제출하지 못하였으므로 동 할인금액은 거래가격 결정시 고려되어서는 아니된다(546037).

따라서 판매자가 어떤 물품가격에 대하여 구매자에게 물품의 수입 以前에 유효하게 합의된 할인(가격인하)을 해준 경우 할인 後의 가격이 실제지급가격에 해당하지만, 수입 以後의 할인이나 가격인하는 원칙적으로 고려되지 아니한다(미국예규 543302). 수입물품의 보세구역 반입 後 수입신고 前에 당사자의 합의로 가격을 할인한 경우도 우리나라에 도착한 以後의 할인이므로 허용되지 아니한다(관세청 50-2000-0002호). 다만, 물품의 수입 後 판매자가 가격을 인상하여 그에 따라 구매자가 추가금액을 지급하는 경우, 그 금액은 실제지급가격의 일부로 과세가격에 포함된다(관세평가분류원 30-2018-0022).

수입 以前의 합의로 거래 당사자에게 추가적인 '의무사항'을 부과하지 않고 '무조건적'으로 적용되는 할인은 조건 또는 사정에 해당하지 아니하므로 다른 거래가격 배제사유가 없다면 그 할인은 허용되고 할인 後의 가격이 실제지급가격에 해당한다(미국예규 H240546).

(나) 평가협정상 수량할인과 현금할인의 경우

수량할인이나 현금할인 등 평가협정에서 언급하고 있는 할인의 경우, 할인가격을 적용받기 위한 조건은 '해당물품의 수출판매'에 관한 조건이고 상거래관행에도 부합하기 때문에 조건 또는 사정에 해당하지는 않는다. 따라서 이 경우 과세가격은 할인 後의 가격이 될 것이다.

예를들면, 구매자가 판매자에게 필요한 물품주문시 물품주문금액의 일정비율(7.5%)로 무상으로 공급받는 테스트용 물품은 판매계약의 일부로 보여지고 유상으로 구매하는 물품과 동일 주문에 의하여 거래된 同一한 하나의 거래이며 조건 또는 사정에 해당하지 않기 때문에 제1방법에 따라 구매자가 판매자에게 실제지급하는 가격으로 과세가격을 결정한다(관세평가협의회, 결정 18-01-02). 그러나 구매자가 판매자와 계약에 따라 연간 구매목표 달성을 조건으로 제공받기로 한 계약 FOC물품(Sample Products)은 연간 구매목표 달성이라는 조건이 성취되면 무상으로 제공되는 것으로서[134] 해당 유상물품과 하나의 同一한 거래로 수출판매되는 물품으로 볼 수 없으므로 제2방법 이하의 방법으로 과세가격을 결정해야 한다(관세평가협의회, 결정 19-01-01).

그리고 수입 以後 제안받은 소급 수량할인(retroactive volume discount)은 해당 수입물품의 거래가격 결정시 고려되어서는 아니된다(미국예규 543662).

134) [조심 2016관0072] 계약에 따라 약정된 연간 기준물량을 초과하여 추가로 제공받은 무상샘플을 수량할인으로 보아 쟁점물품의 과세가격을 재산정하여야 한다는 청구주장의 당부: 쟁점물품은 수입 당시 사실상 무상으로 수입된 것인 점, 쟁점물품은 수량할인이 아닌 판촉물의 성격이 상당해 보이는 점, 쟁점계약을 이미 정해진 판매물량에 따라 가격을 할인하는 가격조정약관으로 보기 어려운 점 등에 비추어 청구주장을 받아들이기 어렵다. 따라서 과세관청이 유상으로 구매한 동종·동질물품의 거래가격에 기초하여 과세가격을 결정한 것은 타당하다.

[심판례]

① 쟁점물품의 가격할인은 **청구법인이 쟁점물품의 사용자 확대를 위하여 자신의 비용으로 판매촉진활동**(promotion and market opening campaign)**을 할 예정이라고 하면서 가격인하를 제의함에 따라 수출자가 이를 수용**하여 2013년 2분기부터 2014년 4분기까지 일정 수량 이상을 수입·판매하는 경우 해당 제품의 단가를 23.64% 인하한 것으로 보이는바, 이를 위 처분청 의견과 같이 거래의 성립 또는 가격의 결정이 금액으로 계산할 수 없는 조건 또는 사정에 따라 영향을 받은 경우에 해당하는 것으로 보기 어려운 점, 쟁점물품의 가격할인은 WTO 관세평가협정 부속서 1 주해 제1조 제1항 (b)에서 규정하는 '마케팅과 관련한 조건'에 해당하는 것으로 보이는 점을 고려하면 쟁점물품의 가격할인을 마케팅 관련 조건으로 인하한 것이라고 보는 이상 위 주해의 규정에 따라 쟁점물품의 할인된 가격은 정상적인 가격할인으로 보는 것이 타당하다(조심 2017관0313). ② 처분청은 청구법인이 경정청구시 제출한 자료는 할인 사유에 대한 구체적인 입증자료로 불충분하므로 경정청구 거부처분은 정당하다는 의견이나, 계약서 등에서 **정기 대량주문에 의한 수량할인**에 대하여 별도로 정하고 있지 않다 하더라도 다량의 물품을 정기적으로 대량주문하면서 수량할인을 받은 사실이 사내품의서 및 P/O 등에서 품목별로 할인율이 구체적으로 기재되어 있는 점, 청구법인은 수출자와 독점판매계약을 체결한 후 쟁점물품을 수입하여 독점판매하는 대리점으로서 해외공급자와 특수관계에 해당하지 아니한 점, 정기 대량주문에 의한 수량할인은 P/O에서 청구법인과 수출자 간에 수량할인이 수입항 도착 이전에 이미 합의되었고, 할인된 금액으로 발행된 상업송장(Invoice)에 의하여 물품 대금을 지급하고 있는 점, 대량주문하면서 수량할인받은 거래가격은 조건 또는 사정에 의하여 영향을 받은 것이 아니라 정상적인 가격협상에 따른 할인으로 볼 수 있는 점 등에 비추어 볼 때, 처분청이 정기 대량주문에 의한 수량할인에 대하여 청구법인의 경정청구를 거부한 처분은 잘못이 있는 것으로 판단된다. 다음으로, **수출자가 프로모션 차원에서 특별할인한 쟁점물품**에 대하여 살피건대, 수출자가 Portable PA/MI 제품을 대상으로 전반적인 시장침체를 만회하고자 전세계 디스트리뷰터(Distributor)에게 다른 조건을 부담시키지 아니하고 마케팅 차원에서 일정수준의 가격을 할인한 것으로 보여지며, 마케팅 차원에서의 가격할인은 일반적인 상거래 관행으로 볼 수 있는 점, 2015년 5월 이후에 주문되는 제품들에 한하여 6개월 동안 할인율을 적용해 주고 있으므로 거래의 성립 또는 가격의 결정이 조건 또는 사정에 의하여 영향을 받은 경우에 해당되지 아니한 것으로 보이는 점 등에 비추어 볼 때, 수출자가 프로모션 사유로 할인한 가격은 과세가격에 포함되어야 한다고 보기 어려우므로 처분청이 청구법인의 경정청구를 거부한 처분은 잘못된 것으로 판단된다. 다만, 2014년 수입신고건은 프로모션 진행기간과 불일치하고, 이 건이 프로모션에 의한 할인이라는 사실을 입증할 자료가 제출되지 아니하였으므로 이 부분 처분청의 경정청구 거부처분은 달리 잘못이 없다 할 것이다(조심 2017관0074).

(다) 그 밖의 할인(특별할인)

수량할인이나 현금할인 등 평가협정에서 언급하고 있는 할인 以外의 가격할인은 어떠한 조건하에서 허용되는지 문제된다. 즉, 어떠한 경우에 '정당한 할인'으로 인정되어 할인 後의

가격을 과세가격으로 결정할 수 있는지가 문제되는데, 결론적으로 거래가격 배제사유에 해당하지 않는 가격할인은 정당한 할인으로 허용된다.

1) 처분 또는 사용의 제한에 해당하는지 여부

해당물품을 특정한 용도로만 사용하거나 특정인에게만 판매하는 조건으로 가격할인을 해주는 경우, 그러한 조건은 (해당물품 자체에 관한 조건으로서) 거래가격적용 배제사유인 '조건 또는 사정'이 아니라 '처분 또는 사용의 제한'에 해당하고, 그 제한이 거래가격에 영향을 미쳤다면 거래가격이 배제된다. 예를 들어 수입물품을 수입 後 1년 동안 '전시용'으로만 사용한다는 조건으로 30%의 할인을 제공한 경우, 이러한 할인은 처분 또는 사용의 제한에 해당하므로 거래가격으로 과세가격을 결정할 수 없다. 그러나 그러한 처분 또는 사용의 제한이 거래가격에 영향을 미치지 않았다면 해당 할인은 인정되고 할인 後의 가격이 거래가격이 될 것이다(부산고판 2015누23915, 대판 97누12495).

2) 조건 또는 사정에 해당하는지 여부

"조건 또는 사정"과 관련하여, 할인의 전제가 된 조건 또는 사정이 구매자와 판매자 간의 의무사항 또는 수행해야 하는 활동인지, 거래통념 내지 상거래관행상 통상적으로 부수되거나 연계(결합)되는 것으로 인정되기 어려운 의무사항인지, 그리고 금액으로 계산할 수 있는 조건 또는 사정인지 여부를 검토해서 결정한다.[135]

예를 들어 모든 구매자에게 해당물품의 구입시기에 따라 할인율을 달리하는 경우(예: 4월~6월에는 10%할인, 7월~9월에는 15%할인, 10월~3월에는 20%할인을 제공하는 경우), 장기계약에 따라 구매하는 물품에 대해서는 10%의 할인율을 적용하고 스팟(spot)계약으로 구매하는 물품에 대해서는 3%의 할인율을 적용하는 경우 등은 조건 또는 사정에 해당하지 아니하고 특수관계가 거래가격에 영향을 미친 경우에도 해당하지 않으므로 할인 後의 가격으로 과세가격을 결정한다. 또한, 어떠한 하자 있는 물품을 커버(cover)하기 위하여 제공된 하자물품 할인은 판매자와 수입자에 의해 특정한 타이어의 수입 以前에 합의되었고, 할인은 고정률이었기 때문에 본질상 무조건이었고 수입자는 수입물품에 실제적 하자물품 유무와 상관없이 할인을 받았다면 할인은 수입물품의 실제지급가격을 결정하는데 고려되어야 할 것이다(미국예규 H241893).

그러나 의약품 판매자가 구매자가 해당상품을 수입국의 시장에서 수출국내 판매자의 가격

135) 국제무역에서는 수입물품의 가격이 수입 시점에 지급되지 않는 경우가 꽤 흔하다. 이 경우, 수입자가 받을 수 있는 할인을 이용할 것인지 알 수 없을 수도 있다. 특정한 날짜까지 지불한다는 조건을 이행할 수도 있고 이행하지 않을 수도 있다. 그러나 가격이 결정될 수 없는 어떠한 조건이나 사정의 영향을 받는다는 것을 의미하지는 않는다(WCO관세평가 교육모듈(중급/고급용), 64쪽).

리스트를 기초로 정한 가격에 재판매한다는 조건 하에 할인된 가격으로 판매하는 경우는 '조건 또는 사정'에 해당하는데, 그 조건의 가치를 금액으로 계산할 수 있으면 제1방법에 따라 과세가격을 결정할 수 있고, 그렇지 않으면 제2방법 이하로 과세가격을 결정해야 한다.[136)] 그리고 기존에 수입한 물품에 하자가 있어 당사자가 합의하여 손해배상액을 정한 후 추가 수입물품에 대하여 그에 상응하는 만큼의 가격할인을 해주는 경우는 금액으로 계산할 수 있는 조건 또는 사정에 해당한다(평가일 22740-50). 또한 판매자가 해당물품뿐만 아니라 판매자가 우리나라에 판매한 모든 물품들에 대한 하자보증의무를 구매자에게 부담시키고 가격할인을 해주는 경우는 금액으로 계산할 수 없는 조건 또는 사정에 해당한다(기획재정부, 관협 47040-16).

가격할인이 조건 또는 사정에 해당한다고 하더라도 금액으로 계산할 수 있는 경우에는 그 할인금액을 실제지급가격에 포함하여 거래가격으로 과세가격을 결정할 수 있다.

[평가협정 사례연구 12.1] 국내 수입자 A는 미국 수출자 S로부터 제조 공정에서 소비되는 고품질의 부품을 구매한다. 수출자 S는 특정 산업 분야에 판매하는 다국적 대기업의 자회사이다. 구매자와 판매자간에는 특수관계가 없다. 모든 협상은 현재 재고가 유지되는 동안에만 합의된 가격 수준이 유지될 수 있다는 것을 수입자 A에게 통지한 수출자 S에 의해 결정되었다. 수출자 S는 국내에 소재지가 없어 이 판매를 해당 시장 진출을 위한 기회로 본다. 성공적인 시장 진출은 회사에 상당한 장기적인 이익을 가져다 줄 것이고 이들 그룹의 보다 수익성 있는 특수관계 회사들을 소개할 수 있는 기반이 될 것이다. 이러한 기회는 가격 수준에 영향을 주었다. 세계 경제 상황으로 인해 수출자 S는 현금 흐름을 창출하기 위해 생산비용보다 평균 30% 낮은 가격에 재고 물품을 팔아야 했다. 수입자 A가 주문한 부품은 이 범주에 해당한다. 하지만 마케팅 기회를 이유로 수출자 S는 생산비용보다 40% 낮은 가격으로 판매하는데 동의했다. [과세가격 결정] 제시된 사실은 수출을 위한 판매가 수출자 S와 수입자 A간에 합의되었다는 것을 나타낸다. 검토 중인 사례에서 당연히 협정 제17조의 규정을 조건으로 제1조에 따른 거래가격을 부인할 근거를 제공하는 징표는 없다. 알려진 제한은 없다. 평가대상 물품과 관련하여 가격(value)을 결정할 수 없는 조건이나 사정(consideration)은 없다. 수출자 S와 수입자 A는 판매 가격에 합의했다. 그 가격은 재고를 구매할 수 있을 때에만 조건부이다. 마찬가지로 판매자에게 귀속되는 후속 판매에 따른 사후귀속이익도 없다. 제시된 사실에 기초하면 어떠한 특수관계도 없다. 그러므로 거래가격을 부인하고 과세가격을 결정하기 위하여 다른 조항으로 넘어가기 위한 평가협정 제1조에 규정된 조항에 따른 근거는 없다. 권고의견 2.1은 가격이 동종·동질물품의 일반적인 시장가격보다 낮다는 단순한 사실이 제1조에 따른 거래가격을 부인하는 충분한 근거가 되지 않는다고 결론 내린다. 마찬가지로 이 사례에서 가격이 판매자의 생산비용보다 낮고 판매자에게 이익이 남지 않는다는 단순한 사실이 거래가격을 부인할 충분한 근거는 되지 않는다.

136) WCO관세평가 교육모듈(중급/고급용), 88쪽.

3) 특수관계가 거래가격에 영향을 미친 경우에 해당하는지 여부

특수관계자간의 수출판매에서 가격할인이 발생한 경우에는, 후술하는 일반적인 특수관계가 거래가격에 영향을 미쳤는지 여부에 대한 판단기준(검증방법)을 통해 할인이 정당한 것인지 여부를 판단하고, 만약 특수관계가 거래가격에 영향을 미쳐 정당한 할인이 아니라고 판단되면 할인된 거래가격은 배제되고, 제2방법 이하로 과세가격을 결정해야 한다.[137] 다만, 어느 경우이든지 수입자가 송품장, 계약서, 가격표 등 가격할인에 관한 증빙자료를 제출하여 세관의 검증이 가능하다는 것이 전제되어야 한다(평가협정 권고의견 5.3).

예를 들어, 할인이 모든 구매자가 자유롭게 이용할 수 있는 것이 아니라 특수관계 없는 구매자는 할인을 자유롭게 이용할 수 없는 경우(판매자 甲은 특수관계가 있는 구매자 乙에게는 10%의 할인을 제공하고 특수관계가 없는 다른 구매자들에게는 가격할인을 제공하고 있지 않은 경우) 등은 특수관계가 거래가격에 영향을 미친 경우에 해당할 가능성이 높을 것이다(평가 22741-520).[138]

그러나 구매자가 특수관계 있는 판매자로부터 겨울용 의류를 구매하기로 하였는데 판매자의 사정으로 당초 계약한 납기보다 2개월 정도 늦을 것으로 예상되어 수입 以前에 당사자가 합의하여 해당물품에 대해 30%의 할인을 약정한 경우,[139] 국내독점대리권자가 수입된 물품의 설치, 품질보증, 고객에 대한 교육 등 제반 서비스를 부담하고 마케팅을 하는 조건으로 20% 가격할인을 해준 경우는 상거래관행상 인정되고 특수관계가 거래가격에 영향을 미쳤다고 보기 어렵다(평가일 22740-614).

[판례] ① [영향을 미친 것으로 본 판례] 독일본사는 기준가격에 47%의 기본 할인율을 적용하여 원고를 포함한 전세계 계열사에 물품을 공급하되, 각 국가별 지역시장의 가격, 경제성 유무 등에 비추어 특별할인율을 적용한 가격(특별할인가격)으로 물품을 공급하기로 하였다. ㉠ 그런데, **원고가 독립된 거래당사자로서 독일본사에 대하여 가격협상을 요구하는 등 수입가격 결정에 실질적 권한을 가졌다거나 또는 원고와 독일 본사 사이에 실제 수입가격에 대한 협상이 있었다고 보기는 어렵고,** 이 사건 물품을 구입하는 과정에서도 독일 본사가 우월적 지위에서 수입가격을 결정한 것으로 보인다. ㉡ **독일본사는 원고에 대하여 적용되는 기본할인율과 비특수관계업체에**

---

137) 금액으로 계산할 수 있는 조건 또는 사정과 달리, 특수관계가 영향을 미친 할인은 거래가격이 배제되므로, 할인되기 前의 가격으로 제1방법을 적용해서는 아니되고, 거래가격을 배제하고 제2방법 이하로 과세가격을 결정해야 한다. 만약, 할인되기 前의 거래가격으로 과세가격을 결정한다면 그것은 제1방법이 아니라 제2방법인 "동종·동질물품의 거래가격"으로 과세가격을 결정한 것이 된다는 점에 유의해야 한다.

138) WCO관세평가 교육모듈(중급/고급용), 68쪽.

139) '계절상품'이므로 납기가 늦어질 경우 국내에서 판매가격이 낮아지기 때문에 상거래관행상 인정될 수 있는 가격할인으로 볼 수 있을 것이다.

대하여 적용되는 기본할인율에 차등을 두었고, 특별할인율의 적용에 있어서도 원고에게는 전체 판매건수의 약 30%에 달하는 판매건수에 특별할인율을 적용한 반면, 비특수관계 업체의 경우 전체 판매건수 중 극히 일부(약 1~2%)에만 특별할인율을 적용하였다. 그런데, 원고가 비특수관계 업체에 비하여 높은 기본할인율을 적용받거나 특별할인율을 높은 빈도로 적용받은 이유가 명확하지 않고, 이러한 계열사에 대한 기본할인율이나 특별할인율 적용 빈도의 차등 적용이 당해 산업부분의 정상적인 가격결정 관행에 부합한다고 보기 어렵다. ㉢ 실제로 원고를 비롯한 계열사에게는 모든 판매품목에 대하여 47%의 기본할인율을 적용하고, 이에 더하여 전체 수입건수의 30%가량에 특별할인율을 적용한 반면, 자동차 제조회사인 비특수관계업체에 대하여는 40~44%의 기본할인율을 적용하고 특별할인율 적용 빈도도 전체 수출건수의 1%에 불과하다. ㉣ 원고의 이 사건 물품의 수입가격은 비특수관계 업체의 동종·동질물품 거래가격의 74%에 불과하고, 일부 물품의 경우 비특수관계 업체의 거래가격의 약 1/4에 불과한 가격으로 수입가격을 신고하는 등 **원고는 동일한 물품에 관하여 비특수관계 업체에 비하여 상당한 정도로 저렴한 가격으로 수입**한 것으로 보인다. ㉤ 보증수리용 부품의 구입여부나 구입수량 등의 결정권이 전적으로 수입자에게 있는 경우와 달리, **이 사건의 경우 독일본사의 지시에 따라 원고가 보증수리용 부품을 수입하여 보증수리를 실시하여야 하는 등 수입 여부에 관한 결정권이 없는 것으로 보이고,** 원고가 보증수리 캠페인에 참여하는 경우 보증수리용 부품의 물품대금, 관세를 비롯하여 보증수리에 소요된 인건비, 마진 등 일체의 비용을 독일본사로부터 보전받으므로, 수출자인 독일본사의 입장에서는 제반 비용을 절감하기 위하여 원고에게 판매하는 보증수리용 부품 가격의 경우 비특수관계 업체에 통상적으로 보증수리용 부품임을 이유로 적용하는 할인율보다 특히 큰 폭의 할인율을 적용할 유인이 있으므로, 이러한 점에서 원고와 독일본사와의 특수관계가 이 사건 물품의 가격에 영향을 미쳤다고 할 것이다(부산고판 2017누23865). ② **[영향을 미친 것으로 보기 어렵다고 본 판례]** 관세법 제30조 제3항 제4호를 적용하기 위해서는 구매자와 판매자간에 특수관계가 있다는 사실 외에도 그 특수관계에 의하여 거래가격이 영향을 받았다는 점까지 과세관청이 증명해야 한다. 원고(H사의 자회사)와 일본본사(H사)가 특별할인가격에 수입거래를 한 것은 원고와 일본본사의 세금절감이나 특수관계자에 대한 비합리적인 편의 제공 등의 목적보다는 **이 사건 물품의 국내 가격경쟁력 확보, 시장점유율 확대, 영업이익 증가 등과 같이 특수관계 여부를 떠나서 수입거래에서 일반적으로 추구되는 이익을 위한 것으로 판단되는 점,** 원고와 일본 본사 사이에 약정된 특별할인가격은 외국인투자기업의 공개입찰방식에 의해 프로젝트별로 제어시스템 등을 수입할 경우의 정상적인 가격결정 관행에 부합하는 것으로 보이는 점, 거래가격을 과세가격으로 함이 원칙이고 그 적용배제사유는 엄격하게 해석해야 한다는 점 등을 종합하여 보면, 피고가 제출한 증거들만으로는 특수관계가 거래가격에 영향을 미쳤다고 인정하기에 부족하다(부산고판 2015누23915; **사례연습 9**).

(라) 환율변동과 가격할인

환율의 급등이나 지속적인 상승 등은 당사자의 의무사항이 아니기 때문에 그 자체로 '조건 또는 사정'에 해당하지 아니한다. 다만, 환율의 급등이나 지속적 상승으로 인한 가격경쟁력 약화 등을 이유로 구매자와 판매자가 협의하여 수입물품의 가격을 할인(가격 인하)하는 것은 특수관계가 거래가격에 영향을 미쳤는지 여부를 검증함에 있어 판매를 둘러싼 주변상황의 하나로 고려될 수 있다. 그러나 급격한 환율상승으로 발생한 손해보전을 목적으로 가격을 할인한 경우, 그 할인가격은 부인된다(평가일 47221-82).[140]

한편, 수입 以前에 당사자간의 합의로 정한 가격결정 공식(환율변동 고려)에 따라 환율변동을 고려하여 가격을 조정하는 것은 가격조정약관의 요건을 충족하는 경우에는 허용된다.

이와 관련하여, 판매자와 구매자간 당해 물품의 판매계약상 환리스크 분담을 위해 결제통화를 엔화, 미달러화로 구분하여 결제하도록 한 것은 정상적인 상거래이므로 조건 또는 사정에 해당하지 않는다(평가일 47221-408).

(4) 현금할인과 수량할인의 평가처리

(가) 현금할인의 처리

수입물품의 수출판매와 관련하여 수입 以前에 현금할인이 약정되어 있는 경우, 제1방법 적용여부는 다음과 같다.

1) 평가대상물품의 수입시까지 해당 할인 後의 가격이 구매자에 의해 실제로 지급되고 있는 경우: 거래가격은 수입물품에 대하여 실제로 지급한 가격이기 때문에 현금할인은 거래가격 결정시 허용되고, 현금할인이 적용된 거래가격이 수입물품에 대한 실제지급가격이 된다(평가협정 권고의견 5.1).
2) 평가대상물품의 수입시까지 대금 지급이 이루어지지 않은 경우: 현금할인을 이용할 수 있음에도 불구하고 평가시점에 지급이 아직 이루어지지 않았기 때문에 이용되지 않았다는 사실이 금액으로 계산할 수 없는 조건 또는 사정에 해당하는 것으로 보아 거래가격 적용을 배제해서는 아니된다. 따라서 구매자가 수입물품에 대하여 지급하여야 할 금액(구매자가 지급하는 것으로 예정되어 있는 할인 後의 가격)을 거래가격으로 하여 제1방법을 적용해야 할 것이다(평가협정 권고의견 5.2, 5.3).[141]

(나) 수량할인의 처리

수입물품의 판매자가 '수량할인'(물품의 거래수량에 상응하는 물품가격의 할인)[142]을 하도록

140) 특수관계가 거래가격에 영향을 미친 경우에 해당할 것이다.

141) 지급하여야 할 금액을 결정하는 절차는 다양할 수 있다. 예를 들면, 송장 기재내역이 충분한 증거로 사용되거나 수입자가 지급할 금액에 대한 수입자의 신고내용이 처리의 기초가 될 수 있다. 다만, 평가협정 제13조 및 제17조의 검증과 적용이 가능하다는 것이 전제되어야 한다(평가협정 권고의견 5.3).

되어 있는 경우에는 평가대상물품의 수입 以前에 해당 할인이 확정되고, 동시에 할인 後의 가격이 구매자에 의해 실제로 지급되는 때는 해당 할인 後의 가격이 거래가격(실제지급가격)이 된다. 수량할인은 정해진 기준연도 동안 구매된 수량에 따라 판매자가 구매자에게 물품가격에서 공제하기로 허용한 금액인데, 수량할인은 판매자가 판매된 물품의 수량에 기초한 고정 가격표(fixed scheme)에 따라 자신의 물품가격을 책정한다는 사실이 입증되는 경우에 발생한다(평가협정 권고의견 15.1).

1) 판매자가 각각의 수입거래를 할 때 거래수량에 상응하여 할인을 하도록 되어 있는 경우에는 구매자가 할인이 적용되는 수량의 물품을 구매하고, 해당 물품에 대하여 할인 後의 가격을 실제로 지급하는 때에는 구매수량을 일괄하여 수입하는 경우뿐만 아니라 분할하여 수입하는 경우에도 할인 後의 가격이 실제지급가격이 된다.[143]

   다만. 예를 들어 구매자는 판매자와 장기공급계약을 체결하고 연간최저거래액(또는 수량)을 정하여 5%의 할인을 받아 수입하고, 만약 구매수량이 연간최저거래액에 미치지 못한 경우에는 5%할인 상당액을 판매자에게 지급하기로 한 경우, 이 경우 판매자에게 지급하는 5%할인 상당액은 실제지급가격에 포함시켜야 한다. 따라서 구매자는 수정신고를 통해 과세가격을 정정해야 할 것이다(일본예규).

2) 판매자가 특정기간(예: 1년)의 누적거래수량에 상응하여 할인을 하고 있는 경우에 구매자가 해당 기간의 누적거래수량이 할인이 적용되는 수량 이상으로 구매하였다는 이유로 해당 수입물품에 대하여 해당 할인 후의 가격을 실제로 지급하는 때에는 할인 後의 가격이 실제지급가격이 된다. 구매자가 以前에 구매한 수량을 고려하여 판매자가 수량할인(누적할인)을 허용한다는 사실이 금액으로 계산할 수 없는 조건 또는 사정에 해당하는 것은 아니다(평가협정 권고의견 15.1).[144]

---

142) 수입물품의 구매단가는 구매수량이 증가한 만큼 단가가 낮아지도록 계약서의 할인율표에 의하여 결정되는 경우, 연간 구매수량이 5,000개를 초과하는 물품에 대해서만 5%의 수량할인을 해주기로 약정한 경우(예를 들어 6,000개를 구매한 경우, 5,000개까지는 할인이 없고, 5,000개를 초과한 1,000개에 대해서만 5%의 할인을 해주는 경우) 등이 여기에 해당하는데, 이러한 수량할인은 조건 또는 사정에 해당하지 아니한다.

143) [예시] 단가 100원, '거래수량'과 '할인 조건'은 다음과 같다.
1~9개: 할인 없음. 10~49개: 5% 할인. 50개 이상: 8% 할인
[해설] 구매자가 27개를 일괄구매한 경우, 구매자가 일괄하여 수입하는 경우뿐만 아니라 9개씩 3회에 분할하여 수입하는 경우에도 **모두 5%의 할인이 적용**(수량할인 후의 단가 95원)된다.

144) [예시] 1년 이내에 구매된 물품에 대한 '연간누계거래수량'과 '할인 조건'은 다음과 같다.
1~9개: 할인 없음. 10~49개: 5% 할인. 50개 이상: 8% 할인
※ 앞의 각주와 다른 점은 거래수량을 누적, 계산하여 할인을 적용한다는 것이다. 다만, 소급할인은 적용되지 않는 경우이다.
[해설] 첫 번째는 27개를 구매하고, 두 번째는 42개를 구매한 경우: 첫 번째 구매(27개)에 대해서는 5%의

3) 그러나 구매자가 해당 수입물품에 대하여 지급하는 가격이 해당 할인 以外에 해당 할인이 적용되기 以前에 수입된 물품과 관련된 '소급할인' 상당액을 공제한 가격일 때에는 해당 소급할인 상당액의 공제는 (해당 수입물품에 대한 할인으로 인정되지 않고) 판매자가 구매자에 대해 지고 있는 채무를 해당 수입물품과 관련된 가격의 일부와 상계하는 것이기 때문에 허용되지 않으므로 해당 소급할인 상당액은 실제지급가격에 포함(가산)한다(평가협정 권고의견 15.1).[145] 해당물품 수입 以後에 제안받은 소급 수량할인은 해당 수입물품의 거래가격 결정시 고려되어서는 아니된다(미국예규 543662).

다만, 과거에 수입된 물품과 관련된 실제지급가격은 해당 물품의 수입 以前에 '가격조정약관'(수입 以前에 거래 당사자간의 계약에 의해 최종 거래가격 산출공식이 확정되어 있는 경우)을 통해 소급할인이 적용되도록 약정되어 있는 경우에는 해당 소급할인 後의 가격이 된다(평가협정 예해 4.1 참조).[146]

(5) 가격할인과 종전 거래(선행 거래)와 관련하여 발생한 신용채권의 문제

1) 종전 거래(earlier transactions)와 관련하여 발생한 신용채권(credit)은 동 신용채권의 이익을 받는 물품을 평가할 때 어떻게 처리되어야 하는지 문제된다. 신용채권(credit)의 금액은 "실제로 지급하였거나 지급하여야 할 가격"에 포함되므로, 신용채권은 지급한 가격의 일부이며, 평가목적상 거래가격에 포함되어야 한다. 신용채권을 발생시킨 종전 거래에 대하여 세관이 용인하는 평가처리는 현 선적분에 대한 적절한 과세가격에 대한 어떠한 결정과도 別個로 결정되어야 한다. 종전 선적분의 가격에 대하여 조정이 이루어져야 하는지 여부에 대한 결정은 국내법령에서 정하는 바에 따른다(평가협정 권고의견 8.1).[147]

할인이 적용된다. 두 번째 구매(42개)에 대해서는 (이전에 구매한 27개를 합하여 총 69개(누적거래수량)를 구매하는 것이므로) 8%의 할인(단가 92원)이 적용된다. 즉, **8%의 할인은** 첫 번째 구매한 27개까지 고려하여 정해진 할인이라 하더라도 거래가격배제사유인 조건 또는 사정에 해당하지 않는다. 그러나, 소급할인은 적용되지 아니하므로 첫 번째 구매(27개)에 대해서는 추가 3%할인이 인정되지 아니한다.

145) **[예시]** 앞의 각주의 사실관계에서, **소급할인이 있는 경우**(특정기간, 즉 1년 말에 인정되는 3%의 추가할인은 동 기간내에 구매한 총 수량에 입각하여 소급적으로 계산되는 경우)
[해설] 두 번째 구매(42개)에 대하여 8%의 할인율과 함께 첫 번째 구매(27개)에 대한 3% 추가할인을 적용한 금액을 (두 번째 거래가격에 차감하여) 청구하는 경우, 3% 추가할인은 첫 번째 구매에 대한 것이지 두 번째 구매와 관련된 것이 아니므로, 두 번째 구매에 대한 수입가격 결정시 고려되어서는 아니된다. 따라서, 3% 추가할인금액은 두 번째 구매(42개)에 대한 실제지급가격에 포함해야 한다.

146) 앞의 각주에서 3% 추가할인은 첫 번째 구매(42개)에 대해 적용될 수 있으나, 다만 수입 이전에 소급할인이 적용되도록 가격조정약관 등이 있는 경우이어야 첫 번째 구매(42개)에 대한 납세신고가격에 대한 조정이 가능할 것이다.

147) **[예시]** 국내 甲사와 미국 乙사는 미국산 소고기 A등급 1톤(단가: 20달러/㎏)에 관하여 판매계약을 체결하고, 甲사는 2021. 4. 5.에 수입하였는데, 실제 수입한 소고기는 乙사의 선적 착오로 B등급(단가: 10달러/㎏)이

2) 관세실무상 종전 거래와 관련하여 발생한 신용채권과 당해 수입물품의 가격을 상계처리하고 당해 수입물품의 가격을 할인 後의 가격으로 신고하는 경우가 종종 있는데, 이러한 가격신고는 잘못된 신고(저가신고)에 해당하는 것이다.[148] 즉, 종전거래에 관한 신용채권 상당액만큼 상계한 금액은 당해 수입물품에 대한 간접지급에 해당하여 실제지급가격에 포함시켜야 하므로 과세가격은 할인 前의 가격으로 결정된다. 한편, 종전거래 물품의 거래가격을 신용채권금액을 반영하여 조정할 수 있는지 여부는 국내법령에 따라 정해지는데, 즉 '가격조정약관' 등의 요건을 충족하지 못한다면 가격조정은 인정되지 않을 것(실제지급가격에서 제외되지 않을 것)이다.

① 수입자는 판매자의 지연된 배달로 인해 자신이 수신자 부담으로 지급한 항공운임료에 대해 향후 선적분에 대해 가격할인을 받는다. 향후 선적분에 대한 이러한 채권은 간접지급에 해당하며 실제지급가격의 일부이다(미국예규 543771). 수입자가 以前에 하자 또는 2등품을 수입한 적이 있는 경우 이에 대한 클레임에 대하여 향후 제품의 선적시 신용채권을 받는다. 이와 관련된 가격인하도 간접지급에 해당하며 향후 선적분에 대하여 실제지급가격의 일부이다(미국예규 543772). ② 구매자는 판매자와 매매계약을 체결하고 초콜릿과자를 계속적으로 구매하고 있다. 구매자가 구매하는 가격은 판매자의 가격표(Price-List)에 기초한 것이지만, 판매자가 가격표를 개정(가격인하)함에 따라 양자가 협의하여 3개월간 소급하여 인하된 가격을 적용하기로 하였다. 이번에 구매하는 물품의 송품장가격은 개정 후의 가격표에 기초한 구매가격(100,000달러)에서 과거 3개월간의 물품가격 인하분(20,000달러)이 상계된 금액으로 하였다. 이 경우 상계한 금액은 송품장가격에 가산한 금액, 즉 할인 前의 가격(100,000달러)에 기초하여 과세가격을 결정해야 한다(일본예규).

Ⅲ 적절히 조정할 수 없는 사후귀속이익

제3호: 해당 물품을 수입한 후에 전매·처분 또는 사용하여 생긴 수익의 일부가 판매자에게 직접 또는 간접으로 귀속되는 경우. 다만, 제1항에 따라 적절히 조정할 수 있는 경우는 제외한다.

선적되어 온 것이었다. 甲사와 乙사는 이와 같은 사정을 반영하여 2021. 5. 7.에 수입할 1톤에 대한 대금을 단가 10달러/㎏(총 10,000달러)로 합의하였다. 甲은 5. 7.자 수입대금으로 지급해야 할 20,000달러 중 판매자가 부담하는 채무(4. 5.자 수입과 관련한 신용채권) 10,000달러를 상계하고 나머지 10,000달러만 지급한 것이므로, 10,000달러는 2021. 5. 7.자 수입물품에 대한 간접지급에 해당하므로 실제지급가격에 포함시켜야 한다. 한편, 2021. 4. 5.자 수입신고가격을 이러한 사정을 반영하여 조정할 수 있는지 여부는 국내법령에 따라 정해지는데, 즉 '가격조정약관', '잠정가격신고' 등의 문제와 관련된다.

148) 예를 들어, 종전 수입물품의 선적지연에 따라 판매자에게 부과된 '지체상금'(손해배상금)을 당해 수입물품의 가격의 일부와 상계한 후 잔액을 지급하는 경우가 여기에 해당한다(평가분류 47221-7147).

1. 의의 및 규정 취지

관세법 제30조 제3항 제3호에서는 거래가격 배제사유로 "해당 물품을 수입한 후에 전매(resale)·처분(disposal) 또는 사용(use)하여 생긴 수익(proceeds)의 일부가 판매자에게 직접 또는 간접으로 귀속되는 경우"(사후귀속이익)를 규정하면서,[149] 다만 적절히 조정할 수 있는 사후귀속이익은 거래가격 배제사유에서 제외한다고 규정하고 있다. 즉, "적절히 조정할 수 없는 사후귀속이익"이 거래가격 배제사유에 해당한다는 것이다. 사후귀속이익의 의미와 범위에 대해서는 제2절 제2항의 「가산요소」에서 자세히 설명하기로 한다.

판매에서 구매자는 대금지급의무를 부담하는데, 그 대금지급의무는 수입시까지 완불할 수도 있지만, 일부는 수입 이전이나 수입시에, 나머지는 구매한 물품을 판매(재판매)한 후 판매수익에서 지급하기로 약정하는 것도 충분히 가능하다. 즉, 판매수익에서 판매자에게 지급되는 금액도 구매자의 대금지급의무의 일부를 이루기 때문에 실제지급가격에 포함되는 것이다. 따라서 만약 수입물품의 판매대금에서 판매자에게 지급한 금액이 거래가격에서 제외된다면 거래가격에 왜곡이 발생하게 되므로 그 거래가격을 배제하는 것이다. 다만, 객관적이고 수량화할 수 있는 자료에 근거하여 적절히 조정할 수 있는 사후귀속이익은 관세법 제30조 제1항 제5호의 가산요소로서 실제지급가격에 가산하여 거래가격에 기초하여 과세가격을 결정한다.

2. 관세법 제30조 제1항 제5호(가산요소)와의 관계

관세법 제30조 제1항 제5호에서는 "해당 수입물품을 수입한 後 전매·처분 또는 사용하여 생긴 수익금액 중 판매자에게 직접 또는 간접으로 귀속되는 금액"은 객관적이고 수량화할 수 있는 자료에 근거하여 실제지급가격에 가산하도록 규정하고 있다. 그렇다면, 관세법 제30조 제3항 제3호(거래가격 배제사유)와 제30조 제1항 제5호(가산요소)의 관계는, 두 조항의 규정체계 및 내용과 거래가격이 과세가격 결정의 원칙임을 고려하면 사후귀속이익이 관세법 제30조 제1항 제5호에 따라 가산조정이 이루어지게 되면 (관세법 제30조 제3항 제3호의 거래가격 배제사유는 적용되지 않고) 해당 거래가격은 과세가격으로 수용되어야 한다(평가협정 사례연구 2.2).

---

149) **[평가협정 예해 2.2]** ① 미국 수출자 A사는 국내 수입자 B에게 남성복을 수출판매함에 있어 양 당사자간 합의된 가격으로 판매하는데, 다만, 연말에 수입자 B는 수출자 A에게 구매한 남성복의 연간 재판매 총액의 5%를 물품대가에 추가하여 지급하고 있는 경우는 처분(전매)에 따른 수익의 일부가 판매자에게 귀속되는 경우이고, ② 국내 甲은 미국 乙로부터 복사기를 구매하여 국내 丙에게 임대하고 총 임대수익의 10%를 乙에게 지급한 경우는 '사용'에 따른 수익의 일부가 판매자에게 귀속되는 경우이다.

특수관계가 거래가격에 영향을 미친 경우

법 제30조(과세가격 결정의 원칙) ③ 다음 각 호의 어느 하나에 해당하는 경우에는 제1항에 따른 거래가격을 해당 물품의 과세가격으로 하지 아니하고 제31조부터 제35조까지에 규정된 방법으로 과세가격을 결정한다. 이 경우 세관장은 다음 각 호의 어느 하나에 해당하는 것으로 판단하는 근거를 납세의무자에게 미리 서면으로 통보하여 의견을 제시할 기회를 주어야 한다.

4. 구매자와 판매자 간에 대통령령으로 정하는 특수관계가 있어 그 특수관계가 해당 물품의 가격에 영향을 미친 경우. 다만, 해당 산업부문의 정상적인 가격결정 관행에 부합하는 방법으로 결정된 경우 등 대통령령으로 정하는 경우는 제외한다.

영 제23조(특수관계의 범위 등) ② 법 제30조 제3항 제4호 단서에서 "해당 산업부문의 정상적인 가격결정 관행에 부합하는 방법으로 결정된 경우 등 대통령령으로 정하는 경우"란 다음 각 호의 어느 하나에 해당하는 경우를 말한다.

1. 특수관계가 없는 구매자와 판매자간에 통상적으로 이루어지는 가격결정방법으로 결정된 경우
2. 당해 산업부문의 정상적인 가격결정 관행에 부합하는 방법으로 결정된 경우
3. 해당 물품의 가격이 다음 각 목의 어느 하나의 가격(이하 이 조에서 "비교가격"이라 한다)에 근접하는 가격으로서 기획재정부령으로 정하는 가격에 해당함을 구매자가 입증한 경우. 이 경우 비교가격 산출의 기준시점은 기획재정부령으로 정한다.
   가. 특수관계가 없는 우리나라의 구매자에게 수출되는 동종·동질물품 또는 유사물품의 거래가격
   나. 법 제33조 및 법 제34조의 규정에 의하여 결정되는 동종·동질물품 또는 유사물품의 과세가격

특수관계가 거래가격에 영향을 미친 경우에는 거래가격이 배제된다(법 제30조 제3항 제4호). 특수관계자간의 거래가격을 '이전가격'(Transfer Price)이라고 한다. 판매자와 구매자가 특수관계에 있다는 사실은 거래가격이 왜곡되었을 것이라는 의심을 갖게 하지만 판매자와 구매자가 특수관계에 해당한다는 사실만으로 거래가격을 배제해서는 아니 된다.[150] 즉, 판매자와 구매자간에 특수관계가 존재하고 그 특수관계가 거래가격에 영향을 미쳐야만 거래가격이 배제되는 것이다(법 제30조 제3항 제4호, 평가협정 제1조 제2항).

150) 특수관계 그 자체만으로 거래가격을 부인할 근거가 되지 않는다. 하지만 특수관계의 존재는 판매의 주변상황에 대하여 조사할 필요성이 있을 수 있다는 사실에 대하여 세관의 주의를 환기한다(평가협정 예해 14.1).

[평가협정 제1조 제2항] 평가협정 제1조 제1항의 목적상 거래가격이 수용될 수 있는지 여부를 결정함에 있어서 구매자와 판매자가 평가협정 제15조에서 의미하는 특수관계에 있다는 사실 그 자체가 거래가격을 수용할 수 없는 근거가 되지 않아야 한다. 그러한 경우에는 판매의 주변상황(circumstances surrounding the sale)이 검토되어야 하고 특수관계가 가격에 영향을 미치지 않았다면 거래가격은 수용되어야 한다. 만약 수입자에 의해 혹은 다른 방법으로 제공된 정보에 비추어 세관당국이 특수관계가 가격에 영향을 미쳤다고 판단할 근거를 가지고 있다면, 수입자에게 그 근거를 통지해야 하고 수입자에게는 답변할 수 있는 합리적인 기회가 제공되어야 한다. 만약 수입자가 요청하는 경우, 그 근거는 서면으로 통지되어야 한다.

販賣는 별개의 독립한 당사자인 구매자와 판매자간의 계약이다. 그런데 구매자와 판매자가 별개의 당사자라 하더라도 양자간에 특수관계가 있다면 그러한 관계로 인하여 구매자와 판매자간에 합의한 거래가격에 왜곡이 발생(특히, 특수관계 없는 판매자와 구매자간의 판매에서의 거래가격보다 낮게 결정)할 가능성이 높으므로, 특수관계가 거래가격에 영향을 미친 것으로 판단되는 경우에는 거래가격을 배제하고, 제2방법 내지 제6방법에 따라 과세가격을 결정하도록 하는 것이다. 다만, 특수관계가 있는 경우라도 판매의 당사자가 특수관계없는 자들간의 판매와 동일하거나 거의 비슷한 수준의 가격으로 가격이 결정되거나 해당산업부분의 정상적인 가격결정 관행에 부합하는 방법으로 결정되었다는 사실 등이 확인되면 특수관계가 거래가격을 왜곡시킨 것이 아니므로 거래가격은 수용되어야 하는 것이다. 특수관계가 거래가격에 영향을 미쳤는지 여부에 대한 판단에 관해서는 '항'을 바꾸어 아래 **제3항**에서 자세히 설명하기로 한다.

제3항 특수관계가 거래가격에 영향을 미친 경우

제1관 의의

Ⅰ 문제의 소재

특수관계가 있는 구매자와 판매자간의 거래가격(이전가격)이 관세법상 과세가격으로 채택되기 위해서는 특수관계가 거래가격에 영향을 미치지 않아야 한다. 다시 말하면 특수관계가 존재하고, 그 특수관계가 거래가격에 영향을 미쳤을 경우 해당 거래가격은 배제되고 제2방법 이하의 방법으로 과세가격을 결정하게 된다. 특수관계가 거래가격에 영향을 미쳤는지 여부를 판단함에 있어 상당히 복잡한 문제들이 있고, 또한 실제 재판에서는 입증책임과 관련하여서도 다툼이 많이 발생하고 있다.[151)]

Ⅱ 특수관계가 거래가격에 영향을 미쳤는지 여부 판단의 기초

관세의 과세가격 결정은 거래당사자 사이의 전체 거래에 의하여 결정하는 것이 아니라 당해 수입물품의 거래가격을 기초로 결정하는 것이므로, 특수관계가 거래가격에 영향을 미쳤는지 여부를 판단할 때에도 거래당사자 사이의 전체 거래를 기준으로 하는 것이 아니라 당해 수입물품의 거래가격(당해 수입물품의 거래와 관련한 거래상황)을 기초로 판단하여야 한다. 다만 관세법상 과세가격 평가는 개별 품목별로 이루어져야 하는 것이지만, 개별품목의 거래가격이 특수관계의 영향을 받은 것인지를 판단할 때 거래 전체의 가격결정 방법도 하나의 간접사실로 고려할 수는 있다[부산고판 2010누2982, 2016누24441, 2017누2010, 대판 2018두38697, 서울고판 2009누34664, 2016누75618, 2016누79177 ; **사례연습 13**].[152)]

---

151) 국제무역의 상당부분(40~60% 정도)이 다국적기업 그룹들의 구성원 사이에 일어나고 있는 것으로 추산되기 때문에, 특수관계자간 이전가격에 대한 과세가격 결정문제는 내국세뿐만 아니라 관세측면에서도 상당히 중요한 문제가 되고 있다.

152) **[미국예규]** 특수관계에 있는 구매자와 판매자의 관계로 인해 실제지급가격이 영향을 받았는지 여부는 개별적으로 판단한다. 이것은 수입과 관련하여 이루어진 별개의 결정(independent determination)이다(543896 등).

[판례] ① **관세평가는 당해 수입물품의 거래가격을 기초로 과세가격을 결정하는 것이고 거래당사자 사이의 전체 거래에 의하여 결정하는 것이 아니므로 특수관계가 거래가격에 영향을 미쳤는지 여부를 판단함에 있어서도 당해 수입물품의 거래가격을 기초로 판단하여야 한다고 봄이 상당하다.** 특수관계자들 사이의 거래에 있어서 가격정책상 어떤 품목은 저가나 고가로 공급하고 또 어떤 품목은 정상적인 가격으로 공급하는 경우가 있을 수 있는바, **특수관계가 어떠한 품목에 대하여는 가격에 영향이 없다고 인정하고 다른 품목에 대하여는 영향이 있었다고 인정하여 이를 부당하다고 할 수 없다.** 그리고 특수관계가 가격에 영향을 미쳐 수입가격을 낮게 신고한 부분이 있으면 그 부분에 대한 정당한 세액을 산정하여 따로 과세할 수 있는 것이고, 이 경우 거래 전체로 보아 다른 물품에 대한 환급액이 있을 것을 고려하여 세액을 산정하거나 과세를 배제하여야 하는 것은 아니며, **원고는 세금을 과다 납부한 부분이 있으면 피고의 이 사건 과세가격 결정방법을 이용하여 다른 수입물품에 대하여 관세의 경정청구를 할 수 있으므로,** 피고가 이 사건 물품만이 특수관계가 거래가격에 영향을 미쳤다고 보고 부인한 것이 위법하다고 할 수 없다(서울고판 2016누79177, 대판 2017두54869). ② 관세평가는 거래당사자 사이의 전체 거래에 의하여 결정하는 것이 아니라 당해 수입물품의 거래가격을 기초로 과세가격을 결정하는 것이고, 또한 특수관계자들 간의 거래에 있어서도 가격정책상 어떤 품목은 저가나 고가로 공급하고 또 어떤 품목은 정상적인 가격으로 공급하는 경우가 있을 수 있으므로, **특수관계가 거래가격에 영향을 미쳤는지의 여부를 판단함에 있어서도 당해 수입물품의 거래가격을 기초로 판단**하여야 한다. ㉠ A의약품의 경우: 국내 재판매가격을 기초로 한 과세가격의 결정에 관한 관세법 제33조는 관세법 제30조 내지 제32조에서 정한 방법으로 과세가격을 결정할 수 없는 경우에 비로소 적용할 수 있는 점 등에 비추어 보면, **과세관청이 국내판매가격에서 동종·동류의 수입물품이 국내에서 판매되는 때에 통상적으로 부가되는 이윤 및 일반경비에 해당하는 금액을 공제한 가격이 수입신고가격을 초과한다는 것을 밝혔다는 것만으로는 특수관계가 거래가격에 영향을 미쳤다는 증명을 다하였다고 볼 수 없다.** ㉡ B의약품의 경우: 원고가 M제품의 원재료인 N물품을 수입하면서 수탁가공목적 수입품(3,558달러/kg)을 일반목적 수입품(1,200달러/kg)에 비하여 약 3배 이상 높게 수입신고를 한 사실은 인정되나, 원고는 수탁가공목적 수입품을 다시 수출하면 관세를 환급받고 수출자로부터 가공비만을 받을 뿐이므로 원고는 수출자가 기재한 거래가격에 관하여 아무런 관심이 없을 뿐만 아니라 이에 관하여 가격협상을 할 필요가 없으므로, **수탁가공목적 수입품의 가격이 일반수입품의 가격에 비하여 높다는 이유만으로 일반수입품의 가격이 낮은 것으로 볼 수 없다.** 따라서, 특수관계가 거래가격에 영향을 미쳤다고 할 수 없다. ㉢ C의약품의 경우: C의약품의 1999년부터 2002년경까지의 보험수가가 거의 변동하지 않았음에도 원고는 C의약품의 수입거래가격을 약 2년 사이에 1.5배 또는 2배 상승시켰다가 다시 하락시켰고, 원고는 국내판매가격인 보험수가가 일정하고 J사가 C의약품이라는 품명으로 동일한 의약품을 수입하여 경쟁을 하고 있는 상황에서 **원고의 모회사인 AS사가 수출자인 PS사를 인수함에 따라 영업이익을 위하여 수입거래가격을 낮출 수 있었음에도 합리적인 이유 없이 C의약품의 수입거래가격을 올렸고,** 또한 수입자인 원고가

J사에 영업이익을 보장하여 주는 것은 C의약품의 수출자인 AS사의 자회사(PS사)가 고려할 사정이 아님에도 수출자인 PS사는 2002. 1.경 C물품의 가격을 1.5배 또는 2배나 낮추어 주었다. 이는 특수관계가 없는 구매자와 판매자간에 통상적으로 이루어지는 가격결정과정이라 볼 수 없다. 그리고 원고가 2002. 1.경 수입한 C의약품의 당시 수입거래가격이 J사가 수입하던 당시의 가격과 액면가가 동일하다고 하더라도, J사는 1999년부터 2000. 11.경까지 C의약품을 수입하였을 뿐 2002. 1.경에 C의약품을 수입하지 아니하였을 뿐만 아니라, J사는 원고가 2002. 1.경 수입하던 AS사의 자회사로부터 C의약품을 수입한 것이 아니므로 위 가격은 관세법 제23조 제2항 제3호에 정한 동종·동질물품 또는 유사물품의 거래가격이라 볼 수 없다. 설령 J사의 수입거래가격을 비교가격으로 본다고 하더라도, J사가 C의약품을 수입하면서 BD사와 거래한 물품의 인도조건, 대금결제방법, 서비스료 등을 고려하면, 실질적인 가치가 동일하다고 볼 수는 없으므로, 관세법 시행규칙 제5조 제1항 단서에 따라 비교가격에 근접한 것으로 볼 수 없다(서울행판 2008구합5629, 서울고판 2009누34664: **사례연습 13**).

제2관 특수관계의 존재 및 범위

먼저, 판매자와 구매자 간에 관세법상 특수관계가 존재해야 하는데, "특수관계"란 다음의 어느 하나에 해당하는 경우를 말한다(영 제23조 제1항, 평가협정 제15조 제4항).[153]

1. 구매자와 판매자가 상호 사업상의 임원 또는 관리자인 경우

'임원 또는 관리자'는 대표이사, 이사, 감사 등을 말한다. 관련성은 相互的인 것이어야 한다.[154]

2. 구매자와 판매자가 상호 법률상의 동업자인 경우

사실상 동업자가 아니라 '法律上의 동업자'인 경우에만 특수관계가 인정된다. 결합체(association)는 동업자관계 형성에 대한 국내의 법적 요건이 충족되는 경우에만 특수관계인 동업자관계가 된다(평가협정 권고의견 21.1). 법률상 동업자는 각각 금전, 자산, 노무, 기술 등을 출자하여 공동으로 사업을 경영하는 자를 말한다(일본예규). 법률상 동업자 관계의 대표적인 例로는 민법상 '조합'(組合)이 있다. 조합계약이란 2인 이상이 상호출자하여 공동사업을 경영할 것을 약정함으로써 성립하는 계약을 말하고(민법 제703조), 그 계약에 의하여 창설된 단체

153) 세관의 경우, 특수관계의 존재 여부, 특히 5% 이상의 지분 보유 여부는 ORBIS - KISLINE - 감사보고서를 통해 확인하고 있다. 실무상 특수관계의 존재 여부가 쟁점으로 되는 경우는 많지 않다.

154) 판매자가 구매자의 임원 또는 관리자이고, 구매자도 판매자의 임원 또는 관리자인 경우.

(결합체)를 '조합'이라 한다. 조합은 공동사업(공동사업의 종류나 성질에 제한이 없음)을 目的으로 하고, 모든 조합원은 출자의무를 부담하여야 한다.

3. 구매자와 판매자가 고용관계에 있는 경우

4. 특정인이 구매자 및 판매자의 의결권 있는 주식을 직접 또는 간접으로 5퍼센트 이상 소유하거나 관리하는 경우[155]

평가협정 제15조 제4항에서는 "의결권이 있는 발행 주식 또는 지분을 직접 또는 간접으로 5% 이상을 소유, 통제, 보유하는 자인 경우"로 규정하고 있다.

따라서 판매자(구매자)가 直接的으로 구매자(판매자)의 지분을 5% 이상 보유하는 경우뿐만 아니라, 판매자(구매자)가 제3자를 통해 구매자(판매자)의 지분을 5% 이상 보유하는 경우와 같이 간접적으로 5% 이상의 지분을 보유하는 경우도 포함된다.

[예시] 판매자 甲이 구매자 乙의 의결권 지분을 직접 6% 보유하고 있다면 甲과 乙은 특수관계에 있다. 판매자 甲이 丙의 의결권 지분 50%를 보유하고 있고 丙은 구매자 乙의 의결권 지분을 20% 보유하고 있는 경우, 甲은 丙을 통해 乙의 의결권 지분 10%을 보유하게 되므로 甲과 乙은 특수관계에 있게 된다. 또한 丙은 판매자 甲의 의결권 지분을 50% 보유하고 구매자 乙의 의결권 지분을 6% 보유하고 있는 경우, 丙이 구매자 및 판매자의 의결권 지분을 5% 이상 보유하고 있으므로 甲과 乙은 특수관계에 있다. 그러나 구매자 乙이 丙의 의결권지분을 90% 보유하고, 丙은 丁의 의결권지분을 50% 보유하고 있고, 丁은 판매자 甲의 의결권 지분을 10% 보유하고 있는 경우, 구매자 乙은 丙, 丁을 통해 판매자 甲의 의결권 지분을 4.5% 보유하게 되지만 5% 이하이므로 특수관계에 해당하지 않는다.

---

155) 내국세법상 특수관계인의 범위에 대해서는 국세기본법시행령 제1조의2를 참조하라.

□ **국제조세조정에 관한 법률 제2조 제1항 제3호**

"특수관계"란 다음 각 목의 어느 하나에 해당하는 관계를 말하며, 그 세부 기준은 대통령령으로 정한다.

가. 거래 당사자 중 어느 한쪽이 다른 쪽의 의결권 있는 주식(출자지분을 포함)의 50퍼센트 이상을 직접 또는 간접으로 소유하고 있는 경우 그 거래 당사자 간의 관계

나. 제3자와 그 친족 등 대통령령으로 정하는 자가 거래 당사자 양쪽의 의결권 있는 주식의 50퍼센트 이상을 직접 또는 간접으로 각각 소유하고 있는 경우 그 거래 당사자 간의 관계

다. 거래 당사자 간에 자본의 출자관계, 재화·용역의 거래관계, 금전의 대차관계 등에 따라 소득을 조정할 만한 공통의 이해관계가 있고, 거래 당사자 중 어느 한쪽이 다른 쪽의 사업 방침을 실질적으로 결정할 수 있는 경우 그 거래 당사자 간의 관계

라. 거래 당사자 간에 자본의 출자관계, 재화·용역의 거래관계, 금전의 대차관계 등에 따라 소득을 조정할 만한 공통의 이해관계가 있고, 제3자가 거래 당사자 양쪽의 사업 방침을 실질적으로 결정할 수 있는 경우 그 거래 당사자 간의 관계

5. 구매자 및 판매자 중 일방이 상대방에 대하여 법적으로 또는 사실상으로 지시나 통제를 할 수 있는 위치에 있는 등 일방이 상대방을 직접 또는 간접으로 지배하는 경우

한쪽 당사자가 다른 쪽 당사자에 대해 구속 또는 지시를 법적으로 또는 실질적으로 행사하는 위치에 있는 경우, 다른 쪽 당사자를 지배하는 것으로 간주된다(평가협정 주해 제15조 제4항). 이 규정은 통상적인 구매자/판매자 또는 공급(유통)계약의 범위를 벗어나고 다른 당사자의 활동에 대한 관리와 관련한 본질적인 측면에 대한 구속 또는 지시를 행사할 수 있는 지위를 수반하는 상황에 통상적으로 적용되어야 한다. 왜냐하면 이 규정의 취지가 국내법에 따라 집행가능한 법적 권리 또는 의무를 확정하는 모든 계약 또는 합의에서 특수관계를 형성(창설)하려는 것은 아니기 때문이다(평가협정 해설 4.1). 따라서 통상적인 계약의 범위에서 인정되는 당사자의 권리의 실행이나 의무의 이행은 여기에 해당하지 아니한다.

[평가협정 해설 4.1] 특수관계 없는 당사자 간에 자유롭게 체결된 계약조건에서 한쪽 당사자가 다른 쪽 당사자보다 유리한 위치에 있는 경우로 법적으로 계약상의 권리를 강요(enforce)할 수 있는 위치에 있다고 하여 특수관계가 되는 것이 아니다. 수입물품에 대한 로열티 지급 때문에 판매자가 수입자가 로열티의 회계처리를 위하여 사용해야 하는 회계시스템을 확인하고 감사할 권리를 보유하는 더 복잡한 계약상 합의를 한 경우에도 이러한 권리의 실행 그 자체로 이 규정에 의한 특수관계를 형성하지는 않는다. 그리고 주어진 가격으로 인도하는 기본계약에서 양 당사자는 한쪽은 인도하여야 하고, 다른 한쪽은 일정한 가격을 지급하여야 하는 그들의 법적 권리와 의무가 이행될 것이라는 기대를 가지는 경우도 마찬가지이다.

지시나 통제를 행사할 수 있는 지위에 있는지 여부는 각 개별상황의 구체적 사실관계 및 그 정도를 검토해서 판단해야 할 것이다(평가협정 해설 4.1).[156] 전체 계약내용을 검토하여 볼 때, A사는 B사의 경영에 있어 핵심적인 측면(예, 관리 직위, 소유권 또는 의결권 통제, 영업소의 위치)에 대하여 B사에 지시 또는 통제를 수행하는 위치에 있는 경우라면 A사와 B사는 관세법 및 WTO 관세평가협정의 목적상 특수관계자이다. 왜냐하면 A사는 B사를 직접 또는 간접으로 지배하는 능력을 갖고 있기 때문이다(평가협정 사례연구 11.1).

156) 일본 관세정률법 기본통달에서는 "한쪽이 상대방의 사업경영의 근간에 대하여 구속하거나 지시하거나 지도하는 관계에 있는 경우"가 여기에 해당한다고 규정하고 있다. 예를 들어 임원의 경영상 지위나 사업의 소유 또는 의결권의 변경, 새로운 영업소의 신설이나 기존 영업소의 이전 등이 행해지기 前에 판매자의 승인을 필요로 하고 회사의 자본투자, 자금제공, 공동경영 등에 대해서도 본사의 지시나 승인을 받아야 하며, 구매자는 특별한 사정이 없는 한 매 회계연도 종료 후 일정기간 이내에 해당 회계연도에 관한 감사 후 재무제표 및 영업보고서를 판매자에게 제출하는 경우라면 **사업경영의 근간**에 대하여 구속하거나 지시, 지도하는 관계에 있는 경우에 해당할 것이다(일본예규).

[판례] "일방이 상대방을 직접 또는 간접으로 관리하는 관계"라 함은 **일방이 타방에 대하여 법적 또는 사실상으로 통제권 또는 지휘권을 행사할 수 있는 위치에 있을 경우를 말한다고 풀이되고, 그에 관한 입증책임은 과세관청에게 있다.** 원심판결은 그 이유에서 그 증거에 의하여 인정한 판시와 같은 사실에 터잡아 원고가 오스트리아의 P사와 1989년부터 '독점판매대리점계약'을 체결하고 P사로부터 스키용품을 수입판매함에 있어서 **원고는 수입물품의 가격이나 인도조건, 재계약 여부 등에 관하여 위 P사와 독립적인 지위에서 자유로운 협상을 통하여 결정하고 수입 후 국내판매가격 등에 관하여 아무런 간섭을 받지 않는 관계이므로** 판시 약정서상의 지위의 양도가 불가능하고 원고가 일본의 J사와의 접촉에 위 P사의 사전양해나 소개를 구하였다 하여도 그것만으로는 위 P사가 원고를 직접 또는 간접으로 관리하고 있다고 볼 수 없다고 판단하였는 바, 기록에 비추어 원심의 위와 같은 사실인정과 판단은 정당한 것으로 수긍이 가고 거기에 지적하는 바와 같은 법리의 오해나 채증법칙을 어긴 위법이 없다(대판 92누17112).

[심판례] 청구법인이 직접 쟁점물품의 제조자와 물품공급계약을 체결하고, B의 경영서비스계약에 따라 제품을 공동개발하여 OEM방식 또는 이와 유사한 방법으로 쟁점물품을 제조하여 청구법인이 제조자로부터 직접수입한 점, 청구법인 또는 B는 제품에 대한 라벨표시와 포장 등의 목적으로 A사등 제조자에게 로열티 없이 상표권사용을 허여한 점, B는 매출규모가 더 큰 A사를 통제하는 것이 사실상 어려워 보이는 점, WCO 관세평가협약 주해(15조) 및 해설(4.1)에는 특수관계와 관련하여 일방이 타방에 대하여 제약 또는 지휘를 법적으로나 실질적으로 행사하는 위치에 있는 경우에 일방이 타방을 통제하는 것으로 인정하고, 국내법상 집행권리나 의무가 있다하여 모든 계약을 특수관계자로 몰고자 하는 것이 협약의 의도가 아니라고 하는 점 등을 감안할 때, F의 자회사인 청구법인과 B는 특수관계에 있다고 할 것이나, B는 **A사 등의 제조업체를 지시나 통제할 수 있는 지위에 있지 않는 것으로 보이고, 또한 이에 대한 처분청의 입증이 부족한 것으로 보이므로 청구법인(구매자)과 A사 등 수출자(제조자)는 특수관계에 해당되지 않는 것**으로 판단된다(국심 2005관0191).

6. 구매자 및 판매자가 동일한 제3자에 의하여 직접 또는 간접으로 지배를 받는 경우

7. 구매자 및 판매자가 동일한 제3자를 직접 또는 간접으로 공동지배하는 경우

8. 구매자와 판매자가 친족관계에 있는 경우

판매자와 구매자가 ① 6촌 이내의 혈족, ② 4촌 이내의 인척, ③ 배우자(사실상의 혼인관계에 있는 자를 포함), ④ 친생자로서 다른 사람에게 친양자 입양된 자 및 그 배우자・직계비속 중 어느 하나에 해당하는 친족관계에 있는 경우를 말한다(국세기본법 시행령 제1조의2 제1항).

여기서 '친족관계에 있는 경우'는 판매자와 구매자가 '자연인'인 경우로 한정된다. 따라서 法人간의 수출판매인 경우에 판매자와 구매자의 대표자가 친족관계에 있는 것만으로는 판매자와 구매자가 특수관계에 있다고 할 수 없다(일본예규).

9. 독점대리인, 독점판매인, 독점영업권자

표현여부와 관계없이 한쪽이 다른 쪽의 독점대리인, 독점판매인 또는 독점영업권자로서 서로 사업상 제휴관계에 있는 자들은 앞의 '1' 내지 '8'의 기준에 해당하는 경우에 한하여 특수관계가 있는 것으로 간주된다(평가협정 제15조 제5항). 이를 위해 독점대리점을 설정하는 계약 등에 대한 검토가 필요할 것이다(평가협정 해설 4.1).

따라서 한 당사자가 다른 당사자의 독점대리인, 독점공급(유통)권자 또는 독점영업권자라고 하더라도 '1' 내지 '8'의 기준에 해당하지 않으면[157] 특수관계가 인정되지 않는다(평가협정 권고의견 21.1, 해설 4.1, 사례연구 9.1, 사례연구 11.1).[158]

제3관 특수관계가 거래가격에 영향을 미쳤는지 여부(검증방법)

구매자와 판매자 간에 특수관계가 존재한다면, 그 다음 그 특수관계가 거래가격에 영향을 미쳤는지 여부를 검증(판단)해야 한다.[159]

특수관계가 거래가격에 영향을 미쳤는지 여부에 대한 검증(판단)과 관련하여, 관세법은 (1) 비교가격 검증법과 (2) 판매상황 검증법을 규정하고 있고, 평가협정 주해 제1조 제3항에서는 이에 추가하여 (3) 총비용·이익가산 검증법을 규정하고 있다. 이하에서는 3가지 방법을 차례로 설명하기로 한다.

157) 예를 들어, 위 '1'의 상호 사업상의 임원 또는 관리자가 아닌 경우, '2'의 法律上 동업자관계가 인정되지 않는 경우 등을 말한다(평가협정 해설 4.1).

158) [사례] 수입자 B가 수출자 A와 기술도입 및 상표사용계약과 판매대리점계약을 체결하고 수출자 A의 제품을 국내로 수입판매하는 경우, '1' 내지 '8'의 기준에 해당하지 아니하면 특수관계가 인정되지 않는 것이다. 자세한 사례에 대해서는 [평가협정 사례연구 9.1]을 참고하라.

159) 관세법 제30조 제3항 제4호의 "특수관계가 거래가격에 영향을 미쳤을 경우"란 관세 등을 회피, 절감하기 위하여 '거래가격을 부당하게 '저가'로 책정'한 경우를 의미한다(부산고판 2019누23296).

[평가협정 주해 제1조 제3항] 만약, 구매자와 판매자가 특수관계에 있더라도 특수관계가 없는 것처럼 상호간에 판매하고 구매하는 것을 입증할 수 있는 경우에는 거래가격이 특수관계에 영향을 받지 않았다는 것을 증명하는 것이다. 이러한 例로서, 해당 가격이 해당 산업의 정상적인 가격결정 관행에 부합하는 방법으로 결정되었거나 판매자가 자기와 특수관계에 있지 않는 구매자에게 판매가격을 결정하는 방법으로 해당 가격이 결정된 경우, 가격이 특수관계에 영향을 받지 않았다는 것을 증명하는 것이다. 또 하나의 例로서 당해 가격이 모든 비용에 대표적인 기간(예: 1년 기준)동안에 동종 또는 동류 물품의 판매에서 실현된 기업의 전반적 이윤을 나타내는 이윤을 합한 금액을 회수할 수 있을 만큼 적절하다는 것이 입증되는 경우에는, 가격이 특수관계에 영향을 받지 않았다는 것을 증명하는 것이다.[160)]

I 비교가격 검증법

1. 의의

비교가격 검증법은 비교가격을 정해놓고 해당 수입물품의 가격이 비교가격에 '매우 근접'(closely approximate)함을 '구매자'(수입자)가 입증한 경우에는 특수관계가 거래가격에 영향을 미치지 아니한 것으로 판단하는 방법이다(평가협정 제1조 제2항). 관세법령에서는 "해당 수입물품의 가격과 비교가격과의 차이가 비교가격을 기준으로 하여 비교할 때 100분의 10 이하인 경우임이 입증된 경우에는 원칙적으로 특수관계가 거래가격에 영향을 미치지 아니한 것으로 본다"고 규정하고 있다(영 제23조 제2항 제3호, 규칙 제5조 제1항).

세관은 수입자(구매자)에게 해당 거래가격이 세관에 의해 이전에 수용된 비교가격에 거의 근접하므로 거래가격이 수용될 수 있음을 입증할 기회를 제공해야 한다. 비교가격 검증법에 의한 비교는 수입자의 주도로 사용되어야 한다(평가협정 제1조 제2항).

2. 비교가격의 종류와 요건

(1) 비교가격의 종류(영 제23조 제2항 제3호)

1) 특수관계가 없는 우리나라의 구매자에게 수출되는 동종·동질물품 또는 유사물품의 거래가격[161)]

160) [미국예규] 특수관계가 있지만 그렇지 않은 것과 같이 쌍방이 구매하고 판매한다는 것을 입증하기 위한 증거서류가 제출되었다. 수입자는 특수관계에 있는 판매자와 가격을 협상하여 불만족스러우면 그 가격을 부인하고 다른 공급자로부터 구매할 수도 있다. 수입자의 판매부서는 미국에서의 전매가격을 결정하고 경영 결정을 내린다. 이 경우 물품을 평가하는데 거래가격을 적용할 수 있다(543519).

2) 관세법 제33조(제4방법) 및 제34조(제5방법)의 규정에 의하여 결정되는 동종·동질물품 또는 유사물품의 과세가격[162]

(2) 비교가격의 要件

1) 우리나라의 구매자에게 수출되는 동종·동질물품 또는 유사물품

동종·동질물품 또는 유사물품이어야 하므로, 평가대상물품과 비교하는 동종·동질물품 또는 유사물품의 生産國이 동일해야 한다(평가협정 제15조 제2항). '판매자'의 동일성은 요구되지 않는다. 동종·동질물품 또는 유사물품의 정의 및 요건은 제3장 제1절의 '제2방법' 또는 '제3방법'에서의 동종·동질물품 또는 유사물품과 기본적으로 동일하므로 해당 부분을 참고하기 바란다.

'우리나라'의 구매자에게 수출되는 물품이어야 하므로 제3국의 구매자에게 수출되는 동종·동질 또는 유사물품의 거래가격은 비교가격으로 채택될 수 없다. 또한, 비교가격으로 제4방법 및 제5방법에 의하여 결정되는 동종·동질물품 또는 유사물품의 과세가격을 적용할 때에는 해당 수입물품에 기초한 과세가격은 비교가격으로 사용할 수 없다(관세평가 고시 제29조 제2항).

2) 비교가격 산출의 기준시점

특수관계자간 판매에 있어서, 거래가격이 동시 또는 거의 동시에 발생하는 비교가격 중 어느 하나에 매우 근접함을 '수입자'(구매자)가 증명하는 경우에는 언제든지 거래가격은 수용되어야 하는데(평가협정 제1조 제2항), 이때 비교가격 산출의 기준시점은 다음과 같다(규칙 제5조 제3항, 평가협정 해설 1.1).[163]

① 특수관계가 없는 우리나라의 구매자에게 수출되는 동종·동질물품 또는 유사물품의 거래가격: 선적 시점

② 관세법 제33조에 따라 결정되는 동종·동질물품 또는 유사물품의 과세가격: 국내판매 시점

③ 관세법 제34조에 따라 결정되는 동종·동질물품 또는 유사물품의 과세가격: 수입신고 시점

---

161) [심판례] 동종·동질물품 또는 유사물품의 과세가격을 비교가격으로 하여 당해 물품의 수입가격과 비교가격의 차이가 비교가격을 기준으로 100분의 10 이하인 경우에는 수입신고가격을 과세가격으로 결정하는 것이 타당하다(조심 2005관0199).

162) 관세법 제33조에 의하여 결정되는 '해당물품'의 과세가격은 관세법 제33조(제4방법)에 의하여 결정되는 과세가격이 될 수는 있지만, 관세법 시행령 제23조 제2항 제3호의 '비교가격'이 될 수는 없다(부산고판 2016누23820).

163) 제2방법 및 제3방법 적용요건에서의 시간요건도 '선적일'을 기준으로 한다.

[심판례] 심판청구 제기 이후 추가로 제출된 자료에 따르면 쟁점물품의 거래가격이 쟁점판매자가 해외 특수관계자 및 비특수관계자에게 판매한 동종·동질물품의 거래가격과 현저한 차이가 있다고 보기 어려운 측면이 있어 보이는 점, 처분청은 쟁점물품 선적일 전후 60일 이내에 선적된 동종·동질물품의 거래가격과 쟁점물품의 거래가격만을 비교하여 나머지 쟁점물품의 거래가격도 현저히 낮다고 보았으나, 비교가격이 존재하는 쟁점물품의 품목 수는 청구법인이 수입한 전체 품목 수의 2.35%, 전체 수입금액의 0.11%에 불과한 점, 「관세법」 제31조 및 제32조를 적용할 때와는 달리 같은 법 제30조에 따라 특수관계 영향 여부를 판단할 경우에는 동종·동질물품 또는 유사물품의 요건을 완화하여 비교대상 물품을 선정할 수 있는 것으로 보이는 점 등에 비추어 볼 때, 처분청이 관세법 제31조 제1항 제1호의 '선적일' 요건을 합리적인 기간으로 확장하는 등의 방식으로 쟁점판매자 또는 다른 판매자와 국내 비특수관계자 간 동종·동질물품 및 비교가능성이 있는 유사물품의 거래가격이 존재하는지 여부를 확인하거나 쟁점판매자의 이윤·일반경비 및 특수관계자와 비특수관계자 간 거래가격 결정방법 등 가격결정 관련 자료들을 토대로 쟁점물품의 거래가격이 특수관계에 의해 영향을 받았는지 여부를 재조사하여 그 결과에 따라 과세표준 및 세액을 경정함이 타당하다고 판단된다(조심 2016관0180).

3) 비교가격은 이전에 관세조사 등을 통하여 세관장이 과세가격으로 인정한 사실이 있는 가격일 것

과거에 적용된 비교가격이 없으면 비교가격 검증법을 사용할 수 없다(관세평가 고시 제29조 제2항). 특수관계가 없는 당사자간의 가격이 평가협정 제1조에서 규정하고 있는 조건을 충족하면서 평가협정 제8조의 규정에 따라 필요한 조정이 이루어지고 거래가격으로 세관에 의하여 수용된 바 있다면, 동종·동질 또는 유사물품의 일반적인 시장가격보다 낮은 가격도 비교가격으로 사용될 수 있다. 당연히 가격이 여전히 심사대상이거나 관세의 과세가격에 대한 최종 결정이 잠정적인 상태에 있는 경우에는 비교가격으로 사용할 수 없다(평가협정 권고의견 7.1). 이 경우, 판매상황(거래상황) 검증법에 따라 특수관계 영향 여부를 판단해야 한다.

[예시] ① 수입가격이 수입 후 인하되는 경우, 이러한 조정된 가격은 비교가격으로 사용될 수 없다(관세평가과-2788). ② '비교가격'이라 함은 용어는 수입물품의 실제평가에 관하여 이전에 결정된 바있는 가격을 지칭하므로, 해당 물품을 평가하는데 종전에 채택된 공제가격이나 산정가격이 존재하지 아니하는 경우에는 비교가격검증법을 사용할 수 없다. 본건에서 제출된 증거는 수입물품이 수입된 것과 같은 시기에 판매자는 특수관계가 아닌 제3자에게 동종·동질물품을 판매하였음을 나타낸다. 판매자와 제3자간에 송품장가격은 수입물품의 거래가격으로 사용되었으며 판매자가 특수관계에 있는 구매자에게 판매한 동종·동질물품에 대한 가격과 매우 근접한 것으로 보인다. 따라서, 물품은 특수관계자간의 가격에 근거하여 거래가격으로 평가해야 한다(미국예규 546319, 544686).

4) 판매자와 구매자간의 특수관계

비교가격으로 "우리나라의 구매자에게 수출되는 동종·동질물품 또는 유사물품의 거래가격을 사용하는 경우"(영 제23조 제2항 제3호 가목)에는 판매자와 구매자간에 특수관계가 없어야 한다. 그러나 비교가격으로 "관세법 제33조 및 제34조의 규정에 의하여 결정되는 동종·동질물품 또는 유사물품의 과세가격을 사용하는 경우"(영 제23조 제2항 제3호 나목)에는 비교되는 거래의 당사자가 특수관계가 없는 자들이어야만 할 필요는 없다.

5) 비교가격은 비교의 목적으로만 사용되어야 하며, 비교가격을 과세가격으로 결정해서는 아니된다(규칙 제5조 제2항, 평가협정 제1조 제2항).[164)]

3. 해당물품의 가격과 비교가격의 比較 및 거래단계 등에 따른 差異 고려

(1) 양자의 비교

해당 수입물품의 가격과 비교가격과의 차이가 비교가격을 기준으로 하여 비교할 때 100분의 10 이하인 경우임이 입증된 경우[165)]에는 특수관계가 거래가격에 영향을 미치지 아니한 것으로 본다. 다만, 세관장은 해당 물품의 특성(본질)·거래내용·거래관행 등으로 보아 그 수입가격이 합리적이라고 인정되는 때에는 비교가격의 100분의 110을 초과하더라도 비교가격에 근접한 것으로 볼 수 있으며,[166)] 수입가격이 불합리한 가격이라고 인정되는 때에는 비교가격의 100분의 110 이하인 경우라도 비교가격에 근접한 것으로 보지 아니할 수 있다(영 제23조 제2항 제3호, 규칙 제5조 제1항).

여기서 "근접"한지 여부를 결정함에 있어 수입물품의 본질(특성), 산업자체의 특성, 물품이 수입되는 계절 및 가격차이의 상업적 중요성 등을 고려하여야 한다. 이러한 요소는 사안별로 변동될 수 있다(평가협정 주해 제1조 제2항(b), 관세평가 고시 제29조 제3항). 세관은 한 가격이 다른 가격에 거의 근접한지 여부를 결정함에 있어 일관성을 유지하여야 한다. 세관은 거래가격이 비교가격보다 낮다고 간주하는 것과 거래가격이 비교가격보다 높다고 간주하는 것에 있어서, 동일한 접근방식을 사용해야 한다(미국연방관세규정 §152.103).[167)]

164) **[심판례]** 처분청은 예전의 수입자인 A의 수입신고가격과 청구법인의 수입신고가격과의 차액을 금액으로 계산할 수 있는 조건·사정에 의해 영향을 받은 할인금액으로 보아 이 금액을 청구법인의 수입신고가격에 가산하여 과세한 것은 관세법시행규칙 제5조 제2항의 "비교가격은 비교의 목적으로만 사용되어야 하며 비교가격을 과세가격으로 결정하여서는 아니된다"는 규정에 맞지 않는 것으로 보인다(국심 2006관0165).

165) 즉, 해당물품의 거래가격이 비교가격에 매우 근접함을 입증한 경우.

166) **[미국예규]** 해당물품 및 산업의 성격을 고려할 때, 특수관계자간의 이전가격과 비교가격의 역할을 하는 산정가격 간에 4% **수준 차이**조차도 매우 근접한 경우가 아니므로, 법정 비교가격을 충족하지 못하다. 따라서, 이전가격을 거래가격으로 채택할 수 없다(543546).

(2) 거래단계, 거래수량 등의 차이에 대한 고려 등

해당 수입물품의 가격과 비교가격을 비교할 때에는 거래단계, 거래수량 및 가산요소 금액의 차이, 특수관계 없는 구매자와 판매자와의 판매에서 판매자가 부담하는 비용과 특수관계에 있는 구매자와 판매자와의 판매에서 판매자가 부담하지 않는 비용에 있어서의 차이 등을 고려해야 한다(영 제23조 제3항, 평가협정 제1조 제2항).[168]

거래단계 또는 거래수량에 기인하는 차이는 고려되어야 한다. 다른 거래 단계 또는 다른 수량으로 인한 조정의 조건은 해당 가격이 증가 또는 감소되는지 여부와 상관없이 조정에 대한 합리성과 정확성을 명확하게 확립할 수 있는 입증된 증거(예: 다른 단계 또는 다른 수량에 대한 가격을 포함하고 있는 유효한 가격표 등)에 기초하여 이루어져야 한다(평가협정 주해 제2조 제5항, 제3조 제5항). 비교가격검증법에서의 조정은 그 목적이 비교목적으로만 비교가격에 대하여 이루어지는 반면에 동종·동질물품 또는 유사물품의 거래가격에 대한 조정은 수입물품의 과세가격을 결정하기 위한 目的이라는 것을 제외하고는 제2방법(법 제31조 제1항 제2호) 및 제3방법(법 제32조 제1항)의 원칙과 동일하다(평가협정 예해 10.1).

[사례 1] 다른 거래단계, 동일한 수량(비교할 만한 비교가격)

	판매자	수량	단가	수입자	거래단계
해당물품	A	1,700	5만원	甲	도매
동종·동질물품	B	1,700	6만원	乙	소매

甲은 특수관계가 없는 乙이 B로부터 구매한 동종·동질물품의 거래가격을 비교가격으로 위와 같이 제출하였다. 세관은 B가 도매상에게 5만원에 물품을 판매하는 것과 甲이 도매상인 것을 확인했다. 이 사례의 조정금액은 1만원이다. 거래단계에서 기인한 차이를 감안한 비교가격은 5만원이다. 특수관계자간 가격이 위에서 결정된 비교가격과 같으므로 해당가격은 제1방법에 따른 거래가격으로 수용될 수 있다(평가협정 예해 10.1).

167) 예를 들어, 비교가격을 적용함에 있어, 95는 100에 근접하지 않다는 이유로 고려 대상 판매에서의 거래가격이 부인된다면, 동일 물품의 판매에 대해 동시 또는 거의 동시에 발생하는 105의 거래가격 역시 부인되어야 할 것이다. 마찬가지로 103이 100에 근접한다고 간주된다면, 97의 거래가격 역시 100에 거의 근접하다고 간주될 것이다.

168) [미국예규] 미국 자회사는 특수관계에 있는 해외 판매자로부터 물품을 구매한다. 또한 미국자회사는 해외 판매자와 특수관계가 아닌 미국 고객간의 거래에서 대리인 역할을 하고 있다. 특수관계와 특수관계가 아닌 거래의 가격 비교시 2가지 유형의 판매가격의 유일한 차이는 해외판매자와 특수관계가 아닌 미국 구매자간의 판매에서 미국 자회사에 지급된 수수료이다. 이는 특수관계가 거래가격에 영향을 미치지 않은 것이다(545087).

[사례 2] 입증된 증거가 결여된 경우(비교가격 배제)

	판매자	수량	단가	수입자	거래단계
해당물품	A	20,050	15만원	甲	도매
동종 · 동질물품	A	1,020	21만원	乙	소매

甲은 특수관계가 없는 乙이 A로부터 구매한 동종 · 동질물품의 거래가격을 비교가격으로 위와 같이 제출했다. A는 가끔 독립적인 소매상에게 판매한다고 진술한다. A는 독립적인 도매상에 대한 판매는 없었지만 판매한다면 단가는 15만원일 것이라고 추가로 진술한다. A는 특수관계가 없는 도매상에게 판매하지 않았고 진술한 가격으로 판매할 의사만 표시하고 있어, 조정의 합리성을 확인할 수 있는 입증된 증거가 부족하다. 거래 단계의 차이에 대한 조정이 이루어질 수 없기 때문에 甲이 제출한 비교가격은 비교목적으로 수용될 수 없다(평가협정 예해 10.1).

4. 판매상황 검증법 및 총비용 · 이익가산 검증법과의 관계

세관장은 비교가격 검증법에 따라 검증한 결과 비교기준이 충족되는 경우에는 특수관계가 거래가격에 영향을 미치지 않은 것으로 판단(거래가격 수용)해야 하고, 추가하여 판매상황 검증법이나 총비용 · 이익가산 검증법에 따른 검토를 할 필요가 없다(평가협정 주해 제1조 제2항, 관세평가 고시 제29조 제1항).

II 판매상황(거래상황) 검증법

1. 의의 및 검증사항

(1) 의의

비교가격검증법은 실제 사용되는 경우가 드문데, 그 이유는 다국적기업 그룹 내에서 거래되는 물품은 흔히 그 다국적기업에만 독특한 기술 또는 지적재산권을 포함하고 있고, 또한 특수관계 없는 자에게 판매되지 않는 경우가 대부분이기 때문이다. 비교가격검증법을 사용할 수 없는 경우, 판매상황검증법 또는 총비용 · 이익가산 검증법에 따라 검증하는데, 판매상황검증법은 판매를 둘러싼 상황(the circumstances surrounding the sale)을 검토하여 특수관계가 거래가격에 영향을 미쳤는지 여부를 검증하는 방법이다(법 제30조 제3항 제4호, 영 제23조 제2항). "판매를 둘러싼 상황"은 해당물품의 판매 여부와 가격 등 판매조건을 결정하는데 고려되는 모든 상황을 의미하는데, 세관장은 특수관계가 해당 물품의 거래가격에 영향을 미쳤는지 여부를 판단하기 위해 구매자와 판매자가 그들의 상업적 관계를 조직하는 방법과 해당 가격이 결정된 방법 등 거래와 관련된 여러 사실관계를 종합적으로 검토하여야 한다(관세평가 고시 제28조 제1항).

구체적으로 이 방법은 "특수관계 없는 구매자와 판매자간에 통상적으로 이루어지는 가격결정방법으로 결정된 경우"인지 또는 "당해 산업부문의 정상적인(통상적인) 가격결정 관행에 부합하는 방법으로 결정된 경우"인지 여부를 검토하여 특수관계가 거래가격에 영향을 미쳤는지 여부를 판단한다(법 제30조 제3항 제4호 단서, 영 제23조 제2항, 평가협정 주해 제1조 제2항).

(2) 특수관계가 없는 구매자와 판매자간에 通常的으로 이루어지는 가격결정 방법으로 결정된 경우

특수관계 없는 구매자와 판매자간에 通常的으로 이루어지는 가격결정방법으로 결정된 경우에 해당하는지 여부는 특수관계 있는 해당 수입거래의 가격결정방법과 특수관계 없는 거래에서의 당사자간 통상적인 가격결정방법과 비교하는 것이다.[169] 특수관계 있는 당사자간의 가격이나 가격결정방법은 비교대상이 아니다.

(3) 당해 산업부문의 정상적(正常的)인 가격결정 관행에 부합하는 방법으로 결정된 경우

해당 수입물품의 거래가격이 당해 산업부분의 正常的인 가격결정 관행(the normal pricing practices of the industry in question)에 부합하는 방법으로 결정된 경우에도 특수관계가 거래가격에 영향을 미치지 아니한 경우에 해당한다.

예를 들어, 특정 산업부문의 경우, 그 산업부분에 속한 대부분의 회사들이 정부에서 고시하는 가격(보험수가 등)에서 국내에서 발생할 것으로 예상되는 이윤 및 일반경비, 제세를 공제하여 수입가격을 결정하는 방식을 채택하는 것이 일반적이라는 사실이 객관적 증거에 의해 확인되고, 관세평가대상물품의 수입가격도 그러한 방식으로 결정되었다면, 그 수입물품의 가격은 당해 산업부분의 정상적인 가격결정 관행에 부합하는 방법으로 결정된 경우에 해당할 것이다.[170]

---

169) [1947 GATT 제7조 제2항 나호] 해당 수입가격이 정상적인 무역경로를 통하여 완전한 경쟁적 조건 아래서 판매되거나 판매를 위하여 제의될 때의 가격이라고 볼 수 있는지 여부.

170) [사례] ① 의료기기를 수입하면서 환율, 원자재가격의 변화와 반대로 수입가격이 변화하는 등 환율 및 원자재가격의 변동을 전혀 반영하지 않은 채 국내 영업손실을 보전하기 위하여 수입가격을 조정한 경우, ② 국내 수입자는 특수관계자간 의료기기 및 필름 가격을 결정하면서 2015년도 환율은 전년대비 25% 상승하였고, 원자재 가격은 전년대비 38% 인상되었음에도 불구하고 거래가격은 오히려 품목별로 20~50%

1) 당해 산업부문

가격결정관행은 '당해 산업부문'과 관련된 것이어야 하는데, 여기서 '당해 산업'(industry)이란 해당 수입물품과 동종 또는 동류(동종 · 동질 또는 유사물품을 포함)의 물품을 포함하는 산업 또는 산업부문을 포괄한다(평가협정 사례연구 14.1). 동종 · 동류에 대한 결정은 반드시 관세평가 대상물품의 특정한 유형에 관련된 요인을 고려할 필요가 있다. 따라서 심사대상기업들이 제출한 이전가격보고서(Transfer Pricing Study, TP Study)에 비교대상기업으로 선정된 회사라 하더라도 동종 또는 동류의 물품을 수입판매하지 않는다면 당해 산업부문에 포함되지 않을 것이다.

2) 정상적인 가격결정 관행

'가격결정 관행'과 관련된 것이어야 하므로, 가격 또는 가격결정의 방식(方式) 등의 관행에 관한 증명이 필요하다. 이에 대해 직접 증명이 어려우면 여러 간접사실로 입증할 수도 있을 것이다. 그러나 해당기업의 영업이익률이 이전가격연구(Transfer Pricing Study)상 비교대상 기업들의 영업이익률의 정상범위에 있다는 사실이나 수입자(또는 수출자)의 매출총이익률이 당해 산업부분의 평균매출총이익률에 근접한다는 사실만으로 정상적인 가격결정 관행에 부합하는 방법으로 결정되었음을 입증하는데 충분하지 않다.[171)]

또한 '정상적 · 통상적'인 관행이어야 하므로 당해 산업부문에 속한 기업들이 통상적으로 채택하는 가격결정방식으로서 관세법 등 국내법에 위반되지 아니하고 상거래관행 및 신의칙상 적정한 것이어야 한다.

3) 정상적인 가격결정 관행의 존재 및 부합 여부 판단

세관은 정상적인 가격결정 관행에 부합하는지 여부를 판단함에 있어 수입자 등이 제출한 이전가격정책(Transfer Pricing Policy), 이전가격연구(Transfer Pricing Study) 등을 참고 자료로 활용할 수는 있겠으나, 실제로는 당해 산업부분의 정상적인 가격결정관행이 무엇인지에 대한 객관적인 증거를 확인하고 증명하는 것이 쉽지는 않다. 참고로, 미국관세청 사례 중에는 "이전가격은 무역 저널에 공시된 가격(공고된 가격)을 참조하여 결정되었으며, 다른 판매자와 구매자들이 계약 가격의 기초로 공고된 가격을 통상 사용하였다는 점에 관한 객관적인 증거가 제출되었다"라는 이유로 정상가격결정관행에 부합한 것으로 인정한 사례가 있다(미국예규 542261).

인하된 경우 등은 정상적인 가격결정 관행에 부합하지 않는다.

171) 또한 제조자의 자본이익률이 동종업계의 정상범위라는 사실만으로 당해 산업의 정상적인 가격결정 관행에 부합하는 것으로 볼 수 없다.

(4) 판매상황 검토와 이전가격 문서의 사용

앞에서 살펴본 바와 같이 判例에 의하면 수입가격이 국제조세조정에 관한 법률에서 정한 정상가격 산출방법에 따랐다 할지라도 그러한 사정만으로 특수관계가 거래가격에 영향을 미치지 않았다고 판단해서는 아니된다(서울고판 2009누10873, 2017누53936, 부산고판 2010누2982 등).

그렇지만, 수입자가 제출하는 이전가격 결정정책 등의 자료(Transfer pricing policy, Transfer pricing study, Transfer pricing guideline, 국제거래정보 통합보고서 등)에 있는 내용이 관세법 시행령 제23조 제2항의 판매의 주변상황(거래상황) 조사에 필요한 관련 정보를 포함하고 있는 경우에는 거래상황 조사를 위한 참고자료로 활용할 수 있다. 특수관계가 거래가격에 영향을 미쳤는지 여부에 관한 판단과 관련하여, 이전가격연구(Transfer Pricing Study)에 있는 내용에서 기능분석, 상품의 비교가능성, 비교가능회사의 선정 등이 적정한지 검토하고, 수입물품의 전매에 대한 영업이익률이 해당 산업에서와 전반적으로 동일한 것으로 나타났는지 등에 대한 검토가 필요하다(평가협정 사례연구 14.1). 다만 판매의 주변상황을 검토하기 위한 가능한 기초로서 이전가격 연구의 사용은 사안별로 고려되어야 한다(평가협정 예해 23.1, 사례연구 14.2).[172)]

[평가협정 사례연구 14.1] Transfer Pricing Study에서 기능분석, 비교가능성, 비교가능회사들 선정이 적정하고, 수입물품의 전매에 대한 영업이익률이 해당 산업에서와 전반적으로 동일한 것으로 나타났으며, 해당 회사의 영업이익률은 비교가능회사들의 영업이익률의 정상범위에 있다. 이 경우, 모든 비교가능회사들이 동종 또는 동류의 물품을 판매하기 때문에 Transfer Pricing Study는 해당 수입물품의 가격이 해당 산업의 정상적인 가격결정 관행에 부합하는 방법으로 결정되었음을 뒷받침한다.

2017. 12월 국제조세조정에 관한 법률상 '국제거래정보 통합보고서 제도'[173)]가 시행되

172) 수입물품의 가격을 결정하기 위해 평가협정에 있는 방법과 OECD TP Guideline에 있는 방법 사이에 존재하는 본질적이고 중요한 차이 때문에 이전가격 연구가 판매 주변상황을 검토하는데 있어 관련 없거나 적절하지 않을 수도 있다. 그렇지만 이전가격 연구는 수입자가 제출하는 정보로서 판매상황 검증을 위한 하나의 공급원이 될 수 있다(평가협정 예해 23.1).

173) 우리나라는 2017. 6월 BEPS(Base erosion and profit shifting: 소득이전을 통한 세원잠식) 방지를 위한 다자간협약(세원잠식 및 소득이전 방지 목적의 조세조약 관련 조치 이행을 위한 다자협약: Multilateral Convention to Implement Tax Treaty related Measures to Prevent Base Erosion and Profit Shifting)에 서명하고, 이 협약의 이행을 위해 '국제조세조정에 관한 법률'을 개정하여 "국제거래정보 통합보고서" 제도를 도입하였다. 국제조세조정에 관한 법률 제16조(국제거래에 대한 자료 제출의무)에서 규정하고 있는 **"국제거래정보 통합보고서"**는 다국적기업의 국제거래에 관한 전반적인 내용을 담고 있는 보고서로서 통합기업보고서, 개별기업보고서 및 국가별 보고서가 있다. 이 보고서에는 다국적 기업의 지배구조, 계열사간 거래현황 등 정보를 상세하게 기재하게 되어 있다. 즉, 통합기업보고서에서는 계열그룹 내 특수관계법인

었으므로, 향후 내국세법상 이전가격 관련 자료를 관세법상 특수관계가 거래가격에 영향을 미쳤는지 여부를 판단함에 있어 적절히 활용할 필요가 있을 것이다.

[미국예규] ① CBP는 거래가격이 외국의 판매자(제조자)와 그와 특수관계인 수입자간의 의약품 수입판매와 관련한 평가의 타당한 방법이라고 결정하였다. 외국의 판매자(제조자)가 청구한 가격은 미국의 내국세법 제482조에 따른 '재판매가격법'(RPM)에 근거한다. 해당 거래들은 'APA'의 대상이 아니었다. 이전가격 분석에 있어서 일체의 외부 비교대상회사들은 동종 또는 동류의 물품을 유통하였으며, 이들은 수입자와 직접적인 경쟁자들이었다. 게다가 비록 수입자의 매출총이익률은, 관련 회사가 특수관계가 아닌 제3자들에게 대한 비교가능 판매에서 실현한 매출총이익률보다 높았지만, CBP는 해당 매출총이익률은 비교가능하다고 판정하였는데, 그 이유는 가격 차이는 특수관계자간 거래에 있어서는 수입자가 수행한 추가 마케팅과 유통활동으로 인한 것이기 때문이다. 따라서 CBP는 모든 비교가능회사들이 동종 또는 동류의 물품을 판매하기 때문에, **수입자의 가격은 해당산업의 정상적인 가격결정 관행에 부합하는 방식으로 결정되었다고 하는 판정을 이전가격 연구(transfer pricing study)가 증빙하고 있다고 결정하였다**(H037375).[174] ② 특수관계 있는 판매자로부터 물품을 수입하고 있는 수입자는 판매자와의 거래구조 및 흐름의 상세한 설명, 내국세법 제482조에 따라 수행된 2개의 이전가격 연구뿐만 아니라 각 과세연도별로 준비된 보충적 경제분석자료를 CBP에 제출했다. **해당 이전가격연구에서는 비교가능 이익법(CPM)이 수입자와 공급자간의 관계사간 유형의 거래를 평가하기 위한 최선의 방법으로 확인되었다.** 선정된 이익수준지표는 영업이익을 순매출로 나누어 산출한 영업이익률이었다. CBP는 제공된 어떠한 정보도 미 연방규정 제19편 §152.103의 3가지 예시 사례(3가지 검증방법)에 엄밀히 부합되지는 않지만, 수입자와 판매자가 그들의 상업적 관계를 조직한 방법과 해당 가격이 결정된 방법을 포함하여 거래의모든 관련 측면에 대한 검토 및 검증과 고려된 정보의 전체를 기초로 판매상황 검증의 목적상 판매가격은 특수관계에 의해 영향을 받았다고 보여지지는 않는다고 판정하였다(H176775). ③ CBP는 수입자에 의해 제출된 **이전가격 스터디는 그 서류만으로는 CBP가 수입자와 판매자의 관계가 수입물품의 가격에 영향을 주지 않았다는 결론에 필요한 정보를 제공하지 못했다고 판정했다. 이전가격 스터디에서 밝혀진 비교가능 회사들은 건설장비 산업에서 꼭 사업을 한 것도 아니고 판매자와 동종 또는 동류의 제품을 제조하지도 판매하지도 않았고 비교가능 회사들이 판매자나 수입자의 직접적 경쟁자라는 아무런 징표도 없었다.** 게다가, 제출된 이전가격 서류들은 불완전 또는 불충분했다. 따라서 검토된 전체 정보에 기초하여 CBP는 제시된 정보는 수입물품을 평가하기 위해 거래가격을 사용하는 것을 수용할 수 있는 뒷받침을 하지 못했다고 결정했다(H23328).

전체에 대한 조직 구조, 사업내용, 무형자산 내역 등을 포함하고, 개별기업보고서에는 개별법인의 국외특수관계인과의 거래내역, 가격산출정보, 재무현황 등 포함하며, 국가별보고서에는 다국적기업 그룹의 국가별 수익내역, 국가별 납부세액, 국가별 주요 사업활동 등을 포함한다.

174) **[미국예규]** APA(Advanced Pricing Agreement)는 납세자와 미국국세청(IRS)간의 미래에 대한 계약에 해당되는데, 특히 APA가 양자간 계약인 경우에는 APA에 포함된 내용이 판매상황 검증에 대한 적용에

2. 제1차 검증(비교검증)

해당 수입물품과 관련된 판매상황을 개별적·구체적으로 검토하기에 앞서 해당 수입물품에 대한 거래와 특수관계없는 자들간의 거래를 비교하여 해당 수입물품의 거래가격이 특수관계가 없는 구매자와 판매자간에 通常的으로 이루어지는 가격결정방법으로 결정되었다고 인정할 수 있는지 여부를 검토하는 것이다.[175] 제1차검증은 비교가격 검증법의 요건을 완화하여 확대 적용하는 것이다.

아래의 어느 하나에 해당하는 경우에는 "통상적으로 이루어지는 가격결정방법" 또는 "당해 산업부문의 정상적인 가격결정 관행에 부합하는 방법"으로 볼 수 있다. 다만, 아래 (1) 내지 (3), (6)을 적용하는 경우로서 가격 차이가 있을 때에는 조정이 가능한 경우에 한정된다(관세평가고시 제28조 제2항).

(1) 판매자가 국내의 특수관계가 없는 구매자에게 동등한 가격 수준으로 판매하는 경우. 단, 거래수량, 거래단계 등이 상이한 경우에는 이를 '조정'하여야 한다.[176]

[예시] 판매자가 특수관계 없는 국내의 A에게는 20%의 판매수익을 포함한 가격으로 판매하고, 특수관계가 있는 국내의 B에게는 판매수익을 제외한 가격으로 판매한 경우, A와 B의 거래가격은 특수관계가 거래가격에 영향을 미친 경우에 해당하여 거래가격으로 인정되지 아니한다.

(2) 판매자가 수출국 또는 제3국의 특수관계가 없는 구매자에게 동등한 가격 수준으로 판매하는 경우. 단, 거래수량, 거래단계, 국가별 시장의 발전수준 및 판매자의 글로벌 마케팅 전략 등이 상이한 경우에는 이를 '조정'하여야 한다.

(3) 구매자가 동종동질 또는 유사물품을 특수관계가 없는 다른 판매자로부터 동등한 가격 수준으로 구매하는 경우. 단, 거래수량, 거래단계 등이 상이한 경우에는 이를 '조정'하여야 한다.

있어서는 연관성을 가진다(548233, H029658).

175) 따라서, 비교할 수 있는 특수관계 없는 자간의 거래가 있는 경우에만 적용할 수 있다는 限界가 있다.

176) **[미국예규]** 제조자(판매자)가 미국의 특수관계에 있는 구매자에게 판매한 것과 거의 같은 가격으로 제조자(판매자)는 미국의 특수관계가 아닌 구매자에게 판매하였다는 것을 나타내는 증거가 있으므로 거래가격으로 과세가격을 결정할 수 있다(543984, 543257).

[심판례] 제3자로부터 수입한 동일물품의 거래가격이 쟁점물품의 거래가격보다 낮고, 청구법인은 공급자를 자유롭게 선택할 수 있어 보이는 점, 독일본사의 제3자 또는 관계사 거래별로 비용, 거래단계 등 거래내용이 다른 점 등에 비추어 쟁점물품의 거래가격이 특수관계에 의해 영향을 받았다고 보아 이를 부인하고 관세 등을 과세한 처분은 잘못이다(조심 2017관0150).

(4) 판매된 물품의 가격이 신문, 잡지 등에 공표된 가격으로서 다른 특수관계가 없는 구매자도 동등한 가격 수준으로 구입할 수 있음이 증명되는 경우

(5) 판매자가 특수관계가 없는 제조자 등으로부터 구입한 물품을 구매자에게 판매하는 경우에 해당물품의 가격이 제조자 등으로부터의 구입가격에 더하여 판매자의 판매와 관련된 통상의 이윤 및 일반경비를 충분하게 포함하고 있는 경우

(6) 판매자가 구매자에 대한 판매에서 실현한 매출총이익률과 특수관계가 없는 구매자에 대한 판매에서 실현한 매출총이익률이 동등한 수준인 경우. 단, 거래수량, 거래단계, 국가별 시장의 발전수준 및 판매자의 글로벌 마케팅 전략 등이 상이한 경우에는 이를 '조정'하여야 한다.

(7) 구매자가 특수관계자로부터 구매한 물품과 특수관계가 없는 자로부터 구매한 동종·동질 또는 유사물품을 국내 판매할 때 실현한 매출총이익률이 동등한 수준인 경우. 이 경우, 동등한 수준의 거래조건과 시장조건하에서 실현된 것을 전제로 하며, 구매자의 총이익률은 해당산업의 총이익률과 동등한 수준이어야 한다.

(8) 구매자가 해당 수입물품 또는 이를 대체할 수 있는 물품을 특수관계가 없는 자로부터 자유롭게 구매하며, 구매자가 판매자를 선택하는 주요 요인이 價格에 의한 것임이 제출자료 및 실제 거래내역에 의해 확인되는 경우

(9) 판매자가 가격을 결정하기 위한 특정한 공식을 사용하며, 특수관계가 있는 구매자와 특수관계가 없는 구매자에게 물품을 판매할 때 해당 공식을 동일하게 적용하는 경우

3. 제2차 검증(상황검증)

제1차 검증은 비교할 수 있는 '특수관계 없는 자간의 거래'가 있는 경우에만 적용할 수 있기 때문에, 제1차 검증을 통해 특수관계가 거래가격에 영향을 미쳤는지 여부를 판단 할 수 있는 경우가 그리 많지 않다. 따라서 제1차 검증으로 판단이 어려운 경우에는, 2차적으로 판매를 둘러싼 상황에 대한 개별적·구체적 검토를 통해 특수관계가 거래가격에 영향을 미쳤는지 여부를 판단해야 한다.

'판매를 둘러싼 상황'은 아래에서 설명하는 바와 같이 일반적인 경쟁시장에서 물품의 판매 여부 및 가격 등을 결정하는데 고려되는 모든 상황을 의미하는데, 1회적 판매가 아니라 몇

개월에서 몇 년에 걸쳐 계속적으로 물품을 판매(공급)하는 장기물품공급계약의 경우에는 고려할 요소가 더욱 복잡하고 많아지게 된다. 해당 수입물품에 관련된 판매상황을 개별적・구체적으로 검토한 후 동일한 상황에서 특수관계 없는 자라면 어떠한 방식으로 거래가격을 결정할 것인지를 검토하여 특수관계가 거래가격에 영향을 미쳤는지 여부를 판단한다.

검증방법

판매상황 전반에 대한 종합적인 검토가 필요하고, 단순히 한 두 가지의 상황이나 간접사실(예: 매출원가율이 낮다는 사정 등)만을 근거로 특수관계가 거래가격에 영향을 미쳤다고 판단해서는 아니 된다. 다음과 같은 順序로 검토해서 판단하면 될 것이다.

(1) 구매자가 독립된 거래당사자로서 거래가격 결정에 관한 실질적 권한을 가지고 판매자와 가격 등에 관한 협상을 하였는지 여부를 검토한다. 가장 기본적인 검증사항이다.

(2) 거래가격 결정방식이 通常的이지 않거나 正常的인 가격결정관행에 부합하지 않는지 여부를 검토한다.

(3) 마지막으로 위의 (2)에 관한 점을 뒷받침할 수 있는 간접사실 등이 있는지를 검토한다.

(1) 구매자가 독립된 거래당사자로서 거래가격 결정에 관한 실질적 권한을 가지고 판매자와 가격 등에 관한 협상(協商)을 하였는지 여부

수출판매는 독립한 당사자간의 합의로 성립하는 契約이므로, 판매자와 구매자간 거래가격에 관한 협의(협상) 유무는 특수관계가 거래가격에 영향을 미쳤는지 여부를 판단함에 있어서 기본적인 고려사항이다. 따라서 거래가격이 당사자의 합의로 결정되지 아니하고 판매자가 일방적으로 가격을 결정하고 구매자는 이를 그대로 수용하는 경우에는 특수관계가 거래가격에 영향을 미칠 가능성이 있다. 구매자와 판매자간에 여러 물품들이 거래되는 경우에는, 거래가격을 결정함에 있어 중요한 변수인 목표영업이익률, 운영경비율 등을 구매자와 판매자가 협의를 통해 결정하였는지 여부도 중요한 고려요소가 된다.[177)]

---

177) **'수입가격 결정 가이드라인'**(Transfer Pricing Guidelines)은 해외판매자인 소외A법인과 원고 사이에 체결된 이 사건 각 제품의 가격 결정에 관한 약정이 아니고, 소외A법인이나 소외 본사가 원고를 포함한 계열사에 대하여 일방적으로 설정한 수입가격 결정에 관한 대략적인 기준에 불과하다. 또한 원고가 제출한 **국내시장 분석자료** 등은 원고의 내부 사업 분석 발표 자료로서 원고와 소외 A법인 사이의 이 사건 각 제품에 대한 수입가격 약정, 기준설정, 협상 등에 관한 자료로 볼 수 없으며, 원고는 이 사건 각 제품의 매출총이익률 산정내역이나 수입가격 결정기준, 방법 등에 관한 자료 또한 제출하지 못하고 있다. 원고는 다른 수입물품에 대해서는 TP시뮬레이션 등을 거쳐 가격을 결정한 것과 달리 이 사건 수입물품에 대해서는 이러한 절차를 거치지 않았고 또한 소외A법인과의 가격협상 등에 관한 자료를 제출하지 못하고 있다(부산고판 2016누23097).

이러한 가격결정 방식은 영업비밀에 해당하는 구매자의 '경영정보'(영업이익률, 예상매출액, 예상판매관리비용, 예상손익, 각종 정보 등)를 판매자나 본사에게 보고 하는 시스템 등에 기초하고 있다.

[판례] ① 다음의 각 사실 또는 사정을 종합하면 원고와 스위스 M사, 미국본사 내지 MH사 사이의 특수관계가 존재하고, 그 특수관계가 이 사건 각 물품의 수입가격에 영향을 미쳤다고 볼 것이다. ㉠ 원고와 스위사 M사 사이의 **이 사건 각 물품의 수입가격, 국내판매가격, 수입수량 등 거래조건은 미국 본사에 의하여 결정**되었다. 즉 **이 사건 각 물품의 수입가격과 국내판매가격은 미국 본사가 산출하여 ERP 시스템에 등재한 가격으로 원고는 이를 그대로 따랐고, 이 사건 각 물품의 수입절차 역시 미국 본사의 글로벌 플래너(Global Planner)가 대한민국 내 매출과 재고를 분석해서 공급망 관리 담당자에게 발주수량을 제시하고, 위 발주수량에 대하여 미국 본사의 내부승인이 이루어지면 글로벌 플래너가 구매승인서를 작성하고, 제조사에 발주 및 운송스케줄을 조정한 다음 선적이 이루어지고** 선적서류의 단가와 미국 본사의 ERP시스템에 등재된 수입단가가 맞는지를 확인하여 수입신고를 하고 통관 완료 후 수량검수를 거치는 방식으로 이루어졌다. 원고의 구매 담당자가 필요에 의해 발주수량을 글로벌 플래너에게 요청하는 경우도 있기는 하였으나 이는 판매량 급증으로 재고량 부족이 예상되는 경우 등에 한정되었다. **이러한 방식의 가격 및 수량 결정은 미국 본사가 원고와의 특수관계를 이용하여 원고의 경영정보를 모두 파악할 수 있었기 때문에 가능하였고,** 이러한 수입가격, 국내판매가격과 수량 결정방식은 원고와 스위스 M사, 미국본사, MH사의 특수관계를 고려하지 않으면 합리적으로 설명하기 어렵다. ㉡ 원고와 M사는 2007. 12. 31.경 이 사건 각 물품의 수입거래가격 결정방법에 관한 약정을 체결한 바 있고, 위 약정에 따라 P회계법인에 의한 이전가격 연구를 하였는데, P회계법인에 의해 2010. 1. 15.경 작성된 원고의 M사 사이의 2008 사업연도 이전가격 보고서상 원고의 2008 사업연도의 영업이익률이 적정 범위(arm's length)에 있음을 이유로 당시 거래가격을 조정하지 않았던 것으로 보이기는 한다. 그러나 이후부터 이전가격 연구는 이루어진 바 없고 **원고와 스위스 M사, 미국본사 사이에 이전가격 협의가 있었다고 볼 만한 자료는 제출된 바 없다.** 원고는 이 사건 각 물품의 수입가격이 원고와 미국 본사 사이의 충분한 협의를 바탕으로 결정되었다고 주장하나 **원고는 미국 본사에 수입가격 결정에 필요한 각종 정보를 제공하는 역할 정도를 수행하였을 뿐이고, 원고가 독립된 거래당사자로서 미국 본사에 대하여 가격협상을 요구하는 등 수입가격 결정에 관한 실질적 권한을 가졌음을 보여주는 자료는 나타나지 않는다.** ㉢ 원고는 스위스 M사로부터 물품을 수입하면서 2009. 7. 1.경까지 결제통화로 '달러'를 사용하였으나, 미국본사의 요청에 따라 2009. 7. 1.경부터는 이를 '원화'로 변경하면서 종전 달러 표시 가격에 환율 1,400원을 적용하여 산정된 가격을 적용하다가 2012. 4. 1.경부터는 다시 결제통화를 달러로 변경하였다. 한편 외환시장에서의 환율은 2009. 3.경 약 1,460원까지 올라 최고치를 기록하였다가 그 이후 하락하여 결제통화를 원화로 변경된 기간인 2009. 7.경부터 2012. 4.경까지는 약 1,060원에서 1,260원 사이에서 변동하였고 결제통화가 달러로 다시 변경된

2012. 4.경에는 약 1,140원이었다. ㉣ 관세의 부과를 목적으로 하는 관세법에 의한 '과세가격'의 목적 및 산출방법은 내국세 부과를 목적으로 하는 국제조세조정에 관한 법률에 의한 '정상가격'의 목적 및 산출방법과는 다르므로, 이 사건 각 물품의 수입가격이 원고의 주장과 같이 국제조세조정에 관한 법률에서 정한 정상가격산출방법 중 하나인 거래순이익률법에 따랐다 할지라도, 그러한 사정만으로 원고와 미국본사 사이의 특수관계가 이 사건 각 물품의 거래가격에 영향을 미치지 않았다고 보기는 어렵다(부산고판 2016누23820; 같은취지 서울고판 2017누53936). ② 다음과 같은 사정에 비추어 보면 원고와 수출자 사이의 특수관계가 이 사건 각 물품의 수입가격에 영향을 미쳤다고 보기 어렵다고 할 것이다. ㉠ 이 사건 각 물품의 수입가격은 수출자 LS가 일방적으로 정하는 것이 아니라 **국내 보험의약품 판매가격 결정방식을 기초로 원고와 LS 사이의 상호 협상을 통해서 결정되었고, 의약품의 성분 여하 및 제네릭 의약품(복제약)의 존재 여부에 따라 국내판매가격 등이 정해지는 것인바, 원고는 이 사건 각 물품에 대하여 국민건강보험공단과의 협상에 따라 결정된 보험수가(약가)를 기준으로 LS와 수입가격을 협상하고 있으며, 이러한 원고의 수입가격 결정 방법은 정상적인 가격결정 관행에 부합한다.** ㉡ 원고는 **실제로 이메일 등을 통해 수출자 LS와 사이에 이 사건 물품의 수입가격 인하와 관련된 협의를 하였고, 원고는 아서틸정, 바스티난정 등 보험수가 인하로 인하여 수입가격 조정이 필요한 경우 수출자와 상호 협상을 통하여 수입가격을 조정하였다. (생략) 또한 이 사건 각 물품의 개별 매출총이익률은 대부분 45-55% 수준으로 일정하게 유지되므로** 이 사건 각 물품의 매출총이익률이 광범위하게 분포한다는 피고의 주장은 사실에 반하고, 설령 원고의 제품별 매출총이익률이 다소 광범위하게 분포한다고 하더라도 그러한 사정만으로 특수관계가 거래가격에 영향을 미친 것으로 볼 수 없다(부산고판 2019누23296). ③ 다음과 같은 사정에 비추어 보면, 제출된 증거만으로는 원고와 프랑스 본사 등 사이의 **특수관계가 이 사건 물품의 가격에 영향을 미쳤다고 인정하기 부족하다.** ㉠ 피고는 **원고가 재판매가격방법에 따른 매출총이익률을 산출하면서 국내 동종업체의 매출총이익률이 아닌 해외 동종업체의 매출총이익률을 참고한 것은 통상적인 거래관행이 아니고,** 원고가 매출총이익률을 산출한 근거나 자료 등을 밝히지 못하고 있으므로, 프랑스 본사나 수출자에 의하여 거래가격이 일방적으로 결정되었다고 보았다. 그러나 **설령 원고가 잘못된 방법으로 재판매가격을 적용하여 정상가격을 산출하였고 매출총이익률을 산출한 근거나 자료 등을 제대로 밝히지 못하고 있다고 하더라도 이러한 사정만으로는 원고와 프랑스 본사 등 간의 특수관계가 이 사건 물품의 가격형성에 영향을 미쳤다고 보기는 어렵다.** ㉡ 피고는 기업심사에서 원고가 해외 동종업체가 아닌 국내 동종업체의 매출총이익률을 기준으로 매출총이익률을 결정해야 했음을 전제로 원고의 매출총이익률이 국내 동종업체와 비교하여 어느 정도 높은지 판단하기 위하여 직접 국내 동종업체(이하 '제1차 비교대상업체'라 한다)를 선정하여 이들과 원고의 매출총이익률을 서로 비교하였다. 그 결과 제1차 비교대상업체 보다 원고의 매출총이익률이 높은 것으로 나오자 피고는 이를 근거로 원고에게 일정한 영업이익을 보장해주기 위해 원고의 매출총이익률을 과다하게 설정하여 수입가격을 저가로 결정하는 등 프랑스 본사나 수출자가 인위적으로 개입한 결과물로 보았다.

그러나 피고는 원고에 대해서는 백화점 판매물품에 대한 매출총이익률을 계산한 반면, 제1차 비교대상업체의 경우 백화점 판매물품 뿐만 아니라 면세점 판매물품을 포함하여 매출총이익률을 계산하였는바, **피고의 조사방식은 원고와 제1차 비교대상업체의 매출총이익률을 동등한 조건에서 비교한 것이 아니므로 객관적이라거나 공정하다고 볼 수 없다. 더군다나 일반적으로 면세점 매출총이익률이 백화점 매출총이익률보다 낮다는 사정까지 고려할 때 피고의 조사방식은 면세점 매출총이익률을 제외한 원고의 매출총이익률이 제1차 비교대상업체의 매출총이익률보다 상대적으로 더욱 높게 산출되는 결과를 초래하게 되므로 이를 신뢰할 수 없다.** 오히려 이 사건 물품을 수입한 기간인 2008년부터 2011년까지 원고의 백화점 및 면세점 매출총이익률은 2008년 45.32%, 2009년 44.45%, 2010년 42.93%, 2011년 43.00%로 제1차 비교대상업체의 매출총이익률(2008년 40.94%, 2009년 46.68%, 2010년 47.33%, 2011년 49.16%)과 비슷한 수치를 보이고 있음을 알 수 있다. ㉢ **이 사건 물품의 수입기간인 2008년부터 2011년 사이에 원고의 영업이익률은 피고가 동종·동류로 최종 선정한 업체들(이하 '제2차 비교대상업체'라 한다)의 영업이익률 평균에 비해 오히려 낮은 수치를 보이고 있다.** 이 사건 물품의 수입을 통해 원고가 최종적으로 얻는 이익이 영업이익이라는 점을 고려하면 프랑스 본사와 수출자가 원고의 영업이익을 보장하기 위하여 이 사건 물품을 의도적으로 저가에 수출하였다고 보기 어려움을 알 수 있다. ㉣ 국내판매가격을 기초로 과세가격을 결정하는 것은 과세가격을 산출하는 자의 주관과 산출방법에 따라 비교대상업체의 선정이나 과세가격이 신축적일 수 있다. 그런데 피고가 선정한 제1차 비교대상업체와 제2차 비교대상업체가 상이한데다 **원고와 제2차 비교대상업체 사이에 브랜드 인지도와 제품 가격 등에 상당한 차이가 있는 것으로 보이고** 원고가 백화점뿐만 아니라 면세점에도 물품을 판매하고 있음에도 원고와 제2차 비교대상업체의 백화점 판매물품에 대한 매출총이익률만 계산하는 등 백화점 및 면세점 판매 비율, 매출 규모, 제품의 특성, 브랜드 인지도 등을 고려하여 **제2차 비교대상업체를 적정하게 선정한 것인지 의문**이다. ㉤ 피고는 원고가 정상적인 재판매가격법을 사용하여 이 사건 물품의 가격을 결정하였다면, 수입가격은 국내판매가격과 일정한 상관관계를 보여야 할 것인데, 이 사건 물품 중 나일론 가방류의 경우 2008년과 2009년 사이에 국내판매가격은 17.6%~30%가량 인상하였으나, 수입가격은 동결하거나 오히려 6.5% 인하하는 모습을 보이는바, 정상적인 재판매가격법에 따라 수입가격이 결정된 것이 아니고 프랑스 본사나 수출자에 의하여 거래가격이 일방적을 결정되었다고 보았다. 그러나 **이 사건 물품의 국내판매가격은 원고와 프랑스 본사 등과의 특수관계가 형성된 2004년부터 2007년까지 일정하게 유지되어 오다가 2008년과 2009년에만 급격히 상승하였는데, 여기에는 2008년과 2009년 사이에 발생한 환율의 급격한 변동이 반영되었을 가능성을 배제할 수 없다. 또한 위 기간 동안에 국내판매가격이 변동된 양상과는 달리 원고의 2009년도 매출총이익률은 이전 연도의 매출총이익률과 비슷한 수준을 보이고 있다.** 한편 수출자는 원고가 설립되기 전인 1997. 1. 무렵부터 G상사에게 이 사건 물품을 수출하였고, 2004. 9.경 G상사 대표 甲으로부터 G상사의 지분 65%를 인수하여 원고를 설립함으로써 원고와 프랑스 본사, 수출자 사이에 특수관계가 생기게 되었다. 그런데 2004.

9.경 원고와 프랑스 본사 등 간에 특수관계가 형성되기 전·후의 이 사건 물품에 대한 수입가격을 비교해보면 가격에 변동이 없거나 오히려 가격이 인상되기도 했다. ⓗ 원고가 독립된 거래 당사자로서 프랑스 본사 등과 수입가격 결정에 관한 구체적인 협의를 하였다고 볼 만한 자료를 충분히 제시하고 있지 아니한 사정은 인정되나, 구 관세법 제30조 제1항에서 실제로 지급하였거나 지급하여야 할 가격을 원칙적인 과세가격으로 규정하고 있는 이상, 그 적용을 배제하고 관세법 제30조 제4항, 제5항을 적용하여 관세법 제31조 내지 제35조에서 정한 방법으로 과세가격을 결정하는 것은 **가급적 그 요건을 엄격히 해석할 필요가 있으므로**(대판 2005두17188 참조), **위와 같은 사정만으로는 특수관계가 거래가격에 영향을 미쳤다고 보기는 어렵다**(부산고판 2017누21661).

(2) 거래가격 결정방식이 通常的이지 않거나 正常的인 가격결정관행에 부합하지 않는지 여부

(가) 해당 수입물품의 가격이 당해 산업부분의 正常的인 가격결정 관행에 부합하지 않는 방법으로 결정되었는지, 가격결정방법이 특수관계 없는 구매자와 판매자간의 通常的인 가격결정방법과 다른지 여부를 검토한다.

아래 1)내지 7)은 通常的인 가격결정방법 또는 正常的인 가격결정관행에 부합하는 것으로 보기 어려우므로 특수관계가 거래가격에 영향을 미쳤을 가능성이 있다.

1) 제조원가의 일부를 누락하거나 판매자의 판관비나 적정이윤 등을 반영하지 않고 수입가격을 결정한 경우

이 경우 판매자와 구매자의 상업적 전략들도 함께 검토하여 특수관계가 거래가격에 영향을 미쳤는지 여부를 판단해야 할 것이다.[178)]

[심판례] ① 쟁점물품은 반도체 제조업체가 사용하는 노광장비의 설치 및 유지보수를 위한 물품들로 사용에 제한이 있는 물품으로 보기 어려운 점, **청구법인과 수출자는 특수관계자로 쟁점물품의 거래가격에 수출자들이 당연히 수취하였어야 할 이윤 및 일반경비가 완전히 배제되어 있어 쟁점물품의 거래가격에 특수관계가 영향을 미친 것으로 보이는 점** 등에 비추어 거래가격을 부인하고 관세법 제31조부터 「관세법」 제35조까지의 방법에 따라 과세가격을 재산정하는 것은 타당해 보이나, 쟁점물품 중 일부 물품에 중고물품 및 무관세물품이 포함되어 있는지 여부 등이 불분명하므로 이를 재조사하여 그 과세표준 및 세액을 경정하는 것이 타당하다(조심 2014관0403). ② 청구법인과 수출자간의 쟁점물품의 가격결정 체계를 살펴보면, 청구법인은 실지심사시 작성한 문답서에서 **'중국 현지법인에는 이윤을 지급하지 않고** 당근 선별시 남은 상품성이 없는 파지를 중국내에서 판매한 금액과 현지공장을 다른 사람에게 임대해주고 받은

178) 관세청, WCO관세평가 교육모듈(중급/고급용), 74쪽.

돈으로 회사를 운영하고 있기 때문에 중국 공장에는 당근 수출과 관련하여 따로 이윤을 줄 필요가 없습니다.'라고 진술하고 있고, 청구법인이 과세전적부심사 청구시 제출한 **원가계산 누락항목 세부내역에도 수출자의 적정이윤과 감가상각비용 및 현지법인의 운영비 등이 쟁점물품의 거래가격에 포함되지 않은 것이 확인**되는 바, 이는 수출자와 청구법인은 독립된 무역당사자로서 통상적으로 협상을 통하여 가격을 결정하는 것이 아니라 청구법인이 일방적으로 가격을 결정하는 체계이며, 쟁점물품의 거래가격(FOB기준 190달러/톤)은 동종・동질물품 또는 유사물품의 과세가격(CIF기준 350달러/톤)에 비해 현저히 저가인 점이 확인되므로 청구법인과 수출자간의 특수관계가 쟁점물품의 거래가격에 영향을 미친 경우에 해당하는 것으로 보인다(국심 2006관0131).

[적부심례] 일반적인 상관행에 의하면 수입물품의 가격에는 당해 물품이 생산되어 국내에 도착할 때까지 발생하는 모든 부가가치가 포함되어야 할 것인바, 쟁점물품의 수입신고금액은 제조자 甲이 수출판매한 금액으로 **이는 쟁점물품의 실질적 판매자인 乙이 수행한 제품개발, 생산관리, 판매비용 등 소요경비와 적정이윤이 누락된 금액이다.** 또한 청구법인 설립 以前에 A제품을 수입판매한 丙의 수입신고 자료를 보면, 청구법인의 수입신고가격은 丙이 신고한 가격대비 30% 이상 저가로 확인된다. 따라서 청구법인과 乙간의 특수관계가 쟁점물품의 거래가격에 영향을 미쳤다고 판단된다(과세전적부심 제2014-125호).[179)]

2) 구매자가 제안(희망)한 가격보다 수입가격을 낮게 결정한 경우, 판매자가 제시한 가격보다 수입가격을 높게 결정한 경우, 제조자(판매자)가 판매하는 가격 중 가장 낮은 가격을 수입가격으로 결정한 경우, 구매자의 요청이 없음에도 판매자가 일방적으로 가격할인을 해준 경우

[판례] ① 다음과 같은 사정들을 종합하면, 원고와 이 사건 수출자 사이에 특수관계가 이 사건 물품의 수입가격에 영향을 미쳤다고 봄이 타당하다. ㉠ 원고는 이 사건 수출자 또는 그룹 본사에 국내 경쟁상황, 환율, 원고의 적정 마진, 마케팅 등에 관한 정보를 제공하고, 이에 따라 이 사건 수출자 또는 그룹본사가 이 사건 물품의 수입가격을 결정하면 그 수입가격을 그대로 수용하여 온 것으로 보이는데, 이와 같이 특이한 수입가격 결정방식은 원고와 이 사건 수출자, 그룹본사 사이의 특수관계를 고려하지 않고는 이해하기 어렵다. ㉡ 이 사건 물품 중 A물품의 수입가격은 2009. 5.경 급락하였다가 2011. 11.경 종전 수준으로 회복되었는데, 그와 같이 수입가격이 급격하게 변동될 수밖에 없었던 특별한 사정을 발견하기 어렵다. 이에 대해 원고는 2009년경 환율이 급격 상승함에 따라 2009년의 수입가격이 조정되었던 것이라고 주장하나, 2010년 환율이

179) [미국예규] 판매자는 특수관계가 아닌 자에게 판매하기 위해 25%의 판매수익을 가격에 포함시켰지만 특수관계에 있는 수입자에게 판매될 경우에는 수입마진을 제외하였다. 거래가격은 평가방법으로 적용할 수 없다(544239).

종전 수준으로 회복되었음에도 그와 같은 건전지 일부 품목의 수입가격은 종전 수준으로 회복되지 않았고, 건전지 일부 품목의 경우에는 2008년의 수입가격이 환율변동과 상관없이 계속 유지되어 온 점에 비추어 원고의 주장은 그대로 받아들이기 어렵다. ㉢ 원고는 이 사건 물품 중 일정기간의 수입신고분에 관하여 수입가격신고 및 대금결제를 완료하였음에도 그 후 정산을 거쳐 그 대금 차액을 이 사건 수출자에게 추가로 지급하였는데, 원고가 이 사건 수출자와 사이에 그 수입가격의 조정에 관한 사전약정이 없는 상태에서 대금을 사후 정산하여 추가로 지급하게 된 사정을 이해할 만한 합리적인 이유를 찾기 어렵다. ㉣ **이 사건 물품 중 B물품의 수입가격은 이 사건 수출자가 제시한 가격보다 높은 가격으로 결정되었는데, 이는 원고와 이 사건 수출자 사이의 특수관계를 고려하지 않고는 이해하기 어렵다.** 또한 이 사건 물품 중 B물품의 수입가격은 이 사건 수출자와 특수관계가 없는 국내 乙사의 수입가격과 비교하여 현저히 낮은 가격이다. ㉤ 이 사건 물품의 수입신고는 덤핑방지와 관련한 약속 가격의 이행기간 以後에 이루어진 것이므로, 이 사건 물품의 수입가격이 그와 같은 약속 가격보다 높다는 사정만으로 원고와 이 사건 수출자 사이의 특수관계가 이 사건 물품의 수입가격에 영향을 미치지 않았다고 볼 수 없다(서울고판 2019누39514, 대판 2019두62987).[180] ② 다음과 같은 사정에 비추어 보면 원고와 수출자 사이의 특수관계가 이 사건 물품의 거래가격에 영향을 미쳤다고 봄이 상당한다. ㉠ 원자재의 국제적인 시세 상승에 따라 가격이 인상되었던 모터와는 달리 이 사건 물품의 시세는 특별히 변동할 만한 사유가 없었음에도 동일한 시장상황, 동일한 시기에 수입된 이 사건 물품의 가격이 현저히 등락하였다. ㉡ **수출자가 오히려 수입자인 원고의 희망가격보다 더 낮은 가격으로 물품을 공급한 것이 일반적인 거래 당사자 간의 가격결정방법이라고 보기 어렵다.** 이에 대하여 원고는 이 사건 물품은 모터와 함께 서보시스템 단위로 최종수요자에게 판매되기 때문에 원고와 수출자가 가격협상을 함에 있어 모터의 국제적인 시세상승으로 인해 서보시스템의 가격 경쟁력이 감소하는 것을 방지하기 위하여 서보시스템의 가격이 일정 수준으로 유지되도록 수출자가 이 사건 물품의 가격을 낮게 제시한 것이라고 주장하나, **원고와 수출자 사이에 이 사건 물품의 국내판매를 원고가 독점하기로 하는 계약을 체결하였다는 등의 특별한 사정도 없는 이 사건에서 수출자가 수입자인 원고의 국내에서의 가격경쟁력까지 고려하여 수입가격을 조정해준다는 것은 원고와 수출자 사이의 특수관계를 고려하지 않고는 합리적으로 설명하기 어렵다. ㉢ 비슷한 시기에 수입된 이 사건 물품의 수입가격이 2배 이상 차이가 나는 등 현저한 차이가 남에도 불구하고 원고가 국내 최종소비자에게 이 사건 물품을 판매한 가격은 큰 차이가 없다.** 이는 최종소비자가 누구인지와 관계 없이 수출자는 자신이 정한 가격을 원고에게 적용한다는 것을 의미하는 것으로서 국내 최종소비자인 제조업체가 제시한 희망가격을 고려하여 원고와 수출자가 자유롭게 가격을 협상하여 이 사건 물품의 수입가격을 결정하였다는 원고의 주장과 부합하지 않는다. ㉣ **서보시스템을 구성하는 개별물품별로 최종수요자에게 판매가 이루어지는 것이 아니라 이 사건 물품이 모터와 함께 서보시스템 단위로 판매되는 것이라 하더라도, 그 중 일부(모터)의 국제적인 시세가 상승하게 되면 서보시스템의 가격도 상승하게 되는 것이 시장원리에 부합하는 것으로 보이고, 수출자가 서보시스템 전체의 가격 유지를 위해 이 사건 물품의 수입가격을 낮추어**

주는 것이 당해 산업부분의 정상적인 가격결정 관행에 해당한다고 보기 어렵다.[181] ㉤ 원고의 매출총이익률은 원고의 수입신고 기간 동안 2009년에 손실을 기록한 것을 제외하고는 2010년에서 2013년까지 일정한 수준으로 유지되었는데, 서보시스템 중 모터의 국제적인 시세상승에도 불구하고 원고가 일정한 수준의 매출총이익률을 유지할 수 있었던 것은 원고와 수출자 사이의 특수관계가 이 사건 물품의 수입가격에 영향을 미쳐 원고가 더 낮은 가격으로 이 사건 물품을 수입할 수 있었기 때문으로 보인다(서울고판 2016누79177; **사례연습 16**). ③ 이 사건 수입물품의 개별적인 가격결정 과정에 관하여 보면, **원고와 이 사건 판매자는 이 사건 수입물품의 가격결정을 하면서 일부 수입물품에 관하여 수입자가 제시한 가격보다 오히려 낮은 가격으로 거래가격을 결정하였는데,** 이는 원고와 이 사건 판매자의 특수관계를 제외하고 보면 일반적인 가격결정 방법이라고 평가하기 어렵다. 원고는 이에 대하여 일부 수입물품에 관하여는 수입자인 원고가 제시한 가격보다 낮은 가격으로 거래가격을 결정하고 일부 수입물품에 관하여는 원고가 제시한 가격보다 높은 가격으로 거래가격을 결정하는 방법으로 일괄 협상을 하였다고 주장하나, 일부 수입물품에 관하여 거래가격을 제시한 가격보다 낮은 가격으로 정하기로 하면서 이와 연계하여 다른 수입물품의 가격을 높게 결정하였다면 원고와 이 사건 판매자 사이에 이와 같은 형태의 협상과정 및 절차를 진행한 구체적인 자료들이 존재할 것이고, 원고 내부적으로도 위와 같은 가격결정을 위한 의사결정이 있었어야 할 것임에도 **이에 부합하는 뚜렷한 자료가 제출되지 않았다**(서울고판 2017누40015).

[심판례] **비특수관계자의 동종·동질물품 수입가격에 비하여 쟁점물품의 거래가격이 10% 이상 낮게 신고된 경우가 91%에 달하는 점, 청구법인의 가격할인 요청이 없는 경우에도 본사의 일방적인 결정으로 할인된 사실이 확인되는 점,** 쟁점물품에 대한 가격결정방법이 달리 통상적이거나 당해 산업부문의 정상적인 가격결정 관행에 부합하는 방법으로 볼 만한 증빙이 제시되지 아니한 점 등에 비추어 이 건 처분 잘못이 없다(조심 2016관0026).

3) 판매자가 구매자에게 구매자의 영업상손실뿐만 아니라 영업외비용까지 보전하는 價格 또는 심지어 제조원가 以下로 수입물품의 가격을 결정한 경우

---

180) [조심 2014관0145] 청구법인의 희망FOB가격보다 판매자가 결정하는 회답FOB가격이 현저하게 낮은 것으로 보아 거래가격이 특수관계가 없는 독립당사자 간에 통상적인 가격결정방법에 의한 것이라고 보기 어렵다.

181) 또한 특수관계가 거래가격에 영향을 미쳤는지 여부는 거래 당사자 사이의 전체 거래에 의하여 결정하는 것이 아니라 당해 수입물품의 거래가격을 기초로 판단해야 한다. 그리고 수입신고 내역을 보면 해당물품들이 각 물품의 묶음별로 서보시스템에 해당한다는 것이 명확히 특정되지 않으므로 '시스템' 단위로 거래가 이루어졌다고 보기도 어렵다.

[판례]

원고와 이 사건 판매자 사이에 존재하는 이 사건 특수관계는 관세법 제30조 제3항 제4호 소정의 '특수관계'에 해당할 뿐만 아니라, 나아가 이 사건 특수관계가 이 사건 물품의 수입가격에 영향을 미쳐 수입가격을 낮게 왜곡시켰다고 봄이 상당하므로, 원고의 이 부분 주장은 이유 없다. 먼저, 이 사건 판매자는 원고의 주식 100%를 보유하여 원고와 사이에 관세법 소정의 특수관계에 있다. ㉠ 매출액 대비 법인세 차감 전 당기순이익률[=(매출액 - 매출원가 - 판매비 및 일반관리비 + 영업외이익 - 영업외비용 + 특별이익 - 특별손실)/매출액]을 일정한 비율로 유지하고자 하는 경우 영업외비용이 증가하면 그 증가분을 매출원가 감소(수입가격의 인하)를 통해 상쇄시켜야 한다. ㉡ 이 사건 물품의 수입가격은 이 사건 판매자가 사전에 구매자인 원고로부터, 원고가 이 사건 물품을 대한민국 내에서 판매하는 것과 직접 관련이 있는 판매비 및 일반관리비뿐만 아니라 직접적인 관련이 있다고 보기 어려운 영업외비용과 영업외이익에 관한 원고의 예측자료를 제공받은 다음 원고의 법인세 차감 전 당기순이익률이 매출액 대비 2%가 되도록 가장 나중에 정해지는 종속적인 변수에 불과하였는데, 이러한 수입가격의 결정은 이 사건 판매자가 원고와 사이의 이 사건 특수관계를 이용하여 원고의 경영정보를 모두 파악할 수 있었기 때문에 가능하였다 할 것이다. ㉢ 이 사건 물품의 수입가격은 구매자인 원고의 영업상 손실뿐만 아니라 영업외손실까지 모두 보전하도록 결정되었는데, **이 사건 판매자가 구매자에게 구매자의 영업상손실뿐만 아니라 영업외비용까지 보전하는 가격, 심지어 제조원가 이하로 물품을 판매함으로써 구매자가 항상 법인세 차감 전 당기순이익이 대출액 대비 2%의 흑자가 되도록 한다는 것은 경험칙상 이례적인 경우로 보이고**, 이는 이 사건 판매자가 구매자인 원고의 모회사라는 '특수관계'를 고려하지 않으면 합리적으로 설명하기 어렵다. ㉣ 관세 부과를 목적으로 하는 관세법에 의한 '과세가격'의 목적과 산출방법은 내국세 부과를 목적으로 하는 「국제조세조정에 관한 법률」에 의한 '정상가격'의 그것과 다르므로, 이 사건 물품의 수입가격이 원고 주장과 같이 「국제조세조정에 관한 법률」에서 정한 정상가격 산출방법에 따랐다 할지라도, 그러한 사정만으로 이 사건 특수관계가 이 사건 물품의 거래가격(수입가격)에 영향을 미치지 않았다고 보기 어렵고, 국세조세조정에 관한 법률 제5조의 내용 및 이 사건 물품은 특수관계에 있지 않은 제3자가 수입하여 국내에서 판매한 사실이 없는 점 등에 비추어 볼 때, 이 사건 판매자가 원고에게 매출액 대비 법인세 차감 전 당기순이익률 2%를 유지하도록 수입가격을 정하는 것은 「국제조세조정에 관한 법률」 소정의 '재판매가격방법' 또는 '거래순이익률방법'에 의한 정상가격 산출방법이라고 보기도 어렵다. ㉤ 2001년부터 2005년까지 원고의 총 영업외비용 약 163억 원은 총 영업외수익 약 30억 원보다 약 136억 원이 더 많은 점에 비추어 보면, 이 사건 판매자는 국내영업계약에 따라 원고에게 매출액 대비 법인세 차감 전 당기순이익을 2%로 유지하여 주기 위하여 결국 이 사건 물품의 수입가격을 떨어뜨리거나 원고에게 영업외비용 상당액을 직접 지급하여 보전할 수밖에 없는데, 이 사건 판매자가 원고에게 영업외비용 상당액을 직접 지급하였음을 인정할 만한 자료가 보이지 않는다(서울고판. 2009누10873, 대판 2010두16998).

4) 국내시장 상황을 고려하지 않고, 주로 '목표영업이익률'에 따라 정한 금액으로 가격을 결정하거나 국세청에서 사전승인한 구매자(수입자)의 영업이익률을 맞추기 위해 임의로 引下 조정하여 수입가격을 결정한 경우

[판례] ① 다음의 각 사실 또는 사정을 종합하면, 원고와 본사 사이의 특수관계가 이 사건 물품의 수입가격에 영향을 미쳤다고 보는 것이 타당하다. ㉠ 원고는 이 사건 물품의 수입가격이 원고와 본사 사이의 충분한 협의를 바탕으로 결정되었다고 주장한다. 그러나 원고는 본사에 수입가격 결정에 필요한 각종 정보(보험약가 등 예상매출액, 예상판매관리비용, 예상손익, 제품별 시장상황 등 국내 시장분석자료)를 제공하는 역할 정도를 수행하였을 뿐이고, 원고가 독립된 거래당사자로서 본사에 대하여 가격협상을 요구하는 등 수입가격 결정에 관한 실질적 권한을 가졌음을 보여주는 자료는 나타나지 않는다. **본사는 원고가 제공한 정보를 기초로 원고의 거래순이익률이 매년 2~4%가 되도록 다음연도의 수입가격(이전가격, Transfer Price, TP)을 정하였고,** 원고는 이러한 본사의 수입가격 결정과정(본사의 TP Study등)에 참여하지 않았으며 본사가 일방적으로 결정한 수입가격을 그대로 수용한 것으로 보인다. 이러한 방식의 가격결정은 본사가 원고와의 특수관계를 이용하여 원고의 경영정보를 모두 파악할 수 있었기 때문에 가능하였다. ㉡ 이 사건 물품의 수입가격은 본사가 유럽지역 관련회사의 영업이익률의 평균값(2~4%)을 자회사들에 공통적으로 적용하여 산출한 가격이다(**본사가 정한 원고의 목표영업이익률이 국내 동종업계의 영업이익률과 큰 차이가 있지는 않으나, 본사가 원고의 목표영업이익률을 정하는 과정에서 국내 동종업계의 영업이익률을 참조하지는 않았다**). 원고는 본사가 정한 목표영업이익률의 실현을 위해 매년 수 차례 TP비율을 조정하였고, 목표영업이익률과 실제영업이익률 사이에 차이가 발생하는 경우 사후조정(실제영업이익률이 높은 경우 초과이익금액을 본사에 지급하고, 실제영업이익률이 낮은 경우 본사로부터 보전금액을 수령함)을 하여 목표이익률을 실현하였다. **그 과정에서 연말이 가까워지는 4분기에는 TP비율이 25% 수준으로 고정되기도 하는 등 수입가격의 급등락이 반복되었다.** 즉 **이 사건 물품의 수입가격은 국내시장상황(보험약가, 국내판매가격, 판매관리비용 변동 등), 개별거래상황 등과는 무관하여 오로지 본사가 목표영업이익률에 따라 정한 금액으로 책정, 관리되었다.** 이러한 수입가격 결정방식은 원고가 본사의 자회사라는 특수관계를 고려하지 않으면 합리적으로 설명하기 어렵다(서울고판 2017누53936). ② 원고와 미국 본사 사이에 2009년부터 2013년까지 결정된 수입거래가격은 ME규격제품의 경우 3,000달러, VG규격 제품의 경우 5,000달러로 매년 동일하게 유지되었다(이 사건 각 물품의 최초 수입시점인 2005년부터 2013년까지 사이에 VG규격 제품은 2005년부터 9년간, ME규격 제품은 2007년부터 7년간 거래가격이 동일하였다). 이에 대해 원고는 중대한 시장 또는 환경변화가 있지 않는 이상 이전가격을 유지하는 본사의 고정 TP제도의 특성에 기인한 것이라고 주장하나, 시장상황의 변화가 수입가격에 미치는 영향 및 이 사건 각 물품의 수입가격이 동일하게 유지된 기간을 고려할 때 위와 같은 시장상황의 변화가 이 사건 각 물품의 가격을 변경할 필요가 없을 정도로 경미한 변경에 해당한다고 보기는 어렵다. 오히려 원고의 거래가격 산출 방식을 고려할 때, **거래가격 산출에 있어서 주요 요소인 제조원가가 지속적으로**

상승하였음에도 불구하고[182] **이 사건 물품의 수입가격에 전혀 영향을 주지 않았고, 국내 판매가격 변동과 수입가격 사이에 어떠한 관련성도 찾아보기 어려우며, 국내 시장상황 및 개별거래상황 등과는 무관하게 수입가격이 장기간 변동되지 않고 일정한 가격을 유지하였다는 것은 경험칙상 이례적인 경우로 보이고,** 원고와 미국 본사의 특수관계를 고려하지 않으면 합리적으로 설명하기 어렵다. 이 사건 각 물품의 매출총이익률은 49%~62%인 반면 원고의 매출총이익률은 −8%~40%이고, 동종 업계의 매출총이익률은 26%~33%로 이 사건 각 물품의 매출총이익률이 현저히 높은데 이 또한 원고와 미국 본사의 특수관계로 인하여 이 사건 각 물품의 수입가격이 변동되지 아니한데 기인한 것으로 보인다(부산고판 2016누24441). ③ 관세법 제30조 제3항 제4호를 적용하기 위하여는 구매자와 판매자 간에 특수관계가 있다는 사실 외에도 그 특수관계에 의하여 거래가격이 영향을 받았다는 점까지 과세관청이 증명하여야 하는 것(대판 2007두9303 참조)은 원고의 주장과 같으나, 피고 제출 증거자료의 기재와 변론 전체의 취지를 종합하면, ㉠ 원고가 경쟁물품의 국내 판매가격 등 시장동향 뿐만 아니라 **매출액수익률(ROS, 법인세 차감전 순이익을 매출총액으로 나눈 비율)을 2%로 유지하기 위한** 제반 비용 등을 파악하여 6개월 단위로 판매자에게 통보하면 판매자는 이를 고려하여 이 사건 물품의 가격을 결정하고 원고는 판매자가 결정한 가격대로 위 물품을 수입하고 있는 사실, ㉡ 그런데 이 사건 물품에 관한 국내시장은 급속히 변동하기 때문에 6개월에 한 번씩 정한 국내 판매가격을 유지하면 시장경쟁력을 상실할 수 있으므로, **원고는 국내 거래처에 판매한 상품에 대하여 재고 보상, 채널마진 보상 등의 명목으로 국내 판매가격을 인하·보상하여 주고 이에 따라 매출액수익률을 2%로 유지하기 어려운 경우에는 수시로 판매자에게 국내 판매가격 인하 내용을 통보하여 판매자로부터 향후 수입되는 이 사건 물품의 가격을 인하·조정 받고 있는 사실**을 인정할 수 있는바, 위 인정사실에 의하면, 원고와 판매자간의 이 사건 물품거래는 특수관계자가 아니면 이루어질 수 없는 것으로서 위 물품의 가격은 정상적인 무역경로를 통하여 완전한 경쟁적 조건 아래서 판매되거나 판매를 위하여 제의될 때의 가격이라고 볼 수 없으므로(관세 및 무역에 관한 일반협정 제7조 제2항 나호 참조), 관세법 제30조 제3항 제4호에 의하여 특수관계가 위 물품의 거래가격에 영향을 미친 경우에 해당하다고 봄이 상당하다(서울행판 2009구합57351).

[심판례]

① 청구법인의 국내적정이익수준을 고려하여 A사에서 청구법인에게 메일로 통보한 OOO에 의해 결정된 쟁점물품 수입가격에서 다시 **국세청에서 사전승인한 청구법인의 영업이익률을 맞추기 위해 인하조정하는 수입가격 결정방법은 특수관계가 없는 구매자와 판매자간에 통상적으로 이루어지는 가격결정방법은 아니라고 보이나,** 2007년 2월에 6%, 2008년 6월에 17%, 2009년 1월에 23%로 쟁점물품의 수입가격을 인상한 수입신고분과 2010. 10. 1.부터 2015. 9. 31.까지 수입신고하였거나 수입신고 예정인 동종·동질물품에 대하여 처분청과

182) 이 사건 수입물품의 국내판매가격도 변동하였고, 환율도 상승하였다가 하락하였으며, 미국내 생산자물가지수도 변동되었다. 그럼에도 수입가격은 장기간에 걸쳐 거의 변동하지 않았다.

국세청에서 특수관계의 영향을 받지 않은 것으로 보아 수입신고가격을 과세가격으로 인정한 점, 2006년 8월에 14.3%, 2007년 8월에 11%로 인하되어 신고한 쟁점물품의 수입가격은 처분청이 특수관계에 영향을 받지 않았다고 인정한 수입가격과 거의 동일하거나 높은 가격인 점, 처분청이 쟁점물품의 과세가격을 제4방법으로 결정할 때 청구법인의 매출총이익률이 통상의 매출총이익률 보다 낮은 것도 있어 특수관계자간 거래된 쟁점물품 매출총이익률과 비특수관계자간 거래된 동종・동류물품의 매출총이익률과 크게 다르지 않는 것으로 보이는 점으로 보아 쟁점물품의 수입가격은 특수관계에 영향을 미쳤다고 보기 어려우므로 처분청이 이 건 쟁점물품의 수입가격을 부인하고 제4방법 및 제6방법으로 재산정하여 과세한 처분은 부당하다고 판단된다(조심 2013관0215). ② 청구법인은 일본 본사를 포함한 해외 특수관계자들과 거래하였음에도 일본 본사와만 협상하여 거래가격을 결정한 점, **본사가 국내판매가격까지 통제하면서 청구법인의 일정 이익을 보장해 주기 위해 거래가격을 임의로 결정한 것으로 보이는 점** 등에 비추어 거래가격이 특수관계에 의해 영향을 받은 것으로 볼 수 있으나, 연도별・품목군별로 거래가격 부인사유를 특정하지 아니하고 4방법에 따라 계산한 가격 보다 낮은 물품에 과세한 것으로 보이는 점 등에 비추어 연도별・품목군별 거래가격 부인사유를 재조사하여 그 결과에 따라 과세표준 및 세액을 경정하는 것이 타당하다고 판단된다(조심 2015관0080).

5) 판매자가 특수관계자와 비특수관계자 간 거래가격을 二元化하여 특수관계자에게는 더 낮은 가격으로 가격을 결정하는 경우(조심 2016관0180), 특수관계 있는 구매자의 수입가격이 사실상 동일 산식(算式)으로 산출되는 비특수관계자인 국내고객사가 수입하는 가격에 비하여 현저히 낮은 경우(조심 2018관0162)[183)]

[판례] 독일 본사는 원고를 비롯한 **특수관계자에 대하여 적용되는 기본할인율(47%의 할인율)과 비특수관계 업체에 대하여 적용되는 기본할인율(40~44%의 할인율)에 차등을 두었고, 특별할인율의 적용에 있어서도 원고에게는 전체 판매건수의 30%에 달하는 판매건수에 특별할인율을 적용한 반면, 비특수관계 업체의 경우 전체 판매건수 중 극히 일부(1%)에만 특별할인율을 적용하였다.** 그런데 원고가 비특수관계 업체에 비하여 높은 기본할인율을 적용받거나 특별할인율을 높은 빈도로 적용받은 이유가 명확하지 않고, 이러한 계열사에 대한 기본할인율이나 특별할인율 적용 빈도의 차등 적용이 당해 산업부분의 정상적인 가격결정 관행에 부합한다고 보기 어렵다. 또한 이 사건 물품의 수입가격은 비특수관계 업체의 동종・동질물품 거래가격의 74%에 불과하고, 일부 물품의 경우 비특수관계 업체의 거래가격의 약 25%에 불과하다. 이처럼 특수관계인인 원고가 비특수관계 업체에 비하여 현저히 높은

183) **[미국예규]** 판매자가 동일한 가격표를 적용하여 특수관계에 있는 구매자와 특수관계가 없는 구매자에게 물품을 판매하는 경우, 판매자는 특수관계가 아닌 구매자에게 가격을 결정하는 것과 동일한 방법으로 특수관계에 있는 구매자와 가격을 결정하는 경우에는 특수관계가 거래가격에 영향을 미치지 않을 가능성이 있다(54628, 5462115).

빈도로 특별할인율을 적용받고, 이러한 할인율의 차이로 비특수관계 업체에 비하여 저렴한 거래가격으로 이 사건 물품을 수입한 것은 결국 원고의 수입가격이 특수관계에 영향을 받았다는 것을 시사한다(부산고판 2017누23865).

[심판례] 처분청은 국내 비특수관계자가 수입한 동종·동질물품의 거래가격이 확인되는 쟁점물품의 경우, 거래가격을 부인하고 제2방법으로 과세가격을 결정하여 관세 등을 과세하였는바, 쟁점물품의 거래가격이 청구법인과 쟁점판매자들 간 협상에 의해 결정되지 아니하고 본사에서 정한 이전가격 결정방법에 따라 일방적으로 결정되는 것으로 보이는 점, 이전가격 결정시 청구법인이 참여하여 가격결정에 관여한 사실이 확인되지 아니하는 점, 쟁점판매자가 쟁점물품 선적일 전후 60일 이내에 국내 비특수관계자에게 선적한 동종·동질물품의 거래가격 대비 쟁점물품의 거래가격이 현저히 저가로 나타나는 점, 쟁점판매자가 특수관계가 없는 구매자에게도 동일하게 적용하는 거래단계 및 거래수량 등의 차이에 따른 가격할인 정책이 확인되지 아니하고, 쟁점판매자가 청구법인에게 지급하는 서비스 수수료의 최고율에 해당하는 금액을 비교가격에서 공제하더라도 쟁점물품의 거래가격이 비교대상 물품보다 약 30% 이상 저가로 나타나는 점, 청구법인 스스로 AB그룹 관계사들은 모두 동일한 방식으로 가격을 결정한다고 주장함에도 제3국에 소재한 특수관계자에게 판매된 동종·동질물품의 거래가격이 쟁점물품의 거래가격과 달라 청구주장과 모순되고, **쟁점판매자는 특수관계자와 비특수관계자 간 거래가격을 이원화하여 특수관계자에게는 더 낮은 가격으로 판매하는 것으로 보이는 점,** 제3국에 소재한 비특수관계자에게 판매된 물품은 그 거래수량·거래단계·경영환경 등 쟁점물품의 판매와 동등한 조건에서 거래되었다는 사실이 입증되지 아니하여 이를 비교하기 어려운 점, AB그룹의 관계사들의 평균적인 연간 매출총이익률이 20% 이상인데, 이전가격정책서상 쟁점물품 판매로 인한 쟁점판매자의 매출총이익률은 11.8%에 불과하여 쟁점물품의 거래가격이 쟁점판매자의 모든 비용에 더해 충분한 이윤을 회복할 수 있을 정도로 적정하다고 보기 어려운 점, 이와 같은 거래가격 결정방법이 필터 산업계의 일반적인 거래관행으로 보기 어려운 점 등에 비추어 볼 때, 쟁점물품의 거래가격은 특수관계에 의해 영향을 받았다고 보아야 할 것이다(조심 2016관0180).

6) 여러 품목을 함께 수출판매함에 있어 정상적인 가격결정 관행에 부합하지 않는 경우

판매자와 구매자간에 여러 품목들이 거래되는 경우, 여러 품목을 전체적으로 고려하여 가격을 결정하는 방식(예: 바스켓어프로치 방식[184])을 채택할 수 있는데, 이 경우 바스켓 구성이 적정한지, 바스켓을 구성하는 개별품목의 수입가격이 적정한지(개별품목의 가격이 제조원가 이하이거나 매우 낮아서 판매자에게 손실이 발생하는 경우, 개별품목의 가격이

184) 구매자와 판매자간에 전체 목표영업이익률을 결정하고 그에 따라 개별품목별 영업이익률, 그리고 개별품목별 거래가격을 결정하는 경우가 여기에 해당한다.

높고 국내판관비 비중이 높아 구매자에게 영업손실이 계속 발생하고 있는 경우) 등에 대한 검토가 필요하다. 왜냐하면, 특수관계가 거래가격에 영향을 미쳤는지 여부의 판단은 거래당사자 사이의 전체 거래를 기준으로 하는 것이 아니라 당해 수입물품의 거래가격(당해 수입물품의 거래와 관련한 거래상황)을 기초로 판단하기 때문이다(부산고판 2010누2982, 2017누2010, 서울고판 2009누34664, 2016누75618).

[판례] 원고가 이 사건 물품의 판매자들과 관세법상 특수관계가 있다는 사실, 원고와 이 사건 물품의 판매자들은 일반의약품, 전문의약품, 동물의약품 3개 사업부문별 및 각 사업부문 내 판매자별로 총 7개의 바스켓을 구성하여 각 바스켓의 이익률이 일정한 목표이익률을 달성하도록 거래가격을 결정한 사실은 당사자 사이에 다툼이 없다. 그런데, **관세평가는 거래당사자 사이의 전체 거래에 의하여 결정하는 것이 아니라 당해 수입물품의 거래가격을 기초로 과세가격을 결정하는 것이고, 또한 특수관계자들간의 거래에 있어서도 가격정책상 어떤 품목은 저가나 고가로 공급하고 또 어떤 품목은 정상적인 가격으로 공급하는 경우가 있을 수 있으므로 특수관계가 거래가격에 영향을 미쳤는지의 여부를 판단함에 있어서도 당해 수입물품의 거래가격을 기초로 판단하여야 하는데,** 원고와 판매자들이 가격결정에 적용한 바스켓어프로치방식에 따르자면, 어떠한 바스켓의 이익률이 일정한 목표이익률 범위 안에 있다면 해당 바스켓 내 개별제품의 외부 판매가격이나 영업비용 등 이익률에 영향을 미치는 요인이 변동되더라도 개별 제품의 수입가격은 변경할 이유가 없게 된다. 이 사건 물품 중 상당수의 품목은 2011년 내지 2013년 사이에 약가가 하락하였음에도 불구하고 2013년 이전에는 수입가격에 거의 변동이 없었고 2013년 이후에 일부 수입가격이 변동된 점에 비추어 보면, 실제로도 원고와 판매자들은 바스켓의 목표이익률에 별다른 영향이 없다면 개별제품의 수입가격을 조정하지 않았던 것으로 보인다. 그 결과 피고가 제출한 증거에서 보는 바와 같이 전문의약품 전체적으로 2009년 5%, 2010년 1%, 2012년 1%의 영업이익률을 달성하였으나, 해당 바스켓내 개별제품군의 영억이익률을 살펴보면 2009년 −26%~24%, 2010년에는 −23%~19%, 2011년에는 −12%~26%, 2012년에는 −16%~14%와 같이 높은 영업이익률을 보이는 제품군과 영업손실을 보인 제품군이 혼재하였다. 또한 **특정 제품군은 매년 영업적자를 내는 반면 다른 제품군은 매년 높은 영업이익률을 달성하고 있는 점 역시 바스켓의 목표이익률에 별다른 영향이 없다면 개별 제품의 수입가격이 조정되지 않았음을 뒷받침한다.** 이러한 결과는 원고와 판매자들이 특수관계가 아니었다면, 또 개별제품에 대하여 가격협상이 이루어지는 일반적인 경우를 상정한다면 이례적인 결과이므로, 일응 원고와 판매자들 사이의 특수관계가 거래가격에 영향을 미쳤다는 의미로 판단된다. 바스켓어프로치방식이 의약품 산업의 정상적인 가격결정관행이라고 보더라도, 원고와 판매자들이 3개의 사업부문별 및 각 사업부문 내 판매자별로 총 7개의 바스켓을 구성하고 목표이익률 범위 내에서 가격을 결정하였다는 것만으로는 **정상적인 가격결정 관행에 들어맞는다고 보기 어렵다.** 그 이유는 다음과 같다. **첫째, 앞서 본 전문의약품의 경우 개별 제품군 사이에 영업이익률의 편차가 상당히 크고, 원고가 전문의약품 내에서 다시 세부적으로 분류한 전략사업**

분야별로 보더라도 영업이익률의 편차가 크다. 이는 하나의 바스켓 내에서도 판매단가, 수입단가, 영업비용 등 제판 환경이 제각각임을 추정케한다. 둘째, 원고가 제시한 바스켓 내 개별제품이 생산, 영업, 판매 등 거래 진행에 있어서 서로 어떠한 연관성이 있는지 구체적인 내용이 밝혀지지 않았다. 전문의약품, 일반의약품, 동물의약품이라는 범주는 너무 광범위하여 그 범주 내 품목의 상호 연관성을 알기 어렵다. 셋째, 원고와 판매자들 사이에 바스켓별로 목표이익률의 설정이나 개별 제품의 가격결정이 상호 협의되었음을 인정할 자료가 매우 부족하다. 오히려, 앞서 본 바와 같이 개별 제품별로 영업이익률의 편차가 큰 점, 판매가격의 변동에 비하여 수입가격 변동이 별로 없는 점 등에 비추어 보면 전사적 관점에서 영업이익률만이 문제될 뿐 개별 제품의 시장상황 변화는 가격결정에 별다른 영향을 주지 못하는 것으로 보인다. 넷째, 원고가 주장하는 바와 같이 적정 영업이익률 협의는 매년 8월부터 10월까지 약 60일간, 개별제품의 가격협의는 매년 10월부터 12월초까지 약 35일간 전화회의, 이메일 등을 통하여 이루어진다면, 상당한 양의 협의자료나 보고자료 등이 피고의 조사시 제출되었을 것으로 보임에도 그러한 자료가 제출되지 않았다(서울고판 2016누75618, 대판 2017두54869; **사례연습 17**).

[심판례]

청구법인 스스로 쟁점물품의 거래가격을 결정하는데 가장 중요한 변수인 전체목표이익률·품목별 목표이익률·운영경비율 및 예상환율 등을 **거래당사자가 아닌 본사 및 각 지역본부와 협의하여 결정한다**고 하는 점, 청구법인이 쟁점판매자와 개별품목별로 거래가격 및 목표이익률 등을 협의하여 결정하였다는 구체적인 입증자료를 제시하지 못하는 점, **개별품목별 목표이익률을 전체 목표이익률과 상이하게 적용하여 거래가격을 결정함으로써 개별품목에 따라서 청구법인이 손실을 보는 경우도 있고, 과도한 이윤을 얻는 품목도 있는 것으로 보이는 점, 이는 청구법인의 전체 목표이익률**(5~6%)**을 맞추기 위하여 개별품목별 목표이익률을 임의로 산정**(△188.8~42.4%)**하여 결과적으로 쟁점물품의 거래가격이 낮게 결정된 것으로 보이는 점**, 이와 같은 가격결정방법은 해당 업계의 정상적인 가격결정방법이라고 보기 어렵고 WTO 관세평가 협정 예해 8.1 (c)에서 예시하는 상쇄조정에 해당하는 것으로 볼 수 있는 점, 쟁점판매자가 쟁점물품의 판매로 인하여 모든 비용과 충분한 이윤을 회복한다는 점을 청구법인이 충분히 입증하였다고 보기 어려운 점, 처분청이 가격결정고시에서 규정한 방법대로 비교대상업체를 선정하여 동종·동류비율을 산정한 것으로 보이고 달리 잘못이 있다고 보기 어려운 점, 청구법인에게 이를 통보하였음에도 청구법인이 이에 대해 이의를 제기하지 아니한 점 등에 비추어 볼 때, 처분청이 쟁점물품의 거래가격이 특수관계에 의해 영향을 받은 것으로 보아 이를 부인하고 제4방법으로 과세가격을 결정하여 관세 등을 과세한 처분은 잘못이 없는 것으로 판단된다(조심 2017관0016).

7) 해당 수입물품의 국내판매시 매출 및 유통구조의 特性을 고려하지 않고 수입가격을 결정한 경우

해당 수입물품의 국내판매시 매출 및 유통구조의 특성상 판관비 비중이 높은 경우, 이를 반영하여 수입가격을 결정하는 것이 통상적인 가격결정방법일 것이다.

[판례] 살피건대, 관세법령의 내용 및 법리와 앞서 본 사실에 의하여 인정되는 다음의 사정, 즉 ㉠ **원고와 같이 주로 수입물품을 백화점에서 소매로 판매하는 경우 그 유통구조의 특성상 높은 백화점 수수료의 발생으로 인해 매출총이익률이 높게 책정될 여지가 있어 관세청이 인정하는 이윤 및 일반경비율 기준보다 원고의 평균 매출총이익률이 높게 설정하였다는 것만으로 특수관계가 수입거래가격에 영향을 미쳤다고 단정할 수 없는 점,** ㉡ 또한 관세평가분류원장이 이 사건 매출총이익률을 조정하기 위하여 사용한 동종품목은 '각종 크리스탈 제품 및 액세서리류'이고, 동종업종은 '기타 섬유, 직물 및 의복액세서리 소매업'으로서 **그 비교대상으로 삼은 품목과 업종이 이 사건 과세대상물품인 '패션 보석'보다 훨씬 광범위한 품목과 업종을 포괄하고 있어** 그 비교대상의 선정 범위가 적절해 보이지 않는 점, ㉢ 또한 법인세율(약 25%)은 관세율(8%)보다 훨씬 높아 수입가격을 의도적으로 낮출 경우 감소하는 관세부담보다 증가하는 법인세 부담 부분이 더 크므로, 원고에게 대한민국 범위에서 매출총이익률을 높게 책정하여 수입가격을 낮출 경제적 요인도 없는 점, ㉣ 원고의 일부 수입품목의 수입신고가격이 판매대금에서 매출총이익률을 공제한 가격보다 낮은 것은 각 품목별 편차를 감안하지 않고 평균 매출총이익률을 공제하였기 때문이라는 점, ㉤ **이 사건 수입물품과 그 특성, 판매가격, 수요 등에서 비교적 유사한 것으로 보이는 아카타 제품을 수입, 판매하고 있는 P사의 경우 수출자와 수입판매자 사이에 특수관계에 있지 않음에도 원고와 비교하여 매출총이익률 내지 영업이익률이 대체로 비슷하고, 원고의 소매업 영역만 고려할 경우 원고의 매출총이익률 내지 영업이익률이 높지만 그것은 구체적인 영업형태에 따른 차이일 가능성을 배제할 수 없는데,** 원고에게 경쟁관계에 있는 회사의 구체적 영업내용을 고려한 비교를 기대하기는 어려운 점, ㉥ **원고의 영업이익률의 편차가 다소 나기는 하나, 같은 기간의 유로화 평균 환율의 변동추이를 고려하면 정상적인 범위를 벗어났다고 보기 어렵고 2005년과 2006년 판매관리비 비율과 영업이익률이 동반 상승한 것 역시 원고의 매출액이나 유로화 환율변동률을 고려할 때 비정상적인 구조라고 단정할 수 없는 점,** ㉦ 이 사건 수입물품은 유행에 민감한 제품으로 유행시기나 계절별 매출정도의 차가 큰 품목이고, 수입대금결제 화폐인 유로화의 환율에 영향을 받게 되는 것은 사실이나, **환율변동이나 매출규모에 따라 그때그때 수입거래 가격을 조정한다는 것은 통상적인 거래관념상 기대하기 어렵다. A가 이 사건 수입물품의 수입가격을 유럽의 권장소비자 판매가격에서 일정한 매출총이익률을 공제하여 결정한 후 원고를 포함한 전세계 판매회사에 동일하게 적용하였다거나 그것이 원고가 수입가격 결정시 적용한다고 신고한 재판매가격법에 의하여 산정한 가격과 맞지 않다는 등의 사정만으로 그 수입가격이 특수관계에 영향을 받아 부당하게 낮게 책정된 것이라고 단정할 수 없다**(부산고판 2010누2982; **사례연습 14**).

(나) 판매상황의 변화와 가격조정(가격협상) 有無

1) 정부 정책(보험수가)의 변화

정부가 고시하는 보험수가는 의약품의 국내판매가격에 해당하므로, 보험수가가 상승하거나 하락하는 경우에는, 그에 상응하여 구매자는 판매자에게 가격 조정 요청(가격협상)을 하는 것이 통상적인 가격결정방법일 것이다.

다만, 보험수가 인하에 따라 곧바로 매번 수입가격을 조정하는 것은 통상적인 무역거래에서 기대하기 어려울 수 있을 것이다(부산고판 2018누21903).

[판례]

① 다음과 같은 사정에 비추어 보면 원고와 수출자 사이의 특수관계가 이 사건 각 물품의 수입가격에 영향을 미쳤다고 보기 어렵다고 할 것이다. ㉠ 이 사건 각 물품의 수입가격은 수출자 LS가 일방적으로 정하는 것이 아니라 **국내 보험의약품 판매가격 결정방식을 기초로 원고와 LS 사이의 상호 협상을 통해서 결정되었고, 의약품의 성분 여하 및 제네릭 의약품(복제약)의 존재 여부에 따라 국내판매가격 등이 정해지는 것인바, 원고는 이 사건 각 물품에 대하여 국민건강보험공단과의 협상에 따라 결정된 보험수가(약가)를 기준으로 LS와 수입가격을 협상하고 있으며, 이러한 원고의 수입가격 결정 방법은 정상적인 가격결정 관행에 부합한다.** ㉡ 원고는 실제로 이메일 등을 통해 수출자 LS와 사이에 이 사건 각 물품의 수입가격 인하와 관련된 협의를 하였고, 원고는 A의약품, B의약품 등 보험수가 인하로 인하여 수입가격 조정이 필요한 경우 수출자와 상호 협상을 통하여 수입가격을 조정하였다. **이 사건 각 물품 중 주요제품은 보험약가가 인하될 때 수입가격도 함께 인하되었던 것으로 보이고, 다만 피고의 주장처럼 일부 보험약가 인하율에 비추어 수입가격 인하율이 낮은 것은 사실이지만 이는 수입자인 원고가 쟁점물품에 대한 국내 판매 영업전략, 경영사정 등을 고려하여 보험약가가 인하되더라도 곧바로 수출자에게 그 수입가격의 인하를 요청하지 않을 수도 있거나 그 인하율 폭을 낮게 요청할 수도 있는 점, 실제로도 원고는 수출자 LS에게 수입가격을 인하해 줄 것을 요청하였다가 수출자와 협상을 통해 최종적으로 기존 수입가격을 그대로 유지하기로 결정하기도 하였던 점, 국내 의약품의 가격은 그 성분 및 제네릭 의약품의 존재 여부에 따라 영향을 받을 수 있는 등 수입가격 결정에 있어서 특수성이 있고, 보험약가의 인하에 따라 곧바로 매번 수입가격을 조정하는 것은 통상적인 무역거래에서 기대하기 어려운 점 등을 고려하면, 보험약가의 인하에 비례하여 수입가격이 조정되지 않았다는 사유만으로 특수관계가 거래가격에 영향을 미친 것이라는 피고의 주장은 받아들이기 어렵다.** ㉢ 또한 관세법 제30조 제3항 제4호의 "특수관계가 거래가격에 영향을 미쳤을 경우"란 관세 등을 회피, 절감하기 위하여 '거래가격을 부당하게 **저가**로 책정'한 경우를 의미하는바, 보험수가 인하에 따른 수입가격을 조정하지 않아서 결과적으로 수입가격이 고가로 책정되었다고 하더라도 곧바로 특수관계가 거래가격에 영향을 미친 경우에 해당한다고 보기 어렵다. ㉣ 원고는 원고가 속한 다국적기업그룹의 이전가격 정책을 준용하여 '재판매가격법'에 의하여 원고그룹 계열사의 목표

매출총이익률인 연도별 45% 내지 55%을 실현(유지)할 수 있도록 수입가격을 결정하는 방법을 채택하였고, 실제로 2008년경부터 2014년까지 **이 사건 각 물품의 개별 매출총이익률은 대부분 45~55% 수준으로 일정하게 유지되므로** 이 사건 각 물품의 매출총이익률이 광범위하게 분포한다는 피고의 주장은 사실에 반하고, 설령 원고의 제품별 매출총이익률이 다소 광범위하게 분포한다거나 이 사건 물품의 매출총이익률이 원고가 목표한 매출총이익률에 다소 차이가 있다는 사정만으로 특수관계가 거래가격에 영향을 미친 것으로 볼 수 없다. ㉤ 또한, **원고가 수입하는 이 사건 각 물품의 수입가격은 해외 비특수관계자에 대한 판매가격보다 높거나 유사한 수준이므로** 특수관계가 이 사건 각 물품의 수입가격에 영향을 미친 것으로 볼 수 없다(부산고판 2019누23296). ② 아래와 같은 사정을 종합하면, 비록 원고가 종전에 제3자인 국내 J사가 W사로부터 수입한 동일의약품의 수입가격과 동일한 가격으로 낮추어 수입하였다고 하더라도, 원고와 수출자의 특수관계가 거래가격에 영향을 미쳤다고 할 것이다. ㉠ 의약품 R의 1999년경부터 2002년경까지의 **보험수가가 거의 변동하지 않았음에도 원고는 R의 수입거래가격을 불과 약 2년 사이에 1.5배 또는 2배 상승시켰다가 다시 하락시켰다.** ㉡ 원고는 국내판매가격인 보험수가가 일정하고 국내 J사가 동일한 의약품을 수입하여 경쟁을 하고 있는 상황에서, **원고의 모회사인 A사가 수출자인 W사를 인수함에 따라 영업이익을 위하여 수입거래가격을 낮출 수 있었음에도, 합리적인 이유 없이 R의 수입거래가격을 올렸고,** 또한, **수입자인 원고가 J사에 영업이익을 보장하여 주는 것은 R의 수출자인 A의 자회사가 고려할 사정이 아님에도, 수출자인 A의 자회사는** 2002. 1경 **R의 가격을 1.5배 또는 2배나 낮추어 주었다. 이는 특수관계가 없는 구매자와 판매자 간에 통상적으로 이루어지는 가격결정과정이라 볼 수 없다.** ㉢ 원고가 2002. 1경 수입한 R의 당시 수입거래가격이 J사가 수입하던 당시의 가격과 액면가가 동일하다고 하더라도, J사는 1999년부터 2000. 11경까지 R을 수입하였을 뿐 2002. 1경에 R을 수입하지 아니하였을 뿐만 아니라, J사는 원고가 2002. 1경 수입하던 A의 자회사(A Company)로부터 R을 수입한 것이 아니므로, 위 가격은 관세법 제23조 제2항 제3호에 정한 동종·동질물품 또는 유사물품의 거래가격이라 볼 수 없다. 설령 J사의 수입거래가격을 비교가격으로 본다고 하더라도, J사가 R을 수입하면서 W사와 거래한 물품인도조건, 대금결제방법, 서비스료 등을 고려하면, 실질적인 가치가 동일하다고 볼 수는 없으므로, 관세법 시행규칙 제5조 제1항 단서에 따라 비교가격에 근접한 것으로 볼 수 없다. ㉣ 구 관세법 제24조 제1항 제2호, 제4호의 규정에 의하면, 세관장은 납세의무자가 동일한 공급자로부터 계속하여 수입하고 있음에도 신고한 가격에 현저한 변동이 있는 경우나 납세의무자가 거래선을 변경한 경우로서 신고한 가격이 종전의 가격과 현저한 차이가 있는 경우 등과 같이 납세의무자의 수입신고 거래가격을 과세가격으로 인정하기 곤란한 경우 신고가격이 사실과 같음을 증명할 수 있는 자료의 제출을 요구할 수 있고, 납세의무자가 요구받은 자료를 제출하지 아니하거나 제출한 자료만으로 신고가격을 과세가격으로 인정하기 곤란한 경우 수입거래가격을 부인할 수 있도록 규정하고 있다(서울고판 2009누34664).

[심판례] **쟁점물품의 수입가격이 재판매가격법에 의하여 결정되고 보험수가에 따라 국내판매가격이 연동되는 이상 보험수가의 변동추이에 따라 수입가격도 변동하여야 하나 그러지 아니한 점 등을 고려할 때 특수관계가 거래가격에 영향을 미쳤다고 본 개연성이 높기는 하나,** 청구법인이 제출한 자료에 따르면 해외 본사가 청구법인에게 판매하는 쟁점물품의 가격이 비특수관계자에게 판매하는 가격보다 대부분 높은 것으로 나타나는 점 등에 비추어 청구법인이 추가 제출한 자료들을 재조사하여 특수관계가 거래가격에 영향을 미쳤는지 여부를 결정하는 것이 타당한 것으로 판단된다(조심 2015관0155).

2) 환율의 변동, 결제통화의 변경

결제통화와 환율이 변동됨에 따라 구매자나 판매자에게 지속적으로 손실이 발생하는 경우, 양 당사자는 장래의 환율변동을 고려하여 거래가격을 조정하는 것이 통상적인 가격결정방법일 것이다. 그러나 과거의 환율 급등으로 인한 손해를 보전할 목적으로 수입물품의 거래가격을 인하하는 것은 통상적인 가격결정방법에 해당한다고 보기 어렵다(평가 47221-82). 다만, 환율변동이나 매출규모에 따라 그때그때 수입가격을 조정한다는 것은 통상적인 거래관념상 기대하기 어려울 수 있고(부산고판 2010누2982). 또한 외화를 기준으로 수입가격을 책정한 다음 환율이 변동될 때마다 재판매가격을 조정한다는 것도 사회통념상 기대하기 어려울 수 있을 것이다(대판 2007두9303, 부산고판 2010누2982).

[판례] 원고의 영업이익률의 편차가 다소 나기는 하나, 같은 기간의 유로화 평균 환율의 변동추이를 고려하면 정상적인 범위를 벗어났다고 보기 어렵고 2005년과 2006년 판매관리비 비율과 영업이익률이 동반 상승한 것 역시 원고의 매출액이나 유로화 환율변동률을 고려할 때 비정상적인 구조라고 단정할 수 없는 점, 이 사건 수입물품은 유행에 민감한 제품으로 유행시기나 계절별 매출정도의 차가 큰 품목이고, 수입대금결제 화폐인 유로화의 환율에 영향을 받게 되는 것은 사실이나, **환율변동이나 매출규모에 따라 그때그때 수입거래 가격을 조정한다는 것은 통상적인 거래관념상 기대하기 어렵다.** A가 이 사건 수입물품의 수입가격을 유럽의 권장소비자 판매가격에서 일정한 매출총이익률을 공제하여 결정한 후 원고를 포함한 전세계 판매회사에 동일하게 적용하였다거나 그것이 원고가 수입가격 결정시 적용한다고 신고한 재판매가격법에 의하여 산정한 가격과 맞지 않다는 등의 사정만으로 그 수입가격이 특수관계에 영향을 받아 부당하게 낮게 책정된 것이라고 단정할 수 없다(부산고판 2010누2982).

3) 구매자의 국내 판관비 등 지출의 변동

구매자가 수입하는 어떠한 품목에 대해 구매자의 판관비(광고선전비,[185] 매출할인 및

185) **[참고판례]** 매출액 대비 광고선전비가 차지하는 비율이 매년 계속해서 상승하고 매출총이익 대비 광고선전비가

판매촉진비용 등)나 판매장려금 등 지출이 과다하게 발생하고 있다면 구매자는 판매자에게 그 품목에 대해 가격 조정을 요청(가격협상)하는 것이 통상적인 가격결정방법일 것이다.

[판례] 이 사건 물품의 재판매가격은 주기적으로 인상되어 왔음에도 이 사건 물품의 수입가격은 1994년 이래 10여년간 미화 485달러로 고정되어 있는 점, **위와 같이 원고가 이 사건 물품을 재판매하여 거두는 차익이 늘어났음에도 불구하고 오히려 원고의 영업이익은 2001년 이후 감소 추세에 있는데, 이는 광고선전비 부담이 가중되었기 때문인 것으로 보이는 점, 실제 원고는 이 사건 물품의 재판매 차익에 따른 매출총이익의 상당 부분을 광고선전비에 사용(2003년도의 경우 78.7%에 달한다)하고 있는 바,** 이는 원고의 이익보다는 주로 특수관계자인 판매자(수출자) A사의 이익을 위한 것으로 보이는 점 등에 비추어 보면, 원고와 A사 사이의 특수관계가 이 사건 물품의 수입가격에 영향을 미친 경우에 해당하여 법 제30조 제3항에 의하여 법 제30조 제1항에 따른 거래가격의 적용이 배제된다고 할 것이다(부산지판 2008구합1864).

[예시] 미국소재 판매자는 동일한 가격표를 적용하여 특수관계에 있는 국내 자회사와 특수관계가 아닌 국내 유통업자에게 물품을 판매한다. 특수관계가 있는 국내 자회사는 특수관계가 아닌 국내 유통업자보다 높은 할인을 받는다. 그러나 특수관계에 있는 국내 자회사 및 특수관계가 아닌 국내 유통업자 모두 미국판매자로부터 자신들이 구매한 수량을 기초로 할인을 받는다. 그런데 **판매자가 특수관계에 있는 국내 자회사에게 더 많은 할인을 주는 것은 국내 자회사가 (특수관계가 아닌 국내 유통업자보다) 미국 판매자의 상품을 광범위하게 보관함으로 인하여 창고비용이 증가하였고** 또한 국내 자회사는 국내에서 미국 판매자의 상품을 판매하고 광고선전을 하고 있기 때문이다. 특수관계에 있는 구매자가 수량을 조정한 경우 거래할인액은 특수관계에 있는 국내 자회사와 특수관계가 아닌 국내 유통업자간의 거래할인액과 크게 다르지 않다. 따라서 특수관계에 의해 물품의 가격에 영향을 미치지 아니하는 것 같아 보이며, 쌍방은 특수관계에 있지 아니한 것으로 판매하므로 거래가격으로 과세가격을 결정할 수 있다(미국예규 546285).

4) 수입물품의 국내시장 상황 변화

① 해당 수입물품의 국내 시장점유율이 매우 낮아 시장점유율을 확대하기 위하여, 또는 해당 수입물품이 국내 시장에 진입하는 초기이어서 판관비 등 지출이 많이 발생하는 경우, 구매자는 이를 감안하여 판매자와 협의를 통해 가격조정을 요청하는 것이 통상적일 것이다. 국내시장에서의 가격경쟁력 확보, 시장점유율 확대, 영업이익 증가 등은 수입거래에서

차지하는 비율이 40~50% 이상으로 과도하게 높으며 수입물품을 재판매하여 얻는 차익은 계속해서 늘어났음에도 광고선전비의 부담이 과중하여 영업이익은 감소추세에 있음에도 판매자에게 수입가격 인하 요청을 하지 않은 경우, 특수관계가 거래가격에 영향을 미쳤다고 볼 수 있다(부산지판 2009구합1864).

일반적으로 추구되는 이익이므로 이를 위해 해당물품의 수입가격을 할인받았다는 사정만으로는 특수관계가 거래가격에 영향을 미쳤다고 인정하기에 부족하다(부산고판 2015누23915).

② 동종·동류물품의 국내판매가격의 하락 등으로 인하여 구매자가 국내시장에서 계속해서 영업이익이 감소하거나 손실이 발생하는 경우, 구매자는 판매자에게 국내시장에서 매출증대 및 영업이익의 증가를 위해 거래가격 조정을 요청(가격협상)하는 것이 통상적인 가격결정방법일 것이다.

다만, 매출규모에 따라 그때그때 수입거래가격을 조정한다는 것은 통상적인 거래관념상 기대하기 어려울 수 있을 것이다(부산고판 2010누2982).

[판례]

다음과 같은 사정에 비추어 보면 원고와 수출자 사이의 특수관계가 이 사건 물품의 거래가격에 영향을 미쳤다고 봄이 상당한다. (생략) 이에 대하여 원고는 이 사건 물품은 모터와 함께 서보시스템 단위로 최종수요자에게 판매되기 때문에 원고와 수출자가 가격협상을 함에 있어 모터의 국제적인 시세상승으로 인해 서보시스템의 가격 경쟁력이 감소하는 것을 방지하기 위하여 서보시스템의 가격이 일정 수준으로 유지되도록 수출자가 이 사건 물품의 가격을 낮게 제시한 것이라고 주장하나, **원고와 수출자 사이에 이 사건 물품의 국내판매를 원고가 독점하기로 하는 계약을 체결하였다는 등의 특별한 사정도 없는 이 사건에서 수출자가 수입자인 원고의 국내에서의 가격경쟁력까지 고려하여 수입가격을 조정해준다는 것은 원고와 수출자 사이의 특수관계를 고려하지 않고는 합리적으로 설명하기 어렵다**(서울고판 2016누79177).

[심판례]

① 쟁점물품에 대한 수입신고가격은 청구법인이 사업을 인수하기 전 사업자의 수입가격과 그 차이가 10% 이내인 점, **청구법인으로서는 FTA 협정관세의 적용으로 인하여 관세 납부세액이 없어 수입가격을 임의로 저가신고할 유인이 없는 점, 사업개시에 따른 일시적 가격조정이 상거래에 관행에 부합하지 않는다고 단정하기 어려운 점** 등에 비추어 특수관계가 거래가격에 영향을 미친 경우로 보기 어렵다(조심 2016관0097). ② 청구법인은 매출총이익률에 대한 산출근거자료를 제출하지 못하고 있고, 2012년 **이후 동종·동류비율은 점점 하락하고 있음에도 일정하게 목표 매출총이익률 40%를 적용하여 수입가격을 결정하고 있는 합리적인 근거를 제출하지 못하고 있는 점, 심사대상기간 4년 동안 관세율이 8%에서 5.3%, 2.6%, 0%로 단계적으로 하락하는 등 가격결정요인이 변동하였음에도 쟁점물품의 수입신고가격이 일정한 점**, 위 기간 실제 적용된 관세율을 반영하여 결정한 이전가격과 신고금액과의 차액 합계가 OOO원으로 청구법인의 4년간 영업이익 합계 OOO원의 19.2%에 해당하여 영업이익에 미친 영향이 적지 않은 것으로 보이는 점, **쟁점물품의 영업이익으로 일부 제품의 마이너스 영업이익을 보전하고 있는 것으로 보이고, 경쟁제품인 A물품과 쟁점물품의 보험약가와 수입가격 비교시**

보험약가가 높은 쟁점물품의 수입가격이 오히려 낮은 점 등에 비추어 처분청이 쟁점물품의 거래가격이 특수관계에 의해 영향을 받은 것으로 보아 신고가격을 부인하고 제4방법으로 과세가격을 결정하여 관세 등을 부과한 처분은 달리 잘못이 없는 것으로 판단된다. 다만, 2012년도의 이전가격은 그 전년도인 2011년도에 정해지는 것인데, 2012년에 적용된 쟁점물품의 보험수가 · 특허기간 · 동종 · 동류비율 · 적용관세율이 일정하였던 점, 2012. 1. 1.부터 2012. 9. 27.까지의 신고가격에 대하여 처분청이 달리 이견을 표시하지 아니하였던 점 등에 비추어 2012년도 수입신고 건은 특수관계가 거래가격에 영향을 미쳤다고 보기 어렵다 할 것이다(조심 2018관0011).

5) 물품원가 등의 변동

제조원가의 상승(원재료 가격의 상승 등), 특히 국제적으로 시세가 공시되는 원자재의 가격이 상승하는 경우, 이를 반영하여 수입가격을 조정하는 것이 통상적인 가격결정방법일 것이다.

[판례] 서보시스템을 구성하는 개별 물품별로 최종수요자에게 판매가 이루어지는 것이 아니라 이 사건 물품이 모터와 함께 서보시스템 단위로 판매되는 것이라 하더라도, **그 중 일부(모터)의 국제적인 시세가 상승하게 되면 서보시스템 전체의 가격도 상승하게 되는 것이 시장원리에 부합하는 것으로 보이고, 수출자가 서보시스템 전체의 가격유지를 위해 이 사건 물품의 수입가격을 낮추어 주는 것이 당해 산업부분의 정상적인 가격결정 관행에 해당한다고 보기 어렵다**(서울고판 2016누79177; **사례연습 16**).

[심판례] 청구법인이 가격을 협상하여 결정하는 것으로 보이지 아니하는 점, **쟁점판매자의 표준원가는 연도별로 변동됨에도 거래가격은 변동되지 아니하는바,** MCP(시장상황가격)은 총 수입금액을 맞추기 위한 임의 조정요소로 보이고, 그 결정기준 등 관련 자료를 제출하지 못하고 있는 점, **쟁점물품의 거래가격이 그 표준원가보다 낮은 품목이 존재하고** 이와 같은 가격결정방법을 동종업계의 통상적인 가격결정관행으로 보기 어려운 점 등에 비추어 쟁점물품의 거래가격이 특수관계에 의해 영향을 받았다고 보아 제1방법을 배제하고 제6방법에 따라 과세가격을 결정하여 관세 등을 과세한 쟁점②처분은 달리 잘못이 없다(조심 2017관0133).

(다) 내국세 정상가격 결정방법과의 관계

대부분의 기업들은 내국세 목적으로 국제조세조정에 관한 법률에 규정된 정상가격 결정방법(예: 거래순이익률법, 재판매가격법 등)에 따라 이전가격을 결정하는데, 이 경우 특수관계가 거래가격에 영향을 미쳤는지 여부는 다음과 같이 검토한다.

① 먼저, 국제조세조정에 관한 법률에서 정한 정상가격 산출방법에 따랐다 할지라도, 그러한 사정만으로 특수관계가 거래가격에 영향을 미치지 않았다고 판단해서는 아니된다(서울고판 2009누10873 등).

② 구매자와 판매자가 채택한 이전가격 결정방법이 적정한지(비교대상기업의 선정이 적정한지, 정상영업이익률 도출과정이 적정한지, 이전가격 관련 주요 변수 예측이 적정한지 여부 등), 본사의 이전가격정책이나 이전가격연구(또는 이전가격가이드라인)상 이전가격 결정방법과 구매자가 실제로 행하는 수입가격 결정방법이 상이한지 여부, 이전가격 사후보상조정이 적정하게 이루어졌는지(수입자가 사후보상조정으로 과다한 금액을 계속해서 지급하는지) 여부 등에 대한 검토가 필요하다.

[판례] ① 관세의 부과를 목적으로 하는 관세법에 의한 '과세가격'의 목적 및 산출방법은 내국세 부과를 목적으로 하는 국제조세조정에 관한 법률에 의한 '정상가격'의 목적 및 산출방법과는 다르므로, **이 사건 각물품의 수입가격이 원고의 주장과 같이 국제조세조정에 관한 법률에서 정한 정상가격산출방법 중 하나인 거래순이익률법에 따랐다 할지라도, 그러한 사정만으로 원고와 미국본사 사이의 특수관계가 이 사건 각 물품의 거래가격에 영향을 미치지 않았다고 보기는 어렵다**(부산고판 2016누23820). ② **관세부과를 목적으로 하는 관세법에 의한 과세가격의 산정방법은 내국세 부과를 목적으로 하는 국제조세조정에 관한 법률에 의한 정상가격의 산정방법과 다르므로, 서울지방국세청장이 건전지에 대한 이전가격 소득조정을 한 바 있다는 사정만으로 원고와 이 사건 수출자 사이의 특수관계가 이 사건 물품의 수입가격에 영향을 미치지 않았다고 보기 어렵다.** 또한, 이 사건 물품의 수입신고는 덤핑방지와 관련한 약속 가격의 이행기간 以後에 이루어진 것이므로, 이 사건 물품의 수입가격이 그와 같은 약속 가격보다 높다는 사정만으로 원고와 이 사건 수출자 사이의 특수관계가 이 사건 물품의 수입가격에 영향을 미치지 않았다고 볼 수 없다(서울고판 2019누39514, 대판 2019두62987). ③ 피고는 원고가 **재판매가격방법에 따른 매출총이익률을 산출하면서 국내 동종업체의 매출총이익률이 아닌 해외 동종업체의 매출총이익률을 참고한 것**은 통상적인 거래관행이 아니고, 원고가 매출총이익률을 산출한 근거나 자료 등을 밝히지 못하고 있으므로, 프랑스 본사나 수출자에 의하여 거래가격이 일방적으로 결정되었다고 보았다. 그러나 설령 원고가 잘못된 방법으로 재판매가격방법을 적용하여 정상가격을 산출하였고 매출총이익률을 산출한 근거나 자료 등을 제대로 밝히지 못하고 있다고 하더라도 이러한 사정만으로는 원고와 프랑스 본사 등 간의 특수관계가 이 사건 물품의 가격형성에 영향을 미쳤다고 보기는 어렵다(부산고판 2017누21661).

(3) 그 밖에 판매상황 검증시 고려해야 할 간접사실

아래와 같은 사실들이 있다면 특수관계가 거래가격에 영향을 미칠 가능성이 있다. 다만 이러한 사정만으로 곧바로 특수관계가 거래가격에 영향을 미쳤다고 판단해서는 아니되고,

앞의 (1) 및 (2)의 사실들과 함께 종합적 검토가 필요할 것이다.

(가) 해당물품의 신고가격이 비특수관계자의 동종 · 동질물품(또는 유사물품) 수입가격에 비해 현저히 低價인 경우

[판례] ① 다음과 같은 사정들을 종합하면, 원고와 이 사건 수출자 사이에 특수관계가 이 사건 물품의 수입가격에 영향을 미쳤다고 봄이 타당하다. ㉠ 원고는 이 사건 수출자 또는 그룹 본사에 국내 경쟁상황, 환율, 원고의 적정 마진, 마케팅 등에 관한 정보를 제공하고, 이에 따라 이 사건 수출자 또는 그룹본사가 이 사건 물품의 수입가격을 결정하면 그 수입가격을 그대로 수용하여 온 것으로 보이는데, 이와 같이 특이한 수입가격 결정방식은 원고와 이 사건 수출자, 그룹본사 사이의 특수관계를 고려하지 않고는 이해하기 어렵다. ㉡ 이 사건 물품 중 건전지 일부 품목의 수입가격은 2009. 5.경 급락하였다가 2011. 11.경 종전 수준으로 회복되었는데, 그와 같이 수입가격이 급격하게 변동될 수밖에 없었던 특별한 사정을 발견하기 어렵다. **이에 대해 원고는 2009년경 환율이 급격 상승함에 따라 2009년의 수입가격이 조정되었던 것이라고 주장하나, 2010년 환율이 종전 수준으로 회복되었음에도 그와 같은 건전지 일부 품목의 수입가격은 종전 수준으로 회복되지 않았고, 건전지 일부 품목의 경우에는 2008년의 수입가격이 환율변동과 상관없이 계속 유지되어 온 점에 비추어 원고의 주장은 그대로 받아들이기 어렵다.** ㉢ 원고는 이 사건 물품 중 일정기간의 수입신고분에 관하여 수입가격신고 및 대금결제를 완료하였음에도 그 후 정산을 거쳐 그 대금 차액을 이 사건 수출자에게 추가로 지급하였는데, 원고가 이 사건 수출자와 사이에 그 수입가격의 조정에 관한 사정약정이 없는 상태에서 대금을 사후 정산하여 추가로 지급하게 된 사정을 이해할 만한 합리적인 이유를 찾기 어렵다. ㉣ 이 사건 물품 중 H물품의 수입가격은 이 사건 수출자가 제시한 가격보다 높은 가격으로 결정되었는데, 이는 원고와 이 사건 수출자 사이의 특수관계를 고려하지 않고는 이해하기 어렵다. **또한 이 사건 물품 중 H물품의 수입가격은 이 사건 수출자와 특수관계가 없는 국내 B사의 수입가격과 비교하여 현저히 낮은 가격이다.** ㉤ 관세부과를 목적으로 하는 관세법에 의한 과세가격의 산정방법은 내국세 부과를 목적으로 하는 국제조세조정에 관한 법률에 의한 정상가격의 산정방법과 다르므로, 서울지방국세청장이 건전지에 대한 이전가격 소득조정을 한 바 있다는 사정만으로 원고와 이 사건 수출자 사이의 특수관계가 이 사건 물품의 수입가격에 영향을 미치지 않았다고 보기 어렵다. 또한, 이 사건 물품의 수입신고는 덤핑방지와 관련한 약속 가격의 이행기간 以後에 이루어진 것이므로, 이 사건 물품의 수입가격이 그와 같은 약속 가격보다 높다는 사정만으로 원고와 이 사건 수출자 사이의 특수관계가 이 사건 물품의 수입가격에 영향을 미치지 않았다고 볼 수 없다(서울고판 2019누39514, 대판 2019두62987). ② 피고제출 증거자료의 각 기재에 변론 전체의 취지를 종합하면, 원고가 의약품 D의 원재료인 E를 수입하면서 **수탁가공목적 수입품(3,558달러/kg)을 일반목적 수입품(1,200달러/kg)에 비하여 약 3배 이상 높게 수입신고를 한 사실**은 인정된다. 그러나 원고는 수탁가공목적 수입품을 다시 수출하면 관세를 환급받고, 수출자로부터 가공비만을 받을 뿐이므로, 원고는 수출자가 기재한 거래가격에 관하여 아무런

관심이 없을 뿐만 아니라 이에 관하여 가격협상을 할 필요가 없다. 따라서 **수탁가공목적 수입품의 가격이 일반수입품의 가격에 비하여 높다는 이유만으로 일반수입품의 가격이 낮은 것으로 볼 수는 없다**(서울고판 2009누34664).

[심판례] ① 청구법인이 수출자1에게 할인후의 가격으로 실제지급한 점, 기준가격이 청구법인과 수출자1의 가격협상에 의해 거래가격으로 확정된 가격은 아니라는 점, 수출자1이 쟁점물품 판매시 특별한 조건이나 사정을 청구법인에게 부여하였다고 볼만한 입증자료가 없다는 점 등으로 보아 쟁점물품1에 대하여 할인전의 기준가격으로 과세가격을 결정하는 것은 타당하지 않다고 판단된다. 그러나, 쟁점물품1의 수입가격은 수출자1의 국내자회사인 AB(주)의 **동종·동질물품의 수입가격 보다 20% 내지 45% 저가이고**, 지난 5년간 AB(주)의 수입가격 대비 10% 이상 차이가 나는 건이 전체 약 87%이므로 **쟁점물품의 수입가격은 특수관계의 영향을 받은 측면이 있는 것으로 보여진다**(조심 2016관0026). ② **비특수관계자의 동종·동질물품 수입가격에 비하여 쟁점물품의 거래가격이 10% 이상 낮게 신고된 경우가 91%에 달하는 점**, 청구법인의 가격할인 요청이 없는 경우에도 본사의 일방적인 결정으로 할인된 사실이 확인되는 점, 쟁점물품에 대한 가격결정방법이 달리 통상적이거나 당해 산업부문의 정상적인 가격결정 관행에 부합하는 방법으로 볼 만한 증빙이 제시되지 아니한 점 등에 비추어 이 건 처분 잘못이 없다(조심 2016관0026).

(나) 同一한 공급자로부터 계속 수입하고 있음에도 일정시점을 前後로 하여 수입가격의 차이가 현저한 경우

동일 공급자로부터 수입되는 다른 물품의 수입가격은 매년 계속 상승하고 있음에도 불구하고 평가대상물품의 수입가격은 거의 변동이 없거나 오히려 하락하는 경우도 특수관계가 거래가격에 영향을 미쳤을 가능성이 있다.

[심판례] ① 이상의 사실관계 및 관련 법령 등을 종합하여 살피건대, 청구법인은 수출자로부터 A물품과 쟁점물품을 수입하면서, 그 거래가격은 동일하게 본사와의 협의를 통해 재판매가격법으로 결정하였다고 주장하나, A물품의 경우 구체적인 시뮬레이션의 수행 등을 통해 거래가격이 결정된 반면, 쟁점물품의 경우 품목별로 별도의 시뮬레이션을 실시하지 아니하고 전체 상품군에 대해서 이루어진 시뮬레이션 결과를 바탕으로 수입가격을 결정한 것으로 보이는 점, **A물품의 거래가격은 OOO달러 상승한 반면, 쟁점물품 중 상위물품의 경우 2010년까지 가격변동이 없다가 2011년부터 가격이 약 OOO달러씩 상승하고 있는 점**, 청구법인이 쟁점물품의 거래가격 결정과 관련하여 제시한 자료로는 쟁점물품의 거래가격이 관세법 시행령 제23조 제2항에 정한 특수관계가 없는 구매자와 판매자간 통상적으로 이루어지는 가격결정방법으로 결정되었거나, 해당 산업부분의 정상적인 가격결정 관행에 부합하는 방법 등으로 결정되었다고 보기 어려운 점 등에 비추어 쟁점물품의 거래가격은 청구법인과 수출자간의 특수관계에 영향을 받은 것으로

판단된다(조심 2015관0091). ② 2012년 10월 以前 및 以後의 청구법인의 수입신고 가격이 현저한 차이가 있는 것은 以前까지 쟁점물품의 거래가격이 관계기업 간에 적용되는 이전가격결정방법에 따라 산출되지 아니하고 특수관계가 가격에 영향을 미친 것으로 보이는 점 등에 비추어 처분청이 특수관계가 거래가격에 영향을 미친 것으로 보아 쟁점물품의 수입신고가격을 부인한 처분은 잘못이 없다(조심 2015관0179).

(다) 수입자(또는 공급자)의 지위 변동이나 공급선의 변경 以後 수입가격이 상당한 정도로 하락하는 경우

동종·동질물품을 공급하는 해외 공급자가 A에서 B로 변경된 경우, 변경 以後에 수입가격이 상당한 정도로 하락하는 경우에는 특수관계로 인하여 거래가격에 영향을 받았을 가능성이 있다.

구매자가 특수관계없는 판매자로부터 물품을 수입하여 오다가 어느 시점부터 구매자와 판매자간에 지분 취득 등으로 인하여 특수관계가 형성된 경우, 그 以後의 수입가격이 상당한 정도로 하락하였다면 특수관계로 인하여 거래가격에 영향을 받았을 가능성이 있다.[186] 또한, 수출자(본사)가 해외에서 합병하거나 국내 자회사가 합병을 한 시점을 기준으로 수입가격이 변동(인하)하였다면, 특수관계로 인하여 거래가격에 영향을 받았을 가능성이 있다.

[판례] ① **원고가 수입한 B보드의 신고가격이 VK사가 합병[187] 전후로 33% 낮아짐에 따라** 피고는 원고에게 합병 이후 V보드에 관한 원고의 신고가격이 동종·동질물품의 가격과 현저한 차이가 나거나 동일한 공급자로부터 계속 수입하고 있음에도 현저한 변동이 있으므로, 이에 관한 소명자료를 제출 할 것을 요구하였다. 이에 원고는 피고에게 "VK사의 영업이익률이 낮아 합병 후 수입가격을 인하하지 않으면 원고의 엔지니어링 서비스 부분의 수익성이 악화될 수밖에 없어서 합병 前 VK사의 수입신고가격을 정함에 있어서 할인율을 40%에서 60%로 인상하였다"는 취지로 소명하였다. 이처럼 **다른 가격결정요인에 특별한 변동이 없음에도 AJ그룹 내 관계사 중 하나인 원고의 특정 사업부분 영업이익률이 낮아지는 것을 막기 위하여 V보드의 수입신고가격을 임의로 33%나 낮추었다면 그 가격이 해당 물품의 실제거래가격을 정당하게 반영할 것이라고 볼 수 없고,** 또한 V보드 사용량이 증가되고 연간 보수계약의 단가가 인하되었다고 인정할 만한 자료도 없다. 원고는 V보드의 유지보수 단가는 고객사의 원가절감 요구로 인해 인상이 거의 불가능하였던 반면, V보드 사업 부분 내부에서는 원가 상승 요인이 상존하고 있어 V보드의 수입가격을 인하할 필요성이 있었다거나 과거 VK사가 반도체 검사장비를 저가에 공급하는 대신 부품이나 소모품 등을 고가에 판매하였던 것과 달리 AJ그룹은

---

186) 다만, [미국예규] 당사자가 특수관계를 맺기 以前과 以後에 수입가격에 변동이 없었다는 단순한 사실이 당사자의 특수관계로 인하여 거래가격에 영향을 미치지 않았다는 자명한 증거가 되는 것은 아니다(546561).

반도체 검사장비를 고가에 판매하는 대신 보드와 같은 부품을 저렴한 가격에 공급하는 정책을 취하고 있어 합병 以後 V보드의 수입가격 결정방식을 변경할 필요가 있었다고 주장하나 원고가 제출한 자료만으로는 그러한 사실을 인정하기 어렵다. 따라서, 피고가 관세법 제30조 제5항 제3호, 같은 법 시행령 제24조 제3항 제2호에 따라 **원고가 신고한 가격의 정확성이나 진실성을 의심할 만한 합리적인 사유가 있다고 보고 그 가격을 부인한 것은 적법하다(피고는 "특수관계가 해당물품의 가격에 영향을 미친 경우"에도 해당한다**고 주장하였으나, 피고의 신고가격 부인이 정당한 이상 이에 관하여 따로 판단하지 아니한다). 또한, **합병 이전과 이후의 V보드는 동종·동질물품에 해당하므로** 피고가 제2방법 또는 제6방법(수입시기에 따른 차이가 선적일 전후 60일을 초과한 경우에 적용한 것으로 보이는데, 그 차이에 따른 가격변동이 있다고 볼만한 사정은 없다)에 따라 합병 이전의 수입신고가격을 기준으로 과세한 것은 적법하다(부산고판 2017누24196). ② 한편 수출자는 원고가 설립되기 전인 1997. 1. 무렵부터 G상사에게 이 사건 물품을 수출하였고, 2004. 9.경 G상사 대표 甲으로부터 G상사의 지분 65%를 인수하여 원고를 설립함으로써 원고와 프랑스 본사, 수출자 사이에 특수관계가 생기게 되었다. 그런데 2004. **9.경 원고와 프랑스 본사 등 간에 특수관계가 형성되기 전·후의 이 사건 물품에 대한 수입가격을 비교해보면 가격에 변동이 없거나 오히려 가격이 인상되기도 했다.** 원고가 독립된 거래당사자로서 프랑스 본사 등과 수입가격 결정에 관한 구체적인 협의를 하였다고 볼 만한 자료를 충분히 제시하고 있지 아니한 사정은 인정되나, 구 관세법 제30조 제1항에서 실제로 지급하였거나 지급하여야 할 가격을 원칙적인 과세가격으로 규정하고 있는 이상, 그 적용을 배제하고 관세법 제30조 제4항, 제5항을 적용하여 관세법 제31조 내지 제35조에서 정한 방법으로 과세가격을 결정하는 것은 **가급적 그 요건을 엄격히 해석할 필요가 있으므로**(대판 2005두17188 참조), **위와 같은 사정만으로는 특수관계가 거래가격에 영향을 미쳤다고 보기는 어렵다**(부산고판 2017누21661).

[심판례] 쟁점물품에 대한 수입신고가격은 **청구법인이 사업을 인수하기 전 사업자의 수입가격과 그 차이가 10% 이내인 점**, 청구법인으로서는 FTA 협정관세의 적용으로 인하여 관세 납부세액이 없어 수입가격을 임의로 저가신고할 유인이 없는 점, 사업개시에 따른 일시적 가격조정이 상거래에 관행에 부합하지 않는다고 단정하기 어려운 점 등에 비추어 특수관계가 거래가격에 영향을 미친 경우로 보기 어렵다(조심 2016관0097).

(라) 해당물품의 수입가격이 공표되는 국제거래시세와 현저한 차이가 있는 경우

---

187) AJ사는 비메모리 반도체 검사장비 제조업체인 싱가포르의 VL사를 합병함에 따라 원고는 국내 VL사의 자회사인 VK사를 흡수합병하였다. 원고는 V보드의 교체·보수 등 VK가 수행하던 반도체장비의 유지·보수 서비스 사업을 계속하면서 VL에 이은 AP(AJ의 계열사)로부터 합병 이전보다 33% 인하된 가격으로 V보드를 수입하였다.

(마) **완제품의 수입가격이 원재료의 수입가격보다 低價인 사정**(국심 2005관0199), **원재료의 수입가격이 반제품의 수입가격보다 높거나 비슷한 수준인 경우**(서울고판 2009누34664).

[판례] 위 인정사실에 의하면, 원고가 수입한 반제품 상태인 B 1정의 가격(2.795달러)은 원고가 B 1정을 만들기 위하여 수입한 원재료 C의 가격{2.835달러(=0.0567달러/mg×50mg)}보다 0.04달러 정도 낮다. C를 원재료로 B 1정을 만들기 위하여는 혼합, 제립, 분쇄, 압축 등의 세부공정을 거치는 것이 필요하여 추가로 노무비 및 장비비 등의 비용이 요구되어, 원재료의 가격에 변동이 없는 이상 **통상적인 거래관계에 있어서는 추가로 비용이 요구되는 반제품의 가격이 원재료의 가격보다 더 낮을 수 없음에도**, 원고는 모회사인 A의 또 다른 자회사로부터 원재료보다 낮은 가격에 반제품을 수입하였다. 일반적으로 과세요건사실의 존재에 대한 입증책임이 과세관청에 있으나, 구체적인 소송과정에서 경험칙에 비추어 과세요건사실이 추정되는 사실이 밝혀지면 상대방이 문제의 당해 사실이 경험칙 적용의 대상이 아니라는 사정을 입증하지 않는 한, 그 세금부과 처분에 대하여 과세요건을 충족시키지 못한 위법이 있는 처분이라고 할 수 없다(대판 2004두10470 등 참조). 이 사건에서, 반제품을 원재료보다 더 낮은 가격에 수입하였음에도, 원고는 B의 반제품이 원재료의 가격보다도 더 낮게 된 경위라든지, 원고가 B의 반제품을 원재료의 가격보다 더 낮은 가격에 수입하게 된 경위, 가격협상의 과정 등에 관하여 아무런 설명을 못하고 있다. 또한 실지심사를 하면서부터 원고에 대하여 B에 관하여 그 수입거래가격이 결정된 방법에 관련된 매매계약서 등 관련 서류를 제공하여 설명할 것을 요구하였으나, 원고는 이에 대하여 아무런 근거서류를 제공하지 아니하였다(서울고판 2009누34664).

(바) **해당 수입물품의 원가율이 낮다는 사정, 해당 수입물품의 매출총이익률이나 영업이익률이 현저히 높다는 사정, 해당 수입물품의 이윤 및 일반경비의 비율이 세관장이 산출한 동종·동류비율의 범위에 속하지 않는다는 사정**

[판례] ① 국내 재판매가격을 기초로 한 과세가격의 결정에 관한 규정인 관세법 제33조는 관세법 제30조 내지 제32조에서 정한 방법으로 과세가격을 결정할 수 없는 경우에 비로소 적용할 수 있는 점 등에 비추어 보면, 과세관청이 관세법 제33조 제1항, 관세법 시행령 제27조 제4항에 의하여 **납세의무자가 제출한 회계보고서를 근거로 계산된 당해 수입물품에 대한 '이윤 및 일반경비의 비율'이 그 물품이 속하는 업종에 통상적으로 발생하는 이윤 및 일반경비로서 관세청장이 정하는 바에 따라 산출한 이윤 및 일반경비의 범위(이하 '기준비율의 범위'이라 한다)에 속하지 않는다는 점을 밝혔다는 것만으로는 특수관계가 거래가격에 영향을 미쳤다는 증명을 다하였다고 볼 수 없다.** 원심판결 이유에 의하면, 원심은 그 채용증거들을 종합하여 판시와 같은 사실을 인정한 후, 원고가 제출한 회계보고서를 근거로 작성된 이 사건 수입의약품인 젤로다(Xeloda)에 대한 이윤 및 일반경비의 비율이 기준비율의 범위를 초과한다는 사정만으로는 원고와 소외 회사 사이의 특수관계가 젤로다의 거래가격에 영향을 미쳤다고

볼 수 없다는 전제 아래, 젤로다의 재판매가격이 소외 회사가 정한 가격정책상의 최저판매가격보다 낮다고 하더라도 이는 보건복지부가 정한 보험수가에 기인한 것으로 보이는 점, 젤로다와 수입물품 부호를 같이하는 의약품을 수입하는 국내 업체 중 이윤 및 일반경비의 비율이 원고의 그것보다 높거나 비슷한 업체도 있을 뿐 아니라, 원고가 소외 회사로부터 수입한 다른 의약품들의 매출원가율(재판매가격에서 이윤 및 일반경비 등을 공제한 비율)이 젤로다의 매출원가율보다 높다고 하더라도 그 의약품들은 비만치료제이거나 독감치료제 등으로서 대장암 등의 치료제인 젤로다와 단순 비교할 수 없는 점, 젤로다의 당초 매출원가율이 60% 정도였다가 환율변동에 따라 50% 내지 55%로 낮아지기는 하였으나, 현재까지 외화를 기준으로 한 수입가격은 변동이 없는데, 외화를 기준으로 수입가격을 책정한 다음 환율이 변동될 때마다 재판매가격을 조정한다는 것은 사회통념상 기대하기 어려운 점 등을 고려하여 보면, **젤로다의 매출원가율이 원고가 수입한 다른 의약품에 비하여 낮고 다른 업체들의 평균치에 미치지 못한다거나 그 재판매가격이 수출자의 가격정책에 부합하지 않는다는 사정만으로는 젤로다의 거래가격이 원고와 소외 회사 사이의 특수관계에 영향을 받아 부당하게 낮은 가격으로 책정된 것이라고 단정할 수 없고,** 달리 이를 인정할 증거가 없다고 판단하였다. 앞서 본 법리 및 기록에 비추어 살펴보면, 원심의 위와 같은 판단은 정당하다(대판 2007두9303: **사례연습 12**). ② 다음과 같은 사정을 종합하면, 원고와 수출자 A사 사이의 특수관계가 이 사건 각 제품의 수입가격에 영향을 미쳤다고 할 것이다. ㉠ 원고는 재판매가격법을 보완한 수입가격 산정공식을 통해 잠정적인 수입가격을 산출한 후 이를 특수관계에 있는 수출자인 A사와의 협의를 거쳐서 이 사건 각 제품의 최종 수입가격을 결정하였다고 주장하나 이를 인정할 증거가 없다. ㉡ 원고와 A사는 위 원고 주장을 뒷받침할 수 있는 수입계약서를 작성한 적도 없는 것으로 보이고, 원고는 A사와 수입가격에 대하여 논의하거나 협상하였음을 인정할 객관적인 자료도 제출하고 있지 아니하다. ㉢ 이 사건 각 제품의 수입가격은 2008년부터 2010년까지 변동이 없다가 2011년부터 2013년까지는 일률적으로 매년 10%씩 인상되었는바, 이는 개별협상의 결과라기보다는 수출자 A사의 일방적인 가격정책에 따른 결과로 이해함이 합리적일 뿐만 아니라 원고와 수출자 A사 사이의 특수관계가 없었다면 상정하기 어려울 것이다. ㉣ **이 사건 각 제품의 매출총이익률은 동종 경쟁수입업체의 매출총이익률보다 현저히 높은데 이 또한 원고와 수출자인 A사의 특수관계로 인하여 이 사건 각 제품의 수입가격이 동종 경쟁수입업체의 수입가격보다 상당히 낮은데 기인하는 것으로 보인다**(부산고판 2016누23097). ③ 과세관청이 국내판매가격에서 동종·동류의 수입물품이 국내에서 판매되는 때에 통상적으로 부가되는 이윤 및 일반경비에 해당하는 금액을 공제한 가격이 수입신고가격을 초과한다는 것을 밝혔다는 것만으로는 특수관계가 거래가격에 영향을 미쳤다는 증명을 다하였다고 볼 수 없다(서울고판 2009누34664).[188]

188) 그러나, 수입자(구매자)는 수입물품을 주문할 당시에는 구체적인 수입가격을 알 수 없었고 수출자로부터 전달받은 송장을 통해 비로소 정확한 수입가격을 확인할 수 있었으며, 구체적인 수입가격도 거래당사자가 아닌 수출자의 본사가 결정하였다. 수출자도 수출자의 본사로부터 구매내역을 통보받으면 수입자에게 송장을 발행하는 역할만 수행하고 있다. 또한 수입자의 판관비가 동종업체보다 2배 가량 높음에도 불구하고 매출총이익률과 영업이익률은 오히려 국내 경쟁업체에 비하여 월등히 높다. 이러한 사정이라면 수입자와

[심판례]

① 청구법인과 특수관계가 아닌 제3자인 F사로부터 수입한 쟁점물품의 경우 특수관계의 영향을 받아 저가로 수입하였다고 보기 어려운 점, 처분청에서 사용한 쟁점물품의 원가율은 특정 밴더의 품목별 1년 평균 국내판매단가를 사용한 부정확한 지표라는 점, 쟁점물품의 수입가격은 기획재정부에서 덤핑방지관세 부과시 정상가격으로 인정한 약속가격과 동일하거나 높은 가격이라는 점, 2006년 실시된 B세관의 법인심사에서도 청구법인의 약속가격은 특수관계의 영향을 받지 않았다고 보아 제4방법으로 과세하지 않은 점, 2010년 T지방국세청에서는 청구법인의 이익률이 비교대상업체보다 낮아 차액인 50억원을 이전가격 소득조정(매출원가)에 반영시켜 과세한 바 있는 점, 원가율이 낮은 품목은 제4방법으로 과세하고 원가율이 높은 품목은 제1방법으로 수입신고가격을 그대로 인정한 점 등에 비추어 **원가율이 낮다는 이유만으로 쟁점물품의 수입가격이 특수관계의 영향을 받아 정상가격보다 낮은 가격으로 신고하였다고 보기는 어렵다** 하겠다(조심 2013관0284). ② 청구법인의 국내적정이익수준을 고려하여 P사에서 청구법인에게 메일로 통보한 Price List에 의해 결정된 쟁점물품 수입가격에서 다시 국세청에서 사전승인한 청구법인의 영업이익률을 맞추기 위해 인하조정하는 수입가격 결정방법은 특수관계가 없는 구매자와 판매자간에 통상적으로 이루어지는 가격결정방법은 아니라고 보여지나, **쟁점물품 2006. 8월 14.3%, 2007. 8월 11% 인하되어 신고한 수입가격을 살펴보면 과거에 처분청이 특수관계에 영향을 받지 않았다고 인정한 수입가격과 동일하거나 높은 가격이고, 처분청이 쟁점물품 과세가격을 관세법 제33조에서 규정한 제4방법으로 결정할 때 청구법인의 이윤 및 일반경비 금액을 그대로 인정한 것도 있는데, 이것은 청구법인의 쟁점물품 이윤 및 일반경비가 특수관계가 없는 수출자로부터 구매한 동종·동류물품의 이윤 및 일반경비와 크게 다르지 않다는 것이어서 쟁점물품 특수관계가 거래가격에 영향을 미쳤다고 볼 수 없는 점도 있으므로,** 처분청은 이러한 내용을 감안하여 「관세법 시행령」 제23조 제2항 제3호 나목의 법 제33조 및 제34조의 규정에 의하여 결정되는 동종·동질물품 또는 유사물품의 과세가격이 있는지 등을 재조사하여 그 결과에 따라 이 건 관세의 과세표준 및 세액을 경정하는 것이 타당하다고 판단된다(조심 2012관0008). ③ 재판매방법에 의한 이전가격으로 결정된 수입가격이 거래가격 결정의 부당성을 따지는 자료가 될 수 있는 것이긴 하지만, 관세법상 특수관계자간의 거래와 관련하여 그 거래가격을 부인하고 「관세법」 제31조 이하의 과세가격 결정방법을 적용하는 것은 특수관계가 영향을 미쳐 정상적인 가격보다 과세가격을 저가로 신고한 경우에 채택하는 경우인 바, **쟁점물품에 대한 청구법인의 순매출액 대비 당기순이익률이 A의 순매출액 대비 당기순이익률 보다 낮은 것으로 보아 특수관계로 영향을 받아 정상가격보다 저가로 수입한 것으로 보기 어려운 점,** 2005년도부터 이전가격 결정방법을 변경한 이후의 수입단가가 2004년도와 비교하여 일부는 가격이 상승하고 일부는 가격이 하락한 사실이 관련 수입신고서류에 의하여 확인되는 점, **물품에 대한 가격표시를 현지통화표시방식으로 변경한 것을 특수관계로 인하여 물품의 가격에 영향을 미친 것으로 볼 수는 없는 점** 등을 감안하여 볼 때 쟁점물품의 수입신고가격이 특수관계자간에 수행기능, 위험부담 등의 요소를 고려하여 재판매방법으로

판매자 사이의 특수관계가 수입가격에 영향을 미쳐 그 가격이 低價로 형성된 것으로 볼 수 있을 것이다.

결정된 이전가격이라고 하더라도 이 가격이 특수관계에 의하여 영향을 받아 부당하게 낮은 가격으로 책정된 것으로 단정하거나 그렇게 볼만한 증거가 없으므로 처분청에서 쟁점물품의 수입신고가격을 부인하고 관세법 제33조의 규정에 따라 국내판매가격을 역산하는 방법으로 과세가격을 산정하여 과세한 처분은 잘못이라고 판단된다(조심 2007관0123). ④ 처분청은 수출자가 쟁점물품의 원가에 목표 마진율(매출총이익률)을 가산하는 방식으로 이전가격을 결정하고 있음에도 쟁점물품에 적용된 실제 매출총이익률과 목표 매출총이익률이 서로 다른 점, 쟁점물품의 종류별 실제 매출총이익률의 편차가 클 뿐만 아니라 그 평균값보다 낮은 매출총이익률이 다수 확인되는 점, 청구법인이 쟁점물품의 종류별 매출총이익률 산정 등에 대한 구체적인 근거나 기준을 제시하지 않은 점 등에 비추어 특수관계가 쟁점물품의 거래가격에 영향을 미쳤다는 의견이나, **청구법인이 심판청구단계에서 제출한 자료에서 수출자가 다른 나라에 있는 해외관계사에게 판매한 쟁점물품의 매출총이익률이 청구법인에게 판매할 때의 매출총이익률보다 높은 것으로 나타남에도 이에 대한 처분청의 조사 및 검토가 충분하지 않은 것으로 보이는 점,** 수출자가 쟁점물품과 동종·동질 또는 유사물품을 우리나라 또는 제3국의 특수관계가 없는 구매자에 대한 판매한 사실이 있는지 여부 및 만약, 그러한 사실이 있다면 청구법인에 대한 판매에서 실현한 매출총이익률과 우리나라 또는 제3국의 특수관계가 없는 구매자에 대한 판매에서 실현한 매출총이익률과의 추가 비교 등이 필요한 것으로 보이는 점 등에 비추어 이에 대한 재조사를 통하여 쟁점물품의 거래가격이 특수관계에 의하여 영향을 받았는지의 여부를 결정하는 것이 타당한 것으로 판단된다(조심 2015관0076).

(사) 판매계약상 의무와 대금결제형태가 통상적인 상거래관행과 다른 경우

[예시]

구매자 A는 미국의 특수관계에 있는 B로부터 카페트를 구매하는데, 당사자간의 송품장에는 60일의 지급기한이 표시되어 있다. 그러나 A는 송품장일 이후 465일 동안 물품의 대가를 특수관계에 있는 판매자 B에게 지급하지 아니하였다. **어떠한 이자도 청구된 적이 없고 연체료도 발생하지 않았다. 기한이 지난 대금지급으로 인해 차후의 선적분을 연기한 적도 없었다.** A는 특수관계가 아닌 D에게 치루어야 할 부채를 적시에 지급했다. 판매상황을 검토한바, 당사자간의 이전금액은 모든 비용뿐만 아니라 판매자의 전반적인 이윤에 상당하는 수익을 회수하는데 충분하지 않다. 따라서 거래가격으로 과세가격을 결정할 수 없다(미국예규 545960). 수입자는 수출자의 자금요청에 대해 특정물품의 수입신고와 관련 없이 매월 일괄 송금을 통해 대금을 지급하는 경우도 마찬가지이다(미국예규 546231).

(아) 수입가격의 변동과 국내판매 가격의 변동이 서로 관련이 없는 경우

수입가격은 상승과 하락을 반복함에도 국내판매가격은 그대로 유지되거나 수입가격은 장기간에 걸쳐 변동이 없음에도 국내판매가격은 변동이 있는 경우, 수입가격은 특수관계에 의해 영향을 받았을 가능성이 있다.

판례 ① 다음과 같은 사정에 의하면 원고와 미국 본사 사이의 특수관계가 이 사건 각 물품이 거래가격에 영향을 미친 사실이 인정된다. ㉠ 원고와 미국 본사 사이에 2009년부터 2013년까지 결정된 수입거래가격은 MH규격제품의 경우 3,000달러, VI규격제품의 경우 5,000달러로 매년 동일하게 유지되었다(이 사건 각 물품의 최초 수입시점인 2005년부터 2013년까지 사이에 VI규격제품은 2005년부터 9년간, MH규격제품은 2007년부터 7년간 거래가격이 동일하였다). 이에 대하여 원고는 중대한 시장 또는 환경변화가 있지 않는 이상 이전가격을 유지하는 본사의 고정 TP제도의 특성에 기인한 것이라고 주장하나, **시장상황의 변화가 수입가격에 미치는 영향 및 이 사건 각 물품의 수입가격이 동일하게 유지된 기간을 고려할 때 위와 같은 시장상황의 변화가 이 사건 각 물품이 가격을 변경할 필요가 없을 정도로 경미한 변경에 해당한다고 보기는 어렵다.** 오히려 원고의 거래가격 산출방식을 고려할 때 **거래가격 산출에 있어서 주요 요소인 제조원가가 지속적으로 상승하였음에도 불구하고 이 사건 물품의 수입가격에 전혀 영향을 주지 않았고, 국내판매가격 변동과 수입가격 사이에 어떠한 관련성도 찾아보기 어려우며, 국내 시장상황 및 개별거래상황 등과는 무관하게 수입가격이 장기간 변동되지 않고 일정한 가격을 유지하였다는 것**은 경험칙상 이례적인 경우로 보이고, 원고와 미국 본사의 특수관계를 고려하지 않으면 합리적으로 설명하기 어렵다. ㉡ 또한 이 사건 각 물품의 매출총이익률은 49~62%인 반면 동종업계의 매출총이익률은 26~33%로 이 사건 각 물품의 매출총이익률이 현저히 높은데 이 또한 원고와 미국 본사의 특수관계로 인하여 이 사건 각 물품의 수입가격이 변동되지 아니한데 기인한 것으로 보인다. ㉢ 원고가 주장하는 바와 같이 원고와 미국 본사 사이에 가격협의가 이루어지고 이에 따라 가격이 결정되어 왔다면, 상당한 양의 협의자료나 보고자료 등이 피고의 조사시 제출되었을 것으로 보임에도 그러한 자료가 제출되지 않았다. 오히려, 원가상승률, 국내판매가, 미국 내 생산자물가지수, 판관비와 연구개발비의 합계 비율, 환율, 수출자, 경쟁시장의 변동이 있음에도 상당기간 수입가격 변동이 전혀 없는 점 등에 비추어 보면 설령 원고와 미국 본사 사이의 협의가 있었다 하더라도 이 사건 각 물품의 가격결정에는 아무런 영향을 주지 못한 것으로 보인다(부산고판 2016누24441: 사례연습 18). ② 특수관계자간 거래하는 음료원액 가격이 특수관계에 영향을 받았는지 여부를 입증함에 있어서 음료 원액의 정상거래가격은 재판매가격방식을 채택하고 있으나, **수입자가 국내보틀러에 재판매하는 음료원액 국내가격이 10년에 걸쳐 단위당 675달러 → 760달러 → 820달러로 상승하였음에도 동 물품의 수입신고가격은 최초 수입시점인 1994년부터 현재까지 11년간 고정된 단가로 되어 있으며** 그 차액 대부분을 공급자인 해외본사와 공동마케팅 비용으로 사용하는 점은 특수관계가 거래가격에 영향을 미친 경우에 해당한다고 판단된다(부산고판 2009누4616). ③ 수입자 AK는 특수관계자간 장난감 가격을 결정하면서 해외본사A와 국내영업계약을 체결하고 AK의 목표 당기순이익률을 2%로 유지하기 위하여 수입물품의 가격을 조정하기로 하고, 이익률이 2% 이하인 경우 수입가격을 낮추고 2%를 초과하는 경우 수입가격을 높이면서도 **국내판매시에는 권장소비자가격을 변동없이 유지하였고, 일부 품목의 경우 제조원가보다 낮은 가격으로 조정한 것**은 특수관계가 거래가격에 영향을 미친 것으로 판단할 수 있다(서울고판

2009누10873, 대판 2010두16998). ④ 매출액 대비 법인세 차감 전 당기순이익률을 2%로 유지하고자 하는 경우 영업외비용이 증가하면 그 증가분을 매출원가 감소(수입가격의 인하)를 통해 상쇄시켜야 한다는 점, **원고와 이 사건 판매자는 각 사업연도 일정 월이 경과한 후에 예산과 실제 상황을 비교하여 그 사이에 차이가 발생하면 국내영업계약에서 정한 바대로 원고의 법인세 차감 전 당기순이익률이 2%가 되도록 거래가격(수입가격)을 조정하고 매년 말 결산이 종료하면 다시 최종금액을 확정하였지만 이러한 거래가격 조정에도 불구하고 원고와 국내 판매처 사이의 판매가격은 영향을 받지 않았다는 점**, (생략) 이 사건 판매자가 구매자에게 구매자의 영업손실뿐만 아니라 영업외비용까지 보전하는 가격, 심지어 제조원가 이하로 물품을 판매함으로써 구매자가 항상 법인세 차감전 당기순이익이 매출액 대비 2%의 흑자가 되도록 한다는 것은 경험칙상 이례적인 경우로 보이고, 이는 이 사건 판매자와 구매자인 원고의 모회사라는 특수관계를 고려하지 않으면 합리적으로 설명하기 어렵다(서울고판 2009누10873, 대판 2010두16998). ⑤ 피고는 원고가 정상적인 재판매가격법을 사용하여 이 사건 물품의 가격을 결정하였다면, 수입가격은 국내판매가격과 일정한 상관관계를 보여야 할 것인데, **이 사건 물품 중 나일론 가방류의 경우 2008년과 2009년 사이에 국내판매가격은 17.6%~30% 가량 인상하였으나, 수입가격은 동결하거나 오히려 6.5% 인하하는 모습을 보이는 바**, 정상적인 재판매가격법에 따라 수입가격이 결정된 것이 아니고 프랑스 본사나 수출자에 의하여 거래가격이 일방적으로 결정되었다고 보았다. 그러나 이 사건 물품의 국내판매가격은 원고와 프랑스 본사 등과의 특수관계가 형성된 2004년부터 2007년까지 일정하게 유지되어 오다가 2008년과 2009년에만 급격히 상승하였는데, **여기에는 2008년과 2009년 사이에 발생한 환율의 급격한 변동이 반영되었을 가능성을 배제할 수 없다.** 또한 위 기간 동안에 국내판매가격이 변동된 양상과는 달리 원고의 2009년도 매출총이익률은 이전 연도의 매출총이익률과 비슷한 수준을 보이고 있다. 한편 수출자는 원고가 설립되기 전인 1997. 1. 무렵부터 K상사에게 이 사건 물품을 수출하였고, 2004. 9.경 K상사 대표로부터 K상사의 지분 65%를 인수하여 원고를 설립함으로써 원고와 프랑스 본사, 수출자 사이에 특수관계가 생기게 되었다. 그런데 2004. 9.경 원고와 프랑스 본사 등 간에 **특수관계가 형성되기 前·後의 이 사건 물품에 대한 수입가격을 비교해보면 가격에 변동이 없거나 오히려 가격이 인상되기도 하였다.** 따라서, 이러한 사정만으로 특수관계가 거래가격에 영향을 미쳤다고 판단할 수 없다(부산고판 2017누21661).

(자) 연구개발비, 로열티 등이 수입가격에 적정하게 반영되어 있지 않은 경우 등

권리사용료, 그리고 연구개발비 등 비용분담 약정에 따라 구매자가 부담하는 비용이 수입가격에 반영되거나 포함되었는지 여부,[189] 경영지원비 또는 자문비용 등이 실제로는

189) **[미국예규]** 세계 각처에 걸쳐 기초연구, 기술개발 등이 수행되어 각 계열사에 귀속되는 연구개발비 등을 나눌 수 있다. 당사자간 가격에 판매계열사에 귀속되는 모든 비용을 포함하고 있는 경우에만 적합한 거래가격이므로, 이러한 비용이 포함되지 않은 경우에는 특수관계가 거래가격에 영향을 미친 것으로 볼 수 있다(546471).

수입물품과 관련되어 지급되는 금액인지 여부 등을 검토해서 그러한 비용들이 수입가격에 제대로 반영되지 않았다면 특수관계가 거래가격에 영향을 미쳤을 가능성이 있다.

[심판례] ① **A가 쟁점물품의 연구개발비를 부담하였고, 제3자에게 로열티를 지급하였음에도 청구법인에게 해당 비용을 청구하지 아니하였을 뿐만 아니라 쟁점물품의 거래가격에 해당 비용이 반영되었다는 입증자료가 제시되지 아니한 점**, 동일한 제품임에도 청구법인이 국내에서 생산된 제품을 구매할 때에는 A에게 로열티를 지급하고, 쟁점제조업체로부터 수입할 때에는 로열티를 지급하지 아니하는 점, 청구법인은 A가 국내의 신규 제조업체 선정 등에 따른 위험을 부담하고 우리나라 기호에 맞는 제품개발 등의 노력을 하기 때문에 국내생산품에 대하여 로열티를 지급한다고 주장하나, 해외 제조업체도 신규 제조업체 선정 등 동일한 위험이 존재할 뿐만 아니라 쟁점기술지원계약서상 국내생산품에 대한 로열티의 지급기한이 일정기간으로 한정되었다거나 국내 제조업체로 신규 지정된 이후 기간이 경과함에 따라 로열티의 지급률을 감소하는 규정이 확인되지 아니하고, 각국의 기호에 맞는 제품개발 등은 우리나라와 해외 각국의 상황이 동일해 보이는 점, **청구법인이 A 및 쟁점제조업체와 가격을 협상한 자료가 제시되지 아니하였고, 청구법인이 쟁점제조업체가 아닌 A에게 쟁점물품의 가격변동 여부를 문의하는 등 사실상 A가 쟁점물품의 거래가격 및 구매수량 등을 일방적으로 결정하는 것으로 보이며,**[190] 이와 같은 가격결정방식은 특수관계가 없는 당사자 간 통상적인 가격결정방식으로 보기 어려운 점 등에 비추어 볼 때, 처분청이 쟁점물품의 거래가격이 특수관계에 의해 영향을 받았다고 보아 이를 부인하고 제4방법으로 과세가격을 결정하여 청구법인에게 관세 등을 과세한 쟁점처분은 달리 잘못이 없는 것으로 판단된다(조심 2016관0102, 조심 2016관0026, 2015관0259, 2015관0206 등). ② 제시된 증빙에 따르면 기술/특허 관련비용은 본사가 부담하고 계열사로부터 로열티 명목으로 회수된다고 설명하고 있으므로 이 건 로열티의 실질은 연구개발비에 해당한다는 처분청 의견도 수긍할만 하나, 이 건 라이선스계약서에 따르면 기술 및 지식재산권의 비독점적 사용권한을 부여하는 조건으로 지급되는 것으로 보이는 점 등에 비추어 로열티가 연구개발비에 해당하는지 여부가 불분명해 보이므로 이를 재조사할 필요가 있다고 판단된다(조심 2017관0119).

[미국예규] 새롭거나 또는 개량된 제품을 생산하기 위해서 수입자는 세계에 걸친 기초연구 및 특별개발을 수행한다. 연구개발 활동은 세계에서 또는 미국 내에서 수행되는데, 이러한 목적을 위해 특별히 설립된 회사의 기술센터와 별도의 제품위주 개발의 과제를 가진 다양한 자회사들을 통해서 수행된다. **수입자는 각 자회사에게 귀속되는 연구개발비용을 나눌 수가 있다. 따라서 당사자간의**

190) [조심 2015관0048] 쟁점물품에 대한 거래에서 수출자인 본사가 쟁점 물품의 가격결정방법을 일방적으로 정하고 있는 것으로 보이는 점, 본사가 청구법인의 경영정보를 관리하면서 소유권 이전 후의 재고위험을 부담하고 구매자인 청구법인에게 일정 수준의 내부이익을 보전해주는 점 등에 비추어 특수관계가 거래가격에 영향을 미친 것으로 보아 청구법인의 수입신고가격을 부인 하고 관세법에 따라 과세가격을 결정한 처분은 잘못이 없다.

가격은 판매 자회사에게 귀속되는 모든 비용들을 포함하고 있는 경우에만 적합한 거래가격을 나타낸 것이다. 특수관계의 당사자간의 가격이 이러한 비용들을 포함하지 않고 신고된 가격에 적절한 조정이 이루어지지 않은 경우에는 당사자간의 관계는 거래가격에 영향을 미쳤다고 판단된다(546471).

Ⅲ 총비용 · 이익가산(full cost plus profit method) 검증법

1. 의의

평가협정 주해 제1조 제2항에서는 총비용 · 이익가산 검증법을 규정하고 있는데, 이는 해당 수입물품의 가격이 그 물품의 생산 및 판매에 관한 모든 비용에 대표적인 기간(예: 1년 기준) 동안에 동종 또는 동류물품의 판매에서 실현된 기업의 전반적 이윤을 나타내는 이윤을 합한 금액을 회수할 수 있을 만큼 적절하다는 것이 입증되는 경우에는 거래가격이 특수관계에 영향을 받지 않았다고 판단하는 방법이다(평가협정 주해 제1조 제2항, 사례연구 10.1).

예를 들어, 판매자가 수출국내에서 실현한 이윤이 특수관계자인 구매자에 대하여 실현한 이윤보다 적은 경우, 판매자가 제조원가에 동종 · 동류의 것에 상당하는 이윤율을 가산한 경우, 재판매가격법을 사용하는 업체로서 비교업체 선정이 적정히 이루어지고 매출총이익률이 비교업체와 유사한 경우 등은 특수관계가 거래가격에 영향을 미치지 않은 것으로 볼 수 있다. 그러나 부분품을 수입하면서 외국 현지기업의 이익증가에 따른 이익회수를 위해 판매자의 전반적 이윤을 회수할 수 없는 수준으로 수입가격을 인하한 경우, 물품을 수입하면서 이전가격을 원가가산법으로 결정하고 있으나 원가 및 통상 이윤경비를 정상적으로 반영하지 않았으며 동일생산국에서 동일방식으로 수입된 유사물품과 현저한 차이가 있는 경우 등은 특수관계가 거래가격에 영향을 미친 경우로 볼 수 있을 것이다.

2. 기업의 전반적인 이윤의 의미

여기서의 "기업의 전반적인 이윤"을 '수출자'의 이윤으로 할 것인지 아니면 '모회사'의 이윤으로 볼 것인지 문제되는데, '미국'의 경우 수입물품의 판매자가 모회사의 자회사인 경우, 해당 가격은 모든 비용에 '모회사'의 전반적인 이윤에 상당하는 이윤을 합한 금액의 회수를 보장할 수 있을 만큼 적절해야 한다고 보고 있다. 즉, 총비용 · 이익가산 검증법을 적용하기 위해서는 판매자의 이윤과 동종 · 동류물품의 판매에서 '모회사'의 전반적인 이윤을 비교하는 것이 필수적이라고 한다. 따라서 해당 거래에 대해 구매자에 의해 실현된 영업이익이 같은 기간동안 동종 또는 동류의 물품 판매에서 모회사의 영업이익과 유사하거나 높은 경우에 총비용이익가산 검증을 충족하게 된다(미국예규 H106603, H208055, H206715). 미국관세청의 입장이 타당하다고 본다.

[미국예규]

① CBP는 거래가격이 외국의 판매자(제조자) 및 그와 특수관계에 있는 미국 유통업자간의 특수직물의 수입판매와 관련한 관세평가의 적절한 방법이라고 결정하였다. 수입 완성상품에 대한 이전가격은 '고객 금액 마이너스'(customer price minus)공식에 근거하며, 재공품은 '생산 원가 플라스'(cost to produce plus) 공식에 근거하였다. 판매자(제조자) 및 유통업자를 모두 독자적으로 테스트한 많은 이전가격 연구서가 CBP에 제출되었다. 유통업자의 이전가격 연구에는 이익비교법(CPM)이 사용되었으며, 외국의 판매자(제조자)의 이전가격 연구에는 거래순이익률법(TNMM)이 사용되었다. 해당 거래들은 APA의 대상이 아니었다. 캐나다 자회사(제조업자)의 제조활동을 평가한 이전가격 연구서들이 CBP에 제출되었는데, 여기에는 동종 또는 동류의 상품을 수입물품으로 판매한 비교대상회사들이 포함되어 있었다. 비록 이전가격 연구가 IRS에 의하여 승인되지 않았고, TNMM 방법에 근거하였지만, **재공품과 관련하여 외국 판매자(제조자)의 구분 손익계산서에서 도출된 결론을 입증하고자 하는 이러한 이전가격 연구를 CBP는 감안하였다. 수입자는 완성상품 판매의 케이스에서 이뤄진 '총비용이익가산검증'을 충족시켰는데, 그 이유는 외국 판매자(제조자)가 특수관계가 아닌 제3자들에 판매한 매출의 순이익 마진(net profit margin)이 제조업자가 특수관계가 있는 당사자들에게 판매한 매출의 순이익 마진과 유사하였기 때문이**다(H032883). ② 판매상황 검증법을 뒷받침하기 위하여 수입자는 제조자가 그 특수관계자인 중간상에 청구한 가격(제조자와 중간상의 거래를 수출판매로 봄)은 모든 비용에 대표적인 기간동안 동종 또는 동류물품의 판매에서 실현된 기업의 전반적인 이윤을 합한 금액을 회수할 수 있을 만큼 적절하다는 것이 입증되는 것을 나타내는 증거를 제출했다. **수입자가 제출한 재무정보는 그 관계 期間에 대하여 제3자 회계법인에 의해 작성된 공인 재무제표였다. 제조자 및 그 모회사의 재무감사보고서는 해당 거래에 대해 제조자에 의해 실현된 영업이익이 거래가 발생한 연도의 모회사에 의해 실현된 이익보다 높았다.** 그 증거는 특수관계자간에 서로 활발한 협의에 참여하였다는 것을 또한 나타내고 있다(H208055, H018314). ③ 수입자는 쟁점1물품에 대해 총비용이익가산 검증을 충족한다고 주장했지만, **판매자의 이윤은 대표하는 기간동안 모회사의 전반적인 이윤보다 동등하거나 높지 않기 때문에 CBP는 총비용이익가산 검증을 충족하지 않는다**고 결정했다. 쟁점2물품에 관해서는, 회사는 제조자가 그의 특수관계 판매자인 B사에 판매한 가격이 그 제조자가 특수관계가 아닌 구매자에게 판매한 가격과 일치한다는 것을 보여주는 충분한 증거를 제공하여 판매상황 검증을 충족시켰으므로 거래가격이 적절한 평가방법이다(H224598, H018314).

3. 우리나라의 경우

우리나라의 경우 특수관계 있는 모회사나 관계사의 정보가 세관에 제출되지 않아 총비용·이익가산 검증법이 거의 활용되고 있지 아니하다. 그러나 2017. 12월 국제조세조정에 관한 법률상 "국제거래정보 통합보고서" 제도가 시행되었으므로 국제거래정보 통합보고서에 포함된 특수관계자들의 이전가격 관련 자료들을 활용하여 총비용·이익가산 검증법을 적절히 활용할 필요가 있을 것으로 보인다.

[판례] 원고가 미국 본사로부터 수입하는 물품은 제조원가 × 가산율의 방법(이하 '원가가산법')으로, 미국본사의 관계사인 스위스 S사로부터 수입하는 물품은 평균판매가격 × (1－차감률)의 방법으로(이하 '재판매가격법') 수입 가격이 결정되었다. 원고에 대하여 적정영업이익률이 도출되도록 가산율 및 차감률이 조정되어 이 사건 수입물품의 수입가격이 결정되었는데, 2010년 적정영업이익률이 5.93%～11.2%, 2011년 3.63%～8.93%, 2012년 6%～8%이었고, 가산율 및 차감률이 적용된 조정 후 영업이익은 2010년 7.6%, 2011년 6.2%, 2012년 10.9%로 설정되었다. 그 중 원고의 2012년 실제 영업이익률은 3.1%이었다. 아래와 같은 사실 또는 사정들을 종합하여 보면, 원고와 본사 등의 특수관계가 이 사건 수입물품의 거래가격에 영향을 미친 사실이 인정된다. ㉠ 원고는 매년 10～11월경 다음 연도 사업계획서(예산 손익계산서, 예상 영업이익률 포함)를 작성하여 본사 세무팀과 예상 영업이익률과 적정 마진율(가산율 또는 차감률)에 대하여 협의하며, 이를 토대로 해외 수출자들에게 다음 연도 평균판매가격(ASP; Average Selling Price) 자료를 송부하고, 해외 수출자들로부터 다음 연도 제품별 제안 수입가격 목록을 받은 다음 수신한 제품별 제안 수입가격을 검토하고 해외수출자들과 협의를 토대로 '최종수입가격'을 결정한다. 즉, 원고는 예상 영업이익률을 포함한 예상 손익계산서를 본사에 보내 고정가격인 제조원가 및 ASP에 기초하여 예상 영업이익의 범위를 미리 정한 다음 가산율 내지 차감률을 조정하여 산출된 가격을 '최종수입가격'으로 결정하여 온 것이다. **이러한 수입가격 결정방식은 원고가 본사 등에 원고의 영업비밀에 해당하는 영업이익률, 예상 손익계산서를 제공하고 본사 등이 원고의 영업이익률이 적정 범위가 되도록 보장하는 수준으로 거래가격을 결정하는 것으로서 원고와 본사 등 사이의 특수관계를 고려하지 않고는 합리적으로 설명하기 어렵다.** ㉡ 원고는 이 사건 수입물품의 수입가격이 원고와 본사 등 사이의 충분한 협의를 바탕으로 결정되었다고 주장하나, 원고가 제출한 자료에 의하더라도 원고는 본사 등에 수입가격 결정에 필요한 각종 정보를 제공한 다음 본사 등이 이전가격을 제시하면 이를 그대로 수용하여 온 것으로 보인다. 결국 원고가 독립된 거래당사자로서 수출자들에 대하여 가격협상을 요구하고 가격협의를 하는 등 특수관계가 없는 구매자와 판매자간에 통상적으로 이루어지는 가격결정에 관한 협의가 이루어졌다고 인정할 자료는 제출된 바 없다. ㉢ **본사의 손익계산서상 원가가산율과 이 사건 수입물품의 수입가격 결정에 사용된 원가가산율이 약 2～3배 가량의 차이를 보이고 있다.**[191] 한편 **원고는 본사가 판매하는 이 사건 수입물품과 동종·동류인 물품의 원가가산율**

자료를 제출한 바 없다. 위와 같은 차이에 비추어 보면 이 사건 수입물품의 수입가격은 본사의 전반적인 이윤을 보장하고 있는 가격이라고 보기 어렵고 이와 같은 수입가격 결정은 원고와 본사 사이의 특수관계를 고려하지 않고는 합리적으로 설명하기 어렵다. ㉣ 원고와 본사 등 사이에 가산율과 차감률을 일정한 수치로 정해 놓고 원고는 특별한 사정이 없음에도 지속적으로 매출총이익률이 상승하였다. 그러나 원고가 본사 등과 가산율, 차감률에 관한 협의를 하였다고 볼만한 자료나 차감률 도출을 위한 비교대상업체 선정과 관련된 자료는 제출된 바 없다. 또한 원고가 제출한 표준원가에 따른 수입가격과 가산율에 의하면, A물품의 경우 가산율이 지속적으로 감소함에 따라 원고가 수입하는 A물품의 수입가격도 점차 낮아지고 있는 반면, 원고가 수입하는 물품 중 수입액 상위 5개모델의 수입가격은 원고 주장의 가산율 변동과 달리 인상과 인하를 반복하여 일관되지 않은 추이를 보이고 있다. ㉤ 원고는 국제조세조정에 관한 법률에서 정한 원가가산법, 재판매가격법을 따랐다고 주장하나 가산율 및 차감률 산출과 관련된 근거자료를 제시하지 않고 있고, 원고의 주장에 의하더라도 이 사건 수입물품의 수입가격은 원고의 적정 영업이익률(6~8%)를 기준으로 산정된 가산율 및 차감률을 적용하여 결정된다는 것인데, 2012년도 영업이익률이 10.9%로 예측되었음에도 이를 적정 영업이익률 범위 내로 조정하지 아니하는 등 원고가 주장하는 가격정책에 부합하게 이 사건 수입물품의 거래가격이 결정된 것인지 여부에 대해 의문이 있다(부산고판 2017누20910, 대판 2018두38697).

[심판례] 쟁점물품의 거래가격은 국내판매가격에서 청구법인의 마진 OOO를 공제하여 '할인판매가격'을 본사가 승인한 다음, 승인된 세트 단위의 '할인판매가격'을 구매자인 청구법인이 임의로 개별물품에 안분하여 결정하고 판매자인 본사가 그 안분된 가격대로 Invoice를 발행하는 점, 그에 따라 동일규격의 각 쟁점물품의 거래가격에 현저한 차이가 있는 점, 판매자인 본사가 구매자인 청구법인의 일정 수익(마진 OOO)을 보장하는 가격결정구조인 점, 이는 국내판매가격이 확정되지 않고서는 이뤄질 수 없으므로 결국 판매자인 본사가 수입가격 및 국내판매가격까지 통제하는 것으로 보이는 점, 이와 같은 가격결정방식이나 거래형태는 독립당사자간에 이루어지는 일반적인 상관행으로 보기 어려우므로 특수관계가 쟁점물품의 거래가격에 영향을 미친 것으로 볼 수 있는 점, 청구법인이 제시한 본사가 제3자에게 유사물품을 더 낮은 가격으로 판매하였다는 비교대상물품은 세트 단위의 수입가격만 제시되었고, 세트를 구성하는 개별물품의 규격이 쟁점물품과 다를 뿐만 아니라 세관장이 거래가격으로 인정하였다는 사실이 불분명한 점, 본사가 쟁점물품의 판매로 인하여 실현한 매출총이익률은 본사의 동종·동류물품 판매시 실현한 매출총이익률이나 전체 매출총이익률에 미치지 못하여 판매자의 모든 비용과 동종·동류 물품 판매에 실현된 전반적인 이윤을 포함한다고 보기 어려운 점, 그 외 청구법인이 주장하는 판매자의 매출총이익률이 수출국 내 동종업체의 매출총이익률보다 높다거나

---

191) 예를 들어, 2012년 본사의 연결재무제표상 원가가산율은 297%인데, 본건 물품의 수입가격 결정에 사용된 원가가산율은 83%인 경우이다.

수입물품의 판매로 인해 실현한 매출총이익률이 한도비율에 근접한다는 사실은 평가협정이나 관련 법령 등에 특수관계가 거래가격에 영향을 미치지 않았다는 입증방법으로 명확히 규정되었다고 보기 어려운 점 등에 비추어 청구법인이 쟁점물품의 거래가격이 특수관계에 영향을 받지 않았다는 점을 입증하였다고 보기 어려우므로 쟁점물품의 거래가격을 부인하고 제2방법 이하의 방법으로 과세가격을 결정하여 과세한 처분은 잘못이 없는 것으로 판단된다(조심 2014관0409).

제4관 입증책임 및 세관과 수입자의 상호협의 절차

입증책임

1. 관세법 및 평가협정의 태도

앞에서 설명한 바와 같이 관세법 제30조 제3항에서는 거래가격 배제사유 중 하나로 "구매자와 판매자 간에 대통령령으로 정하는 특수관계가 있어 그 특수관계가 해당 물품의 가격에 영향을 미친 경우. 다만, 해당 산업부문의 정상적인 가격결정 관행에 부합하는 방법으로 결정된 경우 등 대통령령으로 정하는 경우는 제외한다"고 규정하고 있다. 한편 평가협정 제1조 제2항에서는 "평가협정 제1조 제1항의 목적상 거래가격이 수용될 수 있는지 여부를 결정함에 있어서 구매자와 판매자가 제15조에서 의미하는 특수관계에 있다는 사실 그 자체가 거래가격을 수용할 수 없는 근거가 되지 않아야 한다"고 규정하고 있고, 평가협정 사례연구 10.1에서는 "특수관계가 거래가격에 영향을 미치지 않았다는 입증책임은 수입자의 의무이다"라고 설명하고 있다.

[평가협정 사례연구 10.1] 별개의 두 당사자간의 판매에 대한 거래가격은 가격이 특수관계로 인하여 영향을 받지 않았음이 입증된 경우에만 과세가격을 결정하기 위한 기초를 구성한다. **평가협정 제1조 제2항에 따라 특수관계가 가격에 영향을 미치지 않았음을 입증하는 책임은 수입자에게 있다.** 평가협정은 세관이 수입자에게 가격이 특수관계에 의하여 영향을 받지 않았음을 보여주는 정보를 제출할 수 있는 합리적인 기회를 부여할 것을 요구하고 있는데 반하여, 세관당국에게 가격 차이가 타당함을 입증할 목적으로 철저한 조사를 수행할 것을 요구하지 않는다. 그러므로 이와 관련하여 어떠한 결정은 수입자가 제공하는 정보를 상당한 정도로 근거 하여야 한다.

2. 미국의 경우

미국의 경우 이에 관한 입증책임을 원칙적으로 '구매자'(수입자)에게 부담시키고 있다. 즉, 판매상황 검증에서는 수입자는 특수관계의 당사자간의 판매가 그들의 관계에 의해서 영향을 받지 않았다는 것을 증명해야 한다. 수입자는 특수관계이거나 특수관계가 아닌 당사자들 모두 일관된 방식으로 가격을 결정한다는 것을 입증함으로써 이를 증명할 수 있다(미국예규 548098, 545813 등).[192)]

3. 우리나라의 경우

우리나라 판례는 입증책임과 관련하여 "구매자와 판매자간에 특수관계가 있다는 사실 外에도 그 특수관계에 의하여 거래가격이 영향을 받았다는 점까지 '과세관청'이 증명하여야 한다"는 입장이다(대판 2007두9303). 다만 해당 수입물품의 가격과 비교가격의 차이가 비교가격을 기준으로 하여 비교할 때 100분의 10 이하인 경우임은 '구매자'가 입증하여야 한다(영 제23조 제2항 제3호).

[판례] ① 관세법 제30조 제1항, 제3항 제4호 규정의 취지 및 내용, 과세요건 사실에 관한 증명책임은 원칙적으로 과세관청에게 있는 점, '관세 및 무역에 관한 일반협정 제7조의 시행에 관한 협약' 제1조 제2항 (a)는 "구매자와 판매자 간에 특수관계가 있다는 사실 자체만으로 그 실제 거래가격을 과세가격으로 수락할 수 없는 것으로 간주하는 근거가 되지 아니한다"고 정하고 있는 점 등을 종합하여 보면, **관세법 제30조 제3항 제4호를 적용하기 위하여는 구매자와 판매자 간에 특수관계가 있다는 사실 외에도 그 특수관계에 의하여 거래가격이 영향을 받았다는 점까지 과세관청이 증명하여야 한다.** 그리고 국내 재판매가격을 기초로 한 과세가격의 결정에 관한 규정인 관세법 제33조는 관세법 제30조 내지 제32조에서 정한 방법으로 과세가격을 결정할 수 없는 경우에 비로소 적용할 수 있는 점 등에 비추어 보면, 과세관청이 관세법 제33조 제1항, 관세법 시행령 제27조 제4항에 의하여 납세의무자가 제출한 회계보고서를 근거로 계산된 당해 수입물품에 대한 '이윤 및 일반경비의 비율'이 그 물품이 속하는 업종에 통상적으로 발생하는 이윤 및 일반경비로서 관세청장이 정하는 바에 따라 산출한 이윤 및 일반경비의 범위(기준비율의 범위)에 속하지 않는다는 점을 밝혔다는 것만으로는 특수관계가 거래가격에 영향을 미쳤다는 증명을 다하였다고 볼 수 없다. 수입의약품의 매출원가율이 구매회사가 수입한 다른 의약품에 비하여 낮고 다른 업체들의 평균치에 미치지 못한다거나 그 재판매가격이 수출자인 판매회사의

---

192) **[미국예규]** ① 판매상황검증에서는 '수입자'가 특수관계의 당사자간의 판매가 그들의 관계에 의해서 영향을 받지 않는다는 것을 증명할 책임이 있다. '수입자'는 특수관계이거나 특수관계가 아닌 당사자들 모두와 함께 일관된 방식으로 가격을 결정한다는 것을 입증함으로서 이를 증명할 수 있다(548098). ② 수입자가 제출한 증거서류를 살펴볼 때, 수입자(구매자)가 특수관계자간의 판매상황은 거래당사자간의 특수관계로 인해 실제로 지급하였거나 지급하여야 할 가격에 영향을 미치지 아니하였다는 것을 입증하지 못하였다. 따라서 수입물품의 과세가격을 결정하는데 거래가격을 적용할 수 없다(545878, 544686 등).

가격정책에 부합하지 않는다는 사정만으로는 수입의약품의 거래가격이 구매회사와 판매회사의 특수관계에 영향을 받아 부당하게 낮은 가격으로 책정된 것이라고 단정할 수 없다(대판 2007두9303). ② 관세법 시행령 제23조 제1항 제5호의 "일방이 상대방을 직접 또는 간접으로 관리하는 관계"에 있는지 여부에 관한 입증책임은 '과세관청'에게 있다(대판 92누17112). ③ 설령 원고의 수입가격이 자의적 또는 가공적 가격에 해당한다거나 원고가 위와 같이 자료제공 요청에 불응하였다는 등의 사정이 있다고 하더라도, 그러한 이유만으로 과세관청이 수입물품의 과세가격을 임의로 결정할 수는 없다 할 것이다. 또한 **과세가격에 관하여 합리성이 수긍될 수 있는 일응의 증명을 하면 과세처분의 적법성에 대한 증명책임이 납세의무자에게 전환된다는 상고이유 주장은 독단적 주장에 불과**하므로 이유 없다(대판 2014두4115).

이러한 판례의 태도에 대하여 평가협정 제1조 및 주해 제1조, 평가협정 사례연구 10.1의 규정 내용과 취지를 고려할 때 과세관청에게 과중한 입증책임을 부담시킨다는 일부 비판이 있기는 하나,[193] 거래가격 배제사유에 대한 입증책임은 원칙적으로 과세관청에 있다는 점, 세관장에게 광범위한 자료제출 요구권을 부여하고(법 제37조의4), 세관장의 자료제출 요구에 대해 법정기한 내에 제출하지 아니한 경우에는 과태료 등의 제재를 가할 수 있는 규정을 두고 있는 점(법 제277조 제1항) 등을 고려하면 판례의 태도가 타당하다고 본다.

II 상호 협의 절차 및 세관장의 자료제출요구

1. 의의

판매상황 검증은 해당 가격의 수용에 대하여 의심이 있는 경우에만 요구되는 것이다. 세관당국이 해당 가격의 수용에 대해 전혀 의심이 없는 경우에는 수입자에게 더 이상의 정보를 요구하지 않고 수용되어야 한다. 그러나 세관은 추가적인 조사없이는 해당 수입물품의 거래가격을 수용할 수 없을 때에는 세관이 판매를 둘러싼 상황을 검토하는 것이 가능하도록 필요한 추가적인 상세한 정보를 제공하는 기회를 수입자에게 주어야 한다. 이와 관련하여 세관은 특수관계가 거래가격에 영향을 미쳤는지 여부를 결정하기 위하여 구매자와 판매자가 그들의 상업적 관계를 조직하는 방법과 해당 가격이 결정된 방법을 포함한 거래의 관련 측면을

193) 최근 관세법 제30조의 규정체계를 평가협정 제1조의 체계와 동일하게 개정해서 "특수관계가 거래가격에 영향을 미쳤다"는 점에 관한 입증책임을 구매자(수입자)에게 부담시켜야 한다는 주장이 제기되고 있다. 즉, 관세법 제30조 제3항 각호의 거래가격 배제사유를 관세법 제30조 제1항(법 제30조 제1항은 제2항으로, 제2항은 제3항으로)에 위치시켜 거래가격 인정요건으로 규정하는 방식으로 관세법을 개정해야 한다는 것이다(관세법 일부 개정법률안, 기동민의원 대표발의, 2020. 12. 24.). 그렇지만 이러한 개정으로 입증책임이 구매자(수입자)에게 전환될 것인지는 의문이다.

검토할 준비가 되어 있어야 한다(평가협정 주해 제1조 제2항).

세관은 수입자에 의해 또는 다른 방법으로 제공된 정보에 비추어 특수관계가 거래가격에 영향을 미쳤다고 판단할 근거(거래가격을 수용할 수 없는 의심의 근거)를 가지고 있다면, 수입자에게 그 근거를 통보해야 하고 수입자에게는 답변할 수 있는 합리적인 기회를 제공해야 한다. 만약, 수입자가 요청하는 경우, 그 근거는 서면으로 통지되어야 한다(평가협정 제1조 제2항).

2. 특수관계자 수입물품 과세가격결정자료 제출

(1) 세관장의 자료제출 요구

세관장은 사후세액심사시 특수관계에 있는 자가 수입하는 물품의 과세가격의 적정성을 심사하기 위하여 해당 특수관계자에게 과세가격결정자료를 제출할 것을 요구할 수 있고(법 제37조의4 제1항). 세관장은 제출받은 과세가격결정자료에서 관세법 제30조 제1항 각 호의 가산요소 중 어느 하나에 해당하는 금액이 이에 해당하지 아니하는 금액과 합산되어 있는지 불분명한 경우에는 이를 구분하여 계산할 수 있는 객관적인 증명자료의 제출을 요구할 수 있다(동조 제2항).

(2) 자료 제출범위

세관장이 해당 특수관계자에게 요구할 수 있는 자료는 다음과 같다. 이 경우 세관장은 요구사유 및 자료제출에 필요한 기간을 적은 문서로 자료를 요구해야 한다(영 제31조의5 제1항).

① 특수관계자 간 상호출자현황
② 수입물품 가격산출 내역 등 내부가격 결정자료와 국제거래가격 정책자료
③ 수입물품 구매계약서 및 원가분담계약서
④ 권리사용료, 기술도입료 및 수수료 등에 관한 계약서
⑤ 광고 및 판매촉진 등 영업·경영지원에 관한 계약서
⑥ 해당 거래와 관련된 회계처리기준 및 방법
⑦ 해외 특수관계자의 감사보고서 및 연간보고서
⑧ 해외 대금 지급·영수 내역 및 증빙자료
⑨ 국제조세조정에 관한 법률 시행령 제33조에 따른 통합기업보고서 및 개별기업보고서
⑩ 그 밖에 수입물품에 대한 과세가격 심사를 위하여 필요한 자료

위 자료는 한글로 작성하여 제출하여야 한다. 다만, 세관장이 허용하는 경우에는 영문으로 작성된 자료를 제출할 수 있다(영 제31조의5 제2항).

(3) 자료제출 기한 및 연장

세관장으로부터 자료제출을 요구받은 자는 자료제출을 요구받은 날부터 60日 이내에 해당 자료를 제출하여야 한다(법 제37조의4 제3항).

다만, 아래와 같은 '부득이한 사유'로 제출기한의 연장을 신청하는 경우에는 세관장은 한 차례만 60日까지 연장할 수 있다(법 제37조의4 제3항 단서, 영 제31조의5 제3항). 제출기한의 연장을 신청하려는 자는 제출기한이 끝나기 15日 전까지 관세청장이 정하는 자료제출기한연장신청서를 세관장에게 제출하여야 한다(영 제31조의5 제4항).

① 자료제출을 요구받은 자가 화재·도난 등의 사유로 자료를 제출할 수 없는 경우
② 자료제출을 요구받은 자가 사업이 중대한 위기에 처하여 자료를 제출하기 매우 곤란한 경우
③ 관련 장부·서류가 권한 있는 기관에 압수되거나 영치된 경우
④ 자료의 수집·작성에 상당한 기간이 걸려 기한까지 자료를 제출할 수 없는 경우

세관장은 자료제출기한 연장신청이 접수된 날부터 7日 이내에 연장 여부를 신청인에게 통지하여야 한다. 이 경우 7日 이내에 연장 여부를 신청인에게 통지를 하지 아니한 경우에는 연장신청한 기한까지 자료제출기한이 연장된 것으로 본다(영 제31조의5 제5항).

(4) 자료 미제출시 과세가격 결정

세관장은 특수관계에 있는 자가 세관장으로부터 요구받은 자료를 자료제출 요구를 받은 날부터 60日(1회에 한하여 60日까지 연장가능) 이내에 제출하지 아니하는 경우에는 해당 과세가격결정자료에 따른 금액을 제2방법 내지 제6방법에 따른 방법으로 과세가격을 결정할 수 있다. 이 경우 세관장은 과세가격을 결정하기 前에 특수관계에 있는 자와 협의를 하여야 하며 의견을 제시할 기회를 주어야 한다(법 제37조의4 제4항). 이 경우 세관장은 특수관계 있는 者와 『① 특수관계에 있는 자가 해당물품의 가격이 해당 산업부문의 정상적인 가격결정 관행에 부합하는 방법으로 결정된 경우 등에 해당함을 증명하여 제1방법에 따라 과세가격을 결정해야 하는지 여부, ② 제2방법 내지 제6방법 중 과세가격을 결정하는 방법』에 대하여 협의해야 하며, 10日 이상의 기간 동안 의견을 제시할 기회를 주어야 한다(영 제31조의5 제6항, 법 제37조의4 제4항).

그러나 세관장은 특수관계 있는 자가 해당물품의 가격이 해당 산업부문의 정상적인 가격결정 관행에 부합하는 방법으로 결정된 경우 등에 해당함을 증명하는 경우에는 제1방법에 따라 과세가격을 결정하여야 한다(법 제37조의4 제5항).

제2절

과세가격 결정(산정)

원칙적으로 수입물품의 과세가격은 우리나라에 수출하기 위하여 판매되는 물품에 대하여 "구매자가 실제로 지급하였거나 지급하여야 할 가격"(실제지급가격)에 가산요소를 조정한 '거래가격'으로 한다. 다만, 거래가격은 실제지급가격에 포함되어 있는 공제요소를 뺀 금액으로 한다.

거래가격 = 실제지급가격(직접지급 + 간접지급) + 가산요소 − 공제요소 가산요소: 실제지급가격에 포함되지 '않은' 금액을 加算 공제요소: 실제지급가격에 '포함된' 금액을 控除

GATT 제7조 부속서 Ⅰ에서는 "실제가격은 실제가격의 본연의 구성요소인 정당한 비용으로서 송장가격(Invoice Price)에 포함되지 아니한 부담액을 더하고 또한 통상적인 경쟁가격으로부터의 비정상적인 할인액 또는 그 밖의 경감액도 더한 송장가격으로 표시할 수 있다고 추정하는 것은 제7조에 합치된다"고 규정하고 있다.

제1항 실제지급가격

법 제30조(과세가격 결정의 원칙) ① 수입물품의 과세가격은 우리나라에 수출하기 위하여 판매되는 물품에 대하여 구매자가 실제로 지급하였거나 지급하여야 할 가격에 다음 각 호의 금액을 더하여 조정한 거래가격으로 한다.

② 제1항 각 호 외의 부분 본문에서 "구매자가 실제로 지급하였거나 지급하여야 할 가격"이란 해당 수입물품의 대가로서 구매자가 지급하였거나 지급하여야 할 총금액을 말하며, 구매자가 해당 수입물품의 대가와 판매자의 채무를 상계(相計)하는 금액, 구매자가 판매자의 채무를 변제하는 금액, 그 밖의 간접적인 지급액을 포함한다.

Ⅰ 의의 및 근거 서류

1. 의의 및 개념요소

(1) 의의

1) 앞에서 설명한 바와 같이 거래가격(transaction value)은 거래당사자들이 합의한 가격이므로, "실제로 지급하였거나 지급하여야 할 가격"이란 수출판매 당사자 사이의 합의된 가격으로 합의에 따라 실제로 지급한 가격이거나 지급의무를 부담하는 가격을 의미한다. 따라서 수입물품이 수입신고될 당시에 대금이 실제로 지급되지 않았다 하더라도 합의에 따라 지급하여야 할 가격이 정해져 있는 경우에는 그 금액을 기준으로 과세가격을 결정하여야 한다(서울고판 2018누30923, 대판 2018두57933, 부산고판 2016누23080).

2) 한편, 관세법과 평가협정에서는 거래당사자들이 합의한 가격인 "실제로 지급하였거나 지급하여야 할 가격"(**실제지급가격**; the price actually paid or payable for the goods)을 다음과 같이 정의하고 있다.

- 관세법 제30조 제2항 본문: '실제지급가격'이란 해당 수입물품의 대가로서 구매자가 지급하였거나 지급하여야 할 총금액을 말하며, 직접 지급뿐만 아니라 간접적인 지급액을 포함한다.
- 평가협정 주해 제1조: '실제지급가격'이란 수입물품에 대하여 구매자가 판매자에게 또는 판매자의 이익을 위하여 지급하였거나 지급하여야 할 총금액이다. '실제지급가격'은 수입물품에 대한 價格(the price for the imported goods)을 말한다. 구매자의 계산으로 수행한 활동은 비록 판매자에게 이익이 되는 것으로 간주된다 할지라도 판매자에 대한 간접지급으로 인정될 수 없다.
- 평가협정 부속서 Ⅲ 제7항: '실제지급가격'은 수입물품의 판매조건으로, 구매자가 판매자에게, 또는 구매자가 판매자의 의무를 이행하기 위하여 제3자에게 실제로 행하였거나 행할 모든 지급을 포함한다.

위 관세법과 평가협정 규정을 종합하여 보면, **"실제지급가격이란 구매자가 해당 수입물품의 대가나 판매조건으로 판매자에게 또는 판매자의 이익을 위하여 직접 또는 간접으로 지급하였거나 지급하여야 할 총금액이다"**라고 정의할 수 있겠다. '실제지급가격'에는 실제로 지급한 금액뿐만 아니라 지급하여야 할 금액도 포함되며, "지급하여야 할"이란 수입 시점에 실제 지급이 이루어지지 않았으나 가격에 대한 합의는 이루어진 상황을 의미한다(미국연방관세규정 §152.103).

지급은 直接 또는 間接으로 이루어질 수 있다(법 제30조 제2항). 지급은 '판매자'에게 직접 지급하는 경우뿐만 아니라 판매자의 이익을 위하여 '제3자'에게 지급하는 경우도 포함한다. 따라서 실제지급가격에는 ① 해당 수입물품에 대하여 구매자가 판매자에게 또는 판매자의 이익을 위하여 제3자에게 실제 지급하였거나 지급하여야 할 모든 금액, ② 해당 수입물품의 판매조건으로 구매자가 판매자에게 또는 판매자의 의무를 이행하기 위하여 제3자에게 실제 지급하였거나 지급하여야 할 모든 금액"이 포함된다(평가협정 주해 제1조, 관세평가 고시 제16조 제1항).

실제지급가격의 개념요소: ① 수입물품에 대하여, ② 수입물품의 대가나 판매조건으로, ③ 판매자에게 또는 판매자의 이익을 위하여 직접 또는 간접으로 지급하는 금액

3) 지급(payment)은 반드시 화폐의 이전방식을 취할 필요는 없고, 신용장 또는 유통증권(양도 가능한 증서)에 의해 이루어질 수 있다(평가협정 주해 제1조).

[판례] ① [실제지급가격의 의미] **관세법 제30조 제1항의 '실제로 지급하였거나 지급하여야 할 가격'이란 수출거래 당사자 사이의 합의된 가격으로 합의에 따라 실제로 지급한 가격이거나 지급의무를 부담하는 가격을 의미한다. 따라서 수입물품이 수입신고될 당시에 대금이 실제로 지급되지 않았다 하더라도 합의에 따라 지급하여야 할 가격이 정해져 있는 경우에는 그 금액을 기준으로 과세가격을 결정하여야 한다.** 그리고 부품과 용역의 대가가 포함된 결합계약에서 전체의 대가에 대하여 같은 할인율이 적용된 경우에는 비록 부품의 대가만 구분하여 따로 지급하지 않았다 하더라도 할인율이 적용된 가격이 부품의 지급하여야 할 가격으로서 실제지급가격이라고 봄이 타당하다. 또한 원고는 미국 G사[194]에게 분기별 수수료 중 변동비에 이 사건 부품의 대가를 포함하여 지급하고 있는 사실, 2008년부터 2012년까지 이 사건 부품의 수입신고가격 합계액이 430억원에 이르는 사실이 인정된다. **따라서, 이 사건 부품에 대한 대가가 별도로 지급되지 않았다는 이유만으로 이 사건 부품을 무상으로 수입되는 물품이라고 볼 수 없다.** 위와 같은 법리에 비추어 앞서 인정한 사실 및 변론 전체의 취지에 의하여 알 수 있는 **다음과 같은 사정을 종합할 때, 쟁점 부품의 수입신고가격(G사 기준가격의 61.53%)은 원고와 G사 사이에 합의된 가격으로서 합의에 따라 실제로 지급한 가격이거나 지급의무를 부담하는 가격으로서 정당한 과세가격이라고 판단된다.** ㉠ 원고는 G사와 사이에 K발전소에 설치된 가스터빈의 계획정비를 위한 유지보수용역과 쟁점 부품을 함께 제공받는 대가를 분기별 수수료 중 변동비에 포함하여 지급하기로 약정하였고, 실제로 원고는 G사에게 분기별 수수료를 매분기 적절히 안분하여 지급해왔다. ㉡ G사는 이 사건 계약과 같은 형태의 CSA(Contractual

194) 원고는 미국 G사와 가스터빈 정비계약을 체결하고, 원고는 G사로부터 가스터빈 유지보수에 필요한 이 사건 물품을 수입하고, 원고는 B사에 분기별로 수수료를 지급한다.

Services Agreement) 계약을 체결함에 있어서 구매수량, 계약기간, 장기유지보수계약 체결 여부, 구매자 신용도 등 여러 상업적 요소들을 고려하여 구매자별로 다른 할인율을 결정하여 이를 계획정비를 위한 유지보수용역과 쟁점 물품의 대가 전체에 대하여 적용하고 있는데, G사는 원고와 이 사건 계약을 체결함에 있어서 위 할인율을 38.47%로 결정하고(다만 G사의 영업정책상 위와 같이 결정된 할인율을 원고에게 직접 알리지는 않은 것으로 보이고, 원고와 G사가 이 사건 계약을 통해 장기간 지급하는 분기별 수수료의 전체 예상금액을 협상하는 과정에서 위 할인율이 결정된 것으로 보인다), G사가 파견하여 K발전소에 상주하고 있는 자재발주 담당직원이 쟁점 부품의 발주 요청시 사용하는 G사 내부시스템에 위 할인율을 반영하여 쟁점 부품의 거래가격을 GE 기준가격의 61.53%로 산정하여 송품장을 발행하고, 이에 따라 G사와 원고의 수출·수입신고가 이루어졌다. 따라서 쟁점 부품의 송품장 기재 거래가격이 G사가 통관을 위하여 일방적으로 정한 임의적인 가격에 불과하다고 볼 수 없고, 원고와 G사 사이에 협상을 거쳐 합의된 가격으로 봄이 타당하다. ⓒ G사는 고객과 사이에 거래가격을 정함에 있어서 내부가격정책인 PGS Pricing Guideline을 기준으로 협상을 한 후 발전용역가격결정 전결규정인 PGS DOA(Delegation of Agreement)에 근거하여 승인을 받아야 한다. 그런데 K발전소의 가스터빈과 같은 모델의 경우, PGS Pricing Guideline에 의하면 부품가격은 G사 기준가격의 75~85% 수준이지만, PGS Pricing DOA에 의하면 CSA 계약의 경우에는 G사 기준가격의 60% 이상으로는 사전승인이 되어 있고, 별도의 승인이 있는 경우에는 G사 기준가격의 50% 미만으로도 거래가격을 정할 수 있는 것으로 보이고, 반면에 CSA 계약에 따라 제공하는 추가업무 부품의 경우에는 별도로 할인율을 정하고 있고, 그 할인율도 G사 기준가격에서 5% 이하 내지 30% 초과하는 정도로 상대적으로 낮은 것으로 보인다. 따라서 CSA 계약은 이 사건 계약을 체결함에 있어서 협상을 통해 쟁점 부품의 거래가격을 G사 기준가격의 61.53%로 정한 반면에, 추가업무 부품의 할인율은 G사 기준가격에서 25%로 정하였다는 취지의 원고의 주장은 위 PGS Pricing Guideline과 PGS Pricing DOA에도 부합하는 것으로 판단된다. 이 사건 계약 제1.1조 용어의 정의 및 해석 항목에서 '시간 및 항목 요율(Time and Material Rates)'을 정의하면서 "(b) 공급자가 제작한 신규 부품과 관련하여 부품의 선적 시점에 적용되는 공개된 표준가격에 25퍼센트 할인을 적용한 것"이라고 규정하고 있는 사실, 이에 따라 원고는 한도를 초과하는 비계획정비나 추가업무를 수행하는 과정에서 사용되는 부품에 대하여는 위 할인율을 적용하여 G사 기준가격의 75%를 대가로 지급한 사실은 인정되나, 이 사건 계약 제4.3조, 제5.4조 및 별첨5에 의하면 위 '시간 및 항목 요율'은 한도를 초과하는 비계획정비나 추가업무를 수행하는 과정에서 사용되는 부품에 대해서만 적용되는 것으로 보인다. 따라서 위 할인율이 계획정비를 위한 쟁점 부품에 대하여까지 적용된다고는 단정할 수 없다(서울고판 2018누30923, 대판 2018두57933). ② **[임의적으로 인하한 가격을 실제지급가격으로 인정하지 않은 사례] 다음과 같은 사정들을 종합하면, 이 사건 계약(Distribution Agreement)에서 약정한 실제 거래가격은 보험약가 인하를 예정하지 아니한 가격을 기준으로 정함이 상당하다.** ㉠ 이 사건 계약 제7.1조는 "합의된 예측 시스템"에 따라 공급가격(실제 거래가격)으로 공급하도록 규정하고 있고, 공급가격을 계약 제품의 순매출액에서 판매권자 수수료 등을 공제한 가격으로 정하고 있다.[195] 이에 의하면, 설령 위 조항에서 규정하는 '순매출액'을 '예상순매출액'으로 본다 하더라도 **합의된 예상에 따른 순매출액으로 해석하여야 한다. 그런데, 이 사건 처분 당시 보험약가의 인하가 예상 순매출액을 결정함에 있어서 수출자인 D법인과 수입자인 원고 사이에 합의된 것인지에 관하여는 이를 인정할 아무런 자료가 없다.** ㉡ 이 사건 제소 이후 시점에서 D법인이 특별히 다투지 아니한다는 사정을 들어 이 사건 처분 당시 D법인과 원고 사이에 원고가 수입가격을 신고하면서 고려한 보험약가 인하에 대하여 합의하였다고 볼 수는 없다. ㉢ 오히려 사전에 원고가 예상한 보험약가 인하를 쌍방 합의하였거나 원고로 하여금 보험약가 인하분을 고려하여 수입가격을 신고할 수 있도록 D법인이 원고에게 포괄적으로 위임하였다면, 이러한 내용이 이 사건 계약서 또는 다른 서류에 기재되었을 것으로 예상된다. **결국, 원고가 임의로 보험약가 인하를 예상하여 신고한 수입가격을 들어 이 사건 계약이 규정하는 공급가격(실제 거래가격)이라 볼 수는 없다**(부산고판 2016누23080).[196] **③ [형사판결결과와 실제지급가격 판단의 관계]** 구 관세법 제9조의3은 '구매자가 실제로 지급하였거나 지급하여야 할 가격'을 관세의 과세기준으로 하고, '구매자가 실제로 지급하였거나 지급하여야 할 총 금액'이라고 규정하고 있으므로, **원고가 수입한 면 타월에 대한 과세가격은 신고한 수입가격에도 불구하고, 원고가 중국 수출업자에게 면 타월에 대한 수입대가로 실제로 지급하였거나 지급하여야 할 금액이라고 할 것이다. 원고가 신고한 면 타월의 수입가격보다 훨씬 높은 금액으로 중국 수출업자가 중국 세관당국에 수출신고하였는데,** 중국 수출업자 입장에서는 그 수출가격을 높게 신고할수록 환급받을 수 있는 매입증치세의 절대금액은 많아질 수 있으나, 중국의 수출업자가 매입하면서 납부한

195) 계약서 7.1: G법인은 합의된 예측 시스템에 따라 확정 주문에 대하여 계약제품을 공급가격으로 판매권자(원고)에게 공급하며 공급가격은 다음 공식에 기하여 결정된다. 공급가격 = 계약제품의 순매출액에서 제8.1조에 따른 판매권자 수수료 및 제9.1조에 따른 광고, 선전 및 메디컬 비용을 제외한 가격

8.1 G법인은 계약제품에 대한 판매권자의 순매출액 중 미수금을 제한 금액의 10.7%를 판매권자에게 지급한다. 판매권자 수수료는 판매권자의 유통, 행정 및 금융 비용과 본 계약에 따른 판매권자의 활동, 즉, 계약제품의 유통, 광고 및 판촉과 계약제품의 메디컬 활동에 대한 공정한 수익을 포함한다.

8.2 본 계약의 목적상 순매출액이란 합의된 판매권자의 대고객 판매가격으로 산정되는 계약지역 내 계약제품(부록2에 정의되어 있음)의 총매출액에서 매출할인(부록2에 정의되어 있음) 및 부가가치세를 감한 금액을 의미한다.

196) 이 사건에서 원고는 2009년도에 보건복지부장관이 공고한 약가재평가 대상품목에 동사 수입의약품이 포함됨에 따라 2010년도 보험약가가 인하될 것으로 예상하고 수입가격을 인하하였으나 실제 보험약가가 인하되지 않았다. 이에 대해 부산세관장은 보험약가 인하예상분만큼 이전가격을 인하하여 수입한 것은 비정상 할인으로서 조건 또는 사정에 따라 영향을 받을 것으로 보아 그 인하액을 수입가격에 가산하여 과세처분을 하였다. 법원은 조건 또는 사정의 존재 여부에 대해서는 별도로 판단하지 않고, 이 사건 계약(Distribution Agreement)의 해석 등에 근거하여 이 사건 계약에서 거래 당사자가 약정한 실제 거래가격은 보험약가 인하를 예정하지 아니한 가격을 기준으로 정함이 상당하다고 판단하면서, 결론적으로는 피고가 수입신고가격을 부인하고 이 사건 계약상 지급하여야 할 가격에 따라 다시 산정된 과세가격을 기준으로 이 사건 과세처분을 한 것은 관세법 제30조 제1항에 따른 것으로서 적법하다고 판단하였다(부산지판 2015구합23824, 부산고판 2016누23080).

원자재의 매입증치세액을 알 수 없는 이 사건에서 수출가격을 높게 신고하였다고 하여 환급되는 매입증치세가 크다고 단정할 수 없고, 한편 증치세를 환급하는 중국 세관과 수출대금의 회수를 관리하는 외환관리국으로부터 엄격한 확인과 감독을 받아야 하는 점을 고려해보면, 중국 수출업자가 매입증치세의 환급을 위하여 수출가격을 약 2년 이상이나 계속 높게 책정하였다는 것은 믿기 어렵고 달리 위 수출면장에 기재된 수출가격이나 수출물량 등의 기재내용을 특별히 의심할 만한 이유는 없는 점, 1999.부터 2000.까지 중국에서 생산하는 면 타월의 생산원가는 1묶음당 0.58달러 정도로 보이고 여기에 불량품으로 인한 손실액, 관리비용, 수출입비용을 감안하면 원고의 수입신고가격은 지나치게 낮은 점 등을 종합하여 보면, **원고가 1999. 1. 19.부터 2001. 3. 17.까지 수입신고한 면 타월을 구매하기 위하여 실제로 지급하였거나 지급하여야 할 가격은 적어도 중국 수출업자가 수출면장에서 수출가격으로 신고한 1묶음당 0.74달러에 운임, 보험료 등을 더한 금액으로 보는 것이 상당하다.** 한편 피고가 관세부과를 위하여 하는 과세요건의 입증 정도는 관세포탈죄로 형사처벌하기 위하여 입증하여야 하는 합리적 의심의 여지가 없는 정도에까지 이를 필요는 없는 것이어서, **면 타월 수입업무를 실제로 담당한 丙이 저가신고로 인한 관세포탈죄로 기소되었다가 증거부족 등으로 무죄판결을 받았다고 하더라도 피고의 위와 같은 과세가격 인정이 그것만으로 잘못된 것으로 볼 수 없다**(부산고판 2007누108, 대판 2007두27185).

2. 근거 서류

실제지급가격은 수출판매와 관련한 '송품장'[197] 또는 이를 대신하는 서류에 해당 거래가격, 기타 조건이 정당하게 표시되어 있는 경우에는 해당 송품장 등에 의하여 인정될 수 있다. 통상의 수출판매에 있어서 수입물품에 대한 지급 총액은 '송품장'에 표시되어 있어 송품장가격과 실제지급가격이 일치하나, 아래 [예시]와 같이 간접지급 등이 있는 경우에는 송품장가격과 실제지급가격이 일치하지 않게 된다.

[예시]

① 구매자가 수입물품을 구매함에 있어 '선지급금'을 지급한 경우, 판매자가 선지급금액을 공제한 금액을 수입물품의 송품장가격으로 하였다면, 그 선지급금은 실제지급가격에 가산해야 한다.
② 구매자가 냉동수산물을 구매하는데, 구매자는 판매자에게 원료구입 준비금을 지급하였다. 판매자는 원료준비금을 변제하기 위하여 수입물품의 판매가격에서 원료준비금을 공제(상계)한 금액을 송품장가격으로 하였다. 이 경우 공제(상계)한 금액은 실제지급가격에 포함시켜야 한다.
③ 구매자는 판매자로부터 비스킷을 계속적으로 구매하고 있다. 이번 판매자로부터 위탁을

197) 송품장은 수출자(판매자)에게는 청구서 역할을 하고, 수입자(구매자)에게는 수입계산서 역할을 하는 것으로서 신속하고 안전한 무역거래를 위하여 수출자는 자신의 책임하에 송품장을 제공하게 되므로 통상적으로 국제거래관계에 있어 객관적인 자료라고 할 수 있다.

받고 구매자는 판매자의 상품판매를 위한 광고선전을 하였다. 이 광고선전비용은 판매자가 부담하기로 되어 있지만 구매자는 판매자로부터 수취할 광고선전비를 이번 수입물품의 대금에서 차감하고 잔액만을 송품장가격으로 하였다. 이 경우 차감한 광고선전비는 실제지급가격에 포함시켜야 한다. ④ 구매자는 판매자로부터 가구를 수입하고 있는데, 지난 번 수입한 물품의 품질에 문제가 있어 판매자에게 클레임을 제기하여 판매자와 클레임금액에 대해 합의를 하였다. 판매자는 이번 수입물품의 가격에서 합의한 클레임금액을 공제한 금액을 송품장가격으로 하였다. 이 경우 공제한 클레임금액은 실제지급가격에 포함시켜야 한다(일본예규).

3. EU와 미국의 실제지급가격 관련 규정

(1) EU 관세법 시행규정 제129조 제1항에서는 "실제지급가격은 구매자가 [① 판매자, ② 판매자의 이익을 위하여 제3자, ③ 판매자와 특수관계에 있는 제3자, ④ 판매자의 의무를 충족시키기 위해 지급한 금액이 제3자에게 지급된 경우의 해당 제3자]에게 수입물품의 거래조건으로 지급하였거나 지급하여야 할 모든 지급액을 포함한다"고 규정하고 있다.

(2) 미국관세법 §1401a(b)(4)(A)에서는 "실제지급가격은 구매자가 운송·보험의 비용과 경비, 수입물품에 대해 판매자에게 또는 판매자를 위해, 지급했거나 지급하여야 할 총지급액(직접이든 간접이든 수출국에서 미국 수입지까지 상품의 국제운송에 따르는 서비스와 관련된 경비 제외)이다"라고 정의하고 있다. 미국관세청은 판매자 또는 판매자와 특수관계에 있는 자에게 지급된 모든 금액은 원칙적으로 수입물품의 대가로서 실제지급가격의 일부라고 추정하고, 다만 구매자가 지급한 금액이 판매의 대가가 아니라는 점(예: 대여금, 주식매입대금 등)에 대한 입증을 하도록 요구하고, 그에 대한 입증이 충분하지 않을 경우 실제지급가격에 포함시키고 있다. 그러나 판매자와 관계없는 별도의 '제3자'에게 지급한 금액은 판매자의 이익을 위한 지급이 아니므로 실제지급가격에 포함시키지 않는다(미국예규 544640, 545456, 546364 등).

[미국예규] ① 구매자는 물품의 이전가격 以外에 판매자에게 노동비, 간접비, 관리비용을 포함한 판매자의 운용비용을 지급하는데 사용되는 돈을 매주 정기적으로 송금한다. 해당 금액은 수입물품과 관련되었지만 특정 선적물품과는 관련되지는 않았다. 구매자는 그 금액이 대부금이나 차입금에 대한 변제금액이라는 것을 증명하지 못하였다. 이 추가지급은 수입물품의 대가로 실제지급가격의 일부에 해당한다(545456, 545995). ② 구매자가 판매자에게 지급하는 사용료 또는 실시권 비용에 대해서는, 구매자가 이러한 지급액이 수입물품에 대한 실제로 지급하였거나 지급하여야 할 가격과 차이가 나는 것임을 증명할 수 없는 한, 실제지급가격에 대한 가산이 이루어진다. 구매자가

판매자에게 지급하는 모든 금액은 실제지급가격의 일부라는 가정은 반박될 수 있다. 동 대금지급이 수입물품과 전적으로 무관하다는 점에 대한 입증의 부담은 '수입자'가 진다. 수입자에 의해서 사용료라고 명명되었지만 이들 대금지급은 판매자에 대한 실질적으로 간접적인 지급이다(547608). ③ 수입물품의 적기 인도에 대하여 판매자에게 지급한 납품보너스, 판매자에게 지급한 창고보관·저장 및 관련 보험료, 판매자에게 지급한 판매자의 이익을 위한 결제통화 변경에 따른 헤징비용, 판매자가 실시한 제조 후 시험의 대가로 판매자에게 지급한 금액, 판매자와 특수관계에 있는 자가 구매자로부터 주기적으로 상환받은 연구개발비(디자인 개발비), 수입물품의 제조 前에 수입물품의 개발, 기술 및 다량 제조의 대가로 판매자(제조자)에게 지급한 금액, 수출허가나 인증 등의 취득과 관련된 비용을 보상하는 목적으로 판매자에게 지급된 수수료, 구매자가 판매자에게 직접 지급하거나 구매대리인을 통해 판매자에게 지급한 쿼터비용, 판매자에게 지급한 물품의 테스트하는데 소요된 비용, 수입물품의 안정성에 관한 사전 임상시험을 위해 의약품 생산의 라이센서에게 지급한 대금 등은 실제지급가격에 포함된다(545907, 546000, 545320, 542946, 545998등).

수입물품에 대하여

1. 수입물품과 관련된 지급

실제지급가격은 '수입물품'에 대한 가격을 말한다. 수입물품은 관세법 별표인 '관세율표'에 규정되어 있는 '有體物'과 전기·가스 등 관리할 수 있는 무체물을 의미한다.[198] 따라서 '수입물품'과 관련된 지급만이 실제지급가격을 구성하고, 수입물품과 관련되지 않은 其他의 지급은 실제지급가격에 해당하지 아니한다. 구매자가 판매자에게 수입물품과 관련되지 않는 '배당금'의 지급 또는 其他 지급액(예: 판매자로부터 받은 융자에 대한 이자 지급 등)은 관세과세가격의 일부를 구성하지 않는다(평가협정 주해 제1조). 또한 구매자와 판매자간에 체결된 별도의 계약에 따라 제공되는 관리, 회계, 재무, 기획 및 사무와 관련되는 서비스에 대해 구매자가 판매자에게 정기적으로 지급하는 금액은 수입물품과 관련이 없기 때문에 실제지급가격의 일부가 되지 않는다.[199] 이하에서 각종 지급이 관세평가 측면에서 수입물품과 관련된

198) HS품목분류제도는 물품 분류를 위한 국제적 표준이다. 모든 유형의 물품(및 2716.00의 전기에너지로 분류된 전기 등의 일부 무형 물품)은 HS코드가 정해져 있고 따라서 물품으로 간주된다(WCO관세평가 교육모듈(중급/고급용), 82쪽).

199) **[미국예규]** 구매자와 판매자간에 체결된 별도의 계약서에 따라 구매자는 판매자에게 직물 구매와 관련된 서비스의 대가를 지급한다. 이러한 서비스에는 제조검사, 납품일정계획, 검사 등이 포함된다. 서비스계약에 따라 지급되어야 할 금액은 물품의 특정 선적분에 따르는 것이 아니라 정기적으로 지급된다. 서비스계약에 따라 판매자에게 지급된 대금은 직접적으로 수입물품과 관련된 것이 아니므로 수입물품의 거래가격의 일부가

지급으로 실제지급가격에 포함되는지 여부가 빈번하게 문제되는 중요한 쟁점들을 개별적으로 설명하겠다.

2. 소프트웨어가 수록된 전달매체

(1) 문제의 소재

오늘날 컴퓨터뿐만 아니라 텔레비전, 식기세척기 등 많은 전자제품들에도 소프트웨어가 포함되어 있다. 이러한 물품들의 과세가격을 결정하기 위한 절차는 다른 물품들과 다르지 않다. 일반적으로 물품에 수록된 이러한 소프트웨어의 가격은 물품가격의 일부로서 수입물품의 과세가격에 포함된다. 그런데, 소프트웨어(특히, 데이타 처리장치용 소프트웨어)가 다양한 형태의 전달매체(CD-ROM, DVD-ROM, 디지털테이프, 플로피 디스켓)에 수록되어 수입될 경우, 과세가격을 어떻게 결정해야 하는지가 문제되고 있다.[200]

(2) 평가협정 결정 4.1 및 예해 13.1의 내용 요약

데이터 또는 명령(소프트웨어)을 수록하고 있는 전달매체의 과세가격을 결정함에 있어서 '전달매체' 그 자체의 가격이나 비용만 고려할 것인지 아니면 전달매체에 기록된 데이터 처리장치용 데이터나 명령(소프트웨어)의 가치도 포함할 것인지가 문제된다. 여기서 "전달매체"라는 표현은 집적회로, 반도체 및 그러한 회로 또는 장치를 결합한 유사한 장치들을 포함하지 않으며, "데이타 또는 명령"이라는 표현은 음향, 영화 또는 영상의 기록물을 포함하지 않는다(평가협정 결정 4.1).[201]

이에 관하여 관세평가위원회는 「GATT 제7조의 이행에 관한 협정」에 따라 거래가격이 평가의 가장 우선적인 기초라는 것과 전달매체에 기록된 데이터 처리장치용 데이터나 명령(소프트웨어)에 대한 거래가격의 적용은 협정에 전적으로 부합한다[202]는 것을 전적으로 재확인하면서, 아울러 『데이터 또는 명령(소프트웨어)을 수록하고 있는 수입물품의 전달매체의 과세가격을 결정함에 있어서 해당 전달매체 자체의 비용이나 가격(전달매체 자체의 가격과 소프트웨어를 전달매체에 기록하기 위한 비용)만이 고려되어야 한다. 그러므로 데이터 또는 명령의 비용이나 가격이 해당 전달매체의 비용이나 가격과 구분된다면 데이터 또는 명령의

되지 아니한다(543551).

200) WCO관세평가 교육모듈(중급/고급용), 82쪽.

201) 음향, 영화 또는 영상의 기록물을 포함시키지 않은 이유는 주로 오락 목적을 위해 고안된 소프트웨어를 제외시키기 위한 것이다.

202) 즉, 전달매체에 기록된 데이터나 명령의 가격을 포함하여 거래가격을 결정하는 것은 평가협정에 부합한다.

비용이나 가격은 과세가격에 포함되지 않는다는 慣行[203]을 채택하는 것도 협정에 부합할 수 있다』고 결정하였다(평가협정 결정 4.1). 여기서 "구분된다"의 표현은 전달매체의 비용이나 가격만이 알려져 있다면 데이터나 명령(소프트웨어)의 비용이나 가격은 구별되는 것으로서 간주하는 방식으로 해석되어야 한다(평가협정 예해 13.1).[204]

따라서 전달매체의 가격에 전달매체에 기록된 데이터 처리장치용 데이터나 명령(소프트웨어)의 가치도 포함할 것인지 여부는 각 회원국에게 '선택권'이 있는 것이다.

(3) WTO 회원국의 현황

미국, 일본 등 대부분의 선진국들은 전달매체의 가격만을 과세가격으로 결정하고 있으나,[205] 대부분의 개발도상국은 전달매체(CD-ROM, DVD-ROM, 플로피 디스켓)의 가격에 데이터 처리장치용 데이터나 명령(소프트웨어)의 가치를 포함하여 과세가격을 결정하고 있다.

(4) 우리나라의 경우

우리나라는 1986년 4월경 관세평가위원회에 "전달매체의 가격에 데이터 처리장치용 데이터나 명령(소프트웨어)의 가치를 포함하여 과세가격을 결정하고 있다"고 통보하였다. 관세법 제30조 제1항 및 동법시행령 제19조 제4항의 내용과 취지를 고려하면 "전달매체의 가격에 데이터 처리장치용 데이터나 명령(소프트웨어)의 가치를 포함하여 과세가격을 결정해야 한다"고 해석하는 것이 우리 관세법의 입장이라고 할 수 있다.[206] 判例도 같은 입장이다.

---

203) 이러한 관행을 채택하고 있는 체약국은 관세평가위원회에 그 적용 일자를 통보해야 한다(평가협정 결정 4.1 제2항 및 제3항).

204) [평가협정 예해 13.1] 어떠한 이유로 세관당국이 두 가지 비용이나 가격을 별도로 신고하는 것이 필요하고, 단지 두 가지 중 하나만 입수될 수 있다고 여기고 있다면, 두 번째 비용은 평가협정에 부합하는 합리적인 수단을 사용하여 추산될 수 있다. 마찬가지로 두 가지 요소에 대한 총 가격만이 입수될 수 있는 경우에도 유사한 추산이 개별가격을 결정하기 위하여 이루어질 수 있다.

205) 미국의 경우, 데이터나 소프트웨어를 담은 채 수입되는 CD-ROM 등의 경우, CD에 저장된 정보나 소프트웨어의 가격은 평가하지 않고 운반매체의 가격을 기준으로 과세가격을 결정한다(미국예규 547946, 548190).

206) MS OFFICE 프로그램의 경우, MS OFFICE 프로그램을 수록한 CD-ROM을 판매(개당 500달러, CD-ROM자체의 가격은 2달러)하는 경우도 있고, (CD-ROM 없이) 해당 싸이트에서 프로그램 구매 및 다운로드하여 사용(구입비용 300달러)하는 경우도 있는데, 전자의 경우 수입되는 CD-ROM에 대한 과세가격은 전달매체에 MS OFFICE의 가치를 포함한 가격(500달러)가 된다. 후자의 경우에는 물품의 수입이 없으므로 과세할 수 없다.

[판례]

관세와 무역에 관한 일반협정 제7조 제2항 (a), (b), 관세와 무역에 관한 일반협정 제7조의 시행에 관한 협약 제1조 제1항, 제8조 제1항, 제15조 제2항 (b), 1984. 9. 24. 제10차 GATT 관세평가위원회 결정사항 4.1 '데이터 처리장치를 위한 소프트웨어 전달매체에 대한 평가' 제1항, 제2항, 제3항, 구 관세법(1993. 12. 31. 법률 제4674호로 개정되기 전의 것) 제9조의3 제1항, 제9조의4 제1항, 구 관세법 시행령(1993. 12. 31. 대통령령 제14044호로 개정되기 전의 것) 제3조의5 제2항, 제3조의6 제1항, 제2항(현행 제3조의8 제1항, 제2항), 1993. 12. 31. 개정된 시행령 제3조의3 제3항, 소프트웨어개발촉진법 제2조 제2호, 컴퓨터프로그램보호법 제8조, 제16조 제1항, 제2항 등의 관계 법령에 비추어 보면, **소프트웨어 자체는 물품이 아니므로 관세의 과세대상은 수입물품인 '소프트웨어가 수록된 매체'라고 할 것이고, 이때 매체의 가치를 평가함에 있어 그 수록된 소프트웨어의 가치를 합산하는 것인바,** 소프트웨어는 저작권 유사의 권리로서 그 가치는 프로그램의 내용뿐만 아니라 그에 대한 권리의 범위에 따라 달라지는 것이고, 프로그램의 사용을 허락받은 자는 허락된 사용방법 및 조건의 범위 안에서 당해 프로그램을 사용할 수 있으며, 프로그램 저작권자의 동의 없이는 사용할 권리를 제3자에게 양도할 수 없으므로, 평가용 소프트웨어는 비록 일반용 소프트웨어와 그 프로그램의 내용에 있어 동일하다고 하더라도 저작권자가 지정한 사용권한의 범위가 다르고 그에 따라 그 가치가 상이하며 상업적으로 상호 교환이 가능한 것이라고 볼 수도 없다면, 과세가격을 결정함에 있어 평가용 소프트웨어가 수록된 매체는 일반용 소프트웨어가 수록된 매체와는 서로 다른 물건이라고 함이 상당하다(대판 98두152: **사례연습 19**).

[심판례]

청구법인은 쟁점물품가격 중 *******달러는 A 소프트웨어의 대가이므로 쟁점누락금액에 가산하여서는 아니되고, A 소프트웨어 CD 수입 시 해당 CD의 과세가격에 가산되어야 한다고 주장한다. 그러나, 쟁점계약서에서 "소프트웨어"를 쟁점물품에 장착된 소프트웨어로 규정하고 있는 점, 계약서 별지에 기재된 상세 물품가격도 *******달러로 쟁점계약서상의 물품의 가격과 동일한 점, 국내 소프트웨어 등 용역 관련사항은 다른 별지에 기재되어 있는 점, 청구법인이 수입신고한 소프트웨어의 CD는 이후에 수입된 점, 청구외 법인의 공문 및 Proforma Invoice 등은 처분청이 쟁점사안에 대해 지적한 이후 수신된 문서로써 그 금액 등이 쟁점계약 내용과 다르고 공문의 원본 등이 제시되지 아니하여 신뢰성이 부족한 점 등에 비추어 볼 때, 처분청이 쟁점누락금액을 쟁점물품의 과세가격에 가산하여 부가가치세 등을 과세한 쟁점처분은 달리 잘못이 없는 것으로 판단된다(조심 2017관0081).

(5) 관세법 시행령 제19조 제4항의 內容 및 권리사용료 해당여부 판단

(가) 내용 및 취지

우리나라는 관세법 시행령 제19조 제4항에서 "권리사용료 가산과 관련하여, 컴퓨터소프트웨어에 대하여 지급되는 권리사용료는 컴퓨터소프트웨어가 수록된 마그네틱테이프 · 마그네틱디스크 ·

시디롬 및 이와 유사한 물품(법 별표 관세율표 번호 제8523호에 속하는 것으로 한정한다)과 관련되지 아니하는 것으로 본다"고 규정하고 있다. 소프트웨어는 컴퓨터소프트웨어에 한정하고, 전달매체도 마그네틱테이프·마그네틱디스크·시디롬 및 이와 유사한 물품[법 별표 관세율표 번호 제8523호에 속하는 것(적용관세율 0%)]으로 한정된다. 따라서 컴퓨터 소프트웨어가 설치된 '컴퓨터'가 수입되는 경우는 여기에 해당하지 아니한다.

이 규정은 전달매체에 수록된 소프트웨어의 가치를 전달매체의 과세가격에서 제외한다는 의미가 아니라, 오히려 소프트웨어의 가치도 전달매체의 가격에 포함시켜야 하지만[207] 소프트웨어가 수록된 전달매체의 신고가격 중에 권리사용료가 포함되었다면 신고가격 중 권리사용료에 해당하는 금액은 관련성이 없으므로 관세의 과세가격에 포함하지 아니한다는 의미이다.

(나) '컴퓨터소프트웨어라는 상품'의 수입대가인지 또는 '컴퓨터소프트웨어에 대한 권리사용'의 대가인지 區別

1) 문제의 소재

전달매체에 수록된 컴퓨터소프트웨어에 대한 대가가 '컴퓨터소프트웨어라는 상품의 수입대가'인지(해당 대가는 당연히 실제지급가격에 포함된다) 또는 '컴퓨터소프트웨어에 대한 권리사용의 대가'인지가 문제될 수 있다. 후자의 경우 해당 대가(권리사용료)는 관세법 시행령 제19조 제4항에 따라 수입물품과의 관련성이 없어 실제지급가격에 가산되지 않기 때문이다.

2) 법인세법상 사용료소득 원천징수 문제

법인세법 제93조 제8호 나목에서는 외국법인의 국내원천소득으로 '산업상·상업상·과학상의 지식·경험에 관한 정보 또는 노하우'를 규정하고 있다. 이는 통상 '노하우'라 일컫는 발명, 기술, 제조방법, 경영방법 등에 관한 비공개 기술정보를 사용하는 대가를 말하므로 내국법인이 외국법인으로부터 도입한 소프트웨어의 기능과 도입 가격, 특약 내용 기타 제반 사정에 비추어 그 소프트웨어의 도입이 단순히 상품을 수입한 것이 아니라 노하우 또는 그 기술을 도입한 것이라면 그 도입대가는 그 외국법인의 국내원천소득인 사용료소득에 해당하여 법인세법 제98조에 정한 원천징수의무자인 내국법인에 대하여 법인세를 징수할 수 있다(대판 97누11065). 그러나 소프트웨어 상품을 수입하는 것으로 판단되는 경우에는 수출자의 고정사업장이 없는 국내에서는 과세권이 없게 된다.

---

207) [부산고판 93누7020] 선박설계자동화시스템의 기술도입과 관련하여 원고가 지급한 기술사용료는 전달매체인 자기테이프의 가격과 소프트웨어의 개발 및 이전에 따른 가격이 합산된 금액이므로 이를 과세가격으로 결정한 것은 적법하다. → 다만, 현재는 관세법 시행령 제19조 제4항이 1995. 12. 30. 개정관세법에서 신설되어 전달매체에 수록된 컴퓨터소프트웨어에 대해 지급되는 권리사용료는 실제지급가격에 가산되지 않는다.

한편, 大法院은 국내에 고정사업장이 없는 법인이 지급받은 설계대금은 인적 용역의 대가로서 한독조세조약 제7조에 의하여 국내에서 원천납세의무가 없다고 판시함으로써, 원천징수되는 법인세법상 사용료소득이 아니라고 판단한 바 있다(대법 2015두950).[208]

3) 양자의 구별기준

大法院은 "내국법인이 외국법인으로부터 도입한 소프트웨어의 기능과 도입가격, 특약내용 기타 제반 사정에 비추어 그 소프트웨어의 도입이 단순히 상품을 수입한 것이 아니라 노하우 또는 그 기술을 도입한 것이라면, 그 도입대가는 그 외국법인의 국내원천소득인 사용료소득에 해당하여 원천징수의무자인 내국법인에 대하여 법인세를 징수할 수 있다"고 판시한 바 있다(대판 97누11065).

따라서 컴퓨터 소프트웨어를 수록한 전달매체의 경우, 수록된 소프트웨어의 기능과 도입가격, 가격의 구성내역, 특약내용, 국내에서의 판매 또는 사용 방식 등 제반 사정을 고려하여 '컴퓨터소프트웨어라는 상품의 수입대가'인지 또는 '컴퓨터소프트웨어에 대한 권리사용의 대가'인지 여부를 판단해야 할 것이다.

구체적으로 살펴보면, 전달매체에 수록된 컴퓨터 소프트웨어를 공개된 기능 그대로 사용하는 경우는 '컴퓨터소프트웨어라는 상품의 수입'으로 보아야 하고 소프트웨어 제작기법 또는 일반에 공개되어 있지 않은 산업상의 노하우를 전수하는 정도에 이르러야 '노하우의 전수'가 있었던 것으로 평가할 수 있을 것이다. 국내도입자가 공급자와 판매대리점 계약을 체결하여 공개된 기능 그대로의 소프트웨어를 수입하여 불특정 다수의 고객들에게 판매한 정도에 그친 경우에는 노하우의 전수가 있었다고 보기 어렵다(대판 97누2986).[209] 반면, 비공개원시코드 자체의 이전이

208) [대판 2015두950 판결 이유] 원심은, ① 이 사건 계약의 주된 목적은 원고가 H사에게 특정한 사양의 이 사건 각 플랜트 설비를 공급하는 것이고, 이 사건 각 플랜트의 설비에 관한 설계 및 엔지니어링 용역(이하 '이 사건 용역'이라 한다)은 이 사건 각 플랜트 설비를 공급하는 데 필수적으로 수반되는 설계 및 도면작성 작업인 점, ② 이 사건 용역이 고도의 기술력을 필요로 하는 것이라 하더라도 동종의 용역수행자가 통상적으로 보유하는 전문적 지식이나 특별한 기능으로는 수행할 수 없는 수준이라고 단정할 수 없는 점, ③ 이 사건 계약상 비밀보호 조항은 쌍방에게 동등하게 비밀보호의무를 부과하는 것으로서 일반적인 용역계약 또는 판매계약에서 전형적으로 사용되는 내용인 점, ④ 이 사건 용역이 약 2년 6개월의 장기간에 걸쳐 이행되었고 그 대가인 이 사건 설계대금은 대부분 인건비 등 실비변상적 요소로 지출되는 등 이 사건 설계대금이 인적 용역의 대가로 보기에 지나치게 높은 금액이라고 보기도 어려운 점, ⑤ 이 사건 계약에 따라 원고는 이 사건 용역의 이행과 결과를 보증하고 있는 점, ⑥ 원고가 보유한 코크 오븐 플랜트 설비 등 분야에 관한 고도의 기술력 및 비공개 기술정보가 이 사건 용역의 수행과정에서 일부 H사에게 공개 또는 이전되었을 가능성이 있으나 이는 인적 용역의 제공과정에서 부수적으로 발생한 것으로 보이는 점 등을 종합하여 보면, 국내에 고정사업장이 없는 독일법인인 원고가 지급받은 이 사건 설계대금은 인적 용역의 대가로서 한·독 조세조약 제7조에 의하여 국내에서 원천납세의무가 없다는 이유로, 이와 다른 전제에서 피고가 한 이 사건 처분은 위법하다고 판단하였다. 앞서 본 규정과 관련 법리 및 기록에 비추어 살펴보면, 원심의 위와 같은 판단은 정당하다.

209) 예를 들어 컴퓨터 소프트웨어가 수록된 CD-ROM을 수입하여 일반인에게 그대로 판매하는 경우가 여기에

이루어져 해당 소프트웨어의 제작기법이 전수되는 경우에는 노하우 전수에 해당할 수 있고, 또한 특정 고객의 특수한 요구에 맞게 소프트웨어를 개작하여 수입하는 경우도 노하우 전수가 있었다고 볼 수 있다. 그러나 소프트웨어 대가가 고가라는 이유나 고객에게 교육, 유지보수, 컨설팅 용역이 제공되었다는 사정 등은 중요한 판단기준은 아니다.

관세평가분류원도 "소프트웨어가 수록된 전달매체의 신고가격 중에 권리사용료가 포함되었다면, 관세법 시행령 제19조 제4항에 의하여 신고가격 중 권리사용료에 해당하는 금액은 관세의 과세가격에 가산하여 과세하지 아니한다. 대법원 판례에 의하면 소프트웨어 수입이 노하우 또는 그 기술을 도입한 것인지 여부를 판단함에 있어서는 특별한 사정이 없는 한 외국의 소프트웨어 공급자로부터 복제판매권 등을 수여받지 아니한 채 외국 공급자가 스스로 복제하여 만든 소프트웨어 복제물을 그대로 수입하여 사용하거나 판매하는 경우에는 소프트웨어를 상품으로 수입하는 것으로 보아야 한다. 본건의 경우 독점대리점계약서에 따라 컴퓨터소프트웨어의 규격 및 수량별 단가가 확정된 거래가격으로 수입하여 판매하였으므로 본건의 거래가격이 전부 권리사용료에 해당한다고 보기는 어렵다"라고 해석하고 있다(관세평가과-283).

[예규] ① 甲은 컴퓨터소프트웨어(컴퓨터, CD-ROM)를 미국, 싱가폴 등으로부터 수입하여 국내 소비자에게 판매하고 컴퓨터소프트웨어의 사용권리를 인증하는 '암호번호'는 홍콩지사로부터 인쇄물로 받아 HS 4911호로 수입신고한 후 컴퓨터소프트웨어 수입가격과는 별도로 홍콩지사에 신고금액 전액을 지급하는 경우, 동 금액이 소프트웨어 물품대금의 일부로 보아야 하는지 권리사용료로 보아야 하는지 문제된다. 이 경우, 송품장등 관련자료에 의거 컴퓨터소프트웨어는 하드웨어(컴퓨터), 소프트웨어(전달매체-CD-ROM, 프로그램-인쇄물)의 형태로 구분되어 일건 거래되고 있고 종전부터 H8524호의 컴퓨터소프트웨어 거래가격으로 신고하였던 점 등으로 보아 동 지급대가는 소프트웨어의 거래가격의 일부이다(평가 47221-274). ② 甲은 국내 고객의 요청에 따라 일정기간(통상 1개월) 테스트를 위한 소프트웨어가 수록된 CD-ROM을 임시 라이센스와 함께 수입하는데, 테스트를 마친 고객이 구매의사를 밝히면 정식 주문을 하게 되며 CD는 별도로 수입되지 않는다. 고객은 License Key를 이메일로 받아 동 소프트웨어를 사용하고 그 대가로 라이센스료를 지급한다. 이 경우 라이센스료가 CD-ROM가격의 일부인지 아니면 권리사용료인지 문제된다. 거래내용 및 계약서상 소프트웨어 저작권은 수출자에게 있고 국내 고객은 동 소프트웨어를 사용하는 대가로 라이센스료를 지불하므로 동 라이센스료는 소프트웨어 권리사용료에 해당하나, 관세법 시행령 제19조 제4항의 규정에 따라 관련성이 인정되지 않으므로 과세가격에 가산하지 않는다(관세평가-187).

해당할 것이다.

(6) 소프트웨어 업그레이드 등의 문제

(가) 문제의 소재

수입물품에 소프트웨어가 내장되지 않은 상태로 수입된 後에 인터넷상에서 다운로드 방식으로 소프트웨어를 수입하여 수입물품에 설치하는 경우나 인터넷상에서 소프트웨어를 다운로드받아 기존에 사용하던 소프트웨어를 업그레이드하는 경우, 해당 소프트웨어는 원칙적으로 수입신고의 대상이 아니므로 과세대상에 해당하지 아니할 것이다.[210)]

[예규] 무체물인 소프트웨어를 매체에 수록하지 않고 인터넷상에서 다운로드하는 방식으로 수입하는 경우에는 원칙적으로 수입신고의 대상이 아니므로 소프트웨어에 대하여 관세를 부과할 수 없다. 또한 사용대가를 지불하고 인터넷에서 다운로드하는 방식으로 수입하는 소프트웨어를 수입된 장비가 아닌 일반 PC에서 사용하거나, 이미 수입된 장비의 기능을 업그레이드하기 위해 수입하는 경우에는 수입된 장비에 관련된 것으로 볼 수 없으므로 소프트웨어의 사용대가를 장비의 가격에 가산하기는 곤란하다(관세평가과-840).

그러나 수입물품(A)에 소프트웨어(aA)가 내장되어 있는 상태로 수입되지만 해당 소프트웨어(aA)에 잠금장치(lock)가 되어 있어서, 구매자가 내장된 소프트웨어(aA)를 사용하기 위해서는 판매자에게 추가비용을 지급하고 별도의 사용권한[인증 키(certificate key) 또는 인증번호]을 취득하여 해당 소프트웨어를 사용하는 경우(인증번호 등이 기재된 종이형태의 '인쇄물'을 수입하거나 인터넷상에서 인증번호 등을 다운로드한 후 수입물품에 인증번호를 입력하여 사용)는 관세평가상 복잡한 문제가 발생한다. 「WCO관세평가 교육모듈」에서 언급하고 있는 例를 들어 설명하면 다음과 같다.

수입물품에 소프트웨어가 내장되어 수입되지만 구매자가 해당 소프트웨어를 사용하기 위해서는 추가적인 비용을 지급하고 별도의 권한(인증Key나 특별한 코드번호)을 취득해야 하는 경우는 관세평가상에 있어 복잡성을 띨 수 있다. 예를 들어 국내 구매자 甲사는 미국 A사로부터 서로 다른 레벨에서 작동할 수 있게 해주는 소프트웨어가 내장된 전화교환기를 수입하는데, 해당물품이 수입되면 교환기가 기본 레벨에서 기능할 수 있도록 해주는 소프트웨어(모델A)를 사용할 수 있다. 甲사와 A사간에 체결된 구매계약서에 의하면 수입자가 모델A 상품에 대해 지불해야 하는 가격을 1,000달러로 정하고 있고, 또한 전화교환기 내에

210) 소프트웨어는 전자적으로나 위성을 통해서도 전송될 수 있고, 이런 방식의 전송은 관세목적을 위해 현재 '상품'이나 '수입'으로 간주되지 않기 때문에 과세가격 문제가 발생하지 않는다(관세청, WCO관세평가 교육모듈(중급/고급용), 196쪽).

또 다른 소프트웨어가 내장되어 있는데, 이 소프트웨어를 사용하면 교환기는 더 높은 사양의 모델B, 모델C의 기능을 갖게 된다. 수입자가 모델B나 모델C의 소프트웨어를 사용하기 위해서는 인증Key나 특별한 코드번호를 통해 사용권한을 부여받아야 하는데, 그에 대하여 甲사는 A사에게 추가로 1,000달러(모델B), 2,000달러(모델C)의 비용을 각 지불해야 한다. 甲사가 교환기를 구매할 때 이 Key 등을 구입할 수 있는 선택권이 주어지지만, 꼭 그렇게 할 의무는 없다. 위 구매계약에 따라 甲사는 모델A의 가격을 지불하도록 계약을 맺고 그 가격으로 전화교환기에 대한 수입신고를 하고, 미래의 어느 시점에 구매자는 위 추가적인 금액을 지불하기로 선택할 수 있고, 그로 인해 사실상 물품에 대한 물리적인 변화를 가할 필요 없이 물품을 업그레이드할 수 있다. **甲사가 업그레이드 권한을 사용하지 않을 경우, 원래의 계약가격을 거래가격의 기초로 받아들일 수 있다. 그러나 수입 後 업그레이드가 이루어질 경우, 평가처리를 어떻게 해야 하는지가 문제된다.**[211]

(나) 관세평가 처리에 대한 검토

1) WCO관세평가 교육모듈의 설명

WCO관세평가 교육모듈에서는 "절차에 따라 이와 같은 상황을 해결할 수 있는 방법은 다음과 같이 2가지 방법이 있다. 이처럼 이러한 과세가격 재결정을 다루기 위한 구체적인 관세평가 정책과 절차가 마련되어야 한다"고 설명하고 있다.[212]

① 추가적인 소프트웨어를 사용하면 그 결과 수입물품은 사실상 다른 제품이 된다(모델B 또는 모델C). 이 경우 원래의 신고가격은 무효화되므로 원래의 가격에 추가적인 요금이 더해진 금액(모델B의 경우: 2,000달러, 모델C의 경우: 3,000달러)에 상당하는, 교환기 모델B나 모델C에 대해 지급된 가격을 기초로 하여야 한다. 또는

② 수입된 상태대로인 해당 물품에 대해 실제로 지급하였거나 지급하여야 할 가격을 기초로 하였기 때문에 원래 신고된 과세가격을 다시 조정할 수 없다(즉, 교환기 모델A의 과세가격은 1,000달러). 따라서 성능을 업그레이드할 목적으로 잠금 소프트웨어를 사용하기 위해 수입 後 지급한 금액은 고려하지 않는다.

2) 과세여부와 과세가격 결정방법

과세 여부와 관련하여, 원래 신고된 과세가격은 수입된 상태대로인 해당 물품에 대해 실제로 지급하였거나 지급하여야 할 가격을 기초로 하였기 때문에 원래 신고된 과세가격을 다시 조정할 수 없다는 견해도 있으나, 수입물품에 소프트웨어가 내장된 상태로 수입된 후 추가비용을

211) WCO관세평가 교육모듈(중급/고급용), 86쪽.

212) WCO관세평가 교육모듈(중급/고급용), 87쪽.

지불하고 사용되었기 때문에 과세해야한다는 견해가 지배적이다. 그렇다면 과세를 하는 경우, 제1방법을 적용할 수 있는지, 아니면 제2방법 내지 제6방법에 따라 과세가격을 결정해야 하는지가 문제된다.

이에 대하여 해당 수입물품은 처분 또는 사용의 제한이 있는 경우에 해당하므로 제1방법을 적용할 수 없고 제2방법 내지 제6방법으로 과세가격을 결정해야 한다는 견해가 있다(조심 2016관0226, 2014관104).[213] 그러나 이 견해는 처분 또는 사용의 제한의 의미를 고려할 때 타당하지 않다고 본다. 앞에서 설명한 바와 같이 처분 또는 사용의 제한은 수입물품 자체에 처분 또는 사용이 제한되어 있는 경우가 아니라 당사자의 의사(합의)로 수입물품의 처분 또는 사용에 제한을 가하는 것이기 때문이다. 따라서 다른 거래가격 배제사유가 없다면 제1방법을 적용하여 과세가격을 결정하는 것이 타당하다고 본다.

3) 구매자가 추가로 지급한 비용의 법적 성격

제1방법을 적용한다고 할 경우, 인증 키(certificate key) 등의 취득을 위해 추가로 지급한 비용[214]의 법적 성격을 어떻게 보아야 하는지에 대하여, ① '권리사용료'로 보아야 한다는 견해(관세평가과-1587호),[215] ② '사후귀속이익'으로 보아야 한다는 견해,[216] ③ '실제지급가격의 일부'(간접지급)로 보아야 한다는 견해(조심 2009관41, 관세평가과-3230호, 평가 47221-274호)[217]

---

213) **[조심 2016관0226]** 쟁점물품(안과수술용 장비)은 고가의 장비임에도 수술가능횟수가 제한되어 있는데, 이러한 제한은 쟁점물품의 거래가격에 실질적으로 영향을 미치는 사용의 제한에 해당하는 것으로 볼 수 있고, 쟁점물품은 최초 구매시부터 근원적으로 장래 라이선스의 추가 구매를 내재하고 있어 쟁점물품에 대한 거래의 성립 또는 가격의 결정이 금액으로 계산할 수 없는 조건 또는 사정에 따라 영향을 받은 경우로 볼 수 있다 할 것이다《사실관계: 쟁점물품은 안과용 수술장비이고, 쟁점물품에 내장된 해당 소프트웨어는 백내장 수술이나 라식수술을 할 수 있는 소프트웨어 프로그램이다. 쟁점물품의 라이선스 사용을 위하여는 OOO에서 라이선스(License)를 원하는 수량만큼 입력 후 'buy'를 눌러 confirm하면 Status는 open 상태가 되면, 주문 메일이 생성되어 인증 메일을 수취한 후에 User Key(인증번호)를 수입물품에 삽입하면 Status는 Accepted, Completed, Activated 순서로 변경된 후 라이선스를 사용[라이선스 개수(수술횟수)가 User Key에 기록]할 수 있으며, 사전 협의된 라이선스 개수(수술횟수)를 초과하여 구매하고자 하려면 추가이유를 OOO 소재 아시아 지사에서 보낸 후 OOO 본사의 승인 얻어야만 구매 가능하다》.

214) 추가 비용은 사용량과 상관없이 정액으로 지급하는 경우도 있고, 사용량에 상응하는 금액을 지급하는 경우도 있을 것이다.

215) **[관세평가과-1587호]** 인증번호, 제품명 등이 기재된 인쇄물의 가격이 아닌 수입물품(수술용 장비)을 사용하여 수술을 시행할 '권리' 사용의 대가이다. 장비와 각각의 소프트웨어는 따로 분리할 수 있는 것이 아니라 시력교정 수술의 시행이라는 장비 자체의 본질적 특성을 나타낼 수 있도록 하는 필수적인 요소이므로 장비와 소프트웨어에 모두 관련되고, 거래조건에 해당한다.

216) 인증번호 등의 취득을 위하여 지급한 비용은 수입물품을 수입한 後 이를 국내에서 사용함으로써 생기는 수술비 수익을 전제로 한 수입물품의 사용대가에 해당하며, 구매자가 판매자에게 지급함으로써 판매자에게 귀속되는 금액이므로 사후귀속이익에 해당한다.

217) **[관세평가과-3230호]** 가상서버, 사용자 확장 기능은 통신장비 고유기능으로 수입시 이미 적재되어 있고, 쉬트의 대가는 그 기능을 활성화하기 위한 것이므로 해당 통신장비에 대한 추가 지급하는 대가이며, 하나의

등이 있을 수 있다.

생각건대 사후귀속이익으로 보는 견해는 사후귀속이익의 개념상 타당하지 않으므로, 문제되는 사안을 개별적, 구체적으로 검토하여 권리사용료 또는 실제지급가격의 일부로 보아 과세가격에 포함시키는 것이 타당하다고 본다. 소프트웨어는 저작권의 일종으로서 권리사용료에서의 권리에 해당하고, 해당 소프트웨어는 수입물품에 체화(결합)되어 있으며, 해당 소프트웨어는 수입물품과 불가분의 관계에 있고 해당 소프트웨어나 인증 키(certificate key) 등을 제3자로부터 구매할 수도 없는 경우라면 권리사용료의 가산요건인 관련성과 거래조건성을 충족한다. 구매자에게 인증 키(certificate key) 등의 구매여부에 대한 선택권이 있다고 하더라도, 구매자가 추가비용을 지불하고 구매한 이상 거래조건성 충족에는 장애가 되지 않는다고 할 것이다. 한편, 인증 키(certificate key) 등의 취득을 통해 사용할 수 있는 소프트웨어(aA)가 수입물품(A)의 본질적(고유한) 기능과 관련되어 있어 인증 키(certificate key) 등의 구매가 필수적인 경우에는 수입물품과의 관련성뿐만 아니라[218] 판매조건이 충족되어 추가로 지급하는 비용은 수입물품의 대가나 판매조건으로 지급하는 금액의 일부(실제지급가격의 일부)에 해당한다고 할 수 있을 것이다. 양자의 구분과 관련하여, 예를 들어 인증 키(certificate key) 등의 취득을 위한 추가비용이 수입물품의 사용량과 관계없이 동일한 경우라면 해당 추가비용은 실제지급가격의 일부를 구성할 가능성이 높을 것이다.

3. 산업플랜트 디자인 및 개발과 관련하여 수입된 기술문서

예를 들어, 국내 甲사가 국내에서 산업플랜트 건설을 위하여 미국의 A사와 용역계약을 체결하고, 산업플랜트 건설에 필요한 용역을 제공하는 수단으로써 엔지니어링 디자인과 개발계획이 A사에 의해 종이형태(문서)로 제작되어 甲사에 송부되었다. 이들 용역에 대한 대가로 甲사는 A사에게 계약금액을 지급하였다. 이 경우, 해당 문서에 대한 관세평가는 어떻게 할 것인가?

유형(tangible)인 해당 문서는 관세의 과세가격에 대한 결정이 요구되는 '물품'으로 간주되어야 할 것이다. 문서를 제외한 다른 물품은 수입되지 않았다.[219] 이 경우, 해당 문서는 수입국으로 수출판매되지 않았으므로 제1방법을 적용할 수 없다. 제시된 사실에 기초하여

P/O로 주문되는 거래형태로 특정 통신장비와 직접 관련되며, 별도로 수입되는 경우에도 유보되었던 거래의 확정 또는 미완성 거래의 완성으로 보아 동 장비의 거래조건이 충족되므로 통신장비의 실제지급금액이다.

218) 해당 소프트웨어는 수입물품에 설치되어 수입되었으므로 관련성이 인정된다.

219) 여기서는 문서 以外에 物品은 수입되지 않았기 때문에 설계용역비에 대한 과세 문제가 발생하지 않는다. 그러나 만약 설계용역의 결과가 반영(체화)된 기계·장비 등 수입물품이 수입된다면 설계용역비를 실제지급가격에 가산하여 과세할 수 있는지가 문제될 것이다(후술하는 '설계용역비' 참조).

볼 때 제2방법 내지 제5방법도 적용할 수 없다. 결과적으로 수입물품의 과세가격은 제6방법에 따라 결정되어야 한다. 甲사가 A사에게 지급하는 계약 금액은 '용역계약'에 따라 산업플랜트 건설을 위해 수행된 용역을 위한 대가이지, 수입된 문서에 대한 대가는 아니다. 그러므로 그 지급액은 문서의 관세 과세가격을 결정할 때 고려되지 않아야 한다. 결론적으로 해당 문서의 관세 과세가격은 제6방법의 신축적 적용을 통해 수입자와 협의하여 결정될 수 있다(평가협정 권고의견 12.1 참조). 예를 들어 해당 문서의 과세가격은 엔지니어링 디자인과 개발 계획을 종이에 전사하고 이들 문서를 인쇄하는데 직접적으로 발생되는 비용을 기초로 결정될 수 있다(평가협정 권고의견 22.1).

4. 계약과 일치하지 않는 물품

(1) 의의

계약과 일치하지 않는 물품이 수입되는 경우 해당 수입물품의 과세가격은 어떻게 결정해야 하는지 문제될 수 있다. 여기서 "계약과 일치하지 않는 물품"에는 변질 또는 손상된 물품,[220] 계약과 상이한 물품,[221] 계약 사양과 일치하지 않는 물품[222] 등이 포함된다. 참고로, 수입신고한 물품이 수입신고가 수리되기 前에 변질되거나 손상되었을 때에는 관세법 제100조의 「손상물품에 대한 감면규정」에 따라 관세감면이 가능하다.

(2) 수입신고 前 변질 또는 손상물품의 과세가격 결정

1) 문제의 소재

선적물품이 변질 또는 손상물품이거나 운송과정 또는 보세구역 보관 중에 변질 또는 손상이 발생한 경우, 그 물품의 과세가격은 어떻게 결정해야 하는지가 문제된다.[223] 수입신고 前

220) 손상 또는 변질된 물품이 선적되었거나 운송도중 또는 보세구역 보관 중에 손상 또는 변질된 물품의 경우 등

221) A물품(스웨터)을 계약했는데, 실제로는 B물품(모직 장갑)이 수입된 경우를 말한다.

222) 주문한 물품과 수입된 물품은 A물품으로 동일하나, 구매자가 판매자로부터 어떤 형태의 배상을 청구할 정도로 당초 주문사양과 일치하지 않는 경우를 말한다.

223) **[미국의 경우]** 19 CFR 158.12(a)에서는 "종가세 또는 혼합세 대상물품으로서 수입시 부분적으로 손상된 것으로 세관장에게 확인한 물품의 경우에는 수입시의 손상정도에 따라 공제가 이루어지는 방식으로 과세가격을 결정한다"고 규정하고 있다. **주문한 물품보다 품질이 낮은 물품, 수입한 물품에 하자 있는 경우도 이 규정에 따라 공제를 허용하고 있다.** 이 규정에 따라 수입시 물품에 손상이나 하자 내지 결함이 있어서 공제를 인정받기 위해서는 **수입 당시 상품이 손상되었거나 혹은 결함이 있거나 자신이 계약한 상품의 품질과 달랐다는 점을 입증할 분명하고도 확실한 증거를 세관에 제출해야 한다고 한다. 즉 물품에 수입 당시 하자가 있었다는 명백하고 설득력 있는 증거(물품이 하자 있는 상태에서 수입되었으며, 과세가격에서 공제를 요청하는 금액과 손상정도 간의 상관관계를 입증할 충분한 증거)가 있어야만 가격조정이 가능하다.** 과세가격의 감액(공제)은 수입물품에 있는 하자로 인하여 수입자가 해외 판매자로부터 수령한 환불액(refund)에 상응하는 금액으로

변질 또는 손상물품의 과세가격은 아래 2)에서 설명하는 방법에 따라 결정할 수 있다(규칙 제7조의2, 평가협정 해설 3.1).

유의할 것은 여기서의 "변질 또는 손상"의 의미는 수출판매계약 등에서 약정한 성질, 형상, 수량 등을 기준으로 수입신고시까지 해당 수입물품에 변질 또는 손상이 생긴 것을 말하므로[224] 수입물품의 거래에 관한 계약 등이 해당물품에 대해 일정률의 변질 또는 손상이 발생할 경우를 예상하여 체결되어 있는 경우(예: 손상률이 3% 이하인 경우에는 가격할인 대상이 되지 않음을 약정하고 있는 경우 등)에는 여기에 해당하지 않는다는 것이다.

[판례] **수입물품의 품질이 다소 낮더라도 수입신고 前에 변질・손상되었다는 사실을 입증할 증거가 없고, 사전세액심사 종결시까지 손상감면 신청을 하지 않았으며,** 사전세액심사과정에서의 질의서상 '이 사건 대두의 품질이 낮다'는 취지의 답변만 있을 뿐 '이 사건 대두가 변질손상되었다'는 취지의 답변은 없었고, **공인검정기관에서도 손상비율이 높지 않아 검정보고서를 발행하지 않았으며,** 이 사건 대두를 포함한 콩 전부가 수입검사에 합격하고 식품수입신고도 마쳤고, **수입물품대금을 정상품 가격대로 지급하였으나 일부 불량품인 경우 과세가격을 불량품 금액만큼 감액된 금액이라고 할 수 없으며**(대판 92도2006), 원고가 이 사건 대두의 품질 등을 이유로 수출자와의 사이에서 물품대금 가격을 조정한 바도 없으므로, 이 사건 수입물품에 대하여 구매자가 실제 지급한 가격으로 과세가격을 결정하는 것이 타당하다(서울고판 2010누38419, 대판 2011두21195).

2) 과세가격 결정방법

完全히 손상된 물품은 해당 물품의 재수출, 멸실 또는 폐기에 대한 국내 절차규정이 있는 경우에는 관세납부의무는 없다. 部分的으로 손상되거나 잔존가치만 남아 있는 물품은 해당 물품이 재수출, 멸실 또는 폐기된 경우에는 관세납부의무가 없으나, 그럼에도 불구하고 수입자가 해당물품을 인수한다면 다음과 같은 方式으로 과세가격을 결정할 수 있을 것이다(평가협정 해설 3.1).

① 실제지급가격은 손상된 물품의 대가로 지급한 것이 아니므로 제1방법을 적용할 수 없다. 다만, 선적물품의 일부만 손상이 되고 나머지 물품은 정상물품인 경우에는 전체 가격 중 총 구매수량에 대한 손상되지 않은 수량에 해당하는 비율로 표시된 가격을 거래가격으로 수용할 수 있다. 주의해야할 점은 수입 後 하자가 발견되자 당사자가 협의하여 가격을

결정된다(미국예규 548093, 548635, H14663, H256777).

224) **[평가협정 해설 3.1]** 손상된 물품은 다음 2가지의 경우가 있을 수 있다: (A) 수입 시, 선적 물품이 완전히 손상되어, 가치가 전혀 없다고 판명된 경우, (B) 수입 시, 선적 물품이 부분적으로 손상되거나 잔존 가치만 갖고 있다고 판명된 경우

할인하거나 조정하는 것은 수입 以後의 감액이나 환불에 해당하기 때문에 고려되지 않는다는 것이다.[225)]

② 손상된 물품과 동종·동질물품의 거래가격이 있는 경우에는 '제2방법'에 따라 과세가격을 결정할 수 있다. 그러나 대부분의 경우에 손상된 선적물품은 동종·동질물품 즉, 수입국으로 수출하기 위해 판매되는 손상된 물품의 거래가격에 기초하여 평가되는 일은 거의 없을 것이다. 하지만 어떤 상품은 이러한 접근법이 적합할 수도 있기 때문에 이 기준이 완전히 무시될 수 있다는 것은 아니다.

③ 손상된 물품과 유사물품의 거래가격이 있는 경우에는 '제3방법'에 따라 과세가격을 결정할 수 있는데, 이 경우에도 위의 ②의 내용이 적용된다.

④ 손상물품 또는 동종·동질 또는 유사물품이 수입된 상태로 국내에서 판매되고 또한 국내에서 판매되는 가격이 '제4방법'으로 과세가격을 결정할 수 있는 요건을 갖추고 있는 경우에는 제4방법에 따라 과세가격을 결정할 수 있다. 만약 수입물품이 판매 前에 수리된다면, 그리고 수입자가 그렇게 요청한다면, 과세가격은 수리비용을 감안하여 관세법 제33조 제3항(초공제법)에 따라 결정될 수 있다.

⑤ 손상된 물품은 손상된 상태로 제조 또는 생산되지 않기 때문에 제5방법을 적용할 수 없을 것이다(평가협정 해설 3.1).

⑥ 위의 ① 내지 ⑤에 따라 과세가격을 결정할 수 없는 경우에는 다음과 같이 과세가격을 결정한다(규칙 제7조의2). 즉, 대부분의 경우 제6방법에 따라 과세가격을 결정할 것으로 보이는데, 제6방법에 따라 사용되어야 하는 평가방법은 다음과 같이 관세법 제30조 제1항(평가협정 제1조)의 신축적 적용이 될 수 있다(평가협정 해설 3.1).[226)]

a. 변질 또는 손상으로 인해 구매자와 판매자간에 다시 결정된 가격이 있으면 그 가격을 과세가격으로 결정한다(규칙 제7조의2 제1호). 다만, 이 가격은 판매자가 보상하는 부분이거나 판매자가 해당물품을 반환시키는데 소요되는 비용을 회피하고 싶다는 사실 또는 두 가지 모두를 반영하고자 하는 가격이라는 점에 유의해야 한다(평가협정 해설 3.1).

b. '변질 또는 손상되지 않은 물품의 가격'에서 ⓐ 관련 법령에 따른 감정기관의 손해평가액, ⓑ 수리 또는 개체(改替)비용,[227)] ⓒ 보험회사의 손해보상액[228)] 中 어느 하나의 금액을

---

225) 또한 이는 '가격조정약관'에도 해당하지 아니한다. 왜냐하면 가격인하가 수입자의 통제 내에서, 즉 수입 후에 수입자의 물품검사라는 주관적 요인에 근거한 것이기 때문이다(미국예규 H261556).

226) 이에 대해서는 제3장 제4절 제2항의 제6방법의 과세가격 결정방법을 참고하기 바란다.

227) 다만, 수리작업을 감독하고 감시하는 비용, 수리작업에 관련된 운송비 및 창고시설 경비 등은 손상정도와 직접적인 관련이 없으므로 수리 또는 개체비용에 포함되지 아니한다(미국예규 547042).

공제한 가격에 기초하여 과세가격을 결정한다.

(3) 계약과 상이한 물품

1) 의의

A물품을 계약(주문)했는데 실제로는 B물품이 수입된 경우를 말하는데, 만약 인도시점에 계약과 상이한 물품임이 발견되었음에도 불구하고 수입자가 해당물품을 인수한 경우에는 과세가격의 결정은 불일치의 특성에 의하여 영향을 받는다.

2) 과세가격 결정방법

계약사양에 대한 구매자와 판매자 간에 계약과 상이한 물품(B물품)에 대한 수출판매가 존재하지 않기 때문에 제1방법으로 적용할 수는 없고, 제2방법 내지 제6방법에 따라 과세가격을 결정한다.

동종·동질물품 또는 유사물품의 거래가격이 있으면 제2방법, 제3방법을 순차적으로 적용한다. 동종·동질물품 또는 유사물품의 거래가격이 없고 해당 물품이 수입된 상태로 판매된다면 제4방법, 즉 국내판매가격을 기초로 과세가격을 결정한다. 제4방법을 적용할 수 없고 판매자 등의 자료협조가 있는 경우에는 제5방법도 적용가능하다. 최종적으로 제6방법을 적용하는데, 제6방법 적용시 실제 수입된 상이한 물품(B물품)에 대해 수입자가 價格을 지급하기로 동의하고 지급한 경우에는 제1방법의 신축적인 적용에 따라 수용될 수 있으나, 다만 이 價格(재협상된 가격)은 판매자가 보상하는 부분이거나 판매자가 해당물품을 반환시키는데 소요되는 비용을 회피하고 싶다는 사실 또는 두 가지 모두를 반영하는 가격이라는 점에 유의해야 한다(평가협정 해설 3.1).

---

228) **[평가협정 해설 3.1]** 보험 정산 금액은 초과보험, 일부보험 또는 협상과 같은 외부적인 상황에 의해 영향을 받을 수 있기 때문에 손상에 기인한 가치감소분을 정확하게 측정할 수 없다는 사실에 유의해야 한다. 그럼에도 불구하고, 구매자에게 지급되는 보험 정산 금액은 세관이 수입시 손상되었음을 이유로 감액된 가격을 수용하는데 있어 영향을 미치지 않는다. 다시 말해, 보험업자와 수입자간에 개별 사안으로 취급되는 손상에 대한 보상 때문에, 비록 판매자에게 실제로 지급하였거나 지급하여야 할 가격이 변동이 없다고 할지라도 물품의 가격은 수입된 상태를 기초로 결정되어야 한다.

[예규] ① 구매자와 판매자는 외국의 영해에 좌초된 **선박**에 대해 수출판매계약을 체결했는데, 구매자가 현지에서 선박을 해체하여 고철을 국내로 반입한 경우, **해체된 고철**에 대한 수출판매는 존재하지 아니하므로 거래가격에 기초하여 과세가격을 결정할 수 없다(평가일 22740-2753). ② 국내 甲사는 의료기기에 관련된 제품을 제조하는 업체로서 수출국 A로부터 와이어를 미화 2,200달러에 수입하기로 하였는데, 甲에게 도착한 물품은 甲이 주문한 물품이 아닌 국내 乙이 A에게 주문한 물품으로서 가격은 미화 4,500달러이다. 이 경우, 이 물품을 반송하지 않고 수입하고자 하는 경우, 과세가격은 어떻게 결정해야 하는가? 국내에 도착한 물품은 수출판매가 없으므로 제1방법을 사용할 수는 없고, 제2방법 내지 제6방법을 순차적으로 적용하여 결정해야 하는데, 제6방법으로 과세가격을 결정하는 경우 주문 물품이 아닌 **당해 수입물품의 과세가격은 수출자가 송부한 당해 수입물품의 송품장 가격(미화 4,500달러)이 거래가격의 요건을 갖춘 실질가치가 반영된 거래가격**이라면 그 가격을 기초로 하여 과세가격을 결정할 수 있다(종합심사 47400-565).

(4) 계약사양에 부합하지 않는 물품

이 경우, 관세법 제30조 제1항 및 제3항(평가협정 제1조)에서 규정하는 다른 모든 조건이 충족된다면 제1방법에 따라 과세가격을 결정할 수 있다. 다만, 앞의 (3)의 계약과 상이한 물품과 같은 방식으로 과세가격을 결정하는 것을 배제하지 않는다(평가협정 해설 3.1).

判例에 의하면 "수입물품 중 일부가 불량품이라고 하더라도 대금을 정상품 가격대로 모두 지급한 이상 과세가격은 이 금액이 되는 것이지 불량품 금액만큼 감액한 금액이라고 할 수 없다"고 한다(대판 92도2006).

[예규] 수입물품이 계약상 특성에 불일치(품질이 낮은 물품)하는 경우, 수입자가 물품을 계약내용에 일치시키는 조치를 요구하거나 예상되는 피해액을 수출자에게 보상 요구할 수 있으나, **관세평가의 관점에서는 실제지급가격이 그대로 존재하고 있으므로 보상여부 등과 관계없이 실제로 지불한 금액을 기준으로 과세가격을 결정**한다(평가분류 47221-832).

(5) 대체물품에 대한 관세평가

계약과 일치하지 않는 물품을 대체하기 위한 수입물품에 대한 관세평가는 다음과 같이 처리한다(평가협정 해설 3.1).

1) 以後에 선적되는 경우

원래 물품에 대한 신용채권과 관련하여 별개의 계약이 체결되고 '최초의 가격'으로 송장이 발행된 경우에는 제1방법에 따라 관세가격을 결정한다.

대체물품이 '무상'으로 송장이 발행된 경우에는 대체물품은 당초의 거래를 이행하기 위한 수입물품으로 간주되므로 당초의 거래에서의 가격을 적용하는 것이 적절하므로, 최초 선적물품의 처리는 별개로 고려할 문제이다.

[예규] 불량으로 인한 대체품으로 무상 수입된 물품은 수출판매를 위한 물품이 아니므로 제1방법으로 과세가격을 결정할 수 없으며, 제2방법 이하로 결정하여야 하며, 제6방법에 의하여 과세가격을 결정할 경우, 동 물품이 최초의 수입물품의 대체품임을 감안하여 동종·동질 또는 유사물품의 경우 평가된 물품의 수출일과 동시 또는 거의 동시에 수출되어야 한다는 요건을 신축성 있게 해석하여 **최초의 수입거래 가격을 기초로 과세가격을 결정**할 수 있다(평가일 22740-153, 평가분류 47221-116).[229)]

2) 계약과 일치하지 않는 물품과 함께 선적되는 경우

무역관행상 운송과정 중 손상수량을 고려한 무상대체품을 선적물품에 포함하여 선적하는 경우, 판매가격은 선적된 총 수량을 포함하는 것으로 간주되어야 하며, 관세평가목적상 추가수량을 고려하거나 무상대체품을 별도로 평가해서는 아니된다.

(6) 산물통관시 수량이 부족한 경우의 과세가격 결정

산물통관시 수량이 과부족한 경우의 과세가격은 다음에 따라 결정한다.[230)]

1) 계약서 등의 내용으로 보아 수입물품이 '단가'로 거래된 것인 때에는 실제 반입되는 수량에 단가를 곱한 금액을 과세가격으로 한다.
2) 수입물품의 가격이 '전체 수량'에 대한 '총액'으로 거래된 것인 때에는 실제지급되는 총액을 과세가격으로 한다.

---

229) [관세청예규] Recall용으로 무상수입하는 대체품은 수출판매가 없으므로 제1방법을 적용할 수 없다. 제2방법에 의하여 과세가격을 결정할 경우, 종전 예비교체용(A/S용)으로 수입한 실적가격이 동종·동질물품의 거래가격의 요건에 부합하는 때에는 이를 기초로 하여 결정함이 타당하다(종합심사과 47221-119).

230) 구 수입물품 과세가격 결정에 관한 고시 제42조 참조.

[예규] 구매자가 연료촉매제인 Force라는 제품을 수입하였으나 자금사정 악화로 수입통관을 하지 못하고 보세장치장에 보관하고 있다가 1년 後에 수입통관을 위해 확인하여 본 결과 **현재 수량은 변동이 없으나 중량이 감소(약 9%의 물품이 기화하여 없어져서 중감이 감소)되어 물품의 가치가 감소**되었으며, 기 지급한 L.C금액에서 판매자로부터 환불이나 보상을 받을 수 없는 상태이다. 이 경우 과세가격 결정방법은 어떠한가? 동 물품은 수입신고 前이고 변질 또는 손상된 물품이 아니므로(중량 부족 물품임) 손상감면 대상이 아니다. '관세는 수입신고할 때의 물품의 성질과 그 수량에 의하여 부과한다'는 관세법 제16조의 규정은 과세물건 확정의 시기를 규정한 것으로 과세표준을 규정한 것이 아니므로 **동 건의 경우 과세물건은 9% 감소된 241,163oz가 되는 것이나 과세표준인 가격은 동일하게 9%가 감소되는 것은 아니다.** 또한 본건 물품은 산물로서 계약서 등의 내용으로 보아 '단가'거래의 경우로 가격조정약관에 따라 실제지급가격이 정해지는 물품이 아니므로 **과세가격은 중량의 감소와 관계없이 구매자가 판매자에게 실제지급한 금액에 운임, 보험료 등 가산요소를 조정한 거래가격**이 되는 것이다(평가분류 47221-650).

5. 중고물품

중고물품에 대한 과세가격도 제1방법에 따라 거래가격에 기초하여 결정한다. 다만, 수출판매가 존재하지 아니하는 무상으로 수입하는 중고물품 등의 경우에는 제1방법으로 과세가격을 결정할 수 없고, 제2방법 내지 제6방법에 따라 과세가격을 결정한다(평가협정 연구 1.1). 이에 대해서는 제3장 제4절 「제6방법」에서 자세히 설명하기로 한다.

6. 분할선적 물품

(1) 의의

'분할선적'이란 구매자와 판매자간의 단일 거래의 대상임에도 불구하고 인도, 운송, 지급 또는 이와 유사한 행위와 관련된 이유로 단일 선적의 형태로 통관하지 않고, 동일한 세관이나 다른 세관들을 통하여 분할 또는 연속 선적의 형태로 수입되는 탁송물품을 의미한다(평가협정 예해 6.1). 분할선적으로 수입되는 물품에 대해 과세가격을 어떠한 방법으로 결정해야 하는지 문제된다.

(2) 산업설비 또는 플랜트의 분할선적

1) 완전한 산업설비 또는 플랜트를 구성하는 물품이 다른 공급원으로부터 공급되거나, 단일선적 형태의 수입이 물리적으로 불가능하거나, 플랜트 조립계획에 맞추어 시차를 두어 선적하는

것이 편리하다는 필요성 때문에 분할선적되는 경우를 말한다. 이러한 형태의 사례는 규모 때문에 여러 번 선적되어 수입되어야 하는 특정 물품군 및 전체 설비의 수입과 관련되는 것이다. 관세율 및 관세기술 목적상 이러한 분할선적 물품의 처리는 당연히 수입국의 국내 법률에 따른다.

2) 각 선적분의 과세가격은 실제로 지급하였거나 지급하여야 할 가격에 기초한다. 이는 거래당사자가 체결한 거래에 반영되어 있는 금액으로서 구매자가 수입물품에 대하여 판매자에게 또는 판매자의 이익을 위하여 실제로 행하였거나 행하여야 할 총 지급금액을 적절하게 배분한 금액이다. 분할선적이 별개의 송장의 대상인 경우에는 가산요소와 공제요소를 고려해야 하고, 분할선적이 별개의 송장의 대상이 되지 않은 경우에는 거래에 대한 총가격은 상황에 적절한 합리적인 방법과 일반적으로 인정된 회계원칙에 따라 배분될 수 있다(평가협정 예해 6.1).

일반적으로 이러한 事例의 경우에는, 그러한 수입이 때때로 기술비용 또는 가격조정약관과 같은 요소를 수반하기 때문에 각 탁송물품의 과세가격은 수입시점에 최종적으로 결정될 수 없다. 과세가격의 최종 결정을 지연할 필요가 있다면, 수입자는 평가협정 제13조에 의하여 세관으로부터 물품을 반출할 수 있다. 물품이 분할 선적되어 수입되는 경우 세관이 부과하는 잠정적인 관세는 과세가격이 최종적으로 결정될 때 당연히 수정될 수 있다(평가협정 예해 6.1).

(3) 수량으로 인한 분할선적의 경우

1) 수량으로 인하여 당사자가 단일선적으로 물품 전부를 수입하는 것이 불가능하거나 불편하여 분할선적하는 경우를 말한다. 이러한 경우에는 거래가 합의된 단가로 판매되는 동일한 단위 또는 세트로 구성된 다량의 물품을 수반한다고 가정한다. 인도일자는 당사자의 편의에 따라 확정되거나 나중에 확정될 수 있다.

2) 판매계약이 체결된 시점이나 판매계약이 체결된 이후의 시세변동은 고려되지 않기 때문에, 물품의 과세가격은 실제로 지급하였거나 지급하여야 할 가격에 기초하여 결정하여야 한다. 하지만, 분할선적 형태의 수입이 쟁점 거래의 일반적인 상업적 관행을 반영하는 합리적인 기간 이내에 이행되지 않은 경우에, 세관당국은 특별히 최초의 가격을 수정한 추가적인 계약이 있었는지 여부를 검토하기 위하여 실제로 지급하였거나 지급하여야 할 가격에 대하여 조사할 필요가 있는지를 고려할 것이다.[231]

단위가격은 해당 거래에 수반된 총 단위 수량에 따라 당연히 좌우될 수 있으나, 그럼에도

231) 이러한 조치는 평가협정 제13조 및 제17조의 규정에 따라 이루어질 수 있다.

불구하고 거래가격 적용배제사유인 조건 또는 사정에 해당하지 아니한다(평가협정 예해 6.1).[232] 즉, 관세법 시행령 제22조 제2항 제1호(평가협정 제1조 제1항(b)에 대한 주해)의 "구매자가 판매자로부터 특정수량의 다른 물품을 구매하는 조건으로 당해 물품의 가격이 결정되는 경우"는 단일거래에서의 동일 물품이 아니라 다른 물품의 경우를 뜻한다는 점에 유의해야 한다.[233]

(4) 지리적 분포에 따른 분할선적의 경우

지리적 분포의 이유로 분할선적되는 경우, 이러한 상황은 일반적인 국제무역의 관행이다. 구매자는 단일의 거래에서 판매자로부터 하나의 수입국 또는 둘 이상의 항구나 세관에 별개의 선적으로 보내질 일정량의 물품을 구매하기로 합의한다. 각 세관 또는 관세영역을 통해 수입된 물품분의 과세가격은 관세법 제30조 제1항(평가협정 제1조)에 따라 해당분에 대하여 실제로 지급하였거나 지급하여야 할 가격에 기초하여 결정되어야 한다(평가협정 예해 6.1).

7. 일괄거래

(1) 의의

'일괄거래'(Package deal)라 함은 서로 관련이 있는 물품군 또는 함께 판매된 물품군 일체에 대하여, 단 하나의 대가를 구성하는 판매된 물품의 가격을 총액(lump sum)으로 지급하기로 약정된 계약을 말한다(평가협정 예해 8.1).[234]

(2) 다른 물품이 판매되고 하나의 전체 가격으로 송장이 발행되는 경우

이 경우, 관세법 제30조 제1항 및 제3항(평가협정 제1조)의 조건들이 충족된다면, 다른 물품들에 대하여 하나의 전체 가격으로 기재되었다는 사실은 거래가격을 결정하는데 있어 장애가 되지

232) **[EU관세법 시행규정 제131조 제1항]** 세관절차를 위해 신고된 물품이 하나의 거래로 구입된 다량의 동일물품 중 일부인 경우에 실제지급가격은 관세법 제70조의 목적상 구입한 총 수량의 가격을 기초로 비례하여 산출된다. **[미국예규 543446]** 구매자가 판매자에게 행한 일괄지급이 특정 수입거래나 송품장과 연계되지 못한다면 물품에 대하여 실제로 지급하였거나 지급하여야 할 가격을 결정하는데 충분치 못한 정보가 있는 것이며, 이 경우 거래가격은 적용될 수 없다. 약정한 가격이 물품의 수입 後 얼마 동안 지급되지 않더라도 진정한 판매가 존재할 수 있으며, 거래가격의 기초가 될 수 있다.

233) 즉, 평가협정 제1조 제1항(b)에 대한 주해는 이러한 조건의 예시로서 구매자가 특정수량의 다른 물품을 함께 구매하는 조건으로 판매자가 수입물품의 가격을 결정하는 경우를 인용할 때, 단일의 거래에 수반되는 동일한 물품이 아닌 **그 밖의 다른 물품**과 결부된 원칙을 정하고 있는 것이다(평가협정 예해 6.1).

234) '일괄거래'는 끼워팔기 등 **결합거래**와 달리 물품 전체에 대해 하나의 판매가 이루어지는 것이고, 따라서 '해당물품의 수출판매'에 관한 조건의 문제이므로 관세법 제30조 제3항 제2호의 조건 또는 사정에 해당하지 아니한다.

아니한다. 해당물품들이 다른 관세율로 별개의 품목번호에 분류할 수 있는 경우에, 관세법 제30조 제1항 및 제3항(평가협정 제1조)의 요건을 충족하는 일괄거래의 일부로서 합의된 전체 가격은 평가협정 제1조를 적용할 때 품목분류 목적만을 이유로 배제되지 않아야 한다(평가협정 예해 8.1).

추가로 다른 품목번호에 분류할 수 있는 물품들에 대한 전체가격의 적절한 배분에 대한 실무적인 문제가 있다. 이들 방법이 일괄거래에 포함된 다양한 물품의 가격에 대한 유효한 지표를 제공할 수 있다면, 예를 들면, 과거 수입의 동종·동질 또는 유사 물품의 가격이나 가치(value)의 사용을 포함한 몇 가지 방법이 사용될 수 있다. 수입자가 일반적으로 인정된 회계원칙에 기초한 적절한 가격 배분(price breakdown)을 제시할 수도 있다(평가협정 예해 8.1).

(3) 하나의 전체 가격으로 판매되고 송장이 발행된 다른 품질의 물품이 단지 일부만 수입국에서 내수용으로 신고되는 경우

예를 들어, 세 가지 다른 품질(최상급 A, 보통 B, 저급 C)로 구성된 탁송물품을 kg당 100달러의 전체 단위가격으로 구매한다. 수입국에서 구매자는 A급 물품만 내수용으로 kg당 100달러로 수입신고하고 나머지 등급 물품은 다소 다른 절차에 사용되도록 한다.

이 경우, 실제로 지급하였거나 지급하여야 할 전체 가격은 다양한 품질을 가진 물품의 세트에 대하여 합의되었기 때문에 내수용으로 신고된 물품에 대한 판매가격은 없으므로 협정 제1조는 이러한 경우에는 적용되지 않는다. 하지만, 상기 예시에서 여러 가지 품질의 물품 중에서 하나의 등급만 내수용으로 신고되는 대신에, 탁송물품을 구성하는 전체의 패키지에 포함된 각각의 상품이 특정되고 동등한 비율(예를 들어, 3분의 1 또는 2분의 1)로 내수용으로 신고되는 경우에는 협정 제1조 적용이 가능하다. 구매한 전체 수량에 대해 내수용으로 신고된 물품 수량을 전체 가격에 대한 비율로 나타낸 가격은 관세법 제30조 제1항 및 제3항(평가협정 제1조)의 조건에 따라 거래가격의 기초로서 될 수 있다(평가협정 예해 8.1).

(4) 동일한 거래에 포함되는 다른 물품이 다음 예시에서 설명하는 바와 같이 오로지 세율 및 기타 사유를 위하여 개별 가격으로 송장이 발행되는 경우

예를 들어, 100달러로 일괄거래로 구매한 상품 A와 B는 판매자에게 지급하여야 할 거래의 전체 가격의 변동 없이 관세에 대한 수입자의 총 부담을 경감하기 위하여 각각 35 및 65달러로 (상품 A의 세율은 15%이고, 상품 B의 세율은 6%이다) 송장이 발행되었다.

이 경우, 동일한 거래에 포함되는 다른 물품이 오로지 세율 및 기타 사유를 위하여 개별가격으로 송장이 발행되는 경우, 즉 거래 당사자들이 덤핑방지조치나 쿼터에 대한 법망을

피하기 위해 또는 총관세부담을 줄이기 위해 일괄거래에서 여러 물품에 대해 개략적인 단일가격을 합의하고 자신의 편의에 따라 송장상 또는 세관신고시 각 물품에 대해 가격을 임의로 배정한 경우, 이러한 상향 또는 하향(off-setting) 조정은 평가대상물품과 관련하여 가치를 결정할 수 없는 '조건 또는 사정'에 해당하므로 제1방법을 적용할 수 없다(평가협정 예해 8.1).

(5) 참고: 장기구매계약

구매자가 국제시세의 변동폭이 큰 품목을 안정적으로 확보하기 위하여 특수관계가 없는 해외의 공급자와 합의한 가격으로 장기 구매계약을 체결하는 경우, 비록 그 합의한 가격이 국제시세가와 차이가 나더라도(다른 거래가격 배제사유가 없으면) 당해 수입물품의 과세가격은 당해 수입물품의 대가로 실제로 지급하였거나 지급하여야 할 총 금액을 기초로 하여 결정한다(종합심사 474000-530).

8. 조립물품

판매자가 조립자(assembler)라는 자격 以外에 어떠한 이해관계도 갖지 않은 경우, 실제지급가격은 수입물품의 조립에 대한 금액이다. 이 경우 실제지급가격은 구성요소의 가격을 가산함으로써 산정되고, 거래가격의 기초를 구성하기 위해서는 조정이 요구된다. 예를 들어 국내 수입자 甲이 특수관계가 없는 중국 소재 조립자 乙에게 단위당 2달러의 가치를 가지고 있는 조립을 위한 가공 부품을 공급하고, 甲은 조립의 대가로 乙에게 단위 1달러를 지불한다면, 조립된 단위(제품)에 대한 거래가격은 3달러이다(미국연방관세규정 §152.103).

Ⅲ 수입물품의 대가나 판매조건

1. 의의

'실제지급가격'이란 원칙적으로 거래당사자간의 합의에 의하여 수입물품에 대한 대가나 판매조건(거래조건)으로 지급되는 총금액을 말한다(법 제30조 제1항, 평가협정 부속서 Ⅲ 제7항, 평가협정 사례연구 7.1). 즉, 실제지급가격은 수입물품의 '대가' 또는 '판매조건'(거래조건)으로 지급하는 것이어야 한다.[235]

235) 송장가격에 포함된 직접지급금액은 특별한 사정이 없으면 판매조건이 충족되지만 반면 송장가격에 포함되지 않은 '간접지급금액' 등은 판매조건을 충족함을 증명해야만 실제지급가격에 포함된다.

수입물품의 거래가격은 관세법 제30조 제1항 및 제3항(평가협정 제1조)의 조건이 충족된다면 판매계약이 체결된 시점과 계약체결일 以後의 어떠한 시세 변동과도 상관없이 수용되어야 한다(평가협정 해설 1.1).

실제지급가격은 수입거래에서 실제 결제조건에 대응하는 가격이다. 따라서 수입물품과 관련된 수입거래의 결제조건이 해당 수입물품 또는 그 선적서류의 수령과 동시 또는 그 이전에 대금을 지급하는 조건인 경우에는 해당 결제조건에 기초하여 실제로 지급되는 가격이 실제지급가격이 된다(일본 관세정률법 기본통달 4-4). 수입물품에 대한 대금 지급이 수입 後 일정기간 동안 지연되었더라도 수입물품의 대가로 실제로 지급하였거나 지급하여야 할 가격이 존재하면 수입물품의 과세가격을 결정함에 있어 거래가격을 적용할 수 있다(미국예규 542804).

[판례] 관세법 제30조 제1항, 제2항을 종합하여 보면, 일반적으로 수입물품에 대한 관세의 과세가격은 우리나라에 수출하기 위하여 판매되는 물품에 대하여 당해 수입물품의 대가로서 구매자가 실제로 지급하였거나 지급하여야 할 가격이고, 당해 수입물품의 대가로 볼 수 있는 간접적인 지급액 등은 위와 같은 실제지급가격에 포함되지만, 이러한 대가관계 등을 인정할 수 없는 각종 비용 중 명백히 구분할 수 있는 금액은 애당초 실제지급가격에 포함될 수 없다(대판 2007두6267).

2. 수입 以後 결제조건 등의 변경의 허용 여부

해당 수입물품이 우리나라에 도착한 以後에 구매자와 판매자 간에 이루어지는 가격에 대한 환불(rebate), 감액(decrease) 등은 실제지급가격을 결정할 때 고려되지 아니한다.[236] 다만, 해당 수입물품이 우리나라에 도착하기 以前에 관세법시행규칙 제3조 제3항 제3호 각목의 요건을 모두 충족하는 '가격조정약관'이 유효하게 존재하고 해당 수입물품의 가격이 해당 가격조정약관에 따른 경우에는 그러하지 아니한다(관세평가 고시 제16조 제3항, 미국연방관세규정 §152.103).

236) 이는 수입신고 이후의 가격변경을 허용하게 되면 (이미 유효하게 신고한 과세가격이 있음에도 불구하고) 수입신고 以後에 당사자가 관세 등을 회피하기 위하여 '임의적'으로 수입가격을 변경하여 과세가격을 변경시킬 수 있기 때문이다.

[심판례]

① 청구법인은 쟁점계약에 따라 지급된 인센티브 및 보너스가 국내 기업회계기준상 판매장려금으로써 매입할인 처리되므로 수입물품의 과세가격에서 공제되어야 한다고 주장한다. 그러나 쟁점계약은 동종물품 최초 수입일 以後에 체결되었고, 특히 보너스 지급계약은 쟁점물품 수입신고일 이후에 체결되어 수입신고 당시 결정되어야 하는 과세가격과 무관한 것으로 보이는 점,[237] 쟁점계약은 쟁점물품 판매 당시 최종적인 가격을 확정하기 위한 계약이 아닐 뿐만 아니라, 가격조정약관의 요건도 충족하지 못하는 것으로 보이는 점, 이 건 인센티브 및 보너스는 수입 이후 판매량 등에 따라 지급되므로 판매시점에 실제지급가격이 결정되는 수량할인도 적용될 여지가 없어 보이는 점 등에 비추어 쟁점계약에 따른 인센티브 및 보너스 금액을 과세가격에서 공제하여야 한다는 청구주장을 받아들이기 어렵다고 할 것이다(조심 2018관0096). ② Ship & Debit(선공급 후정산) 거래에 대해 수입물품의 과세가격은 송품장 가격인 '기준가격'(Distribution Book Price)이며, 수출자로부터 수입 후 지급받는 Rebate는 수입 후 국내판매 결과에 따라 확정되는 금액으로 가격조정약관에 해당하지 않으므로 과세가격에서 차감할 수 없다(조심 2012관61).

[예규]

① 수입신고수리 後 수입가격이 국내 타업체의 통상거래가격과 비교한바 '고가'인 것을 발견하고 수출자에게 가격인하를 요청하여 타업체의 통상거래가격과의 차액을 돌려받았다. 이 경우, 수입 後 변경된 가격은 이미 수출판매가 끝난 물품에 대한 우리나라의 '국내가격'에 해당하므로, 수입신고수리 後에 가격이 인하 조정되어 되돌려 받은 차액에 해당하는 관세 등은 환급이 불가하다(평가분류 47221-131). ② 수입 後 수입물품의 성능 미달 등을 이유로 당사자가 합의하여 가격을 인하 조정한 경우, 수입 후 가격변경이므로 허용되지 아니한다(관세평가과-1992). ③ 보세구역반입 後 가격이 할인된 경우, 계약서상 가격조정약관에 의하여 할인이 이루어졌다면 과세가격으로 인정할 수 있으며, 보세구역반입 前에 가격이 할인된 경우에는 정상적인 협상에 의하여 가격이 할인된 경우에만 당해 거래가격을 과세가격으로 인정할 수 있다(평가 47221-72).[238]

237) 수출자가 청구법인에게 지급하는 인센티브 및 보너스는 1년간의 누적수입물량과 수입 이후 판매량에 따라 지급된다.

238) **[미국예규]** ① 수입물품의 납품지연 또는 선적지연으로 인하여 구매자는 판매자와 수입 後 가격 재협상을 통해 구매가격의 10%를 감액(rebate)받았다. 이는 우리나라에 도착한 以後에 구매자와 판매자간에 이루어지는 가격에 대한 환불에 해당하므로 거래가격을 결정함에 있어 고려되지 아니한다(543537). ② 미국 A사는 한국 K사로부터 허브 어셈블리를 수입하였다. 상품의 판매 혹은 수입하기 전에 체결된 합의서에서, F사가 달성한 매출액에 대한 일정 퍼센트에 기반을 둔 연례 리베이트가 규정되어 있었다. 상품이 수입된 後에 K사는 F사에게 금액의 일부를 반제(made a partial refund of the money back to F사)하였다. 이 대금 지급은 상품이 수입된 以後에 지급된 혹은 실행된 리베이트로 간주되었다. 이 리베이트는 거래가격을 결정함에 있어서 무시되어야 한다(H042055).

3. 가격할인, 종전거래와 관련된 신용채권 등

가격할인이 있고 정당한 할인인 경우, 실제지급가격은 할인(현금할인, 수량할인 등)을 공제한 後에 정해진다. 그러나 해당 할인이 정당한 할인으로 인정되지 않는 경우에는 할인금액을 포함한 가격이 실제지급가격이 될 것이다.

종전거래와 관련된 신용채권(credit)의 금액은 "실제로 지급하였거나 지급하여야 할 가격"에 포함되므로, 신용채권은 지급한 가격의 일부이며, 평가목적상 거래가격에 포함되어야 한다. 신용채권을 발생시킨 종전 거래에 대하여 세관이 용인하는 평가처리는 현 선적분에 대한 적절한 과세가격에 대한 어떠한 결정과도 별개로 결정되어야 한다. 종전 선적분의 가격에 대하여 조정이 이루어져야 하는지 여부에 대한 결정은 국내법령에서 정하는 바에 따른다(평가협정 권고의견 8.1).

가격할인, 종전거래와 관련된 신용채권 등에 대해서는 제1절 제2항 「거래가격 배제사유」에서 이미 살펴보았다.

[심판례] 처분청은 청구법인이 재판매가격법에 따라 이전가격을 결정하면서 쟁점물품의 국내판매가격 산정시 평균환율이 아니라 고정환율(유로당 OOO원)을 일괄 적용함으로써 실현 매출총이익률이 적정 매출총이익률을 초과하였고 이로 인해 이전가격이 낮게 결정되는 결과를 초래하였으므로 실제 수입신고시 적용한 평균환율과 고정환율과의 차이 상당액을 과세가격에 가산하여야 한다는 의견이다. 그러나 수입물품의 과세가격은 실제지급가격을 기초로 한 거래가격이고, 쟁점물품에 대하여 국내판매가격을 산정하는 때에 적용한 환율과 수입 당시 평균환율의 차이 상당액을 청구법인이 판매자에게 지급하기로 약정한 사실이 없는 것으로 보이는 점, 쟁점물품의 수입가격이 국내판매가격에 따라 결정되지 않는 이상 국내판매가격 산정시 적용한 환율은 수입가격과는 무관한 것으로 보이는 점 등에 비추어 처분청이 환율 차이 상당액을 실제지급가격의 일부로 보아 과세한 처분은 잘못이다(조심 2018관0023).

4. 가격조정약관(가격조정조항)

(1) 의의

상업적 관행상, 어떠한 계약은 가격이 잠정적으로만 결정되는 '가격조정약관'(price review clause)을 포함하고 있어서 지급하여야 할 가격의 최종적인 결정은 해당 계약자체의 규정에서 정하는 특정한 요소들에 따르는 경우가 있다. 여기서 '가격조정약관' 또는 '가격조정조항'이라 함은 수입물품 또는 거래의 특성상 불가피한 사유로 판매시점에 가격을 확정할 수 없어서, 부득이 판매 後 일정 시점에 가격을 확정하기로 한다는 뜻과 함께 가격을 금액으로 산정할 수 있는 공식(formula)[239] 등을 정해놓은 조항을 말한다. 가격조정약관이 부가된 수입물품에 대해서는 수입신고시 잠정가격으로 신고를 하고, 일정기간 후 가격이 확정되면 확정가격을 신고하여 세액을 정정하는 절차를 거치는 경우가 보통일 것이다(규칙 제3조 제3항). 이와 같이 가격조정약관이 부가된 수입거래의 경우, 가격조정약관의 인정 여부 및 인정 요건 등이 문제된다.

[평가협정 예해 4.1] 가격조정조항을 포함하는 상황은 다양한 방식으로 발생할 수 있다. **첫 번째**는 물품이 최초의 발주 이후 상당한 기간이 지나 인도된 경우(예를 들면, 특별히 주문 제작되는 플랜트 및 자본설비 등)이다. 계약에서 최종적인 가격은 노무비, 재료비, 간접비용 및 물품의 생산에서 발생하는 기타 투입비용과 같은 요소의 증가 또는 감소를 인정하는 합의된 계산식을 기초로 결정된다고 명시하고 있다. **두 번째 상황**은 주문된 물품의 수량이 일정기간에 걸쳐 제조되고 인도된다. 위의 첫 번째의 계약 명세와 동일한 형태임을 가정하면, 각 가격이 원 계약에 명시된 동일한 계산식에 따라 산출되었음에도 불구하고, 첫 번째 단위의 최종 가격은 마지막 단위 및 다른 모든 단위의 최종 가격과 다르다.[240] **또 다른 상황은** 물품가격은 잠정적으로 결정되지만, 판매계약의 규정에 따라 최종적인 정산은 인도시점의 검사 또는 분석에 따르는 경우이다(예를 들면, 식물성 기름의 산성도, 광속의 금속함유량 또는 양모의 청결 정도 등).

(2) 가격조정약관의 인정여부

가격조정약관이 수입시점에 이미 완전한 효력을 발생한 경우에는 실제지급가격이 결정되었기 때문에 특별히 문제되지 않는다. 가격조정약관이 수입 後 미래의 어느 시점에 효력이 발생하는 경우(물품이 수입된 후 미래의 어느 시점에서 효력이 발생하는 변수들과 연계된 경우)라도 가격조정약관 그 자체로 금액으로 계산할 수 없는 '조건 또는 사정'에 해당하는 것으로 간주되지 않아야 한다(평가협정 예해 4.1).[241] 따라서 가격조정약관 자체가 금액으로 계산할 수 없는 조건 또는 사정에 해당하는 것은 아니므로, 가격조정약관이 있는 계약에서 수입물품의 거래가격은 가격조건에 따라 실제로 지급하였거나 지급할 최종적인 총금액에 기초하여야 한다. 다만, 가격조정약관은 계약서에 "구체화된 자료"(data)에 기초해야 한다(평가협정 예해 4.1).[242]

239) [예시] 가격 = 철광석 구매량 × 철분함유량 × 철분의 단위가격
여기서, '철분함유량'은 판매계약 후 일정시점에 분석을 통해 확인되는 철분함유량이다.

240) 선적단위로 계약을 갱신 또는 변경하는 번거로움을 피하기 위하여 가격결정공식을 정해두고 매 선적분마다 소요된 생산원가 등을 대입해 확정가격을 산출한다.

241) **[평가협정 예해 4.1]** 평가협정은 평가대상 물품의 거래가격이 가능한 관세평가의 기초가 되어야 한다고 권고하고 있으며 평가협정 제13조가 과세가격의 최종적인 결정의 지연가능성을 규정하고 있는 점을 고려하면, 비록 항상 수입시점에 지급하여야 할 가격을 결정할 수 없을지라도, 가격조정약관은 그 자체로 평가협정 제1조에 따른 평가를 배제해서는 아니된다.

(3) 가격조정약관의 인정요건

가격조정약관은 다음의 요건을 모두 갖춘 경우에만 그에 따른 거래가격 조정을 인정할 수 있다(규칙 제3조 제3항 제3호).

1) 수입 以前에 거래 당사자간의 계약에 의해 최종 거래가격 산출공식이 확정되어 있을 것

거래가격 산출공식이나 방법론은 물품의 수입 以前에 확정되어 존재하여야 한다. 실제로 지급하였거나 지급하여야 할 가격이 공식에 따라 결정되고, 최종판매가격은 판매자 또는 구매자가 통제할 수 없는 장래의 어떤 사건에 기초하여 나중에 결정될 수 있도록 공식은 확정될 필요가 있지만, 확정가격은 수입신고 시점에 알려지거나 확인될 필요는 없다(미국예규 542701).

[심판례] 법인의 **가격조정약관은 수입신고수리 以後에 작성되었고 법인의 경우는 잠정가격신고를 할 수 있는 4가지 경우에도 해당하지 않으므로** 법인의 조정금액은 과세가격결정의 원칙인 실제로 지급하였거나 지급할 금액과는 관련이 없어 경정청구를 거부한 처분은 적법하다(조심 2010관0105).

[평가협의회] 국내 수입자 甲사는 화학제품을 수입하면서 송품장금액을 기초로 '잠정가격신고'를 한 후, 제4방법으로 산출한 가격으로 확정가격신고를 한다. 이 경우 본건 거래가격은 가격공식에 따라 국내판매가격과 연동하여 결정되며 물품의 대가로 구매자가 판매자에게 지급하는 금액도 계약서에 명시된 공식에 따라 지급되므로 조건 또는 사정에 해당하지 아니한다. WCO관세평가핸드북에서는 價格이 단지 잠정적으로 정해지고 물품의 재판매로 실현된 이윤에 따라 상향 또는 하향으로 조정되는 경우 평가협정 예해 4.1에 의거하여 수입물품의 거래가격은 실제로 지급하였거나 지급할 최종 전체가격이 되어야 한다고 설명하고 있으므로 본건과 같이 계약조항에 합의되어 있는 요인에 따라 실제로 지급하는 최종가격이 결정되는 거래는 평가협정 예해 4.1의 가격조정약관이 있는 거래에 해당한다. 따라서 국내판매가 완료된 후 계약서에서 정한 공식에 따라 최종가격이 확정되고 확정된 금액을 기초로 정산하여 동 정산금액을 실제로 판매자에게 지급하거나 영수하고 있으므로 본건의 거래가격은 구매자가 판매자에게 실제로 지급하였거나 지급할 총금액, 즉 정산 후 가격을 기초로 과세가격을 결정하여야 한다(결정 07-03-02).

242) 따라서 최종 과세가격을 결정할 수 있는 최소한의 기준도 정하지 않은 막연한 문구의 가격조정약관은 인정될 수 없을 것이다(조심 2010관0100).

2) 최종 거래가격은 수입 以後 발생하는 사실에 따라 확정될 것

수입 당시 이미 확정되어 있는 사실에 기초하는 가격결정 공식은 가격조정 약관에 해당하지 아니한다.[243)]

[심판례] '연간상승률'의 변동은 매년 1월 1일에 이루어져 쟁점물품이 수입된 시점에는 이미 '연간 상승률'이 결정되어 있는 것으로 보이는 점, **'사후조정가격'이 쟁점물품 수입 이전에 확정된 산출공식에 따라 확정된 것으로 보기 어렵고, 거래당사자의 통제에 따라 결정된 것으로 보이는 점 등**에 비추어 이 건은 가격조정약관에 따라 수입 이후에 가격이 변동된 것으로 보기 어려우므로 처분청이 청구법인의 경정청구를 거부한 처분은 잘못이 없다(조심 2015관0247).

3) 수입 이후 발생하는 사실은 거래당사자가 統制할 수 없는 변수에 기초하는 경우일 것

판매계약 체결 당시로는 판매자와 구매자 그 누구도 좌우할 수 없는 미래의 사실이 실현되지 않고서는 거래대상물품의 가격을 금액으로 확정할 수 없는 상황을 의미한다.

[평가협의회] 수입자와 수출자간에 사전에 체결된 계약(**환차손 분담약정**)[244)]에 따라 환율에 연동하여 사후에 추가로 지급(영수)하는 것은 실질적으로 수입물품에 대한 실제지급가격을 조정하는 것으로 볼 수 있으므로, 동 약정은 가격조정약관의 범주에 속하는 것으로 보아 조정된 가격을 기초로 과세가격을 결정한다. 환차손 분담약정은 수입 당시 이미 확정되어 있고, **최종 가격은 거래당사자가 통제할 수 없는 변수인 환율의 변동에 기초하여 수입 후 확정되고** 실제 구매자와 판매자간에 지급(영수)되므로 실질적으로 평가협정 예해 4.1의 가격조정약관의 범주에 속하는 것으로 볼 수 있어 조정된 가격을 기초로 과세가격을 결정하여야 한다(결정 17-01-01).

[미국예규] ① 최종 판매가격이 **장래의 특정 출판물에 공표된 일련의 가격에 기초하여 결정**되는 경우, 최종구매가격이 **수입된 후 특정한 테스트를 거친 후 금을 트로이온스 단위로 구입 또는 판매되는 현시세(뉴욕상업거래소에서 구입 또는 판매되는 현시세)의 백분율을 기초로 결정**되는 경우 등은 양 당사자가 통제할 수 없는 장래의 사실에 해당한다(546736, H133039). ② **공식이 수입 後 재협상될 수 있는 조정을 허용하고 있는 경우,** 실질적인 최종 수입물품의 가격이 수입 후 협상을 통해 결정될 수 있는 경우 등은 양 당사자의 통제 하에 있는 것이다(544840).

---

243) 수입신고 당시 구매자와 판매자 사이에 가격변경에 관한 합의가 있었다가 수입신고 후에 그러한 합의에 따라 가격이 변경된 모든 경우에 있어 수입신고 당시 거래가격이 확정되지 아니하여 그 후에 변경된 가격이 실제로 지급하였거나 지급하여야 할 거래가격이라고 할 수는 없고, '수입물품의 대가'로 볼 수 있는 것이 변경된 경우라야 수입신고 당시 거래가격이 확정되지 아니하였다고 할 수 있다(인천지판 2019구합52144).

244) 기준환율에서 일정범위(예: 10% 이상 변동시)를 벗어난 경우 환차손익의 일부를 분담하는 약정을 말한다.

(4) 과세가격 결정

가격조정약관의 요건을 충족하면, 가격조정약관에 따른 가격조정은 해당 수입물품이 우리나라에 도착한 以後에 구매자와 판매자 간에 이루어지는 가격에 대한 환불(rebate), 감액(decrease)에 해당하지 않게 된다.[245] 따라서 가격조정약관이 있는 판매에서 수입물품의 거래가격은 가격조건에 따라 실제로 지급하였거나 지급할 최종적인 총금액에 기초하여야 한다.[246] 가격조정약관에 따라 해당 수입물품과 관련된 가격에 대하여 조정이 이루어지고 구매자가 별도로 조정에 따른 지급을 하는 경우, 별도로 지급한 금액은 실제지급가격에 포함(가산)된다. 반대로 가격조정약관에 의하여 수입물품과 관련된 가격에 대하여 조정이 이루어지고 해당 지급금액의 일부가 구매자에게 반환되는 경우, 구매자에게 반환된 금액은 실제지급금액에서 공제되어야 할 것이다.

이 경우, 잠정가격을 기초로 신고납부한 세액과 확정된 가격에 따른 세액의 차액을 (수정신고, 세액의 경정, 관세환급 절차에 관한 규정을 준용하여) 징수하거나 환급하여야 한다(법 제28조 제4항, 영 제16조 제6항).

5. 이전가격 사후조정의 문제

(1) 문제의 소재

다국적 기업간의 거래에 있어서, 자회사가 본사 또는 그 계열사로부터 수입하는 물품가격은 국제조세조정에 관한 법률상 정상가격 산출방법(예: 거래순이익률법 등)을 통해 결정한 이전가격으로 정해지고, 자회사는 각 회계연도가 종료된 이후 자회사가 달성한 실제 영업이익률과 정상가격에 해당하는 목표영업이익률을 비교하여, 실제 영업이익률이 목표영업이익률을 초과하는 경우에는 초과액을 본사로 송금하고(사후송금액), 반대로 실제 영업이익률이 목표영업이익률에 미치지 못하는 경우에는 미달액을 본사로부터 수령(사후수령액)하게 되는데, 사후송금액과 사후수령액을 총칭하여 '이전가격조정액'이라고 한다.[247] 그렇다면 이전가격조정

245) 다시 말하면, 가격조정약관에 따른 해당 수입물품이 우리나라에 도착한 以後에 구매자와 판매자간에 이루어지는 가격에 대한 환불, 감액 등이 반영된 가격조정액은 실제지급가격으로 인정된다.

246) 즉, 양 당사자가 합의한 가격조정조항에서 정한 공식에 따라 최종적으로 확정된 금액의 가격이 해당물품의 실제지급가격이 되는 것이다.

247) 다국적기업은 이전가격세제로 인한 사업의 불확실성을 제거하고 다국적기업그룹 전체의 조세부담을 최소화하기 위하여 사전에 '정상이익률'(목표영업이익률)의 범위(예: 3-5%)를 추정하여 설정한 다음, 회계기간 중에 특수관계자간 거래가 정상이익률의 범위 내에 있도록 거래가격을 조정한다. 그럼에도 실현된 이익률이 정상이익률범위 내에 있지 않은 경우에는 보통 회계연도가 종료된 以後에 추가적인 조정(사후조정)을 하게 된다. 실현된 영업이익률과 목표이익률간의 차이는 예상판매수량과 실제 판매수량간의 차이, 예상판관비와 실제판관비간의 차이, 예상환율과 실제환율간의 차이 등으로 인하여 발생한다. "이전가격 사후조정"은 다국적

액을 관세법상 어떻게 처리해야 할 것인지와 관련하여 실제지급가격 또는 사후귀속이익[248]이나 가격조정약관에 해당하는지 여부가 문제되고 있다.

(2) 관세의 과세가격 결정방법과 국조법상 정상가격 결정방법과의 관계

앞에서 살펴본 바와 같이 국제조세조정에 관한 법률에 따른 정상가격은 관세의 부과를 목적으로 하는 관세법에 따른 과세가격과 목적 및 산출방법 등이 상이하므로 당사자간 거래가격이 국제조세조정에 관한 법률이나 OECD 이전가격 가이드라인에 부합하게 결정되었다고 하여 그러한 사정이 관세법상 과세가격 결정에 영향을 미치는 것은 아니다(부산고판 2010누2982, 서울고판 2016누75618 등; 기획재정부, 관협 4704-310).

(3) 미국의 경우

미국관세청 유권해석 중에는 아래와 같이 이전가격 사후조정에 따른 수입가격의 조정을 인정한 사례들이 있는데, 그 법적 근거는 명확하지 않다(H204329, H018314, H256363).

[미국예규] ① 수입자 A는 외국의 특수관계 제조자 B로부터 콘텍트렌즈를 수입하고 구매하는 미국회사인데, A는 B로부터 최종제품을 구매하고 이전가격 연구(TP Study)를 근거로 하여 비교가능이익법(CPM)에 기초한 **분기별 이전가격조정**을 한다. 2005년부터 2006년까지 A는 거의 모든 분기 동안 하향가격조정을 하였고 청산절차를 통하여 **환급을 신청하였다.** 2012년 5월 16일의 HRL W548314에 특정된 5가지 요소 검증을 적용하면서, CBP는 수입 후 조정(각 상향 및 하향) - 발생하는 범위까지 - 이 19 U.S.C. 1401a(b)에 따라서 거래가격을 결정하는데 고려되어도 좋다고 판정하였다. A는 주장하는 조정을 뒷받침하는 많은 재무 및 회계기록,

---

기업이 이전가격세제에 따른 과세위험을 최소화하기 위한 목적에서 자발적으로 소득을 적정수준으로 조정하는 것이므로 그 본질은 기업이익의 조정이라고 볼 수 있다. 이전가격 사후조정은 손익계산서상으로 매출원가, 판매비와 관리비, 영업외손익의 조정으로 나타나게 된다. 즉, 수입물품의 거래가격 자체를 조정하였다면 '매출원가'에 반영되어 손익이 조정되고, 로열티나 경영지원비 등을 조정하였다면 판매비와 관리비 또는 영업외손익에 반영되어 조정될 수 있다. 내국세당국은 사후조정의 구체적 구성항목에 대해서는 관심을 갖지 아니한다(이승열, 안정우, 김진우, 다국적 기업의 사후조정에 대한 과세범위 연구, 2018, 6~7쪽).
이전가격에 의한 수입을 처리할 때, 결국 모회사가 그 가격에 대해 전 세계적으로 조정을 했을 수도 있다는 것을 세관당국은 기억해야 한다. 조정은 분기마다 6개월마다 또는 매년마다 이루어질 수 있다. 조정으로 인해, 그 다국적 기업의 전 세계 무역에서 해당 수입회사가 차지하는 위치에 따라 세관에 원래 신고한 가격에 변동이 생길 수 있다. 따라서 실제로 세관당국은 이러한 수입 후 조정을 다루기 위한 절차를 마련하여야 한다(WCO관세평가 교육모듈(중급/고급용), 310쪽).

248) 大法院은 사후귀속이익은 확정시기나 지급방법 등의 특수성에도 불구하고 그 실질은 어디까지나 수입물품의 대가이기 때문에 이를 가산하여 수입물품의 과세가격을 산정하려는 것이 관련 규정의 취지이므로, 수입물품을 가공하거나 원료로 사용하여 만든 제품 판매에 따른 수입금액 중 판매자에게 귀속되는 금액도 수입물품에 대한 대가로서의 성질을 갖는 경우 사후귀속이익에 포함된다고 판시하고 있다(대판 2010두14565).

즉 **개별제품의 이익배분에 대한 상서설명서, 또한 서면의 이전가격 정책이 수입 전에 유효했다는 다양한 서류,** 그리고 조정이 실제로 IRS에 실제로 보고되었다고 설명하는 기록을 제공했다. 이 결정은 5가지 요소 검증을 충족하기 위해 CBP가 원하는 서류유형의 예로서 작용한다. **최종적으로 A는 조정된 가격이 거래가격이 특수관계자간 거래에 있어서 수용될 수 있다는 것을 입증하는데 필요한 판매상황 검증을 충족했다**는 것을 증명했다. CBP는 특수관계자간 가격이 다른 나라의 특수관계가 아닌 자에게 판매된 가격과 유사하고 제조자 B의 영업이익이 모회사의 영업이익을 초과한다고 판정했다(H018314). ② A사는 다양한 의약품의 수입자이며, 영업 및 유통업자이다. A사는 특수관계가 있는 공급자 B로부터 의약품을 구매했다. 복잡한 당사자간 APA는 관계사간 유형물과 무형물 또한 서비스의 모든 거래를 포괄하고 있었다. APA는 다른 거래와 관련하여 특수관계자들간에 총합으로 청구하고 수취하는 가격의 정상가격의 본질에 중점을 두었다. 이 사례에서, A사는 ㉠ 자금을 양도하고, ㉡ **매출원가에서 조정하여 기장하고,** 그리고 ㉢ 조정을 설명하기 위하여 공급계약을 수정하였다. CBP는 특수관계자가 수입물품을 포함하는 APAs나 이전가격 연구에 따라 그들의 이익을 감소 또는 증가하도록 하여 관계사간에 지급이 발생되고 자금의 양도나 credit/debit 거래를 초래할 때마다 수입물품의 과세가격은 영향을 받았다고 결정했다. 비록 어떤 상황에서는 보상(수입 후)조정이 수입물품과 관계가 없는 것 같지만 여기서는 그렇지 않다. 모든 사실과 서류를 고려하면 CBP는 이 사례에서 조정은 수입물품과 직접 관계가 있기 때문에 CBP에 보고하여야 한다고 결정했다(H240329). ③ APA에 따른 사후조정을 하였는데, **그 조정이 매출원가 조정으로 기장되어 있지 않고 마케팅 지원을 위한 지급으로 기장되어 있는 경우,** 그 조정은 수입 후 조정으로 주장할 수 없다(H125118).

(4) 우리나라의 경우

1) 실제지급가격 또는 사후귀속이익에 해당하는지 여부

① 이전가격 下向조정과 실제지급가격에 해당하는지 여부

이전가격 하향조정의 경우, 이전가격 조정 후 가격은 우리나라에 수입된 以後에 조정된 가격이므로 실제지급가격이 될 수 없다. 왜냐하면 수입물품이 우리나라에 도착한 이후의 가격변경은 가격조정약관의 경우를 제외하고 원칙적으로 인정되지 않기 때문이다(관세평가고시 제16조 제2항, 미국연방관세규정 §152.103). 또한 이전가격 사후조정금액은 그 실질이 실제지급가격의 일부로 볼 수 없고, 이전가격 사후조정은 수입과정에서 발생한 결과를 조정하는 것이 아니라 수입 以後에 수입과정과는 별도로 이루어지는 '판매과정'에서 당초 정해진 이전가격에 기하여 발생한 결과를 조정하는 것이기 때문이다. 이것이 하급심 判例(서울고판 2012누1961)이고, 과거 조세심판례 및 관세청예규(관세평가-2173 등)의 입장이었다.[249]

[판례]

이 사건 이전가격정책은, 원고와 같은 수입판매업체가 독일 본사(B)로부터 수입하여 판매하는 물품의 가격을 이전가격으로 정하면서 수입지에서의 시장위험과 환위험 등을 고려하는 것으로서, 수입판매업체의 영업이익 목표범위를 정한 다음 수입판매업체의 실제 영업이익이 목표범위에 미달할 경우 이전가격을 인하하여 수입판매업체의 영업이익이 목표범위에 있게 하는 것이다. 그런데, **수입판매업체의 실제 영업이익은 수입 以後 수입과정과는 별도로 이루어지는 판매과정에서 이전가격과 시장위험 및 환위험 등이 복합적으로 작용하여 결정되는 것이므로,** 수입판매업체의 실제 영업이익이 목표범위에 있을 것으로 예상되는 이전가격을 정하였다가 수입판매업체의 실제 영업이익이 목표범위에 미달할 경우 당초 정한 이전가격을 인하하여 수입판매업체의 영업이익이 목표범위에 있게 하는 것은, **수입과정에서 발생한 결과를 조정하는 것이 아니라, 수입 以後에 수입과정과는 별도로 이루어지는 판매과정에서 당초 정해진 이전가격에 기하여 발생한 결과를 조정하는 것**으로서, △이전가격을 수입판매업체의 실제 영업이익의 목표범위에 있게 하기 위한 수단으로 기능케 하는 것이라고 할 것이다. 이전가격 以外의 시장위험 및 환위험으로 인한 손실도 이전가격을 수단으로 하여 보전하는 것으로서 당초 수입판매업체인 원고로부터 이전가격으로 지급받았던 자금이 수입판매업체인 원고의 종국적인 손실을 보전하기 위한 재원으로 사용되는 것이다. 또한 원고와 B사가 2008. 12월말경 이전가격을 1% 인하하기로 한 것은 원고의 3개년도 평균영업이익률에 따라 계산한 결과로 보이므로, 위와 같은 **이전가격 인하는 원고가 2008년 B사로부터 수입하여 판매한 물품과 직접적인 대응관계에 있다고도 보기 어렵다.** 그렇다면, 위와 같은 이전가격 인하는 일정한 사항을 수입물품의 가격결정 요소로 기능케하면서 **그러한 요소가 변경되거나 사후에 확인됨에 따라 '수입물품의 대가'라고 볼 수 있는 것이 변경된 경우라고 할 수 없어,** 위와 같이 인하된 이전가격은 원고가 B사에 실제로 지급하였거나 지급하여야 할 거래가격으로 볼 수 없다고 할 것이다(서울고판 2012누1961: 사례연습 20).

[심판례]

수입 후 판매량 등에 따른 수입자의 영업이익 증감 또는 국내 비교대상회사의 영업이익율 증감에 따라 수출자에게 사후 송금 또는 영수하는 금액은 **수입물품에 대한 실제지급금액으로 보기 곤란하므로** 관세의 과세가격에 포함되지 않는다(조심 2010관0100). 청구법인이 수입 이후 쟁점물품의 수입가격을 거래순이익률법에 따라 산정된 정상 영업이익률의 범위에 해당하도록 소급하여 조정하는 것은 **가격조정약관에도 해당하지 아니하여 그 조정금액을 쟁점물품의 실제지급가격으로 보기 어려운 점, 매출액 대비 영업이익의 비율인 영업이익률은 수입물품의 가격과 직접 관련없는 판매량의 차이, 판매관리비 등에 따라 변동될 수 있어 조정금액이**

249) 이전가격조정액은 이익조정을 목적으로 이루어지는 것으로서 매출액의 일정비율로 지급되기보다는 통상적으로 기업의 사후적인 판매실적 등에 따라 변동될 수 있는 이익률(목표영업이익률과 실현된 영업이익률의 차이)을 기준으로 지급되기 때문에 수입물품에 대한 대가라고 보기 어려운 측면이 있고, 더욱이 '정상영업이익률'(목표영업이익률)이라는 기업의 자의적인 조건(목표)을 달성하기 위하여 이루어지는 것이므로 이전가격조정액의 객관성을 담보하기도 어렵다.

수입대가의 조정이라고 단정하기 어려운 점, 2010년 이후 관세청장 및 관세평가분류원장은 특수관계자간 거래에서 거래가격이 거래순이익률법에 의하여 결정되고, 수입 이후 정상가격범위 영업이익과 실제 영업이익의 차이에 따라 발생한 손익을 영수 또는 지급하는 것은 **수입대가의 조정이 아니라 소득의 조정에 해당하여** 과세가격에 포함되지 않는다는 취지의 유권해석을 계속하고 있다(조심 2015관0072).

② 이전가격 上向조정과 사후귀속이익에 해당하는지 여부

이전가격조정액은 그 실질이 수입물품의 대가로 볼 수 없기 때문에 실제지급가격의 일부인 사후귀속이익에도 해당하지 않는다. 더욱이, 특수관계자간의 영업이익이나 손실의 조정을 위한 이전가격 사후조정금액은 판매량 증감 外에 인건비 등 영업비용의 증감, 가격할인정책, 시장위험 및 환위험 등이 복합적으로 작용하여 발생한 결과이므로 수입물품과 직접 관련되는 금액으로 볼 수 없고, 또한 이전가격조정액을 객관적이고 수량화할 수 있는 자료에 근거하여 개별 수입가격에 정확히 산출·배분하는 것도 현실적으로 매우 어려울 것이다. 이것이 하급심 判例의 태도이다(서울고판 2019누34694).

그러나 조세심판례는 과거 이전가격 사후조정은 수입대가의 조정이 아니라 所得의 조정이므로 실제지급가격이나 사후귀속이익에 해당하지 않는다고 보았으나 最近에는 이전가격 사후보상조정으로 지급하는 초과 영업이익은 수입물품을 수입하여 국내판매한 後 얻은 이익의 일부이므로 사후귀속이익에 해당한다고 보고 있는 경향이다.[250] '관세평가협의회 결정'에서도 "이전가격 보상조정으로 판매자에게 지급하는 금액은 수입물품의 대가로 지급하는 것이므로 실제지급가격에 포함하고, 영수하는 금액은 수입 이후의 반환금이므로 실제지급가격에서 공제되지 않는다"고 한다(11-01-03).

---

250) [심판례] 종전에는 "수입 이후 쟁점물품의 수입가격을 거래순이익률법에 따라 산정된 정상 영업이익률의 범위에 해당하도록 사후에 조정하는 것은 수입대가의 조정이 아니라 소득의 조정에 해당하므로 실제지급가격이나 사후귀속이익에 해당하지 않고, 또한 가격조정약관의 요건을 충족하지 못하므로 가격조정약관에도 해당하지 않는다"고 보았다(조심 2010관0100, 2015관0072 등). 그러나 最近에는 "청구법인은 오로지 쟁점물품을 수입하여 국내판매함으로써 수익을 창출하므로 쟁점사후송금액은 쟁점물품의 국내판매로 인해 발생한 수익의 일부로 보이는 점, 쟁점계약서에서 쟁점사후송금액을 쟁점물품의 추가 구매대금으로 지급하는 것으로 규정하고 있는 점, 청구법인이 사후 보상조정으로 지급하는 초과 영업이익은 쟁점물품을 수입하여 판매한 후 얻은 이익의 일부에 해당하는 것으로 보이는 점, 청구법인은 매월 수출자에게 지급하는 초과 영업이익을 쟁점물품의 매출원가에 가산하여 손익계산을 하는 것으로 보이는 점" 등을 이유로 사후귀속이익으로 보고 있다(조심 2017관0014, 조심 2016관0107, 조심 2018관0156 등).

[판례]

본질적으로 내국세와 관련하여 과세기간 동안 실현한 이익의 수준이 정상가격의 수준을 벗어나는 경우 이를 정상가격 수준으로 수렴시키기 위한 목적에서 이루어지는 **이전가격조정액이 관세의 과세가격 가산요소인 사후귀속이익으로 포함되는지 여부는 해당 이전가격조정액의 실질적인 발생 원인과 성질에 따라 구분하여 판단하여야 한다.** 나아가 사후귀속이익은 '수익금액 중' 판매자에게 직·간접으로 귀속되는 금액이므로 수입자가 본사에 송금한 금액이 사후귀속이익에 해당하더라도, 반대로 본사로부터 영수한 금액은 이에 해당할 수 없어, 동일한 가격결정정책에 의해 발생한 이전가격조정이 그 실질이 동일함에도 지급 또는 영수 여부에 따라 관세법상 과세가격에 해당하는지 여부가 달리 처리됨으로써 과세형평에 반할 우려가 생길 수 있다. 그러므로 **이전가격조정액이 손익조정목적이 아닌 수입물품과 직접 관련되는 대가로서 사후귀속이익이라고 판단하기 위해서는 계약서상 표현문구나 이전가격조정액에 대한 재무상태표의 기재 등이 아니라 관세법 제30조 제1항 제5호에서 규정하는 사후귀속이익으로서의 요건을 모두 구비했는지 여부를 구체적으로 살필 필요가 있다.** ① 원고의 회계연도별 목표 및 실제 판매대수, 영업이익, 부가가치 영업비용에 관한 회계자료를 보면, 2012회계연도에 실제 판매대수가 예상 판매대수를 200여대 상회하였음에도 실제 영업이익은 목표 영업이익에 미치지 못한 사실, 2010회계연도에는 실제 판매대수가 예상판매대수의 104%를 기록하였는데 실제 영업이익은 목표 영업이익의 530%로 산정되었고, 2011회계연도에는 실제 판매대수가 예상 판매대수의 85% 밖에 미치지 못하였으나 실제 영업이익은 목표 영업이익의 200%로 산정되었다. 따라서 **예상 대비 실제 판매대수 증감량과 목표 대비 실제 영업이익 증감량 사이에 비례적인 상관관계를 확인할 수 없다.** 이는 목표 대비 실제 영업이익의 증감은 판매수량과 부가가치 영업비용 외에 다른 요소가 작용하였기 때문에 상관관계가 확인되지 않는 것으로 보인다. ② 2012회계연도에 원고는 기존에 판매하던 C모델의 단계적 판매 중단으로 목표치보다 높은 할인율을 실시한 사실, 2014회계연도에는 구조조정을 통해 인건비를 일부 절감한 사실을 인정할 수 있는바, 판매수량의 증가 外에도 이러한 영업비용 증감의 변수가 2012회계연도에 예상보다 판매대수가 증가하고도 영업이익이 악화되거나 2014회계연도에 판매대수 증가량 대비 영업이익 상승률이 대폭 오르는데 영향을 미치게 되고, 아울러 그러한 변수가 위와 같은 방식에 따라 Berry Ratio 수치에도 반영된 것으로 보인다. **결국 쟁점 이전가격조정액은 판매수량의 증감 外에 인건비 등 영업비용의 증감, 가격할인 정책 등 다양한 요인들이 복합적으로 작용하여 발생한 결과라고 봄이 타당하다.** ③ 이 사건 물품공급계약서에 사후송금액을 "additional purchase price"라고 기재된 것은 사실이나, 한편 목표영업이익에 미달하는 손실이 발생한 경우 "rebate of the transfer price"라는 표현을 사용하고 있고 계약 당사자가 양자의 성질을 구분하기 위하여 의도적으로 달리 표현하였다고 볼 만한 사정이 없다면 서로 대응하는 이전가격조정액의 성질은 그 문구 표현에 얽매여 달리 해석할 것이 아니라 통일적으로 해석하는 것이 당사자들의 의사에 더욱 부합한다고 보이고, 쟁점 이전가격조정액의 발생 원인과 성질에 비추어 보면, **위 표현은 단순히 원고가 본사로부터 이 사건 수입물품을 구입한 以後 판매과정에서 목표영업이익을 초과하는 이익이 발생하면 본사에 구입한 수입물품에 대하여 추가로**

이전가격조정액을 지급한다는 의미라고 봄이 상당하다. 마찬가지로 이전가격조정액을 송금할 당시 **외환코드의 사유**로 '수입물품 대금 사전송금'으로 기재한 점은 쟁점 이전가격조정액의 발생 원인과 성질에 따른 사후귀속이익에 해당하는지 여부의 판단에 영향을 미칠 수 없다. ④ 쟁점 이전가격조정액은 판매수량의 증감 外에 다양한 요인들이 복합적으로 작용한 결과이고, 단순히 목표 대비 판매수량에 따른 매출액 차이가 아니라 목표 영업이익과 실제 영업이익의 차이이다. 그럼에도 피고는 쟁점 이전가격조정액이 전부 판매수량 증가로만 발생한 것임을 전제로 이 사건 수입물품 전체 7-9종의 차량과 부품 중 목표 대비 실제 판매량이 많으면서 목표 대비 실제 순매출액도 많은 5-6종의 차량에 판매 수량의 차이에 따라 쟁점 이전가격조정액을 일괄 배분하여 과세가격에 가산하였는바, **이는 이 사건 수입물품의 판매 등에서 얻어지는 판매대금 중 수입물품과 직접 관련되는 금액만을 과세가격에 가산한 것이라고 볼 수 없다**(서울고판 2019누34694: **사례연습 20**).

③ 검토

이전가격조정액은 이전가격을 상향조정 또는 하향조정하는지 관계없이 그 實質은 동일하기 때문에 양자의 통일적인 해석 및 처리, 과세형평의 관점에서 이전가격의 하향조정을 실제지급가격의 일부로 보지 않는다면 상향조정도 (그 실질이 실제지급가격의 일부인) 사후귀속이익으로 보지 않는 것이 타당하다. 사견으로는 후술하는 바와 같이 이전가격의 상향조정과 하향조정을 모두 가격조정약관으로 포섭하여 실제지급가격의 조정으로 통일적으로 처리하는 것이 타당하다고 본다.

2) 가격조정약관에 해당하는지 여부

이전가격 사후조정계약서를 관세법상 '가격조정약관'으로 보고 조정 후의 가격을 거래가격으로 인정할 수 있는지가 문제될 수 있다.

조세심판례나 하급심 판례에서는 이전가격 사후조정계약서는 일반적으로 가격조정약관에 해당하지 아니하므로 그 조정금액은 수입물품의 실제지급가격에 해당하지 않는다고 보고 있다(조심 2015관0072, 조심 2011관0117, 조심 2011관0119, 관세평가협의회 결정 11-01-02). 즉, 이전가격 사후조정계약서는 가격조정약관의 개념 및 그 요건을 충족하지 못하므로 가격조정약관으로 보기 어렵다는 것이다.[251)]

---

251) 통상적으로 다국적기업 계열사들은 자신들이 수행하는 기능, 부담하는 위험, 보유하는 자산 등을 고려하여 내국세목적상 적정영업이익률(목표영업이익률)을 설정한 다음, 그 적정영업이익률을 달성하기 위하여 요구되는 '매출원가'를 역산하여 **수입물품의 가격**을 산출한다. 따라서, 이전가격사후조정은 利益(소득)조정을 직접적 목적으로 하고, 조정 후 차액을 임의적으로 제품별로 안분하면서 부차적으로 價格을 조정하는 절차가 진행되는 것에 불과하기 때문에 엄격히 보면 가격조정약관에서의 가격조정의 개념과 다르다.

[심판례] 내국세의 부과를 목적으로 하는 「국제조세조정에 관한 법률」에 의한 정상가격은 관세의 부과를 목적으로 하는 관세평가규정에 의한 과세가격과 목적 및 산출방법이 상이하므로 「국제조세조정에 관한 법률」에 의하여 관세의 부과는 영향을 받지 않는 것이 원칙이며, WCO 예해 4.1에서 가격조정약관이 있는 경우 수입 이후 조정된 가격을 과세가격의 결정의 기초로 삼을 수 있다고 해설하고는 있으나, **이를 위해서는 수입시점에 최종 과세가격 결정과 연결시킬 수 있는 구체적이고 산술적인 내용으로 되어 있어야 하고,** 이 건 수출자와 체결한 가격조정약관(2009. 1. 1. 작성)의 내용을 보면 **최종적인 과세가격을 정할 수 있는 최소한의 기준을 정한 바 없이 예상하지 못한 환율의 변동 등으로 적정이윤을 확보하지 못한 경우 사후에 조정할 수 있다는 막연한 문구로 되어 있는 점,** WCO 예해 4.1에서도 가격조정약관이 동 물품 수입 후에 효력을 발생하게 되는 변수와 결부되어 있는 경우에는 상황이 달라진다고 되어 있는 점, **수입 후 판매량 등에 따른 수입자의 영업이익률 증감에 따라 수출자에게 사후 송금 또는 영수하는 금액은 수입물품에 대한 실제지급금액으로 보기 곤란한 점** 등을 감안하여 볼 때, 청구법인이 수입신고 수리후에 수출자로부터 영수한 금액은 관세법 제30조 과세가격결정의 원칙인 실제로 지급하였거나 지급할 금액과는 관련이 없다고 판단된다(조심 2011관0117, 조심 2011관0119).[252)]

사견으로는 이전가격 사후조정의 과정이나 공식이 이전가격 결정자료에 어느 정도 구체화되어 있는 경우에는 가격조정약관으로 포섭하여 이전가격조정금액의 지급과 수령에 따른 수입가격의 조정(실제지급가격의 조정)을 인정하는 방향으로 처리하는 것이 타당한 것으로 본다.[253)] 다만 이전가격 상향조정과 하향조정을 형평성 있게 처리할 수 있는 제도적 장치와 관세행정 실무가 전제되어야 납세자들의 자발적인 신고를 유도할 수 있을 것이다.

(5) 이전가격 사후조정과 수정신고 또는 경정청구

앞에서 설명한 바와 같이, 이전가격조정금액은 일반적으로 수입물품의 대가로 볼 수 없으므로 이전가격 조정을 하더라도 수입신고가격을 '정정'할 필요는 없다고 할 수 있다.[254)] 그런데, 실무적으로

252) "관세평가협의회"에서도 가격조정약관으로 볼 수 없다고 결정한바 있다. 그 이유는 이전가격보상조정은 수입물품의 판매로 실현된 영업이익을 미리 정한 정상영업이익과 같도록 조정하는 것이므로 **개별 수입물품의 가격을 최종적으로 결정하는 가격조정약관과는 그 조정대상이 다르며,** 이익은 물품의 가격과 관련없는 판매비에 따라 달라질 수 있고, 이익의 조정은 평가협정 예해 4.1에서 가격조정약관이 나타나는 어떠한 상황에도 해당하지 않으며, 보상조정규정의 실제 영업이익률은 일반적으로 인정된 회계원칙에 따라 결정되지만, **영업이익률은 당해 수입물품의 판매자인 구매자가 판매가격이나 판매비용을 어떻게 책정하고 관리하느냐에 따라 달라지는 것**이므로 구매자나 판매자 누구도 어떠한 통제도 할 수 없는 장래의 사건에 기초하여야 한다는 요건을 충족하지 못하고 있다(결정 11-01-03).

253) WCO 논의에서는, 내국세 목적의 이전가격과 관세목적의 과세가격의 조화 관점에서 내국세 이전가격조정을 관세법상 가격조정약관으로 보고 조정 후의 가격을 거래가격으로 보자는 제안들이 있다(WCO, WCO GUIDE TO Customs Valuation & Transfer Pricing. 2015. 참조).

'상향조정'(사후송금액)의 경우 납세자의 입장에서는 수정신고로 인한 이익(부가가치세 수정수입세금계산서 발급, 가산세 감면)과 수정신고를 하지 않음에 따른 불이익(추후 세관의 관세조사시 세액추징의 위험, 수정수입세금계산서 발급 제한 등의 위험)을 고려하여 수정신고를 진행하는 경우가 종종 있기는 하다. 실제 수정신고를 진행하는 경우에도 사후송금액을 각 수입신고물품에 적절하게 계산하여 배분하는 것이 매우 복잡하고 임의적인 측면이 있다. 반면, '하향조정'(사후수령액)의 경우 수입신고가격에 대해 경정청구를 할 수 있는지 문제되나, 세관실무상 경정청구를 하더라도 이를 인용하는 경우가 극히 드물다.

(6) 이전가격 사후조정과 관세법상 잠정가격신고

납세의무자는 가격신고를 할 때 신고하여야 할 가격이 확정되지 아니한 경우로서 특수관계가 있는 구매자와 판매자 사이의 거래 중 수입물품의 거래가격이 수입신고 수리 以後에 국제조세조정에 관한 법률 제5조에 따른 정상가격으로 조정될 것으로 예상되는 거래로서 기획재정부령으로 정하는 요건을 갖춘 경우에는 잠정가격으로 가격신고를 할 수 있다(법 제28조 제1항, 영 제16조 제1항, 규칙 제3조). 이에 대한 자세한 내용은 **제4장 제1절 Ⅲ**에서 자세히 설명하기로 한다.

 판매자에게 또는 판매자의 이익을 위하여 직접 또는 간접으로 지급하는 금액

1. 판매자에게 또는 판매자의 이익을 위하여

실제지급가격은 판매자에게 또는 판매자의 이익을 위하여 지급하는 금액이어야 한다. 따라서 구매자 자신의 이익을 위한 지급은 실제지급가격에 해당하지 아니한다. 즉, "구매자가 자기의 계산으로 행한 활동의 비용"은 결과적으로 판매자에게도 이익이 된다 하더라도 그 밖의 간접적인 지급액으로 보지 않는다(영 제20조의2 제2항, 평가협정 주해 제1조, 평가협정 예해 16.1). 판매자의 이익을 위한 지급인지 여부는 '판매조건'과 밀접하게 연관되어 있다.

판매자나 판매자와 특수관계에 있는 자에 대한 지급은 특별한 사정이 없으면 판매자의 이익을 위한 지급으로 사실상 추정할 수 있을 것이다. 다만 구매자는 판매의 대가나 판매조건으로 지급한 금액이 아니라는 점에 대한 입증자료를 세관에 제출해서 추정을 번복시킬 수 있을

254) 다만, 세관실무에서는 특수관계가 거래가격에 영향을 미쳤는지 여부를 판단함에 있어 이전가격조정액 발생사유를 참고하고 있다.

것이다. 또한, 판매자의 요구나 지시로 구매자가 '제3자'에게 지급한 금액도 판매자의 이익을 위한 지급이므로 실제지급가격에 포함된다. 그러나 구매자가 판매자와 관계가 없는 별개의 '제3자'에게 지급한 금액은 (구매자가 자기의 계산으로 수행할 활동에 관한 비용이고) 판매자의 이익을 위한 지급이 아니므로 실제지급가격의 일부를 구성하지 않는다.

2. 직접 또는 간접 지급

실제지급가격은 直接 지급(송품장 가격)뿐만 아니라 구매자가 해당 수입물품의 대가와 판매자의 채무를 상계하는 금액, 구매자가 판매자의 채무를 변제하는 금액, 그 밖의 間接的인 지급액(indirect payment)을 포함한다(법 제30조 제2항, 평가협정 주해 제1조). 또한 판매자가 구매자에게 지고 있는 채무를 청산(settlement)하는 방법으로 현재 수입분에 대하여 구매자가 가격할인을 받는 경우도 간접지급에 포함된다(미국연방관세규정 §152.103). 간접지급은 구매자가 판매자에게 수입물품의 대가를 직접 지급한 것은 아니지만 실질적으로는 구매자의 입장에서 수입물품의 대가를 지급하는 것과 같고 판매자의 입장에서는 수입물품의 대가를 받는 것과 같이 평가될 수 있는 경우를 가리킨다. 즉, 간접지급은 실제지급가격의 일부인 것이다.

여기서 "그 밖의 간접적인 지급액"에는 『① 수입물품의 대가 중 전부 또는 일부를 판매자의 요청으로 제3자에게 지급하는 경우 그 금액, ② 수입물품의 거래조건으로 판매자 또는 제3자가 수행해야 하는 하자보증을 구매자가 대신하고 그에 해당하는 금액을 할인받았거나 하자보증비 중 전부 또는 일부를 별도로 지급하는 경우 그 금액, ③ 수입물품의 거래조건으로 구매자가 외국훈련비, 외국교육비 또는 연구개발비 등을 지급하는 경우 그 금액, ④ 그 밖에 일반적으로 판매자가 부담하는 금융비용 등을 구매자가 지급하는 경우 그 금액』이 포함되는 것으로 한다(영 제20조의2 제1항). 간접지급에 관한 관세법 시행령 제20조의2는 例示的 규정으로 볼 수 있다(대판 2014두13362 참조).[255]

또한, 수입물품의 취득이나 사용이 수입물품의 판매조건과 관련하여 특정한 조건이나 사정(고려사항)의 적용을 받는 경우, 이러한 조건이나 사정이 금액으로 계산될 수 있는 것이라면, 이는 간접지급으로 간주될 수 있다.[256] 예를 들어, 판매자의 이익을 위하여 금융서비스가 이루어졌기 때문에 일반적으로 판매자가 부담해야 하는 금융비용을 구매자와 사이의 특약에 의하여 구매자에게 전가한 경우 해당 금융비용은 간접적인 지급액에 해당하는 것이다(대판 2007두6267).

255) 성원제, "관세법상 간접지급에 대한 관세평가", 재판자료 제125집, 2013, 법원도서관.

256) Saul L. Sherman & Hinrich Glashoff, 앞의 책, 147쪽.

실제지급의 시점은 관련이 없다. 예를 들어, 지급의 일부는 물품 인도 이전에 이루어지고, 물품의 인도 이후에 잔액이 지급되는 경우가 있을 수 있다.[257)]

 관련 문제

아래에서 구매자가 지급하는 금액은 수입물품과 관련되고 판매조건으로 지급된 경우에는 실제지급가격에 포함(가산)된다. 판매조건으로 지급된 것인지 여부는 ① 구매자가 금액을 지급하는 相對方이 판매자나 판매자와 특수관계에 있는 자인지 아니면 판매자와 관계없는 제3자인지 여부 ② 구매자가 수입물품의 대가나 판매조건으로 지급하는 것인지 여부(구매자의 지급이 판매자의 의무를 이행하거나 판매자의 이익을 위한 것인지, 아니면 구매자가 자기의 이익을 위하여 자기의 계산으로 수행하는 활동에 관한 비용인지) 등을 검토하여 판단한다.

1. 글로벌 다국적 기업과 원가분담약정

(1) 글로벌 다국적 기업의 비즈니스 구조

오늘날 글로벌 다국적 기업 중심의 글로벌가치사슬(Global value chain) 구조에서는 재화의 生産이 한 기업 또는 한 국가 내에서 완성되는 것이 아니라 연구개발, 원재료 조달, 생산, 유통 등으로 세분화된 단계가 각기 다른 경쟁력 있는 국가에서 수행되어 거래에 관여하는 당사자가 많아지게 되었고, 구매자는 판매자 또는 제3자에게 수입물품의 대가 以外에도 물품의 수입거래에 수반되는 다양한 용역거래에 대한 대가 명목으로 별도의 비용을 지급하는 사례가 증가하고 있다.[258)] 또한, 다국적 기업은 이러한 구조를 통해 제조 및 판매시설을 갖추지 않은 채 본사 또는 별도로 세운 계열사가 무형자산의 보유, 관리를 담당하고, 제3자 계약제조방식으로 물품을 조달하여 현지 판매법인을 통해 판매하는 방식을 취하고 있다. 이와 관련하여, 다국적 기업의 본사는 여러 무형자산의 개발이나 관리, 용역거래에 따른 비용 등을 원가분담약정,

---

257) 예를 들어, 지급의 일부는 물품 인도 이전에 이루어지고, 물품의 인도 이후에 잔액이 지급되는 경우가 있을 수 있다. 물품의 인도 이후 구매자가 판매자에게 수입물품의 대가로서의 실질을 갖는 금액을 지급하는 경우에는 수입물품의 실제지급가격이므로 과세가격에 가산되어야 할 것이다. 같은 취지에서, 최근 수입통관 후 구매자와 판매자 사이에 발행된 대금인보이스에 기초하여 구매자가 판매자에게 송금한 경우 수입물품의 실제지급가격에 포함될 간접지급액이라고 판시한 하급심 판결이 있다(서울행판 2019구합55743).

258) 박설아, 광고선전비의 관세평가에 관한 연구, 한국국제조세협회 하계학술대회, 2017, 377~378쪽. 김정홍, 다국적기업의 국제마케팅비용에 대한 관세평가 문제, 조세학술논문집(제33권), 2017, 111~112쪽. 김준석 외 2인 공저, 앞의 책, 864~867쪽.

서비스계약(Service Agreement) 등을 통해 각국에 있는 자회사에 부담시키고 있다. 과세가격에 영향을 주는 다국적 기업의 무역계약의 중요한 특징은 이전가격이다

(2) 원가분담약정

'원가분담약정'(Cost Contribution Agreement, Cost Sharing Agreement)은 무형자산, 유형자산 혹은 용역이 각 참여자의 개별사업에 편익을 창출할 것으로 기대된다는 이해를 가지고 그와 같은 무형자산, 유형자산 혹은 용역의 공동개발, 공동생산 혹은 공동획득과 관련된 공헌(Contribution)과 위험을 기업들 간에 분담하는 계약의 약정사항을 말한다. 원가분담약정은 하나의 계약 약정사항이며 반드시 별도의 법적인 실체나 모든 참여자들의 고정사업장이 있어야 하는 것은 아니다. 원가분담약정에서는 예를 들면 결과물인 무형자산을 공동으로 활용하거나 수익 혹은 이익을 공유하기 위하여 사업을 통합해야 하는 것은 아니다. 오히려 원가분담약정 참여자들은 원가분담약정의 결과물에 대한 권리를 그들의 개별사업에 활용할 수 있다. 이전가격 이슈는 참여자들 사이의 상업적 혹은 재무적 관계, 그리고 그러한 결과를 얻을 기회를 창출하는 참여자들의 공헌에 집중적으로 생긴다(OECD 이전가격 가이드라인 8.3).

원가분담약정은 보통 2가지의 유형이 있는데, 무형자산 혹은 유형자산의 공동개발, 공동생산 혹은 공동획득을 위하여 만든 원가분담약정(개발 원가분담약정)과 용역을 획득하기 위하여 만든 원가분담약정(용역 원가분담약정)이 그것이다. 이러한 두 유형의 원가분담약정의 핵심적인 차이는 일반적으로 개발 원가분담약정은 참여자들을 계속적으로 미래편익을 창출할 것으로 기대되지만 용역 원가분담약정은 현재의 편익만 창출할 것이라는 사실이다(OECD 이전가격 가이드라인 8.10).[259] 원가분담약정에도 독립기업원칙이 적용된다(OECD 이전가격 가이드라인 8.12, 8.13).

2. 연구개발비

(1) 의의

1) '연구개발비'란 새로운 제품・용역・기술을 개발・창조하기 위하여 행해진 조사・연구

259) 개발 원가분담약정 하에서 각 참여자는 개발된 무형자산들 혹은 유형자산들에 대한 권리를 얻을 자격이 있다. 무형자산의 경우 그와 같은 권리는 종종 특정한 지역에서 혹은 특정하게 응용하기 위해서 그 무형자산을 활용할 수 있는 개별적인 권리의 형태를 띤다. 획득한 개별적인 권리는 실제 법적 소유권일 수 있다. 그 대신에 오직 한 참여자만이 재산의 법적 소유권자가 되고 다른 참여자들은 그 재산을 사용하거나 활용할 수 있는 일정한 권리를 가질 수 있다. 참여자가 원가분담약정에 따라 개발된 재산에 대하여 그러한 권리가 있다면, 원가분담약정에 따라 자신이 받을 자격이 있는 지분에 해당하는 만큼 개발된 재산을 사용하는데 대해 사용료나 기타의 추가적인 대가를 지급할 필요가 없다(그러나, 참여자의 공헌이 기대편익과 비례하지 않는다면 그 참여자의 공헌을 조정할 필요가 있다)(OECD 이전가격 가이드라인 8.11).

활동에 지출된 비용을 말하는데, 여기에는 연구비, 시제품 개발비, 시험 평가 및 최초 운영 능력 확인 비용까지 포함한다.

연구개발에는 기본적으로 다음 3가지 종류의 활동이 포함된다. 즉 ① 기본연구: 이것은 특성, 구조 및 물리현상 또는 자연현상의 분석을 목표로 하는 시험적이거나 이론적인 작업이다. 이 작업은 순전히 과학적인 호기심에서 혹은 기술적인 문제의 해결에 이론적 기여를 하기 위해 이루어진다. ② 응용연구: 이것은 기본연구 결과의 응용 가능성을 연구하거나 사전에 정해진 목표를 성취하기 위한 새로운 해결법을 찾기 위해 이루어진다. 여기에는 기존의 지식을 검토하고 구체적인 문제 해결을 위해 좀 더 심도 있게 탐구하는 것이 포함된다. 응용연구로부터 얻은 지식에 대해 특허를 낼 수 있다. ③ 개발: 이 용어는 새로운 물질이나 상품의 제조를 시작하거나 기존의 물질이나 상품을 크게 개선하기 위해 수행된 응용연구를 통해 얻은 지식을 바탕으로 한 작업에 적용된다. 그러므로 개발에는 일상적이거나 정기적인 상품 또는 프로세스 변경은 포함되지 않는다. 연구개발은 제조회사 내에서 또는 완제품을 제조하고 판매할 회사와 부분적으로 또는 완전히 독립된 연구개발센터에서 이루어질 수 있다.[260)]

2) 다국적 기업은 브랜드의 명성을 더욱 발전시키기 위해 많은 자본을 연구개발에 지출하는데, 이는 새로운 상품을 개발하고 기존의 상품라인을 개선하고 비용을 절감시키기 위한 것이다. 이러한 연구개발은 통상적으로 母기업이 감독하지만, 세계 어디에서든 이루어질 수 있다. 다국적 기업이 판매한 수입물품의 과세가격을 고려할 때 이 연구개발은 수입물품의 판매가격에 포함될 가능성이 높다. 그러나 특수관계에 있는 자(즉, 동일 다국적 그룹의 일부)에게 판매될 경우, 수입물품을 위해 이루어진 다국적 기업의 연구개발 예산을 수입자(자회사 등)가 분담함으로써 관세법 시행령 제18조 제4호[평가협정 제8조 제1항 (b)(iv)]의 범주를 충족시키는지와 관련해 고려해야 할 부분들이 있을 것이다.[261)]

(2) 실제지급가격에 포함(가산) 여부 및 요건

1) 문제의 소재

연구개발비는 수입물품의 원가에 포함되어야 할 비용이다.[262)] 따라서 판매자가 연구개발비를

---

260) WCO관세평가 교육모듈(중급/고급용), 247~248쪽.

261) WCO관세평가 교육모듈(중급/고급용), 276~280쪽.

262) [회계처리] 연구개발비는 미래효익의 관련여부, 성공가능성에 따라 경상적 연구개발비(연구비)와 비경상적 연구개발비(개발비)로 분류되는데 전자는 당기에 손익계산서상 판매비와 일반관리비 또는 제조경비로 회계처리하고, 개발비는 무형자산으로서 재무제표상 자산으로 회계처리한 후 5년 이내의 기간에 걸쳐 매년 감가상각비(영업외비용)로 비용처리한다.

실제지급가격에 반영하였다면 특별한 문제는 없을 것이다. 그러나 연구개발비를 실제지급가격과 별도로 청구하고 지급하는 경우, 이를 실제지급가격에 가산하여 과세할 수 있는지가 문제된다. 특히, 연구개발의 결과물을 반영한 물품이 수입되고, 판매자 또는 판매자의 계열사(다국적 기업의 본사나 계열사)가 제품 등에 관한 연구・개발을 하고 그에 따라 발생한 비용(연구개발비, 제품개발비)을 구매자 등(각국의 계열사들)에게 일정한 기준(예: 각국의 자회사들의 제3자에 대한 판매비율을 기준 등)에 따라 분담(cost sharing)시키는 경우, 구매자가 지급한 연구개발비가 실제지급가격에 포함되어야 하는지 문제되고 있다.[263)]

2) 관련규정

관세법 시행령 제20조의2 제1항 제3호에서는 "수입물품의 거래조건으로 구매자가 연구개발비 등을 지급하는 경우 그 금액"은 간접적인 지급액으로 실제지급가격에 포함된다고 규정하고 있다.[264)]

3) 포함(가산)요건

관세법 제30조 제1항 및 관세법 시행령 제20조의2 제1항 제3호에 따라 원칙적으로 수입물품과 '관련'되고 '거래조건'(판매조건)으로 지급된 연구개발비는 수입물품의 실제지급가격에 포함된다. 다시 말하면 연구개발비는 수입물품과의 '관련성'과 '거래조건'을 충족해야만 실제지급가격에 포함(가산)할 수 있다. 따라서 연구개발비는 수입물품과 관련되지 않거나 거래조건을 충족하지 못한 경우에는 실제지급가격에 가산할 수 없다.[265)]

(3) 판례 및 유권해석례

1) 判例도 수입물품과 '관련'되고 '거래조건'으로 지급된 연구개발비는 실제지급가격에 가산된다고 판시하고 있다.

즉, 수입물품과 관련된 연구개발비가 수입물품의 대가나 거래조건으로 지급된 경우에는 실제지급가격에 포함되어야 한다. 또한 연구개발 결과가 상품화에 성공하지 못하더라도

263) 수입자가 수출자에게 연구개발 작업을 무상 또는 할인된 비용으로 제공하는 경우, 이는 '생산지원'에 해당할 것이다. 연구결과물이 수입물품에 체화되어 수입되고 수입자가 이에 대하여 로열티를 지급해야 하는 경우, 해당 로열티가 수입물품과 관련이 있고 거래의 조건이라면 권리사용료로서 실제지급가격에 가산된다.

264) [미국예규] 구매자A는 외국 모회사B의 자회사이고, B사는 판매자이다. A는 B로부터 상품을 구매한다. 양 당사자는 "비용분담 연구계약"이라는 계약을 체결했는데, 이는 A가 지급하는 연구개발비용을 포함한다. B가 A에게 판매하는 상품의 평가가격은 미국으로 수입되는 상품의 연구개발에 대한 "비용분담 연구계약"에 의하여 발생하는 비용을 포함해야 한다(548306).

265) 평가대상 물품과 직접적으로 관련이 없는 기본적인 연구비와 매우 일반적인 연구 또는 예비적인 디자인 업무 비용은 과세가격에 포함되지 않을 것이다(WCO관세평가 교육모듈(중급/고급용), 250쪽).

이에 소요된 비용은 상품화에 성공한 다른 제품에 어떤 식으로 반영되기 마련이므로 연구개발 결과가 모두 상품화에 성공하지 못한다는 사정만으로 연구개발비용과 해당 수입물품 사이에 대가관계를 부정할 수는 없다(부산고판 2010누4117, 대판 2011두6554; **사례연습 21**).

[판례] ① [연구개발비 과세] 글로벌 다국적기업 C사의 미국본사는 모든 C사 제품들과 관련된 연구개발비용 등을 통합적으로 관리하면서 그 비용을 일정한 기준(본사의 각 계열사들에 대한 매출액 비율)에 따라 자회사에게 배분하고 있는 점, 미국 본사가 C사 제품을 기획하고 그 생산 및 원가를 결정하기 때문에 **제품화에 성공한 부분에 관한 것인 의류디자인 비용뿐만 아니라 실패한 부분에 관한 것인 이 사건 제품개발 비용 역시 이미 제품화에 성공한 제품의 가격에 반영될 것으로 보이고,** 미국 본사와 원고 사이의 원가분담계약(cost sharing agreement)에서도 C사의 지적재산권과 관련하여 발생하는 모든 무형개발활동비용을 그 성공여부에 관계없이 분담하도록 약정한 점, 미국 본사가 단순한 구매대행의 지위에 있는 것이 아니라 이 사건 수입물품의 실질적인 판매자로서의 지위에 있는 점 등을 고려하면, **이 사건 제품개발 비용은 이 사건 수입물품의 대가에 해당한다**고 볼 것이므로 과세가격에 포함되어야 한다고 판단된다(대판 2016두34059). ② [연구개발비 과세] 이 사건 연구개발비용이 이 사건 수입물품의 대가나 거래조건으로서 이 사건 수입물품의 과세가격에 포함되어야 하는지에 관하여 살피건대, 앞서 본 사실에 의해 인정되는 다음과 같은 사정 즉, ㉠ 원고는 AO그룹 계열사들로부터 수입한 물품을 국내에서 독점적으로 판매할 권한을 가지고 있으나, 이 사건 비용배분 합의에 따른 지급의무를 지는 外에는 다른 어떠한 권리사용료도 지급하지 않고 있어서 연도별 매출총이익률이 60% 이상으로 매우 높은 반면, 이 사건 연구개발비용의 비중도 당해 연도 송금액의 40%에 이를 정도로 비중이 높은 점, ㉡ 이 사건 비용배분 합의는 AO그룹 계열사들에서 생산되는 제품을 생산하는 데 필요한 **AO그룹 계열사들의 연구개발, 조직관리운영, 시제품검사의 비용부담에 관한 것**이므로, 이 사건 연구개발비용이 AO그룹 계열사에서 생산된 제품들과 무관할 수 없는 점, ㉢ AO그룹의 계열사들은 이 사건 비용배분 합의를 체결하고 있어, 제3자에 대한 매출액이 발생하는 한 연구개발비 등 지급의무를 부담하게 되고, **연구개발 결과가 상품화에 성공하지 못하더라도 이에 소요된 비용은 상품화에 성공한 다른 제품에 어떤 식으로는 반영되기 마련이므로, 연구개발 결과가 모두 상품화에 성공하지 못한다는 사정만으로 이 사건 연구개발비용과 이 사건 수입물품 사이에 대가관계를 부정할 수는 없고 원고 역시 2005년도 법인세 심사를 받을 당시 위와 같은 연구개발비 등을 원가에 해당한다고 소명하여 손금으로 인정받은 점,** ㉣ 국내에서 제품을 생산하여 제3자에게 판매하게 될 경우에는 상대적으로 수입물품의 판매비중이 낮아질 가능성이 있으나, 이 경우 연구개발비용 중 수입물품의 대가가 차지하는 비율을 산정하여 이에 상응하는 금액만큼 수입물품의 과세가격으로 삼는다면 불합리한 결과를 피할 수 있으므로, 비용배분 기준이 계열사 간 수입물품 거래량이 아닌 제3자에 대한 매출액을 기준으로 하고 있는 사정만으로 이 사건 연구개발비용이 이 사건 수입물품과 대가관계에 있다는 점을 부정하기 어려운 점, ㉤ 독일 AO는 제3자에 대한 매출액이 발생한 AO그룹 계열사들에 대하여, 위 매출액 발생 해당 년도에 소요된 연구개발비 등을 분기별로

배분하고, 이때에도 각 제품별로 구분하여 비용을 분담하고 있으므로, 아 사건 연구개발비용이 물품수입의 시기 및 수입제품의 종류와 밀접한 관련성을 가지고 있다는 점에서, 이 사건 수입물품의 거래조건이 됨을 부정하기는 어려운 점, ⓗ **이 사건 연구개발비는 그 실질이 권리사용료가 아니므로 관세법 제30조 제1항 제4호의 사용대가성을 갖출 필요가 없을 뿐만 아니라,** 가사 권리사용료로 본다 하더라도 이 사건 비용배분합의에 의하여 원고가 그 비용을 지급하지 않고서는 AO계열사로 부터 이 사건 각 수입물품을 수입할 수 없으므로 이 사건 연구개발비용의 지급을 이 사건 수입물품의 거래조건으로 볼 수 있는점, ⓢ **이 사건 수입물품 중 원고가 독일 AO로부터 수입한 물품에 대한 연구개발비용의 지급은 직접지급금액이고, 그 외 계열사들로부터 수입한 물품에 대한 연구개발비용의 지급은 간접지급금액에 해당한다고 할 것인데,** 이 사건 비용배분합의는 원고와 AO그룹사이에 체결된 것이므로 원고가 수출한 계열사의 요청으로 이 사건 연구개발비용을 독일 AO에 지급한 것으로 볼 수 있어 간접지급의 요건을 갖추었다고 볼 수 있는 점, ⓞ AO그룹이 모든 생산 제품들에 대한 연구개발비, 제품지원 및 관리비를 통합적으로 관리하여 그 비용 역시 내부적인 기준에 따라 일률적으로 적용, 배분하고 있다 하여, 각 제품에 소요되는 각 연구개발비 등을 개별적으로 산정하여 비용으로 산입하는 경우와 다르게, 일체의 연구개발비 등을 수입물품의 과세가격에 산입하지 않는 것은 형평에도 반하는 점 등을 종합하면 원고는 **독일 AO에게 이 사건을 수입물품과 관련하여 위 수입물품의 거래조건이므로 이 사건 연구개발비용을 지급한 것으로 봄이 상당하다**(부산고판 2010누4117, 대판 2011두6554; **사례연습 21**).

[미국예규] 수입자 A는 미국에서 실시된 엔진디자인 프로젝트의 연구, 개발, 기술서비스에 대하여 외국 자회사 B와 계약을 체결했다. B는 영국에서 실시된 연구개발 서비스에 관련된 모든 비용을 A로부터 모두 매월 상환받았다. 프로젝트 엔진의 연구 및 디자인의 일부로 B는 시험용으로 다수의 표준하드웨어 아이템을 제조했다. B가 제조한 60개의 모델 중에서 단지 20개만 미국으로 수입되었다. A는 B에게 물품이 아닌 서비스의 대가를 지급했다고 주장한다. 비효율적인 비용으로 인해 프로젝트는 포기되었고 완성품은 제조되지 않았다. **수입된 시작품(imported prototypes)의 평가가격에서 연구개발비를 제외시킬 근거는 없다. 수입자가 지급한 금액은 실제지급가격의 일부를 구성한다.** 수입자 A가 연구개발비를 60개의 시작품에 할당하였음을 뒷받침하는 서류를 제공하지 못한다면 총지급금액은 수입된 시작품의 대가로 실제지급가격의 일부로 간주된다(545320). 모두가 연구개발 비용분담계약의 당사자들인 **외국의 자회사가 미국 자회사에 판매한 상품의 평가가격은 미국으로 수입된 상품의 개발에 소요된 연구개발비용을 포함해야 한다.** 건전한 기업회계에서는 수입자가 연구개발자금 pool에서 몇 퍼센트가 특정 프로젝트에 사용되었는지, 그리고 몇 퍼센트가 개발, 수입된 상품의 실제지급가격의 일부가 되는지를 결정할 수 있는 근거를 가지게 된다. 특정상품에 대한 연구개발비 적정 할당액에 대한 정확한 결정은 사례별로 이루어져야 한다. 이들 지급액은 실제지급가격에 포함되어 있다는 결론을 직접적으로 이끌어내기에 충분하다(548331).

判例 중에는 "구매자가 지급한 기술지원비 중 물품이 수입되기 前까지 발생한 비용은 해당 수입물품과 관련되고 대가나 거래조건으로 지급된 금액에 해당하므로 실제지급가격에 포함되지만, 물품 수입 以後의 기술지원은 물품 자체의 개발, 제작과는 무관하게 구매자가 수주받은 특정 차종의 사양과 규격 등에 맞게 시제품을 지속적으로 개조, 수정, 변형하기 위한 기술지원 등이 주된 것이어서 수입 以後 발생한 비용은 수입물품의 대가나 거래조건으로 지급되는 비용으로 보기 어려우므로 실제지급가격에 포함되지 않는다"고 한 것이 있다.

[판례]

원고는 일본소재 D사에게 이 사건 물품을 수입하고 이 사건 물품에 대한 송장상의 수입대금과는 별도로 이 사건 물품 수입 前 일본 D사와 체결한 기술원조계약에 따른 'Application Fee' 명목의 비용 합계 1,900만엔을 지급하였는데, 피고는 이 금액 중 800만엔(이 사건 비용)을 실제지급가격에 가산하여 이 사건 과세처분을 하였다. 실제로 지급하였거나 지급하여야 할 가격이란 원칙적으로 거래당사자간의 합의에 의하여 수입물품에 대한 대가나 거래조건으로 판매자에게 직·간접적으로 지급되는 총금액을 말한다. 다음과 같은 사정들을 종합하여 보면, **이 사건 비용 중 적어도 이 사건 물품이 수입되기 전까지 발생한 비용은 이 사건 물품의 대가나 거래조건으로 지급된 금액에 해당한다고 봄이 상당하므로, 그와 같은 비용은 이 사건 물품의 과세가격에 포함시켜야 한다.** ㉠ 이 사건 기술원조계약에 의하면, 원고의 요청이 있는 경우 D사는 순수 기술지원 외에도 원고로부터 개별요청을 받은 제품 등의 부품, 원자재 등의 공급도 할 수 있는 것으로 되어 있다. 한편, 별도의 **개별적인 수출입계약 체결 없이 이루어진 이 사건 물품의 수입경위 등에 비추어 볼 때, 원고의 위 기술원조계약에 기초한 D사에 대한 제품 등의 개별요청에는 제품 등의 시제품을 구성하는 이 사건 물품의 개발, 제작, 공급에 대한 요청도 포함되어 있는 것으로 보이고, 따라서 원고의 제품 등 개발요청과 이 사건 물품의 수입은 이 사건 기술원조계약에 기초하여 일체로 이루어졌다고 볼 수 있다.** ㉡ 입찰, 개발, 시제품 제작 및 수정, 양산단계로 나누어지는 원고의 제품 등의 전체 개발과정, 일본 D사의 이 사건 물품 제작 방법, 이 사건 물품의 수입시기 등에 비추어 볼 때, **제품 등의 전체 개발과정 중 이 사건 물품의 수입 前까지 D사가 수행한 업무의 대부분은 제품 등의 시제품 제작을 위하여 기존 개발부품을 수정, 변형하거나 새로 설계하는 방법으로 시제품을 구성하는 이 사건 물품을 개발, 제작하는데 집중되어 있었던 것으로 보이는 반면, 이 사건 물품의 수입 以後부터 D사의 업무는 이 사건 물품 자체의 개발, 제작과는 무관하게 원고가 수주받은 특정 차종의 사양과 규격 등에 맞게 시제품을 지속적으로 개조, 수정, 변형하기 위한 기술지원 등이 주된 것**으로 보인다. ㉢ 위와 같은 사정들에다가 이 사건 물품 중 일부 물품의 상세원가표에 업무에 투입된 인원과 시간을 기준으로 산정된 위 물품의 개발비는 그 수입대금과는 별도라는 취지의 기재가 있는 점, 위 기술원조계약에 의하여 D사에게 Application Fee 명목의 비용 외에도 제품 등의 양산품 판매액의 일정 비율 상당의 기술사용료가 별도로 지급되도록 되어 있는 점 등을 더하여 보면, 위 기술원조계약에 의하여 D사에게 지급된 Application Fee 명목의 비용에는 기본적으로 제품 등의 개발과 관련한 전체 기술지원 용역 제공에 대한 대가

외에도 제품 등의 시제품을 구성하는 이 사건 물품의 개발, 제작 등에 대한 대가도 포함되어 있다고 할 것이다. ㉣ 한편, Application Fee는 개발된 제품 등의 모델명, 제품명, 내용품 등으로 구분하여 산정되었고, 그 중 이 사건 비용은 원고에 의하여 특정 차종, 시제품을 구성하는 물품과 제품군, 지급시기 등에 의하여 **이 사건 물품과 관련된 부분으로 특정되었고**, 이 사건 물품의 수입 以後부터 D사의 주된 업무는 이 사건 물품 자체의 개발, 제작과는 무관한 양산품 제작을 위한 기술지원이었던 것으로 보이며, 원고는 기술 및 설비 미비, 비용 문제 등으로 인하여 D사로부터 이 사건 물품을 수입하여 제품 등의 시제품을 제작할 수밖에 없었으나, **이 사건 물품 수입 및 제품 등의 시제품 제작 以後부터는 D사의 기술지원 하에 자체 제작 설비를 갖추어 제품 등의 시제품 및 양산품을 제작하였으므로, 그때부터는 D사로부터 이 사건 물품과 같은 제품 등의 시제품을 구성하는 물품을 수입할 필요성이 없었던 것**으로 보이는 점 등에 비추어 볼 때, **이 사건 비용 중 이 사건 물품의 수입 以後 발생한 부분은 이 사건 물품의 대가나 거래조건으로 지급되는 비용으로 보기 어렵고**, 이 사건 비용 중 이 사건 물품의 수입 이후 발생한 부분에 이 사건 물품의 대가나 거래조건으로 볼 수 있는 비용이 일부 포함되어 있다 하더라도, 제출된 증거들만으로 그 부분을 명확하게 구분, 특정하기 어려울 뿐만 아니라 그러한 비용이 구분, 특정된다 하더라도 이는 구 관세법 제30조 제2항 단서 제1호가 규정하는 '수입 후에 하는 해당 수입물품의 건설, 설치, 조립, 유지 또는 해당 수입물품에 관한 기술지원에 필요한 비용'으로서 과세가격에서 공제하여야 할 성격의 비용으로 보이는 점 등을 종합해 보면, 이 사건 비용 중 이 사건 물품의 대가나 거래조건으로 지급되는 금액은 이 사건 물품의 수입 전까지 발생한 비용에 한한다고 할 것이다(부산고판 2019누20860, 대판 2020두33923).

2) 그러나, 수입물품과 관련성이 없거나 거래조건으로 지급되지 않은 연구개발비는 실제 지급가격에 가산되지 않는다.

예를 들어, 기존에 국내에서 사용 중인 물품(인쇄기)과 수입한 물품(인쇄기 부품)의 호환을 위하여 수입자(구매자)가 수출자가 아닌 제3의 업체에게 연구용역비를 지급한 경우, 이는 단지 기존의 인쇄기에 새로운 기능을 가진 다른 부품을 조화시키기 위한 목적의 비용이므로 관세법 제30조 제2항 제1호에서 정한 "수입 후에 행하여지는 당해 수입물품의 건설 · 설치 · 조립 · 정비 · 유지 또는 수입물품에 관한 기술지원에 필요한 비용"에 해당되어 거래가격에 가산할 요소에 해당되지 않는다. 다만 연구용역 수행업체가 당해 수입물품의 수출 以前에 별도로 수리 등의 작업을 진행한 사실이 있다면 이에 대한 비용은 실제지급가격에 가산되어야 한다(관세평가과-1770).

判例는 "해당 수입물품과 별개의 다른 물품에 대한 연구개발비가 해당 수입물품의 과세가격에 반영되어야 한다고는 볼 수 없다"고 한다. 즉, 수입물품인 임상시험물질(임상시험의약품)의 수입신고가격이 '연구개발비' 등을 반영하지 않은 명목상의 가격이라는 이유로 거래가격을 배제하고, 제6방법(제2방법 또는 제3방법의 요건을 완화하여 적용)을 적용하여 품목허가를 취득한 以後에 수입된 완제품의 수입가격을 기초로 임상시험물질의 과세가격을 결정한 과세처분은 위법하다(대판 2014두4115). 이에 대해서는 제3장 제4절 제6방법에서 살펴보기로 한다.

3. 광고선전비

'광고선전비'란 물품의 판매촉진을 목적으로 불특정 다수인에게 광고, 선전하는 활동에 소요되는 비용을 말한다. EU관세법시행규정 제1조 제8항에서는 "마케팅활동이란 물품의 광고, 판매촉진, 보증과 관련된 제반활동을 의미한다"고 규정하고 있다. 하자보증도 넓은 의미의 마케팅 활동에 포함되기 때문에 광고선전비에 대한 관세평가처리는 후술하는 하자보증비와 비슷한 논리구조를 갖고 있다.

(1) 판매자가 광고선전활동을 수행하는 경우

1) 판매자 자신이 광고선전활동을 수행하는 경우

판매계약에서 판매자가 해당 수입물품과 관련된 광고선전활동을 수행하도록 되어 있는 경우로, 판매자가 수행하는 광고선전활동에 대하여 판매자가 부담하는 광고선전비는 실제지급가격에 포함된다. 판매자는 일반적으로 거래가격을 결정할 때 광고선전비를 반영할 것이다.

2) 판매자가 구매자나 제3자를 통해 광고선전활동을 수행하는 경우

판매계약에서 판매자가 부담하도록 되어 있는 해당 수입물품과 관련된 광고선전활동을 (별도의 약정을 통해) 구매자에게 부담시키는 경우, 판매자는 물품가격과 별도로 광고선전비를 청구하는 방안을 선택할 수 있는데, 이 경우 광고선전비는 판매조건이고 실제지급가격의 일부이다.

그리고 판매자가 제3자(판매자와 특수관계인지 여부 불문)와 광고선전활동에 관한 약정을 체결하고 광고선전비를 구매자로 하여금 제3자에게 지급하도록 하는 경우, 이 경우의 지급도 판매의 조건으로서 실제지급가격에 포함된다.

3) 판매자가 수입물품과 관계없이 구매자를 대신하여 수입국에서 광고선전활동을 하는 경우

구매자가 자신의 사업수행을 위해서 필요하다고 판단하여 판매자와 별도의 '용역계약'을 체결하고 실제로 광고용역을 공급받은 후 공급받은 용역의 가치에 상응하는 대가를 지급한 경우, 그 비용은 실제지급가격에 포함되지 아니한다. 다만, 제공된 용역과 그에 대한 대가가 부합해야 하므로 수입물품으로 인한 매출액 또는 이익 대비 일정 비율을 광고선전비로 지급하는 경우에는 실제 제공된 용역의 가치와 상관관계가 없고, 이는 실질적으로 수입물품의 대가를 광고선전비라는 명목으로 지급받은 것에 불과하므로, 해당 광고선전비는 거래의 실질에 따라 간접지급금액, 사후귀속이익 또는 권리사용료로서 과세가격에 가산해야 한다.[266]

4) 국제마케팅비(International Marketing Fee): 아래 4항에서 별도로 설명하기로 한다.

(2) 구매자가 광고선전활동을 수행하는 경우

1) 구매자가 자신의 계산으로 광고선전활동을 하는 경우

이 경우 구매자가 부담하는 일체의 지급액 또는 기타 비용은 광고활동이 구매자가 자기의 계산으로 수행하는 활동이기 때문에 실제지급가격의 일부가 아니다. 즉, 관세법 제30조 제1항 각호의 가산요소를 제외하고 구매자가 자신의 계산으로 수행한 활동(예: 수입자의 광고선전, 판매촉진, A/S 등)은 비록 판매자에게 이익이 되는 것으로 간주된다 할지라도 판매자에 대한 간접지급으로 간주되지 않는다.[267] 그러므로 이러한 활동의 비용은 관세의 과세가격을 결정함에 있어서 실제지급가격에 가산되지 아니한다(영 제20조의2 제2항, 평가협정 주해 제1조 제2항). 여기서 "구매자가 자신의 계산으로 수행한"의 의미는 비용이 구매자에 의해 발생되고 지급된다는 것을 의미한다.[268] 즉, 광고선전활동으로 인하여 생기는 경제적 위험과 부담을 구매자가 감수하는 것을 의미한다.

[판례] 「1994년도 관세 및 무역에 관한 일반협정 제7조의 이행에 관한 협정」 부속서 1의 제1조에 관한 주해는 "제8조에 조정하도록 규정된 사항 이외에 구매자가 자신의 계산(on his own account)으로 행한 활동은, 비록 판매자에게 이익이 되는 것으로 보인다 할지라도 판매자에 대한 간접적인 지급으로 간주될 수 없다. 따라서 이러한 활동의 비용은 과세가격을 결정할 때 실제지급가격에 부가될 수 없다."라고 규정하고, 나아가 "구매자가 자신의 계산(on his own account)으로 수입물품의 시장판매에 관련되는 활동을 수행할 경우 그 활동의 가치는 관세 과세가격의 일부가 되지 아니하며, 또한 이러한 활동이 거래가격을 거부하는 원인이

---

266) 박설아, 앞의 논문, 377쪽.

267) [미국예규] 구매자와 판매자는 보드카 구매계약서를 체결하는데, 그 계약은 특별히 광고하는데 구매자가 지출해야 할 최소금액을 규정하고 있다. 비록 이것이 간접적으로 판매자에게 이익을 주지만, 광고비용은 실제지급가격의 일부가 되지 아니한다. 이러한 활동비용은 수입물품의 과세가격을 결정함에 있어 실제지급가격에 가산되지 아니한다(544482).

268) WCO관세평가 교육모듈(초급용), 126쪽.

되지 못한다."라고 규정하고 있다. 이 사건에서 **수입물품의 판매 촉진을 위하여 행하는 광고선전 활동은 시장판매에 관련되는 활동인 점,** 배급수수료의 증가를 위하여 광고선전 활동을 할 필요가 있는 원고가 수입물품인 영화용 필름 등에 관한 광고선전 계약의 체결과 비용 지급 등 광고선전 활동을 직접 하고 있으므로, **이 사건 광고선전비의 지급은 구매자인 원고의 광고대행사 및 광고회사에 대한 의무일 뿐 판매자의 의무가 아닌 점 등을 종합하면,** 원고가 이 사건 광고선전비를 지급함으로써 결과적으로 판매자에게도 이익이 된다 하더라도 이는 이 사건 수입물품의 과세가격에 포함되는 **간접적인 지급액에 해당하지 아니한다**(대판 2013두14764, 대판 2013두14757, 대판 2013두20721 등; **사례연습 22**).[269]

물품구매 後 수입 前 구매자가 자기의 계산으로 수행한 광고선전활동에 대한 비용도 판매자의 이익을 위한 지급이 아니므로 실제지급가격에 해당하지 아니한다(평가협정 예해 16.1).

[평가협정 예해 16.1] 국내 A사는 전기제품 판매회사이다. A사는 A사와 가맹점 계약(franchise agreements)에 따라 운영하고 있는 판매망(소매점 및 서비스센터)을 통하여 이들 물품을 판매한다. A사는 새로운 형태의 전기 기기의 공급을 위하여 미국 제조사 S와 장기 계약을 체결한다. 계약 조건에 따라, 기기는 S의 상표로 판매되어야 하고, A는 국내의 모든 마케팅 비용을 자신의 계산으로 부담한다. A사는 해당기기의 최초 구매분에 대하여 주문을 하고 수입하기 前에 광고활동을 수행한다. 이 경우, 광고 활동에 대한 비용은 과세가격의 일부도 아니며 거래가격을 부인하는 결과가 되게 해서도 안 된다. 이들 활동들은 평가협정 제1조에 대한 주해 제1항(b)의 마지막 문장에서 설명하고 있는 바와 같이 수입물품의 마케팅과 관련된 활동이기 때문이다.

2) 구매자가 판매자의 계산으로 광고선전활동을 수행한 경우

구매자가 판매자의 계산으로 광고선전활동을 수행한 경우, 광고선전비는 과세가격에 포함된다고 할 것이다(평가협정 주해 제1조 제2항, 영 제20조의2 제2항의 반대해석).

따라서 판매자가 구매자가 광고선전활동을 수행할 것을 거래조건으로 하여 거래가격을 인하(할인)한 경우, 광고선전비는 실제지급가격에 포함시켜야 할 것이다. 다만, 판매자가 광고선전비를 거래조건으로 거래가격을 인하하였다는 점은 과세관청이 입증해야 한다.

한편, 판매자가 물품의 수입 後에 구매자가 지출한 광고선전비를 보전해주는 것은 구매자의 광고선전비의 지출을 감소시킨 것에 불과하므로 실제지급가격에서 공제할 수 없다. 판매자가 구매자에게 별도로 광고비용을 청구한 경우도 마찬가지 결과가 되며, 이 경우는 물품에 대한

269) 영화용필름은 종량세 대상으로 필름 길이에 따라 관세의 세액이 결정되므로 관세의 세액 산출시 과세가격이 문제되지 않으나, 부가가치세 및 가산세 산정시 종가세 과세대상인 것처럼 관세의 과세가격을 결정하여 과세표준을 산정해야 하므로, 과세가격의 문제가 발생한다.

간접지급이 된다. 또한 판매자와 구매자가 공동광고계획에 따라 판매자가 자신의 부담분에 해당하는 광고비용의 일부를 구매자에게 상환하고 그 금액을 수출가격에 포함시킨 경우, 거래가격 결정시 그 금액을 공제할 수 없다(일본예규).

[판례] 원고가 미합중국 소재 소외 A사(이하 "소외 회사"라 한다)로부터 자동차를 수입하여 이를 우리나라에서 독점 판매하되, 국내에서의 판매효율성을 높이기 위한 모든 용역 즉 (1) **판매할 자동차의 전시 및 그 전시장 건물의 설치, 판매망의 구축, 광고 및 판촉계획의 수립등에 관한 사항** (2) **고객에 판매한 자동차에 대한 보증, 유지, 수리 등 판매 후의 유지관리 및 이를 위하여 필요한 시설의 설치 등에 관한 사항 등을 원고가 수행하고,** 그에 필요한 비용 역시 원고가 이를 부담하기로 하는 이른 바 디스트리뷰터(Distributor)방식에 의하는 대신에 소외 회사가 판매대리상을 두고 위 (1), (2)와 같은 용역을 부담하고 판매대리상에 대하여는 판매에 따른 일정비율의 이익만을 보장하여 주는 통상의 판매방식인 딜러(Dealer)방식보다 **원고에게 불리하였던 관계로 이를 감안하여 통상의 판매가격 보다 5% 할인된 금액으로 자동차를 판매하기로 약정하고** 이 사건 자동차를 위 할인된 가격에 수입한 사실을 인정한 다음, **원고는 소외 회사가 부담하여야 할 위 의무 등을 자신의 비용으로 대신 부담하여 이 사건 자동차에 대한 가격의 일부를 간접적으로 지급한 것**으로서 그 가치가 수입물품의 정상적인 거래가격의 5%인 것으로 평가한 셈이 되어 위 할인된 금액상당은 원고가 소외 회사에게 이 사건 자동차의 대가로 간접적으로 지급한 금액이라는 이유로 위 할인된 금액이 과세가격에 포함됨을 전제로 한 이 사건 과세처분이 적법하다(대판 93누17881; **사례연습 24**).

4. 국제마케팅비(국제광고비)

(1) 문제의 소재

오늘날 다국적 기업들은 본사 또는 별도로 세운 계열사가 무형자산의 보유, 관리를 담당하고, 제3자 계약제조방식으로 물품을 조달하여 현지 판매법인을 통해 판매하는 방식을 취하고 있다. 무형자산을 핵심자산으로 하는 다국적 기업은 세계적인 인지도를 가진 모델을 통하여 광고하거나 국제적인 경기 또는 행사를 후원함으로써 자신이 가진 상표 또는 브랜드의 가치를 획득하거나 증대하려는 마케팅 전략을 세우는 경우가 많다. 이때 본사가 국제마케팅비를 원가분담약정 또는 그룹내부의 용역거래비용으로 현지 판매법인에게 부담시키는 경우가 종종 있는데, 이 경우 국제마케팅비를 수입물품의 과세가격에 포함시켜야 하는지가 문제되고 있다.[270)]

오늘날 국제무역에서, 광고활동은 전세계적이거나 혹은 어떤 상품에 특화된 경우일 수 있다.

270) 박설아, 앞의 논문, 377~378쪽, 김정홍, 앞의 논문, 122~123쪽.

특정상품에 특화된 광고는 말 그대로 그 상품을 위한 광고로서 일반적으로 판매의 조건이 되며, 수입되는 물품을 가리키며 직접이든 간접이든 그 비용은 수입물품의 과세가격 일부를 구성한다.[271] 그런데, 다국적기업의 본사 또는 그 계열사가 전세계적으로 수행하는 광고 등 국제마케팅 활동비용(글로벌 및 지역적 광고 캠페인, 유명운동선수·팀·연맹들이나 올림픽·월드컵 등에 대해 후원 등을 하고 그런 활동에 소요되는 국제마케팅비)을 각 국가의 자회사(판매법인)들에게 일정한 기준에 따라 분담(cost sharing)시키는 경우가 있는데, 이 경우 '국제마케팅비'가 실제지급가격에 포함(간접지급)되는지 아니면 실제지급가격에 가산되어야 하는 금액(권리사용료)인지 문제된다.

(2) 과세가격에 포함여부 및 근거

현재 국제광고비를 과세가격에 포함해야 하는지 여부에 대해 ① 광고활동 등 마케팅에 대한 비용은 용역에 대한 대가이거나 (개별물품에 대한 국내광고와 달리) 개별 수입물품과 관련성이 없으므로 과세가격에 포함되지 않는다는 견해와 ② 판매자가 지출한 국제마케팅비를 별도의 비용으로 청구하는 경우는 국제마케팅비를 거래가격에 포함시킨 경우와 실질적으로 다르지 않으므로 개개의 수입물품에 기여하는 광고선전비를 구체적으로 특정할 수 있다면(국제마케팅비가 수입되는 단위 수에 기반하고 있는 경우) 과세가격에 포함시켜야 한다는 견해[272] 등이 있다. 그리고 과세가격에 포함시키는 경우에도 그 근거가 무엇인지에 대해 사후귀속이익이나 간접지급금액이라는 견해와 권리사용료라는 견해 등이 대립한다.

WCO관세평가 교육모듈에서는 "국제광고비용이 거래가격에 이미 포함되어 있을 경우에는 이미 그 비용이 과세가격의 일부이므로 추가적인 조정을 할 필요가 없다. 국제광고비용이 수입시점에 실제지급가격에 포함되지 않고 실제로 합의한 기간, 예를 들어 수입 後 3, 6, 9개월 내에 수출자(대부분의 경우, 모기업)에 의한 조정으로 지불될 수도 있다. 이러한 경우, 국제광고비용 조정을 수입물품에 연계할 수 있는지와 그 물품의 '판매조건'인지를 살펴볼 필요가 있다. 즉, 그러한 물품에 대한 전체 가격 계약의 일부를 구성하고 있는지를 검토해야 한다(평가협정 제8조에 따른 로열티 지불 문제와 같은 맥락에서). 이러한 관계가 확인되고 객관적이고 수량화가 가능한 데이터를 기초로 입증될 경우, 해당 국제광고비용은 과세가격에 가산되어야 하고 미납된 관세를 납부해야 할 것이다"라고 해설하고 있다.[273]

---

271) WCO관세평가 교육모듈(초급용), 128쪽.

272) Saul L. Sherman & Hinrich Glashoff, 앞의 책, 149쪽.

273) WCO관세평가 교육모듈(중급/고급용), 70쪽.

(3) 判例

大法院은 국제마케팅비가 실질과세의 원칙에 따라 그 實質이 '권리사용료'에 해당하고, 수입물품과 관련되고 거래조건으로 지급된 것이라면 실제지급가격에 가산되어야 한다고 한다. 권리사용료와 국제마케팅비를 구분하여 별도로 지급하고 있더라도 마찬가지이다(대판 2015두52098, 대판 2015두58591, 대판 2016두34059, 대판 2017두44879).

判例는 국제마케팅비가 권리사용료에 해당하는지 여부를 검토함에 있어 ① 거래의 성격에 따른 라이센서와 라이센시의 일반적인 권리의무, ② 해당 상표권사용계약의 구체적인 내용, ③ 국제마케팅활동의 주체와 내용, ④ 국제마케팅비의 지출과 정산과정 등을 고려하고 있다.

즉, 상표권사용계약에서 국제마케팅활동에 대한 책임은 라이센서가 부담한다고 약정하는 것이 일반적인데, 국제마케팅활동은 상표권의 가치를 유지·증대시키기 위한 중요한 활동인 점, 구매자가 원가분담약정에 따라 비용을 국제마케팅비를 분담한 후에도 여전히 라이센서만이 상표권의 유일한 법적·경제적 소유자인 점 등을 고려하면 국제마케팅활동을 할 책무는 '라이센서'에게 있다고 할 것이다. 그럼에도 불구하고 라이센서가 구매자에 대하여 원가분담약정을 통해 국제마케팅비를 청구한다면 이는 권리사용료의 간접지급금액에 해당한다고 보아야 한다. 또한 수입물품에 상표가 부착되어 있으면 수입물품과의 관련성이 인정되고, 통상 다국적기업 내부에서 원가분담약정을 체결하게 되는데, 구매자와 라이센서의 특수관계를 고려할 때 구매자가 제품개발비용과 국제마케팅비를 지급하지 않으면 물품을 수입할 수 없고, 원가분담약정이 위 각 비용의 지급불이행을 해제사유로 규정하고 있다면 거래조건성도 충족된다(부산고판 2015누21261, 대판 2015두58591 참조). 국제마케팅활동을 할 책무는 '라이센서'에게 있다고 본 이상 라이센서가 실제 지출한 국제마케팅비를 구매자가 부담하는 형태로 지급하였다고 하더라도 이로써 대가의 실질이 달라진다고 보기 어렵다. 상표권사용료에 해당하는지 여부 판단에 있어 권리사용료의 계산방식은 결정적인 요인은 아니다(EU관세법시행규정 제136조). 다음으로, 라이센스계약과 관련없이 수입물품공급계약에서 구매자의 판매자에 대한 국제마케팅비 지급의무를 규정하고 있는 경우, 그 국제마케팅비는 판매자가 부담해야 하는 비용이라고 할 수 있고, 거래조건이 충족한다면 간접지급금액으로 보아 과세가격에 포함된다고 할 것이다.[274)]

---

274) 이상 박설아, 앞의 논문, 392~393쪽. 김정홍, 앞의 논문, 134, 137쪽.

[판례]

① **실질과세 원칙에 따라, 원고가 "P"상표가 부착된 스포츠용 의류, 신발 등을 수입하면서 독일 본사(PA)에 지급한 이 사건 국제마케팅비는, 그 명목에도 불구하고 실질이 이 사건 수입물품의 구매자인 원고가 상표권 등에 대한 권리자인 독일 본사에게 그 권리사용의 대가로 지급한 금액으로 봄이 상당하다. 원고가 본사에 국제마케팅비를 지급한 것은 본사가 국제마케팅 활동을 수행하면서 지출한 용역비용을 분담하기 위한 것이 아니라 본사가 수행한 국제마케팅 활동으로 인해 증가된 상표가치에 대한 대가로서 지급한 것으로 보이므로, 국제마케팅비는 그 본질에 있어서 원고가 "P"상표를 사용하는 데에 따른 대가라고 봄이 상당하다.** 일반적으로 상표를 가치 있게 만들고 그 가치를 유지 및 증가시키는 데에는 많은 비용이 소요되고, 특히 다국적 기업의 무형자산인 유명 상표의 경우에는 전 세계적으로 인지도를 가진 모델을 통한 광고, 전 세계인의 이목이 집중된 국제행사에 대한 후원 등의 방식을 통해 그 가치가 획득되거나 유지·증대되므로, 오늘날 다국적 기업 본사가 실시하는 국제마케팅은 선택사항이 아니라 필수사항으로 이해되고, 나아가 국제마케팅으로 지역별 판매업자의 판매량 증대라는 효과를 가져오기도 하지만, **기본적으로 국제마케팅을 통해 획득되거나 신장된 상표권의 가치는 상표권자에게 귀속되는 것이므로, 유명 상표에 대한 상표권을 가진 다국적 기업의 본사가 국제마케팅을 실시하는 주된 이유와 목적은 자신이 가진 상표권의 가치를 유지하고 신장하는데에 있다**고 봄이 상당하고, 실제 이 사건의 경우에도 PE와 체결된 상표권사용계약서에서 뿐만 아니라 **원고와 체결된 이 사건 상표권사용계약에서도 국제마케팅은 기본적으로 '본사'가 이를 실시하는 것으로 되어 있다.** 이 사건 '양해각서'의 내용에 의하더라도 본사와 원고는 ㉠ **국제마케팅 활동은 본사의 의무이고, 그 비용도 원칙적으로 본사가 부담해야 한다는 점,** ㉡ 국제마케팅 비용의 확대로 지역별 판매업자에게 상당한 이익이 발생하였으므로, **원칙적으로 상표권사용료가 인상되어야 한다는 점에 대한 인식을 공유하고 있는 것으로 보이고, 다만 본사와 원고는 상표권사용료를 인상하는 방법 대신에 본사의 국제마케팅 활동에 대한 지역별 판매업자의 참여비용 명목으로 국제마케팅비를 별도로 수수하기로 약속한 것으로 보이는바,** 결국 원고는 그 스스로도 국제마케팅비가 실질에 있어서 상표권사용료라는 점을 인식하고서도, 이를 지급하는 방법과 명칭만 본래의 상표권사용료의 그것과 일부 달리하여 지급한 것으로 봄이 상당하다. ㉢ 그리고 본사는 국제마케팅 활동의 성격, 범위, 규모와 시기 등을 지역별 판매업자와는 무관하게 전적으로 자신의 판단에 의해 수행하였고 각종 마케팅 활동을 수행하는데 발생한 비용의 상세 내역에 대하여는 원고를 비롯한 지역별 판매업자에게 공개하지 않았으므로 **이 사건 국제마케팅비를 본사가 수행한 국제마케팅에 대한 용역비용을 분담한 것으로 볼 수 없으며,** ㉣ 국제마케팅비의 분담도 수익자부담의 원칙에 따라 분담비율이 합리적으로 결정된 것으로 보기 어렵고 오히려 본사가 원고뿐만 아니라 다른 지역의 판매업자들에게도 국제마케팅비 분담비율을 상표사용료의 설정방식과 동일하게 순매출액의 일정비율로 정한 이유는 국제마케팅비의 실질이 상표사용료이기 때문인 것으로 보인다. 나아가 쟁점물품은 모두 "P" 상표가 부착된 물품임은 앞서 본 바와 같으므로, 이에 가산된 국제마케팅비는 관세법 시행령 제19조 제3항 소정의 **당해 물품과의 관련성을 충족**한다. 끝으로 앞서 본 사실에 의해 인정되는 다음과 같은

사정, 즉 ⓐ 이 사건 양해각서나 상표권사용계약상으로 원고가 국제마케팅비를 지급하지 아니한 경우, 본사가 상표권사용계약을 해지할 수 있는지 여부가 명확하지 않지만, 앞서 본 바와 같이 국제마케팅비가 그 본질에 있어 상표권사용료라고 보는 이상, 이를 지급하지 아니한 경우 본사가 상표권사용계약을 해지할 수 있다고 봄이 상당하다는 점, ⓑ 이 사건 상표권사용계약상 원고는 본사의 마케팅 컨셉과 가이드라인을 따를 의무가 있는데(계약서 3.12), 원고가 국제마케팅비를 지급하지 않는 것은 본사의 마케팅 컨셉과 가이드라인을 따를 의무를 저버린 것으로 봄이 상당하므로, 본사는 이를 이유로 상표권사용계약을 해지할 수 있다고 볼 것인 점, ⓒ 이 사건 상표권사용계약에 의하면, 원고는 본사 또는 본사로부터 사전에 서면승인을 받은 자 이외의 자로부터는 상품을 구매·수입할 수 없다는 점, ⓓ 무엇보다 원고는 본사의 100% 자회사라는 점 등에 비추어 보면, 계약적 측면에서 보나 현실적인 측면에서 보나 원고는 국제마케팅비를 지급하지 않을 경우 본사로부터 "P" 상표가 부착된 물품을 수입하여 판매할 수 없을 것으로 보이므로, 이 사건 국제마케팅비는 원고가 이 사건 수입물품을 구매하기 위해서 본사에 지급하여야 하는 것으로 **이 사건 수입물품의 거래조건으로 지급된 것으로** 봄이 상당하다(부산고판 2015누21261, 대판 2015두58591).[275] ② 관세법은 수입물품에 대한 관세의 과세가격은 우리나라에 수출하기 위하여 판매되는 물품에 대하여 구매자가 실제로 지급하였거나 지급하여야 할 가격에 '상표권 및 이와 유사한 권리를 사용하는 대가' 등을 가산·조정하여 산정한 거래가격에 의하여 결정하도록 하고 있다(관세법 제30조 제1항 제4호). 그리고 세법 중 과세표준의 계산에 관한 규정은 **소득, 수익, 재산, 행위 또는 거래의 명칭이나 형식에 관계없이 실질 내용에 따라 적용**하여야 하고(국세기본법 제14조 제2항), 이는 관세법을 해석·적용할 때도 마찬가지이다. 따라서 **구매자가 상표권자에게 지급한 금액이 수입물품 과세가격의 가산조정요소가 되는 '상표권 및 이와 유사한 권리의 사용 대가'에 해당하는지는 지급한 금액의 명목이 아니라 실질내용이 상표권 등 권리를 사용하는 대가로서의 성격을 갖는 것인지에 따라 판단하여야 한다.** 위와 같은 사실관계 및 거래의 실질을 반영하는 다음과 같은 여러 사정과 더불어 원고와 독일 AG 사이의 종전 상표권 사용계약의 내용 및 관세신고 내역 등 전후 경과 등을 종합해 보면, **이 사건 국제마케팅비는 그 명목에도 불구하고 실질이 이 사건 수입물품의 구매자인 원고가 상표권 등에 대한 권리자인 독일 AG에 그 권리사용의 대가로 지급한 금액이라고 볼 여지가 충분하다.**[276] 비록 이 사건

275) 추가하여, 원고 스스로도 국제마케팅비의 원천징수 신고내역에서 상표사용료와 동일하게 소득자 '본사', 소득구분 '사용료 소득(로열티)'으로 신고함으로써 국제마케팅비를 상표사용료로 인식한 것으로 보인다(제1심판결, 부산지판 2014구합21456).

276) [원심판단] **국제마케팅비는 상표사용료와 특성을 달리하는 별개의 금액으로서 상표사용료의 일부를 구성하는 금액이라고 할 수 없다.** 국제마케팅비에 의하여 수행되는 마케팅활동의 직접적이고 주된 목적과 효과는 '매출증대'에 있다고 할 수 있고 그에 따른 브랜드 이미지나 상표권 가치의 유지·증가는 간접적이고 부수적인 효과라고 할 수 있으며, 국제마케팅비는 각국 현지법인의 개별적인 수입물품의 품목이나 수량과 무관하게 전세계적인 규모로 이루어지는 마케팅 활동에 소요되는 비용의 일부라 할 수 있고, 근본적으로 AG가 지출한 글로벌 마케팅 지출액이 AG의 전체 순매출액에서 차지하는 비율을 기준으로 하여 그 범위 내에서 정해지므로 전세계적 차원의 지출을 분담하는 것이라고 할 수 있으며(AG가 전세계적으로 수행하는 국제광고활동에 필요한 비용을 AK를 비롯한 현지법인들에게 분담하도록 하며), 수입물품에 부착된 상표 사용에 대하여는

라이선스 계약에서 권리사용료와 이 사건 국제마케팅비를 구분하여 정하고 그에 따라 원고가 독일 AG에게 권리사용료 명목의 돈을 별도로 지급하였지만, 그러한 사정만으로 거래의 실질을 달리 볼 것은 아니다. ㉠ 이 사건 국제마케팅비는 원고가 수입하는 이 사건 수입물품을 개별적으로 광고함으로써 그 판매를 촉진하기 위한 것이 아니라 주로 독일 AG가 유명 운동선수나 팀 또는 국제적인 운동경기 등을 통하여 자신이 보유하는 상표의 명칭과 로고 등을 대중들에게 지속적으로 노출시키는 데 쓰인 비용의 일부이다. ㉡ 독일 AG가 보유하는 상표의 명칭과 로고를 널리 알리는 활동이 이 사건 수입물품의 국내 판매에 도움이 되는 면도 있겠지만, **독일 AG가 보유하는 상표권의 가치를 상승시키는 데 직접 기여할 것임은 의문의 여지가 없다. 이러한 활동은 상표권 사용자가 할 수도 있으나 원칙적으로는 상표권을 보유하는 '상표권자'가 하여야 할 성질의 것이고, 이 사건 라이선스 계약에서도 라이선스 제공자인 독일 AG가 브랜드 이미지에 대한 책임이 있고 그에 따라 마케팅 활동을 할 의무가 있음을 명시하고 있다.** ㉢ 이와 같이 이 사건 국제마케팅비에 의한 활동으로써 독일 AG가 보유하는 상표권의 가치가 높아지게 되면, **상표권자인 독일 AG로서는 상표권 사용자인 원고에게 상표권 사용의 대가를 추가로 요구할 합당한 이유가 있게 된다.** 설령 그러한 활동으로써 상표권의 가치가 구체적으로 얼마만큼 상승하는지에 관한 실증적인 수치가 제시되지 않더라도 마찬가지이다. ㉣ 반면 **이러한 활동을 원고가 독일 AG 및 다른 해외 현지법인들과 함께 수행하면서 그 비용을 분담한 것이라고 보면,** 독일 AG로서는 원고들과 같은 현지법인들의 부담으로 자신이 보유하는 상표권의 가치를 증대시키는 결과가 되어 불합리하다. 즉 원고로서는 그 비용만 부담할 것이 아니라 거꾸로 독일 AG로부터 상표권의 가치 증대에 기여한 부분에 대한 대가를 받았어야 할 것이지만 그러한 사정은 보이지 아니한다. ㉤ 이 사건 라이선스 계약에 의하면, 이 사건 국제마케팅비에 의하여 충당되는 활동은 전적으로 독일 AG가 결정하여 실행하도록 되어 있고, 독일 AG는 그와 같은 활동으로 인한 비용의 지출내역을 원고에게 공개할 필요가 없다. **또한 실제로 지출된 비용을 바탕으로 원고와 같은 각국 현지법인들과 사후 정산을 거치지도 아니하였다.** 이와 같은 국제마케팅비의 지출과 정산과정에 비추어 보더라도 **이 사건 국제마케팅비가 독일 AG와 원고 등 각국 현지법인들이 함께 전 세계적인 마케팅활동의 주체가 되면서 다만 집행만 독일 AG가 전담하여 수행하고 원고 등이 그 비용을 분담한 것이라고 보기는 어렵다.** 따라서 이 사건 국제마케팅비는 원고가 상표권자인 독일 AG에 지급한 권리사용료라고 보는 것이 거래의 실질에 부합한다고 할 것이다(대판 2015두52098; 사례연습 23).[277]

그 대가로 상표사용료(로열티)를 별도로 지급하고 있고, 또한 국제마케팅비의 특성 및 산정기준 등에 비추어 수입물품의 수입단위와 직접 관련된 국제마케팅비를 객관적이고 수량화할 수 있는 자료에 의하여 산출하기도 어렵다는 점을 고려할 때 국제마케팅비는 상표사용료에 해당한다고 할 수 없다(서울고판 2014누65495).

277) 참고로, 이 사건에서 원고는 AG에 2009년, 2010년 사업연도분 상표권 사용료(10%)와 국제마케팅비(4%)를 합한 14%를 로열티(사용료)로 회계처리하고, 한·독조세조약 제12조에 따라 사용료 원천세율(10%)을 적용하여 관할 세무서에 납부하였다. 그러나, 내국세 목적으로 사용료와 용역대가(국제마케팅비)는 엄연히 구분되며, '사용료'는 원천징수 대상이나, '용역대가'인 경우 원고와 AG간 원가분담약정 또는 그룹 내 서비스 비용 등으로 취급하여 독립기업원칙에 따른 적정한 대가의 지급이면 법인세법상 손비로 처리되는 것이 원칙이다(국제조세조정에 관한 법률 제6조의2, 김정홍, 앞의 논문 130쪽).

5. 하자보증비

(1) 의의

1) 하자보증

'하자보증'(warranty)은 자동차와 전자기기와 같은 물품에 대한 품질보증의 한 형태로서 일정조건에 충족되는 것을 조건으로 보증책임자가 결함보수(부품 및 인건비) 또는 대체에 필요한 비용(대체품)을 부담하는 것이다.[278] 이들 조건이 충족되지 않는 경우, 하자보증은 무효가 될 수 있다. 하자보증은 물품에 내재된 숨겨진 하자, 즉 있어서는 안 되며 물품의 사용을 방해하거나 유용성을 감소시키는 하자를 대상으로 한다(평가협정 해설 6.1, 평가협정 예해 20.1).

하자보증에는 하자보증을 위해 필요한 기간으로서 판매계약에서 약정한 하자보증기간 동안 무상으로 제공되는 표준보증(Standard warranty)과 판매계약에서 약정한 보증기간 以後에 구매자의 선택에 따라 유상으로 제공되는 연장보증(Extended warranty)이 있다.

2) 유지와 하자보증의 구별

관세법 제30조 제2항 제1호에서는 "수입 후에 하는 해당 수입물품의 건설, 설치, 조립, 정비, 유지 또는 해당 수입물품에 관한 기술지원에 필요한 비용"은 실제지급가격에서 공제한다고 규정하고 있다.

여기서 "유지"는 산업설비, 장비가 취득목적의 기능을 수행할 수 있도록 이들 산업설비 및 장비에 대해 일정 기준을 유지하도록 보증하기 위하여 해당 물품에 대한 예방적 조치의 한 형태이다. "하자보증"은 자동차와 전자기기와 같은 물품에 대한 품질보증의 한 형태로서 일정조건에 충족되는 것을 조건으로 보증책임자가 결함보수 내지 하자교정(부품 및 인건비) 또는 대체에 필요한 비용을 부담하는 것이다. 하자보증은 물품에 내재된 숨겨진 하자를 치유한다. 즉, 이 경우의 하자는 표면상 나타난 것은 아니지만 물품을 사용할 수 없게 하거나 유용성을 감소시키는 것을 포함한다. "유지"는 항상 수행되어져야 하는 반면에, 하자보증은 단지 물품의 고장 또는 성능저하와 같은 경우에 실시되는 우발적 수단이다. 따라서 두 개념간에는 근본적인 차이가 존재하므로 관세법 제30조 제2항 제1호(평가협정 제1조에 대한 주해)의 "유지"라는 용어는 "하자보증"에는 적용될 수 없다(평가협정 해설 6.1). '하자보증'은 물품에 내재한 하자의

278) '하자보증'이란 수입물품의 하자에 대하여 그 물품의 종류나 성질에 따라 상거래관행상 통상적으로 요구되는 일정기간 동안 수출자의 책임으로 보상하는 것을 의미한다. 하자보증은 계약상 일정한 조건에 부합하는 경우 수입물품이 판매자에게 인도되기 전부터 내재하였던 하자를 판매자가 보상하는 것이다. 그리고 일정한 조건에 '기간'의 제한도 포함될 수 있다. 따라서 계약상 상거래 관행상 통상적인 하자보증기간 내에만 하자보증이 가능하도록 정해져 있다면 그 이후의 보상은 하자보증이라고 보기 어렵다(성원제, 앞의 논문).

무상치유로서 원가의 일부를 구성하나 '유지'는 물품원가와 관계없이 수입 後 발생하는 비용이라는 점에서 차이가 있다.[279] '유지'에 따른 비용은 구매자가 지급하는 총지급액에 포함된 경우에도 공제가 가능하지만 '하자보증비용'은 공제할 수 없다.

3) 하자보증기간 경과 後 하자보증이나 기술지원의 성격

판매계약에서 약정한 보증기간 以後에 구매자의 선택에 따라 유상으로 제공되는 연장보증(Extended warranty)의 성격이 실제지급가격에 포함되는 '하자보증'인지 아니면 공제요소인 '유지'인지 문제된다. 大法院은 하자보증과 유지를 하자보증기간의 경과여부, 지원하는 서비스(기술지원)의 내용 등에 따라 구별하고 있다. 즉, 判例는 하자보증(warranty) 관련하여 하자보증기간 경과 前이면 '하자보증'으로, 하자보증기간 경과 以後이고 서비스의 내용이 수입물품의 수리나 교체에 그치지 않고 소프트웨어의 업그레이드, 수입물품의 정비, 유지 및 기술지원 등을 그 내용으로 하고 있으면 '유지'로 보고 있다(대판 2004두11305). 따라서 관세법 제30조 제2항 제1호의 '유지'에는 수입 후 행해지는 당해 수입물품의 유지 등에 관한 비용뿐만 아니라 하자보증기간 경과 以後 그 내구연한 동안 유상으로 행해지는 하자수리비용도 포함되는 것이다. 그러나 연장된 보증기간(예: 2년 연장)에 대한 금액을 송품장가격에 포함하여 지급한 경우에는 그 보증대금은 실제지급가격의 일부로 보아야 할 것이다(미국예규 545153).

[판례] **'유지'의 개념에는 하자보증기간이 경과한 以後 그 내구연한 동안 당해 수입물품이 구매목적에 부합하는 기능을 수행할 수 있도록 보장하기 위하여 수시로 이루어지는 수리가 포함된다고 할 것이다.** 원심판결 이유와 기록에 의하면, 이 사건 수입물품의 판매자인 미국의 C사가 이 사건 수입물품에 대하여 무상으로 제공하는 하자보증 서비스의 기간은 통상 90일인 데 비해, **이 사건 기술지원 서비스는 C사가 제공하는 유지정비보수 서비스의 일종인 시스템 통합 기술지원(SIS 98)의 일부분으로서 이 사건 수입물품의 존속기간 동안 유상으로 제공되는 것이고,** 원고 회사가 C사로부터 구입하는 모든 제품에 대하여 당연히 제공되는 것이 아니라 **원고 회사가 이 사건 기술지원 서비스를 제공받을 것인지 여부를 선택할 수 있으며, 이 사건 수입물품의 수리나 교체에 그치지 않고 소프트웨어의 업그레이드, 이 사건 수입물품의 정비, 유지 및 기술지원 등을 그 내용으로 하고 있고,** 또한 원고 회사가 최종사용자에게 제품을 판매하면서 시스코가 직접 최종 사용자에게 유지정비 기술지원을 하여 주는 SMARTnet 기술지원방식을 최종 사용자가 이용하는 것으로 하여 제품을 판매하는 경우 원고 회사의 최종사용자에 대한 유지정비보수의 책임은 면책되나 하자보증은 그 책임을 지도록 되어 있음을

279) [미국예규] 수입물품에 대한 실제지급가격에는 물품에 아무런 하자가 없다는 것을 보증하는 하자보증에 대해 지급된 모든 비용이 포함된다. 하자보증은 수입물품에 첨부되며 불가분의 일부를 구성한다. 하자보증에 대해 지급된 대금은 물품에 대해 지급된 대가의 일부를 구성한다(542699).

알 수 있는바, **그렇다면 비록 이 사건 기술지원 서비스에서 제공되는 하드웨어 지원인 이른바 '선교체 후수리 서비스(Advanced Replacement)'가 하자보증기간 범위 내에서는 하자보증적인 성질을 갖는다고 하더라도, 단순한 수리, 교체 外에 소프트웨어 지원, 기술지원이나 하자보증기간이 경과한 後에 행하여지는 하드웨어 지원 등을 내용으로 하는 이 사건 기술지원 서비스를 '하자보증'에 해당한다고 볼 수는 없고**, 이는 관세법 제30조 제2항 단서 제1호 또는 구 관세법 제9조의3 제2항 단서 제1호에 정하여진 **'수입 후에 행하여지는 당해 수입물품의 정비 · 유지 또는 당해 수입물품에 관한 기술지원'에 해당하며**, 그 대가로 이 사건 기술지원 서비스계약에 따라 제품수입가격에 대하여 일정 비율로 계산하여 원고 회사가 시스코에게 지급한 돈은 '수입 후에 행하여지는 당해 수입물품의 정비 · 유지 또는 당해 수입물품에 관한 기술지원에 필요한 비용'에 해당하는 금액으로서 이를 제품가격에서 명백히 구분할 수 있으므로, 이 부분 금액은 수입물품의 관세 과세가격에서 제외되어야 한다고 할 것이다(대판 2004두11305: **사례연습 25**).[280]

(2) 과세가격 결정

1) 기본원칙

수입물품의 거래조건으로 판매자 또는 제3자가 수행해야 하는 하자보증을 구매자가 대신하고 그에 해당하는 금액을 할인받았거나 하자보증비 중 전부 또는 일부를 별도로 지급하는 경우 그 금액은 간접적인 지급액으로 실제지급가격에 포함된다(영 제20조의2 제1항 제2호, 평가협정 예해 20.1).

2) 판매자가 하자보증을 수행하는 경우

① 판매자 자신이 직접 하자보증을 수행하는 경우

판매계약에서 판매자가 해당 수입물품과 관련된 하자보증을 이행하도록 약정한 경우로,

280) [원심판단] 이 사건 기술지원의 대가는 C사의 원고 회사에 대한 이 사건 기술 지원에 터잡아 **원고가 이 사건 수입물품의 성능을 유지하고 관리하는지 여부와 상관없이 물품가격에 대한 일정 비율의 금액으로 반드시 C사에게 지급되는 것**이어서 수입물품가격에 포함되어야 한다는 취지의 주장을 하나, C사로서는 원고 회사가 수입한 이 사건 수입물품을 원고 회사가 최종 사용자에게 설치한 후 그 설치된 물품이 탈 없이 성능을 유지하게끔 하기 위하여 원고 회사에게 이 사건 기술지원을 하여 주고 이를 통하여 원고 회사로 하여금 이 사건 수입물품을 유지하게 하는 것이라면 이 수입물품을 원고 회사가 직접 사용하고 있는지 여부를 따질 것 없이 이 사건 기술지원을 통하여 이 사건 수입물품을 유지하게 하는 것이라고 보지 아니할 수 없다. 또한 원고 회사는 최종 사용자들이 시스템 통합 기술지원(SIS98)을 요청하는 평균적 범위나 회수를 고려하여 시스템 통합 기술지원(SIS98)의 대가를 '정액'으로 받는 이상, 이러한 기술지원을 최종 사용자들에게 제공하기 위하여 C사로부터 제공받는 이 사건 기술지원의 대가 역시 **'정액'**으로 정할 수 있는 것이다. 이러한 방식은 다른 정보기기 네트워크 제조사에서도 시행하고 있다. 이와 같은 점을 볼 때 피고 주장과 같은 사정만으로 이 사건 기술지원 대가가 수입물품가격에 포함되어야 한다고 보여지지는 아니한다.

판매자가 수행하는 하자보증에 대하여 판매자가 부담하는 하자보증비용은 실제지급가격에 포함된다.[281] 판매자는 물품의 가격을 책정할 때 이 점을 고려할 것이다. 이 경우 하자보증에 기인한 어떠한 추가 비용도 가격의 일부가 되고 판매조건으로 지급된다. 하자보증의 비용이 실제지급가격과 구분된다고 하더라도 거래가격의 일부이고, 실제지급가격에서 공제되지 아니한다(평가협정 예해 20.1).

② 판매자가 구매자에게 하자보증을 부담시키는 경우

판매계약에서 판매자가 부담하도록 되어 있는 해당 수입물품과 관련된 하자보증비용을 구매자에게 부담시키는 경우, 판매자는 물품과 별도로 하자보증비를 청구하는 방안을 선택할 수 있는데, 이 경우 하자보증비는 판매조건이고 실제지급가격의 일부이다(평가협정 예해 20.1). 즉, 판매자와 구매자간에 수입물품의 수출판매와 관련된 계약과는 별도로 판매자가 구매자에 대하여 해당 수입물품과 관련된 보증을 이행하는 계약을 체결하고 구매자가 판매자에 대하여 해당 수입물품의 대금과 해당 보증비용을 각각 지급하는 경우에 해당 수입물품과 관련된 거래의 상황과 그 밖의 사정으로 보아 판매자가 구매자에 대하여 해당 수입물품의 수출판매를 위하여 해당 보증계약의 체결을 의무화하고 있는 경우에는 해당 비용을 실제지급가격에 포함한다.

또한, 판매자가 제3자(보험회사)와 하자보증에 대한 보험계약을 체결하고 해당 수입물품에 대한 하자보증과 관련된 모든 클레임에 대하여 구매자에게 직접 전액 보상하게 하고, 보험회사는 판매자로부터 보험료를 지급받으며, 한편 구매자는 하자보증기간 동안 클레임이나 보상이 있었는지 여부와 상관없이 일정한 금액으로 하자보증비용을 판매자에게 지급하는 경우, 이 경우도 하자보증비용은 실제지급가격에 해당한다(평가협정 사례연구 6.1).

[평가협정 사례연구 6.1; 사례연습 26] 독일 B사는 국내 甲사와 자동차 판매계약을 체결하였는데, 판매계약의 조건 중에는 B사가 甲사에게 수출판매한 자동차에 대하여 2년의 하자보증(예비부품과 수리작업)을 제공하도록 하는 조항이 있다. B사가 부담하는 **1년차 하자보증**에 대한 비용은 실제지급가격에 포함된다. 판매계약에서는 구매자 甲사가 **2차 년도 하자보증비용**을 대당 일정 금액으로 계산된 별도의 지급금액의 형태로 판매자 B사에게 지급하도록 규정하고 있다. 각 선적분의 자동차에 적용되는 지급금액은 선적 後에 청구된다. 지급하여야 할 금액은 2차 년도의 하자보증기간 동안 클레임이나 보상이 있었는지 여부에 상관없이 확정된다. 판매자 B사는 보험회사 I사와

281) '하자보증책임'은 하자보증이 물품에 내재된 하자의 치유이기 때문에 판매자가 부담하는 것이 보통일 것이다. 따라서 판매자는 하자보증 예상비용을 물품의 가격에 반영하고 보증기간 내에 발생하는 하자수리비용을 자신이 부담하는 것이 일반적이다. 통상 하자보증은 수입국에서 행해지고, 부분품은 판매자가 무상제공하지만, 하자보증을 물품의 교환의 형식으로 제공하는 경우(이 경우 대체품은 무상 제공될 것임)도 있다.

2차 년도의 하자보증에 대한 보험계약을 체결하였는데, 그에 따르면 I사는 2차 년도의 하자보증과 관련한 모든 클레임에 대하여 구매자 甲사에게 직접 전액보상한다. I사는 B사로부터 보험료를 받는다. 이 경우, 1차 년도의 하자보증비용은 실제지급가격의 일부이다. 2차 년도의 하자보증비용 역시 비록 별도로 지급되었다 할지라도 수입 자동차에 대한 실제지급가격의 일부이다.[282)]

③ 판매자가 하자보증 위험을 제3자에게 양도하는 계약을 하는 경우

판매자가 제3자(판매자와 특수관계인지 여부 불문)와 하자보증 이행에 관한 약정을 체결하고 하자보증비용을 구매자로 하여금 제3자에게 지급하도록 하는 경우, 이 경우 지급은 판매의 조건으로서 실제지급가격에 포함된다. 판매자가 제3자와 계약을 체결한다는 것은 제3자가 수행한 어떠한 하자보증 위험도 판매자의 요청에 의한 것이며, 그래서 판매자의 이익을 위한 것이라는 것을 의미하기 때문이다(평가협정 예해 20.1).

④ 하자보증계약

거래가 하나는 물품에 대한 것이고, 다른 하나는 하자보증에 대한 것인 2개의 별개의 계약의 대상인 상황이 또한 발생할 수 있다. '하자보증계약'은 하자보증이 물품에 대한 보증이라는 사실에 의하여 물품 판매계약과 연계되어 있다. 비록 별개의 하자보증 계약이 존재한다 할지라도 판매자가 물품에 대한 '판매조건'으로 구매자에게 부담시킨 이상 실제지급가격에 해당한다. 오늘날 국제무역에서 대부분 보증이 개별적인 공식적인 보증계약에 의해 보장되고 있다(평가협정 예해 20.1, 사례연구 6.1).

3) 구매자에게 하자보증의무가 있는 경우

① 구매자가 자신의 계산으로 하자보증비용을 부담하기로 결정하는 경우가 있을 수 있는데, 이 경우 구매자가 부담하는 일체의 지급액 또는 기타 비용은 하자보증이 구매자가 자기의 계산으로 수행하는 활동이기 때문에 (평가협정 주해 제1조에 따라) 실제지급가격의 일부가 아니다(평가협정 예해 20.1). "구매자가 자신의 계산으로 수행한다"의 의미는 비용이 구매자에 의해 발생되고 지급된다는 것을 의미한다. 즉, 하자보증활동으로 인하여 생기는 경제적 위험과 부담을 구매자가 감수하는 것을 의미한다.

[판례] 이 사건 하자보증과 관련하여 원고가 미국본사(F사)에 지급한 금액이 수입물품의 과세가격에 포함되는 간접지급금액으로 인정되기 위해서는 ㉠ **이 사건 하자보증이 원고의 계산으로 수행하는**

282) 평가협정 사례연구 6.1의 결론은 두 해에 대한 보증비용이 실제지급가격의 일부가 되고, 과세가격에 포함되어야 한다는 것이다.

것이 아니어야 하고, ㉡ 이 사건 하자보증 수리비용이 이 사건 차량의 수입에 있어서 거래조건이 되어야 하며, ㉢ 원고가 판매자 등에게 하자보증비 중 전부 또는 일부를 별도로 지급한 경우에 해당하여야 한다. ㉠ 수입자와 수출자가 동일한 모회사의 자회사들로서 물품 수입 및 공급거래의 과정 및 수입물품에 관한 경제적 위험을 분담하는 과정에서 모회사의 개입이 있는 등 일반적인 제3자 사이의 거래와 다른 특수한 점이 있다고 하더라도 그것이 거래통념상 자회사들 사이에서 보통 이루어지는 거래방식에서 벗어난 것이 아니라면, 관련 당사자들 사이의 계약 내용을 무시하거나 그 계약의 실제 내용이 그와 다르다고 쉽게 단정할 것은 아니다(대판 2015두49320).[283]

이러한 법리에 비추어 보면, **원고는 FT사(F사의 계열사)로부터 이 사건 차량을 수입하는 과정에서 원고가 하자보증에 관한 내용을 결정하고 그 비용을 부담하기로 약정하였다고 볼 수 있고, 원고가 F사(본사)를 통하여 국내 딜러사들에게 실제 발생한 이 사건 하자보증 수리비용을 지급한 것은 위 약정 및 국내 딜러사들과의 이 사건 서비스계약에 따라 원고의 국내 딜러사들에 대한 하자보증 수리비용 지급의무를 이행한 것에 불과하므로, 이 사건 하자보증은 원고의 계산으로 수행된 것이라 할 것이다.** ㉡ 이 사건 지급계약에 따라 F사는 국내 딜러사들에 대한 이 사건 하자보증 수리비용의 지급과 관련하여 어떠한 경제적 손익도 부담하지 않고, 원고가 이 사건 하자보증 수리비용의 지급과 관련하여 자신의 계산으로 경제적 손익을 부담하기로 약정하였으며, 원고는 국내 딜러사들과의 이 사건 서비스계약에 따라 국내 딜러사에 대하여 하자보증의무를 부담하기로 약정하였으며, 국내 딜러사들에 대한 하자보증 의무를 부담하는 원고가, F사와의 이 사건 지급계약에 따라 F사의 ACE시스템을 통해 국내 딜러사들에 지급된 실제 발생 하자보증 수리비용을 상환해 주기 위해 F사에 해당 금원을 지급한 것을 두고 원고와 FT사이의 이 사건 차량의 수입에 관한 거래조건에 따라 이 사건 차량의 수입 대가로서 지급된 것이라고 보기 어렵다. ㉢ 원고가 F사에 이 사건 하자보증 수리비용을 지급한 사실이 인정된다고 하더라도 그 실질은 원고가 자기 계산으로 부담한 것으로서 F사가 원고를 대리하여 국내 딜러사들에게 지급한 하자보증 수리비용을 그대로 보전하여 주기 위하여 지급한 것에 불과한바, 피고가 제출한 증거만으로는 피고의 주장과 같이 원고가 실제 발생한 이 사건 하자보증 수리비용을 F사에 상환한 것이 수입물품의 거래조건으로서 하자보증비 중 전부 또는 일부를 판매자 등에게 별도로 지급한 경우에 해당한다고 보기 부족하고, 달리 이를 인정할 증거가 없다. **관세법 시행령 제20조 제6항 제2호의 하자보증을 대신하고 받은 "할인금액"이나 "별도 지급 하자보증비 금액"은 수입물품의 거래조건에 따라 수입 당시를 기준으로 확정 가능한 금액을 의미하는 것이지 수입 이후 상당한 기간에 걸쳐 개별적·산발적으로 발생하는 실제 발생 하자보증 수리비용 액수를 의미한다고 보기는 어렵다**(서울고판 2017누69375).

283) 이 사건에서 하자보증 수리비용의 지급구조는, 국내 딜러사들이 판매한 이 사건 차량에 하자보증 수리비용이 실제 발생한 경우, 국내 딜러사들이 자동화 청구 시스템인 ACE시스템을 이용하여 하자보증 수리비용의 지급을 청구하고, F사(본사)가 해당 비용을 정산하여 국내 딜러사들에게 지급하여, 원고가 이를 그대로 F사에 상환함으로써 그 손실을 보전해 주는 형태로 이루어져 있다. 원고는 F사와 이 사건 지급계약을 체결함으로써 F사가 운영하는 ACE시스템을 제공 또는 주선받기로 약정하였고, FT사는 이 사건 판매계약에

② 구매자가 '판매자'의 계산으로 하자보증을 수행하는 경우(예: 판매자가 부담하여야 할 하자보증의무를 구매자가 대신하고 수입가격의 일부를 할인 받는 경우), 이 경우 하자보증비는 실제지급가격에 포함된다(평가협정 주해 제1조 제2항, 영 제20조의2 제2항의 반대해석: 대판 93누17881 참조). 또한, 판매자가 수입 後에 구매자가 지출한 하자보증비를 보전해주는 것은 구매자의 하자보증비의 지출을 감소시킨 것에 불과하므로 과세가격에서 공제할 수 없다고 할 것이다.

4) 하자보증을 위해 무상으로 수입되는 부분품 등에 대한 과세가격 결정

하자보증계약의 이행을 위해 구매자에게 무상으로 제공되는 부분품이나 대체품은 수출판매가 존재하지 아니하므로 제2방법 내지 제6방법에 따라 과세가격을 결정해야 한다(평가협정 예해 20.1).

6. 설계용역비

(1) 구매자가 판매자와 수입물품의 수출판매계약과 별도로 "설계용역계약"을 체결하고 수입물품이 수입되는 경우, 당해 수입물품에 설계용역비 등을 포함(가산)하여 과세할 수 있는지 문제되는데, 결론적으로 수입물품에 설계용역의 결과가 반영(체화)되었고 수입물품을 구매하기 위해서는 설계용역비를 지급해야 하는 경우(판매조건)에는 실제지급가격에 가산(포함)된다고 할 것이다(관세평가과-2956).

[예규] 제조자가 직접 설계용역을 수행하거나 제조자 以外의 자에게 설계용역을 의뢰하여 행한 설계도면에 따라 당해 수입물품인 게임기 등을 제조하고 물품대금 外에 설계도면 비용을 구매자에게 청구한 경우에 구매자가 별도로 지급한 설계도면비용은 실제지급가격으로 과세가격에 포함된다(종합심사 47400-60).

따라 원고에 대한 편의로서, 원고의 보증정책에 따라 원고가 국내 딜러사들에게 지급하여야 하는 보증상환금을 행정처리하는 역할을 F사가 담당하는 것에 동의하기로 하고, 국내 딜러사가 ACES를 사용하는 것에 동의하였다. 딜러사가 원고와 체결하는 딜러쉽계약에는 하자보증 관련 조항에 보증 및 방침 매뉴얼에 따라 하자보증업무를 수행한다는 내용이 포함되어 있으나, 딜러사와 F사(본사) 사이에는 하자보증과 관련한 별도의 계약이 없다. 아울러, 원고와 FT사이에 체결된 판매계약에서는 "판매자(원고를 의미함)는 F사 차량을 어떠한 보증 없이 본 계약에 따라 구매함을 인정한다. 공급자(FT사)는 F사 차량에 대하여 어떠한 보증도 하지 아니한다"라고 규정하여, 원고와 FT사이에 이 사건 차량에 관한 하자보증의무는 원고가 부담하기로 약정하였다. 이 사건 차량 관련 하자보증비용을 원고가 부담하기로 약정한 이상, 이러한 당사자들이 선택한 법률관계는 존중되어야 한다. 또한 이 사건 판매계약서 해석상 이 사건 차량의 국내 판매와 관련한 하자보증정책을 수립하는 데 있어 최종적인 결정권자는 '원고'라고 볼 수 있다.

(2) 그러나 수입물품과 관련성이 없거나 판매조건을 충족하지 못하는 경우에는 실제지급가격의 일부가 아니므로 과세대상이 아니다.[284] 이러한 이유로 判例는 "원자력발전소 건설과 관련하여 원자로설비공급계약에서 해외공급자가 수행하기로 약정한 엔지니어링 및 설계는 개개의 원자로설비 기자재 생산과는 관련이 없으므로 구매자가 지급한 엔지니어링과 설계용역에 대한 대가(설계용역비)는 실제지급금액에 해당하지 않는다"고 한다(대판 2001두6135).

[판례] ① 이 사건 원자로설비공급계약서에 캐나다 A사가 수행하기로 약정한 엔지니어링 및 설계란 원자로설비의 계통설계를 전반적으로 완성하고, 구성기기의 요건 등 설계의 요건을 구체화하는 것이며, 이에는 계약발효 후 3개월 내에 원자로보조기기, 터빈발전기, 중수 및 핵연료와 관련하여 간섭되는 사항과 원자로설비의 필요요건을 정한 간섭사항검토서를 발행하는 것 및 이 사건 발전소용 예비안전분석보고서 및 최종안전성분석보고서에 입력할 자료를 준비하는 것 등을 포함하고, 구체적으로 개념설계와 상세설계를 포함하는데 개념설계란 설계요건, 흐름도, 블록선도, 설계사양이나 설계설명서, 설계지침서, 안전분석자료목록을 생산하고 발행하는 것이며, 상세설계란 도면, 계통분석과 분석보고서, 전기배선도와 계장논리회로도, 데이터쉬트, 기자재규격서 및 관련문서, 면허분석 및 보고서 등을 생산하고 발생하는 것을 의미하므로, **이 사건 원자로설비공급계약에서 캐나다 A사가 수행하기로 약정한 엔지니어링 및 설계는 개개의 기자재 생산과는 무관하고, 오히려 이보다 상위에서 원자로설비 전체적인 개념과 기능의 설정과 이에 대한 안정성 분석 등을 관장하는 업무**로서 원자력발전소와 같이 고도의 기술이 요구되는 경우에는 개개의 구성기자재의 구입보다 훨씬 중요한 역할을 하는 것이므로, 캐나다 A사가 이러한 엔지니어링 및 설계용역을 수행함에 대하여 원고가 대가로 지불한 이 사건 설계용역비를 원자로설비 기자재 생산에 필요한 엔지니어링 및 설계에 대한 대가라고 보아 구 관세법 제9조의3 제1항 본문 소정의 **원자로설비 기자재의 실제 지급금액이**라고 할 수 없다. ② 구관세법 제9조의3 제1항 제3호 소정의 생산비용에 해당하여 과세가격에 가산되기 위하여는 수입물품의 과세가격에 가산되는 물품 또는 용역의 공급이 수입거래에 있어서 수출자가 하여야 할 일을 수입자가 그 자신의 비용으로 대신하여 수행한 다음 그 결과를 무료 또는 인하된 가격으로 생산자에 제공함으로써 수입물품의 가격을 인하시키는 경우를 가리키고, 이에 대하여는 '과세관청'이 입증책임을 부담한다고 할 것이다. 이러한 법리에 비추어 살펴보면, 캐나다 A사가 **원심 판시와 같이 기술사양서 등을 작성하고, 입찰을 진행하였다 하더라도, 이는 수입자인 원고가 하여야 할 일을 대신하여 수행한 것에 불과하고, 이로써 원자로보**

284) [관세청예규] 본건 Technical Service상의 개발 · 설계 · 테스트 등의 항목들은 해외공급자가 수출할 하드웨어와 소프트웨어의 생산을 위하여 수행되는 작업에 해당하고, 당해 물품이 수입된 이후에도 별도로 수행될 Technical Service상의 항목도 없는 것으로 확인되며, 본건 계약서(원자로발전 제어시스템 계약)에서도 "모든 하드웨어 및 소프트웨어에 대한 설계와 테스트를 완료한 후 물품을 인도한다"라고 명시되어 있으므로, 본건 계약서상의 Technical Service는 실제지급가격의 일부를 구성한다(관세평가과-2639).

조기기기자재의 가격이 인하되었음이 인정되지 않는 이상, 그 대가를 구 관세법 제9조의3 제1항 제3호 소정의 생산지용비용에 해당한다고 하여 과세가격에 가산할 수 없다고 할 것이다(대판 2001두6135; **사례연습 27**).[285]

7. 보관료(보관비용)

수출국 또는 수입국에서 수입물품을 보관하는데 소요되는 보관료를 구매자가 판매자 또는 창고업자에게 지급하는 경우, 그 비용은 실제지급가격에 포함되는지 문제된다.[286]

(1) 판매자가 부담하는 보관료를 구매자가 대신 지급하는 경우

1) 구매자가 판매자로부터 가구를 공장인도조건으로 구매하는데, 거래시점에 가구는 판매자에 의해 수출국의 창고에 보관되어 있다. 판매자는 구매자에게 보관료를 별도 청구하였다. 이 경우 창고보관료는 실제지급가격의 일부를 구성한다. 물론 판매자가 창고보관료를 송품장가격에 포함하여 청구한 경우도 마찬가지이다.
2) 위의 1)에서 판매자는 해당 가구를 수출국의 창고업자(D)에게 보관한다. 구매자는 판매자의 요청으로 보관료를 창고업자(D)에게 지급하였다.[287] 이 경우 창고보관료도 실제지급가격의 일부이다.

(2) 구매자의 계산으로 보관하는 경우

구매자는 수출국에서 판매자로부터 판매물품을 인수하여 국내로 수출하기 前에 수출국의 창고업자(D)에게 물품을 보관시키고, 창고업자에게 보관료를 지급하였다. 이 경우 보관료는 구매자가 자기의 계산으로 수행한 활동에 해당하므로 실제지급가격에 포함되지 아니한다 (평가협정 주해 제1조 제2항, 평가협정 예해 16.1).

---

285) [원심판단] 캐나다 A사가 원자로보조기기기자재 제조업자에게 교부하는 "기술규격명세서"에는 기자재의 기능, 규격, 품질 등에 대한 주문사항만을 명기하고 있을 뿐 **기자재의 제작생산과 관련된 직접적인 기술을 포함하고 있지 아니하고**, 보조기자재 제조업자는 위 기술규격명세서의 요구사항에 따라 별도로 자체적인 기기설계를 수행하여 기자재를 제작생산하며, 입찰과정에서도 기자재공급과 관련된 모든 비용을 포함시켜 기자재 대금을 독립적으로 확정하여 원고공사에 제시하므로 생산지원으로 보기 어렵다.

286) 창고 내에서 발생할 수 있는 세척, 선별 또는 재포장과 같은 기타 활동은 포함하고 있지 않다. 일반적인 보관창고와 세관의 통제 하에 있는 보세창고를 구별할 필요는 없다.

287) 판매자와 창고업자가 특수관계에 있는 경우도 마찬가지이다(미국예규 545663).

(3) 수입물품의 국제운송에 부수하는 일시적인 보관에 따른 보관료

구매자는 수출국에서 판매자로부터 판매물품을 인수하여 물품을 적재할 선박이 도착할 때까지 수출항에 있는 창고에 일시적으로 보관하고 창고업자에게 보관료를 지급하였다. 이 경우 보관료는 수입물품의 국제운송에 부수해서 발생하는 일시적인 보관비용이므로 실제지급가격의 일부를 구성하지는 않는다. 다만, 수입항에 도착할 때까지의 '운송비용'으로 실제지급가격에 가산할 수 있다. 물론 수입 以後에 발생하는 일시적 보관료는 실제지급가격에 가산하지 않는다.

(4) 수입항 도착 以後에 발생한 보관료

구매자는 수입물품이 수입항에 도착한 以後 생산과정에 투입되기 前까지 해당물품을 창고에 보관하거나 수입물품이 수입항에서 양륙된 後 수입신고수리를 받고 인수하기까지의 기간동안 보세창고에 보관하고 보관료를 창고업자에게 지급한 경우,[288] 그 비용은 구매자가 자기계산으로 수행한 활동에 관한 비용 또는 수입항 도착 以後의 운송에 관한 비용 등으로서 실제지급가격에 해당하지 않고, 만약 실제지급가격에 포함되어 있으면 이를 공제한다.

8. 검사비용

판매자가 수입물품을 구매자에게 인도하기 前에 검사하거나 구매자가 판매자로부터 물품을 인도받은 후 검사하는 경우, 이러한 검사비용을 실제지급가격에 가산할지 문제된다.

(1) '판매자'의 이익을 위한 검사활동에 관한 비용

판매자의 이익을 위한 검사활동에 관한 비용을 구매자가 부담하는 경우, 그 비용은 실제지급가격에 포함된다. 즉 검사기관 등 제3자가 행한 검사에 필요한 비용의 전부 또는 일부를 구매자가 부담하는 경우라도 해당 검사가 주로 판매자의 이익을 위한 것일 때에는 해당 구매자에 의한 부담은 판매자를 위한 지급에 해당하고 해당 구매자의 부담액은 실제지급가격에 포함된다.

수출판매계약에 따라 수입물품의 품질·규격이 정해져 있고 판매자는 구매자에 대하여 계약에서 정한 품질·규격에 일치하는 물품을 인도할 의무가 있으며, 이를 위하여 판매자는 제조자로부터 수입물품을 인도받을 때 검사를 실시하고 그에 비용을 송품장가격에 포함시켰다면, 그 비용은 실제지급가격의 일부를 구성한다.

288) 보세창고뿐만 아니라 자유무역지역의 경우도 마찬가지이다.

[심판례] 쟁점임가공계약서에서 임가공 내용의 하나로 품질검사를 규정하고 있고, **품질검사를 쟁점판매자의 의무사항으로 규정하고 있으며,** 품질검사의 범위를 "생산LINE 투입관리・봉제기술 지도・품질관리 및 PACKING 관리"로 규정하고 있는 등 청구법인과 쟁점판매자가 협의하여 쟁점QC업체에게 이와 같은 품질검사 활동을 수행하도록 하고 있어 청구법인이 쟁점판매자에게 쟁점QC비용을 지급하지 아니하고는 쟁점물품을 수입할 수 없는 것으로 보이는 점, 청구법인이 쟁점QC업체의 품질검사 활동 등을 직접 또는 간접적으로 통제하거나 관리한 사실이 확인되지 않는 점, 위와 같은 품질검사의 업무범위 등으로 볼 때 쟁점QC비용은 쟁점물품의 실제지급가격을 구성하는 것으로도 볼 수 있는 점 등에 비추어 처분청이 쟁점QC비용을 쟁점물품의 과세가격에 포함하여 관세 등을 과세한 처분은 잘못이 없는 것으로 판단된다(조심 2018관0196).

(2) '구매자'의 이익을 위한 검사활동에 관한 비용

물품구매 後 수입 前 구매자가 자기의 계산으로 수행한 검사활동에 대한 비용은 판매자의 이익을 위한 지급이 아니므로 실제지급가격에 해당하지 아니한다. 따라서 구매자가 수입물품을 구매한 後 수출국에서 자신의 직원을 파견하거나 특수관계 없는 제3자(검사기관)에 위탁하여 물품을 검사하게 한 후 그에 관한 비용을 부담하거나 검사기관에 검사비용을 지급한 경우, 이 비용은 판매조건도 아니고 판매자의 이익을 위하여 지급한 금액도 아니므로 실제지급가격의 일부가 아니다(평가협정 예해 16.1, 미국예규 W563469).[289] 또한 판매자와 구매자의 합의에 근거하여 검사기관 등 제3자가 행한 검사에 필요한 비용의 전부 또는 일부를 구매자가 부담하는 경우의 해당 구매자가 부담하는 검사비용도 마찬가지이다. 국내판매를 위한 규격에 적합한지 여부에 대하여 구매자가 국내 수입위탁자의 직원을 파견하여 물품 검사를 수행하게 하고 그 비용을 수입위탁자가 부담하는 경우, 그 비용도 실제지급가격에 포함되지 아니한다. 구매자가 자기를 위하여 실시된 수입물품 검사에 소요된 비용을 판매자를 통하여 검사기관에게 지급한 경우에도, 그 비용은 구매자가 자기계산으로 수행한 검사활동에 해당하므로 실제지급가격에 포함되지 아니한다.[290]

---

289) [예시] 구매자 A는 중국에 있는 판매자 C로부터 깃털 옷을 수입한다. A는 검사서비스 회사 B를 고용하여, 중국에서 선적하기 이전에 매번 제품을 검사(테스트)하도록 한다. 검사의 목적은 깃털 옷들이 A의 요구사항을 충족시키는지를 검증하는 것이다. A, B, C는 서로 특수관계가 없다. A가 B에게 지급하는 검사수수료는 C 또는 C에게 관련된 당사자들의 이익이 되지 않는다. 따라서 검사서비스에 대하여 지급한 대금은 실제지급가격의 일부가 아니다(미국예규 W563469).

290) [예시] 구매자가 판매자로부터 구매하여 수입할 선박에 대한 검사를 검사기관에 의뢰를 하고, 검사기관은 수출국에 있는 출장소 직원으로 하여금 검사를 실시하게 하였다. 이에 따른 검사비용은 먼저 판매자가 검사기관에 먼저 지급하고, 판매자는 그 비용을 물품대금과 별도로 구매자에게 청구한다. 이 경우 구매자가 판매자에게 지급한 검사비용은 실제지급가격에 포함되지 아니한다(일본예규).

> **[예규]** 원유 및 석유류 제품의 수입시 물량과 품질에 대한 분쟁을 방지하고자 구매자가 제3의 독립된 검정기관과 별도의 계약을 체결하여 선적항에서 수입물품에 대한 검정을 하고 동 비용의 50%를 부담(나머지 50%는 판매자 부담)하는 경우, 구매자가 검정기관에 지급하는 검정료는 구매자가 판매자를 위하여 지급한 것이 아니므로 과세가격에 포함되지 않는다(평가일 22740-467).

(3) 생산지원비와의 관계

구매자가 판매자로부터 제조된 수입물품을 인도받은 後에 자신의 직원을 파견하거나 제3자에게 위탁하여 검사를 실시하고 그에 관한 비용을 부담한 경우, 그 비용은 실제지급가격의 일부도 아니고 가산요소인 생산지원비에도 해당되지 아니한다. 그러나 구매자가 자신의 직원이나 제3자를 파견하여 수입물품의 생산과정에 투입하여 기술지원을 하거나 생산과정에 필수적인 검사업무를 하도록 하고 그에 관한 비용을 부담하는 경우, 그 비용은 생산지원비로 실제지급가격에 가산될 수 있다.

9. 외국 훈련비(교육비)의 지급

(1) 문제의 소재

판매자가 구매자에게 수입물품(예: 고도로 전문화되고 첨단기술이 체화된 기계)의 조작(작동)을 가르치기 위한 훈련과정을 준비했고, 그 훈련과정은 물품의 수입 以前에 수출국내 판매자의 공장에서 개최되는데, 구매자가 지급하는 훈련비용은 1,000만원이다. 이 경우, 훈련비용이 실제지급가격에 포함되는 금액인지 여부가 문제된다(평가협정 사례연구 7.1).

(2) 과세가격 결정

1) 만약, 구매자가 훈련과정에 대한 지급 없이도 기계를 구매할 수 있다면 훈련과정에 대한 지급은 판매조건이 아니므로, 수입물품에 대하여 지급된 것이 아니어서 실제지급가격에 포함되지 아니한다. 즉, 외국 훈련 또는 교육을 구매자가 자유롭게 선택할 수 있고(훈련과정에 참여여부가 임의적 사항이고) 실제로 훈련과정에 참가한 경우에만 훈련비용을 지급한다면 그 비용 역시 실제지급가격에 포함되지 아니한다(평가협정 사례연구 7.1).

2) 그러나 수입물품의 거래조건(판매조건)으로 구매자가 외국훈련비, 외국교육비 등을 지급하는 경우 그 금액은 간접적인 지급액으로 실제지급가격에 포함된다(영 제20조의2 제1항 제3호). 즉, 훈련과정에 대한 지급이 판매계약에 명시된 요구사항이고, 구매자가 훈련과정에 참석하지 않더라도 훈련비용을 지급해야만 하는 경우(판매계약에서 구매자에게 훈련과정

참석과 훈련비 지급 2가지 모두를 의무화한 경우도 마찬가지이다)라면, 훈련과정에 대한 지급은 수입물품의 판매조건에 해당한다. 구매자가 실제로 훈련과정에 참가하지 않았더라도 지급되어야 하고 해당 훈련과정에 대한 지급 없이는 기계를 구매할 수 없기 때문이다. 이것은 훈련비가 별도의 계산서에 표시된다 하더라도 동일하다(평가협정 사례연구 7.1).

10. 금융서비스에 대한 대가(이자비용)

(1) 문제의 소재

수입물품과 관련하여 판매자나 구매자가 금융서비스를 제공받고 그에 대한 대가(이자비용)를 구매자가 판매자나 제3자에게 지급하는 경우, 그 '이자비용'이 실제지급가격에 포함되는지 여부가 문제될 수 있다. '이자비용'이란 일반적으로 인정된 회계원칙에 따라 수입자의 장부에 이자비용으로 기록된 대금을 의미한다(미국예규 544334, 544580).

(2) 관세법 규정

관세법 시행령 제20조의2 제1항 제4호에서는 "간접적인 지급액에는 그 밖에 일반적으로 판매자가 부담하는 금융비용 등을 구매자가 지급하는 경우 그 금액이 포함되는 것으로 한다"고 규정하고 있고, 반면 관세법 제30조 제2항 제4호에서는 '연불이자'를 실제지급가격에서 공제하는 금액(공제요소)으로 규정하고 있다. '연불이자'에 대해서는 제3항 공제요소에서 설명하기로 한다.[291]

(3) 과세가격 결정

(가) 수입물품과 관련이 없는 금융서비스에 대한 이자비용

수입물품과 관련이 없는 금융서비스에 대한 이자비용은 실제지급가격에 포함되지 아니한다(영 제19조의2 단서 참조). 구매자가 해당 수입물품의 구매자금을 해외 금융기관이나 판매자 등으로부터 차입하고 그에 대해 지불하는 이자(융자금이자) 등이 여기에 해당한다.

(나) 판매자의 이익을 위한 금융서비스에 대한 이자비용

판매자의 이익을 위하여 금융서비스가 이루어졌기 때문에 판매자가 부담해야 하는 금융서비스에 대한 이자비용을 '구매자'에게 부담(전가)시킨 경우는 그 비용은 '간접지급'으로

291) [EU관세법 제72조] 금융이 판매자 또는 그 외 다른 자에 의해 제공되었는지 여부와 관계없이 수입물품 구매와 관련하여 구매자가 체결한 금융약정에 따라 이자비용은 실제지급가격에 가산되지 아니한다. 다만, 해당 금융약정은 서면으로 체결되어야 하며, 필요한 경우에 구매자가 일정 사항을 입증할 수 있어야 한다.

실제지급가격에 포함된다.

해외 판매자가 제3자에게 지급한 이자비용의 상환으로 구매자가 해외 판매자에게 지급한 금액도 과세대상이다. 이 대금은 이자비용을 수입물품의 과세가격에서 제외시키고 있는 평가협정 결정 3.1에서 언급하고 있는 과세되지 않은 이자비용의 범주에 속하지 않는다(미국예규 543765, 546610). 또한 판매자가 구매자로부터 주문을 받은 의류를 제조하는데 필요한 직물을 직물제조업자로부터 구매하기 위하여 그에 관한 자금을 은행으로부터 융자를 받고 그에 대한 이자비용을 지급하고 그 이자비용을 구매자에게 청구한 경우, 그 비용은 판매자의 이익을 위한 비용이므로 연불이자에는 해당하지 아니한다.[292] 확인수수료에 대해서는 아래 **11항**에서 살펴보기로 한다.

[판례] '기타 일반적으로 판매자가 부담하는 금융비용 등을 구매자가 지급하는 경우 그 지급금액'을 관세법 제30조 제2항에 정한 실제지급가격에 포함되는 '간접적인 지급액'에 해당하는 것으로 규정한 관세법 시행령 제20조 제6항 제4호는 **판매자의 이익을 위하여 금융서비스가 이루어졌기 때문에 일반적으로 판매자가 부담해야 하는 금융비용을 구매자와의 특약에 의하여 구매자에게 전가한 경우 간접적인 지급액에 해당한다는 취지**일 뿐이고, 이와는 달리 **해당 물품을 수입하는 구매자의 요청에 따라서 판매자가 그 대금지급기한 등을 연장해 주는 과정에서 추가적인 금융비용이 발생한 경우 이러한 비용은 성질상 해당 수입물품의 대가나 거래의 조건에 해당한다고 보기 어렵기 때문에,** 수입 관련 서류 등에 의하여 위와 같은 추가적인 금융비용을 해당 수입물품의 대가 등과 명백하게 구분할 수 있는 경우 이를 실제지급가격에 포함시킬 수는 없다. 원유 판매업자가 수입자인 구매자의 요청에 따라 대금지급기한을 연장해 주기 위하여 수출환어음을 해외 금융기관으로부터 무소구 조건으로 할인받는 포페이팅(forfeiting) 거래를 하게 된 경우, **판매자가 해외 금융기관에게 지급한 추가적 금융비용인 포페이팅 비용은 관세의 과세가격에 포함되지 않는다**(대판 2007두6267; **사례연습 28**).

292) [예시] 구매자 甲은 판매자 乙로부터 금속괴를 청산거래로 계속적으로 구매하고 있다. 해당 거래에서 판매자 乙은 공급자 丙과의 결제조건을 '계약시 사전지급'에서 'B/L상환 현금결제'로 변경하여 계약일로부터 B/L을 인도하고 현금 결제할 때까지의 기간에 대한 이자상당액을 공급자 丙으로부터 청구받아 지급하였다. 이와 같이 판매자 乙로부터 공급자 丙에 대하여 송부된 송품장에는 물품대금과 함께 추가 청구분이 '이자비용'인 것이 명기되어 있다. 구매자 甲은 판매자 乙에게 추가청구분을 포함한 송품장가격의 총금액을 지급한다. 이 경우 이자비용은 연불이자가 아니고 판매자의 이익을 위한 지급이므로 실제지급가격에 포함시켜야 한다(일본예규).

[예규] 구매자가 직접 신용보증회사에 보증보험료를 지급하는 것이 아니라, 판매자가 신용보증회사와 신용보증보험계약을 체결하고 신용평가수수료 및 신용보증보험료(이하 '동 비용')를 지급한 後 구매자가 판매자에게 발생한 동 비용을 송금한다는 점, 동 비용을 판매자에게 송금하지 않은 경우 판매자는 물품을 공급하지 않아 거래 자체가 불가능하다는 점에서, 동 비용은 수입물품의 판매조건으로 구매자가 판매자에게 지급한 금액에 해당하므로 과세가격에 포함된다(관세평가과-2361).

(다) 구매자 자신의 이익을 위한 금융서비스에 대한 이자비용

1) 비과세

수입물품의 구매와 관련하여 구매자에 의해 체결된 해당 금융약정 하에서의 이자비용은 아래 2)의 요건을 충족하는 경우 과세가격의 일부를 구성하지 아니한다(평가협정 결정 3.1). 구매자 자신의 이익을 위해 자신의 책임 하에 금융서비스를 제공받고 그에 대한 대가를 지급하는 경우는 실제지급가격에 포함되지 않기 때문이다(대판 2006두17857).[293] 평가협정 결정 3.1은 해당 금융을 판매자, 은행 또는 其他 자연인이나 법인이 제공하였는지 여부와 상관없이 적용되어야 한다. 적절한 경우, 물품의 거래가격 以外의 다른 방법으로 과세가격을 결정하는 경우에도 적용되어야 한다. 다만, 이러한 이자비용은 실제지급가격에 포함되든 안 되든 간에 **아래 2)의 요건**을 충족해야만 비과세될 수 있다(평가협정 결정 3.1, 미국예규 TD 85-111).

[판례] **① 판매수수료는 판매자가 지급하여야 할 비용인데, 이것을 구매자가 대신 지급하는 것은 결과적으로 그 수수료에 해당하는 금액만큼 매매대금을 더 지급한 것이므로 이를 매매대금에 포함시켜야 할 것이고, 또한 판매자가 부담하여야 할 외환수수료와 같은 금융비용을 구매자가 부담한다면 이것도 또한 매매대금에 포함시켜야 하는 것이다. 하지만, 구매자가 당해 수입물품을 구매하는데 필요한 용역에 대한 대가로 지급하는 구매수수료나 수입대금의 결제와 관련하여 지급하는 외환수수료 등의 금융비용은 당연히 구매자가 부담하여야 할 금원이므로 매매대금에 포함시켜서는 아니된다.** 판매자가 수출대금의 회수와 관련하여 금융서비스를 이용하는 경우 그 금융비용은 판매자가 부담하여야 하는데, 이를 구매자에게 전가한다면 이는 실질적으로 매매대금을 증액하는 것과 마찬가지이므로 이러한 금융비용은 매매대금에 포함시켜야 한다. 그러나 **구매자가 수입대금의 결제와 관련하여 금융서비스를 이용하는 경우(소외회사가 구매자를 위하여 수입대행업을 수행하기 위하여 판매자로부터 신용장 개설에 필요한 자금을 차입하는데 소요된 비용 - 금융이자), 특별한 사정이 없는 한 그 비용은 구매자가 부담하여야 하는 것이므로 이를 매매대금에 포함시켜서는 아니된다**(서울고판 2005누29541, 대판 2006두17857).
② '기타 일반적으로 판매자가 부담하는 금융비용 등을 구매자가 지급하는 경우 그 지급금액'을

293) 구매자가 수입물품대금의 결제를 위하여 은행에 신용장을 개설하는데 지급한 비용은 수입거래에 관한 비용도 아니고, 구매자의 이익을 위한 비용이므로 실제지급가격에 포함되지 아니한다(일본예규).

관세법 제30조 제2항에 정한 실제지급가격에 포함되는 '간접적인 지급액'에 해당하는 것으로 규정한 관세법 시행령 제20조 제6항 제4호는 **판매자의 이익을 위하여 금융서비스가 이루어졌기 때문에 일반적으로 판매자가 부담해야 하는 금융비용을 구매자와의 특약에 의하여 구매자에게 전가한 경우 간접적인 지급액에 해당한다는 취지**일 뿐이고, 이와는 달리 **해당 물품을 수입하는 구매자의 요청에 따라서 판매자가 그 대금지급기한 등을 연장해 주는 과정에서 추가적인 금융비용이 발생한 경우 이러한 비용은 성질상 해당 수입물품의 대가나 거래의 조건에 해당한다고 보기 어렵기 때문에,** 수입 관련 서류 등에 의하여 위와 같은 추가적인 금융비용을 해당 수입물품의 대가 등과 명백하게 구분할 수 있는 경우 이를 실제지급가격에 포함시킬 수는 없다. **원유 판매업자가 수입자인 구매자의 요청에 따라 대금지급기한을 연장해 주기 위하여 수출환어음을 해외 금융기관으로부터 무소구 조건(상환청구불능 조건)으로 할인받는 포페이팅(forfeiting) 거래를 하게 된 경우, 판매자가 해외 금융기관에게 지급한 추가적 금융비용인 포페이팅 비용이 관세의 과세가격에 포함되지 않는다**(대판 2007두6267).[294]

[예시] 구매자 甲은 판매자 乙로부터 콩을 구매하는데, 거래에서 구매자 甲은 수출국 소재 구매대리인 丙과 구매위탁계약을 체결하고 구매대리인 丙에게 수입물품의 선적, 알선, 대금결제 대행 등의 업무를 위탁하고 있다. 구매대리인 丙은 수출판매계약에서 정한 결제일에 판매자에게 대금을 결제하고, 구매자 甲이 구매대리인 丙에게 하는 송금은 결제일 後가 되므로 구매자 甲은 구매대리인 丙에게 결제일로부터 송금일까지의 이자를 지급하게 되는데, **이 경우 이자비용은 연불이자도 아니고 판매자의 이익을 위한 것이 아니므로** 실제지급가격에 포함되지 아니한다(일본예규).

2) 이자비용의 비과세 요건

수입물품의 구매와 관련하여 구매자에 의해 체결된 금융약정 하에서의 이자비용은 다음과 같은 조건이 충족되는 경우, 그 이자비용은 과세가격의 일부로 간주되지 않는다(평가협정 결정 3.1).

① 이자비용이 실제지급가격으로부터 구분될 것

양자가 구분되지 않으면 실제지급가격에서 제외하거나 공제할 수 없다.

② 금융약정이 서면으로 체결되었을 것

서면약정의 존재 여부는 수입자가 제출한 다양한 서류를 전체적으로 고려하여 판단해야 한다(미국예규 546399).

---

294) [원심판단] 포페이팅은 판매자가 수출채권의 만기 도래시 대금회수불능의 위험을 회피하기 위하여 불소구조건부의 어음할인금융인 포페이팅 서비스를 이용하는 경우와 구매자의 자금융통의 편의를 제공하기 위하여 이루어지는 경우로 나뉘며, **판매자의 이익**을 위한 전자의 경우 그 비용부담자는 포페이팅 서비스를 통하여 위험을 회피하게 되는 판매자여서 그 비용이 매매대금에 포함되면 그 전액이 과세가격이 된다 할 것이나, **수입자인 구매자의 이익**을 위한 후자의 경우 원래 그 비용부담자는 수입자라 할 것이어서 이러한 경우에는 앞서 본 간접적인 비용에 관한 법리상 포페이팅 비용을 과세가격에 포함시킬 수는 없다 할 것이다.

③ 필요한 경우, 구매자가 「해당 물품이 수입신고된 가격으로 실제로 판매된다는 것」과 「제시된 이자율이 금융이 제공된 국가 및 그 시점에 그러한 거래에서 통용되는 수준을 초과하지 않는다는 것」을 입증할 수 있는 경우

3) '연불이자'의 경우

평가협정 결정 3.1과 관련하여 관세법 제30조 제2항 제4호에서는 '연불이자'를 실제지급가격에서 공제하는 요소로 특별히 규정하고 있다. 즉, 실제지급가격에 포함된 연불이자는 위의 2)의 요건을 충족하는 경우에는 실제지급가격에서 공제된다(영 제20조의2 제3항).

11. 확인수수료

(1) 의의

구매자가 자신의 거래은행에서 신용장을 개설하는데, 판매자는 구매자 거래은행의 대금 미지급에 대한 상업상 위험에 대하여 판매자에게 보증하는 다른 은행(일반적으로 수출국에 소재)을 통하여 신용장 확인을 요청한다.[295] 이러한 서비스에 대하여 은행에 지급하는 보수가 '확인수수료'(보증확인 수수료; Confirming Commission)이다.[296] 구매자 또는 판매자 어느 하나를 위하여 활동하는 확인회사(Confirming houses)라고 불리는 전문영리기업이 있다. 이들 기업이 수행하는 다양한 서비스 중에 지급보증이 있는데, 이러한 서비스에 대하여 청구되는 수수료를 흔히 '확인수수료'라 부른다(평가협정 해설 5.1).

(2) 판매자의 이익을 위한 확인수수료

확인수수료 비용을 부담하는 판매자가 그의 확인수수료 비용을 구매자로부터 보상받고자 하는 것은 정상적인 관행이므로, 대부분의 경우에 판매자는 자신의 물품 가격에 이러한 수수료 비용을 직접적으로 포함하려 할 것인데, 이 경우 확인수수료는 실제지급가격에 포함되며, 거래가격을 결정함에 있어 이것을 공제하도록 허용하는 평가협정 규정도 없다(평가협정 해설 5.1).

또한, 수입물품에 대한 지급수단의 확인이 구매자 거래은행의 미지급 위험으로부터 판매자를

295) 수출자는 국제무역에서 제공된 물품 및 용역에 대한 미지급의 금융위험에 대하여 지급보증에 대한 확약을 포함한 금융서비스의 사용을 통하여 스스로를 보호한다. 구매자에 의한 미지급 또는 지급불능의 위험에 대한 보증을 위하여 수출자는 다양한 형태의 금융서비스를 이용할 수 있다. 이러한 서비스는 국가별로 다양할 수 있는 반면에, **이들 서비스는 수수료로 수출자를 대신하여 위험을 인수하는 중개인(흔히 은행)에 대한 지급액을 일반적으로 발생시킨다**. 이러한 서비스에 대하여 행해지는 지급액은 흔히 **'확인수수료'**라 알려져 있다. 하지만 여러 국가에서 다른 명칭으로 표시될 수 있다(평가협정 해설 5.1).

296) 확인수수료는 용어의 엄밀한 의미에서 수수료라기보다는 오히려 물품에 대한 미지급 위험에 대비한 보험료의 성격이 강하다. 그러나 관세법 제30조 제1항 제6호의 '보험료'에는 해당하지 아니한다(평가협정 해설 5.1).

보장하기 때문에 판매자의 이익을 위하여 고려된 경우로 수입물품의 '판매조건'으로 구매자가 판매자에게 또는 제3자(금융기관)에게 확인 수수료를 지급한 경우에는 실제지급가격은 일체의 확인수수료를 포함한다(평가협정 해설 5.1). 즉, 확인수수료를 물품대금과 별도로 지급하거나 구매자가 직접 금융기관에 지급하는 경우에는 '간접지급'으로 실제지급가격에 포함되는 것이다. '신용장확인수수료'는 일반적으로 판매자가 부담하는 금융비용으로서 이를 구매자가 지급하는 경우에는 간접지급에 해당하므로 실제지급가격에 포함시켜야 한다(종합심사-47400-217).

[협의회] 판매자가 구매자의 물품대금지급의무를 보증받기 위하여 구매자에게 요청하여 보증신용장(STAND BY L/C)을 개설하였다면 동 보증신용장의 개설수수료는 수출물품의 판매조건으로 구매자가 지급한 금액이므로 실제지급금액으로 보아 과세가격에 포함하여야 한다(결정 05-5-3).

(3) 구매자의 이익을 위한 확인수수료

구매자는 자신의 주도로 취소불능 및 확인 신용장을 판매자에게 제공하는 경우가 있을 수 있는데, 이러한 주된 목적은 판매계약 체결을 보증하기 위한 것이다. 이 경우 발생하는 일체의 확인수수료는 구매자가 확인기관에 직접 지급한다. 이러한 상황에서는 판매계약에서 부과되는 조건은 없으며 판매자보다는 오히려 구매자의 이익을 실현하는 것이기 때문에 확인수수료에 대하여 지급한 금액은 실제지급가격의 일부를 구성하지 아니한다(평가협정 해설 5.1).

12. 수출보조금(장려금), 덤핑가격의 문제

(1) 수출보조금 및 장려금은 생산, 제조 및 물품의 수출을 진흥하기 위하여 정부가 자연인, 법인 또는 공공단체에 직접 또는 간접으로 공여하는 경제적 지원의 형태를 띠고 있는 무역정책수단이다. 이에 대해서는 WTO설립협정 부속서 1A의 「보조금 및 상계조치에 관한 협정」을 참고하라.

이러한 보조금이 금액으로 계산할 수 없는 '조건' 또는 '사정'에 해당하는지 여부가 문제되나, 보조금은 판매자와 구매자의 의무사항으로 볼 수 없기 때문에 "조건 또는 사정"에 해당하지 아니한다(평가협정 예해 2.1). 또한 정부로부터 판매자가 수령한 보조금은 명백히 구매자로부터 수령한 지급금액이 아니므로 실제지급가격의 일부를 구성하지 아니하고, 관세법 제30조 제1항 각호의 가산요소에도 해당하지 아니하므로 실제지급가격에 가산해서도 아니된다(평가협정 예해 2.1).

(2) 덤핑가격으로 판매된 물품

덤핑물품이라는 이유로 거래가격을 부인해서는 아니되고, 덤핑마진(덤핑차액)은 실제지급가격에 포함되지 아니하며, 또한 관세법 제30조 제1항 각호의 가산요소에도 해당하지 않기 때문에 실제지급가격에 가산하여서는 아니된다(평가협정 예해 3.1). 관세평가절차가 덤핑방지를 위해 사용되어서는 아니된다(평가협정 일반서설). 덤핑물품을 저지하기 위한 정당한 절차는 국내법상 유효한 덤핑방지 규정(관세법 제51조 내지 제56조, 불공정무역행위 조사 및 산업 피해구제에 관한 법률 등)을 통해 이루어져야 한다.

13. 기타

(1) 경영지원비

구매자가 판매자에게 마케팅, 재무, IT서비스, 생산계획, 생산관리, 품질관리, 원자재구매 등에 대한 경영지원비를 지급하는 경우, 원칙적으로 그 비용은 수입물품과 관련이 없는 용역제공에 대한 대가이므로 과세가격에 포함되지 않는다(미국예규: H25376, HQ544638). 그러나 그 비용이 實質은 실제지급가격의 일부(간접지급, 사후귀속이익 등)이거나 권리사용료(권리사용료의 간접지급)로 볼 수 있는 경우라면 실질과세의 원칙에 따라 실제지급가격에 포함(가산)해야 할 것이다.

(2) 계약해지수수료, 계약변경수수료, 지연지급금 등

물품의 구매자가 계약을 해지하거나 주문을 취소함(그에 따라 물품은 수입되지 않음)에 따라 지급하는 계약해지수수료는 판매자의 손실에 대한 보상 성격(위약금)의 금원이므로 실제지급가격의 일부가 아니다(미국예규 544689, 544025 등). 구매자가 판매자에게 지급한 추가적인 비용은 주문은 했으나 제조 또는 수입되지 않은 물품에 대한 금액이라면 실제지급가격의 일부가 아니다(미국예규 544121 545175). 또한, 구매자는 판매자와 A물품에 대한 수출판매계약을 체결하였는데, 그 후 구매자의 사정으로 인하여 B물품으로 계약물품을 변경하고, 구매자는 계약물품의 변경으로 인한 위약금을 판매자에게 지급한 경우, 그 위약품은 실제지급가격에 포함되지 아니한다.

구매자가 부담한 지연 지급금(delay payments)은 약정손해배상금으로 실제로 지급하였거나 지급하여야 할 특정 가격과 다르며 거래가격의 일부를 이루지 않는다(미국예규 543812). 쌍방간의 계약서에 따르면 최소 수량 이상의 수입물품을 구매해야 하고 그렇지 않으면 부족분 및 특별적용 요금을 판매자에게 지급해야 하는 경우, 그 부족분 수수료는 수입물품 구매불이행으로 금전적인 책임(계약상의 벌칙)이므로 실제지급가격의 일부가 아니다(미국판례 Chrysler Corporation. v. U. S.).

제2항 가산요소

법 제30조(과세가격 결정의 원칙) ① 수입물품의 과세가격은 우리나라에 수출하기 위하여 판매되는 물품에 대하여 구매자가 실제로 지급하였거나 지급하여야 할 가격에 다음 각 호의 금액을 더하여 조정한 거래가격으로 한다. 다만, 다음 각 호의 금액을 더할 때에는 객관적이고 수량화할 수 있는 자료에 근거하여야 하며, 이러한 자료가 없는 경우에는 이 조에 규정된 방법으로 과세가격을 결정하지 아니하고 제31조부터 제35조까지에 규정된 방법으로 과세가격을 결정한다.

1. 구매자가 부담하는 수수료와 중개료. 다만, 구매수수료는 제외한다.
2. 해당 수입물품과 동일체로 취급되는 용기의 비용과 해당 수입물품의 포장에 드는 노무비와 자재비로서 구매자가 부담하는 비용
3. 구매자가 해당 수입물품의 생산 및 수출거래를 위하여 대통령령으로 정하는 물품 및 용역을 무료 또는 인하된 가격으로 직접 또는 간접으로 공급한 경우에는 그 물품 및 용역의 가격 또는 인하차액을 해당 수입물품의 총생산량 등 대통령령으로 정하는 요소를 고려하여 적절히 배분한 금액
4. 특허권, 실용신안권, 디자인권, 상표권 및 이와 유사한 권리를 사용하는 대가로 지급하는 것으로서 대통령령으로 정하는 바에 따라 산출된 금액
5. 해당 수입물품을 수입한 후 전매·처분 또는 사용하여 생긴 수익금액 중 판매자에게 직접 또는 간접으로 귀속되는 금액
6. 수입항(輸入港)까지의 운임·보험료와 그 밖에 운송과 관련되는 비용으로서 대통령령으로 정하는 바에 따라 결정된 금액. 다만, 기획재정부령으로 정하는 수입물품의 경우에는 이의 전부 또는 일부를 제외할 수 있다.

(1) 수입물품의 과세가격은 실제지급가격에 관세법 제30조 제1항 각호에 규정된 금액(사항)을 가산하여 조정한 금액으로 하는데, 이와 같이 실제지급가격에 가산·조정하는 금액(사항)을 '가산요소'라 한다. 가산요소는 그 본질이 실제지급가격의 일부이기 때문에 실제지급가격에 포함되어 있지 않은 경우 실제지급가격에 가산하는 것이다. 다만, 수입항까지의

운임·보험료·운송관련비용의 가산여부는 각국의 국내 법령에 따른다(평가협정 제8조, GATT 제7조 부속서 Ⅰ).[297)]

제1방법은 거래가격에 기초하여 과세가격을 결정하는 방법인데, 수출판매가 존재하고 거래가격 배제사유가 없어 거래가격을 과세가격으로 채택하는 경우라도 여전히 거래가격에 어떠한 왜곡이 있어서 거래가격을 그대로 과세가격으로 적용하기 적절치 않은 경우에 그러한 왜곡을 시정하기 위해 最小限의 조정을 하기 위한 규정이 가산요소 규정이다. 이는 거래가격을 최대한 과세가격으로 적용하고자 하는 평가협정의 기본 취지에서 비롯된 것이다. 따라서 이러한 가산요소 규정의 취지를 고려하여 관세법 제30조 제1항 각호에 규정된 사항에 한정하여 실제지급가격에 가산해야 할 것이다.

(2) 실제지급가격에 가산하는 금액은 관세법 제30조 제1항 제1호 내지 제6호에 규정된 사항에 한정되고, 그 以外의 금액은 실제지급금액에 가산해서는 아니된다(관세평가협정 제8조).[298)] 다만, 이 점은 '간접지급금액'을 실제지급가격에 포함(가산)하는 것(법 제30조 제2항 본문)과는 구별되어야 한다. 즉 간접지급에 해당하는 금액은 가산요소에 해당하지 않더라도 실제지급가격에 포함(가산)시킬 수 있는 것이다. 예를 들면, 구매자가 판매자에게 수입물품 제작에 필요한 금형기계를 제공한 것이 아니라 금형기계 구입비용을 지원한 것이라면, 그 지급의 실질이 생산지원이 아니라 간접지급으로서 실제지급가격의 일부이기 때문에 실제지급가격에 가산하는 것이다. 가산요소인지 아니면 간접지급인지는 지급금액의 實質에 따라 결정해야 할 것이다. 따라서 관세법 제30조 제1항 각호에 포함되어 있지 않는 항목(금액)이 구매자가 판매자에 대한 간접적인 지급이 된다는 무분별한 판정에 의해 실제지급가격에 가산되어서는 아니 될 것이고, 또한 제30조 제1항 각호에 의하여 실제지급가격에 가산처리할 수 없는 비용은 실제지급가격의 일부로 처리될 수 없는 것이다.[299)]

(3) 그리고 가산요소를 실제지급가격에 가산할 때에는 객관적이고 수량화할 수 있는 자료에 근거하여야 하며(금액을 정확히 입증하는 정보에 기초하는 범위 내에서), 이러한 자료가 없는 경우에는 거래가격에 기초하여 과세가격을 결정하지 아니하고 제2방법 내지

297) 평가협정 제8조 제2항에서는 "각 회원국은 법규를 제정함에 있어, 수입항 또는 수입장소까지의 수입물품 운송비용, 수입물품의 운송과 관련되는 적하비, 양하비 및 취급수수료, 보험료의 전부 또는 일부를 과세가격에 포함할지 또는 제외할지를 자국 법률에 규정하여야 한다"고 규정하고 있다.

298) [미국연방관세규정 §152.103] 수입물품에 대한 실제지급가격은 이 조에 가산요소로 명시된 요소에 한하여 해당하는 금액에 의해서만 가산되어야 하며, 각 요소의 금액은 실제지급가격에 달리 포함되어 있지 않아야 하며 충분한 정보를 근거로 할 때에 한한다. 이 조에 언급한 금액과 관련하여 어떠한 이유로든지 충분한 정보를 이용할 수 없는 경우, 거래가격은 결정될 수 없는 것으로 처리되어야 한다.

299) Saul L. Sherman & Hinrich Glashoff, 앞의 책, 258쪽.

제6방법에 따라 과세가격을 결정한다(법 제30조 제1항 단서, 평가협정 주해 제8조 제3항). 즉, 계량화 가능한 자료가 존재하지 않거나 가산금 내역을 확인하는데 객관적이고 수량화할 수 있는 자료가 제공되지 않는다면 가산요소를 가산할 수 없어 거래가격에 기초하여 과세가격을 결정할 수 없다.

예를 들어, 킬로그램 단위로 수입된 후 용액으로 제조된 특정제품은 수입국내에서 리터 단위 판매가격을 기준으로 권리사용료가 지급된다. 만약 권리사용료가 일부는 수입물품에 근거하고 있고, 일부는 수입된 물품과 관계없는 다른 요소에 근거하고 있다면(수입물품이 국내성분과 혼합되어 있어 이미 별도로 그 성분을 확인할 수 없는 경우이거나, 권리사용료가 이미 구매자와 판매자간 특별한 금융약정에서 구별될 수 없는 경우와 같이) 권리사용료에 대하여 가산하는 것은 부적절할 것이다. 하지만 만약에 권리사용료에 대한 금액이 수입물품에만 근거하고 있고, 쉽게 수량화할 수 있다면 실제지급가격에 가산할 수 있다(평가협정 주해 제8조 제3항).

[판례] ① 이 사건 추가 지급금액은 원고가 갱신계약의 추가 지급 약정에 의하여 이 사건 각 수입물품을 원료로 사용하여 제조한 에어탈의 판매금액에 따라 그 순매출액에 일정 비율을 곱하여 산정한 다음 P사에 지급한 것으로서 그 전부가 에어탈의 제조에 사용된 이 사건 각 수입물품에 대한 대가로 산정되었고, 그 밖의 다른 명목의 금액은 이 사건 추가 지급금액에 포함되지 않은 사실, 한편 **이 사건 각 수입물품은 그 수량이 확인되고, 에어탈 1정씩에는 아세클로페낙 100mg이 원료로 사용된 사실 등을 알 수 있다.** 따라서, 이 사건 추가 지급금액은 이 사건 각 수입물품만을 기초로 하여 산정된 것으로서 이 사건 각 수입물품의 과세가격에 가산되어야 할 금액도 객관적이고 수량화할 수 있는 자료에 근거하여 계산할 수 있다고 할 것이다(대판 2010두14565). ② GATT 신평가협약 제8조 제1항 (d)(관세법 제30조 제1항 제5호)는 기본적으로 **'당해 물품 外에 국산원료 등을 혼합하여 별도로 구별·인식할 수 없는 다른 제품을 만든 다음 이를 판매함으로써 얻은 수입금액'은 객관적이고 수량화할 수 있는 자료가 없어서 과세가격에 가산될 수 없다** 할 것이고, 위 GATT 신평가협약 제8조 제1항 (d) 및 제3항과 위 '제8조에 대한 주해 제3항 부분'이 그 자체로도 국내법적 효력을 가지므로, 이러한 규정취지와 해석은 관세법 제30조 제1항 제5호(사후귀속이익)의 적용 여부를 판단할 때에도 동일하게 적용되어야 할 것이다(광주고판 2010누91).

가산요소에 해당한다는 사실(단, 구매수수료는 제외), 객관적이고 수량화할 수 있는 자료에 근거한다는 사실 등에 대해서는 과세관청이 입증해야 한다(대판 93누500, 92누5263, 2001두6153, 2016두47321 등).

Ⅰ 구매자가 부담하는 수수료와 중개료

제1호: 구매자가 부담하는 수수료와 중개료. 다만, 구매수수료는 제외한다.

1. 의의 및 가산요건

(1) 의의 및 규정취지

수수료(commissions)와 중개료(brokerage)는 수출판매계약 과정에 참여한 '중개자'(대리인)에게 지급하는 금액을 말하는데, 통상 업무의 내용에 따라 해당 수입물품의 가격(수입거래금액)에 대한 백분율로 표시된다(평가협정 해설 2.1). 관세평가 고시 제17조 제1호에서는 "수수료는 해당 수입물품을 구매 또는 판매함에 있어서 구매자 또는 판매자를 대리하여 행하는 용역의 대가로 구매자 또는 판매자가 지급하는 비용을 말한다"고 규정하고 있다.

판매수수료나 중개료는 수출판매계약의 체결 과정에 개입하는 중개자에게 지급되는 비용으로서, 그 비용을 구매자가 부담한다면 실제지급가격의 일부를 이루는 것이므로, 만약 실제지급가격에서 그 금액이 누락되어 있다면 이를 가산해서 과세가격을 결정해야 하는 것이다(법 제30조 제1항 제1호 본문).[300]

그러나 구매수수료는 구매자의 계산과 위험 하에 업무를 처리하는 구매대리인에게 지급하는 비용이고 구매자의 이익을 위한 비용이므로 실제지급가격의 일부가 아니다(평가협정 주해 제1조 제2항). 따라서 실제지급가격에 포함되어 있지 않은 '구매수수료'는 실제지급가격에 가산하지 않는다(법 제30조 제1항 제1호 단서).

판매수수료·중개료 또는 구매수수료에 해당하는지 與否는 중개하는 자의 명칭(판매대리인, 중개인 또는 구매대리인)이나 계약서의 명칭(판매대리계약서 또는 구매대리계약서)에 따라 판단하는 것이 아니라 수수료를 수령하는 중개자가 수출판매에서 담당하는 역할(기능) 및 제공하는 용역의 본질 등을 고려해서 판단한다(평가협정 주해 제8조, 평가협정 예해 17.1, 평가협정 해설 2.1).

다만, 해당 수수료를 수령하는 자가 판매자 또는 판매자와 특수관계에 있는 자인 경우에는 판매자의 계산과 위험부담 하에 활동하고 있을 가능성이 높다는 점[301]에 유의해야 하고,

300) 판매대리인은 판매자로부터 판매수수료를 받게 되는데, 판매자는 이 판매수수료를 자신의 판매가격에 포함시킬 것이다. 만약, 구매자가 이 판매수수료를 계약한 가격과는 별도로 지급한다면, 그 구매자는 사실상 판매자의 부담을 덜어주는 것이 되며, 이 지급은 판매자에 대한 간접적인 지급이 되므로 거래가격의 일부가 되는 것이다.

301) 즉, 이 경우 수수료는 구매수수료에 해당하지 않을 가능성이 높을 것이다.

또한 수수료를 수령하는 자가 구매자 앞으로 수입물품 대금과 수수료를 병기한 송품장을 작성하여 송부한 경우에는 해당 수수료를 수령하는 자가 해당 수입물품의 판매자일 가능성이 있다는 점에 유의해야 한다(일본 관세정률법 기본통달 4-9).

(2) 가산요건

중개료와 수수료가 실제지급가격에 가산되기 위한 요건은 ① 중개료와 수수료가 실제지급가격에 포함되어 있지 않을 것, ② '구매자'가 부담하는 중개료와 수수료일 것(구매수수료 제외), ③ 객관적이고 수량화할 수 있는 자료에 근거할 것 등이다.

판매자가 지급해야 하지만 구매자에게 청구되지 않는 수수료나 중개료는 실제지급가격에 가산될 수 없다는 것은 평가협정 제8조의 규정으로 보아 명백하다(평가협정 해설 2.1).

2. 판매수수료, 중개료

(1) 판매수수료

1) 판매대리인에게 지급하는 수수료가 '판매수수료'인데, '판매대리인'은 (판매자의 계산으로) 판매자의 물품을 구매할 고객 물색, 구매자로부터 판매주문을 받고 그것을 판매자에게 전달하기, 잠재 구매자에게 샘플 보여주기 및 상품 설명, 보험 · 운송 · 보관 · 인도를 위한 절차 지원, 송품장을 비롯한 수출문서 작성 지원 등의 업무를 수행한다(평가협정 예해 2.1). 구매자가 부담하는 판매수수료는 실제지급가격에 가산한다.[302] 실제지급가격에 가산되는 판매수수료에는 수입물품의 국내판매에서 후속 구매자가 부담한 판매수수료는 포함되지 아니한다(미국예규 543708). 또한, 판매자로부터 물품을 수입하는 구매자(수입자)가 한편으로 판매자와 판매자 상품의 국내 판매에 대하여 판매대리점계약을 맺고 품목마다 국내판매 가격의 일정비율의 수수료(return commission)를 국내판매에 관한 비용으로 수령하는 경우, 그 금액은 실제지급가격에 가산되는 판매수수료가 아니다(일본예규).
2) 주의할 점은 구매자가 판매자에게 수수료 명목으로 지급하는 금액은 (실제지급가격에 가산하는 판매수수료가 아니라) 실제지급가격의 일부를 구성한다는 것이다.
3) 판매대리인을 통하여 판매되는 물품은 일반적으로 판매대리인의 보수를 지급하지 않고는

302) [예시] 구매자 甲은 판매자 乙로부터 식료품을 구매하고 있는데, 판매자의 주문은 모두 국내에 소재하는 판매자의 국내 총대리점 丙을 통하도록 되어 있으므로, 구매자 甲은 판매자 乙에 대한 물품대금을 지급하는 外에 국내 총대리점 丙에게도 별도로 수수료를 지급한다. 이 경우 국내총대리점에 지급하는 수수료는 '판매수수료'로서 실제지급가격에 가산한다. 즉, 구매자가 수입물품의 수입거래와 관련하여 판매자로부터 독점수입권을 부여받은 국내판매대리점에 대하여 지급하는 수수료는 판매수수료로 실제지급가격에 가산한다.

구매할 수 없다. 판매대리인을 통한 주문에 따라 물품을 인도한 외국의 판매자는 일반적으로 판매대리인의 용역 자체에 대하여 지급하고 이를 포함한 가격을 구매자에게 제시한다. 이 경우, 판매수수료는 실제지급가격에 포함되어 있기 때문에 가산(加算)의 문제가 발생하지 않는다. 그러나 판매조건에서 해당 물품에 대하여 송장에 기재된 가격에 가산한 수수료를 구매자로 하여금 중개자에게 직접 지급하도록 요구하는 경우, 이러한 수수료는 관세법 제30조 제1항 제1호에 따라 가산되어야 한다(평가협정 해설 2.1).

4) 판매수수료와 관련하여, 구매자와 판매대리인 구별이 문제되는데, 이에 대해서는 제2장 제1절 제1항 「심화학습」에서 자세히 살펴보았다.

(2) 중개료

1) '중개인'이란 일반적으로 자기의 계산으로 행동하지 않는 중개자를 말한다. 중개인은 구매자와 판매자 모두를 위해 행동하며 일반적으로 양 당사자와 접촉하여 양 당사자가 거래를 체결하게 하는 것 以外의 다른 역할은 수행하지 않는다. 중개인의 보수는 일반적으로 그의 활동의 결과로 체결된 거래에 대한 비율인 중개료인데, '중개료'는 판매자와 구매자를 위하여 거래알선 및 중개역할의 대가로 판매자 및 구매자가 지급하는 비용을 말한다. 중개료는 중개인의 다소 제한된 책임에 비례한다(관세평가 고시 제17조 제2호, 평가협정 해설 2.1). 구매자가 부담하는 중개료는 실제지급가격에 가산한다(법 제30조 제1항 제1호).[303] 판매수수료와 중개료의 차이는 미미하다.

2) 중개인이 물품 공급자(판매자)로부터 대가를 지급받은 경우, 일반적으로 중개료 총액은 송장 가격에 포함되어 있는데, 이런 경우에는 가산의 문제가 발생하지 않는다. 송장가격에 포함되어 있지 않으나 구매자가 부담하는 경우에는 실제지급가격에 가산해야 한다. 반면에 중개인이 구매자로부터 대가를 지급받거나 각각의 거래 당사자가 중개료의 일부를 지급할 수 있는데, 이러한 경우에는 해당 가격에 이미 포함되어 있지 않고 구매수수료에 해당하지 않으면서 구매자가 부담하는 한 실제지급가격에 가산해야 한다(평가협정 해설 2.1).

(3) 가산금액

판매수수료 또는 중개료는 해당 수입물품과 관련되고 또한 관련이 된 만큼만을 가산할 수 있다.

---

303) 판매자가 부담하는 중개수수료는 송품장가격에 포함되어 실제지급가격을 구성하고 있으므로 판매자가 지급하는 중개수수료는 실제지급가격에 가산할 필요가 없다.

3. 구매수수료

(1) 의의 및 규정취지

구매대리인에게 지급하는 수수료가 '구매수수료'(buying commissions)인데, 일반적으로 구매수수료는 수입물품에 대한 지급과 별개로 구매자(수입자)가 지급한다(평가협정 해설 2.1). 구매수수료는 통상 물품대금과는 별도로 지급된다.[304]

'구매수수료'는 실제지급가격에 가산하지 아니한다.[305] 구매수수료를 과세가격에서 제외하는 이유는 만약 구매자가 직접 또는 고용인을 보내어 외국에서 구매협상을 한다면 그들의 여행경비나 급여는 구매자의 비용으로 상품가격에 포함되지 않으며, 상거래에서 같은 역할을 수행하는 해외대리점을 고용하는 비용도 상품가격에 포함되지 않기 때문이다.

구매대리인이란 수입물품의 구매와 관련하여 외국에서[306] 구매자의 계산과 위험부담으로 구매자를 대신(대리)하여 활동하는 개인 또는 회사를 말한다(영 제17조의2 제1항). 구매대리인 자신이 법인이거나, 他회사의 지사이거나, 또는 구매자 자신의 지사인지는 문제되지 않는다.

判例 중에는 "제6방법을 적용하여 과세가격을 결정, 즉 수입물품의 원재료비와 제조비용을 추산(推算)하는 방법으로 과세가격을 결정하는 경우에는 실제지급한 원료구매대금에 포함된 구매대행수수료 등은 공제할 수 없다"고 한 것이 있다(서울고판 2009누12138).

수수료를 수령하는 者가 하나의 수입거래에 대하여 판매자와 구매자 쌍방을 대리하는 경우에는 해당 수수료는 구매수수료에 해당하지 않으며 과세가격에 산입하는 수수료(중개료)가 된다(일본 관세정률법 기본통달 4-9).

(2) 구매대리인이 행하는 용역의 범위

구매대리인은 구매자의 계산과 위험부담으로 공급자 물색, 구매 관련 사항 전달, 샘플수집, 물품검사, 보험·운송·보관 및 인도 등을 알선(주선)하는 등의 업무(용역)을 수행한다(규칙 제3조의3 본문, 평가협정 해설 2.1). 그러나 ① 구매대리인이 자기의 계산으로 용역을 수행하는 경우, ② 구매대리인이 해당 수입물품에 대하여 소유권 또는 그 밖의 이와 유사한 권리가

304) 구매수수료의 액수는 통상 수수료를 수령하는 자가 수입물품의 구매와 관련하여 구매자를 대리하여 수행하는 업무의 내용에 따라 해당 수입물품의 가격(수입물품대금)에 대한 백분율로서 약정된다(일본 관세정률법 기본통달 4-9).

305) 구매자가 자신의 계산으로 수행할 활동은 비록 판매자에게 이익이 되는 것으로 간주된다 할지라도 판매자에 대한 간접지급이 될 수 없는 것이다.

306) "외국에서"라는 제한은 부분적으로 수출국에서 또는 부분적으로 수입국 내에서 상담을 수행하는 구매대리인의 총 수수료를 포함시키기 위해 관대(liberally)하게 해석되어야 한다(Saul L. Sherman & Hinrich Glashoff, 앞의 책, 187쪽).

있는 경우, ③ 구매대리인이 해당 거래나 가격을 통제하여 실질적인 결정권을 행사하는 경우는 구매자를 대리하여 행하는 용역으로 보지 않으므로, 이 경우 구매자가 부담하는 비용은 구매수수료에 해당하지 않게 된다(규칙 제3조의2 단서, 평가협정 예해 17.1). 이 경우, 구매대리인은 실질적으로는 판매자(수출자)에 해당할 수 있고, 그에 따라 구매자가 구매대리인에게 지급한 비용은 구매수수료가 아니라 실제지급가격에 해당할 수 있다.

(3) 구매대리인과 판매자의 구별

글로벌 다국적 기업의 경우, 본사와 계열사간에 서비스 계약(Service agreement) 또는 소싱계약(Sorcing Agreement)을 체결하여 소싱(sorcing), 행정(administrative) 등 다양한 서비스를 제공하고 있는데, 이 경우 서비스계약서 및 관련서류, 본사 또는 계열사가 수행하는 실질적인 기능 및 역할 등을 고려하여 본사 또는 계열사가 구매대리인(구매수수료)인지 아니면 실질적인 판매자(실제지급가격)인지 판단하여야 한다. 이에 대해서는 제2장 제1절 제1항 「심화학습」에서 자세히 살펴보았다.

[심판례]

① 위와 같이 A가 물품대금을 제조자에게 선지급하고 청구법인이 사후에 송금하도록 한 점, 쟁점물품에 대한 구매서비스가 다양할 것임에도 물품대금의 일정률을 수수료로 지급하기로 약정한 점, 또한 그룹본사의 홈페이지에도 그룹본사가 각국의 자회사를 통제한다고 한 점, 청구법인의 회계자료에서도 청구법인이 특수관계자인 A로부터 쟁점물품을 매입한 것으로 기술한 점 등을 종합적으로 고려할 때, **청구법인은 A를 지시·통제할 입장에 있지 않을 뿐만 아니라 A를 통하지 않고는 쟁점물품을 구매할 수 없어 제조업체에 대한 선택권이 없다 할 것이고 A는 사실상 그룹본사의 지시를 받아 청구법인을 포함하여 특수관계에 있는 각국의 판매자회사에 대하여 A브랜드 제품을 공급하는 판매자 또는 수출자의 역할을 수행한 것으로 볼 수 있어 A는 청구법인의 구매대리인에 해당되지 않는다 할 것이므로 청구법인이 A에 지급한 쟁점수수료 또한 구매수수료에 해당되지 않는** 바, 처분청에서 청구법인이 한 경정청구를 거부한 처분은 정당하다고 판단된다(국심 2007관0039, 국심 2007관0040, 국심 2006관0122, 2006관0128, 조심 2009관0043 등). ② 청구법인이 제조업체 등과 구매계약, 제조위탁계약을 체결하거나 가격협상을 한 사실이 확인되지 않는 점, 쟁점소싱회사가 제조업체 선정, 쟁점물품 가격결정, 하자보상결정 등을 결정하는 것으로 보이는 점, 쟁점물품은 A상표 부착물품임에도 청구법인이 제조권한을 부여한 사실이 확인되지 않고 쟁점소싱업체 등이 허여하는 것으로 보이는 점, 쟁점소싱회사의 서비스 및 활동내역에는 상표권자, 본사 등을 위한 서비스가 함께 포함되어 있는 것으로 보이는 점 등에 비추어 쟁점수수료는 구매수수료에 해당하지 않는 것으로 판단된다(조심 2016관0198 등).

(4) 실제지급가격에 가산되지 않는 구매수수료의 범위

1) 구매수수료는 해당 수입물품의 구매와 관련하여 외국에서 구매자를 대리하여 행하는 용역의 대가로서 구매자가 구매대리인에게 지급하는 비용으로 한다. 구매자가 구매대리인에게 지급한 비용에 구매수수료 外의 비용이 포함된 경우에는 그 지급한 비용 중 구매수수료에 해당하는 금액이 따로 구분하여 산정될 수 있는 경우에만 해당 금액을 구매수수료로 한다. 세관장은 필요하다고 인정하는 경우 구매수수료에 관한 자료의 제출을 구매자에게 요청할 수 있다(영 제17조의2).

2) 수수료를 수령하는 자가 수입물품의 구매와 관련하여 구매자를 대리하여 행하는 용역(업무)의 범위를 벗어난 그 밖의 용역[307]을 제공하고, 해당 용역의 대가를 포함한 수수료를 구매자가 지급하는 경우 해당 수수료의 총액을 구매수수료에 해당하는 것으로 처리할 수 없다. 다만, 해당 수수료 중 수입물품의 구매와 관련하여 구매자를 대리하여 행하는 용역(업무)의 범위에 해당하는 업무의 대가에 상당하는 금액을 구매자가 증명하는 경우에는 해당 상당하는 금액은 구매수수료에 해당하는 것으로 취급한다(평가협정 주해 제8조, 평가협정 예해 17.1).

[심판례]

① **[구매수수료 긍정]** 청구법인이 쟁점물품을 주문하면 A는 제조자에게 청구법인의 주문번호, 고객번호, FOB운송조건으로 제품을 선적하라고 전달한 점, 쟁점물품 선하증권상 송하인은 제조자이고 수하인은 청구법인으로 기재되어 있는 점, 이 건 쟁점물품의 운송 위험에 대하여 청구법인이 보험에 가입하고 보험료를 지급하고 운송선사에 운송비용을 지급한 점, 대금지급에 있어 A는 송품장상의 금액 중 물품대금을 제조자에게 전달한 점, 청구법인은 A와 지속적인 의견교환 및 A에서 주최하는 글로벌마케팅회의에 참석하여 제품개발이나 거래가격에 대한 의견을 제시하고 제조자들과 협의를 통해 최종적으로 제품을 생산하여 수입될 제품과 수입 거래가격이 결정되는 점, 청구법인은 수입한 쟁점물품의 하자처리에 있어 A에게 하자처리를 요청하고 A는 청구법인의 하자처리요청을 제조자에게 전달하고 청구법인과 제조사 사이에서 하자처리과정을 협의하는 역할만을 하고 하자에 대한 책임이나 클레임 비용을 제조자가 부담한 점 등에 비추어 보면, **이 건 쟁점물품에 대한 매매계약의 당사자는 청구법인과 제조자로 볼 수 있는 측면이 있으므로 청구법인이 A에게 지급한 쟁점수수료는 과세가격에서 제외되는 「관세법」 제30조 제1항 제1호 단서에 규정된 구매수수료로 볼 수 있는 여지가 있다 할 것이다.** 다만, 쟁점물품에 대한 구매서비스가 다양할 것임에도 물품대금의 일정률로 수수료를

---

307) **[평가협정예해 17.1]** 제공된 용역과 관련하여 청구된 보수에 대한 적합성은 역시 정밀조사의 대상이 될 수 있다. 때로는 구매대리인은 구매대리인에 대한 일반적인 기능의 범위를 벗어난 다른 용역을 수행할 수도 있다. 이러한 부가적인 용역은 구매인에게 청구된 보수에 영향을 미칠 것이다. 예를 들면, 구매대리인이 공장에서 수출항 또는 수출시까지 물품의 운송을 주선하는 대신 스스로 물품을 운송하고 운송비용을 그의 보수에 포함시키는 경우이다. 이 경우 청구된 총 보수는 구매수수료로 간주될 수 없다. **하지만, 구매대리 용역과 관련되는 것으로 확인되는 보수의 일부는 구매수수료로 간주될 수 있다.**

지급하기로 약정한 점, 쟁점물품을 제조하기 위해서는 상표권자인 B로부터 권한을 허여 받아야 하는데 B가 그 제조권한을 A에 위임한 바, A는 B를 위해 용역을 수행하면서 청구법인으로부터 쟁점수수료를 지급받고 있어 쟁점수수료에는 구매서비스 대가만 있다고 보기 어려운 점 등을 종합할 때, 쟁점수수료 중 구매수수료의 유무 및 액수 등에 대하여 재조사하여 이 중 구매수수료에 해당하는 금액만을 과세가격에서 제외하는 것으로 하여 쟁점물품의 과세가격을 결정함이 타당하다고 판단된다(조심 2012관0044, 조심 2015관0078). ② **[구매수수료 부정]** 청구법인이 구매대리인이라고 주장하는 D의 진술에 따르면, 그 작성일자 등이 명확하지 않아 구매대행계약서 자체의 진위 여부가 불분명한 점, 구매대행계약서에 의하더라도 그 내용이 단순히 'CIF 수입가격 단가의 10~40%'를 구매수수료로 하는 것으로 되어 있어 그 금액을 품목별로 객관적으로 구분하기 어려울 뿐만 아니라, 일반적인 경우에 비추어 그 요율 또한 다소 과다한 것으로도 보이는 반면, 위 계약서 외에는 아무런 세부적인 정산자료 등이 확인되지 않는 점, 처분청 조사 당시 정작 D는 '단가 및 품질 요구 사항 전달 등 업무연락을 해 준 명목으로 월 200만원 미만을 받았을 뿐, 구매수수료 명목으로 돈을 받은 적이 없고 쟁점차액은 모두 수출자에게 전달하였다'는 취지로 진술한 점 등에 비추어 쟁점차액을 구매수수료로 지급하였다는 청구주장은 받아들이기 어렵고, 따라서 처분청이 이를 쟁점물품의 구매대금으로 보아 과세과격에 가산하여 과세한 이 건 처분에는 잘못이 없는 것으로 판단된다(조심 2020관0144).

(5) 실제지급가격에 포함된 구매수수료의 처리

만약 구매수수료가 실제지급가격이나 거래가격에 포함되어 있는 경우에는 그 금액을 실제지급가격에서 공제할 수 있는지가 문제된다. 이에 대하여 미국의 경우 실제지급가격에 포함되어 있는 구매수수료는 공제할 수 없다고 보고 있고(미국예규 544426, 546267), 일본의 경우에는 구매자가 구매수수료에 해당함을 입증한 경우에는 실제지급가격에서 공제해야 한다고 보고 있다. 생각건대 구매자와 중개자간에 구매대리업무 및 수수료에 관한 약정이 있고, 그 약정에 기하여 중개자가 구매대리인의 역할을 하였으며, 송품장상 물품대금과 구매수수료가 구분되어 있고,[308] 판매자가 구매자로부터 송품장 금원 중 구매수수료 명목으로 수령한 금원을 중개자에게 지급하였다는 점 등이 '구매자'에 의해 입증되지 않는 한 실제지급가격에서 공제될 수 없다(실제지급가격의 일부이다)고 보는 것이 타당하다.

이는 구매자가 실제지급가격과 별도로 판매자로 하여금 구매자의 대리인에게 송금하게 하려는 의도로 구매자가 판매자에게 구매수수료를 지급한 경우도 마찬가지이다.[309]

308) 만약 구매대리업무에 관한 약정이 없고, 물품대금과 구매수수료가 구분되어 있지 않다면 해당 수수료금액은 실제지급가격의 일부로 볼 수 있기 때문에 실제지급가격에서 공제할 수 없는 것이다.

309) 이에 대해서도 美國의 경우는 그 지급은 실제지급가격의 의미상 판매자의 이익을 위한 지급이므로 실제지급가격의 일부가 될 수 있다고 하나(미국판례 Moss Manufacturing Co. v. U. S.), 日本의 경우에는 증거자료를 통해 구매대리인에게 지급되는 것이 입증될 경우에는 구매수수료로 실제지급가격에서 공제된다고 보고 있다.

[판례] 원고는 수출자에게 지급한 금원 중 A사에게 지급할 금액은 구매수수료이므로 공제되어야 한다고 주장하는데, A사가 원고의 구매대리인인지 아니면 수출자의 판매대리인 또는 중개인인지 여부에 관하여 본다. ① A사는 독립적인 수출입무역업자로서 다수의 판매자들과 다수의 구매자들을 알선하여 거래를 성립시키고 대가에 따른 수수료를 지급받은 회사로서 중개과정에서 구매대리인의 범위에 속하는 주문, 선적관리 등의 용역도 부수적으로 수행하는 점, ② 원고가 수출자로부터 이 사건 물품을 수입하기 시작한 시기는 2003. 5. 3.인데 원고와 A사 사이에 구매대행계약서가 작성된 시기는 2003. 7. 15.인 점, ③ **원고는 A사에 대한 수수료를 판매대금에 포함하여 수출자에게 송금한 점**, ④ 한편 수출자는 판촉비 명목으로 A사에게 1상자당 1달러를 지급한 점, **이 사건 물품대금이 1상자당 10달러로 인상되었음에도 A사에게 지급한 판촉비는 1달러로 변동이 없는 점**, ⑤ 이 사건 처분이 있을 때까지 이 사건 수수료가 수출자가 발행한 별도의 청구서로 청구되었던 점, ⑥ 원고는 수출자에게 지급한 수수료가 A사에게 정산된 자료를 전혀 제출하지 못하고 있는 점 등을 종합하여 볼 때, **A사는 원고와 수출자의 이 사건 거래를 중개한 중개인에 해당하고, 원고가 수수료로 수출자에게 지급한 금원은 A사가 원고에게 구매대리용역을 제공한 대가로 지급한 것이 아니라 A사가 판매자와 구매자 사이에 개입하여 이 사건 물품거래를 중개한 것에 대한 대가**로서 지급한 것으로 보아야 할 것이다(서울행판 2008구합27544).

(6) 입증책임

구매대리관계의 존재 및 구매수수료에 해당한다는 사실에 대한 주장・입증은 '구매자'가 하여야 한다. 대리인 관계를 입증하는 충분한 증빙이 제출되지 않은 경우, 세관은 구매대리관계가 존재하지 않는다고 결론을 내릴 수 있다(평가협정 예해 17.1).[310] 구매대리관계에 관한 입증은 대리점계약서, 구매위탁계악서 등을 기초로 하고, 구매주문서, 텔렉스, 신용장, 무역서한 등 기타 증빙서류 등으로 한다(평가협정 주해 제8조, 평가협정 예해 17.1).

4. 관련 문제: 확인수수료

'확인수수료'(보증확인 수수료)는 판매자의 이익을 위한 것으로 고려된 경우로, 구매자가 수입물품에 대한 '판매조건'으로 판매자에게 또는 제3자(금융기관)에게 지급한 확인수수료는 실제지급가격의 일부가 된다(평가협정 해설 5.1). 확인수수료는 판매수수료나 중개료와는 다른 개념이다. 확인수수료에 대해서는 제1절 「실제지급가격」에서 자세히 살펴보았다.

310) 수수료를 수령하는 자가 구매자를 대신하는 업무를 하는 者임이 구매위탁계약서 등의 문서에 의해 명백하고(위탁업무의 내용, 수수료율 등이 명백히 되어 있을 것), 수수료를 수령하는 자가 "수입물품의 구매에 관해 구매자를 대신하는 업무를 하고 있는 실태"의 존재가 문서나 기록 또는 기타 자료에 의해 확인할 수 있어야 할 것이다(일본 관세정률법 기본통달 4-9). 美國의 판례와 관세청예규에서도 "구매대리관계의 존재 및 구매수수료에 대한 입증책임은 '수입자'에게 있고, 수입자가 이를 입증하지 못하면 구매대리인관계(구매수수료)는 인정되지 아니한다"고 한다(Rosenthai-Netter, Inc v. U.S. 등).

Ⅱ 용기비용과 포장비용

제2호: 해당 수입물품과 동일체로 취급되는 용기의 비용과 해당 수입물품의 포장에 드는 노무비와 자재비로서 구매자가 부담하는 비용

1. 의의 및 가산요건

(1) 의의 및 규정취지

1) 해당 수입물품과 동일체로 취급되는 용기의 비용과 해당 수입물품의 포장에 드는 노무비와 자재비로서 구매자가 부담하는 비용은 그 성격이 실제지급가격의 일부이기 때문에 실제지급가격에 포함되어 있지 않으면 이를 실제지급가격에 가산해야 한다(법 제30조 제1항 제2호). 이러한 비용은 가격이 아니라 구매자에게 발생한 비용(cost)을 의미하고, '실제' 비용이며 명목상의 비용이 아니다.

   물품과 동일체로 취급되는 용기나 포장비용은 당연히 실제지급가격의 일부이므로(보통 이러한 비용은 거래가격에 포함되어 있음), 이러한 비용이 누락되어 있으면 이를 실제지급가격에 가산해서 과세가격을 결정해야 하는 것이다.

2) 구매자가 포장용기 등을 수입물품의 생산 및 수출거래를 위하여 무료 또는 인하된 가격으로 직접 또는 간접으로 공급한 경우에는 (제2호의 '용기비용'에 해당하는 것이 아니라) 관세법 제30조 제1항 제3호(수입물품에 결합되는 재료·구성요소·부분품 및 그 밖에 이와 비슷한 물품)의 '생산지원비'에 해당한다.[311] 그러나, 판매자가 조달한 수입물품의 용기에 대한 비용을 구매자가 판매자를 대신하여 지급하는 경우에는 '간접지급'에 해당하여 해당 용기의 비용은 실제지급가격의 일부가 된다.

(2) 가산요건

가산요건은 ① 해당 수입물품과 '동일체'로 취급되는 용기비용과 해당 수입물품의 포장에 드는 노무비와 자재비일 것, ② 실제지급가격에 포함되어 있지 않을 것, ③ 구매자가 부담하는 비용일 것, ④ 객관적이고 수량화할 수 있는 자료에 근거할 것 등이다.

'용기 및 포장비용'은 실제지급가격에 가산한다는 것은 용기 또는 포장이 평가대상물품과 함께 제시되어 수입신고된 경우의 평가처리를 말하는 것이다. 따라서 해당 수입물품과

311) 구매자가 냉동식품을 구매하면서 냉동식품의 수입시 사용되는 "식품보존용 드라이아이스"를 판매자에게 무상으로 제공한 경우도 용기비용이 아니라 '생산지원비'에 해당한다.

수입시기를 달리하여 용기 또는 포장이 별개의 품목으로 수입되는 경우에는 용기와 포장에 대해 각각의 품목분류와 각각의 과세가격으로 과세하면 될 것이다.

2. 용기의 비용

(1) 가산되는 용기의 비용(Cost of containers)은 해당 수입물품과 동일체로 취급되는 용기에 한정된다. 즉, 여기서 '해당 수입물품과 동일체로 취급되는 용기'는 「관세율표해석에 관한 통칙」 제5호[312]의 규정에 따라 해당물품(내용물)과 함께 제시되어 해당물품에 포함되는 것으로 취급되는 케이스 기타 이와 유사한 용기 및 포장용기를 말한다(관세평가 고시 제18조). 예를 들어 향수를 담은 향수병, 시계를 담은 포장박스 등이 여기에 해당할 것이다. 이러한 용기는 운송 및 소매 포장용으로 일반적으로 재사용이 불가능하고, 내용물의 보호용으로 사용된 것으로 여겨지며, 내용물과 동일한 품목번호로 분류된다. 재사용이 불가능한 팔레트도 포장용기에 해당한다(미국예규 548257).

(2) 그러나, 관세법 제97조의 재수출면세, 관세법 제99조의 재수입면세 등의 규정에 따라 관세가 감면되는 물품(예: 장거리 운송에 반복적으로 사용되는 컨테이너 등)은 제외한다.[313] 따라서 관세규정 또는 품목분류규칙상 수입물품과 일체의 것으로 취급되지 않는 장거리 운송에 사용되고, 그리고 다른 국제간 운송에 재사용되는 상업용 컨테이너 임차비용, 여타의 재사용할 수 있는 국제간 운송에 사용되는 기구의 임차비용, 또는 이러한 재사용할 수 있는 용기에 적재하는 비용 등은 제2호의 '용기 비용'에는 해당하지 않지만, 관세법 제30조 제1항 제6호의 '운송비용'으로 가산될 수는 있을 것이다.

---

312) 내용물과 함께 제시되는 포장재료와 포장용기는 이들이 그러한 물품의 포장용으로 정상적으로 사용되는 것이라면 그 내용물과 함께 분류한다. 다만 그러한 포장재료나 포장용기가 명백히 반복적으로 사용하기에 적합한 것이라면 그렇지 않다. 즉, 반복 사용 가능한 용기는 수입신고시 품목번호를 별도로 분류하여 신고하여야 하는데, 용기가 누구 소유인지에 따라 수입자 소유시에는 재수입면세, 수출자 소유시에는 재수출면세가 가능하다.

[조심 2011관0040] 쟁점물품인 Container Transport of Fluids이 규격은 관세율표 제8609호 해설서상의 용적규정에 부합하고 **반복사용이 가능**하도록 제작된 물품으로, **아연도금 강철관제 재질**로 된 격자 형태의 입방체 구조물 내부에 플라스틱제 용기를 넣은 구조로서, 하단의 철강제 팔레트에 forklift로 용기 하역을 위한 홈이 있는 점 등으로 보아 ('플라스틱제의 물품 운반 또는 포장용기'가 아니라) 액체물질의 운송・보관용 컨테이너로 보아 HSK 8609.00.1000호로 분류하는 것이 타당하다고 판단된다.

313) '포장 및 용기'로 인해 구매자가 지급한 모든 비용은 그 비용이 실제지급가격에 포함되어 있지 않는 한 실제지급가격에 가산될 것이다. 이러한 비용은 '실제'비용이어야 하며, 판매자에 의해 청구된 관념적 비용이 아니다. 용기비용이 수입물품의 과세가격의 일부를 구성하지 않는 유일한 경우는 국내법 하에서 별도로 신고되어야 하는 경우이다. 이러한 용기는 국내(수입국) 원산지 또는 통일 상품명 및 부호체계의 일반규칙, 해설 5(a), (b) 하에서 특별 관세대우를 받는 용기이다. 예를 들면, 전체에 본질적인 성격을 부여하는 용기, 재사용이 가능한 선적 또는 포장용기의 일반적 종류, 비어있는 상태로 수입된 용기 등이다(WCO관세평가 교육모듈(초급), 181~182쪽).

[심판례] 수출자가 발행한 송품장 및 보험증권에 따르면 청구법인과 수출자간의 거래대상인 수입물품은 맥주인 것으로 보이는 점, 쟁점물품은 맥주를 수입하기 위한 용기 및 운송도구로서 청구법인은 쟁점물품을 반환할 의무가 있고 이를 담보하기 위하여 반환보증금을 관리하고 있는바, 이러한 거래관계에서 쟁점물품을 우리나라에 수출하기 위하여 판매되는 물품으로 보기 어려운 점, 청구법인이 쟁점물품을 재수출 조건(면세)으로 신고하지 아니하고 일반수입으로 신고한 것은 맥주의 국내 유통과정에서 쟁점물품이 분실 또는 미회수되는 경우 재수출 의무를 이행하기 어려워 이를 방지하기 위한 것이지 쟁점물품을 별도의 거래대상으로 하여 수입하기 위한 것으로 보기 어려운 점 등에 비추어 볼 때, **맥주를 수입하면서 지급하는 운임 등을 전액 실제지급가격에 가산하여 과세가격을 산정**하고 그 결과에 따라 관세 등을 과세한 처분은 달리 잘못이 없다고 판단된다(조심 2018관0060).

3. 포장비용

(1) 해당 수입물품의 포장에 드는 노무비와 자재비로서 구매자가 부담하는 비용은 실제지급가격에 가산한다.[314] 물품 운송 중의 보호 및 취급을 위한 재사용할 수 없는 포장에 관한 비용은 비록 수입자에게 물품의 가격과 별도로 청구되었을지라도 과세가격의 일부가 된다. 참고로, 미국관세법 §1401a(h)(3)에서는 "포장비용(Cost of packing)이라는 용어는 노무비 또는 재료비 여부에 관계없이 물품의 상태를 유지하는데 사용되며 수입국으로 선적할 준비를 위한 포장, 그 재료의 성질에 관계없이 모든 용기 및 포장의 비용을 의미한다"고 규정하고 있다. 용기비용과 마찬가지로 포장비용도 내용물과 함께 동일한 품목번호로 분류되는 경우이어야 한다.

(2) 외국에서 수행되는 압축하기 · 백에 넣기 · 진공포장 · 소매포장 작업 · 컨테이너에 의류를 걸기 등에 소요된 비용, 물품이나 포장박스에 주의 라벨 · 원산지표시 라벨 · 품질표시 라벨 · 가격표 등을 부착하거나 교체하는 비용 등은 포장비용에 해당한다(미국예규 545917, 546479). 공장인도조건의 경우, 포장비에는 수출국에서 공장의 판매자로부터 물품을 인수하여 환경조절, 진공포장 및 수출용 상자나 팔렛트에 물품을 적재하는 비용이 포함된다(미국예규 452834). 그러나 수입의류에 부착하여 반복적인 사용이 가능한 플라스틱 보안태그(security tag)는 수입의류와 별도로 품목분류되기 때문에 포장비용에 해당하지 아니한다(미국예규 H048276).

(3) 유의해야 할 점은 판매자가 부담해야 하는 포장에 소요되는 비용을 구매자가 판매자를 대신하여 지급하는 경우 해당 지급은 판매자에의 '간접지급'에 해당하여 실제지급가격의 일부가 된다는 것이다.

314) the cost of packing whether for labour or materials.

4. 가산금액

수입물품의 포장 및 용기와 관련된 모든 비용은 실제지급가격에 가산되는데, 구체적으로 ① 내부 포장 박스 및 판지 박스(가방, 박스, 플라스틱 포장, 마분지 박스 등과 같은 "소매" 포장을 가리킨다), ② 외부 포장박스 및 판지 박스("수출"포장을 가리키며 판지박스, 나무상자, 철재상자 등을 포함할 수 있다), ③ 포장 재질(예를 들어, 마분지 삽입물, 버블랩, 건초, 짚, 잘게 썬 종이, 스티로폼 칩 등), ④ 용기에 물품을 보관하고 보호하기 위해 드는 노무비(포장, 박스 봉인, 통에 넣기, 진공포장, 환경 조절, 옷걸이나 선반에 넣기) 등이 포함된다.[315)]

 생산지원비

제3호: 구매자가 해당 수입물품의 생산 및 수출거래를 위하여 대통령령으로 정하는 물품 및 용역을 무료 또는 인하된 가격으로 직접 또는 간접으로 공급한 경우에는 그 물품 및 용역의 가격 또는 인하차액을 해당 수입물품의 총생산량 등 대통령령으로 정하는 요소를 고려하여 적절히 배분한 금액

1. 의의 및 가산요건

(1) 의의 및 규정취지

구매자가 해당 수입물품의 생산 및 수출거래를 위하여 일정한 물품 및 용역을 무료 또는 인하된 가격으로 직접 또는 간접으로 공급한 경우(생산지원, Assist), 그 물품 및 용역의 가격 또는 인하차액을 실제지급가격에 가산한다(법 제30조 제1항 제3호). 이를 '생산지원비'라 한다. 생산지원비는 수입거래에 있어서 수출자가 하여야 할 일을 수입자가 자신의 비용으로 대신하여 수행한 다음 그 결과를 무료 또는 인하된 가격으로 생산자에게 제공함으로써 수입물품의 가격을 인하시키는 경우를 말한다(대판 92누5263, 2001두6153).

구매자가 판매자에게 수입물품의 생산에 필요한 재료, 부분품 등을 공급한다면, 그 가격이나 비용은 실질적으로는 구매자가 수입물품의 대가를 현물 형태로 지급한 것으로 실제지급가격의 일부이므로 실제지급가격에 가산해서 과세가격을 결정해야 하는 것이다. 만약 이들 물품 또는 용역을 구매자가 공급하지 않고 판매자나 생산자가 직접 구입·조달했다면 그 대가는 당연히 수입물품의 가격의 일부를 구성하게 될 것이기 때문이다.

315) WCO관세평가 교육모듈(초급용), 210쪽.

(2) 가산요건

(가) 해당 수입물품의 생산 및 수출거래와 관련된 생산지원일 것

수입 以前에 우리나라로 수입될 물품의 生産에 필요한 생산지원(물품, 용역)이어야 한다.[316] 따라서 일반적으로 수입물품의 '마케팅'이나 해당물품의 수입 以後에 국내에서 제조・가공 등에 필요한 기술용역 등은 여기에 해당하지 아니한다.[317]

[심판례] 청구법인은 B로부터 기자재를 수입한 후 쟁점기술용역자료를 참고하여 계약설비를 제조, 가공, 조립하여 계약설비를 H전력공사에 납품한 업체로서 단순히 외국기자재를 수입하여 판매하는 업체와는 성격이 다른 계약설비 제조업체이며, 청구법인이 B사로부터 수입한 기자재는 계약설비의 부분품이고, 청구법인이 쟁점기술용역비를 지급하고 받은 별첨 "1"의 기술자료는 청구법인이 작성하여 B에 송부한 구매사양서 부록2에 관련된 자료로서 B로부터 기자재를 수입하여 내국자재와 혼합하여 계약설비를 제조・조립하는데 필요한 자료와 계약설비를 납품한 후 현장설치에 필요한 자료 및 계약설비의 유지보수에 필요한 자료등으로서 순수하게 국내에서 계약설비의 부가가치를 창출하는데 필요한 기술자료임을 알 수 있다. 그렇다면, **청구법인이 A로부터 송부받은 위 기술용역자료는 B가 미국에서 계약설비의 부분품인 기자재를 생산하는데 필요한 기술이 포함된 자료가 아니고, 동 기자재를 청구법인이 수입한 以後 국내에서 동 기자재와 내국자재를 혼합하여 조립・가공제조한 후 계약설비의 현장설치 및 계약설비의 유지보수에 필요한 자료임**이 확인됨에도 불구하고 이를 인정하지 아니하고 청구법인이 A에 제공한 쟁점기술용역비 DM 4,122,568중 국산화 부분을 제외한 DM 2,205,265.99를 계약설비의 부분품인 기자재의 생산에 지원된 기술용역비로 보아 이를 동 기자재의 과세가격에 가산하여 과세한 처분은 부당하다고 판단된다(국심 1995관0115).

(나) 관세법령 및 평가협정에 규정된 '생산지원'에 해당할 것

1) 관세법 시행령 제18조, 평가협정 제8조 제1항에 규정된 생산지원에 대해서만 가산요소로 실제지급가격에 가산할 수 있다. 따라서 구매자가 판매자에게 제공하는 '재정적 지원'(예: 생산에 필요한 기계구입자금의 대여, 수입물품 생산에 필요한 공구를 제작할 비용의 지급, 금형개발비용 지급, 미래 생산을 위한 연구개발비용 충당을 위한 금원의 지급 등)은 생산

---

316) '생산 및 수출거래를 위하여' 라고 규정되어 있는데, 이는 생산지원이 생산뿐만 아니라 수출거래에 사용된다는 것은 아니고, 구매자가 제공한 생산지원인 물품이나 용역이 물품의 生産에 사용되고, 그로 인하여 생산된 물품을 구매자가 수입(수출판매)하는 거래라는 것을 의미한다.

317) **[참고판례]** 전자제어장치 제조시 사용되는 부품의 선정이나 조립방법 등이 일본 A사의 기술에 따른 것으로 보더라도, 부품공급업체의 교체가 가능한 점에 비추어 A사는 일반적으로 필요한 부품의 종류를 지정할 뿐이고, 어느 공급업체의 부품을 선택할지는 원고에게 달려있다. 따라서 **각 부품을 수입하여 국내에서 결합하는 시점에 비로소 그러한 기술이 구현되는 것으로 보아야 하므로** 각 부품 자체에 A사의 기술이 체화되어 있다고 볼 수 없다(서울행판 2013구합2662).

지원에 해당하지 아니한다(즉, 실제지급가격의 '간접지급'에 해당한다).[318] 연장된 하자보증(warranty)도 생산지원에 해당하지 아니한다(미국예규 H253493).

> **[판례]** 피고인이 중국의 甲 회사에서 오토바이를 수입하면서 과세가격을 실제로 지급한 금액에서 甲 회사의 금형개발비를 누락시켜 신고함으로써 차액에 대한 관세를 포탈하였다고 하여 구 관세법 위반으로 기소된 사안에서, **무료 또는 인하된 가격으로 금형 자체를 수출업자에게 공급한 것이 아니라 구매자가 금형개발비를 물품대금에 포함하여 지급한 경우로서 금형개발비로 지급된 금액 자체가 곧바로 수입물품의 과세가격으로 된다**고 보아 유죄를 인정한 원심판단은 정당하다(대판 2010도4355).

2) 생산지원인 물품은 그것이 어디서(수입국 또는 제3국) 發生(제작, 제공)된 것인가는 관계없다. 다만, 수입물품 생산에 필요한 기술・설계・고안・고안 및 디자인은 우리나라에서 개발된 것은 제외한다(영 제18조 제4호 단서).

(다) 구매자가 생산지원을 무료 또는 인하된 가격으로 직접 또는 간접으로 제공하였을 것

구매자가 물품 또는 용역을 '무료' 또는 '인하'된 가격으로 제공하는 경우이어야 하므로, 구매자가 물품 등을 판매자에게 정당한 가격으로 판매하거나 물품과 용역을 제공하고 그 대가를 전부 지급받은 것은 생산지원에 해당하지 않는다(평가분류 47221-1-096).[319] 또한 해외직접투자는 고정자산의 이동으로 생산지원비의 가산요건인 '무료 또는 인하된 가격'으로 공급하는 경우에 해당하지 않으므로 실제지급가격에 가산할 수 없다(평가분류 47221-876).

구매자가 생산지원을 直接 제공한 경우뿐만 아니라 구매자가 제3국에 있는 자와 물품공급

318) **[미국판례]** 수입자가 판매자에게 수입물품(엔진) 제작에 필요한 공구비용을 지급한 것은 생산지원이 아니고, 오히려 실제로 지급하였거나 지급하여야 할 가격의 일부이다. 판매자에게 실제로 공구가 제공되지 않았기 때문에 법령이 정하는 생산지원의 요건에 해당하지 않는다(Chrysler Corp. v. U.S.). **[미국예규]** 구매자가 수입물품 판매자에게 수입물품을 생산하는데 필요한 공구를 제작하도록 하기 위하여 지급한 금액은 간접지급금액에 해당한다(544525, 543595 등). **다만, [일본예규]** 중에는 "수입물품의 생산을 위한 금형비용을 구매자가 판매자에게 지급한 경우라도 구매자가 금형을 자기의 자산으로 관리하고 생산종료 後 구매자에게 반환되는 경우이면 구매자가 그 금형을 구매하여 판매자에게 무상 대여한 것과 같으므로 (실제지급가격이 아니라) 생산지원비로 실제지급가격에 가산한다"고 한 것이 있다. 구매자 甲과 판매자 乙간에 체결된 매매계약에는 수입물품을 생산하기 위해 금형을 乙이 금형제작자 丙으로부터 매입하지만 그 비용은 甲이 부담하고, 甲의 자기 자산으로 금형을 관리하고 생산종료 後 乙은 甲에게 금형을 반환하도록 부기되어 있는 경우이다.

319) **[미국예규]** 수입자는 국내회사로부터 오래된 직물을 처분하여 달라는 제의를 받았다. 그리하여 수입자가 그 직물을 외국의 제조업자에게 국내 최고 입찰가에 상응하는 가격으로 판매하였고, 외국제조자는 그것으로 자켓을 생산하여 수입자에게 정상적으로 결정된 가격으로 판매하였다. 이때 외국 제조자에게 판매한 직물은 생산지원에 해당하지 않는다(543619).

계약이나 라이센스계약을 체결하고 그 자로 하여금 제조자에게 생산지원을 제공하는 경우와 같이 間接으로 제공하는 경우도 포함된다.[320)]

(라) 실제지급가격에 포함되어 있지 않을 것과 객관적이고 수량화할 수 있는 자료에 근거할 것

실제지급가격에 포함되어 있지 않은 경우에 가산하는 것이다. 판매자는 수입물품의 가격에 생산지원에 해당하는 금액을 포함시키지 않는 것이 일반적이다.[321)]

실제지급가격에 가산되는 생산요소의 가격을 결정함에 있어 수입자와 세관당국 모두 부담을 최소화하기 위해서는 가능한 한 구매자의 상업적 기록체계 내에서 쉽게 이용 가능한 자료가 사용되어야 한다. 가산되어야 할 가격을 쉽게 계산이 가능한지는 특정 기업의 회계방법뿐만 아니라 기업의 구조, 경영관행에 달려 있다(평가협정 주해 제8조 제1항).

[판례] 「관세 및 무역에 관한 일반협정 제7조의 시행에 관한 협정」 제8조, 관세법 제9조의 3 제1항 등의 관계규정에 의해 **수입물품의 과세가격에 가산되는 물품 및 용역의 공급이란 수입거래에 있어서 수출자가 하여야 할 일을 수입자가 자신의 비용으로 대신하여 수행한 다음 그 결과를 무료 또는 인하된 가격으로 생산자에게 제공함으로써 수입물품의 가격을 인하시키는 경우를 가리키고, 이에 대하여는 과세관청이 입증책임을 부담한다.** 원고가 외국의 기자재 생산업체에 발송한 위 구매사양서는 수입기자재의 형태와 치수 및 규격, 용량, 성능 등 구매자의 요구사항을 나타내기는 하였지만 수입기자재의 생산을 지원해주는 수준의 공학기술이나 설계, 고안 등의 내용을 담은 것은 아닌 사실, 그러므로 위 수입기자재의 생산업체들은 순전히 자체의 기술로서 그 제작, 생산을 한 사실을 인정할 수 있고, (가)부분은 원고가 미국소재 E사의 기술정보를 사용하여 우리나라에서 CTA, PTA 등을 생산, 사용, 판매할 수 있는 기술 실시권을 허여받은 것으로서 그 대가는 이른바 로열티에 해당하여 그것이 위 수입기자재의 생산 및 수출거래에 직접 또는 간접으로 제공되어진 기술의 도입대가라 할 수 없고(위 로열티는 위 수입기자재의 거래조건으로 지급되지 않았음이 명백하므로 이 부분의 기술도입대가를 로열티로 보아 과세가격에 가산할 수는 없다), (나)의 (1)부분은 이 사건 공장 내지 CTA, PTA 등의 공정을 검토하는 용역을 제공받는 것에 불과하므로 이를 두고 수입기자재의 생산 및 수입기자재의 생산 및 수출거래를 위하여 도입된 기술용역이라 할 수 없으며, (다)부분 또한 원고가 미국소재 기자재 생산업체들로부터 기자재를 구매함에 있어 미국 P사로부터 구매를 지원받은 것에 불과하므로, 그 대가는 과세가격에 가산할 수 없는 구매수수료에 해당한다고 하겠고, 나머지 부분은 일반적으로 구매자가 규격상품이 아닌 주문상품을 구매하는 때에는 구매사양서에 의하게

320) **[미국예규]** 비록 직물이 수입물품의 판매자에게 무상으로 제공되었다 하더라도 구매자 또는 구매자와 특수관계가 있는 자에 의해 제공되지 않았다면 그 직물은 생산지원에 해당하지 아니한다(545172).

321) 생산지원비가 실제지급가격에 포함되어 있다면 무료 또는 인하된 가격으로 지원한 것이 아니므로 생산지원의 개념에 해당하지 않을 것이다.

되는데, 그 구매사양서에는 주문품의 형태나 치수, 용량 내지 성능 등을 표시하여 구매자의 요구를 표시함이 필수적인 점, **이러한 구매사양서의 제공이 있었다 하더라도 이것이 주문품의 가격을 인하시키는 요인이 되지 않는 점 등에 비추어 보면, 이 사건 수입기자재의 생산 및 수출거래를 위하여 직접 또는 간접으로 제공되어진 기술용역의 도입이라 할 수 없으므로** 이 사건 수입기자재의 수입가격에 위 각 기술도입비가 가산될 수 없다 하겠다. 그리고, 원고가 도입한 이 사건 기술내용은 우리나라에서 CTA, PTA 등을 생산하는 공장을 건설하고 그 운영을 하여 나가기 위한 기술정보 내지 그 실시권의 허여일뿐 이 사건 공장의 건설에 필요한 개개 수입기자재의 생산 및 수출거래 그 자체를 위한 것은 아니고 또한 이 사건 공장의 상세설계도 및 그에 의한 구매사양서의 작성에는 국내 소재 소외 S사 및 원고 자신의 기술도 들어 있음이 명백한바, **그렇다면 이 사건 도입기술의 어느 부분이 어느 수입기자재의 생산 및 수출거래에 얼마만큼 어떻게 제공되어 졌는지를 가리기 어렵다고 할 것이므로 이 사건 수입기자재의 생산 및 수출거래를 위하여 제공되어 졌다고 보아 그 부분의 기술 도입대가 전부를 수입가격에 가산한 이 사건 과세처분은 객관적이고 수량화할 수 있는 자료만을 기초로 실제수입가격에 가산하는 금액을 정하도록 한 WTO관세평가협정 및 관세법에 반한다고 하겠다**(부산고판 90누3133, 대판 92누5263).

2. 생산지원의 범위

실제지급가격에 가산되는 생산지원 물품 및 용역은 다음의 어느 하나에 해당하는 것을 말한다(법 제30조 제1항 제3호, 영 제18조, 평가협정 제8조 제1항).

(1) 수입물품에 결합(incorporated)되는 재료 · 구성요소 · 부분품 및 그 밖에 이와 비슷한 물품(제1호)

수입물품에 결합되어 물리적으로 존재하는 유형의 물품들을 말한다. 예를 들어, 수입할 남성용 양복의 제조자에게 무상으로 제공하는 지퍼, 수입할 골프화의 제조자에게 무상으로 제공하는 갑피 등이 여기에 해당한다. 재료에는 나무,[322] 금속, 플라스틱, 직물이 포함되고, 구성요소 · 부분품은 완제품, 전기부품, 집적회로 등이 될 수 있다.[323] "그 밖에 이와 비슷한 물품"에는 수입물품에 부착하는 '상표라벨'이나 '상품라벨' 등이 포함된다. 다만 국내법령에 근거하여 표시의무가 주어져 있는 사항만을 표시하고 있는 라벨 등의 공급은 생산지원에

322) 국내 구매자가 외국 판매자로부터 '가구'를 수입하면서 가구 생산에 사용되도록 '제재목'을 무상으로 제공한 경우도 여기에 해당한다.

323) [미국예규] 구매자가 판매자에게 인하된 가격으로 제공하는 '집적회로'는 수입물품에 포함되는 구성요소로서 간주되므로 그 비용은 생산지원에 해당한다. 제조가 미국 또는 그 以外의 지역에서 이루어졌는지를 불문한다(542948).

해당하지 아니한다(일본 관세정률법 기본통달 4-12). 그리고 앞에서 설명한 바와 같이 수입물품과 일체를 이루는 포장용기를 무상 또는 인하된 가격으로 제공하는 경우도 제1호의 생산지원에 해당한다.

예를 들어, 국내 구매자 甲사가 미국 A사로부터 차량을 구매(2억원)하여 미국 소재 B사로 보내어 B사가 장갑작업(장갑작용 비용은 3억원)을 한 후 국내로 수입하는 경우, (넓은 의미의 수출판매가 성립하고) 甲사가 B사에 제공한 차량가격(2억원)은 생산지원비용으로 실제지급가격에 가산하여야 한다(평가협정 사례 연구 5.1.).

[판례] 국내 甲사가 해외 반도체팩키징 회사 A에게 웨이퍼를 무상 제공하고 임가공 의뢰를 한 후 임가공완제품을 수입한 경우, 甲사가 무상 제공한 웨이퍼는 수입품에 결합되는 재료로서 그 가격은 생산지원비에 해당하므로 과세가격에 가산해야 한다(서울행판 2008구합42659).

(2) 수입물품의 생산에 사용(used)되는 공구 · 금형 · 다이스 및 그 밖에 이와 비슷한 물품으로서 기획재정부령으로 정하는 것(제2호)

수입물품의 생산과정에 사용되어 소모되거나 닳아지는 것들이 여기에 포함된다. "기획재정부령으로 정하는 것"이란 해당 수입물품의 조립 · 가공 · 성형 등의 생산과정에 직접 사용되는 기계 · 기구 등을 말한다(규칙 제4조 제1항). "수입물품의 생산"이란 재배, 제조, 채광, 채취, 가공, 조립 등 해당 물품을 만들어 내거나 가치를 창출해내는 행위를 말한다(관세평가 고시 제19조 제1항)."공구 · 금형 · 다이스"에는 수입물품의 생산에 직접 사용되는 종이로 만든 형태의 표본도 포함된다(관세평가 고시 제19조 제4항).[324] 포토마스크(주형),[325] 의류제조에 필수적인 재봉기계도 여기에 포함된다. 수입물품의 생산에 직접 사용된 공구만을 의미하므로, 사무용기기(예: 복사기, 계산기, 에어컨, 전화교환설비 등)나 비상발전기, 변압기 등은 여기에 해당하지 아니한다.

'검사장비'의 경우, 생산이 완료된 물품의 흠결 여부를 검사 · 확인하기 위한 장비라면 生産에 사용되는 장비가 아니므로 생산지원에 해당하지 않을 것이나(미국예규 544315), 검사장비가

324) [예시] 구매자 甲이 의장권자 丙과 라이센스계약을 체결하고, 丙이 甲의 지시에 따라 신사복 제조하는데 필요한 복수의 '형지'(丙이 개발한 의장이 실시된 신사복 제조용의 형지)를 제조자 乙에게 제공하고, 乙은 그 형지를 사용하여 신사복을 생산한다. 이 경우 '형지'는 금형 등과 동일한 기능을 하고 있으므로 제2호의 생산지원에 해당한다. 실제지급가격에 가산되는 생산지원비는 '해당 라이센스료'가 된다(일본예규 참조).

325) [미국예규] '금형', 즉 형판과 주형은 일반적으로 상품의 형태를 만드는데 관련된다. 여기에는 고무나 플라스틱 주형뿐만 아니라 금속 제조공장에서 사용되는 형태의 주형도 포함된다. 수입하는 음악 CD를 만드는데 사용되는 '스탬퍼'(stamper)도 여기에 포함된다. 실리콘 웨이퍼상에 집적회로를 전사하기 위하여 사용하는 '포토마스크'는 주형과 유사하고 생산지원으로 과세된다(544147 등).

생산과정 중 수행되는 테스트에 사용되고 그러한 테스트가 제품의 생산에 필수적이라면 생산지원에 해당할 것이다. 따라서 반도체 제조용 웨이퍼를 실수요자의 요구사양에 맞게 제조하여 납품할 수 있도록 웨이퍼의 불량 여부를 확인하는 검사장비는 생산지원에 해당한다(관세평가과-2535).

[판례] 일반적인 상관행에 비추어 보면, **대개 구매자인 원고가 당해 수출거래와 밀접한 관계가 있는 미끼를 대게 수출업자들에게 제공하고** 그 미끼 대금을 현금으로 수수하거나 상계처리하지 아니하였다면 경험칙상 미끼를 현실적인 대금 수수 없이 공급하고 그 대금에 상응하는 만큼 대게 수입대금을 낮은 가격으로 책정받았을 것으로 추정되고, 원고가 그러한 경험칙을 적용할 수 없는 사정을 충분히 증명하였다고 보이지 아니하는 이 사건에 있어서는 구매자인 원고가 당해 수출거래를 위하여 무료로 물품을 공급한 경우로서 **관세법 제30조 제1항 제3호 소정의 수입물품의 과세가격에 무료로 공급된 물품 가격만큼을 가산**하여야 하는 때에 해당한다고 봄이 상당하다(서울고판 2009누29471, 대판 2010두19140).

(3) 수입물품의 생산과정에 소비(consumed)되는 물품(제3호)

수입물품의 생산과정에 소비되는 물품에는 연료, 촉매, 재봉바늘, 윤활제, 연마제, 새로운 고성능 자동차의 성능 시험에 소비되는 특수연료, 염료 및 표백제 등이 포함된다. 빵 제조에 사용되는 이스트(효소), 항체의 생산과정에 소비되는 세포배양체, 최종물품의 제조과정에서 변환되는 화학적 중간물질, 수입하는 배추 생산에 필요한 배추씨 등도 여기에 포함된다.[326)]

관세법 시행령 제18조 제1호 또는 제3호와 관련하여 잔여물(웨이스트), 부산물의 평가처리가 문제된다. 예를 들어, 구매자가 양복을 생산하는 판매자에게 직물을 보내고 판매자는 그것으로 양복을 만드는데, 양복의 재단 및 봉제 과정에서 직물의 80%만 양복생산에 사용되고 20%는 웨이스트로 남은 경우, 실제지급가격에 가산하는 생산지원비는 구매자가 공급한 직물의 80%에 대한 가격인가 아니면 잔여물(웨이스트, 20%)까지 포함한 전체 가격인가 문제되는데, 정상적인 생산과정에서 잔여물(웨이스트)이나 부산물이 발생하는 경우에는 구매자가 제공한 물품 전체의 가격을 생산지원비로 가산해야 할 것이다(미국판례 Salant Corp v. U.S.).[327)] 그러나 구매자가

---

326) 물론, 화학적 중간물질은 제1호의 수입물품에 결합되는 재료 · 구성요소 · 부분품 및 그 밖에 이와 비슷한 물품에 포함될 수도 있다. 종자, 살충제, 제초제는 수입물품의 생산과정에서 소비되는 모든 원재료로서 생산지원에 해당한다(미국예규 544655).

327) [미국예규] ① 수입물품의 생산과정 또는 생산결과로 나오는 '부산물'(직물더미, 플라스틱판, 또는 회로, CPU칩, 반도체와 같은 절단 물품과 같은 원재료 등)은 수입물품의 과세가격에 포함되는 생산지원에 해당한다(545908). ② 폐기물을 사용한 래커 희석액은 캐나다에서 재생된 후 수입되었는데, 캐나다로 송부된 중고 래커 희석액은 생산지원의 정의에 해당되지 않으며, 단지 재생되었을 뿐이고, 수입물품의 생산에 소모되지 않았다(548569). [일본예규] 구매자가 무상제공한 재료에 소요되는 비용은 무상제공한 물품 중 일반적인 생산손실을 예상한

보낸 직물 중 80%만 양복생산에 사용하고 20%는 재고로 남아 있는 경우, 잉여직물인 20%는 생산지원으로 간주할 수 없다(미국예규 543924). 생산이 완료 또는 중단되었을 때 남은 원・부재료가 일반적인 생산손실(loss)에 해당하는 것이면 잔여분의 가격도 생산지원비용에 포함하고, 생산이 완료 또는 중단되었을 때 남은 원・부재료가 판매자 또는 제3자에게 매각, 국내로 재수입, 판매자의 국가에서 멸각처분하였음이 계약서 또는 공적기관이 작성한 문서에 의해 증명되는 경우 동 잔여분의 가격은 생산지원비용에 포함하지 않는다(평가분류 47221-1096, 관세평가협의회 07-04-02). 또한, 구매자가 보낸 직물 중 운송 및 보관 과정에서 발생한 '자체불량품'은 생산지원에 해당하지 아니한다.

[심판례] 쟁점물품 제조를 위한 **원자재를 임가공업자에게 보내는 과정 및 보관 중에 발생한 '자체 불량품'은 정상적인 생산과정이 아닌 부분의 손실량이므로** 생산지원비를 규정한 「관세법」 제30조 제1항 제3호 및 같은 법 시행령 제18조 제1호인 "수입물품에 결합되는 재료・구성요소・부분품 및 그 밖에 이와 비슷한 물품"과 제3호인 "수입물품의 생산과정에 소비되는 물품"에 해당하는 것으로 보기 어려운 점, 임가공업자의 제조공정 중에 발생한 '생산과정 불량품'은 정상적인 생산과정에서 발생한 손실량으로서 쟁점물품의 생산과정에 소비되는 물품에 해당한다고 하더라도 관세법 시행규칙 제56조 제1항에서 정한 해외임가공물품감세대상인 제85류에 분류되는 쟁점물품의 제조・가공에 사용된 원재료 또는 부분품으로서 해외임가공물품감세대상인 수입신고 1란의 과세가격(수출신고가격)에 가산하여 감세되어야 하는 것인 점 등에 비추어 **처분청이 '자체 불량품' 및 '생산과정 불량품'의 수출가격을 수입신고서 2란의 '임가공비'에 가산하여 과세한 처분은 잘못이 있다**고 판단된다(조심 2014관0361).

(4) 수입물품의 생산에 必要한 기술・설계・고안・공예 및 디자인. 다만, 우리나라에서 개발된 것은 제외한다(제4호)

1) 수입물품 생산에 필요한 기술・설계・고안・공예 및 디자인

수입물품 생산에 필요한 기술・설계・고안・공예 및 디자인은 생산지원으로 실제지급가격에 가산한다(평가협정 제8조 제1항). 무형의 생산지원(用役)으로서 기술・설계・고안・공예 및 디자인은 우리나라 以外의 장소에서 수행된 것을 말하고, 해당 기술이나 설계 등에 관한 계약이 체결된 장소나 작성자의 국적 등은 관계없다. 여기서 수입물품의 생산에 필요한 '기술'은 특허기술・노하우 등 이미 개발되어 있는 기술과 새로이 수행하여 얻은 기술로 한다(규칙 제4조 제2항). '디자인'에는 광고, 마케팅, 판촉에 관한 서비스는 포함되지 않는다(미국예규 548626).

제4호에는 구매자가 기술・설계・디자인 등의 人的 用役(서비스)을 직접 제공하는 것뿐만

여분 부품 등이 포함되어 있는 경우에는 그 해당 여분 부품 등을 포함한 총금액이 된다.

아니라 기술 · 설계 · 고안 · 디자인 등의 결과물(설계도, 디자인, 기술서류 등)을 제공하는 것도 포함된다. 다만, 수입물품의 생산에 必須的인 경우에만 생산지원으로 실제지급가격에 가산한다.

[평가협정 사례연구 1.1; 사례연습 29] 국내 구매자(수입자) 甲사는 미국 A사와 액화메탄가스 생산용 처리설비(알루미늄 액화가스 탱크, 증기시스템의 건설 등)의 건설 및 판매계약을 체결하였다. 계약가격은 20억원이다. 액화메탄가스 생산용 처리시설의 건설 등과 관련하여, 甲사는 미국소재 B사로 하여금 A사에 알루미늄 액화가스 탱크의 건설에 필요한 특수재료(4억원), 건설을 위한 설계 및 고안(2억원), 탱크를 용접하는데 사용되는 특수용접기계(1천만원), 그 특수용접기계에 사용되는 가스용기 500개(5백만원)를 무상 제공하도록 하고, 또한 캐나다 소재 C사로 하여금 甲사가 주문한 설비에 쓰이는 증기시스템(10억원), 그 증기시스템 건설을 위한 설계, 도면 및 기술문서(2억원)를 A사에 무상 제공하도록 하였다. 한편, 甲사는 국내에서 개발한 설계 및 고안에 따라 설비에 공통적으로 사용되는 보조장비(2억원)를 제작한 후 A사에게 무상 제공한다. 甲사가 액화메탄가스 생산용 처리설비를 수입하여 가격신고를 하고자 하는데, 이 경우 과세가격은 어떻게 결정해야 하는가? (실제지급가격(20억원)에 가산해야 할 금액들은 어떠한가?) [과세가격 결정] B사가 A사에 제공한 특수재료(4억원)는 관세법 시행령 제18조 제1호, 설계 및 고안(2억원)은 제4호, 특수용접기계는 제2호, 가스용기는 제3호에 따라 가산하고, C사가 제공한 증기시스템(10억원), 증기시스템에 대한 설계, 도면 및 기술문서(2억원)은 제4호에 따라 가산하며, 甲사가 제공한 보조장비(2억원)는 제1호에 따라 가산한다.[328)]

[예시] 국내 A사는 중국 B사로부터 건설기계를 구매한다. A사는 건설기계 제조에 필요한 디자인을 일본 C사로부터 구매하여 B사에게 제공하고, 또한 미국 D사의 기술자 2명을 중국 B사에 파견하여 건설기계 제작에 필요한 기술지원 서비스를 제공한다. 아울러, A사는 싱가폴 E사의 관리직원 2명을 B사에 파견하여 품질관리 및 재고관리 서비스를 제공한다. A사는 디자인 구매비용, D사의 기술자 2명 및 E사의 관리직원 2명에 대한 보수 등 관련 비용을 모두 부담한다. 이 경우, A사가 부담한 비용 중 디자인 구매비용과 D사의 기술자 2명에 대한 비용은 '생산지원비'에 해당하나, E사의 관리직원 2명에 대한 비용은 (생산과 관련 없는 용역제공이므로) 생산지원비에 해당하지 아니한다(미국예규 542690, 548540 참조).

그러나 구매자에 의해 제공되어 수입물품인 기계에 입력된 자료 및 정보는 생산에 필요한 것도 아니고 제4호에 규정된 기술 · 설계 등도 아니므로 생산지원에 해당하지 아니하고, 구매자가 '구매주문서'(구매사양서)에 성능 · 형태 · 용량 · 규격 등 구매자의 요구사항을 설명 · 표시하여 제공한 경우(다만, 해당 수입물품의 생산에 필요한 기술, 디자인 및 생산방법

328) 보조 장비에 체화된 설계나 고안이 국내에서 개발된 것인지 외국에서 개발된 것인지 상관없이 가산한다.

등은 기재되어 있지 않은 경우) 그것이 외국에서 수행된 것이라 할지라도 생산지원에 해당하지 아니하며(대판 92누5263, 대판 93누500), 구매자에 의해 제공되는 물품의 품질관리 또는 경영관리서비스, 법률서비스, 회계서비스 등은 생산지원에 해당하지 아니한다(미국예규 548540). 또한, 기초 연구(research) 및 초기 디자인 스케치의 비용, 치수나 코드 또는 색이나 패턴에 대한 사양서가 없는 스토리보드 디자인 등은 생산지원에 해당하지 아니하고(평가협정 결정 5.1,[329] 미국예규 H206976).

해외 현지법인에 파견 중인 원가회계상 제조원가 해당 업무 수행직원의 급여는 모두 수입물품의 제조원가(재료원가, 노무원가, 제조경비)에 해당되므로 과세가격에 포함된다. 다만, 수입물품의 생산에 필요한 한국에서 개발된 기술·설계·고안·공예 및 디자인을 전수하기 위한 업무는 과세가격에 포함되지 않는다(관세평가협의회, 결정 14-01-01, 07-01-03). 이 경우 과세가격 산출시 파견직원에 대한 소요비용은 실제 지급여부와 관계없이 파견기간 중 해당직원과 관련하여 산정 가능한 구매자의 모든 비용을 합산하여 산정해야 한다(관세평가협의회 결정 14-01-01).[330]

그리고 구매자가 수출국의 검사업체를 통해 생산된 물품에 대한 '검사(테스트) 서비스'를 제공받고 검사업체에게 그 비용을 지급한 경우, 그 비용은 생산지원에 해당하지 아니한다(미국예규 H235895). 그리고 구매자에 의해 수입물품의 판매자에게 '검사비용'(테스트비용)이 지급된 경우 그 비용은 생산지원비가 아니라 수입물품에 대하여 실제로 지급하였거나 지급하여야 할 가격의 일부이다(미국예규 542187, 543645).

[판례] 원고는 일본 N사와 기술도입계약 및 기술용역계약을 맺고 나서 N사는 원고에게 노말파라핀공정에 대한 기본설계용역 등을 제공하였는데, 그때 공장설계계약서 제3조는 제2조에 의거 특별히 공급된 어떤 용역에 첨가하여 기술제공자는 원고의 서면요구와 그에 따른 본계약서와 더불어 상호 동의할 수 있는 조항에 따라 미국 U사(기술 특허권 보유자로서 N사의 모회사)는 다음사항을 수행할 수 있다고 규정하였을 뿐, N사와 U사가 원고에 대하여 독점하여 구매하도록 하는 권리를 가지지는 아니하였고, 그리고 원고는 N사로부터 받은 기본설계에 터잡아 구체적으로 공장건설을 위하여 국내 D사와 용역계약을 맺고 D사는 노말파라핀공정에 관한 상세설계용역, 기자재구매용역 등을 원고에게 제공하기로 하여 N사가 원고에게 제공한 위 기본설계를 바탕으로 상세설계도를 작성하고, 공장건설에 소요될 각종 기자재의 내역을 기재한 '구매사양서'를 제공하였는데, **그 구매사양서의 내용은 수입물품이 전체로서 공장건설을 위한 개개부품으로서**

329) **[평가협정 결정 5.1]** 평가협정 체약국들은 평가협정 제8조 제1항(b)의 development에는 research는 제외되는 것으로 이해하였다.

330) 생산지원물품의 가격은 해당물품을 생산공장에 지원하기 위해 발생한 모든 비용을 합산하여 산정하여야 한다(관세평가협의회, 13-02-01).

갖추어야 할 요건인 성능, 형태 및 규격을 기재하였지만 당해 기자재생산에 필요한 기술, 디자인 및 생산방법 등은 기재되어 있지도 아니하였고, 그에 터잡아 원고는 국산화되어 있는 기자재는 국내에서 구입하였고 外國에서 구입함에 있어서는 품질과 가격에서 가장 경쟁력이 있는 제품들을 자유로운 의사로 선정하여 N사, U사 등을 비롯한 여러 곳으로부터 구입하였는데 피고가 가산된 가격으로 과세가격을 정한 별지 1 기재와 같은 **17개 물품들을 생산한 11개 회사들은 모두 그 생산에 관한 세계적인 전문업체들로서 자체기술을 가지고 있었으며** 원고가 N사로부터 염화물을, U사로부터 흡착제 및 흐름변경장치를 각 구입하였지만 그것도 품질 및 가격에서 가장 경쟁력이 있다고 보아 위 구매사양서를 보고 선정한 것이고 **N사와 U사는 그 생산제조에 관하여 기술 및 정보를 가지고 있는 터라 원고가 기술이나 용역을 제공할 필요도 없는 사실**을 인정할 수 있는바, 위 인정사실에 의하면 원고회사는 생산자들인 위 11개회사들에게 기자재를 생산함에 있어 스스로 갖추어야 할 기술이나 용역을 원고 자신의 비용으로 대신 수행하고 그 결과 무료 또는 인하된 가격으로 제공하여 수입물품의 가격을 인하시켰다고 볼 수 없다고 할 것이므로 이 사건 과세처분은 위법하다(또한, 기술사용료를 권리사용료로 가산하려면 위 기술사용료가 이 사건 수입물품과 관련되어 그 거래조건으로 지급된 것이라는 점을 피고가 입증하여야 할 것이나 이에 관하여 피고가 입증을 다하였다고 보기 어렵다)(부산고판 91구3932, 대판 93누500: **사례연습 30**).[331]

2) '우리나라'에서 개발된 수입물품의 생산에 필요한 기술 · 설계 · 고안 · 공예 및 디자인

그러나 수입국인 '우리나라'에서 개발된 수입물품의 생산에 필요한 기술 · 설계 · 고안 · 공예 및 디자인에 관한 비용은 실제지급가격에 가산하지 아니한다(영 제18조 제4호 단서).[332] 우리나라에서 '개발된'이란 우리나라에서 '수행된'(undertaken, carried out)이라는 의미로 해석하면 될 것이다(평가협정 제8조 제1항, 평가협정 결정 2.1). 우리나라에서 개발(수행)된 기술 · 설계 · 고안 · 고안 및 디자인에 해당된다는 점과 그에 관한 비용 등에 대해서는 '구매자'(수입자)가 주장 · 입증해야 한다.

---

331) **[대판 93누500]** 원고가 11개 회사들로부터 기자재를 구입한 것은 품질 및 가격에서 가장 경쟁력이 있다고 보아 선정한 것이고, 이들 회사는 위 물품의 생산 · 제조에 관한 기술 및 정보를 가지고 있는 것이어서 원고가 기술이나 용역을 제공할 필요가 없다고 인정되므로 거래조건성이 인정되지 아니한다.

332) **[미국예규]** 미국 내에서 만들어지는 기술데이터, 청사진, 도면, 미국 내에서 발생한 디자인 부서의 비용, 구매자의 미국 내 디자인 부서에 의해 제작된 패턴비용, 미국의 구매자 또는 그의 종업원에 의해 미국 내에서 개발되어 주형 또는 형판으로 사용되는 試作品, 미국 내에서 제작된 엔지니어링모델, 미국 내에서 개발된 연하장 제조에 사용되는 영상 네거티브(필름), 미국내에서 개발된 소프트웨어 등은 생산지원에 해당하지 아니한다(542377 등).

[관세평가협정 사례연구 5.2] 국내 甲사는 독일 A사와 경주용자동차 3개를 주문하였는데, 이들 자동차는 甲사가 요구하는 특정한 기술사용에 맞게 제조되어야 한다. 자동차 생산과 관련하여, 甲사는 영국의 E사로 하여금 자동차카뷰레터를 제작(3천만원)하여 A사에 무상 제공하도록 하고, 이탈리아의 P사로부터 전자측정장비를 임차(임차료 5천만원)하여 A사에 무상 제공하여 자동차엔진시험을 수행하도록 하고, 독일 V사로 하여금 자동차 성능시험에 필요한 특수연료 5,000리터(5백만원)을 A사에 무상 제공하도록 하며, 독일 T사로 하여금 자동차 자체에 대한 설계 및 고안(2천만원)을 A사에 무상 제공하도록 하고, 자동차기어박스는 甲사의 요청으로 국내의 乙사의 기술지원부서가 수행한 설계 및 고안(제작비용 8천만원)을 A사에 무상제공하였다. 甲사가 경주용자동사를 수입하여 과세가격 신고를 하고자 하는데, 이 경우 과세가격은 어떻게 결정되어야 하는가?(실제지급가격(20억원)에 가산해야 할 금액들은 어떠한가?) **[과세가격결정]** E사가 제공한 카뷰레타(3천만원)는 관세법 시행령 제18조 제1호, P사가 제공한 전자측정장비(5천만원)는 제2호, V사가 제공한 특수연료(5백만원)는 제3호, T사가 제공한 설계 및 고안(2천만원)은 제4호에 따라 실제지급가격에 가산한다. 그러나, 자동차기업박스에 대한 설계 및 고안은 국내에서 수행된 것이기 때문에 실제지급가격에 가산하지 않는다.

[심판례] 청구법인이 제공한 **기본패턴지는 비과세 대상인 국내디자이너가 개발한 디자인이 구현되어 있고** 이는 디자인의 이해를 돕기 위한 참고용이나 작업용 패턴지를 제작하기 위한 견본용으로 볼 수 있는지 등에 비추어 이를 생산지원비용으로 본 처분은 잘못이다(조심 2013관0196).

구매자가 판매자와 기술제휴계약을 체결하고 구매자의 직원 또는 제3자 등 인력을 판매자에게 보내어 국내에서 개발된 기술 등을 판매자의 직원들에게 무상으로 지도(기술 지도)하는 경우도 우리나라에서 개발된 기술 등을 제공하는 경우에 해당하므로, 구매자가 부담하는 해당 기술자의 급료・여비・현지체제비 등은 실제지급가격에 가산되지 아니한다. 외국국적의 기술자나 디자이너라 하더라도 국내에서 개발한 기술・설계・디자인 등을 제조자에게 제공하는 경우이면 우리나라에서 개발된 기술・설계・디자인 등에 해당한다. 반대로 우리나라의 기술자나 디자이너라 하더라도 외국에서 개발한 기술・설계・디자인을 제조자에게 제공하는 경우이면 우리나라에서 개발된 기술・디자인 등에 해당하지 아니하므로, 이 경우 구매자가 부담하는 기술자들의 급료, 여비, 현지체제비 등은 생산지원비로 실제지급가격에 가산해야 한다(미국예규 545626).

[예시] 국내 A는 중국 B로부터 건설기계를 구매한다. A는 일본인 디자이너 C가 국내 디자인사무소에서 제작한 디자인을 구매하여 B에게 제공하고, 미국의 특허권자 D가 개발한 기술 및 설계도를 구매하여 B에게 제공했으며, 미국에 거주하는 한국인 기술자 K를 중국 B에게 파견하여 자신이 미국 사무소에서 개발한 건설기계 제작에 필요한 기술을 지도하는 서비스를 제공하며, 아울러 국내에 근무하는 일본인 기술자 J를 B에게 파견하여 생산과정에 필수적인 테스트 공정에 참여시켜 한국 사무소에서 개발한 기술을 지도하였다. A는 C로부터 디자인 구매비용, D로부터 기술 및 설계도 구입비용, 한국인 기술자 K 및 일본인 기술자 J에 대한 보수 등 관련 비용을 모두 부담한다. 이 경우, A사가 부담한 비용 중 C로부터의 디자인 구입비용과 J에 대한 보수 등 관련 비용은 국내에서 개발된 디자인이나 기술을 지원하는 것이므로 생산지원비에 가산되지 않으나, D로부터의 기술 및 설계도 구입비용, K에 대한 비용은 '생산지원비'에 해당한다(미국예규 542690, 542377).

기술・설계・고안・공예 및 디자인의 개발 작업이 우리나라와 外國에서 함께 수행된 경우에는 외국에서 수행된 무형의 지원만 가산되는 생산지원에 포함되어야 한다(미국연방 관세규정 §152.102).[333]

3) 유의사항

주의할 점은 재료, 부분품, 공구, 금형 등 유형적(물품)인 생산지원(제1호 내지 제3호)에 기술・설계・고안・공예 및 디자인 등(제4호)이 체화(구현)되어 있는 경우에는 해당 기술・설계・디자인 등의 국내 수행 여부와 관계없이 생산지원비용에 가산한다. 다시 말하면 우리나라에서 개발된 고안이나 디자인을 구현(체화)하여 제작된 공구나 금형 등을 수입물품의 생산에 제공한 경우, 비록 그 고안이나 디자인이 우리나라에서 개발된 것이라 할지라도 고안이나 디자인 등의 가격을 포함한 가격을 생산지원비로 가산해야 한다(관세평가 고시 제19조 제3항, 평가협정 예해 18.1).

[심판례] 수입자가 국내에서 개발된 설계를 수출자에게 공급하는 경우는 그 비용을 과세가격에서 제외하는 반면, **설계비용이 과세되기 위해서는 생산지원물품에 설계가 체화된 상태로 수출자에게 제공되어야 하는 점**, 청구법인은 쟁점설계도면과 포토마스크 제작비용을 별도로 제공한 점 등에 비추어 처분청이 **쟁점설계도면에 대한 국내설계비용을 생산지원비용에 해당한다고 보아 과세한 이 건 처분은 잘못**이라고 판단된다(조심 2018관0165).[334]

333) [관세평가협의회 결정] 본건에서 구매자가 해외제조자에게 제공한 '생산작업지시서'는 '수입물품의 생산에 필요한 디자인'에 해당하는 생산지원용역이다. 수입의류의 생산에 필요한 생산지원용역, 즉 '생산작업지시서'가 최종적으로 국내에서 작성되었다고 하더라도, 생산작업지시서의 중요하고 필수적인 요소가 **일부**(MAP판 및 프로토타입 샘플) 해외에서 수행되었다면, 전체 디자인 개발 용역 중에서 해외에서 수행된 용역에 해당하는 금액은 생산지원비로 가산되어야 한다(18-02-01).

3. 생산지원비의 결정(생산지원의 가격 결정)

생산지원의 가격은 생산지원요소를 취득하기 위한 총비용이거나 일반적으로 인정된 회계원칙에 부합하게 생산지원 생산자의 기록에 반영된 생산지원의 생산비용이다(평가협정 예해 18.1). 수입자의 제조원가명세서, 임가공품 소요량계산서, 임가공계약서, 수출신고필증과 수출입금액, 무역외지급인증서, 기타 회계장부, 현지법인 결산보고서 등을 검토하여 생산지원비를 결정한다.

[평가협정 주해 제8조 제1항] 평가협정 제8조 제1항(b)에서 규정하는 생산지원요소를 수입물품에 배분하는 데에는 2가지 요인이 관계된다. 해당 요소 자체의 가격과 수입물품에 해당 요소 가격을 배분하는 방법이다. 이들 요소의 배분은 상황에 적절한 합리적인 방법과 일반적으로 인정된 회계원칙에 따라 이루어져야 한다. 실제지급가격에 가산되어야 할 생산지원의 가격을 결정함에 있어 수입자와 세관당국 모두 부담을 최소화하기 위해서는 가능한 한 구매자의 상업적 기록체계 내에서 쉽게 이용 가능한 자료가 사용되어야 한다. 가산되어야 할 가격을 쉽게 계산하는 것이 가능한지는 특정기업의 회계방식뿐만 아니라 기업의 구조, 경영관행에 달려 있다. 예를 들어 여러 나라로부터 다양한 상품을 수입하는 회사가 특정상품에 귀속하는 비용을 정확히 표시하는 방식으로 수입국 밖의 자체 디자인 센터에 기록을 유지할 수 있다. 그러한 경우, 평가협정 제8조(관세법 제30조 제1항 각호)에 따른 직접적인 조정이 적절히 이루어질 수 있다. 다른 사례로, 회사는 수입국 밖의 디자인 센터 비용을 특정상품에 배분하지 않고 일반경비로 처리하는 경우이다. 이 경우 디자인 센터 총 비용을 디자인 센터로부터 이익을 얻는 총 생산량에 배분한 후 이 같이 배분된 비용을 수입물품에 단위 기준으로 가산함으로써 평가협정 제8조 규정에 따른 적절한 조정이 가능하다. 물론 상기 상황에서의 편차에 대하여는 적절한 배분방법을 결정하는데 있어 다른 요소들이 고려될 필요가 있다.

생산지원의 가격에는 생산지원을 제조공장까지 운반하기 위한 운송비 및 상환불가능한 관세 및 조세가 포함된다.[335] 평가협정 주해 제8조 제1항에서의 "취득비용"(given cost)이란 용어는 생산지원의 획득과 관련하여 수입자가 부담하는 모든 비용을 포함한다(평가협정 예해 24.1).

334) **[미국예규]** 수입물품의 생산에 사용되는 포토마스크(즉, 주형)를 제작하는데 미국 내 기술 및 개발이 사용(체화)되었고, 구매자에 의해 판매자에게 무상으로 제공된다. 기술 및 개발의 비용이 해당 회사에 의해 일반적으로 인정된 회계원칙에 따라 제조원가로 처리되고 있는 한, 포토마스크를 생산하는데 발생한 미국 내 기술 및 개발의 비용을 생산지원에서 제외할 수 없다(543889).

335) 생산지원물품의 국내 매입과 관련하여 부과되는 국내소비세(부가가치세 등)는 생산지원비에 포함되지 아니한다(일본예규). 구매자에 의해 외국 판매자에게 무료로 제공되는 직물의 금융비용과 창고비용은 직물의 취득원가에 포함되지 아니한다(미국예규 542367).

구체적으로 생산지원 물품 및 용역의 가격은 다음의 각 구분에 따른 금액으로 결정한다(규칙 제4조 제3항, 평가협정 주해 제8조 제1항).

(1) 해당 물품 및 용역을 특수관계가 없는 자로부터 구입 또는 임차하여 구매자가 공급하는 경우: 그 구입 또는 임차하는 데에 소요되는 비용과 이를 생산장소까지 운송하는 데에 소요되는 비용을 합한 금액[336)]

이 경우, 생산지원이 용역인 경우, 즉 구매자가 제3자와 로열티/라이센스계약(권리사용료: 순매출액의 3%)을 체결하고 설계나 고안 등을 제조자에게 제공한 경우, 생산지원비는 구매자가 제3자에게 지급할 권리사용료이다.

다만, 구매자가 구입하여 일정기간 사용한 後에 제공한 경우에는 (구매자가 취득 또는 생산하였는지 여부와 상관없이) 당초의 취득 또는 생산비용은 해당 요소의 가격을 결정하기 위하여 해당 요소의 사용분을 반영하여 하향조정되어야 한다(평가협정 주해 제8조 제1항, 미국연방관세규정 §152.103).

구매자가 중고 금형을 제조자에게 무상으로 대여하고 생산이 끝나면 반환받는 경우, 생산지원비로 실제지급가격에 가산되는 금액은 대여시의 금형의 잔존가치에서 반환시의 금형의 잔존가치를 공제한 금액에 구매자가 해당 금형을 대여하기 위하여 부담한 운송비용 등의 금액을 가산한 합계액이 된다(평가분류 47221-1096, 일본예규).

국내에서 '원화'로 구매하여 무상으로 공급하는 생산지원 물품의 경우, 원칙적으로 수입자의 회계장부상 확인되는 원부자재 구입원가를 생산지원금액으로 결정하며, 예외적으로 세관장이 타당하다고 인정하는 경우 원화수출가격을 생산지원금액으로 결정한다(관세평가과-1187). 그리고 제3국에서 외화 신용장 결제방식으로 구매하여 위탁가공업자에게 공급하는 의류원자재의 생산지원금액을 원화로 환산하는 경우에는, 의류완제품을 수입신고하는 시점의 과세환율을 적용하여야 한다(관세평가과-1187).

(2) 해당 물품 및 용역을 구매자가 직접 生産하여 공급하는 경우: 그 생산비용과 이를 수입물품의 생산장소까지 운송하는 데에 소요되는 비용을 합한 금액

---

336) 생산지원의 가격을 결정함에 있어 구매자의 비용을 기초로, **이윤의 부가 없이 평가**되어야 한다. 이것은 구매자가 그 생산지원을 구입하거나 직접 만든 것에 관계없이 적용된다. 생산지원이 구매자에 의해 이미 사용되었다면 획득 또는 생산의 초기비용은 생산지원을 평가할 때 이를 고려하기 위해 조정 인하되어야 한다. 만약, 생산지원이 구매자에 의해 수리되었거나 변형된 경우, 이 가격은 수리 또는 변경비용을 고려해야 한다[WCO관세평가 교육모듈(초급용), 222쪽].

[예시] 국내 구매자 甲은 중국의 판매자 乙로부터 가구를 수입하는데, 甲은 乙에게 가구제조에 필요한 '목재'를 무상공급한다. 甲이 乙에게 무상제공하는 목재는 甲이 인도네시아의 丙으로부터 원목을 구매하여 甲의 공장에서 가공한 것이다. 이 경우 생산지원비는 '생산비용'(원목의 거래가격 + 관세 + 통관비용 + 甲의 공장까지의 운임 + 甲의 공장에서의 가공임) + 목재를 乙에게 운송하는데 소요된 비용(운임 등)을 합한 금액이 된다.

(3) 해당 물품 및 용역을 구매자와 특수관계에 있는 자로부터 구입 또는 임차하여 공급하는 경우: 다음의 어느 하나에 따라 산출된 비용과 이를 수입물품의 생산장소까지 운송하는 데에 소요되는 비용을 합한 금액[337]

① 해당 물품 및 용역의 생산비용

② 특수관계에 있는 자가 해당 물품 및 용역을 구입 또는 임차한 비용

(4) 수입물품의 생산에 필요한 기술・설계・고안・공예 및 의장이 수입물품 및 국내생산물품에 함께 관련된 경우: 당해 기술등이 제공되어 생산된 수입물품에 해당되는 기술 등의 금액

(5) 공공영역에서 이용 가능한 요소의 경우: 이들 복제물(사본)을 취득하는 비용을 제외하고는 가산되지 않는다(평가협정 주해 제8조 제1항).

예를 들어 구매자가 특허권 보호기간이 만료된 공구의 설계도면 사본을 취득하여 판매자에게 무상 제공한 경우, 생산지원비는 사본을 입수하기 위한 비용에 운송비용 등을 가산한 합계액이 된다.

(6) 구매자(수입자)가 생산지원 물품 및 용역의 生産에 필요한 요소를 제공한 경우에는 해당 요소의 비용도 과세가격에 포함한다(관세평가 고시 제19조 제2항).

때때로, 구매자가 판매자에게 무료 또는 인하된 가격으로 공급하는 생산지원은 구매자가 이들 생산지원의 판매자에게 역시 무료 또는 인하된 가격으로 공급하는 다른 물품 또는 용역을 사용하여 생산될 수도 있다. 수입자 또는 수입자와 특수관계에 있는 자가 생산한 생산지원인 경우, 그 가격은 생산지원을 생산하는데 사용된 모든 요소를 포함하여 계산된다. 따라서 생산지원비용에는 수입물품의 생산지원에 대하여 판매자에게 지급한 가격뿐만 아니라 수입자(구매자)가 해당 생산지원을 생산하는 판매자에게 공급한 기타 물품 또는 용역의 비용을 포함한다(평가협정 예해 24.1).

---

337) [평가협정 주해 제8조 제1항] 해당요소를 수입자와 특수관계에 있는 자가 생산한 경우에는 해당요소의 가격은 "해당요소의 생산비용"이 된다.

[예시] 국내 구매자 A는 일본의 판매자 B로부터 '액세서리'를 구매하는데, A는 B에게 그 액세서리의 생산에 사용할 '공구'를 무상으로 제공한다. A는 해당 공구의 생산에 필요한 금형을 국내의 C로부터 구매하여 중국의 공구제조자 D에게 무상제공하고 D는 그 금형을 사용하여 해당 공구를 제작한 後 A에게 보낸다. 이 경우 A가 D에게 무상제공한 금형은 수입물품의 생산에 사용되는 공구를 생산하기 위한 것으로서 해당 공구의 취득가격에는 그 취득과 관련하여 구매자가 부담한 모든 비용이 포함되므로, 해당 금형의 비용은 '해당 공구' 취득가격의 일부를 구성하며 과세가격에 포함된다.

(7) 수입물품의 생산에 사용되는 공구, 금형, 주형 및 이와 유사한 물품의 가격은 취득 또는 생산비용의 일부로서 체화된 디자인 등(비록 그 디자인이 수입국 내에서 수행되었다 할지라도)의 가격을 포함한다(평가협정 예해 18.1).

(8) 생산지원 요소의 생산이 다수의 국가에 걸쳐 일정 시간 이상 관련되는 경우, 조정은 수입국 밖에서 해당 요소에 대하여 실제로 가산된 가격에 한정되어야 한다(평가협정 주해 제8조 제1항).

4. 생산지원비의 배분 등

생산지원의 가격(생산지원비)이 결정되면, 생산지원비의 배분은 상황에 적절한 합리적인 방법과 일반적으로 인정된 회계원칙에 따라 이루어져야 한다(평가협정 주해 제8조 제1항).

생산지원비를 수입물품의 실제지급가격에 가산하는 경우 다음의 어느 하나의 방법으로 배분하여 가산한다(영 제18조의2, 평가협정 주해 제8조 제1항). 사용되는 배분방법은 수입자가 제출하는 자료에 따라 결정한다. 무료 또는 인하된 가격으로 공급하는 물품 및 용역의 금액은 실제 거래가격을 기준으로 산정한 금액을 말하며, 국내에서 생산된 물품 및 용역을 공급하는 경우에는 부가가치세를 제외하고 산정한다(영 제18조의2 제1항).

[평가협정 주해 제8조 제1항(b)] 생산지원비용(생산지원 요소의 가격)이 결정되면, 수입물품에 해당가격을 배분하는 것이 필요하다. 여기에는 많은 가능성이 존재한다. 예를 들면, 수입자가 한 번에 전체 가격에 대하여 관세를 납부하고자 한다면 첫 번째 선적분에 해당 가격이 배분될 수 있다. 또 하나의 사례로는 첫 번째 선적 때까지 생산된 단위수량의 개수에 대하여 가격을 배분하도록 요청할 수 있다. 또 다른 사례로, 해당 수입자는 생산에 대한 계약 또는 확약이 되어 있는 전체 예정된 생산량에 대하여 가격을 배분하도록 요구할 수도 있다. 사용되는 배분방법은 수입자가 제출한 자료에 따라 결정한다. 예를 들어, 수입자는 생산자에게 수입물품 생산에 사용될 주형을 제공하고 생산자와 10,000개를 구매하는 계약을 체결한다. 첫 번째 선적분 1,000개가

도착할 때까지 생산자는 이미 4,000개를 생산하였다. 수입자는 세관당국에 주형 가격을 수입물품 1,000개, 4,000개 또는 10,000개 단위로 배분하여 줄 것을 요청할 수 있다.

(1) 해당 수입물품의 총생산량 대비 실제 수입된 물품의 비율

납세의무자가 생산지원비용 중 해당 수입물품에 해당하는 금액만 납부하고자 하는 때에는 생산지원으로 수입할 총금액 중 해당 수입물품 금액이 차지하는 비율에 비례하여 계산한 금액을 해당 수입물품의 실제지급금액에 가산한다(영 제18조의2 제1항 제1호).

주의해야 할 점은 당초의 생산예정 개수를 초과해서 수입되는 경우는 이미 해당 생산지원물품의 제공비용(생산지원비)은 과세가격에 산입되었으므로 이를 초과해서 수입된 물품의 과세가격에 포함할 필요가 없다는 것이다(일본예규 참조).

(2) 공급하는 물품 및 용역이 해당 수입물품 外의 물품 생산과 함께 관련되어 있는 경우, 각 생산 물품별 거래가격(해당 수입물품 外의 물품이 국내에서 생산되는 경우에는 거래가격에서 부가가치세를 제외한다) 합계액 대비 해당 수입물품 거래가격의 비율(영 제18조의2 제1항 제2호)

1) 생산지원 용역이 생산지원 용역에 의해 생산된 수입물품과 국내생산물품에 함께 관련된 때에는 생산지원 용역의 가격에 생산지원 용역에 의해 생산된 전체물품의 가격 중에서 해당 수입물품의 가격이 차지하는 비율을 곱하여 산출한 금액(조정액)을 해당 수입물품의 가격에 가산한다(관세평가 고시 제20조 제2호).

2) 생산지원 용역이 생산지원 용역에 의해 생산된 수입물품과 국내생산물품에 함께 관련되고 또한 해당 수입물품이 여러 종류의 물품에 함께 관련되어 분할 수입되는 때에는 생산지원 용역의 가격을 해당 수입물품별로 가격에 따라 조정액을 안분하여 가산하며, 그 안분방법은 먼저 가산율을 산출하고 그 가산율을 해당 수입물품별 가격에 곱한다(관세평가 고시 제20조 제3호).

가산율 산정은 생산지원 용역에 의해 생산된 수입물품의 총가격에서 조정액이 차지하는 구성비로 계산하고, 조정액 산출시에 적용하는 물품가격은 수입물품에 대하여는 실제지급가격으로 하고 국내생산물품에 대하여는 부가가치세가 포함되지 아니한 가격으로 한다(관세평가 고시 제20조 제3호, 제4호).

(3) 위의 (1) 및 (2)에 불구하고, '납세의무자'는 무료 또는 인하된 가격으로 공급하는 물품 및 용역(생산지원)의 가격 또는 인하차액 전액을 최초로 수입되는 물품의 실제로 지급하였거나 지급하여야 할 가격에 배분할 수 있다. 납세의무자의 요청이 있는 경우에 한하여 할 수 있다. 이 경우 수입되는 전체 물품에 관세율이 다른 여러 개의 물품이

혼재된 경우에는 생산지원비 전액을 관세율이 다른 물품별로 최초로 수입되는 물품의 가격에 안분하여 배분한다(영 제18조의2 제2항).[338] 이 경우 납세의무자는 최초로 수입되는 물품의 가격신고를 하는 때에 일시에 납부하고자 하는 생산지원의 가격 전액에 대한 산출기준 및 상세 계산내역을 세관장에게 제출하여야 한다(관세평가 고시 제20조 제1호).

[판례] ① **다음과 같은 사정에 비추어 보면, 피고가 원고의 중국 현지 조달 원부자재 과소신고와 과다신고를 구분하고, 그 중 과소신고에 대하여만 생산지원비 신고 누락으로 보고 2010. 9.부터 2012. 9.까지 과소신고한 생산지원비를 해당 기간의 수입신고별로 안분한 것은 관련 규정에 따라 생산지원비용을 가산한 것으로 적법하다.**[339] ㉠ 원고는 생산지원비용에 대하여 관세를 일시에 납부하는 방식이 아니라 **당해 수입물품에 해당하는 금액만 납부하는 방식을 선택**하였다. 따라서 원고는 생산지원으로 수입할 총금액 중 당해 수입물품 금액이 차지하는 비율에 비례하여 계산한 금액을 당해 수입물품의 실제지급금액에 가산하여야 한다. ㉡ 원고가 중국현지에서 구입한 원부자재는 구입 후 익월에 수입되는 완제품의 가공에 모두 사용되어 통상 원부자재의 가공 후 수입까지 1개월이 소요된다. 피고는 위와 같은 사실을 기초로 원고가 중국현지에서 구입한 원부자재 내역과 수입신고시 과세신고한 생산지원비용 내역을 비교하여 **원고의 중국 현지 조달 원부자재의 과소신고 및 과다신고 내역을 확정**하였다. ㉢ 원고가 작성한 확인서에는 "과세누락건에 대하여 정확한 수입건별 현지 원자재의 사용비율의 파악이 현실적으로 불가능하고 당사가 공급하는 원부자재는 통상 제품의 가공 후 국내수입까지 1개월 정도 소요되는 점을 감안하여 과세누락 금액의 산정시 원부자재의 현지 공급월에서 1개월이 지난 시점의 수입신고건에 사용된 것으로 계산하여 부족 과세가격을 해당 기간별로 수입건에 안분하여 산정하는 방식에 동의한다"라고 기재되어 있다. 즉, 원고는 2010. 9.부터 2012. 9.까지 수입신고별 현지 조달 원부자재의 사용비율을 정확하게 파악할 수는 없으나, 앞서 본 원부자재의 가공이나 완제품 수입에 소요되는 기간 등을 고려하여 위와 같은 방식으로 과세하는 것에 동의한 것으로 보인다. ㉣ 원고는 수입신고시마다 정확한 생산지원비를 신고납부할 의무가 있고, 관세법에 의하면 관세는 납세의무자가 수입물품의 수입신고를 할 때마다 1개의 납세의무가 확정되어 과세물건 및 과세단위가 수입신고건별로 달라진다. 따라서, 원고의 주장처럼 2010. 9.부터 2015. 7.까지의 생산지원비의 과다신고금액에서 과소신고금액을 공제한 나머지 부분만을 생산지원비로 과소신고 금액으로 볼 수는 없다(부산지판 2016구합23647). ② 품목분류 4단위별로 매달 최초 신고하는 수입신고에 대하여 해당 월의 수입신고건에 대한 생산지원비용을 일괄하여 가산하기 위해서는, **그에 대한 납세의무자인 원고의 요청이 있어야 한다.** 그러나 피고는 관세부과시 2010. 3. 11. 개별 수입신고건별로 개발비를 가산하여 경정하고 다만 한 장의 납부고지서로 일괄하여 납세고지한 점, 피고는 2010. 7.경 '경정세액 일괄고지방안 검토'를 통해 과세가격고시

338) [참고판례] 생산지원비용을 일괄가산하기 위해서는 그에 대한 납세의무자의 요청이 있어야 한다. 관세 일시납부(통합고지) 신청서는 일괄 납세고지를 신청한 것으로 해석함이 타당하고 생산지원비용의 일괄가산을 신청한 것으로 보기는 어렵다(서울행판 2013구합2662).

제3-3조에 따른 생산지원비용 등을 매 연도별 최초 수입물품에 일괄하여 가산할 것을 신청하도록 유도하였으나, 원고는 2010. 7. 29. 피고에게 양식 중 "과세가격고시 제3-3조의 규정을 적용하여 매 연도별 생산지원비용 등을 그 해의 최초 수입물품에 일괄하여 고지하여 주시기 바랍니다." 부분을 삭제하고 "법이 허용하는 범위 내에서 관련 수입물품에 대하여 일괄(통합)하여 고지하는 것이 여러 사정을 적절히 고려할 때 필요하다고 판단되므로 일괄납부를 신청합니다."고 기재한 '관세 일시납부(통합고지) 신청서'를 제출한 점 등을 고려할 때, 원고의 2010. 7. 29.자 '관세 일시납부(통합고지) 신청서'는 2010. 3. 11.자 부과처분과 같이 일괄 납세고지를 신청한 것으로 해석함이 타당하고, 생산지원비용 일괄가산을 신청한 것으로 보기 어려우며, 달리 생산지원비용 일괄가산을 신청하였음을 인정할 증거가 없다. 따라서 2010. 7. 29.자 부과처분 중 생산개발비용(개발비) 부분은 위법하다(서울행판 2013구합2662).

5. 관련 문제

(1) 임가공물품과 수출판매

해외에서 제조, 가공 또는 수리 後 국내로 재수입되는 물품(임가공물품 등)에 대한 과세가격은 판매개념을 확대하여 생산지원비를 실제지급가격에 가산조정하여 거래가격에 기초하여 과세가격을 결정할 수 있는바(평가협정 예해 5.1), 이에 대해서는 제2장 제1절 제1항 「우리나라에서 수출하기 위한 판매」에서 이미 살펴보았다.

(2) 생산지원비와 구매수수료

1) 구매수수료는 실제지급가격에 가산하지 않지만, 생산지원물품의 구매에 관한 업무나 생산관리용역을 대리인에게 위탁하고 그에게 지급하는 수수료는 구매수수료가 아니라 생산지원비용에 포함된다.[340] 즉 수입물품의 구매자가 대리인에게 생산지원을 취득하기 위하여 지급하는 수수료는 생산지원의 취득원가의 일부이며 실제지급가격에 가산한다(미국예규 545266 등).[341]

---

339) 원고는 중국 C사와 체결한 임가공계약에 따라 C사에게 국내 또는 중국 현지에서 조달한 원부자재(전선 등)를 공급하고, C사는 원고로부터 공급받은 원부자재로 배선용 전선제품을 가공한 후 원고에게 공급한다. 원고는 수입신고시 중국 현지에서 조달한 원부자재의 가격 등에 대한 신고를 누락하였다.

340) 즉, 구매수수료는 외국에서 구매자를 대신하여 '수입물품'의 '구매'와 관련한 업무를 하는 자에게 지급하는 수수료이기 때문에 구매수수료의 개념에는 해당하지 않는 것이다.

341) 그러나, 구매대리계약의 조건하에 따라서는 대리인은 완제품인 수입물품과 물품을 생산하는데 사용되는 생산지원을 조달하는 이중의 역할을 맡게 되는데, 대리계약으로 인해 발생하는 구매자로부터 받는 대리수수료 부분은 과세대상으로 고려되지 않는다(미국예규 545851).

[판례] ① [생산지원이 아니라는 판례] 원고는 화학물질 제조공장을 국내에 건설, 운영하기 위하여 미국 P사와 기술도입계약을 체결하였다. 기술도입의 결과에 따라 작성된 상세설계도에 따라 미국 소재 생산업체들로부터 공장건설에 필요한 기자재를 수입함에 있어 P사의 구매지원등을 받는다. 이 경우, 과세관청이 과세가격에 가산되어야 한다고 주장하는 비용은 **원고가 위 기술도입계약에 따른 기술도입을 원활하게 하기 위하여 그와 관련된 기자재 구매에 관해 지원을 받거나 그 구매하는 물품이 적합한 제품인지에 관하여 검사, 검수 등의 용역을 제공받는 대가로 지급된 것이므로,** 원고가 그와 같이 하여 용역을 제공받은 것을 가리켜 원고가 기자재 생산회사에 대하여 용역(생산지원)을 제공한 것이라고 할 수 없다(대판 92누5263). ② **[구매수수료와 생산관리대행수수료의 구분]** 관세법 제30조 제1항 제1호 단서 및 평가협정 제8조의 규정형식에 비추어, **구매대리행위의 존재 및 그 금원이 구매대리용역의 대가라는 점은 이를 주장하는 측에서 입증하여야 하고, 설사 구매대리행위의 존재를 인정할 수 있다고 하더라도 구매수수료 액수가 분명하지 않거나, 구매대리인이 수령한 금액에 구매수수료 이외의 비용이 포함되어 있음에도 그 구매수수료만을 따로 구분하여 산정할 수 없다면 해당 금원 전부는 구매수수료로 인정받을 수 없다.** 위 규정 및 법리에 비추어 이 사건에 관하여 보건대, 위 인정사실에서 본 바와 같은 아래의 사정에 비추어 보면, **원고는 D사에게 이 사건 계약에 따라 이 사건 물품의 생산관리대행 용역에 대한 수수료를 지급하였다고 봄이 상당하고,** 설사 D사가 원고의 구매대리행위도 하였다고 하더라도 원고가 지급한 이 사건 수수료에는 구매수수료 外에 생산관리대행수수료가 포함되어 있는데 **그 구매수수료만을 따로 구분하여 산정할 수 있는 자료가 없으므로,** 이 사건 수수료 전부는 구매수수료에 해당하지 아니한다. ㉠ 이 사건 계약서의 명칭은 "생산관리대행 계약서"이고, 계약의 주된 내용도 중국현지공장에서 생산되는 상품의 품질 유지, 수입계약의 이행 관리, 생산과정의 문제 해결을 위한 협조, 원고가 지급한 부자재 및 각종 공급품의 관리 책임 등 생산관리와 관련된 것이 대부분이다. ㉡ 원고는 이 사건 계약에 따라 D사에게 품질관리, 생산일정 관리 등에 관 한 지시를 하였고, D사는 원고의 지시를 그대로 이행하였을 뿐만 아니라 원고로 부터 라벨(label), 택(tag)을 받아 현지 공장에 전달하거나 원고의 의뢰를 받아 원단업체의 선정에도 관여하는 등의 용역을 수행하였는바, 이러한 용역은 구매대리인의 활동 범위를 넘어선다. ㉢ 구매수수료를 과세가격에서 제외하는 이유는 만약 구매자가 직접 또는 고용인을 보내어 외국에서 구매협상을 한다면, 그들의 여행경비나 급여는 구매자의 비용으로 상품가격에 포함되지 않으며, 상거래에서 같은 역할을 수행하는 해외대리점을 고용 하는 비용도 상품가격에 포함되지 않기 때문인데, **이 사건 수수료는 D사의 생산 관리대행 용역에 대한 대가로서 상품가격에 포함되어야 할 성질의 것이다.** ㉣ 비록 D사가 중국현지에서 물품의 생산자 물색, 선적 등의 업무를 담당 하고 있어 구매대리인의 역할도 일부 행하고 있는 것으로 볼 여지가 있으나, 생산관리 대행 업무에 부대하여 위와 같은 업무를 행하고 있는 것만으로 D사를 구매대리인으로 볼 수 없다(인천지판 2012구합1697).

2) 구매대리인에 의해서 일반적으로 수행되어지는 검사서비스에 대하여 지급하는 검사비용은 '구매수수료'로 수입물품의 실제지급가격에 가산하지 아니한다. 그러나 구매자의 생산지원만을 획득할 책임이 있는 '대리인(구매대리인)'으로서 디자인이나 개발에 관련하여 제품 생산라인의 품질관리를 수반하는 검사서비스, 생산된 제품의 성질상 생산과 밀접한 관련이 있는 검사서비스에 대하여 검사대리인에게 지급하는 비용은 '생산지원비'로 실제지급가격에 가산할 수 있다(미국예규 547006, 544843). 또한 여러 가지 반제품과 생산지원을 획득하기 위하여 구매대리인임을 주장하는 者에게 지급되는 수수료는 수입물품에 결합된 원재료, 구성요소와 부품들을 획득하는데 들어가는 비용으로서 생산지원비의 일부이다(미국예규 544423).

 권리사용료

제4호: 특허권, 실용신안권, 디자인권, 상표권 및 이와 유사한 권리를 사용하는 대가로 지급하는 것으로서 대통령령으로 정하는 바에 따라 산출된 금액

1. 의의 및 규정취지

(1) 의의

특허권・실용신안권・디자인권・상표권 및 이와 유사한 권리를 사용(使用)하는 대가로 지급하는 금액을 "권리사용료"(royalties and licence fees)라 하는데, 실제지급가격에 가산되는 권리사용료는 당해 물품에 관련되고 당해 물품의 거래조건으로 구매자가 직접 또는 간접으로 지급하는 금액으로 한다(법 제30조 제1항 제4호, 영 제19조 제2항).

수입물품의 가격이 수입물품 자체의 가격뿐만 아니라 특허권, 상표권 등 무형재산권에 대한 가격(가치)을 포함하고 있는 경우에는 수입물품의 가격이 권리사용에 대한 대가를 모두 반영하고 있기 때문에 그 수입물품의 가격을 거래가격으로 과세가격을 결정하면 되므로, 관세평가상 특별한 문제가 발생하지 않는다. 그러나 권리사용료가 수입물품의 가격에 포함되지 않고 별도로 지급되는 경우에는 해당 권리사용료를 실제지급가격에 가산해야 하는지 문제가 발생하는데, 이에 대해 관세법 제30조 제1항 제4호 및 관세법 시행령 제19조 제2항은 수입물품과 관련되고 거래조건으로 지급되는 권리사용료는 실제지급가격에 가산하도록 규정하고 있다.

(2) 규정취지

관세법상 과세물건은 有體物에 한정되므로 상표권 등 권리에 대한 사용의 대가는 과세대상이 되지 않음이 원칙이다. 그렇지만, 권리사용료가 수입물품의 대가와 별도로 지급되는 경우라도 권리사용료의 대상인 權利가 수입물품에 구현 또는 체화되고 권리사용료가 거래조건으로 지급되는 경우에는 권리사용료는 수입물품의 실제지급가격에 가산하여 과세대상으로 삼는다. 왜냐하면 이러한 권리사용료를 과세대상에 포함시키지 않는 경우에는 수입물품의 거래가격에 왜곡이 발생할 수 있고 수입물품에 대한 실제지급가격을 통상적인 상거래에서의 경쟁거래 가격보다 부당하게 낮추어 결정하고 그 대신 차액을 권리사용료의 명목으로 지급함으로써 관세를 포탈하거나 회피할 수 있기 때문이다(부산고판 2014누328). 권리사용료의 [가산요건]에 대해서는 아래 3항에서 설명하기로 한다.

2. 권리사용료 지급의 대상이 되는 '권리'

(1) 특허권, 실용신안권, 디자인권, 상표권 및 이와 유사한 권리

권리사용료 지급의 대상이 되는 權利는 특허권, 실용신안권, 디자인권, 상표권 및 이와 유사한 권리이다. 여기서 "이와 유사한 권리"라 함은 저작권 등의 법적 권리, 법적 권리에는 속하지 아니하지만 경제적 가치를 가지는 것으로서 상당한 노력에 의하여 비밀로 유지된 생산방법·판매방법 其他 사업활동에 유용한 기술상 또는 경영상의 정보 등(영업비밀, know-how)을 말한다(영 제19조 제1항).[342] "컴퓨터 소프트웨어"는 저작물로서 그에 대한 권리는 저작권 유사의 권리로 보호된다(대판 97누131150). 결국, 권리사용료의 지급대상은 권리, 정보, 서비스 등의 무형재산권 또는 지식재산권[343]을 의미한다고 할 것이다. 권리는 法的으로 보호되는지 여부를 불문하므로, 특허권·상표권 등을 취득(이전)하거나 공공기관 등에 등록할

342) 관세법 제30조 제1항 제4호에서 정한 '이와 유사한 권리'는 법적 권리에 한정되는 것은 아니고, 비록 법적 권리에는 속하지 아니하지만 경제적 가치를 가지는 것으로서 그 사용대가로 지급된 권리사용료로 말미암아 실제지급가격이 분식되거나 은폐될 염려가 있는 것도 포함된다고 보아야 한다. 관세법 시행령 제19조 제1항이 '이와 유사한 권리'의 범위를 규정하고 있는 것과 관세법 시행령 제19조 제1항 제2호가 '이와 유사한 권리' 중 하나로 '영업비밀'을 규정하고 있는 것은 모두 母法인 관세법 제30조 제1항 제4호의 해석상 가능한 내용을 명시한 것에 지나지 아니하거나 母法 조항의 취지에 근거하여 이를 구체화화기 위한 것이므로 母法에 이에 관하여 직접 위임하는 규정을 두지 않았다고 하더라도 이를 무효라고 볼 수 없고, 母法의 규율 범위를 벗어난 위임의 한계를 일탈한 것으로 무효라고 볼 수 없다(부산고판 2014누328).

343) "지식재산권"은 산업재산권, 저작권, 신지식재산권으로 나뉘는데, 산업재산권에는 특허권, 실용신안권, 디자인권, 상표권이 있고, 저작권에는 협의의 저작권과 저작인접권이 있으며, 신지식재산권에는 첨단산업재산권(반도체집적회로배치설계권), 산업저작권(컴퓨터프로그램등 소프트웨어권), 정보재산권, 기타의 권리(인터넷 도메인 네임 등)이 있다.

것을 요하지 않는다.[344)]

그러나 구매자(licensee)가 구매하는 기계(설비)의 사용에 대하여 구매자의 직원을 위한 교육과 같은 서비스의 제공, 생산관리, 품질관리, 원자재구매, 구매자 회사의 경영·관리·마케팅·회계 등에 관한 기술지원이나 경영지원 등은 가산대상이 되는 권리사용료에 해당하지 않는다(EU관세평가지침 3.3, 미국예규 H25376, HQ544638).

[판례] 구 법인세법 제55조 제1항은, 제53조에서 '국내원천소득'이라 함은 다음 각 호에 게기하는 소득을 말한다고 규정하면서, 제9호에서 다음 각 목의 1에 해당하는 자산·정보 또는 권리를 국내에서 사용하거나 그 대가를 국내에서 지급하는 경우의 당해 대가 및 그 자산·정보 또는 권리의 양도로 인하여 발생하는 소득이라고 규정하고, (나)목에서 '산업상·상업상 또는 과학상의 지식·경험 또는 숙련에 관한 정보'라고 규정하고 있는데, 위 (나)목 소정의 **사용료라 함은 통상 '노하우'라고 일컫는 발명, 기술, 제조방법, 경영방법 등에 관한 비공개 기술정보를 사용하는 대가를 말하므로, 내국법인이 외국법인으로부터 도입한 소프트웨어의 기능과 도입가격, 특약내용 기타 제반 사정에 비추어 그 소프트웨어의 도입이 단순히 상품을 수입한 것이 아니라 노하우 또는 그 기술을 도입한 것이라면,** 그 도입대가는 그 외국법인의 국내원천소득인 사용료소득에 해당하여 같은 법 제59조에 정한 원천징수의무자인 내국법인에 대하여 법인세를 징수할 수 있다(대판 97누11065).

(2) 지급금액의 명목이 아니라 실질내용에 따라 판단

判例는 "과세가격의 가산조정요소가 되는 '상표권 및 이와 유사한 권리의 사용 대가'에 해당하는지 여부는 지급한 금액의 명목이 아니라 실질내용이 상표권 등 권리를 사용하는 대가로서의 성격을 갖는 것인지에 따라 판단하여야 한다"고 한다(대판 2015두52098). 따라서 전세계적인 프로모션분담금(World Wide Promotion), 국제마케팅비(대판 2016두34059, 대판 2015두52098), 체육인 고문 로얄티(부산고판 97누3569) 등도 그 實質이 권리사용료에 해당하는 경우에는 실제지급가격에 가산해야 한다고 한다.

[판례] ① [프로모션분담금은 상표권사용료이고 관련성과 거래조건성을 충족한다] 구 관세법 및 관세법 제30조 제1항 제4호는 수입물품의 과세가격을 결정할 때 우리나라에 수출하기 위하여 판매되는 물품에 대하여 구매자가 실제로 지급하였거나 지급하여야 할 가격에 가산하여 조정할 금액 중 하나로 '상표권 및 이와 유사한 권리를 사용하는 대가'를 들고 있다. 과세대상이 되는 소득의 귀속이나 거래의 내용을 명의가 아닌 실질에 따라 파악하여야 한다는 실질과세 원칙은

344) 많은 수입물품에서 다루어지는 로열티가 등록되거나 라이센스를 받을 필요가 없는 노하우와 관련되어 있기 때문에 평가협정에 의하면 모든 로열티를 등록할 의무는 없다. 그렇다고 해서 관련 수입거래에서 과세가격 결정시 로열티가 배제되는 것은 아니다[WCO관세평가 교육모듈(중급/고급용), 144쪽].

조세의 부과와 징수에 관한 기본원리이므로, 이에 관한 명문의 규정을 두고 있지 않은 관세법을 해석할 때에도 마찬가지로 적용된다. 따라서 **구매자가 상표권자에게 지급한 금액이 수입물품 과세가격의 가산조정요소가 되는 상표권 사용 대가에 해당하는지 여부는 지급한 금액의 명목이 아니라 그 실질내용이 상표권을 사용하는 대가로서의 성격을 갖는 것인지 여부에 따라 판단하여야 한다**(대판 2015두52098 참조). 원심은 그 채택 증거에 의하여 판시와 같은 사실을 인정한 다음, ㉠ 원고가 "N"상표가 부착된 스포츠용 의류, 신발 등을 수입하면서 미국 본사 등에 지급한 WWP(World Wide Promotion) 분담금은 주로 미국 본사 등이 보유하는 상표의 명칭과 로고 등을 대중들에게 지속적으로 노출시키는 데 쓰인 비용의 일부인 점, ㉡ 이러한 활동은 원칙적으로 상표권자인 미국 본사 등이 수행하여야 할 성질로 볼 수 있고, 원고와 미국 본사 등 사이에 체결된 마케팅지원계약에도 기본적으로 미국 본사 등이 전 세계지역에 걸친 마케팅서비스를 담당하는 것으로 규정하고 있는 점, ㉢ WWP 분담금에 의한 활동으로 미국 본사 등이 보유하는 상표권의 가치가 높아지면, 상표권자인 미국 본사 등으로서는 상표권 사용자인 원고에게 상표권 사용의 대가를 추가로 요구할 합당한 이유가 있게 되는 점 등을 종합하면, WWP **분담금은 그 명목에도 불구하고 실질이 이 사건 수입물품의 구매자인 원고가 상표권자인 미국 본사 등에 그 권리사용의 대가로 지급한 금액에 해당한다고 판단하였다.** 앞서 본 규정과 법리에 비추어 살펴보면, 원심의 위와 같은 판단에 상고이유 주장과 같은 관세법상 권리사용료의 개념과 증명책임 분배에 관한 법리오해, 심리미진 등의 잘못이 없다. 관세법 시행령 제19조 제2항은 '상표권을 사용하는 대가'가 실제 지급가격에 가산되기 위해서는 해당 수입물품에 관련되고 그 물품의 거래조건으로 구매자가 지급하는 금액이어야 한다고 규정하고 있다. 원심은, **이 사건 수입물품에 "N"상표가 부착되어 있으므로** WWP **분담금과 이 사건 수입물품 사이의 관련성이 충족되는 점, 원고는 미국 본사의 지배를 받는 자회사이고, 원고에게 "N"브랜드 제품을 판매하는 아시아 지역의 제조업체들도 미국 본사 측으로부터 제조를 위탁받은 하청업체들로서 미국 본사의 사실상 지배를 받으므로, 원고가** WWP **분담금을 지급하지 아니할 경우 "N"상표가 부착된 물품을 수입하여 판매할 수 없을 것으로 보이는 점 등을 종합하여 보면,** WWP **분담금은 이 사건 수입물품의 과세가격에 가산조정되는 상표권 사용 대가에 해당한다고 판단하였다.** 앞서 본 규정과 법리에 비추어 살펴보면, 원심의 위와 같은 판단에 상고이유 주장과 같은 관련성과 거래조건성에 관한 법리오해의 잘못이 없다(서울고판 2016누60142, 대판 2017두44879: 사례연습 35).[345] ② [글로벌마케팅비용은 상표권사용료이다]

345) [미국예규] ① 모회사(A)의 비독점적인 라이센스계약에 의거해서, 수입자(B)는 특정 자동차의 생산과 관련하여 특정의 기술 정보 또는 특허의 사용에 대한 권리를 확보했다. 이러한 권리에 대한 대가로서 B는 A에게 B가 제조 및 판매하는 사용권 대상 제품의 총판매가격의 3%에 해당하는 사용료를 지급한다. **이러한 로열티 지급은 사실상 A로부터 구입되는 수입 부품을 포함할 수도 혹은 포함하지 않을 수도 있는 미국에서 만들어진 자동차의 판매 수익을 기초로 하는 것이다.** 지급되는 금액은 재판매, 처분 또는 수입되는 부품 자체의 사용을 직접적으로 토대로 하는 것은 아니다. 또한 동 지급액은 수입부품의 생산 또는 판매에 연관된 것이 아니다. B가 비독점적 라이센스계약 하에서 A에게 지급하는 금액은 A로부터 구매하는 동 자동차의 생산에 사용된 수입부품에 대한 실제지급가격에 포함되거나 가산되지 않는다(547532). ② 본건 라이센스계약은 수입상품의 미국내 마케팅에 관련된 것으로서, 수입자의 라이센스료 지급은 실시권자에게 직접적으로 이루어진 것이고

세법상 실질과세의 원칙은 관세법을 해석 · 적용할 때도 적용된다. 따라서 구매자가 상표권자에게 지급한 금액이 수입물품 과세가격의 가산조정요소가 되는 '상표권 및 이와 유사한 권리의 사용 대가'에 해당하는지는 **지급한 금액의 명목이 아니라 실질내용이 상표권 등 권리를 사용하는 대가로서의 성격을 갖는 것인지에 따라 판단**하여야 한다. 원고가 미국 본사(C사)사와 체결한 원가분담계약에 따라 이 사건 글로벌마케팅 비용을 지급하고 그 대가로 미국 본사의 "C"상표권을 사용할 수 있게 된 점, 원고는 이 사건 글로벌마케팅 비용 외에 별도로 미국 본사에게 상표권 사용료를 지급한 것이 없는 점, 이 사건 수입물품에 "C"상표가 부착되어 있으므로 이 사건 글로벌마케팅 비용과 이 사건 수입물품 사이의 관련성이 충족되는 점, 원고는 미국 본사가 지정한 해외공급업체로부터 이 사건 수입물품을 수입하여야 하고 미국 본사와 체결한 원가분담계약 및 무형재산 양도계약에 따르면 이 사건 글로벌마케팅 비용을 지급하지 않으면 미국 본사가 원고의 계약 참가를 종료시킬 수 있으므로, 원고가 "C"상표 등을 사용하려면 이 사건 글로벌마케팅 비용을 지급할 수밖에 없는 점 등을 종합하여 보면, 이 사건 글로벌마케팅 비용은 이 사건 수입물품의 과세가격에 가산조정되는 상표권 사용 대가에 해당한다(대판 2016두34059, 대판 2015두52098). ③ **[체육인고문로열티는 상표권사용료이다]** 원고가 N사에 지급하는 체육인고문로얄티의 경우, 원고가 일정액이 아니라 순매출액의 일정 비율로 체육인 고문 로얄티로 지급하고 있는 점과 **유명 체육인의 모습과 이름이 하나의 상표처럼 기능하고 있는 현실에 비추어 보면, 체육인 고문 로얄티는 단순한 광고비가 아니라 일종의 상표권 사용료에 해당하고,** 원고와 N사 사이의 특수관계(N사가 원고의 주식 전부 소유)와 거래의 실질을 고려하면 체육인 고문 로얄티는 수입물품과 관련되고 당해 물품의 거래조건으로 지급된 것이라 할 것이다(부산고판 97누3569).

(3) 재현생산권

(가) 의의 및 규정취지

특정한 고안이나 창안이 구현되어 있는 수입물품을 이용하여 우리나라에서 그 고안이나 창안을 다른 물품에 재현(再現)하는 권리를 사용하는 대가는 권리사용료에 해당하지 아니한다(영 제19조 제2항). 평가협정 주해 제8조 제1항(c)에서는 "수입국 내에서 수입물품을 재현 생산하는 권리(the right to reproduce the imported goods in the country of importation)의 비용은 수입물품에 대하여 실제로 지급하였거나 지급하여야 할 가격에 가산되지 않는다. 수입물품을 공급(distribute)하거나 전매(resell)하는 권리에 대한 구매자의 지급은, 그러한 지급이 수입물품을 수입국으로 수출하기 위한 판매의 조건이 아니라면, 수입물품에 대하여 실제로 지급하였거나 지급하여야 할 가격에 가산되지 않는다"고 규정하고 있다. 1993. 12. 31. 개정관세법 以前에는 재현생산권을 "당해 물품을 우리나라에서 복제하는 권리의 대가"로

판매자의 이익을 위한 것도 아니므로 실제지급가격의 일부가 아니다(547968).

규정하고 있었다(개정 前 관세법 제9조의3 제1항 제4호).

判例에 의하면 재현생산권의 사용 대가를 수입물품의 과세가격에서 제외하는 이유는, 관세는 수입신고를 하는 때의 물품의 성질과 수량에 따라 부과함이 원칙인데(관세법 제16조 본문), 재현권은 수입신고 以後 문제되는 것이고 수입신고 당시의 수입물품 자체와는 관련이 없으므로 그 사용 대가는 수입물품의 가치와 별도로 취급되어야 하기 때문이다(대판 2018두57599). 기획재정부 유권해석에서는 "수입물품 자체는 재현생산하는 데에만 사용될 뿐이고, 수입물품 자체가 판매되거나 분배되지 않으므로 재현하는 권리 이외의 판매권 등은 의미 없는 공허한 권리에 불과하므로, 로열티 금액은 과세대상이 아니다"고 해석하고 있다(관협 41700-140호, 서울고판 2017누70931).

[유권해석] 특정업체가 음원이 수록된 마스터음반(Master Disc) 등을 수입하고, 동 마스터음반을 이용하여 국내에서 음반을 제작하여 판매하고, 이에 대한 대가로 외국의 마스터음반 제공자에게 로열티를 지급한다. 이 경우, **수입된 마스터음반 자체는 재현생산하는데에만 사용될 뿐이고, 수입물품 자체가 판매되거나 분배되지 않으므로 재현하는 권리 以外의 판매권 등은 의미 없는 공허한 권리에 불과하므로,** 로열티 금액은 과세대상이 아니다(기재부, 관협 41700-140호).

재현생산권을 사용하는 대가는 권리사용료에 해당하지 않지만, 재현생산권에 대한 대가가 실제지급가격에 이미 포함되어 지급된 경우, 이 금액은 과세가격에서 공제할 수 없다는 점에 주의해야 한다.[346]

(나) 재현생산권의 적용범위

1) '재현 생산하는 권리'는 수입물품 자체를 복제하는 것뿐만 아니라 수입물품에 구현(체화)된 권리의 복제도 포함한다(대판 97누13115). 즉, "재현생산하는 권리"는 수입물품의 물리적 재현생산(예: 샘플 물품을 수입하여 수입자가 원래 수입물품과 일치하는 복제품을 생산하는데 사용되는 주형을 만드는 경우) 뿐만 아니라 수입물품에 체화된 발명, 창작, 생각, 아이디어를 재현생산하는 권리를 포함한다. 후자의 사례로는 회로 기판 위에 새겨질 새롭게 개발된 회로를 담고 있는 계통도의 수입(발명), 전매(轉賣)할 목적으로 박물관에서 축소 모형으로 재현생산될 조각 작품의 수입(창작)과 연하 카드에 재현생산될 만화 주인공의 그림을 담고있는 슬라이드(생각 또는 아이디어)의 수입을 포함할 것이다. 그것은 과학적 성과물의 원본 및 복제품(예를 들면, 백신 생산을 위하여 필요한 형태로 재현생산될 신종 세균의 균주의 수입), 문학작품의 원본(예를 들면, 책자로 재현생산하기 위한 출판용

346) WCO관세평가 교육모듈(초급용), 246쪽.

원고의 수입), 모형(다른 동일한 모델로 재현생산할 목적의 신형의 자동차 축소모형 수입), 시제품(신형 완구와 똑같은 복제품으로 재현생산될 신형 완구 시제품) 및 동물 또는 식물의 종자(원래 종자의 번식을 억제하기 위하여 재현생산될 유전적으로 변형된 곤충)에도 적용된다(평가협정 예해 19.1).

관세평가협의회에서는 "수입된 균주를 국내에서 배양하여 생산된 균주는 계대수(繼代數)를 거쳐 실제 의약품의 생산에 투입되는 것으로 수입된 균주와 그 세대를 달리하기 때문에 이를 수입 당시의 균주와 같은 균주라 보기 어려우므로 국내에서 배양하는 것은 재현생산으로 판단된다"고 결정한 바 있다(20-01-01).

判例에 의하면 "국내 수입자가 외국에서 소프트웨어의 원판을 수입하여 이를 국내 고객의 컴퓨터에 설치해 주고 그 대가로 받은 금액의 일부를 로열티로 지급하였다면, 이 로열티는 이른바 재현생산권의 대가로서 수입물품의 과세가격에 포함될 수 없다"고 한다(대판 97누13115).

[판례] 관세법 제9조의3 제1항 제4호에서 그 가산대상에서 제외하고 있는 '당해 물품을 우리 나라에서 복제하는 권리의 대가'라 함은, 비록 1993. 12. 31. 개정된 관세법 시행령 제3조의3 제2항이 시행되기 전이라고 하더라도, 앞서 본 협약의 내용에 비추어 보면 관세평가시행세칙(1993. 1. 15. 관세청고시 제1992-767호) 제3-11조 제4항에서 규정하고 있는 바와 같이, **특정한 고안이나 창안이 구현되어 있는 수입물품을 이용하여 그 고안이나 창안을 다른 물품에 재현하는 권리를 사용하는 대가를 말하는 것이므로, 국내 수입자인 원고가 외국에서 소프트웨어의 원판을 수입하여 이를 국내 고객의 컴퓨터에 설치해 주고 그 대가로 받은 돈의 일부를 로열티로 지급하였다면, 이 로열티는 이른바 재현생산권의 대가로서 수입물품의 과세가격에 포함될 수 없는 것이다.** 한편 관세법 제9조의8에 의하여 과세가격을 결정하는 경우에도 제9조의3 내지 제9조의7에 규정된 원칙과 부합되는 합리적인 기준에 따라 과세가격의 결정에 사용될 수 있는 자료를 기초로 하는 것이므로, 이 사건 수입물품의 과세가격 산정에 관하여 피고가 택한 방법은 수입물품의 과세가격에 포함되어서는 아니될 금액을 과세가격에 포함시킴으로써 결국 관세법 제9조의3에 규정된 원칙에서 크게 벗어난 것이고, 따라서 이 사건 부과처분은 과세가격의 평가방법과 내용의 면에서 합리성과 타당성을 인정할 수 없어 위법하다고 할 것이다(대판 97누13115).

2) 최근 大法院은 "재현하는 권리에는 새로운 유체물을 생산하는 권리만이 아니라 수입물품에 구현되어 있는 특정한 저작물을 우리나라에서 공연이나 방영 등의 방법으로 재현하는 권리도 포함한다"고 판시하여 재현생산권의 범위를 확대하고 있다(대판 2018두57599).

[판례] 관세법 시행령 제19조 제2항 괄호에서는 '특정한 고안이나 창안이 구현되어 있는 수입물품을 이용하여 우리나라에서 그 고안이나 창안을 다른 물품에 재현하는 권리'(이하 '재현권'이라고 한다)를 사용하는 대가는 거래가격에 가산되는 권리사용료에서 제외된다고 규정하고 있다. 이처럼 재현권의 사용 대가를 수입물품의 과세가격에서 제외하는 까닭은, 관세는 수입신고를 하는 때의 물품의 성질과 수량에 따라 부과함이 원칙인데(관세법 제16조 본문), 재현권은 수입신고 以後 문제되는 것이고 수입신고 당시의 수입물품 자체와는 관련이 없으므로 그 사용 대가는 수입물품의 가치와 별도로 취급되어야 하기 때문이다. 이와 같은 관련 규정의 체계와 문언 내용 및 입법취지 등에 비추어 보면, **수입물품에 구현되어 있는 특정한 저작물을 우리나라에서 공연이나 방영 등의 방법으로 재현하는 권리에 대한 사용 대가는 이 사건 괄호 규정에 따라 수입물품의 과세가격에 포함될 수 없다**고 봄이 타당하다(대판 2018두57599; 사례연습 31).[347]

(다) 재현생산권 해당여부 판단기준

재현생산권에 해당하는지 與否는 아래 사항을 종합적으로 고려하여 각 사안별로 개별적, 구체적으로 판단해야 한다.

1) 해당 권리나 권리사용료가 수입신고 以後 문제되는 것이고 수입신고 당시의 수입물품 자체와는 관련이 없는 경우인지 여부(대판 2018두57599)

만약 해당 권리나 권리사용료가 수입물품 자체와 관련되는 경우에는 거래조건성이 충족되면 해당 권리사용료는 실제지급가격에 가산된다(평가협정 주해 제8조 제1항(c) 참조).

2) 수입물품 자체는 재현생산하는 데에만 사용될 뿐이고, 수입물품 자체가 판매되거나 분배되지 않으므로 재현생산하는 권리 以外의 판매권 등은 의미 없는 공허한 권리에 불과한 경우인지 여부(기획재정부, 관협 41700-140호, 서울고판 2017누70931)

3) 평가협정 예해 19.1에서 제시하는 아래 기준을 고려할 것

[평가협정 예해 19.1] 다음과 같은 요소에 대한 분석은 재현생산하는 권리와 관련하여 몇 가지 지침을 제공할 수 있다: ① 수입물품에 아이디어 또는 원작이 체화되어 있는지 여부, ② 아이디어 또는 작품의 재현생산이 보호받는 권리의 대상인지 여부, ③ 재현생산하는 권리가 판매계약 또는 별도의 계약을 통하여 구매자에게 양도되었는지 여부, ④ 보호받는 권리의 보유자가 재현생산하는 권리의 양도에 대해 대가를 요구하고 있는지 여부.
보호받는 권리에 포함된 물품을 취득하였다는 그 자체만으로 그들 물품을 재현생산하는 권리가 항상 부여되는 것은 아니다. 대부분의 경우에 그러한 권리는 '특별한 계약'을 통하여 취득된다. 결론적으로 "재현생산하는 권리"를 수반하는 각각의 상황은 사안별로 검토되어야 한다.

347) [원심판단] '원심'은 수입물품에 담긴 특정한 고안이나 창안을 사용하여 새로운 유체물을 생산하는 권리만이 재현권에 해당한다고 판단하였다. 즉, 관세법 시행령 제19조 제2항의 '다른 물품'은 물리적 실체를 가진 '유체물'에 한정되고, 민법상의 '물건'이라는 포괄적인 개념을 그대로 적용하기는 어렵다고 판단하였다.

4) 참고로, 일본 관세정률법 기본통달에서는 다음과 같이 재현하는 권리에 해당하는 경우를 구체적으로 규정하고 있다.

[일본 관세정률법 기본통달 4-13] 다음은 **재현하는 권리에 해당한다.** 특허발명이 적용된 기계가 수입된 경우에는 이와 같은 물품을 일본에서 생산하는 권리, 특허발명이 적용된 유전자 조작으로 만들어진 곤충 종(種)이 수입된 경우에는 해당 곤충 종을 일본에서 번식시키는 권리, 특허발명이 적용된 신종 세균 균주로서 백신 제조에 사용하는 것이 수입된 경우 해당 세균 균주를 일본에서 순수 배양하는 권리, 의장이 적용된 장난감의 원형이 수입된 경우에 해당 원형을 사용하여 동일 물품을 일본에서 제조하는 권리, 의장이 적용된 형지 또는 직물이 수입된 경우에 해당 형지 또는 직물을 사용하여 해당 의장이 시행중인 의류를 일본에서 제조하는 권리, 회로기판을 효율적으로 이용하기 위해 개발된 회로배치이용권의 대상인 회로도가 수입된 경우에 해당 회로도를 이용하여 회로기판을 일본에서 제조할 권리, 저작권의 대상인 사진이 수입된 경우에 해당 사진을 이용한 사진집을 만들기 위해 해당 사진을 일본에서 인쇄하는 권리, 저작권의 대상인 음악이 편집된 녹음테이프가 수입된 경우에 해당 녹음 테이프를 일본에서 더빙하는 권리, 의장이 적용된 신형 자동차의 축소모델이 수입된 경우에 해당 축소모델을 사용하여 해당 의장이 시행중인 자동차를 일본에서 제조하는 권리, 저작권의 대상인 만화 캐릭터가 그려진 셀화가 수입된 경우에 해당 셀화를 사용하여 만화 캐릭터를 일본에서 엽서에 붙이는 권리, 저작권의 대상인 영화가 수록된 필름이 수입된 경우에 해당 필름을 사용하여 해당 영화를 일본에서 상영하는 권리 등.

3. 가산요건

영 제19조 제2항: 당해 물품에 대하여 구매자가 실제로 지급하였거나 지급하여야 할 가격에 가산하여야 하는 특허권·실용신안권·디자인권·상표권 및 이와 유사한 권리를 사용하는 대가는 당해 물품에 관련되고 당해 물품의 거래조건으로 구매자가 직접 또는 간접으로 지급하는 금액으로 한다.

수입물품의 실제지급가격에 가산하여 조정한 거래가격을 과세가격으로 삼기 위하여는 지급된 권리사용료가 수입물품에 관련되는 것만으로는 부족하고 당해 물품의 거래조건으로 지급된 점까지 인정되어야 하고 그 입증책임은 '과세관청'에게 있다(대판 91누10763, 93누500).

[판례] 이 사건 기술사용료가 이 사건 수입물품의 실제지급 가격에 포함되어 실제로 지급하였거나 지급하여야 할 금액이 아님에도 불구하고 이를 그 수입물품의 실제지급가격에 가산하여 조정한 거래가격을 과세가격으로 삼기 위하여는, **이 사건 기술사용료가 이 사건 수입물품에 관련되는 것만으로는 부족하고, 나아가 당해 물품의 거래조건으로 지급된 점까지 인정되어야만 하는바,**

그와 같은 점에 관한 입증책임은 과세관청인 피고에게 있다고 보아야 할 것이다. 이 사건 수입물품이 라이센스 제품의 제조 조립에 사용되는 부품으로서 G사나 그 계열사가 생산한 것이고, 이 사건 기술도입계약에 있어서 기술정보의 제공방법으로 부품도면과 자재사양서를 포함한 라이센스제품의 제조에 관한 전공정사양서를 제공하여야 하는 것으로 약정되었다는 사실만으로는, 이 사건 기술사용료가 이 사건 수입물품과 관련되어 그 거래조건으로 지급된 것이라고는 인정되지 않고, 오히려 이 사건 기술도입계약의 내용, 즉 **기술도입의 대상과 기술사용료의 지급대상, 원고에게 라이센스제품의 제조에 관한 품질검사의무나 그 부품의 구매의무가 없고 부품구입처의 선택권이 원고에게 있는 점, 기술사용료의 산정방법상 G사 측으로부터 구입·사용한 부품의 구입비용이 공제비용으로 인정됨으로써**[348] **그 구입비용이 많을수록 G사에게 지급하여야 할 기술사용료가 적어지는 점(따라서 그 구입비용을 기술사용료로 분식·은폐할 필요가 전혀 없다) 등을 종합하여 고려하여 보면,**[349] 비록 이 사건 수입물품이 라이센스제품의 전용품이고 그중 일부가 G사측의 독점생산품이라고 가정하더라도, 이 사건 기술사용료가 이 사건 수입물품과 관련이 있다거나 그 거래조건성이 있다고 할 수는 없다(대판 91누10763; **사례연습 32**).

핵심요건은 '관련성'과 '거래조건성'이다. 권리사용료는 관련성과 거래조건성이라는 2가지 요건을 모두 충족하는 경우에만 실제지급가격에 가산할 수 있다(영 제19조 제2항, 평가협정 제8조).[350] 참고로 미국의 경우, 로열티의 과세여부에 관하여 로열티 지급이 수입물품과 관련이 있고 판매조건인지를 결정함에 있어, ① 수입물품이 특허권 하에 제조되었는지, ② 로열티가 수입물품의 생산 또는 판매와 관련되었는지, ③ 수입자가 로열티 지급 없이 동 물품을 구입할 수 있는지 여부 등 3가지 요소를 고려한다(미국관세청 고시).

---

348) 기술사용료는 라이센스제품의 종류에 따라 순매출액의 2~3% 상당액으로 하되, 그 **'순매출액'**은 총매출액에서 매출에누리액, 환입품액, 제품판매에 따른 간접세, 보험료, 포장료, 운반비, 광고비, 설치비용, 그리고 원고가 G사나 그 계열사로부터 구입, 사용한 부품의 구입비용을 공제한 금액으로 산정된다.

349) [원심판단] 원고는 라이센스제품의 제조를 위한 부품 중 상당부분을 국산품으로 사용하고, 외국산 부품 가운데 G사나 그 계열사가 아닌 기업으로부터도 상당량을 구입, 사용하였으며(총부품중 약 40%는 국산부품이고, 약 49%는 G사로부터 구입한 것이며, 나머지 약 11%는 G사 以外의 기업으로부터 수입한 것임), G사측으로부터 구입한 부품도 다른 회사 제품이 단가가 더 낮고 공급능력과 품질의 안정성도 인정된다는 이유로 그 수입선을 다른 회사로 전환한 경우도 상당수에 달하는 사실, 그리고 비록 원고가 라이센스제품의 제조에 사용할 부품의 구입처를 변경할 때에는 미리 그 새로운 구입처의 생산 부품이 라이센스제품에 적합한지의 여부에 대하여 G사에게 의뢰하여 그 검사, 확인 절차를 거치고 있으나, 그것은 검사장비가 고가품인데다, 원고가 생산한 라이센스제품의 국외 구매자가 G사이므로 그 사용부품의 하자로 인한 매도인으로서의 하자담보책임의 발생을 사전에 예방하기 위한 것일 뿐 이 사건 기술도입계약에 의하여 그와 같은 검사절차를 거치는 것은 아닌 사실 등도 인정된다(대구고판 90누1497).

350) 앞에서 실제지급가격은 수입물품과 관련된 지급일 것(관련성)과 수입물품의 대가(판매조건)로 지급될 것을 요소로 한다고 설명하였는데, 이것이 권리사용료에서는 '관련성'과 '거래조건성' 요건으로 강조되고 있다. 기본적으로 동일한 의미이고, 다만 권리사용료의 관련성과 거래조건성은 해당 수입물품 판매와 판매조건으로 결부된 다른 거래(권리사용계약)에 관한 것이라는 점에서만 특징이 있다.

(1) 권리사용료가 직접 또는 간접으로 지급될 것

1) 구매자가 판매자에게 권리사용료를 직접 또는 간접으로 지급하여야 한다(영 제19조 제2항). 로열티/라이센스계약서의 조건에 따라 구매자가 신탁방식에 의해 권리자에게 지급될 권리사용료는 판매자에 대한 간접지급으로 간주된다(미국예규 547134). 권리사용료가 수입물품의 구매자 및 판매자와 특수관계가 없는 제3자에게 지급되고 직접 또는 간접으로 판매자에게 이익이 되지 않는 경우, 그 권리사용료는 과세대상이 아니다(미국예규 H029876). 다만, 구매자가 아닌 자가 권리사용료를 지급하는 경우, 원칙적으로 과세대상(가산요소)이 아니지만, 그러한 형태의 지급이 실질적으로는 구매자가 (타인을 거쳐) 권리사용료를 지급하는 경우에 해당한다고 사실관계를 판단하여 수입물품의 과세가격에 권리사용료를 가산한 과세처분이 적법하다고 판단한 判例도 있으므로 주의를 요한다(서울고판 2017누77871).

[심판례] 청구법인은 관세법 제30조 제1항 각 호의 가산요소는 실제로 지급이 이루어진 경우를 전제하고 있으므로, **실제로 지급이 이루어지지 아니한 쟁점로열티는 쟁점물품의 과세가격에 이를 가산하여서는 아니된다고 주장하나,** 로열티 및 라이센스료 가산과 관련하여 평가협정 제8조 제1항 (c)에서 '직접 또는 간접으로 지급하여야 하나(must pay) 실제지급가격에 포함되지 아니한 경우' 이를 가산하도록 규정하고 있고, 관세법 제30조 제1항 제4호에서 '권리를 사용하는 대가로 지급하는 것'을 가산하도록 규정하고 있는 점, **쟁점물품 수입신고 당시 청구법인에게 쟁점로열티를 지급할 의무가 있었고, 그에 따라 청구법인도 이미 이를 미지급금 및 매출원가로 계상하고 있었던 것으로 보이는 점,** 가산요소는 실제지급가격에 포함된 경우에는 이를 가산하지 아니하고, 실제지급가격에 포함되지 아니하였을 때에 수입물품 대가의 일부로 가산하는 것인바, **수입물품 대가의 최종적인 실제 지급 여부로 가산여부가 달라지는 것은 아닌 점, 달리 쟁점상표권계약이 2015년에 종료되었다거나 쟁점로열티의 지급의무를 면제받았다는 청구주장을 뒷받침할 만한 객관적인 입증자료도 확인되지 않는 점** 등에 비추어 처분청이 쟁점로열티를 쟁점물품의 과세가격에 가산하여 관세 등을 과세한 이 건 처분은 잘못이 없는 것으로 판단된다(조심 2019관0033).

2) 물품을 수입하지 않는 '라이센시'(Licensee, 권리사용자)가 지급하는 권리사용료
판매자(또는 판매자와 특수관계에 있는 자)와 구매자가 특수관계에 있거나 판매자(또는 라이센서)와 라이센시가 특수관계에 있는 경우로서, 라이센시가 국내에서 구매자가 수입한 물품(경미한 가공 포함)을 공급받는 경우에도, 관련성(라이센스계약에서 허여한 권리가 체화되어 있을 것)과 거래조건성(권리사용료 지급 없이는 수입물품을 공급받지 못하는 경우일 것)이 충족되면 라이센시가 지급하는 로열티를 구매자가 수입물품에 대해 판매자에게 지급하는 실제지급가격에 가산하여 과세할 수 있다(서울고판 2017누77871, 종합심사 47400-209).

3) 다만, 권리사용료의 가산여부를 판단하는 경우 권리사용료가 지급되는 장소나 권리사용료 수취인의 국적 또는 권리허여자의 소재지는 고려하지 아니한다. 따라서 권리사용료가 수입국에 소재하는 권리허여자(Licensor)에게 지급되더라도 상관없다(평가협정 권고의견 4.14, 관세평가 고시 제21조 제1항).[351]

(2) 관련성(related to the goods)

(가) 의의

'관련성'이란 권리사용료의 지급대상인 권리와 수입물품과의 관련을 말하는데, 즉 권리사용료의 지급대상인 권리(무형재산권)가 수입물품에 결합되거나 수입물품에 구현 또는 체화(embodied or incorporated in the goods)되어 수입물품과 일체화되거나 수입물품의 일부를 이루고 있는 경우를 말한다. 결국은 권리사용료의 지급이 수입물품의 일부에 대한 대금지급이라고 간주될 수 있는 경우를 말한다.

[예시] **로열티는 수입물품의 생산 또는 판매(사용)와 관련되어야 한다.** 국내 A는 미국 B로부터 포장된 확대경을 구입하는데, 확대경은 게임용품에 조립된다. **게임용품을 위한 유일한 수입부분품은 확대경이며 게임용 다른 부분품은 미국에서 만들어진다.** 로열티 지급은 특정한 국가 안에서 상표가 부착된 판매용 보드게임용품의 국가판을 제조하거나 제조하여 판매할 수 있는 독점적 권리 및 라이센스에 대한 대가로 판매자에게 이루어진다. **로열티는 미국에서 완성된 게임용품의 판매에 따라 지급되는 것이지, 완성된 게임용품의 각각의 부분품이나 구성품의 판매에 따라 지급되는 것은 아니다. 본 건에서 수입물품인 확대경은 특허 하에 제조되지 않았다.** 로열티 지급은 완성된 게임용품에 대한 상표사용으로 이루어진 것이며, 수출을 위한 생산 및 판매와 관련되어 있지는 않다. 그리고 수입자는 제품의 판매가 라이센스계약의 조건에 종속된다는 어떠한 표지도 없기 때문에 로열티를 지급함이 없이 확대경을 구입할 수 있다. 이 경우 로열티는 실제지급가격에 가산할 수 없다(미국예규 545812).[352]

---

351) 평가협정 제8조 제1항(c)는 수입국 以外의 국가에 지급한 권리사용료와 수입국에 지급한 권리사용료를 구별하지 않는다. 또한 로열티 지급의 국가간 이전을 요구하지도 않는다(평가협정 권고의견 14.4).

352) [미국예규] 구매자는 판매자에게 부품을 수입하며, 수입된 부품들은 미국에서 결합시켜 생산하고, 그 제품생산에 여러 가지 특허의 사용에 대하여 판매자에게 로열티를 지급한다. 구매자가 판매자에게 지급한 로열티는 미국에서 수입물품을 결합하여 생산한 완성상품의 판매와 처분에 근거하며, 로열티 계산대상 금액에는 수입물품의 금액이 공제된다(수입된 부분품의 가격이 판매자에게 지급한 로열티(상표권) 계산공식에서 명확하게 제외되고 있다). 이 경우 로열티는 과세대상이 아니다(H024566, 542900).

(나) 판단기준

관련성 與否를 판단하기 위해서는 먼저 구매자(licensee)가 권리사용료 지급에 대한 대가로 받는 것(권리)이 무엇인지(상표권, 특허권, 영업비밀-노하우인지 등)를 확인해야 하고, 해당 '권리'가 확인되면 그 권리(상표, 특허, 노하우 등)가 수입물품에 구현(체화) 또는 결합된 것인지 여부를 확인해야 한다. 예를 들어, 수입자(구매자)가 권리사용료 지급의 대가로 받은 것이 특허나 영업비밀로 확인되었는데, 그 특허나 영업비밀이 수입물품에 구현(체화)되어 있다면 관련성이 인정된다.

[판례] [관련성과 거래조건성 인정] 이 사건 로얄티는 AK가 이 사건 라이센스계약에 의하여 허여받은 A사의 상표와 기술적 정보의 사용대가로 지급하는 것인데, 이 계약에서는 A사의 기술적 정보에 관하여 A사가 AK에게 공개한 현재 및 미래의 모든 사업상 기밀, 노하우, 경험, 마케팅 방법과 명세 및 발명을 의미하고, 이 경우 당해 정보는 특허를 받았거나 특허가 가능 또는 불가능한 경우를 모두 포함한다. 또한, **이 사건 라이센스계약에서는 '기술적 정보'에 특허권뿐만 아니라 노하우, 사업상 기밀, 경험 등도 포함된다는 점을 명시하고 있고, 또한 위 기술적 정보의 내용 및 범위를 국내에서의 담배 제조 및 판매에 관한 것으로 한정하고 있지도 않다.** A그룹은 같은 상표 하에 판매되는 제품이 동일한 품질을 유지하여 전세계적으로 동일한 제품특성을 가질 수 있도록 A그룹 내에서 사용되는 전세계적인 품질관리지침을 마련하고 있고, 담배완제품을 제조하기 위한 재료인 이 사건 수입물품(혼합엽 또는 각초 등)도 위와 같은 품질관리지침에 따라 만들어진 것으로 보인다. 이 사건 수입물품은 이 사건 완제품 담배를 만들기 위한 혼합엽, 향료 등의 재료인데, 그 중 혼합엽의 경우 A사가 여러 품종의 담배 잎을 선별하여 구매한 후, 담배 잎의 향과 수분 함유량을 높이기 위한 케이싱 및 열처리, 서로 다른 품종 및 등급의 담배 잎을 일정한 배합비율에 따라 섞는 블렌딩 등 여러 공정을 거쳐 만들어지고, **위와 같은 공정을 통해 서로 다른 품질과 특성을 갖는 여러 모델의 혼합엽이 제조되며, 이 혼합엽 단계에서 이미 이 사건 완제품 담배의 품질과 특징이 상당부분 결정되게 된다. 또한 사실상 이 사건 수입물품을 A사가 아닌 제3자로부터도 구입할 수 있다고 보이지 않을 뿐만 아니라 이 사건 라인센스계약에서 이 사건 수입물품을 A사가 아닌 제3자로부터 구매할 수 있는 규정을 두고 있다는 것만으로 이 사건 수입물품에 체화 또는 구현되어 있는 기술적 정보가 이 사건 로얄티와 무관한 것이라고 할 수는 없다.** AK가 A사에게 완제품을 수입하는 경우에는 이 사건 수입물품을 수입하여 완제품을 제조, 판매하는 경우와 달리 로열티가 지급되지 않았다고 하더라도 그러한 사정만으로 당연히 이 사건 수입물품의 거래가격에 권리사용료가 포함되어 있다고 볼 수는 없다. AK가 원고에게 A사의 기술적 정보가 체화 또는 구현된 이 사건 수입물품을 가공하여 이 사건 완제품 담배를 제조하게 하고, 원고가 계약기간 동안 위 수입물품을 이용하여 이 사건 완제품 담배를 제조한 이상, 그 기술적 정보가 원고에게 물리적으로 이전되었는지에 관계없이 원고는 위 정보를 사용한 것으로 볼 수 있다. 원고는 이 사건 수입물품과 관련한 기술적 정보의

대가가 이미 수입가격에 포함되어 있다고 주장하나, 원고가 이 사건 수입물품 가격에 가산되었다고 주장하는 5%의 Mark-up이 이 사건 수입물품에 체화 또는 구현된 A의 기술적 정보에 대한 사용대가에 해당한다고 보기 어렵고, 달리 이 사건 수입물품의 수입가격에 위 물품에 체화 또는 구현된 A사의 기술적 정보에 대한 대가가 포함되어 있다고 볼만한 자료가 존재하지 않는다. 따라서, 이 사건 로열티의 지급대상인 A사의 기술적 정보가 이 사건 수입물품에 체화 또는 구현되어 있으므로, 이 사건 로열티는 이 사건 수입물품과 관련성이 인정된다(서울고판 2017누77871, 대판 2014두4115, 부산고판 2014누328).

그렇지만, 특허나 영업비밀이 수입물품과 관련이 없는 경영이나 교육훈련 등에 관한 것이거나 수입 以後 국내에서의 제조·가공 공정이나 마케팅 등에만 필요한 특허나 영업비밀인 경우에는 관련성이 인정되지 않을 것이다(미국예규 W548649).[353] 이를 위해 로열티/라이센스계약서에서 허여하고 있는 권리의 범위, 권리사용료 지급의 대상인 무형재산권의 내용 및 범위가 國內에서의 제조나 판매활동에 한정된 것인지 여부 등을 검토해야 할 것이다.[354]

[평가협정 권고의견 4.9] 어떤 수의용 조제물질의 제조자/상표권 보유자 A사와 국내 수입회사 甲사 사이에 계약이 체결되었다. 이 계약의 내용에 의하면, A사는 甲사에게 "특허조제물질"에 관한 국내에서의 제조, 사용 및 판매에 대한 독점권을 부여하고 있다. 이 특허조제물질은 수의용에 적합한 형태로 된 코르티손(부신피질호르몬인 스테로이드 계에 속하는 유기화합물 성분) 성분을 포함하고 있는데, A사 또는 A사를 대행하는 제3자(B사)가 甲사에게 제공한 벌크상의 코르티손으로 제조된다. **코르티손은 다른 제조자로부터도 구입이 가능한 재판매 비특허 항염제로 표준형의 특허조제 물질의 주요 구성성분 중 하나이다.** 또한 A사는 甲사에게 국내에서 특허조제물질을 제조하고 판매하는 것과 관련하여 상표를 사용할 수 있는 배타적인 권리와 라이센스를 부여한다. 계약서의 대금지급규정은 甲사는 특허조제물질의 연간 첫 번째 순판매액 2백만 달러에

353) [미국예규] **라이센서에 의해 제공된 노하우는 수입물품을 원재료로 사용하여 국내제조를 위한 것이고, 수입물품은 국내제조에 관한 노하우를 허여한 특수관계자로부터 수입된 것이 아니다.** 이렇다면 로열티는 몇몇의 수입된 원재료가 라이센서의 관계사로부터 구매해 온 것을 제외하고는 또한 과세대상이 아니다. 수입자와 판매자가 특수관계이고 판매자가 또한 라이센서라는 사실이 반드시 로열티가 과세대상이라는 것을 의미하는 것은 아니다. **본건에서 구매자는 라이센서의 관계사로부터 원재료를 구매할 것이 요구되지 않는다. 최소로열티**(minimum royalty)**를 지급해야 한다는 사실이 로열티의 과세가능성에 영향을 주지 않는다.** 왜냐하면 모든 원재료가 국내에서 구매하더라도 최소로열티는 지급해야 하고 원재료를 어디서 구매하는지와 상관없이 회사는 라이센스로 부여된 권리의 이용을 계속하여야 하기 때문이다(H128018).

354) 한편, 구매자(수입자)는 로열티/라이센스계약서상 권리(영업비밀)등은 국내에서 제조나 판매와 관련된 것이고, 수입물품에 체화된 권리에 대한 사용료는 수입가격에 이미 포함되어 있다고 주장할 수 있는데, 이 경우 로열티/라이센스계약 내용에 대한 정확한 해석이 필요할 것이고, 구매자는 판매자의 협조를 얻어 이를 입증할 수 있는 자료를 제출해야 할 것이다. 로열티가 수입가격에 포함되어 있다면 제조원가나 판관비 또는 마크업(mark-up)에 포함되어 있을 것이다.

대여하는 9%의 로열티를 A사에게 지급하도록 약정하고 있다. 아울러, 매년 최소한 100,000달러의 로열티를 지급하도록 약정하고 있다 계약에서 약정하고 있는 여러 가지 상황에 따라, 양 당사자는 甲사의 독점적인 권리를 독점적이지 않는 권리로 전환할 수도 있다. 그러한 경우, 최저 로열티가 25%까지 감액되거나, 어떤 경우에는 50%까지 될 수도 있다. 판매에 따른 로열티는 어떤 상황에서는 감액될 수도 있다. 마지막으로, 특허조제물질의 판매에 근거한 로열티는 매년 매분기말의 다음날로부터 60일 이내에 지급되어야 한다. **[과세가격 결정]** 해당수입물품은 표준형의 비특허된 항염제이므로 해당 상표를 사용하는 것은 평가대상 물품과 관련이 없다. **로열티의 지급은 수입물품의 수출판매조건이 아니라 수입국내에 특허조제물질의 제조 및 판매조건이다.** 따라서, 이 지급금액을 실제지급가격에 가산하는 것은 적절하지 않다.

(다) 관련성이 있는 것으로 간주되는 경우

다음의 어느 하나에 해당하는 경우에는 권리사용료가 당해 물품과 관련되는 것으로 본다(영 제19조 제3항).[355)]

1) 권리사용료가 '특허권'에 대하여 지급되는 때에는 수입물품이 다음의 어느 하나에 해당하는 물품인 경우(제1호)

① 특허발명품

② 방법에 관한 특허에 의하여 생산된 물품

③ 국내에서 당해 특허에 의하여 생산될 물품의 부분품・원재료 또는 구성요소로서 그 자체에 당해 특허의 내용의 전부 또는 일부가 구현되어 있는 물품[356)]

④ 방법에 관한 특허를 실시하기에 적합하게 고안된 설비・기계 및 장치(그 주요특성을 갖춘 부분품 등을 포함한다)

[판례] 이 사건 라이센스 계약에 의하면 제3조는 "AC는 원고들에게 소판제조 및 연마 기술, 사업운영 노하우의 실시권을 허여한다"고, 제1조는 "소판제조 및 연마기술은 본건 특허 및 본건 노하우를 말한다. 본건 특허 및 본건 노하우란 별지에 기재된 특허와 노하우를 말한다"고 규정하고

355) 참고로, EU관세법 제136조에서는 "로얄티 또는 라이센스료 금액을 산정하는 방법이 수입물품의 가격으로부터 파생되는 경우에는 반대의 증거가 없다면 해당 로얄티 또는 라이센스료의 지급이 평가대상물품과 관련이 있다고 추정될 수 있다"고 규정하고 있다.

356) **[미국예규]** ① 권리사용료가 수입된 구성부품의 가격이 아니라 국내에서 최종 완성된 상품에 기초하여 지급되더라도 권리사용료가 수입물품의 소유권과 관련되어 있으므로 동 로열티는 수입물품과 관련이 있고 수입물품의 거래조건이다(546401). ② 로열티는 수입물품의 재판매에 기초한 것이 아니라, 부분적으로 수입물품으로 건설된 미국 공장에서 제조된 상품의 생산을 기초로 지급된다. 이 경우 로열티 지급은 수입물품과 관련이 없으며, 거래조건도 아니다(567376).

있는데, **그 별지에는 설비제작과 직접 관련된 특허와 노하우가 포함되어 있는 점, 이 사건 설비는 일체로서 일련의 공정을 구성하고 AC가 보유한 float공법으로 유리기판을 생산하기 위한 것인 점**, 유리기판을 생산하기 위해서는 원료혼합, 투입량 조절, 버너 조절, 가마온도, 압력조절, 기포제거, 절단, 연마, 표면결함방지, 세정, 검사, 포장 등의 각종 공정을 거쳐야 하는바, **이 사건 설비 자체에 (AC가 보유한 특허나 노하우가 반영되지 않은) 범용설비로 AC가 요구하는 수준의 제품을 생산할 수 있다고 보이지 않는 점**, LCD 유리기판은 두께 0.5 - 5.7mm, 크기 가로×세로 2m이상의 고정밀 대형 박판 특수유리인데, **AC는 L화학을 제외하고 float공법에 의해 유리기판을 대량생산하는 거의 유일한 업체**이므로 원고들은 float공법으로 유리기판 생산시 이 사건 라이센스 계약과 별도로 7%의 이윤을 지급하였으나, 여기에는 설비 관련 특허와 노하우에 관한 것이 포함되어 있지 아니한 점, 이 사건 라이센스계약은 특허와 노하우에 관한 것이므로, 설비제작을 위한 비용 등을 받기 위해 별도 계약이 필요한 점, AC는 "설비제조업체인 T엔지니어링이 AC의 노하우를 남용하여 유리 용해로 및 다양한 타입의 제조장비를 설계, 제작하였다"는 이유로 가처분소송을 제기하는 등 float**공법에 관한 특허 등을 보유한 것으로 보이는 점, 기본사양서에 의하면 설비의 종류 등이 구체적으로 기재되어 있고, 제작업체는 기본사양서를 토대로 설계를 하여 이 사건 설비를 제작한 점, AC는 기본사양서를 비밀로 취급하여 세무조사나 이 법원에 그 일부만 제시하였고,** 기본사양서에 의하여 작성된 설계도면도 제작업체들로부터 교부받아 비밀로 취급하고 있는 점, AC는 그 동안의 제작 노하우를 동원하여 기본사양서를 작성하였고, 이 사건 라이센스계약에도 장치제작, 설치에 관한 부분이 노하우로 기재되어 있는 점 등을 고려할 때, **이 사건 설비는 이 사건 라이센스계약에 의하여 제공되는 소판 및 연마공정 관련 특허와 노하우에 의하여 고안된 설비, 기계 및 장치이고,** 이 사건 권리사용료는 특허와 노하우 제공 대가로 지급되었으므로, 이 사건 권리사용료와 관련성을 인정할 수 있다(서울고판 2015누36395).

[평가협정 권고의견 4.12] 국내 수입자 甲사와 미국의 판매자 S사는 압연기 공급을 위한 판매계약을 체결한다. 이 장비는 이미 국내에 있는 연속구리봉 설비에 결합될 것이다. 압연기에는 압연기가 수행할 특허공법(patented process)과 관련 있는 기술이 결합되어 있다. 甲사는 장비의 가격에 더하여 특허공법 사용권에 대한 라이센스료로 15백만 달러를 지급해야 한다. S사는 甲사로부터 장비에 대한 지급과 라이센스료를 수령한 후, 라이센서에게 라이센스료의 총 금액을 송금한다. [과세가격 결정] **라이센스료는 특허공법을 수행할 수 있게 하는 압연기에 결합된 기술에 대한 것이다.** 압연기는 특허 생산 공법을 수행하기 위해 특별히 구매된 것이다. 그러므로 15백만 달러의 **라이센스료가 지급된 특허 생산 공법은 평가대상 물품과 관련이 있고 판매조건이므로, 라이센스료는 수입 압연기에 대하여 실제로 지급하였거나 지급하여야 할 가격에 가산되어야 한다.**

2) 권리사용료가 '디자인권'에 대하여 지급되는 때에는 수입물품이 당해 디자인을 표현하는 물품이거나 국내에서 당해 디자인권에 의하여 생산되는 물품의 부분품 또는 구성요소로서 그 자체에 당해 디자인의 전부 또는 일부가 표현되어 있는 경우(제2호)

3) 권리사용료가 '상표권'에 대하여 지급되는 때에는 수입물품에 상표가 부착되거나 희석·혼합·분류·단순조립·재포장 등의 경미한 가공 後에 상표가 부착되는 경우(제3호)
즉, 수입물품에 상표가 부착되어 수입되는 경우뿐만 아니라 물품이 수입된 후에 경미한 가공 後에 상표가 부착되는 경우도 포함된다.[357] 그러나, 가공 정도가 경미한 가공을 넘어서는 경우(예: 노하우가 필요한 제조나 가공 등)에는 물품의 동일성이 인정되지 아니하므로 권리사용료는 수입물품과 관련성이 인정되지 않을 것이다.[358]

[판례] 국내 GK사는 미국 G사의 자회사이고, GB사는 G사의 상표 및 상호를 관리하는 G사의 미국 계열사인데, GK사는 GB사와 상표 및 상호사용계약을 체결하였다. GK사는 G사 관계회사로부터 G사의 상표가 부착된 컴퓨터 단층촬영장치(CT), 자기공명영상장치(MRI)와 같은 **의료영상진단기기 등(이 사건 수입물품)을 미조립상태로 수입하여(다만, 수입신고는 관세율표 해석에 관한 통칙 제2호 가목에 따라 완성품 세번으로 하였음) 국내에서 조립한 후 국내 의료기관에 판매**하면서, G사의 상표 및 상호사용료로 상품과 서비스 순매출액의 1%를 GB사에 지급하고 있다. S세관은 GK사가 GB사에 지급한 상표 및 상호사용료 중 수입물품과 관련하여 지급한 부분(국내 조달물품 및 서비스 매출과 관련하여 지급한 부분을 제외)을 권리사용료로 과세가격에 가산하여 과세처분하였다. 다음과 같은 이유로 관련성과 거래조건성이 인정된다. **이 사건 수입물품에 단순한 조립 이상의 공정을 추가한 것이 입증되지 않았으므로 이 사건 수입물품은 수입 당시부터 상표가 부착되었거나 단순조립 후 상표가 부착된 경우에 해당하므로 '관련성'이 인정된다.** 또한, GK사-G사-GB사 모두 특수관계에 있는 회사들로, 이 사건 상표 및 상호사용료는 GK사와 GB사이의 상표 및 상호사용계약에 따라 지급된 것이기는

---

357) **[관세청예규]** ① '단순조립 등 경미한 가공'의 例示로 검사, 시험, 기름칠, 건조(자외선 건조 포함), 세정, 수지 주입, 결합 및 조합, 리벳팅, 납땜 및 용접, 특별한 노하우를 요하지 않는 단순조립 등이 있으며, 그 주요 특성이 완전히 바뀌는 제조·가공 공정을 거쳐 완전히 새로운 제품을 생산하게 되는 경우는 관련성이 없는 것으로 판단된다(평가분류 47221-26). ② 국내 A사가 제조·생산한 완제품에 일본 J사의 상표를 부착하여 판매하나, 수입물품의 원재료와 J의 상표를 부착하는 완제품 부직포와는 동일성이 유지될 수 없을 정도로 수입 후 추가가공을 거치며(생산부직포 총재료비 중 J사로부터 수입한 원재료의 비율: 22%이내) 수입 원재료가 J의 상표를 부착하는 완제품의 생산에만 사용되는 것이 아니므로 상표권사용료와 수입물품(원재료)은 관련성이 없다 할 것이다(평가일 22740-553).

358) **[예시]** 수입한 농축과즙액을 단순히 물로 희석하여 100% 주스로 종이팩에 넣고 상표를 부착하여 판매하는 경우는 수입물품의 본질은 변경되지 않으므로 관련성이 인정된다. 그러나 일부 재료만 외국에서 수입한 後 국내에서 구매한 재료들과 혼합하여 화학약품을 제조한 경우는 수입물품의 본질이 변경되어 관련성 인정되지 않을 수 있다(일본예규). 따라서 수입물품과 완성품의 비교, 국내에서의 생산공정 등을 종합하여 수입물품의 본질이 변경되었는지 여부를 판단해야 할 것이다.

하나, 위 계약 자체는 GK사와 G사이에서 '수출자가 이 사건 수입물품에 부착한 G사 상표 부분에 대하여는 GK사가 GB사에게 권리사용료를 지급하기로 하는 내용'의 직접적 또는 모회사를 매개로 한 간접적인 약정을 맺었기 때문에 체결된 것으로 보이는 점, GK사가 이 사건 수입물품에 G사 외의 다른 상표를 부착할 수 있다고 보이지 아니하는 점, GK로서는 이 사건 수입물품에 G사 상표를 부착할 수밖에 없고 이 경우 GB사에게 사용료를 지급해야만 하므로 결국 이 사건 상표 및 상호사용료를 지급하지 아니하고서는 이 사건 수입물품을 수입할 수 없었던 점을 인정할 수 있으므로 '거래조건성'도 인정된다(서울고판 2012누170287).

[평가협정 권고의견 4.6] 수입자 甲은 미국제조자 M으로부터 농축물을 두 번에 걸쳐 별도로 구매한다. M이 소유한 상표는 특정 수입판매 조건에 따라 회석 후 판매할 때 해당물품에 부착될 수도 있고 그렇지 않을 수도 있다. 상표 사용에 대한 사용료는 단위수량별로 지급한다. **수입 농축물은 보통 물에 단순 희석되고 판매 前에 소매 포장된다**. 첫 번째 구매에서는, 농축물을 희석시켜 상표를 부착하지 않고 재판매되므로 상표사용료 지급 조건이 되지 않는다. 두 번째 사례에서는 농축물은 희석된 後 상표를 부착하여 재판매되므로 수입을 위한 판매조건으로 상표사용료 지급조건이다. **[과세가격 결정]** 첫 번째 구매 물품은 상표를 부착하지 않고 재판매되며 상표사용료가 지급되는 것이 아니므로, 가산은 적절하지 않다. 두 번째 구매에서는 M에게 지급하는 상표사용료는 수입물품에 실제로 지급하였거나 지급해야 할 가격에 가산되어야만 한다.

4) 권리사용료가 '저작권'에 대하여 지급되는 때에는 수입물품에 가사·선율·영상·컴퓨터 소프트웨어 등이 수록되어 있는 경우(제4호)
컴퓨터소프트웨어는 관세법 시행령 제19조 제4항과의 관계상 품목번호 제8523호로 분류되지 않는 전달매체에 수록된 경우에 한하여 관련성이 인정된다.

[평가협정 권고의견 4.7; 사례연습 37] 미국에 거주하는 음반제작자 M과 음악가 A간에 계약이 체결되었다, 계약에 따르면, A는 전 세계에 음반복제, 마케팅 및 배포권에 대한 A의 권리를 양도하는 대가로 소매로 판매되는 음반마다 로열티를 지급받기로 되어 있다. 이어서 R은 수입국내 재판매를 위하여 음악가 A의 연주내용을 복제한 음반들을 甲에게 공급하기 위하여 수입자 甲과 음반 배포 및 판매계약을 체결한다. 본 계약의 일부로서, R은 甲에게 마케팅과 배포권을 재양도한 대가로 甲으로부터 수입국내에서 구매 및 수입된 각 음반의 소매판매가격에 대한 10%의 로열티를 요구한다. 甲은 R에게 10%의 로열티를 지급한다. 이 경우, 로열티는 관련성과 거래조건성이 인정되는가? **[과세가격 결정]** 음반에 가사, 선율 등이 수록되어 있으므로 관련성이 인정되고, 로열티 지급은 甲이 R과의 음반 배포 및 판매계약의 결과로서 이들 금액을 지급해야 하기 때문에 거래조건성 또한 인정된다.

[미국예규] A사는 중국 제조자 B로부터 소프트웨어를 변경할 수 있는 기기를 구매하여 국내고객들에게 그 기기를 재판매한다. 국내로 수입될 때, 그 소프트웨어를 변경할 수 있는 기기는 완전한 기능을 한다. 그 소프트웨어를 변경할 수 있는 기기는 각 하드웨어 및 소프트웨어(또는 소프트웨어를 변경할 수 있는 기기의 모든 기능을 제외하는 펌웨어) 구성요소로 되어 있다. 하지만, **이 기기상의 펌웨어는 기기의 능력을 확장 또는 제한할 수 있도록 재프로그램될 수 있다. 그 재프로그래밍은 B로부터 라이센스 키와 새로운 프로그램의 다운로드가 필요하다.** 그러므로 소프트웨어 변경가능 기기의 수입 후 A사는 B로부터 라이센스키를 구매하고 수입기기의 능력을 확장하기 위해 필요한 소프트웨어를 B의 웹싸이트로부터 다운로드한다. 이 경우, A가 B에게 지급하는 로열티는(수입기기의 판매조건이 아닌 추가되는 소프트웨어 설치와 관련된다는 점에서) 실제지급가격의 일부이거나 가산요소에 해당하지 않는다(H239671).

5) 권리사용료가 실용신안권 또는 영업비밀에 대하여 지급되는 때에는 당해 실용신안권 또는 영업비밀이 수입물품과 위의 1)의 규정(특허권)에 준하는 관련이 있는 경우

[예규] 국내 A사가 일본 B사로부터 수입하는 원재료는 B사 以外의 업체에서도 제조판매하고 있으며, 또한 이 원료는 접착제 이외의 다른 제품의 생산에도 사용이 가능한 범용성 원료이고, 또한 지급되는 로열티는 수입원재료와는 상관없이 완제품의 생산에 관한 기술사용료로서 배합비, 반응속도조절, 배합순서 등에 관한 노하우의 대가로 지급되는 것으로서 수입물품과는 관련이 없다(관세청, 평가일 22740-598).

6) 권리사용료가 其他의 권리에 대하여 지급되는 때에는 당해 권리가 수입물품과 위의 1) 내지 5) 중 권리의 성격상 당해 권리와 가장 유사한 권리에 대한 규정에 준하는 관련이 있는 경우

[판례] ① **[영업비밀]** 쟁점물품(담배완제품 제조의 주원료인 혼합엽)에 라이센서의 특허권 및 영업비밀 등의 무형자산이 체화되어 있다고 보이고 사실상 구매선택권 없이 계열사로부터만 쟁점물품을 수입하고 있다고 보이므로 쟁점로열티를 쟁점물품 과세가격에 가산하여 과세한 이 건 처분에는 잘못이 없다(서울고판 2017누77871, 대판 2014두4115). ② **[노하우 및 기술지원]** 원고는 원고의 지분을 80% 보유하고 있는 스페인 I사로부터 "Z"상표가 부착된 의류, 악세사리, 신발류 등을 수입하여 국내에 판매하고 있다. I사는 광고를 하지 않는 대신에 통일된 동질적인 포맷으로 전 세계 매장을 운영하고 위와 같은 매장을 통하여 "Z"브랜드를 알리는 것을 핵심적인 전략으로 하여 매장 입지선정·설치·운영·판매방법, 내·외관, 매장 내 디스플레이 등에 관한 노하우와 기술지원 등을 통하여 "Z"상표의 가치를 상승시키고 있다. 또한, I사는 계열사인 M사와 사이에 제1, 2차 라이센스계약을 체결하여 M사에게 위와 같은 노하우 등을 통하여 "Z"상표의 가치를

높이도록 하는 역할을 수행하도록 하였고, 위 노하우 및 기술지원에 대하여 M사에게 독점적인 사용권을 허여하였다. 결국, M사를 통하여 원고 등 전 세계 국가들에 제공되는 노하우 및 기술지원은 "Z"상표권의 가치를 상승시키는데 직접 기여하고 있으므로(원고와 M사간에는 로열티/라이센스계약이 체결되어 있다), **노하우 및 기술지원은 실제로 상표권과 밀접불가분한 관계에 있는 상표권과 유사한 권리로 보인다.** 이러한 노하우 및 기술지원에 대한 대가로 원고가 M사에 지급하는 로열티는 상표권 및 상표권과 유사한 권리에 해당하므로 권리의 성격상 관세법 시행령 제19조 제3항 제3호 및 제6호의 규정에 따라 관련성을 판단할 수 있을 것인데, 이 사건 물품은 "Z"상표가 부착된 물품이므로 이 사건 로열티는 당해 수입물품과의 관련성 요건을 충족하고 있다(광주지판 2015구합12526).

(라) 컴퓨터 소프트웨어와 전달매체

컴퓨터소프트웨어에 대하여 지급되는 권리사용료는 컴퓨터소프트웨어가 수록된 마그네틱 테이프·마그네틱디스크·시디롬 및 이와 유사한 물품(법 별표 관세율표 번호 제8523호에 속하는 것으로 한정한다)과 관련되지 아니하는 것으로 본다(영 제19조 제4항). 즉, 컴퓨터소프트웨어[359]에 대하여 지급되는 권리사용료는 컴퓨터소프트웨어가 품목번호 제8523호에 분류되는 전달매체에 수록되어 수입되는 경우에 한하여 해당 권리사용료와 전달매체간에 관련성이 인정되지 않는 것으로 간주하여 그 권리사용료를 전달매체의 가격에 가산하여 과세할 수 없다는 것이다. 그러나 컴퓨터소프트웨어의 권리사용 대가가 아닌 전달매체에 수록된 컴퓨터소프트웨어 자체를 상품으로 수입한 경우에는 해당 컴퓨터소프트웨어의 가치는 전달매체의 과세가격에 포함된다는 점은 앞에서 설명하였다.

(3) 거래조건성(condition of sale)

(가) 의의

'거래조건성'이란 권리사용료의 지급이 수입물품의 거래조건(판매조건)인 경우를 말한다.[360] 즉, 당해 물품을 수입하기 위해서는 권리사용료를 지급해야 하는 경우, 또는 구매자가 권리사용료의 지급 없이는 당해 물품을 구매할 수 없는 경우를 말한다.[361]

---

359) 소프트웨어 진흥법 제2조(정의) 제1호: "소프트웨어"란 컴퓨터, 통신, 자동화 등의 장비와 그 주변장치에 대하여 명령·제어·입력·처리·저장·출력·상호작용이 가능하게 하는 지시·명령(음성이나 영상정보 등을 포함한다)의 집합과 이를 작성하기 위하여 사용된 기술서(記述書)나 그 밖의 관련 자료를 말한다.

360) '거래조건'은 '판매조건'의 다른 표현에 불과하다. 다만 그 조건이 해당물품의 수출판매 以外의 다른 거래(로열티/라이센스계약)에 관한 의무사항에 관한 것이라는 점에 중점이 있다. 따라서, 권리사용료의 지급은 판매조건 또는 판매자의 이익을 위한 지급이어야 실제지급가격에 가산한다.

361) 즉, 구매자가 권리사용료를 지급하지 않으면 실질적으로 해당 수입물품과 관련된 수입거래를 할 수 없거나

유의할 점은 당사자간의 약정(판매조건)이 아니라 수입국의 法律에 의하여 수입물품(저작권이나 특허권 등이 체화된 수입물품)을 판매할 때마다 권리보유자(특허권자, 저작권자 등)에게 판매가격의 일정비율의 로열티를 지급해야 할 의무(법률상 의무)가 발생하는 경우는 여기서의 '거래조건'(판매조건)에 해당하지 않는다는 것이다(평가협정 권고의견 4.2).

(나) 판단기준

거래조건성은 수입물품의 구매와 권리에 대한 권리사용료 지급을 분리할 수 있는지 여부(양자의 분리가능성 유무) 또는 구매자가 권리사용료 지급없이 수입물품을 제3자로부터 구매할 수 있는지 여부(구매선택권 유무)로 판단할 수 있다. 로열티 계산방식은 로열티의 가산여부를 결정함에 있어 중요한 요소가 아니다(미국예규 H004991 등). 두 가지 기준을 아래와 같이 편의상 구분해서 설명하지만 실제로는 각 기준에서의 판단요소들이 서로 중복되어 있기 때문에 완전히 다른 별개의 기준으로 보기는 어렵다고 할 수 있다.

1) 분리가능성 유무

거래조건성을 수입물품의 구매(물품구매계약)와 권리사용료 지급(권리사용계약)을 분리할 수 있는지 아니면 밀접하게 연관되어 있어 분리할 수 없는지에 따라 결정한다. 즉, 양자의 분리가능성이 있으면 거래조건성은 인정되지 아니하고, 반대로 양자가 밀접하게 연관되어 있으면 거래조건성은 인정된다. 분리가능성 유무는 물품구매계약서, 권리사용계약서(로열티/라이센스계약서), 구매주문서, 송품장 등을 검토하여 판단한다. 다음에서 보는 바와 같이 미국관세청은 주로 분리가능성을 기준으로 거래조건 충족 여부를 판단하고 있다.

가) 다음과 같은 경우에는 분리가능성이 있는 것으로 보고 있다.

① 물품구매계약과 로열티/라이센스계약에서 구매자가 권리자(라이센서)에게 지급하는 권리사용료가 수입물품의 거래와 관련이 있다는 내용이 없고, 구매주문서 및 송품장에도 그러한 언급이 없으며, 구매자가 특정한 제조자(판매자나 권리자와 특수관계에 있는 자)로부터 수입물품을 구매할 필요가 없는 경우. 수입자에 의하여 지급되는 로열티는 상품을 수입하는 권리와 분리되고 별개이다(H127377, 545379, 544105, 548368).

② 물품공급계약은 로열티의 지급에 대한 어떠한 언급도 없고, 물품이 로열티의 지급에 좌우된다는 등의 규정도 없으며, 로열티는 오직 수입자가 수입물품에 라이센스된 이미지를 사용하기로 결정할 때 또는 수입한 後 국내에 수입물품을 판매한 경우에만 비로소 지급되기 시작한다고 규정하고 있는 경우(546146, H024979).

할 수 없게 되는 경우인지를 말한다. 다시 말하면, 권리사용료의 지급을 조건으로 해당거래가 성립된다는 의미이다.

③ 로열티/라이선스계약서에서는 판매자와 구매자 사이의 권리사용료 지급을 유발하는 수출판매를 특정하지 않았고, 권리자는 물품의 일반적인 품질관리 및 상표권 관리 以外의 라이센스 제품의 생산이나 수입거래에 관여하지 않는 경우(H174030, 일본예규).

④ 물품구매계약과 로열티/라이센스계약에서 구매자가 권리자에게 지급하는 권리사용료가 수입물품의 거래와 관련이 있다는 내용이 없고, 구매자(라이센시)가 권리자에게 로열티를 지급하지 않는다면 구매자(라이센시)에 대한 권리자의 법적 구제는 라이센스계약을 통해서 이루어지고 수입물품을 생산하는 제조자와 체결한 구매계약서를 통해서 이루어지지 않는 경우(H161675).

⑤ 로열티/라이센스계약이 수입물품이 특수관계자로부터 수입되거나 국내에서 특수관계가 없는 제3자로부터 구매하는지 여부와 상관없이 수입국에서 구매자(라이센시)에 의해 마케팅되고 판매되는 모든 물품에 적용되는 경우(H236746, 544351). 수입자는 부분품을 수입하여 국내에서 완성품을 제조하는데, 로열티는 수입부분품의 출처(어디서 구매하는지 여부)와 상관없이 완성품의 재판매가격을 기초로 지급해야 하는 경우(545381).

⑥ 수입자는 그가 수입하는 물품에 상표를 사용하도록 요구받지 않으며, 수입된 부분품의 가격이 특수관계가 있는 판매자에게 지급한 로열티(상표권) 계산공식에서 명확하게 제외되고 있는 경우, 로열티가 계약상품의 국내 제조, 사용 및 판매에 관한 권리의 대가로 지급되고, 수입물품의 가격이 로열티 계산에서 제외되어 있는 경우(543417, 542900, 545591).

⑦ 라이센스계약에 수입자가 특정한 제조업자 혹은 판매자로부터 상품을 구매해야한다는 조건은 전혀 없으며, 또한 로열티는 수입물품의 판매자나 판매자와 특수관계가 있는 자에게 지급되지 않는 경우(W563382).

나) 반면, 다음과 같은 경우에는 분리가능성이 인정되지 않는 것으로 보고 있다.

① 라이센스된 물품을 구매하기 위하여 구매자는 라이센스된 물품의 모든 수입에 대하여 각각 로열티를 지급해야 하는 경우, 물품매매계약에서 로열티료 및 로열티 지급에 대해 규정하고 있고, 물품의 수입과 소유의 조건으로 라이센스가 허여된 지역 내에서 물품의 제조, 사용, 판매에 관한 지역적 독점에 대한 대가로 쟁점 라이센스료가 지급되는 경우(545728, 544420).

② 수입물품에 대한 구매자와 판매자간의 물품공급계약은 로열티 계약조건에 구속되고, 서로 조건이 되며, 수입자는 수수료를 지급하지 않으면 그 제품을 구매할 수 없는 경우 수입물품의 구매와 권리사용료의 지급이 분리할 수 없을 정도로 얽혀 있고 로열티지급이 물품의 구매와 밀접하게 연관되어 있으며, 라이센서가 수입물품의 판매와 관련하여 수량, 조건, 공급, 유형, 그리고 지급을 광범위하게 통제하고 있는 경우(544978, 546433).

③ 물품공급계약서 내용에 의하면 공급계약은 라이센스계약의 만료에 따라 종료되며, 로열티의 지급이 없으면 구매자에게 동 물품을 수출판매할 수 없는 경우(545331), 로열티/라이센스 계약에서 수입물품의 구매와 관련한 판매조건(예: 구매가격 등)뿐만 아니라 라이센스료를 규정하고 있으며, 로열티를 지급하지 않으면 판매자는 물품공급계약을 종료(계약해지 등)할 수 있다고 규정하고 있는 경우(545752).

④ 구매자와 판매자간 체결된 물품공급계약에 따라 구매자는 라이센서의 모회사로부터 수입물품 제조에 필요한 모든 품목을 구매해야 하며 라이센스약정의 종료에 따라 물품공급계약이 종료되는 경우(545998).

⑤ 구매자는 상표권자와 상표권사용계약을 체결하고 상표권사용료를 지급하는데, 상표권 사용계약에 따라 구매자는 해당 상표를 부착한 의류를 제조하는 경우 의류견본을 상표권자에게 제출하여 승인을 받고 상표권자가 지정하는 하청공장에게 제조해야만 하는 경우(일본예규).[362]

⑥ 구매자 甲은 판매자 乙로부터 丙의 상표가 부착된 운동화를 수입하기로 하였다. 그런데 판매자 乙과 상표권자 丙간에 체결된 계약에 의하면 乙은 丙이 지정하고 또한 丙에게 상표권사용료를 지급하는 것에 한하여 해당 운동화를 공급할 수 있도록 규정하고 있고, 이에 따라 甲은 乙이 甲에게 해당 운동화를 수출할 때 丙에게 상표권사용료를 지급하도록 되어 있는 경우(일본예규).

2) 구매선택권 유무

이는 거래조건성을 구매자가 권리사용료 지급없이 수입물품을 제3자로부터 구매할 수 있는지 여부, 즉 구매선택권이 있는지 여부에 따라 판단하는 것이다. 구매자가 권리사용료를 지급하지 않고도 수입물품을 '제3자'(판매자 또는 권리자와 특수관계에 있지 않은 제3자)로부터 구매할 수 있는 경우에는 거래조건이 인정되지 아니한다.

가) 우리나라 관세청과 조세심판원은 아래와 같이 기본적으로 구매선택권 유무를 기준으로 거래조건의 충족 여부를 판단하고 있다.

① 로열티가 수입물품의 거래조건으로 지급된다는 것은 구매자가 동 물품을 '구입하기 위하여' 로열티 지급이 요구된다는 것이며, 따라서 만약 구매자가 판매자 또는 그와 특수관계에

---

362) 상표권 소유권자, 제조자, 판매자, 구매자 모두가 특수관계자로서 상표권소유자가 당해 물품 제조자들에게 상표사용권을 허용하고 그 제조자들이 동 상표를 부착한 당해 물품을 사실상 독점 생산하고 있으므로 상표권사용료를 지급하지 않고 당해물품을 구입할 수 없다는 점, 상표의 품질검사를 상표권자가 한다는 점, 원료의 고품질 사용 및 유명 공급자들이 제공한 물품만을 사용하도록 한 점 등으로 보아 사실상 상표권자가 지정하는 자로부터 당해 물품을 수입하지 않을 수 없으므로 거래조건에 해당한다(일본예규).

있는 자가 아닌 者로부터 물품을 자유로이 구입할 수 있다면 이는 로열티 지급이 수입물품의 거래조건이 아니라고 판단할 수 있는 근거가 될 수 있다(조심 2008관0038, 기획재정부 유권해석).

② 거래조건의 해당여부는 수입물품의 구매선택권이 누구에게 있느냐에 따라 판단하여야 하는 바 구매선택권의 판단기준은 수입물품과 동일물품을 국내에서 수입하는 경우, 기술제공자가 송부하였다고 하더라도 구매편의상 범용성 물품이거나 또는 기성품(제작회사의 고유기술로 생산한 물품)을 기술제공자가 제3자로부터 구매하여 제공한 경우 등은 수입자에게 구매선택권이 있다고 보아 거래조건에 해당하지 않는다(국심 92관22외 다수 같은 뜻). 그러나, 청구법인은 해외 본사를 통하지 아니하고는 물품을 수입할 수 없고, 국내에서 구입한 실적이 없으며, 국내에서 구매할 수 있다는 원재료는 주원료가 아니고 일종의 보조재로서 물품에 대한 구매선택권은 청구법인에 있다고 할 수 없으므로 청구법인이 지급한 권리사용료는 물품의 수입과 관련성이 있고, 거래조건으로 지급되었다고 볼 것이다(국심 1998관0034).

③ 청구법인은 쟁점물품 생산 以前에 견본을 상표권자에게 제출하여 사전승인을 받아야 하고, 쟁점물품 생산을 위한 제조업체 선정시 상표권자의 사전승인을 받아야 하며 실제로 쟁점물품에 대하여 청구법인이 지정한 생산자 外에 제3자로부터 구매한 실적이 없는 점, 쟁점물품이 품질기준에 부합하지 않을 경우 상표권자가 이를 회수할 수 있는바, 이는 구매선택권의 제한으로 볼 수 있는 점, 청구법인이 로열티 지급의무 이행을 거절하는 경우 계약이 즉시 해지될 수 있는 점 등에 비추어 쟁점로열티가 쟁점물품과 관련되고 거래조건으로 지급되었다고 볼 수 있다(조심 2018관0029).

④ 쟁점물품에 디자인 및 상표 등이 인쇄되어 있어 쟁점물품은 일응 쟁점로열티와 관련된 것으로 보이는 점, 쟁점로열티계약서에서 청구법인에게 "완구"의 수입·판매에 대한 권한을 허여하면서 그 "완구"를 쟁점판매자가 생산한 완구로 한정하고 있고, 쟁점물품의 제조 및 경쟁제품의 수입·판매 등을 금지하고 있으며, 쟁점판매자로부터 구매할 최소구매(약정)금액을 규정하고 있을 뿐만 아니라 쟁점판매권계약에서는 쟁점물품의 지적재산권과 관련된 제3자 라이선스 계약이 해지될 경우 쟁점판매권계약도 전부 또는 일부 해지되도록 규정하고 있어, 이를 감안하면 쟁점로열티의 지급은 쟁점물품의 거래조건에 해당하는 것으로 보인다(조심 2020관0070).

⑤ 쟁점특허기술이 쟁점물품에 체화된 것으로 보이고, 쟁점로열티의 금액 또한 궁극적으로 쟁점물품의 수량에 따라 결정되므로 쟁점로열티는 쟁점물품과 관련된 것으로 보이는 점, 청구법인은 쟁점판매자로부터만 쟁점물품을 구매할 수 있고, 쟁점로열티를 지급하지 아니하는 경우 모든 기술계약이 종료되고 쟁점물품을 구매할 수 있는 자격이 상실되므로

쟁점로열티는 쟁점물품의 거래조건으로 지급된 것으로 보인다(조심 2019관0079).

⑥ 수입물품은 라이선스 대상제품의 생산에 투입되는 핵심재료이고, 라이선시(구매자)는 라이센스 대상 제품의 제조에 라이센서가 승인한 재료를 사용해야 할 의무가 있고, 실제 구매자는 라이센스 대상제품의 대부분의 원료를 라이센서 또는 라이센서의 자회사가 생산한 원료를 직접 구입하고 있는 것으로 확인된 경우에는 구매선택권이 없는 것으로 해석되므로 거래조건이 인정된다(관세평가과-2112).

⑦ 수입 MOLD는 방법에 관한 특허를 실시하기에 적합하게 고안된 설비・기계이므로 로열티와 수입물품과의 관련성이 인정된다. 또한 구매자는 완성품을 제조하기 위하여 필요한 어떠한 MOLD도 판매자로부터 구매하여야 하고, 판매자가 제공할 수 없는 경우에 한하여 다른 곳에서 구매할 수 있으며, 판매자는 구매자가 MOLD를 사용하기에 앞서 승인할 권리를 가지며, 구매자는 판매자의 경쟁사의 MOLD도 제조하거나 구매해서는 아니된다는 점을 고려하여 볼 때, 구매선택권이 없으므로 거래조건성도 인정된다(관세평가과-1642).

⑧ 구매자 甲이 당해 물품을 수입함에 있어 기술제공자인 미국 A사와 아무런 관계가 없고 당해물품 판매와 관련하여 A사로부터 어떠한 통제도 받지 않는 독립한 공급업체를 국제시장에서 자유로이 선택하여 당해물품을 구매할 수 있다면 당해물품에 대한 구매선택권이 구매자인 甲에게 있다고 볼 수 있으므로 구매자 甲이 제3의 독립된 업체로부터 구매한 원료와 A에게 지급하는 로열티는 거래조건성이 성립하지 않는다(관세평가과-1896).

⑨ 구매자는 라이센서로부터 물품을 구매할 의무도 없고, 수입물품의 구매 여부와 상관없이 총매출액의 2%를 경상로열티를 지급해야 하며, Initial license fee는 Authorized Mark를 사용하여 국내에서 점포를 운영하는데에 대한 대가로 지불하는 비용인바, 이 경우 로열티는 수입물품과 관련성이나 거래조건성이 인정되지 아니한다(관세평가과-3143).

⑩ 수입물품은 일반 범용성 물품이 아니라 제품설계와 연계되어 개발, 제작된 주문형 IC 등으로 그 자체에 라이센서의 노하우 내용의 전부 또는 일부가 구현되어 있으므로 관련성은 인정된다. 그러나 구매자는 제품생산을 위한 특별부품 15개 품목 중 8개 품목은 라이센서로부터 수입하고, 7개 품목은 라이센서와 관계없는 제3자로부터 수입하며, 라이센시는 특별부품의 공급자를 변경할 수 있는 권한이 있고, 특별부품의 품질보증도 라이센서가 아닌 부품 공급자가 책임지며, 로열티의 산정방법상 판매가격에서 라이센서로부터 구입한 부품가격이 공제비용으로 인정되는 순판매가격을 기초로 계산됨으로써 부품 수입과 관계없이 로열티를 지급하여야 하며, 오히려 구입비용이 많을수록 지불할 로열티는 감소하고 구입비용이 적을수록 지불할 로열티가 증가한다는 사실 등을 종합적으로 고려하여 볼 때 거래조건성은 인정되지 아니한다(관세평가과-1677).

나) 判例도 구매선택권 유무를 기준으로 거래조건의 충족 여부를 판단하고 있다. 즉, 大法院은 "권리사용료가 당해 수입물품의 거래조건으로 지급된다는 것은 구매자가 수입물품을 구매하기 위하여 권리사용료를 지급하는 경우로서 사실상 구매자에게 수입물품의 구매선택권이 없는 경우를 말한다"고 판시하고 있다(대판 91누7958). 구매선택권 有無와 관련하여, 판매계약서 등에 제3자로부터 구매할 수 있다는 조항이 있다고 하더라도, 해당물품의 특성 등을 고려할 때 제3자(판매자 또는 권리자와 특수관계에 있지 않은 제3자)로부터 구매하는 것이 사실상 불가능하다고 판단되는 경우에도 거래조건성이 인정된다(서울고판 2017누77871, 대판 2020두46455).

[판례] ① [구매선택권 부정] **이 사건 수입물품을 구매하기 위하여 이 사건 로열티가 지급되었고, 사실상 원고에게 이 사건 수입물품에 대한 구매선택권이 있다고 볼 수 없다.** 따라서 이 사건 로열티는 이 사건 수입물품의 거래조건으로 지급되었다고 봄이 상당하다. ㉠ AK와 A는 모두 A그룹에 속한 법인으로 특수관계에 있고, A에게 이 사건 수입물품을 판매하는 자들 역시 대부분 A와 특수관계에 있고, 원고는 AK와 이 사건 위탁가공 계약을 체결한 이후부터 현재까지 이 사건 수입물품을 A로부터 구매하여 왔다. ㉡ **이 사건 라이센스 계약에 따르면, A는 AK를 통하여 이 사건 수입물품이 담배 완제품으로 완성되는 모든 과정에서 광범위한 품질관리 권한을 가지고 이를 행사해 온 것으로 볼 수 있다.** ㉢ 원고가 A가 아닌 제3자로부터 이 사건 수입물품을 구입할 수 있다는 이 사건 라이센스 계약의 규정에도 불구하고, **제3자로부터 위 물품을 공급받아 이 사건 완제품 담배를 제조하는 것은 사실상 불가능해보이므로, 원고에게는 실질적으로 이 사건 수입물품에 대한 구매선택권이 없다고 봄이 상당하다.** a) 앞서 본 바와 같이 A는 이 사건 수입물품이 담배 완제품으로 완성되는 모든 과정에서 광범위한 품질관리 권한을 가지고 이를 행사해 왔고, 원고도 이 사건 완제품 담배를 생산하는데 필요한 자재들을 A로부터 구매해 왔다. b) A가 AK에게 제공한 매뉴얼에는 이 사건 완제품 담배의 종류별로 각 단계별 공기의 온도와 양, 증기의 양, 첨가하는 물의 양 등 제조사양을 설명하고 있는데, 이는 특정한 모델의 혼합엽과 향료 등의 재료를 투입할 것을 전제로 하고 있고, **위 재료들은 A의 영업비밀 등 기술적 정보를 사용하여 제조되어지는 것들이다.** c) 원고는 이 사건 위탁가공 계약에 따라 A의 기술적 정보를 비밀로 유지할 의무를 부담하는바, 원고가 A의 위 매뉴얼의 제조사양을 제3자에게 알리지 않고 그에 부합하는 재료를 공급받는 것은 사실상 불가능해 보인다. d) 원고는 위와 같은 기준 및 명세에 따라 이 사건 완제품 담배를 제조하여야 하고, AK는 위 담배를 판매함에 있어 위 기준 및 명세에 부합하는지 여부에 대한 A의 승인을 받아야 한다. e) **원고가 A가 아닌 제3자로부터 이 사건 수입물품을 구매하고자 하는 경우 그 물품의 수준이 모든 면에서 A가 만족할 만한 수준에 이르러야 하고, 사용 전에 A의 서면동의를 취득하여야 한다**(서울고판 2017누77871, 대판 2014두4115: 부산고판 2014누328). ② [구매선택권 부정] 수입물품인 조제오이류의 실수요자인 국내 M사는 1986. 9. 11. 미국 맥도날드사와 사이에

라이센스계약을 체결함에 있어 총매출액의 일정 비율에 해당하는 금액을 로얄티로 지급하되, 식품의 취급과 판매에 있어 맥도날드사가 수시로 지정하는 맥도날드시스템의 사양과 질적인 기준을 충족하는 식음료 재료만을 사용하며, 맥도날드사가 수시로 지정하는 식품취급 및 조리방법만을 사용하도록 하고, 맥도날드사가 지정하지 않았거나 맥도날드시스템의 사양에 맞지 아니하거나, 그 정한 방법에 따라 조리되지 아니한 식품을 판매한 경우 등에는 맥도날드사가 계약을 해지할 수 있기로 약정하였고, M사는 위 맥도날드사의 합작회사로 설립되어 햄버거 등의 제조 및 판매를 목적으로 하고 있으며, M사가 홍콩의 P사로부터 구입하는 햄버거용 원부자재는 종이포장지 등 연간 약 3억 5천만 원 상당이며 총소요 원부자재 중 약 20%에 해당하고, M사는 그 설립시부터 이 사건 수입 당시까지 조제오이류를 P사로부터만 구입하여 왔으며 조제오이류는 햄버거의 생산에 전용되는 재료인 사실이 인정된다. M사가 이 사건 라이선스계약을 함에 있어 위 맥도날드사로부터 원재료를 구입한다거나 기타 공급선을 특정하여 기재한다는 것은 이 사건 수입 당시 시행되던 독점규제 및 공정거래에 관한 법률에서 정한 불공정거래유형에 해당하여 당초부터 제한되어 있기 때문에 그와 같은 기재를 할 수 없었던 것으로 이해된다. 이 사건 수입물품이 아닌 다른 햄버거 제조용 원부자재에 관하여 그 공급선이 다양화되어 있다거나 그 공급선을 M사가 변경하여 왔다는 점은 위 사용료가 이 사건 수입물품과 관련이 있고 거래조건이 되느냐와는 직접 관련이 없는 것이다. 한편 위에서 본 바와 같이 **라이선스계약상 식품의 취급과 판매에 있어 맥도날드사가 수시로 지정하는 맥도날드시스템의 사양과 질적인 기준을 충족하는 식음료 재료만을 사용하여야 하며, 이를 위반할 경우에는 계약을 해지할 수 있기로 약정하였고, 더욱이 위 조제오이류는 공산품의 경우와 같이 국제 공인규격이 정하여져 있는 것도 아닐 뿐만 아니라, M사에서 이 사건 수입당시까지는 조제오이류를 P사로부터만 구입하여 왔으며, 그것이 햄버거의 생산에 전용되는 재료인 점에 비추어 보면, 위 조제오이류는 M사가 맥도날드사에 지급하는 위 사용료와 관련이 있고, 거래의 조건이 되어 실수요자인 M사로서는 사실상 그 구매선택권이 없었다고 봄이 상당하다고 할 것이다.** 원심이 인정한 P사가 조제오이류의 제조회사나 맥도날드사와 아무런 출자관계 등이 없는 무역회사에 지나지 않는다거나 이 사건 이후에 M사가 조제오이류를 국내의 다른 회사로부터 공급받은바 있다는 사정만으로는 달리 보기 어렵다고 할 것이다. 원심이 이 사건 수입물품의 실수요자인 M사의 위와 같은 라이선스계약의 내용이나 거래의 실질을 도외시한 채 그 사용료의 지급이 조제오이류의 구매거래의 조건이 되지 아니한다고 판단하였음은 관세법 제9조의3 제1항에 관한 해석을 잘못하거나 그 전제사실 인정에 있어 채증법칙을 어긴 위법이 있다고 할 것이다(대판 91누7958).

3) 평가협정 권고의견 및 예해

평가협정 예해 25.1에서는 "구매자가 판매조건으로 로열티 또는 라이센스료를 지급해야 하는지 여부를 결정하기 위한 핵심적인 고려사항의 하나는 구매자가 로열티 또는 라이센스료를 지급하지 않고 수입 물품을 구매할 수 없는지 여부이다. 로열티 또는 라이센스료가 수입물품

판매자와 특수관계가 있는 제3자에게 지급되는 경우는 판매자와 특수관계가 없는 제3자에게 지급되는 경우보다 판매조건으로서 지급되었을 가능성이 더 있다. 구매자가 로열티 또는 라이센스료를 지급하지 않고 수입물품을 구매할 수 없는지 여부는 판매 및 라이센스 계약 사이의 관계와 다른 적절한 정보를 포함하여 물품의 판매 및 수입을 둘러싼 모든 사실의 검토에 좌우된다"라고 해설하고 있다.

한편, 평가협정 권고의견에서는 권리사용료 가산 요건 충족 여부와 관련하여, 아래와 같이 다양한 事例를 들어 설명하고 있다.

[평가협정 권고의견] ① 미국의 제조자 M사는 우리나라에서 보호받고 있는 상표권을 소유하고 있다. 국내 수입자 甲사는 M사의 상표로 6가지 종류의 화장품을 제조하여 판매한다. 甲사는 M사의 상표로 판매된 모든 종류의 화장품의 연간총매출액의 5%로 계산된 로열티를 M사에게 지급해야 한다. 모든 종류의 화장품은 국내에서 얻어진 원료로 M사의 제조법에 따라 제조되고 있지만, 예외적으로 가장 핵심적인 원료에 해당하는 하나는 일반적으로 M사로부터 구매하고 있다. 이 경우 수입되는 원료와 관련하여 로열티를 어떻게 처리되어야 하는가? **[과세가격 결정]** 해당 로열티는 甲사가 M사 소유의 원료를 사용하든 국내공급자의 원료를 사용하든지 상관없이 M사에게 지급하여야 한다. 그러므로 해당물품에 대한 판매조건이 아니므로 평가목적상 실제로 지급하였거나 지급하여야 할 가격에 가산될 수 없다(권고의견 4.5).

② 음반회사 R과 음악가 A간에 계약이 체결된다. R과 A는 모두 미국에 소재하고 있다. 위 계약에 따르면, A는 전 세계적인 재현생산(reproduction), 마케팅 및 공급(유통)권(marketing and distribution rights)을 양도하는 대가(consideration)로 소매 판매되는 각 음반에 대하여 로열티를 지급받기로 되어 있다. 이어서 R은 우리나라에서 전매(轉賣)하기 위하여 음악가 A의 연주내용을 재현 생산한 음반들을 甲에게 공급하기 위하여 甲과 공급(유통) 및 판매계약을 체결한다. 이 계약의 일부로서 R은 甲에게 마케팅과 공급(유통)권을 재양도하고, 이에 대한 대가로 국내로 구매되고 수입된 각 음반의 소매판매가격의 10%를 로열티로 甲에게 요구하고, 甲은 R에게 10%의 로열티를 지급한다. **[과세가격 결정]** 로열티 지급은 甲과 R과의 공급(유통) 및 판매계약에 대한 결과로서 甲이 해당 금액을 지급해야 하는 것이기 때문에 판매조건이다. R은 자신의 상업적 이익을 보호하기 위해 甲이 이러한 조건에 동의하지 않았다면 甲에게 음반을 판매하지 않았을 것이다. 지급은 특정 수입물품을 판매하고 공급(유통)하는 권리에 대하여 이루어지기 때문에 평가대상 물품과 관련이 있으며, 로열티 금액은 특정 음반의 실제적인 판매가격에 따라 달라질 것이다. 결과적으로, A의 연주의 전 세계적인 판매와 관련하여 R이 A에게 "로열티" 금액을 지급할 의무가 있다는 사실은 R과 甲간의 계약과는 관련이 없다. 甲은 판매자에게 직접 금액을 지급하며, R이 실현한 총수익을 어떻게 할당하는가는 甲의 관심사항이 아니다. 그러므로 10%의 로열티 지급은 실제로 지급하였거나 지급하여야 할 가격에 가산되어야 한다(권고의견 4.7).

③ 스포츠의류 제조자인 미국 A사와 국내 수입자 甲사는 모두 스포츠의류에 부착되는 상표권을 소유하고 있는 모기업 C사와 특수관계에 있다. **A사와 甲사의 판매계약에는 로얄티 지급에 대한 조건이 없다.** 하지만, 甲사는 C사와 별도계약에 따라, 甲사가 A사로부터 구매하는 스포츠의류에 부착되는 상표 사용권을 얻기 위해서 C사에게 로열티를 지급해야 한다. 이 경우, 로열티지급은 수입물품과 관련되고 수입물품의 거래조건인가? **[과세가격 결정]** 甲사와 A사간의 상표부착 물품에 대한 판매계약에는 로열티 지급에 대한 구체적인 조건은 없다. 하지만 로열티 지급액은 甲사가 해당 물품을 구매하는 결과로 모기업 C사에게 로열티를 지급해야 하기 때문에 판매조건이고, 甲사는 로열티를 지급하지 않고서는 상표를 사용할 권리를 가질 수 없다. 따라서, 로열티는 실제지급가격에 가산해야 한다(권고의견 4.11).

④ 국내 수입자 甲사는 미국 제조자 A사뿐만 아니라 다른 공급자 F사로부터 스포츠 백을 구매하고 있다. 甲사, A사 및 F사 모두 특수관계는 없다. 다른 한편으로 甲사는 상표권을 보유하고 있는 C사와 특수관계에 있다. 甲사와 C사간의 계약조건에 따라 C사는 로열티를 지급받는 조건으로 甲사에게 상표권사용권을 양도하였다. 甲사는 A사와 F사에게 수입 前에 스포츠 백에 부착되는 상표가 붙은 라벨을 제공한다. 이 경우, 로열티는 거래조건성을 충족하는가? **[과세가격 결정]** 권리사용료 지급은 수입국으로 해당물품 수출판매와 상관없는 **별도의 계약으로부터 기인**한 것으로 해당 수입물품은 서로 다른 계약에 따라 여러 공급자로부터 구매된 것이므로 권리사용료 지급은 당해 수입물품에 대한 판매조건이 아니다. 구매자 甲사는 해당 수입물품 구매를 위해 A사나 F사에게 권리사용료를 지급할 필요가 없다. 다만, 상표권을 입증하는 라벨공급이 생산지원비에 해당하면 가산할 수 있을 것이다(권고의견 4.13).

⑤ 국내 수입자 甲은 캐나다에 위치한 라이센서 L과 라이센스 계약을 맺고, 동 계약에 따라 甲은 L에게 물품의 제조 및 수입과 관련한 상표 사용권에 대하여 로열티를 지급해야 하며, 해당 로열티는 동 상표가 부착된 상품의 국내 판매로부터 甲이 얻는 순이익에 기초하여 계산된 고정률로 구성된다. 甲이 L에게 로열티를 지급하지 못하는 경우에는 L이 라이센스 계약을 종료할 수 있는 권리를 가질 것이다. L과 甲은 평가협정의 조건에 따른 특수관계에 있다. 추가적으로 L은 미국의 M과 M이 L의 상표를 부착한 물품을 제조한 後 甲에게 판매하도록 하기 위하여 공급계약을 체결하였다. 이 계약에 따라 M은 L이 제공하는 품질, 디자인, 기술과 관련된 제조시양서를 따라야 한다. 이 계약에는 M이 甲 또는 L이 지정한 다른 회사에 독점적으로 이 상표를 사용하는 물품을 제조하여 판매할 책임이 있다고 상세히 기술되어 있다. M은 L 또는 甲과 특수관계에 있지 않다. 甲은 M과 판매계약을 체결하고, 이에 따라 M은 L의 상표를 부착한 물품을 甲에게 판매한다. 그 계약서에 해당 로열티를 지급하라는 의무조항은 없다. 甲이 M에게 수입물품에 대하여 실제로 지급한 가격에는 甲이 L에게 지급하여야 하는 로열티가 포함되어 있지 않다. 甲이 라이센서 L에게 지급하는 로열티는 공급자 M으로부터 구입하는 물품의 판매조건인가, 그리고 이 로열티는 평가대상 물품과 관련이 있는가? **[과세가격 결정]** 甲이 수입하는 물품은 L의 상표를 부착하고 있기 때문에 해당 로열티는 평가대상 물품과 관련된다고 말할 수 있다. 또한 이 사례에서 공급계약에 따라 L은 라이센스 물품의

제조를 허여하고 M이 판매할 회사들을 결정하며 제조자 M에게 디자인과 기술을 직접적으로 제공함으로써 상표를 부착한 물품과 관련한 생산을 통제한다. L이 甲에게 라이센스 계약의 규정에 따라 물품의 제조 및 수입과 관련하여 상표를 사용할 수 있도록 허여하기 때문에 L은 어떠한 당사자가 상표를 사용하고 수입물품을 구매할지 선택함으로써 M과 甲 간의 거래에 더욱 영향을 미치고 통제한다. M과 I간의 판매계약은 로열티의 지급을 요구하는 어떠한 조항도 포함하고 있지 않다. 그러나 甲이 L에게 로열티를 지급하지 못하는 경우 甲은 해당 물품을 구매할 수 없기 때문에 로열티는 물품의 판매조건으로 지급된다. 甲이 L에게 로열티를 지급하지 않는다면 라이센스 계약의 종료뿐만 아니라 이 상표를 부착한 물품을 제조하고 甲에게 판매하도록 하는 M에게 부여된 권리의 철회까지 야기할 수 있다. 따라서 해당 로열티는 협정 제8조 제1항(c)에 따라 해당 물품에 대하여 실제로 지급하였거나 지급하여야 할 가격에 가산되어야 한다(권고의견 4.15).

(다) 거래조건성이 있는 것으로 간주되는 경우

검토방법

핵심적인 체크포인트는 권리사용료를 지급하지 않고는 해당 물품을 구매하는 것이 사실상 불가능한 경우인지? 또는 (권리사용료를 지급하지 않고는) 해당물품과 동종・동질물품을 제3자로부터 구매하는 것이 사실상 불가능한 경우인지이다.

(1) 관계의 검토: 판매자와 권리보유자(Licensor)가 특수관계에 있거나 하청관계(다국적 기업의 경우 본사가 계열사들의 주문물품을 통합하여 제조자와 제조계약을 체결하는 경우 등)에 있는지, 구매자 – 판매자 – 권리보유자(Licensor)간에 특수관계가 있는지를 검토한다. 만약 특수관계가 있는 경우라면 권리사용료는 거래조건일 가능성이 높을 것이다.

(2) 계약내용의 검토: 계약서를 검토하여, "물품판매계약"에서 권리사용에 대한 內容을 규정하고 있거나 "로열티/라이센스계약"에서 물품공급에 대한 내용을 규정하고 있는 경우(이러한 내용에는 허여받은 권리의 범위, 권리사용료 계산방법 및 지급, 허여받은 권리에 따른 제조방법, 권리사용료를 지급하지 아니하면 판매계약이 종료(해지)하거나 물품의 제조・판매를 금지하는 내용, 권리보유자가 단순한 품질관리수준을 넘어 물품의 생산・판매과정에 적극적이고 포괄적인 관여를 한다는 등의 내용)에는 권리사용료는 거래조건일 가능성이 높을 것이다.

(3) 실제 수입내역 검토: 실제로 수입자(구매자)가 판매자나 판매자와 특수관계에 있는 자 이외의 제3자로부터 수입물품을 구매한 사실이 있는지 여부를 검토한다. 제3자로부터 구매한 실적이 없거나 사실상 구매가능성이 없는 경우라면 거래조건이 인정될 가능성이 높을 것이다.

거래조건성은 해당 수입물품과 관련된 판매계약과 로열티 및 라이센스계약의 내용, 실제 구매자의 수입실태, 거래에 관여하는 자가 해당 거래와 관련하여 하는 역할, 해당 수입거래에 관여하는 자들의 관계, 기타 해당 수입거래에 관한 사정을 종합적으로 고려하여 판단한다. 판매자가 아닌 제3자(licensor)에 대한 권리사용료 지급(간접지급)은 판매자가 제3자에게 로얄티를 지급할 의무가 있고 구매자가 판매자의 이익을 위해 이를 지급하는 등의 경우에는 거래조건이 된다.

구체적으로 다음의 어느 하나에 해당하는 경우에는 권리사용료가 당해 물품의 거래조건으로 지급되는 것으로 본다(영 제19조 제5항).

① 구매자가 수입물품을 구매하기 위하여 '판매자'에게 권리사용료를 지급하는 경우(제1호)

수입물품에 관련된 상표권ㆍ특허권 등의 소유자가 해당 수입물품의 판매자인 경우로서, 구매자가 수입물품을 구매하기 위해서는 권리사용료를 지급(직접지급에 해당)해야만 하는 경우를 말한다. 판매자가 수입물품과 관련하여 특허권자로부터 그 특허권에 대한 전용실시권의 허락을 받고 있는 경우, 해당 판매자가 구매자에 대하여 해당 특허권에 대한 통상실시권을 허락하고 구매자로부터 권리사용료를 지급받는 경우도 여기에 해당한다(일본 관세정률법 기본통달 4-13).[363)]

[권고의견 4.4] 국내 甲사는 미국에 소재하는 특허권자인 제조자(판매자) A사로부터 특허 농축물을 구매하는데, 수입 농축물은 국내에서 판매되기 前에 보통의 물로 단순 희석하여 소매 포장된다. 구매자는 물품가격에 더하여 전매할 상품에 특허 농축물을 결합 또는 사용하는 권리에 대해 판매조건으로서 로열티를 A사에 지급해야 한다. 로열티 금액은 최종상품의 판매가격에 따라 계산된다. 이 경우 '로열티'는 구매자가 특허 농축물의 판매조건으로 지급해야 하는 수입물품과 관련된 지급이며 따라서 권리사용료로 실제지급가격에 가산된다.

② 수입물품의 구매자와 판매자간의 약정(계약)에 따라 구매자가 수입물품을 구매하기 위하여 당해 판매자가 아닌 자에게 권리사용료를 지급하는 경우(제2호)

간접지급의 경우로서, 판매자가 권리자와 권리사용계약을 체결하고, 그 계약에 따라 판매자가 '권리자'(licensor)에게 지급해야 하는 권리사용료를 구매자가 권리자 또는 권리자와 특수관계에 있는 者에게 지급하는 경우가 여기에 해당한다. 권리자와 특수관계에 있는 者가 국내에 소재하는 회사라도 상관없다(서울고판 2013누27182). 예를 들어, 미국의

363) **[미국예규]** 수입자와 외국의 제조자는 특수관계가 있고, 로열티 지급의 당사자는 물품공급계약에서의 **판매자이자 라이센서**인 경우, 구매자가 달리 입증하지 못한다면 판매자에게 지급되는 로열티는 거래가격에 포함되어야 한다는 가정이 생긴다(547148).

판매자 A사는 특허에 의해 제작된 기계를 국내 甲사에 판매(수출)하는데, 甲사는 A사의 요청으로 특허권 보유자인 미국의 B사에 특허권 사용료를 지급한다면, 甲사가 지급한 특허권 사용료는 수입물품인 기계와 관련되고 거래조건성이 인정되므로 실제지급가격에 가산해야 한다(평가협정 권고의견 4.1).

[판례] 이 사건 제1, 2수입계약 및 노하우 등 접근계약의 내용에 따르면 국내 A사는 국내 B사와 병행하여 네덜란드 소재 D사로부터 이 사건 주류(D사의 스카치 위스키 등)를 수입, 판매할 수 있는 자, 즉 이 사건 주류의 비독점수입권자에 불과하였으나, 이 사건 약정 및 이 사건 제3수입계약에 의해 A사는 B사로부터 이 사건 주류에 대한 국내 독점판매권(재실시권)을 부여받았고,[364)] 상표권자인 D사로부터 대한민국 내 독점판매자의 지위를 부여받음으로써 이 사건 주류의 독점수입권자가 되었던 점, 이 사건 제1,2수입계약에서 원고에게 비독점적이고 양도불가능하며 로열티 없는 라이센스를 부여한다고 한 것과 비교해 볼 때 이 사건 제3수입계약에서 '로열티 없는'이라는 부분이 삭제되었는바, 이는 이 사건 제3수입계약이 원고의 로열티 지급을 전제로 한 것이기 때문인 것으로 보이는 점, 원고가 이 사건 약정에 따라 B사로부터 제공받게 될 영업노하우 및 판매망 정보는 없는 것으로 보이는 점, 이 사건 제3수입계약의 전문에서는 B사가 적법한 유통권자라고 하면서 B사가 A사와 체결한 재실시권 계약에 의하여 A사에게 유통권을 부여하였다고 하였고, B사가 A사로부터 이 사건 사용료를 지급받고 A사에게 교부한 세금계산서의 품목란에는 이 사건 사용료가 'Distribution Fee', 즉 이 사건 주류의 판매 수수료라고 기재되어 있는 점, **A사의 독점판매권이 경제적 가치를 갖는 것은 D사의 상표권과 밀접 불가분한 관계에 있고, A사가 이 사건 제3수입계약에 의해 수입한 이 사건 주류는 그 수입주류에 독점판매권이 부착 내지 수반되어 있는 경우로서 수입물품에 상표가 부착되는 경우에 준하는 경우로 볼 수 있다 할 것인 점,**[365)] 이 사건 주류의 수출자인 D사와 B사가 특수관계인의 지위에 있고, D사가 A사에게 이 사건 주류에 대한 국내 독점판매자의 지위를 부여한 상태로 이 사건 주류를 공급한 것은 **A사가 그 순매출액의 3%에 해당하는 이 사건 사용료를 D사의 특수관계인인 국내 B사에게 지급할 것을 조건으로 한 것**으로 보이는 점 등을 종합하면, 이 사건 제3수입계약에 있어서는 수입자인 원고가 수출자인 D사에게 권리사용료를 직접 지급하지는 않는다고 할지라도, A사가 D사로부터 수입물품을 구매하기 위하여 당해 판매자가 아닌 B사에게 로열티를 지급함으로써 A사가 **수입물품의 거래조건으로 권리사용료를 간접적으로 지급하는 것으로 볼 수 있다**(서울고판 2013누27182; 사례연습 33).

364) A사는 B사와 사이에 B사로부터 이 사건 주류의 국내 독점판매권에 대한 재실시권(Sub-License)을 부여받고 그 대가로 B사에게 순매출액의 3%를 사용료로 지급하기로 하는 약정(이 사건 약정)을 맺었고, 같은 날 D사와 사이에 D사로부터 이 사건 주류에 대한 국내 독점판매자로 임명받는 내용의 수입계약(제3수입계약)을 체결하였다.

365) **[제1심판단]** 이 사건 제3수입계약 제2항에는 "D사는 A사를 대한민국 내에서 상표에 의하여 재판매를 할 수 있는 이 사건 주류의 독점판매자로 임명한다"고 규정되어 있고, **국내 독점판매권의 보장은 상표권과 밀접 불가분한 관계에 있기 때문에** A사가 이 사건 제3수입계약에 의해 수입한 이 사건 주류는 그 수입

③ 구매자가 수입물품을 구매하기 위하여 판매자가 아닌 자(licensor)로부터 특허권 등의 사용에 대한 허락을 받아 판매자에게 그 특허권 등을 사용하게 하고 당해 판매자가 아닌 자(licensor)에게 권리사용료를 지급하는 경우(제3호)

이 경우는 '구매자'가 권리자와 권리사용계약을 체결하고 그 계약에 따라 구매자가 권리사용료를 권리자 또는 권리자와 특수관계에 있는 者에게 지급하는 경우라는 점에서 앞의 ②의 경우와 다르다. 물품가격은 판매자에게, 권리사용료는 제3자인 상표권 소유자에게 지급하는 경우가 여기에 해당한다.

다만, 이 경우 구매자와 권리자간의 권리사용계약과는 별도로 구매자와 판매자간에 물품구매(수입)계약이 체결되고, 권리자(licensor)가 수출자(판매자)와 특수관계가 없고 하청관계도 아닌 경우라면 거래조건성이 인정되기 어려울 것이다(평가협정 권고의견 4.3).

[평가협정 권고의견 4.3] 국내 수입자 甲은 특정물품 제조를 위하여 특허공법을 사용할 권리를 획득하면서 특허공법을 사용하여 생산된 물품의 수에 따라 특허권 보유자인 B에게 로열티를 지급할 것에 동의하였다. 별도 계약에서, 甲은 특허공법을 수행하기 위해 특별히 고안된 기계를 설계하고 미국 제조자 A로부터 구매한다. 이 경우, 甲이 B에게 지급하는 특허권사용료는 실제지급가격에 가산되어야 하는가? **[과세가격 결정]** 비록 해당 로열티 지급이 기계장치에 체화된 공법에 대한 대가이고 해당 기계장치만 사용한다고 할지라도, 로열티 지급은 수입국으로 수출을 위한 해당 기계의 판매조건이 아니기 때문에 해당 로열티는 실제지급가격에 가산해서는 아니된다.

[평가협의회] **구매자가 판매자를 직접 물색하여 매매계약을 체결하고 판매자는 상표권자와 특수관계가 아닐 뿐만 아니라** 판매자가 오직 구매자와 매매(가공)계약에 따라 라이선스 물품을 제조하고 있으며, 상표권자는 (제품 제조 前에 구매자의 디자인, 샘플 등을 승인한 것 이외에) **품질관리 수준을 초과하여 생산 또는 판매를 관리하는 것으로 볼 수 없는 경우**라면 당해 권리사용료는 수입물품의 판매조건으로 지급된 것으로 볼 수 없다(결정 18-03-01).

④ 구매자와 판매자 사이의 직접적인 약정에 따라 구매자가 판매자 아닌 자에게 권리사용료를 지급하는 경우가 아니더라도, 구매자, 판매자 및 권리보유자 사이의 관계(권리보유자가 판매자와 특수관계나 하청관계가 있는 경우)와 그들 사이의 관련 약정의 내용 등에 비추어 볼 때 구매자가 판매자 아닌 자에게 권리사용료를 지급하지 않으면 '판매자로부터 수입물품을 구매할 수 없는 경우'에는 특별한 사정이 없는 한 권리사용료가 수입물품의 거래조건으로 지급되는 경우에 해당한다(대판 2014두13362). 이 경우 거래조건성 有無의 판단은

주류에 독점판매권이 부착 내지 수반되어 있는 경우로서 수입물품에 상표가 부착되는 경우에 준하는 경우로 볼 수 있어 그 물품관련성이 인정된다고 할 것이다.

아래 (라)에서 설명하는 고려사항을 검토하여 판단한다.

[판례] 관세법 시행령 제19조 제2항은 실제지급가격에 가산하여야 하는 권리사용료는 해당 물품에 관련되고 그 거래조건으로 구매자가 직접 또는 간접으로 지급하는 금액으로 한다고 규정하고 있고, 제5항은 권리사용료가 해당 물품의 거래조건으로 지급되는 것으로 보는 경우의 하나로 제2호에서 수입물품의 구매자와 판매자 간의 약정에 따라 구매자가 수입물품을 구매하기 위하여 판매자가 아닌 자에게 권리사용료를 지급하는 경우를 들고 있다. **구매자와 판매자 사이의 직접적인 약정에 따라 구매자가 판매자 아닌 자에게 권리사용료를 지급하는 경우가 아니라 하더라도, 구매자, 판매자 및 권리보유자 사이의 관계와 그들 사이의 관련 약정의 내용 등에 비추어 볼 때 구매자가 판매자 아닌 자에게 권리사용료를 지급하지 않으면 판매자로부터 수입물품을 구매할 수 없다고 볼 수 있는 경우에는 특별한 사정이 없는 한 권리사용료가 수입물품의 거래조건으로 지급되는 경우에 해당한다고 보아야 한다.** 원심은 제1심판결 이유를 인용하여 그 판시와 같은 사실을 인정한 다음, **이 사건 각 물품의 구매자인 원고와 그 판매자인 AB관계사들뿐만 아니라 원고와 이 사건 상표권 사용계약을 체결한 AB 모두 상호 간에 특수관계가 있는 점,** 이 사건 상표권 사용계약에 의하면 원고가 제조·판매하는 모든 제품에 AB의 상표를 부착하도록 하고 있으므로 원고로서는 AB관계사들로부터 이 사건 각 물품을 구매하여 국내 또는 해외에서 판매하기 위하여 AB의 상표를 부착하여야만 하였던 점, 또한 이 사건 상표권 사용계약에 의하면 원고는 AB가 제시하는 품질기준과 사양을 엄격히 준수하여야 하며 이를 어기는 경우 AB의 상표가 부착된 제품의 유통·판매를 중지하도록 정하고 있는데, 원고는 이와 같은 품질기준 및 사양 등을 준수하기 위하여 AB의 특수관계자인 AB관계사들로부터 이 사건 각 물품을 구매할 수밖에 없었던 점 등을 종합하여 보면, 이 사건 상표권료는 이 사건 각 물품의 거래조건으로 지급되었다고 봄이 상당하다고 판단하였다. 앞서 본 규정과 법리에 비추어 기록을 살펴보면, 원심의 위와 같은 판단은 정당하다(대판 2014두13362; **사례연습 34**).[366]

366) 이 사건 각 물품에 AB의 상표가 부착되어 있고, 원고의 영업이익과 매출액은 이 사건 각 물품의 판매로 인한 것일 뿐 국내에서 용역을 제공한 데 따른 부분은 포함되어 있지 않은 점, 이 사건 상표권료는 이 사건 각 물품의 국내 판매로 인한 매출액에서 AB관계사들에게 지급한 매입액을 공제한 차액의 1% 상당액으로 계산되므로 결국 이 사건 각 물품으로 인한 것인 점, 이 사건 제2물품의 경우 원고가 국내에서 다른 부품과 함께 완제품을 생산하여 거기에도 AB의 상표를 부착·판매하였으나, 피고는 관세법 시행령 제19조 제6항의 위임을 받은 관세청 고시에 따라 완제품 가격 중 이 사건 제2물품이 차지하는 비율로 안분한 상표권료만 과세가격에 가산한 점 등을 종합하여 보면, **이 사건 상표권료는 이 사건 각 물품에 관련되는 것이라고 봄이 상당하다**(대판 2014두13362).

(라) 제3자에게 지급되는 권리사용료의 거래조건성 판단시 고려사항

구매자가 수입물품과 관련하여 판매자가 아닌 자에게 권리사용료를 지급하는 경우 그 권리사용료가 관세법 시행령 제19조 제2항에 따른 해당 물품의 거래조건에 해당하는지를 판단할 때에는 다음의 각 사항을 고려해야 한다(규칙 제4조의2, 평가협정 예해 25.1).

1) 물품판매계약 또는 물품판매계약 관련 자료에 권리사용료에 대해 기술한 내용이 있는지 여부
2) 권리사용계약(로열티 또는 라이센스계약) 또는 권리사용계약 관련 자료에 물품 판매에 대해 기술한 내용이 있는지 여부

> **[평가협정 예해 25.1]** 권리사용료 가산 여부를 결정하기 위해서는, 로열티 또는 라이센스 계약과 판매 계약을 포함한 모든 관련 문서들을 검토하는 것이 중요하다. 지적재산권 소유자("라이센서")는 로열티 또는 라이센스 계약에 의하여 사용자("라이센시")에게 라이센스 제품을 사용하기 위한 수수료 또는 로열티를 청구함으로써 발명 또는 창조적인 작업에 대한 수익을 얻는다. 로열티 또는 라이센스 계약은 일반적으로 계약 기간, 금지된 사용, 권리의 양도 및 재라이센스, 보증, 라이센스 계약의 종결, 지원 및 유지 서비스, 품질관리 조항 등과 같은 라이센서와 라이센시 간에 합의된 조건 즉, 라이센시에게 부여되는 권리가 무엇인지와 로열티 및 라이센스료의 지급과 관계된 세부사항을 구체화 한다. 지적재산권을 라이센스함으로써, 라이센서는 상표권과 같은 지적재산권을 사용할 수 있는 제한된 권리를 양도하지만 궁극적인 소유권은 여전히 보유한다. 판매 계약은 수입되는 상품을 수출하기 위한 판매와 관련된 조건을 구체화 한다. 이러한 계약들에 포함된 정보와 기타 관련 문서들은 로열티 또는 라이센스료의 지급이 제8조 제1항(c)(법 제30조 제1항 제4호)에 따른 과세가격에 포함되어야 하는지를 보여줄 수 있다.[367)]

3) 물품판매계약·권리사용계약 또는 각각의 계약 관련 자료에 권리사용료를 지급하지 않는 경우 물품판매계약이 종료될 수 있다는 조건이 있는지 여부
4) 권리사용료가 지급되지 않는 경우 해당 권리가 결합된 물품을 제조·판매하는 것이 금지된다는 조건이 권리사용계약에 있는지 여부

---

367) 보통 상표권사용계약의 기본 내용에는 상품 또는 서비스의 품질관리를 규정하고 있는데, '품질관리'는 제품생산과 서비스에 관하여 일정 수준의 품질을 확보하여 상표의 가치를 유지하는 것이다. 품질관리는 두 가지 방식으로 이행되는데, 상표권 사용측면에서 권리자가 사용자의 상품 또는 서비스 및 광고·홍보활동과 관련하여 구체적인 사용방법을 적시하는 것과 품질유지·감시측면에서 제품 샘플의 사전승인, 사용자 시설, 원재료, 완제품, 인력 및 외주기업 등에 대한 지속적인 접근·접촉권을 통하여 사용자의 사용계약상 품질관리 의무 준수여부를 감시하는 것이다. 상표권자는 상표권의 소유자로서 그 가치의 증대 및 보증의무, 품질관리 권한, 상표권 침해에 대한 금지 및 손해배상청구권 등을 가지며, 사용자는 허여된 범위내에서 상표권 부착 상품의 제조, 판매(광고 및 마케팅 포함) 등의 권리와 의무를 가진다(김정홍, 앞의 논문 121~122쪽).

5) 상표권 등 권리의 사용을 허락한 자가 품질관리 수준을 초과하여 우리나라에 수출하기 위해 판매되는 물품의 생산 또는 판매 등을 관리할 수 있는 조건이 권리사용계약에 포함되어 있는지 여부

6) 그 밖에 실질적으로 권리사용료에 해당하는 지급의무가 있고, 거래조건으로 지급된다고 인정할 만한 거래사실이 존재하는지 여부

여기서 **"그 밖에 실질적으로 권리사용료에 해당하는 지급의무가 있고, 거래조건으로 지급된다고 인정할 만한 거래사실"은 다음의 어느 하나를 포함한다**(관세평가 고시 제21조 제2항).

① 수입물품의 판매자와 권리사용료를 지급받는 자 또는 권리권자가 특수관계에 있는 경우

평가협정 예해 25.1에서는 "권리사용료가 수입물품 판매자와 특수관계가 있는 제3자에게 지급되는 경우는 판매자와 특수관계가 없는 제3자에게 지급되는 경우보다 판매조건으로 지급되었을 가능성이 더 있다"라고 해설하고 있다.[368]

[미국연방관세규정 §152.103] 외국 생산자가 특수관계가 없는 미국 수입자에게 물품을 판매하였다. 미국 수입자는 수입물품으로부터 일부 제조된 상품을 제조하고 판매하기 위한 권리에 대해 특수관계가 없는 제3자에게 로열티를 지급한다. 로열티는 미국 내에서 추가로 제조된 상품의 판매가격에 기초하고 있다. 이 경우, 로열티는 미국으로 수출하기 위한 수입물품의 판매조건이 아니다.

[미국예규] ① 상품의 판매자와 상표의 라이센서는 특수관계에 있다. 상품을 구매하기 위해서는 구매자는 로열티 및 라이센스료를 특수관계가 있는 라이센서에게 지급할 것을 동의해야 한다. 상품을 구매하기 위하여 라이센서에게 로열티가 지급되어야만 하는 상황에서, 라이센서가 로열티금액의 일부를 특수관계 없는 제3자에게 지급한다는 사실은 중요한 의미가 없다. 이 경우 로열티는 거래의 조건이며, 그러한 부분에서 실제지급가격에 가산된다(545841). ② 라이센서와 특수관계가 있는 판매자로부터 구매한 수입물품에 부착될 상표사용에 대한 대가로 구매자가 라이센서에게 지급한 라이센스료는 권리사용료로 실제지급가격에 가산된다(544815).

② 특허권 등의 권리권자가 수입물품의 판매자를 선정 또는 지정하는 등 구매자에게 수입물품의 구매에 대한 실질적인 선택권이 없다고 인정되는 경우

368) [일본 관세정률법 기본통달 4-13] ① 수입물품에 관련된 특허권자 등이 판매자의 母회사인 경우, 구매자가 해당 특허권자 등에 대하여 지급하는 해당 특허권 등의 사용에 따른 대가(권리사용료)는 거래조건성이 인정된다. 또한 특허권자 등과 판매자간에 모자관계 이외의 **'특수관계'**에 있는 경우에도 거래조건성이 인정될 가능성이 높다는 점에 유의한다. ② 판매자가 수입물품에 관련된 특허권자 등의 **하청회사**인 경우, 구매자가 해당 특허권자 등에 대하여 지급하는 권리사용료는 거래조건성이 인정된다.

③ 구매자가 특허권 등(상표권은 제외)의 권리권자로부터 수입물품과 관련된 특허권 등에 대한 전용실시권을 허락받아 판매자에게 그 특허권 등에 대한 통상실시권을 허락하고 구매자가 해당 권리권자에게 해당 특허권 등에 대한 권리사용료를 지급하는 경우

[판례]

원고는 국내 L사(상표권자)와 H상표를 사용한 손목시계를 제조하여 국내판매할 수 있는 비독점적 권리에 관하여 "상표 등 사용계약"을 체결하였다. 원고는 중국 수출자들과 이 사건 물품의 주문자상표부착생산계약(OEM)을 체결하고, 수출자들로부터 이 사건 물품을 수입하였다. 이 사건 상표 등 사용계약에 의하면 원고는 상표권자로부터 디자인 및 품질기준에의 적합여부에 대하여 사전승인을 받아야 하고, 임가공이나 하청생산을 진행할 때에도 사전승인을 받아야 하며, 상표권자는 이 사건 제품의 품질관리를 위하여 생산공장을 방문하거나 원고에 대하여 원・부자재 변경, 품질기준 미달 제품의 회수 등을 요구할 권리를 가진다. 그러나 **상표권자가 위와 같은 품질관리 차원을 넘어 원고가 아닌 수출자를 상대로 그 생산이나 수출행위를 직접 관리・통제할 수 있다고 볼 근거는 없다. 수출자는 이 사건 상표 등 사용계약 체결 前부터 원고와 거래하던 업체이고, 상표권자와는 특수관계나 상표사용계약관계, 하도급 등의 법적 관계가 전혀 없다. 이 사건 제조계약에도 이 사건 상표 또는 이 사건 사용료와 관련하여 아무런 언급이 없다.** 이 사건 제품 자체의 특수성, 상표권자의 요구, 원고・상표권자・수출자와의 관계 등으로 인하여 원고가 수출자와만 거래하여야 하는 제한이 있다고 보기 어렵다. 이 사건 상표 등 사용계약에 의하여 원고가 이 사건 사용료의 지급을 거절하거나 3회 이상 지급을 지체하거나 해당 분기 지급을 3개월 이상 지연하면 상표권자가 이 사건 상표 등 사용계약을 해지할 수 있고, 원고는 해지통지를 받으면 제품 생산을 즉시 중단할 의무가 있기는 하나, **원고가 이 사건 상표 등 사용계약에 의하여 상표권자에게 부담하는 계약상 의무와는 별개로, 원고가 이 사건 사용료를 지급하지 않았다고 해서 수출자가 원고에 대하여 법률상・사실상 이 사건 제조계약의 이행을 거부할 이유는 없는 것으로 보인다.** 이와 같은 사정들에 비추어 보면, 이 사건 사용료가 수입물품의 거래조건으로 지급되었다고 인정하기 부족하다고 할 것이다(서울행판 2018구합87743).

(4) 실제지급가격에 포함되어 있지 않을 것과 객관적이고 수량화할 수 있는 자료에 근거할 것 등

실제지급가격에 포함된 권리사용료는 '실제지급가격의 일부'로서 거래가격에 포함되고, 실제지급가격에 포함되지 않은 권리사용료는 '가산요소'로서 실제지급가격에 가산된다(미국예규 W563354).

[WCO관세평가 교육모듈] 권리사용료 가산은 객관적이고 수량화할 수 있는 자료에 근거해야 하는데, 예를 들어 수입자는 담배를 제조하기 위해 건조담배를 수입하고, 수입담배 以外에 수입담배와 혼합된 국내 담배도 구매하였다. 혼합할 때 각각의 담배에 대한 정해진 비율이 존재하지 않는다. 따라서 수입자는 완제품 담배의 재판매를 기초로 하여 로열티를 지급한다. 이 경우, 완제품에 대한 수입담배의 로열티 금액을 결정하는 것은 불가능하기 때문에 가산할 수 없다. 그러나, 로열티 지급이 특정비율의 국내 담배와 혼합된 수입담배의 일정비율에 대해 이루어진다면, 로열티 조정이 가능할 것이다.[369)]

4. 권리사용료의 산출 및 가산

(1) 의의

권리사용료 가산 여부를 결정할 때 구매자가 지급하는 권리사용료에 수입물품과 관련이 없는 물품이나 국내 생산 및 그 밖의 사업 등에 대한 활동 대가가 포함되어 있는 경우에는 전체 권리사용료 중 수입물품과 관련된 권리사용료만큼 가산한다. 이 경우 관세청장은 필요한 계산식을 정할 수 있다(영 제19조 제6항). 관세청장 또는 세관장은 장기간 반복하여 수입되는 물품에 대하여 가산요소를 가산하는 경우 납세의무자의 편의와 신속한 통관업무를 위하여 필요하다고 인정되는 때에는 납세의무자의 요청이 있는 경우에 한하여 해당 물품에 대하여 통상적으로 인정되는 가산율 또는 공제율을 적용할 수 있다(영 제30조).

(2) 가산금액의 산출

(가) 구체적으로 권리사용료 산출 및 가산금액은 다음과 같다(관세평가 고시 제22조 제1항).[370)]

1) 수입물품이 완제품(수입후 경미한 조립, 혼합, 희석, 분류, 가공 또는 재포장 등의 작업이 이루어지는 경우를 포함한다)인 경우에는 이와 관련하여 총지급 권리사용료 전액을 가산한다(제1호).
2) 수입물품이 국내에서 생산될 물품의 부분품, 원재료, 구성요소 등(수입부분품 등)이라도 해당 권리가 수입물품에만 관련되는 경우에는 이와 관련하여 총지급 권리사용료 전액을 가산한다. 다만, 총지급 권리사용료가 수입부분품 등 뿐만 아니라 국내에서 생산될 완제품 전체와 관련된 경우에는 총지급 권리사용료에 완제품의 가격(제조원가에서 세금 및

369) WCO관세평가 교육모듈(초급용), 249~250쪽.

370) 권리사용료 산출에 관한 관세평가 고시 규정은 관세법 시행령의 취지에 근거하여 이를 구체화하기 위한 것이어서 *母法*의 규율범위를 벗어나 위임의 한계를 일탈한 것으로 볼 수 없으므로 무효라고 볼 수 없다(부산고판 2014누328).

권리사용료를 제외한 금액을 말한다) 중 수입부분품 등의 가격이 차지하는 비율을 곱하여 산출된 권리사용료 금액을 가산한다(제2호).

제2호 단서의 경우, 해당 물품이 장기간 반복하여 수입되는 경우에는 권리사용료의 안분을 위한 조정액과 가산율은 다음과 같이 산출한다(제4호, 제2호 단서).

- 조정액 = 총지급 권리사용료 × (수입부분품 등의 가격 ÷ 완제품가격)[371]
- 가산율 = 조정액 ÷ 수입부분품 등의 가격

3) 수입물품이 방법에 관한 특허를 실시하기에 적합하게 고안된 설비, 기계 및 장치(그 주요특성을 갖춘 부분품 등을 포함한다)인 경우에는 이와 관련하여 총지급 권리사용료 전액을 가산한다. 다만, 총지급 권리사용료는 특정한 완제품을 생산하는 전체방법이나 제조공정에 관한 대가이고,[372] 수입하는 물품은 그 중 일부공정을 실시하기 위한 설비 등인 경우에는 총지급 권리사용료에 권리사용료와 관련이 있는 전체 설비 등의 가격 중 권리사용료와 관련이 있는 수입설비 등의 가격이 차지하는 비율을 곱하여 산출된 금액을 가산한다(제3호).

제3호 단서의 경우, 해당 물품이 장기간 반복하여 수입되는 경우에는 권리사용료의 안분을 위한 조정액과 가산율은 다음과 같이 산출한다(제4호, 제3호 단서).

- 조정액 = 총지급 권리사용료 × (수입설비 등의 가격 ÷ 전체설비 등의 가격)
- 가산율 = 조정액 ÷ 수입설비 등의 가격

[판례] 관세법 시행령 제19조 제6항의 위임에 따라 관세청 고시인 구 「수입물품 과세가격 결정」(2010. 6. 10. 관세청 고시 제2010-88호로 그 명칭이 「수입물품 과세가격 결정에 관한 고시」로 변경되어 2014. 1. 3. 관세청 고시 제2014-1호로 개정되기 전의 것, 이하 '이 사건 고시'라고 한다) 제3-4조 제3호는, 본문에서 '수입물품이 방법에 관한 특허를 실시하기에 적합하게 고안된 설비, 기계 및 장치인 경우에는 이와 관련하여 지급되는 권리사용료의 전액을 가산한다'고 규정하면서, 단서에서 '지급되는 권리사용료는 특정한 완제품을 생산하는 전체방법이나 제조공정에 대한 대가이고, 수입하는 물품은 그중 일부 공정을 실시하기 위한 설비 등인 경우에는 지급되는 권리사용료에 전체설비 등의 가격 중 당해 수입설비 등의 가격이 차지하는 비율을

371) 완제품 가격에는 세금 및 권리사용료는 제외한다.

372) 지급되는 권리사용료가 특정한 완제품을 생산하는 전체방법이나 제조공정에 관한 대가라는 점에 관하여 '과세관청'에서 입증해야 하는 것이지 전체방법이나 제조공정에 관한 대가가 아니라는 점 및 그 금액을 납세자가 입증하여야 한다고 볼 수는 없다(서울고판 2015누36456).

곱하여 산출된 권리사용료를 가산한다'고 규정하고 있다. 원심은, 원고들이 AGC로부터 수입한 이 사건 수입설비의 과세가격을 구 관세법 제30조 제1항 제4호에 근거하여 결정한 이 사건 처분은 위법하고 이를 전부 취소할 수밖에 없다고 판단하였는데, 그 이유는 다음과 같은 취지이다. 구 관세법 제30조 제1항 제4호의 위임에 따른 관세법 시행령 제19조 제2항은 수입물품의 실제지급가격에 가산하는 금액은 권리사용료 중 수입물품과 관련성 및 거래조건성이 인정되는 부분에 한정되어야 한다는 점을 분명히 하고 있고, **관세법 시행령 제19조 제6항은 위 제2항이 정한 외의 세부사항을 정하도록 위임하고 있다. 따라서 관세법 시행령 제19조 제6항의 위임에 따라 관세청장이 이 사건 고시 제3-4조 제3호 단서에서 정한 사항은, 권리사용료 중 수입물품과 관련성 및 거래조건성이 인정되는 금액을 산출하는 데에 필요한 세부사항으로 해석하여야 한다.** 이 사건 고시 제3-4조 제3호 단서는, 특정한 완제품을 생산하는 전체방법이나 제조공정에 대한 대가로 권리사용료가 지급되고 그중 일부 공정을 실시하기 위한 설비, 기계 및 장치(이하 '설비 등'이라고 한다)를 수입하는 경우에 관해 규정하면서도, 실제지급가격에 가산할 금액을 산출하는 방법에 관하여 그 권리사용료를 전체설비 등의 가격에 대한 당해 수입설비 등의 가격의 비율로 안분하도록 정하고 있다. **이러한 이 사건 고시 제3-4조 제3호 단서는, 권리사용료가 당해 수입설비 등을 포함한 전체설비 등과 관련되어 지급된 경우에 전체설비 등의 가격 중 당해 수입설비 등의 가격이 차지하는 비율의 권리사용료만을 가산한다는 취지이다. 이와 달리 권리사용료에 전체설비 등과 관련성이 없는 '수입 이후의 국내 활동에 대한 대가'가 포함된 경우에도 이 사건 고시 제3-4조 제3호 단서를 적용하면, 수입설비 등과 관련성이 없는 '수입 이후의 국내 활동에 대한 대가' 역시 이 사건 고시 제3-4조 제3호 단서가 정한 비율만큼 실제지급가격에 가산되어 법령의 위임범위를 벗어나는 결과가 되므로, 이러한 경우에는 이 사건 고시 제3-4조 제3호 단서 규정을 적용할 수 없다.** 그런데 이 사건 권리사용료에는 이 사건 수입설비 중 일부와 관련되어 지급된 특허·노하우의 대가 외에도 전체설비 등과 관련성이 없는 공정관리에 관한 노하우의 대가, 사업운영에 관한 노하우의 대가가 포함되어 있으므로, 이 사건 권리사용료에 대해서는 이 사건 고시 제3-4조 제3호 단서를 적용할 수 없다. 따라서 이 사건 권리사용료 전부에 위 단서 규정을 적용하여 이 사건 수입설비의 실제지급가격에 가산할 금액을 산출한 이 사건 처분은 위법하다(대판 2016두34110, 34127).

(나) 총지급 권리사용료, 수입물품의 가격, 완제품의 가격 계산

1) 위의 (가)에서의 '총지급 권리사용료'는 다음과 같이 계산한다(관세평가 고시 제22조 제2항).

① 총지급 권리사용료는 관세법 시행령 제19조 제6항에 따라 수입물품과 관련이 없는 그 밖의 사업 등에 대한 활동 대가를 공제한 금액을 말한다. 다만, 객관적이고 수량화할 수 있는 자료에 근거하여 계산할 수 있는 경우에 한정한다.

② 권리사용 계약에 따라 지급하여야 할 권리사용료에 대한 원천징수세액을 포함한다.

③ 권리사용료가 수입물품을 사용하여 생산된 제품의 생산량 또는 판매량에 따라 장기간에

걸쳐 지급되는 경우에는 해당 수입물품의 사용연수, 생산능력 및 생산되는 제품의 수요 상황 등을 고려하여 객관적이고 수량화할 수 있는 자료를 근거로 합리적으로 산출할 수 있다.

2) 위의 (가)에서의 '수입물품의 가격', '수입부분품 등의 가격'은 다음과 같이 계산한다(관세평가 고시 제22조 제3항).

① 수입물품의 가격은 가산하려는 권리사용료를 제외하고 관세법 제30조 제1항 각 호의 금액을 더한 거래가격을 말한다.

② 수입부분품 등의 가격은 일반적으로 인정된 회계원칙에 따라 작성된 회계보고서 등에 따라 일정기간 동안 완제품의 가격에 포함된 수입원재료의 가격을 말한다.

3) 위의 (가)에서의 완제품의 가격은 다음과 같이 계산한다(관세평가 고시 제22조 제4항).

① 완제품가격에서 제조원가는 직접재료비(수입원재료와 국내원재료를 포함한다)에 직접노무비 및 제조간접비를 더한 금액으로 판매비와 관리비, 이윤 등은 포함되지 않는다.

② 완제품가격에서 제외되는 세금에는 관세, 부가가치세 등을 포함한다. 다만, 완제품의 제조원가에 세금이 포함되어 있는 경우에만 해당한다.

③ 조정액을 계산할 때 완제품가격에서 제외되는 권리사용료는 일반적으로 인정된 회계원칙에 따라 제조원가에 반영된 권리사용료를 말한다.

(3) 권리사용료의 안분 및 가산

장기간 반복하여 수입되는 물품의 경우 권리사용료를 실제 수입된 물품 전체에 안분하여 과세가격에 가산해야 한다. (생산지원비 가산의 경우와 달리) 권리사용료 전액을 최초로 수입되는 물품의 실제지급가격에 가산할 수는 없다.[373] 다만, 권리사용료를 실제지급금액에

373) **[참고판례]** 수입물품 과세가격 결정에 관한 고시 제3-4조는 장기간 반복하여 수입되는 물품의 경우 권리사용료를 실제 수입된 물품 전체에 안분하여 과세가격에 가산하는 것을 전제로 권리사용료 안분을 위한 조정액과 가산율 산출방법을 규정하고 있다. 그런데 피고는 위 규정의 취지에 반하여 위에서 본 바와 같이 수입신고분 일부에 일괄가산하였다. 피고는 관세법 제30조 제1항 제3호, GATT 신평가협정 제8조 제1항 (b), 과세가격고시 제3-3조 제1항 등을 근거로 권리사용료를 일괄가산할 수 있다고 주장하나, 위 규정들은 생산지원비용에 관한 규정으로 권리사용료에 관한 것이 아닌 점, 조세법률주의 원칙상 과세요건이나 비과세요건 또는 조세감면요건을 막론하고 조세법규의 해석은 특별한 사정이 없는 한 법문대로 해석하여야 하고, 합리적 이유 없는 확장 또는 유추해석은 허용되지 않는 점 등을 고려할 때, **권리사용료에 관한 과세가격고시 제3-4조가 생산지원비용에 관한 과세가격고시 제3-3조와 같이 납세의무자의 선택에 따라 일괄하여 또는 안분하여 과세가격에 가산할 수 있도록 하는 규정을 두고 있지 않은 이상, 권리사용료를 일괄가산하는 것은 법령상 근거없이 과세의 추가 부과시점을 앞당기는 것이 되어 위법하다.** 따라서 2010. 7. 29.자 부과처분 중 권리사용료(로열티) 부분은 위법하다(서울행판 2013구합2662).

가산하는 경우 다음의 각 요건을 모두 충족하는 경우에 한하여 "생산지원비의 가산방법"을 준용할 수 있다(관세평가 고시 제21조 제3항).

1) 수입신고 1건당 가산할 권리사용료에 해당하는 세액이 5만원 미만이거나 납세의무자가 AEO승인(수입분야)업체인 경우
2) 납세의무자가 권리사용료 산출을 사유로 잠정가격신고를 하고 세관장이 지정하는 기간 내에 확정가격신고를 하는 경우
3) 납세의무자가 권리사용료에 대한 관세를 일시에 납부하고자 '확정가격일괄가산신청서'를 전자문서로 제출하는 경우

5. 관련 문제

(1) 프랜차이즈 로열티의 과세 문제

(가) 의의

'프랜차이즈 계약'(Franchise)이란 가맹본부(franchisor)가 가맹점사업자(franchisee)로 하여금 자기의 상표·서비스표·상호·간판 그 밖의 영업표지를 사용하여 일정한 품질기준에 따라 상품 또는 용역을 판매하도록 함과 아울러 이에 따른 경영 및 영업활동 등에 대한 지원·교육과 통제를 하고, 가맹점사업자는 영업표지 등의 사용, 물품구매와 경영 및 영업활동 등에 대한 지원·교육의 대가로 가맹본부에 가맹금과 로열티 등을 지급하는 계속적인 거래관계를 말한다(대판 2003두7484).

가맹본부는 가맹사업자에게 지속적으로 제공하는 각종 서비스와 물품(원재료 등)에 대가로 가맹사업자로부터 가맹수수료(가맹금, Initial Franchise Fee), 로열티를 받는데, '가맹수수료'(Initial Franchise Fee)는 확정금으로 가입시 1회 지불하고, '로열티'는 프랜차이즈계약 체결하고 영업을 개시한 以後 일정 기간마다 매출액이나 순이익에서 일정 비율(예: 총매출액의 3%)의 금액을 지급한다.

(나) 프랜차이즈 로열티 과세 여부

1) 문제의 소재

가맹사업자(franchisee)가 가맹본부(franchisor)에게 지급하는 '가맹수수료'(Initial Franchise Fee)와 '로열티'를 실제지급가격에 가산하여 과세할 수 있는지가 문제된다. 프랜차이즈계약은 일반 권리사용계약과 달리 계약의 내용이 상당히 포괄적이고 '물품'(원재료 등)의 공급보다는 매장운영이나 시스템, 상호 등의 사용에 관한 내용이 중점을 이루는 경우가 많기 때문이다.

2) 관련 사례: 평가협정 권고의견 4.17

국내 A사(수입자, 구매자, 프랜차이지)는 미국의 B사(수출자, 판매자, 프랜차이저)와 국내에서 프랜차이저의 브랜드(brand)를 사용하여 매장을 운영하기 위한 "프랜차이즈 계약"을 체결하였다. 프랜차이즈 계약에 따라 A사는 A사가 그 매장에서 판매하는 제품을 국내에서 제조하기 위하여 사용하는 재료를 B사 또는 B사에 의해 승인된 자로부터만 구매할 수 있다. 재료는 특허받은 것은 아니며, 어떠한 지식재산권에 의해 보호되지는 않는다. 추가적으로 A사는 품질요건을 충족하기 위해 B사로부터 정식 승인받은 더 낮은 가격으로 판매하는 제3의 공급자로부터 재료를 구매할 수도 있다. 프랜차이즈 계약조건으로 A사는 B사에게 브랜드와 시스템을 사용하는 대가로 A사가 수입한 재료들을 사용하여 제조한 A사의 최종제품의 총 매출액에 대하여 백분율(예: 총매출액의 3%)로 계산한 로열티를 지불한다. 이 사례에서 수입재료가 위에서 언급한 것처럼 특허권 또는 다른 지식재산권에 의해 보호되지 않는 경우, '브랜드'는 매장 운영과 관련하여 등록된 브랜드나 서비스표 및 다른 상업적 표식을 의미하고 '시스템'은 매장 운영과 관련한 업무 시스템과 절차를 나타낸다. 쟁점은 프랜차이즈 계약에 따라 지급된 '로열티'가 가산요소인 권리사용료로서 실제지급가격에 가산되어야 하는지 여부이다.

이에 대해 「평가협정 권고의견 4.17」에서는 "평가대상 수입물품(재료)은 제품을 제조하기 위해 필요하고 필수적인 것이며, 프랜차이저로부터 구매하거나 품질요건을 충족시키기 위해 프랜차이저가 승인한 자로부터 구매하여야 하지만, 그에 대한 대가가 지급되는 브랜드가 있는 물품, 특허 물품 또는 특허공정에 따라 제조된 물품은 아니다. 로열티는 수입물품과 관련된 것이 아니라 프랜차이저의 지식재산권권(브랜드)이 반영된 제품의 제조와 판매 과정에서 프랜차이저의 브랜드 및 시스템의 사용과 관련된 것이다. 따라서 프랜차이지가 지급하는 로열티는 실제지급가격에 가산되는 권리사용료에 해당하지 않는다"고 해설하고 있다.

(다) 과세여부 검토

프랜차이즈 계약에 따라 물품이 수입되는 경우, 지급되는 로열티에 대한 과세 여부는 '권리사용료'와 마찬가지로 수입물품과의 관련성과 거래조건성이 충족되면 권리사용료로서 실제지급가격에 가산할 수 있다고 할 것이다.

1) 가맹수수료(가맹금, Initial Franchise Fee)

'가맹수수료'는 프랜차이즈계약 체결시 확정금으로 1회 지급하는 금액으로서 수입물품과 직접 관련성이 없으므로 과세가격에 포함되지 않는다고 할 것이다.

[예규]

Initial Franchise Fee는 수입하는 생산설비와 관련성이 없으므로 과세가격에 포함되지 않는다. Initial Franchise Fee(점포당 25,000달러)의 지급이 수입생산설비와 관련되는지 여부를 살펴보면 동 건 계약서 제1조 및 제3조에서 프랜차이즈 권한 및 의무를 명시하면서 3.1.1.에서 프랜차이저인 K사는 L사에게 국내의 승인된 지역에서 점포를 15년 동안 운영할 수 있는 권한과 K사가 소유하고 있는 시스템과 마크(Mark)를 사용할 수 있는 권한을 부여하고 있다. L사는 점포개발 및 운영에 있어 K사가 승인한 건물, 설비, 비품, 가구, 사인 등을 사용하여야 하며, 원료와 생산설비는 K사로부터 구매하도록 명시하고 있다. 위 계약내용으로 보건대, Initial Franchise Fee는 L사가 K사로부터 프랜차이즈권리를 부여받는 대가 즉, 프랜차이즈점포 운영권 및 점포개발과 운영에 필요한 노하우인 영업형태, 점포 운영방법, 절차, 표지, 디자인, 레이아웃(K사가 승인한 건물, 설비, 비품, 가구), 원료, 표준, 사용과 마크 등 프랜차이즈 시스템을 사용하는 대가로서 점포 개점 초기에 지급하는 가맹금 성격의 비용으로 볼 수 있다. 따라서 Initial Franchise Fee는 생산설비를 구매하는 조건으로 지불되었다고 볼 수 없어 과세가격에 포함되지 않는다(민원질의회신, 2006. 1. 1.).

2) 로열티

로열티의 경우, 수입물품에 '프랜차이저'의 상표나 상호가 부착되어 있거나 '프랜차이저'의 노하우나 영업비밀 등이 체화되어 있고(관련성), 로열티를 지급하지 않고는 해당물품을 수입할 수 없는 경우(거래조건성)이면 실제지급가격에 가산해서 과세할 수 있다.

[판례]

라이선스계약상 식품의 취급과 판매에 있어 맥도날드사가 수시로 지정하는 맥도날드시스템의 사양과 질적인 기준을 충족하는 식음료 재료만을 사용하여야 하며, 이를 위반할 경우에는 계약을 해지할 수 있기로 약정하였고, 더욱이 위 조제오이류는 공산품의 경우와 같이 국제 공인규격이 정하여져 있는 것도 아닐 뿐만 아니라, 위 맥안산업주식회사에서 이 사건 수입당시까지는 조제오이류를 위 퍼세코사로부터만 구입하여 왔으며, 그것이 햄버거의 생산에 전용되는 재료인 점에 비추어 보면, **위 조제오이류는 위 맥안산업주식회사가 맥도날드사에 지급하는 위 사용료와 관련이 있고, 거래의 조건이 되어 실수요자인 위 맥안산업주식회사로서는 사실상 그 구매선택권이 없었다고 봄이 상당하다**고 할 것이다(대판 91누7958).

[심판례]

프랜차이즈의 권리사용에 대하여 지불되는 쟁점로열티가 쟁점물품의 수입과 관련되어 그 거래조건으로 지불되는 것이라면 과세가격에 포함되어야 하나 쟁점물품의 수입과 관련없이 순수한 프랜차이즈의 권리사용에 대한 대가라면 과세가격에 포함할 수 없는 바, 청구법인이 DFA계약에 따라 국내 A사 매장에서 판매하는 모든 물품(도넛, 커피류, 캔음료, 모자 등)의 총 매출액(부가가치세 제외)의 6%에 해당하는 쟁점로얄티를 P사에게 지급하고 있는 점, 해외로 수출한 물품에 대하여는 별도로 로얄티를 지급하지 아니하고 있는 점, P사에서 제시한 쟁점물품의 수입단가 내역을 보면 믹스 농축액(Concentrate)의 제조노하우에 대한 대가 즉, 로열티에 해당하는 것으로 볼 수 있는 1Bag당 US$10이 포함되어 있는 점 등을 종합하여 볼 때 청구법인이 지급하는 **쟁점로얄티는 도넛의 원재료인 쟁점물품의 수입과 관련하여 지급되는 것이 아니라 순수한 국내 A사 매장의 운영과 관련한 프랜차이즈의 권리사용에 대한 대가로 보는 것이 타당**하므로 쟁점물품의 수입가격에 쟁점로열티를 가산하여 과세한 처분은 잘못이라고 판단된다(국심 2007관0150).

[예규] 국내 수입자 甲은 호주의 H사와 프랜차이즈계약을 체결하고 H사가 공급하는 농산물품가공품을 수입할 예정인데, 甲은 H사의 상호사용권과 H사의 영업관리시스템을 지원받아 국산품 및 수입물품을 H사의 상호를 부착한 판매점에서 판매할 예정이다. 이에 대한 대가로 甲은 가맹수수료 20만불, 국내매출액의 3%를 프랜차이즈 로열티(경상로열티)로 지급하기로 하였다. 이 경우 甲이 지급하는 프랜차이즈 로열티를 과세할 수 있는지 문제된다. 결론적으로 프랜차이즈 로열티 지급과 관련하여 **수입한 물품에 프랜차이저(H사)의 상표 등 권리의 표시가 없는 경우에는 권리사용료로 가산할 수 없으나, 프랜차이저(H사)의 상표가 부착된 물품을 수입하는 경우에는 당해 수입물품과 관련된 로열티는 실제지급가격에 가산된다.** 프랜차이즈상호 자체는 수입 후 판매점의 상호를 공유하는 것이기 때문에 수입물품과 관련된 권리사용료로 볼 수 없다(관세평가과-1512).[374]

(2) 권리사용료의 원천징수와 가산되는 권리사용료 금액

권리사용료를 외국의 권리자에게 지급하는 경우, 권리사용료(사용료소득)는 국내 원천소득으로 과세하는데(법인세법 제93조 등 참조), 이에 대해서는 국내법상 20%의 세율이 적용되지만, 실제로는 국가간의 조세조약에 따라 10~15%의 세율이 적용되고 있다.

이와 같이 권리사용료에 대해 원천징수하는 경우, 실제지급가격에 가산되는 권리사용료는 원천징수 後의 금액이 아니라 원천징수 前의 금액이라는 점에 유의해야 한다(평가협정 권고의견 4.16). 그리고 원천징수세액을 당사자간 합의에 의하여 공제하지 않고 약정 로열티 전액을 송금한 경우에는 구매자가 별도로 부담한 원천징수세액도 권리사용 대가의 일부로서 실제지급가격에 가산되는 권리사용료에 해당된다(관세평가협의회 결정 09-04-01).

374) **[일본예규]** 상표권사용계약과 별도로 구매자와 판매자가 '프랜차이즈계약'을 체결하고, 이 계약에 근거하여 판매자로부터 국내직영점의 점포디자인, 상품진열, 판매원 복장 등에 관한 지도, 물품의 판매에 관련된 상세한 매뉴얼 제공 등을 받고 직영점에서 판매자의 상표가 부착된 물품(수입원재료로 제조한 완제품에 상표 부착)을 소매판매하고 그에 대한 대가로 로열티를 지급한다면, 이는 수입물품과 관련이 없으므로 실제지급가격에 가산되는 권리사용료에 해당하지 아니한다.

[평가협정 권고의견 4.16] 국내 수입자 B는 미국의 공급자 S와 상표 사용에 대한 라이센스 계약을 체결한다. 계약의 일부로 당사자들은 또한, 계약상 허여된 상표의 상업적 이용에 대하여 B가 S에게 지불하여야 할 로열티는 수입국에서의 상표부착 물품의 순 매출액의 5% 비율을 적용하여 계산하는 것에 동의한다. 이어서 S와 B는 1,000달러의 가격으로 P상품의 국제 판매에 대한 계약을 체결한다. 이 계약에 따라, P상품은 앞서 언급한 상표를 부착하여 유통되어야 하므로 해당 로열티는 이 물품과 관련된다고 간주된다. 또한 가격은 물품의 판매조건으로 지급되는 로열티를 포함하지 않는다. 따라서 협정 제8조 제1항(c) 권리사용료에 규정된 모든 요건이 충족된다. 국내에서 P상품의 순매출액이 2,000달러라면 B가 상표 사용에 대해 S에게 부담하는 라이센스료는 100달러이다. 국내에서 시행 중인 국내 세법에 따라 상표 사용에 대한 로열티 형태로 지불되는 100달러는 이러한 유형의 소득에 대한 특별세 대상이 되며, 총 세액은 지급하여야 할 총 합계액에 대해 25%의 명목세율을 적용하여 산출한다. 수입자 B는 원천징수 요건에 따라 판매자 S를 대신하여 25달러의 이 소득세를 지불한다. 그러나 라이센스 계약의 어떠한 조항에도 상표 사용에 대한 로열티로 얻은 소득에 대해 국내 법령에 규정된 조세를 B가 지불한다고 언급되어 있지 않다. 따라서 B는 총 1,100달러를 지불한다. : 1,000달러는 P상품의 가격에 상응하는 것이고, 100달러는 상표 사용에 대한 로열티 형식이다. 그러나 S는 단지 1,075달러만 수령하게 되는데, B가 로열티 75달러를 판매자에게 송금하고, 이와 동시에 국내 소득세 25 달러의 지급을 확인하는 영수증을 함께 보낸다. 본건에서의 쟁점은 수입자 B가 지급하는 25달러가 평가협정 제8조 제1항(c)에 따른 과세가격의 일부인지 여부이다. [과세가격 결정] 본 사례에서는, 관련 계약 규정에 따라 구매자가 지불하여야 하는 로열티는 100달러이며, 이는 국내에서 물품의 순 매출액의 5% 비율을 적용하여 산출된 금액이다. 라이센서는 100달러 대신에 더 적은 금액인 75달러를 받는다. 25달러의 차이는 로열티의 차감을 구성하는 것이 아니라, 이전에 기술된 바와 같이, 라이센서가 부담하는 수입국 소득세를 적용하면서 발생되는 비용을 나타낸다. 게다가, 로열티 소득은 발생될 수 있는 소득세를 차감하지 않고 수령되어야 한다고 라이센스 계약에서 합의된 바 없다. 평가협정 제8조 제1항(c)는 과세가격을 결정함에 있어 실제로 지급하였거나 지급하여야 할 가격에 "구매자가 직접 또는 간접으로 지급하여야 하는" 로열티와 라이센스료가 가산되어야 한다고 규정하고 있다. 평가협정의 어떠한 조항도 라이센서가 수령하는 로열티 조정에 대한 언급은 없다. 실제로 제8조 제1항(c)는 동 조항의 요구사항을 충족하는 범위에서, 구매자가 지불하여야 할 로열티는 과세가격의 일부가 되며, 이 로열티는 라이센서가 최종적으로 수령하는 로열티라고 규정하지 않는다. **본 사례에서는 구매자가 지불하는 로열티와 라이센서가 수령하는 로열티간의 차이가 있다.** 기 언급된 사유로 인해, 제8조 제1항(c)에 부합하기 위해서는 명시된 바를 준수할 필요가 있으며, 결과적으로 **본 사례에서는 라이센서가 최종적으로 수령하는 금액이 아니라 수입자가 지불하는 금액의 총액이 물품의 과세가격에 가산되어야 한다.** 평가협정 제1조에 대한 주해 ("실제로 지불하였거나 지불하여야 할 가격") 제3항(c)에서는 "수입국의 관세 및 제세"를 과세가격에 포함하지 않는다. 이는 로열티 소득에 대해 적용되는 조세보다는 물품의 수입에 대해 부과되는 국내 조세와 관련이 있다. 제시된 해결책은 해당 물품의 과세가격에 수입국에서 적용 가능한

제1조에 대한 주해 제3항(c)에 규정된 형태의 조세 금액이 아닌, 라이센서와 라이센시 간에 합의된 로열티 금액을 포함하자는 것이다. **결론적으로 수입자 B에 의해 지급된 25달러는 제8조 제1항(c)에 따라 수입물품 과세가격의 일부이다.**

(3) 권리사용료와 생산지원비

권리사용료 가산요건, 특히 거래조건성이 충족되지 아니하여 가산하지 못하는 경우, 해당 비용이 생산지원비에 해당하면 생산지원비로 가산할 수 있다(평가협정 권고의견 4.8, 평가협정 사례연구 8.1).

[평가협정 권고의견 4.8; 사례연습 36] ① 국내 수입자 甲은 미국의 라이센스 보유자인 L과 국내로 수입되는 L상표가 부착된 신발 한 켤레당 로열티 정액을 L에게 지급하는 라이센스/로열티 계약을 체결하였다. 라이센스 보유자인 L은 상표와 관련한 공예 및 디자인을 제공한다. 甲은 L이 제조자 M에게 공예 및 디자인을 제공하면 甲은 신발에 L상표를 부착한 신발을 구매하기 위하여 미국의 제조자 M과 또 하나의 계약(물품공급계약)을 체결하였다. L은 제조자 M에게 라이센스를 허가하지 않았고 M의 신발 제조과정에도 관여하지 않는다. 이 판매계약은 로열티지급에 대한 어떠한 관련성도 포함하고 있지 않다. 제조자, 수입자, 및 라이센스 보유자는 모두 특수관계에 있지 않다. 이 경우, 甲이 L에게 지급하는 로열티는 수입물품에 대한 실제지급가격에 가산해야 하는가? **로열티 지급의무는 수입국으로 해당물품을 수출하기 위한 판매와 관련없는 별도의 계약에 기인하고 있고, 구매자-판매자-제조자는 특수관계에 있지 않으므로 거래조건성이 인정되지 아니한다. 다만, 甲이 M에게 제공한 해당상표와 관련된 공예와 디자인은 생산지원비로 가산될 수는 있을 것이다.**

[예시] 구매자 甲은 丙이 발명하여 특허를 등록하고 있는 내화벽돌 제조방법을 사용해서 내화벽돌을 제조하는 것에 대해 丙의 허락을 받고 있으며, 그 조건으로 해당 제조방법을 이용하여 제조한 내화벽돌 판매가격의 2%에 상당하는 금액의 로열티를 丙에게 지급한다. 甲은 丙으로부터 사용허락을 받은 제조방법에 의해 내화벽돌을 제조하기 위하여 필요한 기계를 설계하여(국내에서 설계함) 외국에 있는 기계생산자 丁에게 무상으로 제공하고 기계가 제조되면 해당 기계를 丁으로부터 구매한다. 이 경우 甲이 지급하는 로열티는 수입물품과 관련이 없고 거래조건도 충족하지 못하므로 권리사용료로 가산할 수는 없다. 甲이 丁에게 제공한 설계는 생산지원비에 해당하지만 설계가 국내에서 개발된 것이므로 생산지원비로도 가산할 수 없다(일본예규).

Ⅴ 사후귀속이익

제5호: 해당 수입물품을 수입한 후 전매·처분 또는 사용하여 생긴 수익금액 중 판매자에게 직접 또는 간접으로 귀속되는 금액

1. 의의 및 규정취지

"해당 수입물품을 수입한 後 전매·처분 또는 사용하여 생긴 수익금액"(Proceeds of subsequent resale)은 해당 수입물품의 판매, 사용 등에서 얻어지는 판매대금(전매·처분대금), 임대료 등을 말한다(영 제19조의2).[375] 즉, 사후귀속이익은 거래 당사자간 합의에 의해 평가대상물품의 판매자에게 직접 또는 간접으로 지급된 특허권, 상표권, 저작권 등 권리사용료를 제외한 모든 지급금액이 포함될 수 있다. 수입물품의 이윤분배 거래(이익공유계획)에 따라 구매자가 판매자에게 분배하는 이익도 사후귀속이익에 해당한다(일본 관세정률법 기본통달 4-14, 미국예규 554999).

사후귀속이익은 확정시기나 지급방법 등의 특수성에도 불구하고 그 실질은 어디까지나 수입물품의 대가이기 때문에 이를 가산하여 수입물품의 과세가격을 산정하려는 것이다(대판 2010두14565).

[평가협정 사례연구 2.2; 사례연습 38] 미국 C사의 자회사인 서울 소재 B사는 C사로부터 남성복을 구매하면서 당사자간 합의한 가격으로 납세신고하였다. 하지만, 연말에 B사는 C에게 구매한 남성복의 연간 재판매 총액의 5%를 물품대가에 추가하여 지급한다. 이 경우 추가 지급금액은 사후귀속이익에 해당하므로 실제지급가격에 가산되어야 한다. 그러나, 수입자 B사는 매회계년도 말에 그 해에 실현된 순이익의 75%를 C사에 송금한다. 이 경우, 송금액은 수입물품과 관련없이 지급한 이익배당금이나 다른 지급금액을 의미하기 때문에 사후귀속이익에 해당하지 아니한다.

[미국연방관세규정 §152.103] 구매자는 신상품을 수입하기 위해 계약을 체결하는데, 상품이 미국에서 최종적으로 판매될 것인지 여부에 대하여 알 수 없으므로, 구매자는 판매자에게 처음에는 단위당 1달러를 지급하고 미국에서 각 단위당 판매에 따라 추가로 1달러를 지급하기로 합의한다. 미국에서의 전매가격이 합리적인 기간 내에 결정될 수 있다고 가정하면, 각 단위당 거래가격은 2달러일 것이다. 그렇지 않다면 충분한 자료가 부족하므로 거래가격은 결정될 수 없다.

---

375) 예를 들어, 구매자 甲은 판매자 乙로부터 교육기기를 구매하고 있는데, 甲은 乙과의 수출판매계약에 의해 송품장가격의 지급과는 별도로 甲이 乙로부터 구매한 물품을 국내에 판매하여 얻은 이윤의 20%를 乙에게 지급하기로 한 경우, 이는 사후귀속이익에 해당한다.

2. 해당수입물품을 수입한 後 전매 · 처분 또는 사용하여 생긴 수익금액

(1) 사후귀속이익은 '해당 수입물품'의 전매 · 처분 또는 사용과 관련된 것이어야 한다. 따라서 주식배당금(이익배당금), 금융서비스의 대가, 수입물품과 직접 관련이 없는 그 밖의 지급은 사후귀속이익에 해당하지 않는다(영 제19조의2 단서). 判例는 이전가격조정액을 사후귀속이익으로 보고 있지 않으나(서울고판 2012누1961, 2019누34694), 최근 조세심판례는 이전가격조정액을 사후귀속이익으로 보고 있는 경향이라는 점에 대해서는 제1항 「실제지급가격」에서 이미 살펴본 바 있다.[376]

지급의 실질이 경영지원에 대한 대가인 경우에는 경영지원 대가를 건별로 지급하지 아니하고 일정기간 모아서 매출액에 대한 비율로 안분하였더라도 사후귀속이익으로 실제지급가격에 가산해서는 아니된다.

[평가협정 사례연구 2.2] 국내 수입자 甲사는 모든 구입처로부터 구매한 남녀 및 아동용 의류의 연간 총매출액에 대하여 실현된 순이익금의 1%를 C사(甲의 母회사)의 다른 자회사인 용역회사 A에게 지급한다는 계약을 체결하였다. 甲사는 이 지급금액은 수입물품의 재판매, 사용, 처분과 관련된 금액이 아니라 기업방침에 따라 A사가 C사의 모든 자회사에 제공하는 저금리 대출과 기타 금융서비스에 대한 보상으로 지급되는 것이라는 증거를 제출하였다. 이 경우, 甲사가 추가 지급한 금액은 금융서비스에 대한 대가이므로 수입물품과 관련이 없어서 사후귀속이익에 해당하지 아니하므로 가산해서는 아니된다. 동일한 사안에서 수입자 甲은 회계연도 末에 그해에 걸쳐 실현된 순이익의 75%를 C사에 송금한다는 사실이 확인되었다. 이 경우, 甲사가 송금한 금액은 수입물품과 관련되지 않는 배당금 또는 기타 지급이기 때문에 사후귀속이익으로 간주될 수 없다.

[심판례] 이 사건 경영관리비의 성격은 송금시의 계정과목에 의할 것이 아니고 실제 경영지원내용에 따라 지급성격을 파악하여야 할 것이다. 청구법인에서 제출하고 있는 자료를 보면, 쟁점물품 수입후의 판매와 관련한 경영기술에 대한 상업적인 권고와 판매물품의 침전물분석등 연구와 실험등의 기술적 지원, 재무기획에 대한 서비스로 뱅킹, 투자 및 환율포지션에 대한 권고등 실질적으로 경영전반에 걸친 지원서비스를 제공한 것으로 확인된다. 다만, **甲등에서 제공한 경영지원대가를 건별로 지급하지 아니하고 일정기간 모아서 매출액에 대한 비율로 안분하였으나 이는 직접(개별) 계산방식이 아닌 일정기간 제공된 서비스대가를 계산하여 경영지원받은 자회사들에게 매출액을 기준으로 배분한 것으로 달리 수입물품의 수입후에 추가로 발생되는 이익에 대한 일정분을 지급한 것으로 보기는 어려운 측면이 있다.** 사실이 이러하므로 당초

376) 즉, 최근 조세심판원은 이전가격 사후조정과 관련하여 "청구법인은 매월 수출자에게 지급하는 초과영업이익을 쟁점물품의 매출원가에 가산하여 손익계산을 하는 것으로 보이는 점" 등을 이유로 이전가격 사후조정액을 사후귀속이익으로 보고 있다(조심 2018관0156 등).

처분청에서 경영지원비 전액을 사후귀속이익으로 보아 과세한 것은 정당한 처분이 아니므로 경영지원서비스를 실제로 지원받고 지급한 경영지원비를 합리적인 방법으로 재산정하여 과세하는 것이 정당한 것으로 판단된다(국심 2000관0097, 2000관0100, 0101, 0102).

그러나 수입물품 가격이 국내에서의 재판매가격의 변동으로 인해 수입 後 인상됨으로 인하여 구매자가 판매자에게 송금한 금액은 사후귀속이익에 해당한다(미국예규 542746, 542701).

[예시] 구매자가 판매자에게 지급한 최종금액이 수입국에서 구매자의 전매가격에 의존할 경우, 물품의 거래가격은 기초가격과 구매자의 재판매가격을 변경한 결과로 판매자에게 궁극적으로 귀속되는 모든 금액의 합계이다. 물품이 수입된 後 수입국에서 변형되었다는 사실은 수입물품의 전매로 인한 수익금이 판매자에게 귀속된다는 결정에 아무런 영향을 미치지 아니한다(미국예규 542701).

(2) 判例에 의하면 "수입물품 그 자체의 판매에 따른 수익금액 중 판매자에게 귀속되는 금액뿐만 아니라 수입물품을 가공하거나 이를 원료로 사용하여 만든 제품의 판매에 따른 수익금액 중 판매자에게 귀속되는 금액도 그것이 수입물품에 대한 대가로서의 성질을 갖는 경우에는 사후귀속이익에 포함된다"고 한다(대판 2010두14565).

[판례] 구 관세법 제30조 제1항 제5호, 1994년도 관세 및 무역에 관한 일반협정 제7조의 이행에 관한 협정 제1조 제1항, 제8조 제1항 (라)목 규정의 문언 내용과 아울러 당해 물품의 수입 후의 전매·처분 또는 사용에 따른 수익금액 중 판매자에게 직접 또는 간접으로 귀속되는 금액(이하 '사후귀속이익'이라 한다)은 **확정시기나 지급방법 등의 특수성에도 불구하고 그 실질은 어디까지나 수입물품의 대가이기 때문에 이를 가산하여 수입물품의 과세가격을 산정하려는 것이 이들 규정의 취지**인 점 등을 고려하면, **수입물품 그 자체의 판매에 따른 수익금액 중 판매자에게 귀속되는 금액뿐만 아니라 수입물품을 가공하거나 이를 원료로 사용하여 만든 제품의 판매에 따른 수익금액 중 판매자에게 귀속되는 금액도 그것이 수입물품에 대한 대가로서의 성질을 갖는 경우에는 사후귀속이익에 포함된다**고 봄이 타당하다.[377] 원심판결 이유에 의하면, ㉠ 원고는 각종 의약품과 의약부외품 등의 제조 및 판매업을 목적으로 하는 회사로서, 1993. 5. 18. 스위스 회사인 P사와 아세클로페낙(Aceclofenac)에 대한 준독점 라이센스 계약을 체결하고 2004. 7. 2.까지 **아세클로페낙을 ㎏당 미화 935달러에 수입한 다음 이를 원료로 관절염 치료제인 에어탈(Airtal)을 제조하여 국내에 판매**한 사실, ㉡ 원고는 P사와 2004. 5. 11.과 2005. 8. 24. 및 2006. 6. 19. 준독점 라이센스 계약을 갱신하면서(이하 '갱신계약'이라 한다) 아세클로페낙의 공급대금으로 우선 수입 시에 ㎏당 미화 500달러나 510달러 또는 425유로를 지급하고, 나중에 원고가 아세클로페낙을 원료로

사용하여 제조한 에어탈의 판매금액에 따라 그 순매출액에 대한 일정 비율(6~12% 또는 3~7%)의 금액을 추가로 지급하기로 약정한 사실, ㉢ 원고는 2004. 8. 16.부터 2006. 12. 4.까지 P사로부터 아세클로페낙을 27차례에 걸쳐 수입하면서 그 가격을 ㎏당 미화 500달러나 510달러 또는 425유로로 하여 수입신고를 하고 이를 기초로 관세 및 부가가치세를 신고·납부한 사실(이하 이때 원고가 수입한 아세클로페낙을 '이 사건 각 수입물품'이라 하고, 원고가 신고한 가격을 '이 사건 각 신고가격'이라 한다), ㉣ 원고는 이 사건 각 수입물품을 원료로 에어탈을 제조하여 판매한 다음 갱신계약의 추가 지급 약정에 따라 2004. 12. 20.과 2006. 3. 7. 및 2007. 3. 9. P사에 합계 3,507,194,694원(이하 '이 사건 추가 지급 금액'이라 한다)을 지급한 사실, ㉤ 피고는 2007. 12. 26. 이 사건 각 신고가격은 동종·동질물품 등의 거래가격과 현저한 차이가 있어 이를 과세가격으로 인정하기 곤란하다는 이유로, 동종·동질물품의 거래가격을 기초로 과세가격을 결정할 수 있도록 규정한 구 관세법 제31조에 따라 원고가 2004. 7. 2. 이전에 아세클로페낙을 수입하면서 신고한 가격인 ㎏당 미화 935달러를 기초로 이 사건 각 수입물품의 과세가격을 결정한 다음 그에 따라 이 사건 각 수입물품에 대한 관세 및 부가가치세를 증액경정하였다가, 2009. 2. 20. **이 사건 추가 지급 금액을 사후귀속이익으로 보아 구 관세법 제30조 제1항에 따라 이를 이 사건 각 신고가격에 가산하여 조정한 거래가격을 이 사건 각 수입물품의 과세가격으로 결정(제1방법 적용)**한 다음 그 가격을 기초로 이 사건 각 수입물품에 대한 관세 및 부가가치세를 증액 또는 감액경정한 사실 등을 알 수 있다. 이와 같은 사실관계를 앞서 본 규정과 법리에 비추어 살펴보면, **이 사건 추가 지급 금액은 원고가 이 사건 각 수입물품을 원료로 사용하여 제조한 에어탈의 판매에 따른 수익금액 중 판매자인 P사에 귀속된 금액으로서, 이 사건 각 수입물품에 대한 대가의 일부로 지급된 것이므로, 이 사건 각 수입물품의 과세가격에 가산되는 사후귀속이익에 해당한다고 할 것이다.** 그리고, 이 사건 추가 지급금액은 원고가 갱신계약의 추가 지급 약정에 의하여 이 사건 각 수입물품을 원료로 사용하여 제조한 에어탈의 판매금액에 따라 그 순매출액에 일정 비율을 곱하여 산정한 다음 P사에 지급한 것으로서 그 전부가 에어탈의 제조에 사용된 이 사건 각 수입물품에 대한 대가로 산정되었고, 그 밖의 다른 명목의 금액은 이 사건 추가 지급금액에 포함되지 않은 사실, 한편 이 사건 각 수입물품은 그 수량이 확인되고, 에어탈 1정씩에는 아세클로페낙 100mg이 원료로 사용된 사실 등을 알 수 있다. 따라서, **이 사건 추가 지급금액은 이 사건 각 수입물품만을 기초로 하여 산정된 것으로서 이 사건 각 수입물품의 과세가격에 가산되어야 할 금액도 객관적이고 수량화할 수 있는 자료에 근거하여 계산할 수 있다**고 할 것이다(대판 2010두14565; 사례연습 39).[378]

377) **[원심판단]** 관세법 제30조 제1항 제5호의 '당해 물품의 수입 후의 사용에 따른 수익금액'이란 수입물품을 손상하거나 성질을 변경하지 않고서 이용한 것인지 여부와 관계없이, 당해 물품의 수입으로 인하여 발생한 수익금액 중 당해물품을 이용·수익함으로서 얻은 금액을 말하는 것이라고 해석함이 상당하다. 따라서 원고가 아세클로페낙을 주원료로 일정한 가공공정을 거쳐 에어탈을 제조하고 이를 판매하는 것은 아세클로페낙의 使用에 해당하고, 원고가 각 갱신계약에 따라 P사에 지급한 이 사건 권리사용료는 아세클로페낙의 수입 후의 使用에 따른 수익금액 중 판매자에게 직·간접으로 귀속되는 금액에 해당한다.

그러나 전매・처분 또는 사용하여 생긴 수익은 해당 수입물품을 기초로 해야 하므로, 해당 수입물품뿐만 아니라 국내에서 조달한 부품이나 재료 등(관계없는 다른 판매자로부터 수입한 부품이나 재료 포함)을 혼합하여 제조한 완성품의 전매 등에 따른 수익은 (해당 수입물품과 다른 부품・재료를 별도로 구분하여 인식할 수 없거나 다른 부품・재료가 압도적으로 사용되었다면) 사후귀속이익에 해당하지 않는다고 할 것이다(미국예규 545307, 545824 등).

(3) 사후귀속이익에 대한 조정이 요구되고 관련 정보가 수입시점에 입수될 수 없는 경우에는 (평가협정 제13조에 따라) 과세가격의 최종 결정을 합리적인 기간동안 지연할 필요가 있다(평가협정 사례연구 2.2).

3. 판매자에게 직접 또는 간접으로 귀속되는 금액

(1) 직접 또는 간접 지급

사후귀속이익은 판매자에게 직접 지급하거나 판매자의 이익을 위하여 간접 지급(판매자와 특수관계 있는 자에게 지급, 판매자의 요청으로 제3자에게 지급 등) 하는 경우도 포함한다. 그러나 판매자와 아무런 관계가 없는 제3자에게 지급하는 금액은 사후귀속이익에 해당하지 아니한다.[379]

---

378) **[원심판단]** 이 사건에서 ① 에어탈 100 tablet의 원재료비에는 아세클레페낙 外에 원고가 제3자로부터 구매한 Avicel pH 101 등 9가지의 다른 원료가 포함되지만, 이와 같은 다른 원료 등은 모두 부원료로서 단지 의약물질에 대한 지지물・매개물・감미제・부형제 등으로서 에어탈의 약효와는 관련이 없고, 판매가격 구성비면에서 보더라도 전체 합계가 75,627,994원인데, 그 중 아세클로페낙이 73,980,000원을 차지하고 그 나머지 부원료가 1,647,994원을 차지하여 약 98% 정도가 아세클로페낙으로 구성되어 있는 사실, ② 에어탈은 관절연골 보호 및 생성촉진 작용을 하는 비스테로이드성 소염진통제로서 에어탈정 1정에는 그 성분으로 아세클로페낙 100.00mg이 들어가도록 되어 있고, 다만 아세클로페낙 그 자체만으로는 체내에 흡수되지 않기 때문에 아세클로페낙과 앞서 본 아비셀(Avicel PH101)의 혼합물에 에탄올(Ethanol)과 포비돈(Povidone-30)을 교반하여 제조한 결합액을 투입한 후, 제립, 건조, 코팅 등의 일련의 과정을 거쳐 소염진통의 의학적 효능을 다할 수 있는 성질의 치료제를 제조하고 있는 사실 등을 인정할 수 있다. 위 인정사실에 비추어 보면, 수입물품인 아세클로페낙은 오직 에어탈정을 제조하는 데에만 사용되고 있고 에어탈정의 구성 물품 중 소염진통의 효능을 발휘하는 약제는 아세클로페낙뿐이다.

379) **[미국예규]** 계약에 따라 라이센스를 허여받은 자는 등록된 소매상에게 판매한 등록상표 제품의 순매출에 근거한 가산비율뿐만 아니라, 상표/상호 및 기술자료를 이용하여 제조되고 판매된 모든 상품의 순매출액의 비율에 근거하여 '로열티'를 지급하도록 한다. 라이센스 소유자와 판매자는 특수관계가 아닌 경우, 지급대금은 사후귀속이익으로서 실제지급가격에 가산되지 아니한다. 제시된 例에서 지급대금은 수입물품의 판매자에게 지급된 것이 아니다. 그러나 만일 라이센스 소유자와 판매자가 동일한 법인체이거나 판매자가 라이센스 소유자와 특수관계에 있을 경우, 지급대금은 사후귀속이익에 해당된다. 만일 판매자가 라이센스 소유자와 특수관계에 있으면 수익금의 어떠한 부분도 직접 또는 간접으로 판매자에게 귀속되는 것이 아니라는 것을 구매자(수입자)가 입증하지 못할 경우, 결과는 동일하다(545361).

[심판례] 본 건의 경우 물품의 소유권 이전이 甲을 거치지 않고 제조자 P로부터 구매자 A에게 이전되고 있고, 송품장도 甲의 개입없이 P가 직접 A에게 물품가격을 기재하여 송품장을 발행하고 있으며, A가 P에게 **물품대금을 직접 송금(구매자는 甲에게 구매수수료를 별도지급)하고 있을 뿐만 아니라 구매자 A와 甲의 관계 및 구매자 A와 상표권자K의 관계가 특수관계가 아닌 점을 감안하여 볼 때**, 甲은 A가 쟁점물품을 P로부터 구매함에 있어 구매대리인의 역할을 하는 것으로 볼 수 있고, 쟁점물품의 수출판매자는 甲본사가 아니라 해외의 제조사 P로 보아야 하므로 **A가 甲에게 지급한 쟁점광고비용을 수출판매자에게 귀속되는 사후귀속이익으로 볼 수는 없다**고 할 것이다(조심 2008관0095).

(2) 판매조건(거래조건)의 필요 여부

앞에서 설명한 바와 같이 사후귀속이익은 수입 후 수입물품의 판매 등에서 얻어지는 판매대금 중 수입물품과 직접 관련되는 금액이어야 한다(관련성). 그렇다면 사후귀속이익을 가산하기 위해 '판매조건'(거래조건)도 필요한지 여부가 문제되는데, 이에 대해 평가협정 사례연구 2.2 및 관세평가 고시 제23조에서는 "수입물품을 수입한 후 전매·처분 또는 사용하여 생긴 수익금액은 해당 수입물품과의 거래조건 해당 여부와 관계없이 과세가격에 가산한다"고 설명하고 있다. 그러나 사후귀속이익은 그 본질이 수입물품의 대가이기 때문에(대판 2010두14565) 당연히 판매조건을 전제로 하고 있으므로 판매조건을 특별히 언급할 필요가 없는 것이라고 이해하는 것이 타당할 것이다.[380)]

4. 사후귀속이익이 실제지급가격에 포함되어 있지 않아야 하고, 객관적이고 수량화할 수 있는 자료에 근거하여 가산할 것

사후귀속이익의 가산은 객관적이고 수량화할 수 있는 자료, 충분한 정보에 기초해야 한다. 따라서 합리적인 기간 내에 합리적으로 정확하게 판매자에게 귀속되는 수익금의 정도를 결정하기에 충분한 정보를 입수할 수 없는 경우 거래가격을 과세가격으로 사용할 수 없다(미국예규 542928, 543281).

380) Saul L. Sherman & Hinrich Glashoff, 앞의 책, 240-241쪽. 구매자가 수입물품의 전매에 따른 수익을 판매자와 배분해야 한다는 의무조항은 구매계약상에 어떠한 하나의 합의 사항, 즉 판매의 조건을 요한다.

5. 관련 문제

(1) 거래가격 배제사유와의 관계

사후귀속이익이 객관적이고 수량화할 수 있는 자료에 근거하여 금액으로 계산할 수 있는 경우에는 '가산요소'로서 실제지급금액에 가산되고, 그렇지 않은 경우에는 거래가격이 배제된다. 즉, 사후귀속이익은 실제로 지급하였거나 지급하여야 할 가격의 일부로 간주되어야 하나 당해 수익을 적정하게 조정(평가)할 수 없어서 가격이 확정될 수 없을 경우에는 거래가격을 적용할 수 없다는 것이다.

(2) 권리사용료와의 관계

1) 문제의 소재

권리사용료(제4호)와 사후귀속이익(제5호)은 별도로 규정하고 있다. 그런데 권리사용료나 사후귀속이익의 계산의 기초가 모두 수입물품의 재판매 결과(예: 순매출액의 몇 %, 재판매 수익의 몇 %)와 관련되어 있는 경우, 이를 권리사용료로 가산해야 하는지 아니면 사후귀속이익으로 가산해야 하는지 문제된다. 특히 권리사용료의 가산요건인 거래조건을 충족하지 못하여 권리사용료로 가산하지 못하는 경우, 사후귀속이익으로 가산할 수 있는지가 자주 문제된다.

2) 이에 대해 'WCO관세평가 교육모듈'에서는 "구매자가 상표권 등의 사용에 대한 대가로 지급하는 금액(예: 순매출액의 2%)은 그 법적 성질이 사후귀속이익이 아니라 권리사용료이기 때문에 '권리사용료'로서 가산여부를 검토해야 하는 것이고, 검토결과 권리사용료의 가산요건을 충족하지 못하여 가산하지 못하는 경우에도 '사후귀속이익'으로 다시 고려될 수 없다"고 해설하고 있다.[381)]

그러나 미국관세청은 "로열티 지급이 판매조건이 아니어서 권리사용료로서 가산할 수 없더라도 사후귀속이익으로서 실제지급가격에 가산할 수 있다"고 보고 있다(미국예규 545504, 545361, 545662 등).[382)]

381) WCO관세평가 교육모듈(초급용), 256쪽.

382) '미국관세청'은 구매자가 판매자에게 지급하는 모든 금액은 실제지급가격으로 추정하고, 그에 해당하지 않는다는 점에 대해서는 구매자에게 입증을 하도록 하고 있기 때문에, 어떤 지급이 (권리사용료에 해당하지 않더라도) 구매자가 달리 입증하지 않는 한 실제지급가격의 일부인 사후귀속이익으로 가산할 수 있다고 해석하는 것으로 보인다. 그러나 우리나라의 경우 이러한 추정과 구매자의 입증책임은 아직 판례에 의해 인정된 바 없다.

> **[예시]** 수입자는 특정상품에 대하여 수입국내 유일한 판매대리점이다. 수입자와 판매자간의 총대리점 계약에 의해 이 권리를 부여하였다. 수입자는 판매자에게 도매로 판매할 물품을 기초로 하여 계산되고 반품을 위해 조정된 '로열티'를 지급한다. 로열티 지급은 판매의 조건이 아니기 때문에 로열티는 과세대상이 아니다. 그러나 지급대금은 추후 전매수익으로써 과세대상이며 수입물품의 거래가격에 포함된다(미국예규 545504).

3) 검토

이러한 문제가 발생하는 이유는 권리사용료와 달리 사후귀속이익은 해당 수입물품과의 거래조건 해당 여부와 관계없이 과세가격에 가산할 수 있다고 해석하기 때문인 것으로 보인다(평가협정 사례연구 2.2 및 관세평가 고시 제23조).

그러나 권리사용료와 사후귀속이익은 법적 성질이 다르고, 앞에서 설명한 바와 같이 사후귀속이익은 그 본질이 수입물품의 대가이어서 판매조건(거래조건)을 당연히 전제로 하고 있기 때문에 권리사용료의 가산요건인 거래조건이 충족되지 않는다면 사후귀속이익으로도 가산할 수 없다고 해석하는 것이 타당할 것이다.

 운임 · 보험료 · 운송관련비용

제6호: 수입항(輸入港)까지의 운임 · 보험료와 그 밖에 운송과 관련되는 비용으로서 대통령령으로 정하는 바에 따라 결정된 금액. 다만, 기획재정부령으로 정하는 수입물품의 경우에는 이의 전부 또는 일부를 제외할 수 있다.

1. 의의 및 규정취지

평가협정 제8조 제2항에서는 수입항까지의 운임이나 보험료 등을 실제지급가격에 가산할지 여부에 대해서는 각 회원국의 선택에 맡겨 놓고 있다. 우리나라는 CIF주의를 채택하여, 관세법에서 수입물품의 과세가격 결정시 실제지급가격에 수입항까지의 운임 · 보험료 · 운송관련비용을 가산하도록 규정하고 있다(관세법 제30조 제1항).

EU와 일본관세법도 CIF주의를 채택하고 있다. 그러나 미국, 캐나다 등은 FOB주의를 채택하여 실제지급가격에 수입항까지의 운임 · 보험료 등을 가산하지 아니한다[미국관세법 §1401a(b)(4)9A].

2. 무역거래에서의 정형적 거래조건

국제상업회의소(International Chamber of Commerce)는 1936년에 무역거래에서의 정형적 거래조건의 해석에 관한 국제규칙, 즉 인코텀즈(Icoterms, International commercial terms)를 제정한 이래 수차례 개정하였고 현재는 「인코텀즈 2020」이 시행 중이다. 「인코텀즈 2020」에서는 국제거래에서 가장 많이 사용되는 정형적 거래조건에 대해 다음과 같이 설명하고 있다.

(1) EXW조건(Ex Works; 공장인도가격조건)

EXW조건은 판매자의 의무가 물품이 판매자의 공장(영업소)의 영내를 떠 날 때 끝난다는 조건이다. 이 조건하에서는 판매자가 부담하는 의무가 최소화되며, 구매자는 판매자의 공장(영업소)으로부터 물품을 가져가는데 수반되는 모든 위험과 비용을 부담한다.

(2) FOB조건(Free on Board; 본선인도조건)

FOB조건은 판매자의 의무는 지정된 선적항의 본선의 난간을 통과할 때(물품이 선적될 때) 끝나고, 구매자는 그 시점 以後부터 물품에 대해 발생하는 모든 손실 또는 파손에 대한 위험과 비용을 부담하는 조건이다. 이 조건에서 판매자가 물품에 대한 수출허가나 수출통관을 진행해야 의무를 부담한다.

(3) CIF조건(Cost, Insurance and Freight; 운임보험료포함조건)

CIF조건은 판매자의 의무는 물품이 수입 장소(수입항)에서 운송 수단으로부터 하역될 때 끝나고, 구매자는 그 以後의 물품에 대한 모든 위험과 비용을 부담하는 조건이다. 즉, CIF조건은 선적항에서 본선에 물품의 선적을 완료할 때까지의 제비용(C)인 FOB가격에다 목적항까지의 해상보험료(marine insurance premium : I) 및 해상운임(ocean freight : F)의 비용을 가산한 조건이다. 이 조건에서는 판매자가 물품의 목적지까지의 운임과 보험료를 부담하고, 구매자는 수입지(수입항)에서의 물품 하역비용, 수입국에서의 운송비용(보험 포함), 수입허가 및 수입통관절차(관세 포함)를 이행할 의무를 부담한다.

CFR조건(Cost and Freight; 운임포함인도조건)은 CIF조건의 변형으로 CIF조건에서 보험료를 뺀 거래조건이다.

(4) DDP조건(Delivered Duty Paid; 관세지급인도조건)

DDP조건은 관세가 수입국에서 지급되었고 물품이 수입통관되었으며 수입자가 지정한 장소(수입자의 영업소)로 인도되었을 때 판매자의 의무가 끝나는 조건이다. 이 조건에서는 판매자는 수입국에서의 운송(보험) 비용, 수입허가 취득비용, 수입통관비용, 수입관세 및 제세공과금 등 수입과 관련되어 발생되는 모든 비용을 부담한다. 수입자의 영업소에서의 물품 하역비용은 구매자가 부담한다.

DDP조건과 기본적으로 동일하면서 관세만 미지급하는 조건을 DDU조건(Delivered Duty Unpaid)이라 한다.

3. 가산요건

(1) '수입항까지'의 운임, 보험료, 운송관련비용일 것

"수입항"이란 해당 수입물품이 외국에서 우리나라에 도착한 운송수단으로부터 양륙(다만, 일시 양륙은 제외)[383)]이 이루어지는 항구 또는 공항을 말하고, "수입항까지" 또는 "수입항 도착"이란 수입물품이 수입항에 도착하여 본선하역준비가 완료(즉, 수입물품의 양륙을 할 수 있는 상태)된 시점과 장소를 말한다(영 제20조 제5항, 관세평가 고시 제24조 제1항, 제2항).[384)] 따라서, 수입항까지의 운임, 보험료, 운송관련비용은 당해 수입물품이 수입항에 도착하여 본선하역준비가 완료될 때까지 수입자가 부담하는 비용을 말하는 것이다(영 제20조 제5항). 해당 수입물품의 '수출항'까지의 운송비용(선적지에서의 내륙운송비용)도 무역거래조건에 따라 실제지급가격의 일부 또는 수입항까지의 운임 및 운송관련비용으로 실제지급가격에 가산(포함)된다.

반면, 수입항에 도착한 後 발생하는 해당 수입물품을 운송하는 데에 필요한 운임·보험료와 그 밖에 운송과 관련되는 비용은 실제지급가격에 포함되지 아니하고, 수입항 도착 以後의

383) 즉 국내항에서 '환적'하는 것은 일시양륙에 해당하므로 수입항 도착에 해당하지 아니한다. 또한 본선하역준비가 완료된 시점은 수입화물의 하역형태(난바다 하역, 접안하역 등)에 따라 달라져야 하는바, 수입항의 자연 지리적 여건으로 인해 접안하역을 할 수 없어 외항에서 바지선에 옮겨 싣는 경우에는 본선에서 바지선으로 하역작업준비가 완료된 시점이 본선하역준비가 완료된 시점이다. **[관세청예규]** 당해선박이 최초 수입승인시 해체용선박으로 수입승인되어 양포항에 도착하였으나 해체시 환경오염을 우려하여 민원이 발생함으로 인하여 판매자의 동의하에 수입승인을 수상구조물로 변경하고 타소장치장인 고성항에 들여와 본선예인선으로부터 하역되었다. 이 과정에서 체선료 및 추가운임이 발생하였다. 이 경우, '수입항까지'라 함은 고성항에서 하역준비가 완료된 시점과 장소로 보는 것이 타당하다(평환 47221-53).

384) 상법 제838조 제1항에서는 "운송물을 양륙함에 필요한 준비가 완료된 때에는 선장은 지체없이 수하인에게 그 통지를 발송하여야 한다"고 규정하고 있으므로, 통상의 경우에는 선장의 하역준비완료 통지시점을 본선하역준비가 완료시점으로 보면 될 것이다. 그렇지만, 하역준비완료 통지시점과 실제 하역이 이루어진 시점 간에 상당한 차이가 있는 경우에는 선장의 하역준비완료 통지시점을 본선하역준비가 완료된 시점으로 보기는 어렵기 때문에, 이 경우에는 본선이 부두에 접안하여 **실제로 하역을 할 수 있게 된 시점(즉, 적어도 선박이 부두에 접안하여 실제로 하역을 할 수 있게 된 시점)**을 파악하여 이 시점을 본선하역준비완료시점으로 보아야 할 것이다(광주지판 2009구합4050).

운임, 보험료 등이 실제지급가격에 포함되어 있으면 이를 공제한다(법 제30조 제2항 제2호).

수입물품이 여행자 휴대품으로 반입하여 수입신고되는 경우의 과세가격은 수입항까지의 운임 등이 포함되어 있지 않다면 운임 등을 가산하여야 한다.

(2) 운임, 보험료, 운송관련비용이 실제지급가격에 포함되어 있지 않았을 것

실제지급가격에 포함되어 있는 운임, 보험료 등은 가산 여부를 논할 필요가 없을 것이다.[385)]

해당 운임 등이 실제지급가격에 포함되어 있는지 여부에 대한 판단은 다음에 따른다(관세평가 고시 제24조 제4항).

1) 수출판매 계약에 따라 수입항까지의 운임 등을 '판매자'가 지급하기로 한 경우에는 실제지급가격에 포함되어 있는 것으로 취급하여, 실제로 지급되는 운임 등을 고려하지 않는다. 다만, 구매자가 실제지급가격과 별도로 지급하는 수입항까지의 운임 등은 실제지급가격에 가산한다.
2) 수출판매 계약에 따라 수입항까지의 운임 등을 '구매자'가 지급하기로 한 경우에는 실제지급가격에 포함되어 있지 않는 것으로 취급하여, 해당 수입항까지의 운임 등을 실제지급가격에 가산한다.
3) 수출판매 계약에 따라 '선박'으로 운송하기로 한 수입물품이 '항공'으로 운송된 경우(규칙 제4조의3 제2항의 적용을 받는 경우는 제외)에는 다음에 따른다.
   ① 해당 계약에 따라 판매자가 수입항까지의 운임 등을 지급하기로 한 경우: 해당 운송방법의 변경에 따른 비용을 구매자가 지급하는 때에는 실제지급가격에 가산하며, 판매자가 지급하는 때에는 실제지급가격에 포함된 것으로 취급한다.
   ② 해당 계약에 따라 구매자가 수입항까지의 운임 등을 지급하기로 한 경우: 해당 운송방법의 변경에 따른 비용은 실제지급가격에 가산한다.
   ③ 위 '②'에도 불구하고 해당 운송방법의 변경에 따른 비용을 당초 계약의 약정에 따라 판매자가 지급한 사실이 객관적인 자료로 확인되는 경우에는 실제지급가격에 포함되어 있는 것으로 취급한다.

(3) 운임, 보험료, 운송관련비용의 부담자가 누구인지 불문한다.

CIF주의를 채택하고 있는 우리나라의 경우, 운임 · 보험료 · 운송관련비용은 구매자가 부담하는지 여부와 관계없이 실제지급가격에 포함되어 있지 않은 범위에서 가산한다(기획재정부,

---

385) [관세청예규] 임가공비에 수입항까지의 운임 등이 포함되어 있다는 점이 운임명세서 등을 통하여 명백히 확인된다면 당해 임가공비에 수입항까지의 운임을 이중으로 가산할 필요는 없다(관세평가과-1634).

관협 47040-2).[386)]

수출판매와 관련된 계약에서 수입물품의 수입항까지의 운임을 '판매자'가 부담하는 것으로 약정되어 있는 경우(CIF 또는 CFR 계약 등의 경우), 운임은 판매자에 의해 실제지급가격에 포함되어 있는 것으로 취급한다. 그러나 수출판매와 관련된 계약에서 수입물품의 수입항까지의 운임을 구매자가 부담하는 것으로 되어 있는 경우(FOB계약 등의 경우)는, 해당 운임은 실제지급가격에 포함되어 있지 않으므로 해당 수입물품을 수입항까지 운송하기 위하여 실제로 소요된 운송비용을 그 부담자가 누구인지를 불문하고 해당 실제지급가격에 가산한다.

[심판례] 청구법인과 공급자간에 체결된 쟁점물품의 매매계약서상 운송조건이 CFR조건으로 되어있고 선하증권에 'FREIGHT PREPAID'로 명시되어 있는 점, 쟁점물품의 운송선사에서도 쟁점물품의 운반과 관련한 운임을 공급자로부터 지급받은 것으로 확인하고 있는 점, C국의 수출면장상의 거래조건과 우리나라 세관의 수입신고내용이 동일한 CFR조건으로 되어 있는 점, 또한 처분청이 쟁점물품이 FOB조건으로 거래된 것이라는 주장의 근거로서 제시한 청구법인의 수입신고서상 결제금액과 C국 공급자의 수출면장상 금액, C국 세무당국에 신청한 증치세 환급명세서의 수출판매액이 일치한다는 점에 대하여 나중에 운임부분을 공제한 FOB조건에 해당하는 금액으로 증치세환급을 정산받은 사실이 C국 당국의 生企出口物免抵退申表(생산기업수출화물면저환급신고회총표)에 의하여 확인되고 있는 점 등을 종합하여 볼 때 **이 건 쟁점물품은 CFR조건으로 거래된 것으로 보아야 하므로 처분청에서 쟁점물품의 거래를 FOB 조건으로 보아 해당 운임을 과세가격에 다시 가산하여 경정고지한 처분은 잘못**이라고 판단된다(국심 2006관0171).

[예규] 구매자 甲은 FOB가격조건으로 거래하면서 판매자 乙이 전세계 선적되는 물량에 대하여 미국 A사와 포괄보험계약을 체결하고 동 비용을 甲에게 청구하기로 하였으나, 업무착오로 甲에게 청구하지 않았고, 지난 3년간의 적하보험료 안분금액에 대하여 동 보험료를 청구하지 않기로 하였다. 이 경우 구매자 甲은 판매자 乙에게 지불하지 않은 3년간의 적하보험료를 실제지급가격에 가산해야하는지 여부? 관세법상 운임, 보험료는 당해 물품의 구매자가 부담하는지 여부와 관계없이 수입물품의 과세가격에 포함되므로, 동 보험료는 실제지급가격에 가산한다(평가 47221-129).

---

386) **[관세청예규]** 수입자 甲이 FOB조건으로 원단을 수입함에 있어, 원단수입시 항공운임은 외국구매자 乙이 항공사와 운송계약을 체결하고 직접 지불한 경우, 그 항공운임은 구매자가 지불하지 않았더라도 수입물품의 실제지급가격에 가산하여야 한다. 따라서 수입신고시 FOB조건에 지불한 운임을 가산하여 수입신고하여야 한다(평가분류 47221-42).

4. 운임 및 운송관련비용

(1) 의의

수입항까지의 "운임"(the cost of transport of imported goods of the port of importation)이란 수입물품을 수입항까지 운송하기 위하여 실제로 소요된 운송비용을 말한다. 운임은 수입물품이 운송계약에 기초하여 운송된 경우에는 해당 운송계약에 기초한 해당 운송 대가로 운송인 또는 운송주선인 등에게 최종적으로 지급하는 비용을 말한다.[387] 운임은 화주가 계약자유의 원칙에 따라 운송계약에서 운송인에게 운송의 대가로 지급하기로 약정한 보수로서, 화주가 운송인에게 실제로 지급하는 금전뿐만 아니라 금전적 가치를 가지는 현물도 포함된다(대판 2016두47321).

[판례] 관세법은 수입물품의 과세가격에 가산되는 조정요소의 하나로 '수입항까지의 운임'을 들고 있다. 여기에서 말하는 운임은 화주가 계약자유의 원칙에 따라 운송계약에서 운송인에게 운송의 대가로 지급하기로 약정한 보수로서, **화주가 운송인에게 실제로 지급하는 금전뿐만 아니라 금전적 가치를 가지는 현물도 포함된다.** 이 사건 수입물품[액화천연가스(LNG), 영하 162°C로 냉각하여 액화시킨 천연가스를 말한다]의 운송과정에서 수입물품 고유의 특성으로 운송수단인 선박의 안전에 위험이 발생하기 때문에 그 위험을 제거하기 위하여 선박의 엔진구조를 설계함으로써 화주에게는 해당 물품이 일부 소실되는 경제적 손실이 발생하는 경우가 있다. 이때 운송인이 화주의 동의를 받아 소실될 물품(운송하는 과정에서 발생하는 기화천연가스; Boil Off Gas)을 다른 용도로 사용하여 경제적 이익을 얻더라도, **이러한 이익은 운송계약에 특별한 정함이 없는 한 운송인이 해당 물품의 운송이라는 본래의 목적을 수행하는 데 부수적으로 이익을 누린 것에 불과하고 운송의 대가로 금전 대신 현물을 지급받았다고 볼 수 없다**(대판 2016두47321; **사례연습 41**).

수입항까지의 "운송관련비용"이란 수입물품의 수입항까지의 운송에 부수(관련)하여 발생하는 적하비(loading), 양하비(unloading) 및 취급수수료(용역의 대가로 지급되는 비용; handling charge)를 말한다(평가협정 제8조 제2항). 운임과 운송관련비용을 구별할 실익은 없다.

387) 상법 제791조(개품운송계약의 의의) 개품운송계약은 운송인이 개개의 물건을 해상에서 선박으로 운송할 것을 인수하고, 송하인이 이에 대하여 운임을 지급하기로 약정함으로써 그 효력이 생긴다.
제827조(항해용선계약의 의의) ① 항해용선계약은 특정한 항해를 할 목적으로 선박소유자가 용선자에게 선원이 승무하고 항해장비를 갖춘 선박의 전부 또는 일부를 물건의 운송에 제공하기로 약정하고 용선자가 이에 대하여 운임을 지급하기로 약정함으로써 그 효력이 생긴다.

(2) 무역거래조건과 운송비용의 처리

1) 구매자가 판매자에게 지급하는 수입물품의 운임 등은 해당 수입물품의 무역거래조건(EXW, FOB, CIF 등)에 따라 가산요소가 되는 경우와 실제지급가격의 일부가 되는 경우가 있다. 예를 들어 구매자가 지급하는 수입물품에 대한 수출국내의 운송비용은, 해당 수입물품의 무역거래조건이 FOB조건으로 되어 있는 경우에는 실제지급가격의 일부를 구성하고, EXW조건인 경우에는 수입항까지의 운송비용으로서 가산요소에 해당하는 것이다.[388]

2) 수입물품의 가격조건이 DDP조건인 경우, 구매자가 실제로 지급하였거나 지급하여야 할 총 금액에는 공제요소인 국내운송료 및 수입관세 등이 포함되어 있으므로 총 금액에서 국내운송료 및 수입관세 등을 명백히 구분할 수 있는 때에는 이 금액들이 공제되어야 할 것이다.

3) 무역거래조건이 수입 以前에 당사자의 합의로 FOB에서 CFR로 변경된 경우, 변경된 조건에 따라 CFR금액에 보험료만 가산하여 수입물품의 과세가격을 결정하면 될 것이다(평일-47221-489).

(3) 실제지급가격에 가산되는 운임 및 운송관련비용

1) 운임에는 해상운임(Ocean freight), 항공운임(Air freight), 할증요금,[389] 유가할증료(항해 중 유가변동에 따른 손실보전비용 등; Bunker adjustment factor 등), 긴급유가할증료, 공선회조료[390] 등도 포함된다. 운임은 해상운송형태와 운송시기 등에 따라 각 회차별 운송비용이 상이한 경우에는 이를 고려해서 산정해야 할 것이다(국심 2004관0228).[391]

---

388) **[관세청예규]** FOB가격조건 하에서 선하증권상에 판매자(수출자)가 선불한 선적 前 발생비용인 컨테이너 수수료와 컨테이너 집하장수수료가 표기된 경우, 그 비용들은 FOB가격에 이미 포함되어 있으므로 실제지급가격에 가산하지 않는다(평가일 472210276).

389) 수입물품이 용선계약한 선박에 의해 운송된 경우 해당 선박이 해당 용선계약에서 약정된 허용정박기간을 초과하여 정박하거나 예정된 항해일수를 초과하는 항해일수를 필요로 함에 따라 용선자가 선주에게 지급하는 '할증요금'은 운임에 포함한다(일본 관세정률법 기본통달 4-8). 예를 들어, 구매자 甲이 수입물품의 운송에 관하여 선박회사 乙과 100/MT의 운송료로 운송계약을 체결했다. 그런데 이번에 수입하는 물품의 경우, 수입물품의 국내 판매처 소재지 문제로 인하여 A항에 하역하기로 하였는데, A항은 선박회사 乙의 정기기항지가 아니어서 50달러/MT의 할증요금이 부과되었다. 이 경우 실제지급가격에 가산되는 운송비용은 할증요금을 포함하여 150달러/MT이다.

390) 항해용선계약에서의 운임인 용선료에는 운송되는 물품의 운임결정시에 실제 적재수량이 특약수량에 미치지 아니하여 공선으로 회항하는 것에 대한 비용으로서의 '공선회조료'가 책정된다.

391) **[참고판례]** 이 사건 계약조건 중 절감 운송비용 정산 및 힐정산 조건은 위 용선계약 내용의 일부에 해당하므로, 그로 인해 원고가 B 및 C에게 지급한 절감 운송비용 정산액 및 힐정산액은 실제 발생한 운송비용과 더불어 위 용선계약에 따라 용선을 한 대가로 지급하는 반대급부에 해당한다고 해석함이 상당하다. 그렇다면, 이는 용선계약에 의하여 실제로 지급하는 일체의 비용인 운임에 해당하므로 수입물품인 LNG 가격에 추가로

선적항 변경의 귀책사유가 판매자(수출자)에게 있어서 선적항 변경으로 인한 추가 발생운임을 판매자가 부담하여야 할 것을 무역거래조건이 FOB조건이기 때문에 구매자가 먼저 지급하고 이에 해당하는 금액을 수입물품의 가격에서 인하, 공제한 것은 구매자의 판매자에 대한 채권을 상계한 것과 같으므로 가격 인하분은 과세가격에 가산하여야 한다(평일 22740-2800). 그러나 운송회사의 착오로 인하여 수입물품을 수입항(A항)이 아닌 다른 곳(B항)으로 운송한 후 다시 운송회사의 부담으로 B항에서 A항으로 운송한 경우, 판매자와 구매자 모두 부담하지 않는, 즉 운송회사가 부담한 운송비용은 실제지급가격에 가산되는 운송비용에 해당하지 아니한다(일본예규).

2) "운송관련비용"에는 국외에서 발생한 화물하역비용(적하비 · 양하비),[392] 국외발생 터미널화물처리비(Terminal handling charges 등),[393] 수입항까지의 컨테이너 임차료, 국외 선적항에서의 부두사용료 · 장비사용료, 운송과정에 부수되는 일시 보관료 등 해외에서 발생한 물류관련비용(조심 2007관0128), 도선료 및 예인선료(관세평가과-256) 등이 여기에 해당한다(평가협정 제8조 제2항).[394]

그러나 선사가 화주에게 제공하는 서류작성 비용을 보전하기 위한 'Document charge', 검정기관에 지급하는 선적항에서의 검정료는 가산대상이 아니다. 또한 수입화물의 특성에 따라 불개항장 사용이나 별도 화물하역장소로 이동 또는 여타 운송수단을 추가 이용하여 화물을 하역하는데 소요된 비용 등은 국내에서 생성된 운송이나 기타 용역에 대한 부가가치의 개념으로 보아야 할 것이므로 이러한 취지에서 통관절차등에 소요된 비용으로 간주되는 선박대리점수수료, 국고항비, 통선료, 불개항장출입허가수수료는 수입항까지의 운임 및 운송관련비용에 포함되지 아니한다(국심 1997관0035, 0037, 0046 등).

[수입항까지의 컨테이너 임차료] 구매자가 컨테이너를 '판매자'로부터 임차하거나 '제3자'로부터 임차하는 경우 모두 임차비용을 운송관련비용으로 가산한다. 예를 들면, ① 구매자 甲은 판매자 乙로부터 액체상태의 화학약품을 탱크 컨테이너에 넣은 벌크 상태로 구매하고 있다. 구매자와 판매자간의 해당 화학약품에 대한 수입계약은 CFR조건이지만 해당 화학약품을 운송하기

가산되어야 한다(인천지판 2009구합5064).

392) 양하(unloading)비용은 수입항 도착 以前에 운송수단을 바꾸는 경우(환적 등)의 양하만을 의미한다. 수입항 도착 以後의 양하는 실제지급가격에서 공제되는 요소이기 때문이다.

393) 취급수수료에는 물고기냉동, 동물에게 사료를 주는 것, 손상물품 골라내기 등과 관련된 비용이 포함된다. 그러나, 원산지증명서 발급 또는 송장증명에 대한 영사관에 지불한 비용은 포함되지 않는다(Saul L. Sherman & Hinrich Glashoff, 앞의 책, 252쪽).

394) 일본 관세정률법 기본통달 4-8에서는 "수출시에 세관 절차 등에 소요된 비용, 수출국에서 소요된 컨테이너 서비스요금이 포함된다"고 규정하고 있다.

위해 수입계약과는 별도로 甲은 乙과 탱크 컨테이너 임차계약을 맺고 乙이 소유하는 탱크 컨테이너를 임차하고 있다. 해당 컨테이너의 임차기간은 인수시부터 반환시까지의 기간으로 임차료지급은 임차기간 확정 후에 이루어진다. 이 경우, 컨테이너 임차료는 가산요소인 '운송관련비용'으로 실제지급가격에 가산되는데, 가산되는 임차료금액은 수입물품의 국내 수입항 도착시까지의 기간에 상응하는 금액이 명확한 경우에는 해당 기간에 상응하는 금액이 되지만, 명확히 구분할 수 없는 경우에는 지급된 임차료 전액이 된다. ② 위의 ①과 동일한 사안에서 구매자 甲이 컨테이너를 제3자인 '컨테이너 리스회사' 丙로부터 임차하고 그에 관한 비용을 丙에 지급한 경우에도 컨테이너 임차비용은 가산요소인 운송비용으로 실제지급가격에 가산한다. ③ 위의 ①과 동일한 사안에서, 구매자 甲이 국내의 컨테이너 리스회사 丁으로부터 컨테이너를 임차하여 빈 상태로 판매자 乙에게 운송하고, 乙은 그 컨테이너에 수입물품을 적재하여 국내 항으로 운송하였다. 이 경우 실제지급가격에 가산되는 운송비용은 수입물품의 운송을 목적으로 컨테이너를 임차한 날로부터 수입물품이 수입항에 도착할 때까지의 임차료 총액이다. ④ 위의 ③과 동일한 사안에서 판매자 乙에게 빈 상태로 운송한 임차 컨테이너를 乙에게 도착하기까지 사이에 수출국에서 일시 보관한 경우, 그 보관비용도 운송관련비용으로 실제지급가격에 가산된다(일본예규 참조). ⑤ 압축가스 수입자가 자신이 소유하는 압축가스 용기를 압축가스 수출자에게 송부하고(운송비용 수입자 부담), 압축가스 수출자는 동 용기에 압축가스를 적입하여 우리나라에 수출하는 경우(운송비용 수입자 부담) 구매자가 용기를 수출자에게 송부하는데 발생하는 운임 기타 운송관련비용은 실제지급가격에 가산되지 않고 과세대상이 아니다(관세평가과-446).

3) 수입항까지의 '체선료'는 실제지급가격에 가산하나,[395] 공적운임(Dead freight)은 그 실질이 운임이 아니라 손해배상이므로 실제지급가격에 가산되는 '운임·보험료 기타 운송에 관련되는 비용'에 포함되지 아니한다(대판 93도3274). '착지불 수수료'(Charges collect fee)도 수입물품의 운송 서비스가 아니라 후불운임의 추심서비스에 대한 대가(비용)이기 때문에 가산되는 운송관련비용에 포함되지 아니한다(기획재정부 관협 47040-193호).

[판례] ① [공적운임] 해상운송계약에 있어서 '용선계약'은 해상운송인이 상대방에게 선박의 전부 또는 일부를 화물운송을 위하여 보수를 받고 제공하는 계약으로서 선박내의 일정한 공간의 이용을 목적으로 하는 것이고, 이는 개개물건의 운송이 목적인 '개품운송계약'과 다르다. 그리고 특정의 항해를 이용기간으로 하는 '항해용선계약'에는 용선료가 화물의 수량에 따라 계산되는 '운임용선계약'과 화물의 수량과 관계없이 본선의 선복을 중심으로 운임을 정하는 '선박용선계약'이 있다고 할 것이다. '운임'이란 운송의 대가로서 운송인에게 지급되는 보수를 말하는 것으로서 넓은 의미로는 용선료까지 포함하여 운임이라고 하고 있으나(**선박용선에 있어서의**

395) '체선료'(滯船料:demurrage)는 계약된 기간 내에 화물을 선적하거나 하역하지 못하여 발생하는 비용(요금)이다.

운임이란 당해 용선계약에 의하여 실제로 지급한 일체의 비용을 말한다). 선복의 이용을 계약대상으로 하는 용선계약 중 적재화물의 용적이나 중량의 다과를 불문하고 일정액의 운임을 지급하는 이른바 '포괄운송임'(lump sum)방식의 선복운송계약에 있어서는 적재화물의 많고 적음이 문제되지 아니하나, 적재화물의 수량에 따라 운임이 계산되는 이른바 '운임용선계약에' 있어서는 운송인에게 최저한의 운임액을 보장해 주기 위하여 용선계약에서 용선자가 당해 선박에 선적할 책임이 있는 적하량의 하한을 설정하여 이를 채우지 못함으로 인한 운임감소액을 용선자에게 부담시키는데, 그 부담액을 '공적운임'이라고 하는 것이다. 따라서 이와 같은 **공적운임은 그 실질이 운임이 아니고 용선계약조건의 하나인 선적수량의 부족이라는 계약 불이행에 따른 손해배상이라 할 것이고 그 지불약정은 일종의 손해배상액의 예정이라고 볼 것이다**(대판 93도1064; **사례연습 40**). ② **[체선료와 공적운임]** 양륙기간을 약정한 용선계약에 있어서 용선자가 약정한 기간내에 양륙작업을 완료하지 못하고 기간을 초과하여 양륙한 경우에 있어 선박회사가 그 초과한 기간에 대하여 용선자에게 청구할 수 있는 이른바 **체선료**는 그 체선기간 중 선박소유자가 입는 선원료, 식비, 체선비용, 선박이용을 방해받음으로 인하여 상실한 이익 등의 손실을 전보하기 위한 법정의 특별보수라고 할 것이므로, **선적항에서의 체선료는 다른 특별한 사정이 없는 한 수입물품의 거래가격을 신고할 때 가산**하여야 할 관세법 제9조의3 제1항 제6호 소정의 "운송에 관련되는 비용"에 포함된다고 보아야 한다. 운임용선계약에 있어서 이른바 **공적운임**은 용선자가 당해 선박에 선적하여야 할 책임이 있는 적하량의 최저한을 채우지 못한 경우에 운송자에게 부담하는 금원으로서 **그 실질은 운임이 아니라 손해배상이라 할 것이고 그 지불약정은 손해배상액의 예정이라고 할 것이므로**, 공적운임은 다른 특별한 사정이 없는 한 수입물품의 거래가격을 신고할 때 가산하여야 할 같은 호 소정의 "운임·보험료 기타 운송에 관련되는 비용"에는 포함되지 아니하는 것으로 보아야 한다(대판 93도3274).

4) '보관료'에 대해서는 제1항「실제지급가격」부분에서 자세히 설명하였다. 다만, 여기서는 수입항 도착 以前에 운송과정에서 부수적으로 물품이 일시적으로 보관되는 경우(수입자가 수출국에서 공장인도가격으로 물품을 인수한 후 수출선박의 도착을 기다리는 동안 수출항에서 보관비용이 발생한 경우)의 보관비용은 '운송관련비용'으로 실제지급가격에 가산해야 한다(평가협정 예해 7.1). 그러나 수입항 도착 以後에 국내 창고(보세구역, 자유무역지역 포함)에 보관하는 비용은 실제지급가격에서 공제되어야 한다.

5. 보험료

(1) '보험료'(the cost of insurance)란 수입물품에 대해 수입항까지의 운송에 관하여 실제로 소요된 보험료를 말한다. 여기서 보험료는 '수입물품의 운송'에 발생하는 보험료만을 의미하는데(평가협정 권고의견 13.1, 해설 5.1),[396] 해당 수입물품의 수출항까지의 운송(적하,

양하, 하역 포함)과 관련된 보험료도 포함한다(일본 관세정률법 기본통달 4-8). 구매자가 보험료를 할인받은 경우, 특별한 사정이 없으면 할인 後의 보험료가 실제지급가격에 가산되고, 구매자가 보험회사로부터 보험료를 환불받은 경우에는 환불된 금액을 공제한 보험료가 실제지급가격에 가산된다.[397] 다만 이 경우 환불되는 보험료의 액수가 명백해야 하고 그에 관한 증빙자료가 필요할 것이다(일본예규).

수입물품에 대하여 복수의 보험을 부보한 경우, 실제지급가격에 가산되는 보험료는 부보한 보험료의 합계액이 된다. 그리고 선박의 노후를 이유로 지불한 '선박할증보험료'도 가산되는 보험료에 해당한다. 그러나 구매자가 판매자로부터 물품을 수입하면서 "물품에 손해(도난, 미도착, 파손 등)가 발생하여 대체품을 긴급하게 항공편으로 수입할 필요가 있을 때 그에 필요한 비용을 일정 한도까지 지급한다"고 하는 보험을 부보한 경우, 그에 관한 보험료는 수입물품의 운송에 관한 보험료가 아니므로 실제지급가격에 가산되지 아니한다. 또한 수입물품에 대해 부과되는 관세에 관한 보험(관세보험)은 수입물품 운송에 관한 보험이 아니고 또한 수입항 도착 後의 관세에 관한 보험이기 때문에 실제지급가격에 가산되지 아니한다(일본예규).

(2) 보험료는 수입물품에 대하여 실제 보험에 부보된 경우에만 실제지급가격에 가산한다(관세평가 고시 제26조 제1항). 따라서 수입자 또는 판매자가 물품의 운송에 대해 보험에 가입하지 않았다고 주장하고, 이를 증명할 수 있다면 보험료는 실제지급가격에 가산되지 않는다.[398]

(3) 보험료는 당해 사업자가 발급한 보험료명세서 또는 이에 갈음할 서류에 근거하여 계산한다. 다만, 포괄예정보험에 따른 경우에는 다음의 어느 하나의 방법으로 계산한다(관세평가 고시 제26조 제2항).

① 수입신고시에 보험사업자가 발행한 보험료명세서를 제출하는 경우에는 이를 보험료로 계산한다.

② 보험료명세서로 보험료를 계산할 수 없는 경우에는 보험사업자가 발급한 보험예정 서류에 근거해 잠정계산하고 보험료가 확정되면 즉시 실제지급한 보험료명세서에 따라 확정 신고한다.[399]

---

396) **[평가협정 권고의견 13.1]** 평가협정 제8조 제2항 (C)호에서 사용된 '보험'은 평가협정 제8조 제2항 (a)호(수입항 또는 수입장소까지의 수입물품 운송) 및 (b)호(수입항 또는 **수입장소까지의 수입물품 운송과 관련된 적하, 양하, 취급)에서 규정하고 있는 활동 중에 물품을 위해 발생된 보험료만** 언급한 것으로 해석되어야 한다. 즉, 보험비용은 수입항까지의 수입물품 운송에 따른 손실 또는 손해를 부보하는 것과 관련된 것이며, 이윤을 얻을 기회의 손실에 대한 보험은 포함되지 않는다.

397) **[예시]** 구매자 甲은 판매자 乙로부터 구매하는 과실류에 대하여 보험을 부보하고 있는데, 이 보험은 수입물품에 대해 손해가 없었을 경우 보험료의 일부가 환불되는 것으로 되어 있는 경우가 여기에 해당한다.

398) 신용장개설은행이나 통상거래 보험회사 등에 조회하여 비부보 사실여부를 확인한 후 처리해야 할 것이다.

③ 위의 ① 및 ②에도 불구하고 수입자는 포괄예정보험이 적용되는 최초 수입물품의 수입신고시에 포괄예정보험료 전액을 가산하여 잠정신고할 수 있으며, 보험료가 확정된 경우에는 최초 수입물품에 가산하여 확정 신고할 수 있다.

[심판례] 원자력수송배상책임보험은 핵원료 물질의 운송과정에서 발생할 수 있는 원자력 사고에 따른 배상책임에 대비하여 「원자력손해배상법」 제5조에 따라 의무적으로 가입하여야 하는 보험으로서, 청구법인은 쟁점물품을 국내로 수입하기 위하여 원자력수송배상책임보험을 가입하여야 하는 점, 청구법인이 가입한 원자력수송배상책임보험의 보험구간이 해외의 제조공장으로부터 해외 경유지를 거쳐 우리나라의 도착항 인천항에 도착·하역하여 청구법인의 주소지까지인 점(**보험구간이 국내까지 연장되지만 쟁점보험료가 구간별로 구분되지 아니하므로 쟁점보험료 중 국내분에 해당하는 분을 나눌 수는 없다**), 우리나라의 관세 과세가격 산정기준이 운임 보험료 포함조건(CIF조건)으로서 수입자가 물품을 수입하면서 가입한 보험료는 과세가격에 포함되어야 하는 점, 구매자가 추가로 또는 이중으로 부보한 경우에도 실제지급 금액에 가산되어야 하는 점 등을 종합하여 보면 쟁점보험료를 쟁점물품의 과세가격에 가산하는 것이 타당하므로 처분청의 경정고지처분은 잘못이 없다고 판단된다(조심 2012관0024).

6. 운임, 보험료, 운송관련비용의 산출방법

(1) 원칙적인 경우

1) 운임명세서, 보험료명세서 등에 의한 산출

운임 및 보험료는 당해 사업자가 발급한 운임명세서, 보험료명세서 또는 이에 갈음한 서류에 의하여 산출한다(영 제20조 제1항).[400]

구체적으로 수입항까지의 운임 및 운송관련비용은 해당 수입물품을 수입항까지 운송하기 위하여 실제로 드는 비용을 말하고, 다음의 어느 하나에서 정하는 바와 같다(관세평가 고시 제24조 제3항).

399) **[예시]** 구매자 甲은 판매자 乙로부터 계속하여 구매하는 물품에 대하여 포괄적(1년간)인 보험계약을 체결하여 매월 말 당월분의 보험료를 일괄 지급하도록 특약을 맺었다. 따라서 각각의 수입물품에 대하여 보험료 금액을 기재한 보험료명세서는 개개의 수입신고시점에서는 제출이 불가능하나 보험료 금액은 CFR가격에 균등 분할하여 산출할 수 있다. 이 경우 수입신고시점에서는 보험료명세서 제출이 곤란하여 수입항에 도착하기까지 필요한 보험료 금액은 해당 특약계산방법으로 명확하게 산출이 가능하므로 이에 따라 수입물품의 보험료를 계산할 수 있다. 그러므로 CFR가격에 균등하게 분할하여 산출한 보험료를 수입물품의 과세가격에 포함하게 된다(일본예규).

400) **[관세청예규]** 당해 운송업자가 발급한 운임명세서에 기재된 통화의 종류와 실제로 지급되는 통화의 종류가 다른 경우에는 **실제로 지급된 통화**에 의하여 당해 수입물품의 운임을 산정한다. 이는 계약당사자를 기준으로 판단한다(평가일-47221-480).

① 수입물품을 운송계약에 따라 운송하는 때에는 해당 운송계약에 기초한 해당 운송의 대가로서 운송인 또는 운송주선인 등에게 최종적으로 지급한 금액을 말한다.[401)]

② 수입물품을 용선계약에 따라 운송하는 때에는 해당 용선계약에 의하여 실제로 지급하는 일체의 비용(공선회조료를 포함한다)

[예시] ㉠ 수입자로부터 국제운송을 의뢰받은 운송사업자 A가 이를 다시 다른 운송업자 B에게 재의뢰하여 운임(5만달러)을 지급하고 수입자에게 다시 청구(7만달러)하여 지급받은 경우에는 수입자가 운송사업자 A에게 지급하는 금액(7만달러)이 수입자의 실제지급가격에 가산되는 것이다(종합심사 47400-26). ㉡ 구매자 甲은 FOB조건으로 구매한 곡류의 수입을 위해 선박회사 乙과 수출항과 국내수입항간의 2개 항로에 대하여 항해용선계약을 체결하였다. 해당 항해용선계약에는 수입항부터 수출항까지의 귀로의 적하가 없는 경우에는 구매자는 해당 곡물의 운임과는 별도로 **'공선회조료'**를 선박회사에 지급하기로 되어 있다. 이 경우 '공선회조료'는 수입항까지의 운임 등으로 실제지급가격에 가산해야 한다(일본예규).

③ 수입물품을 운송하기 위한 선적자재비(資材費) 및 선박개장비(改裝費)를 지급한 경우에는 동 비용을 합산한 금액

[예시] 구매자 甲는 화학약품을 운송하기 위하여 선박회사 乙과 용선계약을 체결하였다. 용선한 선박은 종래 곡물의 운송에 종사하고 있었기 때문에 선창에 특수한 도장(에폭시수지 도장)이 입혀져 있고, 이 상태로 화학약품을 적재하면 도장이 용해되어 화학약품을 변질시킬 우려가 있기 때문에 이 도료를 제거하고 밸브 및 펌프를 화학약품에 적합한 것으로 개조하여 화학약품을 운송하고 운송 종료 후 그 선박에 도장 등을 입혀서 복구하는 것으로 그 비용(선박개장비) 5,000만원을 해당 수입물품의 운임에 더하여 선박회사 乙에 지급하였다. 이 경우 선박개장비 5,000만원은 수입항까지의 운임으로 실제지급가격에 가산해야 한다(일본예규).

④ 수입물품의 운임에 '수입항에서의 하역비'가 포함되어 있고 그 금액이 구분 표시되어 있는 경우에는 동 하역비는 과세가격에 포함하지 아니한다.

⑤ 구매자(수입자 포함)가 부담하는 선적항에서의 체선료는 과세가격에 포함하며, 선적항에서의 '조출료'[402)]를 공제받은 경우에는 이를 과세가격에 포함하지 아니한다. 다만,

401) **[관세청예규]** ① 원유선 용선시 용선계약서상에 Address Commission이 구분 명기되어 있고, 총 운임에서 이를 차감하여 지급하는 것이 계약서상 확인이 되면 실제 차감한 후 지급한 운임이 실제 지급운임이며, 추후 차감한 금액을 별도 지불할 시에는 가산된다(평가분류 47221-911). ② 반송한 후 원상태로 그대로 다시 수입하는 경우 (새로운 수입행위로 보아 과세가격을 결정해야 하므로) 당해 수입물품의 과세가격은 **최종 수입시** 발생한 운임, 보험료 기타 운송에 관련되는 비용 등을 가산해서 결정한다(평가분류 47221-156).

'조출료'는 수입통관시에 그 금액을 확인할 수 있는 경우에 한하되, 잠정가격신고의 경우 확정가격 신고일까지 그 금액을 확인할 수 있는 서류제출에 의하여 과세가격에 포함하지 아니한다.

⑥ 수입항에서 본선 하역 준비가 완료된 후의 '체선료'는 과세가격에 포함하지 아니하고 수입항에서의 조출료는 과세가격에서 공제하지 아니한다.

⑦ 콘테이너에 의한 문전배달형태(Door to Door)의 운송계약의 경우에 그 운송료가 구분되는 때에는 수입항 도착 이후의 운송료는 과세가격에 포함하지 아니한다.

⑧ 콘테이너 임차료가 운임과 별도로 지급되는 경우에는 콘테이너의 임차에 소요되는 비용은 과세가격에 포함한다.

⑨ 관세법시행규칙 제4조의3 제1항 제4호에 따른 탁송품 과세운임표에 따른 운임은 별표 제1호의 "특급탁송화물 과세운임표"에 따른다.[403]

[심판례] 외국무역선에 대한 **도선용역 등의 대가**로 지급된 쟁점비용은 관세법 제30조 제1항 제6호 및 같은 법 시행령 제20조 제5항에서 수입물품의 과세가격에 가산되는 "당해 수입물품이 수입항에 도착하여 본선하역준비가 완료될 때까지 수입자가 부담하는 비용"에 해당된다(국심 2005관0129).

2) 운임명세서, 보험료명세서 등에 의한 산출할 수 없는 경우

例外的으로 운임명세서, 보험료명세서 등으로 운임 및 보험료를 산출할 수 없는 경우의 운임 및 보험료는 운송거리・운송방법 등을 고려하여 다음에 따라 산출한다(영 제20조 제2항, 규칙 제4조의3 제1항). 과세관청이 운송계약에서 정하거나 운임명세서 등에 기재되어 있지 않은데도 운임이라고 인정하고 이를 수입물품의 과세가격에 가산하여 조정하려면 '과세관청'이 운임이 발생하였다는 점과 금액을 증명하여야 한다(대판 2016두47321).

① 운송수단(선박, 항공기 등)이 외국에서 우리나라로 운항하여 수입되는 경우(자력운항의 경우): 해당 운송수단이 수출항으로부터 수입항에 도착할 때까지의 연료비, 승무원의 급식비, 급료, 수당, 선원 등의 송출비용 및 그 밖의 비용 등 운송에 실제로 소요되는 금액

② 하나의 용선계약으로 여러 가지 화물을 여러 차례에 걸쳐 왕복운송하거나 여러 가지 화물을

402) '조출료'는 선박이 특정항구에 입항하여 계약된 정박기간보다 빨리 하역작업을 끝내면 선박회사측이 화주측에 지급하게 되는 일종의 장려금으로 체선료에 반대되는 개념이다. 선적지에서의 체선료, 조출료는 수입항까지의 운임을 계산할 때 체선료는 가산하고, 조츌료는 공제하여 과세가격을 결정한다.

403) 운송비가 무료이거나 자기소유 운송수단 또는 구매자(수입자 포함)와 특수관계에 있는 운송사업자의 운송수단에 의하여 운송된 물품은 일반 운송사업자가 통상적으로 적용하고 있는 운임요율표에 의한 운임이 가산된다(일본 관세정률법 기본통달 4-8).

하나의 운송계약에 따라 일괄운임으로 지급하는 경우: 수입되는 물품의 '중량'을 기준으로 계산하여 배분한 운임.[404] 다만, 수입되는 물품의 중량을 알 수 없거나 중량을 기준으로 계산하는 것이 현저히 불합리한 경우에는 '가격'을 기준으로 계산하여 배분한 운임으로 한다.

③ 운송계약상 선적항 및 수입항의 구분 없이 총 허용정박 시간만 정하여 체선료(滯船料) 또는 조출료(早出料)의 발생장소를 명확히 구분할 수 없는 경우: 총 허용정박 시간을 선적항과 수입항에서의 허용 정박시간으로 반분(半分)하여 계산된 선적항에서의 체선료를 포함한 운임. 이 경우 실제 공제받은 조출료는 운임에 포함하지 않는다.

④ 탁송품의 특별통관 절차에 따라 통관하는 '탁송품'으로서 그 운임을 알 수 없는 경우: 관세청장이 정하는 탁송품 과세운임표에 따른 운임[405]

[판례] 관세법 시행령 제20조 제1항, 제2항에 의하면 위 법규정에서 정한 운임은 운임명세서 또는 이를 갈음하는 서류에 의하여 산출하되, 운임명세서 등에 의하여 산출할 수 없는 때에는 운송거리·운송방법 등을 참작하여 관세청장이 정하는 바에 따라 산출할 수 있도록 정하고 있다. 관세법은 수입물품의 과세가격에 가산되는 조정요소의 하나로 '수입항까지의 운임'을 들고 있다. 여기에서 말하는 운임은 화주가 계약자유의 원칙에 따라 운송계약에서 운송인에게 운송의 대가로 지급하기로 약정한 보수로서, 화주가 운송인에게 실제로 지급하는 금전뿐만 아니라 금전적 가치를 가지는 현물도 포함된다. **관세법의 위임에 따라 관세법 시행령은 관세법 제30조 제1항 제6호 본문에서 정한 운임을 운임명세서 등에 의하여 산출하는 것을 원칙으로 하고 있으므로, 운임명세서 등에 운임이 기재되어 있는 경우에는 이를 위 조항에 따른 운임으로 보아야 한다. 관세청장이 운송거리나 운송방법 등을 고려하여 운임을 정하는 것은 운송계약과 운임명세서 등으로 운임을 산출할 수 없는 예외적인 경우에 한정된다.** 한편 **과세관청이 운송계약에서 정하거나 운임명세서 등에 기재되어 있지 않은데도 운임이라고 인정하고 이를 수입물품의 과세가격에 가산하여 조정하려면 과세관청이 그러한 운임이 발생하였다는 점과 그 금액을 증명하여야 한다.** 이 사건의 쟁점은 수입물품인 액화천연가스(LNG, 영하 162°C로 냉각하여 액화시킨 천연가스를 말한다)를 선박으로 운송하는 과정에서 발생하는 기화천연가스(Boil Off Gas, 이하 'BOG'라 한다)를 운송선박의 연료로 사용한 경우에 BOG의 가액을 운임으로 보아야 하는지 여부이다. 이러한 수입물품의 운송과정에서 수입물품 고유의 특성으로 운송수단인 선박의 안전에 위험이 발생하기 때문에 그 위험을 제거하기 위하여 선박의 엔진구조를 설계함으로써 화주에게는

404) 日本의 경우에는 원칙적으로 '가격'을 기준으로 안분하고 있다. 즉, 구매자는 판매자로부터 가구를 수입하면서 2개의 수입계약을 체결하였는데, 2개의 계약에 관한 물품은 동일한 선박에 적재하므로 운임은 일괄하여 선박회사에 지급하기로 하였다. 이 경우, 운임은 원칙적으로 개개의 수입물품에 관련된 가액을 안분하여 수입물품의 과세가격에 산입한다.

405) 관세평가 고시 [별표 1] 특급탁송화물 과세운임표(부록 Ⅰ을 참고하기 바란다).

해당 물품이 일부 소실되는 경제적 손실이 발생하는 경우가 있다. 이때 운송인이 화주의 동의를 받아 소실될 물품을 다른 용도로 사용하여 경제적 이익을 얻더라도, 이러한 이익은 운송계약에 특별한 정함이 없는 한 운송인이 해당 물품의 운송이라는 본래의 목적을 수행하는 데 부수적으로 이익을 누린 것에 불과하고 운송의 대가로 금전 대신 현물을 지급받았다고 볼 수 없다. **이처럼 수입물품을 운반하면서 소실될 물품을 운송인에게 무상으로 제공한 경우에는 특별한 사정이 없는 한 그 물품에 해당하는 가액을 운임의 일부라고 볼 수 없으므로 위 규정에서 정한 운임명세서 등에 의하여 운임을 산출할 수 없는 때에 해당하지 않는다**(수입물품 과세가격 결정에 관한 고시 제3-5조는 관세법 시행령 제20조 제2항에서 정한 '운임명세서 등에 의하여 운임을 산출할 수 없는 때'에 한하여 적용된다). 이 사건에서, **원고의 수입물품인 액화천연가스를 선박으로 운송하는 과정에서 BOG를 수송선의 연료로 사용하여 결과적으로 운송원가가 낮아지는 효과가 발생하였지만, 이러한 점만으로는 원고가 운임의 일부를 금전을 대신하여 현물로 지급한 것으로 볼 수 없다.** 따라서 BOG 가액은 이 사건 운송계약에 따른 운임에 해당하지 않는다. 그 이유는 다음과 같다. **첫째,** 이 사건 운송계약에서 당사자들은 자본비, 선박경비, 운항비, 이윤 등을 감안하여 운임을 지급하기로 약정하였고, BOG는 운임의 요소로 삼지 않았다. 그런데도 이를 운임으로 보아야 할 특별한 사정에 대한 증명 없이 과세가격에 가산하는 것은 관세법상 운임산정의 기준에 반한다. **둘째,** 원고는 이 사건 운송계약에서 정한 방식에 따라 대금을 모두 지급하였고, 운임명세서 역시 그에 따라 작성·교부되었다. 그리고 약정운임은 실제 연료소비량에 연동하므로 국내 운항선사가 BOG를 사용했다고 해서 금전적 이익을 얻은 것도 아니다. **셋째,** 이 사건 운송계약에 따라 액화천연가스를 운송하는 과정에서 반드시 발생하는 BOG를 안전하게 처리할 필요가 있고, 국내 운항선사의 수송선 구조에 의하면 액화천연가스의 물량 감소와 BOG의 연료 사용이 운송의 당연한 전제로서 불가피하게 예정되어 있었으므로, 원고로서도 다른 선택의 여지없이 고가의 액화천연가스가 소실되는 손실을 감내해야 했다. 그럼에도 원심은 액화천연가스 해상운송과정에서 BOG의 처리방법이나 국내 운항선사의 수송선 구조상 연료 사용의 불가피성 등에 관하여 구체적으로 심리·판단하지 않은 채, 원고가 운임명세서에 따라 지급한 비용 외에 BOG의 가액을 운임으로 가산한 피고의 이 사건 각 처분이 적법하다고 판단하였다. 이러한 원심의 판단에는 과세가격의 가산조정요소인 운임과 그 산정에 관한 법리를 오해하여 필요한 심리를 다하지 않아 판결에 영향을 미친 잘못이 있다. 이를 지적하는 상고이유 주장은 이유 있다(대판 2016두47321; **사례연습 41**).

(2) 항공기운송 운임(보험료) 산정의 特例

1) 다음의 각 물품이 항공기로 운송되는 경우에는 앞의 (1)에도 불구하고 해당 물품이 항공기 外의 일반적인 운송방법에 의하여 운송된 것으로 보아 운임 및 보험료를 산출한다(영 제20조 제3항, 규칙 제4조의3 제2항). 이와 같이 산출된 운임 및 보험료를 적용받으려는 납세의무자는 해당 물품에 대하여 가격신고를 할 때 이를 증명하는 자료를 세관장에게 제출해야 한다(영

제20조 제6항).

① 무상으로 반입하는 상품의 견본, 광고용품 및 그 제조용 원료로서 운임 및 보험료를 除外한 총 과세가격이 20만원 이하인 물품(규칙 제4조의3 제2항 제1호)

② 수출물품의 제조・가공에 사용할 외화획득용 원재료로서 세관장이 수출계약의 이행에 필요하다고 인정하여 무상으로 반입하는 물품(제2호)

③ 계약조건과 다르거나 하자보증기간 안에 고장이 생긴 수입물품을 대체・수리 또는 보수하기 위해 무상으로 반입하는 물품(제3호)

④ 계약조건과 다르거나 하자보증 기간 안에 고장이 생긴 수입물품을 외국으로 반출한 後 이를 수리하여 무상으로 반입하는 물품으로서 운임 및 보험료를 제외한 총 과세가격이 20만원 이하인 물품(제4호)

⑤ 계약조건과 다르거나 하자보증 기간 안에 고장이 생긴 수출물품을 수리 또는 대체하기 위해 무상으로 반입하는 물품(제5호)

⑥ 신문사, 방송국 또는 통신사에서 반입하는 뉴스를 취재한 사진필름, 녹음테이프 및 이와 유사한 취재물품(제6호)

⑦ 우리나라의 거주자가 받는 물품으로서 자가 사용할 것으로 인정되는 것 중 운임 및 보험료를 제외한 총 과세가격이 20만원 이하인 물품(제7호)

⑧ 관세법시행규칙 제48조 제4항에 따른 우리나라 국민, 외국인 또는 재외영주권자가 입국할 때 반입하는 이사화물로서 운임 및 보험료를 제외한 총 과세가격이 50만원 이하인 물품(제8호)

⑨ 여행자가 휴대하여 반입하는 물품(제9호)

⑩ 항공사가 자기 소유인 운송수단으로 운송하여 반입하는 기용품과 외국의 본사 또는 지사로부터 무상으로 송부받은 해당 운송사업에 사용할 소모품 및 사무용품(제10호)

⑪ 항공기 外의 일반적인 운송방법으로 운송하기로 계약된 물품으로서 해당 물품의 제작지연, 그 밖에 수입자의 귀책사유가 아닌 사유로 '수출자'가 그 운송방법의 변경에 따른 비용을 부담하고 항공기로 운송한 물품(제11호)

운송방법 변경에 따른 비용을 '판매자'가 부담하는 경우에 적용되므로, '구매자'(수입자)가 그 비용의 전부 또는 일부를 부담하는 경우에는 본 규정이 적용되지 아니한다.

[예시] 구매자 甲은 판매자 乙로부터 신사복을 수입하면서 해상운송에 의한 FOB 3,000달러로 계약을 체결하였는데, 물품의 제조가 늦어져서 국내 도착이 약정된 납기보다 지연될 것이 명백해졌다. 이 때문에 甲과 乙은 협의하여 운송방법을 해상운송에서 항공운송으로 변경하였고, 그 변경에 따른 항공운임 및 항공보험료와 해상운임 및 해상보험료의 차액을 판매자 乙이 부담하기로 합의하였다. 이 경우도 구매자의 귀책사유가 아닌 사유로 운송방법을 변경한 경우이므로 '선박회사가 해당 물품에 대해 통상적으로 적용하는 운임'을 운송비용으로 실제지급가격에 가산한다(일본예규).406)

⑫ 항공기 外의 일반적인 운송방법으로 운송하기로 계약된 물품으로서 천재지변이나 관세법 시행령 제2조 제1항 각 호에 해당하는 사유(㉠ 전쟁・화재 등 재해나 도난으로 인하여 재산에 심한 손실을 입은 경우, ㉡ 사업에 현저한 손실을 입은 경우, ㉢ 사업이 중대한 위기에 처한 경우, ㉣ 그 밖에 세관장이 ㉠ 내지 ㉢의 규정에 준하는 사유가 있다고 인정하는 경우)로 운송수단을 변경하거나 해외 거래처를 변경하여 항공기로 긴급하게 운송하는 물품(제12호)

2) 이 경우 운임 산출방법은 다음과 같다(규칙 제4조의3 제3항).

다음의 각 적용 운임이 실제 발생한 항공운임을 초과하는 경우에는 해당 항공운임을 적용한다.

① 앞의 1)의 ① 내지 ⑨의 물품: 우리나라에서 적용하고 있는 '선편소포우편물요금표'에 따른 요금. 이 경우 물품의 중량이 선편소포우편물요금표에 표시된 최대중량을 초과하는 경우에는 최대중량의 요금에 최대중량을 초과하는 중량에 해당하는 요금을 가산하여 계산한다.

② 앞의 1)의 ⑩ 내지 ⑫의 물품: 선박회사(그 업무를 대행하는 자를 포함)가 해당 물품에 대해 통상적으로 적용하는 운임

3) 이 경우 보험료 산출방법은 다음과 같다(규칙 제4조의3 제4항).

앞의 1)의 ① 내지 ⑫의 물품에 대한 "보험료"는 보험사업자가 통상적으로 적용하는 항공기 外의 일반적인 운송방법에 대한 보험료로 계산할 수 있다.

406) [예시] 구매자 甲은 판매자 乙로부터 양주를 구매하기로 하여, 구매자는 해상운송회사 丙과 운송계약을 맺었다. 그런데 적출항에서 항만 파업이 발생하여 하역작업이 불가능해짐에 따라 구매자는 국내판매처 납기문제가 있어 70C/T를 항공운송으로 수입하였다. 이 경우 구매자의 귀책사유가 아닌 사유로 운송방법을 변경한 경우이므로 '선박회사가 해당 물품에 대해 통상적으로 적용하는 운임'을 운송비용으로 실제지급가격에 가산한다.

(3) 선박회사 또는 항공사가 통상적으로 적용하는 운임

다음의 어느 하나에 해당하는 물품의 운임이 통상의 운임과 현저하게 다른 때에는 앞의 (1)에도 불구하고 선박회사 또는 항공사(그 업무를 대행하는 자를 포함)가 통상적으로 적용하는 운임을 해당 물품의 운임으로 할 수 있다(영 제20조 제4항).

① 수입자 또는 수입자와 특수관계에 있는 선박회사등의 운송수단으로 운송되는 물품
② 운임과 적재수량을 특약한 항해용선계약에 따라 운송되는 물품(실제 적재수량이 특약수량에 미치지 아니하는 경우를 포함한다)[407]
③ 기타 특수조건에 의하여 운송되는 물품

'선박회사 또는 항공사가 통상적으로 적용하는 운임'이란 해당 물품의 종류, 수량 및 운송조건(운송수단의 종류와 운송경로 등을 말한다)을 감안하여 통상 필요하다고 인정되는 수입항까지의 운송을 위한 운임 등을 말한다(관세평가 고시 제25조).

 가산율 또는 공제율

1. 의의

관세청장 또는 세관장은 장기간 반복하여 수입되는 물품에 대하여 가산요소를 가산하는 경우 납세의무자의 편의와 신속한 통관업무를 위하여 필요하다고 인정되는 때에는 납세의무자의 요청이 있는 경우에 한하여 해당 물품에 대하여 통상적으로 인정되는 가산율 또는 공제율을 적용할 수 있다(영 제30조).

2. 가산율 또는 공제율의 결정 절차

(1) 납세의무자의 신청과 의견제시

가산율 또는 공제율의 적용을 받으려 하는 납세의무자는 관세청장이 정하는 **가산율 또는 공제율 산정신청서**에 ① 최근 3년간의 해당물품의 수입실적 자료, ② 관세법 시행령 제31조 제1항 각 호의 서류(과세가격 결정방법의 사전심사신청시 제출하는 서류), ③ 최근 3년간 해당 수입물품의 국내판매 가격자료와 이윤 및 일반경비를 확인할 수 있는 자료(공제율 산정의

407) **[예시]** 수입물품이 적재수량을 특약한 항해용선계약에 근거하여 운송된 경우에는 실제 적재수량이 해당 특약 수량에 미치지 못하더라도 해당 계약에 근거하여 실제로 지급된 운임이 '수입항까지의 운임'이 된다. 다만 실제 적재수량이 특약수량보다 현저히 적은 경우에는 해당 지급된 운임에 합리적인 조정을 더하여 통상 필요하다고 인정되는 해당 수입항까지의 운임 등을 계산한다(일본예규).

경우에 한정한다)를 첨부하여 관세청장(관세평가분류원장) 또는 세관장에게 제출해야 한다(규칙 제7조의9 제1항).[408] 납세의무자의 신청을 받아 가산율 또는 공제율을 산정하는 경우 관세청장 또는 세관장은 해당 납세의무자에게 의견을 제시할 기회를 주어야 한다(규칙 제7조의9 제2항).

(2) 가산율 또는 공제율의 결정

납세의무자의 신청을 받은 관세청장(관세평가분류원장) 또는 세관장은 신청서류 및 신청인의 최근 거래관계와 거래내용을 심사하여 20日 이내에 관세청장이 정하는 **가산율 또는 공제율 결정서**를 신청인에게 발급해야 한다. 다만, 다음의 어느 하나에 해당하여 가산율 또는 공제율의 산정이 곤란한 경우에는 가산율 또는 공제율 결정서를 발급하지 아니한다(규칙 제7조의9 제3항).

① 가산 또는 공제할 금액의 지급기준이 변경되는 경우
② 가산율 또는 공제율 결정의 기초가 되는 거래관계나 내용이 변경된 경우
③ 그 밖에 관세청장 또는 세관장이 거래관계나 거래내용 등을 고려하여 가산율 또는 공제율의 산정이 곤란하다고 인정하는 경우

위와 같이 결정되는 가산율 또는 공제율은 소수점 이하 셋째 자릿수까지 계산한 후 이를 반올림하여 둘째 자릿수까지 산정한다(규칙 제7조의9 제4항).

(3) 적용기간

신청인이 세관장 등이 발급한 가산율(공제율) 결정서에 따라 과세가격을 신고한 때에는 이를 확정된 과세가격으로 본다(관세평가 고시 제39조 제2항).

가산율 또는 공제율은 가산율 또는 공제율 결정서를 발급한 날부터 1년 간 적용한다. 다만, 세관장이 필요하다고 인정하는 경우에는 적용 기간을 다르게 정할 수 있다(규칙 제7조의9 제5항).

---

408) 관세평가고시 제39조에서는 가산율(공제율) 산정 신청서를 세관장 또는 '관세평가분류원장'에게 제출하도록 규정하고 있다.
[관세평가 고시 제39조](가산율 또는 공제율의 결정) ① 규칙 제7조의9 제1항에 따라 가산율 또는 공제율을 적용받으려는 자는 세관장 또는 관세평가분류원장에게 가산율(공제율) 산정 신청서를 제출하고, 신청을 받은 세관장 또는 관세평가분류원장은 규칙 제7조의9 제3항에 따라 신청인에게 별지 제11호서식의 가산율(공제율) 결정서를 발급한다.

제3항
공제요소

법 제30조(과세가격 결정의 원칙) ② (생략). 다만, 구매자가 지급하였거나 지급하여야 할 총금액에서 다음 각 호의 어느 하나에 해당하는 금액을 명백히 구분할 수 있을 때에는 그 금액을 뺀 금액을 말한다.

1. 수입 후에 하는 해당 수입물품의 건설, 설치, 조립, 정비, 유지 또는 해당 수입물품에 관한 기술지원에 필요한 비용
2. 수입항에 도착한 후 해당 수입물품을 운송하는 데에 필요한 운임·보험료와 그 밖에 운송과 관련되는 비용
3. 우리나라에서 해당 수입물품에 부과된 관세 등의 세금과 그 밖의 공과금
4. 연불조건(延拂條件)의 수입인 경우에는 해당 수입물품에 대한 연불이자

과세가격은 실제지급가격에 가산요소금액을 더하고 관세법 제30조 제2항 제1호 내지 제4호에 규정된 '공제요소금액'을 공제해서 산정한다(법 제30조 제2항 제2호, 평가협정 주해 제1조, 평가협정 예해 9.1). 이러한 공제요소는 실제지급가격을 구성하지 않기 때문에 실제지급가격에 포함되어 있으면 이를 공제하고 과세가격을 결정하는 것이다.

거래가격에 기초하여 과세가격을 결정함에 있어서 수입 以後에 발생하는 활동의 비용이 실제지급가격에 포함되어 있지 않은 경우, 관세법 제30조 제1항 각호의 가산요소에 해당하지 않는 한 과세가격에 포함되지 않아야 한다. 이는 판매자의 이익으로 간주될지 모르나 구매자가 자신의 계산으로 수행한 활동의 비용을 포함한다. 반대로, 이러한 비용이 수입물품에 대하여 실제지급가격에 포함되어 있는 경우에는 관세법 제30조 제2항 각 호(공제요소)에 해당하지 않는 한 이들 비용은 실제지급가격에서 공제되지 않아야 한다(평가협정 예해 9.1).

공제요소는 실제지급가격에 포함되어 있는 경우에만 공제하는 것이고, 실제지급가격에 포함되어 있지 않으면 공제요소금액을 실제지급가격에서 공제해서는 아니된다.

그리고 공제요소는 그 금액을 明白히 구분(區分)할 수 있을 때에만 공제하고, 구분할 수 없을 때에는 그 금액 전부를 실제지급가격으로 과세한다.[409)]

409) [일본 관세정률법 기본통달 4-8] 수입항에 도착한 후의 운임 등의 금액이 명백하지 않아서 그 명백하지 않은 금액을 포함하지 않으면 수입항까지의 운임 등을 파악할 수 없는 경우에는 그 명백하지 않은 금액을 포함한 금액을 수입항까지의 운임 등으로 취급한다.

I 수입 後의 수입물품의 건설, 설치, 조립, 정비, 유지 또는 해당 수입물품에 관한 기술지원에 필요한 비용

제1호: 수입 후에 하는 해당 수입물품의 건설, 설치, 조립, 정비, 유지 또는 해당 수입물품에 관한 기술지원에 필요한 비용

1. 의의 및 규정취지

수입 後에 하는 해당 수입물품의 건설, 설치, 조립, 정비, 유지 또는 해당 수입물품에 관한 기술지원에 필요한 비용은 수입된 後에 부가되는 비용과 가격을 말하는데, 이는 과세가격은 수입 後에 부가되는 가치를 포함할 수 없다는 원칙을 반영하고 있다.

관세법 제30조 제2항 제1호에서 수입 後 설치비용 및 기술지원비용 등을 과세가격에서 공제하는 입법취지는 물품의 적정한 통관 및 국내산업의 보호·육성을 목적으로 하는 관세법의 취지에 비추어 국내에서 이루어지는 설치활동 등에까지 관세를 부과하지 않겠다는 것이다 (부산지판 2014구합20886, 확정).

2. '수입 후'의 의미

제1호의 비용에는 용역(노동력)과 재료를 포함하고, "수입 후에 하는 또는 수입 후에 수행된"(undertaken after importation on imported goods)의 의미는 수입국에서 수행된 활동 또는 수입국 내에서 부가된 가치를 포함하도록 신축적으로 해석되어야 한다. 제1호의 활동에 대한 비용은 수입물품의 설치를 위한 부분으로서 수행되고 있는 한, 수입 以前에 발생하였다 할지라도 과세가격에서 제외되어야 한다. 따라서 '준비작업'(예: 콘크리트 바르기, 특정용도를 위한 기계를 조정하는 지원 등)은 그것이 비록 물품의 수입 以前에 이루어졌을지라도 수입물품이 최종적으로 인도, 설치 또는 사용의 일부로서 완성되었고 의미를 갖는 한 여기에 포함되어야 하는 것이다(평가협정 예해 9.1).

3. 건설, 설치, 조립, 정비, 유지 비용

(1) 건설, 설치, 조립, 정비, 유지 활동

산업설비(industrial plant), 기계류machinery) 또는 장비(equipment)와 같은 수입물품에 대하여 수입 後에 수행된 건설(construction), 설치(erection), 조립(assembly), 유지(maintenance) 또는 기술지원(technical assistance)에 대한 부담금(평가협정 예해 9.1), 수입물품에 대해 국내

시험기관에 의한 승인이나 인증을 취득하기 위하여 판매자의 기술지원을 받고 지급하는 수수료, 수입한 물품을 국내 공장에서 작동시키기 위하여 판매자의 파견 직원으로부터 이에 관한 교육훈련을 받고 지급하는 비용 등이 여기에 해당한다(미국예규 543107, 543331).

[미국연방관세규정 §1 52.103] 외국수출자가 미국 구매자에게 건설장비 1대를 판매한다. 해당 장비에 대한 총 계약가격은 미국에서의 기술지원을 포함한다. 해당 장비는 기술지원 없이는 구매할 수 없으나, 계약서에서는 비용들의 세부내역을 정하고 있다. 이 경우, 기술지원에 대한 합리적 수준의 비용은 (수입 후의 비용이고 실제지급가격과 명확히 구분이 가능하므로) 실제지급가격에 포함하지 아니한다.

[유권해석] 판매 후 서비스(A/S) 프로그램의 일환으로 차량 수입 後 행하여지는 엔진오일, 브레이크패드 교체 등은 수입 후 행하여지는 차량 유지·보수 프로그램으로서 그 내용이 소모성 부품 등의 정기적인 교체 등 차량의 상태를 지속적으로 유지하기 위한 서비스이므로 **"수입 후 행하여지는 수입물품의 정비·유지"에 해당한다**고 볼 수 있다. 따라서 차량 수입 後 행하여지는 엔진오일, 브레이크패드 교체 등의 비용은 금액을 명백히 구분할 수 있는 때에는 실제지급가격에서 공제한다(기획재정부, 관세협력과-233).

(2) 유지와 하자보증의 구별

실제지급가격에는 구매자가 당해 수입물품의 거래조건으로 별도로 지급한 하자보증비가 포함되는 반면, 수입 後에 행하여지는 당해 수입물품의 '유지'에 필요한 비용은 이를 명백히 구분할 수 있는 때에는 거래가격에서 공제한다. 유지와 하자보증의 구별에 대해서는 제1항 「실제지급가격」에서 이미 설명하였다(**사례연습 25**).

[심판례] ① 청구법인은 '기술지도비(특허사용 및 S/V비)'가 특허사용료와 슈퍼바이저 비용으로 구분된 비용이 아니라, 수출자의 국내 파견, 장치의 설치·조작 및 수용 테스트에 필요한 기술적 어드바이스나 지도를 제공하는 대가로 지급되는 기술지도비이므로 과세가격에서 공제되어야 한다고 주장하나, 특허청에 2011. 3. 4. '소구경 강관 또는 주철관 내면 도장장치'에 대한 실용신안이 출원되어 있는 등 '기술지도비(특허사용 및 S/V비)'는 특허사용료와 슈퍼바이저 비용으로 구성되어 있다고 볼 수 있는 점, **수입 후 발생한 슈퍼바이저 비용은 구매자가 지급하였거나 지급하여야 할 총금액에서 명백히 구분할 수 있는 경우에 공제가 가능하나,** 청구법인은 이와 관련한 객관적인 증빙자료를 제출한 사실이 없는 점 등에 비추어 볼 때, 이에 대한 청구주장은 받아들이기 어려운 것으로 판단된다(조심 2016관0166). ② 물품을 해외에서 수입하여 국내에 설치하는 경우, 국내에서 행해지는 수입물품의 설치, 조정, 시운전 등을 위한

전문가의 인건비 등 설치비용이 계약서나 송품장 등에 의하여 확인되는 경우, 동 설치비용은 수입물품의 과세가격에 포함하지 않는 것이 원칙이라 할 것인 바, **이 건의 경우, 쟁점물품의 과세가격에서 공제되는 수입후 설치비용 등이 주문서, 계약서, B/L, 송품장 등의 서류 전부에 물품가격과 구분되어 있지는 아니하나, 쟁점물품은 선박엔진 제조를 위한 설비로서 물품가격 이외에 설치비용 등이 별도로 소요되었을 것으로 보이고, 처분청 또한 일부 설치비용의 발생사실을 인정하고 있는 점 등으로 보아 청구법인이 실제로 지불한 사실이 객관적으로 확인되는 설치비용은 공제요소로 인정하는 것이 합리적이라고 판단된다.** 쟁점물품 중 수입신고번호 AAA(2008. 8. 13.)호의 경우 Offer Sheet와 송품장상에 설치비용이 구분 기재되어 있고 실제 설치비용도 일치하므로 청구법인이 신고한 금액을 공제금액으로 인정될 수 있다고 판단되고, 수입신고번호 BBB(2008. 10. 2.)호외 1건의 경우 Purchase Order와 송품장상에 설치비용이 구분기재되어 있으나, 동 금액이 실제 설치비용과 상이하므로 실제 설치비용 ￥200로부터 수입한 쟁점물품 2건에 안분하여 공제금액으로 인정하는 것이 타당하다고 판단되며, 수입신고번호 CCC(2009. 9. 18.)호의 경우 Offer Sheet와 송품장상에 설치비용이 구분기재되어 있으나 실제 설치비용과 상이하므로 청구법인이 처분청에 제출한 실제 설치비용을 공제금액으로 인정하는 것이 타당하다고 판단되나, 나머지 물품의 경우 Offer Sheet, Purchase Order, 계약서 등의 서류에 공제요소 금액이 기재되어 있지 않고 설치나 훈련(Training)등의 내용만 언급되어 있어 수입후 설치비용 등을 확인하기 어려우므로 동 물품과 관련하여 신고한 공제금액은 과세가격에서 제외되는 금액으로 인정하기는 어렵다고 판단된다(조심 2013관0271).

(3) 보세구역에서의 보수작업비용의 처리

보세창고 등에서 국내법규인 식품위생법 등의 규정에 의한 의무를 이행하기 위하여 한글표시 라벨 작업과 같은 보수작업에 소요된 내국물품의 비용과 인건비, 기타 부자재 비용 등은 구매자가 판매자에 대하여 또는 판매자를 위하여 당해 수입물품에 대하여 실제로 지급하였거나 지급하여야 할 가격도 아니며, 가산요소에도 해당하지 아니한다(평가분류 47221－102).

Ⅱ 수입항에 도착한 後의 운임 · 보험료 · 운송관련비용

제2호: 수입항에 도착한 후 해당 수입물품을 운송하는 데에 필요한 운임 · 보험료와 그 밖에 운송과 관련되는 비용

1. 의의 및 규정취지

수입항에 도착한 後 해당 수입물품을 운송하는 데에 필요한 운임 · 보험료와 그 밖에 운송과 관련되는 비용(적하비, 양하비 및 처리비용)은 실제지급가격에서 공제한다(법 제30조 제2항

제2호, 평가협정 예해 9.1).[410] 반면 제2항 「가산요소」에서 설명한 바와 같이 수입항까지의 운임, 보험료 등은 실제지급가격에 가산한다(법 제30조 제1항 제6호).

수입물품의 대가인 실제지급가격에서 공제하는 국내운송 관련 비용을 명백히 구분할 수 있는 경우에만 공제하고자 하는 취지는 허위의 비용을 신고함으로써 과세가격을 부당하게 감소시키는 행위를 방지하는데 있다.

[심판례] 수입물품의 대가인 실제 지급금액에서 공제하는 국내운송 관련 비용을 명백히 구분할 수 있는 경우에만 공제하고자 하는 취지는 허위의 비용을 신고함으로써 과세가격을 부당하게 감소시키는 행위를 방지하는데 있는 점, **운임증명서의 기재내용과 국내 운송회사가 실제로 지급받은 운임 등이 다르다면 실제 발생한 운임 등을 공제하는 것이 타당한 점**, 운임증명서 기재금액은 통상적인 국내운송 비용과 차이가 있어 청구법인으로서도 과다계상의 가능성을 인지할 수 있었을 것으로 보이는 점 등에 비추어 실제 발생한 국내운송 비용을 기초로 공제금액을 산정하여 관련 가산세를 가산하고 관세를 과세한 처분은 잘못이 없다(조심 2015관0142).

2. 공제되는 운임 · 보험료 · 운송관련비용

수입항 도착 後의 운임, 보험, 운송관련비용에는 ① 수입항에서의 하역 등에 관련된 비용(예: 선내 하역, 연안 하역, 그 밖의 이와 유사한 하역을 위한 비용),[411] ② 수입항 도착후 터미널이나 부두 사용료, ③ 수입항 도착 後에 이루어진 선박의 복구에 관련된 비용, ④ 수입항 도착 以後의 내륙운송비용, ⑤ 항해용선계약에 기초한 수입물품의 운송을 위한 선박의 왕복 공선 회조료, ⑥ 관세보험과 관련된 보험료, ⑦ 국내 운송과 관련된 보험료 등이 포함된다(일본 관세정률법 기본통달 4-8). 그리고 ⑨ 본선 하역 준비가 완료된 後의 체선료도 실제지급가격에서 공제되고, ⑩ 조출료의 경우, 선적항에서의 "조출료"를 공제받은 경우에는 이를 과세가격에 포함하지 아니하지만, 수입항에서의 "조출료"는 과세가격에서 공제하지 아니한다(관세평가 고시 제24조 제3항 참조). 수입 후 운송비용 등의 공제는 '실제비용'에 기초하여 이루어져야 한다(평가협정 예해 21.1 참조).

운임을 수입국 밖의 한 지점부터 수입국의 한 내륙지점까지 하나의 '일괄운임'으로 정한 경우에는 수입항까지의 운임과 그 以後의 운임을 명백히 구분(분할)하는 것이 필요하다.

410) **[평가협정 예해 9.1]** 평가협정 제1조에 대한 주해 (b)호는 수입 후의 운송비용에 대해 언급하고 있지만, 이 표현은 수입 후 발생하는 부담금 및 비용이라는 표현에 수입 후 발생하는 적하비, 양하비 및 처리비용을 포함하는 것과 관련되므로 주해의 전반적 취지에 부합한다. 수입 후 발생하는 보험료에도 동일한 근거가 적용된다.

411) 또한, 컨테이너 수송시 양륙항에서 외국무역선으로부터 컨테이너 야드까지의 컨테이너 이동에 관련된 비용인 Terminal Handling Charge는 수입항 도착 以後의 운송관련비용이므로 실제지급가격에서 공제된다.

수입지점 前後의 운송수단이 동일한 경우에는 운송요금을 '거리'를 기준으로 比例 배분하는 방법으로, 운송수단이 바뀌는 경우(선박 또는 항공기에서 차량으로)에는 거리요인 以外에도 관련 운송요금도 고려하여 구분하는 것이 적절할 것이다.[412)]

III 해당 수입물품에 부과된 관세 등의 세금과 그 밖의 공과금

제3호: 우리나라에서 해당 수입물품에 부과된 관세 등의 세금과 그 밖의 공과금

1. 의의 및 규정취지

우리나라에서 해당 수입물품에 부과된 관세・내국세・지방세 등 세금과 그 밖의 공과금도 실제지급가격에서 제외하는데,[413)] 이는 과세가격은 수입 後에 부가되는 가치를 포함할 수 없다는 원칙을 반영하고 있다. 세금을 수입자(구매자)가 부담하는 경우에는 세금이 실제지급가격에 포함되어 있지 아니하므로 특별한 문제가 발생하지 않는다. 그러나 판매자가 해당 수입물품을 통관하고 세금을 부담하는 경우에는 본호의 우리나라에서 부과된 세금으로 취급되어 공제된다. '공과금'에는 국내에서 부과되는 벌과금, 수수료, 사용료, 과징금 등이 모두 포함된다.

2. 세금 등과 실제지급가격의 區分 여부와 공제

실제로 지급하였거나 지급하여야 할 가격이 수입국의 관세 및 제세에 대한 금액을 포함하고 있으나 이러한 사항이 송장에 구분되어 표기되어 있지 않고 이러한 사항에 대하여 수입자가 달리 공제를 요청하지 않은 경우라도, 수입국의 '관세' 및 제세는 그 본질상 실제로 지급하였거나 지급하여야 할 가격에서 구분할 수 있기 때문에 과세가격의 일부를 구성하지 않는다(평가협정 권고의견 3.1).

[예시] 수입물품의 송품장가격은 구매자 甲이 판매자의 대리인인 수입자 乙에게 지급한 총액(구매자의 공장도가격 20만달러)으로 해당 송품장가격에 포함되어 있는 관세 및 수입항 도착 후의 운송비용금액 등은 명백하게 구분되어 있지 않지만, 해당 수입물품에 부과되는 수입국에서의

412) Saul L. Sherman & Hinrich Glashoff, 앞의 책, 261쪽.

413) [미국예규] 공제되는 관세 등은 실제 부담한 관세 등 금액이다. 관세에는 반덤핑관세, 상계관세 등도 포함된다. 그러나 수출자가 수출국에서 부과받는 소비세 등은 여기서의 세금에 해당하지 아니한다. 반면, 수출지 국가에서 납부된 세금이 수입자에게 환급되는 경우, 이러한 세금들은 실제지급가격에 포함되지 않는다(548128).

관세는 해당물품의 관세율에 기초하여 그 금액을 명백하게 구분할 수가 있다. 예를 들어 해당 수입물품의 관세율이 25%라면 구입가격 20만달러를 (1+0.25)로 나눈 후의 16만달러가 수입물품의 과세가격이 된다(일본예규).

Ⅳ 연불이자

제4호: 연불조건(延拂條件)의 수입인 경우에는 해당 수입물품에 대한 연불이자

1. 의의, 규정취지, 성격

(1) 의의 및 규정취지

연불조건의 수입인 경우에는 해당 수입물품에 대한 연불이자(지급연기로 인한 이자비용; interest charges for deferred payments)는 실제지급가격에 포함되어 있을 경우 이를 공제한다. '연불이자'란 수출판매에서 구매자가 판매자에 대하여 물품대금의 지급을 연장하는 것과 관련하여 구매자가 판매자에게 지급하는 이자를 말한다.[414] 예를 들어 수입물품대금의 결제는 물품의 선적일의 다음 날로부터 기산하여 5개월 후에 지급하기로 약정한 경우, 수입물품대금의 결제는 물품의 국내 도착일로부터 120~200일 후에 T/T송금방식으로 지급하기로 하는 경우, 수입물품을 공장인도조건으로 구매하면서 대금지급조건은 송장발급일로부터 75일 이내(D/A)로 약정한 경우 등이 여기에 해당한다.[415] 앞에서 설명한 바와 같이 연불이자는 수입물품에 대한 대가가 아니라 금융서비스에 대한 대가이므로 실제지급가격에서 제외하는 것이다.

그러나 다음 [예시]의 경우는 연불이자에 해당하지 아니하므로 해당 이자비용은 실제지급가격에서 공제할 수 없다.

[예시] ① 구매자 甲은 판매자 乙로부터 신용장베이스로 농산물을 구매하기로 하였다. 수입물품이 도착하여 송품장이 송부되었으나, 송품장가격(FOB 100,000달러)에는 판매자가 해당 수입물품을 농산물생산자 丙으로부터 구입한 날로부터 이것을 판매자가 구매자에게 선적한 날까지의 기간의 해당 구입대금에 관한 이자가 포함되어 있다. 이 경우, 이자비용은 판매자의 이익을 위한 것이고, 또한 '연불이자'에 해당하지 아니한다. ② 구매자 甲은 판매자 乙로부터

414) 즉 '연불이자'란 수입물품에 대한 거래가 연불조건부 거래, 즉 수입거래에서 구매자가 판매자로부터 해당 수입물품 또는 그 선적서류를 수령한 후에 물품대금을 지급하는 조건이 첨부되어 있는 거래인 경우의 이자를 말한다.

415) Shippers' Usance이자도 연불이자에 해당한다.

물품대금의 일부를 선지급하는 조건으로 냉동수산물을 수입하였다. 판매자 乙은 공급자 丙으로부터 같은 결제조건(일부 선불조건)으로 해당물품을 구입하고 있다. 구매자 甲은 선지급금 외에 판매자 乙이 공급자 丙에게 선지급한 날부터 구매자에게서 선지급금을 수령하기까지의 기간에 대한 이자를 판매자에게 지급한다. 이 경우도 이자비용은 연불이자에 해당하지 아니한다(일본예규).

(2) 성격

연불조건부 판매는 물품의 판매거래와 신용공여에 따른 금융거래가 혼합된 거래인데, 연불이자는 수입물품의 대가가 아니라 신용공여(금융서비스 제공)에 대한 대가로서 실제지급가격을 구성하지 않기 때문에 실제지급가격에서 공제하는 것이다. 예를 들어 2020. 7. 1. 국내 甲사는 미국 乙사로부터 건설기계를 60만불에 구매하면서 판매시에 10만불을 지급하고 나머지 50만불은 매년 6. 30.과 12. 31.에 10만불씩 5회에 걸쳐 지급하기로 한 경우, 甲사가 乙사에게 매년 6. 30.과 12. 31.에 지급하는 10만불에는 기계의 공정가치회수분과 신용공여에 대한 이자가 포함되어 있는 것이다.[416)]

2. 연불이자 공제요건

연불이자는 다음의 각 요건을 모두 갖춘 경우에 한하여 실제지급가격에서 공제할 수 있다(영 제20조의2 제3항, 평가협정 결정 3.1). 이러한 요건은 누가 금융을 제공했는지 여부(수출자 또는 은행이 제공했는지 여부)와 상관없이 필요하다.

[평가협정 결정 3.1] 수입물품과 관련된 수입거래가 연불조건부 거래(해당 수입물품 또는 그 선적서류의 수령 후에 대금을 지급하는 조건이 부여된 거래)인 경우에 연불이자를 알 수 있고 실제지급가격과 구분할 수 있으며 이에 관한 서면계약이 있는 경우에는 연불이자는 실제지급가격에 포함하지 않는다.

(1) 연불이자가 수입물품의 대가로 실제로 지급하였거나 지급하여야 할 금액과 구분될 것

예를 들어 송품장가격이 FOB 100,000달러, 이자 2,000달러(연 6%, 4개월), 합계 102,000달러로 기재되어 있는 경우는 실제지급가격과 연불이자가 구분되는 경우에 해당한다. 그러나 송품장가격을 단순히 FOB 100,000달러로 기재되어 있고 다른 증빙서류가

416) 즉, 기계구매시의 정상적인 판매가격에 추가로 금융비용을 포함시켜 판매하는 것이다. 미래현금유출액의 현재가치를 건설기계의 취득원가로 계상하고 미래에 지급할 채무의 명목가액과의 차액을 현재가치할인차금으로 계산하여 상환기간에 걸쳐 유효이자율법을 적용하여 이자비용으로 인식한다.

없는 경우는 양자를 구분할 수 없는 경우에 해당할 것이다.

(2) 금융계약이 서면으로 체결되었을 것

서면약정의 존재 여부는 수입자가 제출한 다양한 서류를 전체적으로 고려하여 판단해야 한다(미국예규 546399).

(3) 해당 물품이 수입신고된 가격으로 판매되고, 그 이자율은 금융이 제공된 국가에서 당시 금융거래에 통용되는 수준의 이자율을 초과하지 않을 것

[심판례] ① 구매계약서에 명시적으로 규정되어 있고 **신용장 및 Invoice 등에 원유대금 및 연불이자가 명확히 구분되어 있으며** 국내 우량은행들이 국제금융시장에서 조달하는 금리수준보다 낮은 Libor+0.25%의 금리 등을 감안하면 연불이자의 요건에 해당하므로 경정처분한 것은 부적법하다(국심 2003관0089). ② 연 10%의 연불이자는 관세법 시행령 제20조 제7항 제3호에서 규정하고 있는 "그 당시 그러한 거래에서 통용되는 이자율"의 수준이라고 보아야 하며, 동 금리가 수출자가 수출물품의 가격을 왜곡하기 위하여 인위적으로 높게 책정한 것이라는 반증 또한 없으므로 순수히 청구법인이 **수출자인 A로부터 금융을 이용하는데 따른 대가**로서 관세법 제20조 제7항에서 규정하고 있는 연불이자의 요건에 부합되고 있는 것으로 판단된다(국심 2003관0188). ③ 쟁점비용의 산정방식을 보면, 수출자가 판매하는 모델별 전세계 평균 판매가격에 수출자가 전세계로 판매하는 차량의 선적시점부터 지급시점까지의 평균기간 40일을 일률적으로 적용하고, 여기에 기본이자율(8%) 및 청구법인이 수입하는 차량의 모델별 선적수량을 곱하여 계산되며, 가중평균자본비용에 의한 방식으로 산정된 기본이자율 8%는 자기자본비용 6.86%, 은행차입비용 0.56%, 연기금비용 0.54%로 구성되어 있는데, **동 이자율은 수출국의 금융기관에서 요구하는 이자율** 6.5%(Libor 4.7%+spread 1.8%, **법인세 40% 차감후** 3.9%)**를 훨씬 초과하는데다가 수입물품대금의 지급 순연에 대한 순수한 금융이자가 아닌 수출자가 투자자들에게 지급하여야 하는 투자수익까지 포함된 금액으로 확인되므로** 수입물품의 과세가격에서 제외되는 연불이자의 개념에 해당하지 않는 것으로 보이므로 쟁점비용을 과세가격에서 제외하여 달라는 청구법인의 주장은 이유 없다고 판단된다(조심 2008관0094).

 공제요소 금액의 명백한 구분(區分)과 입증책임

공제요소금액을 "명백히 구분할 수 있을 때"란 당사자간의 계약서나 송품장에 공제요소금액이 구분되어 있는 경우에 한정하는 것이 아니라, (계약서나 송품장에서는 공제요소금액이 구분되어 있지 않더라도) 계약금액에 대한 견적서의 상세내역 및 계산자료, BOM(Bill of material), 제3자의 청구서, 운임명세서, 운임표, 운송거리에 관한 증빙자료 등 기타 객관적이고 합리적인 자료에 의해 구분할 수 있는 경우도 포함된다(조심 2013관0271 참조). 예를 들어 全 운송구간에

대한 운임이 객관적으로 설정된다면 운송은 특정거리에 따라 분할할 수 있으며, 이에 따라 적절한 부분이 구분될 수 있을 것이다. 또한, 수입 後 기계의 설치비용이나 설치 後 테스트 비용이나 교육비 등은 송품장, 계약서 등에서 기계장비 값과 설치비(또는 설치 후 테스트 비용), 교육비가 명백하게 구분되어 있는 경우에는 동 금액은 실제지급가격에서 공제된다(평일 47221-517).[417)]

공제요소에 관한 입증책임은 '수입자'(구매자)에게 있다고 할 것이므로, 수입자가 실제지급가격에서 공제요소금액을 명백히 구분할 수 있음을 입증하지 못하면 공제는 허용되지 않는다.[418)]

[판례] 관세법 제30조 제2항 제1호에서 수입 후 설치비용 및 훈련비용(기술지원비용) 등을 과세가격에서 공제하는 입법취지는 물품의 적정한 통관 및 국내산업의 보호·육성을 목적으로 하는 관세법의 취지에 비추어 국내에서 이루어지는 설치활동 등에까지 관세를 부과하지 않겠다는 것이고, 나아가 물품 총 금액에서 '명백히 구분할 수 있는 조건'하에서만 수입 후 설치비용 등을 공제하고자 하는 취지는 수입관세를 신고함에 있어, 수출자와 수입자 사이에 내부적으로 약정한 진정한 설치비용이 아닌 허위의 설치비용을 신고함으로써 과세가격을 감소시키는 등으로 가격분리를 하여 관세를 포탈하는 행위를 미연에 방지하고자 함에 있다. 위와 같은 입법취지에 비추어 보면, 관세법 제30조 제2항 단서의 **'명백히 구분할 수 있을 때'에 해당하는지는 계약단계에서 관련서류에 의하여 수입 후 설치비용 등의 금액이 구체적으로 확정되어 있는지 여부에 따라 형식적으로 판단할 것이 아니라, 비록 계약서에 그 구체적인 금액이 분리·확정되어 있지 않는 경우라 할지라도, 거래 품목의 객관적 성격(단순히 이전만 필요한 물품인지, 추가적으로 설치 및 훈련에 상당한 비용이 소요되는 물품인지)에 따른 수입 후 설치비용 등의 발생가능성, 계약서 등에 수입 후 설치비용 등이 포함된다고 명시하였는지 여부 및 대략적인 상한선의 설정 여부, 수입신고 단계에서 수출업자로부터 교부받은 송품장의 기재 내용 및 송품장에 기재된 수입 후 설치비용이 통상적인 유사 거래에 비추어 합리적인 범위 내에 있는지 여부, 수입 후 설치과정에서 발생된 실제 설치비용 등을 종합적으로 고려하여 거래의 실질에 따라 판단하여야 한다고 봄이 상당하다**(즉, 수입 후 설치비용이 송품장에만 기재되어 있는 경우라 할지라도 그 송품장에 기재된 수입 후 설치비용이 거래의 실질에 부합한다고 볼 수 있다면, 이를 공제금액으로 인정하여야 함이 상당하고, 반대로 설령 계약서 등의 계약단계의 서류에 수입 후 설치비용이 구체적으로 분리 기재되어 있다고 할지라도 그 비용이 통상적인 유사거래에서

417) **[관세청예규]** 판매자의 감독관의 파견비용이 당해 물품의 수입 後에 수입자가 조립, 설치, 시운전, 성능 시험을 수행함에 있어 그 지도를 위하여 파견되는 비용이라면 수입 후 설치·기술지원비용 등으로서 실제지급가격에서 공제된다(관세평가과-287).

418) **[예시]** 구매자가 운송회사에 지급한 '운임'에는 수입항에서의 양륙비용 등이 포함되어 있다. 이 경우 양륙비용을 명확히 구분할 수 있다면 그 비용을 수입항까지의 운임에서 공제할 수 있지만, 명확히 구분할 수 없는 경우라면 해당운임 전체를 실제지급가격에 가산한다(일본예규).

수입 후 설치비용에 비하여 지나치게 과다하여 거래의 실질에 반하는 경우에는 이를 공제금액으로 인정할 수 없을 것이다. 따라서, 이 사건에서 중국 B사로부터 수입된 물품에 대하여는 원고가 수입 후 설치비용 등으로 공제신고한 금액 중 실제 그 수입 후 설치비용으로 확인된 금액인 288,120달러가, C사로부터 수입한 물품에 대해서는 원고가 수입 후 설치비용 등으로 공제신고한 금액인 618,000유로가 구매자가 실제로 지급하였거나 지급하여야 할 가격 중 수입 후 설치비용 등으로 명백히 구분된다고 볼 수 있으므로, 이를 관세법 제30조 제2항 단서의 과세가격에서 공제되는 금액에 해당한다고 봄이 상당하다. 위와 같은 **대규모의 기계설비의 공급계약에 있어서는 계약단계에서 수입시까지 상당한 제작기간이 소요되므로 계약단계에서 대략적인 총 물품 금액은 확정할 수 있으나, 구체적인 설치비용은 예상하기 어렵다고 할 것이고, 특히 수입 후 실제 지출되는 설치비용은 유동적이라고 할 것인바,** 계약단계에서 설치비용이 구체적으로 확정되기를 기대하는 것은 어렵다. 따라서 수입단계에서 교부받은 송품장에만 수입 후 설치비용이 구분 기재되어 있는 경우, 그 금액이 실제 설치비용의 범위 내라면 송품장의 금액을 공제금액으로 인정하여 주는 것이 조세법이 천명하고 있는 실질과세의 원칙에 부합하는 것으로 보인다. 반대로 실제 설치비용이 송품장 기재 금액보다 더 적은 것이 밝혀졌다면, 실제 설치비용을 공제금액으로 인정할 필요가 있다(부산지판 2014구합20886; **사례연습 42**).

[심판례] 쟁점물품 국내운송업체의 확인서만으로는 쟁점물품의 수입항 도착후 실제 국내운임을 알 수 없고, 쟁점물품 국내운송업체의 운송계약서 또는 운송의뢰서, 운임명세서 또는 운임송품장, 세금계산서 등의 객관적인 입증자료가 있어야 쟁점물품의 과세가격에서 공제되는 국내운임 등을 정확하게 확인할 수 있는 것이므로, 처분청의 이 사건 쟁점물품에 대한 경정청구 거부처분은 잘못이 없다고 판단된다(조심 2013관0050).

제3절

거래가격에 대한 합리적 의심과 거래가격 불인정

법 제30조(과세가격 결정의 원칙) ④ 세관장은 납세의무자가 제1항에 따른 거래가격으로 가격신고를 한 경우 해당 신고가격이 동종·동질물품 또는 유사물품의 거래가격과 현저한 차이가 있는 등 이를 과세가격으로 인정하기 곤란한 경우로서 대통령령으로 정하는 경우에는 대통령령으로 정하는 바에 따라 납세의무자에게 신고가격이 사실과 같음을 증명할 수 있는 자료를 제출할 것을 요구할 수 있다.

⑤ 세관장은 납세의무자가 다음 각 호의 어느 하나에 해당하면 제1항과 제2항에 규정된 방법으로 과세가격을 결정하지 아니하고 제31조부터 제35조까지에 규정된 방법으로 과세가격을 결정한다. 이 경우 세관장은 빠른 시일 내에 과세가격 결정을 하기 위하여 납세의무자와 정보교환 등 적절한 협조가 이루어지도록 노력하여야 하고, 신고가격을 과세가격으로 인정하기 곤란한 사유와 과세가격 결정 내용을 해당 납세의무자에게 통보하여야 한다.

1. 제4항에 따라 요구받은 자료를 제출하지 아니한 경우
2. 제4항의 요구에 따라 제출한 자료가 일반적으로 인정된 회계원칙에 부합하지 아니하게 작성된 경우
3. 그 밖에 대통령령으로 정하는 사유에 해당하여 신고가격을 과세가격으로 인정하기 곤란한 경우

Ⅰ 거래가격에 대한 합리적 의심과 자료제출 요구

1. 거래가격의 진실성이나 정확성에 대한 의심할 만한 이유

세관장은 납세의무자가 거래가격으로 가격신고를 한 경우 해당 신고가격이 동종·동질물품 또는 유사물품의 거래가격과 현저한 차이가 있는 등 아래와 같이 과세가격으로 인정하기 곤란한 경우(신고 내용이나 서류들의 진실성이나 정확성을 의심할만한 이유가 있는 경우)에는

납세의무자에게 신고가격이 사실과 같음을 증명할 수 있는 자료를 제출할 것을 요구할 수 있다(법 제30조 제4항, 영 제24조 제1항, 평가협정 결정 6.1).

> **[평가협정 결정 6.1]** 가격신고서가 제출된 以後 관세당국이 본 신고를 뒷받침하기 위하여 제출된 내용이나 서류들의 진실성이나 정확성을 의심할만한 이유가 있는 경우, 관세당국은 신고가격이 법 제30조 제1항 각호(평가협정 제8조)에 따라 조정된 수입물품에 대하여 실제로 지급하였거나 지급할 총금액임을 의미하는 서류 또는 기타 증빙자료를 포함한 추가적인 설명을 수입자에게 요청할 수 있다. 추가적인 정보를 받은 후, 또는 응답이 없는 경우, 관세당국이 여전히 신고가격의 진실성 또는 정확성에 대하여 합리적 의심(reasonable doubts)이 있는 경우에는 (평가협정 제11조의 규정을 유념하면서) 수입물품의 과세가격은 평가협정 제1조에 따라 결정될 수 없다고 간주할 수 있다. 최종적인 판단을 하기 前에, 수입자의 요청이 있을 경우 관세당국은 제출된 문서 또는 서류의 정확성 또는 진실성을 의심하는 근거를 해당 수입자에게 서면으로 통지해야 하고 수입자에게 응답할 수 있는 상당한 기회를 제공해야 한다. 최종적인 결정이 이루어질 때, 관세당국은 서면으로 결정 또는 해당 근거를 수입자에게 통보해야 한다.

유의해야 할 점은 아래 (1) 내지 (6)의 사유가 있다고 하여 세관장은 곧바로 거래가격을 부인할 수 있는 것은 아니고, 이는 납세의무자에게 자료제출을 요청할 수 있는 요인이 된다는 것이다.[419] 왜냐하면 수입물품에 대한 과세가격 결정의 원칙은 거래가격이기 때문에 평가대상물품의 가격이 동종·동질물품의 일반적인 시장가격보다 낮다는 단순한 사실만으로는 거래가격 적용을 배제하는 이유가 되지 못하고(평가협정 권고의견 21), 또한 평가대상물품의 가격이 판매자의 제조원가 以下이고 판매자에게 이윤을 돌려주지 못한다는 사실만으로 거래가격을 부인할 충분한 근거는 되지 못하기 때문이다. 다만 제출된 진술, 문서 또는 신고의 진실성 또는 정확성에 관하여 이를 확인할 세관의 권리가 제한되지 아니한다(평가협정 사례연구 12.1).[420]

419) 동종동질 또는 유사물품의 거래가격에 현저히 미달하는지 여부는 피고(세관장)가 관세법 제30조 제4항에 따른 자료제출요구를 할 수 있는 요건일 뿐이다(서울고판 2017누65991).

420) 수출자A가 원활한 현금 흐름을 위해 제조원가보다 30% 낮은 가격에 재고품목들을 판매해야 하는 상황인데, 수출자A는 마케팅 기회 때문에 수입자B에게 제조원가보다 40% 낮은 가격에 판매하는데 동의한 경우가 여기에 해당한다.

검토방법

(1) 해당 수입물품이 동종·동질물품 또는 유사물품의 가격 또는 국제거래시세나 관세청장이 지정하는 자가 조사한 수입물품의 산지 조사가격(한국농수산식품유통공사 등이 조사한 가격)과 현저한 차이가 있는 경우 → (2) 세관장은 납세의무자에게 증명자료 제출 요청 → (3) 제출한 자료가 현저한 가격 차이에 대한 증명으로 충분한지, 제출한 자료의 신빙성 여부(자료의 위조나 변조, 사후에 소급하여 작성된 자료, 자료 간 내용의 불일치, 자료 내용의 흠결이나 기재사항 누락, 관련된 형사판결의 유죄판결 등), 자료의 내용 자체가 상거래관행에 부합하는지 여부를 검토하여 거래가격 불인정 여부를 결정한다.

(1) 납세의무자가 신고한 가격이 동종·동질물품 또는 유사물품의 가격과 현저한 차이가 있는 경우(영 제24조 제1항 제1호)

여기서 '유사물품의 가격'이라 함은 과세관청이 유사물품에 관한 관세범칙 사건의 조사나 사후 세액심사 등을 통하여 인정한 가격뿐만 아니라 수입신고인이 유사물품의 가격으로 신고한 것으로서 과세관청이 수리한 가격 등을 포함하는 거래사례에서의 가격을 의미한다(대판 2005두17188). '신고가격과 현저한 차이가 있는 경우'라 함은 당해 물품의 특성, 생산지역, 생산량 및 생산단가, 유통과정, 통상적인 거래시세 및 당해 물품의 가격형성 요소 등을 종합적으로 고려하여 그 가격 차이가 일반적인 상거래에 있어서 사회통념상 용인될 수 없는 정도에 이르는 경우를 말하고(부산고판 2005누5178), 또한 '유사물품의 거래가격'은 유사물품 중 가장 낮은 가격이 아니라 유사물품 전체의 거래가격을 의미하는 것으로 보아야 한다(서울고판 2015누71787).

제2방법 및 제3방법 적용시 고려되는 거래단계, 거래수량 등에 따른 차이 조정이 본호의 "납세의무자가 신고한 가격이 동종·동질물품 또는 유사물품의 가격과 현저한 차이가 있는 경우"까지 적용되는 것은 아니다(국심 2007관0075).

[판례] ① [신고가격 불인정] 원고는 콩나물콩(백태)은 톤당 303달러, 팥은 톤당 미화 240달러, 녹두는 톤당 미화 284달러로 신고하였는데, 이는 N공사에서 조사한 중국 산지가격에 비하여 콩나물콩은 50%에서 55%, 팥은 16%, 녹두는 12%에서 16%에 불과하고, 이 사건 물품의 입항일을 전후하여 수입신고가 수리된 H협회, N공사, O식품 신고가격의 13~32%에 불과하다. 그런데, 이 사건 물품은 N공사(농수산물유통공사) 등 국영무역의 구매규격을 충족하거나 이에 근접한 품질을 가지고 있으므로, **이 사건 물품에 대한 신고가격은 동종·동질물품 또는 유사물품의 거래가격과 현저한 차이가 있다고 봄이 상당하다. 또한, 원고가 제출한 농산품수거과표(수출**

상이 농민에게 발행한 세금계산서)의 발행연도가 원고가 주장하는 연도와 일치하지 않는 점, 이 사건 물품에 관하여 중국해관에 제출된 출구화물보관단(일종의 수출신고서)에 기재된 단가가 중국해관 전산망에 등록된 단가와 서로 다르고, 그 중 중국해관 전산망에 등록된 농산물의 단가는 원고의 수입신고가격과 달리 중국 산지가격이나 N공사 등의 수입가격과 큰 차이가 없는 점, 원고가 제출한 국내판매자료만으로는 그것이 이 사건 물품에 관한 것인지 확인할 수 없을 뿐만 아니라 위 판매가격에 의하면 원고가 신고한 가격으로 수입을 하였다고 하더라도 손실이 발생할 가능성이 있다고 보이는 점 등에 비추어 보면, **원고가 제출한 계약서 등 자료에 대한 사실관계를 정확하게 확인할 수 없는 등 이 사건 물품에 대한 신고가격의 정확성이나 진실성을 의심할 만한 합리적인 사유가 있다**고 할 것이다(서울고판 2014누5998, 대판 2015두2758).

② [신고가격 인정] 주식회사 Y농산은 2014. 4.경부터 2015. 9.경까지 사이에 위 G식품으로부터 생강을 톤당 450~700달러에 수입한 것으로 신고하였는데, **피고 인천세관장은 별지6 목록 기재와 같이 위 물품 중 일부에 대한 신고가격을 과세가격으로 하여 수입신고를 수리한 사실,** 피고 인천세관장은 2017. 10. 19.경 별지6 목록의 '갑7-16'란 기재 **주식회사 Y농산의 신고가격을 유사물품의 거래가격으로 보아 당초 원고의 신고가격을 과세가격으로 인정**하여 별지3 목록 제1항 기재 처분을 취소한 사실을 인정할 수 있는바, 앞서 본 위 대법원 2005두17188 판결 법리에 의하면, **별지3 목록 제1항 기재 수입물품의 신고가격(677달러/톤)은 과세관청이 수리한 가격으로서 원고가 신고한 다른 물품의 신고가격을 과세가격으로 인정할 수 있는지를 판단하기 위한 거래사례로서의 가격이 된다**고 할 것이다. 앞서 든 증거에 변론 전체의 취지를 종합하면, 별지3 목록 제1항 기재 처분의 대상 물품은 2015. 7. 30. 입항된 사실을 인정할 수 있는데, 신고가격으로 과세가격을 결정할 수 없는 경우에 과세가격의 기초가 되는 동종·동질물품이나 유사물품은 해당 물품의 생산국에서 생산된 것으로서 물품의 선적일(선적국, 운송수단이 동일한 경우에는 입항일로 대체 가능) 전후 30일(총 60일) 내에 선적된 것임을 그 요건으로 하고 있는 점 등에 비추어(관세법 제32조 제1항, 제31조 제1항 제1호, 농림축산물에 관한 '수입물품 과세가격 결정에 대한 고시' 제23조), 위 2015. 7. 30. 전후 30일 이내에 중국에서 선박으로 입항한 물품의 신고가격을 과세가격으로 인정할 수 있는지를 판단함에 있어서 위 별지3 목록 제1항 기재 물품의 신고 가격은 유력한 판단자료가 된다. 그런데 앞서 든 증거에 변론 전체의 취지를 종합하면, 별지1 목록 제6항 기재 처분의 대상물품의 입항일은 위 2015. 7. 30.로부터 30일 이내인 2015. 7. 14.인 사실, 별지1 목록 제5항 기재 처분의 대상물품의 입항일은 위 2015. 7. 14.로부터 30일 이내인 2015. 6. 20.인 사실, 별지1 목록 제4항 기재 처분의 대상물품의 입항일은 위 2015. 6. 20.로부터 30일 이내인 2015. 6. 9.인 사실, 별지1 목록 제3항 기재 처분의 대상물품의 입항일은 위 2015. 6. 9.로부터 30일 이내인 2015. 5. 26.인 사실, 위 각 물품은 모두 대강으로서 중국에서 선적되었고, 운송수단도 모두 선박인 사실을 인정할 수 있다. 따라서 위 별지1 목록 제6항 기재 처분의 대상물품의 신고가격을 과세가격으로 인정할 수 있는지 여부 및 유사물품 등에 의한 과세가격 산정 방법을 판단하기 위해서는 별지7 목록 기재 물품 외에도 별지3 목록 제1항 기재 물품의 신고가격까지 모두 고려하여야 할 것이고, 그 결과는 순차적으로 별지1

목록 제3 내지 5항 기재 각 처분의 대상물품의 과세가격의 산정에 영향을 미칠 수 있다고 할 것이다. **그럼에도 이를 고려하지 않고 별지7 표에 기재된 유사물품만을 비교대상으로 삼아 과세가격을 결정하고 산정한 별지1 목록 제3 내지 6 기재 각 처분은 위법하므로 취소되어야 한다**(서울고판 2018누44915, 대판 2018두63655). ③ [신고가격 불인정] **"유사물품의 거래가격과 현저한 차이가 있는 경우"에서의 유사물품의 거래가격은 유사물품 중 가장 낮은 가격이 아니라 유사물품 전체의 거래가격을 의미하는 것**으로 보아야 하고, 다만 그러한 최저가격은 관세법 제30조 제5항에 의하여 수입신고가격이 부인된 후 제3방법에 따라 유사물품의 거래가격을 기초로 한 과세가격을 결정할 때 적용하는 것이 타당하다. 원고들의 이 사건 수출자에 대한 대금지급 경위, 원고들의 상호 교차 대금 결제 경위(원고들의 선급금 지급경위 및 저가매수 경위가 명확하지 않으며, 원고들이 주장하는 이 사건 각 생강의 수입대금 지급내역 또한 그 지급주체, 지급일, 지급금액이 실제 수입한 생강과 일치하지 않는다는 점)[421]에다가 **원고들의 수입신고가격은 해당 기간의 비교물품의 수입신고가격보다 최저 12.8%, 최고 22.5% 낮고, 최저가격과 비교하여 적게는 40달러, 많게는 73달러 저렴한 점[422] 등에 비추어 유사물품의 거래가격과 현저한 차이가 있다고 봄이 상당하다.** 또한 원고들의 신고가격은 유사물품의 거래가격과 현저한 차이가 있고, **원고들의 선급금 지급경위 및 저가매수 경위가 명확하지 않으며, 원고들이 주장하는 이 사건 생강의 수입대금 지급내역 또는 그 지급주체, 지급일, 지급액이 실제 수입한 생강과 일치하지 않고,** 판매계약서, 송장, 중국 해관출구화물보관단(수출면장에 해당) 등의 기재만으로는 이 사건 각 생강의 신고가격이 거래가격과 일치한다는 점을 입증하기에 부족하므로, 이 사건 각 생강에 대한 신고가격의 정확성이나 진실성을 의심할 만한 합리적인 사유가 있다고 할 것이다(서울고판 2015누71787, 대판 2016두65732; 같은취지 서울고판 2015누70616, 대판 2017두30443; **사례연습 45**). ④ [신고가격 불인정] 원고가 수입신고한 가격은 건표고버섯의 경우 톤당 4,300달러, 건청경채의 경우 톤당 1,500달러로서 **동종업체의 유사물품 수입신고가격인 톤당 5,100달러 내지 6,200달러(건표고버섯), 또는 톤당 2,100달러 내지 2,250달러(건청경채)와 비교하여, 건표고버섯의 경우에는 톤당 800달러 내지 19,000달러의 차이가 나고 건청경채의 경우에는 톤당 600달러 내지 750달러의 차이**가 나는데, 이는 그 가액 자체로 상당한 차이일 보일 뿐만 아니라 **위 물품들의 용도가 다른 수입업체와 마찬가지로 라면스프제조용이고 납품단가 또한 별다른 차이가 없는 점이나 그 생산지가 대부분 일치하는 점, 그와 같은 신고가격이, 다른 업체와는 달리 약 2년 8개월 동안 아무런 변동이 없는 것은 사회통념상 납득하기 어려운 점** 등을 감안하면, 원고의 수입신고가격과 유사물품의 거래가격 사이에 현저한 차이가 있는 경우에 해당한다 할 것이다. 한편, 원고가 위 건표고버섯 및 건청경채에 관하여 **장기공급계약을 체결하였고, 위 물품들에 대하여 중국에서 제대로 된 선별작업을 하지 않은 관계로 위 물품들을 저렴한 가격으로 수입한 것이므로 원고 신고의 수입가격은 원고가 실제로 구매한 가격이라는 원고의 주장**에 관하여 보건대, 이에 부합하는 증언과 증거를 종합하여 인정되는 다음과 같은 사정, 즉 **원고가 제출한 가격신고서상 수입관련 계약의 내용을 장기공급계약을 나타내는 문구가 없으며, 오히려 송품장에 기재된 계약서 번호는 수입신고건별로**

계약번호가 다른 점, 원고가 제출한 장기공급계약서는 피고의 심사가 개시된 후에 소급하여 작성되어 제출된 점, 위 물품들은 중국 현지에서 특정된 크기로 절단되어 제품포장되어 구체적인 납품규격호수가 기재되어 있고, 제조(포장)회사란에 원고의 중국 현지 투자기업인 S식품 유한공사의 명의가 표시되어 있으며, 위 물품들을 S식품유한공사와 지리적으로 가까운 상해항을 통하여 수입한 점 등으로 보아 **S식품유한공사가 위 물품들의 선별이나 포장 등 수입행위에 관여한 것으로 보이는 점,** S식품유한공사의 공장에는 3대의 자동선별기계가 있고, 중국 내의 선별가공비는 인건비 등과 관련하여 국내업체의 선별가공비보다 훨씬 저렴할 것으로 보이는 점, 같은 목적으로 건표고버섯이나 건청경채를 수입하는 동종업체들도 위 물품들을 수입한 후 납품할 제품의 기준을 맞추기 위하여 국내에서 별도의 선별작업을 거치고 있으므로, **원고가 국내에서 행하는 선별작업도 이러한 목적으로 행하여지는 것이라고 보이는 점, 원고는 수입한 일부 물품들에 대하여는 수입 후에 별도의 선별작업을 거치지 아니한 채 그대로 납품한 사실이 있으므로 중국에서 선별작업을 거치지 아니하였다고 단정할 수 없는 점,** 원고는 피고로부터 심사결과를 통보받은 직후부터는 수입신고가격을 건표고버섯의 경우 톤당 5,350달러 내지 5,700달러로, 건청경채의 경우 톤당 1,880달러 내지 2,050달러로 각 신고하여 오고 있는 점 등에 비추어 믿을 수 없고, 갑제8호증, 갑제9호증의 각 기재만으로는 이를 인정하기 부족하고, 달리 이를 인정할 증거가 없다(부산고판 2005누5178). ⑤ [신고가격 인정] 아래와 같은 사정들을 종합하면, **피고가 이 사건 물품의 입항일을 기준으로 하여 전후 30일에 수입된 물품 중 품목이 냉동다진마늘인 물품의 거래가격 일체를 가중평균하여 '유사물품의 거래가격'을 산정한 것은 이 사건 수입신고가격과 유사물품의 거래가격 사이에 현저한 차이가 있는지 여부를 판단하기에 적합한 기준이라고 할 수 없을 뿐 아니라,** 세관장의 자료제출 요구에도 불구하고 원고가 수입신고가격이 사실과 같음을 증명할 수 있는 근거자료를 제출하지 아니한 경우이거나, 원고가 제출한 근거자료가 회계원칙에 부합되지 아니하게 작성된 경우 또는 수입물품의 거래관계를 구체적으로 나타내지 못하거나 제출한 자료에 대한 사실관계를 확인할 수 없는 등 신고가격의 정확성이나 진실성을 의심할 만한 합리적인 사유가 있어 수입신고가격을 과세가격으로 인정하기 곤란한 경우에 해당한다고 보기 부족하고, 달리 그러한 사정을 인정할 만한 자료가 없으므로, 피고가 이 사건 수입신고가격을 부인한 것은 부적법하다고 할 것이다. ㉠ **이 사건 물품은 중국 산동성에서 생산된 냉동다진마늘인데,** 일반적으로 이 사건 물품과 같은 농산물은 산지, 작황, 수확시기, 보관(저장) 상태 및 방법, 가공 당시의 상황 등에 따라 제품 특성에 상당한 편차가 있고, 그 거래가격도 구매 시기나 규모, 품질, 계속적 거래관계 여부, 계약당사자의 교섭력 등에 따라 다양하게 형성될 수 있다. **더구나 이 사건 물품의 경우 원재료인 마늘이 다져져서 냉동된 것으로서 그 원재료인 마늘의 품종 · 크기 · 수확시점 · 품질 및 보관(저장) 상태는 물론 냉동 상태로 인하여 보존기간이 장기화될 수 있다는 점에서 다짐 가공시점 · 냉동시점 등의 변수에 따라서도 거래가격이 크게 달라질 수 있다고 할 것이므로, 이러한 원재료 상태, 가공 · 냉동시점 등의 특성까지도 유사하다고 인정되지 아니하는 이상 단순히 품목이 같은 냉동다진마늘이라는 사정만으로는 이들 물품 사이에 유사성이 인정된다고 볼 수는 없다.**

㉡ 피고가 이 사건 물품에 대한 '유사물품'으로 파악한 이 사건 물품의 입항일 기준 전후 30일에 수입된 각 냉동다진마늘에 대한 별지2 처분내역표(피고 제출) '유사물품의 가격'란 기재 각 신고단가는 적게는 591달러/MT에서 많게는 1,907달러/MT로 **그 편차가 지나치게 커서** 해당 냉동다진마늘 상호간에서조차도 서로 유사물품의 관계에 있다고 보는 데는 무리가 있다. ㉢ 그럼에도 피고는 원재료인 마늘의 품종·품질·수확시점이나 가공시점·냉동시점 등의 특성에 따라 구분하여 이 사건 물품과 보다 구체적인 유사성이 있는 거래가격을 선별하지 아니한 채 이 사건 물품 입항일을 기준으로 하여 전후 30일에 수입된 물품 중 품목이 '냉동다진마늘'인 물품의 거래단가 일체를 가중평균하는 방식으로 '유사물품의 거래가격'을 산정하였다. ㉣ 더구나 앞서 본 바와 같이 **유사물품의 거래가격에 현저히 미달하는지 여부는 피고가 관세법 제30조 제4항에 따른 자료제출요구를 할 수 있는 요건일 뿐이고,** 나아가 피고가 관세법 제30조 제5항에 따라 수입신고가격을 부인하기 위하여는 세관장의 자료제출 요구에도 불구하고 원고가 수입신고가격이 사실과 같음을 증명할 수 있는 근거자료를 제출하지 아니한 경우이거나, 원고가 제출한 근거자료가 회계원칙에 부합되지 아니하게 작성된 경우 또는 수입물품의 거래관계를 구체적으로 나타내지 못하거나 제출한 자료에 대한 사실관계를 확인할 수 없는 등 **신고가격의 정확성이나 진실성을 의심할 만한 합리적인 사유가 있어 수입신고가격을 과세가격으로 인정하기 곤란한 경우에 해당하여야 한다.** 그런데 원고는 2001년부터 수출자와 거래하여 왔고 이 사건 물품의 원재료인 마늘의 단가는 390달러/MT에서 630달러/MT 사이라고 주장하면서 이 사건 수입신고가격이 사실과 같음을 증명할 자료로 수입신고서, 수출원가표, 매매계약서, 송금영수증 등에다가 이 사건 물품의 원재료 구입 및 생산업체로서 수출자와 사실상 일체로서 업무를 처리하는 법인이라는 'CD식품유한공사'가 원재료상인 'CS종자전업합작사' 사이에 체결한 원재료 구매계약서, 수출자와 'CD식품유한공사' 사이의 포괄적 권리계약서, 수출자의 정관, 수출자가 원고에게 보낸 원가계산내역, 송장, 수출자가 결제한 해상운임·항구기타비용 등 영수증, 'CD식품유한공사'가 원고에게 보낸 2015. 10. 27.자 전자메일 사본 등을 피고에게 제출하였고, **이러한 서류가 위조되었다고 볼 만한 특별한 사정은 드러나지 않는다.** 원고가 제출하는 수출자와 'CD식품유한공사' 사이의 포괄적 권리계약서와 수출자의 정관의 각 기재에 비추어 보면 수출자는 'CD식품유한공사'가 중국 내 법령에 따라 수출면허가 필요하여 별도로 설립한 회사로서 수출자와 'CD식품유한공사'는 사실상 일체로서 업무를 처리하고 있는 것으로 보인다. ㉤ 원고가 제출한 자료와 관련하여 피고는 한국농수산식품유통공사가 매월 조사하는 '국영무역품목 2015년 6월 정기동향보고'에 의하면 중국 산동성 금향 마늘 중 **지름 5.0cm 이상의 마늘**로서 2014년 저장품의 가격은 720달러/MT~769달러/MT로 조사되었고, 중국 내 농산물 거래 사이트 거래자료를 보더라도 2015년 5월부터 6월 사이의 중국 내 마늘 거래가격은 가장 작은 지름 4.5cm 기준으로도 최저 671달러/MT이므로 원고가 주장하는 원재료 마늘의 단가는 허위 단가로 의심된다는 취지로 주장한다. 그러나 'CD식품유한공사'가 원고에게 보낸 2015. 10. 27.자 전자메일에는 **'이 사건 물품의 원재료인 마늘은 지름이 1~2cm에 불과한 마늘로서 통마늘이 아니라 종자선별 후 남은 중간의 작은 속마늘로서 마늘 중 가장 낮은 등급으로 신선 상태로는 중국 내 저가시장에도**

판매되지 않고 주로 건조마늘 등으로 판매된다. 매년 12월이 되면 속마늘 가격이 더 낮아지기 때문에 당사에서는 매년 10월 중하순과 12월에 저렴한 가격에 속마늘을 구매하고 있다. 속마늘로 다진마늘을 가공할 경우 마늘 쪽 나누기를 하지 않아도 되므로 통마늘로 다진마늘을 가공하는 경우보다 더 빠르고 인건비도 적게 든다. 2013년 당사가 구매한 속마늘의 단가는 톤당 1,400위안(약206달러이며, 2014년 당사가 구매한 속마늘의 단가는 톤당 1,800위안(약 265달러)이다'라고 기재되어 있는데, 위 전자메일 기재 내용과 같은 사정이 있다면 **원고가 주장하는 원재료 마늘의 단가는 피고가 앞서 근거자료로 들고 있는 지름 4.5~5.0cm 이상 생마늘의 단가보다 현저히 저렴할 수밖에 없을 것으로 보이고,** 그 가공 단가도 함께 낮아질 것으로 보이는바, 그렇다면 **이 사건 물품의 원재료인 마늘이 지름 4.5~5.0cm 이상의 생마늘이라는 사정이 드러나지 않는 이상 피고가 앞서 근거자료로 들고 있는 한국농수산식품유통공사나 중국 내 농산물 거래 사이트상에서 조사된 생마늘 가격 상황만을 가지고서 원고가 주장하는 원재료인 마늘의 단가나 냉동다진마늘 완제품인 이 사건 물품의 수입신고가격이 허위라고 단정할 수는 없다.** 나아가 별지1 처분내역표 중 '신고단가'란 기재에 의하면 원고가 운송비 등 제반 비용 등을 산입하여 신고한 이 사건 수입신고가격은 최저 540달러/MT(2015년 3월), 최고 780달러/MT(2015년 8월)이고, 별지2 처분내역표(피고 제출) 중 '유사물품의 가격''최저'란 기재에 의하면 피고가 유사물품으로 본 이 사건 물품의 수입일(입항일) 30일 전후 수입된 냉동다진마늘의 거래가격 중 과세가격으로 인정한 거래가격(유사물품의 거래가격 중 최저가격)은 최저 591달러/MT(2015년 1월), 최고 958달러/MT(2015년 6월)이어서, **이 사건 수입신고가격의 수입시기에 따른 가격편차가 이 사건 물품의 수입일 30일 전후 수입된 냉동다진마늘 거래가격의 가격편차보다 상당히 적은데,** 앞서 본 바와 같이 **이 사건 물품의 경우 원재료인 마늘이 다져져서 냉동된 것으로서 원재료인 마늘의 품종 · 품질 · 수확시점이나 가공시점 · 냉동시점 등의 변수에 따라서 거래가격이 서로 크게 달라질 수 있는 점,** 'CD식품유한공사'가 원고에게 보낸 위 전자메일 기재 내용에 따르면 'CD식품유한공사'는 이 사건 물품의 원재료인 마늘을 **가장 저렴한 시점(10월 말, 12월)에 일괄적으로 구입한다는** 것이어서, 이 사건 물품과 같은 냉동물품의 특성상 이처럼 원재료를 일괄적으로 대량 구입 · 저장하는 것도 가능하고 또 **그렇게 한다면 수입시기에 따른 가격 편차를 줄일 수도 있을 것으로 보이는 점 등을 종합하여 보면, 원고가 신고한 이 사건 수입신고가격의 수입시기에 따른 가격 편차가 이 사건 물품의 수입일 30일 전후 수입된 냉동다진마늘 거래가격의 가격편차보다 상당히 적은 것 역시 전혀 납득될 수 없는 것으로는 보이지 않고, 이는 원고가 주장하는 바와 같이 2001년부터 장기간 계속된 거래상황에 부합되는 정황으로 볼 여지 또한 충분히 있다.** 또한 위에서 본 바와 같이 피고가 유사물품의 거래가격으로 인정한 이 사건 물품의 수입일 30일 전후 수입된 냉동다진마늘의 거래가격 중 가장 낮은 금액은 591달러/MT이어서 591달러/MT의 조건으로 수입거래가 실제 이루어진 바가 있다는 것인데, 이와 같이 수입거래가 실제 이루어진 바 있는 591달러/MT를 기준가격으로 보면 위 가격과 원고가 신고한 이 사건 수입신고가격 중 최저 540달러/MT의 차이는 −50달러[위 기준가격 대비 약 −8.4%(= 50/591

× 100)]로서 그 정도가 아주 크다고 할 수는 없고, 위 기준가격과 원고가 신고한 이 사건 수입신고가격 중 최고 780달러/MT와 비교하면 오히려 원고가 신고한 가격이 +189달러[위 기준가격 대비 약 +31.9%(= 189/591 ×100)] 더 높기도 한 이상, 이 사건 수입신고가격에 의한 거래가 절대 불가능하다고 단정하기도 어렵다[한편 피고가 앞서 근거자료로 들고 있는 한국농수산식품유통공사가 공시한 생마늘 가격(720달러/MT~769달러/MT)이나 중국 내 농산물 거래 사이트상에서 조사된 생마늘 가격(최저 671달러/MT)을 기준으로 하여서는 피고가 위와 같이 정당한 거래가격으로 인정한 위 591달러/MT도 설명할 수 없다], 이러한 측면에서도 이 사건 수입신고가격이 실제 거래가격일 가능성이 전혀 없다고 할 수도 없다. 그렇다면 원고가 이 사건 물품의 원재료인 마늘의 단가에 관한 자료로 제출한 위와 같은 서류가 사실과 다르게 작성된 것이라고 단정하기는 어렵다. 결국 **이 사건 수입신고가격이 유사물품의 거래가격과 현저한 차이가 있다고 단정할 수는 없다고 할 것이므로,** 이를 전제로 하여 이루어진 이 사건 처분은 위법하다고 할 것이다(서울고판 20117누65991, 대판 2018두42085).

(2) 납세의무자가 同一한 공급자로부터 계속하여 수입하고 있음에도 불구하고 신고한 가격에 현저한 변동이 있는 경우(영 제24조 제1항 제2호)

[판례] 원고는 2004. 5. 10. 以前까지 아세클로페낙을 미화 935달러/kg으로 수입신고하다가 2004. 5. 11. 계약을 변경하면서 그 수입가격을 USD 500/kg 또는 Euro 425/kg으로 인하하는 대신 완제의약품인 에어탈의 제조판매권 허여 대가로 수출자에게 그에 대한 권리사용료를 지급하기로 한 것인바, 이는 구 관세법 제30조 제4항에서 규정하는 '당해 신고가격이 동종·동질물품 또는 유사물품의 거래가격과 현저한 차이'가 있거나 또는 구 관세법 시행령 제24조 제1항의 **'납세의무자가 동일한 공급자로부터 계속하여 수입하고 있음에도 불구하고 신고한 가격에 현저한 변동이 있는 경우'로서 '과세가격으로 인정하기 곤란한 경우'에 해당된다**고 판단된다(광주고판 2010누91).

(3) 신고한 물품이 원유·광석·곡물 등 국제거래시세가 공표되는 물품인 경우 신고한 가격이 그 국제거래시세와 현저한 차이가 있는 경우(영 제24조 제1항 제3호)

(4) 신고한 물품이 원유·광석·곡물 등으로서 국제거래시세가 공표되지 않는 물품인 경우

421) 원고들은 대량으로 수확기보다 앞서 수입계약을 체결하여 원고들의 신고가격과 같이 저가로 이 사건 생강을 구입할 수 있었고, 원고들은 수출업자에게 생강 수매 및 저장을 위한 초기 투자비용을 선급금 형태로 지급(선급금 지급에 따른 가격할인)하여 저렴하게 다량의 생강을 확보할 수 있었다는 점 등을 들어 실제거래가격으로 신고하였다고 주장하였으나, 재판부는 판시와 같은 이유로 이를 수용하지 않았다.

422) 원고들은 세관이 유사물품으로 선정한 물품 중 N사의 신선생강 수입신고가격은 2002. 6. 30. 및 2012. 7. 7. 입항의 경우 498.2달러, 2012. 9. 6. 입항의 경우 511.9달러임에 비추어 원고들의 신선생강 수입신고가격 459달러가 비교물품의 거래가격과 현저한 차이가 있다고 보기 어렵다고 주장하였으나, 재판부는 이를 배척하였다.

관세청장 또는 관세청장이 지정하는 자가 조사한 수입물품의 산지 조사가격이 있는 때에는 신고한 가격이 그 조사가격과 현저한 차이가 있는 경우(영 제24조 제1항 제3호의2)

[판례] [신고가격 인정] 이 사건에서 피고가 이 사건 처분시 기준으로 삼은 유통공사 산지조사가격은 공기업인 N유통공사가 중국현지에서 조사한 농산물거래가격으로서 상당한 신빙성과 정확성이 있는 현지조사가격이라고 할 것이나, **그 조사가격은 국영무역을 전제로 산출한 가격**으로 유통공사에서도 관세청장에게 '국영무역품목 월보'를 제공하면서 '동 자료는 공사 국영무역의 업무를 위해 조사하는 내부 참고자료로 민간업체가 구매하는 농산물과는 구매시기, 규격, 품질 등의 차이로 인해 산지 및 수입가격 등이 다를 수 있다'라는 내용의 참고사항도 함께 전달하였고, **민간무역과 거래형태, 운송단위, 운송조건, 계약이행에 대한 위험부담, 품위 및 규격 등 조건의 차이로 가격이 다를 수 있다고 회신하였으며, 유통공사가 관세청과의 양해각서에 따라 제공하는 산지조사가격이라고 하더라도 이를 관세법 시행령 제24조 제1항 제3호의2가 규정하고 있는 '관세청장 또는 관세청장이 지정하는 자가 조사한 수입물품의 산지 조사가격'으로 볼 수는 없고, 현저한 가격차이 유무를 판단함에 있어 주된 참고자료로 봄이 상당하다.** 피고는 이 사건 수입마늘의 각 입항일자에 가장 근접한 유통공사 산지조사가격 중 가장 낮은 등급의 가격을 기초로 원고의 신고가격과의 현저한 차이 여부를 판단하였으나, 국영무역의 경우에도 중국산 마늘의 구매계약 체결 후 우리나라에 입항하기까지 통상 45일을 부여하는 점, 통상 구매계약 체결 후 우리나라에 입항하기까지 중국내륙 안에서 선적항까지의 운송과정, 선적 및 통관절차 등을 거치게 되는 점 등을 감안하면, 원고가 피고의 소명자료 요구에 따라 최초 제출한 선적용선계약서상의 각 계약일자보다 비록 원고가 이후 제1심 변론과정에서 뒤늦게 제출하기는 하였으나 구두계약 내용을 반영한 것으로 보이는 계약서상의 계약일자가 실제에 가까울 개연성이 높고, 계약일자를 맞추기 위해 이를 임의로 작성하였다고 보기 어렵다. 2012. 4. 18.자 이 사건 수입마늘의 경우, 원고와 수출업체의 계약체결일을 2012. 3. 20.로 보면, 2012. 3. 20.에 가장 가까운 2012. 3. 21.자 산동성 창산 육쪽의 유통공사 산지조삭가격은 3,500~3,700위안으로 원고가 신고한 수입마늘의 원재료가격 1,950위안은 위 유통공사 산지조사가격의 55%에 해당하고, 2013. 8. 14.자 수입마늘의 경우, 2013. 8. 2. 기준 중국산 수입마늘에 대한 유통공사 산지조사가격 2,200위안을 기준으로 하더라도 **원고가 신고한 수입마늘의 원재료가격 1,800위안이 위 유통공사 산지조사가격의 83%에 달하여, 유통공사 산지조사가격과 현저한 차이가 있는 경우에 해당한다고 보기 어렵다. 원고가 이 사건 수출업체와 사이에 작성한 계약서 등의 내용이 허위라거나 위·변조되었다는 점을 인정할 증거가 없으며,** 원고가 이 사건 수출업체에게 위 계약서 등에 명시된 거래가격 외에 추가로 이 사건 수입마늘에 대한 대금을 지급하였다고 인정할 만한 자료가 없다. 이 사건 수입마늘의 산지, 수출업체가 다름에도 각 원가명세표상 운송비 및 기타 항목의 비용이 모두 동일하고, 수출업체의 이윤이 다소 낮게 책정되어 있으며, 물품대금이 후지급되었음에도 수출업체가 입게 되는 금융손해가 반영되었는지 알 수 없고, 저장비용 및 관련세금에 대한 기재가 없는 점은 인정되나, **관세청에서**

2013. 6. 17.부터 같은 달 21.까지 산동성 창산·금향, 청도를 출장조사한 결과 보고서에서 나타난 유통단계별 부대비용인 선별인건비, 포장제비용, 내륙운송비, 통관제비용, 이윤 등과 비교하더라도 큰 차이가 없거나 다소 높게 책정된 부분들이 있어** 수출업체가 입은 금융손해나 저장비용 등이 각 항목에 반영되었다고 볼 여지가 있고, 각 원가명세표상 운송비 및 기타 항목의 비용이 모두 동일한 것은 각 수출업체들간의 관계 및 원고와의 관계 등에 기인한 것으로 보이고, 달리 **이 사건 수입마늘의 신고가격에 정확성이나 진실성을 의심할만한 다른 사유가 있다고 볼 근거가 없다**(부산고판 2017누22169).

[심판례] ① **가중평균가격 또는 aT 산지조사가격의 96.3~98%에 불과하여** 중국산 신선마늘 및 신선양파의 유통과정, 통상적인 거래시세 및 가격형성 요소 등에 비추어 그 가격 차이가 일반적인 상거래에 있어서의 사회통념상 용인될 수 없는 정도라고 단정하기 어려운 점 등에 비추어 처분청이 같은 법 제30조 제5항의 규정에 따라 거래가격을 부인하고 같은 법 제32조 및 제35조에 따른 방법으로 과세가격을 결정하여 관세를 과세한 처분은 잘못이 있는 것으로 판단된다(조심 2019관0055, 0056, 0057). ② 청구인이 제시한 쟁점물품의 원료가격은 **유통공사가 조사한 산지수매가격에 비하여 35~56% 수준**이고, **입항일 30일 전후에 수입신고수리된 유사물품의 최저 거래가격 대비 64~67% 수준**인 점, 청구인이 제시한 자료만으로는 수입신고가격이 사실과 같음을 확인하기 어려운 점 등에 비추어 청구인의 신고가격을 부인하고 유사물품의 거래가격을 기초로 과세가격을 산정하여 과세한 처분은 잘못이 없다(조심 2017관0184).

(5) 납세의무자가 거래처를 변경한 경우로서 신고한 가격이 종전의 가격과 현저한 차이가 있는 경우(영 제24조 제1항 제4호)

(6) 위의 (1)부터 (5)까지의 사유에 준하는 사유로서 기획재정부령으로 정하는 경우[423](영 제24조 제1항 제5호)

[판례] ① [신고가격 불인정] 원고가 이 사건 신선마늘을 수입하면서 신고한 톤당 미화 900불의 가격은 다른 수입업체가 2010. 8.경 중국 산동 지역에서 2010년산 마늘을 수입하면서 신고한 가격인 톤당 미화 1,800달러의 1/2 정도이고, 한국 N공사(농수산물유통공사)가 조사한 2010. 6. 17.경 중국 산동 지역 2010년산 마늘의 산지 구매가격인 톤당 미화 1,214불~1,244불보다 크게 낮은 사실을 인정할 수 있는바, 위 인정사실에 의하면 원고의 신고가격은 구 관세법 제30조 제4항, 같은법시행령 제24조 제1항에서 정한 **'동종·동질물품 또는 유사물품의 거래가격과 현저한 차이가 있는 경우'에 해당한다.** 또한, 앞서 든 증거 을 제6,7호증의 각 기재에 변론전체의 취지를 더하여 보면, 원고와 해외거래처 사이에 작성된 이 사건 마늘에 관한 2010.

423) 현행 관세법시행규칙(기획재정부령)에서는 이에 관한 내용을 규정하고 있지 아니하다.

6. 1.자 '합동서'에는 거래의 대상인 마늘이 '2009년도 재고물량'이라고 명시되어 있고, 원고가 피고에게 제출한 가격결정경위서에도 마늘의 수확시기인 '2009년 7월"이라고 기재되어 있으나, 이 사건 마늘은 2010년 6월산인 사실을 인정할 수 있는바, 위 인정사실에 의하면 원고가 제출한 '합동서'등의 내용을 그대로 믿기 어려워 구 관세법 제30조 제5항, 같은법시행령 제24조 제3항에서 정한 **'신고가격의 정확성이나 진실성을 의심할만한 합리적인 사유'가 있다고 할 것**이므로, 같은 법 제30조 제5항에 따라 같은 법 제31조 내지 제35조의 규정에 의한 방법으로 과세가격을 결정하여야 한다(서울고판 2012누35469). ② [신고가격 인정] 갑 제3호증의 1, 2, 3, 제4호증, 제5호증, 제18호증, 제19호증, 을가 제3호증의 5, 6, 15 내지 18(을다 제3호증의 5, 6, 14 내지 17과 같다)의 각 기재에 변론의 전취지를 종합하면, ㉠ 이 사건 물품의 수입과 비슷한 시기에 콩나물콩 등을 수입한 대부분의 국내 수입업체들은 원고가 이 사건 물품에 관하여 신고한 150~180달러와 비슷한 가격에 신고한 사실, ㉡ 농수산물유통공사가 조사한 1998~2000년까지의 중국 북경대종사도매시장의 일반 가공용 대두의 유통가격이 247~441달러인 사실, ㉢ 농수산물유통공사가 1999, 2000년 공개경쟁입찰 방식으로 439~477달러에 중국산 콩나물콩을 수입한 사실, ㉣ 피고들을 비롯한 각 세관에서 중국산 콩나물콩을 수입한 업체 중 관세법위반으로 입건된 21개 업체에 대한 조사결과 확인된 거래가격이 362~669달러인 사실, ㉤ 국내 콩나물콩 생산업체 단체인 사단법인 두채협회에 대한 사실조회 결과에 의하면 2002. 4~5월의 중국산 콩나물콩의 현지가격이 450~580달러인 사실 등이 인정된다. 우선 앞서 본 바와 같이 이 사건 물품은 국제거래시세가 공표되는 물품이 아니므로 이 사건 물품에 관하여 위 ㉡, ㉤ 사실관계에서 파악된 시세를 적용할 여지는 없다고 할 것이고, 또한 위 ㉢의 수입물품이 이 사건 물품과 유사물품, 즉 '당해 수입물품의 생산국에서 생산된 것으로서 모든 면에서 동일하지는 아니하더라도 동일한 기능을 수행하고 대체사용이 가능할 수 있을 만큼 비슷한 특성과 비슷한 구성요소를 가지고 있는 물품'이라고 인정할 증거가 부족하다. 다음으로 위 ㉣의 사실관계 혹은 위 ㉡ 내지 ㉤ 사실관계를 종합한 사실관계로써 위 ㉠의 거래신고 가격을 배척할 수 있는지에 관하여 본다. 구 관세법 제9조의3 제1항에서 실제로 지급하였거나 지급하여야 할 가격을 원칙적인 과세가격으로 규정하고 있는 이상 그 적용을 배제하고 제9조의4 이하 규정을 적용하여 다른 과세가격으로 결정하는 것은 가급적 그 요건을 엄격히 해석할 필요가 있는 점, 앞서 본 구 관세법 시행령 제3조의8 제1항 제2호 내지 제4호가 물품의 특성, 거래형태에 관하여 구체적으로 특정하여 제한하고 있는 점 등을 아울러 고려해 보면, 위 법령 소정의 '거래가격' 내지 '가격'은 과세관청이 인정하는 가격이 아니라 거래사례에서의 가격을 지칭하는 것으로 보아야 하고, **과세관청이 범칙사건 조사 과정에서 밝혀낸 거래가격 역시 한 거래사례에 불과하여 과세관청이 소수의 거래사례에서 파악한 거래가격의 객관성 등만을 앞세워 대다수 거래사례에서의 가격을 배척할 수는 없다**고 할 것이다. 따라서 위 ㉡ 내지 ㉤ 사실관계를 토대로 대다수의 거래신고 사례에 속한다고 볼 수 있는 ㉠의 신고가격을 배척하고 피고들이 과세가격으로 적극적으로 인정한 가격만을 법령 소정의 거래가격으로 볼 수는 없다. **물론 위 ㉡ 내지 ㉤ 사실관계에 의하면 대다수의 국내**

수입업체들이 저가로 허위신고를 하고 있을 수 있다는 의문이 들기도 하나, 과세관청이 그러한 의문을 토대로 그 사례들에 대한 조사를 통하여 허위성을 밝히지 아니한 상태에서 단지 위와 같은 의문만을 근거로 대다수의 거래신고 사례를 '거래가격'의 산정기준에서 제외할 수는 없다. 특히 이 사건은 원고가 이미 이 사건 물품의 수입에 대하여 무죄판결을 선고받아 그 판결이 확정된 사건으로, 피고들이 원고의 이 사건 수입신고 내용의 허위성에 대한 새로운 입증 없이 자신들이 종전에 조사한 관세법위반 사건의 사례들과의 비교를 통하여 법령 소정의 '유사물품의 거래가격과 현저한 차이'가 있다고 단정하는 것은 더욱 부당하다 할 것이다(부산고판 2004누4772, 대판 2005두17188; **사례연습 44**).

2. 세관장의 자료제출 요구

세관장은 앞의 **'1항'**의 신고가격의 진실성이나 정확성을 의심할만한 이유가 있는 경우에는 납세의무자에게 신고가격이 사실과 같음을 증명할 수 있는 자료를 제출할 것을 요구할 수 있다(법 제30조 제4항). 세관장은 납세의무자에게 자료제출을 요구하는 경우 그 사유와 자료제출에 필요한 기간(자료제출 요구일로부터 15日)[424]을 적은 서면(書面)으로 해야 한다(영 제24조 제2항, 규칙 제5조의2).

신고 내용이나 서류들의 진실성이나 정확성을 의심할만한 이유가 있는 경우(세관장은 과세가격으로 인정하기 곤란한 경우)에는 관세법 제30조 제3항 제2호의 조건 또는 사정, 제3호의 사후귀속이익, 제4호의 특수관계가 거래가격에 영향을 미친 경우 등에 해당하는지 여부에 대한 충분한 검토가 행해져야 할 것이다.

[심판례] 쟁점①물품의 신고가격(CIF 기준)은 유사물품 거래가격의 가중평균가격(CIF 기준)과 비교할 때 각각 91% 내지 93.5% 수준이고, 쟁점②물품의 신고가격은 유사물품의 거래가격과 비교할 때 92.9% 수준으로 나타나 모두 그 차이가 100분의 10 이하인 점, 청구법인은 청구이유서 등을 통하여 제출자료의 불일치 사항(산지, 수확시기, 품종 등)은 단순한 실수에 기인한 것이고 그 사유를 충분히 소명할 수 있다고 주장하고 있는 점 등에 비추어 처분청은 청구법인에게 위 제출자료의 불일치 사항이 발생한 사유를 소명할 수 있는 충분한 기회를 부여하는 한편, 쟁점물품의 중국내 산지, 수확시기, 품종 등을 재조사하여 그 결과에 따라 쟁점물품의 과세가격 결정방법을 결정하고 과세표준 및 세액을 경정함이 타당하다(조심 2019관0054).

424) 다만, 부득이한 사유로 납세의무자가 자료제출 기간 연장을 요청하는 경우에는 세관장이 해당 사유를 고려하여 타당하다고 인정하는 기간으로 한다.

Ⅱ 거래가격(신고가격)의 불인정

세관장은 아래의 어느 하나에 해당하여 거래가격의 진실성 또는 정확성에 대하여 '합리적 의심'(reasonable doubt)이 있는 경우[425]에는 거래가격에 기초하여 과세가격을 결정하지 아니하고 제2방법 내지 제6방법으로 과세가격을 결정한다(법 제30조 제5항, 영 제24조 제3항, 평가협정 결정 6.1).

(1) 세관장으로부터 자료제출의 요구를 받고, 요구받은 자료를 제출하지 아니한 경우

(2) 세관장으로부터 자료제출 요구를 받고, 요구에 따라 제출한 자료가 일반적으로 인정된 회계원칙에 부합하지 아니하게 작성된 경우

(3) 그 밖에 다음의 어느 하나의 사유에 해당하여 신고가격을 과세가격으로 인정하기 곤란한 경우

① 납세의무자가 제출한 자료가 수입물품의 거래관계를 구체적으로 나타내지 못하는 경우

② 그 밖에 납세의무자가 제출한 자료에 대한 사실관계를 확인할 수 없는 등 신고가격의 정확성이나 진실성을 의심할만한 합리적인 사유가 있는 경우

이 경우 세관장은 빠른 시일 내에 과세가격 결정을 하기 위하여 납세의무자와 정보교환 등 적절한 협조가 이루어지도록 노력하여야 하고, 신고가격을 과세가격으로 인정하기 곤란한 사유와 과세가격 결정 내용을 해당 납세의무자에게 통보하여야 한다(법 제30조 제5항).

[판례] ① [신고가격 불인정] 농수산물유통공사가 조사한 중국산 대두의 톤당 평균도매가격은 2006. 11.경 평균 421달러에서 상승하여 2007. 11.경 998달러였다가 2008. 1.경 778달러로 다소 하락하였으나 2008. 6.경 932달러였고, 그 무렵 유사물품을 수입하였던 다른 업체의 수입신고가격도 톤당 270달러에서 362달러 정도로서, 원고가 실제 거래가격이라고 주장하는 가격은 위와 같은 **중국 내 도매가격 및 같은 시기 다른 업체의 유사물품에 대한 수입신고가격에 비하여 현저히 낮을 뿐만 아니라 생산연도에 따른 가격변동도 거의 없는 점,** 원고가 수입 즉시 송장, 경비누락확인서 등 과세 자료를 제출하여 이 사건 물품의 수입가격을 톤당 미화 270～384달러로 신고함에 따라 사전세액심사에서 그 신고가격이 적정하다고 인정되어 신고가 수리되었고, 이에 따라 현품에 대한 품질검사, 세액의 정당성에 관한 조사가 적시에 이루어질 수 없었던 점, 같은 계약 건에 대하여 원고가 당초 거래가격으로 수입신고한 금액으로 작성된 송장과 원고가 실제가격이라고 주장하는 금액으로 작성된 송장 등 두 종류의 자료들이 존재하고

---

425) 이를 "거래가격 불인정 사유"라고 부르기로 한다.

있는데, 원고가 이 사건 물품의 실제 수입가격이 톤당 미화 220~240달러라고 주장하면서 제출한 송장, 매매계약서, 가격명세표, 물품매도 확약서 등 수입관련 서류들을 제출하고 있지만 위 문서들은 애초 원고가 피고측에 이 사건 물품의 수입신고를 하면서(사전세액심사시에) 제출하지 않았던 서류들로 보일뿐만 아니라(이러한 수입관련 서류들은 수입통관 以後에 제출된 것으로 보이고, 원고와 이 사건 물품의 수출업자 사이의 통모에 따라 사실과 달리 작성되었을 개연성을 완전히 배제할 수 없을 뿐만 아니라), **매도인측의 서명이나 날인도 존재하지 않는 등 그 제출 시기나 형식, 내용 등에 비추어 볼 때 그 신빙성은 높다고 판단되지 않는 점** 등을 종합하여 보면, **원고가 실제 거래가격이라고 주장하는 가격에는 그 정확성이나 진실성을 의심할만한 합리적인 사유가 있으므로** 피고가 그 가격을 기준으로 과세가격을 결정하지 아니하였다고 하여 이를 위법하다고 볼 수 없다(대판 2014두6364). ② **[신고가격 불인정]** 다음과 같은 사정을 종합하면, 위 각 처분에 대한 이 사건 신고가격이 유사물품의 거래가격과 현저한 차이가 있고, 그 신고가격의 정확성이나 진실성을 의심할 만한 합리적인 사유가 있는 경우에 해당하여 이 사건 신고가격을 과세가격으로 인정하기 곤란하므로, 피고들이 이 사건 신고가격을 부인한 것이 위법하다는 원고들의 주장은 이유 없다. ㉠ 입항일 기준 30일 전후에 입항되어 과세가격으로 인정된 유사물품과 비교해 보면, 별지1 목록 제1항 기재 처분의 대상물품의 신고가격은 395달러이고, 별지1 목록 제2항 기재 처분의 대상물품의 신고가격은 485달러로서 **유사물품 대비 78~86% 정도 저가이고, 별지1 목록 제7, 8항 기재 각 처분의 대상물품의 신고가격은 1,020달러로서 유사물품 대비 24% 정도 저가이며, 별지2 목록 기재 각 처분의 대상물품의 신고가격은 716달러 또는 719달러로서 유사물품 대비 36~51% 정도 저가이고, 별지4 목록 기재 각 처분의 대상물품의 신고가격은 485달러로서 유사물품 대비 26~37% 정도 저가이다.** ㉡ 별지1 목록 제1, 2항 기재 각 처분 대상물품, 별지4 목록 기재 각 처분 대상물품에 대해 수출업자와의 계약에 대한 증거로서, 2012. 12. 1. 수출자 G식품과 사이에 작성된 판매계약서가 제출되었는데, 여기에는 2012. 12. 20.부터 2013. 12. 19.까지 원고가 G식품으로부터 소강 1,872톤을 톤당 415달러에, 대강 720톤을 톤당 325달러에 매수하기로 하는 기재가 있고, 위 각 계약서 기재의 소강, 대강의 가격에 상응하는 원물구매 단가는 소강은 톤당 219달러, 대강은 톤당 128달러이고, 이윤을 포함한 금액은 소강은 톤당 291달러, 대강은 톤당 201달러인데, **이는 한국농수산식품유통공사에서 조사한** 2012. 12.**경부터** 2013. 3.**경까지의 햇품 신선생강의 산지 수매가격이 소강은 톤당 350달러 내지 414달러이고, 대강은 254달러 내지 429달러인 점에 비하면 현저히 저가**이다. 또한 원고와 G식품 사이에 2013. 12. 16. 작성된 판매연장계약서가 제출되었는데, 여기에는 2013. 12. 20.부터 2014. 11. 30.까지 원고가 G식품으로부터 소강 1,112톤을 톤당 485달러에, 대강 96톤을 톤당 395달러에 매수하기로 하는 기재가 있고, 위 계약 기재의 소강, 대강의 가격에 상응하는 원료가격에 이윤을 포함한 가격은 소강은 톤당 361달러, 대강은 271달러인데, **이는 2013년의 산지수매가격 대비 19~23% 수준의 낮은 가격**이다. ㉢ 별지1 목록 제7, 8항 기재 각 처분의 대상물품, 별지2 목록 기재 각 처분의 대상물품에 대하여 수출업자와 체결한 계약에 대한 증거로서 원고 와 G식품 사이에 2015. 3. 6. 작성된 생강최종계약서가 제출되었고, 여기에는 원고가 2015. 3. 6.부터 2016. 3. 6.까지 소강 360톤을 원물 구매단가 톤당 459.4달러, 이윤 포함 톤당 572.4달러에 매수하고, 2014. 11. 22.부터 2015. 11. 22.까지 대강 288톤을 원물 구매단가 톤당 363.4달러, 이윤 포함 톤당 476.4달러에 매수하기로 기재되어 있는데, **이는 위 계약의 교섭시기인 2015. 1.경부터 2015. 3.경까지의 산지 수매가격이 소강은 톤당 813달러, 대강은 톤당 490달러인 점에 비추어 현저히 저가이고, 2015. 3.경에는 수매가격이 상승하고 있는 추세였음에도 그러한 가격변동을 반영하도록 하는 계약내용이 전혀 기재되어 있지 않다.** ㉣ 또한 생강은 농산물로서 시간이 흐름에 따른 가격변동의 폭이 크고, 생강에 대한 중국 현지 실태조사에 의하면, **수입업자와 수출업자 사이에 물량 확보를 위해 사전에 일괄계약을 체결하더라도 그 가격은 실제로 물품을 인도하는 시점의 시세에 따르는 것이 거래 관행인 것으로 보이는데, 위 각 계약서에는 거래량이 상당함에도 고정된 가격만이 기재되어 있다.** ㉤ 원고가 이 사건 수출자로부터 시세보다 낮은 가격에 생강을 구입할 수 있었던 특별한 사정이 있었다고 볼 수 없다. 또한 원고가 G식품에게, 2014. 3. 10. 179,760달러를, 2014. 3. 11. 28,440달러를, 2014. 4. 18. 76,320달러를, 2014. 7. 4. 32,760달러를, 2014. 10. 15. 46,560달러를 각 지급하였고, 원고가 G식품에게, 2014. 11. 21. 51,836달러를, 2014. 12. 5. 127,108달러를, 2015. 3. 23. 92,376달러를 각 지급한 사실을 인정할 수 있으나, **위 합계액이 원고들이 주장하는 신고가격과 일부 부합한다고 하더라도, 이 사건 각 물품은 40회 정도에 걸쳐 수입이 이루어진 것인데, 위 대금지급횟수는 8회에 불과한 점, 위 각 계약서에 대금 결제기한이 명확하게 기재되어 있지 않은 점, 원고들이 수출업자에게 이를 초과한 금액을 지급하였을 가능성을 배제할 수 없는 점 등에 비추어 이 사건 각 물품에 대한 실제 가격대로 지급된 것이라고 보기 어렵다**(서울고판 2018누44915, 대판 2018두63655; **사례연습 43**).

[심판례] ① [신고가격 불인정] 청구인의 신고가격은 **유사물품의 거래가격 등에 비하여 현저히 낮은 것으로 보이는 점, 청구인이 제출한 원가계산서의 원료가격은 aT가 조사한 산지가격에 비하여 현저히 낮고,** 운송비 · 이윤 등 그 구성 항목의 금액이 불합리한 측면이 있어 이를 그대로 신뢰하기 어려운 측면이 있는 점, 쟁점수출자로부터 수령한 이메일의 기재내용이나 식물검역증 및 중국해관의 수출면장 등에 기재된 원산지 등에 따르면 쟁점물품을 A라고 단정하기 어렵고, 다른 업체의 유사물품 수입신고가격 등에 의하면 수입시 가격 또한 A에 비하여 반드시 낮다고 단정하기 어려운 점 등에 비추어 청구인의 당초 신고가격의 정확성과 진실성에 합리적 의심이 존재한다고 보아 **관세법 제32조에 따라 처분청이 쟁점물품의 수입신고가격을 부인하고 유사물품의 거래가격 중 최저가격(톤당 미화 650달러)으로 과세가격을 결정하여 관세를 부과한 이 건 처분에는 잘못이 없다**고 판단된다(조심 2019관0103). ② [신고가격 인정] 쟁점ⓐ물품의 신고가격(CIF 기준)은 유사물품 거래가격의 가중평균가격(CIF 기준)과 비교할 때 각각 91% 내지 93.5% 수준이고, 쟁점ⓑ물품의 신고가격은 유사물품의 거래가격과 비교할 때 92.9% 수준으로 나타나 모두 그 차이가 100분의 10 이하인 점, 청구법인은 청구이유서

등을 통하여 제출자료의 불일치 사항(산지, 수확시기, 품종 등)은 단순한 실수에 기인한 것이고 그 사유를 충분히 소명할 수 있다고 주장하고 있는 점 등에 비추어 처분청은 청구법인에게 위 제출자료의 불일치 사항이 발생한 사유를 소명할 수 있는 충분한 기회를 부여하는 한편, 쟁점물품의 중국내 산지, 수확시기, 품종 등을 재조사하여 그 결과에 따라 쟁점물품의 과세가격 결정방법을 결정하고 과세표준 및 세액을 경정함이 타당하다(조심 2019관0054). ③ **[신고가격 불인정]** 쟁점물품 수입신고가격은 중국 산지가격 등을 기초로 산정한 수입가능 최소금액에 비해 77~82%에 불과한 점, 청구주장과 달리 원산지증명서에 산지가 다른 것으로 나타나는 점, 수입신고 내용과 선하증권 기재내용이 일치하지 않는 점 등에 비추어 쟁점물품의 수입신고가격을 부인하고 유사물품의 거래가격을 기초로 과세가격을 산정하여 과세한 이 건 처분은 잘못이 없다(조심 2018관0182).

제3장

그 밖의 과세가격 결정 방법(제2방법~제6방법)

제 1 절

동종·동질물품 또는 유사물품의 거래가격을 기초로 한 과세가격 결정(제2방법 및 제3방법)

법 제31조(동종·동질물품의 거래가격을 기초로 한 과세가격의 결정) ① 제30조에 따른 방법으로 과세가격을 결정할 수 없는 경우에는 과세가격으로 인정된 사실이 있는 동종·동질물품의 거래가격으로서 다음 각 호의 요건을 갖춘 가격을 기초로 하여 과세가격을 결정한다.

1. 과세가격을 결정하려는 해당 물품의 생산국에서 생산된 것으로서 해당 물품의 선적일(船積日)에 선적되거나 해당 물품의 선적일을 전후하여 가격에 영향을 미치는 시장조건이나 상관행(商慣行)에 변동이 없는 기간 중에 선적되어 우리나라에 수입된 것일 것
2. 거래 단계, 거래 수량, 운송 거리, 운송 형태 등이 해당 물품과 같아야 하며, 두 물품 간에 차이가 있는 경우에는 그에 따른 가격차이를 조정한 가격일 것

② 제1항에 따라 과세가격으로 인정된 사실이 있는 동종·동질물품의 거래가격이라 하더라도 그 가격의 정확성과 진실성을 의심할만한 합리적인 사유가 있는 경우 그 가격은 과세가격 결정의 기초자료에서 제외한다.

③ 제1항을 적용할 때 동종·동질물품의 거래가격이 둘 이상 있는 경우에는 생산자, 거래 시기, 거래 단계, 거래 수량 등(이하 "거래내용등"이라 한다)이 해당 물품과 가장 유사한 것에 해당하는 물품의 가격을 기초로 하고, 거래내용등이 같은 물품이 둘 이상이 있고 그 가격도 둘 이상이 있는 경우에는 가장 낮은 가격을 기초로 하여 과세가격을 결정한다.

법 제32조(유사물품의 거래가격을 기초로 한 과세가격의 결정) ① 제30조와 제31조에 따른 방법으로 과세가격을 결정할 수 없을 때에는 과세가격으로 인정된 사실이 있는 유사물품의 거래가격으로서 제31조 제1항 각 호의 요건을 갖춘 가격을 기초로 하여 과세가격을 결정한다.

② 제1항에 따라 과세가격으로 인정된 사실이 있는 유사물품의 거래가격이라 하더라도 그 가격의 정확성과 진실성을 의심할만한 합리적인 사유가 있는 경우 그 가격은 과세가격 결정의 기초자료에서 제외한다.

③ 제1항을 적용할 때 유사물품의 거래가격이 둘 이상이 있는 경우에는 거래내용등이 해당 물품과 가장 유사한 것에 해당하는 물품의 가격을 기초로 하고, 거래내용등이 같은 물품이 둘 이상이 있고 그 가격도 둘 이상이 있는 경우에는 가장 낮은 가격을 기초로 하여 과세가격을 결정한다.

제1항
의의

관세목적의 가격은 확인 가능한 한 실제가격에 가장 가까운 상당치에 기초하여야 하는데, 이러한 상당치를 산정할 수 없는 경우, 즉 ① 우리나라에 수출하기 위한 판매에 해당하지 않거나 이를 확인할 수 없는 경우, ② 거래가격 배제사유에 해당하는 경우, ③ 실제지급가격을 확인할 수 없는 경우, ④ 가산요소금액을 산정하기 위한 객관적이고 수량화할 수 있는 자료가 불충분한 경우, ⑤ 거래가격 불인정 사유가 있는 경우에 해당하여 제1방법으로 과세가격을 결정할 수 없는 경우에는 우선 제2방법, 즉 "동종 · 동질물품의 거래가격"을 기초로 과세가격을 결정한다(법 제31조, 평가협정 제2조, 관세평가고시 제14조).[426]

만약, 제2방법에 따라 과세가격을 결정할 수 없는 경우에는 그 다음으로 제3방법, 즉 "유사물품의 거래가격"을 기초로 과세가격을 결정할 수 있다(법 제32조, 평가협정 제3조). 제2방법 및 제3방법은 과거에 과세가격으로 인정된 사실이 있는 '제3의거래'(동일시점에 발생하지 않을 수도 있다)에서의 거래가격에 기초하여 과세가격을 결정하는 방법으로, 제1방법과 마찬가지로 去來價格에 기초하여 과세가격을 결정하는 방법이다(평가협정 해설 1.1).

제2방법과 제3방법은 제2방법이 우선 적용된다는 점과 동종 · 동질물품과 유사물품이라는 점을 제외하고는 그 적용요건이 동일하다. 세관의 관세평가실무상 제2방법보다는 제3방법 사용이 좀 더 많이 이용되고, 제2방법은 그 이용실적이 적은 실정이다.

---

426) **관세평가 고시 제14조(제1방법을 적용할 수 없는 수입물품)** 제13조 본문에 따라 제1방법을 적용할 수 없는 경우는 다음 각 호의 어느 하나를 포함한다.
1. 영 제17조 각 호의 어느 하나에 해당하는 경우를 포함하여 제15조 제1항에 따른 판매의 결과로 우리나라에 도착한 물품이 아닌 경우
2. 제15조 제2항 및 법 제30조 제1항 각 호 외의 부분 본문에 따른 우리나라에 수출하기 위한 판매(이하 "수출판매"라 한다)를 확인할 수 없는 경우
3. 제16조 제1항 각 호 및 법 제30조 제1항 각 호 외의 부분 본문의 수입물품에 대하여 구매자가 실제로 지급하였거나 지급하여야 할 가격을 확인할 수 없는 경우
4. 법 제30조 제1항 각 호 외의 부분 단서에 해당하는 경우
5. 법 제30조 제3항 각 호의 어느 하나에 해당하는 경우
6. 법 제30조 제5항 각 호의 어느 하나에 해당하는 경우

제2항 공통의 적용요건

관세법 제32조 제1항 및 관세법 시행령 제26조 제2항에서, 관세법 제31조 제1항 각호의 요건, 관세법 시행령 제25조 제2항부터 제5항까지의 규정을 준용하고 있으므로, 제2방법과 제3방법의 적용요건은 거의 동일하다.

I 과세가격으로 인정된 사실이 있는 동종 · 동질물품 또는 유사물품의 거래가격일 것

1. 동종 · 동질물품 또는 유사물품

(1) "동종 · 동질물품"(identical goods)이란 해당 수입물품의 생산국에서 생산된 것으로서 물리적 특성, 품질 및 소비자 등의 평판을 포함한 모든 면에서 동일한 물품(외양에 경미한 차이가 있을 뿐 그 밖의 모든 면에서 동일한 물품을 포함한다)을 말한다(영 제25조 제1항, 평가협정 제15조 제2항).[427]

[평가협정 예해 1.1] ① 다른 용도로 수입된 화학적 구성, 끝마무리 및 크기가 같은 강철판: 수입자가 차체용으로 철판의 일부를 사용하고 나머지는 용광로의 내장재로 사용한다고 할지라도 이 물품들은 동종 · 동질물품이다. ② 실내장식가와 도매유통업자가 수입한 벽지: 한편으로는 실내장식가가 수입하고 다른 한편으로는 도매유통업자가 상이한 가격으로 수입한다고 할지라도 모든 면에서 동일한 벽지는 평가협정 제2조(제2방법)는 목적상 동종 · 동질물품에 해당한다. 비록 가격 차이가 동종 · 동질물품이나 유사물품인지의 여부를 고려함에 있어서 고려하여야 할 요소인 품질이나 평판상의 차이를 암시한다 할지라도, 가격 그 자체는 그러한 요소가 아니다. 물론 거래단계 및/또는 수량에 대한 조정은 평가협정 제2조를 적용함에 있어 필요할 수 있다. ③ 미조립상태의 정원용 살충제 분무기와 조립된 동일 디자인 분무기: 분무기는 분리할 수 있는 두 가지 부품으로 구성되어 있다. (i) 뚜껑에 부착된 펌프와 노즐 (ii) 살충제 용기. 분무기를 사용하기 위해서는 해체(분해)한 후 용기에 살충제를 채우고 뚜껑을 틀어 잠그면 사용할 준비가 된다. 비교대상 분무기는 한쪽은 조립된 상태이고 다른 한쪽은 미조립 상태인 한 가지 경우를

427) 예를 들어, 품명, 품질, 용량, 용도 등은 모두 동일한데, 다만 용기가 고무 용기와 플라스틱 용기라는 점에서만 차이가 있는 경우, 이는 외양에 경미한 차이가 있을 뿐 그 밖의 모든 면에서 동일하므로 동종 · 동질물품이라고 볼 수 있을 것이다.

제외하고는 물리적 특성, 품질 및 평판을 포함한 모든 면에서 동일하다. 조립행위는 일반적으로 조립된 물품과 미조립 물품을 동종·동질물품이나 유사물품으로 처리하는 것을 배제할 것이다. 그러나 이 사례와 같이 해당물품이 통상의 사용과정에서 조립 또는 해체되도록 디자인된 경우에는 조립공정의 특성상 동종·동질 물품으로 간주됨에 있어 배제되지 않는다.

[판례] **동일 규격의 '신품보드'와 '유상수입보드' 모두 AJ가 생산한 제품으로서 물리적 특성, 품질 및 소비자 등의 평판을 포함한 모든 면에서 동일한 물품인 점에 관해서는 당사자들 사이에 다툼이 없다.** 다만, 원고는 '신품보드'가 원고의 엔지니어링 서비스를 위하여 수입된 물품인 반면 '유상수입보드'는 국내 반도체 제조업체가 비상시에 대비하거나 연구목적으로 수입을 요청한 경우 또는 원고가 소유하는 엔지니어링 서비스용 검사장비의 업그레이드를 위하여 수입한 것으로서 **그 수입목적이 서로 다르고, 수입 시기나 거래 단계, 거래 수량에 있어서도 서로 차이가 있으므로** 이들을 동종·동질물품이라고 할 수 없다고 주장한다. 그러나 **수입목적은 동종·동질물품 여부의 판단에 고려할 사항이 아니다. 또한, 관세법 제31조 제1항 제2호에서 보는 바와 같이 거래 단계, 거래 수량, 운송 거리, 운송 형태 등은 동종·동질물품의 판단 여부에 영향을 미치는 것이 아니라 가격차이의 조정이 필요한지 여부를 결정하는 요소일 뿐이다.** 그런데 원고와 피고가 제출한 증거의 기재에 의하면 유상수입보드와 신품보드 모두 다양한 규격별로 소량씩 거래되는 제품으로서, 원고의 유상수입보드 수입신고내역을 보더라도 원고가 AJ로부터 유상으로 보드를 수입한 것은 22건인데 건별 수입수량은 1 내지 8개이고, 신품보드 역시 주로 한두 개 단위로 수입되었으며, 그보다 큰 단위로 10개 이상씩 많게는 48개가 수입된 경우도 있으나 그러한 경우는 매우 드문 사실이 인정되고, 달리 AJ가 거래 수량에 따라 할인율을 적용하고 있다고 인정할 만한 증거도 없다. 뿐만 아니라, 피고제출 증거의 기재에 의하면 ASP와 원고는 모두 AJ의 해외 관계회사로서 AJ로부터 판매용, 유상보수용, 무상보수용으로 부품을 구입하는데, AJ는 해외 관계회사들의 부품 구입목적을 불문하고 국내 고객사에게 부품을 판매하는 금액에서 일정한 할인율을 적용한 금액으로 해외 관계사들과 거래한 사실이 인정되므로, **설령 신품보드와 유상수입보드의 거래단계, 운송거리, 운송형태 등이 서로 다르다고 하더라도 그로 인하여 가격차이가 발생한다고 보기는 어렵고, 달리 그와 같이 인정할 만한 증거도 없다.** 그리고 AME 보드는 AJ가 독점적으로 제조하는 반도체 검사장비의 구성부품으로서, 그 거래가 AJ그룹 내 회사들 사이에서 배타적으로 이루어지는 특성이 있고, 특히 AJ가 해외 관계회사에 대하여 적용하는 일률적인 가격정책을 보더라도 AM보드의 가격이 그 수입시기에 따라 특별히 변동될 것으로 보이지 않으므로, **수입시기에 따라 물품의 가격이 영향을 받는다고 볼 수도 없다.** 그러므로 피고가 신품보드에 대하여 유상수입보드의 거래가격을 기초로 제2방법, 제6-2방법, 제6-6-2방법을 적용하여 과세한 것은 적법하다. 그러나 **중고물품인 재생보드는 유상수입보드와 동종동질 물품 또는 유사물품으로 보기 어려우므로,**[428] 재생보드에 대하여 유상수입보드의 거래가격을 기초로 과세가격을 결정한 처분은 위법하다(부산고판 2017누24196: **사례연습 49**).

(2) "유사물품"(similar goods)이라 함은 당해 수입물품의 생산국에서 생산된 것으로서 모든 면에서 동일하지는 아니하지만 동일한 기능을 수행하고 대체사용이 가능할 수 있을 만큼 비슷한 특성과 비슷한 구성요소를 가지고 있는 물품을 말한다(영 제26조 제1항, 평가협정 제15조 제2항). 유사물품인지 여부를 결정할 때, 다른 여러 가지 요인 중에서 해당 물품의 품질, 평판 및 상표의 존재 등이 고려되어야 한다(평가협정 예해 1.1). 예를 들어 등록상표를 가진 물품과 등록상표를 가지지 않은 물품은 유사물품으로 볼 수 없을 것이고, 또한 (평판이 대등하지 아니한) 상이한 등록상표를 가진 물품을 유사물품으로 보기 어려울 것이다.

[평가협정 예해 1.1] ① 거의 동일한 형태 및 크기와 동일한 색깔의 꽃을 피우고, 동일한 크기지만 다른 품종인 튤립: 뿌리는 동일한 품종이 아니기 때문에, 동종·동질물품은 아니다. 하지만 거의 같은 크기, 형태 및 같은 색깔의 꽃을 피우고 상업적으로 대체가능하기 때문에 유사물품이다. ② 두 명의 다른 생산자로부터 수입한 내부 튜브(inner tube): 동일한 규격 범위에 해당하는 고무재질의 내부 튜브(inner tube)가 동일 국가에 소재한 두 명의 다른 생산자로부터 수입되었다. 각 생산자는 다른 상표를 사용하고 있지만, 두 생산자가 제조한 내부 튜브(inner tube)는 동일한 규격, 동일한 품질, 대등한 평판을 가지고, 수입국내 자동차 제조자들에 의해 사용된다. 내부 튜브(inner tube)는 다른 상표를 보유하고 있기 때문에 모든 면에서 동일하지는 않으므로 제15조 제2항 (a)호에 의한 동종·동질물품으로 간주되지 않는다. 비록 모든 면에서 동일하지는 않지만 내부 튜브(inner tube)는 동일한 기능을 수행할 수 있게 하는 유사한 특성과 구성요소를 가지고 있다. **물품들이 동일한 규격, 동일한 품질로 만들어졌고, 대등한 평판을 받고 있으며 상표를 갖고 있기 때문에, 상표가 다르더라도 두 물품은 유사물품으로 간주되어야 한다.** ③ 표백용의 일반적인 등급의 과산화나트륨과 분석용의 특별등급의 과산화나트륨: 특별등급의 과산화나트륨은 순도가 매우 높은 원료를 사용하는 공정에서 분말형태로 제조되기 때문에 일반적인 등급보다 훨씬 비싸다. 일반적인 등급의 과산화나트륨은 분석적인 사양을 충족할 정도의 충분한 순도를 갖고 있지 않고 확실히 용해도 되지 않고 분말상태의 물품도 아니기 때문에 특별등급을 대체하여 사용될 수 없다. 그 물품들은 모든 면에서 동일한 물품이 아니기 때문에 동종·동질물품이 아니다. 유사성과 관련하여, 특별등급의 과산화나트륨은 표백용으로 사용되거나 화학제품의 대량생산용으로 사용되지 않는다. 그런 용도로는 가격이 워낙 비싸기 때문이다. 두 종류의 과산화나트륨은 분명히 유사한 특성과 유사한 구성요소를 가지지만, 일반등급의 과산화나트륨은 분석용으로는 사용될 수 없기 때문에 상업적으로 대체 사용되지

428) 고객사나 원고를 포함한 AM보드의 거래당사자들이 신품보드와 재생보드를 구별하지 않고 거래하는 것은 AM보드의 거래가 반도체 검사장비를 판매한 AJ의 품질보증업무의 일환으로 이루어지기 때문인 것으로 보이기 때문에, 이러한 사정이 있다고 하더라도 재생보드와 유상수입보드를 유사물품으로 볼 수는 없다고 할 것이다.

않는다(따라서, 유사물품에 해당하지 아니한다). ④ 종이용 잉크와 종이 및 직물 겸용 잉크: 평가협정 제3조(제3방법) 및 제15조 제2항 (b)호 목적상 유사물품이 되기 위해서는 무엇보다도 물품 상호간에 상업적으로 대체 사용할 수 있어야 한다. 종이 인쇄용에만 적합한 품질의 잉크는 비록 종이 및 직물인쇄 겸용 품질의 잉크가 종이 인쇄업에서 상업적으로 수용된다 할지라도 종이 및 직물 인쇄 겸용 품질의 잉크와 유사한 물품이 아니다.

(3) 관련 判例 및 유권해석례

1) '평가용 소프트웨어'는 비록 '일반용 소프트웨어'와 그 프로그램의 내용에 있어 동일하다고 하더라도 저작권자가 지정한 사용권한의 범위가 다르고 그에 따라 그 가치가 상이하며 상업적으로 상호 교환이 가능한 것이라고 볼 수도 없다면, 과세가격을 결정함에 있어 평가용 소프트웨어가 수록된 매체는 일반용 소프트웨어가 수록된 매체와는 서로 다른 물건이다(대판 98두1512).[429]

[판례] 원고가 1992. 12. 29.부터 1995. 1. 11.까지 미국의 소외 A사(Autodesk Inc., 이하 '소외 회사'라고 한다)가 제작한 컴퓨터응용설계프로그램(CAD)을 비롯한 판시 평가용 컴퓨터 소프트웨어(이하 '소프트웨어'라고 한다)를 무상으로 수입하면서 컴퓨터응용설계프로그램의 경우 무상 또는 미화 390달러, 삼차원 영상 프로그램(3D STUDIO)의 경우 무상 또는 미화 36달러, 873달러로 각 신고한 후 그에 기하여 산출한 관세 등을 납부한 사실, 피고는 원고가 일반용과 동일한 물품을 평가용으로 용도를 구분하여 거래가격을 다르게 신고한 것으로 보고, 구 관세법 제9조의3 제2항 제1호(1993. 12. 31. 법률 제4674호로 개정되기 전의 것, 위 개정 이후는 같은 조 제3항 제1호) 규정에 의하여, 원고가 신고한 거래가격을 인정하지 않고 관세법 제9조의4 소정의 동종·동질물품의 거래가격을 기초로 한 방법에 따라 과세가격을 결정하여 1995. 6. 8. 관세 및 부가가치세의 부과처분을 한 사실, 원고가 소외 회사로부터 수입하는 소프트웨어에는 일반 사용자에게 아무런 제한 없이 판매할 수 있는 일반용, 학교 등 교육기관에서 교육용으로 사용할 수 있도록 일반용보다 저가로 판매하는 교육용, 수입자나 딜러 등이 광고선전 및 일반 사용자 교육 등 자가 목적으로 사용하는 딜러용, 고급사용자들을 상대로 프로그램의 사용에 대한 의견을 구하여 이를 최종판에 반영할 목적으로 관련단체 등에게 무상으로 제공하는 평가용, 이미 종전 소프트웨어를 구입하여 사용하는 자가 개선된 소프트웨어를 염가로 교체사용할 수 있도록 제공하는 업그레이드용 등이 있고, **소프트웨어는 그 내용이 동일하더라도 사용자에 대하여 사용권한을 제3자에게 양도할 수 있는 권리를 준 경우(일반용)와 주지 아니한 경우(평가용, 교육용, 딜러용, 업그레이드용)로 나눌 수 있으며, 동일한 프로그램을 사용권한의 범위 또는 사용자 계층에 따라 특정용도로 가격을 달리하여 판매한 경우 그와**

429) 즉, 제2방법에 따라 과세가격을 결정할 수 없다는 의미이다.

같은 소프트웨어는 당해 용도로만 사용할 수 있을 뿐, 용도의 전용이나 타인에게 양도, 임대하는 것이 허용되지 않는 사실, 교육용과 딜러용은 일반용의 24%, 업그레이드용은 일반용의 12% 수준의 가격으로 판매하고, 평가용은 무상으로 공급하는 것이 소프트웨어업계의 거래관행인 사실, 이 사건 소프트웨어의 하나인 오토캐드(AUTOCAD)의 경우 일반용에 대하여는 재판매 제한이 없음에 반하여, 교육용과 평가용에는 마그네틱디스켓의 표지에 "NOT FOR RESALE"이라고 표시하여 제3자에게 당해 소프트웨어의 사용권한을 양도할 수 없음을 명기하는 한편, 포장상자에 교육용은 한글과 영문으로 "교육용(educational version)"으로, 평가용의 경우에는 영문으로 "EVALUATION"으로 각 표기되어 있고, 제품 레이블에는 제품고유번호의 첫 3자리를 일반용은 110(영문판), 120(한글판), 교육용은 117(영문판), 127(한글판), 평가용은 124(한글판)로 각기 구분 표기되어 있으며, 프로그램을 실행할 때 나타나는 초기화면에도 일련번호와 함께 재판매금지라는 표시가 나타나도록 되어 있는 사실, 소프트웨어는 사용권한의 제한유무와 사용자층에 기하여 별개의 값으로 수입하고 있으며 실제의 유통과정에서도 양자가 별개의 가격과 별개의 소비자군을 형성하고 있는 사실, 과세관청은 일반용과 비교할 때 프로그램 내용이 동일한 업그레이드용에 대하여 이를 일반용과 다른 별개의 물건으로 보아 그 실거래가격에 의하여 과세하도록 하고 있는 사실을 인정한 다음, 관세는 수출국에서 수입국으로 판매되는 물건에 대하여 부과되는 것인데, 소프트웨어 그 자체는 물건이 아니며 소프트웨어의 매매라 하는 것은 소프트웨어가 포함된 매체를 판매하는 것이 아니라 프로그램의 저작권자가 사용자에게 매체에 담긴 프로그램의 사용권한을 주고 사용자가 그에 대한 사용료를 받는 것이고, 이 경우 사용료는 매체의 종류에 의하여 결정되는 것이 아니라 매체에 수록된 소프트웨어의 내용과 그 사용권한의 범위, 사용권한의 대상자 등에 의하여 결정되는 것인 점에 비추어 보면, 일반용 소프트웨어와 평가용 소프트웨어는 별개의 물건으로 봄이 상당하다고 하여 피고가 평가용 소프트웨어는 일반용과 동일한 물건이지만 '처분 또는 사용의 제한'에 의하여 영향을 받는 것으로 보고 일반용의 거래가격을 과세가격으로 하여 관세를 부과한 것은 위법하다고 판단하였다. 기록에 비추어 보면 원심의 위 인정은 정당하고, 관계 법령에 비추어 보면 소프트웨어 자체는 물품이 아니므로 관세의 과세대상은 수입물품인 '소프트웨어가 수록된 매체'라고 할 것이고, 이때 매체의 가치를 평가함에 있어 그 수록된 소프트웨어의 가치를 합산하는 것인바, 소프트웨어는 저작권 유사의 권리로서 그 가치는 프로그램의 내용뿐만 아니라 그에 대한 권리의 범위에 따라 달라지는 것이고, 프로그램의 사용을 허락받은 자는 허락된 사용방법 및 조건의 범위 안에서 당해 프로그램을 사용할 수 있으며, 프로그램 저작권자의 동의 없이는 사용할 권리를 제3자에게 양도할 수 없으므로, 원심이 확정한 바와 같이, 이 사건 평가용 소프트웨어는 비록 일반용 소프트웨어와 그 프로그램의 내용에 있어 동일하다고 하더라도 저작권자가 지정한 사용권한의 범위가 다르고 그에 따라 그 가치가 상이하며 상업적으로 상호 교환이 가능한 것이라고 볼 수도 없다면, 과세가격을 결정함에 있어 평가용 소프트웨어가 수록된 매체는 일반용 소프트웨어가 수록된 매체와는 서로 다른 물건이라고 함이 상당하다고 할 것이다(대판 98두1512).

2) 안전성 검사를 마치고 품목허가를 취득한 以後에 수입된 의약품과 품목허가를 받기 以前의 임상시험을 위하여 수입된 의약품(임상시험물질)은 실질적으로 별개의 물품이다(서울고판 2012누36967, 대판 2014두4115). 또한 약사법 제34조 제4항 및 의약품등에 관한 안전규칙 제29조에 따라 무상으로 수입되는 "임상시험용의 응급상황 사용승인 의약품"[430]은 유상으로 수입되는 일반 판매용 의약품과 동종·동질 또는 유사물품으로 볼 수 없기 때문에 제4방법 이하로 과세가격을 결정해야 한다(관세평가협의회, 결정 16-01-01).

[판례] 임상시험물질은 중증 질환 환자들에 대한 무상치료 용도로 수입되어 대가 없이 공급된다는 점, **약사법에 따르면 임상시험을 위하여 수입된 의약품은 임상시험목적 外의 상업적인 목적으로 사용될 수 없을 뿐만 아니라 유통 및 광고가 금지되는 등 엄격한 제한이 따르는 반면, 품목허가를 취득한 이후에 수입되는 의약품인 TSGN는 그러한 제한을 받지 아니하는 시판이 허용된 의약품이므로 양자는 법률적 취급과 상업적 가치를 달리하는 점, 또한 양자에 대한 소비자의 평판이 동일하다고 보기 어렵고, 양자의 사용목적, 용도 및 외관 등에서 확연이 구별되는 점에서** 임상시험을 위해 수입되는 의약품과 품목허가를 받은 이후에 수입되는 의약품 TSGN는 실질적으로 별개의 물품(TSGN는 **사용목적 및 외관뿐만 아니라 그 상업적 가치, 안정성 및 약효의 검증여부, 소비자의 평판 등 여러 면에서 임상시험물질과 동종·동질물품 또는 유사물품으로 볼 수 없다는 점**)이라고 봄이 타당하다(대판 2014두4115; **사례연습 47**).

[평가협의회] **"임상시험용의 응급상황 사용승인 의약품"**은 무상으로 수입되는 물품이므로 수출판매에 해당하지 않기 때문에 거래가격에 기초하여 과세가격을 결정할 수 없다. 또한 동 물품은 투약(사용) 후에는 법에 따라 임상시험용의약품 사용결과를 식품의약품안전처장에게 제출하여야 하고 판매용으로 전용할 수 없다는 점, 일반판매용과 다르게 포장되어 수입되는 점(흰색 박스에 임상시험용 의약품이라고 명기되어 있으며, '임상목적 이외에는 사용할 수 없음'이라는 문구가 표시되어 있을 뿐만 아니라 품명은 '가나다'가 아닌 임상시험 study 번호 AAA-0000이 기재되어 있고, 외포장내에 소포장도 구분되어 있음), 각 병원에 배송시에는 식품의약품안전처로부터 승인받은 환자의 코드명과 이니셜도 제품포장에 기재되어 해당 환자 以外에는 투약이 불가능한 물품인 점, 일반 판매용 의약품과 물리적 특성 또는 품질은 동일하다 할 수 있으나, 환자의 제한없이 의사의 처방에 따라 자유롭게 판매 가능한 정상 판매용 물품과는 달리 동 물품은 그 상업적 특성 및 법적으로 지정된 사용 용도 등에 있어 응급사용 목적으로 수입하는 등 상이하며, 해당 물품을 취급하는 의사 또는 환자들도 두 물품을 동일한 물품으로

430) 약사법 제34조 및 의약품 등에 관한 안전규칙 제29조에는 말기암 또는 후천성면역결핍증 등 생명을 위협하는 중대한 질환을 가진 환자에 대해 국내에서 아직 판매허가를 득하지 못한 임상시험 중인 의약품을 투여할 수 있게 하는 '임상시험용 의약품의 응급상황 사용승인'이라는 제도를 두고 있다.

인식하지 않는다(사용자의 평판도 일반 판매용과 달리 볼 이유가 많다)는 점 등에서 **유상으로 수입되는 일반 판매용의약품과 동종 · 동질 또는 유사물품으로도 보기 어렵다**(결정 16-01-01).

3) '농산물'의 경우, 그 특성상 산지 · 작황 · 수확시기 · 보관상태 · 제조 당시의 상황 등에 따라 제품 특성에 상당한 편차가 있을 수 있으므로 동종 · 동질물품으로 보기는 어렵고 (대판 2015두2758, 2014두6364, 2016두65732, 2017두30443), 유사물품으로 인정하여 제3방법 또는 제6방법(제3방법의 요건을 완화하는 방법)으로 과세가격을 결정한 경우가 많으며, 일부 判例는 유사물품으로 볼 수 없다고 하여 제6방법(제5방법의 요건을 완화하는 방법 또는 기타의 합리적 기준에 따른 방법)으로 과세가격을 결정한 경우도 있다(대판 2016두65732, 2015두2758, 2014두6364, 2017두30443, 부산고판 2017누22169).

[판례]

① [유사물품의 거래가격 적용] 이 사건 물품(중국산 콩나물콩: 백태, 흑태, 서리태, 카오피 등)은 **농산물이므로 산지, 작황, 수확시기, 보관상태, 제조 당시의 상황 등에 따라 제품 특성에 관하여 상당한 편차가 있을 뿐만 아니라** 이 사건 물품의 동일성의 기준이 되는 제반 특성을 확인할 수 있는 자료도 없으므로 관세법 제31조의 방법(제2방법)에 의하여 과세가격을 산정할 수는 없다. 따라서, 관세법 제32조의 방법과 같이 유사물품의 거래가격을 기초로 과세가격을 결정할 수 있는지에 관하여 보건대, **같은 기간[431] 민간업체에서 중국으로부터 수입한 콩나물콩 중 이 사건 물품과 '같은 품종'은 동일한 기능을 수행하고 대체사용이 가능한 유사물품에 해당한다**고 할 것이다. 살피건대, D물산이 2006. 12. 초순 중국 DS국제유한공사로부터 수입한 콩나물콩(백태)의 가격이 톤당 미화 303달러, H무역이 2008. 1. 중순 중국 DW수출입회사로부터 수입한 콩나물콩(카오피, 흑태)의 가격이 톤당 미화 305달러, 주식회사 JW가 2007. 9. 중순 중국 DST수출입유한공사로부터 수입한 콩나물콩(흑태)의 가격이 톤당 미화 273달러, G무역이 2007. 9.말 및 2007. 12. 중순 중국 DQ농산물가공무역회사로부터 수입한 콩나물콩(흑태)의 가격이 톤당 각 미화 270달러와 300달러인 사실 등을 인정할 수 있고, 위 거래가격은 같은 기간 피고에 신고된 유사물품 거래가격 중 가장 낮은 가격이고, 달리 위 가격이 관세행정에 따라 유도된 신고금액이라고 인정할 자료가 없는 점 등에 비추어 보면, 피고가 이 사건 물품의 과세가격을 1톤당 미화 303달러로 정한 것에 위법이 있다고 할 수 없다(대판 2014두6364).

② [유사물품의 거래가격 적용] 피고는 이 사건 물품 중 콩나물 콩(백태), 팥, 녹두에 대하여는 관세법 제32조를 적용하여 유사물품의 거래가격을 기초로 과세가격을 결정하였고, 콩나물콩(오리알태), 깐회색팥에 대하여는 관세법 제35조를 적용하여 합리적 기준에 따른 과세가격을 결정하였는데, 다음과 같은 사정을 종합하면, 피고의 위와 같은 과세가격 산정은 적법하다. ㉠ 이 사건 물품은 **농산물이므로 산지, 작황, 수확시기, 보관상태 등에 따라 제품 특성에**

431) 원고는 2006. 11. 13.부터 2008. 6. 20.까지 사이에 중국 AF유한공사로부터 이 사건물품(콩나물콩: 백태, 흑태, 서리태, 카오피)을 수입하면서 수입가격을 미화 270~384달러로 신고하였다.

관하여 상당한 편차가 있을 수 있고, 이 사건 물품과 동일한 물품에 대한 자료도 없으므로, 구 관세법 제31조에 따라 동종·동질물품의 거래가격을 기초로 과세가격을 결정할 수는 없다. ㉡ 피고가 과세가격 산정기준으로 삼은 H협회(콩나물콩-백태), N공사(녹두), F식품(팥)의 농산물은 이 사건 물품과 유사한 물질의 농산물로서 이 사건 물품의 선적일을 전후하여 수입신고가 수리된 것이다.[432] 그리고, 이 사건 물품 중 콩나물 콩(오리알태), 깐회색팥은 유사한 수입시기에 '유사물품' 수입실적이 존재하지 않아 이와 용도, 품명, 규격, 수입시기 등이 대체로 같은 범주에 드는 콩나물콩(백태), 팥의 과세가격에 따라 그 그 과세가격이 산정되었다. ㉢ 이 사건 물품은 품위계측 및 현품검사 결과 N공사의 2010년산 농산물에 대한 구매규격에 부합하거나 이에 근접한 품질을 가지고 있다. ㉣ 피고는 H협회와 N공사가 수입한 유사물품[콩나물콩(백태), 녹두]의 신고단가에서 GMO검사비용, 잔류농약검사비용 등을 제외하는 방법으로 가격을 조정하는 과정을 거쳤고, F식품이 수입한 유사물품(팥)에 대하여는 가격조정요인이 없어 F식품의 신고가격을 그대로 이 사건 물품(팥)의 과세가격으로 결정하였다. 위와 같은 사정 外에 달리 이 사건 물품과 H협회 등이 수입신고한 농산물 사이에 구매방법, 거래단계 및 수량, 운송 거리 및 형태 등 가격에 영향을 미칠만한 요인의 차이는 없으므로 위와 같은 요인의 차이에 따른 가격차이를 추가로 조정하여야 한다고 할 수도 없다. ㉤ 관세법 제35조를 적용한 물품[콩나물콩(오리알태), 깐회색팥]의 경우, 위 각 물품의 정당한 국내판매가격이나 생산에 사용된 비용 등과 동종·동질물품 또는 유사물품이 수입된 것과 동일한 상태로 이 사건 물품의 수입신고일 또는 수입신고일과 거의 동시에 국내에 판매된 가격에 대한 자료가 없으므로, 관세법 제33조, 제34조에 따라 국내판매가격이나 산정가격을 기초로 과세가격을 결정할 수 없다. 따라서, 이 사건 물품에 대한 과세가격 산정은 적법하다(서울고판 2014누5998, 대판 2015두2758). ③ [유사물품의 거래가격 적용] 위 인정사실에 의하면 이 사건 각 생강과 피고가 유사물품으로 선정한 신선생강(소강)은 모두 2011년 중국 산동성에서 생산된 생강으로서 그 생산지, 생산시기, 품종이 동일하고, 원고들의 각 수입일 전후 30일 사이에 수입된 것으로서, 가격조정을 필요로 할 만한 차이는 보이지 않는다. 따라서, 피고가 관세법 제32조 제3항에 따라 유사물품들의 거래가격 중 가장 낮은 가격을 기초로 하여 이 사건 각 생강에 대한 과세가격을 결정한 데에는 잘못이 없다(서울고판 2015누71787, 대판 2016두65732; **사례연습 46**). ④ [유사물품의 거래가격 적용 배제] 이 사건 물품(참깨분과 참기름)의 원재료인 참깨는 농산물이므로 그 산지, 작황, 수확시기, 보관상태 등에 따라 품질과 제품생산수율 등 제반 특성에 관하여 상당히 큰 편차가 있을 뿐만 아니라, 특히 이 사건 물품은 이 사건 각 중국회사가 원재료인 인도산과 중국산 참깨를 구입하여 이를 가공한 참개분과 참기름으로서 그 원재료의 상태, 원재료의 혼합비율, 가공공정, 제조 당시의 상황 등에 따라

432) 원고는 H협회, N공사에 의한 무역은 국영무역으로서, 국영무역과 민간무역은 수입구조, 거래단계, 공급처, 운송방법, 포장형태 등에서 많은 차이가 있으므로 유사물품에 해당하지 않으며, 가사 유사물품이라 하더라도 가격차이의 조정이 충분히 이루어지지 않았다고 주장하였으나, 재판부는 이를 수용하지 않았다. 또한, 제4방법 중 유사물품의 국내판매가격을 기초로 과세가격을 결정해야 한다고 주장하였으나, 이 역시 수용되지 않았다.

품질에 큰 차이가 있고, 이 사건 물품과의 동일성 내지 유사성의 기준이 되는 특성을 확인할 수 있는 자료도 없어 이 사건 물품과 동종·동질의 물품이나 유사물품을 정하기 어려우므로 제2, 3방법에 의하여 과세가격을 결정할 수 없다(서울고판 2009누1231). ⑤ [유사물품의 거래가격 적용] 이 사건 물품(중국산 콩나물콩 등)은 **농산물이므로 산지, 작황, 수확시기, 보관상태, 제조 당시의 상황 등에 따라 제품 특성에 관하여 상당한 편차가 있을 뿐만 아니라** 이 사건 물품의 동일성의 기준이 되는 제반 특성을 확인할 수 있는 자료도 없으므로 관세법 제31조의 방법(제2방법)에 의하여 과세가격을 산정할 수는 없다. 따라서 관세법 제32조의 방법과 같이 유사물품의 거래가격을 기초로 과세가격을 결정할 수 있는지에 관하여 보건대, **같은 기간 민간업체에서 중국으로부터 수입한 콩나물콩 중 이 사건 물품과 같은 품종은 동일한 기능을 수행하고 대체사용이 가능한 유사물품에 해당한다고 할 것이다.** 살피건대, 피고 제출 증거와 변론전체의 취지를 종합하여 보면, D물산이 2006. 12. 초 중국 DS유한공사로부터 수입한 콩나물콩(백태)의 가격이 1톤당 미화 303달러인 사실, H무역이 2008. 1. 중순 중국 DW수출입회사로부터 수입한 콩나물콩(카오피, 흑태) 가격이 1톤당 미화 305달러인 사실을 인정할 수 있고, **위 가격은 같은 기간 피고에 신고된 유사물품 거래내역 중 가장 낮은 가격이고,** 달리 위 가격이 관세행정에 따라 유도된 신고금액이라고 인정할 자료가 없는 점 등에 비추어 보면, 피고가 이 사건 물품의 과세가격을 1톤당 미화 303달러로 정한 것에 위법이 있다고 할 수 없다(서울고판 2013누11149).

(4) 동종·동질물품 및 유사물품에는 우리나라에서 수행되었기 때문에 생산지원비로 가산·조정되지 아니한 기술, 설계, 고안, 공예, 디자인을 결합하거나 반영한 물품은 동종·동질물품 또는 유사물품에 포함되지 않는다(평가협정 제15조 제2항, 평가협정 예해 1.1). 즉, 구매자가 제공한 생산지원 중 우리나라에서 개발된 수입물품의 생산에 필요한 기술, 개발, 공예, 디자인, 설계, 고안(영 제18조 제4호 단서의 생산지원)을 사용하여 생산된 물품은 동종·동질 또는 유사물품에서 제외한다.[433]

2. 과세가격으로 인정된 사실이 있는 거래가격

"과세가격으로 인정된 사실이 있는 거래가격"이란 동종·동질물품 또는 유사물품에 관한 납세의무자가 관세법 제30조 제1항에 따른 거래가격으로 가격신고를 하여 과세가격으로 인정된 거래가격을 말한다(광주고판 2018누1225, 대판 2019두47834).[434] 여기에는 과세관청이 범칙조사나

433) 그 이유는 동종·동질 또는 유사물품에 사용된 생산지원이 우리나라에서 개발된 것이라는 이유로 가산대상에서 제외되었기 때문에, 동종·동질 또는 유사물품의 가격은 (해당 수입물품과 비교하여) 가산대상에서 제외된 생산지원만큼 가격이 낮게 정해졌을 것이므로 그 물품은 가격구성측면에서 이미 해당 수입물품과 동종·동질 또는 유사물품으로 볼 수 없기 때문이다.

434) 관세법 제31조 및 제32조의 법문상 '거래가격'(transaction value)이라고 규정하고 있고, 과세가격으로 규정하고

기업심사를 통해서 신고한 세액을 심사한 후 신고한 거래가격을 적정한 것으로 인정한 경우뿐만 아니라 수입자가 동종·동질물품 또는 유사물품을 수입신고하고 이를 과세관청이 수리한 거래가격 등도 포함된다(대판 2005두17188). 그러나, 과세관청이 신고가격을 부인하고 관세법 제31조 내지 제35조에서 정한 방법에 따라 결정한 '과세가격'은 여기에 포함되지 않는다(대판 2019두47834).

과세가격으로 인정된 사실이 있는 동종·동질물품 또는 유사물품의 거래가격이면 그것이 특수관계자간의 거래에 따른 물품의 가격이라도 관계없다.[435] 그리고 평가대상물품을 수입한 者뿐만 아니라 다른 수입자가 수입하는 물품도 동종·동질물품 또는 유사물품이 될 수 있으나, 평가대상물품(해당물품)의 수입자가 수입하는 동종·동질 또는 유사물품의 거래가격을 우선 적용하는 것이 타당할 것이다.[436]

[판례] [과세가격으로 인정된 사실이 있는 유사물품 거래가격의 의미] 관세법 제32조 제1항은 '제30조와 제31조에 따른 방법으로 과세가격을 결정할 수 없을 때에는 과세가격으로 인정된 사실이 있는 유사물품의 거래가격으로서 일정한 요건을 갖춘 가격을 기초로 하여 과세가격을 결정한다'고 규정하고, 제35조 제1항은 "제30조부터 제34조까지에 규정된 방법으로 과세가격을 결정할 수 없을 때에는 대통령령으로 정하는 바에 따라 제30조부터 제34조까지에 규정된 원칙과 부합되는 합리적인 기준에 따라 과세가격을 결정한다."라고 규정하고 있다. 한편 관세법 제35조 제2항은 "제1항에 따른 방법으로 과세가격을 결정할 수 없을 때에는 국제거래시세·산지조사가격을 조정한 가격을 적용하는 방법 등 거래의 실질 및 관행에 비추어 합리적으로 인정되는 방법에 따라 과세가격을 결정한다."라고 규정하고 있다. 수입물품의 과세가격 결정에 관한 이들 규정의 문언과 체계 및 취지, **특히 관세법 제32조 제1항이 관세법 제30조에서 사용된 '거래가격'이라는 용어를 그대로 사용하고 있는 점 등에 비추어 보면, 관세법 제32조 제1항의 '과세가격으로 인정된 사실이 있는 유사물품의 거래가격'은 '관세법 제30조에 따라 과세가격으로 인정된 유사물품의 거래가격'만을 의미하고, '과세관청이 신고가격을 부인하고 관세법 제31조 내지 제35조에서 정한 방법에 따라 결정한 과세가격'은 여기에 포함되지 않는다고 해석함이 타당하다.** 원심은 우선 이 사건 물품 중 '별지 1 순번 1-7 기재 소강'에 대하여는 관세법 제30조부터 제34조까지에 규정된 방법으로 과세가격을 결정할 수 없으므로, 제35조에 따라 과세가격이 결정되어야 한다고 전제하였다. 그런 다음 원심은, **원고가 위 물품의**

있지 않기 때문이다.

[평가협정 주해 제3조] 평가협정 제3조의 목적상, 유사물품의 거래가격이란 평가협정 제1조에 따라 이미 수용된 바 있는 과세가격으로서 제1항 및 제2항에서 규정한 바와 같이 조정된 것을 말한다.

435) 다만 특수관계에 있는 판매자와 구매자간에 거래되는 동종·동질물품 또는 유사물품의 경우, 그 가격이 저가로 의심되는 경우에는 "동종·동질물품 또는 유사물품의 거래가격의 정확성과 진실성을 의심할만한 합리적인 사유가 있는 경우"에 해당하여 과세가격에서 제외될 수는 있다.

436) WCO관세평가 교육모듈(중급/고급용), 156쪽.

유사물품 거래가격으로 인정되어야 한다고 주장하는 D사의 수입물품에 대한 과세가격은 과세관청이 그 신고가격을 부인하고 관세법 제35조에 따라 결정한 것이어서[437] 관세법 제32조 제1항의 '과세가격으로 인정된 사실이 있는 유사물품의 거래가격'에 포함되지 않으므로, **피고가 위 물품에 관하여 관세법 제35조 제1항, 제32조 제1항이 아니라 제35조 제2항에 따라 중국 산지가격을 기초로 과세가격을 결정한 것은 적법하다**(대판 2019두47834; **사례연습 45**).

3. 동종 · 동질물품 또는 유사물품의 거래가격의 정확성과 진실성을 의심할만한 합리적인 사유가 없을 것

과세가격으로 인정된 사실이 있는 동종·동질물품 또는 유사물품의 거래가격이라 하더라도 그 가격의 정확성과 진실성을 의심할만한 합리적인 사유가 있는 경우 그 가격은 과세가격 결정의 기초자료에서 제외한다(법 제31조 제2항, 제32조 제2항). 납세의무자가 적용을 주장하는 동종·동질 또는 유사물품의 거래가격이 다른 동종·동질 또는 유사물품의 거래가격과 현저한 차이가 있는 경우,[438] 동종·동질물품 또는 유사물품의 거래가격에 관한 자료 등의 신빙성이 낮은 경우[439] 등이 여기에 해당할 것이다.

이 규정은 특히 中國産 농산물이나 특수관계자간 거래물품에 대하여 低價로 의심되는 동종·동질물품의 거래가격 또는 유사물품의 거래가격을 과세가격에서 제외하기 위하여 신설한 조항이다. 즉, 평가대상물품인 중국산 농산물이나 특수관계자간 거래물품에 대한 과세가격 결정시 (거래가격을 부인하고) 동종·동질물품 또는 유사물품의 거래가격을 과세가격으로 채택하고자 하는데, 그 가격들도 저가(低價)신고된 것으로 의심되는 경우, 즉 가격의 정확성과 진실성을 의심할만한 합리적인 사유가 있는 경우에는 그 가격들은 과세가격에서 제외하고 결국은 제4방법 이하로 과세가격을 결정한다는 것이다.

437) D사는 1-7 수입신고의 입항일인 2014. 8. 14.부터 90일 이내인 2014. 5. 20. 소강을 수입하고 톤당 미화 450달러에 신고하였으나, 인천세관에서는 위 신고가격을 부인하고 세액심사결과 2014. 10. 27. 관련 규정에 따라 D사 수입물품의 입항일 전후 90일 이내인 2014. 3. 15. 입항되어 수입된 물품의 거래가격인 환산단가(톤당 미화 1,319달러)를 D사의 과세가격으로 결정한 사실이 있다.

438) 납세의무자가 주장하는 유사물품의 거래가격과 다른 유사물품의 거래가격을 비교한다(유사물품의 거래가격 간의 비교)는 점에서, 해당 수입물품의 거래가격과 유사물품의 거래가격간의 차이가 현저한 경우에 자료제출 요구 후 거래가격을 불인정하는 관세법 제30조 제4항 및 제5항의 경우와 다르다.

439) 매매장부상의 기록과 실제 수입내용(수입일자, 수량, 가격구성 등)이 다른 경우 등.

[판례]

A사가 2014. 4. 15. 입항한 산동성산 소강 24톤에 대하여 수입신고가격을 미화 883달러로 기재한 사실, 서울세관에서 A사의 수입생강에 대하여 2014. 9. 25.부터 2014. 10. 24.까지 세액심사를 실시하였는데, 당시 원고가 2014. 3. 16. 입항한 별지1 목록 순번 1-2의 신고가격(조정가격) 톤당 미화 629달러와 K사가 2014. 4. 5. 입항한 신고가격(조정가격) 톤당 미화 503달러에 대하여 세액심사가 진행 중이었는데도 이것들을 유사물품의 거래가격으로 보고 A사의 수입신고가격이 유사물품의 거래가격보다 더 높다는 이유로 2014. 11. 19. A사의 수입신고가격을 인정한 사실, 이후 원고가 수입한 별지1 목록 순번 1-2 기재 물품신고가격은 유사물품의 거래가격과 현저한 차이가 있는 등 과세가격으로 인정하기 곤란하다는 이유로 2015. 3. 13. 이 사건 처분을 통해 톤당 미화 1,319달러로 증액경정되고, K사가 수입한 물품 역시 마찬가지 이유로 2015. 2. 24. 톤당 미화 1,319달러로 증액경정된 사실이 인정된다. 위 인정사실에 의하면 **이 사건에서 A사가 수입한 생강에 대하여 비과세된 톤당 미화 883달러가 과세가격으로 인정된 사실이 있는 거래가격이라 하더라도 그 가격은 다른 유사물품의 거래가격과 현저한 차이가 있어 관세법 제32조 제2항에 따라 신고가격의 정확성과 진실성을 의심할 만한 합리적인 사유가 있으므로 과세가격 결정의 기초자료에서 제외되어야 할 것이다.** 따라서 피고가 별지1 목록 순번 1-2 내지 1-5기재 수입신고의 과세가격을 결정함에 있어 A사의 수입신고가격을 유사물품 거래가격으로 고려하지 않은 것이 위법하다고 볼 수 없다(광주고판 2018누1225, 대판 2019두47834).

Ⅱ 생산국의 동일성과 시간적 근접성

1. 생산국의 동일성

(1) 동종·동질물품 또는 유사물품은 과세가격을 결정하려는 해당 물품의 생산국에서 생산된 것으로 한다. 즉, 평가대상물품과 동일한 국가에서 생산되지 않은 물품은 동종·동질물품 또는 유사물품으로 간주되지 않는다(평가협정 제15조 제2항). '生産國'의 동일성이 요구되는 것이고 '수출국'은 동일하지 않아도 된다. 만약 해당 물품이 둘 이상의 국가에 걸쳐 생산된 경우, 생산국을 어떻게 결정해야 하는지 문제될 수 있다. 이에 대해 FTA가 체결되어 있는 국가의 경우에는 FTA협정상 원산지결정기준에 따라야 한다는 견해와 FTA의 체결여부와 상관없이 우리나라 대외무역법상 원산지결정기준에 따라야 한다는 견해가 있는데, 관세평가가 특혜관세와 관련되어 있는 것은 아니므로 후자의 견해가 타당한 것으로 생각된다.

(2) 평가대상 물품과 동일한 사람(기업)이 생산한 동종·동질물품 또는 유사물품이 없는 경우에만 다른 사람(기업)이 생산한 물품이 고려된다(영 제25조 제5항, 평가협정 제15조 제2항).

2. 시간적 근접성

(1) 의의

동종 · 동질물품 또는 유사물품은 해당 물품의 선적일(船積日)에 선적되거나 해당 물품의 선적일을 前後하여 가격에 영향을 미치는 시장조건이나 상관행(商慣行)에 변동이 없는 기간 중에 선적되어 우리나라에 수입된 것이어야 한다(법 제31조 제1항 제1호, 제32조 제1항).[440] 평가협정 제2조 및 제3조에서는 "평가대상물품과 동시 또는 거의 동시(at or about the same time)에 수출된 동종 · 동질물품 또는 유사물품"으로 규정하고 있다.[441]

(2) 선적일

"선적일"은 수입물품을 수출국에서 우리나라로 운송하기 위하여 선적하는 날로 하며, 선하증권, 송품장 등으로 확인한다. 다만, 선적일의 확인이 곤란한 경우로서 해당 물품의 선적국 및 운송수단이 동종 · 동질물품의 선적국 및 운송수단과 동일한 경우에는 "선적일"을 "입항일"로, "선적"을 "입항"으로 본다(영 제25조 제2항). 유의할 점은 (동종 · 동질물품이 아니라) 유사물품의 선적(수출)시점이 평가대상물품의 시점과 더 근접하다고 하여 유사물품의 거래가격을 동종 · 동질물품의 거래가격보다 우선하여 적용할 수는 없다는 것이다(평가협정 해설 1.1).

(3) 가격에 영향을 미치는 시장조건이나 상관행에 변동이 없는 기간

"해당 물품의 선적일을 전후하여 가격에 영향을 미치는 시장조건이나 상관행에 변동이 없는 기간"은 해당 물품의 선적일 前 60日과 선적일 後 60日을 합한 기간(총 120日)으로 한다.[442] 다만, 농림축산물 등 계절에 따라 가격의 차이가 심한 물품의 경우에는 선적일 前 30일과 선적일 後 30日을 합한 기간(총 60日)으로 한다(영 제25조 제3항).

---

440) 평가대상물물품이 '선적'(평가협정에서는 수출)된 때의 시간이지 수출판매된 때의 시간이 아니라는 점에 유의해야 한다.

441) 당해물품의 선적 일에 선적된 동종 · 동질물품의 거래가격이 있는 경우에는 동물품의 거래가격으로, 같은 선적 일에 선적된 동종 · 동질물품의 거래가격이 없는 경우에는 당해 물품의 선적 일을 전후하여 가격에 영향을 미치는 시장조건이나 상관 행에 변동이 없는 기간 중에 선적된 동종 · 동질물품 중 당해 물품의 선적시기와 가장 가까운 물품의 거래가격을 기초로 과세가격을 산정한다(기획재정부 유권해석, 2002. 8. 19.).

442) 일본의 경우, 수출한 날의 전후 1개월 이내로 규정하고 있다.

[판례]

수입물품 과세가격 결정에 관한 고시 제23조, 제24조는 "농림축산물의 경우 해당 물품의 선적일을 전후하여 가격에 영향을 미치는 시장조건이나 상관행에 변동이 없는 기간이란 해당 물품의 선적일 전후 30일(총 60일)을 말한다"고 규정하고 있다. 이 사건에서 주식회사 N사의 수입신고가격 역시 2012. 7. 7. 입항 당시에는 498.2달러였다가 2개월 후인 2012. 9. 6. 입항 당시에는 511.9달러로 변동된 점, 원고 K의 이 사건 각 생강의 입항일은 2012. 3. 26.부터 2012. 4. 7.이고, 원고 A의 이 사건 각 생강 중 일부의 입항일은 2012. 4. 5.부터 2012. 4. 10.로서 **주식회사 N사의 2012. 7. 7. 입항과는 대략 3개월의 차이가 나는 점 등에 비추어 피고가 위 고시규정에 따라 주식회사 N사의 입항일 전후 30일 이내에 원고A, Y가 입항한 신선생강(소강)에 대하여만 유사물품 중 최저가격인 주식회사 N사의 위 신고가격을 위 원고들에 대한 유사물품의 거래가격으로 적용**하고, 그렇지 않은 부분에 대하여는 당초의 처분을 그대로 유지한 조치가 위법하다고 보기는 어렵다(서울고판 2015누71787, 대판 2016두65732, 대판 2017두30442).

Ⅲ 우리나라에 수입된 물품일 것

'우리나라'에 수입된 물품이어야 하므로, 제3국으로 수입된 물품은 동종·동질 또는 유사물품의 거래가격으로 사용될 수 없다.

Ⅳ 거래내용의 동일성과 차이 조정 등

1. 거래내용의 동일성

동종·동질물품 및 유사물품은 평가대상물품과 거래 단계, 거래 수량, 운송 거리, 운송 형태 등(거래내용)이 동일해야 한다(법 제31조 제1항 제2호, 제32조 제1항).[443] 즉, 평가대상물품과 동일한 거래단계와 실질적으로 동일한 수량으로 판매되는 동종·동질물품 또는 유사물품의 거래가격이 과세가격 결정에 사용되어야 한다(평가협정 제2조 제1항, 제3조 제1항).

2. 거래단계 또는/및 거래수량의 차이에 따른 가격차이의 조정

(1) 의의

세관당국은 평가대상물품과 동일한 거래단계와 실질적으로 동일한 수량의 동종·동질물품

443) '가격' 자체는 거래내용 등에 포함되지 아니한다.

또는 유사물품의 판매가 발견되지 아니할 경우에는 ① 거래단계는 같으나 수량이 다른 판매, ② 거래단계는 다르나 수량은 실질적으로 같은 판매, ③ 거래단계가 다르고 수량도 다른 판매 중 어느 하나에 부합하는 동종·동질물품 또는 유사물품의 판매를 사용할 수 있다(평가협정 주해 제2조 제1항, 제3조 제1항).[444] 이들 세 가지 조건 중 어느 하나에 부합되는 판매를 발견하면, 각 사안별로 ㉠ 수량 요소들만, ㉡ 거래 단계 요소들만, ㉢ 거래 단계 및 수량 요소들 모두에 대하여 조정한다(평가협정 주해 제2조 제2항, 제3조 제2항).[445] 즉, 세관당국은 거래단계, 거래수량이 평가대상물품과 동종·동질 또는 유사물품간에 차이가 있는 경우에는 그에 따른 가격차이를 조정하여야 한다(법 제31조 제1항 제2호, 제32조 제1항).

(2) 가격차이의 조정 필요성 여부와 합리성·정확성을 갖는 증거에 기초한 조정

1) 세관이 동종·동질물품 또는 유사물품의 거래가격을 결정하는데 사용될 수 있는 거래를 인지하게 된 경우에는, 그 거래가 평가대상물품과 동일한 거래단계 및 실질적으로 동일한 수량으로 이루어졌는지 입증하여야 한다. 만일 거래단계와 수량이 해당거래에 관하여 비교할 만하다면 이들 요소에 대한 별도의 조정은 필요하지 않다.

[평가협정 예해 10.1] 해당물품(수입자 甲)과 동종·동질물품(수입자 乙) 모두 거래단계가 '도매단계'이고, 거래수량도 1,700개로 동일한데, 거래가격(단가)은 해당물품은 10만원이고, 동종·동질물품은 15만원인 경우, **동일한 거래단계 및 수량이어서 조정은 필요하지 않을 것이므로,** 제2방법을 적용하여 15만원으로 과세가격을 결정한다. 유사물품의 경우에도 동일하게 적용된다.

2) 그러나 거래단계 및/또는 거래수량에 차이가 있다면 가격 또는 가치가 그러한 차이에 의하여 영향을 받았는지 與否를 결정할 필요가 있다. 거래단계 또는 거래수량 차이의 단순한 존재는 그 자체로 조정을 하도록 요구하지 않는다는 것에 유념해야 한다. 가격(price) 또는 가치(value)의 차이가 거래단계 또는 수량에 기인하는 경우에만 조정이

444) 거래단계가 동일하다는 것은 '상업적 수준'(Commercial level)이 동일하다는 것을 의미한다. 즉, 상품이 최종구매자에게 도달할 때까지 거치는 과정을 상업적 수준, 즉 거래단계라고 하는데, 거래단계의 동일성은 당사자가 해당 거래의 흐름에서 어떤 역할을 담당하는지를 검토하여 판단하여야 한다. 예를 들어 수출자(판매자) A와 수입자 B가 동일하더라도, 수출자 A와 국내 구매자 C 간에 체결된 판매계약에 따라 수출자 A가 국내구매자 C에게 판매한 기계의 설치, 조립에 필요한 부품을 (A와 설치·조립 및 유지보수 서비스계약을 체결한) 수입자 B가 무상으로 수입하여 국내 구매자 C에게 설치, 조립서비스를 제공하는 거래와 수입자 B가 수출자 A로부터 유상으로 기계부품을 수입하여 국내구매자들(C, D, E 등)에게 유상으로 판매하는 거래는 (수입자 B의 역할이 다르기 때문에) 거래단계가 동일하다고 할 수 없을 것이다.

445) 및 또는 이라는 "및/또는"이라는 표현은 판매를 사용함에 있어서 그리고 위에 기술된 세 가지 조건 중 어느 하나에 대하여 필요한 조정을 행함에 있어서 융통성을 허용한다.

필요할 것이며 조정은 합리성과 정확성을 명확하게 확립할 수 있는 입증된 증거를 기초로 이루어져야 한다. 이러한 조건이 충족될 수 없다면 조정은 이루어질 수 없다(평가협정 예해 10.1).

[평가협정 예해 10.1] 거래단계 또는 거래수량에 차이가 있으나 판매자가 물품을 판매할 때 거래단계 또는 거래수량을 고려하지 않으므로 그러한 차이가 상업적 관련성을 가지지 않는 상황이 발생할 수 있다. 이러한 경우에는 조정이 요구되지 않는다. ① 예를 들어, 해당물품(수입자 甲)은 거래단계가 '도매', 거래수량 2,000개, 단가 10만원, 판매자는 A이고, 동종·동질물품(수입자 乙)은 거래단계가 '도매', 거래수량 1,700개, 단가 15만원, 판매자는 B인 경우, 세관은 B가 최소한 물품 1,000단위를 구매하는 모든 구매자에게 15만원의 가격으로 물품을 판매하지만 그 외에는 구매수량에 따라 가격을 변경하지 않는다고 확정하였다. 이러한 경우에는 수량에 차이가 있더라도 동종·동질물품의 판매자가 두 거래 모두가 이루어진 수량 범위 이내에서는 가격을 변경하지 않기 때문에 그 차이는 가격에 영향을 미치지 않았다. **그러므로 수량에 대한 조정은 필요하지 않다**. 따라서, 제2방법을 적용하여 15만원으로 과세가격을 결정한다. ② 해당물품(수입자 甲)은 거래단계가 '도매', 거래수량 1,500개, 단가 10만원, 판매자는 A이고, 동종·동질물품(수입자 乙)은 거래단계가 '소매', 거래수량 1,200개, 단가 15만원, 판매자는 B인 경우, 판매자 B는 구매단계에 따라 가격을 변경하지 않고 1,000단위 이상을 구매하는 자는 누구나 15만원으로 판매한다. 이 사례에서는 비록 상업적 단계에 차이는 있지만, 동종·동질물품의 판매자는 상업적 단계와 상관없이 모든 구매자에게 판매하기 때문에 상업적 단계에 기인하는 가격 차이는 없다. 또한 두 가지 거래가 모두 1,000단위를 초과하는 수량에 대해 공통점이 있으므로 **수량에 대한 조정이 필요하지 않다.** 따라서 제2방법을 적용하여 15만원으로 과세가격을 결정한다. 유사물품의 경우에도 동일하게 적용된다.

다른 거래 단계 또는 다른 수량으로 인한 조정의 조건은 해당 가격이 증가 또는 감소되는지 여부와 상관없이 조정에 대한 합리성과 정확성을 명확하게 확립할 수 있는 입증된 증거에 기초하여 이루어져야 한다. 이러한 예로서, 만약 평가대상 수입물품의 수량이 10단위인데 비해 거래가격이 존재하는 유일한 동종·동질 수입물품은 500단위로 판매되었고, 판매자가 수량할인을 제공하고 있음이 인정되는 경우, 판매자의 가격표에서 10단위의 판매에 적용되는 가격을 이용하여 필요한 조정을 할 수 있다. 이것은 해당 가격표가 다른 수량의 판매에서 진실된 것임이 입증되는 한, 10단위 수량의 판매가 반드시 있어야 함을 요구하는 것은 아니다. 만약, 거래내용, 거래수량 등의 차이에 따른 가격차이를 조정할 객관적 척도가 없는 경우에는 제2방법에 따라 과세가격을 결정할 수 없다(평가협정 주해 제2조 제5항, 제3조 제5항).

[판례] ① [차이 조정이 불필요한 경우] 이 사건 생강은 농산물이므로 산지, 작황, 수확시기, 보관상태 등에 따라 제품 특성에 관하여 상당한 편차가 있을 수 있고, 이 사건 생강과 동일한 물품에 대한 자료도 없으므로, 구 관세법 제31조에 따라 동종·동질물품의 거래가격을 기초로 과세가격을 결정할 수는 없다. 그리고, **앞서 인정한 사실에 의하면, 피고가 유사물품으로 선정한 신선생강(소강)은 이 사건 생강과 같은 2012년 중국산 생강으로서 그 생산지, 생산시기, 품종이 동일하고, 원고들의 각 수입일 전후 30일 사이에 수입된 것으로서 가격 조정을 필요로 할 만한 차이가 보이지 않는다. 따라서, 피고가 관세법 제32조 제3항에 따라 유사물품들의 거래가격 중 가장 낮은 가격을 기초로 하여 이 사건 생강에 대한 과세가격을 결정한 데에는 잘못이 없다**(서울고판 2015누70616, 대판 2017두30443). ② [거래내용의 상이와 유사물품 거래가격의 배제] 갑 제71호증의 기재에 변론 전체의 취지를 종합하면, Y농산이 2014. 12. 6.부터 2015. 1. 15.까지 입항한 대강에 관하여 톤당 미화 340달러에, 2015. 3. 31.부터 2015. 4. 11.까지 입항한 소강에 관하여 톤당 미화 700달러에 각각 수입신고를 하였고, 인천세관장이 그 신고가격을 부인하고 관세를 경정부과하였으나, 서울고등법원 2017누84503호 사건에서 위 법원이 Y농산의 신고가격을 과세가격으로 인정하기 곤란한 경우에 해당한다고 보기 어렵다고 판단하여 인천세관장의 관세부과처분을 취소하였고, 위 판결은 대법원에서 상고가 기각되어 그대로 확정된 사실은 인정된다. 그러나 동종·동질물품 또는 유사물품의 거래가격을 기초로 과세가격을 결정하기 위해서는 가격에 영향을 미치는 시장조건이나 상관행에 변동이 없는 기간 중에 선적되어 우리나라에 수입된 것이어야 하고, 거래 단계, 거래 수량, 운송 거리, 운송 형태 등이 해당 물품과 같아야 하며, 두 물품 간에 차이가 있는 경우에는 그에 따른 가격차이를 조정한 가격이어야 한다(관세법 제31조 제1항 제1호, 제2호, 제32조 제1항 참조). 그런데 **Y농산이 수입한 위 물품은 대량포괄계약으로 수확시기로부터 1년 전에 저렴하게 대량 확보한 경우이고, 원고가 수입신고한 위 해당 물품은 포괄계약으로 저가매수를 하였다고 인정하기 어려운 경우에 해당하는바, Y농산과 원고의 해당 수입물품이 거래 단계, 거래 수량, 운송 거리, 운송 형태 등 여러 가지 요인에서 동일한 수준에 있다고 보기 어렵다.** 따라서 피고가 별지1 목록 순번 3-1 내지 3-11, 4-1, 4-3 내지 4-5, 4-7, 4-10, 4-11 기재 수입신고의 과세가격을 결정함에 있어 Y농산의 신고가격을 유사물품의 거래가격으로 고려하지 않은 것이 위법하다고 볼 수 없다(광주고판 2018누1225, 대판 2019두47834).

[심판례] 청구법인은 수입물품의 거래가격은 해당물품의 거래내용, 수입목적 등을 고려하여 수락할 수 있는지 여부를 판단하여야 하므로 **수탁가공 목적으로 수입한 쟁점물품(농약 원제)**의 가격이 유상으로 수입한 동종·동질물품의 가격보다 낮다는 이유만으로 처분청이 그 가격을 부인하는 것은 부당하고, 쟁점물품에 대한 신고가격을 부인하더라도 쟁점물품과 동종·동질물품은 거래내용 등이 상이하므로 이에 따른 가격차이를 조정하여야 한다는 등의 주장을 하나, 관세법 제30조는 우리나라에 수출하기 위하여 판매되는 물품에 대한 과세가격의 결정방법에 관한 규정인데, 같은 법 시행령 제17조는 우리나라에 수출하기 위하여 판매되는 물품의 범위에

무상으로 수입하는 물품은 포함되지 않는다고 규정한 점을 근거로 이 건 처분이 같은 법 제31조부터 제35조에 규정된 방법을 순차적으로 적용하여 과세가격을 결정한 것인 점, **쟁점물품(무상수입물품)과 동종 · 동질물품(유상수입물품)은 청구법인이 동일 수출자로부터 수입하여 제조에 사용하는 등 거래단계에 차이가 있다고 보기 어려워 가격차이 조정이 필요해 보이지 않는 점** 등에 비추어 처분청이 동종 · 동질물품의 거래가격을 쟁점물품의 과세가격으로 결정하여 관세 등을 부과한 처분은 잘못이 없는 것으로 판단된다(조심 2015관0221).[446]

(3) 구체적인 가격차이 조정의 方法

1) 거래 단계, 거래 수량의 차이에 따른 가격차이의 조정은 다음의 각 구분에 따른 방법으로 한다(법 제31조 제1항 제2호, 제32조 제1항, 영 제25조 제4항, 평가협정 주해 제2조, 제3조).

① 거래 단계가 서로 다른 경우: 수출국에서 통상적으로 인정하는 각 단계별 가격차이를 반영하여 조정

② 거래 수량이 서로 다른 경우: 수량할인 등의 근거자료를 고려하여 가격차이를 조정

2) 동종 · 동질물품 또는 유사물품 판매자의 '판매관행' 고려

① 가격차이가 거래단계 또는 거래수량에 기인하는 경우에는, 평가대상물품과 동일한 거래단계 및 실질적으로 동일한 수량의 가격을 결정하기 위해 조정이 이루어져야 한다. 이러한 조정이 이루어지는 경우, 동종 · 동질물품 또는 유사물품 판매자의 '판매관행'이 결정요소가 된다. 수량의 차이 때문에 조정이 필요한 경우에는 해당 조정 금액이 쉽게 결정될 수 있어야 한다. 그러나 거래단계와 관련하여 사용되는 기준이 그렇게 명확하지 않을 수 있다. 세관은 동종 · 동질물품 또는 유사물품 판매자의 판매관행을 검토해야 할 것이다. 판매자의 관행이 명확하다면, 평가대상물품 수입자의 활동에 대한 검토는 동종 · 동질물품 또는 유사물품의 판매자가 어떠한 거래단계를 수입자에게 부여하는지를 결정하는 기초를 제공할 것이다. 이러한 정보의 진전은 관련 당사자간의 협의를 요구할 것이다(평가협정 예해 10.1).

---

446) **[청구법인의 주장]** 청구법인이 유상으로 수입한 동종 · 동질물품의 거래가격은 농약 원제의 가치뿐만 아니라, 농약 완제에 체화되는 기술, 상표 등에 대한 대가가 포함된 것인 반면, 쟁점물품은 동종 · 동질물품과는 달리 수탁가공용으로 수입되어 임가공 후 전량 수출되는 물품이므로 거래단계가 상이하고, 동일한 기간 동안 쟁점물품은 약 OOO 수입되었으나 동종 · 동질물품은 약 OOO 수입되어 거래수량에도 차이가 있음에도 거래내용 등의 차이에 따른 가격차이를 조정하지 아니하고 과세한 이 건 처분은 부당하다.

[사례 1]

	판매자	수량	단가	수입자	거래단계
해당물품	A	1,700	3만원	甲	도매
동종 · 동질물품	B	2,300	5만원	乙	도매

세관은 B가 판매하는 가격표가 진실된 것이며, 판매자는 모든 구매자에게 구매수량에 따라 달라지는 가격으로 물품을 판매한다는 것을 확인했다. 즉, 2,000개 미만의 수량으로 구매하는 구매자에 대한 가격은 6만원인 반면에, 2,000개 이상으로 구매하는 구매자에 대한 가격은 5만원이다. 구매수량의 차이는 물품이 판매되는 가격에 영향을 미치는 상업적인 관련요소이며 수량에 기인한 차이에 대한 조정이 이루어져야 한다. 이 사례에서 수량에 대한 조정금액은 1만원이다. 즉, 제2방법을 적용하여 6만원으로 과세가격을 결정한다.

② 관세법 제31조 및 제32조(평가협정 제2조 및 제3조)는 조정의 합리성과 정확성을 명확하게 확립할 수 있는 입증된 증거를 기초로 조정이 이루어져야 한다는 것을 요구한다. 평가협정 제2조 및 제3조에 대한 주해에서는 다른 단계 또는 다른 수량에 따른 가격을 포함하고 있는 '가격표'를 이러한 증거의 예시로 규정하고 있다. 가격표가 진실된 것인지에 대한 결정은 사안별로 이루어져야 할 것이다. 이러한 객관적인 수단이 없는 경우에는 제2방법 및 제3방법에 따른 과세가격 결정은 경우에 따라 적절하지 않을 수 있다(평가협정 예해 10.1).

[사례 2]

	판매자	수량	단가	수입자	거래단계
해당물품	A	2,800	15만원	甲	도매
동종 · 동질물품	B	2,800	25만원 (15% 할인가)	乙	소매

세관은 B가 도매상에게 20%, 소매상에게는 15%의 할인율을 적용하고 있는 공표된 가격표를 고수하고 있는 것을 확인하였다. 이 거래에서 乙에 대한 판매는 이 가격표에 따른다. 따라서 이 증거는 가격표상의 25만원의 단위가격과 도매단계에 대한 20%의 할인율을 사용하여 동종 · 동질물품의 거래가격을 조정하는 것을 허용한다. 그러므로 제2방법을 적용하여 25만원에 20%의 할인율을 적용한 가격으로 과세가격을 결정한다.

3. 운송거리, 운송형태 등의 차이에 따른 가격차이의 조정

(1) 운송거리, 운송형태의 차이에 따른 가격차이의 조정에 대해서는 관세법 제31조 제1항 제2호(법 제32조 제1항)에서 규정하고 있다. 즉, 거래가격에 운송관련비용이 포함된 경우, 운송거리와 운송형태(운송수단)의 차이로 인한 해당 수입물품과 동종・동질물품(또는 유사물품) 사이의 그러한 비용의 상당한 차이를 고려한 조정이 이루어져야 한다. 그러나, 운임・보험료・운송관련비용 以外의 다른 가산요소(법 제30조 제1항 제1호 내지 제5호)의 차이에 따른 가격차이는 조정대상(요소)이 아니다.

(2) 운송거리, 운송형태 등의 차이에 따른 가격차이의 조정은 다음의 각 구분에 따른 방법으로 한다(법 제31조 제1항 제2호, 제32조 제1항, 영 제25조 제4항).

① 운송 거리가 서로 다른 경우: 운송 거리에 비례하여 가격차이를 조정

② 운송 형태가 서로 다른 경우: 운송 형태별 통상적으로 적용되는 가격차이를 반영하여 조정[447)]

---

447) [예시] 구매자 甲은 판매자 乙의 자회사로 乙의 화학제품을 구매하고 있다. 통상은 선편으로 수입하고 있고 그 경우의 구매가격은 CIF 100달러/㎏이다. 이번에 재고가 급하게 소진되어 항공편으로 수입하기로 하였는데, 구매자가 판매자의 자회사이므로 구매가격은 실제 소요된 항공운임에 의하지 않고 특별히 '선편운임'에 의한 구매가격(CIF 100달러/㎏)으로 되어 있다. 이는 거래가격이 특수관계에 의해 영향을 받은 것이므로, 거래가격에 기초하여 과세가격을 결정할 수 없다. 근접한 시기에 甲이 수입한 동종・동질물품의 거래가격으로 과세가격을 결정하되, 수입물품의 운송방법 변경에 따른 운임차이를 조정하여 과세가격을 결정해야 한다(일본예규).

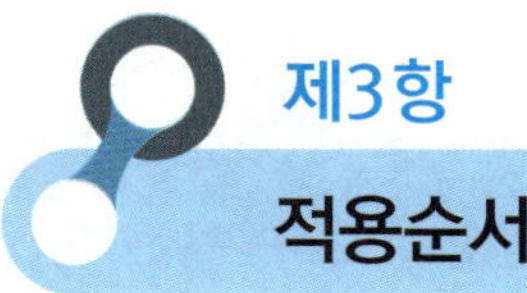

제3항 적용순서

Ⅰ 동일한 생산자가 생산한 물품의 우선 적용

앞에서 설명한 바와 같이, 평가대상 물품과 동일한 사람(기업)이 생산한 동종·동질물품 또는 유사물품이 없는 경우에만 다른 사람(기업)이 생산한 물품이 고려된다(평가협정 제15조 제2항). 즉, 해당 수입물품의 생산자가 생산한 동종·동질물품(또는 유사물품)에 관한 거래가격과 다른 생산자가 생산한 동종·동질물품(또는 유사물품)에 관한 거래가격이 둘 다 있는 경우에는 전자가 우선 적용된다(영 제25조 제5항).

Ⅱ 거래내용 등이 가장 유사한 물품, 가장 낮은 가격 적용

동종·동질물품 및 유사물품의 거래가격이 둘 이상 있는 경우에는 생산자, 거래시기, 거래단계, 거래수량 등(거래내용 등)이 해당 물품과 가장 유사한 것에 해당하는 물품의 가격을 기초로 하고, 거래 내용 등이 같은 물품이 둘 이상이 있고 그 가격도 둘 이상이 있는 경우에는 가장 낮은 가격을 기초로 하여 과세가격을 결정한다(법 제31조 제3항, 제32조 제3항).

[심판례]

① 처분청은 관세법 제32조에 따라 쟁점물품의 과세가격 결정을 위하여 과세가격으로 인정된 유사물품의 거래가격 중에서 가장 낮은 가격을 기초로 쟁점물품의 과세가격을 결정하였는바, 유사물품 선정 경위 및 거래단계·거래수량·운송거리·운송수단의 차이에 따른 조정 내용은 아래와 같다. ㉠ **처분청은 입항일 전후 30일 기준으로, 유사물품 비교대상업체는 A업체 등 6개 업체를 선정하여 규격, 생산국, 생산년도, 생산지, 운송수단, 선적항 등 유사물품 여부를 확인하였다.** ㉡ 다른 업체의 수입물품과 쟁점물품은 동일 생산국에서 생산된 것으로서 모든 면에서 동일하지는 아니하지만, **종자용으로서 동일한 기능을 수행하고, 대체사용이 가능할 수 있을 만큼 규격이 동일하며,** 비슷한 특성과 비슷한 구성요소를 가지고 있는 물품이므로 유사물품에 해당하고, 쟁점물품의 선적일(입항일) 전후 30일 이내에 수입되었으며, **거래 단계**가 농민(생산자) → 중간도매상(수출자) → 수입자 순으로 동일하다. ㉢ 쟁점물품의 거래수량은 매 수입신고 수량에 거의 차이가 없고, 다른 수입물품의 거래수량과 유의미한 차이가 존재하지 않는다. 또한, 운송거리의 경우 쟁점물품의 경우 A사~E사가 수입한 물품은 쟁점물품과 같은 항구로 그 가격차이가 미미하며, F사가 수입한 물품은 목적항이 OO이기는 하나 원가표상

운송비가 쟁점물품보다 낮아 운임조정 실익이 없다. 이상의 사실관계 및 관련 법령 등을 종합하여 이 건에 대하여 살피건대, **쟁점물품의 신고가격은 유사물품 가중평균가격의 64~88%이고, aT 산지조사가격의 37~71% 수준에 불과하여 현저한 차이가 있는 것으로 나타나는 점,** 중국산 농산물의 경우, 수확기에 낮은 가격으로 일괄계약을 하였다고 하더라도 실제 출하시점의 시장가격으로 거래가격이 변경되기도 하므로 단순히 수확기 일괄계약이므로 가격이 낮다고 인정하기 어려워 보이는 점, 청구인은 쟁점①물품의 산지가 중국 A지역이라 주장하나, 수입신고 당시 청구인이 제출한 식물검역증명서에 중국 B지역으로 기재되어 있고, 해발 차이가 커 발아율이 낮은 OO을 종자용으로 농가에 공급하였다고 보기도 어려워 처분청 의견처럼 그 산지를 A지역이라고 단정하기 어려운 점, 청구인이 제출한 aT의 2018년 11월부터 2019년 5월까지의 'OO 산지가격 동향'에서 쟁점물품의 원료인 OO의 가격 자료는 확인되지 않고, **처분청에 제출한 수매영수증 상의 수매금액과 원료수매 비용 및 원가표상의 단가가 모두 일치하지 않으며, OO의 수출가격은 수출자가 신고한 것을 OO 정부가 수리한 것에 불과하여 청구인이 제출한 자료만으로 신고가격의 진실성이 소명되었다고 보기 어려운 점, 처분청은 쟁점물품의 수입신고 입항일 30일의 기간을 기준으로 유사물품의 과세가격 자료를 추출하여 거래단계, 거래수량, 운송형태, 운송수단 등을 고려하여 그 중 가장 낮은 가격을 기준으로 쟁점물품의 과세가격을 결정한 점** 등에 비추어 처분청이 청구인의 쟁점물품 신고가격을 인정하지 아니하고 유사물품의 거래가격을 기초로 과세가격을 산정하여 관세를 부과한 쟁점처분은 달리 잘못이 없다고 판단된다(조심 2020관0071, 0072). ② 쟁점물품의 선적일이 비교물품의 선적일 전후 90일 이내인 경우 거래가격 중 낮은 가격으로 과세가격을 산정하여 과세한 처분은 잘못이 없으나, 쟁점물품의 선적일이 유사물품 1·2의 선적일 전후 90일을 동시에 충족하는 경우에는 쟁점물품과 유사물품 1·2의 선적시기를 비교하여 90일 이내 거래가격 중 낮은 가격으로 과세가격을 산정하여 그 과세표준 및 세액을 경정함이 타당하다(조심 2014관0204).

제2절

국내판매가격을 기초로 한 과세가격 결정 (제4방법)

법 제33조(국내판매가격을 기초로 한 과세가격의 결정) ① 제30조부터 제32조까지에 규정된 방법으로 과세가격을 결정할 수 없을 때에는 제1호의 금액에서 제2호부터 제4호까지의 금액을 뺀 가격을 과세가격으로 한다. 다만, 납세의무자가 요청하면 제34조에 따라 과세가격을 결정하되 제34조에 따라 결정할 수 없는 경우에는 이 조, 제35조의 순서에 따라 과세가격을 결정한다.

1. 해당 물품, 동종·동질물품 또는 유사물품이 수입된 것과 동일한 상태로 해당 물품의 수입신고일 또는 수입신고일과 거의 동시에 특수관계가 없는 자에게 가장 많은 수량으로 국내에서 판매되는 단위가격을 기초로 하여 산출한 금액
2. 국내판매와 관련하여 통상적으로 지급하였거나 지급하여야 할 것으로 합의된 수수료 또는 동종·동류의 수입물품이 국내에서 판매되는 때에 통상적으로 부가되는 이윤 및 일반경비에 해당하는 금액
3. 수입항에 도착한 후 국내에서 발생한 통상의 운임·보험료와 그 밖의 관련 비용
4. 해당 물품의 수입 및 국내판매와 관련하여 납부하였거나 납부하여야 하는 조세와 그 밖의 공과금

② 제1항 제1호에 따른 국내에서 판매되는 단위가격이라 하더라도 그 가격의 정확성과 진실성을 의심할만한 합리적인 사유가 있는 경우에는 제1항을 적용하지 아니할 수 있다.

③ 해당 물품, 동종·동질물품 또는 유사물품이 수입된 것과 동일한 상태로 국내에서 판매되는 사례가 없는 경우 납세의무자가 요청할 때에는 해당 물품이 국내에서 가공된 후 특수관계가 없는 자에게 가장 많은 수량으로 판매되는 단위가격을 기초로 하여 산출된 금액에서 다음 각 호의 금액을 뺀 가격을 과세가격으로 한다.

1. 제1항 제2호부터 제4호까지의 금액
2. 국내 가공에 따른 부가가치

제1항

의의 및 적용요건

국내판매가격을 기초로 한 과세가격 결정방법, 즉 제4방법은 '국내판매가격'에서 역산하여 과세가격을 결정하는 방법으로, 국내판매가격에서 통상적으로 부가되는 이윤과 일반경비 또는 수수료, 수입항 도착 후 국내에서 발생한 통상의 운임 · 보험료 · 그 밖의 관련비용, 수입국에서 발생한 조세 및 공과금을 뺀 가격을 과세가격으로 결정하는 방법이다. 이를 공제법(deductive method) 또는 역산법이라 한다. 제4방법은 제1방법 내지 제3방법과 달리 '거래가격'에 기초한 과세가격 결정방법이 아니다.

과세가격 결정의 原則인 제1방법은 실제지급가격에 수입항에 도착할 때까지 발생한 비용 등을 가산 · 조정한 거래가격을 과세가격으로 결정하므로, 즉 과세가격은 수입항 도착 以後의 가치나 비용은 포함시키지 않는 것이 원칙이므로, 국내판매가격에서 출발(역산)하여 "국내판매시점 → 수입항 도착시점" 사이에 발생한 비용이나 가치 등을 공제하는 방식으로 과세가격을 결정하되, 다만 해당물품의 국내판매에서 실현된 이윤(영업이익) 및 일반경비(판매비와 관리비) 대신에 해당물품과 동종 · 동류물품에 대한 통상의 이윤(영업이익) 및 일반경비(판매비와 관리비)등을 공제하여 과세가격을 결정하는 방법이다. 수입가격이 저가로 왜곡되었다고 하더라도 국내에서 특수관계 없는 자에게 판매할 때(경쟁시장에서 판매될 때)에는 정상적인 판매가격이 형성될 것이므로 해당물품의 국내판매가격에서 매출원가(수입가격에 기초한 원가)를 공제한 매출총이익(매출총이익률 = 매출총이익/매출액)은 동종 · 동류물품에 비하여 상대적으로 높게 실현될 것이다. 따라서 제4방법은 국내판매가격에서 해당 물품에 대한 이윤 및 일반경비 대신에 동종 · 동류물품에 대한 통상의 이윤 및 일반경비를 공제함으로써 수입가격의 왜곡을 제거하여 적정한 과세가격을 산출하는 방법이다.

제4방법은 제1방법 내지 제3방법을 순차적으로 적용하였으나 그 방법들로 과세가격을 결정할 수 없을 때 적용한다. 제4방법과 제5방법의 적용순서와 관련하여, 납세의무자가 요청하면 제5방법을 제4방법보다 우선 적용하여 과세가격을 결정하되 제5방법에 따라 결정할 수 없는 경우에는 제4방법, 제6방법의 순서로 과세가격을 결정한다(법 제33조 제1항 단서).

일반적으로, 제4방법(공제가격방법)의 적용은 상황에 따라 달라질 수 있다. 그러므로 제4방법의 실무적인 적용은 각 사안별 상황을 고려하여 신축적인 접근을 요구한다(평가협정 예해 15.1).

제2항
과세가격 결정(산정)

제4방법에서 과세가격은 아래 'Ⅰ'(국내판매가격)에서 Ⅱ, Ⅲ, Ⅳ의 금액을 뺀 가격을 과세가격으로 결정한다.

국내판매가격

1. 의의

"국내판매가격"이란 해당 물품, 동종·동질물품 또는 유사물품이 수입된 것과 동일한 상태로 해당 물품의 수입신고일 또는 수입신고일과 거의 동시에 특수관계가 없는 자에게 가장 많은 수량으로 국내에서 판매되는 단위가격을 기초로 하여 산출한 금액을 말한다(법 제33조 제1항 제1호, 평가협정 제5조 제1항).

2. 해당 물품, 동종·동질물품 또는 유사물품이 수입된 것과 동일한 상태로 국내판매될 것

(1) 해당 물품, 동종·동질물품 또는 유사물품

국내판매금액을 산출할 때에는 해당 물품, 동종·동질물품, 유사물품의 순서로 적용한다. 이 경우 해당물품의 수입자가 동종·동질물품 또는 유사물품을 판매하고 있는 경우에는 해당물품 수입자의 판매가격을 다른 수입자의 판매가격에 우선하여 적용한다(영 제27조 제2항, 평가협정 예해 15.1).

(2) 수입된 것과 동일한 상태로 국내판매될 것(原則)

1) 수입된 것과 동일한 상태로

원칙적으로 해당 물품, 동종·동질물품 또는 유사물품이 수입된 것과 동일한 상태로 국내판매되어야 한다. 수입물품의 포장을 제거하거나 국내시장 판매를 위해 재포장하는 것은 물품의 수입된 상태를 변화시키지 않으며, 또한 증발, 수축, 정상적인 풍화 등과 같은 자연적 변화나 감가상각도 물품의 조건을 변화시키지 않는다.[448] 다만, 예외적으로 아래 (3)과 같이 추가가공 後 국내판매된 가격을 기초로 과세가격을 결정할 수 있는 경우가 있다.

2) 국내에서 판매되었을 것

해당 물품, 동종·동질물품 또는 유사물품이 국내에서 판매되어야 한다. 만약, 해당물품이 수입자에 의해 사용되고 재판매되지 않은 경우, 수출을 위해 재판매된 경우, 평가시점에 판매가 되지 않은 경우(장기간 後에 판매되었을 경우) 등은 '해당물품'의 국내판매가격을 사용할 수 없고, 동종·동질물품 또는 유사물품의 국내판매가격을 사용한다.[449]

(3) 추가 가공 後 국내판매되는 경우(例外)

(가) 의의

해당 물품, 동종·동질물품 또는 유사물품이 수입된 것과 동일한 상태로 국내에서 판매되는 사례가 없는 경우, 납세의무자가 '요청'할 때에는 해당 물품이 국내에서 가공된 後 특수관계가 없는 자에게 가장 많은 수량으로 판매되는 단위가격을 기초로 하여 과세가격을 결정할 수 있다. 이를 '초공제법'(super deductive method)이라 한다. 이 경우 추가 가공으로 부가된 가치 및 (국내판매가격에서) 공제하는 요소들을 적절히 감안하여야 한다(법 제33조 제3항, 평가협정 제5조 제2항).

(나) 초공제법의 적용요건

1) 추가가공 後 당해 수입물품이 국내판매되고, 납세의무자의 요청이 있는 경우에만 초공제법을 적용할 수 있다. 초공제법은 평가대상인 '해당 수입물품'의 추가 가공후 국내판매(재판매)에만 적용되고, 동종·동질물품 또는 유사물품에는 적용되지 않는다.
2) 수입물품의 동질성 여부와 추가가공으로 부가된 가치의 계산 가능성
   추가가공 後 국내판매되는 물품에 관한 초공제법은 추가가공의 결과로 수입물품이 그 동질성을 상실할 때에는 일반적으로 적용되지 않는 것으로 인정되고 있다. 하지만 그럼에도 불구하고, 수입물품의 동질성이 상실된다 할지라도 추가가공에 따라 부가된 가치를 무리한 어려움 없이 정확하게 결정할 수 있는 경우가 있을 수 있다(이 경우에는 제4방법 적용이 가능할 것이다). 다른 한편으로, 수입물품이 동질성을 유지하고 있지만 수입국내에서 판매된 물품에 부차적인 요소를 구성함에 지나지 않기 때문에 이러한 평가방법에 대한 사용이 정당화되지 않는 경우도 있을 수 있다. 따라서, 이 평가방법의 적용은 사안별로 검토되어야 한다(평가협정 주해 제5조 제12항).

---

448) WCO관세평가 교육모듈(초급용), 376쪽.

449) WCO관세평가 교육모듈(중급/고급용), 12쪽.

[예시] ① 중간 화학물질이 수입되어 물리적 · 화학적으로 변형시키는 절차를 통해 완제품으로 가공되었다. 이 완제품은 그램당 DM30에 판매되며, 이 가격은 그램당 DM9의 가공비용과 최근의 통상적인 20%의 이윤(20%×DM30 = DM6)을 포함하고 있으며, 이들을 제외한 차액은 DM15가 된다. 여기에 내륙운송비, 보관료 그리고 일반경비에 해당하는 DM4를 공제하면 DM11이 된다. 관세율은 10%이므로 세관은 이를 1.1로 나누어 DM10(= DM11/1.1)의 과세가격 DM10을 산출한다. 이 경우 수입물품의 동질성이 상실되었다 할지라도, 추가 가공과 관련된 비용은 완전하기 때문에, 초공제법을 적용할 수 있다. 그러나, ② 자동차 제조업자가 자신의 자동차에 사용할 목적으로 카 오디오를 수입했다. 수입 후 이들은 유리판 및 색깔버튼을 장착하여 자동차에 오디오를 달았다. 그 이후 이 자동차는 판매되었다. 이 경우 초공제법 적용이 가능한가? 이는 완제품(자동차)의 극히 일부분만 구성하기 때문에 초공제법의 사용이 정당화될 수 없다(WCO관세평가 교육모듈).[450)]

3) 초공제법은 해당 수입물품 및 동종 · 동질물품 또는 유사물품 그 어떤 것도 수입된 상태로 판매되지 않았을 경우에만 적용된다.

따라서 해당 수입물품이 추가 가공 이후에 판매되었고 해당 수입물품의 수입과 동시 또는 거의 동시에, 동종 · 동질물품 또는 유사물품이 수입된 상태로 판매된 경우, 동종 · 동질물품 또는 유사물품의 판매는 가장 먼저 고려되어야 한다.

4) 관세법 및 평가협정은 추가 가공된 물품의 국내판매에 대한 시간적 제한을 규정하고 있지 않으나, 관세법 제33조 제1항 및 관세법 시행령 제27조 제2항에 따라 추가가공기간을 고려한다 하여도 추가 가공된 물품의 국내판매는 평가대상 상품의 수입 시점으로부터 180日 이내에 이루어져야 하는 것으로 해석하는 것이 타당할 것이다(규칙 제7조 제3항 참조).[451)]

(다) 과세가격 결정

추가가공 後 국내판매되는 경우, 과세가격 결정은 "국내에서 가공된 後 특수관계가 없는 자에게 가장 많은 수량으로 판매되는 단위가격"에서, 다음의 각 금액을 뺀 금액을 과세가격으로 한다(법 제33조 제3항, 평가협정 제5조 제2항).

---

450) WCO관세평가 교육모듈(초급용), 402, 404쪽.

451) **[미국연방관세규정 §512.105]** 외국 수출자는 특수관계가 있는 미국 수입자에게 물품을 판매한다. 외국 수출자는 특수관계가 없는 자에게 판매를 하지 않는다. 외국 수출자와 미국 수입자 사이의 거래는 특수관계에 의해 영향을 받은 것으로 결정되었다. 동일 생산국으로부터 수입되는 동종 · 동질물품 또는 유사물품은 존재하지 않는다. 미국 수입자는 상품을 추가 가공하여 수입일로부터 180일 이내에 미국 내 특수관계가 없는 구매자에게 완제품을 판매한다. 미국 내 특수관계가 없는 구매자로부터의 생산지원은 없었으며, 관련 가공형태에 있어서는 정확한 비용 산출이 가능하다. 이 경우, 해당 물품은 이윤 및 일반경비, 운임 및 보험료, 관세 및 내국세, 그리고 가공비용을 공제하는 공제가격에 따라 평가되어야 한다.

1) 국내판매와 관련하여 통상적으로 지급하였거나 지급하여야 할 것으로 합의된 수수료 또는 동종·동류의 수입물품이 국내에서 판매되는 때에 통상적으로 부가되는 이윤 및 일반경비에 해당하는 금액
2) 수입항에 도착한 후 국내에서 발생한 통상의 운임·보험료와 그 밖의 관련 비용
3) 해당 물품의 수입 및 국내판매와 관련하여 납부하였거나 납부하여야 하는 조세와 그 밖의 공과금
4) 국내 가공에 따른 부가가치

추가가공에 따라 부가된 가치에 대한 공제는 그러한 작업비용에 관련되는 객관적이고 수량화할 수 있는 자료[예: 재료비명세(BOM, Bill of Material) 등]를 근거로 이루어져야 한다. 인정된 산업방식, 공사방법 및 기타 산업관행은 계산의 근거를 구성한다(평가협정 주해 제5조 제11항). 따라서 초공제법에 따른 부가가치의 공제는 먼저 당해 상품의 재료비명세(BOM) 등을 제출받아 평가될 수입원재료의 금액과 추가투입 원재료 금액의 구성비율을 산출한 다음 판매단위가격에서 추가투입 원재료의 비율의 금액만큼 공제한다.[452)]

공제는 추가적인 가공으로 인한 불량품, 웨이스트 또는 스크랩에 대한 금액을 반영하여야 한다(미국연방관세규정 §152.105). 부가가치는 통상의 것이 아닌 실제로 발생한 부가가치이다.[453)]

(라) 보세공장 물품과 초공제법

보세공장에서 제조, 가공한 물품을 국내로 수입하는 경우, 국내로 수입하는 거래는 수출판매에 해당하고, 국내에 판매하는 가격을 거래가격으로 하여 제1방법을 적용한다는 점에 대해서는 제2장 제1절의 「우리나라에 수출하기 위한 판매」에서 이미 살펴보았다. 그러나, 수입물품이 국내에서 추가가공을 거친 후 판매되는 경우 거래가격 배제사유가 있거나 무상거래나 동일인간의 거래 등의 이유로 제1방법을 적용할 수 없고, 또한 제2방법 및 제3방법도 적용할 수 없는 경우에는 제4방법 중 '초공제법'을 적용하여 과세가격을 결정할 수도 있을 것이다.

---

452) WCO관세평가 교육모듈(초급용), 402쪽. **[미국예규]** 미국에서 수리되고 전매되기 위해 수입된 하자 있는 부품은 합리적으로 조정된 초공제가격 평가방법에 따라 평가되어야 한다. 초공제가격 결정시 수입 후 물품을 가공함으로써 가산될 가격은 가공비와 관련된 충분한 증거를 기초로 하는 한, 미국 전매가격에서 공제된다(543123, 543769).

453) 부가된 가치는 비용(cost)과 동일한 것이 아니라 비용을 기초로 해야 하는 것이기 때문에 이윤과 일반경비분에 대한 가격인상(mark up)에는 보통 추가적인 가공에 대한 이윤을 포함하는 것이 명확해 보인다(Saul L. Sherman & Hinrich Glashoff, 앞의 책, 322쪽).

[예규] 보세공장에 반입하는 물품의 판매자와 구매자가 동일인으로 수출판매에 해당하지 않아 제1방법으로 과세가격을 결정할 수 없고 제2방법 이하로 과세가격을 결정하여야 한다. 제2방법 및 제3방법을 적용할 수 없는 경우에는, 수입물품이 국내에서 추가가공을 거친 후 판매되고 추가가공에 의한 부가가치 등 관련비용이 객관적이고 수량화할 수 있는 자료에 의해 산출 가능하면 제4방법(초공제법)에 의하여 과세가격을 결정할 수 있다. 제4방법을 적용하는 경우에는 국내판매가격에서 이윤 및 일반경비, 추가가공에 따른 부가가치, 관세 등 제세 및 공과금을 공제하여 과세가격을 결정하므로 로열티에 대한 별도의 가산 또는 공제에 대한 검토는 필요하지 않다(평가분류 47221-239).

3. 해당 물품의 수입신고일 또는 수입신고일과 거의 동시에 판매(시간적 근접성)

"수입신고일과 거의 동시에" 판매되는 단위가격은 당해 물품의 종류와 특성에 따라 수입신고일의 가격과 가격변동이 거의 없다고 인정되는 기간 중의 판매가격으로 한다. 만약 평가대상물품의 수입시기와 동시 또는 거의 동시에 해당 수입물품, 동종·동질물품, 유사물품 중 어느 것도 판매된 것이 없다면, 과세가격은 다른 조건이 충족된다면 평가대상물품의 수입 後 가장 빠른 날에, 그러나 최대한 90日 이내에 수입된 것과 동일한 상태로 수입국에서 판매된 해당 수입물품 또는 동종·동질물품 또는 유사물품의 단위가격을 기초로 하여야 한다. 수입신고일부터 90日이 경과된 後에 판매되는 가격은 국내에서 판매되는 단위가격에서 제외한다(영 제27조 제3항, 평가협정 제5조 제1항).

여기서 "가장 빠른 날"은 해당 수입물품 또는 동종·동질물품 또는 유사물품에 대한 단위가격을 결정하는데 충분한 수량으로 판매가 이루어진 날짜가 되어야 한다(평가협정 주해 제5조 제10항). '충분한 수량'은 사안별로 당해 산업의 특성, 거래상황 등을 고려하여 결정되어야 한다.[454)]

[판례] '국내판매가격'은 수입신고일 또는 수입신고일과 거의 동시에 판매된 가격이 없는 경우에는 해당물품의 수입신고 후 90일이 경과되기 前의 기간 중 가장 빠른 날에 판매된 해당물품, 동종·동질물품 또는 유사물품의 단위가격을 기초로 산출된 금액으로 정하여야 한다. 그런데 피고는 이 사건 물품 35,000건 중 5,000건에 대하여는 해당 물품 수입신고일로부터 90일 以後의 판매가격을 적용한 사실을 인정할 수 있고 피고 스스로 이 사건 처분과 관련하여 이 사건 수입물품의 판매가격이 수입신고일로부터 90일 이내의 판매가격인지에 대한 조사는 하지 않았다고 인정하는바, 이는 수입신고일부터 90일이 경과되기 전의 기간 중 판매된 단위가격을 기초로 '국내판매가격'을 산정하도록 한 관세법 제33조에 위반된다(부산고판 2018누21930).

454) 예를 들어, 총 판매수량 중 극히 일부만 수입 후 90일 이내에 판매되었다면 비록 최대수량으로 판매된 단위가격이 있다 하여도 그 가격을 수락할 수 없을 것이다.

4. 특수관계가 없고 생산지원을 제공하지 않은 者에게 가장 많은 수량으로 국내에서 판매되는 단위가격을 기초로 하여 산출한 금액

(1) 최초의 거래단계에서의 판매

국내에서 판매되는 단위가격은 "수입 後 최초의 거래에서 판매"되는 단위가격을 말한다(영 제27조 제1항, 평가협정 주해 제5조 제1항).[455] 단위가격 결정에 있어, 상업적 단계의 차이는 고려하지 않는다. 예를 들어 도매, 소매 등의 거래단계는 고려사항이 아니며 최초의 상업적 거래단계이면 충분하다.[456]

(2) 특수관계가 없고 생산지원을 제공하지 않은 자에 대한 판매

1) 수입 後 최초 거래에서의 판매 중 "특수관계가 없는 자에 대한 판매"에서의 가격만이 국내판매되는 단위가격이 될 수 있다.[457] 따라서, 최초거래의 구매자가 국내 판매자 또는 수출자와 특수관계에 있는 경우, 그 가격은 국내에서 판매되는 단위가격으로 보지 아니한다(영 제27조 제1항 제1호).
2) 최초거래의 구매자가 판매자 또는 수출자에게 생산지원에 해당하는 물품 및 용역을 수입물품의 생산 또는 거래에 관련하여 사용하도록 무료 또는 인하된 가격으로 공급하는 경우(생산지원)도, 그 가격은 국내에서 판매되는 단위가격으로 보지 아니한다(영 제27조 제1항 제2호, 평가협정 주해 제5조 제5항).

---

455) 수입 後 첫번째 판매를 의미하는 것이 아니다.

456) 따라서, 1차 판매되고 다시 전매되는 경우의 가격은 국내판매가격으로 사용할 수 없다. **[부산고판 2018누21903]** 원고(수입자)가 백화점과 특약매입거래 계약에 따라 상품을 납품할 때 수입 후 최초의 거래가 있다고 볼 수 없고, **소비자에게 판매할 때 수입 후 최초의 거래가 있다**고 보아 백화점에 대한 수수료를 포함한 금액을 이 사건 수입물품의 '국내판매가격'으로 인정하여야 한다. 특약매입거래 계약 내용에 의하면 백화점이 원고로부터 상품을 외상매입하여 소유권을 취득하고, 상품이 백화점 명의로 판매되어 판매대금이 백화점에 일단 귀속되는 등의 사실이 인정되기는 한다. 그러나 수입자는 납품한 상품을 백화점이 재판매하였을 때에만 판매대금을 회수할 수 있고 백화점은 판매되지 않은 상품은 원고에게 별다른 제약 없이 반품할 수 있도록 함으로써 원고가 판매한 상품의 소유에 따른 위험과 효익을 여전히 부담하고 있음이 인정되므로 원고가 백화점에 특약매입거래에 따라 이 사건 물품을 판매하였다고 하여 그 거래를 일반기업회계기준에 따른 '판매'라고 할 수 없다. 일반기업회계기준에 의하면 거래 以後에도 판매자가 관련 재화의 소유에 따른 유의적인 위험을 부담하는 경우 그 거래를 아직 판매로 보지 아니하며 따라서 수익을 인식하지 않는다.

457) 따라서, 특수관계가 있는 자에 대한 국내판매이면 특수관계가 거래가격에 영향을 미쳤는지 여부를 불문하고 국내판매가격으로 채택할 수 없다.

(3) 가장 많은 수량(단위)으로 판매되는 단위가격

1) 국내판매가격은 수입 후 최초 거래단계에서의 판매에서 특수관계가 없는 자에게 "가장 많은 수량(단위)으로 판매된 가격"을 말한다. 국내판매가격은 특수관계가 없는 자에게 가장 많은 수량으로 국내에서 판매한 매출액에서 '판매장려금', '매출에누리', '매출할인' 등을 공제한 금액이고, 매출환입된 판매수량은 단위가격을 산정할 때 판매되지 않은 것으로 본다. 다만, 차감되는 금액 중 판매비와 관리비 성격의 금액이 포함되어 있는 경우에는 그 금액을 제외하고 공제한다. '부가가치세액'이 제외됨은 물론이다(관세평가 고시 제31조 제1항; 대판 2010두16998).[458] 또한, 국내판매가격은 실제 국내판매된 가격을 말하는 것으로 '권장소비자가격'(Recommended Retail Price)과는 다르다(서울고판 2009누10873, 조심 2013관0207).

국내판매가격은 세무서에 제출한 부가가치세신고서, 국내판매시 발행한 세금계산서, 매출장부, 수불대장, 판매원장, 거래처원장, 결산보고서, 재고기록 등을 통해 확인한다. '농산물'에 대해서는 제4방법을 적용하는 경우가 드문데, 그 이유는 국내판매가격 등을 산출할 자료가 없거나 수입자가 제출한 자료가 일반적으로 인정된 회계원칙에 부합하는 방식으로 작성되지 않았거나 신빙성이 높지 않은 경우가 많기 때문이다(서울고판 2009누12318, 광주고판 2018누1225).

[판례] ① **[국내판매가격에서 판매장려금 공제]** 관세법 제5조 제1항은 이 법을 해석하고 적용할 때에는 과세의 형평과 해당 조항의 합목적성에 비추어 납세자의 재산권을 부당하게 침해하지 아니하도록 하여야 한다고 규정하고 있는 점, 관세법 시행령 제27조 제4항이 관세법 제33조에 의한 국내판매가격을 기초로 한 과세가격 산정의 한 요소인 '통상적으로 부가되는 이윤 및 일반경비'를 일반적으로 인정된 회계원칙에 따라 작성된 회계보고서를 근거로 하여 산정하도록 하고 있는 이상, 과세가격 산정의 다른 요소들 또한 특별히 다른 규정이 있거나 다른 기준이 없는 한 일반적으로 인정된 회계원칙에 따른 금액을 근거로 산정하여야 과세가격 산정 근거가 되는 여러 가지 요소들의 금액 사이에 모순이나 충돌이 발생하지 않는 점, 우리나라가 가입한 세계무역기구(WTO) 관세평가협정의 부속서 I 주해 총설은 "일반적으로 인정되는 회계원칙(generally accepted accounting principles: GAAP)은 자세한 관행 및 절차가 될 수 있을 뿐만 아니라 일반적으로 적용되는 광범위한 지침(broad guidelines of general application)이 될 수 있고, 이 협약의 목적상 세계무역기구(WTO) 회원국의 세관 당국은 당해 조항에 적절한 것으로서 국내에서 일반적으로 인정되는 회계원칙과 일치되게 작성된

458) 다만, 차감되는 금액 중 판매비와 관리비 성격의 금액이 포함되어 있는 경우에는 그 금액을 제외하고 공제한다(관세평가 고시 제31조 제1항 단서).

정보를 활용하여야 한다"고 규정하여, 관세법상 과세가격 산정에 있어서 별다른 기준이 없는 한 일반적으로 인정되는 회계원칙을 기준으로 삼아야 한다는 취지로 규정하고 있는 점, **국내에서 일반적으로 인정되는 회계원칙으로 볼 수 있는 기업회계기준 제38조(매출액)는 "상품 또는 제품의 매출액은 총매출액에서 매출에누리와 환입 및 매출할인을 차감한 금액으로 한다. 이 경우에 일정 기간의 거래수량이나 거래금액에 따라 매출액을 감액하는 것은 매출에누리에 포함된다**"고 규정하고 있는데다, 금융감독원(소관: 회계감리국)은 2006. 11. 24. **'재무보고에 관한 실무의견서(제목: 판매인센티브에 관한 회계처리)'에서 대량 구매에 따라 지급되는 현금보조와 현금할인은 기업회계기준상 매출에누리와 경제적 실질이 동일하므로 매출에서 차감하는 것이 타당하다**고 발표한 점 등에 비추어 보면, 관세법 제33조 제1항 제1호가 정하고 있는 '특수관계가 없는 자에게 가장 많은 수량으로 국내에서 판매되는 단위가격을 기초로 하여 산출한 금액'은 **일반적으로 인정된 회계원칙인 기업회계기준이 정한 바에 따라 '특수관계가 없는 자에게 가장 많은 수량으로 국내에서 판매한 매출액에서 판매장려금[459])을 공제한 금액'이라고 봄이 상당하다**(대판 2010두16998, 서울고판 2009누10873; 사례연습 15). ② **[국내판매가격 자료 등의 부재와 제4방법 적용 배제]** 제4방법에 의하여 과세가격을 결정하기 위해서는 당해 물품의 국내판매가격을 확인할 수 있어야 하고, 여기서 **'당해 물품'이라 함은 수입신고별 각각의 수입물품을 말하는 것이므로**, 각 수입된 참깨분과 참기름마다 기준이 되는 참기름 제품의 국내판매가격을 정하여야 할 것인데, **원고회사는 이 사건 물품을 약 3년 동안 195회에 걸쳐 수입하였고, 원고회사가 생산한 참기름 제품은 거래처 및 제품의 종류, 포장 단위 등에 따라 그 판매가격이 매우 다양하고 시기에 따라서도 판매가격이 변하므로 기준이 되는 참기름 제품이 국내판매가격이 다양할 뿐만 아니라, 원고회사의 각 매출장부, 수불대장 등 이 사건 물품에 관하여 제출된 자료들로는 각 수입된 참깨분이나 참기름에 대하여 기준이 되는 참기름 제품의 국내판매가격을 정할 수 없으므로 제4방법을 적용할 수 없다**(서울고판 2009누12318). ③ **[국내판매가격 자료 등의 부재와 제4방법 적용 배제]** 제4방법을 적용하기 위해서는 "해당물품, 동종·동질물품 또는 유사물품이 수입된 것과 동일한 상태로 해당 물품의 수입신고일 또는 수입신고일과 거의 동시에 특수관계가 없는 자에게 가장 많은 수량으로 국내에서 판매된 단위가격"을 우선 산출하여야 하는데, **일반적으로 인정된 회계원칙에 부합하는 방식으로 작성된 객관적인 자료가 없을 뿐만 아니라 국내판매가격을 산출할 아무런 자료가 없다.** 따라서 제4방법을 이 사건 수입물품(신선생강)의 과세가격 결정방법으로 채택할 수 없다(광주고판 2018누1225, 대판 2019두47834). ④ **[국내판매가격 자료 등의 부재와 제4방법 적용 배제] 원고가 이 사건 수입물품(중국산 대두)을 국내에서 판매하였다며 제출한 각 계산서에는 거래일자의 기재가 없고, 이 사건 수입물품의 판매처라고 주장하는 G농산에 대한 판매량과 판매대금에 관한 원고의 주장이 일관되지 아니하며, 원고가 제출한 M농산에 대한 세금계산서가 서로 상이하고, 이 사건 수입물품 중 상당한 물량에 대해 그 처분처를 제대로 밝히지 못하는 등에 비추어 보면** 원고가 주장하는 이 사건 수입물품의 국내판매가격을 믿을 수 없는 점, 이 사건 수입물품의 생산에 사용된 비용 등과 동종·동질물품 또는 유사물품이 수입된 것과 동일한 상태로 이 사건 수입물품의 수입신고일 또는 수입신고일과 거의 동시에 국내에 판매된 가격에 대한 자료가 없어 보이는 점 등을 감안하면, 이 사건에 있어 구 관세법 제33조, 제34조에 따라 국내판매가격, 산정가격을 기초로 한 과세가격의 결정방법에 따라 과세가격을 결정할 수 없다(부산고판 2015누20497).

2) "가장 많은 수량(단위)으로 판매된 가격"을 평가협정 주해 제5조에 규정된 事例로 설명하면 다음과 같다.

① 사례 1

물품은 대량 구매에 대하여 유리한 단위가격을 허용하는 가격표에 따라 판매된다.

판매수량	단위가격	판매회수	가격별 총판매수량
1~10개	100	5개 10회 3개 5회	65
11~25개	95	11개 5회	55
25개 이상	90	30개 1회 50개 1회	80

이 사례에서, 특정한 가격으로 판매된 가장 많은 단위수량은 80이므로, 가장 많은 수량의 단위가격은 90이다.

459) [원심판단] 원고가 이 사건 판매자로부터 이 사건 물품을 수입하여 별도의 가공을 거치지 않고 수입한 상태 그대로 자신이 직접 국내 구매자인 도·소매상에게 판매한 사실, 피고는 원고가 이 사건 물품을 국내 구매자에게 판매하면서 실제로 발행한 세금계산서상의 가격을 국내판매가격으로 인정한 사실을 인정할 수 있고, 원고는 국내 구매자에 대한 판매가격을 전년도에 이 사건 판매자와 사이에 협의하여 정한 권장소비자가격을 토대로 구매자와 협의하여 정하였고, 그 가격은 원고에게 매출액 대비 법인세 차감 전 당기순이익을 2%로 유지하기 위한 이 사건 판매자와 원고 사이의 수입가격 조정에 의하여 영향을 받지 않고 일정하였던 점은 앞서 본바와 같으므로, 피고가 원고의 국내 구매자에 대한 세금계선서 발행 금액을 기준으로 국내판매가격을 정한 것은 정당하다. 그러나, 이 사건에서 원고는 이 사건 판매자(수출자)로부터 이 사건 수입물품(아동용 플라스틱 조립완구)을 수입하여 국내 판매처인 A마트나 B백화점 등과 "이 사건 수입물품 공급계약"을 체결하면서 대량구매시 구매금액의 12% 상당 금액을 '판매장려금'으로 지급하기로 약정한 후, 위 국내판매처들에 위 약정에 따른 '판매장려금'을 지급함에 있어 **세금계산서를 매출할인금액이 포함된 표준판매가격으로 발행하고, 다만 물품대금 회수시에 세금계산서상 금액에서 할인된 금액을 공제하고 지급받는 방식으로 판매장려금을 지급한 사실이 인정되는바,** 위 '판매장려금'은 사전 약정에 따른 것으로서 상관행에 비추어 적정하다고 인정되는 범위의 금액으로 볼 수 있으므로 피고는 표준판매가격을 기초로 과세가격을 결정함에 있어서 표준판매가격에서 판매장려금을 공제하여야 할 것이다(서울고판 2009누10873).

② 사례 2

두 번의 판매가 있는데, 첫 번째 판매에서는 500개가 단위당 95화폐단위로 판매되고, 두 번째 판매에서는 400개가 단위당 90화폐단위의 가격으로 판매된다. 이 경우, 특정한 가격으로 판매된 가장 많은 단위수량은 500이므로, 가장 많은 수량의 단위가격은 95이다.

③ 사례 3

다양한 수량이 다양한 가격으로 판매되는 다음과 같은 상황이 있을 수 있다.

판매수량	단위가격
40개	100
30개	90
15개	100
50개	95
25개	105
35개	90
5개	100

→

총판매수량	단위가격
65	90
50	95
60	100
25	105

이 경우, 특정한 가격으로 판매된 가장 많은 단위수량은 65이므로, 가장 많은 수량의 단위가격은 90이다.

5. 정확성과 진실성을 의심할만한 합리적인 사유가 있는 경우가 아닐 것

국내에서 판매되는 단위가격이라 하더라도 그 가격의 정확성과 진실성을 의심할만한 합리적인 사유가 있는 경우에는 해당물품의 국내판매가격 사용을 제외할 수 있다(법 제33조 제2항). 여기서 "그 가격의 정확성과 진실성을 의심할만한 합리적인 사유가 있는 경우"란 해당 물품의 국내판매가격이 동종·동질물품 또는 유사물품의 국내판매가격보다 현저하게 낮은 경우 등을 말한다(영 제27조 제10항).

Ⅱ 통상적인 수수료 또는 이윤 및 일반경비(제2호)

1. 의의

국내판매와 관련하여 통상적으로 지급하였거나 지급하여야 할 것으로 합의된 수수료 또는 동종·동류의 수입물품이 국내에서 판매되는 때에 통상적으로 부가되는 이윤 및 일반경비에 해당하는 금액은 국내판매가격에서 공제한다(법 제33조 제1항 제2호).

수수료와 이윤 및 일반경비 중 어떤 것을 공제하느냐에 대해서는 해당 물품에 관한 상관행과 판매형태, 수입자의 역할 등을 고려해서 판단한다. 예를 들어, 구매자가 자신의 계산과 위험으로 물품을 구매하여 국내 판매한 경우(수출판매인 경우)에는 '이윤 및 일반경비'가 공제되고, 구매자가 수출자의 위탁으로(또는 수출자를 대리하여) 수입된 물품을 국내 판매한 경우에는 '수수료'가 공제될 것이다(평가협정 예해 15.1).[460] 수수료와 이윤 및 일반경비를 중복해서 공제해서는 아니된다. 즉, 수수료와 이윤 및 일반경비 중 하나만 공제해야 하므로, 수수료에 대해 공제한다면 이윤 및 일반경비는 공제할 수 없다.

[예규] 당해 수입물품은 수출자와 수입자 사이에 체결된 '수탁판매계약'에 의해 수입된 것으로, 물품의 소유권이 국내 재판매 後 대금지급이 완료될 때까지 '수출자'에게 있으며, 계약기간 내에 재판매되지 않을 경우 수출자에게 반환되는 점으로 볼 때 우리나라에 수출하기 위하여 판매된 물품으로 볼 수 없다. 따라서 거래가격에 기초하여 과세가격을 결정할 수 없고 제2방법 내지 제6방법에 따라 과세가격을 결정해야 한다. 본건 물품은 핀란드의 패딩의류 전문회사에서 제조한 것으로서 국내에 수입된 적이 없으므로 동종동질 또는 유사물품의 거래가격을 찾을 수 없어, 제2방법 내지 제3방법을 적용할 수 없다. **수탁판매 거래의 경우에는 수입자가 자신의 계산과 책임으로 판매하는 것이 아니므로 통상적인 이윤 및 일반경비가 아니라 '수수료'를 공제하는 것이 타당하다.** 이때 공제되는 수수료는 국내판매와 관련하여 얻어지는 수수료로서, 수입자가 제공하는 수치가 통상적인 것과 불일치하지 않는 한 이에 근거하여야 한다(관세평가과-1169).

제4방법에 의하여 과세가격을 결정하는 물품이 장기간 반복하여 수입되는 경우에 납세의무자가 매 신고건수별로 공제요소비용을 계산하는 대신에 일정기간 동안의 국내판매가격에 대한 공제요소비용의 비율을 산출하여 적용하도록 신청하는 경우에 한하여 관세청장 또는 세관장은 공제율을 산정하여 적용할 수 있다(영 제30조, 관세평가 고시 제39조).

---

460) 수수료의 공제는 평가대상 물품이 수입국내에서 대리/위탁을 기초로 판매되거나 판매되는 경우에 발생하는 것이다. 이윤 및 일반경비에 대한 공제는 일반적으로 해당 물품의 판매 수수료를 수반하지 않는 거래에서 자주 발생하고 있다(평가협정 예해 15.1). 즉, 구매자(수입자)가 수입물품에 대한 소유권을 갖고 있는 물품을 재판매하는 가격에는 판매에 따른 이윤 및 일반경비가 전가되는 반면, 수입자가 수입물품에 대한 소유권을 보유하지 않고 수출자의 중개인 또는 대리인으로서 재판매하는 경우에는 그 판매가격에 자신이 수출자로부터 지급받을 수수료를 전가하게 된다. 여기서의 수수료는 수입 後 국내판매에 따른 수수료이므로 관세법 제30조 제1항 제1호의 수수료와는 구별된다.

2. 국내판매와 관련하여 통상적으로 지급하였거나 지급하여야 할 것으로 합의된 수수료

공제되는 수수료는 '통상적'(通常的, usual)인 수수료이다. 수수료는 앞에서 설명한 바와 같이 수출판매가 존재하지 아니하는 경우(구매자가 수출자의 위탁으로 수입된 물품을 국내 판매한 경우)에 통상적으로 합의된 수수료를 공제하는 것이다.[461)]

3. 동종 · 동류의 수입물품이 국내에서 판매되는 때에 통상적으로 부가되는 이윤 및 일반경비

(1) 동종 · 동류의 수입물품

"동종 · 동류의 수입물품"이라 함은 당해 수입물품이 제조되는 특정산업 또는 산업부문에서 생산되고 당해 수입물품과 일반적으로 동일한 범주 또는 품목군에 속하는 물품을 말하며, 동종 · 동질물품 또는 유사물품을 포함한다(영 제27조 제4항, 평가협정 제15조 제3항). 여기서 "동종 또는 동류"인지 與否는 관련된 상황에 따라 사안별로 결정되어야 한다. 평가대상물품을 포함하고 필요한 정보를 제공받을 수 있는 동종 또는 동류의 수입물품에 대한 가장 한정된 그룹 또는 범위의 수입국 내에서의 판매가 검토되어야 한다. "동종 · 동류의 수입물품"의 수출국이 어디인지는 묻지 않는다. 즉, 제4방법 목적상 "동종 또는 동류의 물품"은 평가대상물품과 같은 국가에서 수입된 물품뿐만 아니라 다른 나라에서 수입된 물품도 포함한다(평가협정 주해 제5조 제9항).

(2) 통상적으로 부가되는 이윤 및 일반경비

(가) 의의

"이윤 및 일반경비"는 당해 수입물품의 수입자의 이윤 및 일반경비를 말하는 것이 아니라 '통상적'(通常的, usual)인 이윤 및 일반경비를 의미한다. '일반경비'에는 해당 수입물품의 마케팅에 대한 직접비 및 간접비를 포함한다(평가협정 주해 제5조 제7항).[462)]

---

461) [WCO관세평가 교육모듈(중급/고급) 161~162쪽] 해외의 서로 다른 제조업자가 생산한 아동복을 A사가 국내로 수입하는데, 이 아동복은 구매대리인 B를 통해서 또는 직접 구매한다. 이 경우 제4방법에 따라 과세가격을 결정한다고 할 경우, 문제는 특정 거래 동안 수입자 A사가 지급한 구매수수료가 공제될 이윤 및 일반경비의 일부가 될 수 있는가 하는 것이다. A사의 계좌에 대한 조사를 통해 모든 구매수수료가 일반비용이 아니라(예를 들어 특별 계정비용) 물품의 구입비용의 일부로 포함되었다는 것이 밝혀졌다. 이것을 토대로 수입자 A사가 대리인 B에게 지불한 수수료는 이윤 및 일반경비의 일부로 포함되지 않았고, **따라서 제4방법을 이용해 재판매가격으로부터 공제할 수 없다고 결론 내렸다.**

462) '일반경비'는 일반기업회계기준상의 "판매비와 관리비"에 해당하는 것이고, 일반기업회계기준에 의하면

수수료 또는 이윤 및 일반경비의 通常的인 금액은 평가대상 물품의 종류(class or kind)에 따라 달라질 수 있는 금액의 범위를 구성할 수 있다. 범위가 수용되기 위해서는, 모집단이 너무 광범위하거나 너무 부족해서는 안 된다. 그 범위가 "통상적인" 금액이 되기 위해서는 명백하고 쉽게 인식되어야 한다. 다른 접근방법, 예를 들면 압도적인 금액(preponderant amount, 그러한 금액이 존재하는 경우)이나 산술 또는 가중 평균된 금액 역시 사용할 수 있다(평가협정 예해 15.1).

[심판례] 제3호의 금액은 수입물품이 수입항에 도착한 이후부터 구매자(수입자)에게 인도될 때까지 발생한 운임 및 보험료와 하역 · 검수 · 검역 · 검사 및 통관 등 수입과 관련하여 발생한 그 밖의 모든 비용으로서, **원칙적으로 해당 수입물품을 수입된 상태 그대로 판매하는 경우 그 상품의 매출원가에 포함되는 비용을 지칭하는 것으로 보이는 점**, 쟁점비용은 쟁점물품이 구매자인 청구법인에게 인도된 以後 국내판매단계에서 발생하는 비용으로 보이고, 그렇다면 이는 기업회계기준에 따른 '판매비와 관리비'로서 특별한 사정이 없는 한 「관세법」 제33조 제1항 제2호의 **일반경비에 해당**하는 것으로 보아야 하는 점, **쟁점비용이 일반경비에 해당하는 이상 수입물품의 국내판매시 '통상적으로 부가되는 이윤 및 일반경비에 해당하는 금액'을 동종 · 동류비율을 적용하여 산출한 후 그 금액을 제2호에 따라 국내판매가격에서 이미 공제하였다면 이를 다시 제3호로 공제하는 것은 결과적으로 이중 공제가 되는 측면이 있는 점 등에 비추어**, 위 청구주장은 받아들이기 어렵고, 따라서 쟁점처분에는 잘못이 없는 것으로 판단된다(조심 2019관0109).

(나) 이윤 및 일반경비의 취급 및 회계보고서에 따른 계산

통상적으로 부가되는 이윤 및 일반경비의 경우, 이윤 및 일반경비는 일체로 취급한다. '일체로 취급한다'는 것은 '통상'의 것인지 여부를 판단함에 있어 이윤과 일반경비를 각각 별도로 취급하지 않는다는 의미이다. 따라서, 이윤 또는 일반경비 중 한 금액이 통상적인 금액과 다르더라도 이윤과 일반경비를 합한 금액이 통상적인 금액과 일치하면 그 합계금액이 공제금액으로 사용된다. 관세실무에서는 이윤 및 일반경비라는 용어 대신에 '매출총이익'이라는 용어를 자주 사용한다.[463] 통상적인 이윤 및 일반경비는 우리나라에서 일반적으로 인정된

"판매비와 관리비"는 제품, 상품, 용역 등의 판매활동과 기업의 관리활동에서 발생하는 비용으로서 매출원가에 속하지 아니하는 모든 영업비용을 포함한다. 백화점 수수료도 판매비와 관리비 항목에 포함된다(부산고판 2018누21903).

463) [손익계산서 예시]

매출	1,000
(−) 매출원가	700
매출총이익	300

회계원칙에 따라 작성된 회계보고서를 근거로 하여 다음의 각 구분에 따라 계산한다(영 제27조 제5항, 평가협정 일반주해 및 주해 제5조 제6항).

> **[평가협정 주해 제5조 제6항]** 이윤 및 일반경비는 전체로서 취급되어야 함을 유의해야 한다. 이 공제를 위한 수치는 수입자가 제출한 수치가 동종·동류의 수입물품을 수입국내에서 판매할 때 얻어진 수치와 불일치하지 않는 한 수입자가 제공하거나 수입자를 대신하여 제공된 정보를 기초로 결정되어야 한다. 수입자가 제출한 수치가 이러한 수치와 불일치하는 경우, 이윤 및 일반경비는 수입자 또는 수입자를 대신하여 제출된 정보 以外의 관련 정보가 근거가 될 수 있다.

1) 납세의무자가 제출한 회계보고서를 근거로 계산한 이윤 및 일반경비의 비율이 세관장이 산출한 동종·동류비율의 100분의 110 以下인 경우: 납세의무자가 제출한 이윤 및 일반경비

"납세의무자가 제출한 회계보고서를 근거로 계산한 이윤 및 일반경비의 비율"이란 제4방법이 적용되는 해당 수입물품과 동종·동류의 물품에 대해 구분 계산한 이윤 및 일반경비의 비율을 말하고, 동종·동류의 물품은 납세의무자가 제출한 회계자료에 기초하여 이윤 및 일반경비를 구분 계산할 수 있는 최소한의 범위에 속하는 물품으로 하며, 해당 수입물품의 수입신고일이 속하는 회계연도의 회계보고서가 작성되지 않은 경우에는 직전 회계연도의 회계보고서를 기초로 계산할 수 있다(관세평가 고시 제32조).

2) 위의 1) 以外의 경우: 아래 (3)에 따라 산출되는 동종·동류비율을 적용하여 산출한 이윤 및 일반경비

(3) 동종·동류비율의 산출 및 이의제기

제4방법 적용을 위해서는 관세법 및 평가협정 취지에 부합하는 客觀的이고 公定한 절차를 통해 통상적인 이윤 및 일반경비를 산출하는 것이 무엇보다도 중요하다. 그런데 평가협정에서는 이윤 및 일반경비의 산출절차에 대해 구체적인 규정을 두고 있지 않으므로 이에 관해서는

(−) 판매비와 관리비	100
영업이익	200
(+) 영업외수익	100
(−) 영업외비용	50
(법인세차감 前) 당기순이익	250

※ 매출액 − 매출원가 = **매출총이익** = 영업이익 + 판매비와 관리비

각국의 법령에 맡겨져 있는데, 우리나라는 관세평가 고시 제33조에서 이에 대해 자세히 규정하고 있다.

(가) 산출기관 : 세관장

세관장은 관세청장이 정하는 바에 따라 해당 수입물품의 특성, 거래 규모 등을 고려하여 동종·동류의 수입물품을 선정하고 이 물품이 국내에서 판매되는 때에 부가되는 이윤 및 일반경비의 평균값을 기준으로 동종·동류비율을 산출하여야 한다(영 제27조 제6항).[464) 동종·동류비율의 산출에 관한 권한은 세관장에게 있다. 세관장은 동종·동류비율 및 그 산출근거를 납세의무자에게 서면으로 통보하여야 한다(동조 제7항).

[평가협정 예해 15.1] 다른 쟁점은 수수료와 이윤 및 일반경비의 통상적인 금액에 대한 최신 자료의 수집 및 유지와 관계가 있다. 실무적인 사항으로서, 수수료 또는 이윤 및 일반경비의 통상적인 금액을 확인하기 위해 필요한 자료를 지속적으로 수집하고 유지하는 것은 유용해 보이지 않는다. 필요한 경우, 그러한 자료는 특정 요건을 충족하기 위해서만 생성될 수 있다. 대부분의 경우, 실무적인 적용은 세관이 多품목 취급회사, 수입자 수가 한정되어 있는 소규모산업, 특수관계 거래가 많은 산업 등을 수반하는 상황을 사안별로 고려할 것을 요구한다. 이와 관련하여, 세관은 자신의 기록을 사용할 수 있다. 또한 자료는 무역기구, 다른 수입자, 회계법인, 무역 및 재정업무를 관장하는 정부기관 또는 일체의 다른 신뢰할 만한 출처로부터 얻어질 수도 있다. 자료를 얻기 위한 방법은 국가별 사정에 따라 다양할 수 있으나, 그 중에서 요청에 따라 호의에 기초하여 그 자료를 제공할 수 있는 동종 또는 동류 물품의 알려진 수입자들에 대한 조사와 알려진 수입자들과 관련된 평가 재검토가 포함될 수 있다. 법인이 특정 상품별로 이윤 및 일반경비 정보를 보유하지 않을 수도 있다는 점을 고려하면, 행정당국은 충분한 정보가 취득될 수 있는 최소 물품군 또는 물품 범위로부터 이윤 및 일반경비를 검토하는 원칙을 따라야 할 수 있다.

(나) 산출절차

세관장은 동종·동류비율을 산출하기 위해 관세평가 고시 제33조 제5항부터 제9항까지(아래 동종·동류비율의 산출절차)에 따라 비교대상업체를 선정하고, 그 비교대상업체들의 매출액 총합계액에서 매출총이익 총합계액이 차지하는 비율을 기초로 동종·동류비율을 산출한다. 다만, 같은 연도에 같은 품목군에 대하여 산출한 동종·동류비율이 존재하는 경우에는 그

---

464) [부산고판 2016누23820] 관세법 시행령 제27조 제6항은 세관장은 관세청장이 정하는 바에 따라 해당 수입물품의 특성, 거래 규모 등을 고려하여 동종·동류의 수입물품을 선정하고 이 물품이 국내에서 판매되는 때에 부가되는 이윤 및 일반경비의 '평균값'을 기준으로 동종·동류비율을 산출하도록 하고 있다. 그러므로, 관세법 시행령 제27조 제4항 제1호의 납세의무자가 제출한 이윤 및 일반경비는 '수입물품별 개별 이윤 및 일반경비'라는 전제에 있는 원고의 위 주장은 받아들이지 아니한다.

비율을 준용할 수 있다(관세평가 고시 제33조 제1항). 세관장은 필요하다고 인정되는 경우 납세의무자, 관련 업계 또는 단체 등에게 비교대상업체 선정 및 동종·동류비율 산출을 위해 필요한 자료를 요청할 수 있다(동고시 제33조 제2항). 세관장은 비교대상업체를 선정함에 있어 납세의무자에게 산출대상 품목군의 범위, 동종·동류 물품의 품목번호, 신용평가기관에서 조회되는 납세의무자의 업종 및 연계업종, 산출대상 품목군과 동종·동류 물품의 국내판매형태 등의 사항에 대해 의견을 제시할 기회를 주어야 한다(동고시 제33조 제10항).

세관장은 납세의무자가 제출한 회계보고서를 근거로 계산한 납세의무자의 이윤 및 일반경비의 비율 및 아래의 동종·동류비율 산출절차에 따라 산출된 동종·동류 비율을 **"이윤 및 일반경비 산출내역서"**를 작성하여 납세의무자와 관세평가분류원장에게 통보한다(동고시 제33조 제4항).

세관장은 비교대상업체가 2개 이상 선정되지 않는 경우에는 제4방법에 따라 과세가격을 결정하지 않는다(동고시 제33조 제3항).

동종·동류비율의 산출절차

(1) 수입물품의 특성 및 납세의무자의 수입실적을 고려하여 동종·동류비율 산출대상 품목군 및 그와 동종·동류 물품의 품목번호의 범위 결정(관세평가 고시 제33조 제5항)

(2) 결정된 품목번호의 범위에 대한 연도별 수입실적 합계액을 기준으로 '상위 100개 업체' 선정(동조 제6항)

(3) 선정된 100개 업체 中 다음의 각 요건을 모두 충족하는 연도별 수입실적 기준 30개 업체[465)]를 '비교대상 후보업체'로 선정(동조 제7항)

① 「주식회사 등의 외부감사에 관한 법률」에서 정하는 외부감사대상법인으로서 산출대상 연도의 외부감사 의견이 "적정"인 업체. 다만, 그 밖에 외부감사 결과가 적정함을 확인할 수 있는 객관적인 자료가 있는 업체는 비교대상 후보업체에 포함할 수 있다.

② 다음의 어느 하나에 해당하는 '업종'에 속하는 업체

a. 신용평가기관에서 조회되는 납세의무자의 업종. 다만, 납세의무자가 여러 품목군을 취급하거나 납세의무자의 업종과 산출대상 품목군이 관련이 없는 경우에는 산출대상 품목군을 주로 취급하는 업종으로 할 수 있다.

b. 위 'a'의 업종, 납세의무자가 제시한 주요 경쟁업체의 업종 등을 고려하여 통계청에서 정한 「한국표준산업분류표」의 업종 분류 기준에 따라 선정한 연계 업종

③ 산출대상 품목군과 동종·동류 물품의 국내판매형태(상품 판매, 제조가공 후 판매)가 동일하거나 유사한 업체. 다만, 손익계산서에 판매형태별로 매출액 및 매출원가가 구분되어 있는 경우에는 여러 판매형태를 병행하고 있는 업체도 비교대상 후보업체로 선정할 수 있다.

④ 위 ③의 국내판매형태에 대한 매출액이 매출원가 보다 많은 업체

(4) 선정된 비교대상 후보업체 중 다음의 어느 하나에 해당하는 업체를 제외하고 '비교대상업체' 선정(동조 제8항)

① 동종·동류 물품의 '수입액 비중'이 다음의 각 구분에 해당하는 경우

a. 산출대상 품목군의 국내판매형태가 상품 판매인 경우: 상품매출원가의 30퍼센트 미만

b. 산출대상 품목군의 국내판매형태가 제조가공 후 판매인 경우: 제품매출원가의 10퍼센트 미만

② 아래 a와 b의 비율이 현저한 차이가 나는 경우

a. 비교대상 후보업체의 매출액에서 매출총이익이 차지하는 비율

b. 앞의 (3)에 따라 선정된 비교대상 후보업체 전체의 매출액 총 합계액에서 매출총이익 총 합계액이 차지하는 비율

③ 특수관계에 해당하는 판매자로부터 산출대상 품목군과 동종·동류 물품을 구매(수입)하고, 동 수입물품의 가격이 특수관계에 영향을 받았다고 세관장이 인정한 경우

다만, 선정된 비교대상업체의 수가 2개 이하이거나 그 밖에 필요하다고 인정하는 경우에는, 위의 ① 내지 ③의 제외 조건을 합리적인 기준에 따라 완화하는 방법 또는 산출대상 품목군과 해당 산업부문의 특성 등을 고려하여 비교대상(후보)업체로 선정하는 것이 불합리하다고 판단되는 경우를 합리적으로 조정하는 방법에 따라 비교대상업체를 추가하거나 제외할 수 있다(제9항).

(5) 비교대상업체들의 매출액 총합계액에서 매출총이익 총합계액이 차지하는 비율을 기초로 '동종·동류비율' 산출

(6) 세관장은 '이윤 및 일반경비 산출내역서'를 작성하여 납세의무자와 관세평가분류원장에게 통보

[심판례] ① 쟁점물품의 과세가격을 제4방법으로 결정할 수 있는지에 대하여 살펴보면, 처분청은 쟁점물품을 제4방법으로 결정하기 위해서는 국내판매가격에서 통상의 이윤 및 일반경비를 공제하여야 하는데 통상의 이윤 및 일반경비의 표본이 1개 업체만 존재하여 제4방법 적용이 곤란하다고 주장하나, 「관세법시행규칙」 제6조 제2항에 의거 관세청장이 고시한 다수의 수입업체들의 통상의 이윤 및 일반경비는 양주(위스키) 外에 탁주 등의 이윤 및 일반경비도 있어 이러한 이윤 및 일반경비를 청구법인에게 적용하는 것은 불합리하므로 청구법인에게만 적용할 수 있는 개별이윤율을 산출하는 것이 합리적일 것이며 **개별이윤율 산출에 필요한 표본업체가 1개 뿐이라도 특수관계가 없는 수출입자간 거래된 동종·동류물품의 이윤 및**

465) 다음의 각 요건을 모두 충족하는 업체가 30개 미만인 경우에는 선정된 업체만을 비교대상 후보업체로 한다(동고시 제33조 제7항 단서).

일반경비가 있으므로 제4방법 과세가격에 적용할 수 있을 것이다. 또한, 처분청은 유사물품의 거래가격을 제6－3방법으로 쟁점물품의 과세가격으로 결정하였는 바, 그 유사물품이 국내에서 판매될 때의 이윤 및 일반경비를 산출하여 쟁점물품을 제4방법으로 과세가격을 결정할 수 있을 것으로 보여진다(조심 2011관0100). ② 처분청이 연도별로 급격한 가격변동이 있었다고 제시한 물품의 수입가격은 그 근거 자료가 확인되지 않고, 쟁점물품으로 확인된 *개 품목의 수입가격은 처분청이 제시한 가격과 다른 것으로 나타나고, 쟁점물품에 급격한 가격변동이 있었다고 보기 어려운 점, **처분청이 비교대상업체로 삼은 甲㈜는 다단계판매업체인 청구법인과 달라 특별한 사정이 없는 한 동종·동류물품을 수입하는 비교가능한 업체로 보기 어려운 점** 등에 비추어 거래가격을 배제하고 과세가격을 산정하여 관세 등을 과세한 이 건 처분은 잘못이 있다(조심 2014관0419). ③ 청구법인이 쟁점물품에 대한 제4방법 적용시 통상의 이윤 및 일반경비율 산출을 위한 비교대상업체에 포함되어야 한다고 주장하는 OOO 등의 업체들은 수입실적 상위 100개 업체에 해당되지 않는 점, 수입액 비중 대비 매출원가가 30% 미만 업체인 점, 특수관계가 거래가격에 영향을 미친 것으로 판정받았던 업체인 점 등을 고려하면 청구법인이 주장하는 업체들을 통상의 이윤 및 일반경비율 산출을 위한 비교대상업체로 선정하기는 어렵다고 판단되는 반면, 처분청은 이 건 심판청구 이후에 OOO의 의견을 반영하여 비교대상업체 중 특수관계에 의한 거래업체를 배제하거나 비교대상업체에 다른 업체를 포함하여 감액경정한 것으로 나타나는 바, 처분청은 재조사를 통하여 합리적인 이윤 및 일반경비율 등을 산출하고 그 결과에 따라 이 건 과세표준 및 세액을 경정함이 타당하다고 판단된다(조심 2013관0225).

(다) 이의제기

납세의무자는 세관장이 산출한 동종·동류비율이 불합리하다고 판단될 때에는 세관장으로부터 동종·동류비율 및 그 산출근거(이윤 및 일반경비 산출내역서)를 통보를 받은 날부터 30日 이내에 해당 납세의무자의 수입물품을 통관했거나 통관할 세관장을 거쳐 '관세청장'(관세평가분류원장)에게 이의를 제기할 수 있다.[466] 이 경우 관세청장은 해당 납세의무자가 제출하는 자료와 관련 업계 또는 단체의 자료를 검토하여 동종·동류비율을 다시 산출할 수 있다(영 제27조 제7항, 제8항).

납세의무자는 동종·동류비율의 산출절차에서의 비교대상(후보)업체 선정 기준을 대상으로 이의제기서를 제출할 수 있고, 이의제기서를 접수한 세관장은 접수일로부터 7日 이내에

466) [관세평가 고시 제34조 제2항] 동종·동류비율에 대해 이의를 제기하려는 납세의무자는 별지 제2호 서식의 **동종·동류비율 이의제기서**에 다음 각 호의 자료를 첨부하여 제33조 제4항에 따라 동종·동류비율을 통보한 세관장을 거쳐 관세평가분류원장에게 제출하여야 한다.
1. 세관장이 산출한 동종·동류비율이 불합리하다고 판단하는 사유 및 그 근거자료
2. 해당 수입물품(품목군)에 대한 납세의무자의 이윤 및 일반경비
3. 제2호를 확인할 수 있는 회계자료

과세가격을 결정하는 사유 및 이의제기에 대한 세관장 의견서를 첨부하여 이의제기서를 관세평가분류원장에게 이첩해야 한다(관세평가 고시 제34조 제3항, 제4항). 관세평가분류원장은 제출된 서류가 동종·동류비율의 재검토를 위하여 충분하지 않은 경우에는 15日 이내의 기간을 정하여 보완자료의 제출을 요구할 수 있으며, 신청인이 기간 내에 보완자료를 제출하지 아니하는 경우에는 이의제기를 반려할 수 있다(동조 제5항). 관세평가분류원장은 동종·동류 물품의 범위 및 적정한 비교대상업체 선정 등이 곤란한 경우 등 부득이한 경우를 제외하고는 세관장이 이의제기서를 접수한 날로부터 30日(자료 보완기간 제외) 이내에 이의제기의 재검토를 완료하고, 그 결과를 세관장 및 신청인에게 통보하여야 한다(동조 제6항). 이의제기에 따라 관세청장이 산출된 동종·동류비율이 세관장이 당초 산출한 동종·동류비율보다 낮은 경우에는 후자를 적용한다(동조 제7항).

(라) 동종·동류비율 산출 절차의 문제점

1) 문제점

앞에서 설명한 동종·동류비율의 산출절차에 대해 관세청의 계속적인 개선 노력에도 불구하고 다음과 같은 여러 가지 問題點이 제기되어 왔다.[467]

① 현재 사용 중인 통계청에서 정한 '한국표준산업분류표'의 업종분류가 우리 기업의 모든 업종을 반영할 수 없는 한계가 있으며, 여러 업종에 해당하는 업체의 경우에도 한국신용평가정보 시스템상 대표업종 하나만 확인할 수 있으므로 실제 유사한 거래형태가 아닌 업체가 비교대상업체로 선정될 우려가 있고, 동일한 품목번호라 하더라도 전혀 다른 물품을 취급하는 업체가 있을 수 있다.

② 비교대상업체의 수입국내에서 다양한 판매 형태를 고려하지 않고 회계보고서상 수치를 단순히 합산하여 비율을 산출하는 현행 방식은 분쟁의 소지가 있다. 기업들이 한 가지 상품만을 수입판매하지 않는 점, 심지어 전혀 다른 업종을 영위하는 점, 기업의 회계보고서는 수입, 수출, 도매, 소매, 용역 등에서 발생하는 모든 매출을 합산한 수치이고 동일 종류라고 하더라도 판매방식이 상이한 점 등에서 비교가능성에 문제가 있다.

③ 동종·동류비율의 정확한 산출은 품목별 매출총이익률을 산출할 수 있어야 하나, 현실적으로 불가능하므로,[468] 현재 한국신용평가정보(KIS-LINE)에 공시된 비교대상업체에 한정하여

---

467) 제4방법의 문제점과 개선방안에 대해서는 「(사)한국관세평가연구회, 관세청 연구용역보고서, 국내판매가격을 기초로 한 과세가격의 결정 등 관세평가적용방법 개선연구, 관세청 연구용역보고서, 2015」, 「최천식, 국내판매가격을 기초로 하는 제4방법의 적용요건 개선방안 연구, 한국관세학회, 2017」, 「송민수, 제4방법에 따른 가격결정시 동종·동류비율 산출방식 검토」를 참고하라.

468) 물론 기업심사대상업체로 선정된 업체에 대해서는 세관이 심사과정에서 직접 동종·동류비율 선정에 필요한 재무제표 등 회계자료를 입수할 수 있을 것이다.

매출총이익률을 검토하고 있는 현실인데,[469] 이로 인하여 동종 · 동류비율의 산출시기에 따라 비교대상업체 및 산출비율이 달라지는 문제점이 발생한다.

④ 한국신용평가정보(KIS-LINE)에서는 비교대상업체가 공시한 재무제표를 참고하여 이윤 및 일반경비율(매출총이익률)을 산출하고 있는데, 대부분의 외국계회사들은 유한회사로서 주식회사 등의 외부감사에 관한 법률상 재무제표의 공시의무가 없기 때문에 비교대상업체 선정에서 제외되는 문제가 있다.

⑤ 비교대상업체들의 매출총이익률의 평균값을 적용하여 단일한 수치의 동종 · 동류비율을 산출하는 것도 적정하지 않다. 그 단일한 수치는 정확한 수치가 아니라 근사치에 불과하다는 점에서 통계적 오류가 발생할 수 있다.

⑥ 평가협정 제5조 및 관세법 시행령 제27조 제2항을 충족하기 위해서는 수입 후 90일 이내에 특수관계가 없는 자에게 가장 많은 수량으로 판매한 단위가격을 조사하고, 평가대상 수입물품별 동종 · 동류의 물품을 수입한 자를 조사하여야 하며 이 중에서 특수관계 거래가 아닌 기업을 선별한 후 각 기업들이 같은 시기에 수입한 물품을 수입한 後 90일 이내 판매한 자료를 토대로 통상의 이윤 및 일반경비율을 산출해야 한다. 평가협정 제7조의 합리적 기준에 의한 과세가격 산출시에도 수입 後 180일 이내의 판매를 조사하여야 한다. 그러나 이러한 작업들은 현실적으로 실행하기 매우 어렵다고 할 수 있다. 따라서 세관장은 당해 수입자의 판매가격과 수입가격은 알 수 있지만 통상적인 이윤 및 일반경비의 산출의 정확성 논란 때문에 국내판매 단위가격에서 공제하는 과세가격 산출방법(제4방법)은 적용에 한계가 있다.

2) 判例

① '관세평가고시'의 동종 · 동류비율 산출절차에 관한 규정에 의하면 동종 · 동류비율 산정을 위한 비교대상업체의 선정기준이 반드시 동종 · 동류의 물품만을 취급하는 업체에 한정하고 있지 않지만, 이를 들어 관세법령의 위임범위를 벗어나 위법하다고 할 수 없다.

---

469) 관세청 심사정보시스템은 회계연도, 판매형태(도매업, 소매업, 제조업), 신청업체명, 신청업체부호, 신청물품단위, 비교대상물품단위, 비교대상업종부호, 비교대상업체후보수 등 조건 값을 각 입력하면 이를 모두 만족하는 '비교대상업체후보'가 자동 조회되는 형태로 운용된다. 여기서 '업종범위'는 관세청 심사정보시스템에 연동된 KIS-LINE(나이스평가정보에서 운영하는 기업정보시스템으로 공시된 기업정보를 확인할 때 사용하는 인터넷 사이트이다)에서 제공하는 업종정보를 기준으로 추출되는데, KIS-LINE 시스템에서 조회되는 업종은 조회 당시를 기준으로 그 무렵의 업종만 조회가 가능하도록 되어 있다.

[판례] ① 구 관세법(2014. 12. 23. 법률 제12847호로 개정되기 전의 것, 이하 '구 관세법'이라고 한다) 제33조 및 구 관세법 시행령 제27조에 의하면 국내판매가격을 기초로한 과세가격의 결정과 관련하여 '특수관계가 없는 자에게 가장 많은 수량으로 국내에서 판매되는 단위가격을 기초로 하여 산출한 금액'에서 '통상적으로 부가되는 이윤 및 일반경비' 및 '통상의 운임・보험료'와 '조세와 그 밖의 공과금'을 뺀 가격을 과세가격으로 산정하고 있는 점, ② 구 관세법 제33조 제1항 제2호에서 동종・동류의 수입물품이라 함은 '당해 수입물품이 제조되는 특정산업 또는 산업부문'에서 생산되고 '당해 수입물품과 일반적으로 동일한 범주에 속하는 물품(동종・동질물품 또는 유사물품을 포함한다)'을 말하는 점, ③ 구 관세법 제33조 제1항 제2호에 따른 이윤 및 일반경비는 일체로서 취급하며 일반적으로 인정된 회계원칙에 따라 작성된 회계보고서를 근거로 하고, 세관장은 관세청장이 정하는 바에 따라 '해당 수입물품의 특성, 거래규모 등'을 고려하여 동종・동류의 수입물품을 합리적으로 선정하도록 정하고 있는 점, ④ 납세의무자는 세관장이 산출한 동종・동류비율이 불합리하다고 판단될 때에는 관세청장에게 이의를 제기할 수 있고 이 경우 관세청장은 '관련 업계 또는 단체의 자료'를 검토하여 동종・동류의 비율을 다시 산출할 수 있도록 정하고 있는 점 등 **관세청장이 고시로 정하는 동종・동류비율 산정을 위한 비교대상업체의 선정 기준이 반드시 동종・동류의 물품만을 취급하는 업체에 한정하고 있는 것은 아니다**. 나아가, ㉠ 오직 동종・동류의 수입물품만을 취급하는 업체들로만 비교대상업체를 구성할 경우 비교대상업체의 숫자가 너무 적어지게 되어 오히려 동종・동류의 수입물품이 국내에서 판매되는 때에 통상적으로 부가되는 이윤 및 일반경비를 객관적으로 산출하기 어려워질 수 있는 점, ㉡ 동종・동류의 수입물품과 함께 다른 물품도 취급하고 있는 업체를 비교대상업체로 선정하는 경우 해당 비교대상업체의 회계보고서만으로 동종・동류의 수입물품에만 해당하는 이익 및 일반경비를 추출하기는 쉽지 않은 점, ㉢ 비교대상업체의 회계보고서를 기초로 동종・동류비율을 산정할 경우 해당 비교대상업체가 판매하는 물품에 동종・동류물품 외의 다른 물품이 포함되어 있더라도 이를 제외하기는 쉽지 않은 점까지 종합하여 보면, 이 사건 고시에서 동종・동류의 수입물품 이외에 일정 범위에서 다른 물품을 취급하는 업체도 비교대상업체로 선정하여 그 매출액 총 합계액에서 매출총이익 총 합계액이 차지하는 비율로 동종・동류비율을 산출하도록 한 것이 **모법인 구 관세법 시행령 제27조 제5항의 규정취지와 위임범위를 벗어난 것이라고 보기 어렵다**(부산고판 2017누20910, 2016누24441 등).

② 개별・구체적으로 검토하여 비교대상업체나 품목의 선정이 잘못되었다고 지적한 판결도 있다.

[판례] ① 관세평가분류원장이 이 사건 매출총이익률을 조정하기 위하여 사용한 동종품목은 '각종 크리스탈 제품 및 액세서리류'이고, 동종업종은 '기타 섬유, 직물 및 의복액세서리 소매업'으로서 **그 비교대상으로 삼은 품목과 업종이 이 사건 과세대상물품인 '패션 보석'보다 훨씬 광범위한**

품목과 업종을 포괄하고 있어 그 비교대상의 선정 범위가 적절해 보이지 않는 점(부산고판 2010누2982). ② 피고는 기업심사에서 원고가 해외 동종업체가 아닌 국내 동종업체의 매출총이익률을 기준으로 매출총이익률을 결정해야 했음을 전제로 원고의 매출총이익률이 국내 동종업체와 비교하여 어느 정도 높은지 판단하기 위하여 직접 국내 동종업체를 선정하여 이들과 원고의 매출총이익률을 서로 비교하였다. 그 결과 제1차 비교대상업체 보다 원고의 매출총이익률이 높은 것으로 나오자 피고는 이를 근거로 원고에게 일정한 영업이익을 보장해주기 위해 원고의 매출총이익률을 과다하게 설정하여 수입가격을 저가로 결정하는 등 프랑스 본사나 수출자가 인위적으로 개입한 결과물로 보았다. 그러나 **피고는 원고에 대해서는 백화점 판매물품에 대한 매출총이익률을 계산한 반면, 제1차 비교대상업체의 경우 백화점 판매물품 뿐만 아니라 면세점 판매물품을 포함하여 매출총이익률을 계산하였는바, 피고의 조사방식은 원고와 제1차 비교대상업체의 매출총이익률을 동등한 조건에서 비교한 것이 아니므로 객관적이라거나 공정하다고 볼 수 없다.** 더군다나 일반적으로 면세점 매출총이익률이 백화점 매출총이익률보다 낮다는 사정까지 고려할 때 피고의 조사방식은 면세점 매출총이익률을 제외한 원고의 매출총이익률이 제1차 비교대상업체의 매출총이익률보다 상대적으로 더욱 높게 산출되는 결과를 초래하게 되므로 이를 신뢰할 수 없다. 오히려 이 사건 물품을 수입한 기간인 2008년부터 2011년까지 원고의 백화점 및 면세점 매출총이익률은 2008년 45.32%, 2009년 44.45%, 2010년 42.93%, 2011년 43.00%로 제1차 비교대상업체의 매출총이익률(2008년 40.94%, 2009년 46.68%, 2010년 47.33%, 2011년 49.16%)과 비슷한 수치를 보이고 있음을 알 수 있다. 이 사건 물품의 수입기간인 2008년부터 2011년 사이에 원고의 영업이익률은 피고가 동종·동류로 최종 선정한 업체들(이하 '제2차 비교대상업체'라 한다)의 영업이익률 평균에 비해 오히려 낮은 수치를 보이고 있다. 이 사건 물품의 수입을 통해 원고가 최종적으로 얻는 이익이 영업이익이라는 점을 고려하면 프랑스 본사와 수출자가 원고의 영업이익을 보장하기 위하여 이 사건 물품을 의도적으로 저가에 수출하였다고 보기 어려움을 알 수 있다. **국내판매가격을 기초로 과세가격을 결정하는 것은 과세가격을 산출하는 자의 주관과 산출방법에 따라 비교대상업체의 선정이나 과세가격이 신축적일 수 있다.** 그런데 **피고가 선정한 제1차 비교대상업체와 제2차 비교대상업체가 상이한데다 원고와 제2차 비교대상업체 사이에 브랜드 인지도와 제품 가격 등에 상당한 차이가 있는 것으로 보이고 원고가 백화점뿐만 아니라 면세점에도 물품을 판매하고 있음에도 원고와 제2차 비교대상업체의 백화점 판매물품에 대한 매출총이익률만 계산하는 등 백화점 및 면세점 판매 비율, 매출 규모, 제품의 특성, 브랜드 인지도 등을 고려하여 제2차 비교 대상업체를 적정하게 선정한 것인지 의문이다** (부산고판 2017누21661).

③ 납세의무자와 과세관청의 상호협의로 이윤 및 일반경비율을 산출했다는 점을 근거로 과세처분의 근거로 삼은 이윤 및 일반경비율 산정의 적법성을 인정한 판결도 있다.

[판례]

피고가 적정 재판매가격을 알아보기 위하여 산정한 비교대상업체들은 결산기 등의 차이나 전산상의 문제로 요건을 충족하는 모든 업체들이 망라되어 있다고 보기 어려우므로, 이를 바탕으로 산출된 동종·동류비율 등을 기준으로 이 사건 수입물품의 원가율을 비교하여 가격의 영향력 유무를 결정할 수는 없다고 할 것이다(부산고판 2017누20910). 다음과 같은 사정을 종합하여 보면, 피고가 이 사건 처분의 기초로 삼은 이윤 및 일반경비율의 산정에 있어 어떠한 위법을 저질렀다고 보기 어렵다. ㉠ 피고는 원고에 대한 세무조사를 마친 후 관세법 제34조에 따라 과세가격을 결정하기 위하여 2007. 10. 18. 원고에게 이와 관련된 자료를 제출할 것을 요청하였으나 원고는 2007. 12. 31. 이 사건 물품의 국내판매시 구매자에게 재고보상을 지급한 사실이 있고 이를 최초 판매가격에서 적절히 공제할 수 없다는 이유로 피고가 제안한 관세법 제34조에 따른 과세가격 결정을 부인하고 관세법 제35조에 따라 원고의 손익계산서상 매출총이익률과 한도비율과의 차이를 원고의 매출액에 곱하여 산정한 누락 과표를 과세대상 수입 건에 안분하여 배분하는 방식으로 누락세액을 산출할 것을 제안하였고, **피고는 이를 수락하였다.** ㉡ 한편, 원고는 2008. 2. 15. 수입물품 과세가격 결정에 관한 고시 제4-5조 제2항에 따라 관세평가분류원장에게 사전상담 신청을 하였고, 상담 결과 이윤 및 일반경비 인정신청 업무처리에 관한 내규(관세평가분류원 내규)에 따라 이 사건 물품은 관세·통계통합품목분류표 제8471호에 분류되는 자동자료처리기계이고, 위 물품에 연계되는 한국표준산업분류표상 업종코드는 컴퓨터 및 패키지소프트웨어 도매업 및 컴퓨터 제조업에 해당하므로 관세·통계통합품목분류표 제8471호에 분류되는 물품을 수입하는 업체별 수입실적을 연도별로 추출한 후 외부감사대상법인을 선정하여 연도별 비교대상후보업체 명단을 제공받기로 합의하였다. ㉢ 원고는 위 명단을 받아 검토한 후 2008. 4. 8. 관세법 시행규칙(2007. 12. 31. 부령 제0596호로 개정되기 전의 것) 제6조 제2항에 따라 관세평가분류원에 이윤 및 일반경비의 인정신청을 하였는데, 내규 제3조에 따라 관세·통계통합품목분류표 제8471호에 분류되는 물품을 수입한 상위 100개 업체 중 컴퓨터 및 패키지소프트웨어 도매업 및 컴퓨터 제조업에 속하는 상위 30개 이내의 외부감사대상법인을 비교대상후보업체로 선정한 후 내규 제4조에 따라 비교대상업체를 선정함에 있어 이 사건 물품은 노트북 컴퓨터인데 반해 일부 비교대상후보업체는 중대형 컴퓨터, 슈퍼컴퓨터, 워크스테이션 등 노트북 컴퓨터와 유사성을 인정하기 어려운 물품을 수입한다는 이유로 이들을 제외한 결과, 별지 2「이윤 및 일반경비의 비율」 신청비율란 기재와 같이 이윤 및 일반경비의 비율을 산정하였다. ㉣ 원고로부터 인정비율 신청을 받은 관세평가분류원은 2008. 4. 30. 원고와 사이에, 원고가 일부 비교대상후보업체를 제외한 것은 법령상 근거가 없는 것이고, 원고와 같이 컴퓨터 완제품만 수입·판매하는 도매업체는 존재하지 않기 때문에 컴퓨터 및 패키지소프트웨어 도매업 및 컴퓨터 제조업에 속하는 물품을 수입하여 판매하는 도매업체 중에서 비교대상업체를 선정하기로 **최종적으로 합의하였다.** ㉤ 이후 관세평가분류원은 원고와의 위 합의내용을 바탕으로 하여(다만, 원고가 비교대상업체에 포함시킨 업체 중 특수관계에 있는 업체는 내규 제5조에 따라 제외하였다) 별지 2「이윤 및 일반경비의 비율」 당초인정비율란 기재와 같이 인정비율을 산정하였고, 피고는 2008. 6. 13. 이를 기초로 부가가치세

(가산세 포함) 부과처분을 하였다가 비교대상업체의 귀속 회계연도를 잘못 적용한 오류가 발견되어 별지 2「이윤 및 일반경비의 비율」 최종인정비율란 기재와 같이 인정비율이 수정되자 그에 맞추어 이 사건 처분을 하였다(서울행판 2009구합75351).[470]

④ 앞에서 설명한 바와 같이 현재 세관은 한국신용평가정보(KISLINE)에서 비교대상업체가 공시한 재무제표를 참고하여 동종 · 동류비율을 산출하고 있는데, 이와 관련하여 최근 [부산고판 2017누20910, 2018누21903, 2019누23296]에서는 "비교대상업체 선정과 관련하여, KISLINE 시스템의 조회 시점에 따라 현재 관세청의 심사정보시스템상 업종변경 등의 사정에 따라 비교대상업체가 변경될 수 있는 등의 違法이 있다"고 판시한 바 있다. 따라서 향후 제4방법 적용을 위해서는 동종 · 동류비율 산출절차의 개선이 필요한 상황이다.

[판례] 다음과 같은 이유로 피고의 이 사건 과세가격 산정은 위법하다. ① 관세법령의 규정 내용, 취지에 비추어 보면 구 관세법 제33조의 과세가격은 적어도 해당연도 즉, **과세대상인 수입물품이 수입되는 시점과 동시 또는 유사한 시점을 기준으로 정하여야 하고 비교대상업체 역시 그러한 시점을 기준으로 추출 · 선정하여야 한다.** 이는 구 관세법 제33조의 과세가격이 수입신고 당시 최종 판매가격에서 이윤 및 일반경비 등 각종 비용을 공제하여 산출되도록 하고 있는데, 이때 공제되는 이윤 및 일반경비는 동종 · 동류의 수입물품이 국내에서 판매되는 때에 통상적으로 부가되는 이윤 및 일반경비이므로, 수입신고 당시 국내 시장에서 과세대상 수입물품과 경쟁하는 동종 · 동류의 수입물품을 수입하는 동종 · 동류 물품의 수입업체들을 비교대상업체로 추출하여야 위와 같은 동종 · 동류의 수입물품이 국내에서 판매되는 때에 통상적으로 부가되는 이윤 및 일반경비를 적정하게 산출할 수 있기 때문이다. ② 한편 수입물품 과세가격 결정에 관한 고시(이 사건 고시) 제26조는 동종 · 동류의 수입물품에 대한 품목번호의 범위와 비교대상업체의 업종범위를 기준으로 비교대상업체를 선정하도록 하고 있는데, 이때 동종 · 동류의 수입물품에 대한 품목범위는 납세의무자의 수입신고 실적을, 비교대상업체의 업종범위는 해당업종과 연계업종을 각 고려하도록 하고 있다. **이처럼 이 사건 고시가 품목번호와 업종범위를 기준으로 비교대상업체를 선정하도록 한 것은 해당 연도의 과세대상이 되는 수입물품을 수입하는 업체와 동종 · 유사한 업종을 기준으로 품목범위가 동일 · 유사한 수입업체를 추출한다면 수입신고 당시 국내 시장에서 과세대상 수입물품과 경쟁하는 동종 · 동류의 수입물품을 수입하는 수입업체를 찾기에 적절하다고 보았기 때문**으로 보인다. ③ 위와 같이 피고는 품목번호를

470) 이 판결은 이윤 및 일반경비율의 산출절차에 납세의무자를 참여시켜 과세관청과 납세의무자의 상호협의로 이윤 및 일반경비율을 산출했다는 점을 근거로 과세처분의 근거로 삼은 이윤 및 일반경비율 산정의 적법성을 인정하였다. 최근 법원의 판례(부산고판 2017누20910, 2017누21661 등)로 인하여 동종 · 동류비율 산출절차를 개선해야 하는 상황인바, 이 판결을 참고하여 동종 · 동류비율의 산출절차에 납세의무자를 참여시키는 방안을 고려할 필요가 있을 것으로 생각된다.

기준으로 동종 · 동류의 수입물품에 대한 품목범위를 정한 다음, 여기에 **키스라인 시스템**에서 조회되는 업종을 기준으로 업체범위를 한정하여 비교대상업체를 추출 · 선정하고 있다. 그런데, **키스라인에서 조회되는 업종은 조회 당시를 기준으로 그 무렵의 업종만 조회가 가능하므로,** 만약 수입되는 시점과 동시 또는 그 무렵과 유사한 시점의 동종 · 동류의 수입물품 수입업체라 하더라도 그 후 업종의 변동이 있게 된다면 조회 당시 업종이 다르다는 이유로 조회 자체가 되지 않으므로 비교대상업체후보에서 배제될 수 있고, 반대로 수입되는 시점과 동시 또는 그 무렵과 유사한 시점의 동종 · 동류의 수입물품 수입업체가 아니라 하더라도 조회 시점에 업종이 변경되어 업종이 동일 · 유사하게 된다면 비교대상업체후보가 될 수도 있게 된다. **이처럼 조회 시점에 따라 비교대상업체후보가 달라지게 된다면 비교대상업체에 실제 포함되어야 할 업체가 업종이 다르다는 이유로 제외되거나 동종 · 동류의 수입물품과 업종은 동일 · 유사하지만 실제 경쟁관계가 아니거나 동종업체로 보기 어려운 업체가 비교대상업체후보로 선정될 여지가 있게 되어 비교대상업체 후보에 포함되어야 할 업체가 누락되거나 비교대상업체 후보에 포함시키지 말아야 할 업체가 선정될 수 있는 문제점이 있게 된다.** ④ 결국 적정한 비교대상업체의 추출 · 선정은 과세대상 수입물품의 수입시 또는 그 무렵 시장에서 경쟁하고 있는 동종 · 동류 물품의 수입업체들 찾아내는데 달려 있다고 할 것인데, 피고가 운용하는 관세청 심사정보 시스템에 의하면 업종의 변동 등 사정에 따라 수입시 또는 그 무렵을 기준으로 동종 · 동류의 물품을 수입하고 있지 않던 업체가 비교대상업체후보로 추출될 수 있거나 수입시 또는 그 무렵을 기준으로 동종 · 동류의 물품을 수입하였던 업체임에도 비교대상업체후보에서 배제될 수 있으므로, 관련법령과 수입물품 과세가격 결정에 관한 고시에 위배하여 그 자체로 위법하다고 할 것이다. ⑤ 한편, 피고는 업종의 상시 변동이 있고 이러한 변동을 매 순간 백업하기 어려운 한계가 있으므로 이러한 사정까지 반영하여 비교대상업체후보를 추출하는 것은 현실적으로 불가능하다고 주장하나, **피고는 각 수입업체의 수입통관데이터 등 수입가격 정보와 수입물품에 대한 정보를 가지고 있으므로 수입 당시를 기준으로 수입물품과 비슷한 물품을 수입한 업체를 추출하여 그 당시 업종 등을 기준으로 상위 업체를 선별한 다음, 대한민국 내에서 판매한 형태를 고려하고 이들 기업이 공시한 회계보고서 등으로 통상적인 이윤 및 일반경비를 산출할 수 있을 것이므로** 위 주장은 이유 없다(피고가 이 법원에 제출한 자료들에 의하면 피고는 동종 · 동류의 수입물품에 대한 연도별 수입실적 자료를 보유하고 있으므로 수입 당시의 동종 · 동류 물품과 관련한 기초자료는 보유하고 있는 것으로 보인다)(부산고판 2017누20910).

(마) 산출된 동종 · 동류비율의 적용상의 문제점

세관장은 기업심사시 해당 기업이 수입하는 물품에 대해 품목별로 실현된 해당기업의 이윤 및 일반경비율과 세관장이 산출한 동종 · 동류비율을 비교하여 前者가 後者보다 높은 경우에는 과세를 하고, 前者가 後者보다 낮은 경우에는 (차액에 대해 관세 등을 환급하지 아니하고) 해당 기업이 신고한 거래가격을 그대로 인정하는 방식으로 제4방법을 적용되고 있다. 이러한 과세실무는 특수관계가 거래가격에 영향을 미쳤다고 보고 거래가격을 배제한 한 후 제4방법을 적용하면서 세관장이 산출한 동종·동류비율이 납세의무자의 이윤 및 일반경비율보다 높은 물품에 대해서는 다시 납세의무자의 수입신고가격을 과세가격으로 인정하는 것은 과세논리상 모순이고 과세가격결정방법의 적용순서를 지키지 않은 것이며,[471] 종국적으로는 동종·동류 업체들의 평균적인 이윤 및 일반경비율을 하향조정시키는 불합리한 결과를 발생시킨다는 문제제기가 있었다(**사례연습 16**).

그러나 이에 대해 大法院은 "관세는 일정기간에 대하여 과세하는 것이 아니라 특정 물품의 '수입신고별'로 과세되므로 과세관청이 이 사건물품에 대한 과세처분시 다른 물품에 대한 관세환급액을 고려하여 정당한 세액을 산정하여야 할 의무가 있다고 보기 어렵고, 납세자는 과세관청의 과세가격 결정방법을 이용하여 다른 수입물품에 대하여 관세의 경정청구를 할 수 있고 그에 따라 처리하는 것이 경정청구 제도를 규정한 관세법 제38조에 들어맞는 방법이므로, 납세자가 판매자들로부터 수입한 물품 중 이 사건 각 물품에 대하여만 과세하고 다른 물품에 대하여는 관세를 환급하지 않은 것을 위법하다고 보기 어렵다"고 판시하였다(대판 2017두54869).

Ⅲ 수입항에 도착한 後 국내에서 발생한 통상의 운임·보험료와 그 밖의 관련 비용(제3호)

수입항에 도착한 후 국내에서 발생한 통상의 운임·보험료와 그 밖의 관련 비용을 국내판매가격에서 공제하는데, 이러한 비용들은 수입 後에 발생한 비용이어서 과세가격에 포함되지 않기 때문이다.[472] 이러한 비용에는 수입항에서 인도장소까지의 운임, 처리비용, 인도비용을 포함하는데, 다만 제2호의 "일반경비"에 포함되지 아니한 경우에 한한다. 공제가격에 따라 공제되어야 하는 운임·보험료 등은 통상의 운임·보험료 등이다.

국내에서 발생한 운임·보험료 등에 대해서는 제2장 제2절 제3항 「공제요소」를 참고하기 바란다.[473]

471) [부산지판 2016구합21535]에서는 이 점에 대해 지적하고 있다.

472) 수입 후 발생된 운송비용, 조세공과금 등이 적절하게 공제되었는지 여부는 구매자가 제출하는 회계보고서의 미착상품원가계정의 금액과 실제 운송계약서, 세금계산서 등을 통하여 확인한다. 수입 후 운송비용, 보험료, 적하비용 등은 기업의 미착상품원가 계정을 통하여 확인된 상품매출원가에 반영된 당해 비용을 의미하며, 원가에 배분된 금액이 아니면 공제할 수 없다. 즉 판매를 위한 운송비용, 보험료, 창고보관비용, 재고유지비용 등은 판매 및 일반관리비에 배분되는 금액으로 상품의 원가에 포함되지 않는다.

473) [미국예규] 공제가격법에 따라 과세가격결정시, 화물 하역으로 인한 체선료 및 세관하역물품 검사비용, 항만관리비 등은 운송비용 또는 일반경비로서 공제될 수 있다. 물품의 세관반출 이후 미국 내에서 물품판매로 인해서 발생된 재포장비용은 미국 내에서 물품판매와 관련하여 발생한 공제비용이다(546120).

여기서 "그 밖의 관련 비용"이란 해당 물품, 동종·동질물품 또는 유사물품의 하역, 검수, 검역, 검사, 통관 비용 등 수입과 관련하여 발생한 제 비용을 말한다(영 제27조 제9항).

국내에서 발생한 운임·보험료 등과 이윤 및 일반경비는 그 비용이 '통상'의 비용이라는 점에서는 동일한 측면이 있으나, 양자는 그 대상물품 등이 다르다. 즉, '통상의 이윤 및 일반경비'는 동종·동류의 수입물품에 대해 통상적으로 부가되는 이윤 및 일반경비인데 반하여, '통상의 운임·보험료 등'은 국내에서 판매되는 해당 수입물품(또는 동종·동질물품이나 유사물품)의 국내발생운임 등을 의미한다. 참고로, 국내에서 발생한 운송비용은 구매자가 수입물품을 구매하여 취득하는 과정에서 발생하는 것은 제3호의 "수입항 도착 후 국내에서 발생한 운임 등"에 해당하지만 구매자가 수입물품을 구매·취득한 後 국내에 재판매하는 과정에서 발생하는 것은 제2호의 "이윤 및 일반경비"에 해당한다고 할 것이다.

[판례] 원심판결 이유에 의하면 원심은 그 판시 사실을 인정한 다음 이에 의하면 피고는 원고와 소외 주식회사 도카이 사이에 구 관세법(1988. 12. 26. 법률 제4027호로 개정되기 전의 것, 이하 "법"이라고만 한다) 제9조의3 제2항 제4호, 같은법 시행령(1987. 12. 31. 대통령령 제12345호로 개정되기 전의 것, 이하 "영"이라고만 한다) 제3조의3 소정의 특수관계가 있어 그것이 이 사건 라이타 부품의 수입가격에 영향을 미쳤으므로 원고의 위 수입 신고가격은 법 제9조의3에서 정한 방법에 따른 과세가격으로 삼을 수 없고 또 원고와 소외 신화사 사이에도 같은 특수관계가 있으므로 이들 사이의 위 판매가격도 법 제9조의6에서 정한 방법에 따른 과세가격으로 삼을 수 없으며 그 밖에 법 제9조의4, 제9조의5, 제9조의7에 정한 방법에 의하여 과세가격을 결정할 수도 없다고 보고, 이와 같은 경우에는 법 제9조의8 및 관세평가시행세칙(관세청고시 제86－428호, 이하 "세칙"이라고만 한다) 제28조의 규정을 적용하여 과세가격을 결정하여야 할 것인데 이에 따르면 위 신화사가 국내 도매상에게 위 라이타 완제품을 판매한 가격을 기초로 여기에서 판매이윤 및 경비와 타라이타 부품의 가격 등 제반 공제요소를 공제한 금액을 과세가격으로 하여야 할 것이므로, 위 라이타부품 중 1986. 7.부터 1987. 11.까지 사이에 수입된 부분에 대한 과세가격은 그 수입시기에 가장 가까운 시기의 판매가격인 개당 금 127원을, 1987. 1.부터 1987. 3.까지 사이에 수입된 부분에 대한 과세가격은 위와 같은 판매가격인 개당 금 130원을 기초로 하여 각 산정하여야 할 것이라고 판단하였다. 기록에 비추어 살펴보면 원고와 위 일본도카이 사이에 법 제9조의3 제2항 제4호, 영 제3조의3 소정의 특수관계가 있고 이것이 위 라이타부품의 수입가격에 영향을 미쳤다고 본 원심의 판단에 수긍이 가고(소론 판례는 적절한 선례가 아니다), 또 법 제9조의6은 수입물품의 과세가격 산정기초로 할 수 있는 국내 판매가격의 요건 중 하나로 특수관계가 없는 자에게 판매되는 가격이어야 한다는 것을 들고 있으므로 같은 취지에서 위 규정에 의한 산정방법을 채택하지 아니하고 법 제9조의8 및 그 위임을 받은 세칙 제28조 소정의 합리적 기준에 따라 위 신화사의 완제품 판매가격을 기초로 하여 이 사건 라이타 부품의 과세가격을 정한 원심의 판단도 정당하다. 이 밖에 논지는

원심이 신화사의 판매가격을 기초로 과세가격을 결정함에 있어서 그 판매가격에서 원고가 신화사에 판매할 때에 부가한 판매제비용 外에 신화사의 이윤 및 판매 제비용도 공제하여야 하는데도 이를 간과한 위법이 있다는 것이나, 기록에 의하면 원고는 원심 제17차 변론기일에서 판매가격을 개당 127원으로 할 경우에 공제요소의 수액을 다투지 않는다고 진술하고 있고 이는 판매가격을 개당 130원보다 적은 개당 127원으로 인정할 경우에도 그 필요경비액이 피고주장과 같음을 자백한 취지로 보여지는바, 조세소송에서 과세요건 사실인 필요경비의 입증책임이 과세관청인 피고에게 있다고 하더라도 원고가 이를 자백한 경우에는 그 필요경비에 관한 피고의 입증필요는 면제된다고 볼 것이므로 원고는 상고심에 이르러 새삼 그 필요경비의 인정이 잘못되었다 하여 원심판결을 탓할 수는 없는 것이다. 위 논지도 이유 없다(대판 90누5054).

Ⅳ 해당 물품의 수입 및 국내판매와 관련하여 납부하였거나 납부하여야 하는 조세와 그 밖의 공과금(제4호)

물품이 수입된 後 국내에서 부과되는 租稅(관세, 내국세, 지방세)나 그 밖의 공과금은 국내판매가격에서 공제되는데, 이는 수입국 내에서 부과되는 관세, 조세나 공과금 등은 과세가격에 포함되지 않기 때문이다.[474] 이에 관한 자세한 설명은 제2장 제2절 제3항 「공제요소」를 참고하기 바란다.[475] '덤핑방지관세'와 '상계관세'는 관세 및 기타 국세로서 본호의 "조세와 그 밖의 공과금"에 해당하므로 국내판매가격에서 공제되어야 한다(평가협정 권고의견 9.1). 또한, 수입물품의 판매를 이유로 납부하여야 하는 '지방세'가 제2호의 통상적인 이윤 및 일반경비로 공제되지 아니한 경우에는 본호에 따라 공제되어야 한다(평가협정 주해 제5조 제8항).[476]

"조세와 그 밖의 공과금"이 수입물품의 과세가격을 기초로 계산되는 경우에는 세관장이 제4방법을 적용하여 산출한 조세 등을 적용한다(관세평가 고시 제31조 제2항). 다시 말하면, '관세'는 수입신고시 거래가격을 기초로 납부한 세액을 공제하는 것이 아니고, 제4방법으로 산출되는

474) 공제되는 조세 중 부가가치세 등 판매와 관련된 세금의 경우, 일반적으로 기업의 수익을 인식하는 기준(기업회계기준)에서는 매출액에 부가가치세를 포함하지 않기 때문에, 부가가치세를 제외한 판매단가를 포착한 다음, 여기서 공제할 요소의 가격을 차례로 공제한다.

475) 수입국 내에서 물품의 판매로 인해 지불해야 하는 내국세는 제1호의 이윤 및 일반경비 또는 제4호의 '조세와 그 밖의 공과금'으로 공제될 것이다. 이는 수입자가 이 비용을 어떻게 기록하느냐에 달려 있다. 그렇지만 두 조항에 의해 중복해서 공제될 수는 없다.

476) **[관세청예규]** 수입신고하는 때에 30%의 개별소비세율이 적용되고 그에 해당하는 금액이 반영된 국내판매가격을 기초로 과세가격을 결정하는 경우에는 수입신고 당시에 적용된 특별소비세율에 해당하는 금액을 뺀 가격으로 한다(종합심사과 47400-87).

세액을 역산하여 공제하는 것이다. 즉, '관세'의 공제는 국내판매단위가격에서 모든 제비용을 공제하고 남은 금액에 해당 수입물품의 관세율을 반영하여 산출된 금액을 공제하는 것이다.

제4방법으로 과세가격을 결정하는 물품이 장기간 반복 수입되는 경우에 납세의무자가 매 신고건수별로 법 제33조 제1항 제2호부터 제4호까지 및 법 제33조 제2항 각 호의 공제요소비용을 계산하는 대신에 일정기간 동안의 국내판매가격에 대한 공제요소비용의 비율을 산출하여 적용하도록 신청하는 경우에는 세관장은 관세법 시행령 제30조에 따라 공제율을 산정하여 적용할 수 있다(관세평가 고시 제31조 제3항).

제 3 절

산정가격을 기초로 한 과세가격 결정 (제5방법)

법 제34조(산정가격을 기초로 한 과세가격의 결정) ① 제30조부터 제33조까지에 규정된 방법으로 과세가격을 결정할 수 없을 때에는 다음 각 호의 금액을 합한 가격을 기초로 하여 과세가격을 결정한다.

1. 해당 물품의 생산에 사용된 원자재 비용 및 조립이나 그 밖의 가공에 드는 비용 또는 그 가격
2. 수출국 내에서 해당 물품과 동종·동류의 물품의 생산자가 우리나라에 수출하기 위하여 판매할 때 통상적으로 반영하는 이윤 및 일반 경비에 해당하는 금액
3. 해당 물품의 수입항까지의 운임·보험료와 그 밖에 운송과 관련된 비용으로서 제30조 제1항 제6호에 따라 결정된 금액

② 납세의무자가 제1항 각 호의 금액을 확인하는데 필요한 자료를 제출하지 않은 경우에는 제1항을 적용하지 않을 수 있다.

I 의의 및 적용순서

1. 의의

산정가격(computed value)을 기초로 한 과세가격 결정방법, 즉 제5방법 또는 산정가격방법은 제1방법 내지 제4방법으로 과세가격을 결정할 수 없을 때, 해당 물품의 생산에 사용된 원자재 비용 및 조립이나 그 밖의 가공에 드는 비용 또는 그 가격, 수출국 내에서 해당 물품과 동종·동류의 물품의 생산자가 우리나라에 수출하기 위하여 판매할 때 통상적으로 반영하는 이윤 및 일반 경비에 해당하는 금액, 해당 물품의 수입항까지의 운임·보험료와 그 밖에 운송과 관련된 비용등을 모두 합한 금액을 과세가격으로 결정하는 방법이다.

제5방법은 제4방법과는 반대 방향으로 수입물품이 제조(생산비용에 기초하고)되어 수출되고 수입국의 수입항에 도착할 때까지 발생한 모든 비용이나 가치를 합하여 과세가격을

결정하는 방법이다. 다만, 적정한 과세가격을 산정하기 위해 과세가격에 포함(합산)하는 이윤 및 일반경비는 (제4방법과 마찬가지로) 해당물품에 실제 발생한 이윤 및 일반경비가 아니라 동종·동류물품에 대한 通常的인 이윤 및 일반경비이다.

2. 적용순서

제1방법 내지 제4방법을 적용할 수 없을 경우에 제5방법을 적용하지만, 수입자는 제5방법을 제4방법보다 우선하여 적용하여 줄 것을 요청할 수 있다. 수입자가 제5방법을 먼저 적용하여 줄 것을 요청하였으나 제5방법에 따라 과세가격을 결정하는 것이 불가능하다는 것이 증명되는 경우에는 제4방법에 따라 과세가격이 결정될 수 있다면 제4방법에 따라 과세가격을 결정해야 한다(제5방법 → 제4방법). 과세가격이 제1방법 내지 제5방법에 따라 결정될 수 없는 경우에는 제6방법에 따라 과세가격을 결정한다(평가협정 주해 제1조, 법 제30조 내지 35조, 관세평가 고시 제13조).

[판례] 원고가 2005. 7. 26. 피고에 대하여 제5방법을 기초로 이 사건 물품의 과세가격을 결정하여 줄 것을 요청한 사실을 당사자 사이에 다툼이 없으나, 한편 을 제15 내지 17호증의 각 기재에 의하면 피고는 원고의 위 요청에 대하여 당해 물품의 생산에 사용된 원자재 비용 및 조립 기타 가공에 소요되는 비용 또는 그 가격 자료, 우리나라에 수출하기 위하여 수출국내의 생산자가 제조한 당해 물품과 동종 또는 동류의 물품 판매시 통상적으로 반영되는 이윤 및 일반경비에 해당하는 금액 자료, 당해 물품의 수입항까지의 운임·보험료 기타 운송에 관련된 비용 자료를 요청한 사실, **이에 대하여 원고는** 2005. 8. 31. **수입원액가격과 관련된 추가답변서를 통하여 피고가 요청한 자료를 입수할 수 없어 제출하지 못한다는 뜻을 밝힌 사실,** 이에 피고는 2005. 9. 2. 원고에게 제5방법 적용을 위한 기초자료인 제3자의 비교가격(통상적인 이윤 및 일반경비) 자료가 없는 상황에서는 제5방법을 적용할 수 없어 이 사건 물품에 관하여 제4방법에 의하여 과세가격을 결정할 것임을 통지한 사실을 각 인정할 수 있는바, 원고가 제5방법 적용을 위한 기초자료를 제출하지 않은 이상 피고에 대하여 제5방법을 적용하지 않은 것이 위법하다고 할 수 없다(부산지판 2008구합1864).

[심판례] 처분청은 위 제2방법으로 과세가격을 결정한 물품을 제외한 나머지 물품에 대하여는 동종·동질 또는 유사물품이 없거나 선적일 전후 60일 이내에 과세가격으로 인정된 거래가격이 없고, 국내판매가격이 없거나 비교대상업체가 없으며, 가격산정에 필요한 원자재 비용 등의 확보가 불가능하여 최종적으로 제6방법을 적용하여 과세가격을 재산정한 것은 적법하다는 의견이다. 그러나 수입물품의 과세가격은 거래가격을 기초로 하는 제1방법(제30조)부터 합리적 기준에 의한 제6방법(제35조)까지를 순차적으로 적용하되 선순위 방법에 의하여 과세가격을 결정할 수 없는 경우에만 후순위의 방법을 사용하여 과세가격을 결정하는 것인 점, 이 건 관련 기업심사

당시 청구법인은 쟁점물품의 가격이 제5방법과 유사한 원가가산방법에 의하여 결정된다고 설명한 것으로 보이긴 하나, **처분청 또한 제5방법 적용을 검토하기 위하여 청구법인에게 구체적인 자료를 요청한 사실이 없는 것으로 보여 제5방법의 적용 가능성이 충분히 검토된 후 제6방법을 적용하였다고 하기 어려운 측면이 있는 점, 청구법인이 제시한 자료에 의하면 쟁점물품 중 A가 제3자로부터 구매하여 청구법인에게 공급한 부품(buy part)이 약 78%에 달하고 이들의 구매가격은 청구법인이 접근을 허용한 전산시스템(ERP)을 통하여 비교적 손쉽게 확인할 수 있을 것으로 보이며 청구법인과 A는 처분청이 요청할 경우 제5방법 적용에 필요한 가격자료를 충분하고 성실하게 제출할 것임을 거듭 약속하고 있는 점 등에 비추어 쟁점물품의 과세가격을 결정함에 있어 제6방법을 곧바로 적용하기 보다는 청구법인이 추가로 제출하는 자료를 충분히 검토하여 제5방법의 적용가능성 등을 살필 필요가 있으므로, 결국 이 건 처분은 「관세법」 제34조에서 규정한 제5방법에 따라 과세가격을 결정할 수 있는지 등을 재조사하여 그 결과에 따라 과세가격 및 세액을 경정하는 것이 타당**한 것으로 판단된다(조심 2018관0162).

Ⅱ 과세가격 결정(산정)

1. 해당 물품의 生産에 사용된 원자재 비용 및 조립이나 그 밖의 가공에 드는 비용 또는 그 가격(제1호)

제5방법은 '해당 수입물품'에 대해서만 적용되고, 동종·동질물품 또는 유사물품에는 적용할 수 없다. 제5방법 적용시 당해 물품이 어디서 누구에 의해 생산되었는가는 문제가 되지 않는다. 즉, 제5방법은 당해 생산자가 수출자 以外의 자이고 수출국이 아닌 지역에 있는 자일 경우에도 적용될 수 있다.[477] 제1호는 수입물품을 제조하는데 실제 소요된 비용인 제조원가를 의미하고, 누가 그 비용을 부담했는지 여부에 관계없이 합산한다. '중고물품'에 대해 제조원가를 산정하여 제5방법으로 과세가격을 결정하는 것은 적절하지 않다(국심 2005관0211).

(1) '원자재 비용'에는 원자재, 구성요소 또는 부품, 하위부품, 그리고 원산지에서 제조지역까지의 원자재 운송비를 포함한다. 그러나 웨이스트 또는 스크랩으로 수거가 가능한 금액, 세금이 완제품의 수출시 면제되었거나 환불된 경우 재료 또는 그 처분에 직접적으로 적용되는 생산국에 의해 부과된 내국세는 포함되지 아니한다. '생산 및 조립이나 그 밖의 가공에 드는 비용 또는 그 가격'에는 모든 인건비, 생산절차와 관련된 모든 조립비용,

477) 다시 말하면 제5방법은 납세의무자가 평가대상물품에 대한 생산자의 제조원가 정보를 제시할 수 있다면 당해 제조자가 수출자 以外의 자이고 수출국 외부의 지역에 있는 자일 경우에도 적용될 수 있다.

생산절차와 관련된 기계비용, 공장감독 및 유지비용, 초과근무수당과 같은 간접비용을 포함한다.[478)]

判例 중에는 "한국농수산식품유통공사가 조사한 산지수매가격 중 가장 낮은 가격을 수입자의 원료구입비에 대입하고 원료구입비를 제외한 나머지 항목에 대하여는 수입자가 작성한 원가표의 금액을 그대로 적용하는 방법으로 과세가격을 결정하는 것은 이는 일응 관세법 제35조에서 정한 합리적인 기준(같은 법 제34조에 규정된 원칙에 부합하는 것으로 보인다)에 따른 것으로 보인다"고 판시한 것이 있다(서울고판 2012누35469).

(2) 비용 또는 가격 결정을 위한 자료

"비용 또는 가격"은 生産者에 의하여 또는 생산자를 대신하여 제출되는 평가대상물품의 생산에 관한 정보를 기초로 결정된다. 생산자의 회계장부가 해당 물품이 生産된 국가에서 적용되는 일반적으로 인정된 회계원칙에 부합되는 경우라면 비용 또는 가격은 그 회계장부를 근거로 한다(평가협정 주해 제6조).[479)]

(3) 포장 및 용기비용과 생산지원비의 포함

1) 여기서의 "비용 또는 가격"에는 가산요소 중 해당 수입물품과 동일체로 취급되는 용기의 비용과 해당 수입물품의 포장에 드는 노무비와 자재비로서 구매자가 부담하는 비용(법 제30조 제1항 제2호)이 당연히 포함한다.
2) 또한 수입물품의 생산과 관련하여 구매자가 제공한 '생산지원'과 관련하여 생산지원비를 적절히 배분한 금액(가격)을 "비용 또는 가격"에 포함하고, 우리나라에서 개발된 고안, 설계, 디자인 등의 비용의 경우는 생산자가 부담하는 한도 내에서만 산정가격에 포함한다. 비용 또는 가격에 포함되는 이러한 요소들은 결코 중복 계산되지 않아야 한다(평가협정 주해 제6조 제3항).[480)]

   그러나 구매자가 제조자에게 지급하는 권리사용료, 사후귀속이익 등은 가산되지 아니한다.

---

478) WCO관세평가 교육모듈(초급용), 412~414쪽.

479) 예를 들어 일반적으로 인정된 회계원칙과 당해 제조회사의 관행에 따라 재고품으로부터 출하된 원재료의 비용을 선입선출법을 기준으로 할 것인가 또는 후입선출법으로 할 것인지가 결정된다. 어떤 상황에서는 실제 생산 前에 추정되는 소위 표준원가가 상업적인 가격결정시에 대개 그러하듯이 관세평가에 있어서도 가장 적합하거나 유일하게 사용할 수 있는 기준이 되기도 한다(Saul L. Sherman & Hinrich Glashoff, 앞의 책, 325쪽).

480) 생산자의 회계방법에 따라서는 생산지원의 가격이 생산자의 재료비, 조립비 및 기타 가공비용 또는 일반경비에 중복되어 포함될 수 있다. 산정가격의 어떠한 요소도 두 번 포함될 것을 의도하지 않기 때문에, 중복이 발생한 경우 생산지원 가격의 각 금액은 다른 요소에 가산되지 않아야 한다(미국연방관세규정 §152.106).

다만, 제조자가 제3자에게 또는 제조 노하우를 제공하는 구매자에게 지급하는 로열티 등은 '조립비용'에 포함된다.

[심판례] 청구법인은 이 건 수입가격을 과세가격으로 인정하지 못한다면 관세법 제34조의 산정가격을 기초로 한 과세가격의 결정방법을 적용하여 유상판매물품의 제조원가를 산출하여 쟁점물품(반도체 장비의 하자보수용으로 사용되는 'Power supply' 등)을 수입하면서 제품의 과세가격을 산정하여 줄 것을 요청하고 있으나, 산정가격으로 과세가격을 산정하는 방법은 신제품에 대하여 제조원가를 산정하여 이를 기초로 과세가격을 산정하는 것으로서, 이 건 쟁점물품은 대부분이 중고물품인 DEP물품으로서 이에 대한 제조원가를 산정하여 과세한다는 것은 인정하기 어려운 것으로 판단된다(국심 2005관0211).

2. 輸出國 내에서 해당 물품과 동종 · 동류의 물품의 生産者가 우리나라에 수출하기 위하여 판매할 때 通常的으로 반영하는 이윤 및 일반 경비에 해당하는 금액

(1) 수출국 내 생산자가 우리나라에 수출판매할 때의 이윤 및 일반경비

이윤 및 일반경비는 輸出國 내 해당물품과 동종 · 동류물품의 생산자의 이윤 및 일반경비이다.[481] 그리고 生産者가 우리나라에 수출판매할 때의 이윤 및 일반경비이므로 생산자가 오로지 수출자를 통해서만 수입국으로 판매를 할 경우 수출자의 이윤 및 일반경비는 명확히 무시되어야 한다. 제4방법의 경우와 달리 해당물품과 동종 · 동류물품의 수출국이 동일해야 한다.[482]

(2) 동종 · 동류물품에 대한 통상적인 이윤 및 일반경비

1) 이윤 및 일반경비는 해당물품에 실제 발생한 이윤 및 일반경비가 아니라 해당물품과 동종 · 동류물품에 대한 通常的인 이윤 및 일반경비이다.

481) 이는 제1호의 "해당 물품의 生産에 사용된 원자재 비용 및 조립이나 그 밖의 가공에 드는 비용 또는 그 가격"의 경우, 당해 물품이 어디서 누구에 의해 제조되었는가는 문제가 되지 않는다는 것과 구별해야 한다.

482) 이윤 및 일반경비를 위한 추가 금액이 통상적으로 추가되는 금액과 일치하는지 평가하기 위해, 제4방법에서는 다른 나라에서 수입한 물품을 고려할 수 있으나, 제5방법에서는 동일한 생산국가에서 수입된 동종 또는 동류의 물품만을 고려할 수 있다(관세청, WCO관세평가 교육모듈(중급/고급용), 164쪽).

[평가협의회] 보세공장에서 제작한 시제품을 수입신고할 때[483] 관세법 제35조(제5방법)의 규정에 따라 과세가격을 결정하는 경우, **제조원가(해당물품의 생산에 사용된 원자재비용 및 조립이나 그 밖의 가공에 드는 비용 또는 그 가격)에 동종·동류물품의 생산·판매와 관련한 당해업체의 이윤 및 일반경비에 해당하는 금액을 더하여 과세가격을 산정**해야 한다. 일반적인 시제품이나 샘플의 경우 향후 생산제품의 판매촉진을 위해 판매자의 이윤을 제외하고 거래가격을 결정하는 경우도 있지만, 본건 거래의 경우, 보세공장 제품을 판매하는 것이 아니고 동일 법인인 연구소의 생산의뢰에 따라 그 설계에 맞추어 생산·공급하는 것으로 거래가격이 없으므로 평가협정상 내용에 근거한 합리적인 방법으로 가격을 결정하여야 하며, 제1방법 내지 제5방법까지 모든 방법이 판매자의 이윤 및 일반경비가 포함되어 있는 것을 볼 때, 이윤 및 일반경비를 과세가격에 포함하지 않는 것은 평가협정상 과세가격 결정원칙에 어긋난다(결정 14-02-01).

2) '일반경비'는 제1호의 "해당 물품의 생산에 사용된 원자재 비용 및 조립이나 그 밖의 가공에 드는 비용 또는 그 가격"에 포함되지 않는 수출물품의 생산 및 판매에 소요되는 직접 및 간접비를 포함한다(평가협정 주해 제6조 제7항).[484] 만약 생산자의 판매비용이 있다면 일반경비에 포함되어야 한다. 이윤 및 일반경비는 생산자가 제출한 정보에 기초하여 결정되어야 하지만 만약 생산자의 수치가 평가대상물품과 동종 또는 동류 물품의 판매시에 통상적으로 반영되는 것과 불일치하는 경우, 그 수치는 사용될 수 없다(평가협정 주해 제6조).[485]

3) 동종·동류인지 與否는 관련된 상황에 따라 사안별로 결정되어야 한다. 제5방법에 따라 통상적인 이윤 및 일반경비를 결정함에 있어, 평가대상물품을 포함하여 필요한 정보를 제공받을 수 있는 가장 한정된 그룹 또는 범위에 속하는 물품의 수입국에 수출하기 위한 판매가 검토되어야 한다. 제5방법 목적상 동종·동류물품은 평가대상물품과 同一한 수출국으로부터 수출된 물품이어야 한다(평가협정 주해 제6조 제8항).

(3) 이윤 및 일반경비는 전체로서 취급되어야 한다.

이윤 및 일반경비는 전체로 취급되어야 하므로, 어떤 특별한 경우에, 생산자의 이윤 수치는 낮고 생산자의 일반경비는 높은 경우임에도 불구하고 함께 취급된 생산자의 이윤 및 일반경비는

483) 보세공장에서 양산 前 시제품을 제작하여 장외 연구소로 성능테스트 및 신제품 연구개발 목적으로 수입한다. 보세공장과 장외 연구소는 동일 법인이다.

484) 생산자의 판매비용이 있다면 일반경비에 포함시켜야 한다.

485) **[평가협정 주해 제6조]** 이 경우, 이윤 및 일반경비에 대한 금액은 해당 물품의 생산자에 의해서 또는 생산자를 대신하여 제출된 정보 以外의 관련 정보를 기초로 할 수 있다. 생산자가 제출하였거나 생산자를 대신하여 제출된 정보 以外의 정보가 산정가격의 결정을 위하여 사용된 경우, 수입국 당국은 수입자가 요청하는 경우, 그러한 정보의 원천, 사용된 자료와 그러한 자료에 근거한 계산내역을 평가협정 제10조의 규정을 조건으로 수입자에게 통보해야 한다.

동종 또는 동류의 물품의 판매에서 통상적으로 반영된 것과 일치할 수 있다. 예를 들면, 어떤 상품이 수입국 내에서 출시되고 생산자는 출시와 관련된 높은 일반경비를 상쇄하기 위하여 無이윤 또는 낮은 이윤을 감수하는 상황이 발생할 수 있다. 생산자가 특별한 상업적인 상황 때문에 수입물품의 판매에서 낮은 이윤을 입증할 수 있는 경우, 생산자가 낮은 이윤을 정당화할 수 있는 타당한 상업적인 이유를 갖고 있고 생산자의 가격책정이 관련 산업분야의 일반적인 가격정책을 반영한다면 생산자의 실제 이윤수치는 고려되어야 한다. 예를 들면, 이러한 상황은 생산자가 예견할 수 없는 수요하락 때문에 일시적으로 어쩔 수 없이 가격을 인하해야 하는 경우 또는 생산자가 수입국에서 생산되는 범주의 물품을 보충하기 위하여 물품을 판매하고 경쟁력을 유지하기 위하여 낮은 이윤을 감수하는 경우가 발생할 수 있다(평가협정 주해 제6조 제5항).

(4) 통상적인 이윤 및 일반경비와 일반적으로 인정된 회계원칙

통상적인 이윤 및 일반경비는 '생산국'의 일반적으로 인정된 회계원칙에 부합하는 방식으로 작성된 정보를 활용하여 결정한다(평가협정 일반주해). 이윤 및 일반경비의 금액은 생산자의 수치가 수출국 내의 생산자가 수입국에 수출하기 위하여 평가대상물품과 동종 또는 동류의 물품을 판매할 때 통상적으로 반영되는 수치와 불일치하지 않는 한, 생산자에 의하여 또는 생산자를 대신하여 제출된 정보를 기초로 결정하여야 한다(평가협정 주해 제6조 제4항).[486] 만약, 이윤 및 일반경비에 대한 생산자 자신의 수치가 수입국으로 수출하기 위하여 수출국내의 생산자가 평가대상물품과 동종 또는 동류인 물품을 판매하는 때에 통상적으로 반영되는 수치와 일치하지 않는 경우, 이윤 및 일반경비에 대한 금액은 해당 물품의 생산자에 의해서 또는 생산자를 대신하여 제출된 정보 以外의 관련 정보를 기초로 할 수 있다. 생산자가 제출하였거나 생산자를 대신하여 제출된 정보 이외의 정보가 산정가격의 결정을 위하여 사용된 경우, 수입국 당국은 수입자가 요청하는 경우, 그러한 정보의 원천, 사용된 자료와 그러한 자료에 근거한 계산내역을 비공개(비밀유지) 조건으로 수입자에게 통보해야 한다(평가협정 주해 제6조 제5항, 제6항).

486) [유권해석] 제5방법으로 과세가격을 산정함에 있어 통상적으로 다양한 상품군과 수입국 이외의 수출판매 이윤 및 수입국 내의 이윤까지 포함된 연결재무제표를 적절한 조정없이 그대로 사용하는 것은 관세법 제34조 및 평가협정 제6조에 부합하지 않는다(기획재정부, 다자관세협력과-332, 2009. 3. 13.).

3. 해당 물품의 수입항까지의 운임 · 보험료와 그 밖에 운송과 관련된 비용으로서 제30조 제1항 제6호에 따라 결정된 금액

운임 · 보험료 · 운송관련비용은 통상의 비용이 아니라 실제로 소요된 비용이다. 이에 대해서는 제2장 제2절 제2항 「가산요소」를 참고하기 바란다.

Ⅲ 제5방법 적용의 한계

제5방법 적용을 위해서는 수출국 생산자의 제조원가 자료, 회계자료 등이 필요한데, 판매자가 이를 협조적으로 제출하는 경우가 드물고, 수입국 과세관청에서 이를 강제할 권한도 없기 때문에 세관실무상 제5방법 적용은 극히 드문 실정이다. 실제 제5방법을 사용하는 것은 통상적으로 구매자와 생산자(수출자)가 특수관계에 있는 경우로 제한된다.[487]

[판례] 이 사건 물품(신선 생강, 소강)에 대하여 관세법 제34조(산정가격을 기초로 한 과세가격의 결정)에 의하여 과세가격을 결정할 수 있는지에 관하여 보면, 1-7 수입신고 중 소강 5톤은 농산물로서 **생산에 소요된 원자재 비용 및 조립이나 그 밖의 가공에 드는 비용을 별도로 산출할 수 없고, 수출자의 원가를 확인할 수 없을 뿐만 아니라 원고가 그 산정가격의 금액을 확인하는데 필요한 자료를 제출하지도 않았으므로** 관세법 제34조의 방법을 사용할 수도 없다. 결국 관세법 제35조에 의하여 1-7 수입신고 중 소강에 관하여 과세가격이 결정되어야 할 것이다(광주고판 2018누1225, 대판 2019두47834).

평가협정 제6조에서는 "어떠한 회원국도 산정가격을 결정할 목적으로 자국 영토 내에 거주하지 아니하는 자에게 회계장부 또는 기타 기록을 심사에 사용하기 위해 제출하게 하거나 이에 대한 접근을 허용하도록 요구하거나 강제할 수 없다. 다만, 생산자가 동의하고 수입국 당국이 당사국 정부에 충분한 시간을 두고 미리 통지하고 당사국 정부도 해당 조사를 반대하지 않는 경우에는 제5방법에 따라 과세가격을 결정할 목적으로 해당 물품의 생산자가 제공한 정보를 수입국 당국이 당사국 내에서 검증할 수는 있다"고 규정하고 있다. 즉, 과세관청은 제5방법 적용을 위하여 수출자나 생산자에게 자료 제출을 강제할 권한이 없기 때문에 생산자나 수출자가 협조하는 경우에 한하여 제5방법 적용이 가능하다는 것이다.

평가협정 주해 제6조에서도 "산정가격을 결정하기 위해서는 평가대상물품의 생산비용과 수입국 외부에서 얻어져야 하는 다른 정보를 검토하는 것이 필요할 수 있다. 더구나 대부분의

487) 관세청, WCO관세평가 교육모듈(중급/고급용), 164쪽.

경우 물품의 생산자는 수입국 당국의 관할권을 벗어나 있다. 산정가격방법의 사용은 일반적으로 구매자와 판매자가 특수관계에 있고, 생산자가 필요한 원가계산서를 수입국 당국에 제출할 준비가 되어 있으며, 필요한 경우 일체의 사후 검증에 대하여 편의를 제공할 준비가 되어 있을 경우에 한정된다"고 규정하고 있다. 또한, 관세평가 고시 제35조에서도 "제5방법 적용시 해당 물품의 생산에 사용된 원자재 비용 및 조립이나 그 밖의 가공에 드는 비용 또는 그 가격을 해당 물품의 생산자가 생산국에서 일반적으로 인정된 회계원칙에 따라 작성하여 제공하는 회계장부 등 생산에 관한 자료만으로 확인할 수 없는 경우에는 제5방법을 적용하여 과세가격을 결정하지 않는다"고 규정하고 있다.[488)]

488) [미국연방관세규정 §152.106] ① 수입자가 합리적인 기간 내에 필요한 산정가격 정보를 제공할 수 없는 경우, ② 외국 생산자가 해당 정보를 제공하기를 거부하거나 법적으로 제공할 수 없는 경우에는 수입물품의 산정가격은 결정될 수 없는 것으로 간주된다.

제 4 절

합리적 기준에 따른 과세가격 결정(제6방법)

법 제35조(합리적 기준에 따른 과세가격의 결정) ① 제30조부터 제34조까지에 규정된 방법으로 과세가격을 결정할 수 없을 때에는 대통령령으로 정하는 바에 따라 제30조부터 제34조까지에 규정된 원칙과 부합되는 합리적인 기준에 따라 과세가격을 결정한다.
② 제1항에 따른 방법으로 과세가격을 결정할 수 없을 때에는 국제거래시세·산지조사가격을 조정한 가격을 적용하는 방법 등 거래의 실질 및 관행에 비추어 합리적으로 인정되는 방법에 따라 과세가격을 결정한다.

제1 항 의의 및 준수해야 할 원칙

I 의의

제1방법 내지 제5방법으로 과세가격을 결정할 수 없는 경우, 마지막으로 제1방법 내지 제5방법의 원칙과 부합되는 합리적인 기준에 따라 과세가격을 결정한다(법 제25조 제1항). 이를 '합리적 기준에 따른 과세가격 결정방법' 또는 '제6방법'이라 한다. 즉, 수입물품의 과세가격이 제1방법 내지 제5방법에 따라 결정될 수 없을 경우, 관세의 과세가격은 관세법 제30조 내지 제34조, 평가협정 및 1994년도 GATT 제7조의 원칙 및 일반규정에 부합하는 합리적인 방법과 輸入國에서 입수할 수 있는 자료를 근거로 결정된다(법 제35조 제1항, 평가협정 제7조 제1항). 또한, 제6방법에 따라 결정되는 관세의 과세가격은 최대한 과거에 결정된 과세가격을 기초로 하여야 한다(평가협정 주해 제7조 제1항).

수입자가 요청하는 경우, 제6방법에 따라 결정된 관세의 과세가격과 이러한 가격을 결정하기 위하여 사용된 방법을 수입자에게 서면으로 통지하여야 한다(평가협정 제7조 제3항).

[평가협정 주해 제7조] 평가협정 제7조(제6방법)에 따라 결정되는 과세가격은 최대한 과거에 결정된 과세가격을 기초로 하여야 한다. 평가협정 제7조에 따라 사용되는 평가방법은 평가협정 제1조부터 제6조까지에서 정하고 있는 방법이어야 한다. 그러나 그러한 방법을 적용함에 있어서 **합리적인 신축성**은 평가협정 제7조의 목적 및 규정에 부합한다.

[평가협정 권고의견 12.1] 평가협정 제7조에 대한 주해 제2항에서는 제7조에 따라 사용되는 방법은 평가협정 제1조부터 제6조까지에 정해진 것이어야 하지만 합리적인 신축성(reasonable flexibility)을 가지고 적용해야 한다고 규정하고 있다. 하지만 과세가격이 이들 방법의 신축적인 방법으로도 결정될 수 없을 경우에는 과세가격에 대한 마지막 방편으로써 평가협정 제7조 제2항에서 배제되지 않는 방법을 조건으로 기타 합리적인 방법을 사용하여 결정할 수 있다. 평가협정 제7조에 따른 과세가격을 결정함에 있어서 사용되는 방법은 평가협정 및 1994년 GATT 제7조의 원칙과 일반규정에 부합되어야 한다.

제1방법 내지 제5방법과 달리, 제6방법은 엄밀히 말해 특정 과세가격 결정방법은 아니다. 오히려 합리적인 방법을 사용하여 물품의 과세가격을 결정할 때 적용될 수 있는 일련의 원칙으로 설명될 수 있다. 제6방법은 과세가격 결정방법에 있어 합리성 및 유연성을 좀 더 제공할 수 있는 범위를 제공한다. 다만, 제6방법은 제1방법 내지 제5방법의 원칙과 부합하는 합리적인 기준은 포괄적이고 명확하지 않다는 限界가 있다. 따라서 제6방법을 적용함에 있어서는 과세권이 남용되지 않도록 관세법 시행령 제29조 제2항 및 평가협정 제7조 제2항에 위배되지 않아야 하는 등 아래 'Ⅱ'의 『제6방법에 따라 과세가격 결정시 준수해야 할 원칙』이 철저히 준수되어야 한다.

Ⅱ 제6방법에 따라 과세가격 결정시 준수해야 할 원칙

제6방법에 따라 과세가격을 결정할 때에는 아래 원칙들을 준수해야 하고, 만약 아래 원칙들에 위반하여 과세가격을 결정한다면 그에 따른 과세처분은 위법하게 된다.

1. 과세가격의 기초로 사용할 수 없는 가격(금지되는 가격)이 아닐 것

제6방법에 따라 과세가격을 결정함에 있어서는 다음에 해당하는 가격을 기준으로 하여서는 아니된다(영 제29조 제2항, 평가협정 제7조 제2항).

(1) 우리나라에서 생산된 물품의 국내판매가격

(2) 선택가능한 가격 중 반드시 높은 가격을 과세가격으로 하여야 한다는 기준에 따라 결정하는 가격

평가협정은 중립적인 평가제도로 고안되었기 때문에 선택가능한 가격 중 높은 가격을 과세가격으로 채택하는 제도는 수용될 수 없는 것이다. 이는 또한 동종・동질물품 또는 유사물품의 거래가격이 多數일 때에는 그 중 가장 낮은 가격을 채택하도록 규정하고 있는 관세법 제31조 및 제32조와도 부합하지 않는다. 따라서, 동종・동질 또는 유사물품의 가래가격 평가방법의 유연한 적용을 사용하더라도 2가지 가격이 가능한 경우 높은 가격의 선택을 허용하지 않는다. 낮은 가격이 항상 사용되어야 한다.[489)]

(3) 수출국의 국내판매가격

수출국의 국내판매가격을 과세가격으로 채택하는 것을 금지하는 것은 "관세평가절차는 덤핑방지를 위해 사용할 수 없다"는 평가협정 일반서설에서 규정하고 있는 평가협정의 정신에 위배되기 때문이고, 아울러 내수판매와 수출판매의 가격은 다를 수 있다는 무역관행을 반영한 것으로 볼 수 있다.

[판례] 관세법 시행령 제29조 제2항에서는 법 제35조에 따라 합리적 기준에 의하여 과세가격을 결정함에 있어서는 '수출국의 국내판매가격'이나 '자의적 또는 가공적인 가격'을 기준으로 하여서는 아니된다고 규정하고 있다. 피고가 S공사의 2010. 6. 17.자 중국 산동 금향 지역 2010년산 마늘의 산지수매가격을 원료구입비로 보고 원고가 작성한 원가표에 이를 대입하여 이 사건 마늘의 과세가격을 결정한 사실은 앞서 본 바와 같고, 위 공사는 농산물 등의 가격안정 및 유통개선사업을 통하여 그 수급을 안정시킬 목적 등으로 S공사법(구 N유통공사법)에 따라 설립된 법인으로, 위 목적을 위해 농산물 수출입 등의 사업을 영위하면서 그 수입가격결정이나 국내 수급계획수립의 참고자료로 활용하기 위해 현지 모니터 및 위 공사 중국 청도 사무소를 통해 중국산 농산물의 산지수매가격을 조사하고 있는 사실, 위 공사 중국 청도 사무소는 복수의 주산지(主産地) 수집상을 대상으로 탐문조사하는 방법으로 산지수매가격을 조사하는 사실을 인정할 수 있다. 위 인정사실에 의하면, **이 사건 마늘의 과세가격은 공신력 있는 기관을 통하여 조사된 산지수매가격을 원고가 작성한 원가표상의 원료구입비에 대입하는 외에는 원고가 작성한 원가표에 의하여 결정된바, 이는 일응 구 관세법 제35조에서 정한 합리적인 기준(같은 법 제34조에 규정된 원칙에 부합하는 것으로 보인다)에 따른 것으로 보이고, 국내 수입을 위해 조사된 위 산지수매가격이나 여기에 원고가 정한 내륙운송비, 해상운임비, 이윤 등이 더해진 과세가격이 '수출국의 국내판매가격'이라고 보기 어려우며,** 이는 제3의 공신력 있는 기관이 조사한 기초가격에 원고가 인정한 원가를 더한 것으로서 자의적 또는 가공적인 가격으로도 보이지 아니한다(서울고판 2012누35469).

(4) 동종・동질물품 또는 유사물품에 대하여 법 제34조의 규정에 의한 방법 外의 방법으로 생산비용을 기초로 하여 결정된 가격

489) WCO관세평가 교육모듈(초급용), 434쪽.

제5방법은 '해당 수입물품'에 대해서만 적용된다. 그렇지만 제6방법을 적용하는 경우에는 동종·동질물품 또는 유사물품에 대해서도 제5방법을 적용할 수 있는데, 다만 관세법 제34조에 규정된 방법으로 과세가격을 결정해야 한다. 다시 말하면, 동종·동질물품 또는 유사물품에 대하여 제5방법 적용시 관세법 제34조에 규정된 방법 以外의 方法으로 생산비용을 기초로 하여 결정된 가격은 과세가격으로 사용할 수 없다는 것이다.

(5) 우리나라 外의 국가에 수출하는 물품의 가격

일부 세관이 수출자가 수입자에게 부과한 가격이, 동일한 수출자가 동일물품을 다른 국가에 수출판매할 때에 부과한 가격보다 낮다는 이유로 수용을 거절하는 것을 배제하기 위한 것이다. 한 국가에서 수입물품에 대해 수락된 가격은 다른 국가로 수입되는 물품의 과세가격을 결정하기 위한 참고로서 사용되어서는 아니된다.[490)]

(6) 특정수입물품에 대하여 미리 설정하여 둔 최저과세기준가격

어떤 물품의 과세가격은 최소한 어느 금액 이상이어야 한다는 식으로 상품별로 과세가격이 될 수 있는 최저가격을 미리 설정하여 두는 방법은 사용할 수 없다는 것이다.

(7) 자의적 또는 가공적인 가격

이는 진정한 상업관행 즉 비용, 가격, 이윤, 수수료 등의 실제가격 또는 실제금액을 보유한 실제 판매에 기초하지 않은 과세가격 결정을 배제하기 위한 것이다.[491)]

判例 중에는 "한국농수산식품유통공사가 조사한 산지수매가격 중 가장 낮은 가격을 수입자의 원료구입비에 대입하고 원료구입비를 제외한 나머지 항목에 대하여는 수입자가 작성한 원가표의 금액을 그대로 적용하는 방법으로 과세가격을 결정하는 것은 자의적 또는 가공적인 가격에 의한 과세가격 결정으로 보이지 않는다"고 판시한 것이 있다(서울고판 2012누35469).

[판례] 관세법 제35조는 제30조부터 제34조까지 규정된 방법으로 과세가격을 결정할 수 없을 때에는 대통령령에 정하는 바에 따라 제30조부터 제34조까지에 규정된 원칙과 부합되는 합리적인 기준에 따라 과세가격을 결정한다고 하고, 같은 법 시행령 제29조 제1항은 관세법은 제35조의 규정에 의하여 과세가격을 결정하는 방법을 정하고 있다. 관세법 시행령 제29조 제1항이 구체적 방법으로 동종동질의 물품의 거래가격(제31조, 제2방법), 유사물품의 거래가격(제32조, 제3방법)을 적용함에 있어서 영향을 미칠 수 있는 선적일, 시장조건 또는 상관행을 신축적으로 해석·

490) 평가협정 제1조 내지 제6조는 동일한 수출국에서 수입국으로의 수출을 위해 판매된 물품의 가격만 언급한다. 하지만 평가협정 제7조는 제2조와 제3조의 좀 더 유연한 적용에 의해, 경제발전 정도가 평가대상물품의 수출국과 비슷한 국가로부터의 동종·동질물품 또는 유사물품의 판매를 고려할 수도 있다고 규정한다. 그러나 이는 (평가대상물품의 수입국이 아닌) 다른 수입국으로의 판매는 고려될 수 없다.

491) WCO관세평가 교육모듈(초급용), 436쪽.

적용하거나(제1호), 국내판매가격에서 이윤, 일반경비 등 국내도착 후의 비용을 공제한 가격(제33조, 제4방법)을 적용함에 있어서 수입된 것과 동일한 상태로 판매되어야 한다는 요건을 신축적으로 해석・적용하거나(제2호), 국내 판매가격에서 이윤, 일반경비 등 국내도착 후의 비용을 공제한 가격(제33조, 제4방법), 해당 물품의 생산에 사용된 원자재 기타 가공비용에 통상이윤을 등을 합한 가격(제34조, 제5방법)에 의하여 과세가격으로 인정된 바 있는 동종・동질물품 또는 유사물품의 과세가격으로 결정하거나(제3호), 수입물품의 국내판매가격에서 수입신고일과 판매시까지의 기간 제한을 없애거나(제4호), 그 밖에 거래의 실질 및 관행에 비추어 합리적이라고 인정되는 방법(제5호)에 의하도록 하고 있다. 그러나 **원고는 위와 같은 5가지 방법 중 하나를 선택하여 이 사건 각 처분을 한 것이 아닐뿐만 아니라 만약 위 5가지 방법을 적용하려고 하였음에도 이를 적용할 수 없었다면, 그러한 사유를 검토한 자료 등이 있을 것임에도 이를 제출하지도 못하고 있다.** 나아가 관세법 시행령 제29조 제2항 제7호는 관세법 제35조의 규정에 의하여 과세가격을 결정함에 있어서 자의적 또는 가공적인 가격을 기준으로 하여서는 아니된다고 규정하고 있다. 그러나 앞서 본 바와 같이 원고는 2010. 8. 2.부터 2012. 9. 12.까지 대구지역에서 **제3자 명의로 104회에 걸쳐 A, B 등 명의의 계좌로 합계 미화 1,212,000달러가 당시까지 파악한 냉동새우의 수입신고가격 합계 3,530,730,000원에 대비하면 약 40%에 이른다고 보고, 총 42회에 걸쳐 신고한 각 신고가격에 일률적으로 1.4를 곱한 액수를 이 사건 각 인정가격으로 산정하였고, 뒤늦게 발견된 송금액 51,824,000원에 대해서는 마지막 수입신고액에 임의로 가산하여 40%라는 비율조차 지키지 못했다.** 수입물품의 수입신고를 하면서 과세가격 등을 허위로 신고하여 수입하는 관세포탈죄는 그 수입신고시마다 1개의 죄가 성립하고(대판 99도782 등 참조), 해외송금기간이 약 2년이 넘는 오랜 기간이어서 이 사건 각 신고가격과 이 사건 각 인정가격의 비율이 변동할 가능성이 없지 않음에도, **이를 마치 포괄일죄처럼 보아 이 사건 각 신고가격에 일정한 비율을 곱하여 산정한 이 사건 각 인정가격은 자의적 또는 가공적인 가격이라 하지 않을 수 없다**(대구고판 2015누6362).[492)]

2. 관세법 제30조 내지 제34조에 규정된 원칙에 부합하고, 평가협정의 원칙 및 일반규정 등에 부합하는 합리적인 방법을 사용할 것

제6방법에 따라 과세가격을 결정함에 있어서 사용되는 방법은 관세법 제30조 내지 제34조에 규정된 원칙과 부합되는 합리적인 기준에 따라야 하고, 평가협정의 원칙 및 일반규정 및 GATT 1994 제7조에 부합되어야 한다(법 제35조 제1항, 평가협정 주해 제7조 제2항, 평가협정 권고의견 12.1). 그리고 제1방법부터 제5방법까지의 적용순서도 유지되어야 한다(평가협정 권고의견 12.2).

492) **[미국예규]** 수입된 물품은 프레임이 없는 완벽한 세트의 **총의 부분품**이다. 수입물품의 과세가격 결정에 유사한 **기관총**에 대한 총간행물에 나타난 가격정보가 사용된다. 이러한 평가방법은 자의적이고 가공적인 가격의 사용을 배제하고 있는 평가협정에 위배된다(544746).

[판례] 관세법 제9조의3 제1항 제4호에 의하여 이 사건 수입물품의 매체가격에 가산되어야 할 금액은 이 사건 수입물품에 수록된 소프트웨어를 사용하는 대가에 한정되어야 할 것이다. 원심이 확정한 바와 같이, 원고 회사는 모회사로부터 이 사건 수입물품에 수록된 소프트웨어를 재사용허가할 독점적인 권리를 취득하는 것 외에, 모회사로부터 원고 회사가 국내에서 소프트웨어 제품을 판매하는 데 필요한 부속물품과 기타 정보를 공급받는 것에 대한 대가로 원고 회사가 고객들에게 청구한 금액의 40%를 지급하기로 약정하였고, 그에 따라 원고 회사는 이 사건 수입물품을 공급받는 외에도 그 종업원들로 하여금 모회사로부터 소프트웨어에 관한 기술정보 습득을 위한 기술지원 및 훈련 등을 받도록 하였다면, 원고 회사가 모회사에 송금한 로열티에는 이 사건 수입물품에 수록된 소프트웨어를 사용하는 대가 외에도 소프트웨어 제품을 판매하는 데 필요한 부속물품과 기타 정보를 공급받는 대가와 기술지원 및 훈련비용이 포함되어 있다고 하지 않을 수 없다. 그리고 관세법 제9조의3 제1항 제4호에서 그 가산대상에서 제외하고 있는 '당해 물품을 우리 나라에서 복제하는 권리의 대가'라 함은, 비록 1993. 12. 31. 개정된 관세법 시행령 제3조의3 제2항이 시행되기 전이라고 하더라도, 앞서 본 협약의 내용에 비추어 보면 관세평가시행세칙(1993. 1. 15. 관세청고시 제1992-767호) 제3-11조 제4항에서 규정하고 있는 바와 같이, 특정한 고안이나 창안이 구현되어 있는 수입물품을 이용하여 그 고안이나 창안을 다른 물품에 재현하는 권리를 사용하는 대가를 말하는 것이므로, 원심이 확정한 바와 같이, 국내 수입자인 원고가 외국에서 소프트웨어의 원판을 수입하여 이를 국내 고객의 컴퓨터에 설치해 주고 그 대가로 받은 돈의 일부를 로열티로 지급하였다면, 이 로열티는 이른바 재현생산권의 대가로서 수입물품의 과세가격에 포함될 수 없는 것이다. 한편 관세법 제9조의8에 의하여 과세가격을 결정하는 경우에도 제9조의3 내지 제9조의7에 규정된 원칙과 부합되는 합리적인 기준에 따라 과세가격의 결정에 사용될 수 있는 자료를 기초로 하는 것이므로, 이 사건 수입물품의 과세가격 산정에 관하여 피고가 택한 방법은 수입물품의 과세가격에 포함되어서는 아니될 금액을 과세가격에 포함시킴으로써 결국 관세법 제9조의3에 규정된 원칙에서 크게 벗어난 것이고, 따라서 이 사건 부과처분은 과세가격의 평가방법과 내용의 면에서 합리성과 타당성을 인정할 수 없어 위법하다고 할 것이다(대판 97누13115).

3. 수입국에서 입수가능한 자료에 기초하여 결정하고, 가능한 한 과거에 결정된 과세가격을 최대한 활용할 것

제6방법에 따라 과세가격을 결정할 때 '輸入國'에서 입수할 수 있는 자료를 근거로 결정한다(평가협정 제7조 제1항, 관세평가 고시 제36조 제1항). 수입국에서 입수할 수 있는 자료이면 자료의 출처는 문제되지 않으므로, 관세당국이 자료의 진실성이나 정확성에 대하여 수긍한다면 해외에 출처를 두고 있는 자료의 사용도 허용된다(평가협정 권고의견 12.3).

또한, 제6방법 적용시 이미 결정된 과세가격이 있는 경우 이를 최대한 활용하여야 한다(평가협정 주해 제7조, 관세평가 고시 제36조 제2항).

제2항

과세가격 결정방법

영 제29조(합리적 기준에 따른 과세가격의 결정) ① 법 제35조에 따라 과세가격을 결정할 때에는 국내에서 이용 가능한 자료를 기초로 다음 각 호의 방법을 적용한다. 이 경우 적용순서는 법 제30조부터 제34조까지의 규정을 따른다.

1. 법 제31조 또는 법 제32조의 규정을 적용함에 있어서 법 제31조 제1항 제1호의 요건을 신축적으로 해석·적용하는 방법
2. 법 제33조의 규정을 적용함에 있어서 수입된 것과 동일한 상태로 판매되어야 한다는 요건을 신축적으로 해석·적용하는 방법
3. 법 제33조 또는 법 제34조의 규정에 의하여 과세가격으로 인정된 바 있는 동종·동질물품 또는 유사물품의 과세가격을 기초로 과세가격을 결정하는 방법
4. 영 제27조 제3항 단서를 적용하지 않는 방법
5. 그 밖에 거래의 실질 및 관행에 비추어 합리적이라고 인정되는 방법

③ 제1항 제1호부터 제4호까지의 규정에 따른 방법을 적용하기 곤란하거나 적용할 수 없는 경우로서 다음 각 호의 어느 하나에 해당하는 물품에 대한 과세가격 결정에 필요한 기초자료, 금액의 계산방법 등 세부사항은 기획재정부령으로 정할 수 있다.

1. 수입신고전에 변질·손상된 물품
2. 여행자 또는 승무원의 휴대품·우편물·탁송품 및 별송품
3. 임차수입물품
4. 중고물품
5. 법 제188조 단서의 규정에 의하여 외국물품으로 보는 물품
6. 범칙물품
7. 「석유 및 석유대체연료 사업법」 제2조 제1호의 석유로서 국제거래시세를 조정한 가격으로 보세구역에서 거래되는 물품
8. 그 밖에 과세가격결정에 혼란이 발생할 우려가 있는 물품으로서 기획재정부령으로 정하는 물품

제6방법의 과세가격 결정은 (1) 우선적으로 제1방법 내지 제5방법을 신축적으로 적용하고(법 제35조 제1항, 영 제29조 제1항), 그 다음으로 (2) 관세법 시행령 제29조 제3항(법 제35조 제1항) 및 동법시행규칙 제7조의2 내지 제7조의8에 규정된 방법을 적용하며, 마지막으로 (3)

국제거래시세·산지조사가격을 조정한 가격을 적용하는 방법 등 거래의 실질 및 관행에 비추어 합리적으로 인정되는 방법(법 제35조 제2항)에 따라 과세가격을 결정한다.[493]

[평가협정 예해 5.1] 해외에서 수리 후 수입된 물품은 평가 목적상 제조 또는 가공의 결과로 얻어진 물품과 같은 방식으로 평가처리되어야 한다고 결론지울 수 있다. 그렇지 않다면 평가협정의 적용순서에 따라야 한다. 수리의 특정한 경우에는 평가협정에서 정하는 其他 방법 중 하나가 적용되지 않을 수 있기 때문에 예를 들면 함께 해석되는 제1조 및 제8조의 규정의 신축적인 적용을 통해 제7조가 적용될 수 있다.

I 제1방법 내지 제5방법의 신축적 적용(제6-1방법 내지 제6-5방법)

1. 적용 순서

제6방법 중 제1방법 내지 제5방법의 신축적 적용을 통하여 과세가격을 결정함에 있어서도 앞에서 설명한 관세법 및 평가협정상의 과세가격 결정방법의 적용순서가 유지되어야 한다(영 제29조 제1항 단서, 평가협정 권고의견 12.2).[494]

2. 적용 방법

제6방법에 따라 과세가격을 결정할 때에는 國內에서 이용 가능한 자료를 기초로 다음의 각 방법을 적용한다(영 제29조 제1항, 평가협정 주해 제7조 제3항, 규칙 제7조).[495]

(1) 제2방법 또는 제3방법을 적용함에 있어서 生産國의 동일성과 時間的 근접성(법 제31조 제1항 제1호)의 요건을 신축적으로 해석·적용하는 방법(제6-2방법 내지 제6-3방법)

493) 제6방법이 포괄적이고 불명확한 방법이라는 특성으로 인하여 발생할 수 있는 제6방법 적용에 있어서의 혼선을 최소화하기 위해 관세법 제35조, 동법시행령 제29조, 동법시행규칙 제7조 내지 제7조의8에서 위와 같은 順序를 정한 것이다.

494) 평가협정에서는 '제1방법'의 신축적 적용에 대해서도 언급하고 있으나, 평가협정 및 관세법에서는 제1방법의 신축적 적용에 관한 구체적인 방법을 규정하고 있지 아니한다. 앞에서 설명(제2장 제1절 제1항의 수출판매)한 바와 같이 "수리 또는 가공 후 재수입되는 물품"의 경우, 판매개념의 확대를 통해 '제1방법'을 적용하는 것이지 제6방법(제1방법을 신축적으로 적용하는 방법)을 적용하는 것이 아님에 유의하라.

495) 관세법 시행령 제29조 제1항의 例들이 요구하고 있는 것은 평가대상물품에 대해 제1방법부터 제5방법까지를 적용하는 시도의 각 단계별 과정을 재검토 또는 조사를 하여, 이 협약의 규정을 약간 확대해석함으로써 평가의 기준을 제공할 수 있는 그러한 경미한 사항들이 있는지 알아보도록 하는 것이다. 이 재검토는 충족될 수 없는 과세가격 결정방법에 규정된 각 제한요소와 거절된 각기의 수치들에 관한 재검사를 요구하고 있다. 제6방법은 관세당국에게 제1방법 및 제5방법 및 그 자료를 가능한 한 이탈하지 말도록 지시하고 있다(Saul L. Sherman & Hinrich Glashoff, 앞의 책, 336쪽).

1) 당해 물품의 生産國에서 생산된 것이라는 장소적 요건을 다른 생산국에서 생산된 것으로 확대하여 해석 · 적용하는 방법[496]

2) 당해 물품의 선적일 또는 선적일 전후라는 시간적 요건을 선적일 前後 90日로 확대하여 해석 · 적용하는 방법. 다만, 가격에 영향을 미치는 시장조건이나 상관행(商慣行)이 유사한 경우에는 90日을 초과하는 기간으로 확대하여 해석 · 적용할 수 있다.

그러나 관세법 제31조 제1항 제2호(거래내용의 차이 조정)를 신축적으로 해석 · 적용하는 것은 제6-2방법 내지 제6-3방법에 해당하지 아니한다.

農産物의 경우 (동종 · 동질물품은 인정하기 어렵고) 같은 '품종'으로서 대체사용이 가능한 유사물품이 있는 경우에서, 해당물품의 선적일 전후 30日이내에 수입된 물품이 있는 경우에는 '제3방법'에 따라 과세가격을 결정하지만, 선적일 전후 30日 이내에 수입된 물품은 없고 선적일 전후 90日 이내에 수입된 물품이 있는 경우에는 제6-3방법에 따라 과세가격을 결정할 수 있을 것이다.

[판례] ① [제3방법 또는 제6방법의 적용] 다음과 같은 사정에 비추어 보면 신품보드에 대하여 유상수입보드 거래가격을 기준으로 한 과세처분은 적법하다. ㉠ AME 보드는 원고가 ASP로부터 무상으로 수입한 물품이어서 제1방법에 의하여 과세가격을 결정할 수 없으므로, 제2 내지 6방법에 의하여 과세가격을 결정하여야 한다. 피고는 동일 규격의 유상수입보드가 신품보드의 동종 · 동질물품이라는 전제 하에, **해당 동일 규격 유상수입보드의 수입시기가 신품보드의 선적일 전후 60일 이내인 경우에는 제2방법**(관세법 제31조 제1항), **60일 초과 90일 이내인 경우에는 제6-2방법(관세법 제35조, 같은 법 시행령 제29조 제1항 제1호, 구 관세법 시행규칙 제7조 제1항 제2호, 동종 · 동질물품에 관한 제2방법의 적용 요건을 신축적으로 해석 · 적용하였으므로 편의상 '제6-2방법'이라고 한다), 90일을 초과하는 경우에는 제6-6-2방법(관세법 제35조, 같은 법 시행령 제29조 제1항 제1호, 같은 법 시행규칙 제7조 제1항 제2호 단서, 동종 · 동질물품에 관한 제2방법의 적용 요건을 최대한 신축적으로 해석 · 적용하였으므로 편의상 '제6-6-2방법'이라고 한다)을 각 적용하여 신품보드와 동일한 규격의 유상수입보드의 거래가격을 기준으로 과세가격을 결정**하였다. 피고는 유상수입보드의 수입시기가 신품보드의 선적일 전후 90일을 초과하는 경우에 관세법 시행규칙 제7조 제1항 제2호 단서에 따라 제6-6-2방법을 적용하였으나, 위 조항은 이 사건 과세처분의 대상이 된 AME 보드의 수입 이후인 2015. 3. 6.에 개정된 관세법 시행규칙에서 신설된 것이므로 이 사건에 직접 적용될 수는 없다. 그러나 **관세법 제31조 제1항 제1호의 수입시기 요건과 관련하여 해당 물품의 선적일 전후의 기간을 최장 90일로 정한 구 관세법 시행규칙 제7조 제1항 제2호는**

496) 동일한 국가에서 생산되어야 한다는 요건은 비슷한 수준의 경제개발단계를 지닌 국가의 물품이 참고로 사용됨으로써 완화될 수 있다[WCO관세평가 교육모듈(초급용), 430쪽].

법령의 위임 없이 제정된 행정규칙에 불과한 점, 관세법 제35조, 같은 법 시행령 제29조 제1항 제1호는 수입시기 요건을 신축적으로 해석·적용할 수 있도록 정하면서도 선적일 전후라는 시간적 요건을 특정 기간으로 한정하고 있지는 않은 점 등에 비추어 **개정된 현행 관세법 시행규칙 제7조 제1항 제2호 단서의 취지에 따라 이 사건의 경우에도 수입시기의 차이가 위 90일을 초과하더라도 가격에 영향을 미치는 시장조건이나 상관행이 유사하다면 관세법 제35조, 같은 법 시행령 제29조 제1항 제1호에 따른 과세가격 결정방법의 적용이 가능하다**고 판단된다. ㉡ **동일 규격의 신품보드와 유상수입보드 모두 ATJ가 생산한 제품으로서 물리적 특성, 품질 및 소비자 등의 평판을 포함한 모든 면에서 동일한 물품인 점에 관해서는 당사자들 사이에 다툼이 없다.** (생략) **그러므로 피고가 신품보드에 대하여 유상수입보드의 거래가격을 기초로 제2방법, 제6-2방법, 제6-6-2방법을 적용하여 과세한 것은 적법하다**(부산고판 2017누24196; **사례연습 49**). ② **[제6방법의 적용]** 이 사건 수입물품(중국산 대두)의 선적일 또는 그 선적일 전후하여 가격에 영향을 미치는 시장조건이나 상관행에 변동이 없는 기간에 선적되어 우리나라에 수입되고, 거래단계·거래수량·운송거리·운송형태 등이 이 사건 수입물품과 같은 물품에 대한 자료가 없어 보이는 이상, 구 관세법 제31조, 제32조에 따라 동종·동질물품, 유사물품의 거래가격을 기초로 한 과세가격의 결정방법에 따라 과세가격을 결정할 수 없다. 원고가 이 사건 수입물품을 국내에서 판매하였다며 제출한 각 계산서에는 거래일자의 기재가 없고, 이 사건 수입물품의 판매처라고 주장하는 G농산에 대한 판매량과 판매대금에 관한 원고의 주장이 일관되지 아니하며, 원고가 제출한 M농산에 대한 세금계산서가 서로 상이하고, 이 사건 수입물품 중 상당한 물량에 대해 그 처분처를 제대로 밝히지 못하는 등에 비추어 보면 원고가 주장하는 이 사건 수입물품의 국내판매가격을 믿을 수 없는 점, 이 사건 수입물품의 생산에 사용된 비용 등과 동종·동질물품 또는 유사물품이 수입된 것과 동일한 상태로 이 사건 수입물품의 수입신고일 또는 수입신고일과 거의 동시에 국내에 판매된 가격에 대한 자료가 없어 보이는 점 등을 감안하면, 이 사건에 있어 구 관세법 제33조, 제34조에 따라 국내판매가격, 산정가격을 기초로 한 과세가격의 결정방법에 따라 과세가격을 결정할 수 없다. 이 사건 유사물품은 앞서 본바와 같이 이 사건 수입물품과 사이에 수분율, 정립률에서 다소간의 차이가 있고, 알곡직경에서도 차이가 있으나, ㉠ **한국농수산식품유통공사 청도 사무소의 '중국 서리태 수출가격 동향 조사결과'에 의하면 서리태 알곡직경의 크고 작음이 판매가격에 영향을 미치지 아니한 것으로 보이는 점,** ㉡ **이 사건 수입물품이 이 사건 유사물품에 비해 수분율이 0.9~2.3% 정도 높지만 그 차이가 크다고 보기 어렵고, 수분율은 장기 보관할 때에만 서리태의 품질에 영향을 미치는 것으로 보일 뿐 단기간에 소비될 경우 품질 및 가격에 미치는 영향은 없는 것으로 보이는 점,** ㉢ **이 사건 수입물품보다 정립률이 낮은 이 사건 유사물품의 신고가격을 기준으로 하더라도 원고에게 불리하지 않은 점 등을 감안하면, 이 사건 수입물품과 동일한 기능을 수행하고 대체사용이 가능할 수 있을 만큼 비슷한 특성과 비슷한 구성요소를 가지고 있는 물품이다.** 이 사건 유사물품이 이 사건 수입물품과 마찬가지로, 중국에서 생산되었고, 이 사건 수입물품의 선적일 전후 기간에 수입되었으며, 중국 산지가격과도 현저한 차이를 보이지 않는 가격으로 신고수리된 물품으로서 이 사건 수입물품과 사이에 가격에 있어 뚜렷하게 영향을 미칠만한 거래단계, 수량, 운송거리, 형태 등의 변수가 있다고 보이지 않는다(부산고판 2015누20497).

[심판례] 쟁점물품 중 **유사물품과 선적시기 차이가 90일을 초과하는 물품**은 상관행에 변동없는 시기라고 보기 어려워 관세법 제35조를 적용하기 곤란한 측면이 있고 청구인이 관세법 제33조의 적용을 위한 자료를 제출할 의사를 표명하고 있는 점 등에 비추어 과세가격을 재조사하는 것이 타당하다(조심 2013관0165).

그러나 동종 · 동질물품 또는 유사물품에 해당하지 않으면 제2방법 또는 제3방법 뿐만 아니라 제6방법 중 제2방법 또는 제3방법의 요건을 완화해서 적용하는 방법(제6-2방법 또는 제6-3방법)으로도 과세가격을 결정할 수 없음은 물론이다.

判例는 "수입물품인 임상시험물질(임상시험의약품)의 수입신고가격이 '연구개발비' 등을 반영하지 않은 명목상의 가격이라는 이유로 거래가격을 배제하고, 제6방법(제2방법 또는 제3방법의 요건을 완화하여 적용)을 적용하여 품목허가를 취득한 以後에 수입된 완제품의 수입가격을 기초로 임상시험물질의 과세가격을 결정한 과세처분은 위법하다. 동종 · 동질 또는 유사물품에 해당하지 않기 때문이다. 따라서 이 사건 물품은 임상시험용이라는 점 등을 감안하여 품목허가 취득 以後 수입된 완제품의 수입신고가격 및 획득할 수 있는 판매자(구매자의 본사)의 원가분석 자료 등을 기초로 수출자의 이윤 및 판매관리비 등을 제외하고 적절한 조정을 하는 등 관세법 제35조가 규정한 합리적인 기준에 해당하는 것으로 납득할 수 있는 과세가격 산정방법을 마련하여 적용하였어야 할 것이다"고 한다(대판 2014두4115).

[판례] ① (원심판단) 위 인정사실에서 알 수 있는 다음과 같은 사정을 종합하면, 피고가 TSGN의 수입가격을 기초로 이 사건 물품(임상시험물질)의 과세가격을 결정한 것은 위법하고, **원고가 신고한 수입가격이 관세법 제35조가 규정하는 합리적인 기준에 의한 과세가격에 해당한다고 판단된다.** 따라서 이 사건 각 처분은 위법하다. ㉠ 임상시험은 의약품의 개발단계 중 사람을 대상으로 약품의 유효성과 안정성을 시험하는 단계이다. 임상시험물질은 임상시험의 목적으로 환자들에게 무상으로 제공되는데, 임상시험단계를 거친 뒤에 식품의약품안전처의 시판허가를 받는 것은 소수에 불과하다. 임상시험물질은 시판허가를 받을 때까지 법률에 의하여 임상시험 외의 용도로 사용되거나 다른 환자들에게 판매되는 것이 금지되어 있으므로 그 거래가격이 존재하지 않는다. 따라서 임상실험을 위하여 수입된 이 사건 물품의 가치와 임상시험에 성공한 뒤에 시판허가를 받은 TSGN의 가치가 동일하다고 할 수 없다. ㉡ 오랜 기간 동안 여러 개발단계를

거쳐야 하고 연구대상 물질 중 시판허가를 받는 시험물질이 극히 적은 의약품 개발의 특성을 고려하면 다수의 의약물질의 제조에 필요한 비용을 합산, 평균하여 임상시험물질의 제조비용을 산출한다는 원고의 산정방식이 적정한 것으로 판단된다. 또한 국내에서 판매되고 있는 캡슐제의 판매가격 및 제조비용, 다른 제약회사들이 합성화학제제인 임상시험물질에 대하여 신고한 수입가격 등에 비추어 보면, 원고가 이 사건 물품에 관하여 신고한 수입가격이 지나치게 낮은 것이라고 볼 수 없다. ㉢ 이 사건 물품이 임상시험단계인 2006. 1.경 동정적 사용 프로그램에 따라 TSGN는 명칭으로 환자들에게 사용되었고 TSGN는 임상시험 당시부터 'SGB'으로 불린 사실이 인정된다. 그러나, TSGN는 약 5년 동안의 임상시험을 거친 뒤에 시판허가를 받은 것으로서 그 약리성분과 부작용이 SGB와 다르므로, 단순히 SGB의 효용만 향상시킨 개량신약으로 볼 수 없다. 따라서 SGB의 연구개발비용이 사건 물품의 과세가격에 반영되어야 한다. ㉣ 원고의 본사는 TSGN의 임상시험물질인 AMN에 관하여 우리나라뿐 아니라 미국과 유럽의 각국에서 임상시험을 실시하였고, 임상시험 기간 동안 해외 각국의 세관당국에 이 사건 물품과 동일한 가격으로 수입가격을 신고하였다. 그런데, 미국을 포함하여 이 사건 물품이 수입된 국가들의 세관당국이 본사가 신고한 수입가격이 적정하지 않다고 판단하여 관세를 추가로 부과한 사례는 발견되지 않는다. ㉤ 피고는, 원고가 2001. 5. 4.부터 2003. 5. 26.까지 수입한 SGB의 임상시험물질 SMN의 수입가격을 1정당 19.66 미국 달러 또는 18.958 스위스 프랑으로 신고하였고, 같은 기간 중에 원고가 1정당 0.05 스위스 프랑으로 신고한 수입가격에 대해서는 B세관에서 추징금을 부과한 사실에 비추어 보면 이 사건 물품의 신고가격이 지나치게 낮은 사실을 알 수 있다고 주장한다. 그러나 위 인정사실에서 본 바와 같이, 위 기간 중에 국내에 수입된 SMN은 임상시험을 위하여 수입된 것이 아니고, 수입이 시작된지 약 한 달 뒤에 당시 식품의약품안전청이 SMN에 대한 시판허가를 한 사실을 고려하면 위와 같은 사례를 근거로 이 사건 물품의 신고가격이 지나치게 낮은 것으로 인정할 수 없다(서울고판 2012누36967).

② (대법원 판단) **임상시험물질은 시판허가를 받을 때까지 법률에 의하여 임상시험 以外의 용도로 사용되거나 다른 환자들에게 판매되는 것이 금지되어 있으므로 그 거래가격이 존재하지 아니하는 점**, 원고가 수입한 임상시험물질인 이 사건 물품은 나중에 시판허가를 받아 만성 백혈병 치료제인 TSGN이름으로 판매되었는데, TSGN는 **종전의 백혈병 치료제인 GB와는 약리성분이나 부작용 등이 달라 단순히 GB의 효용만 향상시킨 개량신약으로 볼 수 없으므로 GB의 연구개발비용이 이 사건 물품의 과세가격에 반영되어야 한다고 볼 수 없는 점, 이 사건 물품은 임상시험의 목적으로 환자들에게 무상으로 제공된 것이므로 시판허가를 받은 以後** 이윤 및 판매관리비 등까지 **반영하여 책정되었을 TSGN의 가격과 과세가격이 동일하다고 볼 수 없는 점**, 또한 이 사건 과세처분의 과세가격은 형식적으로는 관세법 제35조(기타 합리적 방법)를 처분사유로 하면서도 사실상 관세법 제31조(동종·동질물품의 거래가격) 또는 제32조(유사물품의 거래가격)에 기하여 결정한 것으로 보이는데, TSGN는 사용목적 및 외관뿐만 아니라 그 상업적 가치, 안정성 및 약효의 검증여부, 소비자의 평판 등 여러 면에서 **이 사건 물품과 동종·동질물품 또는 유사물품으로 볼 수 없다는 점을 고려하면, 피고가**

TSGN의 **수입가격을 이 사건 물품의 과세가격으로 결정한 것은 관세법 제35조의 합리적인 기준에 의한 과세가격 결정이라고 볼 수 없으므로 이 사건 과세처분은 위법하다.** 피고로서는 원고의 수입신고가격이 합당하지 않다고 하여 시판 목적으로 수입된 TSGN의 수입신고가격을 그대로 적용하여 이 사건 물품의 과세가격으로 결정할 것이 아니라, **이 사건 물품은 임상시험용이라는 점 등을 감안하여 TSGN의 수입신고가격 및 획득할 수 있는 판매자(원고의 본사)의 원가분석 자료 등을 기초로 수출자의 이윤 및 판매관리비 등을 제외하고 적절한 조정을 하는 등 관세법 제35조가 규정한 합리적인 기준에 해당하는 것으로 납득할 수 있는 과세가격 산정방법을 마련하여 적용하였어야 할 것이다.** 원심은 이 사건 각 처분의 근거가 된 과세가격 결정이 위법하다는 판단에서 나아가 원고가 당초 신고한 수입가격이 오히려 구 관세법 제35조에서 정한 합리적인 기준에 의하여 결정된 과세가격에 해당한다고 판단하였다. 그러나 이 사건 물품에 대한 원고의 수입신고가격은 이 사건 물품뿐만 아니라 다른 임상시험용 물질까지 포함한 전체 임상시험물질의 평균비용에 기초한 것으로서 이를 이 사건 물품의 가격으로 산정하는 것은 **관세법 시행령 제29조 제2항 제7호에서 금지하고 있는 자의적 또는 가공적인 가격에 해당한다**고 볼 여지가 상당하다. 또한 의약품 개발의 경우 그 개발단계가 진행됨에 따라 성공 확률도 높아지고, 이 사건 물품과 같은 임상 2상단계인 경우에는 일반적으로 성공 확률이 약 67%에 이른다는 것이므로, 이를 마치 선두 화합물 선택 이전의 초기단계에서의 연구대상물질과 같이 '시판허가확률이 극히 적은' 물질이라고 단정하기는 어렵다. 원심이 들고 있는 판단 근거를 살펴보더라도, 의약품의 성분·효능·용도 등 이 사건 물품과의 동종·동질 또는 유사성 정도를 따지지 않고 '국내 시판 캡슐제' 일체를 망라하여 비교대상으로 삼은 것은 부적절하다 할 것이다. 또한 다른 제약회사의 임상 시험물질에 대하여 이 사건 물품과 비슷하게 명목적 가격으로 수입신고하여 확정된 사례가 있다고 하여 그것이 곧 원고의 이 사건 수입신고가격이 합리적인 산정방법으로 정해진 것이라고 볼 근거가 될 수도 없다. 따라서 **원심이 이 사건 물품에 관한 원고의 수입신고가격이 관세법 제35조에 정한 합리적 기준에 따른 것이라고 판시한 부분은 적절하다고 하기 어렵지만,** 그렇다고 하여 이 사건 처분이 적법하게 되는 것은 아니라 할 것이므로, 이 부분 원심 판단은 판결 결과에 영향이 없어, 이를 다투는 상고이유 제2점의 주장은 받아들일 수 없다. 그리고 피고가 이 사건 과세처분을 하기 前에 원고에게 자료제출을 수차례 요구하였으나 원고가 이에 불응하였다는 등의 사정이 있다고 하더라도 그러한 이유만으로 과세관청이 수입물품의 과세가격을 임의로 결정할 수는 없다 할 것이다(대판 2014두4115: **사례연습 47**).

[심판례] **유사물품의 경우 쟁점물품과는 수확연도가 다른 것으로 확인되는 점, 청구인이 제시한 반품 확인서 등을 감안할 때 쟁점물품의 품질이 유사물품**보다 낮다는 청구주장에 신빙성이 있어 보이는 점 등에 비추어 쟁점물품이 재건조공정을 거친 것인지 여부 등을 재조사하여 그 결과에 따라 과세표준 및 세액을 경정하는 것이 타당하다(조심 2016관0049 등).

(2) 제4방법을 적용함에 있어서 수입된 것과 동일한 상태로 판매되어야 한다는 요건을 신축적으로 해석·적용하는 방법

"수입된 것과 동일한 상태로 판매하여야 한다는 요건을 신축적으로 해석·적용하는 방법"이라 함은 납세의무자의 요청이 없는 경우에도 관세법 제33조 제3항(초공제법)에 따라 과세가격을 결정하는 방법을 말한다.

'농산물'의 경우에는 제6방법 중 제4방법(6-4방법)을 신축적으로 해석·적용하는 방법은 거의 사용되고 있지 않은데, 그 이유는 제4방법 적용의 경우와 마찬가지로 농산물의 경우 국내판매가격 등에 관하여 일반적으로 인정된 회계원칙에 따라 작성된 자료 등을 확보하기 어렵기 때문이다(서울고판 2009누12318 참조).

[심판례] 위 관련규정과 사실관계 등을 종합하면, 청구법인과 수출자는 A의 자회사 또는 출자회사로서 특수관계가 있는 점, Lipitor는 거래가격을 인상하였다가 판매촉진비용을 부담하기 위하여 거래가격을 인하한 점, Cardura및 Viagra는 완제품의 수입가격이 원료가격보다 저가인 점, 이러한 사실들에 대한 청구법인의 입증이 부족한 점, 다국적 제약회사인 A는 시장점유율 확대를 통한 장기적인 이익창출을 위하여 일방적으로 거래가격을 결정하여 청구법인이 받아들이도록 한 점 등을 감안할 때, 쟁점의약품의 거래가격은 특수관계의 영향을 받은 가격으로 보아야 할 것이다. 따라서, 청구법인이 수입신고건별로 쟁점의약품의 국내판매가격자료를 제출하지 않음에 따라 **처분청이 관세법 제35조의 규정에 의거하여 관세법 제34조의 규정을 신축적으로 해석·적용하는 방법으로 쟁점의약품의 품목별 연간매출액에서 수입제세와 부대비용, 판매이윤과 일반경비 등을 공제한 금액을 과세가격으로 산출**하여 수입신고가격이 산출가격보다 고액인 경우에는 수입신고가격을 과세가격으로 인정한 반면, 산출가격이 고액인 경우에는 산출가격을 과세가격으로 결정하여 관련세액을 경정고지한 것은 정당한 처분으로 판단된다(국심 2005관0199).

(3) 관세법 제33조(제4방법) 또는 제34조(제5방법)의 규정에 의하여 과세가격으로 인정된 바 있는 동종·동질물품 또는 유사물품의 '과세가격'을 기초로 과세가격을 결정하는 방법

제2방법 또는 제3방법은 동종·동질물품 또는 유사물품의 '거래가격'을 기초로 과세가격을 결정하는 방법인데, 제6방법 적용시에는 과거에 과세가격으로 인정된 바 있는 동종·동질물품 또는 유사물품의 역산가격 또는 공제가격을 기초로 과세가격을 결정할 수 있다는 것이다.

(4) 제4방법을 적용함에 있어 관세법 시행령 제27조 제3항 단서(수입신고일부터 90日이 경과된 후에 판매되는 가격을 제외한다)를 적용하지 않는 방법

이는 수입신고일부터 180日까지 판매되는 가격을 적용하는 방법을 말한다(규칙 제7조 제3항).

즉, 제4방법을 신축적으로 적용함에 있어, 수입신고일로부터 (90日이 아닌) 180日 이내에 특수관계가 없는 자에게 가장 많은 수량으로 국내에서 판매되는 단위가격도 국내판매가격으로 허용하는 것이다.

[예시] 특수관계에 있는 판매자로부터 국내 구매자에게 물품이 위탁된다. 이러한 거래에는 수출판매가 이루어지지 않았으므로 과세가격 결정시 거래가격이 적용될 수 없다. 또한 동종 · 동질물품 또는 유사물품의 거래가격도 없고, 산정가격 결정에 필요한 자료도 없다. 수입자는 국내에서 물품을 재판매하였으나, 수입 後 5개월이 지나서야 재판매되었다. 그러므로 제4방법(공제가격법)이 적용되지 아니한다. 이 경우 90일의 시간 제한을 완화하여 180일 이내에 판매되었으므로 제6방법에 따라 과세가격(수정된 공제가격)을 결정할 수 있다(미국예규 546312).

(5) 그 밖에 거래의 실질 및 관행에 비추어 합리적이라고 인정되는 방법

Ⅱ 그 밖의 합리적인 방법(제6-6방법)

1. 의의

제6방법을 적용함에 있어 제1방법 내지 제5방법을 신축적으로 적용하여 과세가격을 결정하기 곤란하거나 적용할 수 없는 경우[497]로서 ① 수입신고전에 변질 · 손상된 물품, ② 여행자 또는 승무원의 휴대품 · 우편물 · 탁송품 및 별송품, ③ 임차수입물품, ④ 중고물품, ⑤ 관세법 제188조 단서의 규정에 의하여 외국물품으로 보는 물품, ⑥ 범칙물품, ⑦ 석유 및 석유대체연료사업법 제2조 제1호의 석유로서 국제거래시세를 조정한 가격으로 보세구역에서 거래되는 물품, ⑧ 그 밖에 과세가격결정에 혼란이 발생할 우려가 있는 물품으로서 기획재정부령으로 정하는 물품에 대해서는 그 밖의 합리적인 방법으로 과세가격을 결정할 수 있는데, 이에 대한 과세가격 결정에 필요한 기초자료, 금액의 계산방법 등 세부사항은 '기획재정부령'으로 정할 수 있다(법 제35조 제2항, 영 제29조 제3항). 이에 따라 관세법시행규칙 제7조의2 내지 제7조의8에서 변질 또는 손상물품 등의 과세가격 결정방법을 구체적으로 규정하고 있다.

주의해야 할 점은 변질 또는 손상물품, 중고물품, 임차수입물품 등 아래 '2'내지 '8'에 해당하는 물품에 대하여 곧바로 관세법시행규칙 제7조의2 내지 제7조의8을 적용하여 과세가격을 결정

497) 예를 들어, 처분대상물품의 선적일 전후 90日 이내에 수입되어 수입신고수리된 유사물품이 있음(단, 세관장이 수입신고가격을 부인하고 과세처분한 경우는 제외)에도 제6-3방법으로 과세가격을 결정하지 아니하고 '산지조사가격'을 기초로 과세가격을 결정(제6-6방법)하게 되면 위법하게 된다.

해서는 아니 된다는 것이다. 즉, 이 경우에도 과세가격 결정방법의 적용순서에 따라 제1방법 내지 제5방법을 순차적으로 적용하여 보고, 그 적용하기 어려운 경우에는 제1방법 내지 제5방법을 신축적으로 적용하여 과세가격을 결정할 수 있는지 검토한 후에 그것이 어려운 경우에 비로소 관세법시행규칙 제7조의2 내지 제7조의8을 적용하여 과세가격을 결정해야 한다(평가협정 해설 3.1, 평가협정 사례연구 4.1, 평가협정 연구 1.1 등 참조).

2. 수입신고 前 변질 또는 손상물품의 과세가격의 결정

관세법시행규칙 제7조의2에서 규정하고 있는데, 이에 대해서는 제2장 제2절 제1항 「실제지급가격」에서 이미 살펴보았다.

[예규]

① 수입물품이 국내 도착 후 운송도중 파손되었음을 확인하여 수출자에게 반송하여 수리한 후 국내로 다시 수입하는 경우, 해당 수입물품의 과세가격은 공인조사기관의 조사금액 등 재조정된 금액 또는 당초 계약금액을 기초로 수리 후 최종적으로 수입신고한 물품의 수입항까지의 운송에 소요된 운임 및 보험료를 가산한 가격으로 과세가격을 결정한다(관세평가과-1282).

② 거래계약상 '품질조건'에 대한 다른 특약이 없는 한 해상운송과정에서 일어난 품질 문제로 수입항 도착 후에 활어의 단가를 인하 조정한 거래가격은 과세가격으로 채택할 수 없다. 다만, 세관장이 당해 수입물품이 태풍 등의 영향으로 품질이 변질 또는 손상되었음을 확인할 수 있는 경우 가치 감소분을 감안하여 과세가격을 결정할 수 있다(관세평가과-175).

3. 여행자 휴대품 · 우편물등의 과세가격의 결정

여행자 또는 승무원의 휴대품 · 우편물 · 탁송품 및 별송품(이하 "여행자 휴대품 · 우편물등"이라 한다)의 과세가격을 결정하는 때에는 다음의 각 가격을 기초로 하여 결정할 수 있다(규칙 제7조의3).

(1) 신고인의 제출 서류에 명시된 신고인의 결제금액(명칭 및 형식에 관계없이 모든 성격의 지급수단으로 결제한 금액을 말한다)

(2) 외국에서 통상적으로 거래되는 가격으로서 객관적으로 조사된 가격

(3) 해당 물품과 동종 · 동질물품 또는 유사물품의 국내도매가격에 관세청장이 정하는 시가역산율을 적용하여 산출한 가격

여기서 국내도매가격을 산출하려는 경우에는 다음의 각 방법에 따른다.

1) 해당 물품과 동종 · 동질물품 또는 유사물품을 취급하는 2곳 이상의 수입물품 거래처(인터넷을 통한 전자상거래처를 포함한다)의 국내도매가격을 조사해야 한다. 다만,

다음의 경우에는 1곳의 수입물품 거래처만 조사하는 등 국내도매가격 조사방법을 신축적으로 적용할 수 있다.

① 국내도매가격이 200만원 이하인 물품으로 신속한 통관이 필요한 경우

② 물품 특성상 2곳 이상의 거래처를 조사할 수 없는 경우

③ 과세가격 결정에 지장이 없다고 세관장이 인정하는 경우

2) 위의 1)에 따라 조사된 가격이 둘 이상인 경우에는 다음에 따라 국내도매가격을 결정한다.

① 조사된 가격 중 가장 낮은 가격을 기준으로 최고가격과 최저가격의 차이가 10%를 초과하는 경우에는 조사된 가격의 평균가격

② 조사된 가격 중 가장 낮은 가격을 기준으로 최고가격과 최저가격의 차이가 10% 이하인 경우에는 조사된 가격 중 최저가격

3) 시가역산율은 국내도매가격에서 관세법 제33조(제4방법) 제1항 제2호부터 제4호까지의 금액을 공제하여 과세가격을 산정하기 위한 비율을 말하며, 산출방법은 관세청장이 정하는 바에 따른다. 「관세평가 고시 제37조」에서 '시가역산율'의 계산방법에 대해 자세히 규정하고 있다(시가역산율의 계산방법과 시가역산율표는 부록 Ⅱ를 참고하기 바란다).

(4) 관련 법령에 따른 감정기관의 감정가격

(5) 중고 승용차(화물자동차를 포함한다) 및 이륜자동차에 대해 위 (1) 또는 (2)를 적용하는 경우 최초 등록일 또는 사용일부터 수입신고일까지의 사용으로 인한 가치감소에 대해 관세청장이 정하는 기준을 적용하여 산출한 가격

(6) 그 밖에 신고인이 제시하는 가격으로서 세관장이 타당하다고 인정하는 가격

4. 임차수입물품의 과세가격의 결정

(1) 의의

임차수입물품의 경우, 수출판매가 아니므로 제1방법을 적용할 수 없고, 기존에 수입된 실적이 없으면 제2방법 및 제3방법을 적용하기 어려우며, 국내판매가 없으니 제4방법도 적용이 어렵고, 거래의 성격상 제5방법은 적용할 수 없으므로, 제6방법으로 과세가격을 결정해야 하는 경우가 많을 것이다(평가협정 사례연구 4.3, 평가협정 연구 2.1). 참고로, 임차수입물품을 재수출하는 경우에는 재수출감면의 요건(법 제98조)을 충족하면 관세감면을 받을 수 있다.

(2) 과세가격 결정방법

임차수입물품의 과세가격은 다음과 같이 順次的으로 적용한 가격을 기초로 하여 결정할

수 있다(규칙 제7조의4 제1항, 평가협정 사례연구 4.1; **사례연습 48**).

1) 임차료의 산출 기초가 되는 해당 임차수입물품의 가격

2) 해당 임차수입물품, 동종·동질물품 또는 유사물품을 우리나라에 수출할 때 공개된 가격자료에 기재된 가격(중고물품의 경우에는 규칙 제7조의5에 따라 결정된 가격을 말한다)

3) 해당 임차수입물품의 경제적 내구연한 동안 지급될 '총 예상임차료'를 기초로 하여 계산한 가격. 다만, 세관장이 일률적인 내구연한의 적용이 불합리하다고 판단하는 경우는 제외한다.

이에 따라 과세가격을 결정할 때에는 다음에 따른다(규칙 제7조의4 제2항).

① 해당 수입물품의 경제적 내구연한 동안에 지급될 총 예상임차료(해당 물품을 수입한 後 이를 정상으로 유지 사용하기 위해 소요되는 비용이 임차료에 포함되어 있을 때에는 그에 상당하는 실비를 공제[498]한 총 예상임차료)를 현재가격으로 환산한 가격을 기초로 한다.

'경제적 내구연한'이란 물품의 경제적 효용가치가 지속되는 기간을 의미하므로 법인세법상 법정내용연수와는 차이가 있다. 그리고 제6방법 적용시 단지 임차기간동안 지불하는 임차료만을 기초로 하는 것이 아니라 당해 임차수입물품의 경제적 내구연한 동안 지불된 총 예상임차료를 기초로 과세가격을 결정한다는 것이다(평가일 22740-477).[499]

② 수입자가 임차료 外의 명목으로 정기적 또는 비정기적으로 지급하는 특허권 등의 사용료 또는 해당 물품의 거래조건으로 별도로 지급하는 비용이 있는 경우에는 이를 임차료에 포함한다.

[평가협정 사례연구 4.1] 일단 전체 임차료가 결정되면, 계약조건과 평가협정에서 정하는 원칙에 따라 가산 또는 공제의 형태로 과세가격을 결정하기 위한 조정이 필요하다. 임차료에 이미 포함되지 아니한 부과되어야 할 관련 가산요소가 있다면 고려되어야 한다. 이러한 맥락에서 협정 제8조(관세법 제30조 제1항 각호)에 열거된 요소들은 몇 가지 지침을 제공할 수 있다. 공제에 대한 관점에서 과세가격의 일부가 아닌 일체의 요소들은 공제되어야 한다. 임차료에 포함된 수출국에서의 中期 대출금에 적용되는 '이자'(interest element)가 포함되어 있는 경우에는 평가협정 결정 3.1(영 제20조의2 제3항)의 요건을 충족하는 한 공제되어야 한다. 그러나 매월 임차료에 기본계약기간 동안 지급하여야 할 총금액에 대해 1.5%로 계산된 '임대인 수수료'가 포함되어 있다면, 이는 구매수수료가 아니라 실제로 임대인의 이윤이므로 공제되지 않아야 한다.

498) 임차물품을 수입하여 국내에서 설치 및 유지와 관련하여 수입자가 수출자에게 지급한 비용이 있으면 그 비용은 공제한다. 수입 後 설치, 유지에 관한 비용이기 때문이다.
[평가협정 사례연구 4.1] 임차인이 부담하는 임차 기계를 조립하고 가동하기 위한 기술인력들에 대한 비용, 임차 및 수입과 관련하여 지급할 보수, 관세 및 제세는 과세가격의 일부가 아니다. 수입항까지의 운임·보험료·운송관련비용은 회원국들의 국내법령에 따라 가산하거나 공제한다.

499) 즉, 임차기간은 과세가격 결정과 관련이 없다.

③ 현재가격을 계산하는 때에 적용할 '이자율'은 임차계약서에 따르되, 해당 계약서에 이자율이 정해져 있지 않거나 규정된 이자율이 관세법시행규칙 제9조의3에서 정한 이자율(연 1천분의 12) 이상인 때에는 관세법시행규칙 제9조의3에서 정한 이자율을 적용한다.

4) 임차하여 수입하는 물품에 대해 수입자가 '구매선택권'을 가지는 경우에는 임차계약상 구매선택권을 행사할 수 있을 때까지 지급할 총 예상임차료와 구매선택권을 행사하는 때에 지급해야 할 금액의 현재가격의 합계액을 기초로 하여 결정한 가격

[평가협정 연구 2.1] 임대계약이 구매선택권을 포함하고 있는 경우, 구매선택권은 기본계약 기간동안의 초기, 계약기간 중 또는 계약기간 말에 제시될 수 있다. 첫 번째 경우에 평가는 구매선택권 행사시의 가격을 근거로 이루어져야 한다. 마지막 두 가지 경우에는 임대계약에서 정하고 있는 임대료와 지급해야 할 잔여금액의 합계액이 과세가격 결정에 대한 근거로 제공될 수 있다. 구매선택권이 없는 경우 제6방법에 따른 평가는 또한 수입물품에 대해 지급하였거나 지급하여야 할 임차료를 기초로 진행될 수 있다. 결국 해당 물품의 경제적 내구연한 동안 총 예상 임차료가 근거로 사용될 수 있다.

5) 그 밖에 세관장이 타당하다고 인정하는 합리적인 가격

또 다른 가능성으로는 관세당국과 수입자 모두 인정할 수 있는 전문가의 의견에 따르는 것이다. 그렇게 결정된 가격은 제6방법에 부합되어야 한다(평가협정 연구 2.1).

[판례] 원고는 일본 J사로부터 중고건설장비(이 사건 물품)를 임차하여 수입하였다. 이 사건 물품은 **중고물품이자 임차수입물품**인 점, 이 사건 물품의 실제가격이 파악되지 않았고, 국내에서 이와 동일하거나 유사한 물품이 거래된 사례가 확인되지 않은 점, 이 사건 물품의 생산이나 유통 등에 사용된 비용 역시 전혀 확인되지 않은 점, 이 사건 물품은 이에 대한 임대차계약이 종료되어 이미 수출회사로 반환된 점을 인정할 수 있다. 이러한 점을 종합하여 보면, 이 사건 물품에 대하여는 관세법 제30조 내지 제34조를 적용하여 과세가격을 산정할 수 없고, 관세법 제35조의 제6방법에 따라 과세가격이 결정되어야 한다. 따라서 이 사건 물품에 대한 과세가격 산정의 구체적인 방법은 수입물품 과세가격 결정에 관한 고시 제5-4조 및 제5-5조에 의하여 하는데, 위 고시에서 정하고 있는 '임차수입물품의 가격'은 알지 못하고, '임차수입물품을 수출할 때 공개된 가격'과 관련하여 국내 공인감정기관의 감정결과가 없고, 국내도매가격이나 국내에서 거래 역시 없으므로, **'임차수입물품의 경제적 내구연한 동안 지급될 총 예상임차료를 기초로 산정한 가격'에 따라 과세가격을 결정**하여야 한다. 그런데, 피고는 원고가 수입통관을 위하여 제출한 이 사건 물품에 대한 임대차계약서, 인보이스, 자금집행계획서, 미지불명세서를 근거로 이 사건 물품의 과세가격을 산정하였는데, 위 각 자료에 기재된 금액은 원고가 수출회사에

지급하여야 할 실제 임대료이거나 수입통관을 위하여 원고가 수출회사에 문의하여 전달받은 물품의 잔존 장부가격을 기초로 하여 임의로 산정한 금액이었다. 또한 **피고는 이 사건 물품에 대한 과세가격을 산정함에 있어 이 사건 물품의 경제적 내구연한이 얼마인지 확인하지 않았고, 이를 기초로 한 총 예상임차료 역시 산정한 적이 없다.** 따라서 이 사건 물품의 과세가격이 적법하게 결정되지 않았으므로, 이 사건 처분은 위법하다(광주지판 2017구합10791).

[예규] ① 본건 임차거래는 물품구입을 위한 자금을 금융리스방식으로 차입하고 구입 원금과 이자를 전액 상환하는 것으로 계약기간 만료시 사실상 소유권이 이전되는 거래로서 과세가격 결정시 잔존가격은 법인세법 시행규칙상 잔존율(10%) 등이 아니라 임대차계약에서 당사자가 약정한 가격을 가산하는 것이 타당하다. 임차인인 甲이 리스금융대리인 乙에게 지급하는 주선수수료 등은 리스회사로부터 금융리스를 받기 위한 금융조달비용으로서 이는 당해 수입물품과 직접 관련이 없는 것이므로 과세가격에 포함시킬 수 없다. 따라서 본건 임차수입물품의 과세가격은 계약기간 동안 지불하는 총 임차료 합계액에 계약상 약정된 잔존가액을 합한 금액을 기초로 하여 과세가격을 결정한다(평가일 22740-174). ② 임대계약서(목적물: 중고헬리콥터)에 표기된 보험가입금액 USD 1,600,000과 임대기간 6년간 지급할 총 예상임차료(USD 2,760,000)에 구매선택권 행사시 지급할 금액을 합한 것 중 어느 것을 기초로 과세가격을 결정해야 하는지: 임대계약서에 표기된 '보험가입금액'은 장비의 손해나 손상 발생시 장비의 교체에 사용되는 비용으로서 장비 자체의 가격이 아니므로 "임차료의 산출 기초가 되는 임차수입물품의 가격"으로 보기는 곤란하므로 동 금액을 기초로 과세가격을 결정할 수 없다. 본건 물품은 제작된지 20년이 지난 중고 헬리콥터로서 법인세법시행규칙상 내용연수는 이미 경과하였으나 현재 정상적으로 작동하여 임대 사용 중에 있고, 임대기간 만료 後 구매선택권이 있는 등 본건 물품의 경제적 내구연한은 아직 경과하지 않은 것으로 보는 것이 타당하므로, **임대기간 중 총예상임차료 USD 2,760,000와 구매선택권 행사시 지급하여야 할 금액의 현재가격으로 환산한 가격을 기초로 과세가격을 결정**하는 것이 타당하다(평가분류 47221-857).

(3) 임차수입물품이 중고물품인 경우의 과세가격 결정방법

임차수입물품이 '중고물품'인 경우라도 임차료가 지불된다면 임차료의 산출에 중고물품 가격이 충분히 반영되어 임차료가 결정될 것이므로 '임차수입물품'의 경우와 같은 방법으로 과세가격을 결정하면 된다(관세청, 평환 47221-88).[500] 무상임차 수입한 중고물품의 경우에는 아래 5**항**의 중고물품의 과세가격 결정방법에 따라 과세가격을 결정한다(평환 47221-264).

500) 물론, 중고물품으로서 임차계약이 없고 지불하는 임차료도 없다면 중고물품의 과세가격 결정방법에 따라 과세가격을 결정한다.

[심판례] 쟁점물품(중고선박)이 임차수입물품으로서 제1방법 내지 제5방법에 규정된 방법으로 과세가격을 결정할 수 없어 제6방법으로 과세가격을 결정하는 경우 수입물품 과세가격 결정에 관한 고시 제33조 제1항에 따라 **'임차료의 산출기초가 되는 해당 임차 수입물품의 가격'을 우선적으로 적용**하여야 할 것으로 보이고 쟁점물품에 대한 수출자의 인보이스 가격은 청구법인과 수출자가 이를 달리 인위적으로 조작하였다는 입증 또는 합리적인 의심이 없는 한 해당물품의 실제가격을 나타낸 것으로 보인다. 쟁점물품은 또한 중고물품이므로 제6방법으로 과세가격을 결정하는 경우 동 고시 제34조 제1항에 따라 국내 공인감정기관의 감정가격, 시가역산가격 및 가치감소분 공제가격 등을 기초로 해당 물품의 과세가격을 결정할 수 있으나 이들 가격 모두 해당물품의 수입당시 실제가격을 포착하기 위한 기초가격이므로 해당 수입물품의 실제가격이 파악된다면 이를 우선적으로 적용하는 것이 타당하다. **수출자가 쟁점물품을 취득할 당시의 가격에서 감사보고서상의 감가상각률을 적용하여 산출한 가격과 동고시 제34조 제1항의 가치감소분 공제가격은 그 산출방식이 동일하고 이들 가격은 수출자의 인보이스 가격과도 거의 같으므로 수출자의 인보이스 가격을 쟁점물품의 실제가격으로 보는 것에 상당한 일리가 있어 보이는 점 등에 비추어 처분청이 쟁점물품의 과세가격을 수출자의 인보이스 가격을 기초로 결정한 것에 잘못이 없는 것으로 판단된다**(조심 2016관0186).

5. 중고물품의 과세가격의 결정

(1) 의의

중고물품에 대한 과세가격도 제1방법에 따라 거래가격에 기초하여 결정한다. 다만, 수출판매가 존재하지 아니하는 무상으로 수입하는 중고물품 등의 경우에는 제1방법으로 과세가격을 결정할 수 없고, 제2방법 내지 제6방법에 따라 과세가격을 결정한다(평가협정 연구 1.1).

그리고 중고물품을 구매한 후 일정기간 사용한 後에 수출판매하는 경우에는, 수출판매물품이 구매된 때의 중고물품과 동일한 물품으로 간주할 수 없다면, (해당 중고물품에 대한 수출판매 또는 실제지급가격은 없으므로) 제2방법 내지 제6방법에 따라 과세가격을 결정한다.

다만, 중고물품은 명백히 중고 상태로 생산되지 않기 때문에 수입물품의 생산비용에 기초하고 있는 제5방법은 적용될 수 없을 것이다(평가협정 연구 1.1).

많은 경우에 중고물품의 과세가격은 '제6방법'에 따라 결정될 것이다. 제6방법 적용시 관세법 시행령 제29조 제2항에서 규정한 가격(자의적 또는 가공적인 가격 등)은 적용배제되어야 하고, 제1방법 내지 제6방법에서 정하는 방법을 합리적인 신축성과 함께 적용하고, 최대한 以前에 결정된 과세가격에 기초하여야 한다(평가협정 연구 1.1).

(2) 제6방법에 의한 과세가격 결정

1) 제6방법 적용시 중고물품의 과세가격은 다음의 가격을 기초로 하여 결정할 수 있다(규칙 제7조의5).[501)]

① 관련 법령에 따른 감정기관의 감정가격

② 국내도매가격에 시가역산율(규칙 제7조의3 제1항 제3호)을 적용하여 산출한 가격

③ 해외로부터 수입되어 국내에서 거래되는 신품 또는 중고물품의 수입당시의 과세가격을 기초로 하여 가치감소분을 공제한 가격. 다만, 내용연수가 경과된 물품의 경우는 제외한다.

④ 그 밖에 세관장이 타당하다고 인정하는 합리적인 가격[502)]

2) 가치감소 산정기준은 다음의 각 물품별 기준에 의한다(규칙 제7조의5 제2항, 관세평가 고시 제38조).

① 기초설비품 및 기계류는 법인세법시행규칙상의 업종별 자산의 기준내용연수 및 내용연수범위표상에 기재된 기준내용연수와 감가상각자산의 상각률표 중 정률법에 의한 상각률에 의한다.

② 승용차(화물자동차 포함) 및 이륜자동차는 관세평가 고시 [별표 제2호]의 기준에 의하고, 건설장비류는 관세평가 고시 [별표 제5호]의 기준에 의한다.

※ 사용으로 인하여 가치가 감소된 물품의 과세가격을 산출할 때에 적용하는 체감잔존율은 1월단위로 적용하되, 1월을 계산할 때에는 15일 이하는 절사하고, 16일 이상은 1월로 본다.

※ 수입 승용자동차 및 화물자동차의 사용으로 인한 가치감소분 공제시에는 자동차의 최초 등록일(또는 사용일)부터 수입신고일까지의 경과일수를 적용한다.

[판례] ① 원심판결 이유에 의하면, 원심은, 원고가 1993. 4. 23. 부산지방법원의 선박경매절차에서 외국국적 중고어선인 이 사건 선박을 경락받아 대금을 완납하고 그 소유권을 취득한 사실을 인정한 다음, 이 사건 선박은 법에서 정한 수입절차에 따라 수입된 것이 아니어서 법 제9조의3 제1항 소정의 우리 나라에 수출판매되는 물품에 해당한다고 볼 수 없으므로 그 조항에 규정된 방법으로 과세가격을 결정할 수 없고, 그 밖에 법 제9조의4 내지 제9조의7에 각 규정된 방법으로 과세가격을 결정할 수도 없어 법 제9조의8 소정의 합리적 기준에 의하여 과세가격을 결정하여야 할 것이라 하여, **피고가 공인감정기관의 감정가격인 최초 경매기일의 최저경매가격을 기초로**

501) **[관세청예규]** 무상임차 수입한 중고금형의 과세가격은 관세법시행규칙 제7조의5의 중고물품 과세가격 결정방법에 따라 결정할 수 있다(평환 47221-264).

502) 하급심 판례 중에는 "독일B사로부터 수입한 중고차의 수입가격을 정기적으로 발행되는 자동차 가격에 관한 책자인 슈바커리스트(독일의 유로택시 슈바커사가 발행하는 독일 내 중고자동차의 시세를 조사한 책자)에 게재된 신차가격수출국의 부가가치세를 공제한 가격에서 감가상각 잔존율을 적용하여 과세가격을 결정한 처분을 적법하다"고 판시한 것이 있다(서울행판 2010구합35784).

하여 과세물건확정시까지의 가치 하락분을 감가한 가격으로 이 사건 선박의 과세가격을 결정한 것은 적법하다고 판단하였다. 이와 같은 인정 및 판단은 정당하다. 그리고 법 제4조 제8호에서는 '이 법에 의하여 매각되는 물품에 대하여는 매각된 때'를 과세물건확정의 시기로 규정하고 있으므로, 민사소송법에 의한 경매절차에 따라 경락된 이 사건 선박은 이 규정 소정의 '이 법에 의하여 매각되는 물품'에 해당하지 아니한다 할 것이어서, 이 점을 내세우는 상고이유의 주장도 받아들일 수 없다(대판 97누1037). ② 최초로 수입된 모델인 중고 인쇄기의 과세가격을 산정함에 있어 구 관세법(1993. 12. 31. 법률 제4674호로 개정되기 전에 것) 제9조의8의 방법(제6방법)에 의하여야 한다(대판 92도2942).

[심판례] ① 처분청은 쟁점물품이 부과고지대상 물품이고, 관세법 시행령 제29조 제3항의 위임에 근거하여 관세청장이 정한 '중고승용차의 과세가격 결정방법에 관한 지침' 제5조 제1항에 따라 '정기적으로 발행되는 자동차 가격에 관한 책자 또는 책자 발행회사에서 운영하는 웹사이트의 신차가격에 감가상각 잔존율을 적용하여 산출한 금액을 기초하여 결정'하여야 하므로 OO에 게재된 신차가격을 기준으로 과세가격을 재산정하여 과세한 처분은 적법하다는 의견이다. 그러나, 쟁점물품(수입 중고차)은 청구법인과 OO 소재 수출자가 OO(부가가치세 제외)에 체결한 매매계약에 따라 독일에서 우리나라로 수출판매된 물품으로서, 청구법인은 쟁점물품을 수입한 후 은행을 통하여 해당 매입대금을 정상적으로 지급한 것으로 보이는 점, 수입물품의 과세가격은 최우선적으로 「관세법」 제30조 제1항에 따라 우리나라에 수출하기 위하여 판매되는 물품에 대하여 구매자가 실제로 지급하였거나 지급하여야 할 가격에 법정가산요소의 금액을 더하여 조정한 가격으로 하는 것이 원칙이고, 제30조에 규정된 방법으로 과세가격을 결정할 수 없을 때에는 제31조부터 제35조까지에 규정된 방법을 순차적으로 적용하여 과세가격을 결정하여야 하는 것인 점, 처분청은 「관세법」 제35조에 규정된 방법으로 쟁점물품의 과세가격을 결정하기 이전에 청구법인이 거래가격으로 신고한 쟁점물품의 수입신고가격이 관세법 제30조 제3항 및 제4항 및 같은 법 시행령 제24조에 따라 거래가격으로 인정하기 곤란한 사유에 해당하는지 여부에 대하여 검토하지 아니한 것으로 보이는 점, 설령, 청구법인의 신고가격을 거래가격으로 인정하기 곤란하여 제35조에 따라 과세가격을 결정하는 경우라고 하더라도, **쟁점물품은 독일에서 수입된 것이므로 미국시장의 신차가격보다는 독일시장의 신차가격을 기준으로 하여 과세가격을 재산정하는 것이 보다 합리적일 것으로 보이는 점 등에 비추어 볼 때,** 처분청이 부과고지대상인 쟁점물품의 과세가격을 결정함에 있어 관세법 제30조에서 제35조까지에 규정된 방법을 순차적으로 적용하여 과세가격을 결정하고 그 결과에 따라 과세표준 및 세액을 경정하는 것이 타당하다고 판단된다(조심 2017관0315). ② 검찰조사에서 저가신고사실이 확인된 점, 쟁점물품은 임차물품이자 중고물품이어서 제1방법 내지 제5방법에 따라 과세가격을 결정할 수 없고 제6방법에 따라 과세가격을 결정하여야 하는 점, **쟁점물품을 감정할 수 있는 국내 공인기관이 없어 송품장상 가격, 임대차계약서상 임차비용, 국내 하청업체에 대한 비용청구내역 등을 기초로 과세가격을 결정**하여 과세한 이 건 처분은 잘못이 없다(조심 2016관0019, 0020).

[예 규] 국내 甲사는 일본의 국내 공신력 있는 차량 경매장에서 정식 경매절차에 의해 경매 낙찰된 중고자동차를 수입한다. 중고물품의 과세가격은 원칙적으로 '신품'의 과세가격 결정방법과 동일한 방법에 의하여 결정되는 바, 관세법 제30조의 규정에 의한 제반 요건을 갖춘 경우에는 去來價格을 기초로 과세가격(제1방법)을 결정할 수 있으나, **중고 자동차의 경우 거래형태와 물품상태가 다양하고 세관에 제출되는 서류의 진실성에 의문이 있는 등 거래가격을 기초로 하여 과세가격을 결정하는데에 현실적으로 어려움이 많다.** 관세법 제30조 제4항의 규정에 의하면 세관장은 당해 신고가격이 동종·동질물품 또는 유사물품의 거래가격과 현저한 차이가 있는 등 이를 과세가격으로 인정하기 곤란한 경우로서 대통령령이 정하는 경우에는 납세의무자에게 신고가격이 사실과 같음을 증명하는 자료의 제출을 요구할 수 있으며, 세관장은 납세의무자가 요구받은 자료를 제출하지 아니하거나 납세의무자가 제출한 자료만으로는 신고가격을 과세가격으로 인정하기 곤란한 경우에는 제2방법 내지 제6방법으로 과세가격을 결정하게 되며, **제6방법에 의하여 과세가격을 결정하는 경우에는 국내공인감정기관의 감정가격을 기초로 하여 산출한 가격, 국내도매가격에 시가역산율을 적용하여 산출한 가격, 국내에서 거래되는 신품 또는 중고물품의 수입 당시의 과세가격을 기초로 가치감소분을 뺀 가격을 적용하여 과세가격을 결정할 수 있도록 되어 있다.** 그러므로 중고자동차의 과세가격을 결정하는 때에는 납세의무자가 제출한 자료의 진실성과 물품 형태 등 여러 가지 요소가 고려되어야 하며 또한 당해 물품의 거래가격이 동종·동질물품 또는 유사물품의 거래가격과 현저한 차이가 있는지 여부 등에 대한 사실판단에 따라 과세가격이 결정되어야 한다(종합심사 47400-31).

6. 보세공장에서 내국물품과 외국물품을 혼용하여 제조한 물품의 과세가격의 결정

(1) 보세공장에서 내국물품과 외국물품의 혼용에 관한 '승인'을 받아 제조된 물품의 과세가격은 다음의 산식에 따른다(규칙 제7조의6 제1항).

제품가격 × [외국물품가격 ÷ (외국물품가격 + 내국물품가격)]

여기서, 제품가격, 외국물품가격 및 내국물품 가격은 다음의 각 방법으로 결정한다.

1) 제품가격은 보세공장에서 외국물품과 내국물품을 혼용하여 제조된 물품의 가격으로 하며, 관세법 제30조부터 제35조까지에서 정하는 방법에 따른다.[503)]
2) 제조에 사용된 외국물품의 가격은 관세법 제30조부터 제35조까지에서 정하는 방법에 따른다.
3) 제조에 사용된 내국물품의 가격은 해당 보세공장에서 구매한 가격으로 한다.

503) 거래가격 배제사유가 없으면 보세공장에서 국내 실수요자에게 판매한 가격(국내에 반입하는 가격)이 될 것이다.

4) 위의 3)에도 불구하고 다음의 어느 하나에 해당하는 경우에는 해당 물품과 동일하거나 유사한 물품의 국내판매가격을 구매가격으로 한다. 이 경우 거래 단계 등이 같아야 하며, 두 물품 간 거래 단계 등에 차이가 있는 경우에는 그에 따른 가격 차이를 조정해야 한다.

① 구매자와 판매자가 관세법 시행령 제23조 제1항 각 호에서 정하는 특수관계가 있는 경우

② 관세법 시행령 제18조 각 호에서 정하는 물품 및 용역을 무료 또는 인하된 가격으로 직접 또는 간접으로 공급한 사실이 있는 경우

5) 위의 2)부터 4)까지의 가격은 관세법 제186조 제1항에 따라 사용신고를 하는 때에 이를 확인해야 하며, 각각 사용신고 하는 때의 원화가격으로 결정한다.

(2) 그러나 보세공장에서 내국물품과 외국물품의 혼용에 관한 '승인'을 받지 않고 제조된 물품에 대해서는 제품 전체를 우리나라에 도착한 물품으로 간주하여 '제품과세'를 하게 된다. 이에 대해서는 제2장 제1절 제1항의 "우리나라에 수출하기 위한 판매"에서 살펴보았다.

[심판례] 관세법 제188조의 단서는 "대통령령이 정하는 바에 따라 세관장의 승인을 받고 외국물품과 내국물품을 혼용하는 경우"라고 규정하고 있고 같은 법 시행령 제204조 제1항은 보세공장에서 외국물품과 내국물품의 혼용에 관한 승인을 얻고자 하는 경우 "혼용할 외국물품 및 내국물품의 기호·번호·품명·규격별 수량 및 손모율, 보세작업기간 및 사유"를 기재한 내·외국물품 혼용작업신청서를 세관장에게 제출하도록 규정하고 있는바, **이러한 법문언과 내·외국물품을 혼용하여 수입하는 경우 例外的으로 혼용작업에 대한 적절한 감독절차를 거친 경우에 한하여 그 중 내국물품에 상당하는 것을 관세 부과대상에서 제외하려는 위 규정의 취지를 종합해 보면 관세법 제188조 단서의 경우 보세공장에서의 혼용작업 以前에 반드시 세관장의 승인을 받아야 한다고 해석하는 것이 타당해 보이는 점**, 처분청은 혼용작업을 한 보세공장으로부터 내국원재료에 대한 명세서 등을 제출받아 내·외국물품 금액 비율을 조정하여 과세가격을 산정한 점 등에 비추어 **혼용승인 以前에 사용한 내국물품을 외국물품으로 보아 과세한 이 건 처분은 잘못이 없는 것**으로 판단된다(조심 2016관0061, 0210).

[예규] 관세법 제189조의 원료과세 신청을 하지 않은 보세공장반입물품을 제조·가공한 以後 직접 통관하는 경우 관세법 제188조의 제품과세에 해당되므로 보세공장 사용신고 가격을 그대로 적용할 수 없고, 수입신고시 구매자가 결정되지 않아 보세공장 운영인이 직접 통관하는 것은 관세법 제30조에서 규정한 수출판매의 범위에 해당하지 않으므로 거래가격을 배제하여 제2방법 내지 제6방법을 순차적으로 검토하여야 함이 타당하다(관세평가과-1139).

[평가협의회] 甲사가 해외위탁생산 후 수입한 원자재를 국내 테스트를 거쳐 보세공장에 무상지원할 경우, 보세공장 생산 제품의 제품과세(혼용승인 미신청)시 甲사가 무상지원한 원자재의 가격에는 ① 원자재 수입시 과세가격에 불포함된 원자재 해외생산시 지원한 국내설계비용과 ② 수입시 부과된 환급불가능한 제세, 통관관련 부대비용, 내국운송료, 검사비 등 수입항 도착 후 보세공장 인도 前 국내 발생비용을 가산해야 한다(결정 13-02-01).

7. 범칙물품의 과세가격의 결정

범칙물품의 과세가격은 관세법시행규칙 제7조의2(수입신고 전 변질 또는 손상물품의 과세가격의 결정), 제7조의3(여행자 휴대품・우편물등의 과세가격의 결정), 제7조의4(임차수입물품의 과세가격의 결정), 제7조의5(중고물품의 과세가격의 결정), 제7조의6(보세공장에서 내국물품과 외국물품을 혼용하여 제조한 물품의 과세가격의 결정) 및 제7조의8(보세구역에서 거래되는 석유의 과세가격의 결정)에 따라 결정한다(규칙 제7조의7).[504)]

[판례] **① 범행 당시의 시가(국내도매가격)에 시가역산율을 곱하여 산정한 방법은 관세평가시행세칙(1993. 1. 5. 관세청고시 제1992-767호)에서 여행자휴대품・중고물품 등의 특수한 물품의 경우에만 인정하는 방법이지만, 중국산 잣과 같이 국내에 정식으로 수입된 적이 전혀 없는 물품의 경우에도 그것이 실제거래가격을 충실히 반영하는 방법으로 결정된 국내도매가격을 기초로 하여 산정되었다고 볼 수 있는 경우에는 관세법 제9조의8에 정한 합리적 기준에 의한 과세가격의 결정방법이라고 할 수 있다.** 밀수입한 잣에 대하여 시가역산율에 의한 과세가격결정이 관세청고시 제3-19조가 정한 요건을 구비하였는지의 여부나 피고인의 변호인이 주장입증한 대한물가협회 작성의 시가조회회보서에 의한 과세가격이 시가역산율에 의한 과세가격보다 관세법 제9조의8에 정한 합리적인 기준에 따른 과세가격인지를 잘 살피지 아니한 채, 국내도매가격을 제대로 반영한 것인지 의심스러운 세관공무원이 조사한 도매가격을 기초로 시가역산율에 의하여 산정한 과세가격을 정당하다고 본 원심판결에는 과세가격결정에 관한 법리를 오해하거나 심리를 다하지 아니한 위법이 있다(대판 94도479). ② 밀수입한 참깨의 과세가격을 시가역산율에 의하여 산정하지 아니하고 밀수입할 무렵 농수산물유통공사가 동일한 생산국으로부터 수입한 참깨의 국내도착가격을 기준으로 결정한 것이 관세법 제9조의3 내지 제9조의8 등의 규정취지에 부합한다(대판 93도1325). ③ 범칙물품 중 순록뿔 등은 같은법시행령 제3조의11 제3항 제1호 내지 제5호 및 제7호에 해당하는 물품이 아니므로 같은 법 제9조의3 내지 8에 따라 과세가격이 결정되어야 할 것인바, 순록뿔은 국내에서 정상적으로 거래되지 아니하는 물품이어서 같은 법 제9조의3 내지 7에 따라 과세가격을 결정하기 어려운 사정이 있으므로, 같은 법 제9조의8의

504) **[관세청예규]** 범칙물품에 대하여 제6방법으로 과세가격을 결정하고자 하는 경우에는, 당해물품과 동종・동질 또는 유사물품의 국내도매가격에서 '시가역산율'을 적용하여 과세가격으로 환산한 가격을 사용할 수 있다(평일 47221-93호).

규정에 의하여 과세가격을 결정할 수 있을 것이고, **이 경우 범행 당시의 시가(국내도매가격)에 시가역산율을 곱하여 도착가격을 산정하는 것은 물론 가능하지만, 그것이 실제거래가격을 충실히 반영하는 방법으로 결정된 국내도매가격을 기초로 하여 산정한 것으로 볼 수 있는 경우에 한하여 이를 같은 법 제9조의8에 정한 합리적 기준에 의한 과세가격의 결정방법이라고 할 수 있을 것이다**(대판 2001도371).

[예규] 범칙물품의 과세가격은 원칙적으로 관세법 제30조 내지 제35조에서 규정하는 방법(제1방법 내지 제6방법)을 순차적으로 적용하여 결정하므로 동종·동질물품 또는 유사물품의 수입물품이 있음에도 동 방법의 적용에 대한 검토 없이 단순히 시가역산방법(제6방법)을 적용해서는 아니되며, 변질 또는 손상물품, 여행자휴대품, 임차수입물품, 중고물품 등이 범칙물품이 된 때에는 관세법시행규칙 제7조의2(수입신고 전 변질 또는 손상물품의 과세가격의 결정), 제7조의3(여행자 휴대품·우편물등의 과세가격의 결정), 제7조의4(임차수입물품의 과세가격의 결정), 제7조의5(중고물품의 과세가격의 결정) 등을 적용해야 한다. 그러나 제1방법 내지 제5방법을 적용할 수 없이 **제6방법으로 과세가격을 결정하고자 하는 경우에는 당해 물품과 동종·동질물품 또는 유사물품의 국내도매가격에서 시가역산율을 적용하여 과세가격으로 환산한 가격, 외국에서 통상적으로 거래된 가격으로서 객관적으로 조사된 가격, 국내 공인감정기관의 감정가격 등을 사용할 수 있다**(평일 47221-93).

8. 「석유 및 석유대체연료 사업법」 제2조 제1호의 석유[505]로서 국제거래시세를 조정한 가격으로 보세구역에서 거래되는 물품

국제거래시세를 조정한 가격으로 보세구역에서 거래되는 석유의 과세가격은 보세구역에서 거래되어 판매된 가격을 알 수 있는 송품장, 계약서 등의 자료를 기초로 하여 결정할 수 있다(영 제29조 제3항, 규칙 제7조의8 제1항).

국내에서 발생한 하역비, 보관료 등의 비용이 보세구역에서 거래되어 판매된 가격에 포함되어 있고, 이를 입증자료를 통해 구분할 수 있는 경우 그 비용을 해당 가격에서 공제할 수 있다(규칙 제7조의8 제2항).

505) [석유 및 석유대체연료 사업법] 제2조(정의) 이 법에서 사용하는 용어의 뜻은 다음과 같다.
1. "석유"란 원유, 천연가스[액화한 것을 포함한다] 및 석유제품을 말한다.
2. "석유제품"이란 휘발유, 등유, 경유, 중유, 윤활유와 이에 준하는 탄화수소유 및 석유가스(액화한 것을 포함한다)로서 다음 각 목의 것을 말한다.
가. 탄화수소유: 항공유, 용제(溶劑), 아스팔트, 나프타, 윤활기유, 석유중간제품[석유제품 생산공정에 원료용으로 투입되는 잔사유(殘渣油) 및 유분(溜分)을 말한다] 및 부생연료유(副生燃料油: 등유나 중유를 대체하여 연료유로 사용되는 부산물인 석유제품을 말한다)
나. 석유가스: 프로판·부탄 및 이를 혼합한 연료용 가스

9. 국제거래시세 · 산지조사가격을 조정한 가격을 적용하는 방법 등 거래의 實質 및 慣行에 비추어 합리적으로 인정되는 방법에 의한 과세가격 결정

제1방법 내지 제5방법을 신축적으로 적용하는 방법으로 과세가격을 결정할 수 없을 때에는 국제거래시세 · 산지조사가격을 조정한 가격을 적용하는 방법 등 거래의 實質 및 慣行에 비추어 합리적으로 인정되는 방법에 따라 과세가격을 결정한다(법 제35조 제2항).

예를 들어, 중국산 수입농산물에 대하여 제1방법 제5방법으로 과세가격을 결정할 수 없는 경우, 한국농수산식품유통공사 등이 조사한 중국산지조사가격을 조정한 가격으로 과세가격을 결정할 수 있는 것이다. 해체선박의 선체가액은 선체로서의 가격이 아니라 시중 고철 거래단가에 따라 평가되어야 할 것이고 이를 해체용으로 수입하는 선박에 대한 관세감정가액으로 평가해서는 아니된다(대판 89누2332).

(1) 국제거래시세 · 산지조사가격을 조정한 가격을 적용하는 방법으로 과세가격 결정

[판례] ① 피고가 S공사의 2010. 6. 17.자 중국 산동 금향 지역 2010년 마늘의 '산지수매가격'을 원료구입비로 보고 원고가 작성한 원가표에 이를 대입하여 이 사건 마늘의 과세가격을 결정한 사실은 앞서 본 바와 같고, S공사는 농산물 등의 가격안정 및 유통개선사업을 통하여 그 수급을 안정시킬 목적 등으로 S공사법에 따라 설립된 법인으로, 위 목적을 위해 농산물 수출입 등의 사업을 영위하면서 그 수입가격 결정이나 국내 수급계획수립의 참고자료로 활용하기 위해 현지 모니터 및 위 공사 중국 청도 사무소를 통해 중국산 농산물의 산지수매가격을 조사하고 있는 사실, 위 공사 중국 청도 사무소는 복수의 주산지(主産地) 수집상을 대상으로 탐문조사하는 방법으로 산지수매가격을 조사하는 사실을 인정할 수 있다. 위 인정사실에 의하면, **이 사건 마늘의 과세가격은 공신력 있는 기관을 통하여 조사된 산지수매가격을 원고가 작성한 원가표상의 원료구입비에 대입하는 外에는 원고가 작성한 원가표에 의하여 결정된바, 이는 일응 구관세법 제35조에서 정한 합리적인 기준(같은 법 제34조에 규정된 원칙에 부합하는 것으로 보인다)에 따른 것으로 보이고, 국내 수입을 위해 조사된 위 산지수매가격이나 여기에 원고가 정한 내륙운송비, 해상운송비, 이윤 등이 더해진 과세가격이 수출국의 국내판매가격이라고 보기 어려우며, 이는 제3의 공신력 있는 기관이 조사한 기초가격에 원고가 인정한 원가를 더한 것으로서 자의적 또는 가공적인 가격으로 보이지 아니한다.** 한편, 원고는 이 사건 마늘의 산지가 중국 산동 '창산' 지역인데 피고는 중국 산동 '금향' 지역 마늘의 산지수매가격을 과세가격의 기초로 삼았으므로 이 점에서 과세가격이 자의적이라고도 주장한다. 그러나 원고가 그 수입신고서에는 이 사건 마늘의 산지를 '중국 산동'으로만 표기하였던 사실, 마늘은 수분에 따라 'Hard stem'과 'Soft stem'으로 구별되어 서로 품위규격이 다른바, S공사는 'Soft stem'마늘에 대하여 중국 산동지역에서는 금향지역의 산지수매가격만을 조사하였고,

청산 지역에서는 'Hard stem'마늘의 산지수매가격만을 조사한 사실을 인정할 수 있다. 달리 중국 산동 창산지역의 Soft stem마늘의 산지수매가격을 확인할 만한 객관적인 자료를 찾을 수 없는 이 사건에서, 피고가 중국 산동에 있는 금향지역의 Soft stem마늘의 산지수매가격을 기초로 하여 이 사건 마늘의 과세가격을 결정한 것은 합리적인 기준에 따른 것으로서 적법하다고 할 것이다. 원고는 또한, 이 사건 마늘의 구매계약체결일이 2010. 6. 1.이므로 2010. 6. 3.자 산지수매가격을 기초로 과세가격을 결정해야 한다고 주장한다. 그러나 갑 제14호증의 1 기재에 의하면 원고는 구매계약 체결일이라고 주장하는 날보다 뒤인 2010. 6. 2.에서야 출국한 사실, 앞서 살펴본 것처럼 2010. 6. 1.자 '합동서'에 기재된 것과 달리 이 사건 마늘은 2010년 6월산인 사실 등을 종합하면 원고가 제출한 '합동서'의 내용을 그대로 믿기 어려운 점은 앞서 본바와 같은바, 이를 제외하고 원고가 언제 이 사건 마늘의 구매계약을 체결하였는지 확인할 자료가 없는 이 사건에서 피고가 그 과세가격 결정에 있어서 이 사건 마늘의 상업송장 발행일인 2010. 6. 28.에 가까운 2010. 6. 17.자 산지수매가격을 기초로 한 것에 어떠한 위법이 있다고 보이지 아니한다(서울고판 2012누35469). ② 앞서 본 바와 같이 별지3 목록 기재 각 처분, 별지1 목록 제3 내지 6 기재 각 처분을 제외한 나머지 처분의 대상물품의 신고가격을 과세가격으로 인정하지 않은 것이 적법한 이상 이에 대한 과세가격은 관세법 제30조 제5항에 의하여 관세법 제31조부터 제35조에 규정된 방법으로 결정해야 하는데, 이 사건 물품은 생강으로서 농산물이므로 산지, 작황, 수확시기, 보관상태, 제조 당시의 상황 등에 따라 제품 특성에 관하여 상당한 편차가 있을 뿐만 아니라 이 사건 물품과의 동일성의 기준이 되는 제반 특성을 확인할 수 있는 자료도 없으므로 관세법 제31조의 방법에 의하여 과세가격을 산정할 수는 없고, 관세법 제32조에 의하여 유사물품의 거래가격을 기초로 하여 과세가격을 결정하여야 하고, 유사물품의 거래가격이 없는 경우에는 관세법 제33조에 의하여 국내판매가격을 기초로 과세가격을 결정하고, 국내판매가격이 없는 경우에는 관세법 제34조에 의하여 산정가격을 기초로 하며, 산정가격을 구할 수 없는 경우에는 관세법 제35조를 적용하여 과세가격을 결정하여야 할 것이다. 앞서 든 증거에 변론 전체의 취지를 종합하면, 피고들은 별지1 목록 제1항 기재 처분 대상 물품, 별지1 목록 제7, 8항 기재 처분 대상물품, 별지2 목록 기재 각 처분 대상 물품, 별지4 목록 기재 각 처분 대상물품에 대하여는, **소강에 대해서는 소강을 기준으로 대강에 대해서는 대강을 기준으로, 각 물품의 생산지인 중국 산동성에서 수확한 생강을 유사물품으로 보아, 가격에 영향을 미치는 시장조건이나 상관행에 변동이 없는 기간이라고 보이는 위 각 물품의 각 입항일 전후 30일간의 유사물품 가격 중 최저가격을 기준으로 하여 과세가격을 정한 사실을 인정할 수 있고**, 피고 평택세관장은 별지1 목록 제2항 기재 처분 대상물품에 대하여는, 유사물품의 가격, 국내판매가격, 산정가격을 기초로 과세가격을 산정할 수 없어 **한국농수산식품유통공사가 조사한 산지조사가격 중 원재료 구매가격 2,759달러/톤에 가공비 등을 더한 2,883달러/톤을 과세가격으로 정한 사실을 인정할 수 있으므로, 위 각 물품에 대한 처분은 적법하다**(서울고판 2018누44915, 대판 2018두63655).

[심판례]

① 쟁점물품의 신고가격은 유통공사의 산지조사가격 및 유사물품 거래가격 대비 51% 이상 저가인 점, 수입검사시 촬영된 쟁점물품의 형태 및 색상 등이 다른 회사가 고가로 수입한 물품과 큰 차이가 없어 보이는 점, 쟁점물품 신고가격의 정확성 및 진실성에 대한 객관적인 자료가 제출되지 아니한 점 등에 비추어 신고가격을 부인하고 「관세법」 제35조에 규정된 방법에 따라 유통공사가 조사한 산지조사가격을 기초로 과세가격을 재산정하여 관세 등을 부과한 이 건 처분은 달리 잘못이 없다(조심 2018관0005). ② 청구법인은 쟁점물품이 품질이 낮은 ○○산 물품이라고 주장하나, 쟁점물품 신고가격은 유통공사 산지조사가격 대비 현저히 저가인 점, 청구법인이 처분청에 제출한 계약서 등 거래자료에 의하면 쟁점물품은 △△산 물품으로 보이는 점, 원가구성표상 품질 관련 내용이 없고 계약가격은 중량을 기준으로 책정된다고 기재되어 있는 점, 원산지증명서에 품질등급이 A급으로 기재되어 있는 점 등에 비추어 신고가격을 부인하고 제6방법에 따라 유통공사의 산지조사가격을 기초로 과세가격을 결정하여 과세한 처분은 잘못이 없다(조심 2016관0173). ③ 청구법인의 신고가격은 **aT공사의 산지조사가격과 현저한 차이가 있는데**, 청구법인은 경위서 및 확인서 이외에 이를 입증할 구체적이고 객관적인 증빙자료를 제시하지 않은 점 등에 비추어 관세법 제35조에 규정된 방법으로 과세가격을 결정하여 과세한 처분은 잘못이 없는 것으로 판단되나, 다만, **종자용으로 통관된 일부 물품의 경우 식용과 가격 차이가 있어 상호 간에 aT공사에서 산정한 가격을 그대로 사용하기 어려운 것으로 보이는 점, 쟁점물품 중 일부는 규격 차이에 따른 가격 차이 조정이 필요한 것으로 보이는 점 등**에 비추어 쟁점물품의 용도 및 규격, 관련 부대비용 등을 재조사하여 그 결과에 따라 과세가격 및 세액을 경정하는 것이 타당한 것으로 보인다(조심 2015관0086 등). ④ 위 사실관계 및 관련법령 등을 종합하여 살피건대, 청구법인의 신고가격이 처분청이 과세가격으로 인정한 유사물품 거래가격 대비 약 17% 저가로서 현저한 가격차이가 있다고 볼 수 있는 점, 청구법인은 쟁점물품의 거래가격 결정 및 품질 등에 관하여 구체적으로 입증하지 못하여 현저한 가격차이에 대한 처분청의 합리적 의심을 해소하지 못한 점, 이 건 쟁점물품에 대한 처분청 과세가격인 유사물품 거래가격 OOO은 상관행에 변동이 없는 선적시기(쟁점물품: 2013. 3. 18.~4. 16., 유사물품: 2013. 4. 8.)에 과세가격으로 인정된 최저가격으로 볼 수 있는 점, 쟁점물품 중 OOO 지역산은 타업체 수입실적이 없어 제3방법으로 과세가격을 결정하기 어려워 **청구법인이 제출한 원가계산서의 원재료비, 생산비, 포장비, 운송비 등에 유통공사 A사무소에서 조사한 생강 수출업체들의 통상의 이윤을 조정하여 제6방법의 과세가격으로 결정한 것은 합리적인 과세가격의 결정방법으로 보여지는 점** 등을 종합하면, 처분청이 쟁점물품의 수입신고가격을 인정하지 아니하고 유사물품의 거래가격 등을 기초로 과세가격을 산정하여 관세를 부과한 이 건 처분은 달리 잘못이 없다고 판단된다(조심 2014관0136).

[예규] 본건 수입물품인 자동차 폐촉매는 수출자가 수입자에게 무상으로 공급하였으므로, 수출판매가 이루어지지 않아 제1방법을 적용하여 과세가격을 결정할 수 없고, 제2방법 이하를 순차적으로 적용하여 과세가격을 결정해야 한다. 그러나 본건 수입물품은 국내에 처음 수입되는 것이므로 동종·동질 또는 유사물품이 없어 제2방법 내지 제3방법을 적용할 수 없고, 본건 수입물품은 국내에 판매되지 아니하고 수출자로부터 자동차 폐촉매 생산에 소요된 가격자료를 제공받기 어려운 상태이므로 제4방법 및 제5방법 적용도 곤란하므로, 무상 수입된 본건 자동차 폐촉매에 대한 과세가격은 제6방법을 적용하여 결정해야 한다. 제6방법에 의하여 과세가격을 결정하는 경우, 본건 수입물품과 관련하여 체결된 "자동차 폐촉매에 함유된 귀금속 정제·회수 계약서"에서 수출자는 귀사(수입자)에게 정제·회수에 소요된 비용(전처리비용 및 정제비)을 지급하고, 귀사는 회수된 귀금속을 수출자에게 현물로 상환하고 있으므로, **본건 수입물품의 가격은 수출자에게 상환되는 귀금속의 가격을 기초로 하여 결정하는 것이 합리적일 것**이다. 그러나 회수된 귀금속은 수입물품에 대한 전처리 및 정제과정을 거쳐 생산된 것이므로 수입물품의 가격은 상환되는 귀금속의 가격에서 전처리 및 정제비용을 공제하여야 할 것이다. 이 경우 귀금속의 가격은 통상 국제현물시장가격을 기초로 결정되지만, 어느 시점의 국제현물시장가격을 적용할 것인가 문제인바, **본건 수입물품에서 회수되는 귀금속 가격은 계약체결시점의 국제현물시장가격으로 하는 것이 합리적일 것**이다(관세평가과-1023).

(2) 그 밖의 去來의 실질 및 관행에 비추어 합리적이라고 인정되는 방법에 따라 과세가격 결정

(가) 判例

[판례] 피고는 '신품보드'와 동일한 규격의 '유상수입보드'가 없는 경우 관세법 제35조 제1항, 관세법 시행령 제29조 제1항 제5호가 정하는 바에 따라 **거래의 실질 및 관행에 비추어 합리적이라고 인정되는 방법**(제6방법)으로서 AJ그룹 내에서 적용되는 AM보드에 관한 'IL정책' 중 'cLTL **거래에서의 가격에 관한 부분을 참고하여 신품보드 매입단가를** (1.13 × 1.02 × 0.4 × 0.947)**로 나눈 값을 신품보드의 거래가격으로 보고 이를 기준으로 이 사건 과세처분**을 하였다. 제출된 증거 및 변론 전체의 취지에 의하면 다음 사실들이 인정된다. AJ그룹은 고객사를 상대로 하는 장비 유지보수업무 수행을 위하여 IL과 관계사들 사이에 이루어지는 AM보드 거래에 관한 내부규정으로 'IL 정책'을 두고 있다. 이에 의하면 AM보드 장기대여거래는 ㉠ IL이 그룹 내 관계사에게 필요한 수의 보드를 무료로 배치하고, 관계사가 이를 사용할 경우 소정의 비용(AM가격 또는 Loan 가격)을 받고 자동적으로 보충해 주는 nLTL(normal Long-Term Loan), ㉡ AM보드를 관계사가 아닌 고객사로 하여금 일정 기간 동안 보관하게 하면서 고객사가 그 소유물인 것처럼 위 보드를 고장 난 보드의 교체에 사용하게 하고, 고장 난 보드는 AJ그룹 내 수리센터로 보내 수리(Normal Module Exchange, NME)하도록

하는 cLTL(customer Long - Term Loan), 특정 고객만을 위한 보드 등 특수한 경우에 관계사의 전략적인 목적을 위하여 5년 이상 기간 동안 해당 보드를 관계사에 배치하고 관계사가 이를 사용할 경우 소정의 비용(AM가격 또는 Loan 가격)을 받고 자동적으로 보충해 주는 eLTL(extra Long - Term Loan)로 구분된다. 이러한 거래들의 계약 당사자는 모두 IL과 관계사이다. 이러한 보드 장기대여거래의 대금은, nLTL의 경우 관계사에 대한 보드의 배치는 무료이고, 보드가 사용된 경우 이를 보충하는 데에 드는 비용(AM가격 또는 Loan 가격)을 관계사와 고객사가 순차 부담하고, cLTL**의 경우 보드 매입단가를** (1.13 × 1.03 × 0.4 × 0.947)**로 나눈 값을 계약기간에 따라 매년 일정비율씩 나누어 부담하고**(임차한 보드를 고장 난 보드의 교체에 사용하더라도 이를 자동적으로 보충해 주지 않으므로 추가적인 비용이 발생하지 않는다), eLTL의 경우 cLTL과 마찬가지로 보드 매입단가를 (1.13 × 1.03 × 0.4 × 0.947)로 나눈 값을 처음 5년간은 매년 13%씩, 그 이후에는 1%씩 부담하고, 보드가 사용된 경우 이를 보충하는 데에 드는 비용(AM가격 또는 Loan 가격)을 관계사와 고객사가 순차 부담한다. IL정책에서는 장기대여거래에 관하여 위와 같이 설명하고, 그에 이어 nLTL, eLTL 거래에 적용되는 Loan 가격 또는 AM가격에 관하여 규정하고 있는데, **관계사가 IL에 부담하는** Loan **가격은 IL이 AJ로부터 보드를 구입하는 가격, 즉 매입단가(재료비, 가공비 등 제조원가에 시스템 조정비용, 제조 부비용을 합한 금액)에 운송비 상당액을 더한 금액을 5 내지 10으로 나눈 금액이고,** AM**가격은** Loan **가격에 수리비, 수리공장까지의 운송비를 합한 금액이다.** 그리고 고객사가 관계사에 부담하는 금액은 위 Loan 가격이나 AM가격에 1.428을 곱한 금액 상당이다. 원고와 AP(AJ의 계열사) 사이의 거래는 nLTL 유형에 속하는데, 위에서 본 바와 같이 관계사나 고객사가 부담하는 Loan 가격, AM가격은 매우 낮은 수준인데다가 AM가격에 보드 수리비가 포함된 것으로 보아 재생보드의 사용을 전제로 한다(이는 원고가 고객사에게 제공하는 엔지니어링 서비스가 ATJ가 판매한 장비에 대한 품질보증업무의 일환으로 이루어지는 사정에 기인한 것으로 보인다). 한편 cLTL 거래대금 산정의 기초가 되는 값[= 매입단가 ÷ (1.13 × 1.03 × 0.4 × 0.947)]에 관하여 보건대, AJ가 제공하는 자료에 의하며 매입단가를 (1.13×1.03)으로 나눈 값은 보드의 표준원가에 해당하는 점, 위의 계산 TLR의 0.4는 평균적인 판매가격이 표준원가의 2.5배임을 의미하고, 0.947은 일본 내 자회사였다가 현재는 AJ에 합병된 AC의 일반관리비를 반영한 것인 점, cLTL 가격을 계산함에 있어서 일본 내 자회사인 AC의 경우 해외 운송비와 보험료에 해당하는 0.053을 감액하도록 규정하고 있는 점 등을 종합하여 보면, **위 값은** AJ**가 신품보드를 해외에 있는 자회사에 판매하는 경우의 평균 판매가격을 의미하는 것으로 해석된다.** 이처럼 cLTL 거래대금 산정의 기초가 되는 값인 보드 매입단가를 (1.13 × 0.4 × 0.947)로 나눈 값이 AJ가 신품보드를 해외 자회사에 판매하는 가격으로 해석되고, 원고도 AJ의 해외 자회사 중 하나이므로 피고가 이를 기초로 과세가격을 산정한 것은 적법하다(부산고판 2017누24196; **사례연습 49**).

(나) 조세심판례, 관세청 예규

1) 보세공장에서 위탁가공한 물품의 수입

[심판례] ① 쟁점물품과 관련된 '브랜드 사업'의 경우 ⅰ) 완제품 제작을 위한 설계를 한 후, ⅱ) 청구법인의 보세공장에서 쟁점물품를 제조하고, 제조된 반제품 상태인 쟁점물품을 무상물품으로 수입신고를 하고, ⅲ) 수입통관 이후 외주업체에서 추가 가공(後공정)을 한 후, Chip 형태의 완제품을 국내 구매자에게 공급하고 있다. 쟁점물품은 추가 가공을 위해 무상으로 수입되는 물품으로 '우리나라에 수출하기 위하여 판매되는 물품' 해당하지 않는 점, **청구법인이 '통상의 이윤 및 일반경비'를 가산하지 않고 '제조원가'만을 과세가격으로 산정하여 신고한 것은 관세평가의 제반 원칙에 부합하지 않는 점**, 처분청이 쟁점물품에 대하여 관세법 제30조를 적용하지 아니하고 제31조부터 제35조까지에 규정된 방법을 순차적으로 검토하여 관세법 제35조를 적용하여 과세가격을 결정한 점, **청구법인의 파운드리사업부의 매출총이익률에는 팹리스 사업분야의 매출총이익률이 반영되어 있지 않고, 후공정업체들의 매출총이익률이 팹리스업체나 청구법인의 파운드리 사업부보다 낮아 청구법인의 '통상의 이윤 및 일반경비' 산정시 입수가능한 객관적 자료인 브랜드 사업부의 매출총이익률을 적용하는 것이 합리적으로 보이는 점** 등에 비추어 처분청이 「관세법」 제35조 및 같은 법 시행령 제29조 제1항 제5호에 따라 과세액을 산정하여 과세한 처분은 달리 잘못이 없다고 판단된다(조심 2017관0136). ② 청구법인이 위탁자와의 임가공계약에 의하여 위탁자가 무상으로 제공한 웨이퍼를 보세공장에서 임가공하여 쟁점물품을 제조·가공한 후 위탁자에게 다시 납품하고 있어 청구법인은 완성된 쟁점물품을 위탁자에 판매한 것이 아니라 위탁자에게 임가공용역을 제공하는 것이므로 **관세법 제30조 제1항의 수출판매에 해당되지 아니한다.** 그리고, 이 건 제2방법 내지 제5방법이 불가하여 **제6방법으로 과세가격을 결정하는 경우 임가공비와 웨이퍼 가격을 합산한 합리적인 가격을 과세가격으로 결정함이 타당하다.** 또한, 청구법인은 보세공장을 운영하는 자로서, 위탁자가 무상공급한 웨이퍼와 외국으로부터 반입된 외국물품을 결합하여 각종 비메모리 반도체 패키지를 제조·가공하여 수입하면서 「관세법」 제188조 제품과세 방식을 선택하였는데 보세공장에서 내·외국 물품이 혼용되어 임가공 완료된 물품은 '외국으로부터 우리나라에 도착된 물품'으로 수입신고가 수리되기 전까지는 관세법 제2조 제4호상 '외국물품'에 해당하는 것이고, 청구법인의 수입신고를 거쳐 우리나라에 반입된 것은 동법 제2조 제1호에서 정한 '수입'에 해당하므로 쟁점물품은 관세의 과세대상은 물론 「부가가치세법」 제1조 및 제8조에 따라 부가가치세가 과세되는 것으로 판단된다(조심 2013관0183, 조심 2013관0222). ③ 쟁점물품의 처분 또는 사용에 제한이 있고, 금액으로 계산할 수 없는 조건 또는 사정이 존재하며, 쟁점물품 거래가격이 제조원가 대비 큰 차이를 보이는 등 특수관계가 거래가격에 영향을 미친 것으로 보이는 점 등에 비추어 **6방법에 따라 판매자의 제조원가를 과세가격으로 결정하여 과세한 처분은 잘못이 없어 보이고**, 청구법인은 판매자와의 협의체에서 원부자재인 웨이퍼 원판 가격 및 쟁점물품 가격을 상호 협의하여 결정하는 것으로 보이는 점 등을 고려하면 제조원가를 알 수 있었을 것으로 보이므로 가산세 부과처분 및 수정수입세금계산서 발급거부처분도 잘못이 없는 것으로 판단된다(조심 2016관0181, 0267).

2) 손상, 파손된 물품

[예규] 맥주병 이송장치의 보세운송 도중 운송차량이 전복되어 동 물품의 파손으로 수출자 측과 협의하여 보세화물상태로 반송하여 수리한 후 국내로 재반입한 경우, 수입자가 당초 수출자에게 지급하였거나 지급하여야 할 가격은 보세운송 도중 파손된 기계(손상물품)의 대가가 아니고, 또한 수입신고를 한 기계는 파손된 기계를 수리한 것으로서 이는 당초에 수입자와 수출자간에 거래계약을 한 기계가 아니므로 당초 거래계약에 의한 제1방법을 적용할 수는 없고, 제2방법 내지 제6방법을 적용하여 과세가격을 결정하여야 한다. 동 기계와 동종·동질 또는 유사물품의 수입실적이 없으므로 제2방법 내지 제3방법은 적용할 수 없고, 국내판매한 것도 아니므로 제4방법을 적용할 수 없으며, 제5방법도 적용이 어려우므로 합리적 방법인 제6방법이 적용되는바, **그 例로서 파손前의 기계와 수리後의 기계가 큰 차이가 없는 경우 당초 거래가격을 기초로 하여 산정할 수 있으며, 이러한 방법의 적용이 불합리한 경우에는 반송당시의 파손상태의 기계가격을 조사하여 동 가격에서 수리에 소요된 비용을 가산하여 산정하거나 수입신고된 기계에 대한 감정기관의 감정가격을 기초로 산정**할 수 있을 것이다(평일 47221-245).

3) 무상 수입물품, 무상 수입 대체품 등

[심판례] 이 사건은 '쟁점물품의 과세가격 산정의 적정성' 여부라 할 것인데, 수출한 후 수리 목적으로 국내에 수입하는 중고물품으로서 수출국이나 수입국 내에서 정상적 시장형성이 곤란하고 **무상반입되는 쟁점물품의 경우** 관세법 제30조에 따른 과세가격 산정은 곤란하므로 같은 법 제31조 이하에서 정한 방법으로 과세가격을 산정하는 것이 타당하고 이에 대해서는 청구법인과 과세관청 간에 이견이 없으나, 다만 처분청이 '리스팅프라이스'상 부품가격에 실제 판매가비율을 곱하고 이에 감가상각 등을 고려하는 방식으로 쟁점물품의 과세가격을 산정하였으므로 **'리스팅 프라이스'의 성격을 살펴보면 청구법인은 OOO의 국내 매출과 해외수출을 병행하는 회사로서 '내부에서의 영업 등에 기준이 되는 가격'을 의미하는 것으로 보는 것이 타당하므로** 일견 리스팅 프라이스는 우리나라에서 생산된 물품의 '국내판매가격'에 해당하는 측면이 있는 반면, 청구법인은 쟁점물품을 수입신고함에 있어 합리적인 수입신고가격 산정절차 없이 수출자의 송품장 등을 이유로 '임의가격'인 OOO로 수입신고하였는바, 이 것 역시 「관세법」 제35조 및 같은 법 시행령 제29조 제2항에서 과세가격으로 삼을 수 없도록 한 '자의적 또는 가공적 가격'에 해당하는 측면을 고려할 필요가 있다고 하겠으므로 처분청은 '리스팅 프라이스'가 구체적으로 어떠한 용도로 사용되는 것인지, '리스팅 프라이스에 실제 판매가 비율을 곱한 금액' 역시 국내판매가격에 해당하는 것인지 여부와 처분청의 과세가격을 인정할 수 없다 할지라도 **청구법인의 수입신고가격 역시 「관세법」상 적법한 과세가격에 해당하지 않으므로** 쟁점물품의 과세표준 등을 재조사하여 그 결과에 따라 세액을 경정하는 것이 타당하다고 판단된다(조심 2014관0119).

[예규] ① 甲은 2019년 L/C로 수입신고한 물품이 사용 중 불량품으로 판명되어 이를 반송하고 새로운 대체품으로 백금촉매를 무상 수입하였는바, 새로이 **무환으로 수입신고한 백금촉매**의 가격이 2019년 백금촉매 수입가격보다 32% 저가인 경우, 제6방법에 의하여 과세가격을 결정한다. 또한 대체품은 원래의 계약을 충족시키기 위한 것이므로 **최초의 거래가격(수입단가)을 기초**로 과세가격을 결정함이 타당하다(평가일 22740-153). ② 수입한 물품을 사용하던 중 제품 성능에 문제가 있는 것으로 확인되어 신제품(대체품)을 무상으로 공급받은 경우, '대체품'을 무상으로 공급받은 경우이므로 수출판매에 해당하지 않으므로 제1방법을 적용할 수는 없고, 제2방법 내지 제6방법을 적용하여 과세가격을 결정하여야 한다. 제2방법 내지 제5방법을 적용할 수 없어 **제6방법으로 과세가격을 결정할 경우,** 대체품은 최초 거래의 조건을 충족하기 위한 물품으로 고려되어야 하기 때문에 **최초 거래가격(수입단가)을 기초로 과세가격을 결정**하여야 한다(평가분류 47221-650). ③ 액화천연가스의 장기공급계약에서 "구매자는 판매자로부터 연간 기본 계약물량을 수입하여야 하고, 구매자가 기본 계약물량을 차질 없이 인수할 경우 판매자는 기본 계약물량에 부가하여 일정 물량을 무상으로 공급한다"는 내용이 포함되어 있는 경우, **무상공급물량에 대해서는 무상수입이므로 제1방법을 적용할 수는 없고,** 제2방법 내지 제6방법으로 과세가격을 결정하여야 한다(종합심사과 47400-138). ④ 임상시험 승인 前에 국내 甲사가 식약청으로부터 완제품 제조품목허가를 받기 위하여 甲사 연구소에서 진행할 연구용 원료 샘플 500그램을 무상으로 공급받은 경우, 과세가격은 어떻게 결정해야 하는가? 무상수입물품이므로 제1방법으로 과세가격을 결정할 수 없다. 제2방법 내지 제6방법으로 과세가격을 결정해야 한다. 본건 물품은 라이센스 제품(완제품)의 생산에 사용되는 원재료가 아니라 완제의약품의 개발 및 상용화 以前 단계에서 안전성 등을 검증하기 위하여 라이센스 계약에서 정하고 있는 대가의 지급과는 관련 없이 연구용 원료로 무상 공급되는 상품에 해당하므로, 라이센스료는 동 물품의 과세가격에 포함되지 않는 것으로 판단된다. **제6방법에 따라 과세가격을 결정하는 경우에, 물품공급자가 합리적인 기준에 따라 제시하는 가격자료(예: 동 물품을 판매하는 경우 지급받는 가격, 물품제작에 사용된 원재료비용 및 기타 가공에 소요되는 비용)를 기초로 하여 과세가격을 결정할 수 있을 것이다.** 의약품 연구개발 및 식약청 제조허가 등이 완료된 이후에 상용화에 공할 목적으로 원재료가 유상으로 수입되는 경우, 동 원재료의 수입과 라이센스료의 지급이 관련성 및 거래조건성을 충족한다면 동 원재료의 과세가격에는 라이센스료가 포함되어야 한다(관세평가과-2445).

4) 수탁판매계약에 의해 수입된 물품

[예규] 당해 수입물품은 수출자와 수입자 사이에 체결된 '수탁판매계약'에 의해 수입된 것으로, 물품의 소유권이 국내 재판매 後 대금지급이 완료될 때까지 '수출자'에게 있으며, 계약기간 내에 재판매되지 않을 경우 수출자에게 반환되는 점으로 볼 때 **우리나라에 수출하기 위하여 판매된 물품으로 볼 수 없다.** 따라서 거래가격에 기초하여 과세가격을 결정할 수 없고 제2방법 내지 제6방법에 따라 과세가격을 결정해야 한다. 본건 물품은 핀란드의 패딩의류 전문회사에서

제조한 것으로서 국내에 수입된 적이 없으므로 동종·동질 또는 유사물품의 거래가격을 찾을 수 없어, 제2방법 내지 제3방법을 적용할 수 없다. 수탁판매 거래의 경우에는 수입자가 자신의 계산과 책임으로 판매하는 것이 아니므로 통상적인 이윤 및 일반경비가 아니라 '수수료'를 공제하는 것이 타당하다. 이때 공제되는 수수료는 국내판매와 관련하여 얻어지는 수수료로서, 수입자가 제공하는 수치가 통상적인 것과 불일치하지 않는 한 이에 근거하여야 한다. 만약 제4방법 및 제5방법에 따라 과세가격을 결정하는 것이 어려운 경우에는 제1방법부터 제5방법까지의 적용요건을 신축적으로 적용하여, **잠정 송품장 가격이 일반적인 가격결정 방법에 따라 합리적인 수준에서 결정된 것으로 인정된다면 송품장 가격(6-1방법)을, 국내에서 판매되지 않은 품목과 유사물품으로 인정할 수 있는 국내판매 품목이 있을 경우 해당 물품의 제4방법에 의한 과세가격(6-3방법)을, 또는 기 책정되었던 국내판매 단가를 기초로 한 역산가격(6-4방법) 등**을 수입자와 세관이 합리적으로 검토하여 과세가격을 결정할 수 있을 것이다(관세평가과-1169).

5) 클레임 제기로 재수입된 물품

[예규] 국내 수출자 甲은 일본 乙에게 워크맨 5,000세트를 세트당 92달러로 수출하였으나, 수출된 5,000세트 중 891세트가 품질불량 등의 사유로 乙로부터 클레임이 제기되자, 甲과 乙은 합의하여 甲이 클레임 발생분 891세트를 세트당 32달러에 전량 인수하기로 하고 乙에게 대금 28,512달러를 지급하였다. 甲이 891세트를 국내로 수입할 때 과세가격을 세트당 32달러로 인정받을 수 있는가? 甲이 乙에게 지급하는 금액(세트당 32달러)은 **클레임에 대한 보상성격으로 수출자가 수입자에게 지급하는 대가이지 물품의 거래대금으로 볼 수 없을 것이므로** 이를 수출판매된 물품에 대한 지불대가로 볼 수 없다. 따라서 제1방법은 적용할 수 없고 제2방법 내지 제6방법을 순차적으로 검토하여 과세가격을 결정하여야 할 것인데, 다만, 제6방법에 의거 합리적으로 과세가격을 결정할 경우 **공인감정기관의 감정가격을 제6방법에 의한 합리적인 과세가격으로 결정**하는 것도 합리적이다. 동 물품은 수출한지 2년이 경과하여 현재 시점으로서는 구모델이고 또한 품질불량으로 클레임이 제기된 물품이므로 당초 수출가격(세트당 92달러) 또는 재수입가격(세트당 32달러)을 과세가격으로 함은 불합리하다(평가일 22740-3088).

6) 반송 후 원상태로 재수입된 물품

[예규] 수입신고시 요건불비로 수입물품을 수출국으로 반송한 것은 그 당해 건으로서 수입행위가 종결된 것이며, 또한 반송 後 동물품을 원상태로 그대로 다시 수입하는 경우에는 새로운 수입행위로 보아 과세가격을 결정해야 한다. 따라서 반송한 後 원상태 그대로 다시 수입하는 경우 당해 물품의 **과세가격은 최종 수입시 발생한 운임, 보험료 기타 운송에 관련되는 비용 등을 가산하여 결정**함이 타당하다(평가분류 47221-156).

7) 법원에서 경락받은 물품

[예규] ① 국내선박회사가 A지방법원으로부터 경락받은 '중고유조선'은 우리나라에 수출판매된 물품이 아니므로 동 경락가격을 당해 수입물품의 과세가격으로 결정할 수 없으며, 제2방법 내지 제6방법을 적용하여야 하는데, 제6방법으로 과세가격을 결정하는 경우, 법원이 예정가격으로 채택한 **'공인감정기관의 감정가격'을 기초**로 하여 당해 수입물품의 과세가격을 결정할 수 있다(평가일 22740-137, 평가협회의 결정 08-02-02). ② [법원경매를 통해 낙찰받은 자동차] 구매자가 구매하여 보세창고에 반입한 신차를 본래 구매자가 아닌 제3자가 법원경매를 통해 낙찰받아 낙찰가격으로 수입신고한 경우, 과세가격 결정방법은 어떠한가? 법원의 경매절차를 통해 낙찰받은 물품의 **'낙찰가격'은 우리나라에 수출하기 위하여 판매되는 물품에 대한 실제지급가격으로 볼 수 없으므로** 낙찰가격은 수입물품의 과세가격으로 인정하기 어렵다. 장기간 보세구역에 장치되었다고 하더라도 운행 등 사용한 사실이 없다. 관세법 제30조에서 정한 우리나라에 수출하기 위하여 판매되는 물품에 대한 실제지급가격에 해당하는 '최초 수출입거래시' 판매자와 구매자간에 합의한 거래가격인 송장가격이 확인되면, 최초 수입자가 신용장 방식에 의거 외국의 판매자와 계약하고 우리나라 보세구역에 반입한 시점이 이미 "사실상 국제간의 이전이 있는 거래"가 성립한 것이므로, **관세법 제30조 제3항 각호에서 정한 거래가격 배제사유가 없는 한 '거래가격'을 과세가격으로 결정함이 타당하다.** 수입신고된 물품이 '수입신고 前에 변질 또는 손상'된 경우, **변질 또는 손상으로 인하여 감소된 가격에 상당하는 금액을 뺀 가격을 과세가격으로 결정**할 수 있으나, 보세구역에 장기간 장치되었다는 사실만으로 수입물품이 변질・손상되었다고 인정되는 것은 아니고 수입신고 당시 당해 물품의 변질・손상 여부에 대하여 통관시점에서 세관장이 확인, 판단할 사항이다(평가협의회 결정 09-03-02).

8) 인터넷 경매를 통해 낙찰받은 물품

[예규] 구매자인 우리나라 수입자가 자신의 명의로 인터넷 사이트 경매에 참가하여 직접 낙찰을 받은 물품을 우리나라에 수입하는 경우 거래가격 배제사유에 해당하지 아니하고 우리나라에 수출하기 위한 것이 증명되는 때에는 제1방법을 적용하여 **당해 낙찰 가격을 기초로 과세가격을 결정**하는 것이 원칙이나, 당해 낙찰받은 물품이 우리나라에 수출하기 위하여 판매된 물품이 아닌 경우에는 당해 경매의 낙찰 가격을 기초로 과세가격을 결정하지 아니하고 제2방법 내지 제6방법을 순차적으로 적용하여 과세가격을 결정한다. 당해 수입물품이 중고물품인 경우로서 제6방법에 따라 과세가격을 결정하는 경우에는 관세법시행규칙 규정에 따라 **국내에서 거래되는 신품 또는 중고물품의 수입 당시의 과세가격을 기초로 가치 감소분을 공제한 가격을 적용하여 과세가격을 결정**할 수 있으며, 이때 당해 중고물품이 낙찰 당시의 손상 또는 파손된 상태대로 수입되는 물품이라면 **손상 또는 파손으로 인하여 감소된 가치에 상당하는 금액을 고려하여 과세가격을 결정**할 수 있는 것이다(종합심사 47400-341).[506]

9) 해외에서 영화 촬영한 영상을 수록한 디스크

[판례] 원고는 영화 제작 및 기획을 주 사업으로 하여 2005. 5. 4. 설립된 영화제작사로서 2012. 3. 20. 소외 CM 주식회사와 극장용 장편영화 'BRN'의 영화 제작, 투자 및 배급 계약을 체결하고 위 영화를 제작하여 납품하였다. 이 사건 영화의 배경이 독일 베를린인 관계로, 원고는 영화에 사용된 일부 영상을 독일과 그 인접 국가인 라트비아에서 촬영한 후 이를 국내로 반입하여 편집하는 방법으로 제작하였다. 원고는 이 사건 영화의 해외촬영을 위해 독일과 라트비아 현지에 소재한 프로덕션 업체인 'FBBG' 등(이하 '프로덕션 업체들'이라 한다)으로부터 제작진과 배우들의 숙식지원, 촬영장소 섭외, 엑스트라 · 촬영장비 및 소품 제공 등의 용역과 물품을 공급받고 그 대가로 프로덕션 업체들에게 약 30억 원의 금원을 지급하였으며, 독일 등 현지에서 촬영한 영상(이하 '이 사건 영상물')은 원고가 2012. 4. 23. A.T.A.까르네를 이용해 휴대 반출한 하드디스크 드라이브(이하 '이 사건 디스크'라 한다)에 저장하였다가 2012. 6. 19. 다시 A.T.A.까르네를 이용하여 국내로 휴대 반입하였다.

① **제1방법의 적용 여부**: 먼저 이 사건 디스크의 과세가격을 제1방법에 의해 결정하기 위해서는 이 사건 디스크가 '우리나라에 수출판매된 물품일 것'이라는 거래가격 성립요건을 충족하여야 하는데, 구 관세법 시행령 제17조의 규정에 의해 '우리나라에 수출하기 위하여 판매되는 물품'의 범위에서 제외되는 물품의 범위, 즉 '무상으로 수입하는 물품'(제1호), '수입 후 경매 등을 통하여 판매가격이 결정되는 위탁판매수입물품'(제2호), '수출자의 책임으로 국내에서 판매하기 위하여 수입하는 물품'(제3호), '별개의 독립된 법적 사업체가 아닌 지점 등에서 수입하는 물품'(제4호), '임대차계약에 따라 수입하는 물품'(제5호), '무상으로 임차하는 수입물품'(제6호) 및 '산업쓰레기 등 수출자의 부담으로 국내에서 폐기하기 위하여 수입하는 물품'(제7호)의 내용을 종합해 볼 때, '판매'에 해당하기 위해서는 '판매자가 구매자로부터 대가를 지급받고 물품의 소유권을 이전할 것'을 요한다고 보아야 한다. 그런데 이 사건의 경우, 원고가 프로덕션 업체들에게 일정 금원을 지급하고 영상이 수록된 이 사건 디스크의 소유권을 이전받은 것이 아니라, 원고가 직접 해외에서 이 사건 영상물을 제작, 국내로 반입하는 과정에서 위 업체들로부터 숙식지원, 촬영 장소 섭외, 엑스트라 · 촬영장비 및 소품제공 등의 용역과 물품을 제공받은 것임은 앞서 본 바와 같으므로, 이 사건 디스크는 '우리나라에 수출판매된 물품에 해당한다고 볼 수 없다. 따라서 구 관세법 제31조 내지 제35조에 규정된 보충적인 방법에 의해 과세가격을 결정하여야 한다.

506) **[미국예규]** 미국내 특수관계자가 캐나다로부터 **미국내 수입자의 수리공장에 수리하기 위하여 물품을 수입**하였다. 양 당사자 사이에는 어떠한 판매도 없었으며 거래가격에 의한 동종 · 동질물품 또는 유사물품의 판매도 없다. 수입자는 미국에서 물품을 재판매하지 않는다. 따라서 평가방법으로서 공제가격은 적용되지 않는다. 산정가격에 따라 평가하기엔 활용가능한 정보가 불충분하다. 동 물품은 신품의 평균비용의 70%까지 section 402(f)에 따라 적정하게 평가되어야 한다. 이것은 캐나다 소재 회사의 회계장부상에 있는 재고목록 가격이다(544377).

② **제2방법 내지 제5방법의 적용 여부**: 나아가 이 사건 디스크에 관하여 제2방법 내지 제5방법을 적용할 수 있는지 보건대, 특정 영상이 수록된 이 사건 디스크의 경우 동종 · 동질물품이나 유사물품이 존재하지 않으므로 제2방법, 제3방법을 적용할 수 없고, 국내판매가격을 상정할 수 없어 제4방법도 적용할 수 없으며, 구 관세법 제34조에 규정된 '수출국 내 동종 · 동류 물품의 생산자가 수출 판매시 통상 반영하는 이윤 및 일반 경비' 등을 산정하기도 어려우므로 제5방법을 적용할 수도 없다.

③ **제6방법의 적용**: 사정이 위와 같다면, 이 사건 디스크의 과세가격을 결정하기 위해서는 제6방법에 의하여야 할 것인데, 이에 관하여 구 관세법 제35조는 제1방법 내지 제5방법과 부합되는 합리적인 기준에 따라 과세가격을 결정하도록 규정하고 있다. 한편, **피고는 이 사건에서 원고가 프로덕션 업체들에게 지급한 총 비용(이 사건 영상물의 해외 촬영 비용) 약 30억 원 중에서 우리나라 제작진 및 배우들이 활동하는데 소요된 비용(왕복 항공료, 체재비, 출연료 등) 약 8억 원은 구 관세법 시행령 제18조 제4호에 따라 과세 가격에 포함하지 아니하는 '우리나라에서 개발된 기술(노하우)'에 해당하는 것으로 보아 이를 공제하고, 나머지 이 사건 지급금이 제6방법에 따라 결정한 과세가격에 해당하는 것으로 보았는바, 피고의 위와 같은 과세가격 결정은 앞서 본 구 관세법상의 과세가격 결정 원칙에 따른 합리적인 기준에 의한 것으로 보인다.** 따라서 위와 같이 결정된 과세가격에 근거한 이 사건 처분은 일응 적법하다 할 것이다(서울행판 2014구합64353).

제4장

가격신고와 관세조사

제 1 절

과세가격 사전심사와 가격신고

제1항 과세가격 사전심사

I 의의

과세가격 결정은 상당히 전문적이고 복잡하기 때문에 실제로 납세의무자는 수입물품의 과세가격 결정에 있어 많은 어려움을 겪고 있다. 이러한 납세자의 어려움을 덜어 주고 과세가격 신고의 정확성을 제고하기 위하여 관세법은 납세신고를 하는 者가 과세가격결정과 관련하여 의문이 있는 경우(실제지급가격 · 가산조정요소 · 공제요소의 결정, 거래가격 배제사유 해당여부, 특수관계가 있는 자들 간에 거래되는 물품의 과세가격 결정방법 등에 관한 의심이 있는 경우)에는 수입신고(가격신고)를 하기 前에 관세청장에게 과세가격의 사전심사를 신청할 수 있도록 하고 있다(법 제37조 제1항). 이것이 "과세가격 사점심사"제도이다. 과세가격 사전심사 신청에는 (1) 일반 수입물품 사전심사 신청과 (2) 特殊관계자간 수입물품 사전심사 신청으로 나눌 수 있고, 특수관계자간 수입물품 사전심사 중 '중소기업'이 신청하는 경우를 "특수관계 간이사전심사 신청"이라 한다(관세평가 고시 제40조, 제45조). 특수관계자간 수입물품 사전심사 신청 제도를 'ACVA'(Advance Customs Valuation Arrangement)라 부른다.

II 사전심사 절차

1. 사전심사 신청

(1) 관세청장(관세평가분류원장)에게 신청

관세법에서는 '관세청장'에게 신청하도록 규정하고 있으나(법 제37조 제1항), 관세평가

고시에서는 一般 수입물품 사전심사 신청은 관세평가분류원장에게, 特殊관계자간 수입물품 사전심사 신청은 본부세관장을 거쳐 관세평가분류원장에게 신청한다고 규정하고 있다(관세평가고시 제40조 제1항, 제45조 제1항). 신청인은 신청시 관세사를 대리인으로 선임할 수 있다(관세평가고시 제40조 제2항).

(2) 신청사항

납세신고를 하여야 하는 자는 과세가격 결정과 관련하여 다음의 각 사항에 관하여 의문이 있을 때에는 관세청장(관세평가분류원장)에게 미리 심사하여 줄 것을 신청할 수 있다(법 제37조 제1항).

1) 一般 수입물품 사전심사

① 실제지급가격, 가산요소, 공제요소, 거래가격 배제사유(법 제30조 제1항부터 제3항까지에 규정된 사항)

② 제1방법으로 과세가격을 결정할 수 없는 경우에 적용되는 과세가격 결정방법

2) 特殊관계자간 수입물품 사전심사

특수관계가 있는 자들 간에 거래되는 물품의 과세가격 결정방법

(3) 신청방법 및 신청서류

(가) 一般 수입물품 사전심사의 경우

과세가격 결정에 관한 사전심사를 신청하려는 者는 거래당사자 · 통관예정세관 · 신청내용 등을 기재한 **"과세가격 결정방법 사전심사 신청서"**에 다음의 각 서류를 첨부하여 '관세평가분류원장'에게 제출해야 한다(영 제31조 제1항).

1) 거래관계에 관한 기본계약서(투자계약서 · 대리점계약서 · 기술용역계약서 · 기술도입계약서 등)
2) 수입물품과 관련된 사업계획서
3) 수입물품공급계약서
4) 수입물품가격결정의 근거자료
5) 그 밖에 과세가격결정에 필요한 참고자료

(나) 特殊관계자간 수입물품 사전심사의 경우[507)]

特殊관계자간 수입물품 사전심사를 신청하는 경우에는, **"과세가격 결정방법 사전심사 신청서"(특수관계용)**[508)]에 위 (가)의 일반 수입물품 사전심사 신청시 제출하는 서류 以外에 '다음의 서류'를 추가로 제출('본부세관장'을 거쳐 '관세평가분류원장'에게 제출)해야 한다. 다만, 아래 2) 및 7)의 서류는 특수관계 사전심사 신청 물품의 과세가격 결정방법과 관련이 없다고 관세청장이 인정하는 경우에는 제출하지 않을 수 있다(영 제31조 제1항, 규칙 제7조의10 제1항, 관세평가고시 제45조 제1항).

1) 거래당사자의 사업연혁, 사업내용, 조직 및 출자관계 등에 관한 설명자료
2) 관할 세무서에 신고한 거래당사자의 최근 3년 동안의 재무제표, 무형자산 및 용역거래를 포함한 '국제조세조정에 관한 법률' 제16조 제2항 제3호에 따른 정상가격 산출방법 신고서
3) 원가분담 계약서, 비용분담 계약서 등 수입물품 거래에 관한 서류
4) 수입물품 가격의 산출방법을 구체적으로 설명하는 다음의 각 자료
   ① 가격산출 관련 재무자료
   ② 가격산출의 전제가 되는 조건 또는 가정에 대한 설명자료
   ③ 특수관계자간 가격결정에 관한 내부지침 및 정책
5) 국제조세조정에 관한 법률 제14조에 따른 정상가격 산출방법의 사전승인을 받은 경우 이를 증명하는 서류
6) 회계법인이 작성한 이전가격보고서가 있는 경우 산출근거자료 및 자산·용역의 가격에 영향을 미치는 요소에 관한 분석자료가 포함된 보고서
7) 판매 형태에 따라 구분한 최근 3년간 수입품목별 매출액·매출원가
8) 특수관계가 거래가격에 영향을 미치지 않았음을 확인할 수 있는 자료

다만, 사전심사를 신청하는 자가 중소기업기본법 제2조에 따른 '중소기업'인 경우에는 위의 4)와 8)에 해당하는 서류만 제출하면 된다(규칙 제7조의10 제2항).

(다) 特殊관계자간 수입물품에 대한 관세와 국세의 사전조정 신청의 경우

후술하는 관세와 내국세의 사전조정을 신청(법 제37조의2)하려는 者는 관세의 과세가격 결정방법과 내국세의 정상가격 산출방법의 사전조정 신청서를 다음의 각 서류와 함께

---

507) 特殊관계자간 수입물품 사전심사의 成敗는 수출자나 본사가 자료제출에 얼마나 협조적인지에 달려있다. 수출자나 본사가 자료제출에 협조적이지 않아서 ACVA를 신청하지 못하거나 신청했으나 도중에 중단하는 경우가 종종 있다.

508) 중소기업의 경우에는 "과세가격 결정방법 간이사전심사 신청서"를 제출한다(관세평가 고시 제45조 제2항).

관세평가분류원장에게 제출해야 한다(관세평가 고시 제45조 제4항, 제5항).

1) 위의 (나)의 特殊관계자간 수입물품 사전심사 신청서류

2) 국제조세조정에 관한 법률 시행령 제9조 제1항에 따른 신청서류

관세평가분류원장은 사전조정 절차(영 제31조의3 제1항)를 시작할 것인지를 결정하여 관세의 과세가격 결정방법과 내국세의 정상가격 산출방법의 사전조정 적정 여부 통지서를 신청자에게 통보하여야 한다(동고시 제45조 제5항).

(4) 신청내용의 변경과 신청 철회

신청인은 '관세청장'(관세평가분류원장)이 사전심사 또는 재심사 신청에 대하여 과세가격의 결정방법을 통보하기 前까지는 신청내용을 변경하여 다시 신청하거나 신청을 철회할 수 있으며, 관세청장은 신청인이 신청을 철회한 때에는 신청자가 제출한 모든 자료를 신청인에게 반환해야 한다(영 제31조 제9항).

2. 심사 및 결과의 통보, 재심사 신청

(1) 一般 수입물품 사전심사의 경우

1) 심사 기간

사전심사 신청을 받은 '관세평가분류원장'은 1개월 이내에 과세가격의 결정방법을 심사한 後 그 결과를 신청인에게 통보하여야 한다(법 제37조 제2항, 영 제31조 제3항). 이 경우 관세평가분류원장이 제출된 신청서 및 서류의 補完을 요구한 경우에는 그 기간은 산입하지 아니한다(영 제31조 제3항 단서).

관세평가분류원장은 신청자가 제출한 신청서 및 서류가 과세가격의 심사에 충분하지 않다고 인정되는 때에는 20日 이내의 기간을 정하여 補正을 요구할 수 있다(영 제31조 제2항).

2) 사전 상담

신청인은 '관세평가분류원장'에게 사전심사에 관하여 상담을 신청할 수 있으며, 관세평가분류원장은 상담신청일로부터 15日내에 상담기회를 제공하여야 한다(관세평가 고시 제41조).

3) 심사결과의 통보

사전심사 신청을 받은 '관세평가분류원장'은 1개월 이내에 과세가격의 결정방법을 심사한 後 **"과세가격결정방법 사전심사 결정서"**를 신청인에게 교부하고, 이를 통관예정지 세관장에게

통보하여야 한다(동고시 제43조 제1항).

4) 재심사 신청

사전심사의 결과를 통보받은 납세의무자가 그 결과에 '이의'가 있는 경우에는 그 결과를 통보받은 날부터 30日 이내에 재심사 신청의 요지와 내용이 기재된 **"과세가격 결정방법 사전심사 재심사 신청서"**에 증빙서류(㉠ 과세가격 결정방법 사전심사서 사본, ㉡ 재심사 신청의 요지와 내용을 입증할 수 있는 자료)를 첨부하여 관세평가분류원장에게 제출하여야 한다. 이 경우 이 경우 재심사의 기간 및 결과의 통보에 관하여는 앞의 1) 및 3)의 내용을 準用하는데, "과세가격결정방법 사전심사 결정서"는 **"과세가격결정방법 사전심사 재심사 결과 통보서"**로 대체한다(법 제37조 제3항, 영 제31조 제4항, 관세평가고시 제43조 제2항).

5) 사전심사 변경 등

신청인은 법령이나 거래관계의 변경 등으로 인하여 이미 사전심사를 받은 과세가격 결정방법이 변경되어야 하는 경우에는 사전심사 변경을 요청해야 한다. 관세평가분류원장은 법령의 개정 또는 사전심사 결정의 기초가 된 사실관계의 변경 등이 확인되는 경우에는 이미 결과 통보한 사전심사 결정내용을 변경·철회·취소할 수 있다(법 제37조 제6항, 관세평가 고시 제44조).

(2) 特殊관계자간 수입물품 사전심사의 경우

(가) 심사 기간

특수관계자간 거래가격 사전심사 신청을 받은 관세청장(관세평가분류원장)은 1年 이내에 과세가격의 결정방법을 심사한 後 그 결과를 신청인에게 통보하여야 한다(법 제37조 제2항, 영 제31조 제3항). 이 경우 관세청장이 제출된 신청서 및 서류의 補完을 요구한 경우에는 그 기간은 산입하지 아니한다(영 제31조 제3항 단서).

특수관계자간 거래가격 사전심사의 경우, 관세청장(관세평가분류원장)은 신청자가 제출한 신청서 및 서류가 과세가격의 심사에 충분하지 않다고 인정되는 때에는 30日 이내의 기간을 정하여 補正을 요구할 수 있다(영 제31조 제2항).

(나) 사전 상담

사전심사를 신청하려는 자는 본부세관장에게 사전심사에 관하여 상담을 신청할 수 있으며, 본부세관장은 상담신청일로부터 1개월 이내에 상담 기회를 제공해야 한다. 관세와 국세의 사전조정 신청의 경우에는 '관세평가분류원장'에게 상담을 신청할 수 있다(관세평가 고시 제46조).

(다) 심사 절차

특수관계자간 수입물품 사전심사는 본부세관장을 거쳐 관세평가분류원장에게 신청하기 때문에, 이에 따라 본부세관장과 관세평가분류원장은 다음과 같이 사전심사 업무를 진행한다(관세평가 고시 제47조).

1) '본부세관장'의 사전심사(동고시 제47조 제1항 내지 제3항)

① 사전심사 신청서를 제출받은 본부세관장은 신청서 및 구비서류에 따라 다음의 각 사항을 '검토'해야 한다.

a. 특수관계 사전심사 신청대상 여부

b. 특수관계 사전심사 신청대상 물품별 구체적인 정보

c. 신청인이 특수관계 사전심사 받고자 하는 가격결정방법의 구체성

d. 당초 가격결정방식과 특수관계 사전심사 신청한 방식과 비교

② '본부세관장'은 위의 ①의 검토한 결과, 신청내용이 사전심사를 하기에 충분하지 않은 경우 30日 이내의 기간을 정하여 신청인에게 補完을 요청할 수 있다. 다만, 본부세관장은 신청인이 本社의 자료 제공 지연 등 부득이한 사유로 연장을 신청할 경우에는 보완기간을 30日 이내에서 한번만 연장할 수 있다.

③ 본부세관장은 사전심사의 신청을 반려할 수 있는 사유(영 제31조 제6항; 제40조 제3항)에 해당하는 경우에는 '관세평가분류원장'에게 그 사실을 통보하여야 하며, '관세평가분류원장'은 본부세관장이 통보한 사실을 검토하여 신청인이 제출한 신청내용이 사전심사를 하기에 충분하지 않은 경우에는 사전심사를 반려할 수 있다.

2) '관세평가분류원장'의 사전심사(동고시 제47조 제4항 내지 제12항)

① 관세평가분류원장은 자료의 정확한 해석 등을 위하여 신청인의 설명이 필요한 경우 신청인(해외 관련기업 포함)에게 **'보충설명'**을 요청할 수 있다.

② 관세평가분류원장은 신청인이 제출한 자료만으로는 사실관계 등의 확인이 곤란하여 현장방문이 필요하다고 판단되는 경우에는 신청인의 협조를 얻어 5근무일 이내에서 **'현장방문'**하여 사실관계를 확인할 수 있으며, 부득이한 사유가 있는 경우 5근무일 이내에서 그 기간을 연장 할 수 있다.

③ 관세평가분류원장은 特殊관계자간 수입물품 사전심사 신청서류(규칙 제7조의10 제1항), 補正요구에 따라 제출된 보완자료(영 제31조 제2항), 위의 보충설명과 현장방문에 의해 확인된 사실에 의하여 심사한 결과 신청인이 적용받고자 하는 과세가격 결정방법으로 인정할 수 없다고 판단되는 경우에는 서면으로 신청인에게 그 사유를 명시하여 '수정'을 요구할

수 있다. 신청인은 **'수정요구'**를 받은 때에는 수정요구를 받은 날로부터 30日 이내에 서면으로 합리적 근거를 바탕으로 당초 신청서 내용 중 특수관계의 거래가격 영향 여부 및 과세가격결정방법의 '수정'을 신청할 수 있다.

④ '관세평가분류원장'은 다음의 어느 하나에 해당하는 경우에는 진행 중인 사전심사를 중단하고 신청을 '반려'할 수 있다.

a. 신청인이 정당한 사유없이 관세평가분류원장의 보충설명 요구 및 현장방문에 따른 설명이나 사실관계 확인에 대하여 거부·방해 또는 질문에 불응하는 경우

b. 신청인이 관세평가분류원장의 수정요구에 대하여 30日 이내에 수정신청을 하지 않은 경우

c. 위의 ③에 따라 신청인이 '수정신청'한 내용이 불합리하여 적용받고자 하는 과세가격 결정방법을 인정할 수 없는 경우

⑤ 관세평가분류원장은 사전심사 신청에 대한 심사결과 특수관계자간 수입물품에 대하여 과세가격 결정방법을 확정하기 어려운 경우에는 '관세청장'에게 질의할 수 있다.

⑥ 관세평가분류원장이 아래 (라)에 따라 통보하는 과세가격의 결정방법은 신청물품의 수입신고 과세가격으로 인정받을 수 있는 가격을 산출하는 方法(계산식을 포함한다)으로 결정해야 한다.

⑦ 관세평가분류원장은 '본부세관장'에게 위의 ①부터 ⑥까지에서 정한 사항을 검토하도록 요청할 수 있다.

⑧ 관세평가분류원장은 특수관계 사전심사가 **'반려'**(영 제31조 제6항, 제40조 제3항, 제8항)되거나 **'철회'**(영 제31조 제9항, 제48조 제3항 및 제4항)된 경우에는 반려 또는 철회 사실을 신청인, 해당 사전심사 건을 검토하였던 본부세관장 및 통관예정지 세관장에게 즉시 통보하여야 한다.

(라) 심사결과의 통보, 재심사 신청 등

1) 심사결과의 통보

특수관계자간 거래가격 사전심사 신청을 받은 관세청장(관세평가분류원장)은 1年 이내에 과세가격의 결정방법을 심사한 後에 ① 특수관계가 거래가격에 영향을 미쳤는지 여부, ② 관세법 제30조 제1항과 제2항에 따른 가산 또는 공제요소 해당여부, ③ 제1방법 내지 제6방법에 따른 과세가격결정 여부 등을 내용으로 하는 **"과세가격결정방법 사전심사 검토의견서"**를 신청인에게 통보하여야 한다(법 제37조 제2항, 영 제31조 제3항, 관세평가 고시 제48조 제1항).

2) 동의여부 제출, 재심사 신청 등

① "과세가격결정방법 사전심사 검토의견서"(검토의견)를 통보받은 자는 통보받은 날로부터

30日 이내에 그 동의여부를 관세평가분류원장에게 '서면'으로 제출하여야 한다(관세평가고시 제48조 제2항). 검토의견을 통보받았으나 그 검토의견에 이의가 있어 '부동의' 하고자 하는 자는 그 검토의견서를 통보받은 날로부터 30日 이내에 **"과세가격결정방법 사전심사 재심사 신청서"**(특수관계자용)에 증빙서류(과세가격 결정방법 사전심사서 사본, 재심사 신청의 요지와 내용을 입증할 수 있는 자료 등)를 첨부하여 관세평가분류원장에게 재심사를 신청할 수 있다. 다만, 그 검토의견에 이의가 있어 부동의로 제출하였으나 그 검토의견서를 통보받은 날로부터 30日 이내에 재심사 신청을 하지 아니한 때에는 사전심사 신청이 신청인에 의해 '철회'된 것으로 본다(동고시 제48조 제3항).

② 검토의견서를 통보받은 者가 통보받은 날로부터 30日 이내에 동의여부를 통보하지 아니한 때에는 사전심사신청이 신청인에 의해 '철회'된 것으로 본다. 이 경우 관세평가분류원장은 신청인에 의해 철회된 사실을 해당 사전심사 건을 검토하였던 본부세관장 및 통관예정지 세관장에게 즉시 통보하여야 한다. 다만, 일부 품목에 대하여 부동의로 제출한 경우에는 위의 ①의 절차에 따른다(동고시 제48조 제4항).

③ 신청인이 '동의'로 제출한 경우에는 그 제출을 받은 날로부터 15日 이내에 **"과세가격결정방법 사전심사 결정서"**를 신청인에게 교부하고, 이를 해당 사전심사 건을 검토하였던 본부세관장 및 통관예정지 세관장에게 통보한다(동고시 제48조 제5항). 심사결과가 신청내용과 동일하지 아니하더라도 신청인이 심사결과에 동의한 경우에는 신청인이 그 내용을 당초부터 신청한 것으로 본다(동고시 제48조 제6항).

④ 관세평가분류원장은 특수관계 간이사전심사를 신청받은 날부터 6개월 이내에 그 결과를 **"과세가격결정방법 사전심사 결과통보서"**에 따라 신청자에게 통보하여야 한다. 다만, 물품과 거래내용의 특성에 따라 심사기간의 연장이 필요한 경우에는 관세청장과 협의하여 심사기간을 1年 이내의 기간의 범위 내에서 연장할 수 있다(동고시 제48조 제7항).

3. 신청의 반려

관세청장(관세평가분류원장)은 사전심사 또는 재심사의 신청이 다음의 어느 하나에 해당하는 경우에는 해당 신청을 '반려'할 수 있다(영 제31조 제6항).

(1) 해당 신청인에 대해 관세법 제110조 제2항 제2호의 관세조사(과세가격에 대한 관세조사에 한정한다)가 진행 중인 경우

(2) 해당 신청인에 대한 관세법 제110조 제2항 제2호의 관세조사를 통해 과세가격결정방법이 확인된 後에 계약관계나 거래실질에 변동이 없는 경우

(3) 해당 신청인이 이의신청 · 심사청구 및 심판청구나 행정소송을 진행 중인 경우

(4) 보정기간 내에 보정자료를 제출하지 않은 경우

4. 통보된 사전심사 결과의 구속력, 사전심사 적용기간 연장 신청

(1) 세관장은 관세의 납세의무자가 관세청장으로부터 통보받은 과세가격의 결정방법에 따라 납세신고를 한 경우 다음의 요건을 갖추었을 때에는 그 결정방법에 따라 과세가격을 결정하여야 한다(법 제37조 제4항, 영 제31조 제7항).

① 과세가격 사전심사 신청인과 납세의무자가 동일할 것

② 과세가격 사전심사 신청시 제출된 내용에 거짓이 없고 그 내용이 가격신고된 내용과 같을 것

③ 사전심사의 기초가 되는 법령이나 거래관계 등이 달라지지 아니하였을 것

④ 사전심사 신청에 대한 결과의 통보일로부터 3年 이내에 신고될 것. 다만, 특수관계에 있는 자가 사전심사 신청에 대한 결과의 통보일을 기준으로 2년 이후부터 3년이 도래하기 30日 前까지 신고기간을 2年 연장하여 줄 것을 신청한 경우로서 관세청장이 이를 허용하는 경우에는 5年 이내에 신고될 것

(2) 특수관계 사전심사 결과의 적용기간을 연장하려는 자는 관세청장이 정하는 **"특수관계 사전심사 적용기간 연장 신청서"**에 ① 수입물품 거래 관련 계약서(수입물품과 관련된 기술용역 계약서 등을 포함), ② 사전심사 결정물품의 거래 상대방 및 거래단계 등을 확인할 수 있는 서류, ③ 사전심사 결과 결정된 과세가격 결정방법의 전제가 되는 조건 또는 가정의 변동 여부를 확인할 수 있는 자료를 첨부하여 '관세청장'(본부세관장)에게 제출해야 한다. 다만, 연장 신청일 以前에 제출한 관세법 제37조 제5항에 따른 보고서(**연례보고서**)에 위 서류를 포함하여 제출하였고, 연장 신청일 현재 거래사실 등의 변동이 없는 경우는 제외한다(규칙 제7조의10 제3항, 관세평가 고시 제50조 제1항). 연장 신청을 제출받은 관세청장(본부세관장)은 연장 신청을 받은 날로부터 20日 이내에 연장 승인 여부에 관한 검토의견을 관세평가분류원장에게 통보하여야 하고(동고시 제50조 제2항), 연장 사실을 통보받은 관세평가분류원장은 연장 사실을 통보받은 날로부터 10日 이내에 연장 여부를 결정하여 **"특수관계 사전심사 적용기간 연장승인서"**를 신청인, 해당 사전심사 건을 검토하였던 본부세관장 및 통관예정지 세관장에게 즉시 통보하여야 한다(동고시 제50조 제3항).

【심판례】 청구법인이 관세법 제37조 제1항에 따라 관세청장에게 과세가격 결정방법의 사전심사를 신청하여 사전심사 결과가 통보된 후 쟁점①물품은 약 1개월이 경과되어 통보된 과세가격 결정방법에 따라 납세신고하였고, 쟁점②물품은 사전심사 결과가 통보된 후 수입신고하면서 통보된 과세가격 결정방법에 따라 납세신고한 점, 청구법인이 통보된 과세가격 결정방법에 따라 납세신고를 한 경우 처분청은 그 과세가격 결정방법에 따라 과세가격을 결정하여야 하는 점, 과세가격 결정방법 사전심사과정에서 착오로 사실관계를 혼동하여 그 결과통보내용에 오류가 있는 경우에는 사전심사 권한이 있는 관세평가분류원장이 그 내용을 변경 또는 취소할 수 있는 점 등에 비추어 청구법인이 통보된 과세가격 결정방법에 따라 납세신고하였음에도 처분청이 이를 부인하고 관세법 제35조에 의한 방법으로 과세가격을 결정하여 관세 등을 부과한 처분은 잘못이 있는 것으로 판단된다(조심 2014관0363).

5. 특수관계자의 연례보고서 제출

(1) 관세청장(특수관계 사전심사를 검토한 본부세관장)에게 제출

사전심사를 신청하여 특수관계가 있는 자들 간에 거래되는 물품의 과세가격결정방법의 결과를 통보받은 者는 심사결과 결정된 과세가격 결정방법을 적용하여 산출한 과세가격 및 그 산출과정 등이 포함된 **'연례보고서'**를 관세청장(특수관계 사전심사를 검토한 본부세관장)[509)]에게 제출하여야 한다. 이 경우 신청인은 사전심사 결정서를 교부받은 날로부터 해당 사업연도 말일까지의 기간이 6月 미만일 경우 당해년도 연례보고서를 차년도 연례보고서에 포함하여 제출할 수 있다(법 제37조 제5항, 관세평가 고시 제49조 제1항).

본부세관장은 本社의 자료 제공 지연 등의 사유로 자료를 제출할 수 없다고 인정되는 경우 연례보고서를 제출하는 자의 요청에 따라 1개월 범위내에서 연장할 수 있다(관세평가 고시 제49조 제2항). 연례보고서를 제출받은 본부세관장은 그 연례보고서를 제출받은 날부터 6月 이내에 교부받은 과세가격결정방법 사전심사 결정서의 내용에 따라 수입물품에 대한 가격신고 등이 적정하게 이행되었는지 여부 등을 검토한 후 그 결과를 '관세평가분류원장'에게 제출한다. 본부세관장은 연례보고서 검토와 관련하여 필요하다고 인정되는 경우 관세평가 고시 제47조 규정(사전심사 규정)을 준용하여 처리할 수 있다(동고시 제49조 제3항). 본부세관장은 연례보고서 검토 결과 사전심사 결과의 변경 · 철회 · 취소 사유가 있는 때에는 그 사실을 '관세평가분류원'장에게 통보하여야 한다(동고시 제49조 제4항).

509) 관세평가 고시 제49조 제1항에서는 연례보고서를 "특수관계 사전심사를 검토한 본부세관장"에게 제출한다고 규정하고 있다

(2) 연례보고서에 포함할 사항

연례보고서를 제출해야 하는 者는 매년 사업연도 말일 이후 6개월 이내에 다음의 각 사항이 포함된 연례보고서를 관세청장(특수관계 사전심사를 검토한 '본부세관장')에게 제출해야 한다(영 제31조 제8항).

1) 사전심사 결과 결정된 과세가격 결정방법의 전제가 되는 조건 또는 가정의 실현 여부
2) 사전심사 결과 결정된 과세가격 결정방법으로 산출된 과세가격 및 그 산출과정
3) 위의 2)에 따라 산출된 과세가격과 실제의 거래가격이 다른 경우에는 그 차이에 대한 처리내역
4) 관세청장이 과세가격의 결정방법을 심사한 후 그 결과를 통보할 때 보고서에 포함하도록 통보한 사항
5) 그 밖의 사항(관세평가 고시 제49조 제1항 제4호 내지 제6호)
   ① 사업연혁, 사업내용, 조직, 출자관계, 재무제표, 수입물품 전체 현황, 수입거래 관련 계약서, 수입물품별 가격산출방법
   ② 주요 매입처별 매입원가 및 매출처별 매출원가 등 상품 및 제품 가격 적정성 검토에 필요한 자료
   ③ 그 밖에 본부세관장이 연례보고서 검토를 위하여 필요하다고 인정하는 사항

(3) 연례보고서 미제출과 사전심사 결과의 변경, 철회 또는 취소

보고서를 제출하지 아니하는 등 다음의 事由에 해당하는 경우에는 다음의 각 구분에 따라 사전심사 결과의 변경, 철회 또는 취소할 수 있다. 이 경우 관세청장은 사전심사를 신청한 자에게 그 사실을 즉시 통보하여야 한다(법 제37조 제6항, 영 제31조 제9항).

1) 사전심사 결과를 '변경'할 수 있는 사유(영 제31조 제10항 제1호)

① 사전심사 결과 결정된 과세가격 결정방법의 전제가 되는 조건 또는 가정의 중요한 부분이 변경되거나 실현되지 않은 경우
② 관련 법령 또는 국제협약이 변경되어 사전심사 결과 결정된 과세가격 결정방법이 적정하지 않게 된 경우
③ 사전심사 결과 결정된 과세가격 결정방법을 통보받은 자가 국내외 시장상황 변동 등으로 인하여 과세가격 결정방법의 변경을 요청하는 경우
④ 그 밖에 사전심사 결과 결정된 과세가격 결정방법의 변경이 필요하다고 관세청장이 정하여 고시하는 사유에 해당하는 경우

2) 사전심사 결과를 '철회'할 수 있는 사유(영 제31조 제10항 제2호)

① 신청인이 보고서의 전부 또는 중요한 부분을 제출하지 않아 보완을 요구했으나 보완을 하지 않은 경우

② 신청인이 보고서의 중요한 부분을 고의로 누락했거나 허위로 작성한 경우

3) 사전심사 결과를 '취소'할 수 있는 사유(영 제31조 제10항 제3호)

① 신청인이 사전심사 신청시 제출해야 하는 자료의 중요한 부분을 고의로 누락했거나 허위로 작성한 경우

② 신청인이 사전심사 결과 결정된 과세가격 결정방법의 내용 또는 조건을 준수하지 않고 과세가격을 신고한 경우

6. 과세가격 사전심사와 관세조사

관세조사는 과세가격 사전심사 신청에 의하여 중단되지 아니한다. 다만, 관세조사 대상자로 선정되었더라도 세관장이 관세조사를 통지하기 前에 신청인이 특수관계 사전심사를 신청한 경우 해당 신청 물품의 과세가격에 관한 관세조사의 유예를 요청할 수 있다(관세평가 고시 제51조 제1항). 관세조사 유예 요청이 있는 경우 세관장은 그 사실을 관세청장에게 보고한 후 그 지시에 따라 동 관세조사를 유예할 수 있다(동조 제2항). 관세청장은 특수관계 사전심사로 인해 과세가격 결정방법이 결정된 물품에 대하여 결과를 통보받은 날로부터 3년간 과세가격의 적정성에 한하여 정기 관세조사를 유예할 수 있다(동조 제3항).

Ⅲ 관세 과세가격과 내국세 정상가격의 사전조정 및 수입물품의 과세가격 조정에 따른 경정청구

1. 관세 과세가격과 내국세 정상가격의 사전조정

(1) 의의

특수관계가 있는 자들 간에 거래되는 물품의 과세가격 결정방법에 관하여 의문이 있어 과세가격 사전심사를 신청하는 자는 관세의 과세가격과 국세의 정상가격을 사전에 조정받기 위하여 국제조세조정에 관한 법률 제14조 제1항에 따른 정상가격 산출방법의 사전승인(같은 조 제2항 단서에 따른 일방적 사전승인의 대상인 경우에 한정한다)을 관세청장에게 동시에 신청할 수 있다(법 제37조의2 제1항). 이것이 관세의 과세가격 결정방법과 국세의 정상가격

산출방법의 사전조정 제도이다.

[판례] 관세 부과를 목적으로 하는 관세법에 의한 '과세가격'의 목적과 산출방법은 내국세 부과를 목적으로 하는 국제조세조정에 관한 법률에 의한 '정상가격'의 그것과 다르므로, 수입물품의 거래가격이 국제조세조정에 관한 법률에서 정한 정상가격 산출방법(예: 거래순이익률법)에 따랐다 할지라도, 그러한 사정만으로 관세법상으로도 특수관계가 거래가격에 영향을 미치지 않았다고 할 수는 없다(거래가격 적용을 배제할 수 없다고 할 수 없다). **이처럼 과세가격과 정상가격이 서로 달라질 수 있기 때문에 사전적으로 관세법 제37조의2나 국제조세조정에 관한 법률 제6조의3과 같이 관세의 과세가격과 국세의 정상가격 조정을 관세청장 또는 국세청장에게 신청하는 제도가 있고, 사후적으로는 관세법 제38조의4나 국제조세조정에 관한 법률 제10조의2와 같이 관세의 과세가격 결정으로 인한 국세 경정청구, 국세의 정상가격 결정으로 인한 관세 경정청구 제도를 두고 있다**(부산고판 2010누2982, 서울고판 2016누75618 등).

(2) 사전조정의 절차 등

1) 납세의무자 등의 신청

납세의무자 등이 과세가격 사전심사를 신청하면서 정상가격 산출방법의 사전승인을 '관세청장'(관세평가분류원장)에게 동시에 신청(관세의 과세가격 결정방법과 국세의 정상가격 산출방법의 사전조정 신청서 제출)하여야 한다(법 제37조의2 제1항).[510)]

2) 관세청장의 국세청장에게 통보 및 협의

관세청장은 납세의무자 등의 신청을 받은 경우에는 국세청장에게 정상가격 산출방법의 사전승인 신청서류를 첨부하여 신청을 받은 사실을 통보하고, 국세청장과 과세가격 결정방법, 정상가격 산출방법 및 사전조정 가격의 범위에 대하여 협의하여야 한다(법 제37조의2 제2항). 관세청장은 국세청장과 협의가 이루어진 경우에는 사전조정을 하여야 한다(동조 제3항).

3) 조정절차와 처리결과의 통보

관세청장은 사전조정 신청을 받은 날부터 90日 이내에 사전조정 절차를 시작하고, 그 사실을 신청자에게 통지하여야 한다. 다만, 관세청장은 과세가격 사전심사 신청시 신청자가 제출해야

510) **관세평가고시 제45조** ④ 법 제37조의2에 따라 관세와 국세의 사전조정을 신청하려는 자는 별지 제22호 서식의 **관세의 과세가격 결정방법과 국세의 정상가격 산출방법의 사전조정 신청서**를 다음 각 호의 서류와 함께 **관세평가분류원장**에게 제출해야 한다.
1. 규칙 제7조의10 제1항에 따른 과세가격 결정방법 사전심사 신청서류
2. 국제조세조정에 관한 법률 시행령 제9조 제1항에 따른 신청서류

하는 자료 및 관세청장이 보정요구한 자료(영 제31조 제1항, 제2항)가 제출되지 아니하거나 거짓으로 작성되는 등의 사유로 사전조정 절차를 시작할 수 없으면 그 사유를 신청자에게 통지하여야 한다(영 제31조의3 제1항). 신청자는 사전조정 절차를 시작할 수 없다는 통지를 받은 경우에는 그 통지를 받은 날부터 30日 이내에 자료를 보완하여 제출하거나 특수관계가 있는 자들 간에 거래되는 물품의 과세가격 결정방법에 대한 과세가격 사전심사(법 제37조 제1항 제3호)와 국제조세조정에 관한 법률 제14조 제2항 단서에 따른 사전승인 절차를 따로 진행할 것인지를 '관세청장'에게 통지할 수 있다. 이 경우 관세청장은 그 통지받은 사항을 지체 없이 국세청장에게 알려야 한다(영 제31조의3 제2항). 관세의 과세가격 결정방법과 내국세의 정상가격 산출방법의 사전조정 신청 방법 및 절차 등에 관하여는 관세법 시행령 제31조 및 국제조세조정에 관한 법률 시행령 제26조, 제27조, 제29조, 제30조, 제32조 및 제40조 제3항을 準用한다(동조 제3항).

관세청장은 신청의 처리결과를 사전조정을 신청한 자와 기획재정부장관에게 통보하여야 한다(법 제37조의2 제4항).

2. 수입물품의 과세가격 조정에 따른 경정청구

(1) 의의 및 규정취지

납세의무자는 국제조세조정에 관한 법률 제7조 제1항에 따라 관할 지방국세청장 또는 세무서장이 해당 수입물품의 거래가격을 조정하여 과세표준 및 세액을 결정·경정 처분하거나 같은 법 제14조 제3항(일방적 사전승인의 대상인 경우에 한정한다)에 따라 국세청장이 해당 수입물품의 거래가격과 관련하여 소급하여 적용하도록 사전승인을 함에 따라 그 거래가격과 관세법에 따라 신고납부·경정한 세액의 산정기준이 된 과세가격 간 차이가 발생한 경우에는 그 결정·경정 처분 또는 사전승인이 있음을 안 날(처분 또는 사전승인의 통지를 받은 경우에는 그 받은 날)부터 3개월 또는 최초로 납세신고를 한 날부터 5年 내에 세관장에게 세액의 경정을 청구할 수 있다(법 제38조의4 제1항). 이를 "수입물품의 과세가격 조정에 따른 경정청구"라 하는데, 이 제도는 국세의 과세표준 및 세액을 결정·경정하는 과정에서 조정된 수입물품의 거래가격을 반영하여 관세의 과세가격을 조정함으로써 이미 신고납부한 세액을 경정할 수 있는 근거를 마련한다는 취지에서 2011. 12. 31. 신설되었다(서울고판 2017누77871).

이 제도는 특수관계자간의 수입물품에 대하여 관세의 과세가격과 내국세의 과세가격(이전가격)이 다름으로 인하여 발생할 수 있는 불합리한 조세부담을 경감하고 이전가격세제의 합리성을 보장하기 위한 제도이다(서울고판 2016누35610).

(2) 경정청구 사유

다음의 각 요건을 충족하여야 본조에 의한 경정청구를 할 수 있다(법 제38조의4).

1) 국제조세조정에 관한 법률 제7조 제1항에 따라 관할 지방국세청장 또는 세무서장이 정상가격을 기준으로 해당 수입물품의 거래가격을 조정하여 과세표준 및 세액을 결정·경정 처분한 경우 또는 국제조세조정에 관한 법률 제14조 제3항(일방적 사전승인의 대상인 경우에 한정한다)에 따라 국세청장이 해당 수입물품의 거래가격과 관련하여 소급하여 적용하도록 정상가격 산출방법의 사전승인한 경우일 것

   관할 지방국세청장 또는 세무서장의 조정은 수입물품의 '去來價格'을 조정한 것이어야 하므로, 소득금액의 적정성만을 판단한 것은 여기에 해당하지 아니한다(서울고판 2016누35610).

[판례] 관세법 제38조의4의 규정이 내국세와 관세가 과세목적, 과세대상, 과세표준, 세액산출방법 등이 서로 다른 별개의 법률에 의하여 과세됨에 따라 발생할 수 있는 불합리한 조세부담을 경감하기 위한 것이기는 하나, **이는 동일한 물품에 대해 수입물품의 이전가격과 관세법에 따른 과세가격의 차이가 발생한 경우를 전제로 하는 것이다. 관세평가는 당해 수입물품의 거래가격을 기초로 과세가격을 결정하는 것이므로, 원고 소득금액의 적정성만을 판단한 S세무서장의 이 사건 소득금액 조정이 달리 수입가격을 재산정하였다고 볼 수 없으므로, 이 사건 소득금액 조정이 관세법 제38조의4에서 정한 수입물품의 과세가격 조정에 따른 경정 요건을 충족하였다고 보기 어렵다**(서울고판 2016누35610, 수원지판 2014구합56391).[511)]

---

511) [수원지판 2014구합56391] ㉠ 이 사건 소득금액 조정은 비교대상업체의 평균영업이익률에 비해 원고의 영업이익률이 낮아 소득금액을 조정한 것으로서 관세법 제38조의4 제1항에서 규정한 **이 사건 수입물품의 수입가격 자체를 조정한 것은 아니다. A국세청장은 이 법원의 과세정보제출명령에 대하여 원고의 영업이익률이 낮은 것이 이 사건 수입물품의 거래가격이 높기 때문인지, 일시적인 판매관리비의 증가때문인지, 차량의 판매 감소때문인지는 특정할 수 없고, 수입가격이 정상가격에 해당하는지 여부 및 이 사건 수입물품의 정상 수입가격 역시 알 수 없다**는 취지로 회신하였다. ㉡ 국제조세조정에 관한 법률 제5조에서 정한 '정상가격의 산출방법' 중 **'거래순이익률법'**이란 거주자와 국외 특수관계인 간의 국제거래에 있어 거주자와 특수관계가 없는 자 간의 거래 중 해당거래와 비슷한 거래에서 실현된 통상의 거래순이익률을 기초로 산출한 거래가격을 정상가격으로 보는 방법으로서, **해당업체와 비교대상업체의 영억이익률에 초점을 맞춘 것일뿐, 매출액이나 매출원가(수입물품의 거래가격), 국내 판매관리비 등 영업이익을 결정하는 다양한 요소 중 어떤 부분을 조정하여 정상가격을 산출할 것인지 특정하지는 않는다.** 이 사건 소득금액 조정 역시 위 각 요소 중 어느 하나가 특정되지 아니한 채 이루어진 것이다. ㉢ 이 사건 소득금액 조정에 있어서 원고의 영업이익률이 비교대상업체의 평균 영업이익률에 비하여 낮았던 것이 매출원가(수입물품의 거래가격)의 상승 때문이라고 단정할 수 없고, 이 사건 기록에서 드러나는 여러 사정에 비추어 볼 때 이른바 'B사 리콜사태' 등으로 인한 원고의 국내 매출감소 및 비교대상업체에 비하여 높은 수준인 판매관리비의 지속적인 증가로 인한 것이었을 가능성도 배제할 수 없다. ㉣ 세관장이 관세법 제38조의4 제2항에 따라 세액을 경정하려면 해당 수입물품의 거래가격 조정방법과 계산근거 등이 관세법 제30조 내지 제35조의 규정에 적합하다고 인정되는 경우이어야 하는데, **이 사건 소득금액 조정방법이 위 각 규정에서 정한 방법 중 하나에 부합한다고 볼만한 자료가 없다.**

2) 위의 1)로 인하여 조정된 거래가격과 관세법에 따라 신고납부·경정한 세액의 산정기준이 된 과세가격 간 차이가 발생한 경우일 것

동일한 물품에 대하여 내국세 이전가격과 관세법에 따른 과세가격의 차이가 발생한 경우이어야 한다.

(3) 경정청구 기간

세무서장이나 국세청장 등의 결정·경정 처분 또는 사전승인이 있음을 안 날부터 3개월 또는 최초로 납세신고를 한 날부터 5年 내에 세관장에게 세액의 경정을 청구해야 한다(법 제38조의4 제1항).

(4) 경정청구 및 세관장의 경정

(가) 경정청구서 제출

관세법 제38조의4 제1항에 따라 경정청구를 하려는 자는 다음의 각 사항을 기재한 경정청구서를 세관장에게 제출하여야 한다(영 제35조 제1항).

① 해당 물품의 수입신고번호와 품명·규격 및 수량

② 경정 前의 해당 물품의 품목분류·과세표준·세율 및 세액

③ 경정 後의 해당 물품의 품목분류·과세표준·세율 및 세액

④ 수입물품 가격의 조정내역, 가격결정방법 및 계산근거 자료

⑤ 경정사유

⑥ 그 밖의 필요한 사항

(나) 세관장의 경정 및 경정의 요건

1) 경정청구를 받은 세관장은 아래와 같이 해당 수입물품의 거래가격 조정방법과 계산근거 등이 관세법 제30조부터 제35조까지의 규정에 적합(適合)하다고 인정하는 경우에는 세액을 경정할 수 있다(법 제38조의4 제2항, 영 제35조 제3항).

① 지방국세청장 또는 세무서장의 결정·경정 처분에 따라 조정된 사항이 수입물품의 지급가격, 권리사용료 등 관세법 제30조 제1항의 과세가격으로 인정되는 경우

② 지방국세청장 또는 세무서장이 국제조세조정에 관한 법률 제8조에 따른 정상가격의 산출방법에 따라 조정하는 경우로서 그 비교대상거래, 통상이윤의 적용 등 조정방법과 계산근거가 관세법 제31조부터 제35조까지의 규정에 적합하다고 인정되는 경우

관할 지방국세청장 또는 세무서장의 결정·경정 처분이 있거나 국세청장이 해당

수입물품의 거래가격과 관련하여 소급하여 적용하도록 정상가격 산출방법을 사전승인 하였더라도 關稅法上 과세가격 관련 규정에 적합(부합)하다고 인정되는 경우에만 경정청구가 인정된다. 그런데 특수관계자간 수입물품의 거래가격(이전가격)에 대하여 관세법상 과세가격 결정방법과 내국세의 과세가격 결정방법이 다르기 때문에 본조에 따른 경정청구가 인용되는 경우는 극히 드문 실정이다.

2) 세관장은 경정청구를 받은 날부터 2개월 내에 세액을 경정하거나 경정하여야 할 이유가 없다는 뜻을 청구인에게 통지하여야 한다(법 제38조의4 제3항). 세관장이 세액경정을 하는 경우 경정통지서의 교부, 납세고지, 경정에 대한 재경정 등의 절차에 관하여는 일반적인 세액경정절차에 관한 규정(영 제34조 제3항 내지 제5항)을 準用한다.

(5) 세관장의 경정거부에 대한 불복

세관장의 경정거부에 대해서는 경정거부처분을 직접 대상으로 하여 행정쟁송(이의신청, 심사청구, 심판청구)을 제기할 수 있다. 한편, 관세법에서는 이와 별도로 기획재정부에 내국세의 정상가격과 관세의 과세가격 간의 조정을 신청할 수 있도록 하는 규정을 두고 있다. 즉, 세관장의 통지에 이의가 있는 청구인은 그 통지를 받은 날(2개월 내에 통지를 받지 못한 경우에는 2개월이 지난 날)부터 30日 내에 기획재정부장관에게 내국세의 정상가격과 관세의 과세가격 간의 조정을 신청할 수 있다. 이 경우 기획재정부장관은 **"국제거래가격과세조정심의위원회"**의 심의를 거쳐 세관장에게 거래가격에 대한 과세의 조정을 권고할 수 있고, 그 조정권고에 대한 세관장의 이행계획(불이행시 그 이유를 포함)을 받아 납세의무자에게 그 조정의 신청을 받은 날부터 90日 내에 통지하여야 한다(법 제38조의4 제4항, 국제조세조정에 관한 법률 제20조 제1항, 제2항). 청구인은 2개월 이내에 통지를 받지 못한 경우에는 그 2개월이 되는 날의 다음 날부터 관세법상 이의신청, 심사청구, 심판청구 또는 감사원법에 따른 심사청구를 할 수 있다(법 제38조의4 제5항). 그리고, 조정을 신청한 날부터 통지를 받은 날까지의 기간은 관세법상 심사청구, 심판청구, 이의신청의 청구기간 또는 신청기간에 산입하지 아니한다(국제조세조정에 관한 법률 제20조 제4항).

제2항

과세가격 신고

Ⅰ 의의

신고납세방식에 의하여 납세의무가 확정되는 경우, 관세는 '수입신고(납세신고)시'에 성립과 동시에 確定된다. 물품을 수입하고자 하는 者는 수입신고를 하는 때에 세관장에게 관세의 납부에 관한 신고(納稅申告)를 하여야 한다(법 제38조 제1항). 납세의무자는 수입물품에 대한 세액(세관장이 징수하는 '내국세'를 포함한다)을 스스로 신고납부하여야 하고(납세업무 처리에 관한 고시 제3조 제1항), 납세신고는 수입신고를 할 때에 세관장에게 하여야 한다(동고시 제7조 제1항).

관세의 납세의무자는 수입신고를 할 때 세관장에게 해당 물품의 가격에 대한 신고(價格申告)를 하여야 한다. 즉, 수입관련거래에 관한 사항, 과세가격산출에 관한 사항을 기재한 서류를 세관장에게 제출하여야 한다(영 제15조 제1항). 다만, 통관의 능률을 높이기 위하여 필요하다고 인정되는 경우에는 대통령령으로 정하는 바에 따라 물품의 수입신고를 하기 前에 가격신고를 할 수 있다(법 제27조 제1항 단서). 수입신고일 以前에 가격신고를 하고자 하는 자는 그 사유와 수입관련거래에 관한 사항, 과세가격산출내용에 관한 사항을 기재한 신고서를 세관장에게 제출해야 한다(영 제15조 제4항).

가격신고를 할 때에는 ① 송품장, ② 계약서, ③ 각종 비용의 금액 및 산출근거를 나타내는 증빙자료, ④ 기타 가격신고의 내용을 입증하는 데에 필요한 자료 등 과세가격의 결정과 관계되는 자료(과세가격결정자료)를 제출하여야 한다(법 제27조 제2항, 영 제15조 제5항).[512)]

Ⅱ 가격신고생략대상

과세가격을 결정하기가 곤란하지 아니하다고 인정하여 기획재정부령으로 정하는 물품, 즉 ① 정부 또는 지방자치단체가 수입하는 물품, ② 정부조달물품, ③ 공공기관이 수입하는

512) 관세평가고시 제4조(가격신고) 법 제27조 제1항에 따른 가격신고는 해당 물품의 과세가격이 법 제30조에 따라 결정되는 경우에는 별지 제3호 서식의 가격신고서A, 법 제31조부터 제35조까지에 따라 결정되는 경우에는 별지 제4호 서식의 가격신고서B에 의하여 전자문서로 제출한다. 다만, 세관장이 사실 확인을 위하여 필요하다고 인정하는 경우에는 서면신고서와 그 증명자료를 별도로 제출하게 할 수 있다.

물품, ④ 관세 및 내국세등이 부과되지 않는 물품, ⑤ 방위산업용 기계와 그 부분품 및 원재료로 수입하는 물품(다만, 해당 물품과 관련된 중앙행정기관의 장의 수입확인 또는 수입추천을 받은 물품에 한정한다), ⑥ 수출용 원재료, ⑦ 특정연구기관 육성법의 규정에 의한 특정연구기관이 수입하는 물품, ⑧ 과세가격이 **미화 1만불 이하**인 물품(다만, 개별소비세, 주세, 교통 · 에너지 · 환경세가 부과되는 물품과 분할하여 수입되는 물품은 제외한다), ⑨ 종량세 적용물품(다만, 종량세와 종가세 중 높은 세액 또는 높은 세율을 선택하여 적용해야 하는 물품의 경우에는 제외한다), ⑩ 과세가격 결정방법의 사전심사 결과가 통보된 물품(다만, 영 제16조 제1항 각호의 물품은 제외한다)에 대하여는 가격신고를 생략할 수 있다(법 제27조 제3항, 규칙 제2조 제1항).

다만, (과세가격 결정방법의 사전심사 결과가 통보된 물품의 경우는 제외하고) ① 과세가격을 결정함에 있어서 관세법 제30조 제1항 제1호 내지 제5호의 규정에 의한 금액(가산요소)을 가산하여야 하는 물품, ② 구매자가 실제로 지급하였거나 지급하여야 할 가격에 구매자가 해당 수입물품의 대가와 판매자의 채무를 상계(相計)하는 금액, 구매자가 판매자의 채무를 변제하는 금액, 그 밖의 간접적인 지급액이 포함되어 있는 경우에 해당하는 물품, ③ 과세가격이 관세법 제31조부터 제35조까지에 따라 결정되는 경우에 해당하는 물품, ④ 관세법 제39조(부과고지)에 따라 세관장이 관세를 부과 · 징수하는 물품, ⑤ 관세법 시행령 제16조 제1항 각 호의 물품(잠정가격신고 대상물품), ⑥ 관세법시행규칙 제8조 제1항 제3호부터 제5호까지의 물품(수입신고수리전 세액심사 대상물품)은 가격신고 생략물품에 해당하지 않는 것으로 한다(규칙 제2조 제2항).

[판례]

원고는 이 사건 쟁점물품 가운데 과세가격이 미화 1만불 이하인 물품의 경우, 관세법시행규칙 제2조 제1항에 따라 수입신고 당시 가격신고서 제출을 생략할 수 있으므로 해당 물품의 수입신고에 있어 가격신고서를 통해 원고와 수출자 사이의 특수관계를 밝히지 않았다 하더라도[513] 이를 구 관세법 제21조 제1항 단서 제2호의 '과세가격의 일부를 신고하지 아니한 경우'에 해당하지 아니하므로 부과제척기간은 2년이 되어야 한다고 주장한다. 그러나 이 사건과 같이 구매자와 판매자가 특수관계에 있는 경우 사전심사 또는 잠정가격 신고 등을 거치지 않은 구매자로서는 ① 판매자와의 특수관계가 당해물품의 가격에 영향을 미치지 않았음을 입증하기 위해 구 관세법 시행령 제23조 제2항에 의하여 관세청장이 정하는 바에 따라 '가격신고를 하는 때'에 그 증명에 필요한 자료를 제출하여야 하므로, 이러한 경우 가격신고서 제출이 생략된다고 볼 수 없고, ② 판매자와의 특수관계가 당해물품의 가격에 영향을 미치지 않았음을 입증하지 못한 경우에는 구 관세법 제30조 제3항에 따라 해당물품의 과세가격이 관세법 제31조 내지 제35조에 의하여 결정되는데, 이는 구 수입물품 과세가격결정에 관한 고시 제6-1조 제3항 제2호(현행 관세법 시행규칙 제2조 제2항)에서 정한 가격신고서의 제출이 생략되지 않는 경우에 해당한다. 이와 같은 관계법령의 규정에 비추어 보면, **결국 판매자와 사이에 관세법령이 정하는 특수관계가 존재하는 구매자에게는 어떠한 경우에도 가격신고서 제출이 생략되지 않고, 원고 역시 이 사건 쟁점물품의 수입신고 과정에서 가격신고서를 제출할 의무를 부담한다**고 봄이 상당하다 (부산고판 2017누23865).

Ⅲ 잠정가격신고와 확정신고

1. 잠정가격신고의 의의 및 대상

납세의무자는 가격신고를 할 때 신고하여야 할 가격이 확정되지 아니한 경우 등 다음의 어느 하나에 해당하는 경우에는 '잠정가격'으로 가격신고를 할 수 있다(법 제28조 제1항, 영 제16조, 규칙 제3조). 수입신고수리 後에는 잠정가격신고를 할 수 없다(관세청 평가분류 47221-812).

(1) 거래관행상 거래가 성립된 때부터 일정기간이 지난 後에 가격이 정하여지는 물품(원유·곡물·광석 그 밖의 이와 비슷한 1차산품으로 한정한다)으로서 수입신고일 현재 그 가격이 정하여지지 아니한 경우

(2) 관세법 제30조 제1항 각호에 따라 가산·조정하여야 할 금액이 수입신고일부터 일정기간이 지난 後에 정하여 질 수 있음이 송품장, 계약서 등 과세가격결정자료 등으로 확인되는 경우[514)]

(3) 관세법 제37조 제1항 제3호에 따라 과세가격 결정방법의 사전심사를 신청한 경우

(4) 특수관계가 있는 구매자와 판매자 사이의 거래 중 수입물품의 거래가격이 수입신고 수리 以後에 국제조세조정에 관한 법률 제8조에 따른 정상가격으로 조정될 것으로 예상되는 거래로서 '기획재정부령'으로 정하는 요건을 갖춘 경우

---

513) **[사실관계]** 원고는 이 사건 쟁점물품에 관한 수입신고 당시 수입신고서와 함께 가격신고서를 제출하면서 실제거래가격(제1방법) 적용에 따른 가격신고서(A)를 제출하였고, 가격신고서(A)에 포함된 구매자와 판매자가 관세법 시행령 제23조 제1항에서 정한 특수관계에 해당하는지 여부에 대한 질문에 "아니오"라고 답변하였으며, 특수관계의 종류, 특수관계가 수입물품의 가격 결정에 영향을 미쳤는지, 거래가격이 비교가격에 근접하는지, 수입물품의 가격결정방법 등에 관한 질문에 대하여는 원고와 독일본사 및 자매회사가 특수관계가 아니라는 전제에서 아무런 답변을 하지 아니하였다.

514) **[관세청예규]** 수입신고한 물품이 보세공장 반입 원재료로서 과세보류 상태의 물품일지라도 "수입신고일에 신고하여야 할 가격"이 확정되지 아니한 경우로서 관세법 제30조 제1항 각호의 규정에 의하여 조정하여야 할 금액이 수입신고일로부터 일정기간이 경과된 후에 서류 등에 의하여 확인되는 경우에는 잠정가격신고 대상이며, 잠정가격신고 대상 물품 및 과세가격을 결정함에 있어 관세법 제30조 제1항의 규정에 의거 가산하여야 할 금액이 있는 경우에는 수입신고(사용신고)시 가격신고서를 제출해야 한다(종합심사 47221-605).

여기서 "기획재정부령으로 정하는 요건을 갖춘 경우"란 판매자와 구매자가 수립하는 수입물품의 거래가격 조정계획에 따라 조정(국제조세조정에 관한 법률 제7조에 따른 조정은 제외한다)하는 금액이 실제로 지급 또는 영수되고 해당 거래의 수입물품에 객관적으로 배분·계산될 것으로 판단되는 거래로서 다음의 각 요건을 모두 갖춘 경우를 말한다(규칙 제3조 제2항).

1) 납세의무자가 다음의 어느 하나에 해당될 것
   ① 관세법 제37조 제1항 제3호에 따라 과세가격 결정방법의 사전심사를 신청하여 과세가격 결정방법을 통보받아 관세법 시행령 제16조 제1항 제2호의2에 따른 잠정가격 신고의 자격이 없는 경우 중 해당 통보받은 과세가격 결정방법이 관세법 제30조 제1항 본문에 따른 방법인 경우
   ② 국제조세조정에 관한 법률 제14조에 따른 정상가격 산출방법의 사전승인을 받은 경우
2) 납세의무자가 과세가격 결정방법의 사전심사를 신청하여 과세가격 결정방법을 통보받거나 국제조세조정에 관한 법률 제14조에 따른 정상가격 산출방법의 사전승인을 받은 以後 해당 거래의 수입물품 수입신고 1개월 前까지 수입물품 거래가격 조정계획서에 다음의 각 서류를 첨부하여 세관장에게 제출하였을 것
   ① 수입물품별 가격의 산출방법을 구체적으로 설명하는 다음의 자료
      a. 구매자와 판매자간 가격결정 및 조정에 관하여 합의한 계약서, 구매자의 내부지침 등 자료
      b. 국제조세조정에 관한 법률 제8조에 따른 정상가격을 산출하기 위하여 작성한 검토 보고서 및 관련 재무자료
   ② 과세관청으로부터 과세가격 결정방법을 통보받은 내역 또는 국제조세조정에 관한 법률 제14조에 따른 정상가격 산출방법의 사전승인을 받은 내역
   ③ 국제조세조정에 관한 법률 제16조 제1항에 따른 국제거래정보통합보고서
   ④ 그 밖에 잠정가격 신고요건을 확인하기 위하여 필요한 서류로서 세관장이 요청하는 서류[515)]

515) **관세평가고시 제16조(잠정가격신고)** ② 영 제16조 제1항 제2호의3에 따른 잠정가격신고("사후보상조정 잠정가격신고")는 제4항에 따라 수입물품 거래가격 조정 계획 제출확인서가 발급된 경우에 한정하여 할 수 있다. ③ 사후보상조정 잠정가격신고를 하고자 하는 자는 해당 거래의 수입물품 수입신고 1개월 전까지 규칙 별지 제1호의5 서식의 수입물품 거래가격 조정 계획서("가격조정계획서")에 규칙 제3조 제2항 제2호 각 호의 서류를 첨부하여 제47조에 따라 사전심사 신청서를 검토한 본부세관장 또는 본사 소재지를 관할하는 본부세관장에게 제출해야 한다. ④ 세관장은 제3항에 따라 제출된 가격조정계획서를 접수한 날부터 15일

(5) 계약의 내용이나 거래의 특성상 잠정가격으로 가격신고를 하는 것이 불가피한 경우로서 다음의 어느 하나에 해당하는 경우(규칙 제3조 제3항)

1) 관세법 제33조(제4방법)에 따라 과세가격을 결정하기 위한 이윤 및 일반경비 산출 등에 오랜 시간이 소요되는 경우

2) 설계·시공 일괄입찰 방식으로 계약된 플랜트 등 물품의 최초 발주시기보다 상당기간이 지나 인도가 완료되는 경우

3) 수입 後에 수입물품의 가격이 확정되는 경우로서 다음의 각 요건을 모두 충족하는 경우

① 수입 以前에 거래 당사자간의 계약에 따라 최종 거래가격 산출공식이 확정되어 있을 것

② 최종 거래가격은 수입 後 발생하는 사실에 따라 확정될 것

③ 수입 後 발생하는 사실은 거래 당사자가 통제할 수 없는 변수에 기초할 것

④ 그 밖에 계약의 내용이나 거래의 특성상 잠정가격으로 가격신고를 하는 것이 불가피하다고 세관장이 인정하는 경우

[판례] ① 잠정가격으로 신고함에 있어서 "가격이 확정되지 않았다"는 것은 수입신고 당시 수입물품의 대가로서 지급하였거나 지급하여야 할 거래가격이 확정되지 않았다는 것이므로, 수입신고 당시 구매자와 판매자 사이에 가격변경에 관한 합의가 있었다가 수입신고 후에 그러한 합의에 따라 가격이 변경된 모든 경우에 있어서, 수입신고 당시 거래가격이 확정되지 않아 그 후에 변경된 가격이 실제로 지급하였거나 지급하여야 할 거래가격이라고 할 수는 없고, **수입물품의 대가로 볼 수 있는 것이 변경된 경우**라야 수입신고 당시 거래가격이 확정되지 않았다고 할 수 있다고 할 것이다(서울고판 2012누1961). ② 잠정가격신고제도는 평가요소가 이미 확정되어 있으나 그 평가방법의 적용이 문제되는 경우가 아니라, 신고시점에 평가요소 자체가 확정되지 아니하여 확정신고자체를 할 수 없는 경우 납세자가 활용할 수 있는 제도이다. 이 사건 각 처분은 원고가 신고한 이 사건 물품의 수입가격이 특수관계에 영향을 받은 것으로서 관세법상 거래가격으로 인정될 수 없으므로 관세법 제33조에 따라 과세가격을 결정하는 것으로서, 원고가 잠정가격신고를 하였는지 확정가격신고를 하였는지와 관련이 있는 것은 아니다. 따라서 2009년부터 2011년까지

이내에 영 제16조 제1항 제2호의3 및 규칙 제3조 제2항 각 호의 요건을 모두 갖추었는지 여부를 확인하고 별지 제26호 서식의 수입물품 거래가격 조정 계획 제출확인서(이하 "가격조정 계획확인서")를 발급해야 한다. 다만, 가격조정계획서의 거래가격 조정내용, 첨부서류 등이 영 제16조 제1항 제2호의3 및 규칙 제3조 제2항 각 호의 요건을 모두 갖추었는지 여부를 확인하기에 충분하지 않다고 판단되는 때에는 일정한 기간을 정하여 보완을 요구할 수 있다. ⑤ 세관장은 수입물품 거래가격 조정계획이 영 제16조 제1항 제2호의3 및 규칙 제3조 제2항 각 호의 요건을 모두 갖추지 아니하였거나 제4항 단서에 따른 보완요구 사항을 보완하지 아니하는 경우에는 제3항에 따라 제출된 가격조정계획서를 반려할 수 있다. ⑥ 사후보상조정 잠정가격신고를 받은 세관장은 필요한 경우 납세의무자에게 가격조정계획확인서의 제출을 요구할 수 있다.

수입신고분에 관하여 **원고가 피고의 조치를 신뢰하여 잠정신고 및 확정신고 절차를 진행하였다 할지라도, 원고가 신고한 이 사건 물품의 수입가격이 특수관계에 영향을 받지 않은 거래 가격이라는 신뢰가 원고에게 형성되었다고 볼 수 없다**(서울고판 2017누53936).

2. 잠정가격 신고방법

(1) 잠정가격으로 가격신고를 하려는 者는 수입관련거래에 관한 사항, 과세가격산출내용에 관한 사항, 거래내용, 가격을 확정할 수 없는 사유, 잠정가격 및 잠정가격의 결정방법, 가격확정예정시기를 기재한 **'신고서'**에 송품장, 계약서 등 과세가격결정자료를 첨부하여 세관장에게 제출하여야 한다(법 제28조 제1항, 영 제16조 제2항).

(2) 잠정가격신고 대상물품(영 제16조 제1항)을 수입하려는 者는 계약에 따라 잠정적으로 지급하기로 한 가격을 잠정가격으로 신고할 수 있다. 다만, 다음에서 정하는 방법으로 잠정가산금액 등을 산출한 경우에는 해당 가격을 기초로 산정된 가격을 잠정가격으로 신고할 수 있다(관세평가 고시 제7조 제1항).

1) 관세법 시행령 제16조 제1항 제2호에 해당하는 물품[516] 중에서 해당 물품 수입 後의 판매수익 등의 결과에 따라 권리사용료 또는 사후귀속이익 등 가산금액이 확정되는 물품은 다음 각 방법을 순차적으로 적용하여 산출된 금액을 잠정가산금액으로 신고할 수 있다(제1호).

① 수입거래 관련계획서나 사업계획서상의 예상판매량 또는 예상생산량을 근거로 하여 산출된 예상지급금액. 다만, 이 경우 관련 수입물품이 장기간 수입되는 경우에는 전년도 또는 전단위 기간에 동일거래계약상의 물품에 대하여 사용한 '확정가산율'이 있는 경우에는 이를 **'잠정가산율'**로 하여 잠정가산금액을 산출할 수 있다.

② 동종·동질물품 또는 유사물품의 전년도 지급실적이 있는 경우에는 다음의 계산식에 따라 산출된 추정지급금액

추정지급금액 = {전 1년간의 수입 후의 판매수익 등의 금액(매출액) × 권리사용료지급비율} × 계약기간

2) 관세법 시행령 제16조 제1항 제2호에 해당하는 물품 중 일정기간단위별 수입물품의 운송량 등에 따라 수입후 일정기간 경과 後에 운임이나 보험료가 확정되는 경우에는(예:

516) **[영 제16조 제1항 제2호]** 법 제30조 제1항 각 호에 따라 조정하여야 할 금액이 수입신고일부터 일정기간이 지난 後에 정하여 질 수 있음이 제2항에 따른 서류 등으로 확인되는 경우

포괄운송계약 또는 포괄보험계약) 해당 운송사업자 또는 보험사업자가 발급한 잠정계산서나 이에 갈음할 서류상의 예상지급금액을 잠정가산금액으로 신고할 수 있다(제2호).

3. 확정가격신고

(1) 잠정가격으로 가격신고를 한 者는 2年의 범위 안에서 구매자와 판매자 간의 거래계약의 내용 등을 고려하여 세관장이 지정하는 기간내에 확정된 가격(확정가격)을 신고하여야 한다. 이 경우 잠정가격으로 가격신고를 한 자는 관세청장이 정하는 바에 따라 확정가격 신고기간이 끝나기 30일 前까지 확정가격의 계산을 위한 '가산율'을 산정해 줄 것을 요청할 수 있다(법 제28조 제2항, 영 제16조 제3항).[517] 세관장은 구매자와 판매자간의 거래계약내용이 변경되는 등 잠정가격을 확정할 수 없는 불가피한 사유가 있다고 인정되는 경우로서 납세의무자의 요청이 있는 경우에는 확정가격 신고기간을 연장할 수 있다. 이 경우 연장하는 기간은 신고기간의 만료일부터 2年을 초과할 수 없다(영 제16조 제4항). 확정가격 신고기간의 연장을 요청하려는 자는 확정가격 신고기간이 만료되기 3日 前까지 관세청장이 정하는 **"확정가격 신고기간 연장신청서"**에 관련 증빙자료를 첨부하여 잠정가격을 신고한 세관장에게 제출해야 한다(규칙 제3조의2 제1항). 세관장은 확정가격 신고기간 연장 여부가 결정되면 확정가격 신고기간을 연장하고 **"확정가격 신고기간 연장신청수리서"**를 신청일부터 3日 이내에 처리하여 신청인에게 통보해야 한다(관세평가 고시 제12조 제2항).

517) **관세평가고시 제8조(확정가격신고)** ① 제6조에 따라 잠정가격신고를 한 자는 세관장이 지정하는 기간 내에 잠정가격신고한 세관장에게 별지 제8호서식의 확정가격신고서와 영 제15조 제5항 제3호 및 제4호의 과세자료를 전자통관시스템을 통해 전송해 확정된 가격을 신고(이하 "확정가격신고"라 한다)해야 한다. ② 사후보상조정 잠정가격신고를 한 자는 제6조 제4항에 따라 가격조정 계획확인서를 발급한 세관장에게 확정가격신고를 하여야 한다. ④ 납세의무자가 영 제16조 제1항 제2호의2에 따른 사유로 잠정가격신고를 하였으나 법 제37조 제1항 제3호에 따른 과세가격 결정방법 사전심사가 영 제31조 제6항, 제40조 제3항 및 제47조 제8항에 따라 반려되거나 영 제31조 제9항, 제48조 제3항 및 제4항에 따라 철회된 경우에는 반려 또는 철회된 날부터 3개월 이내에 확정가격신고를 하여야 한다. ⑥ 제5항에 따라 확정가격신고가 수리된 경우 확정가격신고일은 납세의무자가 전자통관시스템을 통해 확정가격신고를 한 날로 한다.
제11조(확정가산율) ① 제6조에 따라 잠정가격 신고를 한 자는 확정가격 신고기간이 끝나기 30日 前까지 세관장에게 "확정가산율 산정 신청서"와 첨부서류를 제출하여 확정가격의 계산을 위한 가산율(확정가산율)을 산정해 줄 것을 요청할 수 있다. 이 경우 확정가격신고를 하여야 하는 세관이 둘 이상인 때에는 그 중 어느 하나의 세관에 확정가산율 산정을 요청할 수 있다. ② 제1항에 따라 확정가산율 산정 요청을 받은 세관장은 그 요청을 받은 날부터 15日 이내에 제출받은 자료에 근거하여 확정가산율 계산방법의 적정성 등 형식적 요건을 확인하고 별지 제25호서식의 '확정가산율 통보서'에 따라 해당 납세의무자에게 통보해야 한다. ③ 세관장은 납세의무자가 제2항에 따라 통보받은 확정가산율을 기초로 확정가격신고를 한 경우에는 제10조 제1항(확정가격신고에 따른 세액 정정)에 따라 처리한다.

(2) 세관장은 납세의무자가 확정가격 신고기간 내에 확정된 가격을 신고하지 아니하는 경우에는 해당 물품에 적용될 가격을 確定할 수 있다. 다만, 납세의무자가 폐업, 파산신고, 법인해산 등의 사유로 확정된 가격을 신고하지 못할 것으로 인정되는 경우에는 확정가격 신고기간 중에도 해당 물품에 적용될 가격을 확정할 수 있다(법 제28조 제3항). 세관장은 사후보상조정 잠정가격신고를 한 자가 신고한 확정가격이 신청자가 제출된 가격조정 계획서에 따라 적정하게 조정되지 않은 경우에는 잠정가격으로 해당 물품의 가격을 確定할 수 있다(관세평가 고시 제9조 제2항).

(3) 확정가격을 신고하려는 자는 잠정가격신고번호 또는 수입신고번호와 신고일자, 품명 및 수입신고수리일자, 잠정가격 및 확정가격과 그 차액이 적힌 신고서에 각종 비용의 금액 및 산출근거를 나타내는 증빙자료, 기타 가격신고의 내용을 입증하는 데에 필요한 자료를 첨부하여 세관장에게 제출하여야 한다(영 제16조 제5항, 제15조 제5항).

(4) 세관장은 납세의무자로부터 확정된 가격을 신고받거나 직권으로 가격을 확정하였을 때에는 잠정가격을 기초로 신고납부한 세액과 확정된 가격에 따른 세액의 차액을 징수하거나 환급하여야 한다. 이 경우 수정신고, 세액의 경정, 관세환급금 절차 등에 관한 관세법 시행령 규정(제33조, 제34조 제3항부터 제5항까지 및 제50조 내지 제55조)을 준용한다(법 제28조 제4항, 영 제16조 제6항).[518]

세관장은 확정가격신고를 받은 날부터 15日 이내에 과세자료 제출 여부 등 형식적 요건을 확인하여 수리하여야 한다. 다만, 확정가격신고의 내용이 형식적인 요건을 확인하기에 충분하지 않은 경우에는 일정한 기간을 정하여 補完을 요구할 수 있다(관세평가 고시 제8조 제5항). 확정가격신고가 수리된 경우 확정가격신고일은 납세의무자가 전자통관시스템을 통해 확정가격신고를 한 날로 한다(동고시 제8조 제6항).

Ⅳ 납세심사 및 수리

세관장은 세액을 제외하고 수입신고서에 기재된 사항과 관세법에 따른 확인사항 등을 심사한 후 수리한다. 判例는 세관장이 납세신고를 수리하고 세액을 수령하는 것은 사실행위에 불과하고 확인적 부과처분이 아니라고 하고, 또한 수입신고의 수리행위는 사실행위에 불과하여

518) **관세평가고시 제10조(확정가격신고에 따른 세액 정정)** ① 납세의무자는 확정가격이 잠정가격보다 높은 경우 확정가격신고수리 통보를 받은 날부터 10日 이내에 수정신고를 해야 한다. 이 경우 확정가격이 잠정가격보다 낮은 경우에는 확정가격신고수리 통보를 받은 날부터 경정청구를 할 수 있다. ② 확정가격신고에 따른 세액의 적정성 등에 대해서는 확정가격신고를 수리한 後에 심사한다.

신의성실원칙의 적용요건인 공적 견해표명에 해당하지 아니한다고 한다(대판 95누11184, 2011두13491). 납세의무자는 수입신고수리시까지 관세를 납부하거나 담보를 제공해야 한다. 담보를 제공한 경우에는 납세신고수리일로부터 15日 이내에 관세를 납부해야 한다.

[판례] ① 관세법 제17조 제2항은 1993. 12. 31. 법률 제4674호로 개정되기 전의 조항과는 달리, 세관장이 제1항의 규정에 의한 납세신고를 받은 때에는 수입신고서상의 기재사항과 그 법의 규정에 의한 확인사항 등을 심사한다고만 규정하였을 뿐 기재사항 등의 심사 후 납세의무자에게 신고납부서를 교부한다는 부분을 삭제하였는바, 위 개정 조항은 관세의 원칙적인 부과·징수를 순수한 신고납세 방식으로 전환한 것으로 보아야 할 것이므로, 그 시행일인 1994. 1. 1. 이후 납세의무자가 수입신고와 동시에 관세를 스스로 신고·납부한 경우에는 이를 개정 전의 경우와 같이 세관장의 부과처분에 기한 것이라고는 볼 수 없게 되었고, 이와 같은 신고납세 방식의 조세에 있어서 과세관청이 납세의무자의 신고에 따라 세액을 수령하는 것은 사실행위에 불과할 뿐 이를 확인적 부과처분으로 볼 수 없다(대판 95누11184). ② 甲 주식회사 등이 알루미늄을 수입하면서 관세율 1%인 관세율표 품목번호 7601.10-0000호로 신고한 것에 대하여, 부산세관장이 이를 수리하였다가 나중에 위 물품을 관세율이 더 높은 품목번호 7606.11-9000호로 보고 품목오류를 원인으로 누락된 관세 등을 경정하는 처분을 한 사안에서, 관세율 1%를 적용하여 수입되었던 진공 빌레트는 위 물품과 전혀 다른 형태를 띠고 있고 가공 정도 및 형태상 알루미늄의 괴로 분류할 수밖에 없으며, 수입신고의 수리는 사실행위에 불과하여 공적인 견해표명이라 할 수 없고, 甲 회사 등은 품목분류 사전심사제도를 이용하여 수입물품이 어느 품목으로 분류될지 미리 알아볼 수 있었으므로 귀책사유가 없다고 할 수 없다는 등 이유로, 위 처분이 신뢰보호의 원칙에 위배되지 않는다(대판 2011두13491).

제 2 절

관세조사와 관세제재

세관은 수입신고 수리 後 과세가격의 적정성 여부에 대해 관세조사(심사)를 하고, 위반사항이 적발되는 경우에는 누락되거나 부족된 세액을 추징한다. 누락된 세액을 추징하면서 의무위반에 대한 제재로서 가산세를 부과하고 어떠한 경우에는 과태료를 부과하며, 고의가 있는 경우에는 조사의뢰하여 형사처벌 절차를 진행할 수도 있다.

제1항 관세조사(관세심사)

I 관세조사의 의의

관세조사 또는 관세심사(기업심사)란 과세표준과 세액의 결정 또는 경정을 위하여 납세의무자를 방문 또는 이를 대신하여 서면으로 조사하는 것을 말한다.[519] 관세조사는 신고납세방식에 따라 납세의무가 확정되는 경우뿐만 아니라 부과고지방식에 의하여 납세의무가 확정되는 경우에도 할 수 있다(법 제110조의3 제3항). 세관공무원은 특정한 분야만을 조사할 필요가 있는 등 대통령령으로 정하는 경우[520]를 제외하고는 신고납부세액과 관세법 및 다른 법령에서 정하는 수출입 관련 의무 이행과 관련하여 그 권한에 속하는 사항을 통합하여 조사하는 것을 원칙(통합조사의 원칙)으로 한다(법 제110조의2).

519) 이는 관세법 제12장의 관세법위반자에 대한 형사처벌을 위한 '관세범의 조사'와 구별된다. 관세실무에서는 '관세심사', '기업심사' 등의 용어가 사용되고 있다.

520) **관세법 시행령 제135조의2(통합조사 원칙의 예외)** 법 제110조의2에서 "특정한 분야만을 조사할 필요가 있는 등 대통령령으로 정하는 경우"란 다음 각 호의 어느 하나에 해당하는 경우를 말한다.
1. 세금탈루 혐의, 수출입 관련 의무위반 혐의, 수출입업자 등의 업종·규모 등을 고려하여 특정 사안만을 조사할 필요가 있는 경우
2. 조세채권의 확보 등을 위하여 긴급히 조사할 필요가 있는 경우
3. 그 밖에 조사의 효율성, 납세자의 편의 등을 고려하여 특정 분야만을 조사할 필요가 있는 경우로서 기획재정부령으로 정하는 경우

Ⅱ 관세조사 대상자 선정

1. 정기조사

세관장은 다음의 어느 하나에 해당하는 경우에 정기적으로 신고의 적정성을 검증하기 위하여 대상을 선정(정기선정)하여 조사를 할 수 있다. 이 경우 세관장은 객관적 기준에 따라 공정하게 그 대상을 선정하여야 한다(법 제110조의3 제1항).[521]

(1) 관세청장이 수출입업자의 신고 내용에 대하여 정기적으로 성실도를 분석한 결과 불성실 혐의가 있다고 인정하는 경우

(2) 최근 4년 이상 조사를 받지 아니한 납세자에 대하여 업종, 규모 등을 고려하여 대통령령으로 정하는 바에[522] 따라 신고 내용이 적정한지를 검증할 필요가 있는 경우

(3) 무작위추출방식으로 표본조사를 하려는 경우[523]

2. 비정기조사

세관장은 정기선정에 의한 조사 外에 다음의 어느 하나에 해당하는 경우에는 조사를 할 수 있다(법 제110조의3 제1항).[524]

(1) 납세자가 관세법에서 정하는 신고・신청, 과세가격결정자료의 제출 등의 납세협력의무를 이행하지 아니한 경우

(2) 수출입업자에 대한 구체적인 탈세제보 등이 있는 경우

(3) 신고내용에 탈세나 오류의 혐의를 인정할 만한 자료가 있는 경우

(4) 납세자가 세관공무원에게 직무와 관련하여 금품을 제공하거나 금품제공을 알선한 경우

3. 관세조사 제외

세관장은 최근 2년간 수출입신고 실적이 일정금액 이하인 경우 등 다음의 요건을 모두 충족하는 자에 대해서는 관세조사를 하지 아니할 수 있다. 다만, 객관적인 증거자료에 의하여

521) 관세실무에서는 '법인심사', '정기심사'라고 한다.

522) **관세법 시행령 제135조의3(장기 미조사자에 대한 관세조사 기준)** 법 제110조의3 제1항 제2호에 따라 실시하는 조사는 수출입업자 등의 업종, 규모, 이력 등을 고려하여 관세청장이 정하는 기준에 따른다.

523) **[헌결 2014헌마249]** 관세법 제110조의3 제1항 제3호는 관세조사 대상자의 정기선정사유의 하나로 '무작위추출방식으로 표본조사를 하려는 경우'를 규정한 것에 불과하고, 청구인이 주장하는 여행자 휴대품 검사대상자의 선정이나 휴대품 검사와 관련된 규정이 아니므로, 위 조항 자체만으로써 청구인의 법적 지위에 무슨 영향을 미친다고 볼 수 없어 이 사건 심판청구는 부적법하다.

524) 관세실무에서는 '기획심사', '비정기심사' 등의 용어가 사용되고 있다.

과소 신고한 것이 명백한 경우에는 그러하지 아니하다(법 제110조의3 제4항, 영 제135조의4).

(1) 최근 2년간 수출입신고 실적이 30억원 이하일 것

(2) 최근 4年 이내에 다음의 어느 하나에 해당하는 사실이 없을 것

① 수출입 관련 법령을 위반하여 통고처분을 받거나 벌금형 이상의 刑의 선고를 받은 사실

② 관세 및 내국세를 체납한 사실

③ 관세법 제38조의3 제6항에 따라 신고납부한 세액이 부족하여 세관장으로부터 경정을 받은 사실

Ⅲ 관세조사의 개시 및 진행

1. 관세조사의 사전통지

세관공무원은 관세조사를 하기 위하여 해당 장부, 서류, 전산처리장치 또는 그 밖의 물품 등을 조사하는 경우에는 조사를 받게 될 납세자(그 위임을 받은 자를 포함)에게 조사 시작 15일 前에 납세자 또는 그 위임을 받은 자의 성명과 주소 또는 거소, 조사 대상 및 조사 사유, 조사기간, 기타 필요한 사항 등을 기재한 **'관세조사 사전통지서'**를 송부하여야 한다. 다만, ① 범칙사건에 대하여 조사하는 경우, ② 사전에 통지하면 증거인멸 등으로 조사 목적을 달성할 수 없는 경우에는 그러하지 아니한다(법 제114조 제1항, 영 제139조, 납세업무 처리에 관한 고시 제44조 제1항).

[판례] 부과처분을 위한 과세관청의 질문조사권이 행해지는 세무조사결정이 있는 경우 납세의무자는 세무공무원의 과세자료 수집을 위한 질문에 대답하고 검사를 수인하여야 할 법적 의무를 부담하게 되는 점, 세무조사는 기본적으로 적정하고 공평한 과세의 실현을 위하여 필요한 최소한의 범위 안에서 행하여져야 하고, 더욱이 동일한 세목 및 과세기간에 대한 재조사는 납세자의 영업의 자유 등 권익을 심각하게 침해할 뿐만 아니라 과세관청에 의한 자의적인 세무조사의 위험마저 있으므로 조세공평의 원칙에 현저히 반하는 예외적인 경우를 제외하고는 금지될 필요가 있는 점, 납세의무자로 하여금 개개의 과태료 처분에 대하여 불복하거나 조사 종료 후의 과세처분에 대하여만 다툴 수 있도록 하는 것보다는 그에 앞서 세무조사결정에 대하여 다툼으로써 분쟁을 조기에 근본적으로 해결할 수 있는 점 등을 종합하면, 세무조사결정은 납세의무자의 권리・의무에 직접 영향을 미치는 공권력의 행사에 따른 행정작용으로서 항고소송의 대상이 된다(대판 2009두23617).

2. 관세조사기간 및 조사 중지

(1) 조사기간

관세조사기간은 조사대상자의 수출입 규모, 조사 인원·방법·범위 및 난이도 등을 종합적으로 고려하여 최소한이 되도록 하되, 방문하여 조사하는 경우에 그 조사기간은 20日 이내로 한다(영 제139조의2 제1항).

(2) 조사기간의 연장

위의 (1)에 불구하고 다음의 어느 하나에 해당하는 경우에는 20日 이내의 범위에서 조사기간을 연장할 수 있다. 이 경우 2회 이상 연장하는 경우에는 관세청장의 승인을 받아 각각 20日 이내에서 연장할 수 있다(영 제139조의2 제2항).

1) 조사대상자가 장부·서류 등을 은닉하거나 그 제출을 지연 또는 거부하는 등 조사를 기피하는 행위가 명백한 경우
2) 조사범위를 다른 품목이나 거래상대방 등으로 확대할 필요가 있는 경우
3) 천재지변이나 노동쟁의로 조사가 중단되는 경우
4) 위의 1)부터 3)까지에 준하는 사유로 사실관계의 확인이나 증거 확보 등을 위하여 조사기간을 연장할 필요가 있는 경우
5) 관세법 제118조의2 제2항에 따른 납세자보호관 또는 담당관이 세금탈루 혐의와 관련하여 추가적인 사실 확인이 필요하다고 인정하는 경우
6) 관세조사 대상자가 세금탈루 혐의에 대한 해명 등을 위하여 관세조사 기간의 연장을 신청한 경우로서 납세자보호관등이 이를 인정하는 경우

(3) 조사의 중지

세관공무원은 ① 납세자가 천재지변이나 관세법 시행령 제140조 제1항에 따른 관세조사 연기신청 사유에 해당하는 사유가 있어 조사중지를 신청한 경우, ② 납세자가 장부·서류 등을 은닉하거나 그 제출을 지연 또는 거부하는 등으로 인하여 조사를 정상적으로 진행하기 어려운 경우, ③ 노동쟁의 등의 발생으로 관세조사를 정상적으로 진행하기 어려운 경우, ④ 관세법 시행령 제144조의2 제2항 제1호(같은 조 제3항에 따라 위임한 경우를 포함)에 따라 납세자보호관등이 관세조사의 일시중지를 요청하는 경우, ⑤ 그 밖에 관세조사를 중지하여야 할 특별한 事由가 있는 경우로서 관세청장이 정하는 경우 등의 사유로 조사를 진행하기 어려운 경우에는 조사를 **'중지'**할 수 있다. 이 경우 그 중지기간은 관세조사의 조사기간 및 조사연장

기간에 산입하지 아니한다(영 제139조의2 제3항).

세관공무원은 관세조사를 중지한 경우에는 그 중지사유가 소멸하면 즉시 조사를 재개하여야 한다. 다만, 관세채권의 확보 등 긴급히 조사를 재개하여야 할 필요가 있는 경우에는 그 중지사유가 소멸하기 前이라도 관세조사를 재개할 수 있다(영 제139조의2 제4항). 세관공무원은 조사기간을 연장, 중지 또는 재개하는 경우에는 그 사유, 기간 등을 문서로 통지하여야 한다(동조 제5항).

3. 관세조사의 연기신청

관세조사 사전통지를 받은 납세자가 ① 천재지변이 있는 경우, ② 화재나 그 밖의 재해로 사업상 심한 어려움이 있는 경우, ③ 납세자 또는 그 위임을 받은 자의 질병, 장기출장 등으로 관세조사가 곤란하다고 판단되는 경우, ④ 권한있는 기관에 의하여 장부 및 증빙서류가 압수 또는 영치된 경우, ⑤ 그 밖에 ① 내지 ③에 준하는 事由(㉠ 노동쟁의 등이 발생하여 관세조사를 정상적으로 진행할 수 없는 경우, ㉡ 경영상 심각한 어려움으로 관세조사를 정상적으로 진행할 수 없는 경우, ㉢ 세무조사 등으로 관세조사에 성실히 임하기 어려운 경우, ㉣ 그 밖에 관세조사를 정상적으로 진행하기 어렵다고 관세청장이 인정한 경우)로 조사를 받기가 곤란한 경우에는 관세조사의 연기를 받고자 하는 자의 성명과 주소 또는 거소, 관세조사의 연기를 받고자 하는 기간, 관세조사의 연기를 받고자 하는 사유, 기타 필요한 사항을 기재한 **"관세조사 연기신청서"**를 당해 세관장에게 제출하면서 조사를 연기하여 줄 것을 申請할 수 있다(법 제114조 제2항, 영 제140조 제1항, 제2항, 관세업무 처리에 관한 고시 제45조). 관세조사 연기를 신청받은 세관장은 연기신청 승인 여부를 결정하고 그 결과를 조사 개시 前까지 신청인에게 통지하여야 한다(영 제140조 제3항).

4. 납세자권리헌장의 교부

세관공무원은 관세조사를 하는 경우에는 납세자권리헌장의 내용이 수록된 문서를 납세자에게 내주어야 하며, 조사사유, 조사기간, 납세자보호위원회에 대한 심의 요청사항·절차 및 권리구제 절차 등을 설명하여야 한다(법 제110조 제2항).

5. 관세조사권 남용 금지와 중복조사금지의 원칙

(1) 관세조사권 남용 금지

세관공무원은 적정하고 공평한 과세를 실현하고 통관의 적법성을 보장하기 위하여 필요한 최소한의 범위에서 관세조사를 하여야 하며 다른 목적 등을 위하여 조사권을 남용하여서는 아니 된다(법 제111조 제1항).

(2) 중복조사금지의 원칙

1) 세관공무원은 특별한 예외적 사유가 없는 한 '해당 사안'에 대하여 이미 조사받은 자를 다시 조사할 수 없는데(법 제111조 제2항), 이를 "중복조사금지의 원칙"이라 한다.[525] 중복조사금지의 원칙은 반복적인 세무조사에 의한 납세자의 영업의 자유 등 권익 침해와 과세관청의 자의적인 권한남용을 방지하고자 하는데 그 취지가 있으므로, 관세법에서 금지한 중복조사에 기한 관세부과처분은 위법하게 된다(대판 2004두12070, 2015두745).[526] 여기서 '조사'에는 방문조사뿐만 아니라 서면조사도 포함되므로(법 제110조 제2항 제2호), 동일한 사안에 대해 서면조사 후 다시 방문조사하는 것도 중복조사금지원칙에 위배된다(대판 2015두745). 그러나 일반 관세조사 중 관세포탈혐의가 발견되어 범칙조사로 전환한 것은 중복조사로 보기 어렵다(조심 2015관0286).

[판례] 구 관세법(2011. 12. 31. 법률 제11121호로 개정되기 전의 것) 제111조에 의하면, 세관공무원은 예외적인 경우를 제외하고는 해당 사안에 대하여 이미 조사를 받은 자에 대하여 재조사를 할 수 없다. 나아가 금지되는 재조사에 기하여 과세처분을 하는 것은 단순히 당초 과세처분의 오류를 경정하는 경우에 불과하다는 등의 특별한 사정이 없는 한 그 자체로 위법하고, 이는 과세관청이 그러한 재조사로 얻은 과세자료를 과세처분의 근거로 삼지 않았다거나 이를 배제하고서도 동일한 과세처분이 가능한 경우라고 하여 달리 볼 것은 아니다. 세관공무원의 조사행위가 구 관세법(2011. 12. 31. 법률 제11121호로 개정되기 전의 것) 제111조가 적용되는 '조사'에 해당하는지는 조사의 목적과 실시 경위, 질문조사의 대상과 방법 및 내용, 조사를 통하여 획득한 자료, 조사행위의 규모와 기간 등을 종합적으로 고려하여 구체적 사안에서 개별적으로 판단하며, **납세자 등을 접촉하여 상당한 시일에 걸쳐 질문검사권을 행사하여 과세요건사실을 조사·확인하고 일정한 기간 과세에 필요한 직간접의 자료를 검사·조사하고 수집하는 일련의 행위를 한 경우에는 특별한 사정이 없는 한 재조사가 금지되는 '조사'로 보아야 한다.** 세관공무원이 어느 수입물품의 과세가격에 대하여 조사한 경우에 다시 동일한 수입물품의 과세가격에 대하여 조사를 하는 것은 특별한 사정이 없는 한 구 관세법(2011. 12. 31. 법률 제11121호로 개정되기 전의 것) 제111조에서 금지하는 재조사에 해당하고, 세관공무원이 동일한 사안에 대하여 당초 조사한 과세가격 결정방법이 아닌 다른 과세가격

525) 국세기본법 제81조의4 제2항에서는 "세무공무원은 다음 각 호의 어느 하나에 해당하는 경우가 아니면 **같은 세목 및 같은 과세기간에 대하여** 재조사를 할 수 없다"고 규정하고 있다.

526) [대판 2004두12070] 납세자에 대한 부가가치세부과처분이, 종전의 부가가치세 경정조사와 같은 세목 및 같은 과세기간에 대하여 중복하여 실시된 위법한 세무조사에 기초하여 이루어진 것이어서 위법하다.

결정방법을 조사하였다고 하여 달리 볼 것은 아니다. 피고가 2007년경 실시한 **제1차 조사**의 대상은 2003. 1. 1.부터 2007. 12. 31.까지 수입된 각초의 과세가격이었고, 피고가 2009년부터 2011년까지 실시한 **제2차 조사**의 대상은 2006. 1. 1.부터 2007. 12. 31.까지 수입된 각초의 과세가격이었다. 이처럼 제2차 조사의 대상은 제1차 조사에서 이미 조사의 대상으로 삼았던 것이었고, 2006. 4. 6.부터 2007. 12. 28.까지 수입된 각초에 대하여 이루어진 이 사건 처분은 이러한 제2차 조사에 기하여 이루어졌다. 피고가 과세가격을 결정하면서 제1차 조사결과 구 관세법 제30조가 아닌 **제35조를 적용**하였다가 제2차 조사결과 구 관세법 **제30조를 적용**하였더라도, 위 각 조사는 모두 동일한 각초의 과세가격 결정에 관한 것으로서, 그 대상이 동일하다고 보아야 한다. 제1차 조사결과를 기재한 2008. 3. 13.자 기업심사결과통지서가 첨부된 공문에 **'상표권 사용료 및 상표권 사용료와 이전가격의 관계에 대하여 추가자료 요청 등이 있을 수 있다'고 기재되어 있더라도, 이러한 기재를 하였다는 이유만으로 원칙적으로 금지되는 재조사가 아무런 제한 없이 허용된다고 할 수 없다.** 결국 피고 소속 세관공무원의 제2차 조사는 구 관세법 제111조에 의하여 금지되는 재조사에 해당하고, 이러한 제2차 조사에 기하여 이루어진 이 사건 처분은 특별한 사정이 없는 한 그 자체로 위법하다(대판 2015두745; 사례연습 50).[527]

2) 다만, 다음의 어느 하나에 해당하는 경우에는 해당 사안에 대하여 이미 조사받은 자를 다시 조사를 할 수 있다(법 제111조 제2항).

① 관세포탈 등의 혐의를 인정할 만한 명백한 자료가 있는 경우[528]

"관세포탈 등의 혐의를 인정할 만한 명백한 자료가 있는 경우"라 함은 관세포탈사실에 대한 개연성이 객관성과 합리성 있는 자료에 의하여 상당한 정도로 인정되는 경우를 말한다(대판 2010두19294 참조).

② 이미 조사받은 자의 거래상대방을 조사할 필요가 있는 경우

③ 과세전적부심에서의 재조사 결정 및 심사청구에서의 재조사 결정(이의신청에서의 재조사 결정 포함)에 따라 재조사를 하는 경우(결정서 주문에 기재된 범위의 재조사에

527) 같은 취지의 판결: 대판 2016두1240, 2014두8360, 2016두64043 등.
[참고 판례] 세무공무원의 조사행위가 실질적으로 납세자 등으로 하여금 질문에 대답하고 검사를 수인하도록 함으로써 납세자의 영업의 자유 등에 영향을 미치는 경우에는 국세청 훈령인 구 조사사무처리규정(2010. 3. 30. 국세청 훈령 제1838호로 개정되기 전의 것)에서 정한 '현지확인'의 절차에 따른 것이라고 하더라도 그것은 재조사가 금지되는 '세무조사'에 해당한다고 보아야 한다. 그러나 과세자료의 수집 또는 신고내용의 정확성 검증 등을 위한 과세관청의 모든 조사행위가 재조사가 금지되는 세무조사에 해당한다고 볼 경우에는 과세관청으로서는 단순한 사실관계의 확인만으로 충분한 사안에서 언제나 정식의 세무조사에 착수할 수밖에 없고 납세자 등으로서도 불필요하게 정식의 세무조사에 응하여야 하므로, 납세자 등이 대답하거나 수인할 의무가 없고 납세자의 영업의 자유 등을 침해하거나 세무조사권이 남용될 염려가 없는 조사행위까지 재조사가 금지되는 '세무조사'에 해당한다고 볼 것은 아니다(대판 2014두8360).

528) [국심 2003관0083] 처분청의 경정처분은 청구인의 관세포탈사실이 인정되어 경정한 것이고 이 사실을 법원에서도 유죄로 인정하였으므로 위법한 중복조사에 해당되지 않는 것이며 이중과세에도 해당하지 않는다.

한정한다)

④ 납세자가 세관공무원에게 직무와 관련하여 금품을 제공하거나 금품제공을 알선한 경우

⑤ 그 밖에 탈세혐의가 있는 자에 대한 일제조사 등 대통령령으로 정하는 경우

여기서 "탈세혐의가 있는 자에 대한 일제조사 등 대통령령으로 정하는 경우"란 밀수출입, 부정 · 불공정무역 등 경제질서 교란 등을 통한 탈세혐의가 있는 자에 대하여 일제조사를 하는 경우를 말한다(영 제136조).

[판례] 구 관세법(2011. 12. 31. 법률 제11121호로 개정되기 전의 것) 제111조에 의하면, 세관공무원은 예외적인 경우를 제외하고는 해당 사안에 대하여 이미 조사를 받은 자에 대하여 재조사를 할 수 없다. 나아가 금지되는 재조사에 기하여 과세처분을 하는 것은 단순히 당초 과세처분의 오류를 경정하는 경우에 불과하다는 등의 특별한 사정이 없는 한 그 자체로 위법하고, 이는 과세관청이 그러한 재조사로 얻은 과세자료를 과세처분의 근거로 삼지 않았다거나 이를 배제하고서도 동일한 과세처분이 가능한 경우라고 하여 달리 볼 것은 아니다. 세관공무원의 조사행위가 구 관세법(2011. 12. 31. 법률 제11121호로 개정되기 전의 것) 제111조가 적용되는 '조사'에 해당하는지는 조사의 목적과 실시 경위, 질문조사의 대상과 방법 및 내용, 조사를 통하여 획득한 자료, 조사행위의 규모와 기간 등을 종합적으로 고려하여 구체적 사안에서 개별적으로 판단하며, 납세자 등을 접촉하여 상당한 시일에 걸쳐 질문검사권을 행사하여 과세요건사실을 조사 · 확인하고 일정한 기간 과세에 필요한 직간접의 자료를 검사 · 조사하고 수집하는 일련의 행위를 한 경우에는 특별한 사정이 없는 한 재조사가 금지되는 '조사'로 보아야 한다. 세관공무원이 어느 수입물품의 과세가격에 대하여 조사한 경우에 다시 동일한 수입물품의 과세가격에 대하여 조사를 하는 것은 특별한 사정이 없는 한 구 관세법(2011. 12. 31. 법률 제11121호로 개정되기 전의 것) 제111조에서 금지하는 재조사에 해당하고, 세관공무원이 동일한 사안에 대하여 당초 조사한 과세가격 결정방법이 아닌 다른 과세가격 결정방법을 조사하였다고 하여 달리 볼 것은 아니다(대판 2015두745).

6. 납세자의 조력을 받을 권리와 성실성 추정

납세자는 세관공무원에게 관세조사를 받는 경우에 변호사, 관세사로 하여금 조사에 참여하게 하거나 의견을 진술하게 할 수 있다(법 제112조).

세관공무원은 납세자가 관세법에 따른 신고 등의 의무를 이행하지 아니한 경우 또는 납세자에게 구체적인 관세포탈 등의 혐의가 있는 경우 등 대통령령으로 정하는 경우[529]를

529) 영 제138조(납세자의 성실성 추정 등의 배제사유) ① 법 제113조 제1항에서 "대통령령으로 정하는 경우"란 다음 각 호의 어느 하나에 해당하는 경우를 말한다.

1. 납세자가 법에서 정하는 신고 및 신청, 과세자료의 제출 등의 납세협력의무를 이행하지 아니한 경우
2. 납세자에 대한 구체적인 탈세정보가 있는 경우

제외하고는 납세자가 성실하며 납세자가 제출한 신고서 등이 진실한 것으로 추정하여야 한다(법 제113조 제1항). 세관공무원이 납세자가 제출한 신고서 등의 내용에 관하여 질문을 하거나 신고한 물품에 대하여 확인을 하는 행위 등 대통령령으로 정하는 행위[530)]를 하는 것을 제한하지 아니한다(동조 제2항).

7. 장부 · 서류 등의 보관금지

세관공무원은 관세조사의 목적으로 납세자의 장부 · 서류 또는 그 밖의 물건을 세관관서에 임의로 보관할 수 없다. 다만, 세관공무원은 관세법 제110조의3 제2항 각 호의 어느 하나의 사유에 해당하는 경우에는 조사목적에 필요한 최소한의 범위에서 납세자, 소지자 또는 보관자 등 정당한 권한이 있는 자가 임의로 제출한 장부등을 납세자의 동의를 받아 세관관서에 일시 보관할 수 있는데, 이 경우 세관공무원은 납세자로부터 일시 보관 동의서를 받아야 하며, 일시 보관증을 교부하여야 하고, 세관공무원은 납세자가 반환을 요청한 경우에는 납세자가 그 반환을 요청한 날부터 14日을 초과하여 장부등을 보관할 수 없다. 다만, 조사목적을 달성하기 위하여 필요한 경우에는 관세법 제118조의4 제1항에 따른 '납세자보호위원회'의 심의를 거쳐 한 차례만 14日 이내의 범위에서 보관 기간을 연장할 수 있다. 이 경우에도 세관공무원은 납세자가 장부등의 반환을 요청한 경우로서 관세조사에 지장이 없다고 판단될 때에는 요청한 장부등을 즉시 반환하여야 한다. 납세자에게 장부 등을 반환하는 경우 세관공무원은 장부 등의 사본을 보관할 수 있고, 그 사본이 원본과 다름없다는 사실을 확인하는 납세자의 서명 또는 날인을 요구할 수 있다(법 제114조의2).

 관세조사의 종료와 처분

1. 조사결과 통지

세관관장은 관세조사를 종료하였을 때에는 종료 후 20日 이내에 관세조사결과 통지서를

---

3. 신고내용에 탈루나 오류의 혐의를 인정할 만한 명백한 자료가 있는 경우
4. 납세자의 신고내용이 관세청장이 정한 기준과 비교하여 불성실하다고 인정되는 경우

530) 영 제138조 ② 법 제113조 제2항에서 "대통령령으로 정하는 행위"란 다음 각 호의 어느 하나에 해당하는 것을 말한다.
1. 법 제38조 제2항에 따른 세액심사를 위한 질문이나 자료제출의 요구
2. 법 제246조에 따른 물품의 검사
3. 법 제266조 제1항에 따른 장부 또는 자료의 제출
4. 그 밖의 법(「수출용원재료에 대한 관세 등 환급에 관한 특례법」을 포함한다)에 따른 자료조사나 자료제출의 요구

납세자에게 통지하여야 한다. 다만, ① 납세자가 폐업한 경우, ② 납세자에게 통고처분을 하는 경우, ③ 범칙사건을 고발하는 경우, ④ 납세자의 주소 및 거소가 불명하거나 그 밖의 사유로 통지를 하기 곤란하다고 인정되는 경우에는 그러하지 아니하다(법 제115조, 영 제141조, 납세업무 처리에 관한 고시 제46조 제1항).

2. 부족세액 징수와 과세전통지

(1) 과세전통지와 통지생략

1) 과세전통지

세관장은 관세조사 결과에 부족세액을 징수하려 할 때에는 관세법 제118조에 따라 납세의무자에게 **'과세전통지'**를 하여야 한다(납세업무 처리에 관한 고시 제46조). 즉, 세관장은 관세법 제38조의3 제6항(세액경정) 또는 제39조 제2항(부족세액 징수)에 따라 납부세액이 납부하여야 하는 세액이 미치지 못한 금액을 징수하려는 경우에는 미리 납세의무자에게 그 내용을 서면으로 통지하여야 한다(법 제118조 제1항).

아래 2)의 과세전통지 생략 사유에 해당하는 경우를 제외하고 세관장이 과세처분에 앞서 필수적으로 행하여야 할 과세전통지를 하지 아니함으로써 납세자에게 과세전적부심사의 기회를 부여하지 아니한 채 과세처분을 하였다면 그 과세처분은 위법하다(대판 2015두52326).

2) 과세전통지 생략 사유

다음의 어느 하나에 해당하는 경우에는 과세전통지를 생략할 수 있다(법 제118조 제1항 단서).[531]

① 통지하려는 날부터 3개월 이내에 관세부과의 제척기간이 만료되는 경우

② 잠정가격으로 신고한 납세의무자가 확정가격을 신고한 경우

③ 수입신고 수리 前에 세액을 심사(사전세액심사)하는 경우로서 그 결과에 따라 부족세액을 징수하는 경우

④ 관세법 제97조 제3항 또는 제102조 제2항의 사후관리 위반에 따라 감면된 관세를 징수하는 경우

⑤ 관세포탈죄로 고발되어 포탈세액을 징수하는 경우

531) 관세 불복청구 및 처리에 관한 고시 제39조(경정 · 고지의 유예) ② 제1항에도 불구하고 과세전통지를 한 후에 법 제118조 제1항 단서규정과 영 제142조 각 호의 어느 하나에 해당되는 사유가 있는 것을 안 때에는 즉시 경정 · 고지할 수 있다. 이 경우 법 제118조 제1항 제1호에서 "통지하려는 날"은 "통지한 날"로 본다.

[판례] 과세 전 적부심사절차로서의 서면통지를 하지 않아도 되는 '법 제270조에 의한 관세포탈죄로 고발되어 포탈세액을 추징하는 경우'라 함은 **관세포탈죄로 고발된 자에 대하여 포탈세액을 징수하는 경우**를 말한다(대판 2004두695).

⑥ 그 밖에 관세의 징수가 곤란하게 되는 등 사전통지가 적당하지 아니한 경우로서 대통령령으로 정하는 경우

여기서 "대통령령으로 정하는 경우"란 다음의 어느 하나에 해당하는 경우를 말한다(영 제142조).

a. 납부세액의 계산착오 등 명백한 오류에 의하여 부족하게 된 세액을 징수하는 경우
b. 감사원법 제33조에 따른 감사원의 시정요구에 따라 징수하는 경우
c. 납세의무자가 부도·휴업·폐업 또는 파산한 경우
d. 관세법 제85조에 따른 관세품목분류위원회의 의결에 따라 결정한 품목분류에 의하여 수출입물품에 적용할 세율이나 품목분류의 세번이 변경되어 부족한 세액을 징수하는 경우
e. 과세전적부심에서의 재조사 결정 및 심사청구에서의 재조사 결정(이의신청에서의 재조사 결정 포함)에 따른 재조사 결과에 따라 해당 처분의 취소·경정을 하거나 필요한 처분을 하는 경우

(2) 과세전통지의 방법

경정·고지하려는 세관장은 과세전통지서를 납세의무자에게 교부하여야 하는데, 과세전통지서에는 수입신고서별·세목별 경정고지 예정세액을 명시하여야 한다.[532] 과세전통지는 납세의무자별 1건으로 통지하는 것을 원칙으로 하되 수입신고서별·세목별 경정고지 예정세액을 명시하여야 한다. 다만, 수입신고서가 다수로서 과세전통지서 서식에 모두 기재할 수 없을 때에는 수입신고서별·세목별로 경정고지 예정세액을 작성한 내역을 첨부할 수 있다(관세 불복청구 및 처리에 관한 고시 제38조).

判例에 의하면 과세전통지서에 납세고지서의 필요적 기재사항이 제대로 기재되어 있었다면 납세의무자로서는 과세처분에 대한 불복 여부의 결정 및 불복신청에 전혀 지장을 받지 않았음이 명백하므로 비록 납세고지서에 그 기재사항의 일부가 누락되었더라도 이로써 납세고지서의 흠결이 보완되거나 하자가 치유될 수 있다고 한다(대판 92누13981).

532) 과세전통지서 기재항목은 납세의무자, 경정대상물품, 경정이유, 경정·고지 예정세액 등이다(관세 불복청구 및 처리에 관한 고시 [별지 11]).

(3) 경정 · 고지의 유예

과세전통지를 한 경우 청구기한이 만료되는 날까지 경정 · 고지를 유예하고, 청구기한까지 과세적부심사청구가 있는 경우에는 결정기관이 결정할 때까지 경정 · 고지를 유예하되, 관세부과의 제척기간을 경과하여 유예할 수 없다(관세 불복청구 및 처리에 관한 고시 제39조 제1항).

3. 과세전적부심사청구

납세의무자는 과세전통지를 받았을 때에는 그 통지를 받은 날부터 30日 이내에 관할 본부세관장 등에게 통지 내용이 적법한지에 대한 심사(과세전적부심사)를 청구할 수 있다(법 제118조 제2항).

조기경정신청

관세법 제118조에 따라 과세전통지를 받은 자는 과세전적부심사를 청구하지 아니하고 통지한 세관장에게 조기경정신청서에 의해 과세전 통지받은 내용의 일부 또는 전부에 대하여 조기에 경정하여 줄 것을 신청할 수 있으며, 신청서류는 우편, FAX, 전자우편으로 제출할 수 있다(납세업무 처리에 관한 고시 제48조).

수정수입세금계산서 발급 등

1. 의의

'수입세금계산서'는 세관장이 수입 재화에 대해서 외국의 공급자를 대신하여 부가가치세를 징수하고 이것을 증명하기 위해 작성하는 세금계산서로서, 납세의무자는 부가가치세신고시 세관장이 발급한 수입세금계산서로 매입세액 공제를 받을 수 있다.

세관장은 수입되는 재화에 대하여 부가가치세를 징수, 환급, 충당하는 때에는 수입된 재화에 대한 세금계산서(수입세금계산서)를 수입하는 자에게 발급하여야 한다(부가가치세법 제35조 제1항, 수입세금계산서 교부에 관한 고시 제2조 제1항).[533] 그리고, 수입세금계산서 발급 後 수정신고 등으로 인하여 부가가치세의 과세표준 또는 세액이 변경되면 세관장은 수정한 수입세금계산서(**수정수입세금계산서**)를 교부하여야 한다(부가가치세법 제35조 제2항, 수입세금계산서 교부에

533) [수입세금계산서 교부에 관한 고시 제2조] ③ 제1항의 수입세금계산서는 부가가치세법 제16조 제2항에 따른 전자적 방법(이하 "전자수입세금계산서"라 한다)으로 교부한다.

관한 고시 제3조 제1항).[534]

2. 수정수입세금계산서의 발급 절차

(1) 수입세금계산서를 수정교부 받으려는 자는 수정수입세금계산서 발급신청서를 해당 부가가치세를 징수한 세관장에게 제출하여야 한다(부가가치세법시행령 제72조 제6항, 수입세금계산서 교부에 관한 고시 제3조 제2항). 수정수입세금계산서 발급 신청을 받은 세관장은 신청을 받은 날부터 2개월 이내에 수정수입세금계산서를 발급하거나 발급할 이유가 없다는 뜻을 신청인에게 통지하여야 한다(부가가치세법시행령 제72조 제7항).

수정수입세금계산서 발급 신청을 접수받은 세관장은 신청 서류에 기재된 신청인의 인적사항, 기존 수입세금계산서의 내용, 수정하여 신청하고자 하는 내용을 검토 후(아래 3항의 부가가치세법령상의 수정수입세금계산서 발급 제한 사유의 有無를 중점적으로 검토), 신청이 타당하다고 판단되면 수정수입세금계산서를 발급한다. 수정수입세금계산서의 발급 과정을 도식화하면 아래와 같다.

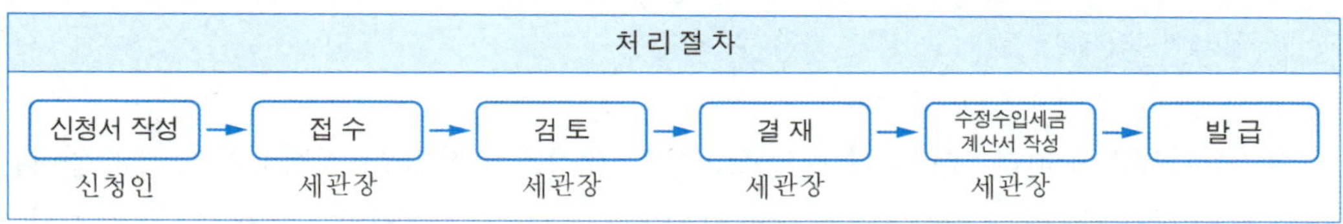

(2) 재화를 수입하는 자는 세관장이 수정수입세금계산서를 발급하지 아니하는 경우 부가가치세를 부과할 수 있는 날로부터 5年 이내 또는 심판청구나 판결이 확정된 날부터 1年 이내에 세관장에게 수정수입세금계산서의 발급을 신청할 수 있다(부가가치세법 제35조 제3항, 국세기본법 제26조의2 제1항, 제6항 제1호).

3. 수정수입세금계산서 발급 및 발급의 制限

(1) 세관장은 관세법에 따라 과세표준 또는 세액을 결정 또는 경정하기 前에 관세법 제28조 제2항(확정가격신고), 제38조의2 제1항・제2항(보정), 제38조의3 제1항부터 제3항까지(수정신고, 경정청구), 제38조의4 제1항(수입물품의 과세가격 조정에 따른 경정),

534) 세관장이 수정한 수입세금계산서를 발급하는 경우에는 부가가치세를 납부받거나 징수 또는 환급한 날을 작성일로 적고 비고란에 최초 수입세금계산서 발급일 등을 덧붙여 적은 후 추가되는 금액은 검은색 글씨로 쓰고, 차감되는 금액은 붉은색 글씨로 쓰거나 음(陰)의 표시를 하여 발급한다(부가가치세법 시행령 제72조 제5항). 세관장이 수정한 수입세금계산서를 발급하는 경우에는 그 작성일은 발급결정일로 적고 비고란에 최초 수입세금계산서 발급일 등을 덧붙여 적은 후 추가되는 금액은 검은색 글씨로 쓰며, 차감되는 금액은 붉은색 글씨로 쓰거나 음(陰)의 표시를 하여 발급한다(동조 제8항).

第46조(과다환급금의 환급), 第47조(과다환급관세의 징수) 및 第106조(계약내용과 다른 물품 등에 대한 관세환급)에 따라 부가가치세를 납부받거나 징수 또는 환급하는 경우에는 수입자에게 "수정수입세금계산서"를 발급하여야 한다(부가가치세법시행령 제72조 제2항).

(2) 세관장은 다음의 어느 하나에 해당하는 경우에는 수입하는 者에게 대통령령으로 정하는 바에 따라 "수정수입세금계산서"를 발급하여야 한다(부가가치세법 제35조 제2항).

[헌재결정] 이 사건 법률조항[수정수입세금계산서의 발급요건을 제한한 부가가치세법(2013. 7. 26. 법률 제11944호로 개정된 것) 제35조 제2항 제2호 중 '경정 및 수정신고'에 관한 부분]은 세관장이 과세표준 등을 경정하거나 관세조사 등이 이루어져 수입자가 과세표준 등이 경정될 것을 미리 알고 수정신고를 하는 모든 경우에 수정수입세금계산서의 발급을 제한하는 것이 아니고, 수입자의 단순착오로 확인되거나 수입자가 자신의 귀책사유 없음을 증명하는 경우 등에는 여전히 수정수입세금계산서 발급이 가능하도록 하고 있어, 수입자의 재산권 침해를 최소화하기 위한 합리적인 장치를 두고 있다. 또한 이 사건 법률조항으로 인하여 제한되는 사익에 비하여 조세수입의 공백을 막고 국가재정의 기초를 튼튼히 하고자 하는 공익이 훨씬 크다고 할 것이므로, 이 사건 법률조항은 과잉금지원칙이나 소급과세금지의 원칙을 위반한다고 볼 수 없다(헌결 2014헌바372등).

(가) 관세법에 따라 세관장이 과세표준 또는 세액을 결정 또는 경정하기 前에 수입하는 자가 대통령령(부가가치세법시행령 제72조 제1항, 제2항)으로 정하는 바에 따라 '수정신고 등'을 하는 경우

(나) 세관장이 과세표준 또는 세액을 결정 또는 경정하거나 수입하는 자가 "세관공무원의 관세 조사 등 대통령령으로 정하는 행위"가 발생하여 과세표준 또는 세액을 결정 또는 경정할 것을 **미리 알고** 관세법에 따라 '수정신고'하는 경우로서 다음의 어느 하나에 해당하는 경우

여기서 "세관공무원의 관세 조사 등 대통령령으로 정하는 행위"란 ① 세관공무원의 관세조사 또는 관세 범칙사건에 대한 조사를 통지하는 행위, ② 세관공무원이 과세자료의 수집 또는 민원 등을 처리하기 위하여 현지출장이나 확인업무에 착수하는 행위, ③ 그 밖에 ① 또는 ②와 유사한 행위 중 어느 하나에 해당하는 행위를 말한다(부가가치세법 시행령 제72조 제3항). 判例는 "외환검사 및 그 결과 통보는 부가가치세법 제35조 제2항 제2호, 같은 법 시행령 제72조 제3항 제3호에서 정한 '관세조사 등과 유사한 행위'에 해당한다"고 한다.

1) 「통일상품명 및 부호체계에 관한 국제협약」에 따른 관세협력이사회나 관세법에 따른 관세품목분류위원회에서 품목분류를 변경하는 경우

2) 합병에 따른 납세의무 승계 등으로 당초 납세의무자와 실제 납세자가 다른 경우[535]

3) 수입자의 착오 또는 경미한 과실로 확인되거나 수입자가 자신의 귀책사유가 없음을 증명하는 등 다음의 어느 하나에 해당하는 경우(부가가치세법시행령 제72조 제4항)[536]

① 관세법 제9조 제2항에 따라 수입신고가 수리되기 前에 수입자가 세액을 납부한 경우로서 같은 항에 따른 수입신고가 수리되기 前에 해당 세액에 대하여 수입자가 수정신고하거나 세관장이 경정하는 경우

② 수입자의 귀책사유 없이 관세법 등에 따른 원산지증명서 등 원산지를 확인하기 위하여 필요한 서류가 사실과 다르게 작성·제출되었음이 확인된 경우

③ 「자유무역협정의 이행을 위한 관세법의 특례에 관한 법률」 제36조 제2항에 따라 가산세의 전부를 징수하지 아니하는 경우

④ 과세가격 사전심사에 따라 통보된 과세가격 결정방법을 적용하여 수입자가 수정신고하거나 세관장이 경정하는 경우

⑤ 수입신고를 수리하기 前에 세액을 심사하는 물품에 대하여 감면대상 및 감면율을 잘못 적용한 경우

⑥ 위의 ①부터 ⑤까지에서 규정한 사항 外에 수입자의 착오 또는 경미한 과실로 확인되거나 수입자가 자신의 귀책사유가 없음을 증명하는 경우

결국 수정수입세금계산서 발급 여부는 수입자의 귀책사유 유무 및 정도에 관한 수입자의 입증에 따라 결정되게 된다.[537]

---

535) 수입물품이 「여신전문금융업법」에 따른 대여시설물품으로서 수입신고서의 납세의무자와 대여시설이용자가 다른 경우(수입세금계산서 교부에 관한 고시 제3조 제1항 제3호).

536) 실무적으로도 관세조사시 수정수입세금계산서 발급 여부가 상당히 중요한 이슈가 되는데, 그 이유는 현재 실행관세율이 상당히 낮은 상황이어서 관세조사로 인한 추징금액에서 부가가치세가 차지하는 비중이 관세보다 더 큰 경우가 많기 때문이다. 납세자로서는 수정수입세금계산서를 발급받아 매입세액 공제를 받으면 (가산세는 부담하더라도) 관세조사로 인한 세액추징의 부담을 상당부분 완화시킬 수 있게 된다.

537) 과거에는 가산세 면제사유(정당한 사유)와 수정수입세금계산서 발급사유(귀책사유 없음)가 거의 동일하였다. 따라서, 가산세 면제사유인 정당한 사유에 해당하면 수정수입세금계산서도 발급하였다. 그러나, 부가가치세법 개정으로 인하여 수정수입세금계산서 발급사유가 종전보다 좀 더 넓게 규정되었기 때문에, 가산세 면제사유인 정당한 사유에 해당하지 않는다고 하여 곧바로 수정수입세금계산서의 발급을 거부해서는 아니되고, 경미한 과실 등에 대한 입증 내용을 검토한 후 결정해야 할 것이다. 현재 세관실무도 수입자의 과실 여부나 정도를 검토하여 수정수입세금계산서 발급여부를 결정하고 있다. 물론, 가산세 면제사유인 정당한 이유에 해당하면 수정수입세금계산서 발급 요건도 충족한다고 할 것이다(조심 2019관79·80, 서울고판 2018누56574 참조).

(3) 판례 및 조세심판결정례

[판 례] 부가가치세법 시행령 제72조 제3항 제3호 소정의 '그 밖에 제1호 또는 제2호와 유사한 행위'란 반드시 관세법에서 규정한 엄격한 절차를 준수한 경우만 해당하는 것이 아니라, 세관장이 세관공무원의 행위를 통해 다른 법에서 규정한 절차를 거쳐 과세자료를 수집하여 수입자의 신고·납부한 세액 등이 부족하다는 것을 알게 된 경우도 이에 포함되는 것으로 볼 수 있다. 따라서, "외환검사 및 그 결과 통보는 부가가치세법 제35조 제2항 제2호, 같은 법 시행령 제72조 제3항 제3호에서 정한 '관세조사 등과 유사한 행위'에 해당한다"(대전고판 2016누13067, 대판 2017두45391). 이 사건 외환검사는 외국환거래법 준수 여부를 확인하기 위한 세관공무원의 행위로서 관세조사 등과 유사한 형식을 취하고 있다. 나아가 **A세관장은 이 사건 외환검사를 통해 원고가 신고납부한 세액이 부족하다는 것을 알게 되어 원고에게 과소신고한 관세를 수정신고한 후 그 결과를 회신할 것으로 통보하여 원고로 하여금 과세표준 또는 세액이 경정될 수 있음을 미리 알게 되었다.** 따라서, A세관장이 수정수입세금계산서 발급을 거부한 것은 적법하다고 할 것이다(대전고판 2016누13067, 대판 2017두45391).[538)]

[심판례] ① 처분청은 통관적법성 심사(원산지심사 제외) 및 특수관계자 간 거래가격 적정여부 심사에서 쟁점물품의 품목분류에 대하여 어떠한 지적도 하지 아니하였다가 별도로 실시한 원산지조사의 결과통지 이후에야 비로소 품목분류 오류를 지적한 것으로 보이는 점, 쟁점물품에 대한 품목분류 오류로 부족세액이 발생한 것에 대하여 우리원에서도 가산세를 면제할 정당한 사유가 있다고 인정한 사실이 있는 점 등에 비추어 처분청이 관세 및 부가가치세 등의 부과처분을 하면서 이에 대한 수정수입세금계산서 발급을 거부한 이 건 처분은 잘못이 있는 것으로 판단된다(조심 2019관0062). ② 청구법인은 쟁점물품의 한-EU FTA 협정관세율 적용 요건 충족 여부에 대하여 사전에 수출자와의 업무협의를 통해 확인한 것으로 보이고, 인증수출자인 수출자가 작성한 원산지신고서에 기재된 인증번호체계 및 작성 문구 등에도 특별한 잘못이 없는 것으로 나타나는 점, A국 관세당국의 검증 결과에 따르면 검증대상 30개 모델 중 26개 모델의 경우 원산지결정기준을 충족하고, 단지 4개의 모델만이 미충족한 것으로 나타나는데, 부가가치기준에 따라 원산지를 판단할 경우 세부적인 원가자료에 대한 확인이 필수적이나, 이러한 정보를 입수함에 있어 청구법인이 가지는 현실적인 어려움을 감안한다면, 일부 원산지결정기준 충족 여부가 사실과 다른 것을 두고 청구법인에게만 귀책사유가 있다고 단정하기 어려운 점 등에 비추어, 처분청이 수정수입세금계산서 발급신청을 거부한 이 건 처분은 잘못이 있는 것으로 판단된다(조심 2020관0151). ③ 당초 말레이시아 국제통상산업부는 수출자가 제시한 계약서 등도 누적기준에 따라 원산지 재료임을 입증할 수 있는 원산지증빙서류로 보았으나 우리나라 관세당국과의 협의에 따라 최종적으로 Form D의 원산지증명서 및 검량보고서만을 원산지증빙서류에 해당하는 것으로

---

538) [조심 2016관0074] 과세전통지 하였을 뿐, 부과처분을 하지 않은 상황에서 수정수입세금계산서 발급 가능 여부에 대한 과세관청의 회신은 단순한 통지에 불과하므로 이 부분 심판청구는 부적법한 심판청구에 해당한다.

보기로 한 것으로 보아 RVC 계산을 위한 전제로 원재료에 대한 원산지를 판단함에 그 증빙서류가 무엇인지에 대한 해석차이가 존재하였던 것으로 보이는 점 등에 비추어 청구법인에게 가산세를 면제할 정당한 사유가 있는 것으로 보이므로 쟁점물품에 대하여 관세 등을 과세하면서 가산세를 부과하고, 수정수입세금계산서를 발급을 거부한 처분은 잘못이 있다(조심 2019관0038). ④ 쟁점계약은 그 명칭 및 내용을 감안할 때 임대차계약에 해당하는 것으로 보이고, 임대차 수입물품은 「관세법」 제30조 및 같은 법 시행령 제17조에 따라 관세법 제31조 이하의 방법으로 과세가격을 결정하여야 하므로 처분청이 수입계약 당시의 국제거래시세를 과세가격으로 결정하여 과세한 처분은 잘못이 없는 것으로 보이며, 잠정・확정가격신고의 수리는 사실행위에 불과하므로 이 건 처분이 신의성실원칙에 반한다는 청구주장은 받아들이기 어려우나, 청구법인은 장기간 잠정・확정가격신고를 하면서 잠정신고 당시 정당한 과세가격을 신고한 점, 이 건 거래는 국제적으로 통용되는 비전형거래인 점 등에 비추어 가산세 부과처분 및 수정수입세금계산서 발급거부처분은 잘못이 있는 것으로 판단된다(조심 2016관0164). ⑤ 광고활동은 해당물품의 원가를 구성하는 요소이고 쟁점국제광고비는 상표권 사용료 성격이 있어 보이는 점 등에 비추어 쟁점사후송금액 및 쟁점국제광고비를 사후귀속이익 및 실제지급금액으로 보아 과세한 처분은 잘못이 없으나, 쟁점사후송금액 중 청구법인의 경정청구를 받아들여 환급하였다가 다시 과세한 경우에는 청구법인에게 의무해태에 대한 책임을 지우기 어려워 보이므로 그와 관련한 가산세 부과처분 및 수정수입세금계산서 발급거부처분은 취소함이 타당하다(조심 2016관0006). ⑥ 청구법인은 수년간 동일한 방법으로 과세가격을 신고하여 왔는데, S세관장이 선행관세조사시 쟁점로열티계약서 등을 검토하였음에도 불구하고 청구법인이 쟁점특허권자에게 지급하였던 권리사용료의 과세여부나 이와 관련하여 선행수입물품의 과세가격에 대하여 특별한 지적은 하지 않은 것으로 보이고, 이러한 사실은 선행관세조사 당시 제출된 자료목록이나 주고받은 이메일 내용은 물론이고 쟁점물품에 대한 과세전적부심사결정서에서도 확인되는 점, 거래구조 및 계약관계의 복잡성 등으로 인하여 특허권과 관련된 권리사용료의 과세여부 판단은 일의적이지 않고 상당한 전문성이 요구되는 경우가 많은데, 이 건 거래 역시 쟁점물품 및 쟁점특허기술이 가진 특수성으로 인하여 과세여부에 대한 판단이 쉽지 않았던 것으로 보이고 그 결과 과세관청의 두 번에 걸친 관세조사의 결과도 정반대로 나온 것으로 보이는 점 등에 비추어, 청구법인에게는 세법해석의 의의 등으로 인하여 가산세를 면제할 정당한 사유가 있다 할 것이고, 따라서 이 건 가산세 부과처분은 잘못이 있는 것으로 판단된다. 청구법인에게 가산세를 면제할 정당한 사유가 있다고 할 경우 특별한 사정이 없는 한 수정수입세금계산서가 발급되어야 하는 것으로 보이는 점 등에 비추어, 수정수입세금계산서 발급신청을 거부한 처분 또한 잘못이 있는 것으로 판단된다(조심 2019관0079・0080).

4. 발급거부에 대한 불복

수정수입세금계산서 발급거부는 행정처분에 해당하므로 납세자는 발급거부처분에 대하여 행정쟁송(발급거부처분의 취소를 구하는 심사청구, 심판청구, 행정소송)을 제기할 수 있다.

제2항 관세제재

관세제재에는 행정제재와 형사제재가 있는데, 행정제재로는 가산세와 과태료가 있고, 형사제재는 관세형벌이다. 행정제재는 행위자에게 고의가 없어도 가능하나, 형사제재는 원칙적으로 행위자에게 고의가 있어야만 가능하다.

가산세

1. 의의 및 본질

(1) 의의

1) 관세법상의 각종 의무를 이행하지 아니하는 경우에 그에 대한 일종의 관세제재로서 본세에 가산하여 부과·징수하는 일정한 금액을 가산세라 한다. 관세법 제42조는 가산세에 대해 규정하고, 동법 제320조에서는 "관세법에 의한 가산세는 관세의 세목으로 한다"고 규정하고 있다.[539)]

2) 가산세는 이를 가산한 關稅의 납세의무가 성립하는 때에 성립하고, 부과처분(납세고지)에 의해 확정된다. 가산세는 세금의 형태로 가하는 관세질서벌의 성질을 가진 금전적 제재이다(통설, 판례). 가산세는 관세질서벌의 성격을 띠고 있으나 그 징수절차상 편의 때문에 관세법이 정하는 관세의 세목으로 하여 관세법에 의하여 산출한 본세의 세액에 가산하여 함께 징수하는 관세제재인 것이다. 이 점에서 과태료와 구별된다.

3) 2019. 12. 31. 개정 관세법에서는 기존의 가산금 제도를 폐지하고 가산세 제도로 통합하였다. 즉, 비슷한 제도를 중첩적으로 운영하여 발생하는 납세자의 혼란을 방지하기 위하여 납세자가 납부기한까지 세금을 완납하지 아니한 경우 납부고지 前에 적용되는 기간이자 성격의 가산세와 납부고지 後에 적용되는 가산금을 일원화하여 납부지연가산세로 통합하는 것이다.

539) 즉, 관세의 가산세는 관세가 된다는 의미이다.

[판례] 조세법은 조세행정의 편의와 징세비용의 절감 및 세수의 용이한 적기(적기)확보를 실현하기 위하여 납세자에게 본래적 의미의 납세의무 이외에 과세표준신고의무, 성실납부의무, 원천징수의무, 과세자료제출의무 등 여러 가지 협력의무를 부과하면서 동시에 이러한 협력의무의 이행을 확보하기 위하여 성실한 의무이행자에 대하여는 세제상의 혜택을 부여하고, 의무위반자에 대하여는 가산세 등의 제재를 가하고 있다. 한편 가산세 제도는 일반적으로 신고납세제도의 정착과 발전을 위하여 설정된 제도로 이해되고 있다. 즉 신고납세제도는 민주적이고 국민주권주의의 기본원리에 의하여 납세액은 국민이 스스로 결정하는 것이고 국가라고 하는 공동사회를 유지하기 위한 공통의 비용은 국민이 스스로 부담한다는 이념에 입각한 제도이므로, 이러한 신고납세제도하에서는 납세의무자의 자발적인 신고·납부가 없다면 그 제도의 성공을 기대할 수 없기 때문에 성실하게 신고·납부하지 않는 행위에 대하여 제재(가산세)에 의한 차별을 함으로써 국가의 조세권 내지는 조세채권의 적정한 실현을 담보하는 기능을 한다는 것이다. 그런데 가산세 제도의 위와 같은 기능은 비단 신고납세방식의 조세에서뿐 아니라 이 건 상속세와 같은 부과과세방식의 조세에서도 의미가 있다.[540]

(2) 가산세와 본세와의 관계

가산세는 징수의 편의상 관세법상 관세의 세목으로 하여 관세의 세액에 가산하여 함께 징수하는 것일뿐, 관세법이 정하는 바에 따라 성립·확정되는 관세와는 본질적으로 그 성질이 다른 관세제재이다(대판 2004두2356). 따라서, 가산세부과처분은 본세인 관세의 부과처분과 별개의 과세처분이므로,[541] 가산세의 부과에도 별도의 부과결정(납세고지)이라는 확정절차가 필요하다.

[판례] 하나의 납세고지서에 의하여 본세와 가산세를 함께 부과할 때에는 납세고지서에 본세와 가산세 각각의 세액과 산출근거 등을 구분하여 기재하여야 하고, 또 여러 종류의 가산세를 함께 부과하는 경우에는 그 가산세 상호 간에도 종류별로 세액과 산출근거 등을 구분하여 기재하여야 하므로, 본세와 가산세 각각의 세액과 산출근거 및 가산세 상호 간의 종류별 세액과 산출근거 등을 제대로 구분하여 기재하지 아니한 채 본세와 가산세의 합계액 등만을 기재하였다면 그 부과처분은 위법하다(대판 2010두12347 전원합의체).

그리고 양자는 별개의 과세처분이므로 본세의 불복과 별도로 가산세부과처분에 관하여 독립하여 그 취소의 소를 제기할 수 있다. 따라서 본세가 감면되는 경우에도 법률에 특별한 규정이 있는 경우를 제외하고는 가산세는 감면되지 아니하며(국세기본법 제47조 제2항 단서 참조),

540) 헌결 2003헌바79 전원재판부, 2004헌가13 전원재판부.

541) 대판 2004두2356, 90다카11278.

가산세 납부의무를 이행하지 않은 데 정당한 사유가 있는 경우에는 본세 납부의무가 있더라도 가산세는 부과하지 않는다(대판 2016두53180). 判例는 "가산세는 부과과세방식 조세와 같이 과세관청의 부과처분에 따라 납세의무(관세채무)가 확정된다"고 한다(서울고판 2018누60269).

또한 신고납부방식의 관세의 경우, 수입신고가 수리됨으로써 관세포탈죄는 기수로 되고, 그 이후에 발생한 가산세는 원래 벌과금적 성질을 가지는 것이므로, 포탈세액에 포함시킬 수 없다(대판 2001도5459).

2. 가산세 부과요건

(1) 관세납부의무의 존재

관세 가산세는 국세기본법의 무신고 · 과소신고 · 납부불성실 가산세와 마찬가지로 본세 납부의무가 있는 것을 전제로 하는 것으로서, 성질상 그 부과의 기초가 되는 '부족한 관세액'이 없는 이상 가산세 납부의무만 따로 인정할 수 없다(대판 2016두53180).

[판례] 가산세는 세법에서 규정하는 의무의 성실한 이행을 확보하기 위하여 세법에 따라 산출한 본세의 세액에 가산하여 징수하는 독립된 조세로서, 본세에 감면사유가 인정된다고 해서 가산세도 당연히 감면대상에 포함되는 것은 아니다. 그리고 가산세 납부의무를 이행하지 않은 데 정당한 사유가 있는 경우에는 본세 납부의무가 있더라도 가산세는 부과하지 않는다(국세기본법 제2조 제4호, 제47조, 제48조 등 참조). 가산세 중에는 본세 납부의무와 무관하게 별도의 협력의무 위반에 대한 제재로서 부과되는 가산세도 있다. 그러나 가산세 부과의 근거가 되는 법률 규정에서 본세의 세액이 유효하게 확정된 것을 전제로 납세의무자가 법정기한까지 과세표준과 세액을 제대로 신고하거나 납부하지 않은 것을 요건으로 하는 **무신고 · 과소신고 · 납부불성실 가산세 등은 신고 · 납부할 본세의 납부의무가 인정되지 않는 경우에 이를 따로 부과할 수 없다. 이는 관세의 경우에도 마찬가지이다.** 구 자유무역협정의 이행을 위한 관세법의 특례에 관한 법률(2015. 12. 29. 법률 제13625호로 전부 개정되기 전의 것) 제10조, 제13조, 한 · 미 자유무역협정(FTA) 제6.18조에 따르면, 관세당국이 수입물품의 원산지 또는 협정관세 적용의 적정 여부 등을 확인하는 과정에서 납세자는 해당 상품이 원산지 상품이라는 것을 증명하는 추가 정보를 제출할 수 있고, 이를 통하여 협정관세(0%)의 적용 대상으로 판단된 수입물품에 대해서는 관세 납부의무가 없다. 관세법 제42조 제1항은 '부족한 관세액을 징수할 때'에 '해당 부족세액의 100분의 10'(제1호)과 '해당 부족세액'에 일정한 비율을 곱하여 산정한 금액(제2호)을 가산세로 정하고 있다. 위 각호의 규정에 따른 관세 가산세는 국세기본법의 무신고 · 과소신고 · 납부불성실 가산세와 마찬가지로 본세 납부의무가 있는 것을 전제로 하는 것으로서, 성질상 그 부과의 기초가 되는 '부족한 관세액'이 없는 이상 가산세 납부의무만 따로 인정할 수 없다(대판 2016두53180).

(2) 고의, 과실 불필요

가산세는 관세법상의 의무불이행에 대하여 가하여지는 관세질서벌의 성격을 지니므로 원칙적으로 "관세법상 의무의 불이행(위반)사실의 발생"이라는 요건만 충족되면 부과가 가능하고 별도로 납세자의 고의나 과실을 필요로 하지 아니하며, 형법총칙의 규정도 적용되지 아니한다.[542] 이러한 점에서 관세형벌과 구별된다. 다만 의무불이행에 정당한 사유가 있는 경우에는 가산세가 면책된다(법 제42조의2 제1항 제8호).

3. 과세가격과 관세법상 가산세

(1) 일반 가산세

세관장은 납세의무자가 관세법 제9조에 따른 법정납부기한까지 납부하지 아니한 관세액(**미납부세액**)을 징수하거나 제38조의3 제1항 또는 제6항에 따라 부족한 관세액(**부족세액**)을 징수할 때에는 아래 [표]에서 제1호와 제2호의 금액을 합한 금액을 가산세로 징수한다(법 제42조 제1항).

[법 제42조 제1항] ① 가산세는 제1호와 제2호의 금액을 합한 금액으로 한다.
제1호: 부족세액의 100분의 10
제2호: 다음 각 목의 금액을 금액
가목. 미납부세액 또는 부족세액 × 법정납부기한의 다음 날부터 납부일까지의 기간(납부고지일부터 납부고지서에 따른 납부기한까지의 기간은 제외한다) × 금융회사 등이 연체대출금에 대하여 적용하는 이자율 등을 고려하여 대통령령으로 정하는 이자율
나목. 법정납부기한까지 납부하여야 할 세액 중 납부고지서에 따른 납부기한까지 납부하지 아니한 세액 × 100분의 3(관세를 납부고지서에 따른 납부기한까지 완납하지 아니한 경우에 한정한다)

(2) 부당과소신고가산세

위의 (1)에도 불구하고 납세자가 '부당한 방법'(납세자가 관세의 과세표준 또는 세액계산의 기초가 되는 사실의 전부 또는 일부를 은폐하거나 가장하는 것에 기초하여 관세의 과세표준 또는 세액의 신고의무를 위반하는 것으로서 대통령령으로 정하는 방법을 말한다)으로

542) 대판 85누660, 99두7876, 98두16705 등.

과소신고한 경우에는 세관장은 **부족세액의 100분의 40에 상당하는 금액과 제2호의 금액을 합한 금액**을 '가산세'로 징수한다(법 제42조 제2항).

여기서 "대통령령으로 정하는 方法"이란 ① 이중송품장 · 이중계약서 등 허위증명 또는 허위문서의 작성이나 수취, ② 세액심사에 필요한 자료의 파기, ③ 관세부과의 근거가 되는 행위나 거래의 조작 · 은폐, ④ 그 밖에 관세를 포탈하거나 환급 또는 감면을 받기 위한 不正한 행위를 말한다(영 제39조 제4항).

[판례] 관세법 제42조 제2항이 규정하는 부당과소신고가산세의 요건인 '부당한 방법'으로 과세표준의 과소신고'란 관세에 관한 과세요건사실의 발견을 곤란하게 하거나 허위의 사실을 작출하는 등의 부정한 적극적인 행위에 의하여 과세표준을 과소신고하는 경우로서 그 과소신고가 관세포탈의 목적에서 비롯된 것을 의미한다고 보아야 한다(대판 2013두12362). 원고가 이 사건 쟁점물품에 관한 송장금액을 낮추어 기재하고 그에 따른 차액은 중국 수출업자의 국내 거주 지인에게 현금으로 지급하거나 계좌를 통한 이른바 환치기 방법으로 지급함으로써 관세에 관한 과세요건사실의 발견을 곤란하게 하거나 허위의 사실을 작출하는 등의 부정한 적극적인 행위에 의하여 과세표준을 과소신고하였고, 이는 관세포탈의 목적에서 비롯되었다고 봄이 타당하므로 40%의 가산세가 적용된다고 할 것이다(서울고판 2016누56556).

(3) 납부고지서에 따른 납부기한의 다음 날부터 납부일까지의 기간이 5年을 초과하는 경우에는 그 기간은 5年으로 한다(법 제42조 제4항). 체납된 관세(세관장이 징수하는 내국세가 있을 때에는 그 금액을 포함)가 100만원 미만인 경우에는 앞의 **제2호 가목**의 가산세를 적용하지 아니한다(동조 제5항).

4. 가산세의 감면

세관장은 다음의 어느 하나에 해당하는 경우에는 관세법 제42조 제1항에 따른 가산세액에서 다음의 각 금액을 감면한다(법 제42조의2 제1항).

(1) 관세법 제9조 제2항에 따라 수입신고가 수리되기 前에 관세를 납부한 결과 부족세액이 발생한 경우로서 수입신고가 수리되기 전에 납세의무자가 해당 세액에 대하여 수정신고를 하거나 세관장이 경정하는 경우: 제1호 및 제2호의 금액을 합한 금액

(2) 관세법 제28조 제1항에 따른 잠정가격신고를 기초로 납세신고를 하고 이에 해당하는 세액을 납부한 경우(납세의무자가 제출한 자료가 사실과 다름이 판명되어 추징의 사유가 발생한 경우는 제외한다): 제1호 및 제2호의 금액을 합한 금액[543]

(3) 관세법 제37조 제1항 제3호에 관한 사전심사의 결과를 통보받은 경우 그 통보일부터

2개월 이내에 통보된 과세가격의 결정방법에 따라 해당 사전심사 신청 以前에 신고납부한 세액을 수정신고하는 경우: 제1호의 금액

[심판례] 관세법령상 ACVA 신청 이전에 신고납부한 세액을 수정신고하는 경우에 신고불성실가산세를 징수하지 아니하도록 규정하고 있고, ACVA를 신청한 이후에는 잠정가격신고를 통하여 신고불성실가산세 및 납부불성실가산세의 징수를 피할 수 있도록 규정하고 있는 점, 그런데 청구법인은 ACVA 신청 이후 수입신고 분에 대하여 '잠정가격' 신고를 하지 않은 것으로 나타나는 점, 과세가격결정고시의 일부 내용만으로 이와 같이 청구법인이 잠정가격신고를 하지 않은 것에 어떠한 정당한 사유가 있다고 보기는 어려운 점 등에 비추어 청구법인의 신고불성실가산세의 면제신청을 거부한 이 건 처분은 잘못이 없는 것으로 판단된다(조심 2020관0009).

(4) 관세법 제38조 제2항 단서에 따라 기획재정부령으로 정하는 물품 중 감면대상 및 감면율을 잘못 적용하여 부족세액이 발생한 경우: 제1호의 금액

"감면대상 및 감면율을 잘못 적용하여 부족세액이 발생한 경우"란 감면대상을 잘못 정하고 이로 인하여 감면율을 잘못 적용하여 부족세액을 징수하는 경우를 말한다. 수입신고수리 前에 세액심사를 하는 물품에 대해 감면 또는 분할납부의 적정 여부에 대한 심사는 수입신고수리 前에 하고, 과세가격 및 세율 등에 대한 심사는 수입신고수리 後에 한다(규칙 제8조 제2항). 따라서 감면의 적정여부에 해당하는 감면대상・감면율을 잘못 적용하여 부족세액을 징수하는 경우에는 세관장이 사전심사를 한 부분이므로 납세의무자에게 가산세의 책임을 지울 수 없기 때문에 가산세를 감면하는 것이다. 그러나 과세가격이나 세율을 잘못 적용하여 부족세액을 징수하는 경우에는 이에 대해 세관장이 사후심사를 하게 되어 있으므로 가산세를 면제할 수 없다고 본다.

[판례] 구 관세법 제83조, 관세법 시행령 제97조에 정한 용도세율 적용승인 제도는 관세의 신고납부제도 원칙 아래에서 용도에 따라 적용세율이 달라지는 물품의 실제 용도가 그 신고한 내용대로인지를 확인하는 것일 뿐, 세관장이 그 승인에 앞서 그 품목분류 및 세액의 적정성을 심사하여야 하는 것은 아니므로 세관장이 수입물품에 대하여 관세율표상 특정 품목번호를 적용한 신고자의

543) 수입신고시 과세가격 결정(확정)이 곤란하여 잠정가격신고를 하고 세액을 납부하였으나 사후에 확정가격신고 또는 세관장의 과세가격 확정의 결과 최초 납부세액이 과소한 것으로 판명된 경우, 그 차액을 추징하면서 가산세를 징수할 수 없다. 이는 납세자에게 성실한 신고납부의무의 이행을 해태했다고 볼 수 없으므로(정당한 사유) 가산세를 면제하는 것이다. 그렇지만 납세의무자가 제출한 자료가 사실과 다름이 판명되어 추징의 사유가 발생한 경우에는 납세자에게 귀책사유가 있다고 할 수 있으므로 가산세를 면제하지 아니한다.

용도세율 적용신청을 승인하면서 수입신고를 수리하였다 하더라도 그 승인으로써 위 물품에 대하여 신고자가 신고한 대로의 품목분류가 적정한 것이라는 내용의 공적인 견해를 표명하였다거나 그에 대한 신고자의 신뢰가 형성되었다고는 할 수 없어 관세부과처분이 신의성실의 원칙에 위배되지 아니한다(대판 2005두4137).

(5) 관세법 제38조의3 제1항에 따라 수정신고(법 제38조의2 제1항에 따른 보정기간이 지난 날부터 1년 6개월이 지나기 前에 한 수정신고로 한정한다)를 한 경우에는 다음의 각 구분에 따른 금액. 다만, 해당 관세에 대하여 과세표준과 세액을 경정할 것을 미리 알고 수정신고를 한 경우로서 기획재정부령으로 정하는 경우[544]는 제외한다.

1) 관세법 제38조의2 제1항에 따른 보정기간이 지난 날부터 6개월 이내에 수정신고한 경우: 제1호의 금액의 100분의 20

2) 관세법 제38조의2 제1항에 따른 보정기간이 지난 날부터 6개월 초과 1년 6개월 이내에 수정신고한 경우: 제1호의 금액의 100분의 10

(6) 국가 또는 지방자치단체가 직접 수입하는 물품 등 관세법 시행령 제32조의4 제5항 각호의 어느 하나에 해당하는 물품의 경우: 제1호 및 제2호의 금액을 합한 금액

(7) 관세법 제124조에 따른 관세심사위원회가 그 청구를 받은 날부터 30日 이내에 과세전적부심사의 결정·통지를 하지 아니한 경우: 결정·통지가 지연된 기간에 대하여 부과되는 가산세(법 제42조 제1항 제2호 가목에 따른 계산식에 결정·통지가 지연된 기간을 적용하여 계산한 금액에 해당하는 가산세를 말한다) 금액의 100분의 50

(8) 신고납부한 세액의 부족 등에 대하여 납세의무자에게 다음과 같은 **'정하는 정당한 사유'**가 있는 경우(영 제39조 제3항, 제32조의4 제6항): 제1호 및 제2호의 금액을 합한 금액

1) 관세법 제10조에 따른 기한 연장 사유에 해당하는 경우

2) 관세법 시행령 제1조의3에 따른 법 해석에 관한 질의·회신 등에 따라 신고·납부했으나 이후 동일한 사안에 대해 다른 과세처분을 하는 경우

3) 그 밖에 납세자가 의무를 이행하지 않은 "정당한 사유"가 있는 경우

---

544) 규칙 제9조의2(가산세) 법 제42조의2 제1항 제5호 단서에서 "기획재정부령으로 정하는 경우"란 다음 각 호의 어느 하나에 해당하는 경우를 말한다.

1. 납세자가 법 제114조 제1항 본문에 따른 관세조사의 사전통지를 받은 후 수정신고서를 제출한 경우
2. 납세자가 법 제114조 제1항 단서에 따라 사전통지 없이 법 제110조 제2항 각 호의 조사가 개시된 사실을 알고 수정신고서를 제출한 경우
3. 납세자가 법 제118조 제1항에 따른 서면통지를 받은 후 수정신고서를 제출한 경우

보론

가산세 면제사유인 정당한 사유

1. 의의

判例는 과거부터 일관되게 "정당한 사유"를 가산세 면책사유(면책요건)로 판시해왔는데,[545] 즉, 判例에 의하면 관세법상 가산세는 과세권의 행사 및 관세채권의 실현을 용이하게 하기 위하여 납세자가 정당한 이유 없이 법에 규정된 신고, 납세 등 각종 의무를 위반한 경우에 법이 정하는 바에 따라 부과되는 관세제재로서 그 의무의 이행을 납세의무자에게 기대하는 것이 무리인 사정이 있을 때 등 그 의무해태를 탓할 수 없는 정당한 사유가 있는 경우에는 이를 부과할 수 없다고 한다. 관세법은 이러한 판례의 입장을 수용하여 관세법 제42조 제1항 제8호에서 가산세 감면사유로 정당한 사유를 규정하고 있다.

[정당한 사유를 긍정한 판례] ① 과세관청의 질의회신이나 세무지도 또는 공적인 견해표명에 의하여 납세의무자가 자신에게 어떤 의무가 없다고 믿은 경우(대판 74누212, 75누255, 85누419, 95누10181, 88누4218), ② 종전까지 의무가 면제되어 오다가 사정변경으로 그 의무를 이행할 입장에 있게 되었는데 납세자가 이를 알기 어려웠던 관계로 종전의 관행을 계속하였고 과세관청도 이에 대하여 아무런 이의나 시정지시가 없이 받아들인 경우(대판 79누165), ③ 세법의 해석에 관하여 신고당시 공표되어 있던 견해가 그 후 변경된 경우 등 과세관청의 태도가 변경된 경우(대판 88누4614, 74누212), ④ 과세관청의 위법 및 불성실한 행위가 게재된 경우(대판 95누17274), ⑤ 과세관청의 부당한 행위 및 납세자의 즉각적 조치가 뒤따른 경우(대판 98두17685), ⑥ 세법법규의 해석상 서로 다른 해석이 가능하다고 인정될 수 있는 경우(대판 92누29367).

[정당한 사유를 부정한 판례] ① 법령의 부지 및 오해가 있는 경우에 불과한 경우(대판 98두2379, 2001두4689, 2001두9370), ② 행정규칙에 따라 신고하였으나 당해 행정규칙이 모법의 취지에 반하는 것이었음을 알 수 있었던 경우(대판 2001두403), ③ 세무공무원의 지도에 따라 신고납부 하였으나, 이러한 지도가 잘못되었음이 명백한 경우 또는 납세의무자가 단순히 세무공무원의 잘못된 설명을 듣고 이에 따라 의무를 해태한 경우(대판 93누15939, 2001두7886), ④ 납세의무자가 대법원과 다른 견해에 선 국세심판원의 결정취지를 그대로 믿어 법에 규정된 신고・납부의무 등을 해태한 경우(대판 99두3515, 85누660, 96누15404 등), ⑤ 과세관청이 아닌 제3자(감정평가법인)의 행위를 신뢰하고 납부행위를 한 경우(대판 99두7876), ⑥ 과세관청의

545) 정재훈, "가산세부과원인인 의무위반에 정당한 사유의 존부", 115~116쪽, 법조 433, 1992.

부작위의 경우(과세관청이 호의적으로 세밀히 검토했더라면 편의상 일괄 제출된 타 자료에 의하여 그 기재누락 된 부분을 스스로 보완할 수 있었던 경우)(대판 80누 83, 98두3532), 납세의무자가 세법을 숙지하지 못하여 세법에 위반된 신고를 하고 과세관청도 이를 그대로 받아들이면서 시정지시 등을 하지 아니한 경우(대판 91누534, 91누773), ⑦ 징수유예사유가 발생하였다는 사정이 있다거나 납부기관 경과 전에 징수유예신청을 한 경우라도 과세관청이 납부기한 경과 전에 징수유예결정을 하지 않은 경우(대판 95누3596), ⑧ 쟁송중이어서 납세의무의 이행을 기대할 수 없다거나 회사정리절차개시 단계에 있었던 경우(대판 93누6744).

[심판례]

무상으로 수입된 물품은 거래당사자간에 별도로 가격을 정하지 않는 한 관세법 제31조부터 제35조까지에 규정된 방법을 순차적으로 적용하더라도 그 과세가격을 알기 어려운 특성이 있고, 이 건과 같이 위탁가공계약상 수탁자의 지위에 있는 청구법인으로서는 더욱 이를 알기 어려운 측면이 있는 점, 청구법인과 처분청은 가격자료 확보를 위해 노력하였지만 해외위탁자로부터 영업비밀이라는 이유로 사실상 가격자료 제출을 거부당한 것으로 보이는 한편 처분청은 청구법인이 쟁점물품의 가격내역을 정확히 파악하여 신고하는 것에 사실상 어려움이 있음을 감안하여 수정수입세금계산서를 발급한 점 등에 비추어 해외위탁자가 제공하는 인보이스 가격을 기준으로 과세가격을 신고한 청구법인에게는 가산세를 면제할 정당한 사유가 있는 것으로 보이므로 이 건 가산세 경정청구 거부처분은 잘못이 있다(조심 2019관0039).

(1) 정당한 사유와 고의 · 과실

判例가 가산세 부과요건으로 고의나 과실을 불문한다는 것과 정당한 사유의 관계에 대하여 의문이 있을 수 있는데, 판례가 과실 유무를 불문한다고 판시한 사안[546]은 주로 납세자가 의무위반에 대하여 과실이 없다고 주장하거나 법령의 부지를 주장한 경우에 그 주장을 배척한 사안이고, 그 취지는 과실이 있어도 정당한 사유가 인정될 수도 있는 반면에, 고의나 과실이 없어도 정당한 사유가 인정되지 아니할 수도 있다는 의미의 판시로 보일 뿐, 고의나 과실의 유무가 정당한 사유의 존부판단에 중요한 요소로 작용하는 것을 부정하는 것은 아니라고 할 것이다.[547]

(2) 정당한 사유와 신의성실의 원칙

본세에 신의성실의 원칙이 적용되지 아니하는 경우는 대부분 가산세에도 신의성실의 원칙이 적용되지 아니하고, 다만 정당한 사유에 의하여 가산세가 배제될 가능성이 있을 뿐이다. 실무에

546) 대판 91누773, 88누4522, 88누2830.

547) 정재훈, 앞의 논문, 115~116쪽.

있어서는 본세의 경우는 신의성실의 원칙을 주장하고, 가산세의 경우 본세에 있어서 신의성실의 원칙의 주장근거가 되는 사유들을 들어 가산세 감면의 정당한 사유가 있다고 주장하는 것이 일반적이다.[548)]

Ⅱ 과태료

1. 의의 및 적용법률

관세과태료(법 제277조)는 관세법상 의무에 해당하는 관세질서위반행위에 대하여, 행위자에게 고의 또는 과실이 있는 경우에 부과하는 금전적 제재이다. 질서위반행위규제법 제7조는 "고의 또는 과실이 없는 질서위반행위는 과태료를 부과하지 아니한다"고 규정하고 있다.

관세과태료에 대해서는 형법이나 형사소송절차가 아니라 관세법, 질서위반행위규제법에 따라 과태료를 부과 · 징수 · 재판을 하게 된다(징수한 과태료는 국가에 귀속된다). 부과 · 징수, 재판 및 집행 등의 절차에 관해서는 다른 법령에 특별한 규정이 있는 것을 제외하고는 일반법인 질서위반행위규제법이 적용된다. 따라서, 세관장은 관세법, 질서위반행위규제법에 규정된 절차에 따라 과태료를 부과 · 징수함으로써 국민의 재산권을 부당히 침해하는 일이 없도록 해야 할 것이다.

大法院은 행정법상의 질서벌인 과태료의 부과처분과 형사처벌은 그 성질이나 목적을 달리하는 별개의 것이므로 행정법상의 질서벌인 과태료를 납부한 後에 형사처벌을 한다고 하여 이를 일사부재리의 원칙에 반하는 것은 아니라고한다(대판 96도158, 2000도3874).

2. 과세가격과 관세과태료

관세법 제37조의4(특수관계자 수입물품 과세가격결정자료 제출) 제1항에 따라 세관장으로부터 자료제출을 요구받은 특수관계에 있는 者가 관세법 제10조(천재지변 등으로 인한 기한의 연장)에서 정하는 정당한 사유 없이 자료제출 요구를 받은 날부터 60日(1회에 한하여 60日까지 연장가능) 이내에 제출하지 아니하거나 거짓의 자료를 제출하는 경우에는 1억원 以下의 과태료를 부과한다. 이 경우 관세법 제276조(허위신고죄등)는 적용되지 아니한다(법 제277조 제1항).

548) 김영식, "가산세에 있어서 정당한 이유와 신의성실의 원칙", 법조 제39권 제6호, 법조협회, 6~7쪽.

3. 부과권자, 과태료처분 대상자

관세과태료는 세관장이 1차적으로 부과하고 이에 대하여 이의제기[549]가 있는 경우 법원의 과태료 재판에 의하여 최종적으로 과태료를 결정 · 부과하게 된다. 법인의 대표자, 법인 또는 개인의 대리인 · 사용인 및 그 밖의 종업원이 업무에 관하여 법인 또는 그 개인에게 부과된 법률상의 의무를 위반한 때에는 法人 또는 그 個人[550]에게 과태료를 부과한다(질서위반행위규제법 제11조 제1항). 자신의 행위가 위법하지 아니한 것으로 오인하고 행한 질서위반행위는 그 오인에 '정당한 이유'가 있는 때에 한하여 과태료를 부과하지 아니한다(동법 제8조).[551]

4. 과태료부과의 제척기간 및 소멸시효

세관장은 질서위반행위가 종료된 날(다수인이 질서위반행위에 가담한 경우에는 최종행위가 종료한 날을 말한다)로부터 5年이 경과한 경우에는 해당 질서위반행위에 대하여 과태료를 부과할 수 없다(질서위반행위규제법 제19조 제1항). 그리고 과태료는 세관장의 과태료 부과처분이나 법원의 과태료 재판이 확정된 후 5년간 징수하지 아니하거나 집행하지 아니하면 시효로 인하여 소멸한다(질서위반행위규제법 제15조).

5. 부과 · 징수의 절차

과태료의 부과, 징수절차는 ① 세관장의 질서위반행위 조사 → ② 당사자에게 예고통지(사전통지) 및 의견제출기회부여(10日 이상의 기간)[552] → ③ 당사자의 의견진술 → ④ 세관장의 과태료부과처분(과태료 부과통지)[553] → ⑤ 이의제기(과태료부과통지를 받은 날부터 60日 이내에 서면으로 이의제기) → ⑥ 이의제기를 받은 날부터 14日 이내에 세관장의 관할법원에 위반사실 통보[554] → ⑦ 법원의 과태료재판(과태료 결정 · 부과) → ⑧ 검사의

549) 이의제기가 있으면 세관장의 과태료 부과처분은 그 효력을 상실하게 된다.

550) 질서위반행위자인 종업원이나 사용인 등에게 과태료를 부과하는 것이 아니다.

551) 대판 98두5972: 위반자가 그 의무를 알지 못하는 것이 무리가 아니었다고 할 수 있어 그것을 정당시할 수 있는 사정이 있을 때 또는 그 의무의 이행을 그 당사자에게 기대하는 것이 무리라고 하는 사정이 있을 때 등 그 의무 해태를 탓할 수 없는 정당한 사유가 있는 때에는 이를 부과할 수 없다.

552) 「관세법 등에 따른 과태료 부과징수에 관한 훈령」(관세청훈령) 제9조 ② 세관장이 과태료를 부과하려는 때에는 의견진술안내문을 미리 과태료 처분 대상자에게 통지하고, 15일의 기간을 정하여 의견을 제출할 기회를 주어야 한다. 이 경우 지정된 기일까지 의견 제출이 없는 경우에는 의견이 없는 것으로 본다.
제11조 ① 세관장은 과태료 처분 대상자에게 의견진술안내문을 통지하는 때에는 감경된 과태료 납부고지서를 작성하여 송부한다. 이 경우 납부기한은 의견제출기한으로 한다. ② 과태료 부과 대상자가 제1항에 따라 감경된 과태료를 납부한 경우에는 해당 질서위반행위에 대한 과태료 부과 및 징수절차는 끝난다.

553) 과태료의 납부기한은 납부고지서를 받은 날부터 30日로 한다(훈령 제10조 제3항).

명령으로 집행 등으로 진행된다.

 관세형벌[555)]

1. 관세포탈죄

(1) 의의

관세포탈죄는 수입신고(입항전수입신고 포함)를 한 者가 세액결정에 영향을 미치기 위하여 과세가격 또는 관세율 등을 거짓으로 신고하거나 신고하지 아니하고 수입함으로써 성립하는 범죄이다(법 제270조 제1항 제1호, 제2호). 본죄는 고의가 있어야 성립하는 고의범이다.

(2) 구성요건

(가) 본죄의 주체

1) 납세의무자

관세포탈죄의 주체는 관세법 제19조의 '납세의무자'를 말한다. 여기서 납세의무자는 원칙적으로 '물품을 수입한 화주', 즉 물품을 수입한 실제 소유자를 의미한다(대판 2002두8442). 관세포탈죄는 "납세의무자라는 신분을 가진 자"가 범할 때 비로소 성립하는 '신분범'의 성격을 갖는 범죄이다. 따라서 명의상의 납세의무자나 관세포탈행위를 한 자(예: 수입신고인에 불과한 관세사나 그 직원)를 말하는 것이 아니다(대판 96도756 등).

2) 수입물품의 실제 소유자 판단 기준

관세법 제19조의 관세의 납세의무자인 물품을 수입한 실제 소유자인지 여부는 구체적으로 ① 수출자와의 교섭, 신용장의 개설, 대금의 결제 등 수입절차의 관여 방법, ② 수입화물의 국내에서의 처분·판매의 방법의 실태, ③ 당해 수입으로 인한 이익의 귀속관계 등의 사정을 종합하여 판단하여야 한다. 이와 같이 해석하는 것이 관세법에도 적용되는 실질과세 원칙에 부합한다(대판 2002두8442).

---

554) 세관장은 과태료처분에 불복이 있는 자의 이의제기를 받은 날부터 14일 이내에 과태료 처분에 대한 이의제기 통보를 작성(이의제기에 대한 의견 및 증빙서류 첨부)하여 과태료 처분대상자의 주소지를 관할하는 지방법원에 통보하여야 한다(질서위반행위규제법 제21조 제1항, 제25조).

555) 관세형벌에 대한 자세한 설명에 대해서는 저자의 '관세형사법'(세창출판사, 2020)을 참고하기 바란다.

3) 구매대행의 경우

구매대행의 경우에는 원칙적으로 '국내 소비자'가 물품을 수입한 실제 소유자이다. 다만, 자가사용물품을 수입하려는 화주의 요청에 따라 사이버몰(컴퓨터 등과 정보통신설비를 이용하여 재화 등을 거래할 수 있도록 설정된 가상의 영업장을 말한다) 등으로부터 해당 수입물품의 구매를 대행하는 것을 업(業)으로 하는 자("구매대행업자")가 다음의 모두에 해당하는 경우, 구매대행업자와 수입신고하는 때의 화주가 연대하여 관세, 가산세 등을 납부할 의무를 진다(법 제19조 제5항 제1호 다목). 이 경우 '구매대행자'도 관세포탈죄의 주체가 될 수 있다(법 제270조 제1항).

① 화주로부터 해당 물품에 대하여 납부할 관세 등에 상당하는 금액을 수령하였을 것
② 수입신고인 등에게 과세가격 등의 정보를 거짓으로 제공하였을 것

(나) 과세가격 또는 관세율 등을 거짓으로 신고하거나 신고하지 아니하는 행위

"과세가격을 거짓으로 신고하거나 신고하지 아니한다"함은 과세가격의 구성요소인 실제지급가격, 가산요소 등을 허위로 신고하거나 신고하지 아니하는 행위를 의미한다. 즉, 송품장이나 계약서상 가격을 실제보다 저가로 작성하여 관세를 포탈하는 행위, 실제지급가격에 포함되는 간접지급금액을 누락시키거나 낮게 신고하는 행위, 가산요소인 수수료, 생산지원비, 권리사용료, 운임 등을 고의로 누락하거나 낮게 신고하는 행위 등이 여기에 해당한다.

관세율을 거짓으로 신고하는 행위로는 수입농수산물에 대하여 부정한 방법으로 관계기관(또는 그 위임을 받은 자)의 추천을 받아 저율의 WTO양허관세 · FTA협정관세 · 할당관세 등을 적용받은 경우가 최근에 자주 문제되고 있다. 아울러 수입물품의 원산지를 허위로 신고하여 FTA협정관세나 특혜관세를 적용받는 경우, 수입물품의 원산지를 허위로 신고하여 덤핑방지관세를 회피하는 경우 등도 여기에 해당한다.

[판례] ① 수입업자가 한국농수산식품유통공사에 추천을 신청하면서 추천기관 등이 요구하는 추천자격에 관하여 허위의 소명자료를 제출함으로써 추천기관을 기망하여 추천을 받은 경우에는 부정한 방법으로 추천을 받은 것으로서 적법한 추천 절차를 거쳐 할당관세를 적용받았다 할 수 없으므로, 관세법 제270조 제4항에서 정한 관세포탈 행위에 해당한다(대판 2016두34417).
② 다른 업체를 동원하여 참깨 수입권 공매에 참가하여 낙찰을 받은 수입권 물량의 일부를 양도받고 중국으로부터 참깨를 수입하여 국내 항에 도착한 후 추천을 받은 다른 업체명의로 선하증권을 양도하여 추천업체로 하여금 시장접근물량 양허관세를 적용받아 수입한 행위는 부정한 방법으로 관세포탈 행위에 해당한다(대판 2018두59489).[556]

556) 부정한 방법으로 보아 부과제척기간 5年(현행 법령상으로는 10年)을 적용하였다.

(다) 관세포탈 및 인과관계, 수입

'관세'가 포탈되는 결과가 발생해야 한다. 포탈관세액에는 부가가치세나 가산세는 포함되지 아니한다. 과세가격 등을 허위로 신고하는 행위와 관세포탈 간에는 인과관계가 인정되어야 한다. 아울러 물품이 '수입'되어야 관세포탈죄의 기수가 된다.

(3) 죄수 및 다른 범죄와의 관계

1) 관세포탈죄는 각각의 허위신고시마다 1개의 관세포탈죄가 성립한다. 이러한 사정은 같은 날짜에 수입신고하였더라도 그 수입신고시점이 다른 경우에는 동일하게 적용된다(대판 99도782).
2) 유세품의 과세가격을 허위로 신고한 경우, 관세포탈죄뿐만 아니라 허위신고죄도 문제될 수 있는데, 양죄는 법조경합관계에 있으므로 관세포탈죄만 성립한다. 그러나 무세품의 과세가격을 허위로 신고한 경우에는 관세포탈죄는 성립하지 아니하고 허위신고죄만 성립할 수 있다.
3) 수입가격을 고가로 조작한 경우, 관세포탈은 없으므로 관세포탈죄는 성립하지 아니하고, 부당한 이익취득 목적이 있으면 가격조작죄, 그러한 목적이 없으면 허위신고죄가 성립한다.

(4) 처벌

관세포탈죄에 대해서는 3年 이하의 징역 또는 포탈한 관세액의 5배와 물품원가 중 높은 금액 이하에 상당하는 벌금에 처한다(법 제270조 제1항). 본죄에 대해서는 필요적 몰수·추징이 규정되어 있지 아니하다.

(5) 양벌규정

본죄에는 양벌규정이 적용되므로, 법인의 대표자나 법인 또는 개인의 대리인, 사용인, 그 밖의 종업원이 그 법인 또는 개인의 업무에 관하여 관세포탈죄를 범하면 그 행위자를 벌하는 外에 그 법인 또는 개인에 대하여도 본죄의 벌금형을 과한다. 단, 법인 또는 개인이 행위자의 위반행위를 방지하기 위하여 해당 업무에 관하여 상당한 주의와 감독을 게을리하지 아니한 경우에는 양벌규정의 적용을 면하게 된다(법 제279조 제1항).

(6) 부족세액의 징수

1) 의의

1998. 12. 28. 개정관세법에서 관세포탈죄에 대한 필요적 몰수·추징규정을 삭제하였고, 또한

관세포탈물품을 刑法 제48조의 임의적 몰수의 대상물품으로 보기도 어려우므로, 현실적으로 관세포탈물품을 몰수·추징할 수 없게 된다.

따라서 세관장은 관세포탈죄의 조사·처분과는 별도로 포탈관세 등(가산세 포함)을 관세포탈죄의 주체로부터 추가적으로 부과·징수하여야 한다(법 제39조 제2항). 세관장이 직권경정 후 부족한 관세를 징수하고자 할 때에는 세목·세액·납부장소 등을 기재한 납세고지서를 납세의무자에게 교부하여야 한다(영 제36조). 不正한 방법으로 관세를 포탈하였거나 환급받은 경우 관세부과의 제척기간은 10年이다(법 제21조 제1항 단서). 세관장의 납세고지(부과처분)에 대해서는 형사절차와 별도로 행정쟁송(조세심판, 행정소송)을 통해 불복해야 한다.

과세가격이나 관세율 등을 거짓으로 신고하여 관세를 포탈한 경우, 관세포탈죄(법 제270조 제1항)로 형사처벌하면서 가산세도 부과하는 것이 가능한지가 문제되는데, 통설과 判例는 가산세와 형벌을 병과하는 것은 가능하고, 헌법 제13조 제1항의 이중처벌금지의 원칙(일사부재리의 원칙)에 위배되지 아니한다고 보고 있다.

2) 관세포탈죄의 공소시효와 부족세액 징수(부과처분)

관세포탈죄의 공소시효는 5年인데, 不正한 방법으로 관세를 포탈하였거나 환급 또는 감면받은 경우에는 부과제척기간이 10年이다. 그런데, 관세포탈죄 공소시효가 완성된 後에 부정한 방법으로 관세를 포탈한 것이 적발된 경우, (관세포탈에 관한 형사절차 없이) 부족세액을 징수(경정처분)할 수 있는지 문제되는데, 부족세액의 징수와 형사처벌은 별개의 문제이고 부과제척기간 10年의 적용이 관세포탈죄의 형사처벌을 전제로 하는 것이 아니므로, 부과제척기간 이내라면 세관장은 不正한 방법으로 관세를 포탈했다는 것을 주장, 증명하여 관세등을 추징을 할 수 있다고 할 것이다.

3) 관세포탈죄의 공범에 대한 관세추징 여부

납세의무자가 아닌 乙이 납세의무자인 甲과 공모하여 관세포탈행위를 한 경우, 乙을 관세포탈죄의 공동정범 또는 방조범으로 형사처벌할 수는 있으나 乙은 (본죄의 공범이기는 하지만) 납세의무자가 아니므로 乙로부터 포탈한 관세등을 추징할 수는 없다(대판 2010두13067).[557]

2. 가격조작죄

(1) 의의

가격조작죄는 수출입신고 등을 할 때 부당하게 재산상 이득을 취득할 목적으로 물품가격을

557) 관련 형사판결: 대판 2008도1074. [서울고판 2008누28709] 부가가치세법상 재화의 수입에 대한 부가가치세의 납세의무자도 (관세법과 마찬가지로) 수입물품의 실제소유자이다.

조작(造作)하여 신고 등을 하는 경우에 성립하는 범죄이다(법 제270조의2). 본죄는 고의가 있어야 성립하는 고의범이다.

(2) 구성요건

1) 가격조작죄의 주체는 수출입신고를 하는 자, 보정신청 또는 수정신고를 하는 자이다.
2) **'가격조작'**이란 실제물품가격과 다른 허위의 가격을 작출(作出)하는 것을 말한다. 수출가격을 고가 또는 저가로 조작하는 행위, 수입가격을 고가 또는 저가로 조작하는 행위가 여기에 해당할 것이지만, 무세품이나 관세율이 낮은 물품의 수입가격을 고가로 조작하는 경우가 주로 문제되고 있다.
3) 본죄가 성립하기 위해서는 부당하게 이득을 취득할 目的이 있어야 한다. 본죄는 고의 以外에 目的이 있어야 성립하는 목적범이다. 국가보험금, 군수품납품대금 등 공공재원을 편취하거나 은행대출금을 편취할 목적으로 수입가격을 고가로 조작하는 경우 등이 여기에 해당한다. '부당하게'라는 의미는 통관질서의 적정을 해하고 거래의 신용 또는 진정성을 해하는 행위나 거래로서 법에 위반되거나 사회상규에 위배되는 경우를 말한다고 할 것이다.

[판례] 원심은 그 판시와 같은 이유를 들어, 피고인 A, B, C가 공모하여 장기간 반복적으로 이 사건 물품의 수출가격을 고가로 부풀려 신고하고, 조작한 수출가격에 의한 수출대금채권을 금융기관에 매각하거나 이를 담보로 대출을 받는 등 조작된 수출가격에 의한 수출대금채권을 이용하여 금원을 편취한 것은 부당하게 재물이나 재산상 이득을 취득할 목적으로 물품의 가격을 조작하여 신고한 경우에 해당한다고 보아, 위 피고인들에 대한 관세법상 가격조작죄의 공소사실이 유죄로 인정된다고 판단하였다(대판 2016도8130).

(3) 죄수 및 다른 범죄와의 관계

가격조작죄의 죄수도 관세포탈죄와 마찬가지로 수입신고시마다 1개의 가격조작죄가 성립한다고 할 것이다. 무세품의 과세가격을 고가로 조작한 경우, 가격조작죄뿐만 아니라 허위신고죄도 문제될 수 있으나, 양죄는 법조경합관계에 있으므로 가격조작죄만 성립한다고 할 것이다.

(4) 처벌

가격조작죄를 범한 자는 2年 이하의 징역 또는 물품원가와 5천만원 중 높은 금액 이하의 벌금에 처한다(법 제270조의2). 대외무역법상 가격조작죄가 '5년 이하의 징역 또는 수출입 물품 등 가격의 3배에 해당하는 금액 이하의 벌금'으로 처벌하고 있는 것에 비하면 상대적으로 경미하다. 따라서 공소시효는 본죄의 경우 5년인데, 대외무역법상 가격조작죄는 7년이다(형사소송법 제249조 제1항). 본죄에 대해서는 필요적 몰수·추징은 규정되어 있지 아니하다.

(5) 양벌규정

양벌규정에 따라 가격조작행위를 한 자뿐만 아니라 그가 속한 법인 또는 개인도 벌금형으로 처벌된다(법 제279조).

3. 허위신고죄

(1) 의의

본죄는 관세법 제241조 또는 제244조의 규정에 의한 수출·수입·반송의 신고 또는 입항전 수입신고를 하거나 보정신청 또는 수정신고를 함에 있어서 관세법 제241조 제1항에 규정된 사항을 신고하지 아니하거나 허위로 신고함으로써 성립하는 범죄이다(법 제276조 제2항 제4호, 제4호의2). 본죄는 위험범이다.

허위신고죄는 다른 관세범죄(제269조, 제270조, 제270조의2 등)의 관계에서 보충적(補充的) 범죄라고 할 수 있다(대판 2013도12939). 본죄도 고의가 있어야 성립하는 고의범이다.

(2) 구성요건

1) 본죄의 주체는 가격조작죄와 동일하다. 즉 수출입신고를 하는 자, 보정신청 또는 수정신고를 한 者이다.

2) 법정신고사항을 허위로 신고하거나 신고하지 아니하는 행위

허위신고의 대상은 관세법 제241조 제1항, 동법시행령 제246조 제1항, 동법시행규칙 제77조의6 제1항에서 규정하고 있는 사항들인데, 즉 ① 물품의 품명·규격·수량 및 가격, ② 포장의 종류나 번호·개수, ③ 목적지·원산지 및 선적지, ④ 원산지표시 유무·방법 및 형태, ⑤ 상표, ⑥ 납세의무자 또는 화주의 상호(개인의 경우 성명을 포함)·사업자등록번호·통관고유번호와 해외공급자부호 또는 해외구매자부호, ⑦ 물품의 장치장소, ⑧ 그 밖에 기획재정부령으로 정하는 참고사항(물품의 모델 및 중량, 품목번호, 관세법 제226조에 따른 허가·승인·표시 또는 그 밖의 조건을 갖춘 것임을 증명하기 위하여 발급된 서류의 명칭) 등이다. 관세법 제241조에 규정된 사항을 허위신고한 경우이면 그것이 주요한 사항인지 與否를 불문하고 모두 허위신고죄가 성립한다.

여기서 **'가격'**(價格)이라 함은 ① 수출·반송신고가격은 해당 물품을 본선에 인도하는 조건으로 실제로 지급받았거나 지급받아야 할 가격으로서 최종 선적항 또는 선적지까지의 운임·보험료를 포함한 가격을 말하고, ② 수입신고가격은 관세법 제30조부터 제35조까지의 규정에 따른 방법으로 결정된 과세가격을 말한다(영 제246조 제3항). 이 중 수출·반송가격 부분은 2015. 2. 6. 개정관세법에서 신설되었고, 수입신고가격 부분은 2019. 2. 12. 개정관세법에서 신설되었다.

(3) 죄수, 처벌, 양벌규정

허위신고죄의 죄수는 각각의 허위신고시마다 1개의 허위신고죄가 성립한다. 허위신고죄를 범한 자는 물품원가 또는 2천만원 중 높은 금액 이하의 벌금에 처한다(법 제276조 제2항). 본죄에 대해서는 필요적 몰수·추징은 규정되어 있지 아니하다. 양벌규정에 따라 행위자뿐만 아니라 행위자가 속한 법인 또는 개인도 벌금형으로 처벌된다(법 제279조).

제5장

사례연습

사례연습 1 실질적 납세의무자

1. 인천소재 농산물 도매 · 수입 전문업체인 甲사는 중국의 농산물 수출업체 A사로부터 중국 길림성 지역에서 생산된 유기농 콩(**'본건 물품'**)을 수입하여 국내 乙사에게 공급한다. 乙사는 甲사로부터 공급받은 유기농 콩으로 유기농 두부와 유기농 콩나물을 생산하여 국내에 판매한다.

乙사 ◀———— 납품계약 ———— **甲사** ◀———— 수입계약 ———— A사 (중국)

2. 甲사와 A사간에는 **'중국산 유기농 콩 수입계약'**을, 甲사와 乙사간에는 **'중국산 유기농 콩 납품(공급)계약'**을 각 체결하고, 乙사는 甲사로부터 수입물품을 인수하여 검사 완료 後 품질 규격이 충족될 경우에 甲사에 물품대금을 지급하고, 甲사는 乙사로부터 물품대금을 지급받는다.

3. 본건 물품에 대하여 A사와 甲사, 甲사와 乙사 간에 각 체결된 계약 내용, 서울세관의 甲사 및 乙사에 대한 기업심사 과정에서 확인된 사실관계는 다음과 같다.
   (1) 甲사가 乙사에게 납품하는 중국산 유기농 콩의 단가는 국내 시장가격 및 환율, 산지시세 등을 고려하여 결정된 '기준단가'로 하고, 매번 입고할 때의 납품단가는 기준단가 결정시에 고려했던 기준환율과 매 수입통관시 실제환율의 차이를 적용하여 매 입고시마다 실제 납품단가를 결정한다. 단, 기준단가는 甲사와 乙사가 별도로 협의하여 결정하고, 실제로 甲사와 乙사는 중국산 유기농 콩의 구매가격을 절충한 사실이 있다.
   (2) 乙사는 유기농 농산물에 대한 이력추적시스템을 구축하였고, 이에 따라 유기농 인증이나 생산물의 이력추적을 위하여 乙사는 甲사와 함께 중국을 방문하여 수입할 유기농 콩의 '재배지'를 선정하였고, 주기적으로 재배지를 방문하여 유기농 콩의 작황상태를 확인하였다.[558]
   (3) 乙사가 실제 구입량을 甲사에게 알려주면 甲사는 A사와 협의하여 최종 선정된 지번에서 생산된 유기농 콩을 정선과정을 통해 乙사의 규격에 맞은 우수한 유기농 콩을 선정하고 乙사에게 검수 일정을 알려주고, 11~12월경 乙사의 유기농구매팀은 공장 품질관리팀과

558) 구체적으로 다음과 같이 진행되었다. ① 매년 4월경 乙사의 유기농 구매팀에서 전년도 구입량을 감안하여 금년도 구매예상량을 산정하여 甲사에 통보하면, 甲사는 중국 A사와의 협의를 통해 산지별 파종시기 등을 알려준다. ② 파종시기인 5월경 乙사의 기술연구소, 유기농 구매팀의 직원들은 甲사의 관계자들과 함께 중국 현지에 가서 지번을 확인하여 최종적으로 우수한 토질 및 지형조건을 가진 '지번'을 확정하고 돌아온다. ③ 6~7월경 납품업체, 국내 유기농 인증업체, 유기농 구매팀, 기술연구소 직원들은 확정된 지번에 가서 유기농 여부를 확인한 후 이를 인증하고, 유기농 구매팀은 작황상태를 수시로 확인하였다.

동행하여 중국 길림성 지역에 있는 Y공장에서 최종 검수 및 선적 전 검사를 통해 최종 합격품을 선정하며, 선정된 유기농 콩은 별대의 마대에 포장되었다. 乙사는 두부 등 제조공장과 협의하여 공장 입고 스케줄을 조정한 후, 甲사에게 이에 따른 선적 및 수입 시기를 알려주었다.

(4) '중국산 유기농 콩 납품(공급)계약'에 의하면, 甲사는 검사 합격품에 한하여 현지창고에 보관・관리하고, 甲사는 乙사가 검사 후 합격으로 선정한 물량에 한하여 乙사와 사전에 합의한 중국 현지창고에 보관하고 합의된 출고시기까지 보관・관리책임을 진다. 甲사와 乙사가 중국 현지에서 검수한 합격품 물량에 대해 甲사는 乙사의 국내 지정 장소까지 품질, 물량에 대하여 전적으로 책임을 지고 입고시키기로 하였다. 실제로 甲사는 중국산 유기농 콩을 수입하여 자신의 임대창고와 乙사의 임대창고에 보관하다가 乙사의 일정에 맞추어 乙사의 제조공장 등에 납품하였다.

(5) 실제로 수입한 유기농 콩이 乙사에 납품되기 前에 발생한 하자에 대하여 乙사는 甲사에게 손해배상책임을 추궁한 사실이 있다.

(6) 甲사는 A사에 가격협상을 위하여 견적서를 제공하였고, 또한 甲사는 乙사에게 구매기준가격을 포함한 견적서를 제시하였다. 乙사는 甲사로부터 받은 견적서와 자신이 자체적으로 조사한 산지가격을 대조하여 구매단가를 결정하였고, 산지가격이 甲사가 제시한 견적가격에 비하여 낮은 경우 乙사의 구매단가를 낮추는 등으로 가격절충도 하였다. 乙사는 때로는 중국산 유기농 콩의 수입물량과 가격에 관하여 부분적으로 A사와 협상하였다. 乙사의 직원은 구매물량 조정 및 가격협상을 위해 甲사의 중국지사 직원들과 함께 A사를 방문한 사실이 있다.

(7) 甲사는 중국 수출업체로부터 공급받은 물량 중 일부(전체 수입물량의 10% 이내)는 국내농산물 도매상인 丙, 丁에게 판매한 사실이 있다.

(8) 본건 물품에 관하여 A사와의 수입계약 체결을 위한 교섭 및 계약체결은 甲사가 대부분 담당하였고, 또한 본건 물품의 수입을 위하여 신용장을 개설한 것도 甲사이다. 甲사는 乙사로부터 본건물품을 납품한 후 물품대금을 지급받으면 그로부터 30~50일 이내에 A사에게 수입대금을 지급하였다.

4. 서울세관장은 甲사가 수입신고시 본건 물품의 가격을 저가(低價)신고하였다는 이유로 乙사에 대하여 100억원 상당의 과세처분을 하였다. **본건 과세처분의 적법 여부를 검토하시오.**

[쟁점사항] 실질적 납세의무자, 수입물품의 실제 소유자

사례연습 2 우리나라에 수출하기 위한 판매

1. SK는 LED Chip을 제조·수입하는 업체로 국내 SB가 그 지분 58.2%를 보유하고 있다. SK는 SB 및 중국 소재 LED Chip 제조업체인 H, T와 함께 합작투자 법인 SH, ST를 설립하였다.

2. SK는 2015. 6. 25. SH와, 2016. 6. 1. ST와 LED Chip('**본건 물품**')을 수입하는 계약('**본건 수입계약**')을 각 체결하였다. SK가 SH, ST와 본건 수입계약을 체결할 때 SB가 계약당사자로 참여하였고, SK와 SB는 '한국측'이라고 함께 지칭되었으며, 본건 수입계약에는 "SH 및 ST에 의해 제조된 본건 물품은 '한국측'에 독점적으로 공급한다"고 규정하고 있다.
SK는 2016. 8월부터 2020. 6월까지 300회에 걸쳐 본건 물품을 수입하면서 SH, ST와 체결한 본건 수입계약에서 정한 수입가격을 과세가격으로 하여 수입신고하였다.

SB ← 납품 ― SK ← 수입 ― SH, ST ← 공급 ― 제조자(H, T)

3. 본건 수입계약, Y회계법인 작성의 특수관계자간 거래시가분석보고서 등에 의하면 다음과 같은 사실관계가 확인된다.
   (1) SK 등(SK와 SB)과 SH, ST는 제조자와 분기별로 본건 물품의 수입단가와 물량 등에 대한 협상을 진행하며, 구매단가는 제조자가 제3자에게 유사 수량·기간·조건 및 동등 스펙으로 판매하는 가격 중 가장 낮은 가격으로 결정하기로 한다.
   (2) SH, ST는 자신들이 직접 공장과 기계설비 등을 보유하지 않으면서 생산기반시설이 있는 기존의 중국 소재 LED Chip 제조업체들(H, T)을 통하여 본건 물품을 생산한다.
   (3) SH, ST는 SK의 창고까지 특송업체를 통해 본건 물품을 운송하고, SK의 창고에 반입될 때까지 운송비용, 보험료, 통관비용 등 제반비용을 모두 부담한다.
   (4) SK는 본건물품에 대하여 분기별로 SK 등과 H 등의 제조자 및 SH 등의 수출자 사이에 합의한 기준가격(제조자 생산비용에 마진을 고려한 가격)으로 수입신고하였다.
   (5) 본건 수입계약에 따르면, 수입통관 이후에도 SK의 창고에 보관 중인 제품의 소유권은 여전히 SH, ST에게 있고, 천재지변(불가항력)으로 제품에 손상이 발생한 경우에도 SK는 책임을 지지 않는다.
   (6) SK가 최종구매자인 SB에게 납품하기 前까지 본건 물품의 소유권은 SH 및 ST에게 있으며, 본건 물품을 SB에 공급하는 시점에 소유권과 실물이 이전(移轉)되고, SK는 본건 물품이 SK의 창고로부터 반출되는 시점부터 SB에 납품되는 시점 사이에 일시적인 소유권만을

가지게 된다. Y회계법인이 2019. 3.경 SK에 대하여 작성한 국내특수관계자간 거래시가분석보고서에는 위와 같은 방식 때문에 SK가 본건 물품에 대한 위험을 거의 부담하지 않는다고 기재되어 있다.

(7) ST의 회계보고서에 의하면, 본건 물품은 SK의 창고로부터 반출되기 前까지는 여전히 ST의 재고로 위험과 보상의 책임은 SK에게 이전되지 않고, 반출시점에야 ST는 비로소 매입매출로 회계처리한다.

(8) SH와의 본건 수입계약에 의하면, SH와 H는 정기적으로 혹은 필요시 재고기록과 창고의 실제재고 차이를 규명하기 위해 조사할 수 있고, 조사 시 발견된 모든 상이점과 수량 부족에 관해서는 공동조사를 통해 확인되도록 하며, SK 등은 결손 금액에 대한 지불의 책임이 있다.

(9) SK는 수입가격에 2.5~4.5%의 마진을 가산(Mark-up) 한 가격으로 최종구매자인 SB에 본건 물품을 공급한다.

(10) SK는 자신의 창고에 반입된 후 30일 또는 60일 이내에 대금을 지급하며, 수입신고시점부터 창고 반출시점까지 분기(90일)가 경과되는 경우 일부 신고분에 대하여는 차기 분기의 협상단가를 적용하여 실제 지급이 이루어지게 되고, 이 경우 대부분 차기 분기의 단가가 하락하므로 실제지급금액이 적게 송금되는 경우도 발생하였다.

(11) SK 등은 제조자와 합의하에 결함품 여부를 결정하고, 결함품으로 결정된 제품은 수출자에게 반품하며, 수출자는 한국측의 통보 접수 후 3영업일 이내에 RMA(Return of Materials Authorization)를 발행하여 이를 새 제품으로 교환해주고, 결함품으로 인한 직접적인 손실과 관련한 보상금액 및 방법은 SK 등과 제조자가 협의하여 결정한다.

4. 추가로 광주세관의 SK에 대한 기업심사 과정에서 다음과 같은 사실관계가 확인되었다.

(1) SK와 SB는 상호 특허권을 공유하고 있고, SK는 매출의 대부분인 96%를 SB를 통해 얻고 있다.

위의 “특수관계자간 거래시가 분석보고서”에 의하면, SK가 2019 사업연도 분석대상 거래에서 SB 및 SB의 자회사인 중국천진 소재 CK유한공사에게 직접 납품하는 거래가 전체 매출의 79%를 차지하고, SB의 외주처에게 판매하여 최종적으로 SB에게 간접적으로 납품된 비율이 17%이어서 SK가 SB에게 총 납품하는 물량이 전체매출의 96%를 차지하고 있는데, SB에 대한 매출은 전부 LED Chip 제품과 상품으로 구성되어 있으며, 나머지 4%는 UV 관련 매출로 국내외 여러 다양한 업체에 판매되고 있다.

(2) SK는 납품 받은 본건 물품을 제3자에게 판매한 실적이 없다.

(3) SB는 SK와 함께 본건 물품을 SH와 ST로부터 구입하기로 하는 계약의 당사자였고, SB의 전략구매팀 직원들은 2회에 걸쳐 SH, ST 관계자들과 본건 물품의 수입가격을 협상한 사실이 있다.

(4) SK가 SH 등으로부터 수입하여 SB에 납품하는 본건 물품뿐만 아니라 SK가 직접 제조하여 SB에 납품하는 LED Chip도 SB의 판매계획 및 주문에 의해서 결정되기 때문에 SK는 재고위험이 크지 않다.

(5) 수출자 ST의 회계보고서에 따르면, ST가 본건 물품을 SK에게 수출하여 발생한 매출액과 제조자인 H, T로부터 구입한 금액(매출원가)이 거의 100%에 가까운 수준(정확하게는 99.5~100%)이다.

5. 광주세관장은 SK에 대한 기업심사를 실시한 후 『**우리나라에 수출하기 위하여 판매되는 물품에 해당하지 아니하고 본건 물품에 처분 또는 사용의 제한이 있으며, 특수관계가 거래가격에 영향을 미쳤다**』고 판단하고 거래가격을 배제하고 제6방법에 따라 과세가격을 결정[즉, SK의 수입가격이 아닌 SK의 판매가격(SK가 SB로부터 지급받은 가격)을 실제 구매가격으로 하여 여기에서 관리비용 등을 차감하여 조정한 거래가격으로 과세가격 결정]하여 과세처분하였다. **본건 과세처분의 적법 여부를 검토하시오.**

[쟁점사항] 우리나라에 수출하기 위하여 판매되는 물품(평가협정 권고의견 1.1), 처분 또는 사용의 제한, 특수관계가 거래가격에 영향을 미쳤는지 여부

사례연습 3 보세공장 제조물품에 대한 과세가격 결정

1. 甲사는 각종 비메모리 반도체를 제조 · 가공하는 보세공장 운영인으로서 반도체 IC칩(**'본건 물품'**)을 생산하는 파운드리회사이다.

※ 파운드리회사는 반도체칩 제조를 전문으로 하는 기업인데, 파운드리회사는 발주원인 반도체 제조업자로부터 설계 데이터를 받고, 그 설계에 따라 반도체칩을 제조한다. 한편, 펩리스회사(FabLess)는 반도체 제품을 직접 생산하지 않고, 설계 및 기술 개발을 하고, 생산은 100% 위탁생산하여 제품을 판매하는 업체를 말한다.

2. 甲사는 2015. 3. 20.부터 2019. 10. 10.까지 위탁업체 乙사와 반도체칩 임가공계약을 체결하고, 乙사로부터 무상으로 제공받은 반도체칩 제조용 웨이퍼를 보세공장에 반입한 後 외국에서 반입한 리드프레임, 에폭시수지 등을 결합시키는 '패키징' 임가공 공정을 거쳐 본건 물품을 제조하였다.

3. 甲사는 보세공장에서 제조한 본건 물품을 乙사에게 납품하기 위하여 甲사가 운영하는 보세공장에서 국내로 반입시 甲사 스스로를 납세의무자로 하여 수입신고하였고, 수입신고시 임가공비와 외국에서 수입한 리드프레임, 에폭시수지 등 보조원재료의 가격만을 합산한 과세가격으로 신고하였다.

4. 서울세관장은 甲사에 대한 기업심사를 실시한 후 본건 물품에 대하여 거래가격을 배제하고 제6방법에 따라 과세가격을 산정함에 있어 乙사로부터 **무상 제공받은 '웨이퍼'의 가격**을 합산하여 과세처분하였다. **본건 과세처분의 적법 여부를 검토하시오.**

[쟁점사항] 수출판매, 수출판매개념의 확대, 보세공장 위탁가공물품의 과세방법, 제6방법

사례연습 4 실제 판매자 또는 구매대리인

1. AK는 독일에 주사무소를 둔 AG가 51%를 출자한 판매회사로서 "AG"상표가 부착된 스포츠용 의류, 신발 등('**본건 물품**')의 대한민국 내 판매를 목적으로 설립되었고, AS는 AG가 100%를 출자하여 홍콩에 설립된 회사로서 각국에 산재한 판매회사들이 해외제조자들(PC, ID 등)로부터 상품을 구매함에 있어서 중간에서 가교 역할을 하기 위하여 설립된 법인이다. AK-AG-AS 간에는 특수관계가 있으나, 해외제조자와는 특수관계가 없다.

AG	←→	AK	←→	AS	→	해외제조자
	특수관계		구매대리계약		공급계약	

2. AK는 AS를 AK의 구매대리인으로 선임하는 내용의 **"구매대리서비스계약"**을 체결하고, 이에 따라 각 수입 물품에 관하여 AS에게 "구매수수료" 명목으로 물품대금의 5%에 해당하는 금액('**본건 수수료**')을 지급하였는데, 수입신고를 하면서 '본건 수수료'를 과세가격에 포함시키지 않고 세액을 산출하여 수입신고하였다.

3. AK와 AS간에 체결된 "구매대리서비스계약"의 내용은 다음과 같다.
   (1) AK는 AS를 "AG"상표 제품 구매와 관련한 구매대리인으로 선임한다.
   (2) AS는 AK의 요청에 따라, AK 대신 제품 샘플을 구매하여 AK에게 전달하고, AK는 AS에게 해당 샘플 선적 가격에 AS에 대한 '구매수수료'를 합한 금액을 지급한다.
   (3) AS는 AK의 주문에 따라 구매한 제품에 대한 소유권을 갖지 않는다. AS는 제품이 AK에게 순차적으로 전달될 수 있도록 하기 위하여 제조자로 하여금 AS에게 송장을 발행하도록 할 수 있다. AS는 AK를 위한 거래에 있어 가능한 AK의 대리인임을 표시하여야 하나, 이를 명시적으로 표시하지 못한 경우라도 구매대리인으로서의 권한이 상실되는 것은 아니다. AS는 AK의 사전 승낙이 있는 경우에만 AK의 계산으로 주문하며, AK에게 판매할 목적으로 재고를 보유하지 않는다. AS는 AK에 대한 송장 작성시 제조자의 공급가격과 AS의 구매수수료를 구분하여 표시한다.
   (4) AK가 샘플이나 디자인 또는 제원(Specification) 등을 제공하는 경우, AS는 제조자들 중 AK의 요구와 기준을 맞출 수 있는 제조자를 물색 한 후 해당 제조자의 제조원가에 관한 조건, 인도날짜 등에 관련 정보를 AK에게 제공한다.
   (5) AK를 위하여 구매한 제품은 선적 前에 AS가 검수, 확인한다. AK는 신용장 其他 다른 방법에 의한 대금지급에 관하여 AS의 승인을 받아야 한다. AS는 제품이 AK의 구매주문과

일치하고 결함이 없으며, 제조자가 제품의 한국 통관을 위해 필요한 서류를 구비하고, 제품이 구매주문대로 포장, 표시되어 송품장이 발행되고, 운송을 위하여 안전하게 포장된 경우에 AK의 대금지급에 관한 승낙을 한다.

(6) AS는 선정된 제조자들에게 AK의 승낙하에 구매주문을 하고, 제품의 국제운송을 위한 필요한 조치를 취한다. AS는 AK에게 제품 운송인의 이름, 선박 또는 항공편 명, 수입항 및 도착일을 알리고, 관련 서류를 AK에게 인도한다.

(7) AS는 AK의 서면승낙 없이는 제조자들과 가격결정, AK와 제조자 사이에 결정된 가격의 변경, 제품의 스타일 및 제원의 변경, 배송 및 선적 일자의 연장들에 관한 행위를 할 권한이 없다.

(8) AK는 구매대리인으로 수행한 용역의 대가로 AS에게 제조자 공급가격의 5%를 구매수수료 명목으로 지급한다.

(9) AK는 AS가 발행 송장에 기재된 금액을 AS에게 송장 발행일로부터 20일 이내에 지급한다.

(10) AK는 AS의 도움 없이 직접 제조자에게 구매대리 대상 제품을 주문할 수 있고, 이 경우 AS는 AK의 구매 주문에 대하여 어떤 대가도 받지 않는다.

(11) 특정 제조자가 AK의 주문을 이행할 수 없는 경우에는 AS는 이 사실을 AK에게 통보하여야 하고, AS는 AK의 명시적 승인 및 권한 부여 없이는 다른 제조자와 구매계약을 체결하지 못한다.

4. 본건 물품을 포함한 “AG” 상표 제품에 대한 AK의 구매 과정 및 부산세관의 AK에 대한 기업심사 과정에서 확인된 사실관계는 다음과 같다.

(1) AG는 제품에 대한 기초적인 도안을 마련한 후 AK를 비롯한 판매회사들의 의견을 묻고, 판매회사들로부터 각국의 최신 경향, 가격, 스타일 등 시장의 요구사항, 경쟁자들에 대한 분석자료를 제공받아 도안을 수정한 후, 다시 판매회사들의 의견을 듣는 과정을 거쳐 제품을 개발한다. 그 후 판매회사들은 제품에 대한 사전 검토단계인 마케팅 회의에 참석하여 제조자가 제작한 샘플을 확인하고, AS가 제조자로부터 수집한 참고가격 정보를 제공받은 후 자신들이 원하는 구매가격을 AS를 통하여 제조자에게 전달한다. 이후 AS는 판매회사들로부터 원하는 품목에 대한 예상 수요량을 제출받아 이를 제조자에게 알리면서 제조 가능 여부를 문의한 후, 제조자가 제조를 승낙하면 이를 판매회사들에게 알려주고, 제조자와 최종 가격협상을 하여 가격을 결정한다.

(2) AK의 제품 주문은 AS의 웹-베이스 시스템(AS와 제조자들 사이에 연결된 전자거래 시스템)에 의하여 이루어지는데, AK가 위 시스템에 제품번호, 수량 등을 입력하거나 전자우편(e-mail)으로 주문하는 방법으로 AS에게 주문을 하면, AS는 제조자에게 AK의 고객번호, 주문번호, F.O.B 운송조건 등이 기재된 구매계약서(P/O)를 보내 제품을 주문한다.

(3) 주문에 따라 제품의 생산이 완료되면, AS는 제품 출고 前 이를 검사하여 검수확인서를

작성하고, AK가 지정한 선사에 선적이 완료되면 관련 선적서류를 확인하고 이를 AK에게 통보한다.

(4) 제품의 운송은 F.O.B 운송조건으로 제조자로부터 AK에게로 직접 이루어지는데, 선하증권(B/L)에는 송하인은 제조자, 수하인은 AK, 운임은 후불로 각 기재되어 있다. AK는 수입 제품들에 대하여 K화재해상보험 주식회사에 보험에 가입하였고 운송료를 지급하였다.

(5) 제조자는 수입자를 "AK의 대리인 AS"로 표시한 송장을 발행하고, AS는 제조자를 수익자로 한 신용장(L/C)을 자신 명의로 개설하여 제조자에게 물품대금을 우선 지급한다. AS는 제조자로부터 받은 송장을 근거로 제조자의 공급가격 및 "본건 수수료"를 기재한 송장을 AK에게 발행하고, AK는 그로부터 50~80일 이내에 AS에 위 금액을 지급한다.

(6) AK가 본건 물품을 통관하면서 작성한 수입신고필증에는 공급자란에 'AS'가 기재되어 있다. AK의 감사보고서상의 재무제표에도 "AG" 상표 제품의 매입처는 'AS'로 되어 있다.

(7) 제품에 하자가 발생한 경우, AK가 AS에게 하자 처리에 대한 요청을 하면 AS는 제조자와 접촉하여 제조자가 하자를 처리하는 방안을 협의한 후 제조자의 하자처리 결과를 AK에게 알려 주는 방법으로 하자를 처리하였다.

(8) AK는 AS의 구매대리 행위 없이 싱가폴 다른 관계사를 통해 "AG" 상표제품을 구매한 경우도 다수 있다.

(9) AK는 정상가격산출방법신고서 및 국제거래명세서에 AS와의 거래를 유형자산 매출·매입거래라고 기재하여 Y세무서장에게 제출하였다. AK는 대금지급과 관련하여 외국환거래법상 제3자지급에 대한 신고를 한 바는 없다.

5. 부산세관장은 AK에 대한 기업심사를 실시한 후 AK가 AS에 지급한 "본건 수수료"를 실제지급가격에 가산하여 과세처분하였다. **본건 과세처분의 적법 여부를 검토하시오.**

[쟁점사항] 실제 판매자, 구매대리인, 구매수수료, 실제지급가격

사례연습 5 실제 판매자 또는 구매대리인

1. CK는 CA그룹의 미국본사인 CA의 한국 자회사이다. CK는 "CA"브랜드 상표가 붙은 의류, 신발, 가방 등의 용품('**본건 물품**')을 수입하면서 수입물품 대금과 별도로 '서비스계약' 및 원가분담약정 등(각 계약당사자는 CK와 CA)에 근거하여 '**소싱서비스비용**', '**제품개발비용**'을 CA에게 지급하였다.

CK ——서비스계약——▶ CA ——물품공급계약——▶ 해외공급자

2. CK가 CA에게 구매 예정목록을 보내면, CA는 구매주문서(P/O)를 해외공급자에게 전달한다. 해외공급자는 그 구매주문서에 따라 제품을 생산하고 CK에게 대금청구서(Invoice)와 선하증권(B/L)을 보내준다(대금청구서 및 선하증권의 당사자는 'CK'로 기재되어 있다). CK는 이러한 방식에 따라 2016. 7월부터 2020. 5월까지 특수관계 없는 해외공급자 RP, QT로부터 본건 물품을 수입하였다. 그런데, CK는 본건 물품에 대한 수입신고시 소싱서비스비용, 제품개발비용을 과세가격에 포함시키지 않았다.

3. CK는 CA에서 관리하는 트레이드카드(Trade Card) 시스템을 통해 물품 대금을 지급하고 있다. 이에 의하면 CK가 CK의 미국 계좌에 물품대금을 입금하고, 그 계좌에서 해외공급자에게 대금이 지급된다.

4. CK는 CA에게 다음과 같은 비용을 지급하고 있다.
   (1) 소싱서비스비용
   CK와 CA간에 체결된 '서비스계약'(SERVICES AGREEMENT)에 근거하여 CA의 관련부서에 발생한 직・간접원가에 15%를 가산한 금액을 지급한다.
   (2) 제품개발분담금
   원가분담약정(COST SHARING AGREEMENT)과 제품개발계약에 근거하여 CA의 관련부서에서 발생한 비용에 매출원가 구성비율을 곱한 금액, 즉 제품개발분담금의 33%는 의류디자인비용으로, 67%는 제품개발비용으로 지급한다.

5. 서비스계약, 물품공급계약, 원가분담약정, 이전가격자료상 확인된 사실관계는 다음과 같다.

(1) 소싱서비스비용 관련

① CA의 소싱전략은 CA그룹의 제품을 효율적으로 납품하는데 있다. CA의 소싱전략 활동에는 제품 출시를 위해 해외공급자와 직접 거래하는 활동과 수요/공급을 맞추는 활동이 있다. CA는 수요계획의 개발을 조율하고, 해외공급자의 공급/수요 역량에 맞추어 협력한다.

② CA는 CK를 비롯한 각국의 자회사들을 위하여 소싱(sourcing) 또는 제조(manufacturing) 관련 서비스를 제공한다. CA의 소싱활동은 상품기획, 해외공급자의 파악, 해외공급자와의 유리한 조건 협상과 제품 원가의 결정, 적시에 적절한 품질의 제품을 제공할 수 있는지 공장을 방문해서 평가, 제품의 품질을 조사하고 제작과정이 적절한지를 확인하기 위하여 CK를 비롯한 각국의 자회사들을 위하여 의류 생산공장에 인력 제공, 재료 소싱(의류제품 등에 대해 CK를 대신해 재료 소싱 및 조달서비스) 등으로 이루어진다.

③ CA는 CK를 비롯한 각국의 자회사들과 서비스계약(SERVICES AGREEMENT)을 체결하고 각국의 자회사들에게 위의 ②에 해당하는 소싱서비스를 제공하고 그 대가로 "소싱서비스비용"을 받는다.

④ CA는 각국의 자회사 및 계열사들의 대리인(agent)으로서 해외공급업체와 물품공급계약(SUPPLY AGREEMENT)을 체결하고 "CA"브랜드 제품을 각국의 자회사들에게 공급한다. 즉 CA그룹 전체 차원에서 소싱활동이 이루어진다. CA는 자체 제조시설이 없고, 제3자 계약 제조업체와 계약을 통해 "CA"브랜드 제품을 생산한다. CA는 제품의 생산과정의 全 일정을 감독하고, 생산된 제품의 품질검사를 수행한다.

⑤ CA는 대한민국 外에서 생산될 제품의 해외공급자에 대한 최종적인 선정권한을 가지고 있고, 특정 시즌에 어떤 공장에 주문할지를 결정한다. CK는 대한민국 內에서 "CA"브랜드 제품을 생산할 제조사를 찾아 선정할 수 있는 권한만 갖는다.

⑥ CA는 제품의 원가계획을 책임지고, 현지 계열사가 달성해야 할 수익률을 정한다. 이에 따라 CA는 현지 계열사의 영토 밖에 위치한 공급자들과 가격, 결제조건, 품질, 적시납품 등과 관련된 사항에 대해 협상하는 일을 맡고 있다. CA는 대한민국 밖에서 생산되는 제품의 원가, 현지 제품가격에 대해 결정할 수 있는 권한이 있기 때문에 본건 물품에 대한 거래나 가격을 통제하고 있다. 나아가 현지 계열사가 정한 가격이 특정제품의 입지전략과 어긋나는 경우에 CA는 그 제품 제시가격을 취소할 수도 있다. 반면 CK는 대한민국 內 제조사와 조건을 협상할 수 있을 뿐이다.

⑦ CA는 각국의 자회사 등에게 발송되고 남은 재고에 대한 권리를 해외공급자로부터 인계받는다.

⑧ 본건 물품에 대한 하자에 대한 책임은 '해외공급자'(RP, QT)가 부담하는 것으로 확인되었다.

(2) 제품개발비용 관련

① CA가 모든 "CA"브랜드 제품들과 관련된 "연구개발비용" 등을 통합적으로 관리하면서 그 비용을 일정한 기준에 따라 각국의 자회사들에게 배분하고 있다.

② CK는 '제품개발분담금'을 의류디자인비용과 제품개발비용으로 구분하여 제품화에 성공한 비용만을 "의류디자인비용"이라 하여 과세가격에 포함시켜 수입신고하고 있다.

③ 원가분담계약에 따르면 CA의 지적재산권과 관련하여 발생하는 모든 무형개발활동비용을 그 성공 여부와 상관없이 자회사들에게 분담하도록 규정하고 있다.

④ CK가 CA와 체결한 **원가분담계약**과 **무형자산양도계약**(PREEXISTING INTANGIBLE PROPERTY TRANSFER AGREEMENT)의 내용은 아래와 같다.

원가분담계약의 내용

- CA와 각국의 계열사들은 기존 무형자산 이전 계약을 맺었으며, 이 계약에 따라 관련 영토에서 무형개발활동으로부터 파생된 또는 "CA"브랜드 비즈니스와 관련하여 기타 방법으로 획득한 특정 트레이드마크, 서비스마크, 트레이드 이름, 도메인 이름 기타 지적 재산과 관련된 라이센스를 CA가 각국의 계열사들에게 조달한다.
  CA는 국제 계열사에게 관련 영토에서 라이센스를 제공하고자 하며, 국제 계열사는 그러한 라이센스를 획득하여, (ⅰ) 유효일 이후 계약 당사자가 실행한 또는 계약 당사자를 위해 생산, 제작, 개발 또는 보호된 모든 비용부담 지적재산을 사용 및 활용하고, (ⅱ) "CA"브랜드 제품을 생산, 마케팅, 유통 및 판매하고 그러한 비용부담 지적재산을 사용하여 "CA"브랜드 서비스를 실행하고자 한다.
- "무형개발비용"은 어떠한 연도에 CA사 브랜드 비즈니스와 관련되거나 그에 적절히 할당될 수 있는 무형개발활동에 대해 모든 참가자에게 누적하여 발생되는 모든 비용을 의미한다.
- 무형개발비용의 분담: 각 참가자는 본 계약에 따라 무형개발활동의 성공여부와 상관없이 본 계약기간 중 매년 발생한 무형개발비용을 부담한다.

6. 서울세관장은 CK에 대한 기업심사를 실시한 후 본건 **"소싱서비스비용"**, **"제품개발비용"**을 과세가격에 가산하여 과세처분하였다. **본건 과세처분의 적법 여부를 검토하시오.**

[쟁점사항] 실제 판매자, 구매대리인, 구매수수료, 연구개발비, 권리사용료

사례연습 6 조달계약에서 실질적 판매자

1. 甲사는 오렌지, 포도 등의 수입판매업을 영위하고 있는데, 甲사는 2018. 1. 10.부터 같은 해 8. 25.까지 사이에, 미국현지법인 A사를 통해 총 15회에 걸쳐 오렌지(**'본건 물품'**)를 수입하면서 부산세관장에게 수입가격을 신고하고 관세를 납부하였다.

甲	——————→	A	——————→	미국공급자들
	본건공급계약		본건구매계약	

2. 그런데 甲사는 2020. 1. 4.경 위 신고한 수입가격에는 A사에게 지급한 수수료(**'본건 수수료'**)가 포함되어 있는데, 그 수수료는 '구매수수료'이므로 이를 과세가격에 공제하여야 한다고 주장하면서 부산세관장에게 경정청구를 하였다. 그러나 부산세관장은 이에 대해 甲사가 주장하는 '본건 수수료'는 관세법에서 정한 구매수수료에 해당하지 않는다며 경정청구를 거부(**본건 처분**)하였다.

3. 甲사와 A사는 2017. 8. 10. "오렌지 조달계약"(**본건 조달계약**)을 체결하였고, 그 후 A사는 공급자를 물색하여 2017. 11. 20. B사, C사 등 '미국공급자들'과 "오렌지 등 구매계약"(**본건 각 구매계약**)을 체결하고 A사의 명의로 오렌지를 구매하였다.

4. 甲사가 A사와 체결한 "본건 조달계약"의 내용 및 부산세관의 甲사에 대한 기업심사 과정에서 확인된 사실관계는 다음과 같다.
   (1) A사는 미국, 뉴질랜드 등지에서 구매를 통하여 합리적인 가격으로 좋은 품질의 상품(오렌지, 포도 등)을 지속적으로 공급하기 위한 모든 노력을 통하여 甲사의 매매활동을 지원한다. 다만, 본건 조달계약에는 A사가 수행해야 할 구체적인 용역 범위에 대해서는 규정되어 있지 아니하다.
   (2) 甲사가 A사에게 오렌지 등의 구매요청을 하면, A사는 미국 내 공급자를 물색하여 공급자 가격 및 선적 전 검사비용, 운임 등을 견적 받아 그 검토결과 및 당해 구매로 인한 A사의 이익(Profit) 6%를 오더 워크시트(Order Worksheet)에 기재하여 甲사에게 발송하였는데, 그 오더 워크시트에는 A사가 미국공급자들로부터 구매한 구매가격, 냉장작업 등 생산자 추가비용, 통관대행비용 등 기타비용, 미국 내 내륙운송비용, 해상운송비용, 보험료 및 A사에 대한 6%의 구매수수료(A사의 '이윤'으로 표시되어 있음) 등 모든 비용이 기재되어 있다.

(3) 甲사와 A사의 담당자들은 이메일을 통하여 오렌지의 품질이나 가격에 관한 정보를 교환하였고, A사는 甲사의 요청에 따라 현지공급자들과 가격협상을 하기도 하였다.
오렌지 구매과정에서 甲사는 A사에게 한국시장의 상황에 대해 알려주거나, 판매계획을 세우기 위해 A사에게 한국에 도착 예정인 물품의 최저가격을 알려 줄 것을 요청하거나, 구매대상 물품의 작황 상태나 품질에 대해 알려 줄 것을 요청하기도 하였고, 특정 거래처에 대한 물품구매대금에 비해 송금수수료의 비율이 높은 경우에는 A사로 하여금 미국공급자들에게 대신 지급해 줄 것을 요청한 다음, A사에 대하여 한 번에 송금하는 방식을 취하기도 하였으며, A사를 통하지 않고 직접 미국공급자들과 연락을 취하기도 하였다.

(4) A사는 甲사의 요청에 따라 주문을 하고, 미국공급자들로부터 들은 말을 전해 주거나, 제품의 상태나 가격, 구매가능물품에 대해 알려주기도 하였으며, 어떤 미국공급자로부터 물품을 조달할지에 관하여 甲사의 직접적인 지시를 받기도 하였고, 품질검사 등 선적 업무와 관련된 업무에 관하여도 甲사에게 보고하였다.
A사는 스스로의 판단 하에 오렌지 등을 구입하여 미리 보관하지는 않았고, 甲사의 구매요청이 있을 때에만 물품을 구매하였다.

(5) A사는 미국공급자들로부터 수출을 조건으로 본건 물품을 자신의 명의로 구매한 다음 역시 자신의 명의로 선적 前 검사를 받고 내륙운송업체 및 선박회사에게 내륙운송 및 해상운송을 의뢰하는 방법으로 수출절차를 진행하였고, 대금결제는 A사가 미국공급자들로부터 「구매자가 'A사', 받는 곳이 '甲사의 한국영업소'로 된 송장」을 건네받아 이를 甲사에게 송부하면, 甲사는 A사에게 구매대금을 송금하고 다시 A사가 미국공급자들에게 송장번호 및 컨테이너번호별로 구매금액을 송금하는 방식으로 이루어졌다.

(6) A사는 본건 물품의 주문결과에 따라 매매가 완료되고 대금이 전액 지불되면, 이에 대하여 본건 수수료를 받는데 이는 상품 FOB가격의 6%이다. 甲사는 각 분기 마감 후 15일 이내에 본건 수수료를 본건 공급계약에서 정한 계좌로 송금하여야 한다.

(7) 본건 조달계약에 의하면 A사가 甲사에게 조달한 상품의 품질이 甲사의 요구사항에 맞지 않을 경우, 甲사는 즉시 A사에게 클레임을 제기할 의도임을 통지하여야 한다. 또한, A사는 모든 클레임의 최종 분쟁 해결책을 협상하기 위해 최선의 노력을 할 것을 동의한다. 甲사와 A사는 최종적인 분쟁해결에 기인한 어떠한 손실도 분담한다. 만약 상품에 어떤 결함이 발견된다면, 甲사는 브랜드를 보호하기 위하여 상품을 처분하는데, 이 경우 甲사와 A사는 상호 계약 후 상품의 처분비용을 분담하기로 한다.

(8) 한편, 본건 물품에 관한 선하증권(B/L), 상업송장(Commercial Invoice), 포장명세서(Packing List) 등의 송하인(Shipper) 및 수출자(Exporter)란에는 'A사'가, 수하인(Consignee)란에는 '甲사'가 각 기재되어 있고, 위 상업송장 및 포장명세서 하단에는 해당 선적물이 'A사'에 의해 포장되었다는 내용의 문구가 기재되어 있으며, 甲사가 부산세관장에게 제출한

본건 물품에 대한 신고서에는 그 공급자란에 A사가 기재되어 있고 인도조건란에는 운임포함인도(CFR)조건, 결제방법란에는 전신환(TT)방법이 각 기재되어 있다.

5. 본건 처분의 적법 여부를 검토하시오.

[쟁점사항] 실질적인 판매자, 구매수수료, 실제지급가격

사례연습 6-1 전자상거래에서의 실제 구매자(납세의무자)

1. 甲은 2016. 7. 20. 미국으로 출국하여, 미국에서 사업목적을 'WHOLESALE-HEALTH SUPPLY'로 하여 미국 현지법인인 'NT사'를 설립하였다. 甲은 미국 NT사의 주식을 100% 소유하고 있다. 이와 함께 甲은 건강기능식품을 판매하는 인터넷쇼핑몰(**본건 쇼핑몰**)의 인터넷 홈페이지 도메인을 등록하였다. 미국 NT사는 미국 국세청에 2007년부터 2009년까지 법인세를 신고납부하였다.

2. 한편, 甲의 兄인 乙은 한국에서 2017. 10. 15. 상호를 'NT코리아', 사업의 종류를 '건강기능식품수입', 대표자를 '乙'로 하여 사업자등록을 하고, 종업원 3명을 고용하여 NT코리아를 운영하였다. 乙은 NT코리아를 통해 본건 쇼핑몰에서 구입된 물품이 반품되는 경우 이를 폐기하거나 재판매하였다. NT코리아는 본건 쇼핑몰 거래 以外에 영업활동을 한 자료는 없고, 2020. 12. 20.자로 폐업되었다.

3. 본건 쇼핑몰의 구체적인 판매 과정은 다음과 같다.
   (1) 甲이 미국 NT사를 통해 평소 미국 건강보조식품 도매상들로부터 건강기능식품을 도매가격에 구매하여 미국 NT사의 현지 창고에 보관해 두었다. 甲은 건강보조식품 구매시 甲 명의 카드를 사용하였다.
   (2) 甲은 '본건 쇼핑몰'에 상품광고를 올리면서 상품명, 원산지, 제조사 및 브랜드, 특징과 성분 및 소비자가격을 한글로 기재하였다. 본건 쇼핑몰에는 상품의 기능, 제조사, 성분 등이 상세히 기재되어 있고 그 구매를 유도하는 광고성 설명이 대부분이다.
   (3) 국내소비자들은 '본건 쇼핑몰'에 접속하여 상품을 주문하면서 '상품가격 + 운송비'를 신용카드 또는 계좌이체의 방법(현금)으로 결제하였다.
   (4) 국내소비자들로부터 주문이 접수되면 甲은 국제운송업체인 F사에 상품 및 운송비[미국내 배송비, 미국 및 한국 통관비, 국내 운송비 포함]를 지급하면서 운송을 위탁하였다.
   (5) F사는 국내세관을 통과하면서 국내소비자들이 수입하는 '소액면세물품'으로 신고(관세 감면을 받음)한 후 국내운송업체인 M로지스틱스 등을 통해 국내소비자에게 물품이 배송되었는데, 수입신고시 송하인(해외공급자)은 'NT', 'AR', 'BS', 'CM', 'DP'로[559] 기재하였고, 수입신고가격은 국내소비자가 본건 쇼핑몰에서 구매한 가격이 아니라, 미국 NT사가 미국 도매업자로부터 구매한 가격으로 하였다.
   (6) 국내소비자들이 본건 쇼핑몰에 상품의 하자로 인한 반품 및 교환요청을 하면 국내택배회사를

559) 'AR', 'BS', 'CM', 'DP'는 甲이 미국에 설립한 또 다른 회사들이다.

통해 'NT코리아'에 물품이 전량 반송되고, NT코리아는 이를 전량 국내에 재판매하거나 폐기처분하는 등의 방법으로 처리하였다.

4. 국내소비자들이 물품판매대금을 '현금'으로 지급하는 경우 계좌이체를 하여야 하는데, 본건 쇼핑몰 홈페이지에 게시된 甲명의의 N은행, K은행 계좌로 이체되었다. 그리고 국내소비자들이 '신용카드'로 대금을 결제하는 경우 甲의 HS은행 계좌로 카드대금이 입금되었다. 乙은 甲명의의 N은행, K은행, HS은행의 계좌를 관리하면서 NT코리아를 운영하였다. 乙은 이들 계좌에 입금된 총 금액(55억원) 중 20억원 상당을 자신의 부동산을 구입하거나 개인적 용도로 사용하였다.[560)]

5. 'NT코리아'는 국내에서 수입통관(수입신고, 관세납부 등)[561)] 및 반품업무를 수행하였고, 미국 NT사 직원인 丙은 미국에서 수입통관 및 배송업무를 수행하면서 국내에 입국하여 NT코리아에서도 관련 업무를 도와주었다. 한편, 甲은 미국에서 물품구매 및 본건 쇼핑몰 홈페이지를 관리하면서 NT코리아 직원(丁) 및 NT사 직원(丙)에게 본건 쇼핑몰 내부 게시판을 통해 고객의 민원사항을 신속히 처리할 것을 지시하였다.

6. 서울세관장의 NT코리아에 대한 기업심사 과정에서 확인된 사실에 의하면, 본건 쇼핑몰에서 구매하는 물품에 관하여 미국 NT사와 NT코리아간에 체결된 계약(물품구매계약 등)은 없었고, 또한 NT코리아와 국내소비자들간에 체결된 계약(물품구매계약 등)도 없었다.

7. 서울세관장은 "乙이 건강기능식품을 판매하는 본건 쇼핑몰을 실질적으로 운영하면서 국내 소비자들로부터 본건 쇼핑몰을 통해 건강기능식품(**본건 물품**)의 구매를 요청받으면 미국에 거주하는 甲으로 하여금 이를 구입하게 하여 수입한 다음, 2018. 3. 11.부터 2020. 10. 20.까지 350,000명의 국내소비자들에게 물품원가 미화 5,750,000달러에 상당하는 건강기능식품 210,000점을 판매하였고, 자신이 실제 수입자 및 납세의무자임에도 불구하고 관세 등을 회피하기 위하여 국내소비자들이 해외 판매자로부터 직접 구매하여 배송받는 형태의 거래인 것처럼 가장하여 소액면세를 받았다"는 이유로, 乙에 대하여 관세 등 8억원상당의 과세처분(**본건 과세처분**)을 하였다. 본건 과세처분의 적법 여부를 검토하시오.

[쟁점사항] 본건 물품의 과세가격 결정방법(미국 NT사가 미국 도매업자로부터 구매한 가격을 기초로 과세가격을 결정하는 것이 적법한지 여부), 실제 수입자 및 납세의무자

560) 미국 NT사가 2018년부터 2020년까지 미국 세무당국에 신고한 '매출액'은 본건 쇼핑몰에서의 신용카드에 의한 연 매출액에 근사하고 2019년 이후 경상이익을 적자로 신고하여 법인세 등을 납부하지 아니한 사정에 비추어 볼 때 甲은 乙로부터 현금을 전혀 송금받지 못한 것으로 보인다.

561) NT코리아는 수입신고 등의 업무를 YB관세법인에 의뢰하여 진행하였다.

사례연습 7 판매대리인과 구매자의 구별

1. 부산 소재 HK사는 홍콩 H사가 설립한 국내법인으로서 H사가 지분 100%를 보유하고 있다. HK사와 H사의 대표는 동일인이고, HK사의 인사 및 조직관리는 H사에 의해 이루어진다. HK사는 2018. 3. 5.부터 H사로부터 페로망간 등(**'본건 물품'**)[562]을 전량 수입하여 국내 제강업체 乙사 등에게 공급하고 있다. 수입신고서에는 HK사가 수입자 및 납세의무자로 기재되어 있고, 관세 등도 HK가 납부하였다.

2. 본건 물품에 대하여 H사-HK사-乙사 간에 체결된 계약서, 이전가격 검토자료 등에 의하면 다음과 같은 사실관계가 확인된다.
   (1) HK사와 H사 사이의 이전가격 검토자료에 의하면 "HK사는 한국시장에서의 페로망간 등 H사제품의 분배(distribution)에 주로 관여하고, H사에게 판매지원서비스를 제공하며, 국내 고객들의 수입통관을 위한 노력을 줄이기 위한 서비스 차원에서 HK사가 H사로부터 수입하여 국내구매자에게 전달하는 거래형태를 채택한다"고 규정하고 있다.
   (2) 먼저 국내 乙사가 페로망간 등의 공급과 관련하여 HK사를 비롯한 국내외 여러 공급자들에게 경쟁입찰 참가를 위한 입찰초청공문을 보내면, HK사는 이 경쟁입찰에 참가하여 최저 입찰가로 낙찰을 받았다. 甲사는 입찰과정에서 H사로부터 가격협상에 관한 구체적인 전략 등을 지시받은 후 입찰가격을 조정하였다.
   (3) 낙찰 후 HK사와 乙사는 **"판매계약"**을 체결하는데, 인도조건은 "DDP" 지정장소 인도조건이며, HK사가 지정된 납기일에 납품하지 못한 경우에는 1주일마다 지체상금을 현금으로 乙사에게 지급하여야 한다.
   (4) 판매계약 체결 後 HK사는 H사와 페로망간 등 **"수입계약"**을 체결하고 물품을 수입하는데, 수입가격은 낙찰가격에서 甲사의 마진(4%), 관세, 국내운송비 등 수입항 도착 후 제비용을 제외한 가격(CIF조건)으로 책정된다.
   (5) 위 수입계약에 의하면 국내 도착항에서의 품질검사는 HK사가 아닌 실수요자인 乙사가 실시하도록 하고 있고, 선적지에서의 수출시 실시한 검사결과와 乙사의 검사결과가 다르게 나올 경우에는 乙사가 실시한 검사결과를 수용하되, H사가 乙사의 검사결과에 이의가

562) Mn을 다량 함유한 합금철로 망간강, 망간 청동, 강(鋼) 등의 탈산(脫酸)에 사용한다.

있는 경우에는 제3자로 하여금 검사를 실시하게 하고 그 비용은 H사가 부담하도록 되어 있다.

(6) 본건물품을 수입신고할 당시 이미 실수요자가 확정되어 있는 상태이어서 HK사는 실질적으로 재고관리에 대한 위험을 직접적으로 부담하지 않고, HK사는 乙사와 사이에서 페로망간의 판매계약에 따른 지연손해배상책임을 부담하기는 하나 H사와의 수입계약에서 HK사의 乙사에 대해 지연손해배상책임과 완전히 동일한 범위에서 H사가 HK사에 대하여 지연손해배상책임을 부담하므로 결과적으로 HK사는 페로망간의 납품지연에 따른 손해배상책임의 위험을 부담하지 않는다.

또한 HK사는 乙사로부터 물품대금(50억원)을 수령하면 그 대금에서 자신의 마진(4%), 관세, 국내운송비 등을 공제한 나머지 금액(45억원)을 3일 이내에 H사에 송금하므로 대금결제에 따른 위험부담은 없는 상황이다.

(7) 실제로 HK사는 페로망간이 수입된 以後 乙사의 지정공장까지 페로망간을 운송하는 역할을 주로 한 것으로 확인되었다.

3. 부산세관장은 2010. 8. 10. HK사에 대한 기업심사를 실시한 후 乙사가 HK사에게 지급한 매매대금(50억원)을 '본건 물품'에 대한 실제지급가격으로 보고 이를 토대로 관세, 국내운송비 등을 공제한 금액을 과세가격을 결정하고 누락된 관세등에 대해 과세처분을 하였다. **본건 과세처분의 적법 여부를 검토하시오.**

[쟁점사항] 우리나라에 수출하기 위한 판매가 존재하는가? (평가협정 권고의견 1.1 포함), 수출판매가 존재한다면 甲사와 乙사 중 누가 구매자이고 누가 납세의무자인가? 甲사의 마진(2%) 금액의 법적 성격은 무엇인가?

사례연습 8 처분 또는 사용제한

1. 甲사는 미국 A사로부터 컴퓨터응용설계프로그램(CAD, CAM)을 수록한 CD-ROM을 수입한다. 甲사는 컴퓨터응용설계프로그램을 평가용, 교육용, 딜러용, 일반용으로 나누어 수입하는데, **'일반용'**이란 수입하는 소프트웨어를 일반사용자에게 아무런 제한 없이 판매하기 위하여 유상(有償)으로 수입하는 경우를 말하고, **'평가용'**은 고급사용자들을 상대로 프로그램의 사용에 대한 의견을 구하여 이를 최종판에 반영할 목적으로 관련단체 등에게 무상으로 제공하기 위하여 무상(無償)으로 수입하는 경우를 말한다. 甲사는 위 평가용 컴퓨터응용설계프로그램이 수록된 CD-ROM(**'본건 물품'**)을 수입하면서 무상 또는 미화 30달러로 수입신고하였다.

2. 서울세관의 甲사에 대한 기업심사과정에서 다음과 같은 사실관계가 확인되었다.
   (1) 甲사가 수입하는 컴퓨터응용설계프로그램의 경우 '일반용'에 대하여는 재판매 제한이 없음에 반하여, '평가용'에는 마그네틱디스켓의 표지에 "NOT FOR RESALE"이라고 표시하여 제3자에게 당해 소프트웨어의 사용권한을 양도할 수 없음을 명기하고 있다.
   (2) 또한 포장상자에 '평가용'의 경우에는 영문으로 "EVALUATION"으로 각 표기되어 있고, 제품 레이블에는 제품고유번호의 첫 3자리를 일반용은 110(영문판), 120(한글판), 평가용은 124(한글판)로 각기 구분 표기되어 있다.
   (3) 평가용의 경우 프로그램을 실행할 때 나타나는 초기화면에도 일련번호와 함께 '재판매 금지'라는 표시가 나타나도록 되어 있다.
   (4) 업계관행에 의하면, 소프트웨어는 사용권한의 제한 유무와 사용자층에 기하여 별개의 가격으로 수입하고 있으며 실제의 유통과정에서도 양자가 별개의 가격과 별개의 소비자군을 형성하고 있다.

3. 서울세관장은 甲사가 수입하는 본건 물품에 대하여 무상 수입물품이라는 이유로 거래가격을 부인하고, 제2방법(동종·동질물품의 거래가격을 기초로 한 과세가격 결정방법)에 따라 甲사가 수입하는 '일반용'의 판매용 가격(미화 800달러)을 기준으로 과세가격을 결정하여 과세처분을 하였다. **본건 과세처분의 적법 여부를 검토하시오.**

[쟁점사항] 컴퓨터소프트웨어의 가치를 CD-ROM의 수입가격에 포함해야 하는지 여부, 처분 또는 사용의 제한, 무상물품과 수출판매, 동종·동질물품

사례연습 9 조건 또는 사정, 특수관계

1. YK는 YK의 지분 100%를 소유한 일본 YJ사로부터 분산제어시스템 부분품 및 계측기기 등(**'본건 물품'**)을 수입하여 왔다. 그런데 YK는 YJ로부터 본건 물품을 수입하면서 일반수입가격(IATP)에 1~97%의 할인율을 적용한 **'특별할인가격'**(SP)을 과세가격으로 신고하였다.

2. YK와 YJ 사이의 거래에서 가격결정 방식은 "일반수입물품의 거래가격 결정방식"과 "공개경쟁입찰용 특별수주할인 수입물품의 거래가격 결정방식"이 있는데, 그 결정방식은 아래와 같다.

> • 일반수입물품의 거래가격(AP) = SP(Standard Price) × TR(Transfer Rate)
> • 특별수주물품의 거래가격(SP) = AP × (1 - 할인율)
> • SP : YJ가 제품 개발시 최초에 산정한 금액으로 목표제조원가에 목표일반관리비와 목표이익 등을 포함한 금액으로 고정된 값
> • TR : 실무상 원가율이라고 하며, YJ의 합리적인 마진을 보장하는 범위 내에서 결정하며, 제품의 진부화, 시장경쟁력의 변화, 환율변동, 글로벌 경제 환경의 변화 등을 고려하여 일반적으로 연 1회 변경하는 것을 원칙으로 함
> • SP : 입찰을 위하여 특별할인을 적용한 가격으로, 이는 YK가 입찰건별 공개 경쟁입찰을 공고한 국내 최종 고객으로부터 입찰 제품에 관한 구매정보를 수집하고, 낙찰을 받기 위한 입찰가격 및 최소 마진을 확보하기 위한 특별수주가격, 즉 공개경쟁 입찰시 YJ와 가격협상을 위한 수단으로 사용되는 할인율 적용 가격

특별할인가격은 YK의 목표매출액 달성, 국내 시장점유율 확대 등 판매증진, 국내영업환경의 고려, YK의 적정마진을 보장하기 위한 원가보전 등 특수한 사정이 있을 경우, YK가 YJ에 특별할인을 요청하고 YJ가 위 요청을 승인함으로써 결정된 수입가격이고, 특별할인가격을 적용한다고 하여 YK에게 특별히 추가로 부과되는 의무사항이나 반대급부는 없다. 그리고, 해당물품의 수입 후 유지·보수에 필요한 부품 및 용역에는 특별할인이 적용되지 않는다.

3. YK와 YJ간에 수입계약체결 당시, YK는 특별할인된 본건 물품을 국내 乙사에게만 판매하고 국내 丙사에게만 납품하도록 되어 있었다.

4. 부산세관의 YK에 대한 기업심사 과정에서 추가로 확인된 사실관계는 다음과 같다.
   (1) 본건에서의 "특별할인가격 결정 방식"은 외국인투자기업으로서 공개입찰방식에 의해 프로젝트별로 제어시스템 등을 수입할 경우 일반적으로 이용되는 가격결정방식으로 알려져 있다.
   (2) 본건 물품에 대하여 특별할인을 하는 대신 YJ의 YK에 대한 채무를 상계한다거나 YJ의 YK에 대한 채무를 변제하는 사실은 확인되지 않았다.

5. 부산세관장은 2020. 10. 15. YK에 대한 기업심사를 실시한 후 **'특별할인가격'**을 배제하고 제6방법(제6-6방법)으로 과세처분하였다. **부산세관장이 거래가격 배제의 근거로 삼은 "거래가격 배제사유"를 모두 언급하고 거래가격 적용 배제의 적법 여부를 검토하시오.**

[쟁점사항] 조건 또는 사정, 가격할인 및 간접지급, 특수관계가 거래가격에 영향을 미쳤는지, 처분 또는 사용의 제한이 거래가격에 실질적으로 영향을 미쳤는지 여부

사례연습 10 조건 또는 사정(평가협정 사례연구 3.1)

1. 독일의 자동차 제조(판매)업체 M사는 국내의 도매상 D사와 계약을 체결하고 D사는 국내에서 M사의 자동차에 대하여 국내에서 독점공급권자(독점유통업자) 역할을 한다.

2. M사와 D사간의 독점공급(독점유통)계약의 구체적인 규정은 다음과 같다.
   (1) D사의 판매권은 공급권자(유통업자)의 영역(대한민국) 外의 국가로 확장되지 않는다.
   (2) D사는 그의 영역 內에서 소매가격과 딜러에 대한 할인율을 정해야한다.
   (3) D사는 2~3개월의 자동차 재고분과 이에 상응하는 예비부품의 재고를 유지하여야 한다.
   (4) D사는 M사로부터 최대 수량의 자동차를 수입하여 판매하는 노력을 아끼지 말아야 한다. 최소 판매량에 미달하였을 경우에는 M사는 계약을 종료할 수 있는 권리를 가진다. 각각 다른 자동차 브랜드와 모델별 최소 판매량은 M사가 정한다. 그러나 각 브랜드와 모델에 대해 정해진 수량에 미달한다 할지라도 정해진 수량은 융통성 있게 절충이 가능하다. 또한 D사는 M사에게 적절한 통지를 함으로써 계약을 종료할 수 있는 권리를 보유한다.
   (5) D사는 전시장을 유지하고 적합한 직원을 '훈련된 판매원'으로 고용하거나 작업장을 갖춘 딜러 체인을 설립해야 한다.
   (6) D사는 국내 내에서 자동차에 대한 '광고활동'을 수행하여야 한다.
   (7) D사는 국내 내에서 사용되는 M사의 모든 자동차에 대하여 A/S를 제공하여야 한다.
   (8) M사은 국내의 어느 회사에게도 자동차를 판매해서는 안 된다.
   (9) D사는 자신이 수입한 자동차에 대해 어떠한 '수량할인'도 받지 않아야 한다.

3. 가장 인기있는 모델에 대해 M사가 D사에게 판매하는 가격은 수량에 상관없이 대당 12,000달러이며 M사는 일반적으로 자기 자동차를 제3자에게 판매하지 않기 때문에 M사가 국내로의 판매와 관련하여 거래 단계에 따라 자신의 판매가격을 변경한다는 증거는 없다.

4. 국내의 렌트카 대리점 R은 M사로부터 동일 차종의 자동차 10대를 구매하고자 한다. R은 D사의 세전 최저가격인 21,000달러를 지급할 준비가 되어 있지 않기 때문에 10대를 직접 구매하기 위하여 M사와 협상을 시작한다. M사는 기꺼이 R에게 대당 12,600달러로 동일한 모델의 자동차 10대를 판매할 의사를 표명하였으나, M사는 D사와의 독점공급권자(독점유통업자)계약에 따라 그렇게 할 수 없게 되어 있다.
   D사는 자신이 수행하는 의무에 구속되지 않은 R이 국내에서 D사의 판매가격 以下로 해당

자동차를 전매(轉賣)하여 실질적으로 자기(D사)의 사업에 영향을 줄 수 있다는 것을 우려한다. D사는 M사와 R의 판매는 다음 조건에 따라 이루어져야 한다고 주장한다.

(1) R은 해당 자동차를 렌트카용으로 등록하여야 한다.

(2) R은 등록일로부터 1年 이내에는 자동차들을 전매(轉賣)하지 않아야 한다.

5. M사가 소재한 독일을 방문한 몇몇 방문객들은 대당 면세 수출가격 13,900달러로 동일한 자동차를 국내로 수출하기 위하여 M사로부터 구매한다. 이러한 여행객에 대한 판매는 독점공급권(독점유통업) 계약에 의해 금지되지 않는다.

6. **독점공급권자에 의한 수입, 렌트카 대리점에 의한 수입, 여행자에 의한 수입의 경우, 각 과세가격을 결정함에 있어 위에 기술한 내용 중 거래가격 배제사유인 조건 또는 사정에 해당하는 사항이 있는지, 만약 조건 또는 사정에 해당하지 않는다면 그 근거에 대해 설명하시오.**

사례연습 11 처분 또는 사용의 제한, 조건 또는 사정 등

1. 굴삭기, 크레인, 지게차등 건설중장비의 제조, 조립, 판매 등을 목적으로 하여 수출입업 등을 경영하는 甲사는 건설중장비의 제조에 필요한 원자재 중 일부를 독일 D사, 일본 J사 등으로부터 수입하고 있는데, 그 수입품목과 거래조건에 따라 수입되는 부품에는 디젤엔진, 유압펌프 등과 같은 조립된 상태의 부품(assembly part)인 **"양산용 부품"**과 양산용 부품을 구성하고 있는 핀, 너트 등과 같은 낱개의 부품(inner part)으로 주로 수리보수용에 사용되는 **"A/S용 부품"(본건물품)** 등 2가지의 종류가 있고, 甲사는 그 중 수입된 양산용 부품을 사용하여 제조·완성된 굴삭기, 크레인 등 건설중장비를 국내에 판매하거나 외국에 수출하고 있다. 甲사는 양산용 부품과 A/S용 부품을 수입함에 있어서, D사와의 사이에 甲사가 D사가 제조한 중장비 부품을 구매하기로 하는 계속적인 물품구매계약(**'본건 구매계약'**)을 체결하고, 그 구매계약에 따라 2015. 1. 12.부터 2020. 5. 28.까지 모두 1200회에 걸쳐 D사로부터 중장비 부품을 수입하였다.

2. 부산세관의 甲사에 대한 기업심사 과정에서 다음과 같은 사실관계가 확인되었다.
   (1) 甲사가 D사로부터 수입한 건설중장비의 제조에 필요한 부품 가운데 양산용 부품은 수리 보수용으로 사용되는 경우가 가끔 있으나 주로 중장비의 생산, 제조에 직접 사용되어 지는 것인 반면, A/S용 부품은 주로 유상 또는 무상의 수리 보수용(after service용)으로 사용된다.
   (2) 甲사는 D사로부터 양산용 부품과 A/S용 부품을 수입함에 있어서, 별도의 부품발주서를 작성하고, 그에 따른 구입계약에 의하여 일정한 수량과 구입가격을 개별적으로 결정하여 구입하면서, 다만 甲사의 자재관리분류의 편의상 그 품목을 용도를 기준으로 위와 같이 2가지로 분류하고 있을 뿐이다. 또한, A/S용 부품의 구입거래와 관련하여 양산용 부품의 계속적인 구입이 A/S용 부품의 거래조건으로 전제되어야 하는 것은 아님은 물론, 양산용 부품의 수입업체에 한정하여 A/S용 부품이 판매되는 것도 아니다.
   또한 동일한 품목은 그것이 양산용 부품 혹은 A/S용 부품인지 여부, 또는 그 사용용도에 상관없이 동일한 가격과 조건으로 거래되기 때문에, A/S용 부품의 거래가격은 양산용 부품의 거래가격과는 별도로 그 부품의 종류에 따라 독자적, 개별적으로 결정된다.
   (3) 甲사에게 본건 물품의 구매의무가 있는 것이 아니고, 본건 물품의 구매 여부의 선택권이나 구입수량 등의 결정권은 전적으로 甲사에게 있다.
   (4) D사는 양산용 부품과 A/S용 부품을 수출 판매함에 있어서, 양산용 부품은 구입자의 예상수요를 감안하여 생산, 관리하기 때문에 그 판매가격을 실제 거래가격에 맞게 결정하는 반면, A/S용 부품은 소량 다품종인데다 보관, 관리 등의 부대비용이 소요되어 그 판매가격을 상향 조정하여

결정하면서, 양산용 부품을 구성하고 있는 개별적인 A/S용 부품의 총 가격이 그 부품으로 조립된 양산용 부품의 가격에 비하여 3, 4배 가량 높은 점을 감안하여, 일단 회사에 비치된 품목별 가격장부(price list book)상의 명목상 거래가격(이는 일종의 권장소비자가격이다)을 정하여 놓고, 구매물량이나 거래상대방의 중요도, 연간 판매예상량 등을 고려하여, 내부방침으로 구체적인 할인율을 정한 후 그 기준에 따라 장부상 거래가격의 10% 내지 50% 가량을 차등할인해 주거나 혹은 모든 구매자에게 동일한 할인율을 적용하여 판매하고 있다.

甲사도 A/S용 부품을 수입하면서 D사로부터 위와 같은 차등할인율 또는 동일할인율을 적용받아 장부상 거래가격의 10% 내지 50% 가량 할인된 금액을 판매가격으로 지급하였다.

(5) 甲사는 독일 D사 및 일본 J사 등과의 사이에 보증수리의무를 이행하는 대가로 본건 물품을 통상의 판매가격보다 할인하여 구입하기로 하는 약정을 한 사실은 없고, 무상보증수리기간 동안 양산용 부품의 하자로 인하여 발생한 수리비용은 D사, J사 등이 부담하였으며, 甲사가 D사, J사 등으로부터 수입하는 본건 물품의 가격도 무상보증수리용인지 유상수리용인지에 상관없이 동일하다.

(6) 甲사는, 국내 고객에게 판매한 건설 중장비에 대한 보증, 유지, 수리 등 판매후의 유지관리 및 유, 무상 수리보수업무는 국내 乙사로 하여금 대행하게 하고, 甲사가 그 수리 보수에 필요한 A/S용 부품을 乙사에게 공급함과 동시에 그 유지 보수에 소요되는 용역비 상당의 비용을 부담하고 있는데, 다만 무상보증수리기간 동안 D사로부터 수입된 양산용 부품의 하자로 인하여 발생한 수리, 보수비용은 甲사가 우선 이를 부담하였다가 곧바로 판매자인 D사에게 그 책임의 소재를 물어 그 수리에 소요된 부품대금과 작업공임 상당액을 직접 청구하고 있다. 甲사가 D사가 양산용 부품의 최종소비자인 고객에 대하여 부담하여야 할 보증수리의무를 대신 부담하고, 그 대가로 A/S용 부품의 통상의 판매가격보다 일정 비율만큼 할인받기로 하는 내용의 '무상 수리용역 대행계약'이 체결된 사실은 없는 것으로 확인되었다. A/S용 부품은 그것이 무상인 보증수리용으로 사용하든지 유상인 판매수리용으로 사용하든지에 상관없이 그 구매가격은 동일하다.

(7) A/S용 부품은 건설중장비의 유지관리 및 수리보수 전반에 사용된다.

3. 부산세관장은 2020. 11. 20. 甲사에 대한 기업심사를 실시하고 甲사가 수입한 중장비 부품 중 "A/S용 부품"('**본건 물품**')에 대하여 신고된 수입가격은 통상의 판매가격보다 일정금액만큼 할인된 가격으로서 그 할인금은 간접지급 또는 처분 또는 사용의 제한 또는 조건 또는 사정에 의하여 영향을 받은 금액이라고 보고 할인금액 상당을 실제지급가격에 가산하여 과세처분하였다. **본건 과세처분의 적법 여부를 검토하시오.**

[쟁점사항] 처분 또는 사용의 제한, 조건 또는 사정, 가격할인 및 간접지급

사례연습 12 특수관계가 거래가격에 영향을 미쳤는지 여부

1. RK사는 의약품 제조업, 완제의약품 수입 등을 목적으로 설립된 국내법인으로서, 스위스 소재 RS사가 RK사의 주식 50% 이상을 보유하고 있다. RK사는 20015. 9. 20.부터 2020. 5. 27.까지 사이에 RS사로부터 경구용 대장암 치료제인 '젤로다'(Xeloda) 60정 또는 젤로다 120정(**'본건 물품'**)을 50회에 걸쳐 수입하고, 그 수입거래가격에 따른 관세 및 부가가치세를 신고납부하였다.

2. 부산세관장의 RK사에 대한 기업심사 과정에서 다음과 같은 사실관계가 확인되었다.
   (1) RK사는 RS사가 2016. 1. 23.경 책정한 최저판매가격(젤로다 60정의 최저가격 79.30 스위스 프랑, 젤로다 120정의 최저가격 526.30 스위스 프랑)보다 더 낮은 가격으로 재판매가격을 정하여 젤로다를 국내판매하였다. 다만, 의약품의 국내판매가격은 보건복지부에서 정한 '보험수가'에 따라 결정된다.
   (2) RK사가 RS사로부터 수입하여 판매하는 비만치료제의 2015. 10. 6. 기준 매출원가율(매출원가/재판매가격의 비율)[563]은 71%, 독감치료제의 2015. 6. 20. 기준 매출원가율은 73%, 항악성종양제의 2014. 11. 30. 기준 매출원가율은 69% 정도인데, 젤로다의 재판매가격 중 매출원가율은 50% 내지 60% 정도이다.
   (3) 완제의약품의 수입을 위해서는 보건복지부로부터 국내판매허가와 아울러 보험수가를 인정받아야 하는데, 보험수가는 원칙적으로 선진 7개국인 미국, 영국, 일본, 독일, 프랑스, 이탈리아, 스위스의 보험수가 평균액의 65% 수준에서 결정되지만, 완제의약품이 신약이어서 위 7개국 중 일부에만 보험수가가 존재하는 경우에는 그것만을 고려하여 국내 보험수가가 결정된다.
   (4) 완제의약품의 수입자가 국내 도매상에 판매하는 가격인 '재판매가격'은, 보험수가에서 수입자와 도매상 사이의 협상으로 정해지는 도매상의 이윤 및 경비를 제외한 가격으로 결정되는데, 그 이윤은 통상 국내 보험수가의 3~8%수준에서 결정된다. 완제의약품의 수입거래가격은 위와 같이 결정된 재판매가격에서 수입자와 수출자 사이의 협상으로 정해진 수입자의 이윤 및 일반경비율을 제외한 수준에서 결정하는 것이 보통이다.
   (5) RK사는 2015. 3.경 위 7개국 중 젤로다의 보험수가가 존재하던 미국, 스위스의 보험수가를 기준으로 보건복지부에 젤로다의 보험수가지정을 요청하였는데, 보건복지부는 젤로다

563) 완제의약품 재판매가격에 대한 매출원가비율과 이윤 및 일반경비율은 서로 대치되는 개념으로서 전자는 재판매가격 대비 수입거래가격(=매출원가)의 비율을, 후자는 재판매가격 대비 이윤 및 일반경비율을 각 의미한다.

150㎎ 60정의 보험수가를 76,000원, 500㎎ 120정의 보험수가를 544,680원으로 정하였다.

(6) 젤로다는 2015. 7.경 전이성 결장직장암 1차 요법용 치료제로, 2017. 8.경 국소진행성 또는 전이성 유방암 병용요법용 치료제로, 같은 해 12.경 수술할 수 없는 진행성 또는 전이성 위암용 치료제로, 2019. 9.경 제3기 결장암 수술 후 보조요법용 치료제로 각 승인을 받았으나 위와 같은 보험수가와 RK의 수입거래가격은 허가 당시부터 현재까지 변동되지 않았다.

(7) 젤로다의 보험수가나 수입거래가격은 현재까지 변동이 없으나, 매출원가율은 국내판매 허가 당시 젤로다 60정은 59%, 젤로다 120정은 약 60%로 계산되고, 2017. 9.경에는 환율변동에 따라 젤로다 60정은 약 55%, 젤로다 120정은 약 50%로 계산된다.[564)]

(8) RK와 동종・동류업체들의 이윤 및 일반경비율(매출총이익률)은 18.5%에서 57.7%까지 다양하게 나타났고, 이윤 및 일반경비율이 RK사보다 높거나 비슷한 업체도 있다. 또한 RS사와 특수관계가 없는 국내 乙사가 RS사로부터 수입하는 완제의약품 'Y'의 경우에도 매출원가율이 젤로다와 비슷한 50% 정도이다. 젤로다에 대한 RK가 제출한 회계보고서상 이윤 및 일반경비율이 세관장이 산출한 동종・동류비율의 100분의 10을 초과하였다.

3. 부산세관장은 RK사에게 젤로다에 대한 RK사와 RS사 사이의 가격협상 관련 자료의 제출을 요구하였으나 RK사는 그 자료가 없다 하여 이를 제출하지 아니하였다.

4. 부산세관장은 2021. 2. 10. RK사에 대한 기업심사를 실시한 후 『본건 물품의 매출원가율이 50% 내지 60%로 낮고,[565)] RS사의 가격정책에도 반할 뿐만 아니라 RK사와 RS사 사이에 가격협상에 관한 자료로 찾아볼 수 없다』는 이유로 특수관계가 거래가격에 영향을 미쳤다고 판단하고 제4방법에 따라 과세가격을 결정하고 과세처분하였다. **위에서 주어진 사실관계에 한정하여 본건 과세처분의 적법 여부를 검토하시오.**

[쟁점사항] 특수관계가 거래가격에 영향을 미쳤는지 여부, 입증책임

564) 젤로다의 당초 매출원가비율은 60% 정도이었다가 환율변동에 따라 50~55%로 그 비율이 낮아지긴 하였으나, 현재까지 외화를 기준으로 한 수입가격에는 변동이 없다.

565) 부산세관장은 젤로다와 같은 전문치료제는 판매자 위주의 시장이 형성되어 재판매가격 중 매출원가(수입거래가격과 관세 및 통관비용을 합한 것이다)의 비율이 60% 내지 70% 정도로 유지되는 것이 일반적이라고 보았다.

사례연습 13 특수관계가 거래가격에 영향을 미쳤는지 여부

1. PK는 의약품 및 원료의 제조・판매업을 하는 국내회사로서 미국 소재 PU사가 PK사의 지분 100%을 보유하고 있다. PK는 PU의 다른 자회사들(PH, PN)로부터 의약품의 원료를 수입하여 의약품을 제조・판매하거나, 완제품을 수입하여 국내 판매하고 있다.

2. PK는 2013경부터 2017경까지 PU의 자회사로부터 "A", "B", "C", "D"의 4가지 종류의 의약품(**'본건 물품'**)을 80회에 걸쳐 수입하고, 그 수입거래가격에 대한 관세와 부가가치세를 신고・납부 하였다.

3. A, B, C, D 의약품에 대해 확인된 사실관계는 다음과 같다.
   (1) A의약품에 대한 사실관계
   ① A의약품은 국내 병행수입업자인 J사가 국내분배권자로서 2011. 10경 WP사로부터 A 10㎎을 0.22달러에, A 20㎎을 0.33달러에 수입하였고, PK는 WP사로부터 "A"를 동일한 가격에 수입하였다. PK는 PU가 WP사를 인수한 2012. 5경부터 PU의 자회사인 PH를 통하여 "A"를 수입하게 되면서 A 10㎎을 0.33달러에, A 20㎎을 0.66달러에 수입하였다. 그 당시 "A"에 대한 보험수가는 거의 변동이 없었다.
   ② 그 후 PK는 2013. 6경 국내시장에 상당한 영업망 및 판매노하우를 갖고 있던 J사와 사이에, PK가 "A"를 수입하여 J사에 이를 전량 공급하면 J사가 "A"를 국내에 판매하기로 하되, PK가 J사에 대하여 판매가격의 20%에 해당하는 영업이익을 보장하기로 하는 공동판매촉진계약을 체결하고, 2013. 8경부터 "A" 생산자인 PH로부터 직접 "A"를 수입하여 J사에 공급하였고, 이에 J사는 자신이 2012. 11경까지 수입한 "A"를 2013. 6.까지 국내 판매한 후 "A"를 더 이상 수입하지 아니하고, PK로부터 "A"를 공급받아 이를 국내에서 판매하였다(PH → PK → J → 국내판매).
   ※ J사는 2011. 10.경부터 2013. 6.까지 WP사로부터 "A"를 수입하였는데, A 10㎎은 0.22달러에, A 20㎎은 0.33달러로 수입신고하였다. J사는 WP사와 특수관계가 없다.
   ③ PK는 2014. 1경부터 PH로부터 A 10㎎을 0.22달러로, A 20㎎을 0.33달러로 가격을 낮추어 수입하였는데, 기간별 A 10㎎의 보험수가는 2011. 11경부터 2013. 말경까지 1,295원, 2014. 1경부터 2014. 말경까지 1,269원, 2015. 1경부터 1,244원으로 변경되었다.
   ④ J사는 WP사로부터 "A"를 수입할 당시 수입가격의 5%에 해당하는 서비스료를 지급하여 왔고, PK가 WP사와 사이에 물품인도에 관하여는 FOB조건, 대금결제에 관하여는

D/A조건, DIP조건으로 거래함에 비하여, J사는 WP사에 유리한, 물품인도에 관하여는 EXW조건, 대금결제에 관하여는 L/C조건(신용장거래조건)으로 거래하여 왔다.

⑤ PK는 2017. 5. 19. 서울세관장의 기업심사 당시 "PU의 자회사 PH로부터 수입하는 물품의 가격 결정방법에 관하여 PK가 수입하는 의약품의 이전가격은, 주력상품의 경우 PK가 재판매방식을 이용하여 산출한 수입가격을 제안하면, 미국 소재 PU가 그 가격을 검토하여 의약품 사업본부의 지침에 따라 승인을 하여 결정되고, 비주력상품의 경우 정상가격을 기준으로 해당 수출업자와의 협상을 통하여 결정된다"라는 취지의 답변을 하였다. 그러나 서울세관장이 PK에 대하여 "A" 등의 약품에 관하여 그 수입 거래가격이 결정된 방법에 관련된 매매계약서 등 관련 서류를 제공하여 설명할 것을 요구하였으나, PK는 이에 대하여 아무런 근거서류를 제공하지 아니하였다.

(2) B의약품에 대한 사실관계

① PK는 2015. 5경부터 PU의 다른 자회사인 PN으로부터 의약품 "B"(Ba 50㎎, Bb 70㎎)를 1정당 2.795달러로 수입하였다.

② 또한 PK는 2014. 12. 6경 위와 같은 "B"를 제조하기 위하여 필요한 원재료인 Ba를 kg당 56,700달러로 수입하였다.

③ 위의 ①, ②에 의하면, PK가 수입한 반제품 상태인 "B" 1정의 가격(2.795달러)은 PK가 "B" 1정을 만들기 위하여 수입한 원재료 Ba의 가격{2.835달러(=0.0567달러/㎎×50㎎)} 보다 0.04달러 정도 낮다.

④ Ba를 원재료로 "B" 1정을 만들기 위하여는 혼합, 제립, 분쇄, 압축 등의 세부공정을 거치는 것이 필요하여 추가로 노무비 및 장비비 등의 비용이 요구된다.

⑤ 서울세관장은 기업심사 과정에서 PK에 대하여 "B"에 관하여 그 수입거래가격이 결정된 방법에 관련된 매매계약서 등 관련 서류를 제공하여 설명할 것을 요구하였으나, PK는 이에 대하여 아무런 근거서류를 제출하지 아니하였다. 또한 PK는 "B"의 반제품이 원재료 Ba의 가격보다도 더 낮게 된 경위라든지, PK가 "B"의 반제품을 원재료 Ba의 가격보다 더 낮은 가격에 수입하게 된 경위, 가격협상의 과정 등에 관하여 아무런 설명을 하지 못하였다.

(3) C의약품에 대한 사실관계

① PK는 의약품 "C"의 원재료인 Ca를 수입하면서 수탁가공목적 수입품(3,558달러/kg)을 일반목적 수입품(1,200달러/kg) 비하여 약 3배 이상 높게 수입신고하였다.

② PK는 수탁가공목적 수입품을 다시 수출하면 관세를 환급받고, 수출자로부터 가공비만을 받을 뿐이다. 따라서 PK는 "C"에 대한 수입가격에 거의 관심이 없었고, 가격협상을 할 필요도 없었다.

③ 서울지방국세청장은 2014. 12경 PK에 대하여 세무조사 하면서 PK가 2007년부터

2011년까지 수입한 “C” 등의 특허 만료제품 5개 품목을 국내 다른 제약사보다 더 고가로 수입한 것으로 판단한 바 있다.

(4) D의약품에 대한 사실관계

① D의약품(주사제) 1개(50ml)에는 그 원재료인 Da가 100mg 포함되어 있다.

② PK가 “D”를 수입하면서 CT(CT는 주사제 10개가 포함된 상자)당 59달러로 수입하였고, Da를 수입하면서 kg당 30,000달러로 수입신고하였다.

③ 위의 ①, ②에 의하면 “D” 1개를 만들기 위하여 필요한 원재료인 Da 100mg의 가격은 3달러(= 0.03달러/mg×100mg)로 “D” 주사제 1개의 가격인 5.92달러(= 592달러/CT - : - 10개)보다 낮다.

4. 서울세관장은 2019. 6. 20. PK에 대한 기업심사를 실시한 후 PK가 수입하는 80여개 품목의 의약품들 중 A, B, C, D에 대해서만 특수관계가 거래가격에 영향을 미쳤다고 판단하고 거래가격을 배제하고 제4방법에 따라 과세처분하였다. **본건 과세처분의 적법성 여부를 검토하시오.**

[쟁점사항] 특수관계가 거래가격에 영향을 미쳤는지 여부, 특수관계가 거래가격에 영향을 미쳤는지 여부 판단의 기초, 비교가격 검증법, 판매상황검증법, 입증책임

[참고판례] 일반적으로 과세요건사실의 존재에 대한 입증책임이 과세관청에 있으나, 구체적인 소송과정에서 경험칙에 비추어 과세요건사실이 추정되는 사실이 밝혀지면 상대방이 문제의 당해 사실이 경험칙 적용의 대상이 아니라는 사정을 입증하지 않는 한, 그 세금부과 처분에 대하여 과세요건을 충족시키지 못한 위법이 있는 처분이라고 할 수 없다(대법원 2005. 1. 14. 선고 2004두10470 판결 등).

사례연습 14 특수관계가 거래가격에 영향을 미쳤는지 여부

1. AK는 크리스탈 제품의 수출입, 판매 및 관련 용역의 제공을 목적으로 설립된 국내법인으로서, 스위스 소재 AM이 AK의 주식 100%를 보유하고 있다.

2. AK는 AM의 계열사인 AB로부터 크리스탈 모조장식품 및 시계('**본건 물품**')를 450회에 걸쳐 수입하여 주로 '백화점'과 '면세점'에 판매하였다.

3. 본건 물품의 수입가격은 유럽의 권장 소비자 판매가격에서 통상의 매출총이익률로 평균 65%(백화점 수수료 30%, 기타 일반관리비 30%, 영업이익 5%)를 공제하여 결정되며, 이는 전세계 판매회사에 동일하게 적용되고 있다.
   AK는 국세청에 신고한 정상가격 산출방법을 최초 재판매가격법에서 2014년 이후 거래순이익률법으로 변경하였다.

4. 부산세관의 AK에 대한 기업심사 과정에서 다음과 같은 사실관계가 확인되었다.
   (1) 2012년도 내지 2016년도 AK의 매출액 대비 매출총이익률, 판매관리비율 등은 아래 표에서 보는 바와 같다.

구분	2012	2013	2014	2015	2016	평균
매출원가비율	44	51	47	42	36	44
매출총이익률	56	48	53.4	58.1	63.7	56.6
판매관리비율	48	45	51	53	54	50
영업이익률	7.6	2.6	2.0	5.0	9.6	5.36
관세청 이윤 및 일반경비율(시계 등 도매)	24.9	17.2	17.8	28.8	18.1	21.4
관세청 이윤 및 일반경비율(시계등 소매)	54	49	54	58	60	55

   (2) 관세평가분류원이 본건 매출총이익률을 조정하기 위하여 사용한 동종품목으로는 '각종 크리스탈 제품 및 액세서리류'이고, 동종업종으로는 '기타 섬유, 직물 및 의복액세서리 소매업'이다.
   (3) 국내 PF사는 프랑스로부터 "A"브랜드의 크리스탈 모조 장식품 및 시계를 수입하여 AK와 같이 백화점이나 면세점을 통해 판매하고 있는 회사로서(다만, AK가 도매업의 비율이

30%에 달하는 것과는 달리 소매업만을 하고 있다), 수출자와는 특수관계에 있지 않고, 수입・판매 물품은 본건 물품과 그 제품의 특성 및 수요층, 상품 판매가격 등에서 유사하다. PF사와 AK의 **"매출총이익률"**을 비교하면 아래 표의 기재와 같다.

구분	2012	2013	2014	2015	2016	평균
AK	56	48	53	58	64	57
PF	59	54	52	58	63	57

(4) 유로화 평균 환율과 AK의 **"영업이익률"**의 관계는 아래 표의 기재와 같다.

구분	2012	2013	2014	2015	2016	평균
유로화평균환율	1179	1361	1416	1267	1200	57
영업이익률	7.6%	2.6%	2%	5%	9.6%	57

(5) 2015년과 2016년에 AK의 영업이익률은 위 (4)의 표에서 보는 바와 같이 증가하고 있으며, 같은 기간 **판매관리비 상승률**은 16.3%, 15.2%인데, 2015년과 2016년 원고의 매출액 상승률은 각 12.7%, 13.1%, 유로화 환율 변동률은 −10.6%, −5.2%이다.

(6) 업계관행에 의하면 수입물품을 백화점에서 소매로 판매하는 경우 그 유통구조의 특성상 높은 백화점 수수료의 발생으로 인해 매출총이익률이 높게 책정되는 경우가 많다고 한다.

(7) 부산세관의 AK에 대한 기업심사 과정에서 AK는 "연도별 영업이익률의 편차가 다소 나는 것은 수입물품 대금을 결제하는 화폐인 유로화의 환율변동에 영향을 받기 때문이고, 판매관리비 비율과 영업이익률이 동반 상승하는 것은 매출액의 증가 및 환율 하락의 폭이 판매관리비 상승의 정도를 넘어서기 때문이다. 본건 물품은 유행에 민감한 제품으로 유행 시기나 계절별 매출 정도의 차이가 큰 품목이고, 유로화의 환율에 영향을 받게 되는 것은 사실이나 환율변동이나 매출규모에 따라 그때그때 수입가격을 조정하는 것은 현실적으로 어렵다"라는 내용의 소명서를 제출하였다.

5. 부산세관장은 2018. 2. 25. AK에 대한 기업심사를 실시한 후 다음과 같은 이유로 특수관계가 거래가격에 영향을 미쳤다고 판단하고 거래가격을 배제하고 제4방법에 따라 과세가격을 산정하여 과세처분(**본건 과세처분**)하였다.

① AK의 영업이익률은 연도별로 극심한 편차를 보이고 있으며, 본건 물품 중 일부 품목의 수입신고가격은 AK가 주장하는 통상 매출총이익률 65% 또는 56%를 공제[566]한 것보다 더 낮다.

② 2015년과 2016년 본건 물품의 수입가격 및 판매가격은 대부분 일정함에도 판매관리비와 영업이익이 같이 상승하는 비정상적인 구조를 보이고 있다.

566) 각 품목별 편차를 감안하지 않고 평균 매출총이익률을 공제하였다.

6. 본건 과세처분의 적법 여부를 검토하시오.

[쟁점사항] 특수관계가 거래가격에 영향을 미쳤는지 여부, 입증책임, 제4방법 적용시 동종 · 동류비율 산정방법의 적법성(비교대상 품목 및 업종 선정의 적정성 여부)

사례연습 15 특수관계가 거래가격에 영향을 미쳤는지 여부, 제4방법

1. RK는 덴마크에 소재하는 RN이 아동용 조립식 또는 건축식 완구 기타 다른 완구들의 세트를 제조 및 판매하는 것 등을 목적으로 100% 출자하여 국내에 설립한 법인이다.

2. RK와 RN이 체결하여 2013. 1. 1.부터 효력이 발생한 "국내영업계약"(Sales Office Agreement, SOA)에 의하면, RK가 RN으로부터 아동용 조립식 완구(**'본건 물품'**)를 수입하여 국내에서 판매하되, 수입가격(이전가격)을 수정재판매가격법에 의하여 계산하고, RN이 RK의 채권회수위험을 보전하며, 판매되지 않은 상품은 RK에 의해 손상된 재고가 아닌 경우에 반품이 가능하며, RK의 국내 마케팅 기능과 위험에 대한 보상으로 RK의 법인세 차감 전 당기순이익률이 매출액 대비 2%로 유지하기로 합의하였다.

3. 본건 물품의 수입가격은 다음과 같은 과정을 거쳐 정해졌다.
   ① RN이 전년 7~8월경 RK에게 전 세계 시장상황, RN의 마케팅 전략 등을 고려하여 본건 물품별 '권장소비자가격'(Recommended Retail Price)을 제안하였다.
   ② RK가 RN의 권장소비자가격 제시안에 동의하거나 일부 품목에 관하여 수정안을 RN에게 다시 보냈다.
   ③ RK는 권장소비자가격이 RN과의 협의에 의하여 결정된 후에 국내 판매처별로 개별 협상을 통하여 도・소매상에게 판매하는 가격을 결정하였다.
   ④ RK는 11월경 다음 연도의 예상 매출액, 판매비와 일반관리비 등 영업비용 등 예산이 확정되면 RK의 법인세 차감 전 당기순이익이 매출액의 2%가 되도록 수입가격을 정하여 RN에게 통보하면서 이와 함께 수입가격 산정을 위한 자료를 보냈다.
   ⑤ RN은 협의된 권장소비자격, RK로부터 통보받은 국내판매가격 등 수입가격 산정을 위한 자료를 검토하여 RK로부터 제시받은 수입가격을 수용할 것인지를 결정하였는데, 통상 RK가 제시한 수입가격을 그대로 인정하였다.
   ⑥ RK와 RN은 각 사업연도의 일정 月이 경과한 후에 예산과 실제 상황을 비교하여 그 사이에 차이가 발생하면 국내영업계약에서 정한 바대로 RK의 법인세차감 전 당기수익률이 2%가 되도록 거래가격(수입가격)을 조정하고, 매년 末 결산이 종료하면 다시 최종 금액을 확정하였다. RK와 RN 사이의 위와 같은 거래가격 조정에도 불구하고 RK와 국내 판매처 사이의 판매가격은 영향을 받지 않았다.

4. RK가 본건 물품을 수입하여 국내판매처인 마트나 백화점 등과 물품 공급계약을 체결하면서 대량구매시 구매금액의 12% 상당 금액을 **'판매장려금'**으로 지급하기로 약정한 후, 위 국내 판매처들에게 위 약정에 따른 판매장려금을 지급함에 있어, 세금계산서를 매출할인금액이 포함된 '표준판매가격'으로 발행하고, 다만 물품대금 회수시에 세금계산서상 금액에서 할인된 금액을 공제하고 지급받는 방식으로 '판매장려금'을 지급하였다.

5. 2015년부터 2019년까지 RK의 총 영업외비용 170억원은 총 영업외수익 약 30억원보다 140억원이 더 많다. RK의 법인세 차감 전 당기순이익률 2%를 유지하기 위하여 본건 물품의 수입가격을 조정한 결과 2015년도부터 2019까지 사이에 당초 정하였던 수입가격에서 감액된 액수는 총 약 135억 원에 이르고, 본건 물품 중 일부 품목이 제조원가보다 낮은 금액으로 수입가격이 조정되었다.

6. 본건물품에 대한 이윤 및 일반비율은 다음과 같다.

구분	2015	2016	2017	2018	2019	평균
세관장이 산출한 이윤 및 일반경비율	21	20	22	22	19	21
본건물품의 실제 이윤 및 일반경비율	57	34	36	43	35	41
본건물품의 실제 이윤 및 일반경비율(이윤 제외)	42	35	42	43	34	39

7. 서울세관장은 2020. 3. 10. RK에 대한 기업심사를 실시한 후 『**특수관계가 거래가격에 영향을 미쳤다**』고 판단하고 본건물품의 거래가격을 배제하고 제4방법에 따라 과세가격을 결정함에 있어 RK가 발행한 세금계산서상 금액(판매장려금이 포함된 금액)을 국내판매가격으로 결정하여 과세처분하였다. **본건 과세처분의 적법 여부를 검토하시오.**

[쟁점사항] 특수관계가 거래가격에 영향을 미쳤는지 여부, 국내판매가격 산정시 판매장려금을 공제해야 하는지 여부

사례연습 16 특수관계가 거래가격에 영향을 미쳤는지 여부

1. KA사는 전기, 전자기기, 기타의 기계기구 및 관련 부품 등의 수출입판매와 이와 관련된 각종 서비스 제공을 주된 사업목적으로 하는 국내법인인데, 일본법인 JA사가 KA사의 지분 100%를 보유하고 있다.

2. KA사는 국내 대리점들로부터 공장자동화 제품의 일종인 '자동제어시스템'을 주문받으면, 예상 판매가격을 기초로 JA사의 관계사인 수출자 JB사에게 희망가격을 제시하고 JB사로부터 가격 회신을 받는 방법으로 거래가격을 결정하여 JB사에게 자동제어시스템을 구성하는 부품을 발주하고, JB사로부터 위 부품을 수입하여 국내 대리점들을 통해 최종수요자에게 판매한다.

3. 서울세관의 KA사에 대한 기업심사 과정에서 다음과 같은 사실관계가 확인되었다.
   (1) 자동제어시스템은 ① 시스템 전체의 제어를 담당하는 '모션', ② 모션의 지시에 따라 모터를 구동하는 '앰프', ③ 앰프 작동에 따라 기계장치 등 설비의 이동을 담당하는 '모터'로 구성되고, 자동제어시스템의 사양에 따라 서로 다른 개수의 모션, 앰프, 모터가 장착된다(수입 부분품 중 '모션'과 '앰프'를 '**본건 물품**'이라 한다).
   (2) KA사는 국내 최종수요자에게 모션, 앰프, 모터가 일체로 구성된 자동제어시스템을 판매하는 사업을 영위하고 있어서 KA사나 JB사는 개별 부분품의 가격보다는 자동제어시스템의 가격을 중요시한다.
   (3) KA사와 JB사간에 체결된 기본취급계약서에서는 "공급물품의 가격조건은 JB사가 일방적으로 결정한다"고 규정되어 있고, KA사와 JB사 사이에 주고받은 이메일의 기재 내용에도 KA사의 희망가격에 대해 JB사가 회답가격을 제시하면 KA사가 이를 그대로 수용한 것으로 나타나 있다. 서울세관의 기업심사 과정에서 KA사는 JB사와 수입물품의 가격에 관하여 협의를 하였다는 자료를 세관에 제출하지 않았다.
   (4) JB사는 부분품 중 '모션', '앰프'에 대해서는 KA사가 제시한 희망가격보다 낮게 가격을 결정하여 KA사에 공급하였다.
   이에 대하여 KA사는 기업심사 과정에서 세관에 제출한 진술서에서 "KA사는 모션, 앰프는 모터와 함께 자동제어시스템 단위로 최종수요자에게 판매되기 때문에 KA사와 수출자(JB)사 가격협상을 함에 있어 모터의 국제적인 시세 상승으로 인해 자동제어시스템의 가격 경쟁력이 감소하는 것을 방지하기 위하여 자동제어시스템의 가격이 일정 수준으로 유지되도록 JB가 모션과 앰프의 수입가격을 낮게 제시한 것이다"라고 설명하였다.

(5) 원자재의 국제적인 시세 상승에 따라 가격이 인상되었던 '모터'와는 달리, 모션과 앰프의 시세는 특별히 변동할 만한 사유가 없었음에도 동일한 시장상황, 동일한 시기에 수입된 모션과 엠프의 가격이 현저히 등락하였다.

그리고 KA사와 JB사는 '모터'의 국제적 시세가 상승하였음에도 자동제어시스템 전체의 가격 유지(자동제어시스템의 국내 가격경쟁력이 감소되는 것을 방지하기 위한 목적이다)를 위해 모션, 앰프의 수입가격을 낮추었다.

(6) 비슷한 시기에 수입된 모션, 앰프의 수입가격이 2배 이상 차이가 나는 등 현저히 차이가 남에도 불구하고 KA사가 국내 최종소비자에게 모션, 앰프를 판매한 가격은 큰 차이가 없다.

(7) 2014년부터 2019년까지 KA사의 매출총이익률 변화는 다음과 같다.

2014년	2015년	2016년	2016년	2016년	2019년
24.3%	−1.6%	7%	11%	11.2%	11.3%

KA사의 매출총이익률은 KA사의 수입신고 기간 동안 2015년에 손실을 기록한 것을 제외하고는 2016년에서 2019년까지 일정한 수준으로 유지되었고, 자동제어시스템 중 모터의 국제적인 시세 상승에도 불구하고 KA사의 매출총이익률은 일정한 수준을 유지하였다.

4. 서울세관장은 2020. 7. 10. KA사에 대한 기업심사를 실시한 후 KA사가 수입하는 부분품 중 '모터'의 수입가격은 그대로 인정하고, '모션', '앰프'에 대해서는 특수관계가 거래가격에 영향을 미쳤다고 판단하고 거래가격을 배제하였다. **이와 관련하여 아래의 쟁점사항에 대해 검토하시오.**

[쟁점사항] ① 특수관계가 거래가격에 영향을 미쳤는지 여부 판단의 기초(모션과 앰프의 거래가격은 배제하고, 모터의 거래가격은 그대로 인정한 것이 적법한지 여부 등), ② 특수관계가 거래가격에 영향을 미쳤는지 여부, ③ 입증책임

사례연습 17 특수관계가 거래가격에 영향을 미쳤는지 여부

1. AK사는 독일소재 A사가 지분 100%를 보유한 국내법인으로 의약품 등을 수입하여 국내에 판매하거나 의약품 원재료를 수입하여 국내에서 제조·판매하는 등의 사업을 영위하고 있다. AK사는 A사의 해외 관계사인 AG사, AF사('판매자들')로부터 일반의약품, 전문의약품, 동물의약품(**'본건 물품'**)을 수입하여 국내 판매하였다.

2. 서울세관의 AK사에 대한 기업심사 과정에서 다음과 같은 사실관계가 확인되었다.
   (1) AK사와 판매자 AG사, AF사는 일반의약품, 전문의약품, 동물의약품 3개 사업부문별 및 각 사업부문 내 판매자별로 총 7개의 바스켓을 구성하여 각 바스켓의 이익률이 일정한 목표이익률(2~6%)을 달성하도록 거래가격을 결정(바스켓 어프로치 방식)하였다.
   (2) AK사와 판매자들이 가격결정에 적용한 바스켓 어프로치 방식에 따르자면, 어떤 바스켓의 이익률이 일정한 목표이익률 범위 안에 있다면 해당 바스켓 내 개별 제품의 외부 판매가격(보험수가 등)이나 영업비용 등 이익률에 영향을 미치는 요인이 변동하더라도 개별 제품의 수입가격은 변경할 이유가 없게 된다. AK사가 기업심사과정에서 세관에 제출한 '확인서'에도 이와 같은 취지의 내용이 기재되어 있다.
   (3) AK사 매출의 50~60% 정도를 차지하는 "Y"의약품에 대해서는 TP시뮬레이션 등을 거쳐 가격을 결정한 것과 달리, 본건 물품에 대해서는 위와 같은 절차를 거치지 아니하고 "Y"를 포함한 전체 상품에 대해서 이루어진 예상 매출총이익률 등을 바탕으로 수입가격을 결정한 것으로 확인되었다.
   (4) 본건 물품 중 상당수는 2016년 내지 2018년 사이에 보험수가가 하락하였음에도 불구하고 2018년 以前에는 수입가격에 거의 변동이 없었고(가격협상을 한 사실도 없다), 2018년 以後에 일부 수입가격이 변동(2018년부터 2020년까지 매년 10%씩 인상)되었다.
   또한 신규상품이 국내 시장에 진출한 후 안정화되어 마케팅비가 감소함에도 판매자들과 가격협상을 한 사실이 없다.
   (5) 전문의약품(PH)의 경우, 전체적으로는 2014년 5%, 2015년 1%, 2016년 10%, 2017년 1%의 영업이익률을 달성하였으나, 해당 바스켓내 개별 제품군의 영업이익률을 살펴보면 2014년 −26%~24%, 2015년 −23%~19%, 2016년 −12%~26%, 2017년 −16%~ 14%와 같이 높은 영업이익률을 보이는 제품군과 영업손실을 보인 제품군이 혼재하였다.
   또한 특정 제품군(C, N)은 매년 영업적자를 내는 반면 다른 제품군(U)은 매년 높은 영업이익률을 달성하고 있었다. 즉, 전문의약품의 경우 개별 제품군 사이에 영업이익률의 편차가 상당히 크고, AK사가 전문의약품 내에서 다시 세부적으로 분류한 전략사업분야(PA1, WB2, OC3, YD4, XE5, SF6, HG7)별로 보더라도 영업이익률의 편차가 크다.567)

(6) 판매가격의 변동에 비하여 수입가격의 변동은 5~7% 이내이었다.

(7) AK사가 제시한 바스켓내 개별 제품이 생산, 영업, 판매 등 거래 진행에 있어서 서로 어떠한 연관성이 있는지 구체적인 내용이 밝혀지지 않았고, 전문의약품, 일반의약품, 동물의약품이라는 범주는 너무 광범위하여 그 범주 내 품목의 상호 연관성을 알기도 어려운 상황이다.

(8) AK사와 판매자들(AG사, AF사) 사이에 바스켓별 목표이익률의 설정이나 개별 제품의 가격결정이 상호 협의되었음을 인정할 자료가 극히 일부만 세관에 제출되었다.

3. 서울세관장은 2019. 3. 10. AK사에 대하여 기업심사를 실시한 후 본건 물품에 대하여 특수관계가 거래가격에 영향을 미쳤다고 판단하고 제4방법에 따라 과세가격을 산정함에 있어, 본건 물품 중 AK사의 이윤 및 일반경비율이 세관장이 산출한 동종・동류비율보다 낮거나 비슷한 물품에 대해서는 거래가격을 그대로 인정하고, 동종・동류비율보다 높은 물품에 대해서는 거래가격을 배제하고 제4방법에 따라 과세가격을 산정하여 과세처분하였다(즉, 본건 물품 중 低價신고된 물품이라고 판단되는 물품에 대해서는 과세처분하고, 高價신고된 물품들에 대해서는 차액을 환급해주지 않았다). **본건 과세처분의 적법 여부를 검토하시오.**

[쟁점사항] 특수관계가 거래가격에 영향을 미쳤는지 여부 판단의 기초, 특수관계가 거래가격에 영향을 미쳤는지 여부, 입증책임, 세관장의 관세환급 의무 여부

567) 1개의 바스켓 내에서도 판매단가, 수입단가, 영업비용 등 제반 환경이 제각각임을 추정할 수 있다.

사례연습 18 특수관계가 거래가격에 영향을 미쳤는지 여부

1. EK는 의료용구, 의료용 기기, 장치 및 설비의 수입과 수출, 국내 구입 및 판매 등을 목적으로 설립된 국내법인으로 미국에서 설립된 모회사인 EA가 지분 100%를 투자한 자회사이다. EK는 20014. 8. 17.부터 2018. 5. 28.까지 사이에 EA로부터 심박출량측정기인 ME규격 및 VE규격 제품(**'본건 물품'**)을 40회에 걸쳐 수입하였다.

2. 부산세관의 EK에 대한 기업심사 과정에서 다음과 같은 사실관계가 확인되었다.
   (1) EK는 기업심사과정에서 세관에 제출한 확인서에서 "본건 물품이 7년 내지 9년 동안 동일한 가격으로 수입한 것에 대해, 본건 물품의 거래가격은 EA의 이전가격 가이드라인에 따라 제품의 제조원가, EA의 적정이윤, 국내판매가격, 경쟁시장동향 등을 감안하여 결정하는데, 중대한 시장 또는 환경 변화가 있지 않는 이상 기존의 이전가격을 유지하는 **'고정 TP방식'**의 특성에 기인한 것이다"라고 설명하였다.
   (2) 2014년부터 2018년까지 본건 물품 중 ME규격 제품은 21%, VE규격 제품은 16%의 원가상승률을 보였고, VE규격 제품의 국내판매가격은 1,500만원부터 3,700만원까지 사이에 변동되었다. ME규격 제품 역시 국내판매가격의 변동이 있었다.
   (3) 한편, EK와 EA사이에 2014년부터 2018년까지 결정된 수입거래가격은 ME규격제품의 경우 3,000달러, VE규격 제품의 경우 5,000달러로 매년 동일하게 유지되었다. 즉 본건 물품의 최초 수입시점인 2010년부터 2018년까지 사이에 VE규격 제품은 2010년부터 9년간, ME 규격 제품은 2012년부터 7년간 거래가격이 동일하였다.
   (4) EK는 본건 물품을 수입하면서 결제 통화로 '달러'를 사용하고 있다. 한편 2014. 8.경부터 2018. 4.경까지 외환시장에서 달러 환율은 본건 물품의 최초 수입신고 시점인 2014. 8.경 약 1,240원이었고, 그 후 2015. 6.경 약 1,260원까지 올랐다가 그 이후 하락하여 2016. 8.경 위 기간 중 최저치인 약 1,050원이 되었고, 2018. 4.경에는 약 1,140원으로 변동이 있었다.
   (5) 2015년의 연평균 물가를 100으로 한 미국 내 생산자물가지수(PPI, 모든 상품의 가격변동을 대표하는 지표로서 일정 시점의 연평균 물가를 100으로 잡고 가격변화 추이를 수치로 나타낸 것)는 2013년 103, 2014년 94, 2015년 100, 2016년 109, 2017년 109, 2018년 100으로 변동되었다.
   (6) EA의 판관비와 연구개발비의 합계 비율은 2010년 45%, 2014년 52%, 2015년 52%, 2016년 53%, 2017년 52.4%, 2018년 52%로 변동하였다.

(7) 본건 물품의 매출총이익률은 49%~62%인 반면 EK의 매출총이익률은 -8%~40%이고, 동종 업계의 매출총이익률은 26%~33%로 본건 물품의 매출총이익률이 현저히 높다.

(8) EK와 EA사이에 가격협의가 이루어지고 있는지에 관한 자료가 세관에 제출되지 않았고, 또한 EK와 EA사이의 본건 물품에 대한 계약서, 수입가격 약정에 관한 자료도 세관에 제출되지 않았다.

(9) 본건 물품의 영업이익률이 이전가격 분석보고서에 나타난 사분위 범위(2009년 3.6%~5.9%, 2010년 3.1%~9.8%, 2011년 3.2%~9.8%, 2012년 2.9%~10.1%, 2013년 3.3%~8%)를 크게 상회함에도 본건 물품의 수입가격은 상당 기간 조정된 바 없다.

한편 EK는 이전가격 결정시 원가가산법(Cost + Mark up)을 따랐다는 주장을 하나 그 구체적 산출금액이나 근거자료 등을 제시하지 않고 있다.

3. 부산세관장은 2019. 9. 14. EK에 대한 기업심사를 실시한 후 『본건물품에 대해 특수관계가 거래가격에 영향을 미쳤다』고 보고 거래가격을 배제하고 제4방법에 따라 과세가격을 산출하여 과세처분하였다. **본건 과세처분의 적법 여부를 검토하시오.**

[쟁점사항] 특수관계가 거래가격에 영향을 미쳤는지 여부, 입증책임

사례연습 19 소프트웨어가 수록된 전달매체

1. AK사는 미국의 A사가 100% 출자한 컴퓨터 소프트웨어의 임대를 비롯한 컴퓨터 관련 서비스 등을 목적으로 하는 회사이다. AK사는 A사와 '기술라이센스계약'(**본건 라이센스계약**)을 체결하고 A사로부터 데이터 처리장치용 소프트웨어가 수록된 디스켓 등의 전달매체('**본건 물품**') 300건을 수입하면서 과세가격을 소프트웨어의 가격이 포함되지 않은 전달매체 자체의 가격인 개당 미화 0.5불 내지 3불로 수입신고하였다.

2. 본건 라이센스계약 등의 주요 내용은 다음과 같다.
   (1) A사는 AK사에게 계약제품과 함께 데크, 테이프, 문서, 판촉물, 가격정보, 재사용허가계약서 견본 및 AK사가 계약지역에서 계약제품을 판매하는 데 필요한 其他 다른 정보를 공급하고, 계약지역에서 계약제품을 재사용허가(sublicense)할 독점적인 권리와 AK사의 본 계약상 의무이행과 관련하여 A사의 노하우(knowhow) 및 기술정보와 계약제품에 관한 자료를 이용할 독점적인 권리를 수여한다.
   이에 대하여 AK는 A사에게 계약지역에서 계약제품의 재사용허가 및 유지보수와 관련하여 AK사가 고객에게 청구한 모든 지급금에 대하여 로열티를 월별로 지불하되 로열티 요율은 AK사가 위와 같이 고객에게 청구한 금액의 40%로 하기로 한다.
   (2) 또한, AK사는 본건 라이센스계약에 따라 A사로부터 본건 수입물품을 공급받고 그에 수록된 소프트웨어에 관한 기술정보 습득을 위한 기술지원 및 훈련 등을 받기로 하였다. 따라서 AK사가 A사에게 지급한 로열티에는 본건 수입물품에 수록된 소프트웨어를 사용하는 대가뿐만 아니라 소프트웨어를 판매하는데 필요한 부속물품과 기타 정보를 공급받는 대가와 기술지원 및 훈련비용 등도 포함되어 있다.
   (3) AK사와 A사간에 체결된 본건 라이센스계약상 A사는 AK사에게 복제권을 부여하고 있고, AK사는 수입한 소프트웨어를 고객의 컴퓨터시스템에 복제하여 주는 방법으로 공급한다.

3. AK사는 수입한 소프트웨어 중 일부를 국내 고객들의 컴퓨터에 입력하여 사용케 하고 그들로부터 기술사용료(license fee) 또는 유지보수료(maintenance fee)를 수령하여 그 중 40% 상당 금액을 본건 라이센스계약의 약정에 따라 로열티로서 A사에 송금하였다. 즉, AK사는 국내고객과 사이에 '사용계약'을 체결하고 본건 물품 중 국내 고객이 원하는 소프트웨어를 고객의 컴퓨터시스템에 설치하여 주고 그에 대한 사용료를 받거나 사용계약과는 별도로 유지보수계약을 체결하고 사용허가된 프로그램의 오퍼레이팅 시스템의 버전이 변경된 경우 운용될 수 있도록

새로운 버전의 프로그램을 제공하고 프로그램을 유효하게 사용하기 위해 필요한 기술보고서 등과 전화 등에 의한 기술적 지원을 제공하며 프로그램에 관하여 개량 또는 그 자체가 논리적 향상이라고 여겨질 경우 변경을 하는 등의 유지보수를 하고 프로그램이 정상적으로 작동하는 것을 보증하여 주며 이에 대하여 유지보수료를 받는 방법으로 영업활동을 하고 그와 같이 하여 얻은 사용료와 유지보수료 수입금액의 40%를 A사에 송금하였다.

4. AK사가 A사로부터 공급받은 본건 물품에 수록된 소프트웨어 중에는 위와 같이 국내 고객에게 사용허가되어 AK사가 수입을 얻은 것도 있고 국내고객에게 전혀 사용허가되지 아니한 것도 있다.

5. 서울세관장은 2020. 9월경 AK사에 대해 기업심사를 실시한 후 수출판매가 존재하지 않는 것으로 보고 거래가격을 배제하고[568] 제6방법에 따라 AK사가 수입한 본건물품의 가격에 그에 수록된 소프트웨어의 가격을 합산한 가격을 과세가격으로 보아야 한다고 보아 AK사의 사업연도별로 AK사가 본건 라이센스계약에 따라 A사에 송금한 금액[569]을 당해 사업연도에 수입신고한 전달매체 가격의 합계액으로 나누어 가산율을 산정하고 이 가산율을 AK가 수입신고시 신고한 전달매체의 가격에 곱하는 방법으로 수입가격을 새로 계산하고 그와 같이 계산한 수입가격에서 당초 신고된 전달매체의 가격을 공제한 가격을 과세가격으로 하여 과세처분하였다. **본건 과세처분의 적법 여부를 검토하시오.**

[쟁점사항] 데이터 처리장치용 소프트웨어가 수록된 전달매체의 과세가격 결정, 권리사용료, 고안이나 창안을 다른 물품에 재현하는 권리(재현생산권), 제6방법 적용시 준수해야 하는 원칙(평가협정에 부합하는 합리적인 방법)

568) 동종·동질물품 또는 유사물품이 없었고, 소프트웨어를 사용하는 컴퓨터의 종류, 용량별로 그 판매가격이 상이하여 국내판매가격에 의한 과세가격 산정이 어려웠다.

569) 2017. 4. 1.부터 2018. 3. 31.까지 금 4억원, 2018. 4. 1.부터 2019. 3. 31.까지 금 12억원, 2019. 4. 1.부터 2020. 3. 31.까지 금 13억원을 각 송금하였다.

사례연습 20 이전가격 사후조정

1. AK사는 자동차 및 관련부품의 수출입 및 판매 등을 목적으로 설립된 국내법인으로 독일법인 A사(본사)가 AK의 지분 100%를 보유하고 있다. AK사는 2018. 1. 3.부터 2018. 12. 26.까지 사이에 A사로부터 자동차 및 관련부품('**본건 물품**')을 수입하였다.

2. A사의 **"이전가격가격정책"**(transfer pricing policy)은 AK사와 같은 수입판매업체가 A사로부터 수입하여 판매하는 물품(자동차 및 관련부품)의 가격을 '이전가격'으로 정하면서, 수입지에서의 시장위험(market risk)과 환위험(currency risk) 등을 고려하는 것이었다. 또한 위 이전가격 정책에 의하면 시장위험에 관하여, 수요의 주기적 감소, 소비자 기호의 변화에 따른 수요 감소의 경우 수입판매업체가 그에 관련된 판매감소를 감수해야 하나, 수입판매업체에 장기간 손실이 발생할 경우 이러한 손실은 A사의 공장도 가격 조정에 의하여 보전되고, 초과 수익은 가격인상에 의하여 A사에게 흡수된다. 한편 위 이전가격정책에 의하면 환위험에 관하여, 수입판매업체는 자신들이 환위험 관리를 하고, 장기간의 환위험도 부담하나, 목표 환율범위를 벗어나게 하는 지속적인 환율변동은 A사의 공장도가격 조정에 의하여 보전된다.

3. AK사는 위 이전가격에 따라 관세 등을 신고·납부하였고, 위 이전가격을 모두 A사에 지급하였다.

4. AK사는 이전가격 결정시 정상가격결정방법 중 **"거래순이익률법"**을 채택하였다. 즉, AK사는 2018년도 목표영업이익률을 5%로 정해놓고, 실현된 영업이익률이 목표영업이익률과 차이가 나는 경우에는 그 차이를 조정하여 이전가격조정액을 A사에 지급하거나 A사부터 수령하였다. AK사와 A사는 이전가격정책에 따라 매년 아래와 같이 수입물품의 이전가격을 결정하고 회계연도가 종료되면 이전가격조정액을 송금 내지 수령하고 있다.

> ① AK사와 A사는 전년 회계연도 末에 다음 회계연도의 예상 판매수량, 판매가격, 예상매출액, 예상영업비용(판매관리비)을 결정한다.
> ② 이를 기초로 AK사는 A사와 협의하여 소비자 판매 예비가격을 산정하여 국내 딜러의 일정 마진을 보장하는 딜러 판매가격을 결정하고, 이렇게 산정된 가격을 토대로 정상가격을 산출방법 중 하나인 영업이익률 지표를 사용하여 산출한 적정이익률(목표영업이익률)에 따른 영업이익 및 국내 유통 판매비용 등을 차감하는 역산방식으로 본건 물품의 각 모델별로 이전가격을 결정하며, 이를 과세가격으로 수입신고를 한다.

③ AK사와 A사는 위와 같은 국제거래를 통해 실현한 이익 수준을 정상가격 범위에 위치시키기 위해, 해당 회계연도 末에 영업이익률지표를 사용하여 산정한 AK사의 실제 영업이익과 목표영업이익을 비교하여, AK사의 실제 영업이익이 목표영업이익을 초과하는 경우 AK사가 해당 차액을 A사에 송금하고,[570] 반대로 AK사의 실제 영업이익이 목표영업이익에 미달하는 경우 AK사가 해당 차액을 A사로부터 수령함으로써 각 법인의 적정이익률을 유지한다.

5. AK사와 A사는 위 이전가격 정책에 따라 2017. 9월경 AK사가 2018년에 수입하여 국내에서 판매할 본건물품의 이전가격을 유로(EURO)화로 정하였는데, 당시 유로화에 대한 환율을 1,250원으로 예상하고 AK의 목표영업이익률을 5%로 하여 이전가격을 정하였다. 그런데, 2018. 2월경 유로화에 대한 환율이 1,600원으로 상승하였고, 2018. 9월부터 12월경까지는 유료화에 대한 환율이 1,800원 내지 1,900원으로 상승하였다. 이와 같은 환율상승으로 인하여 AK사의 2018년 영업이익률이 －10%에 이르게 되었고, 이에 AK사와 A사는 2019. 1월말경 이전가격을 소급적으로 14% 인하하기로 하였고 AK사는 A사로부터 그 인하분에 해당하는 35,000,000유로(EURO)를 반환받았다.

6. 한편, AK사는 수입자동차의 매출액 증가, 환율하락, 판관비 감소 등으로 인하여 2019년도 실현된 영업이익률이 목표영업이익률(5%)을 초과하여, 2020. 1말경 AK사와 A사는 이전가격을 소급적으로 7% 引上하기로 하였고, 이에 따라 AK사는 A사에게 그 인상분에 해당하는 1천 8백만유로(EURO)를 송금하였다.

7. AK사는 A사로부터 이전가격조정액을 **'수령'**한 후 2019. 6. 5. 인천세관장에게, 위와 같이 인하된 이전가격이 A사에 실제로 지급하였거나 지급하여야 할 거래가격이므로 그 인하 以前의 이전가격에 따라 신고·납부한 위 세액이 과다하다는 이유로 경정청구를 하였다. 이에 대하여 인천세관장은 2019. 7. 10. AK사에게, 위와 같은 이전가격 引下는 수입신고 이전의 계약에 따른 가격조정이 아니라 사후에 조정된 가격으로서 AK사가 실제로 지급하였거나 지급하여야할 가격과는 아무런 관련이 없다는 이유로 AK사의 위 경정청구를 거부하는 처분을 하였다. **본건 경정거부처분의 적법 여부를 검토하시오.**

8. 한편 인천세관장은 2020. 11. 10. AK사에 대한 기업심사를 실시한 후 AK사와 A사가 2020. 1월말경 이전가격을 소급적으로 7% 引上하고 이에 따라 AK사가 A사에게 **'송금'**한 금액 중

570) 수입물품의 각 모델별로 초과하는 이익이 발생하는 금액과 손실이 발생하는 금액을 상호 정산한 다음 나머지 초과이익을 본사에 송금한다.

본건 물품과 관련된 것으로 안분된 금액을 '사후귀속이익'으로 보고 과세처분하였다.[571] **본건 과세처분의 적법여부를 검토하시오.**

[쟁점사항] 실제지급가격, 가격조정약관, 관세법 제38조의4의 수입물품의 과세가격 조정에 다른 경정청구, 사후귀속이익

※ 거래순이익률법하에서 수입가격 산출 및 사후조정 例示[572]

1. 수입가격 산출

통상적으로 아래와 같은 순서로 수입물품의 가격을 산출한다.

(1) 정상가격 산출방법: 거래순이익률법(TNMM)

(2) 순이익률지표: 영업이익률

(3) AK사는 A사와 협의하여 목표 영업이익률 설정: 5%

(4) 국내판매가격과 예상매출액등 설정

○ 국내판매가격: 10,000원

○ 예상판매수량: 1,000개

○ 예상매출액: 10,000,000원(= 10,000원 × 1,000개)

○ 예상판관비: 2,500,000원

(5) 수입물품의 가격산출 과정

① 예상매출액: 10,000,000원

② 목표영업이익: 500,000원 [= 10,000,000원 × 5%]

③ 예상매출총이익: 3,000,000원 [= 500,000원 + 2,500,000원]

④ 예상매출원가: 7,000,000원 [= 10,000,000원 - 3,000,000원]

∴ **수입물품의 가격**: 7,000원 [= 7,000,000원 ÷ 1,000개]

2. 사후조정

예상판매수량과 실제판매수량의 불일치, 예상영업비용과 실제 영업비용의 불일치, 예상환율과 실제환율의 불일치 등으로 인하여 목표영업이익률과 실제영업이익률이 일치하지 않는 경우, 손익계산서상 매출원가, 판매비와 관리비, 영업외손익 등을 조정한 후 조정금액을 송금하거나 수령한다.

571) 인천세관장은 본건 수입물품의 각 모델별 예상 및 실제 판매대수, 순매출액 등의 자료를 기초로, 예상보다 실제로 더 많이 판매된 모델에 한하여 안분된 금액을 사후귀속이익으로 과세처분하였다.

572) Berry Ratio 지표(=매출총이익 ÷ 영업비용)를 순이익률지표로 사용하는 경우도 이와 마찬가지 방식으로 수입가격을 결정한다.

사례연습 21 연구개발비

1. AK사는 도금업, 산업용 기초화합물 도매업, 무역중개업 등을 목적으로 설립된 법인으로서, 네덜란드 법인 A사(A그룹 본사)가 AK사의 주식 100%를 보유하고 있다. AK사는 2018. 1. 5.부터 2019. 5. 10.까지 해외의 A사의 계열사들(AM, AP)로부터 도금용 화학제품 및 도금용 장비(**'본건 물품'**)를 70회에 걸쳐 수입(**본건 수입거래**)하였다. 그런데 AK사는 본건 수입거래에 대하여 수입물품 대금과는 별도로 A사의 관계사인 독일 소재 AD사에게 연구개발, 생산관리, 관리그룹 비용을 지급하였다.

2. 부산세관의 AK사에 대한 기업심사 과정에서 다음과 같은 사실관계가 확인되었다.
   (1) A그룹은 연구개발의 효율성과 합리성을 제고하고자 노하우, 특허 등 무형자산을 한 곳에 집중하고, 그룹 내 모든 회사가 이를 원칙적으로 공유하되, 공동의 이익을 위해 수행하는 연구개발, 조직관리운영, 시제품 검사 등 비용은 공동부담하도록 하는 내용의 **'비용공유정책'**을 도입하였다. 이에 따라 A그룹은 각국 연구개발센터에 산재한 무형자산을 독일 AD사에 이전한 후, 비용이 발생하는 연구개발센터나 관리조직(**비용센터**)이 AD사에게 발생 비용의 5%를 가산한 금액을 청구하면, AD사가 그룹 내 계열사에게 제3자에 대한 판매비율을 기준으로 위 비용을 배분·징수한 뒤, 이를 다시 '비용센터'에 지불하도록 하였다.
   (2) 위와 같은 비용공유정책에 따라 AK사는 2018. 5. 5.경 A사와의 사이에, 연구개발 및 기술지원 비용배분 합의(R&D Technical Assistance Cost Sharing Agreement) 및 관리그룹 비용배분 합의(Management Group Cost Sharing Agreement)를 체결(이 2개의 비용분배합의를 **'본건 비용분배합의'**라 한다)한 후, 본건 비용분배합의에서 약정한 비용을 수입물품대금과는 별도로 AD사에게 지급하여 왔다.
   (3) 본건 비용배분 합의의 주요내용은 다음과 같다.
      1) 계열사는 연구소, 제품개발센터, 기술센터 및 조사활동 其他 다른 활동을 수행하는 기술자, 숙련공, 과학자들을 둘 수 있고, 독일 AD사는 연구소 등을 소유한 계열사로부터 필요한 정보 其他 필요사항을 받을 수 있으며 주기적으로 계열사에게 이익이 될 수 있는 모든 연구개발 및 기술판매 서비스 업무를 제공하고, 개선 및 발견되는 업무결과를 제공한다.
      2) 연구개발을 한 계열사는 2018. 5. 5.부터 다른 계열사에게 지적 권리 사용청구를 할 수 없고, AD사는 제3자에 대한 독점적 화학제품 판매 비율에 따라 비용을 청구한다.
      3) AD사는 계열사들을 위해 전략적 및 일반적 관리, 전략적 사업 개발, 국제 품질 표준

개발, 직원교육, 행정보조, 보험관리, 인사관리, 국제적 프로그램 조직 등의 역할을 수행하고, **계열사가 수행한 제3자에 대한 판매 비율에 따라 비용을 할당**한다. 이때 제3자에 대한 판매는 계열사간 판매 이외의 모든 판매를 말한다.

4) AK사가 본건 비용배분 합의에 따라 AD사에게 지급한 비용에는 연구개발비, 제품지원비, 제품관리비, 기술관리 지원비(이하 **'본건 연구개발비 등'**) 등이 있는데, **'연구개발비'**는 아직 출시되지 않은 제품을 개발하는 비용이고, **'제품지원비'**는 이미 출시한 제품의 사후관리 및 사용업체에서 요청한 기술지원에 소요되는 비용이며, **'제품관리비'**는 제품 마케팅, 상표관리, 고객관리 등에 소요되는 비용이고, **'기술관리 지원비'**는 국외 거주 매니저가 해외에서 실험실 관리 및 연구소 유지보수 활동을 하는데 소요되는 비용이다. 이 중 "제품지원비"는 하자보증비의 성격과 수입 후 유지 · 정비 비용의 성격을 모두 가지고 있으나 양자를 구분할 방법이 확인되지 않았다.

(4) AK사는 해외의 A사의 계열사들(AM, AP)로부터 수입한 본건 물품을 국내에서 독점적으로 판매할 권한을 가지고 있으나, 본건 비용분배합의에 따른 지급의무를 지는 外에는 다른 어떠한 권리사용료도 지급하지 않고 있다.

(5) AK사의 연도별 매출총이익률은 60% 이상으로 동종업체에 비하여 상당히 높은 수준이며, AK사가 지급하는 연구개발비용의 비중도 당해 연도 송금액의 40% 정도를 차지한다.

(6) 본건 비용분배합의는 A사그룹 계열사들에서 생산되는 제품을 생산하는데 필요한 A사그룹 계열사들의 연구개발, 조직관리운영, 시제품검사의 비용분담에 관한 것이고, A사그룹 계열사들은 본건 비용분배합의를 체결하고 있어 제3자에 대한 매출액이 발생하는 한 연구개발비 등 지급의무를 부담하고, 이는 연구개발 결과가 상품화에 성공하였는지 여부와 상관없다.

(7) AK사는 2019년도 법인세 심사를 받을 당시 본건 연구개발비 등을 원가에 해당한다고 소명하여 손금으로 인정받은 사실이 있다.

3. AK사는 수입신고시 '본건 연구개발비 등'을 과세가격에 포함시키지 않았다. 부산세관장은 2020. 5. 20. AK사에 대한 기업심사를 실시하고 '본건 연구개발비 등'을 실제지급가격에 가산하여 과세처분하였다. **본건 과세처분의 적법 여부를 검토하시오.**

[쟁점사항] 비용분담약정, 연구개발비의 과세요건(관련성, 판매조건), 권리사용료, 간접지급, 수입 후 유지 · 보수비용과 명백히 구분가능한 경우

사례연습 22 광고선전비, 간접지급

1. AK사는 미국 A사가 대한민국 내 영화배급을 목적으로 100% 출자하여 설립한 회사이다. AK사는 2015. 2. 1. A사로부터 영화 배급에 관한 권리를 허락 받은 미국 AS사와 대한민국 내 영화배급 활동에 관한 프랜차이즈 계약('**본건 프랜차이즈계약**')을 체결하였다.

2. 본건 프랜차이즈계약에 따르면 라이센시(Licensee)인 AK사는 라이센서(Licensor)인 AS사에게 아래와 같은 방식으로 산정되는 로열티를 지급할 의무가 있다.

로열티 = 영화의 총매출액573) − 배급수수료 − 배급비용

   (1) 배급수수료: 관련 영화의 총매출액의 12%에 해당하는 배급수수료를 AK사 보유할 자격이 있다.
   (2) 배급비용: 영화의 광고물, 판촉물, 마케팅, 홍보물 및 광고용 부속물 비용(본 계약에 따라 AK사에게 무상으로 제공된 광고물은 제외함) 등을 말한다.

3. 서울세관의 AK사에 대한 기업심사 과정에서 다음과 같은 사실이 확인되었다.
   (1) AK는 라이센서(AS)로부터 수입하여 국내에 배급·상영할 영화 및 비디오의 선정, 이들 영화 및 비디오에 대한 광고선전 활동을 위한 광고대행사 선정, 광고대행사 및 광고업체와의 광고선전 계약 체결, 구체적인 광고 내용·매체·시기·비용의 결정, 예산의 변경, 광고선전비 지급 등을 직접 한다.
   (2) 라이센서 AS사는 AK사에게 수출하는 영화에 대하여 광고선전비의 총액한도를 설정하고 있을 뿐, 위 광고선전 활동과 관련하여 광고대행사나 광고업체와 아무런 계약도 체결하지 않으며, AK사의 광고선전 활동에 관여하지 않고 있다. 다만, AK는 AS로부터 광고선전 활동에 관한 예산을 승인받고 있다.

4. AK사는 AS사로부터 영화용 필름을 수입하면서 수입신고시 인천세관장에게 잠정가격으로 로열티를 신고하여 부가가치세를 납부한 다음 영화의 총 수입액과 지불하여야 할 로열티가

573) "총 매출액"이란 본건 프랜차이즈계약에 따라 AK사에게 부여된 라이센스에 따라 영화에 대하여 AK사 등이 청구한 부가가치세 공제 후 모든 금액을 의미한다.

확정된 후 AS사에게 본건 프랜차이즈계약에 따른 로열티를 송금하고 확정가격을 신고하여 부가가치세를 정산하였다.

5. 서울세관장은 2020. 7.경 AK사에 대한 기업심사를 실시한 후 본건 배급비용을 광고선전비의 간접지급으로 보고 '**본건 물품**"의 과세가격을 AK사가 AS사에게 송금한 로열티 금액에 "본건 배급비용"(광고선전비)를 포함하여 과세처분하였다. **본건 과세처분의 적법 여부를 검토하시오.**

[쟁점사항] 광고선전비, 구매자가 자신의 계산으로 하는 활동(평가협정 주해 제1조 제1항), 광고선전 의무의 주체, 간접지급

사례연습 23 국제마케팅비

1. AK는 AG사의 한국 내 자회사로서, 2009년부터 AG사의 관계사 및 해외 제조업체들[574)]로부터 "A"상표가 부착된 스포츠용의류, 신발 등('**본건 물품**')을 수입하고 있다(AK와 AG는 모두 A사그룹의 계열사들이다).

2. AK는 2008. 1. 1. AG와 사이에 "상표사용권 계약"을 체결하고, 이에 따라 2008년부터 2013년까지 AG에게 "A"브랜드 제품 순매출액의 8.5~10% 상당액을 '**종합 수수료**(composite charge)'라는 명목으로 지급하였다. 위 종합 수수료는 ① 허여지역 내 상표사용권, ② 허여지역 내 노하우 사용권, ③ 허여지역 내 독점적 유통권, ④ 허여지역 내 프로모션 계약 체결권, ⑤ 상표권자의 의하여 제공되는 국제적인 특정 선수, 팀, 연맹, 조직 등의 로고, 상징 등에 대한 사용권, ⑥ 올림픽, 월드컵, 세계육상선수권과 같은 세계적인 브랜드 행사에 대한 상표권자의 지원과 그에 따른 무형자산 및 상표의 발전, ⑦ 품질 관리 정보, ⑧ 새로운 상표사용 상품의 출시 관련 마케팅 지원, ⑨ 상표권자의 국제무역박람회, 마케팅 회의 개최와 참가에 따른 혜택, ⑩ "A"브랜드 관련 범세계적 광고 홍보 프로그램, ⑪ 상표권자가 개발하거나 지원한 새로운 "A"브랜드와 제품에 대한 접근 등에 대한 대가로 지급된 금액이었다.

3. AK는 2014. 1. 1. 위 상표사용권 계약에 갈음하여 AG와 사이에 새로운 "라이센스 계약"(LICENSE AGREEMENT; **본건 라이센스계약**)을 체결하였다. 위 계약 서문에는 "A"브랜드에 대한 책임의 일부로서 라이센스 제공자의 활동은 운동선수 및 팀 판촉; 광고 및 인터넷 활동을 포함하는 브랜드 커뮤니케이션; 올림픽 경기, 월드컵축구대회, 유럽 축구대회, 세계육상선수권대회와 같은 특별한 이벤트 관련 스포츠 마케팅; 그것들에 대한 소유권, 유지, 보호, 실행 및 이용을 포함하는 지적재산권; 그리고 당해 지적재산권과 관련된 총괄적 법률 지원을 포함한다'고 규정되어 있다. 위 계약은 제4조에서 '마케팅(MARKETING)'에 관하여, 제5조에서 '국제마케팅비(IMF)'에 관하여, 제8조에서 '상표사용료(ROYALTIES)'에 관하여 각 규정하고 있고, 그 중에는 아래와 같은 내용이 포함되어 있다.

574) AK사가 AG사를 통해 물품공급계약을 체결한 제조업체들을 말한다.

서문

라이센스 제공자는 브랜드 이미지에 대하여 책임을 진다.

제4조: 마케팅(MARKETING)

4.1. 라이센스 사용권자는 연간 예산 프로세스의 일부로서 완전하고도 세부적인 사업 및 마케팅 계획을 제출해야 한다.

4.4. 라이센스 사용권자는 광고, 스포츠 마케팅과 프로모션, 홍보, 시장 조사, 판매시점 관리 활동 그리고 영업 교육 분야에서 라이센스 제공자가 합리적으로 요구하는 활동들을 수행하여야 한다. 이 목적을 위하여 라이센스 사용권자는 제품들(A사 그룹에 의하여 또는 A사 그룹을 위하여 개발된 것들로 "A"브랜드가 있는 다양한 제품들의 어떤 아이템을 말한다)과 라이선스 취득 제품들(라이센스 제공자가 본 계약 규정에 의거하여 제조할 수 있는 권리를 라이센스 사용권자에게 허여하는 그러한 제품들을 말한다)의 순매출액에 근거하여 A사그룹 기준으로 결정되는 연간 금액을 지출하도록 권고 받고 이를 지출할 것에 동의한다(이하 "마케팅 예산"이라 한다). 라이센스 사용권자는 마케팅 예산의 사용과 판매지역 현지 광고 대행사 지정에 대한 라이센스 제공자의 가이드라인을 준수해야 한다.

4.5. 라이선스 사용권자와 라이센스 제공자의 대리인들은 필요할 때마다 그러나 적어도 1년 두 번은 만나서 장단기 계획, 광고, 프로모션, 홍보 및 기타 마케팅 문제들을 협의하여야 한다.

제5조: 국제마케팅비(IMF)

5.1. 라이센스 사용권자는 본 계약 하에서 획득한 마케팅 혜택(marketing benefits)에 대한 보상으로 제품들과 라이센스 취득 제품들의 순매출액의 4%에 상당하는 국제마케팅비(IMF)를 라이센스 제공자에게 지급해야 한다.

5.2. **라이센스 제공자의 다음 활동들은 IMF에 의하여 충당된다.**

a. 범지역적 또는 전세계적 중요성을 가지고 있고, 그들의 명성이 현지 판매와 유통을 증진하며, 제품들을 홍보하고 판매하는 데 있어서 운동선수들, 팀들 그리고 연맹들이 나오는 자료들(예, 광고)과 기회들(예, 출연/대회)을 제공하면서 판매 지역 내에서 유리하게 활용될 수 있는 운동선수들, 팀들 그리고 스포츠 연맹들과의 계약을 체결하고 관리한다.

b. 판매지역 내에서 그 명성이 유리하게 활용될 수 있는 대회들(올림픽, 월드컵 축구대회, 유럽 및 기타 지역 선수권대회, 축구 챔피언스 리그 또는 라이센스 제공자가 생각하기에 유사한 가치를 가지고 있다고 보는 특정 마케팅 자산을 포함하여)을 후원하는 계약을 체결하고 관리하며, 제품들을 홍보하고 판매함에 있어서 대회들이 표방하는 자료들과 기회들(예, "A사…의 공식 스폰서/파트너")을 제공한다.

c. 글로벌 및 지역적 광고 캠페인과 슬로건을 위한 컨셉트를 창조하고 판매지역에서 제품들의 광고를 위하여 관련 자료와 다른 지원을 제공한다.

d. 판매지역 내에서 접속될 수 있고 판매지역 내에서 제품들을 홍보하고 판매하는 라이센스 사용권자의 역량을 지원하고 강화하는 A사 웹사이트를 구축하고 유지한다.

e. 국제 무역 박람회와 마케팅 회의를 라이선스 제공자가 조직하는 것 그리고/또는 이에 참여하는 것으로부터 혜택을 얻는다.

5.5. 라이센스 사용권자는 제5조 제2항에 열거된 활동들의 성격, 범위, 규모 그리고 시기 선택이 라이센스 제공자의 재량에 달려 있고, 라이센스 제공자가 제5조 제2항에 언급된 다양한 활동과 투자를 이행함에 있어서 발생하는 실제적이거나 또는 계획된 지출에 대하여 세부내역을 제공할 필요가 없다는 점을 인정한다.

제8조: 상표사용료(로열티: ROYALTIES)

8.1. 라이센스 사용권자는 본 계약에 의하여 허여된 권리에 대한 보상으로 제품들과 라이센스 취득 제품들의 순매출액의 6%에 상당하는 표준 상표사용료(로열티)를 라이센스 제공자에게 지급하여야 한다. 표준 상표사용료(로열티) 6%는 라이센스 사용권자의 재무성과에 따라서 조정될 수도 있다.

8.2. 다음 권리들은 위에 명시된 상표사용료(로열티)에 의하여 보호된다.

a. 판매 지역 내에서 표장을 사용할 수 있는 권리

b. 판매지역 내에서 노하우를 사용할 수 있는 권리

c. 판매지역 내에서 유통시킬 수 있는 독점적 권리

d. … 판매지역 내에서 스포츠 마케팅 계약을 체결할 수 있는 독점적 권리

e. … 판매지역 내에서 제조할 수 있는 비독점적 권리

10.4. 본 계약을 종료함과 동시에 본 계약하에서 허여된 모든 권리는 라이센스 제공자에게 환원되고, 라이센스 사용권자는 포장과 노하우의 사용을 그만두어야 하며(본 계약 제10조 제5항에 규정된 경우를 제외하고), 포장과 노하우가 등장하거나 또는 드러나 있는 모든 자료와 페이퍼들을 라이센스 제공자 또는 라이센스 제공자가 적법하게 권한을 부여한 대리인들에게 즉시 인도하여야 한다. 계약의 종료는 기존의 구매 주문들이나 또는 라이센스 사용권자의 공급자들과 개시한 진행 중인 물품들에는 영향을 미치지 아니한다.

4. AK가 2015. 1. 1. 'RI'와 사이에 채결한 라이센스 계약도 AK와 AG 사이에 체결된 본건 라이센스 계약과 유사한 형식과 내용으로 구성되어 있다.

5. 본건 라이센스 계약에 따라 AK는 2014년부터 AG에게 매년 순매출액의 10%(표준상표사용료는 6%이나 본건 라이센스 계약 제8.1조에 의거하여 AK의 재무성과에 따라서 10%로 조정되었다) 상당액을 **'상표사용료'**로 지급하고, 순매출액의 4% 상당액을 **'국제마케팅비'**로 지급하고 있다.

※ 국제마케팅비 산정: AG의 국제 마케팅 비용 지출 총액이 AG 전체의 순매출액에서 차지하는 비율 범위 내에서 AK와 같은 현지법인 순매출액의 일정비율로 국제마케팅비가 산정되고

지급된다. AG와 AK를 비롯한 현지법인들간에 매년 실제 지출한 국제마케팅비용을 기준으로 과잉 또는 과소 지급된 부분을 사후 정산한 사실은 없다. 한편, 최근 5년간 AG사의 순매출액 대비 글로벌 마케팅 지출액 비율은 2014년은 5.6%, 2015년은 5.4%, 2016년은 5.6%, 2017년은 5.6%, 2018년은 5.9%, 2019년은 6%이었다.

6. AK와 AG는 본건 라이센스 계약 제4.5조에 따라 서로 협의 하에 광고, 프로모션, 홍보 기타 마케팅 활동을 하였다. 구체적으로 AG는 ① 세계축구연맹(FIFA) 월드컵이나 유럽축구연맹(UEFA) 챔피언스리그 등 국제 스포츠 경기를 후원하고, ② 레알 마드리드 등 유명 운동경기팀이나 리오넬 메시 등 유명 운동선수를 후원하며, ③ 각종 글로벌 마케팅 이벤트를 개최하고, ④ 인터넷에서 A사그룹 웹사이트를 구축하고 유지하며, ⑤ AG가 후원하는 팀이나 선수를 모델로 각종 TV광고, 지면광고, 동영상광고, 배너(Banner)광고 등을 제작하여 스스로 광고를 하거나 이러한 마케팅 자료를 원고와 같은 각국 현지법인에 제공하였다. 그리고 AK는 AG가 보내준 마케팅 자료(예컨대 메시가 등장하는 "A"브랜드 광고 동영상이나 화보)를 이용하여 우리나라 방송이나 잡지 또는 인터넷매체에서 광고를 하고 그 비용을 우리나라 방송사나 잡지사 또는 인터넷매체 운영자에 지급하였다.

7. AK는 2015년 사업연도까지 재무제표상 순매출액의 14% 상당액(상표사용료 10% 상당액과 국제마케팅비 4% 상당액을 합산한 금액)을 모두 상표사용료로 계상하였으나, 2016년 사업연도부터는 상표사용료와 국제마케팅비를 구분하여 계상하고 있다. AK사는 수입신고시 '상표권사용료'만 과세가격에 포함하고, '국제마케팅비'는 과세가격에 포함시키지 아니하였다. 그 이유에 대해, AK사는 서울세관의 기업심사과정에서 "국제마케팅비는 해당 국가 안에서 이루어지는 국내광고와 달리 국제적 마케팅활동에 소용되는 비용이다. AK사를 비롯한 각국의 판매회사들은 상표권자들과 국제적 광고활동 및 그 비용에 대하여 분담계약을 체결하고 국제적 광고에 소요된 광고비 중 일부를 분담한 것이고, 이는 분명 상표사용료와 구별되는 것이다. 나아가 AG 등에서 수행하는 국제마케팅활동이 수입물품에 대한 간접적인 광고효과를 가져오기는 하나, AK사가 수입하는 물품에 대한 개별 광고에 해당하지 아니하고, AK사가 AG 등에게 국제마케팅비를 지급하고 있으나 물품은 국내외에 독립된 제조회사로부터 구매하여 오고 있다"고 소명하였다.

8. 서울세관장은 2020. 2. 20. AK에 대해 기업심사를 실시한 후 AK가 AG에 지급한 '국제마케팅비'는 그 실질이 '상표권사용료'이므로 과세가격에 포함시켜야 한다고 보고 국제마케팅비를 실제지급가격에 가산하여 과세처분하였다. **본건 과세처분의 적법여부를 검토하시오.**

[쟁점사항] 국제광고비, 권리사용료, 간접지급, 관련성 및 거래조건성

사례연습 24 하자보증비

1. 서울소재 AK사는 미국 A사로부터 A사가 생산한 자동차(**'본건 물품'**)를 수입하여 우리나라에 독점 판매하고 있다.

2. AK사와 A사는 본건 물품에 대한 국내 **'독점판매계약'**을 체결하고, 본건 물품의 國內에서의 판매효율성을 높이기 위하여 다음의 모든 용역을 AK사가 수행하고, 그에 대한 비용도 AK사가 부담하기로 약정하였다[이를 **'디스트리뷰터(Distributor)방식'**이라 한다].
   (1) 판매할 자동차의 전시 및 그 전시장 건물의 설치, 판매망의 구축, 광고 및 판촉계획의 수립 등에 관한 사항
   (2) 고객에 판매한 자동차에 대한 보증, 유지, 수리 등 판매 後의 유지관리 및 이를 위하여 필요한 시설의 설치 등에 관한 사항
   (3) 기타 위의 (1), (2)와 관련된 사항

3. 다만, 독점판매계약에서 약정한 '디스트리뷰터(Distributor)방식'이 통상의 판매방식인 **'딜러(Dealer)방식'**(A사가 국내에 판매대리상을 두고 위 '2'에 기재된 용역을 A사가 부담하고 판매대리상에 대하여는 판매에 따른 일정비율의 이익만을 보장하여 주는 방식)보다 AK사에게 불리하기 때문에 A사는 이를 감안하여 통상의 판매가격 보다 5% 할인된 금액으로 자동차를 판매하기로 약정하였다.

4. AK사는 2017. 5월경부터 2020. 2. 15.까지 A사로부터 본건 물품을 수입하면서 5% 할인된 가격으로 수입신고하였는데, 이에 대하여 서울세관장은 2020. 10월경 AK사에 대하여 기업심사를 실시한 후 5% 할인된 금액상당은 AK사가 A사에게 본건 물품의 대가로 간접 지급한 금액이라는 이유로 위 할인된 금액을 실제지급가격에 가산하여 과세처분을 하였다. **본건 과세처분의 적법 여부를 검토하시오.**

[쟁점사항] 간접지급, 하자보증비, 조건 또는 사정, 가격할인

사례연습 25 하자보증비, 수입 後에 하는 수입물품의 유지·정비·기술지원에 관한 비용

1. 甲사는 판매자인 미국 C사로부터 C사가 생산하는 라우터 등 네트워크 통신기기 수입계약('**본건 수입계약**')을 체결하고, 甲사는 C사로부터 라우터, 스위치 등 네트워크 통신기기('**본건 물품**')를 수입하여 국내 최종 사용자(End User)에게 판매하고, 본건 물품을 유상(有償)으로 유지, 보수하여 주는 것 등을 영업으로 하고 있다.

2. 본건 물품을 구매한 최종 사용자(End User)는 그 네트워크 통신기기 등을 본래의 시스템 성능대로 사용하기 위해 필요에 따라 하드웨어의 수리·교체, 소프트웨어 업그레이드 등의 지원, 其他 기술지원 등의 유지정비보수 서비스를 받아야 하는데, 甲사가 본건 물품의 국내 최종 사용자에게 위와 같은 유지정비보수 서비스('**본건 유지정비보수 서비스**')를 본건 물품의 존속기간 동안 '유상'(有償)으로 제공하고 있다.
그런데 甲사는 최종 사용자에게 본건 유지정비보수 서비스를 제공함에 있어, 경우에 따라서는 C사의 기술제공, 소프트웨어의 지원, 하드웨어의 보수·교체 등의 기술지원이 없으면 문제를 해결할 수 없기 때문에, C사로부터 기술지원을 받고 그 대가를 지급하기로 하는 계약('**본건 서비스계약**')을 체결하였다. 甲사와 C사 사이에 위와 같이 맺어진 본건 서비스계약은 '본건 수입계약'에 부수한 별첨계약의 형태로 체결되었다.

3. 甲사는 C사로부터의 기술지원의 대가로 해당 수입물품의 기능상 분류에 따라 송품장을 기초로 다음과 같은 금액을 '유지보수비용'(계약서에서는 'Maintenance Fee'라고 기재되어 있다; '**본건 유지정비보수비용**')이라는 이름으로 C사에 지급하였다.
   ① 수입물품이 LAN 제품인 경우: 반기별로 수입물품 가격의 1.5%씩 6회 총 9%
   ② 수입물품이 WAN 제품인 경우: 반기별로 수입물품 가격의 2.25%씩 6회 총 13.5%
   ③ 수입물품이 Software인 경우: 반기별로 수입물품 가격의 0.5%씩 6회 총 3%

4. 서울세관의 기업심사 과정에서 다음과 같은 사실관계가 추가로 확인되었다.
   (1) 甲사가 C사의 제품을 최종 사용자에게 판매하는 경우, C사는 그 제품을 그 내용연수 동안 본래의 시스템 성능을 유지하고 정비하여 주기 위하여, C사가 직접 최종 사용자에게 유지정비를 하여 주지 않고, 甲사를 통하여 이른바 "시스템 통합 기술지원"이라는 방법으로 甲사로 하여금 최종사용자에게 그 제품에 대한 유지정비를 하게 하였다.

(2) 甲사가 C사와 사이에 맺은 '본건 서비스계약'을 통하여 C사로부터 받는 '본건 유지정비보수 서비스'는 바로 甲사의 자체 기술만으로는 최종 사용자에게 유지정비 등을 하여 주기 어려운 경우 이를 해결하기 위하여 C사로부터 받는 기술 지원으로서, ① 기술 지원[C사의 기술보조센터에 항상 접속할 수 있고, C사로부터 문제 해결을 위한 기술지원을 파견받으며, 엔지니어로부터 전자메일을 통하여 기술 지원을 받는 것 등], ② 소프트웨어 지원[개정판 업그레이드 제공, 결함(버그) 제거, 문제해결을 위한 패치 프로그램 등의 지원 등], ③ 하드웨어 지원(고장난 제품이 C사에 도착하기 前에 먼저 새 제품이나 이에 상응하는 제품을 공급한 후 고장난 제품을 받아 수리하여야 하는 이른바 '선교체 후수리' 등) 등이 포함된다.

(3) 甲사는 '본건 유지정비보수 서비스'를 받고 그 대가를 '유지정비보수비용'이라는 명목으로 C사에게 지급한다. 甲사가 C사로부터 지급통지를 받은 날로부터 15일 이내에 '본건 유지정비보수비용'을 지급하지 않는 경우 C사는 즉시 '본건 유지정비보수 서비스'의 이행을 일시 정지할 수 있고, '본건 서비스계약'에 명시된 대로 일시정지하거나 중단하는 즉시 '본건 수입계약'에 따른 甲사의 모든 권한 및 라이센스는 파기된다.

(4) 甲사는 C사로부터 '본건 유지정비보수 서비스'를 받기를 희망하지 않는 경우에는 '본건 서비스계약'을 체결함이 없이 본건 물품을 구매하는 것이 가능하다. 즉 甲사와 C사 사이에 '본건 서비스계약'을 체결하지 않은 수입물품에 대하여는 그 대가(유지정비보수비용)를 지급하지 않는다.

(5) 참고로, C사가 본건 물품에 대하여 무상으로 제공하는 "하자보증 서비스"의 기간은 통상 90일인데, "본건 유지정비보수 서비스"는 본건 물품의 존속기간 동안 유상으로 제공된다. 그리고 甲사가 최종사용자에게 제품을 판매하면서 C사가 직접 최종사용자에게 유지정비보수 서비스를 제공하여 주는 방식[575)]을 최종사용자가 이용하는 것으로 하여 제품을 판매하는 경우, 甲사의 최종사용자에 대한 유지정비보수 서비스의 책임은 면책되나 '하자보증서비스'는 면책되지 않는다.

5. 甲사는 본건물품에 대한 수입신고시 '본건 유지정비보수비용'을 실제지급가격에 포함하지 않고 가격신고를 하였다. 서울세관은 기업심사를 실시하고 누락된 '본건 유지정비보수비용'을 실제지급가격에 가산하여 과세처분을 하였다. **본건 과세처분의 적법 여부를 검토하시오.**

[쟁점사항] 하자보증, 수입 후 행해지는 당해 수입물품의 정비 · 유지 · 기술지원에 관한 비용(공제요소), 명백히 구분할 수 있는 금액인지, 판매조건

575) 앞의 "시스템 통합 기술지원"이라는 방법과 달리 C사가 직접 유지정비보수 서비스를 제공하는 방식이다.

사례연습 26 하자보증보험료(평가협정 사례연구 6.1)

1. 미국에 소재한 판매자 S사는 미국의 M사가 생산한 자동차의 수출자이다.

2. 판매자 S사는 국내의 구매자 B사와 판매계약을 체결하였다. 판매계약의 조건 중 하나에 따라 2년의 하자보증(예비부품과 수리작업)이 B사가 구매한 자동차에 제공된다. 1차 년도의 하자보증에 대한 비용은 B사가 지급하여야 할 자동차 가격에 포함된다.

3. 판매계약은 구매자 B사가 2차 년도의 하자보증 비용을 대당 일정 금액으로 계산된 별도의 지급금액의 형태로 S사에게 지급하도록 규정하고 있다. 각 선적분의 자동차에 적용되는 지급금액은 선적 後에 청구된다. 지급하여야 할 금액은 2차 년도의 하자보증기간 동안 클레임이나 보상이 있었는지 여부에 상관없이 확정된다.

4. S사는 캐나다에 소재한 보험회사 N사와 2차 년도의 하자보증에 대해 보험계약을 협상한다. 계약에 따르면 보험회사는 자동차에 제공되는 2차 년도의 하자보증과 관련한 모든 클레임에 대하여 구매자 B사에게 직접 전액 보상한다. 보험회사는 S사로부터 보험료를 받는다

5 하자보증 1차 년도 동안의 클레임 및 보상은 제조자(M사)와 구매자(B사) 사이에 직접 정산되며, 2차 년도 동안의 보험회사와 구매자 사이에 정산된다.

6. **이 경우 제1방법에 따라 과세가격 결정시 '하자보증비용'은 어떻게 평가처리해야 하는가?**

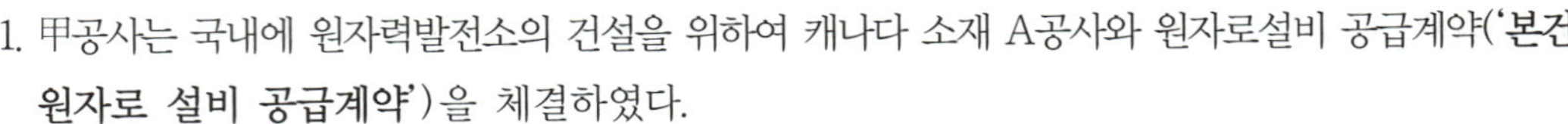

1. 甲공사는 국내에 원자력발전소의 건설을 위하여 캐나다 소재 A공사와 원자로설비 공급계약(**'본건 원자로 설비 공급계약'**)을 체결하였다.

2. 본건 원자로설비 공급계약에 의하면 다음과 같은 사실관계가 확인된다.
   (1) 본건 원자로설비 공급계약에서, A공사는 甲공사에 대하여 ① 엔지니어링과 설계용역으로서 원자로설비의 '계통설계'를 전반적으로 완성하고, ② 원자로설비를 구성하는 기자재인 **'원자로설비 기자재'**를 공급하며, ③ 원자로설비에는 속하지 아니하나 원자로설비에 대하여 보조적 기능을 수행하는 **'원자로보조기기 기자재'**에 대하여는 甲공사를 대신하여 구매요청기술규격, 기술규격명세서, 기술검토와 승인, 품질보증 및 구매관련 서비스를 포함하는 구매대행을 담당하고,[576] 이에 대하여 甲공사는 A공사에게 A공사가 직접 수행하는 엔지니어링과 설계에 대한 용역비(**'본건 설계용역비'**)를 기자재비[577]와 구분하여 별도로 확정금액으로 지급하기로 약정하였다.
   (2) A공사가 수행하는 '설계용역'은 원자로설비의 총체적인 '계통설계'로서 원자로설비의 설계조건, 구성기기의 요건, 원자로설비 外의 다른 연접부분의 조건을 규정하는 것으로서 이는 원자로설비의 건설, 운영, 유지보수 등 전체적인 기준 및 지침을 설정하는 기본설계이다. 계통설계는 그 내용에 따라 개념설계와 상세설계를 구분되고, '개념설계'는 설계요건, 흐름도, 블록선도, 설계사양이나 설계설명서, 설계지침서, 안전분석자료목록을 생산하고 발행하는 것이고, '상세설계'는 도면, 계통분석과 분석보고서, 전기배선도와 계장논리회로도, 데이터쉬트, 기자재규격서 및 관련문서, 면허분석 및 보고서 등을 생산하고 발행하는 것이다.

---

576) 甲공사는 원자로보조기기 기자재를 해외에서 구매함에 있어 A공사는 甲공사의 대행자로서 甲공사에게 다음과 같은 용역을 제공한다. 즉, ① 구매조건을 기재한 표준입찰서류 양식을 준비하여 甲공사의 승인을 받고, ② 엔지니어링과 설계의 범위에 의거하여 A공사가 준비한 기술사양서(Engineering Quotation Requests, EQRs)를 기본으로 하여 甲공사의 업무관행대로 입찰서류를 준비하고, ③ 가능한 한 캐나다 내 2개 이상 업체에게 입찰서 제출을 요청하고, ④ 제출받은 입찰서에 기재된 품질 및 기술 요건을 확인하고, 전반적인 경제성 및 기술을 평가하며, 甲공사의 캐나다사무소에 구매를 권고하고, ⑤ 甲공사의 구매권고승인 후 7일 내에 구매주문서를 발행하며, ⑥ 판매자가 기자재와 관련 서류를 인도할 때까지 판매자를 감독하고, A공사가 실시하는 기술승인이 엔지니어링과 설계의 범위에 따르도록 조정하며, 구매주문서에 기재된 A공사의 책임범위 내의 활동 즉, 품질보증, 구매행정업무, 운송·통관활동 및 판매자의 송장의 승인권고 등을 수행하는 등의 서비스를 제공한다.

577) 원자로 설비기자재와 원자로보조기기 기자재에 대한 비용을 말한다.

(3) 본건 원자로설비의 설계범위에는 원자로보조기기 기자재에 대한 개념설계 및 상세설계를 포함하고 있다. 즉, A공사가 기술규격명세서 등에 의거하여 원자로보조기기 기자재를 제시하고, 입찰서의 기술적 평가를 수행하고 기자재 공급자의 엔지니어링과 설계 정보를 검토·승인하는 엔지니어링과 설계 서비스는 본건 원자로설비공급계약서 부록 제3조 소정의 엔지니어링과 설계의 범위에 포함된다. 다만, 계약서 부록 제5조에 의하면 원자로보조기기 기자재에 대한 기기설계는 주로(mainly) 기자재 판매자의 책임이며 일반적으로 자재사양, 제작요건, 도면, 용접요건, 설치요건, 시험요건, 품질보증요건을 포함한다.

3. 본건 원자로설비공급계약에서 A공사가 수행하기로 약정한 엔지니어링 및 설계는 개개의 기자재 생산과는 직접적 관련은 없고, 오히려 이보다 상위에서 원자로설비 전체적인 개념과 기능의 설정과 이에 대한 안정성 분석 등을 관장하는 업무로서 원자력발전소와 같이 고도의 기술이 요구되는 경우에는 개개의 구성기자재의 구입보다 훨씬 중요한 역할을 하는 것으로 확인되었다.

4. A공사가 외국에 있는 원자로보조기기 기자재 제조(공급)업자인 B사 및 C사에게 교부하는 "기술규격명세서"등에는 기자재의 기능, 규격, 품질 등에 대한 주문사항만을 명기하고 있고 기자재의 제작·생산과 관련된 직접적인 기술은 포함하고 있지 아니하다.
B사와 C사는 A공사가 제공한 기술규격명세서의 요구사항에 따라 별도로 자체적인 기기설계를 수행하여[578] 기자재를 제작·생산하며, 입찰과정에서도 기자재공급과 관련된 모든 비용을 포함시켜 기자재 대금을 독립적으로 확정하여 甲공사에 제시하였다.

5. 甲공사는 2018. 5. 10.부터 2020. 5. 30.까지 A공사로부터 원자로설비 기자재를, B사 및 C사로부터 원자로보조기기 기재자를 각 수입하였는데, 甲공사는 이 기자재의 수입신고시 A공사에게 지급한 본건 설계용역비를 과세가격에 포함시키지 아니하였다.

6. 대구세관장은 2020. 9월경 甲공사에 대한 기업심사를 실시한 후 甲공사가 A공사로부터 수입한 원자로설비기자재에 대해서는 본건 설계용역비의 일부를 실제지급가격에 가산하여 과세하고, B사 및 C사로부터 수입한 원자로보조기기 기자재에 대해서는 본건설계용역비의 일부를 생산지원비로 보아 실제지급가격에 가산하여 과세처분하였다. **본건 과세처분의 적법 여부를 검토하시오.**

[쟁점사항] 실제지급가격, 설계용역비 과세요건(관련성, 판매조건), 생산지원비, 구매사양서

---

578) B사와 C사는 자체적으로 원자로보조기기 기자재의 설계 및 제작 기술을 보유하고 있는 것으로 확인되었다.

사례연습 28 금융서비스에 대한 대가

1. 국내 甲사는 사우디아라비아 소재 PT사와의 사이에 계약기간은 2019. 1. 1.부터 2019 12. 31.까지로 하여 말레이시아 산 원유 5백만배럴을 공급받되, 대금은 원칙적으로 각 선하증권 발행 후 30일 이내에 지급한다는 내용으로 FOB 방식의 장기구매계약을 체결하였고, 2020. 2. 14.에도 PT사와 사이에 위와 유사한 내용으로 그로부터 말레이시아산 원유(**'본건 원유'**) 8백만배럴을 공급받기로 하는 내용의 '장기구매계약'을 체결하였다.

2. SH사는 甲사가 100% 출자한 회사로 싱가폴에 사업장을 두고 설립된 법인으로서, 현재까지 甲사의 안정적인 원유공급 등의 목적을 위하여 실질적인 영업활동을 수행하면서 존속하는 회사이다.

3. 甲사가 PT사와 원유의 장기구매계약을 체결하면서 PT사에 대하여 SH사를 구매자인 甲사의 지불대리인으로 명시적으로 규정하였거나 甲사의 대금지급 목적만을 위하여 구매계약자의 지위를 SH사로 양도하기도 하였으며, PT사는 명시적으로 약정하지 아니한 채 甲사의 지불대리인으로서 SH사에게 원유공급대금의 지급청구서를 발송하기도 하였다.

4. 甲사는 본건 원유의 수입을 하면서 다음과 같은 절차로 수입대금을 결제하고 수입신고를 이행하였다.
   (1) 甲사는 국내에 소재하는 K은행에 의뢰하여 SH사를 수익자로 하는 취소불능신용장을 개설하면서 SH사에 대하여 본건 원유의 수입과 관련한 대금지급기일의 연장을 요청하였고, SH사는 위 신용장 개설은행을 인수은행으로 하면서 수입하는 원유의 가액에 **"포페이팅 비용"** 등을 포함하여 결정한 액면가액으로 수출환어음을 발행한 후 정리회사에 대하여 그 액면가액을 총 금액으로 하여 '선적자'를 SH사로 기재한 잠정적인 상업송품장을 발행하였으며, 위 수출환어음을 싱가폴 소재 은행인 TD Bank 등 '포페이터'로부터 무소구 조건으로 할인하는 포페이팅 거래를 하여 지급받은 대금으로 PT와 체결한 위 원유공급 계약상 대금지급기일인 선적 後 30일 내에 PT사에게 원유대금을 지급하여 왔다.
   (2) 그 후 SH사는 '포페이터'로부터 위 수출환어음 등이 매입되었다는 통지와 함께 고정이자율로 할인・지급시 제공하는 신용공여액에 대한 이익인 포페이팅 이자 등 포페이팅거래의 대가인 "포페이팅 비용" 및 이에 기한 어음할인액을 기재한 청구서를 받아, 이를 기초로 甲사에게 포페이팅 이자 등을 명시하여 실제 구매자인 甲사로부터 지급받을 금액을 총 금액으로 하여 확정적으로 최종적인 상업송품장을 발행하였다.

(3) 이러한 포페이팅 비용은 SH사가 甲사에게 교부한 거래제안서 등 관련 수입서류에 의하여 본건물품의 거래가격과 명백하게 구분된다.

(4) 甲사는 수입신고를 하면서 공급자를 SH사로, 수입자를 甲사로 하여 발행된 상업송품장에 기재된 잠정적인 가격으로 과세가격을 신고한 후, SH사로부터 추후 최종적으로 작성된 상업송품장을 재차 교부받아 확정통관사유서를 첨부하여 위 최종적인 상업송품장에 기재된 금원 중 포페이팅 비용인 **"포페이팅 이자"**를 수입물품의 과세가액에서 차감하고, 가산요소인 운임과 보험료를 가산한 금액을 총 과세가액으로 하여 확정적으로 수입신고를 하였다.

5. 서울세관장은 2020. 3월경 甲사에 대한 기업심사를 실시한 후 **"포페이팅 비용"**을 실제지급가격에 가산하여 甲사에게 과세처분을 하였다. **본건 과세처분의 적법여부를 검토하시오.**

[쟁점사항] 판매자가 누구인지 여부, 금융서비스에 대한 대가(이자비용), 연불이자, 기타의 간접지급, 판매조건

사례연습 29 생산지원비(평가협정 사례연구 1.1)

1. 국내 甲사는 미국 소재 B사와 액화메탄가스 생산용 처리설비의 건설 및 판매 계약을 체결하였다. 甲사가 B사에 지급해야 할 설비의 판매 가격은 20억 달러이다.
   하지만 계약 조항에는 설비의 건설에 필요한 기술 및 개발과 관련하여 甲사가 B사에 5억 달러를 추가로 지급할 것을 규정한다.

2. 더욱이, 액화가스 생산은 B사가 갖고 있지 않는 특별한 기술이 필요하기 때문에, 계약서에는 또한 B가 사용할 수 있도록 알루미늄 액화가스 탱크의 디자인, 건설 및 설치에 필요한 재료 및 기술 용역을 甲사가 부담하도록 규정하고 있다. 또한 甲사는 해당 설비의 수송관 시스템 및 특정 보조 장비에 대해 필요한 기술적 검토와 디자인 작업을 제공하기로 계약서에 동의한다. 수송관 시스템은 甲사가 무료로 제공할 것이다.

3. 이러한 목적을 위하여, B사(입찰명세서를 준비하고, 입수한 입찰내용을 검토한)의 권고에 따라 甲사는 다음과 같은 일을 한다.
   (1) 호주에 소재한 A사가 그 나라로부터 다음과 같은 물품을 공급하도록 계약한다.
      1) 알루미늄 액화가스 탱크의 건설을 위해 B사가 요구한 특수재료: 판매가격 4억 달러
      2) B사가 건설하는 설비에 쓰이는 것뿐만 아니라 국내에서 乙사가 甲사를 위해 건설하는 3개의 다른 설비에도 쓰이는 (알루미늄 액화가스)탱크의 건설을 위한 설계, 고안 및 도면: 총 가격 2억 달러
      3) 각각의 설비에 쓰이는 탱크 건설과 관련한 기술지원: 총 가격 1억 달러
      4) B사의 공장에서 알루미늄 탱크를 용접하는데 쓰이는 특수기계 10대: 대당 임대료 1백만 달러
      5) B사 공장에서 탱크를 용접하는 기계에 사용되는 가스 용기 500개: 단위가격 1만 달러
   (2) 영국에 소재한 E사가 그 나라로부터 다음과 같은 물품을 공급하도록 계약한다.
      1) 甲사가 주문한 4개의 설비에 쓰이는 증기시스템: 총 가격 12억 달러
      2) 증기시스템 건설을 위한 설계, 도면 및 기술 문서의 제공을 통한 기술 협력: 총 가격 1억 8천만 달러
   (3) 일본의 자회사인 J사에게 총 가격 6억 달러로 4개의 설비에 공통으로 사용되는 보조 장비에 대한 디자인 작업 수행과 설계 및 고안을 공급하도록 주문하고, 그 중 한 세트를 B사에 송부할 것을 지시한다.

(4) 캐나다에 소재한 K디자인 센터에 4개의 설비에 쓰이는 노(爐)시스템에 대한 도면을 준비하고 그 중 한 세트를 B사에 송부하도록 주문한다. 디자인 센터의 기록에는 이 작업에 8,000 노동시간(man－hours)이 소요되고, 회계자료에는 시간당 노무비는 2,000 달러라고 표시된다.

(5) 자사 기술부서에는 설비건설에 필요한 모든 재료의 목록을 준비하고 다양한 생산조건에 대한 압력 및 온도 연구를 수행할 것을 주문한다. 이들 연구 결과를 반영하는 그래프와 도면은 국내에 본사가 있는 丙사가 준비하고 甲사로부터 1,200만 달러를 지급받는다

(6) 甲사는 설비 건설에 사용하기 위해 이들 기술 검토서, 그래프, 도면 한 세트를 B사에 송부한다.

4. 수입 以後의 건설 등 모든 작업은 甲사가 자신의 계산으로 수행한다.

5. 甲사는 B사의 설비 건설과 판매, 그리고 재료와 용역에 대한 다른 회사와의 계약과 관련된 모든 상업서류 및 회계자료를 첨부하여 거래가격에 기초한 가격신고서를 인천세관에 제출하였다. 이 경우 甲사가 B사로부터 수입하는 설비에 대하여 제1방법에 따라 과세가격을 결정한다고 할 경우, 과세가격을 산출하시오. **실제지급가격에 가산되는 금액과 가산되지 않는 금액을 검토하고, 각각 그에 대한 법적 근거를 기재하시오.**

사례연습 30 생산지원비와 구매수수료

1. 국내 甲사는 조테레르프탈산, 폴리머테레프탈산의 제조공장(**'본건 공장'**)을 건설, 운영하기 위하여 미국 소재 A사와 기술도입 계약 및 기술용역계약을 체결하였다.

2. 위 기술도입계약 및 기술용역계약상 도입하는 기술・용역의 내용과 대가는 다음과 같이 구분되어 있다.
   (1) A사는 甲사에게 조테레르프탈산, 폴리머테레프탈산을 생산, 사용, 판매할 수 있는 "기술실시권"을 허여하고, 甲사는 그 대가로 미화 2,500,000달러를 지급한다.
   (2) A사는 甲사에게 조테레르프탈산, 폴리머테레프탈산 '공장' 내지 조테레르프탈산, 폴리머테레프탈산의 '공정'에 대한 "기본설계용역"을 제공하고, 甲사는 그 대가로 미화 400,000달러를 지급한다.
   (3) 공장건설에 필요한 '기자재'의 공급과 관련하여, A사는 甲사가 구매하는 기자재에 대한 "구매지원 등의 업무"를 수행하고, 그 대가로 미화 500,000달러를 지급받는다. 그 내용은 미국 소재 기자재생산업체를 조사하여 甲사에게 전달하고, 甲사를 대신하여 "구매사양서"를 미국 소재 기자재생산업체들에게 제공하며, 물품공급가격 등에 관한 조건 등을 甲사에게 전달하고 甲사의 승인 하에 미국 소재 기자재공급업체들과 가격 등에 관한 협상을 하고, 甲사가 수입할 물품들에 대한 검사(검수) 업무를 수행하였다.
   (4) 甲사가 위의 (1), (2), (3)에서 A사에게 지급한 비용을 **"본건 비용들"**이라 한다.

3. 그 후 甲사는 본건 공장의 건설을 위해 국내 乙사와 용역계약을 체결하고, 乙사로 하여금 A사가 위 기술도입 계약 및 기술용역계약에 따라 甲사에게 제공한 기본설계 및 제조공정특허 등의 기술용역 등에 터잡아 '상세설계도', '구매사양서'를 작성하도록 하였다.

4. 미국 소재 기자재 생산업체에 대하여는 A사의 구매지원을 받고 그 외의 다른 외국소재 기자재 생산업체에 대하여는 甲사가 단독으로 乙사가 작성한 "구매사양서"를 발송하여 그에 따른 납품견적서를 받아본 후, A사, T사 등 50개의 미국회사와 일본 J사 등 20개의 외국회사들을 선정하고, 그 외국회사들로부터 2019. 2월부터 2010. 5월까지 **각종 기자재('본건 물품')**를 수입하였다. 甲사는 납품견적서를 제출한 회사들 중에서 품질과 가격면에서 가장 경쟁력이 있는 회사를 해외공급업체로 선정하였고, 국산화되어 있는 기자재들은 國內에서 구입하였다.

5. 甲사(또는 甲사를 대신하여 A사)가 미국 및 일본 등 외국회사들에게 보낸 구매사양서에는 "기자재는 적용문서 및 도면목록에 따라 설계되고 제작되어야 하며 적용코드 및 표준은 별첨 시방서를 참조하라"고 기재되어 있다. 한편 구매사양서에는 공장건설을 위한 개개부품으로서 갖추어야 할 요건인 주문품의 형태나 규격, 용량 내지 성능 등이 기재되어 있지만, 수입기자재의 생산에 필요한 기술, 디자인, 고안, 생산방법 등은 기재되어 있지 아니하다. 甲사에게 기자재를 공급하는 해외업체들은 모두 수입기자재 제작, 생산에 관한 자체 기술을 보유하고 있다.

6. 서울세관의 甲사에 대한 기업심사과정에서, 甲사는 『(1) 본건 비용들은 수입기자재와는 관련이 없고 (2) 구매사양서는 관세법 시행령 제18조 제4호의 생산지원으로서의 내용(요건)을 갖추고 있지 않으며, (3) 공장의 상세설계도 및 구매사양서에는 국내 乙사 및 甲사의 기술도 포함되어 있어서 도입기술의 어느 부분이 본건물품의 생산 및 수출거래에 얼마만큼 어떻게 제공되었는지 구분하기 어렵다』는 취지의 소명서를 세관에 제출하였다.

7. 甲사는 본건 물품을 수입하면서 본건 기술도입 계약 및 기술용역계약에 따라 A사에게 지급한 비용에 대해서는 과세가격에 포함시키지 아니하였다.

8. 서울세관장은 2020. 10월경 甲사에 대하여 기업심사를 실시한 후 甲사가 A사에 지급한 "본건 비용들"에 대해 권리사용료 또는 생산지원비로 보아 과세처분하였다. **본건 과세처분의 적법 여부를 검토하시오.**

[쟁점사항] 생산지원비, 설계용역비, 권리사용료(거래조건), 객관적이고 수량화할 수 있는 자료

사례연습 31 재현생산권

1. TK사는 미국의 종합 미디어 그룹인 T사의 계열사인 TW사가 지분 100%를 소유하고 있는 국내 TV 채널 사업자로서, 해외 애니메이션 등 영상물을 수입하여 자신이 운영하는 애니메이션 방송 채널인 'C네트워크' 등을 통해 방영하고 있다.

2. TK사는 T사의 다른 계열사인 TA사(이하 '본건 라이센서')와, TK사가 TA사로부터 해외 제작사들이 제작한 애니메이션 등 영상물을 1년 내지 수년 단위로 국내에서 TV 등을 통해 방영할 수 있는 권리를 부여받고, 그 대가로 TA사에게 라이센스료를 지급하기로 하는 계약(이하 **'본건 라이센스계약'**)을 체결하였다.

3. TK사는 2016. 8. 31.부터 2019. 6. 16.까지 해외 제작사들로부터 애니메이션 등 영상물이 수록된 마스터 비디오테이프(**'본건 물품'**)를 수입하였는데, 그 과정에서 본건 라이센스료를 과세가격에 가산하지 않고 수입신고 및 목록통관 신청을 하였고, 인천세관장은 이를 수리하였다.

4. 서울세관의 TK사에 대한 기업심사 과정에서 다음과 같은 사실관계가 확인되었다.
   (1) 본건 물품에는 본건 라이센스계약에서의 방영권 및 라이센스료 지불의 대상이 되는 저작물이 수록되어 있다.
   (2) 본건 라이센스 계약에 의하면, 제1조는 라이센스를 '에피소드를 방영할 수 있는 비독점적 권리'로 정의하면서 제2조 내지 제7조, 제11조, 제12조 등을 통하여 TK사가 허락된 범위 내에서 영상물을 이용할 수 있다고 규정하고, 제9조는 "계약기간 동안 라이센서 등은 라이센시에게 각 에피소드를, 디지털 베타캠 포맷 또는 당사자들이 합의하는 기타 포맷의 방송품질용 풀 이미지 마스터 비디오테이프로 전달한다"라고 규정하며, 제19조는 라이센시가 라이센스료를 미지급하는 경우에는 계약이 해지되거나 중지된다고 규정하고 있다.
   (3) TK사가 해외 제작사로부터 위와 같은 매체형식을 이용하여 영상물을 수입하려고 한 이유는 인터넷을 통하여 영상물 파일을 전부 전송할 경우 용량이나 보안, 보관 또는 방송품질 등의 한계가 있었기 때문이다.
   (4) 본건 물품은 특정 영상물을 수록한 것인데, 본건 라이센스 계약에 의하면 해당 영상물에 관하여 저작권으로 보호되는 모든 요소와 영업권을 포함한 권리들은 모두 '라이센서'(TA사)에게 있다. 본건 물품을 TA사 以外의 제3자로부터 수입한 실적은 없다.

5. 본건 라이센스계약의 주요 내용은 다음과 같다.

TK사가 TA사와 체결한 라이센스계약의 주된 내용은 아래와 같고, 나머지 계약들의 주된 내용 또한 이와 같거나 유사하다.

1. 라이센스. 라이센서는 계약기간 동안 계약 범위 안에서 에피소드를 방영할 수 있는 저작권에 따른 비독점적 권리를 라이센시에게 허가한다. 정해진 기간 동안 방영할 에피소드는 라이센서와 라이센시 사이에 합의된 에피소드 리스트에 한정된다.
3. 라이센스 대상 서비스. 이하 제7조의 조건에 따라, 에피소드 독점 송출 서비스('본건 서비스')는 계약지역 내 유료 가입제 텔레비전 채널인 C네트워크가 현지화한 것으로서 다음 각 호의 방식을 통해 유료가입자가 아날로그 또는 디지털로 전송되는 신호를 수신하는 리니어(linear) 방식의 24시간 프로그래밍 서비스를 의미한다:
   (a) 동축 또는 광섬유('케이블')
   (b) 직접 방송 또는 위성방송서비스(DTH)
   (c) 하이브리드 동축 광섬유(HFC), 다채널다지점분배서비스(MMDS), 위성방송 수신안테나(TVRO), 위성공시청망 안테나(SMATV), 공시청텔레비전(CATV)
   (d) 지상디지털방송(DTT)을 제외한 지상파 무선전송 UHF 신호
   (e) 지상디지털방송(DTT)
   (f) 텔레비전 신호 전송을 위해 인터넷 프로토콜을 이용하는 (비대칭) 디지털 가입자 회선 광대역망(IPTV)
   (g) 통신 스위치 지점과 고객의 위치를 직접 연결하는 광섬유시스템(FTTH)
   (h) 모바일수신기기
4. 허락받은 언어. 라이센시는 해당 에피소드를 한국어 및/또는 영어를 사용하여 1개 국어 또는 2개 국어 버전으로 방영할 수 있다.
5. 계약지역. 대상 지역은 대한민국에 한한다('계약지역').
8. 라이센스료
   (a) 본 계약에서 허여된 라이센스에 대한 대가로 라이센시는 라이센스료로 미화 500,000달러('라이센스료')를 라이센서에게 지급한다.
9. 전달
   (a) 계약기간 동안, 라이센서 또는 그 피지정인은 라이센시에게 각 에피소드를 방송품질용 풀 이미지 마스터 비디오테이프를 디지털 베타캠 포맷 또는 당사자들이 합의하는 기타 포맷으로 전달한다. 라이센시는 에피소드를 자신에게 전달하는 과정에서 발생한 모든 마스터링, 복제 및/또는 기타 재료비용을 부담한다. 라이센서는 에피소드를 라이센시에게 전달하는 과정에서 발생하는 기타 모든 비용을 부담한다.
   (b) 본 계약 제1조에 명시된 바와 같이 라이센시는 계약기간 동안 현재 합의된 에피소드 목록에 포함된 에피소드를 허락받은 언어로 방영하는 것이 허락된다. 라이센시는 라이센서가 에피소드를 라이센시에게 영어로만 전달하는 것을 인정하고 이에

동의한다. 라이센시는 여하한 에피소드 또는 모든 에피소드를 당해 에피소드가 현재 합의된 에피소드 목록에 포함된 기간 본건 서비스에서 한국어로 방송하기 위하여 이를 자신의 단독 비용으로 한국어로 더빙하고/하거나 자막 처리할 수 있다. 단, 라이센서는 더빙 및/또는 자막처리의 품질과 라이센시가 제3자와 체결하는 여하한 자막처리 서비스 및 탤런트 계약의 형식에 대한 승인권이 있다. 요청 시 라이센시는 각 에피소드의 더빙 버전 및/또는 자막처리 버전의 방송용 사본을 라이센서에게 제공한다. 본 계약에 포함되어 있는 라이센시의 이익을 위한 약속에 대한 대가로 라이센시는 기본적인 더빙 보이스 트랙을 포함하여 라이센시가 준비하거나 라이센시를 위하여 준비된 에피소드의 자막처리 버전 또는 더빙 버전에 대한 모든 권리(모든 저작권 및 저작권의 갱신 및 연장 포함)를 현재 및 장래 양도에 의하여 전 세계적으로 영구적으로 라이센서에게 완전한 소유권 보장과 함께 즉시, 독점적으로, 취소 불가능하게 양도하는 것으로 간주됨에 동의한다. 라이센서, 라이센서의 라이센시, 승계인 및 양수인은 이러한 모든 권리를 추가 서류의 필요 없이 행사할 수 있는 바 라이센서(또는 관련 있는 경우 제3자 라이센서)는 기본적인 더빙 보이스 트랙을 포함하여 라이센시가 준비하거나 라이센시를 위하여 준비된 에피소드의 자막처리 버전 또는 더빙 버전에 대하여 모든 저작권과 전세계를 대상으로 하는 영구적 소유권을 소유하고 이를 관리한다. 라이센서는 상기 제3조에 기재되어 있는 허용된 전송 수단 이외 여하한 수단에서 에피소드의 자막처리 버전 또는 더빙 버전을 활용하는 것은 계약지역에서 적용되는 관련 업계 계약(있는 경우)에 명시된 최소 금액에 따라 라이센서가 추가 공연 수수료를 지급하는 것을 전제로 함을 인정한다. 라이센서는 라이센시가 생성하거나 라이센시를 위하여 생성된 에피소드의 더빙 버전 및/또는 자막처리 버전용 에피소드의 타이틀 및 캐릭터의 명칭을 사전에 승인할 수 있는 권리가 있다. 라이센시는 타이틀 및 모든 캐릭터의 번역안 목록을 라이센서에게 제공하며 이러한 번역안에 대하여 라이센서의 서면 승인을 수령하기 전에 더빙 트랙 또는 자막처리 트랙을 준비하지 아니한다.

(c) 라이센시의 본 계약상 권리의 행사 목적으로 라이센서는 라이센서가 각 에피소드에 대하여 소유하거나 관리하는 (i) 이용 가능한 모든 광고 및 판촉 자료 및 (ii) 이용 가능한 모든 음악 큐 시트 및 영어대본(촬영 대본 포함) (비디오 테이프와 총칭하여 '본건 자료')를 라이센시에게 전달한다. 라이센서의 요청 시 라이센시는 라이센시가 준비한 에피소드의 더빙 버전 또는 자막처리 버전을 포함한 모든 본건 자료를 라이센서 및 라이센서가 지시할 수 있는 목적지에 라이센시 비용으로 반환한다. 이러한 본건 자료를 기타 여하한 방식으로처분할 수 있는 것으로 라이센서 및 라이센시가 합의하는 경우 라이센시는 본건 자료를 이러한 합의에 따라 처분할 수 있다.

11. 편집 및 변경. 라이센시는 해당 에피소드의 장면의 순서, 관련 법령, 방송 정책에 어긋나지 아니하는 범위 내에서 해당 에피소드를 편집할 수 있고, 상업적 광고를 삽입할 수 있다.

6. TK사는 해외 제작사로부터 본건 물품을 수입한 후 본건 물품에 수록된 영상물을 다른 테이프에 복제하고, 복제한 테이프를 편집기에 인코딩한 후 국내화 작업(국문자막 등 편집, 우리말 더빙 등)을 거친다.

TK사는 위와 같은 작업이 종료되면 본건 물품을 본건 라이센스 계약에 따라 해외 제작사에 반납을 하거나 폐기하고, 간혹 수록된 영상물을 삭제하고 재활용 하는 경우도 있다. TK사가 위와 같은 작업을 거친 영상물을 '丙'에게 보내면 '丙'은 이를 컴퓨터 파일로 저장하여 방송한다. 또한 TK사는 위와 같은 작업을 거친 영상물을 외장하드, 테이프 등에 담아 다른 국내 종합유선방송사업자 및 위성방송사업자에게 제공하여 케이블, IPTV 등을 통해 방송하게 하기도 한다.

7. 서울세관장은 2020. 8월경 TK사에 대한 기업심사를 실시한 후 "본건 라이센스료"를 권리사용료로 보고 실제지급가격에 가산하여 과세처분하였다. **본건 과세처분의 적법 여부를 검토하시오.**

[쟁점사항] 권리사용료, 재현생산권

사례연습 32 권리사용료

1. 甲사는 미국 G사와 기술도입계약('본건 기술도입계약')을 체결하였는데, 그 내용은 다음과 같다.

『G사가 甲사에게 상업적 생산 개시일로부터 5년간 공기조화장치, 제동장치, 조향장치 및 배기가스 정화장치(**본건 라이센스제품**)에 관한 G사의 공업소유권에 대한 우리나라 내에서의 전용실시권을 허여하고, 본건 라이센스제품의 조립, 제조를 위한 기술정보를 제공하며, 그 方法으로서 ① 조립 및 부품도면, ② 자재사양서, ③ 검사절차, ④ 특별공구, 비품, 형판, 지그, 계기 및 모형의 도면과 ⑤ 공정사양서에 관한 재생가능한 사본 또는 마이크로필름을 전달하고, 그에 부수하여 甲사의 요청이 있을 경우에는 기술자문을 위하여 G사의 직원을 甲사에 파견하거나, 본건 라이센스제품의 제조기술에 관하여 G사의 공장에서 甲사의 직원들에게 교육훈련을 실시하여 주기로 한다. 이에 대하여 甲사는 G사에게 라이센스제품의 종류에 따라 순매출액의 2 내지 3%에 상당하는 금액인 **'기술사용료'**와 그와는 별도로 파견기술자에 대한 보수 등 **'기술자문료'**를 지급하기로(교육훈련용역의 공급은 무료로 함을 원칙으로 한다)한다.』

2. '기술사용료'는 라이센스제품의 종류에 따라 순매출액의 2 내지 3% 상당액으로 하되, 그 순매출액을 총매출액에서 매출 에누리액, 환입품액, 제품판매에 따른 간접세(부가가치세를 포함), 보험료, 포장료, 운반비, 판매수수료, 광고비, 설치비용 및 甲사가 G사나 그 계열사로부터 구입, 사용한 부품의 구입비용 등을 공제한 금액으로 산정한다.

3. 甲사는 본건 라이센스제품의 생산을 위하여 2016. 7. 12.부터 2020. 2. 13.까지 G사나 그 계열사로부터 스프링, 핀, 밸브, 프러그 등 부품(본건 물품)을 수입하였고, 또한 국내 업체 乙, 丙, 丁으로부터도 부품을 구입하여 라이센스제품을 조립, 제조한 후 국내 및 외국에 판매하였다.

4. 부산세관의 甲사에 대한 기업심사 과정에서 다음과 같은 사실관계가 확인되었다.
   (1) 甲사가 G사로부터 수입한 물품은 라이센스제품의 전용품이고, 그중 일부가 G사측의 독점 생산품이다.
   (2) 본건 기술도입계약상 甲사가 라이센스제품의 제조에 관하여 G사로부터 품질검사를 받아야 할 의무나 G사측으로부터 라이센스제품의 부품을 구매하여야 할 의무에 관한 약정조항은 없다. 부품 구입처의 선택권이 甲사에게 있다.

(3) G사가 제공한 기술정보나 지원을 이용한 결과로서 또는 본건 라이센스제품의 제조, 판매의 결과로서 부담하게 될 책임은 모두 甲사에게 있고, G사에는 없다.

(4) 甲사는 본건 라이센스제품의 제조를 위한 총 부품 중 약 40%를 국산품(국내 乙, 丙, 丁으로부터 구입한 부품)으로 사용하고, 외국산부품 가운데 G사나 그 계열사가 아닌 기업으로부터도 총 부품 중 약 15%를 구입하여 사용하였다.

또한 G사로부터 구입하던 부품도 다른 회사 제품이 단가가 더 낮고, 공급능력과 품질의 안정성도 인정된다는 이유로 그 수입선을 다른 회사로 전환한 경우도 상당수에 달한다. 다만 甲사가 본건 라이센스제품의 제조에 사용할 부품의 구입처를 변경할 때에는 미리 그 새로운 구입처의 생산 부품이 라이센스제품에 적합한지의 여부에 대하여 G사에게 의뢰하여 그 검사, 확인 절차를 거치고 있다.

5. 부산세관장은 2020. 5월경 甲사에 대한 기업심사를 실시한 후 수입신고시 누락된 기술사용료를 권리사용료로 보고 수입물품의 실제지급가격에 가산하여 과세처분하였다. **본건 과세처분의 적법여부를 검토하시오.**

[쟁점사항] 권리사용료, 관련성, 거래조건성, 입증책임

사례연습 33 권리사용료

1. 네덜란드에 소재한 D사를 비롯한 D사그룹의 스카치 위스키 등은 D사의 국내 자회사인 DK사가 수입하여 국내에 판매하고 있었다. 그런데, DK사가 2017. 6. 26. 주류판매면허를 취소당하게 되자, D사를 비롯한 D사그룹의 회사들은 2017. 8. 7. 국내 주류 수입판매업체인 A사와 사이에 스카치 위스키를 수출하기로 하는 계약을 체결하였다(이하 **'본건 제1수입 계약'**이라 한다). 한편, 국내 A사는 같은날 위와 같이 수입한 주류의 국내 판매 및 영업을 위하여 DK사와 사이에 DK사의 사업 노하우와 정보에 대한 접근권한을 부여받고 그 대가로 DK사에게 일정액의 수수료를 지급하기로 하는 계약을 체결하였다(이하 **'본건 노하우 등 접근계약'**이라 한다).

2. DK사가 2018. 2. 25. 주류판매면허를 다시 취득하게 되자, D사는 A사가 수입하는 스카치 위스키의 종류를 제한하고자 하였고, 그에 따라 A사는 2018. 3. 1. D사로 부터 수입하던 주류 중 **'본건 주류'**만을 수입하는 계약을 새로이 체결하였다(이하 **'본건 제2수입계약'**이라 한다).

3. A사는 2018. 7. 1. DK사와 사이에 DK사로부터 본건 주류의 국내 독점 판매권에 대한 재실시권(Sub-License)를 부여받고 그 대가로 DK사에게 순 매출액의 3%를 사용료(**'본건 사용료'**)를 지급하기로 하는 약정(**'본건 약정'**)을 맺는 한편, 같은 날 D사와 사이에 D사로부터 본건 주류에 대한 국내 독점판매자로 임명받는 내용의 "수입계약"을 체결하였다(**'본건 제3수입 계약'**).

[본건 제3수입계약의 내용]

- 전문
  - DK사는 대한민국에서 본건 주류의 적법한 유통권자이며, 2018. 7. 1. 체결된 재실시권(sub-license)계약에 명시된 조건에 따라 자신의 유통권에 대한 서브라이센스를 A에게 부여하였고, A사는 대한민국에서 본건 주류의 유통 권한에 대한 서브라이센스를 부여받았다.
- 임명 및 기간(2항)
  - D사는 A사를 대한민국 내에서 상표에 의하여 재판매를 할 수 있는 본건 주류의 독점판매자로 임명하여, A사는 이러한 능력에 따라 행동하며 본 계약조항을 준수하기로 한다. D사와 A사간에 서면으로 달리 구체적으로 합의되지 않는 한, 본건 주류를 위하여 본 계약상 A사에게 부여된 유통권은 별첨 1에 명시된 특정 대상 제품 단위로 엄격히 제한되고, 대상 제품의 확장 브랜드 제품을 포함하지 않으며 대상 제품이 함유된 RTD 제품 또는 혼합 제품을 포함하지 않는다는 점이 합의되고 인정된다 .

- 지적재산권, 상표 및 지적 재산권에 사용과 관련한 A사의 의무
  - 라벨 부착, 포장, 문서화, 광고 및 홍보 자료 또는 이와 관련하여 D사가 제공하는 인쇄물 또는 번역문에 대하거나 이와 관련된 본건 상표 및 지적 재산권은 D사의 재산이다.
  - 본 계약 및 상표사용지침서에 따라서만 상표와 저적재산권을 사용할 것, 광고 및 홍보자료를 D사에 제출하여 승인받을 것
  - D사가 승인하지 않는 한 D사가 공급한 제품의 포장 또는 라벨을 변경하지 않을 것
- 라이센스의 부여
  - 본건 제1수입계약 상의 해당 조항과 유사한 내용이나, 비독점적이고 양도불가능하며 '사용료가 없는 라이선스'에서 '사용료가 없는'이란 문구가 삭제됨.

본건 제1, 2수입계약 및 노하우 등 접근계약의 내용에 따르면 A사는 DK사와 병행하여 본건 주류를 수입・판매할 수 있는 자, 즉 본건 주류의 비독점수입권자에 불과하였으나, 본건 약정 및 본건 제3수입계약에 의해 A사는 DK사로부터 본건 주류에 대한 국내 독점 판매권(재실시권)을 부여받았고, 상표권자인 D사로부터 대한민국 내 독점판매자의 지위를 부여받음으로써 본건 주류의 독점수입권자가 되었다. 본건 제1, 2수입계약에서는 A사에게 '비독점적이고 양도불가능하며 로열티 없는 라이센스를 부여한다'고 되어 있었으나, 본건 제3수입계약에서는 '로열티 없는(royalty - free)'이라는 부분이 삭제되었다. A사가 본건 약정에 따라 AK사로부터 제공받게 될 영업노하우 및 판매망 정보는 없는 것으로 파악되었다.

4. A사는 '본건 약정'에 따라 2019. 2. 27.경 DK사에게 종전 수입분 중 일부(2018. 4. 4.부터 2018. 6. 24.까지의 수입신고분 17건)에 대하여 그 순매출액의 3%에 해당하는 9,000만원을 추가로 지급하였다.

5. A사는 D사와의 본건 주류에 대한 수입계약에서 정한 가격에 따라 관세 등을 신고・납부하였는데, A사가 DK사에게 지급한 "본건 사용료"를 과세가격에 포함시키지 아니하였다. 이에 대해 A사는 서울세관의 기업심사 과정에서 "A사가 본건 사용료를 과세가격에 포함시키지 않은 이유는 본건 사용료는 본건 주류의 종전 수입자였던 DK사에 대하여 그 종래의 영업권을 보상하는 차원에서 지급된 것이기 때문이다"라고 설명하였다.

6. DK사가 A사로부터 "본건 사용료"를 지급받고 A사에게 교부한 세금계산서의 품목란에는 위 사용료가 '본건 주류의 Distribution Fee'라고 기재되어 있다.

7. 서울세관장은 2020. 11월경 A사에 대한 기업심사를 실시한 후 본건 사용료를 권리사용료로 보고 실제지급가격에 가산하여 과세처분하였다. **본건 과세처분의 적법여부를 검토하시오.**

[쟁점사항] 제3자에게 지급한 권리사용료, 간접지급, 관련성, 거래조건성

사례연습 34 권리사용료

1. AK는 스위스 법인인 AB의 완전자회사인데, 2015. 12. 1.경부터 2018. 7. 30.경까지 AB의 관계사인 AC AD로부터 개폐기, 전자계전기, 진공차단기 등('**본건 물품**')을 수입하였다. 한편 AK는 2015. 11. 20.경 AB와 상표권 사용계약을 체결하고, AK의 매출액에서 AC 및 AD로부터 매입한 금액을 공제한 금액의 1%를 상표권사용료('**본건 상표권 사용료**')로 AB에게 지급하여 왔다. AK는 AC, AD로부터 본건 물품을 수입하면서 상표권사용료를 과세가격에 포함시키지 않고 수입신고를 하였다.

2. AK는 AC, AD로부터 수입한 본건 물품과 국내 또는 해외에서 조달한 부품(전선, 철판, 스위치)을 이용하여 완제품을 생산한 후 "AB"상표를 부착하여 국내 판매(제품판매)하였다. 서울세관의 AK에 대한 기업심사 과정에서 확인된 사실에 의하면 본건 물품은 AK가 국내 생산한 완제품의 품질을 좌우하는 핵심 부품에 해당하는 반면, AK가 국내 또는 해외에서 조달한 '전선, 철판, 스위치'는 부품의 구입처를 언제든지 변경할 수 있는 단순 부품에 불과하다.

3. AK와 AB간에 체결된 상표권 사용계약의 주요 내용은 다음과 같다.

> 1.1. 정의
> 이 계약에서 "상표권자"란 AB 또는 AB 그룹사, 이 계약 하에서 상표권자의 특별한 목적이나 활동을 위하여 상표권자가 지명한 제3자를 의미한다.
>
> 4. 상표 사용 범위
> 4.1. 이 계약에 따라 AK에 의하여 제조, 판매되는 모든 제품에는 "AB"상표가 부착되어야 한다. AK는 상표를 사용함에 있어 상표권자의 지시를 엄격히 준수하여야 하고, 이를 변형하기 위해서는 상표권자로부터 문서로 사전 승인을 받아야 한다.
> 4.2. 상표는 제품들의 패널 도어 전면에 눈에 띄는 곳에 부착되고, 다른 레벨, 상표와 로고들로부터 명확히 분리되어야 한다.
> 4.3. AK는 자신의 광고, 쇼룸, 전시회 등에서 상표를 사용할 수 있는 권리를 가진다.
>
> 8. 품질 통제 및 승인 절차
> 8.1. 상표권자는 AK에게, AK가 상표를 부착한 제품을 제조, 판촉, 유통, 판매함에 있어 준수하여야 하는 품질 기준 및 사양을 통보할 수 있고, AK는 이러한 기준과 사양을 엄격히

준수하여야 한다. AK는 이 계약 및 AK와 상표권자의 계열사 사이에 체결된 관련 계약에 따라 상표권자 및 권한 있는 계열사에 의하여 제공된 모든 기술적 지시를 엄격히 준수하여야 한다.

8.2. 상표권자 및 권한 있는 계열사는 AK에게, 상표를 부착한 제품의 품질 기준 및 사양의 수정, 변경이 있을 경우 서면으로 이를 통지할 수 있고, AK는 실행 가능한 즉시 이러한 수정, 변경을 이행하여야 한다.

8.6. 상표권자 및 권한 있는 계열사가 품질을 이유로 샘플을 거절하거나 상표를 부착한 제품의 제조, 보관 및 유통 과정에 대하여 동의하지 않는 경우 상표권자는 AK에게 서면으로 이를 통지하여야 한다. 상표권자 및 권한 있는 계열사가 요청하는 경우 AK는 즉시 제품의 유통을 중지하거나 상표권자 및 권한 있는 계열사의 요청에 따라 상표를 부착한 제품에 적용 가능한 품질 기준 및 제조, 보관, 유통 절차를 준수하여야 한다. AK는 상표권자 및 권한 있는 계열사가 서면으로 동의할 때까지 상표를 부착한 제품의 유통을 개시할 수 없다.

9. 라이센스 비용

9.1. AK는 목록 5에 따라 상표권자에게 라이센스 비용을 지불하여야 한다.

목록 5. 라이센스 비용

2.1. AK가 지불하는 본건 상표권 사용료는 '감가상각 후 영업이익 + 인건비'의 1.5% 또는 'AK사의 매출액 - AB관계사들로부터의 매입액'의 1%로 산정된다.[579)]

2.2. 매출액 기준 라이센스 비용은 목록 5의 제3절과 제4절에서 정의하는 AK의 매출액에서 관계사로부터 구매한 금액을 제외한 금액의 1%로 한다.

4. 서울세관장은 2021. 3월경 AK에 대한 기업심사를 실시한 후 '본건 상표권사용료'를 권리사용료로 보고 실제지급가격에 가산하여 과세처분하였다. 다만, 상표권사용료 가산과 관련하여 관세법 시행령 제19조 제6항, 관세평가 고시 제22조 제1항 제2호에 따라 AK가 국내 판매한 완제품에 대한 상표권사용료에 AK가 생산한 제품의 가격 중 본건 수입물품이 차지하는 비율을 곱하여 산출된 '상표권사용료'를 과세가격에 가산하여 과세처분하였다. **본건 과세처분의 적법 여부를 검토하시오.**

[쟁점사항] 제3자에게 지급하는 권리사용료, 관련성, 거래조건성

579) AK가 AB 관계사로부터 (a)원에 수입한 본건 물품과 국내 또는 해외에서 조달한 부품을 이용하여 완제품을 생산한 후 국내 또는 해외에서 (b)원에 판매하는 경우 본건 상표권사용료는 (b-a)원의 1%가 될 것인데, 본건 물품이 AK가 생산한 제품의 품질을 좌우하는 핵심 부품에 해당하므로, AK가 창출한 부가가치 [(b-a)원]는 주로 본건 물품의 판매로 인한 것이라고 할 수 있다.

사례연습 35 권리사용료

1. NI는 세계적 스포츠 브랜드인 "N"브랜드 제품의 개발, 생산 등을 총괄하는 미국법인이자 N사그룹의 본사이다. "N"브랜드 제품은 세계 각지의 생산공장에서 생산된 후 각국의 현지법인들에 의해 홍보, 유통 및 판매되고 있는데, NI의 국내자회사인 NK는 스포츠용 신발・의류 및 스포츠용품 등 "N"브랜드 제품(**'본건 물품'**)을 국내에서 홍보, 유통 및 판매하는 회사이다.

2. NE는 네덜란드 법인으로 "N"그룹 내 국제마케팅 활동을 수행하기 위해 주로 유럽지역에서 세계적으로 유명한 스포츠 선수 및 스포츠 팀에 대한 후원 계약을 체결하고 있다.

3. NK는 2015. 6. 1.부터 2015. 12. 18.까지는 "N"브랜드 상표의 상표권자인 NI와의 사이에, 2013 12. 19.부터 2017. 5. 31.까지는 NI로부터 미국 以外의 지역에서의 "N"브랜드 상표권을 허여받은 NE와 사이에 각각 체결한 '지적재산 라이센스 및 독점 배급계약'(**'본건 라이센스 계약'**)에 따라 NI 및 NE에게 매출액의 6%를 '상표사용료'로 지급하였다.

4. NK는 2017. 6. 1. NE와 사이에, 본건 라이센스 계약을 '지적재산 라이센스・제품 제조 및 도매 배급계약'(**'본건 라이센스 도매계약'**)과 '지적재산 라이센스・수요창출 및 소매 판매계약'(**'본건 라이센스 소매계약'**)으로 나누어 체결하였고(위 각 계약을 본건 라이센스계약과 합하여 **'본건 라이센스계약 등'**이라 한다), 위 각 계약에 따라 NE에 합계 매출액의 10%를 '상표사용료'로 지급하였다.

5. NK는 NI 등과 사이에 '광고개발, 판촉 및 마케팅지원 계약'(**마케팅지원계약**)을 체결하여 유명 스포츠 선수 및 스포츠 팀에 대한 후원 계약 체결 및 광고물 제작 등의 국제마케팅 용역을 제공받고 NI 등에게 그에 소요된 비용(WWP : World Wide Promotion)을 지급하였고, NI와 '지역 광고, 마케팅 및 지원 계약'(이하 **'지역마케팅지원계약'**이라 하고 위 마케팅지원계약과 합하여 **'본건 마케팅지원계약 등'**이라 한다)을 체결하여 NI의 아시아태평양 지역본부로부터 광고, 마케팅 등의 업무 지원을 받고 NI에게 그에 소요된 비용을 지급하였다(이하 NK가 지역마케팅지원계약에 따라 NI에게 지급한 금액 중 유명선수 등의 후원 및 국제마케팅 활동과 관련하여 지급한 금액에 한하여 '아태분담금'이라 하고, 위 WWP와 합하여 'WWP **분담금**'이라 한다).

6. 본건에서 NK가 NI, NE와 체결한 계약 및 그 내용은 다음과 같다.

(1) 본건 라이선스 계약 내용 중 본건과 관련된 부분은 다음과 같다.

1. 정의

1.11. "라이센스 허용 제품"은 상표들 가운데 하나가 포함되거나 기타 소유권적 권리들 가운데 하나가 포함된 액세서리, 의류, 용품 및 신발을 의미한다.

1.13. "라이센스 허용 지역"은 한국을 의미한다.

1.15. "기타 소유권적 권리들"은 본 계약일자 이후 라이센서가 취득, 고안, 또는 라이센스 허용한 기타 소유권적 권리들을 포함하되 이에 한정되지 아니하고(그러나 상표들은 제외), 1) 라이센서가 소유 하거나, 라이센서에게 양도 또는 라이센스가 허용된 것으로 2) 액세서리, 의류, 신발 또는 용품과 관련된 모든 저작권, 실용특허권, 실용신안, 디자인 특허권, 디자인 등록, 영업비밀권, 노하우, 원형 및 기타 지적재산권들을 의미한다.

2. 라이센스 허용 및 배급권

2.1. 본 계약에 명시된 조건에 따라서 라이센서는 이에 라이센시에게 본 계약기간 동안 다음을 허용 한다.

2.1.1. 상표들 및 기타 소유권적 권리들을 사용하여 라이센스 허용 제품 제조에 대한 제조 또는 하도급을 줄 수 있는 양도불가, 비독점적 그리고 전세계적 라이센스, 단, 그러한 모든 라이센스 허용제품은 본 계약에 따라 라이센시가 라이센스 허용 지역에서 판매한다. 그리고

2.1.2. 1) 라이센스 허용 제품을 라이센스 허용 지역에서 판매할 수 있고, 2) 라이센스 허용 제품 광고, 마케팅 및 판매와 관련해서 라이센스 허용 지역에서 상표들 및 기타 소유권적 권리들을 사용할 수 있는 양도불능 및 독점적 라이센스

4. 라이센시의 라이센스 허용 지역에서 라이센스 허용 제품 판매

4.1. 라이센시는 자신의 합리적인 노력을 기울여 라이센스 허용 지역에서 라이센스 허용 제품 판매 및 판매 홍보하고 라이센스가 만족할 만한 수준으로 라이센스 허용지역에서 서비스 및 개발하기에 적절한 판매 및 마케팅 조직을 유지한다.

4.4. 라이센시는 라이센스 허용 지역 밖에서 라이센스 허용 제품 판매를 유인하지 아니한다.

5. 상표들 및 기타 소유권적 권리들에 대한 소유권

5.4. 라이센시는 라이센서의 사전 서면 동의 없이 기타 상표, 상호, 서비스 마크 또는 기타 디자인 지정과 관련해서 상표들 일부를 결코 사용해서는 안된다. 본 5.4조는 제3자와의 라이센스 계약에 따라 스포츠 마케팅 목적으로 라이센시에 의해 라이센스 허용된 동 제3자 클럽, 전문적 또는 기타 스포츠팀, 리그 또는 조직의 명칭, 상표, 로고 또는 기타 지정에는 적용되지 않는다.

10. 로열티

10.1. 매 계약연도 개시전 30일 이내(최초 계약연도의 경우는 제외, 최초 계약연도의 경우는 최초 계약연도 개시로부터 30일 이내) 그리고 라이센서의 승인을 조건으로, 라이센시는 아래 로열티 지급방식 가운데 하나를 선택하여 지급한다.

(b) 로열티 방식 B : 라이센시는 라이센서에게 라이센스 허용 지역에서 판매된 라이센스 허용 제품 전부의 실제 순 판매수익의 6%를 로열티로 지급하기로 동의한다.

(2) 본건 라이센스 소매계약 내용 중 본건과 관련된 부분은 다음과 같다.

A. 라이센서는 신발, 의류, 용품, 액세서리 및 기타 제품들에 대한 수요 창출 및 소매 판매와 관련된 특정 지적재산권을 보유하거나 제3자로부터 라이센스를 허여받았고,

B. 라이센시는 라이센서로부터 라이센스 허여 지역에서 신발, 의류, 용품, 액세서리 및 기타 제품들에 대한 물리적 장소 또는 인터넷을 통해 마케팅, 광고 및 소비자들에 대한 소매 판매와 관련해서 그러한 지적재산권을 이용할 수 있는 권리를 취득하고자 하며,

C. 라이센서는 본 계약조건에 따라 라이센시에게 그러한 라이센스를 허여하고자 한다.

당사자들은 다음과 같이 합의한다.

1. 정의

1.8. "지적재산권"은 법률, 규정, 규칙 또는 기타 법률에 따라 신청 또는 등록되었는지를 불문하고 수요 창출 또는 소매 판매 방식에 관한 특허권, 저작권, 저작인격권, 상표권, 상호권, 서비스표 권리, trade dress 권리, 영업비밀권, 소유권적 권리, 프라이버시권, 초상권을 포함하되 이에 한정되지 아니하고 일반적으로 관련 법규상 그러한 것으로 지칭되는 모든 지적재산권들을 의미한다.

1.9. "라이센스 허여 기술"은..(후략)/ 1.11. "라이센스 허여 상표"는..(후략)

1.12. "라이센스 허여 저작물"은 1) 라이센스 허여 지역에서 라이센서가 소유하고/하거나 라이센스 허여 지역에서 사용하기 위해 라이센서에게 라이센스 허여된 것으로 2) 본 계약일자 이후 라이센서가 그렇게 취득, 고안 또는 라이센스 허여한 저작물을 포함, 라이센스 허여 상표를 담고 있는 신발, 의류, 용품 또는 액세서리에 대한 수요 창출 또는 소매 판매와 관련되거나 이와 관련해서 유용한 모든 저작물을 의미한다. 라이센스 허여 저작물은 라이센서의 전세계 또는 지역 광고 캠페인에 대한 광고 사본 및 그래픽 콘텐츠, 점포내 또는 온라인 상품 진열에 대한 그래픽, 라이센스 허여 상표를 담고 있는 신발, 의류, 용품 또는 액세서리를 승인하고 착용하고 있는 운동선수, 팀 및 코치 이미지, 가상 캐릭터 및 아바타 이미지, 수요 창출 또는 소매 판매관련 소프트웨어 프로그램, 점포내 또는 온라인 소매환경을 위해 고안된 음악 작곡 및 음향녹음, 및 시장조사관련 서면자료, 수요창출 계획 등을 포함하되 이에 한정되지 아니한다.

2. 라이센스 허여 및 배급권

2.1. 본 계약에 명시된 조건에 따라서, 라이센서는 이에 라이센시에게 본 계약기간 동안 다음을 허여한다.

2.1.1. 라이센스 허여 지역에서 라이센스 허여 상표를 담고 있는 신발, 의류, 용품 또는 액세서리에 대한 소비자 수요창출 및 물리적 장소 및 온라인 채널을 통해 최종 소비자에게 판매를 위해 라이센스 허여 지역에서 라이센스 허여 기술, 라이센스 허여 저작물 및 모든 관련 지적재산권을 이용할 수 있는 양도불가, 독점적 라이센스; 그리고

2.1.2. 라이센스 허여 지역에서 라이센스 허여 상표를 담고 있는 신발, 의류, 용품 또는 액세서리에 대한 소비자 수요창출 및 물리적 장소 및 온라인 채널을 통해 최종 소비자에게 판매를 위해 라이센스 허여 지역에서 라이센스 허여 상표 및 모든 관련 지적재산권을 이용할 수 있는 양도불가, 독점적 라이센스

5. 라이센스 허여 기술, 라이센스 허여 저작물, 라이센스 허여 상표 및 관련 지적재산권에 대한 소유권

5.4. 라이센시는 라이센서의 사전 서면 동의 없이 기타 상표, 상호, 서비스 마크 또는 기타 디자인 지정과 관련해서 상표들 일부를 결코 사용해서는 안된다. 본 5.4조는 제3자와의 라이센스 계약에 따라 스포츠 마케팅 목적으로 라이센시에 의해 라이센스 허용된 동 제3자 클럽, 전문적 또는 기타 스포츠팀, 리그 또는 조직의 명칭, 상표, 로고 또는 기타 지정에는 적용되지 않는다.

5.5. 라이센시는 본 계약에서 명시적으로 허여된 권리가 아닌, 기타 라이센스 허여 기술, 기타 라이센스허여 저작물 또는 라이센스 허여 상표, 또는 관련 지적재산권에 대한 권리 또는 이에 의거한 권리를 결코 구매 또는 달리 취득해서는 안된다. 만일 그러한 권리가 법률 등의 실행에 의해 라이센시에게 부여되게 될 경우, 라이센시는 그러한 권리가 라이센서에게 자동적으로 부여되며 라이센시는 라이센서에게 그러한 양도를 서면으로 확인해주어야 하고 그러한 양도를 유효하게 하기 위해 필요한 그러한 기타 조치들을 취해야 함을 동의한다. 좀더 명시적으로, 라이센시에 의해 고안되었거나 미래 에 그렇게 되거나 라이센시의 행위를 사유로 발생하게 되는 그러한 라이센스 허여 기술, 라이센스 허여 저작물 또는 라이센스 허여 상표에 대한 추가, 수정, 향상, 업데이트 확장, 파생물, 공식화, 또는 향후 개발에 대한 소유권은 자동적으로 라이센서에게 부여된다.

7. 라이센스 허여 상표 사용에 대한 승인

라이센시는 광고, 마케팅 또는 기타 수요 창출 목적으로 라이센스 허여 상표를 사용하고자 하는 방식을 결정한다. 단, 관련 법률상 라이센스 허여 상표에 대한 라이센서의 소유권 및 영업권을 보호하는데 필요한 범위 내에서 라이센서는 그러한 사용에 대한 성격 및 품질을 승인할 권리를 가진다.

7.1. 라이센시는 라이센서의 요청 및 7.2.조에 따른 라이센서의 승인을 받기 위해 라이센서에게 그러한 자료 또는 서신이 소비자에게 어떻게 전달되는지에 대한 모든 관련 정보를 포함, 라이센스 허여 상표를 구현하고 있는 광고, 스토리 보드, 인쇄된 마케팅 자료, 또는 기타 수요 창출을 위한 서신에 대한 예비버전 또는 초안을 제출한다.

7.2. 라이센서는 7.1.조에 명시된 필요 재료를 라이센시로부터 받은 지 10일 이내 라이센시에게 자신의 서면 승인 또는 거절을 알려준다.

10. 라이센스 로열티

10.1. 계약기간동안 매 계약월에 대해서, 라이센시는 라이센서에게 2.1.조에서 허여된 권리에 대한 로열티를 지급한다. 하기 10.3.조에서의 제한 및 예외에 따라서, 매 계약월에 대한 로열티는 로열티가 적용되는 계약월 직전 해당 계약월에 대한 라이센시의 순매출액의 7%에 상응하는 금액으로 한다.

(3) 마케팅지원계약 내용 중 본건과 관련된 부분은 다음과 같다.

전문

가. NK는 계약지역에서 제품의 마케팅 및 판매업을 영위하고 있고, 계약지역에서 본건 제품의 광고, 판촉 및 마케팅을 담당하고 있다.

나. NI 등은 전세계 지역에 걸친 본건 제품의 판매에 관한 광고 컨셉을 고안, 개발하기 위하여 미국 내와 해외의 광고대행사와 계약을 체결한다.

라. NI 등은 각종 스포츠 종목의 세계적인 운동선수와 수많은 후원, 판촉, 지원 및 컨설팅 계약을 체결해 왔으며, 향후에도 계속하여 이와 같은 계약을 체결해 나갈 것이다.

마. 참여회사는 계약지역 내에서 본건 제품의 판촉을 위한 이와 같은 지원 등의 가치와 참여회사가 자신의 운영예산으로는 이러한 지원을 할 수 없다는 것을 안다.

바. NI 등은 전세계적으로 마케팅 컨셉을 알리고 이를 구현하기 위하여 기타 마케팅서비스를 제공하고, 향후에도 계속하여 그러한 서비스를 제공한다.

제2조 광고 지원

2.1. NI 등은 자신이 개발한 광고컨셉을 NK와 공유하여 NK가 계약지역에서 이를 이용할 수 있도록 한다.

2.2. NI 등과 NK는 시장정보를 공유하고, 시장실적을 분석하고, 향후의 광고컨셉 개발에 대한 의견을 교환하기 위하여 "N"그룹의 다른 계열사들과 뿐만 아니라 서로 수시로 협의한다. NI 등은 이러한 협의의 중요성을 인정하고, 향후 광고컨셉 개발시, 참여회사 및 "N"그룹의 다른 계열사들의 마케팅전략 및 광고수요를 고려한다.

7. NK는 2015. 6.부터 2019. 5.까지 "N"브랜드 상표가 부착된 스포츠 신발 · 의류 등을 5,500건(**'본건 물품'**) 수입하여 국내에 판매하였는데, 본건 물품의 수입신고시 본건 물품의 과세가격에 NI등에 지급한 상표사용료는 가산하여 신고하였으나, "WWP **분담금**"은 이에 가산하지 아니하였다.

8. 서울세관장은 2020. 4. 10. NK에 대한 관세 법인심사를 실시한 후 "WWP 분담금"을 권리사용료로 보고 실제지급가격에 가산하여 과세처분하였다. **본건 과세처분의 적법 여부를 검토하시오.**

[쟁점사항] 국제마케팅비, 권리사용료, 관련성, 거래조건성

사례연습 36 권리사용료, 생산지원비(평가협정 사례연구 8.1)

1. 甲사는 국내 소매상에게 최신 유행의 남성복을 판매한다. 모든 의류는 하나의 해외 공급자인 A사로부터 수입된다. A사는 L사가 甲사를 대신하여 무료로 제공하는 패턴지를 사용하여 의류를 제조한다. 제3국에 위치한 L사는 최신 유행의 남성복을 전문적으로 디자인하고 있다. 甲사, A사 및 L사 간에는 특수관계가 없다.

2. 甲사는 L사와 라이센스 계약을 체결하고 이에 따라 甲사는 다음과 같은 권리를 부여받는다.
   (1) 국내에서 L사의 디자인이 체화된 의류를 공급(유통)할 수 있는 독점 라이센스
   (2) L사가 개발한 디자인이 체화된 패턴지를 사용할 수 있는 권리

3. 또한 라이센스 계약은 L사가 甲사가 지명하는 자에게 디자인과 패턴지를 공급한다고 규정하고 있다. 甲사는 L사에게 다양한 규격의 의류를 제조하는데 필요한 패턴지(디자인이 체화된) 사본 여러 장을 A사에게 제공하도록 지시한다.

4. 甲사는 A사에게 의류 한 벌당 200달러를 지급한다. 부여된 권리에 대한 대가로 甲사는 의류 총 판매가격의 10%에 상응하는 라이센스료를 L사에게 지급한다. 수입시점에 모든 의류는 한 벌당 400달러로 소매업자에게 판매된다. 그러므로 수입시점에 각각의 의류에 대하여 L사에게 지급될 라이센스료는 40달러임을 알 수 있다.

5. 甲사는 부산세관에 거래가격에 기초한 가격신고서와 함께 L사와 라이센스 계약과 이 라이센스 계약에 따라 부여된 권리에 대한 지급 둘 다와 관련한 모든 서류를 제출한다.

6. **본건 수입물품에 대하여 제1방법에 따라 과세가격 결정시 과세가격 산정에 대해 검토하시오(권리사용료, 생산지원비 등).**

사례연습 37 권리사용료(평가협정 사례연구 8.2)

1. 甲사는 A사로부터 구매한 다수의 비디오 레이저 디스크 복제물을 수입했다. 저작권의 적용을 받는 뮤직 비디오 영상이 수록된 디스크는 미국의 A사가 제작하였다. 甲사는 영국의 L사와 별도의 라이센스 계약에 따라 디스크에 수록된 뮤직비디오영상을 사용할 권리를 취득했다. 甲사와 체결한 라이센스 계약에 따라 L사는 디스크에 수록될 뮤직 비디오 영상의 마스터 테이프를 편집했다. 그 후 甲사는 마스터 테이프를 A사에게 무료로 제공했다. 甲사, A사 및 L사 간에는 특수관계가 없다.

2. 마스터 테이프는 A사의 생산과정의 기초를 구성한다. 마스터 테이프는 레이저디스크 스템퍼에 동종・동질한 형태로 재현생산되는 이미지를 전달했다. 다수의 디스크 복제물은 스템퍼로부터 만들어진다. 그러므로 각각의 디스크는 마스터 테이프의 동종・동질한 재현생산품이며 X사는 마스터 테이프 없이 디스크를 제조할 수 없다.

3. 甲사는 A사에게 스템퍼 생산에 대하여 1,000달러를, 디스크 복제물 4,000개에 대하여는 28,000달러를 지급하여야 했다. 뮤직 비디오 영상 및 마스터 테이프를 사용하는 권리에 대한 대가(consideration)로 甲사는 국내 디스크 총 판매가격의 5%를 라이센스료로 L사에게 지급하여야 한다.

4. 甲사는 인천세관에 거래가격에 기초한 가격신고서와 함께 L사와의 라이센스 계약과 이 라이센스 계약에 따라 부여된 권리에 대한 지급 둘 다와 관련한 모든 서류를 제출한다.

5. **본건 수입물품에 대하여 제1방법에 따라 과세가격 결정시 과세가격 산정에 대해 검토하시오 (권리사용료).**

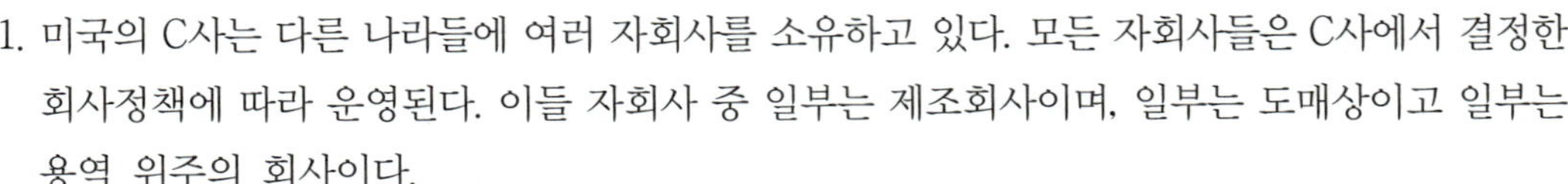

1. 미국의 C사는 다른 나라들에 여러 자회사를 소유하고 있다. 모든 자회사들은 C사에서 결정한 회사정책에 따라 운영된다. 이들 자회사 중 일부는 제조회사이며, 일부는 도매상이고 일부는 용역 위주의 회사이다.

2. C사의 자회사인 국내 CK사는 남성복, 여성복 및 아동복 도매상이다. CK사는 미국에 소재한 C사의 또 다른 자회사인 제조자 M사로부터 남성복을 구매하고, 국내 제조업체들뿐만 아니라 제3국의 특수관계가 없는 제조업체들로부터 여성복 및 아동복을 구매한다.

3. 위와 같은 상황에서, 자회사들 간의 판매와 관련한 C사의 회사정책에 따라 물품은 자회사들 간에 협상된 가격으로 판매되고 있다. 하지만 연말에 CK사는 물품에 대한 추가 지급으로써 그 해 동안 제조자 M사에게 구매한 남성복의 연간 전매(轉賣) 총액의 5%를 제조자 M사에게 지급한다.
이 경우, 해당 지급금액의 법적 성질 또는 실제지급가격에 가산여부에 대해 검토하시오.

4. 동일한 상황에서, CK사는 모든 공급처로부터 구매한 남성복, 여성복 및 아동복의 연간 총 매출액에 대하여 실현된 총이익의 1%를 C사의 다른 자회사인 용역회사 A사에게 지급한다는 사실이 확인되었다. CK사는 이 지급금액은 해당 수입물품의 전매, 사용 또는 처분과 관련된 금액이 아니라 A사가 C사의 모든 자회사에 제공하는 저금리 대출과 기타 금융서비스에 대하여 A사에게 상환하는 회사 정책에 따라 지급하는 것이라는 증거를 제출하였다.
이 경우, 해당지급금액의 법적성질 또는 실제지급가격에 가산여부에 대하여 검토하시오.

5. 동일한 상황에서, CK사는 회계 연도 말에 그 해에 걸쳐 실현된 순이익의 75%를 C사에 송금한다는 사실이 확인되었다. CK사가 C사에 송금한 금액은 수입물품과 관련되지 않는 배당금 또는 기타 지급의 구매자로부터 판매자에게의 이전으로 확인되었다.
이 경우, 해당지급금액의 법적성질 또는 실제지급가격에 가산여부에 대해 검토하시오.

사례연습 39 사후귀속이익

1. PK는 각종 의약품과 의약부외품 등의 제조 및 판매업을 목적으로 설립된 국내법인으로, 스위스 소재 PA의 자회사이다. PK는 2003. 5. 20. PA와 아세클로페낙(Aceclofenac)에 대한 반독점 라이선스 계약(최초 계약)을 체결하고 2014. 7. 30.까지 PA로부터 아세클로페낙(**본건 물품**)을 kg당 미화 935달러에 수입하여 왔고, PK는 아세클로페낙을 수입하여 이를 원료로 관절염 치료제인 에어탈(Airtal)을 제조하여 국내에 판매해왔다.

2. PK는 2014. 7. 30. 최초계약기간이 만료되자 PA와 다음과 같이 세 차례에 걸쳐 갱신계약을 체결하였다.
   (1) 2014. 8. 10. 갱신계약을 체결하고 아세클로페낙의 수입단가는 kg당 500달러로 약정하고, 이와 별도로 권리사용료 명목으로 완제품 판매금액에 따라 순매출액의 6% 내지 12%를 사후에 지급하기로 약정하였다.
   (2) 2015. 8. 10. 갱신계약을 체결하고 아세클로페낙의 수입단가는 kg당 510달러로 약정하고, 이와 별도로 권리사용료 명목으로 완제품 판매금액에 따라 순매출액의 6% 내지 12%를 사후에 지급하기로 약정하였다.
   (3) 2016. 8. 10. 갱신계약을 다시 체결하고 아세클로페낙의 수입단가는 kg당 425달러로 약정하고, 이와 별도로 권리사용료 명목으로 완제품 판매금액에 따라 순매출액의 3% 내지 7%를 사후에 지급하기로 약정하였다.

3. 광주세관의 PK에 대한 기업심사과정에서 다음과 같은 사실관계가 확인되었다.
   (1) 에어탈은 관절연골 보호 및 생성촉진 작용을 하는 비스테로이드성 소염진통제로서 성분함량은 아세클로페낙 100mg이다.
   (2) 아세클로페닉 그 자체만으로는 체내에 흡수되지 않기 때문에 PK는 아세클로페낙과 아비셀의 혼합물에 에탄 등을 교반하여 제조한 결합액을 투입한 후, 제립, 건조, 코팅 등의 일련의 과정을 거쳐 소염진통의 의학적 효능을 다할 수 있는 성질의 치료제 에어탈(Airtal)을 제조하였다.
   (3) 에어탈 100 tablet의 원재료비에는 아세클레페낙 外에 PK가 제3자로부터 구매한 9가지의 다른 원료가 포함되지만, 이와 같은 다른 원료 등은 모두 부원료로서 단지 의약물질에 대한 지지물·매개물·감미제·부형제 등으로서 에어탈의 약효와는 직접 관련이 없다. 그리고 판매가격 구성비를 보면 전체 합계가 75,627,994원인데, 그 중 아세클로페낙이

65,400,000원을 차지하고 그 나머지 부원료가 1,308,000원을 차지하여 약 98% 정도가 아세클로페낙으로 구성되어 있다.580)

(4) 아세클로페낙은 1994. 3. 20. 유럽특허청에 물질특허로 출원·등록되었으나, 우리나라에서는 2001. 1. 18. 그 제조방법이 특허로 출원·등록되어 2021년 그 특허기간이 만료된다.

(5) 최초계약 체결 당시 PK와 PA는 아세클로페낙의 가격을 kg당 미화 750달러 이상으로 하기로 결정하였으나, PK는 2014. 7. 30.까지 kg당 미화 935달러에 아세클로페낙을 수입하여 왔다.

(6) 2007년경부터 국내 제약회사들이 아세클로페낙 제조방법에 대한 특허를 출원하고 이를 원료로 한 대체의약품을 제조·판매하기 시작하였고, 에어탈의 보험수가는 당초 719원이었다가 2009. 11. 15.부터는 545원, 2011. 4. 1.부터는 506원, 2011년 10. 1.부터는 477원, 2013. 1. 1.부터는 425원, 2016. 3. 1.부터는 317원으로 떨어졌고, 2019. 1. 1.에는 278원이었다.

(7) PK와 PA는 갱신계약을 체결하면서 '추가적 보상금(Additional compensation)'으로서 에어탈 판매금액 중 순매출액의 일정액을 사후 지급하기로 약정하였다.

4. 광주세관장은 2020. 2월경 PK에 대한 기업심사를 실시한 후 PK가 권리사용료 명목으로 PA에게 지급한 금액(완제품 순매출액의 3% 내지 7%)을 사후귀속이익으로 보고 실제지급가격에 가산하여 과세처분하였다. **본건 과세처분에 대하여 PK가 주장할 내용, 과세처분의 적법 여부를 검토하시오.**

[쟁점사항] 사후귀속이익, 객관적이고 수량화할 수 있는 자료

580) 즉, 본건 추가 지급 금액은 PK가 갱신계약의 추가 지급 약정에 의하여 본건 물품을 원료로 사용하여 제조한 에어탈의 판매금액에 따라 그 순매출액에 일정 비율을 곱하여 산정한 다음 PA에 지급한 것으로서 그 전부가 에어탈의 제조에 사용된 본건 물품에 대한 대가로서 산정되었고, 그 밖의 다른 명목의 금원은 본건 추가 지급 금액에 포함되지 않은 사실, 한편 본건 물품은 그 수량이 확인되고, 에어탈 1정씩에는 아세클로페낙 100.00㎎이 원료로 사용된 사실 등을 알 수 있다.

사례연습 40 체선료, 공적운임

1. 甲사는 에쿠아도르산 바나나 180,000상자를 수입하면서 일본의 냉동선박회사인 JY사의 냉동선 Sunshine호를 용선하여 위 바나나 중 160,500상자를 수입하여 목포항에 입항하여 수입통관 하였다.

2. 甲사와 JY사간에 체결된 '항해용선계약'에 따르면 계약상의 최저선적수량인 12kg들이 180,000상자를 실을 수 있는 공간을 확보하여 12kg들이 1상자당 3.8달러, 18.5kg들이 1상자당 5.7달러의 운임을 지불하기로 하고 '공적운임'은 12kg들이 1상자당 3.4달러로 정해져 있다. 그런데, 甲사는 실제 12kg들이 160,596상자만을 선적하게 됨으로써 그 부족수량에 대하여 JY사에게 '공적운임' 75,193달러를 지급하였다.

3. 바나나를 실은 Sunshine호가 광양항계 밖에 들어왔으나 甲사의 목포항 전용부두에서 다른 선박이 하역작업 등을 하고 있어 부두에 접안이 어려운 관계로 광양항계 밖에서 검역을 완료하고 선장의 하역준비완료통지를 하였다. 하역준비완료통지를 한 지점은 甲사의 전용부두에서 37km 떨어진 지점으로서 그곳에서 甲사의 전용부두에 접안하는 데에는 약 3일이 소요되었다. 이로 인하여 위의 하역준비완료통지 이후부터 Sunshine호가 목포항에 있는 甲사의 전용부두에 접안하여 하역준비를 완료하는 데까지의 비용, 즉 '체선료' 6,000달러를 JY사에게 지급하였다.

4. 甲사는 목포세관에 바나나에 대한 수입신고시 JY사에게 지급한 '공적운임'과 '체선료'를 실제지급가격에 가산하지 않고 가격신고를 하였다.

5. 광주세관은 甲사에 대해 사후심사를 실시한 후 체선료, 공적운임을 운임·운송관련비용으로 실제지급가격에 가산하여 과세처분하였다. **본건 과세처분의 적법여부를 검토하시오.**

[쟁점사항] 체선료, 공적운임, 손해배상예정

사례연습 41 운임 및 운송관련비용

1. 甲사는 카타르 소재 A사로부터 FOB 거래조건으로 액화천연가스(LNG)를 도입하는 계약('본건 LNG 도입계약')을 체결하여 액화천연가스를 수입해오면서 국내 운항선사 乙사와 LNG 운송계약(**'본건 운송계약'**)을 체결하고 운임을 지급하였다.

2. 甲사와 A사간에 체결된 본건 LNG 도입계약의 특약서에는 다음과 같은 내용이 기재되어 있다.

> **특약서. 2. FOB 거래특성을 반영한 본건 단가의 조정**
> 카타르에서 한국까지의 LNG 운송 도중 발생하는 기화(Boil Off)로 인한 물량감소의 문제를 해소하기 위하여, 그리고 본건 단가가 착선 인도조건의 단가와 동일한 가치를 가지도록 하기 위하여 판매자는 본건 단가를 Boil Off 요소만큼 차감하기로 합의하며, 이를 위하여 본 계약 9.2(a)조의 본건 단가 산출은 다음의 환산법을 적용하여 정하기로 한다.
> ※ Market LNG Price = Pmkt × (1－B.O)

3. 甲사와 乙사간에 체결된 본건 운송계약의 주요 내용은 다음과 같다.

> **제2.1조 운임의 구성**
> 운임은 아래와 같은 부분으로 구성된다.
> 가. 자본비
> 나. 선박경비
> 다. 운항비
> 라. 이윤
>
> **제2.4조 본선의 성능보증**
> 다. BOG(Boil Off Gas, 자연발생적으로 기화된 LNG) 발생률
>
> 아래 산식에 따라 산출한 1일당 BOG 발생률은 본선 화물탱크용적의 0.15%를 초과하지 아니할 것을 보증한다.
> ※ BOG 발생률 = BOG 발생량 / 각 계약년 만선항해일수 × 1 / －163℃시 본선의 총 화물탱크용적(BOG 발생량: 적하항해시(선적후측정 － 양하전측정) 수량
> 각 계약년 만선항해일수: 적하행해시 선적 후 측정부터 양하전 측정까지의 시간)

제6.1조 취항항로의 운임률과 운임의 지불
가. 운임의 구성요소
운임의 구성요소는 아래와 같다.
(3) 당해 계약년에 지불될 예정인 본선에 대한 운항비의 총액

제8.2조 BOG의 사용
수송자는 운항 중 제2조 제4항 다호의 1일당 BOG 허용발생량을 한도로 자연발생한 가스를 본선 연료로 무상으로 사용할 수 있다.

甲사는 본건 운송계약을 체결하면서 국내 운항선사가 운송과정에서 발생하는 BOG를 수송선박의 연료로 사용하더라도 그에 해당하는 액화천연가스 대금을 운임에 포함시키지 않고 1일 BOG 허용발생량을 한도로 무상으로 사용할 수 있도록 하였다.

4. 천연가스는 해상운송시 영하 약 162℃로 냉각하여 액화상태로 수입되는데, 국내로 운송하는 과정에서 온도와 압력 차이 등으로 액화천연가스 중 일부가 BOG로 다시 변환되는 특성을 갖고 있고, BOG는 압력 상승시 폭발할 위험이 있어 선박의 안전을 저해할 우려가 있으므로 본건 국내 운항선사 乙사의 수송선은 이러한 BOG를 이중 연료(dual fuel) 엔진 구조를 통해 수송선박의 연료로 사용하거나 소각하는 방식을 채택하여 설계・건조되었다.

5. 평택세관장은 甲사가 乙사에게 BOG를 무상으로 연료로 사용할 수 있도록 함으로써 운임 중 일부를 현물로 지급하였다고 보고 甲사가 수입신고 당시 누락한 BOG의 가액 상당을 운임으로 실제지급가격에 가산하여 과세처분하였다. **본건 과세처분의 적법 여부를 검토하시오.**

[쟁점사항] 운임 및 운송관련비용, 실제지급가격, 과세물건의 확정시기, 입증책임

사례연습 42 공제요소: 수입 후 설치 · 정비 · 유지 · 기술지원 비용 등

1. 甲사는 선박용 엔진을 제조하여 조선소에 공급하는 종합 엔진메이커 회사로서, 엔진부품 가공을 위하여 중국 소재 B사, 미국 W사, 일본 J사, H사로부터 CNC선반, 가공기계, 연마기 등을 수입하였다.
그런데, 甲사가 B사, 미국 W사, 일본 J사, H사로부터 수입하는 본건 수입물품들은 해당 물품의 특수성상 통상적으로 기계만 공급받아서는 계약의 과업 내용이 종료될 수 없고, 필수적으로 그에 대한 설치 및 구매자에 대한 훈련이 필요하고 그에 관한 비용 지출이 필요하다는 것이 충분히 예측할 수 있다.

2. 중국 B사로부터 수입
甲사는 2016. 3. 19. 중국 B사와 사이에 선박엔진 부품의 가공을 위한 기계(MACHINE: **본건 제1물품**)를 4,400,000유로에 공급받기로 하는 계약(**본건 제1공급계약**)을 체결하였는데, 본건 제1공급계약에는 다음과 같은 내용이 기재되어 있다.

- 계약수행 내용에는 설치 및 시운전 작업이 포함된다.
- 총 계약금액에는 설치 및 시운전 비용이 포함된다.
- 총 계약금액의 10%는 설치 및 시운전이 성공한 후 구매자가 최종 승인 인증서를 발행한 때에 지급한다.
- B사는 약 2주간 실제 작업물로 절삭 시험을 수행하는 동안 감독관을 甲사에게 지원한다.

甲사는 2017. 6. 10. B사로부터 송품장을 교부받았는데, 위 송품장에는 기계물품(MACHINE) 비용 3,640,000유로와 설치 및 시운전 비용 396,000유로로 구분기재되어 있다. 그러나, 본건 제1공급계약서에는 물품대금과 수입 후 설치비용 등의 금액이 구분되어 있지 않다.
본건 제1물품에 관한 통관절차를 마친 후, B사와 B사의 국내 에이전트를 겸한 BK사의 소속 근로자 15명은 위 계약의 내용에 따라 국내에 체류하면서 甲사의 작업장에서 2017. 6. 26.부터 2018. 1. 30.까지 약 7개월 동안 기계설치 및 교육훈련 등의 업무를 담당하였다.
한편, 본건과 관련하여 부산세관의 甲사에 대한 기업심사가 이루어질 무렵, B사가 甲사에게 보낸 공문에는 甲사에 파견된 B사 근로자 및 BK사 근로자에 대한 일급, 음식 및 호텔 체류 비용, 항공비용 합계로 288,120**달러**가 지출되었다고 나타나 있다.
甲사는 본건 제1물품을 수입하면서 송품장에 기재된 '설치 및 시운전 비용'을 "수입 후 설치 ·

정비 · 유지 · 기술지원 등에 관한 비용"에 해당한다고 보고 송품장 금액에서 396,000**유로를** 공제하고 수입신고하였다.

3. 미국 W사로부터 수입

甲사는 미국 소재 W사와 사이에 디젤엔진의 선박용 부품 가공설비인 기계설비 4대에 관하여, N0. E11물품에 대하여는 2,703,000유로, N0. E22물품에 대하여는 2,650,000유로, N0. E33물품에 대하여는 2,491,000유로, N0. E44물품(4대의 물품을 통들어 **'본건 제2물품'**이라 한다)에 대하여는 2,590,000유로에 공급받기로 하는 계약(**본건 제2공급계약**)을 체결하였는데, 본건 제2공급계약서 및 계약 단계의 제안서에는 다음과 같은 내용이 기재되어 있다.

[제안서]

- 최종승낙시험: 최종 승인 시험은 기계의 조립 및 운전 이후에 수행한다.
- 훈련: 일일 8시간, 2주간의 운전기사 훈련, 전자전기 서비스 훈련은 기계의 조립과 운전 중 실시한다.
- 엔지니어에 의한 고객 작업장에서의 제품 지원 기간은 3주이며, 엔지니어의 숙박 및 식사는 고객이 제공한다.

[공급계약서]

- 판매자는 구매자의 공장에서 기계 운전을 시작하기 위해 감독 서비스를 제공하여야 한다.
- 판매자는 구매자에게 기계에 대한 기술지원을 제공하여야 한다.
- 계약금액의 10%는 설치 및 테스트가 성공적으로 마쳐진 후 구매자가 최종 승인서를 발행하였을 때 지급한다.

甲사는 2017. 1월경에서 같은 해 3월경 사이에 W사로부터 송품장을 교부받았는데, N0. E11물품, N0. E22물품에 관한 각 송품장에는 고객 작업장에서의 훈련 및 설치비용 75,000유로와 고객 작업장에서의 크랭크샤프트 제작 엔지니어링 비용 159,000유로가 기재되어 있고, N0. E33물품, N0. E44물품에 관한 각 송품장에는 고객 작업장에서의 훈련 및 설치비용 75,000유로가 기재되어 있다. 그러나 본건 제2공급계약서에는 물품대금과 수입 후 설치비용 등의 금액이 구분되어 있지 않다.

본건 제2물품에 관한 통관절차를 마친 후 W사는 2017. 2. 15.부터 2018. 11. 12.까지 소속 근로자 15명을 甲사의 작업장에 투입하여 본건 제2물품의 설치 및 甲사 근로자들에 대한 교육훈련을 실시하였다.

한편, 본건과 관련하여 부산세관의 甲사에 대한 기업심사가 이루어질 무렵, W사가 甲사에게 보낸 공문에는 甲사에 파견된 W사 소속 근로자에 대한 일급, 음식 및 호텔 체류비용, 항공비용 합계로 704,333**유로**가 지출되었다고 나타나 있다.

본건 제2물품 수입과 관련하여 은행용 송품장에는 전체 계약금액만 나와 있고 설치비용 등이 구분되어 있지 않으나, 세관신고용으로 제출한 송품장만 총 계약금액뿐만 아니라 설치비용 등이 세부적으로 구분되어 있다.

甲사는 위 송품장에 기재된 설치 및 훈련비용 등을 "수입 후 설치 · 정비 · 유지 · 기술지원 등에 관한 비용"에 해당한다고 보고 위 각 금액(본건 제2물품 수입과 관련하여 합계 618,000**유로**)을 공제하고 수입신고하였다.

4. 일본 J사로부터 수입

甲사는 2015. 10. 22. 일본 소재 J사와 사이에 Crankshaft 연마기(**'본건 제3물품'**)를 254,000,000엔(JPY)에 공급받기로 하는 계약(**'본건 제3공급계약'**)을 체결하였는데, 위 계약서에는 다음과 같은 내용들이 기재되어 있다. 한편 본건 제3공급계약 체결 이전의 매도확약서(Offer Sheet)에는 설치비용으로 16,7000,000엔(JPY)이 명시되어 있다.

- 판매자의 공장에서 감독서비스를 제공하여야 한다.
- 판매자는 기계에 대한 완전 기술 지원을 제공하여야 한다.
- 총 계약금액의 10%는 설치 및 시운전이 성공적으로 수행된 후 구매자가 최종 승인서를 발행한 후 전산송금으로 지급한다.

甲사는 2017. 8. 18. J사로부터 송품장을 교부받았는데, 위 송품장에는 총 계약비용을 254,000,000엔(JPY)으로 하면서 세부적으로 기계물품 비용 229,000,000엔(JPY)과 고객 공장에서의 훈련과 설치비용 7,5000,000엔(JPY), 고객 공장에서의 제작 엔지니어링 비용 17,5000,000엔(JPY)이 구분되어 기재되어 있다. 그러나, 본건 제3공급계약서에는 물품대금과 수입 후 설치비용 등의 금액이 구분되어 있지 않다.

본건 제3물품에 대한 통관절차를 마친 후 J사는 2017. 9. 24.부터 2017. 12. 18.까지 소속 근로자 10명을 甲사의 작업장에 투입하여 본건 제3물품에 대한 설치 및 甲사 근로자들에 대한 교육훈련을 실시하였다.

한편, 본건과 관련하여 부산세관의 甲사에 대한 기업심사가 이루어질 무렵, J사가 甲사에게 보낸 공문에는 甲사에 파견된 J사 소속 근로자에 대한 일급, 음식 및 호텔 체류비용, 항공비용 합계로 18,092,000**엔**(JPY)이 지출되었다고 나타나 있다.

甲사는 2017. 9. 18. 위 송품장에 기재된 설치 및 훈련비용 등을 "수입 후 설치 · 정비 · 유지 · 기술지원 등에 관한 비용"에 해당한다고 보고 송품장 금액에서 25,000,000**엔**(JPY)을 공제하고 수입신고하였다.

5. 일본 H사로부터 수입

甲사는 일본 소재 H사로부터 2015. 11. 30. 배기가스 측정 장치(**'본건 제4물품'**) 2세트를 57,000,000엔(JPY)에 공급받기로 하는 공급계약을, 2016. 7. 21. 배기가스 측정장치 1세트를 28,500,000엔(JPY)(위 주문서에는 기계비용 20,000,000엔과 시운전 등 설치비용 8,500,000엔(JPY)으로 구분 기재되어 있다)에 공급받는 계약(**'본건 제4공급계약서'**)을 체결하였다. 그러나 본건 제4공급계약서에는 물품대금과 수입 후 설치비용 등의 금액이 구분되어 있지 않다. 그 후 甲사는 H사로부터 본건 제4물품을 수입하였고, H사로부터 물품금액과 설치비용 등이 구분 기재된 송품장을 교부받은 후 이를 근거로 배기가스 측정 장치 2세트에 대하여 수입 후 설치비용 17,000,000엔(JPY)을, 배기가스 측정 1세트에 대하여는 8,500,000**엔**(JPY)을 "수입 후 설치 · 정비 · 유지 · 기술지원 등에 관한 비용"으로 각 공제하고 수입신고하였다. 본건과 관련하여 부산세관의 甲사에 대한 기업심사가 이루어질 무렵, H사가 甲사에게 보낸 공문에는 甲사에 파견된 H사 소속 근로자에 대한 일급, 음식 및 호텔 체류비용, 항공비용 합계로 9,958,000**엔**(JPY)이 지출되었다고 나타나 있다.

6. 본건에서 甲사가 "수입 후 설치 비용 등"으로 실제지급가격에서 공제한 비용이 관세법상 적정한지 여부를 검토하시오.

[쟁점사항] 수입 후 설치 · 정비 · 유지 · 기술지원 등에 관한 비용, 공제요소금액을 실제지급금액에서 명백히 구분할 수 있을 때

사례연습 43 거래가격 불인정 사유, 제3방법 및 제6방법

1. K, A, Y(수입자들)는 중국에 있는 G공사 등(수출자)으로부터 신선생강 등 농산물을 수입하여 국내에 판매하는 자들이다.

2. K, A, Y는 G공사 등(본건 수출자)으로부터 신선생강(**본건 각 생강**), 양파(**본건 양파**) 등 농산물을 수입하면서 다음과 같이 수입신고하였다.
   (1) K는 2017. 4. 4.부터 2017. 4. 13.까지 신선생강(소강) 합계 264톤을 수입하면서 과세가격을 톤당 미화 459달러(운임포함가격, 거래가격은 미화 440달러)로 수입신고하였고, 2018. 2. 6. 신선양파 72톤을 수입하면서 과세가격을 톤당 미화 428달러(운임포함가격)로 수입신고하였다.
   (2) A는 2017. 4. 17.부터 2017. 6. 7.까지 신선생강(소강) 합계 288톤을 수입하면서 과세가격을 톤당 미화 459달러(운임포함가격)로 수입신고하였다.
   (3) Y은 2017. 7. 17.부터 2017. 9. 17.까지 신선생강(소강) 합계 144톤을 수입하면서 과세가격을 톤당 미화 459달러(운임포함가격)로 수입신고하였다.

3. 인천세관의 세액심사 과정에서 다음과 같은 사실관계가 확인되었다.
   (1) K는 2017. 3. 26.부터 2017. 4. 7.까지, A는 2017. 4. 5.부터 2017. 6. 5.까지, Y는 2017. 7. 16.부터 2017. 9. 3.까지 2016년 중국 산동성에서 생산된 본건 각 생강을 수입하였고, K, A, Y는 본건 각 생강의 과세 가격을 모두 **톤당 미화** 459**달러**로 수입신고하였다.
   (2) 본건 각 생강은 품목번호 '0910.11－1000'의 '부수지도 잘게 부수지도 않은 신선·냉장한(fresh or chilled) 생강'으로서 인천세관장은 본건 각 생강과 생산지, 생산 시기, 품목번호가 동일하고 K, A, Y의 각 수입일자 전후 30일 이내에 수입된 생강(소강, 이하 '비교물품')의 수입신고가격을 조사하였는데, 비교물품의 최고가격, 최저 가격, 평균가격, 본건 각 생강과 비교물품 평균가격의 차이는 아래 표와 같다.

납세의무자	수입일자	비교물품 수입신고(미화 달러/톤)			차이
		최고	최저	평균	
K	2017. 3. 26.~4. 7.	698	532	592	23%
A	2017. 4. 5.~4. 10.	660	532	573	20%
	2017. 6. 5.	590	582	586	22%
Y	2017. 7. 16.	681	582	605	24%
	2017. 8. 3.~9. 3.	603	550	577	20%

(3) 인천세관의 심사과정에서 수입자들은 본건 생강의 산지구매가격이 ㎏당 중국화 1.2~1.6위안이라고 설명하면서 '원물구매영수증'을 인천세관에 제출하였다.

(4) 한편 한국농수산식품유통공사에서 K, A, Y의 수입일인 2017. 3.경부터 2017. 9.경까지 조사한 2016년 중국 상동성에서 생산된 생강(소강)의 산지가격은 ㎏당 중국화 2.2~2.8위안으로서, K, A, Y가 주장하는 산지구매가격은 위 조사가격의 54~57%에 불과하다.

(5) A가 인천세관에 제출한 A와 G공사 사이에 작성한 '판매계약서'에 의하면 A는 G공사로부터 생강(소강) 840톤을 톤당 미화 440달러에 매수하되, 2016. 12. 10.까지 판매대금의 30%인 미화 111,600달러(중국화 703,080위안)를 선지급하고, 위 돈은 G공사가 공급하는 생강대금에서 정산하는 것으로 되어 있는데, 그 선지급의 주체는 A가 아니라 제3자인 중국 D공사로 기재되어 있다. 그리고 위 선지급금 중국화 703,080위안은 생강대금에서 정산되지 않고 K, A, Y가 본건 각 생강을 수입하던 중인 2017. 5.경과 2017. 12.경 중국 D공사에게 반환되었고, 그 외에 K, A, Y와 중국 D공사 사이에 위 돈의 차용관계를 인정할 자료는 제출된 바 없다.

(6) 중국 내에서의 생강의 거래방식과 관련하여 관세청이 작성한 **'중국 출장 결과보고서'**에 의하면, 생강의 거래가격은 구매시기나 수량, 계속적 거래관계 여부, 계약방식 등에 따라 다양하게 형성될 수는 있으나, 중국 현지의 수출가격은 수출자에 따라 거래가격의 차이가 톤당 미화 5 내지 10달러에 불과하고, 최초 거래 또는 단골거래에 따른 할인도 미미한 수준이며, 수확시기 이전에 계약 재배를 하는 방식에 의하더라도 사전에 공급량을 선점하는 의미가 있을 뿐 사전계약이나 선급금 지급으로 인한 할인은 적용되지 않고 출하 당시의 시가가 적용되는 것이 일반적이다.

(7) K, A, Y가 본건 각 생강에 대한 수입대금을 지급하였다고 세관에 설명하면서 그 증거로 각 '외국환거래계산서'를 제출하였는데, 이를 정리하면 아래와 같다.

① A는 G공사에게 2017. 3. 9. 미화 60,000달러, 2017. 3. 21. 미화 21,960달러 합계 미화 81,960달러를 각 송금하였다. 이에 대하여 수입자들은 K가 2017. 4. 4.과 2017. 4. 6. 수입한 생강에 대한 대금 미화 31,680달러를 A가 대신 지급하면서 착오로 미화 81,960달러를 송금한 것이고, 초과지급된 미화 50,280달러는 A가 2018년에 수입한 생강의 수입대금으로 정산하였다고 주장한다. 그러나 이와 달리 A는 본건 수출자에게 위와 같이 미화 50,280달러를 초과지급한 상태에서 이를 반환받지 않고 2017. 4.경부터 2017. 9.경까지 본건 수출자에게 본건 각 생강 수입대금을 별도로 송금하였다.

② 수입자들은, K가 운영하는 C무역이 2017. 7. 18. 수입신용장 결제로 미화 105,600달러를 결제한 것을 두고, 위 미화 105,600달러가 K가 2017. 4. 9.과 2017. 4. 12. 각 수입한 생강, A가 2017. 7. 18.과 2017. 7. 31. 각 수입한 생강에 대한 대금을 합하여 결제한 것이라고 하고, 또한 A가 운영하는 B유통이 2017. 3. 21. 본건 수출자에게 미화 31,680달러를 송금한 것, C무역이 2017. 7. 11. 수입신용장 결제로 미화 10,560달러를 결제한 것을

두고, 위 돈이 K가 2017. 4. 13. 수입한 생강 대금을 결제한 것이라고 주장하며, H유통이 2017. 7. 24.부터 2017. 9. 21.까지 6차례에 걸쳐 본건 수출자에게 각 미화 10,560달러를 송금한 것을 두고, A가 Y를 대신하여 Y가 수입한 생강대금을 위와 같이 결제한 것이라고 설명하였다. 그러나, 수입자들 각자가 주장하는 거래금액과 수입자들 각자가 송금한 금액이 일치하지 않으며, 그것이 사후에 제대로 정산되었다고 볼 자료는 없다.

(8) K는 2017. 12. 31. 본건 양파에 대하여 수입신고를 하였다가, 2018. 1. 8. 인천세관장에게 "11㎝ 이상(L)의 양파를 구매하기로 하였으나, 수출자 측의 실수로 약 8㎝의 양파가 수입되었으므로 반송하고자 한다"는 이유로 위 수입신고를 취하하면서 반송신고를 한 사실이 있다. 또한 본건 양파의 수출자는 2018. 1. 12. K(C무역)에게 "본건 양파의 규격이 불합리하니 반품한다는 요청에 대해 검토한 결과, 반품시 비용과 날씨 변화에 따른 양파의 손상 위험성이 발생할 수 있으니, 양파가격을 톤당 미화 410달러로 낮출 것을 제안한다"는 취지의 문서를 발송한 사실이 있다. 그리고 K는 2018. 1. 14. 본건 양파에 대한 반송신고를 취하하고, 2018. 2. 6. 다시 본건 양파를 수입신고하였고, 인천세관장이 2018. 2. 8. 본건 양파를 검사한 이후 작성한 검사결과보고서에는 '검사결과 이상없음'이라고 기재되어 있다.
본건 양파가 냉해를 입었다는 등의 사유는 수입신고 취하 과정에서 제시된 바가 없고, 달리 본건 양파가 수입당시 상품가치가 하락될 정도로 냉해를 입었다는 점을 입증할 자료는 없다.

4. 인천세관장은 K, A, Y가 본건 물품에 대한 수입신고가격이 유사물품의 거래가격에 비하여 현저하게 낮다는 이유로 각 수입신고가격을 부인하면서, 관세법 제32조에 따라 유사물품의 거래가격을 기초로 과세가격을 산정하여(유사물품 거래가격 중 가장 낮은 가격을 기초로 하여 과세가격을 산정하였다), K가 수입한 신선생강(소강)의 과세가격을 톤당 미화 532달러로, 신선 양파의 과세가격을 톤당 미화 523달러로, A가 수입한 신선생강(소강)을 톤당 미화 582달러, 나머지 물품의 과세가격을 톤당 미화 532달러로, Y가 수입한 신선생강(소강)의 과세가격을 톤당 미화 507달러로 결정하여 각 과세처분하였다. **본건 각 과세처분의 적법여부를 검토하시오.**

[쟁점사항] 거래가격 불인정 사유, 동종·동질물품 또는 유사물품의 거래가격

사례연습 44 거래가격 불인정 사유

1. 甲사는 2017. 3. 2.부터 2019. 11. 7. 중국 乙사로부터 150회에 걸쳐 중국산 콩나물콩(흑두, 백두 등의 품종) 6,550,000kg, 들깨 98,900kg을 수입하였는데, 수입신고를 함에 있어 수입가격을 콩나물콩의 경우 **톤당** 150~160**달러**, 들깨의 경우 **톤당** 480~550**달러**로 신고하였다.

2. 인천세관의 세액심사 과정에서 다음과 같은 사실관계가 확인되었다.
   (1) 甲사와 비슷한 시기에 콩나물콩 등을 수입한 대부분의 업체들(100여개 업체)은 수입신고시 수입가격을 150~180달러로, 들깨는 470~600달러로 신고하였고, 세관은 이를 수리한 사실이 있다.
   (2) 한국농수산식품유통공사가 조사한 2017~2019년까지의 중국 북경대종사 도매시장의 일반가공용 콩나물콩의 유통가격은 247~441달러이다.
   (3) 한국농수산식품유통공사가 2017, 2019년 공개경쟁입찰 방식으로 439~477달러에 중국산 콩나물콩을 수입한 사실이 있다.
   (4) 전국세관에서 중국산 콩나물콩을 수입한 업체 중 관세법위반으로 입건된 10개 업체에 대한 조사결과 확인된 거래가격은 362~669달러이고, 중국산 들깨를 수입한 업체 중 관세법위반으로 입건된 5개 업체에 대한 조사결과 확인된 거래가격은 530~810달러이다.
   (5) 국내 콩나물콩 생산업체 단체인 사단법인 '두채협회'에서 공개한 자료에 의하면 2020. 4~5월의 중국산 콩나물콩의 현지가격이 450~580달러이다.

3. 인천세관장은 甲사가 수입신고한 콩나물콩 및 들깨(**'본건 물품'**)의 가격이 전국세관의 조사결과 확인된 유사물품의 거래가격(콩나물콩: 362~669달러, 들깨: 530~810달러)과 현저한 차이가 있다는 이유로 거래가격을 불인정하고, 다음과 같이 제3방법 또는 제6방법(제6-3방법)으로 과세처분하였다. 아울러 관세포탈죄로 조사의뢰하여 형사처벌 절차가 진행되었다.
   (1) 제3방법 적용
   甲사가 톤당 150달러로 신고한 80톤의 콩나물콩(백두)에 관하여는 선적시기가 일치하는 A무역의 신고가격인 톤당 480~487달러, 甲사가 톤당 550달러로 신고한 20톤의 들깨에 관하여는 선적시기가 일치하는 B무역의 신고가격인 톤당 800달러를 기준으로 과세가격을 결정하였다.
   (2) 제6-3방법 적용
   甲사가 수입한 물품의 선적일자와 전후로 약 90일간 일치하는 유사물품 중 甲사가 톤당

150달러로 신고한 콩나물콩(흑두)에 관하여는 C무역의 신고가격인 톤당 385~480달러, 甲사가 톤당 150~160달러로 신고한 2,400톤의 콩나물콩(백두)에 관하여는 D무역의 신고가격인 톤당 394~516달러, 甲사가 480~550달러로 신고한 63톤의 들깨에 관하여는 B무역의 신고가격인 530~810달러를 기준으로 과세가격을 결정하여 과세처분하였다.

4. 甲사에 대한 관세포탈죄 형사사건은 무죄판결로 확정되었다.

5. **본건 과세처분의 적법 여부를 검토하시오.**

[쟁점사항] 거래가격 불인정사유(납세의무자가 신고한 동종 · 동질물품 또는 유사물품의 가격과 현저한 차이가 있는 경우), 동종 · 동질물품 또는 유사물품의 거래가격

사례연습 45 거래가격 불인정 사유, 제3방법, 제6방법

1. 甲사는 농산물 도소매 및 수출입업을 하는 인천소재 업체이다. 甲사는 2018. 3. 6.부터 2019. 9. 13.까지 중국의 CD식품으로부터 신선생강(소강 300톤 및 면강 700톤; **본건 물품**)을 수입하면서 **톤당 미화** 330 **내지** 610**달러**로 총 50회에 걸쳐 수입신고하였다.

2. 甲사의 신고가격은 한국농수산식품유통공사가 조사한 산지가격의 12~38% 수준이고, 甲사의 신고가격의 조정가격[CIF 환산가격]은 각 수입 당시의 유사물품 가중평균가격(신고건별 순중량 × 신고건별 단가의 총합계를 신고건별 순중량의 총합계로 나누어 산출한 평균가격)의 24~55%, 유사물품 최저가격의 27~78% 수준이다.

3. 광주세관장은 甲사의 신고가격이 유사물품 거래가격 및 한국농수산물식품유통공사가 조사한 산지가격과 현저한 차이가 있다고 판단하여, 甲사에게 이에 대한 소명을 요구하였다.

4. 광주세관장의 소명요구에 대해 甲사는 현저한 가격 차이가 나는 이유에 대해 다음과 같이 소명하였다.
『甲사가 수입한 생강들은 산동성산 생강보다 가격이 저렴한 운남성산 생강들이고, 수입한 생강 중 일부는 대강이 아닌 면강이며, 2017년 11월과 2018년 11월경 CD식품 등과 그 해 수확할 생강에 대하여 포괄계약(일명 밭떼기 계약)을 체결하여 가격이 저렴한 것이다』

5. 관세청이 2015년 4월경 실시한 "중국출장 결과 보고서"와 "중앙관세분석소 분석 결과서"에 의하면 다음과 같은 사실이 확인된다.
   (1) 산동성산 생강은 수분 함량이 높고 크기가 큰 반면에 운남성산 생강은 수분 함량이 산동성산에 비해 낮고 크기가 작은데, 관세청이 운남성에서 채취한 생강(소강)과 甲사 및 다른 수입업자가 수입한 생강의 성분을 중앙관세분석소에서 분석한 결과 甲사가 운남성산 생강이라고 주장한 생강은 관세청이 운남성에서 채취한 생강과 수분 등 함량에서 차이가 있고 오히려 다른 수입업자와 甲사가 수입한 산동성산 생강과 그 수분 등의 함량이 유사하였다.
   (2) 운남성에서도 대강이나 면강이 생산되고 거래되기는 하나 이는 소량이고 주로 소강을 재배하는데, 甲사가 수입한 물량은 소강(341톤)보다 면강(787톤)의 양이 훨씬 많다.
   (3) 생강의 경우 포괄계약을 하더라도 공급량을 선점하는 의미에 불과할 뿐이고 거래 대금은 구체적인 거래 당시의 시세에 따라 결정되는 경우가 일반적이다.

6. 관세청은 대강과 면강을 구별하지 않고 '대강'으로만 신고하도록 지침을 내린 바 있고, 실제 대강과 면강은 가격면에서 큰 차이가 없는 것으로 확인되었다.

7. 甲사가 2017년 11월에 CD식품과 포괄계약을 통해 수입하였다는 운남성산 구강과 甲사가 중국 DT식품과 개별계약을 통해 수입한 산동성산 구강의 수입신고가격이 톤당 미화 370달러와 미화 380 내지 390달러로 큰 차이가 없고, 또한 甲사가 포괄계약을 체결하였다는 상대방인 수출업자들이 모두 산동성에 소재한 수출업자이다.
그리고 CD식품이 운남성에서 산동성까지 운송하였다는 증거로 甲사가 광주세관에 제출한 영수증은 모두 그 내용이 수기로 작성되고, 수출업자들의 도장만 날인되어 있어 진정하게 성립된 것인지 나아가 그 내용이 진실한 것인지 확인이 어렵다.

8. 丙사는 甲사가 수입한 소강 300톤 중 10톤의 입항일인 2018. 8. 14.로부터 90일 이내인 2018. 5. 20.에 소강을 수입하고 톤당 미화 450달러로 수입신고하였으나 인천세관에서는 위 신고가격을 부인하고 세액심사결과 2018. 10. 27. 관련 규정에 따라 丙사 수입물품의 입항일 전후 90일 이내인 2018. 3. 15. 입항되어 수입된 물품의 거래가격인 환산단가(**톤당 미화 1,320달러**)를 丙사의 과세가격으로 결정한 사실이 있다.

9. 광주세관장은 2019. 3. 13. 다음과 같이 과세가격을 결정하고 과세처분하였다.
   (1) 甲사가 수입한 생강에 대하여 유사물품의 신고가격과 현저한 차이가 있다는 이유로 甲사의 신고가격을 부인하고, 유사물품의 거래가격(제3방법)으로 과세가격을 산정하여 과세처분(**과세처분 ①**)하였다. 즉 광주세관장은 甲사가 수입한 물품 중 '소강'에 대해서는 소강을 기준으로, '면강'에 대해서는 대강을 기준으로, 甲사가 수입한 물품의 생산지로 보이는 중국 산동성에서 수확한 생강을 유사물품으로 보아, 甲사가 수입한 물품의 각 입항일 전후 30일간의 유사물품 가격 중 최저가격인 1,320달러를 과세가격으로 산정하였다.
   그런데 광주세관장은 유사물품의 거래가격으로 과세가격을 산정함에 있어 乙사의 수입신고가격이 입항일 전후 30일 요건을 충족함에도 유사물품의 거래가격에서 제외하였다. 그 이유는 다음과 같다.

> 乙사는 2018. 4. 15. 입항한 산동성산 소강 25톤에 대하여 수입신고가격을 톤당 미화 884달러로 기재한 사실, 서울세관에서 乙사의 수입 생강에 대하여 2018. 9. 25.부터 2018. 10. 24.까지 세액심사를 실시하였는데, 당시 甲사가 2018. 3. 16. 입항한 수입물품(산동성산 소강)의 신고가격 톤당 미화 630달러와 Y무역이 2018. 4. 5. 입항한 신고가격 톤당 미화 530달러에 대한 세액심사가 진행 중이었는데도 이것을 유사물품의 거래가격으로 보고 乙사의

수입신고가격이 유사물품의 거래가격보다 높다는 이유로 2018. 11. 19. 乙사의 수입신고가격을 인정한 사실, 이후 甲사가 수입한 본건 물품의 신고가격은 유사물품의 거래가격과 현저한 차이가 있는 등 과세가격으로 인정하기 곤란하다는 이유로 2019. 3. 13. 본건 과세처분을 통해 톤당 **미화** 1,320**달러**로 증액경정되고, Y무역이 수입한 물품 역시 마찬가지로 2018. 2. 24. 톤당 미화 1,320달러로 증액경정된 사실이 있다.

(2) 다만, 甲사가 수입한 소강 300톤 중 입항일이 2014. 8. 14.인 '10톤'의 수입신고 건에 대해서는 유사물품의 거래가격이 없다[581]는 이유로 관세법 제35조 제2항에 의하여 '산지조사가격'을 기초로 톤당 미화 2,500달러로 과세가격을 산정하여 과세처분(**과세처분 ②**)하였다. **본건 과세처분(과세처분 ①과 과세처분 ②)의 적법성 여부를 검토하시오.**

[쟁점사항] 거래가격 불인정 사유, 유사물품의 거래가격(제3방법), 산지조사가격을 조정한 가격을 적용하는 방법(제6－6방법), 정확성과 진실성을 의심할만한 합리적인 사유가 있는 경우

581) 즉, 광주세관장은 丙사의 수입가격이나 과세가격을 유사물품의 거래가격으로 인정하지 않았다.

사례연습 46 거래가격 불인정 사유, 제3방법

1. 甲, 乙, 丙(수입자들)은 중국에 있는 G유한공사(수출업자)으로부터 중국산 신선 생강(소강)을 구매하여 수입하면서 인천세관에 수입가격을 **톤당 미화** 434**달러**로 하여 수입신고를 하였다.

2. 구체적인 신선생강(소강)(**본건 생강**)의 수입신고 내역은 다음과 같다.
   (1) 甲의 경우
   2018. 2. 8.에 10톤, 2. 26.에 6톤, 3. 25.에 48톤, 4. 3.에 48톤, 4. 4.에 24톤을 수입하면서 수입가격을 모두 434달러로 신고하였다.
   (2) 乙의 경우
   2018. 4. 12.에 100톤, 4. 15.에 24톤을 수입하면서 수입가격을 모두 434달러로 신고하였다.
   (3) 丙의 경우
   2018. 4. 4.에 80톤, 4. 15.에 90톤을 수입하면서 수입가격을 모두 434달러로 신고하였다.

3. 인천세관의 세액심사 과정에서 甲, 乙, 丙이 세관에 소명한 내용은 다음과 같다.
『甲, 乙, 丙은 대량으로 수확기보다 앞서 수입계약을 체결하여 수입신고가격과 같이 低價로 본건 생강을 구입할 수 있었고, 수출업자에게 생강 수매 및 저장을 위한 초기 투자비용을 선급금 형태로 지급하여 저렴하게 다량의 생강을 확보할 수 있었다고 설명하면서, 원물구매영수증, 외화송금자료 등을 제출하였다』

4. 인천세관의 세액심사 과정에서 다음과 같은 사실관계가 확인되었다.
   (1) 甲, 乙, 丙은 중국 산동성산 본건 생강을 2018. 2. 8.경부터 수입하기 시작하면서 톤당 미화 434달러로 신고하였는데, 위 신고가격은 관세청에서 조사한 2017. 5. 15.경 중국 산동성산 소강 거래가격인 톤당 미화 720달러의 약 60%정도, 본건 생강의 입항 일을 前後하여 수입신고가 수리된 것 중 그 신고가격이 가장 낮은 신선생강의 수입신고가인 톤당 미화 650달러에 비해 약 66% 정도에 불과하다.
   (2) 甲, 乙, 丙이 제출한 '원물구매영수증'에 의하면 본건 생강의 산지구매가격은 톤당 700~1,490위안인데, 이는 한국농수산식품유통공사에서 조사한 2018년(2017년산) 생강의 산지수매가격 톤당 2,200~4,200위안에 비하여도 약 33% 이상 저렴하다.
   (3) 甲, 乙, 丙은 수출업자에게 생강 수매 및 저장을 위한 초기 투자비용을 선급금 형태로 지급하여 저렴하게 다량의 생강을 확보할 수 있었다고 설명하면서 이를 소명하기 위하여

'외화송금자료'를 제출하였다.

그런데, '외화송금자료'는 수입신고자와 수출업자에게 외화를 송금한 송금자가 일치하지 않고, 별도로 위 수입신고자와 수출업자 사이에 어떤 약정이 있었는지에 관한 객관적인 자료는 없다.

5. 관세청 작성 '중국출장 결과보고서'의 내용

관세청이 작성한 '중국출장 결과보고서'에 의하면, 생강의 거래가격은 구매시기나 수량, 계속적 거래관계 여부, 계약방식 등에 따라 다양하게 형성될 수는 있으나, 중국 현지의 수출가격은 수출자에 따라 거래가격의 차이가 톤당 5 내지 10달러에 불과하고 최초 거래 또는 단골거래에 따른 할인도 미미한 수준이고, 중국의 경우 수확시기 이전에 계약 재배를 하더라도 농민들이 사전 계약 가격을 지키지 않기 때문에 사전에 계약이나 선급금 지급으로 인한 할인이 적용되지 않고 출하 당시 시가가 적용되는 것이 일반적이다. 또한 중국에서는 연 단위 일괄계약을 하더라도 사전 계약에 대한 할인이 없으며 대한민국 수입자의 신용도가 낮아서 대부분 거래금액의 30% 정도를 현금으로 받고 가공 및 포장 후 선적하기 전에 나머지 70%를 잔금으로 받는 것이 일반적이다.

6. 인천세관장은 甲, 乙, 丙의 수입신고가격이 유사물품의 거래가격에 비하여 현저히 저가라는 이유로 본건 생강의 신고가격을 부인하고, 제3방법에 따라 본건 생강의 과세가격을 톤당 미화 650달러(유사물품들의 거래가격 중 가장 낮은 가격)로 결정하여 과세처분하였다. **본건 과세처분의 적법여부를 검토하시오.**

[쟁점사항] 거래가격 불인정사유, 동종 · 동질물품의 거래가격, 유사물품의 거래가격

사례연습 47 제6방법, 동종 · 동질 또는 유사물품

1. NK는 NK의 지분 80%를 소유한 스위스 소재 NA로부터 백혈병 치료물질인 'AM08'('**본건 물품**')을 2015. 8. 15.부터 2018. 2. 20.까지 총 20회에 걸쳐 무상공급을 전제로 한 임상시험용으로 수입하면서 물품가격을 200mg 1정당 0.05 스위스 프랑(원화 기준 약 43원 1200mg)으로 수입신고하였다.

2. 서울세관의 NK에 대한 기업심사 과정에서 다음과 같은 사실관계가 확인되었다.
   (1) 다국적 제약사인 NA는 만성골수성 백혈병 치료제 '글리벡에 내성 및 불내약성을 보이는 소수의 환자를 위해 차세대 백혈병 치료제 개발에 착수하여, 2016. 1.경 임상시험을 위한 글로벌 동정적 사용 프로그램인 'ENACT(Expanding Nilotinib Access in Clinical Trials)'를 시행하여 약물 출시 前에 환자들에게 치료의 기회를 제공하고 있다.
   (2) NK는 NA의 요청에 따라 2015. 5. 10. 식품의약품안전청장에게 본건 물품에 대하여 약사법 제34조 제1항에 따른 임상시험계획서를 제출하였고, 그 후 임상시험을 마치게 되자 2017. 7. 15. 임상 2상 단계에서 식품의약품안전청장에게 임상 결과서와 함께 판매허가를 신청하여 2017. 10. 25. 판매허가를 받았다. 그 후 NK는 본건 물품을 만성골수성백혈병 치료제인 'TGN'이라는 명칭의 의약품으로 수입하고 있다. 한편 NA는 2017. 7. 25. 스위스에서 'TGN'에 대한 판매허가를 받았다.
      ※ 1세대 표적항암제로 불리는 'SGB'와 2세대 표적항암제로 불리는 'TGN'는 그 효능이나 부작용이 다른 것으로 보고되고 있다. NK가 시판한 'TGN'는 'SGB'로 불리는데, 'SGB'이라는 용어는 1세대 표적항암제인 글리벡 내성환자에 대하여 효과가 있는 2세대 표적항암제의 특징에 기초하여 붙여진 명칭이지만, 양자는 그 약리성분, 효능 등에서 다르다.
   (3) 임상시험물질은 시판허가를 받을 때까지 법률에 의하여 임상시험 外의 용도로 사용되거나 다른 환자들에게 판매되는 것이 금지되어 있다.
   (4) NK는 2015. 8. 15.경부터 NA로부터 본건 물품을 무상(無償)으로 수입하면서 임상시험물질의 생산에 직접 소요되는 원가,[582] 즉 정제비용, 노무비, 포장비용, 원재료 물질 등의 평균액을 기준으로 산출된 명목적인 표준가격인 200mg당 0.05 스위스 프랑으로 수입신고를 하였으나,

582) 기업심사과정에서 NK의 설명에 의하면, NA는 임상시험물질을 만드는 연구개발비용 중 시판허가를 받기 以前에 발생한 연구개발비는 비용으로 처리하고, 연구개발물질별로 연구개발비용에 관한 회계처리를 하지 않고 있으며, 다수의 의약물질의 제조에 필요한 비용을 합산, 평균하여 임상시험물질의 제조비용을 산출한다.

품목허가를 받은 以後 'TGN'를 유상수입하면서 200mg 1정당 미화 21불의 가격으로 수입신고하였다.

(5) 본건 물품은 한국에서 한국인들을 상대로 한 임상시험을 수행할 한국내 병원 등에 무상으로 제공할 목적으로 수입된 물품으로서 별도의 상표를 부착하지 않은 채 임상시험을 위한 자체 기호인 'AM08'이라는 시험부호로 호칭되었던 반면, 'TGN'는 'TGN'라는 상표가 부착되어 판매되고 있다.

(6) NK는 서울세관의 기업심사 과정에서 본건 물품의 수입가격 결정방법에 관한 자료제출을 요청받자, 전체 임상시험물질의 정제비용, 노무비, 포장비용 등 평균생산비용을 각 임상시험물질의 세관신고가격으로 결정하는 NA의 내부원칙에 따르고 있다는 취지로 답변하였을 뿐 본건 물품의 과세가격 결정에 필요한 자료를 제출하지 않았다.

또한 이후 NK는 서울세관으로부터 재차 본건 물품 또는 'TGN'의 원가내역 및 연구개발비용 등의 자료 제출을 요청받았으나, 원재료 물질의 명목적인 가격과 생산에 필요한 노무비 등 평균 생산비용에 기반하여 수입신고가격을 200mg당 0.05 스위스 프랑으로 산정하였고, 생산과 관련되지 않은 마케팅비, 일반행정경비, 연구개발비용 등은 위 수입신고가격에 포함 되어 있지 않다는 취지로 답변하였을 뿐 과세가격 결정과 관련한 자료를 제출하지 않았다.

(7) 의약품은 수십년간 또는 수년간 ① 기초탐색/원천기술연구 과정, ② 전임상시험(Preclinical Trial) 연구과정, ③ 임상시험(Clinical Trial) 과정, ④ 제품 출시 및 임상4상 시험을 거쳐 개발된다.

① 기초탐색/원천기술연구 단계는 의약학적 개발목표를 설정한 다음 신물질을 설계, 합성 또는 천연물로부터 분리하고 화학적 구조 확인 및 그 효능을 검색하는 작업을 반복하여 신약후보물질을 선별·선정함을 목표로 하여 진행하게 된다. ② 전임상시험 연구과정은 신약후보물질의 유효성과 안전성(독성)을 테스트하는 단계로서 약물이 체내에 어떻게 흡수되고 분포되어 배설되는가를 연구하는 약리동태와 약효약리시험 과정을 거치게 되고 이후 동물실험을 통해 안전성을 테스트하는 독성시험이 실시된다. ③ 임상시험 과정은 전임상시험 결과를 바탕으로 사람을 대상으로 유효성 및 안전성을 실험하기 위하여 관계 허가 기관에 IND(Investigation New Drug)를 신청하게 되고 식품의약품안전청의 검토를 거쳐 보건복지부에서 실시승인이 이루어 지게 되는데, 임상시험은 보통 안전성 내약성 검토(1단계), 적응증의 탐색과 최적용량 결정단계(2단계), 다수의 환자를 대상으로 한 약물의 유용성을 확인하는 단계(3단계)로 구성되고, 임상시험 단계에서 나온 결과물은 모두 중앙약사심의위원회에 보고되며 최종 3단계를 거친 뒤 학회나 지상에 발표하고 승인신청(NDA : New Drug Application)을 받아 시판이 허가 된다. ④ 임상4상 시험은 시판 후 안전성, 유효성을 검사하는 단계로 시판 전 제한적인 임상시험에서 파악할 수 없었던 부작용이나 예상하지 못하였던 새로운 적응증을 발견하기 위한 약물역학적인 연구가 실시되는데 이것을 임상4상이라 한다.

(8) 다른 제약회사들이 본건 물품과 같은 합성화학제제인 임상시험물질에 대하여 신고한 수입가격은, 甲사의 BT02는 1정당 1.7 덴마크 크로네, 乙사의 DU010은 1정당 0.1 미국 달러, 丙사의 NN11은 1정당 0.3 미국 달러, 丁사의 BY79는 1정당 0.02 유로이다. NK는 2009. 1. 1.부터 2013. 5. 10.까지의 기간 중에 임상시험물질인 ZA12와 MF14 각 1정의 수입가격을 0.05 스위스 프랑(원화기준 약 43원)으로 신고하였다. 반면, 제조비용이 높은 것으로 알려진 항체의약품의 임상시험 물질에 대해서는 제약회사들이 합성화학제제인 임상시험물질보다 높은 가격으로 신고하고 있다.

(9) NA는 임상시험물질인 'AM08'에 관하여 우리나라뿐 아니라 미국과 유럽의 각국에서 임상시험을 실시하였고, 임상시험 기간 동안 해외 각국의 세관당국에 본건물품과 동일한 가격으로 수입가격을 신고하였다.

(10) 국내에서 판매되고 있는 보험약품 중 캡슐제 1,275종의 1정당 평균 가격은 407원인데 1정당 가격이 100원 미만인 것은 약 130종, 200원 미만인 것은 약 290종, 500원 미만인 것은 약 780종이다. 보험약품의 판매가격에 생산비용과 판매비용 및 이윤이 포함되어 있고 2009년도 국내 제약기업의 매출원가율이 51.5%인 점을 고려하면, 캡슐제 1정당 실제 제조비용은 위와 같은 판매가격의 50% 미만인 것으로 추정된다.

3. 서울세관장은 NK에 대한 기업심사를 실시하고 본건 물품에 대하여 거래가격에 배제하고 다음과 같은 논거로 제6방법(제2방법 또는 제3방법의 요건을 신축적으로 적용하는 방법)에 따라 과세가격을 산정하여 과세처분하였다.

※ **과세처분 논거**: 본건 물품과 'TGN'은 수입통관 이후 임상시험용으로 사용되는지 아니면 일반상업용으로 사용되는지의 차이, 즉 판매환경의 차이만 있을 뿐, 구성성분과 효능이 동일한 물품으로서 동일한 가치로 평가되어야 하는데, NK의 수입신고가격은 연구개발비용 등이 포함되지 않은 명목상의 가격으로서 실제지급가격이라고 볼 수 없는 반면, 본건 물품이 수입된 시기와 동일한 시기에 판매용으로 수입된 'TGN"의 가격을 본건 물품의 실제가격으로 보아야 한다.

4. **본건 과세처분의 적법여부를 검토하시오.**

[쟁점사항] 수출판매, 동종 · 동질 또는 유사물품, 제6방법, 자의적 또는 가공적인 가격, 연구개발비

사례연습 48 임차수입물품(평가협정 사례연구 4.1)

1. 기내식 공급업에 종사하는 국내 甲사는 국영 항공사와 승객들에게 제공하기 위한 특별한 낱개 포장의 조리된 식품을 제공하는 중기(mid-term) 기내식 공급 계약을 체결한다. 이러한 목적을 위한 이전(以前)의 포장기계들은 다른 회사에 의하여 수입되어 왔으나, 계약기간을 고려하고 사전 비용 효과 분석에 근거하여 甲사는 필요한 포장기계를 임차하기로 결정한다. 그래서 미국의 임대회사 A사와 계약을 체결한다. 甲사가 제공한 사양서에 기초하여 임대회사 A사는 자신의 계산으로 미국의 제조업체 B사로부터 기계장치를 구매하고 甲사는 공장인도 조건으로 인수한다. A사가 제조업체 B사에게 지급한 가격은 미국의 국내시장에서의 물품가격이다.

2. 통관시 甲사는 임차계약서 사본을 인천세관에 제출한다. **아래 '3'과 같은 조건에서 본건 임차수입물품의 과세가격 방법에 대해 설명하시오.**

3. 임차계약 조건은 다음과 같다
   (1) 기계장치의 인도, 현장에서의 조립 뿐 아니라 그것의 분해 그리고 임대인이 지정한 주소로의 반환에 대한 모든 비용은 임차인이 부담하여야 한다.
   (2) 기계장치를 조립하고 가동하기 위한 기술 인력은 B사가 제공하여야 한다. 이러한 활동에 대한 비용은 임차인이 부담하여야 한다.
   (3) 임차인은 총 임차기간(공장인도부터 임대인에게 반환될 때까지) 동안 해당 기계장치에 보험을 들어야 한다.
   (4) 임차 및 수입과 관련하여 지급하여야 할 일체의 수수료, 관세 및 제세는 임차인이 지급하여야 한다.
   (5) 임차기간은 36개월이며, 갱신할 수 있다.
   (6) 매월 임차료는 5,300달러이다. 연장하는 경우 임차료는 월 15% 인하한다.

4. 임차계약서 외에 임차인은 인천세관에 다음과 같은 정보와 문서를 제공한다.
   - 임대인은 은행의 자회사이다.
   - 임대인은 이러한 유형의 계약에 대한 임차료에 9%의 이자(미국에서 중기 대출에 적용하는 이자율)를 포함한다는 것을 나타내는 증거서류
   - 매월 임차료에는 또한 기본 계약기간 동안 지급하여야 할 총 금액에 대해 1.5%로 계산된 임대인의 수수료가 포함되어 있음을 보여주는 서류
   - 임대인이 제조자 B사에게 지급한 기계장치의 가격을 표시하는 송장 사본

사례연습 49 제2방법, 제3방법, 제6방법

1. AJ그룹은 일본에 본사(AJ)를 둔 다국적기업으로서 반도체 검사장비를 제조하는 회사이고, AK는 AJ로부터 AJ가 한국 내 기업들에게 판매한 반도체 검사장비의 품질보증업무를 위탁받아 처리하는 AJ의 자회사이다. 그리고 AP는 싱가포르에 소재하는 AJ의 자회사 중 하나로서, AJ가 직·간접적으로 지배하는 다국적기업 그룹인 AJ그룹의 글로벌 물류센터 'IC'를 보유하고 있다.

2. AJ가 생산하는 반도체 검사장비는 반도체 생산공정의 최종단계에서 제품의 불량 여부를 검사하는 장비로 다수의 보드(Board)로 구성되어 있고, 개개의 보드들 역시 다수의 반도체 칩 其他의 부품들로 이루어져 있다. AK는 AJ가 한국 내 반도체 제조업체(甲사, 乙사, 丙사 등)에 판매한 반도체 검사장비의 보드에 고장이 발생할 경우 해당 보드를 정상 작동하는 제품으로 교환해주는 엔지니어링 서비스를 제공하는데, 이와 같은 엔지니어링 서비스에 제공되는 교환용 보드가 "AM**보드**"이다. AK는 이와 같은 엔지니어링 서비스를 제공하기 위하여 AP 산하 IC로부터 수리이력이 없는 신품 AM보드('AM**신품보드**') 또는 수리이력은 있으나 정상 작동되는 재생 AM보드('AM**재생보드**')를 무상(無償)으로 수입하면서 IC가 AJ로부터 보드를 구입하는 가격의 1/5에 해당하는 금액을 수입가격으로 신고하였는데, 이는 AM보드의 내용연수를 5년으로 전제하고 1년에 1번 정도 보드교환에 사용할 것으로 추정하여 AK가 임의로 정한 가격이다.

3. AK는 교환에 사용할 보드를 AP로부터 위탁받아 보관하다가 고객사 甲사 등의 요청이 있는 경우 고장 난 보드를 AM보드로 교환해 주는데, 이때 AM보드의 소유권은 고객사에게로, 고장 난 보드의 소유권은 AP에게로 각 이전된다. AK는 고객사로부터 받은 고장 난 보드를 AJ에 송부하고, AJ는 이를 수리하여 AP에 송부하는데, AP는 이와 같이 수리한 재생보드를 다시 AK의 엔지니어링 서비스에 제공한다.

4. 한편, AK는 엔지니어링 서비스와는 별개로 고객사의 요청이 있거나 AK가 보유한 장비의 관리에 필요한 경우에 AJ로부터 신제품인 보드를 有償으로 수입하기도 하는데, 이렇게 수입되는 보드('**유상수입보드**')는 그 용도에 있어서 엔지니어링 서비스에 제공되지 않는다. 동일 규격의 'AM신품보드'와 '유상수입보드' 모두 AJ가 생산한 제품으로서 물리적 특성, 품질 및 소비자 등의 평판을 포함한 모든 면에서 동일하다. 다만, AK는 'AM신품보드'가 AK의 엔지니어링 서비스를 위하여 수입된 물품인 반면 '유상수입보드'는 국내 반도체 제조업체가 비상시에

대비하거나 연구목적으로 수입을 요청한 경우 또는 AK가 소유하는 엔지니어링 서비스용 검사장비의 업그레이드를 위하여 수입한 것으로서 그 수입 目的이 서로 다르고, 수입 시기나 거래 단계, 거래 수량에 있어서도 서로 차이가 있다(다만, 수입 시기나 거래 단계, 거래 수량에 있어서도 서로 차이로 인하여 가격차이가 발생한다고 인정할 만한 자료는 없다).

5. '**AM재생보드**'는 수리이력이 있는 '중고물품'이다. AJ그룹 정책에 의하면 보드의 자산번호[동일 규격의 보드에 대해서 부여되는 대분류 번호로서, 동일한 자산번호가 부여되는 다수의 개별보드에 대해서 각 보드마다 시리얼번호(Serial No.)가 부여된다]당 총 사용량을 자산번호 당 총 물량으로 나눈 평균사용량이 5 미만인 경우 보드 장기대여거래 권장소비자요금(이하 '**보드 장기대여 거래가격**')을 그대로 적용하고, 5 이상 10 미만인 경우에는 30%를 할인하여 표준 대여가격 × 0.7로 계산한 가격을 적용하고, 10 이상인 경우에는 추가적으로 30%를 할인하여 대여가격 × 0.49로 계산한 가격을 적용한다고 되어 있다. 또한 보드가 15년 이상된 경우 IC는 그 보드에 대한 지원을 제공하지 않고 수리공장에서 이를 수리하지 않으며, 다만 사용가능한 경우에 IC는 이를 판매하는 것으로 정해져 있다. 고객사나 AK를 포함한 AM보드의 거래당사자들이 신품보드와 재생보드를 구별하지 않고 거래하는 것은 AM보드의 거래가 반도체 검사장비를 판매한 AJ의 품질보증업무의 일환으로 이루어지기 때문인 것으로 확인되었다. 즉, AM 보드교환이 AJ의 장비판매에 부수하는 품질보증 서비스의 일환으로 이루어지는 사정으로 인하여 신품보드와 재생보드가 구분 없이 사용되는 것일 뿐이고, AJ그룹 내에서도 사용횟수가 많거나 오래된 재생보드에 대해서는 할인율을 적용하는 등 신품보드와는 차별적으로 취급하고 있다.

6. AJ그룹은 고객사를 상대로 하는 장비 유지보수업무 수행을 위하여 "IL"과 관계사들 사이에 이루어지는 AM보드 거래에 관한 내부규정으로 "IL Policy"를 두고 있는데, 이에 의하면 AM 보드 장기대여거래는 ① IL이 AJ그룹 내 관계사에게 필요한 수의 보드를 무료로 배치하고, 관계사가 이를 사용할 경우 소정의 비용(AM 가격 또는 Loan 가격)을 받고 자동적으로 보충해 주는 "A1", ② AM 보드를 관계사가 아닌 고객사로 하여금 일정 기간 동안 보관하게 하면서 고객사가 그 소유물인 것처럼 위 보드를 고장 난 보드의 교체에 사용하게 하고, 고장 난 보드는 AJ그룹 내 수리센터로 보내 수리하도록 하는 "A2"로 구분된다.[583] 이러한 거래들의 계약 당사자는 모두 ILC와 관계사이다.

이러한 보드 장기대여거래의 대금은, A1의 경우 관계사에 대한 보드의 배치는 무료이고, 보드가 사용된 경우 이를 보충하는 데에 드는 비용(AM 가격 또는 Loan 가격)을 관계사와 고객사가

583) AK와 AP 사이의 거래는 A1의 유형에 속하는데, 관계사나 고객사가 부담하는 Loan 가격, AM 가격은 매우 낮은 수준인데다가 AM 가격에 보드 수리비가 포함된 것으로 보아 재생보드의 사용을 전제로 한다(이는 AK가 고객사에게 제공하는 엔지니어링 서비스가 AJ가 판매한 장비에 대한 품질보증업무의 일환으로 이루어지는 사정에 기인한 것으로 보인다).

순차 부담하고, A2의 경우 보드 매입단가를 (1.13 × 1.03 × 0.4 × 0.947)로 나눈 값을 계약기간에 따라 매년 일정비율씩 나누어 부담한다(임차한 보드를 고장 난 보드의 교체에 사용하더라도 이를 자동적으로 보충해 주지 않으므로 추가적인 비용이 발생하지 않는다).[584] 부산세관의 심사과정에서 AK관계자의 설명에 의하면 "A2"유형의 AM보드 장기대여거래대금 산정의 기초가 되는 값[= 신품보드 매입단가(EXW) ÷ (1.13 ×1.03 × 0.4 × 0.947)]은 AJ가 신품보드를 해외에 있는 자회사에 판매하는 경우의 평균 판매가격을 의미한다.

7. AJ가 2017. 7.경 비메모리 반도체 검사장비 제조업체인 싱가포르의 V사를 합병함에 따라 AK는 2018. 4. 1. V사의 국내 자회사인 VK사를 흡수합병하였다. AK는 "V**보드**"의 교체 · 보수 등 VK사가 수행하던 반도체장비 유지 · 보수 서비스사업을 계속하면서 V사에 이은 AP사로부터 합병 以前보다 35% 인하된 가격으로 V보드를 수입하였다. 합병 以前과 以後의 'V보드'는 물리적 특성, 품질 및 소비자 등의 평판을 포함한 모든 면에서 동일하다.
   부산세관장은 관세법 제30조 제4항, 같은 법 시행령 제24조 제1항 제1호, 제2호를 근거로 2020. 4. 9. AK에게 '합병 이후 V보드에 관한 AK의 신고가격이 동종 · 동질물품의 가격과 현저한 차이가 나거나 동일한 공급자로부터 계속 수입하고 있음에도 신고가격에 현저한 변동이 있으므로, 이에 관한 소명 자료를 제출할 것'을 요구하였다. 이에 AK는 2020. 4. 23. 부산세관장에게 'VK의 영업이익률이 낮아 합병 後 수입가격을 인하하지 않으면 AK의 엔지니어링 서비스 부문의 수익성이 악화될 수밖에 없어서 합병 前 VK의 수입신고가격[= 권장소비자가격 × 1.04 × (1 - 할인율)]을 정함에 있어서 할인율을 40%에서 60%로 인상하였다'는 취지로 소명하였다. 그리고 AK는 2020. 6. 27.에 "2018년부터 'V보드'의 사용량 증가 및 연간 보수계약의 단가인하로 인해 수입가격을 인하하였다"고 추가로 소명하였다. 그런데, 부산세관에서 조사한 바에 의하면 'V보드' 사용량이 증가되고 연간 보수계약의 단가가 인하되었다고 인정할 만한 자료는 없다. AK는 추가하여 "과거 VK가 반도체 검사장비를 低價에 공급하는 대신 부품이나 소모품 등을 고가에 판매하였던 것과 달리 AJ그룹은 반도체 검사장비를 高價에 판매하는 대신 보드와 같은 부품을 저렴한 가격에 공급하는 정책을 취하고 있어 합병 이후 V보드의 수입가격 결정방식을 변경할 필요가 있었다"고 소명하였으나, AK가 제출한 자료만으로는 그러한 사실을 확인하기 어렵다.

8. 부산세관장은 AK에 대한 기업심사 후 AK가 AJ로부터 수입한 "AM보드"에 대하여 '무상수입' 임을 이유로 수입신고가격을 부인하고 다음과 같이 제2방법, 제3방법, 제6방법으로 각

---

584) 관계사가 IL에 부담하는 Loan 가격은 IL이 AJ로부터 보드를 구입하는 가격, 즉 매입단가(재료비, 가공비 등 제조원가에 시스템 조정비용, 제조 부비용을 합한 금액)에 운송비 상당액을 더한 금액을 5 내지 10으로 나눈 금액이고, AM 가격은 Loan 가격에 수리비, 수리공장까지의 운송비를 합한 금액이다. 그리고 고객사가 관계사에 부담하는 금액은 위 Loan 가격이나 AME 가격에 1.428을 곱한 금액 상당이다.

과세처분(**본건 과세처분**)하였다. 그리고, "V"보드에 대해서는 특수관계가 거래가격에 영향을 미쳤다고 판단하고 거래가격을 배제하고 제2방법(선적일 전후 60일 이내인 경우), 제6방법(선적일 전후 90일 이내인 경우)에 따라 위 합병 以前의 수입신고가격으로 과세가격을 결정하여 과세처분하였다.

(1) 신품보드의 경우

1) 동일규격의 유상수입보드가 있는 경우

선적일 전후 60일 이내인 경우는 제2방법에 따라, 선적일 전후 60일 초과 90일 이내인 경우에는 제6-2방법에 따라 과세가격 결정(즉, 유상수입보드의 수입신고가격을 기초로 과세가격 결정)

2) 동일규격의 유상수입보드가 없는 경우

제6방법에 따라 AJ 및 IC그룹의 "AM보드 장기대여 거래가격"을 기초고 과세가격 결정(즉, 신품보드 매입단가를 (1.13 ×1.02 × 0.4 × 0.947)로 나눈 값을 신품보드의 거래가격으로 결정)

(2) 재생보드의 경우

1) 동일 규격의 유상수입보드가 있는 경우

제3방법에 따라 유상수입보드의 거래가격을 기초로 과세가격 결정

2) 동일규격의 유상수입보드가 없는 경우

제6방법에 따라 AJ그룹의 "AM보드 장기대여 거래가격"에 따라 과세가격 결정(즉, 신품보드 매입단가를 (1.13 ×1.02 × 0.4 × 0.947)로 나눈 값을 신품보드의 거래가격으로 결정)

9. 본건 과세처분의 적법 여부를 검토하시오.

[쟁점사항] 특수관계가 거래가격에 영향을 미쳤는지 여부, 동종·동질 또는 유사물품, 제6방법, 자의적 또는 가공적인 가격

사례연습 50 중복조사금지

1. PK는 제조담배 도매업, 담배 제조 및 판매업 등을 영위하는 회사로서 미국 법인인 PM의 자회사이고, 스위스 소재 PA는 PM의 계열사 중 하나이다. 담배수출자인 PG 및 PT와 담배 제조자인 PU도 PM의 계열사이다. PK는 PA 및 PM의 자회사들로부터 '담배완제품'을 수입하거나 '담배원재료'(각초, 페이퍼, 필터 등)을 수입하여 국내 제조공장에서 담배완제품을 제조한 후 국내외 판매하고 있다.

2. PK와 PA 사이의 본건 라이센스 계약 체결
PK는 2014. 9. 1. 국내에서 "P"브랜드 담배 완제품을 제조 및 판매하는데 필요한 상표 및 기타 지적재산권을 사용할 수 있는 권리를 허여받기 위해 PA와 사이에 라이선스 계약(**본건 라이센스계약**)을 체결하고 이에 따라 PA에게 로열티(**본건 로열티**)를 지급하였다. 본건 라이센스계약의 주요 내용은 아래와 같다.

〈본건 라이센스계약의 주요 내용〉
본 계약은 2014. 9. 1. 체결되었다

전문
가. PA는 계약지역 내에서 본건 상표를 소유하고 있다.
나. 본 계약 조건에 따라, PA는 PK에게 본건 상표와 기타 지적재산권의 사용권을 허여하고자 하며, PK는 본건 상표와 기타 지적재산권을 사용하고자 한다.

1. 정의(Definitions)
1.5. "기타 지적재산권"이란 PA가 본 계약 기간 동안 언제든지 사용권을 허여할 권리를 보유하고, 계약지역 및/또는 본 계약에 의한 계약제품 제조국의 법령, 법률 또는 형평법에 의하여 보호받는 계약제품과 관련된 본건 상표 이외의 산업 및 지적 재산권을 의미하며, 계약지역 이외의 지역인 경우 작업 또는 기타 관련 사항에 존재하거나 향후 존재할 수 있는 모든 등록 또는 미등록 저작권과 유사한 권리, 발명에 관한 권리(특허 및 특허출원이 포함됨), 노하우, 기밀정보 및 영업비밀에 대한 권리와 디자인(등록 여부를 불문함)에 관한 권리를 포함한다.
1.6. "계약제품"이란 본 계약에 따라 제조되고 본건 상표가 부착된 모든 담배를 의미한다.
1.7. "사양서"란 PA가 수시로 통지하는 계약제품의 제조를 위한 PA의 표준, 사양 및 지시를

의미한다.

1.8. "계약지역"이란 관세 및 소비세가 부과되는 대한민국 국내시장을 의미한다.

1.9. "본건 상표"란 본 계약 부록 A에 열거된 상표(본 계약에 따라 수시로 수정되는 내용을 포함한다)를 의미한다.

2. 라이선스 허여(License Grant)

PA는 PK에게 본 계약의 조건에 따라 한국 내에서의 계약제품 제조와 계약지역에서의 계약제품 판매를 위하여 본건 상표 및 기타 지적재산권을 사용할 비독점적인 권리를 허여한다.

4. 품질관리(Quality Control)

PK는 사양서를 엄격하게 준수하여 계약제품을 제조하며, 그와 같이 제조되지 않는 계약제품은 판매하지 아니한다. PK는 매 분기마다 이전 분기 동안 제조하여 판매한 모든 계약제품의 견본을 PA 또는 PA가 지명한 자에게 제출한다. PA는 본 계약 기간 동안 언제든지 적법하게 수권된 대리인을 통하여 PK에 의해 또는 PK의 계산으로 계약제품이 제조 또는 보관되거나 또는 제조시 사용될 재료가 보관된 장소를 검사할 수 있으며, 그러한 대리인은 그러한 장소의 모든 부분을 자유롭게 출입할 수 있고, 계약제품 또는 재료를 검사하고 시험하며 PK의 관련 장부와 기록을 복사할 수 있다. PA는 계약제품이 사양서의 모든 점에 부합되게 생산되도록 하는데 합리적으로 필요한 경우 재료나 제조방법의 변경을 요구할 무제한적인 권리를 가진다. PK가 광고, 판촉, 판매 또는 관련 재료에 본건 상표를 사용하는 경우 기존의 절차(수시로 변경되는 내용을 포함함)에 따라 PA 또는 그 대리인의 사전 승인을 받아야 한다.

5. 로열티(Royalties)

5.1. PK는 본 계약에 따라 허여된 권리에 대한 대가로 본 계약에 따라 PK가 제조하여 판매한 각 계약제품에 대하여 PA에게 로열티를 지급하여야 한다. 계약제품 각 브랜드에 대한 **로열티는 PK의 해당 브랜드 순매출액의** 8%에 해당하는 금액으로 한다.

7. 기술지원 및 개량물(Technical Assistance and Improvements)

PA는 PA가 판단하기에 PK가 사양서에 따라 계약제품을 제조 및 판매할 수 있도록 하는데 필요하거나 적절한 기술지원을 제공한다. PK는 그러한 기술지원 제공과 관련된 합리적인 출장비와 생활비를 부담한다. PK는 PK나 그 직원이 만든 기타 지적재산권과 관련된 개량물에 대하여 신속하게 무상으로 PA에게 통지하며, 통지 후 해당 개량물은 PA의 단독 재산이 된다.

9. 기간 및 해지(Term and Termination)

9.1. 본 계약은 2014. 9. 1.에 발효되며, 제9.2조의 규정에 따라 어느 당사자가 해지할 때까지 무기한 계속된다.

3. PK는 2015. 4. 6.부터 2017. 12. 28.까지 PA, PG로부터 총 400회에 걸쳐 **"각초"(본건 각초)**를 수입하고, 아울러 PM의 다른 계열사인 PT 등으로부터 필터, 페이퍼 등을 수입하여 PK의 공장에서 담배 완제품을 제조하여 국내판매하였다. 그리고 PK는 본건 라이센스계약에 따라 순매출액의 8%를 로열티(본건 로열티)로 PA에게 지급하였다.

4. (1) 담배 완제품의 제조 과정을 살펴보면, 농가에서 수확한 담배잎을 적당한 온도와 습도에서 건조한 후 배합(담배의 특징과 품질을 통일하기 위하여 각종 담배잎이 지닌 향기와 맛의 특성을 고려하여 적절한 비율로 섞는 작업), 가향(담배의 맛과 품질을 향상시키기 위하여 원료 배합물에 당과 향료 등의 가향제와 글리세린 등의 보습제를 가하는 작업), 열처리(토스토 처리) 등의 가공 과정을 거치고, 가공된 원료를 절각하여 '각초'를 제조한 후 이를 궐련지로 말아 필터와 연결하면 담배 완제품이 완성된다. 위와 같이 담배 완제품의 기본적인 맛과 향 등 품질은 대부분 각초 제조 단계에서 결정되므로, 담배 완제품을 제조하는 해당 기업이 보유하는 담배 완제품의 제조 기술이 체화되고 구현된 것은 **'각초'**라고 할 수 있고, 이에 담배 완제품을 제조하는 기업들은 일반적으로 각초를 만드는 기술을 영업비밀로 취급하여 외부에 공개하지 않고 있다.

(2) PA는 스위스 소재 연구개발센터를 운영하면서 제조 공정과 품질수준 유지를 위한 활동을 하여 상표의 가치를 높이고, 제품이 PA사의 기준 및 전 세계적인 규제 수준을 충족하도록 하며, 같은 상표 하에 판매되는 제품이 동일한 품질을 유지하여 전 세계적으로 동일한 제품특성을 갖도록 하는 역할을 수행하게 하고 있고, 위 연구개발센터에서 개발된 영업비밀, 제품, 기타 영업상 비법 등에 대하여 미국 이외의 지역에서는 PA가 배타적 사용권을 가진다. 또한, PA는 PA의 형식, 양, 질, 가격 등 제품 규격에 따라 담배잎을 전 세계에서 구입하여 PA의 계열제조업체나 비계열제조업체에 이를 판매하고, 담배잎의 숙성과 혼합률을 일정하게 유지하기 위하여 담배잎을 미국 이외의 지역의 창고에서 약 20개월 동안 보관하는 등 담배 완제품의 원재료인 각초의 제조에도 관여하고 있다. PA는 전 세계 담배잎을 구입하여 스스로 각초를 제조하거나 이 사건 판매자들 등 PA그룹 계열회사들에게 담배잎을 판매하여 PA의 주문에 의해서만 각초를 제조하게 한다.

(3) PK는 PA가 이미 개발한 표준 각초 중 어느 품목을 선택하여 그대로 수입한 것이 아니라 "PAC"(말레이시아 소재 아시아제조본부)의 담당 부서에 한국시장에 적합한 요구사항을 제안하여 한국소비자의 입맛에 가장 맞는 담배를 만들기 위해 최적화된 각초를 개발하게 한 후 이를 수입하였다.

5. 부산세관장의 2018. 4. 14.자 본건 기업심사결과 통지

(1) 부산세관장은 PK에 대하여 수출입물품 통관적법성 확인을 위한 기업심사를 실시하고, 2018. 4. 14. PK에게 아래와 같은 내용으로 그 심사결과를 통지(이하 **'본건 기업심사결과**

통지')하면서 '수입신고별 세부추징내역' 등을 첨부하였고, 본건 기업심사결과통지서가 첨부된 부산세관장의 공문에는 **"PK가 지급하는 상표권 사용료(본건 로열티) 및 동 사용료와 이전가격의 관계에 대하여는 추가자료 요청 등이 있을 수 있다"**고 기재되어 있었다.

〈부산세관장의 2018. 4. 14.자 본건 기업심사결과 통지의 주요 내용〉
① 심사대상기간: 2013. 1. 1. ~ 2017. 12. 31.
② 경정할 내역(단위 : 원)　　[생략]
☐ 붙임 : 조사항목별 적출내역

1) 디자인 개발비용 및 인쇄판 제작비용 신고누락
2) 가산금액 누락
 • 일부 각초 수입건의 가산금액을 신고에서 누락(서울세관 심사 결과 각초에 대해서는 mark-up 8% 기준으로 신고하도록 하였으나, 일부건에 대해 가산금액 미신고)
3) PAC 비용
 • PAC가 PK에게 기술지원비로 청구하는 비용 중 담배잎 구매, 선별 등과 관련된 비용은 국내로 수입되는 각초를 수출하는 자의 제조원가로 계상되었어야 할 비용으로 각초 수입신고 가격에 가산되는 것으로 보아 과세
 • 적용규정 : 적출내역 2), 3) 관련
 관세법 제35조 합리적인 기준에 의한 과세가격 결정(관세법 제34조 산정가격을 기초로 한 과세가격 결정의 신축적용 유지)
 ⇒ 기존 서울세관 심사결과[585] 인정된 mark-up 비율에 대한 가산비율 유지 및 종전 심사 후 신설 비용인 PAC 비용 중 담배잎 관련비용에 대한 추가 가산

(2) 이후 PK는 위 적출내역 중 '가산금액 누락' 부분에 관해서만 수정신고를 하였고, 부산세관장은 PK가 수정신고하지 않은 '디자인 개발비용 및 인쇄판 제작비용 신고누락' 및 'PAC 비용 누락' 부분에 관하여 2018. 4. 17. PK에게 '세액경정 통지 및 납부고지서 송부' 공문으로 과세처분을 하였다.

6. 부산세관장의 기업심사 및 본건 과세처분

(1) 2018. 3. 13.자 본건 기업심사결과 통지 시점으로부터 약 1년 4개월이 지난 2019. 8. 10. 부산세관장은 PK에게 **"과세가격 심사 질문서 및 자료제출 요구"**라는 문서로, 'PK의

585) 서울세관장의 2013. 5. 30.자 조사결과 통지의 주요 내용: 특수관계가 거래가격에 영향을 미쳤다고 판단하고 제6방법을 적용함. 각초 제품에 대하여는 기업심사 중 입수한 자료상의 제조원가 명세에서 각초가 차지하는 비율을 산출하여 브랜드가 일치하는 완제품의 판매가격에서 안분하여 각초 수입가격과 비교한 결과, 비교가격 대비 3%에 상당하는 이윤이 포함되지 않은 것으로 확인되어 각초 제품에 대하여는 수입가격의 3%를 가산하고자 함.

수출입통관 적정성 여부에 대하여 기획심사를 진행하고 있다'고 밝히면서, PK가 PA에 지급하는 본건 로열티가 수입물품의 거래가격에 영향을 미쳤는지와 관련하여 '2014. 9. 1. 이후 로열티 계산내역 및 외환지급 관련 전표, 2014년 이후 각 담배종류별 판매수량 및 판매금액에 관한 자료, 2014년 이후부터 현재까지 연도별 제조원가명세서, PA가 다른 특수관계자와 맺은 로열티 계약서, PK의 모회사인 PA 및 그 계열회사들의 로열티 산정과 관련한 기본원칙에 관한 자료 등'을 제출하도록 요구하고, 관련한 몇 가지 질문을 하였다. PK는 2019. 8. 27.경 일부 자료를 제출한 후 2019. 9. 11.경 부산세관장의 질문 및 자료제출 요구에 대하여 개별적·구체적으로 답변하면서 부산세관장이 요구한 자료를 제출하였다. 부산세관장은 2019. 9. 25. PK에게 **"로열티 산정내역 등 추가자료제출 요청"**이라는 문서로, '수입물품의 과세가격을 검토하고자 한다'고 밝히면서, 'PK가 특수관계자에게 지급하였거나 지급하고 있는 로열티, 전문용역비 등 지급내역이 직간접적으로 수출자에게 귀속되는 것이 아니라는 증명자료가 있을 경우 이를 제출하고, 2014년 이후 관계사에 지급한 전문용역비 등 지급내역에 대한 자료를 제출하라'고 요구하였다.
부산세관장은 2019. 10. 20. PK에게 **"기업심사 관련 업무협조 요청"**이라는 문서를 보냈는데, 위 문서에는 '기존 심사결과 통지에서 언급한 바와 같이, PK가 관계사에 지급하고 있는 로열티와 수입물품의 관련성 및 거래조건에 대해 심사 중이다. 그 내역과 관련하여 부산세관장의 입장과 검토내역에 대한 PK의 의견을 청취하기 위해 부산세관의 기획심사 팀장 등 소속 직원이 2019. 10. 30. PK를 방문하고자 한다'는 내용이 기재되어 있었다. 부산세관 소속 세관공무원은 2019. 10. 30. PK의 사업장 및 담배제조공장을 방문하였다. 부산세관 소속 세관공무원이 PK를 방문한 후 PK는 2019. 11. 15. 답변서를 제출하였고, 이에 대해 부산세관장은 2019. 11. 30. **"추가답변서 제출에 따른 질문서 송부"**라는 문서로, 추가 질문에 대한 답변과 소명자료 제출을 요구하였다. 당시 답변 내지 소명자료 제출을 요구한 사항은 '담배완제품 및 반제품의 물품 가격에 로열티가 포함되는지 여부에 대한 이전가격원칙을 제출하고, PK가 지불하는 로열티에 대하여 수입거래조건과 국내마케팅 조건이라는 상반된 입장을 설명하며, PK가 2019. 9. 11. 제출한 자료에 사용된 관련 자료 및 계약서 등을 제출하고, PK가 각초 수입과 관련하여 체결한 공급계약은 어느 가격정책에 해당하고 가격결정 방법은 무엇인지 관련 자료를 제출하라'는 것이었다. PK는 2019. 12. 5.경 '추가 질문서에 대한 답변 송부'라는 문서로 위 질문 사항에 대하여 답변하였다. 부산세관장은, 수출자가 로열티 지급조건 없이 제3자에게 각초를 공급한 실적에 대한 사실관계 및 거래조건을 확인하기 위하여 PK에게 '제3자 공급가격 및 공급물량 등의 자료'를 구두로 요청하였다가, 2020 3. 7. **"자료제출요구"**라는 문서로, 'PK가 PA에 지급하는 로열티가 관세법 제30조의 과세가격 결정 기준에 따라 과세가격에 해당하는지 검토 중에 있다'고 밝히고, '수출자가 로열티 지급조건 없이 제3자에게 판매한 브랜드별 거래 기간 및 판매물량, 수출자가 로열티 지급조건 없이 제3자에게 판매한 각초의 브랜드별 레시피·품질·가격 등이 PK가 수입한 각초와 동일한지, 만일 동일하지 않다면 그 차이와 사유가 무엇인지, 수출자가 로열티 지급조건 없이 제3자에게 판매하면서 상표사용을 허용하지 아니한 경우 이외에 사용·처분에 제한조건이 있었는지, 있었다면 그 내용은 무엇인지' 등에 관한 근거자료를 2020. 3. 11.까지 제출하도록 요구하면서, '기한 내에 제출하지 않는 자료는 심사자료로 사용이 제한될 수 있다'고 하였다.

부산세관장은 2020. 3. 29. PK에게 **"기업심사결과통지서"**를 송부하였는데, 위 통지서에는 조사대상 기간이 "2015. 4. 1.**부터** 2017. 12. 31.**까지**"로 기재되어 있었고, 위 통지서 내역에는 **'PK가 지급한 본건 로열티와 관련하여 추가심사를 하였는데, 관세법 제30조를 적용하여 PK가 2015년부터 2017년까지 수입한 각초의 과세가격에 PK가 PA에 지급한 로열티를 가산한다'**는 취지가 기재되어 있었다.

(2) 부산세관장은 PK가 2015. 4. 6.부터 2017. 12. 28.까지 PA 등으로부터 수입한 각초의 거래가격에 PK가 PA에 지급한 본건 로열티(상표권사용료, 영업비밀에 대한 대가)를 가산하여 과세처분(**본건 과세처분**)하였다.

7. 본건 과세처분과 관련하여 다음 사항에 대해 검토하시오.

(1) 권리사용료의 가산요건 충족 여부(관련성, 거래조건성)

(2) 중복조사금지원칙 위반 여부

부록

부록 I

특급탁송화물 과세운임표

[별표 제1호]

특급탁송화물 과세운임표

중량(KG)	1지역	2지역	3지역	4지역	중량(KG)	1지역	2지역	3지역	4지역
1.0 까지	10,500	12,950	18,900	19,600	16.0 까지	59,700	105,000	129,000	217,000
2.0 〃	14,140	19,600	29,050	30,100	17.0 〃	63,100	111,000	135,000	230,000
3.0 〃	17,150	22,400	35,700	38,500	18.0 〃	66,500	117,000	141,000	243,000
4.0 〃	26,500	38,000	57,000	67,000	19.0 〃	69,900	123,000	147,000	256,000
5.0 〃	28,500	43,400	63,000	79,000	20.0 〃	73,300	129,000	153,000	269,000
6.0 〃	30,500	48,800	69,000	91,000	21.0 〃	76,700	135,000	159,000	281,600
7.0 〃	32,500	54,200	75,000	103,000	22.0 〃	79,900	140,500	165,000	294,200
8.0 〃	35,500	59,600	81,000	115,000	23.0 〃	82,900	144,100	171,000	306,800
9.0 〃	38,500	65,000	87,000	127,000	24.0 〃	85,700	146,700	177,000	319,400
10.0 〃	41,500	70,400	93,000	139,000	25.0 〃	88,300	149,300	183,000	332,000
11.0 〃	44,500	75,800	99,000	152,000	26.0 〃	90,900	151,900	189,000	344,600
12.0 〃	47,500	81,000	105,000	165,000	27.0 〃	93,500	154,500	195,000	357,200
13.0 〃	50,500	87,000	111,000	178,000	28.0 〃	96,100	157,100	201,000	369,800
14.0 〃	53,500	93,000	117,000	191,000	29.0 〃	98,700	159,700	207,000	382,400
15.0 〃	56,500	99,000	123,000	204,000	30.0 〃	101,300	162,300	213,000	395,000

※ 물품의 중량이 30KG을 초과하는 경우에는 지역별 30KG 해당 운임에 30KG과 29KG간의 지역별 운임차액을 30KG 초과중량에 곱하여 산출된 금액을 가산

지역	구분	국가
제1지역		중국, 홍콩, 일본, 마카오, 대만
제2지역		방글라데시, 브루나이, 미얀마, 캄보디아, 인도네시아, 말레이시아, 몽고, 싱가포르, 필리핀, 태국, 베트남, 라오스, 동티모르, 기타 동남아시아국가
제3지역	북미	미국(하와이, 알래스카 포함), 캐나다
	서유럽	벨기에, 덴마크, 핀란드, 프랑스, 독일, 영국, 그리스, 이탈리아, 네덜란드, 노르웨이, 포르투갈, 스페인, 스위스, 스웨덴, 오스트리아 등
	동유럽	러시아, 루마니아, 폴란드, 헝가리, 체코, 구소련연방 등
	중동	바레인, 이란, 이라크, 이스라엘, 요르단, 터키, 쿠웨이트, 사우디아라비아 등
	대양주	호주, 뉴질랜드, 파푸아뉴기니, 괌, 사이판 등
	아시아	아프가니스탄, 인도, 네팔, 파키스탄, 스리랑카 등
제4지역	아프리카	이집트, 케냐, 리비아 등
	중남미	멕시코, 파나마, 아르헨티나, 브라질, 우루과이, 페루 등
	서인도제도	쿠바, 타이티, 도미니카 등
	남태평양	피지, 키리바티, 솔로몬제도, 사모아 등

부록 Ⅱ

시가역산율 계산방법과 시가역산율표

시가역산율 계산방법

〔관세평가 고시〕 제37조(여행자휴대품 등의 과세가격) ② 규칙 제7조의3 제3항에 따른 시가역산율은 다음 각 목의 계산방법에 따른다.

가. 수입물품의 가격이 과세표준으로 되는 물품으로서 국내도매가격에 부가가치세가 포함되어 있는 경우(종가세)

(1) 개별소비세의 기준가격이 없는 경우

(가) 과세가격 $= \dfrac{WP}{1.485 + 1.1C + 1.1S(1 + C)(1 + E + F)}$

(나) 시가역산율 $= \dfrac{1}{1.485 + 1.1C + 1.1S(1 + C)(1 + E + F)}$

(2) 개별소비세의 기준가격이 있는 경우

(가) 과세가격 $= \dfrac{WP + 1.1S \times SP(1 + E + F)}{1.485 + 1.1C + 1.1S(1 + C)(1 + E + F)}$

(나) 시가역산율 $= \dfrac{WP + 1.1S \times SP(1 + E + F)}{WP[1.485 + 1.1C + 1.1S(1+C)(1+E+F)}$

나. 수입물품의 가격이 과세표준으로 되는 물품으로서 국내도매가격에 부가가치세가 포함되어 있지 않은 경우(종가세)

(1) 개별소비세의 기준가격이 없는 경우

(가) 과세가격 $= \dfrac{WP}{1.35 + C + S(1 + C)(1 + E + F)}$

(나) 시가역산율 $= \dfrac{1}{1.35 + C + S(1 + C)(1 + E + F)}$

(2) 개별소비세의 기준가격이 있는 경우

(가) 과세가격 $= \dfrac{WP + S \times SP(1 + E + F)}{1.35 + C + S(1 + C)(1 + E + F)}$

(나) 시가역산율 $= \dfrac{WP + S \times SP(1 + E + F)}{WP[1.35 + C + S(1 + C)(1 + E + F)]}$

[별표 제3호]

시가역산율표

개별 소비세 (S)	교육세 (E)	관세(C)																	
		0	1	2	3	4	5	6	7	8	9	10	13	15	18	20	25	30	50
0	0	673	668	664	659	654	649	645	640	636	631	627	614	606	594	587	568	551	491
*5	10	647	642	637	633	628	624	619	615	610	606	602	589	582	570	563	545	528	470
7	30	631	626	621	617	612	608	603	599	595	591	586	574	567	555	548	530	514	458
10	30	614	610	605	600	596	592	587	583	579	575	571	559	551	540	533	516	500	445
10.5	30	612	607	602	598	593	589	585	580	576	572	568	556	549	538	530	513	497	442
14	30	593	589	584	580	576	571	567	563	559	555	551	539	532	521	514	497	482	428
15	30	588	584	579	575	571	567	562	558	554	550	546	535	527	516	510	493	478	424
20	30	565	560	556	552	548	543	539	535	531	527	524	513	505	495	488	472	457	406
21	30	560	556	551	547	543	539	535	531	527	523	519	508	501	491	484	468	453	402
25	30	543	538	534	530	526	522	518	514	510	507	503	492	485	475	469	453	439	389
30	30	522	518	514	510	506	502	499	495	491	487	484	473	467	457	450	435	421	373
*30	10	541	537	533	529	525	521	517	513	509	505	501	491	484	474	467	452	437	388
*35	10	524	520	516	512	508	504	500	496	493	489	485	475	468	458	452	437	423	374
*40	10	508	504	500	496	492	488	484	481	477	474	470	460	453	444	437	423	409	362
*45	10	493	489	485	481	477	474	470	466	463	459	456	446	439	430	424	410	396	351
*50	10	478	475	471	467	463	460	456	453	449	446	442	433	426	417	411	397	384	340
*70	10	429	425	422	418	415	412	408	405	402	399	396	387	381	373	367	355	343	303
*80	30	380	377	374	371	368	365	362	359	356	353	350	342	337	330	325	313	303	267
*100	30	343	340	337	334	332	329	326	323	321	318	316	308	304	297	292	282	272	239
*130	30	299	296	294	291	289	286	284	282	279	277	275	268	264	258	254	245	236	207

주 1. 본표는 종가세 물품으로 개별소비세의 기준가격이 없고, 국내도매가격에 부가가치세가 포함되어 있는 경우의 시가역산율표임.

2. *표에 해당하는 란은 주류에 해당하는 것임.

[별표 제4호]

시가역산율표

개별소비세(S)	교육세(E)	관세(C)																	
		0	1	2	3	4	5	6	7	8	9	10	13	15	18	20	25	30	50
0	0	741	735	730	725	719	714	709	704	699	694	690	676	667	654	645	625	606	541
*5	10	712	706	701	696	691	686	681	676	671	667	662	648	640	627	619	599	581	517
7	30	694	689	684	679	674	669	664	659	654	650	645	632	623	611	603	584	566	503
10	30	676	671	666	661	656	651	646	641	637	632	628	615	606	594	586	567	550	489
10.5	30	673	668	663	658	653	648	643	639	634	629	625	612	604	591	583	565	547	487
14	30	653	648	643	638	633	628	624	619	615	610	606	593	585	573	565	547	530	471
15	30	647	642	637	633	628	623	619	614	610	605	601	588	580	568	561	542	525	467
20	30	621	616	612	607	602	598	593	589	585	580	576	564	556	544	537	519	503	446
21	30	616	611	607	602	597	593	588	584	580	576	571	559	551	540	533	515	499	443
25	30	597	592	588	583	579	574	570	566	561	557	553	541	534	523	515	498	483	428
30	30	575	570	566	561	557	553	548	544	540	536	532	521	513	502	496	479	464	411
*30	10	595	591	586	581	577	573	568	564	560	556	552	540	532	521	514	497	481	426
*35	10	576	572	567	563	559	554	550	546	542	538	534	522	515	504	497	480	465	412
*40	10	559	554	550	545	541	537	533	529	525	521	517	506	499	488	481	465	450	398
*45	10	542	538	533	529	525	521	517	513	509	505	501	490	483	473	466	451	436	386
*50	10	526	522	518	514	510	506	502	498	494	490	487	476	469	459	452	437	423	374
*70	10	472	468	464	460	456	453	449	446	442	439	435	426	419	410	404	390	377	333
*80	30	418	415	411	408	405	401	398	395	392	389	386	377	371	363	357	345	333	293
*100	30	377	374	371	368	365	362	359	356	353	350	347	339	334	326	322	310	299	263
*130	30	329	326	323	320	318	315	312	310	307	305	302	295	290	284	279	269	260	228

주 1. 본표는 종가세 물품으로 개별소비세의 기준가격이 없고, 국내도매가격에 부가가치세가 포함되어 있지 않은 경우의 시가역산율표임.

2. *표에 해당하는 란은 주류에 해당하는 것임.

부록 Ⅲ

주요 신고(신청, 보고) 등 서식

■ 관세법 시행규칙 [별지 제1호의5 서식](갑지) 〈개정 2021. 3. 16.〉

수입물품 거래가격 조정 계획서

<table>
<tr><td rowspan="2">신청인</td><td>법인명(상호)</td><td></td><td>대 표 자</td><td></td></tr>
<tr><td>주 소</td><td colspan="3">(전화번호)</td></tr>
<tr><td rowspan="3">특수관계자</td><td>법인명(상호)</td><td></td><td>대 표 자</td><td></td></tr>
<tr><td>신청인과의 관계</td><td colspan="3"></td></tr>
<tr><td>국가 및 주소</td><td colspan="3"></td></tr>
<tr><td rowspan="3">조정내용</td><td>정상가격 산출방법</td><td colspan="3"></td></tr>
<tr><td>수입 예정 시기</td><td></td><td>통관 예정 세관</td><td></td></tr>
<tr><td>거래가격 조정방법</td><td colspan="3">※ 세부내역 을지에 기재</td></tr>
</table>

「관세법」 제28조 제1항 및 같은 법 시행령 제16조 제1항 제2호의3에 따른 잠정가격신고를 위하여 위와 같이 수입물품 거래가격 조정 계획을 제출합니다.

20 년 월 일

제출자 (서명 또는 인)

○○세 관 장 귀하

첨 부 서 류
1. 수입물품별 가격의 산출방법을 구체적으로 설명하는 다음 각 목의 자료 가. 구매자와 판매자간 가격결정 및 조정에 관하여 합의한 계약서, 구매자의 내부지침 등 자료 나. 「국제조세조정에 관한 법률」 제8조에 따른 정상가격을 산출하기 위하여 작성한 검토 보고서 및 관련 재무자료 2. 과세관청으로부터 과세가격 결정방법을 통보받은 내역 또는 「국제조세조정에 관한 법률」 제14조에 따른 정상가격 산출방법의 사전승인을 받은 내역 3. 「국제조세조정에 관한 법률」 제16조 제1항에 따른 국제거래정보통합보고서 4. 그 밖에 잠정가격 신고요건을 확인하기 위하여 필요한 서류로서 세관장이 요청하는 서류

210mm×297mm[백상지(80g/㎡) 또는 중질지(80g/㎡)]

■ 관세법 시행규칙 [별지 제1호의5 서식](을지) 〈신설 2017. 3. 31.〉

거래가격 조정방법

※ 아래의 내용을 자유 형식으로 작성하고 수입물품 거래가격 조정 계획서 갑지에 첨부하여야 하며, 작성한 내용에 대한 근거자료를 제출하여 주시기 바랍니다.

1. 대상 수입물품 내역

※ 거래가격 조정대상 수입물품 상세

2. 거래당사자(지급자, 영수자)

※ 지급 / 영수가 실시될 거래당사자

3. 수입물품별 거래(잠정)가격 산출방법

※ 납세의무자가 신고한 잠정가격 산출방법 및 계산과정을 기술

4. 거래가격 조정 방법 (예시)

※ (미실행) 실현 영업이익율이 정상범위 3%이상 ~ 5%이하
(외환송금) 5% 초과시 : 영업이익 5%를 달성할 수 있도록 차액 송금
(외환영수) 3% 미만시 : 영업이익 3%를 달성할 수 있도록 차액 영수

5. 거래가격 조정 시기(분기, 반기, 연말 등)

6. 거래가격 조정금액에 대한 배분방법

※ 거래가격 조정 예상금액을 수입물품에 배분하는 기준 및 구체적인 계산방법 기술

210mm×297mm[백상지(80g/㎡) 또는 중질지(80g/㎡)]

[별지 제2호 서식]

동종 · 동류비율 이의제기서

(처리기간 : 30일)

신청인	① 업 체 명		② 대 표 자	
	③ 본사주소	(담당자 성명, Tel, e-mail)		
④ 업 종 (표준산업분류번호)		( )	⑤ 업 태 (국내판매형태)	(상품 판매, 제조가공 후 판매)
⑥ 신청일자			⑦ 경유세관	

⑧ 산출대상 품목군	⑨ 업종분류부호	⑩ 신청대상 회계연도 (결산일)	⑪ 납세의무자의 대상품목군과 동종·동류물품 (HS부호)	⑫ 세관장의 동종·동류비율 (%)	⑬ 신청비율 (%)
		( )			
		( )			
		( )			
		( )			
		( )			
⑭ 이의제기 사유					

「관세법 시행령」 제27조 제7항에 따라 위와 같이 세관장이 통보한 동종·동류비율에 대하여 이의를 제기합니다.

20 년 월 일

신 청 인 대표 (서명 또는 인)

관세평가분류원장 귀하

위임장	다음 사람에게 동종·동류비율 이의제기에 관한 사항을 위임합니다.				
	위임자	대 리 인			
		구분	성명	주소	전화번호
	(서명 또는 인)				

첨부서류 1. 세관장이 산출한 동종·동류비율이 불합리하다고 판단하는 사유 및 그 근거자료
2. 해당 수입물품(품목군)에 대한 납세의무자의 이윤 및 일반경비
3. 제2호를 확인할 수 있는 회계 자료

※ 별표 제7호의 신청서 작성방법에 따라 본 신청서를 작성하신 후 첨부자료와 함께 2부를 제출하시기 바랍니다.

※ 신청품목이 다수이고 해당 업종이 각각 다른 경우에는 각 품목별로 본 신청서를 작성합니다.

210㎜×297㎜(일반용지 60g/㎡(재활용품))

[별지 제3호 서식]

가격신고서(A) - 실제거래가격(제1방법)

〈참고사항〉 : 이 가격신고서는 2면으로 구성되어 있습니다. 가격신고서를 작성하기 전에 〈별표 제6호〉 작성요령을 참고하시어 성실히 작성해 주시기 바랍니다.

1. 납세의무자 상호 및 사업자등록번호(가격신고자)	※ 수입신고번호
2. 판매자의 이름과 주소(수출자와 다른 경우에만 기재)	※세관기재란(심사담당자가 특이사항 기재)
3. 구매자의 이름과 주소(납세의무자와 다른 경우에만 기재)	
4. 송품장번호와 발행일	
5. 계약번호와 계약일	

	적용되는 칸에 ∨ 표기
6. 구매주문서(Purchase Order) 번호와 주문일	
7. (a) 구매자와 판매자는 관세법 시행령 제23조 제1항중 특수관계에 해당합니까? (해당하지 않으면, (b), (c), (d), (e)는 기재하지 마세요)	□ 예 □ 아니오
(b) 질문7 (a)에서 특수관계에 해당한다면 관세법 시행령 제23조 제1항중 어느 특수관계에 해당합니까? ① 구매자와 판매자가 상호 사업상의 임원 또는 관리자인 경우 ② 구매자와 판매자가 상호 법률상의 동업자인 경우 ③ 구매자와 판매자가 고용관계에 있는 경우 ④ 특정인이 구매자 및 판매자의 의결권 있는 주식을 직접 또는 간접으로 5퍼센트 이상 소유하거나 관리하는 경우 ⑤ 구매자 및 판매자중 일방이 상대방에 대하여 법적으로 또는 사실상으로 지시나 통제를 할 수 있는 위치에 있는 등 일방이 상대방을 직접 또는 간접으로 지배하는 경우 ⑥ 구매자 및 판매자가 동일한 제3자에 의하여 직접 또는 간접으로 지배를 받는 경우 ⑦ 구매자 및 판매자가 동일한 제3자를 직접 또는 간접으로 공동지배하는 경우 ⑧ 구매자와 판매자가 「국세기본법 시행령」 제1조의2 제1항 각 호의 어느 하나에 해당하는 친족관계에 있는 경우	[①~⑧ 택1]
(c) 특수관계가 수입물품의 가격 결정에 영향을 미쳤습니까?	□ 예 □ 아니오
(d) 거래가격이 관세법시행규칙 제5조의 비교가격에 근접합니까?(선택적 기재)	□ 예 □ 아니오
(e) 특수관계자간 거래시 수입물품의 가격결정방법은 어느 것입니까? ① 비교가능제3자가격법 ② 재판매가격법 ③ 원가가산법 ④ 이익분할법 ⑤ 거래순이익률법(영업이익률) ⑥ 거래순이익률법(총원가가산율) ⑦ 거래순이익률법(Berry Ratio) ⑧ 기타 ( )	[①~⑧ 택1]
8. (a) 수입물품의 처분 또는 사용에 있어서 다음 각 호 이외의 제한이 있는가? -수입국의 법령에 의한 강제 또는 의무 이행 -상품판매 지역의 제한 -상품가격에 실질적으로 영향을 미치지 아니하는 제한	□ 예 □ 아니오
(b) 상품가격 이외 판매 또는 가격과 관련한 조건 또는 사정이 있습니까? (만일 위 질문에 '예'라면 상세한 정보를 별도 제출하시오)	□ 예 □ 아니오

다음페이지 계속

210㎜×297㎜(일반용지 60g/㎡(재활용품))

<table>
<tr><td>9. (a) 수입물품의 거래조건으로 직접 또는 간접 지급되었으나 실제지급금액에 포함되지 아니한 로열티나 권리사용료가 있습니까?
(b) 수입물품의 사용 또는 재판매 수익의 일부가 직접 또는 간접으로 판매자에게 귀속됩니까?
(만일 각각 질문의 답변이 '예'라면, 상세한 조건들과 영향의 환산 금액을 질문 15, 16번에 기재하시오)</td><td>□ 예 □ 아니오
□ 예 □ 아니오</td></tr>
<tr><td colspan="2">10. 잠정가격신고의 경우
(a) 잠정가격신고번호 (b) 잠정가산율
(c) 잠정가산되어야 할 금액 (d) 가격확정예정시기(분할확정시기)
(e) 관련수입거래 계약기간
(f) 잠정가격신고 사유(Y, N)
수수료 [ ] 중개료 [ ] 용기 비용 [ ]
포장노무비 [ ] 포장자재비 [ ] 생산지원비용 [ ]
권리사용료 [ ] 사후귀속이익 [ ] 보험료. [ ]
운임 [ ] 운송관련비용 [ ] 실제지급금액 [ ]
원유, 곡물, 광석 등 1차산품으로서 수입신고일 현재 가격이 정해지지 않은 경우 [ ]
특수관계자간 거래가격 결정방법 사전심사(ACVA) 신청업체인 경우 [ ]
특수관계자간 거래 중 법 제30조제1항 본문에 따른 수입물품의 거래가격이 수입신고 수리 이후에 「국제조세 조정에 관한 법률」 제8조에 따른 정상가격으로 조정될 것으로 예상되는 경우 [ ]
국내판매가격에 기초로 한 과세가격 결정(제4방법)으로 가격결정에 장시간 소요되는 경우 [ ]
턴키방식 플랜트 등 물품의 최초 발주 이후 상당기간 후 인도 완료되는 경우 [ ]
기타 [ ] 기타의 경우 사유 [ ]
※ 기타는 수입 이전에 최종가격 산출공식이 확정되고, 산출공식은 수입이후 발생 변수에 근거하며, 그 변수는 거래당사자가 통제할 수 없는 경우에 한함(수입물품 과세가격 결정에 관한 고시 제49조 ①항 3호 참고)</td></tr>
<tr><td colspan="2">11. 가격신고서 작성 책임자(대표이사, 재무이사, 구매관리자 등) 연락처</td></tr>
<tr><td>(a) 부서 및 직위</td><td>(b) 성 명</td></tr>
<tr><td>(c) 전화번호</td><td></td></tr>
<tr><td colspan="2">12. 가격신고서 작성 실무자 연락처</td></tr>
<tr><td>(a) 부서 및 직위</td><td>(b) 성 명</td></tr>
<tr><td>(c) 작성일자</td><td>(d) 전화번호</td></tr>
</table>

다음페이지 계속

210㎜×297㎜(일반용지 60g/㎡(재활용품))

가격신고 상세 내용		
※ 신고당시의 원화로 환산하되, 수입신고서가 2란 이상인 경우에는 합산된 총 금액으로 기재		
A. 산출근거	13. (a) 송품장 화폐 단위로 표시된 거래가격(관세평가목적상 실제 지급했거나 지급할 가격) (환율 :)	
	(b) 직접·간접지급금액, 할인(조건, 사정해당), 채무상계, 변제금액 등(원화)	
	14. 국내화폐로 환산한 총액(A)	
B. 가산금액	15. 구매자 부담비용 (a) 구매수수료를 제외한 수수료(커미션)	
	(b) 중개료	
	(c) 용기 및 포장비용	
	16. 무료 또는 인하된 가격으로 구매자에 의해 제공된 재화와 용역으로서 수입물품의 제조와 수출에 사용된 : (a) 수입물품에 결합된 재료 또는 구성요소	
	(b) 수입물품의 생산에 사용되는 공구, 금형, 다이스 및 이와 유사한 물품	
	(c) 수입물품의 생산과정에서 소비되는 물품(비료, 촉매 등)	
	(d) 외국에서 수행된 것으로, 수입물품의 생산에 필요한 기술, 설계, 고안, 공예 및 의장, 스케치	
	17. 로열티 및 권리사용료-8(a)란 참조	
	18. 판매자에게 귀속되는 수입후의 전매, 처분 또는 사용에 따른 수익금액	
	19. 수입항까지의 운송비용(소계)	
	(a) 운임, 왕복운임	
	(b) 적하, 양하, 환적비용, 기타 운송관련비용 등	
	(c) 보험료	
	20. 가산비용 총액	
C. 공제금액	21. 수입장소 도착 후 운송비용	
	22. 수입 후 행해진 건설, 설치, 조립, 유지보수 또는 당해 수입물품에 대한 기술지원 금액	
	23. 기타비용(계약과 관련없이 구매자 자신의 필요에 의해 사용된 검사비용, 구매수수료, 교육훈련비, 연불이자 등)	
	24. 현금할인, 수량할인 등 인정하는 가격할인 금액(필요시 기재) 수출국에서 수출시 경감 또는 환급받아야 할 관세와 내국세 금액	
	25. 공제비용 총액	
26. 신고납부 과세가격(A+B-C)		

[별지 제4호 서식]

가격신고서(B) – 기타 가격(제2~6방법)

〈참고사항〉 : 이 가격신고서는 2면으로 구성되어 있습니다. 가격신고서를 작성하기 전에 〈별표 제6호〉 작성요령을 참고하시어 성실히 작성해 주시기 바랍니다.

1. 납세의무자 상호 및 사업자등록번호(가격신고자)	※ 수입신고번호
2. 판매자의 이름과 주소(수출자와 다른 경우에만 기재)	※세관기재란(심사담당자가 특이사항 기재)
3. 구매자의 이름과 주소(납세의무자와 다른 경우에만 기재)	
4. 송품장번호와 발행일	
5. 계약번호와 계약일	

6. 구매주문서(Purchase Order) 번호와 주문일	적용되는 칸에 V 표기
7. 수입물품의 관세평가방법	
(a) 과세가격으로 인정된 바 있는 동종물품의 거래가격(제2방법)	☐
(b) 과세가격으로 인정된 바 있는 유사물품의 거래가격(제3방법)	☐
(c) 수입일과 거의 동시에 가장 많은 수량으로 국내 판매된 당해물품, 동종/유사물품의 판매가격에서 역산한 가격(제4(A)방법)	☐
(d) 수입일과 가장 가까운 시점(90일 이내)에서 가장 많은 수량으로 국내 판매된 당해물품, 동종/유사물품의 판매가격에서 역산한 가격(제4(B)방법)	☐
(e) 수출국 생산자의 제조원가와 이윤 및 일반경비 등 가산방법(제5방법)	☐
(f) 기타 합리적 방법으로 결정되는 과세가격 (제6방법)	☐

8. 4(B)방법 적용 시에만 해당 : 잠정 90일 이내 결정되는 관세의 과세가격 추정치를 기재하시오.

9. 신고하는 관세의 과세가격을 뒷받침하는 증거서류, 또는 4(b)방법 적용 시는 수입 후 90일 이내 제출할 증명자료를 기술하시오. (예시 : 세관심사 시 과세가격 산출에 사용된 자료 등)
(a)
(b)

10. 잠정가격신고의 경우
(a) 잠정가격신고번호 (b) 잠정가산율
(c) 잠정가산되어야 할 금액 (d) 가격확정예정시기(분할확정시기)
(e) 관련수입거래 계약기간

(f) 잠정가격신고 사유(Y, N)

수수료	[ ]	중개료	[ ]	용기 비용	[ ]
포장노무비	[ ]	포장자재비	[ ]	생산지원비용	[ ]
권리사용료	[ ]	사후귀속이익	[ ]	보험료	[ ]
운임	[ ]	운송관련비용	[ ]	실제지급금액	[ ]

원유, 곡물, 광석 등 1차산품으로서 수입신고일 현재 가격이 정해지지 않은 경우 [ ]
특수관계자간 거래가격 결정방법 사전심사(ACVA) 신청·승인업체인 경우 [ ]
국내판매가격에 기초로 한 과세가격 결정(제4방법)으로 가격결정에 장시간 소요되는 경우 [ ]
턴키방식 플랜트 등 물품의 최초 발주 이후 상당기간 후 인도 완료되는 경우 [ ]
기타 [ ] 기타의 경우 사유 [ ]

※ 기타는 수입 이전에 최종가격 산출공식이 확정되고, 산출공식은 수입이후 발생 변수에 근거하며, 그 변수는 거래당사자가 통제할 수 없는 경우에 한함(수입물품 과세가격 결정에 관한 고시 제49조 1항 3호 참고)

다음페이지 계속

210㎜×297㎜(일반용지 60g/㎡(재활용품))

<table>
<tr><td colspan="2">11. (a) 외환거래가 수반되지 않는 경우 수입물품의 용도
견본품 □ 광고용 □ 하자보수용품 □ 대체품 □ 선물 또는 무상기증 □ 생산제조용 □ 기타사유 □</td></tr>
<tr><td colspan="2">(b) 외환거래가 수반되지 않는 수입물품의 가격 산정 근거
유상거래 실적가격 □ Price List □ 제조원가 □ 송품장 □ 기타사유 〔 〕</td></tr>
<tr><td colspan="2">12. 가격신고서 작성 책임자(대표이사, 재무이사, 구매관리자 등) 연락처</td></tr>
<tr><td>(a) 부서 및 직위</td><td>(b) 성 명</td></tr>
<tr><td>(c) 전화번호</td><td></td></tr>
<tr><td colspan="2">13. 가격신고서 작성 실무자 연락처</td></tr>
<tr><td>(a) 부서 및 직위</td><td>(b) 성 명</td></tr>
<tr><td>(c) 작성일자</td><td>(d) 전화번호</td></tr>
</table>

다음페이지 계속

210㎜×297㎜(일반용지 60g/㎡(재활용품))

가격신고 상세 내용

※ 신고당시의 원화로 환산하되, 수입신고서가 2란 이상인 경우에는 합산된 총 금액으로 기재

구분	항목	번호	내용	금액
제2~3 방법 적용	A. 계산의 기초 (대체가격)	14	과세가격으로 인정된 동종/유사물품의 거래가격	
			환율	
	B.공제 조정	15	(a)수량할인 조정	
			(b)상업적 단계 조정	
			(c)운송비용의 차이	
			(d)선적항까지의 비용의 차이	
			(e)보험료의 차이	
		16	B의 소계	
	C. 가산조정	17	(a)수량할인 조정	
			(b)상업적 단계 조정	
			(c)운송비용의 차이	
			(d)선적항까지의 비용의 차이	
			(e)보험료의 차이	
		18	C의 소계	
		19	신고 과세가격 (A - B + C)	

구분	항목	번호	내용	금액
제4방법 적용	D.계산의 기초	20	당해물품 또는 동종/유사물품을 국내 비특수관계자에게 가장 많은 수량으로 판매한 단위가격	
			환율	
	E.공제비용 : D항목에 포함된 금액만 해당	21	(a)수탁판매수수료(위탁판매 수입에 한함)	
			(b)이윤 및 일반경비	
			※ 비율표시 : 동종동류비율 □, 납세자제시비율 □	(%)
			(c)운송비용(수입항-보관창고)	
			(d)보험료 (수입항-보관창고)	
			(e)적하비용 (수입항-보관창고)	
			(f)기타 운송비용(상품계정)	
			(g)추가가공시 비용 (제조원가+부가가치)	
			(h)국내판매 및 수입과 관련된 세금과 공과금	
		22	E의 소계	
		23	신고 과세가격 (D - E)	

구분	항목	번호	내용	금액
제5~6 방법 적용	F.계산의 기초	24	산정가격 / 수입물품의 가격(내국통화로 환산된 가격)으로서 세관의 결정 등 합의된 사항에 따라 계산되는 금액을 기재	
	G.가산금액 (F란에 포함되지 않은 금액으로 내국통화로 환산)	25	(a)수입항까지의 운송비용	
			(b)선적항에서의 적하비용	
			(c)보험료 및 기타비용	
		26	소계 G	
		27	신고 과세가격 (F + G)	

서식 2B-2면

210㎜×297㎜(일반용지 60g/㎡(재활용품))

[별지 제8호 서식]

확정가격 신고(수리)서

(처리기간 : 15일)

① 수입신고번호		② 잠정가격신고 물품	
③ 수입신고 일자		④ 수입신고 수리일자	
⑤ 잠정 가산율		⑥ 확정 가산율	

⑦ 확정가격(확정 가산율) 산정내역 :

⑧ 가격신고 변경항목 (잠정신고 항목만 확정신고 가능)

구분		잠정가격 (화폐 단위:)	확정가격 (화폐 단위:)	차액
신고가격	(란 번호)			
가산요소	(가산 항목명)			
공제요소	(공제 항목명)			

⑨ 확정가산율 산정 신청 여부 (제51조의2 제1항 적용) □ 예 □ 아니오

「관세법」 제28조 제2항 및 같은 법 시행령 제16조 제5항에 따라 위와 같이 확정가격을 신고합니다. 20 년 월 일 신고인 (서명 또는 인) ○○ 세 관 장 귀하	「관세법」 제28조 제2항 및 같은 법 시행령 제16조 제5항에 따라 위와 같이 확정가격신고를 수리합니다. 20 년 월 일 ○ ○ 세 관 장 직인

첨부서류	1. 송품장 2. 계약서 3. 각종 비용 및 산출 근거 증빙 자료(필수) 4. 기타 가격신고 입증 자료(필수) 5. 수입물품 거래가격 조정계획에 따른 거래가격 조정금액이 실제로 지급 또는 영수되었고, 해당 거래의 수입물품에 객관적으로 배분 · 계산되었음을 확인할 수 있는 자료(관세법 시행령 제16조 제1항 제2호의3 및 같은 법 시행규칙 제3조 제2항에 따라 잠정가격신고를 한 경우에 한함)

※ 확정가격신고 수리는 신고의 형식적 요건에 대한 확인행위로 신고에 따른 세액의 적정성 등에 대해서는 사후에 심사할 수 있음을 알려드립니다.

210㎜×297㎜(일반용지 60g/㎡(재활용품))

[별지 제12호 서식]

<table>
<tr><td colspan="5">과세가격결정방법 사전심사신청서【일반용】

(처리기간 : 1개월)</td></tr>
<tr><td rowspan="2">신
청
인</td><td>① 상 호</td><td></td><td>② 대 표 자</td><td></td></tr>
<tr><td>③ 주 소</td><td colspan="3">(전화번호)</td></tr>
<tr><td colspan="2">④ 수입 예정 물품</td><td colspan="3"></td></tr>
<tr><td colspan="2">⑤ 수입 예정 시기</td><td></td><td>⑥ 통관 예정 세관</td><td></td></tr>
<tr><td rowspan="4">⑦
신
청
내
용</td><td colspan="3">관세법 제30조 제1항 각 호의 가산 금액</td><td></td></tr>
<tr><td colspan="3">관세법 제30조 제2항의 실제지급금액에서 더하거나 빼야 할 금액</td><td></td></tr>
<tr><td colspan="3">관세법 제30조 제3항 각 호에 해당하는지 여부</td><td></td></tr>
<tr><td colspan="3">관세법 제30조에 따른 방법으로 과세가격을 결정할 수 없는 경우에 적용되는 과세가격 결정방법</td><td></td></tr>
<tr><td colspan="5">⑧ 거래내용 및 수입가격 결정방법</td></tr>
<tr><td colspan="5">「관세법」 제37조 제1항 및 같은 법 시행령 제31조 제1항에 따라 위와 같이 과세가격결정방법 사전심사를 신청합니다.

20 년 월 일

신청인 (서명 또는 인)

관세평가분류원장 귀하</td></tr>
<tr><td colspan="5">〈구비서류〉
1. 거래관계에 관한 기본계약서(투자계약서, 대리점계약서, 기술용역계약서, 기술도입계약서)
2. 수입물품과 관련된 사업계획서
3. 수입물품 공급계약서
4. 수입물품 가격결정의 근거자료
5. 기타 과세가격 결정방법 확인에 필요한 자료</td></tr>
</table>

210㎜×297㎜(일반용지 60g/㎡(재활용품))

[별지 제14호 서식] 과세가격 결정방법 사전심사 신청서(갑)

과세가격 결정방법 사전심사 신청서 【특수관계자용】

(처리기간 : 1년)

신청인	① 법인명(상호)		② 대 표 자	
	③ 주 소	(전화번호)		
관련기업	④ 법인명(상호)		⑤ 대 표 자	
	⑥ 신청인과의 관계	□모자관계(지분율 %) □ 본지사관계 □ 기타(관계:)		
	⑦ 국가 및 주소			
⑧ 수입 예정 물품		(품목별 · 규격별 명세 기재)		
⑨ 수입 예정 시기			⑩ 통관 예정 세관	
⑪ 거래내용 및 수입가격 결정방법		(을지 작성)		

「관세법」 제37조 제1항 제3호 및 같은 법 시행령 제31조 제1항에 따라 위와 같이 과세가격결정방법 사전심사를 신청합니다.

20 년 월 일

신청인 (서명 또는 인)

관세평가분류원장 귀하

〈구비서류〉

1. 거래당사자의 사업연혁·사업내용·조직 및 출자관계 등에 관한 설명자료
2. 관할세무서에 신고한 거래당사자의 최근 3년 동안의 재무제표, 정상가격산출신고서(무형자산 및 용역거래 포함) - 신청한 물품의 과세가격 결정방법과 관련이 있는 경우
3. 물품수입거래에 관한 계약서 및 이에 부수되는 서류 (투자계약서, 대리점계약서, 기술용역계약서, 기술도입계약서, 원가분담계약서, 비용분담계약서 등)
4. 수입물품 가격의 산출방법을 구체적으로 설명하는 다음의 자료
   가. 가격산출 관련 재무자료
   나. 가격산출의 전제가 되는 조건 또는 가정에 대한 설명자료
   다. 특수관계자간 가격결정에 관한 내부지침 및 정책
5. 국세청에 APA승인을 받은 경우 이를 입증하는 서류
6. 회계법인이 작성한 이전가격보고서가 있는 경우 보고서(산출근거자료 및 자산·용역의 가격에 영향을 미치는 요소에 관한 분석자료 포함)
7. 특수관계가 거래가격에 영향을 미치지 않았음을 확인할 수 있는 자료 (영 제23조 참조)
8. 최근 3년간 수입품목별 매출액·매출원가(도매·소매, 특수관계자간 거래·일반거래 등 판매 형태별로 구분한 것) – 신청한 물품의 과세가격 결정방법과 관련이 있는 경우
9. 기타 과세가격결정방법 확인에 필요한 서류

※ 관세법 제28조 및 같은 법 시행령 제16조 제1항 제2호의2에 따라 수입 예정 물품(⑧)은 신청일 이후 수입신고하는 건부터 사전심사 결정서를 통지받은 날의 전일까지 잠정가격신고가 가능하며, 같은 법 시행령 제31조 제6항, 제40조 제3항 및 제47조 제8항에 따라 반려되거나 같은 법 시행령 제31조 제9항, 제48조 제3항 및 제4항에 따라 철회된 경우에는 반려 또는 철회된 날부터 3개월 이내에 확정가격신고를 하여야 함을 알려드립니다.

210㎜×297㎜(일반용지 60g/㎡(재활용품))

⑪ 거래내용 및 수입가격 결정방법

※ 아래의 내용을 자유형식으로 간략하게 작성하고 신청서 갑지에 첨부하여야 하며, 작성한 내용에 대한 근거자료(제출서류로 확인이 곤란한 경우)를 제출하여야 함

1. 거래내용
   - ○ 거래구조도
   - ○ 거래의 조건 또는 전제 (품목별로 구분되는 경우 구분 작성)
   - ○ 최근 5년간 공급자별, 품목별, 규격별 수입가격 현황(신청물품에 한함)

2. 거래당사자간 수입가격 결정방법
   - ○ 정상가격(이전가격) 산출방법(T/P 가이드라인의 방법)
   - ○ 가격 산출 방법 또는 계산식
   - ○ 가격 결정방법에 대한 설명

3. 세관신고 과세가격 결정방법
   - ○ 적용받고자 하는 과세가격 결정방법(「관세법」 제30조에서 제35조 중 1)
   - ○ 가격 산출 방법 또는 계산식
   - ○ 선택 경위 및 이유 설명

4. 특수관계의 거래가격 영향여부
   - ○ 비교가격법에 의한 비교(「관세법 시행령」 제23조 제2항 제3호)
     - 비교가격 존재여부 및 비교가격과 신청물품의 가격 비교
   - ○ 거래상황법에 의한 비교(「관세법 시행령」 제23조 제2항 제1호, 제2호)
     - 통상적인 가격결정 방법, 정상적인 가격결정 관행 등과 비교

5. 세관 심사실적 등
   - ○ 세관으로부터 기업심사를 받은 경우 심사기간, 대상기간, 과세가격 결정방법
   - ○ 「관세법 시행령」 제27조 제5항의 규정에 의해 산출한 동종동류비율을 통보받은 경우 품목별 통보일자, 동종동류비율
   - ○ 수입물품 과세가격 사전심사(ACVA)를 받은 경우 사전심사 결정서 교부일자, 과세가격 결정방법

[별지 제17호 서식]

<table>
<tr><td colspan="5">과세가격 결정방법 사전심사 연례보고서</td></tr>
<tr><td rowspan="2">보
고
자</td><td>① 상 호</td><td></td><td>② 대 표 자</td><td></td></tr>
<tr><td>③ 주 소</td><td colspan="3">(전화번호)</td></tr>
<tr><td colspan="2">④ 결정물품</td><td colspan="3">(첨부가능)</td></tr>
<tr><td colspan="2">⑤ 회계연도</td><td></td><td>⑥ 통관세관</td><td></td></tr>
<tr><td rowspan="3">⑦
관
련
기
업</td><td>법인명(상호)</td><td></td><td>대 표 자</td><td></td></tr>
<tr><td>신청인과의 관계</td><td colspan="3">□ 모자관계(지분율 %) □ 본·지점관계 □ 기타(관계:)</td></tr>
<tr><td>국가 및 주소</td><td colspan="3"></td></tr>
<tr><td colspan="5">⑧ 사전심사결과</td></tr>
<tr><td colspan="2">⑨ 적 용 기 간</td><td colspan="3"></td></tr>
<tr><td colspan="5">⑩ 실제 거래가격 결정방법(과세가격 결정방법 및 산출과정)</td></tr>
<tr><td colspan="5">「관세평가 운영에 관한 고시」 제49조에 따라 위와 같이 과세가격결정방법 사전심사결과에 따른 연례보고서를 제출합니다.

20 년 월 일

관세평가분류원장 귀하</td></tr>
<tr><td colspan="5">〈구비서류〉
1. 사전심사결과 결정된 과세가격결정방법의 전제가 되는 근거 및 가정의 실현여부
2. 사전심사결과 결정된 과세가격결정방법으로 산출된 과세가격 및 그 산출과정
3. 제2호의 규정에 의거 산출된 과세가격과 실제의 거래가격이 다른 경우에는 그 차이에 대한 처리내역
4. 사업연혁, 사업내용, 조직, 출자관계, 재무제표, 수입물품 전체 현황, 수입거래 관련 계약서, 수입물품별 가격산출방법
5. 주요 매입처, 매출처별 매입원가 및 매출원가 등 상품 및 제품 가격 적정성 검토에 필요한 자료
6. 기타 관세평가분류원장이 연례보고서에 포함하도록 정한 사항</td></tr>
</table>

210㎜×297㎜(일반용지 60g/㎡(재활용품))

참고문헌

관세청, WCO관세평가 교육모듈, 2007.
관세청, 미국관세법(영한대역), 2010.
관세청, 일본 관세법령집, 2009.
관세청, 일본 관세법 기본통달집, 2009.
관세평가분류원, 미국평가대사전(영한대역), 2013.
관세평가분류원, 일본관세평가해설, 2017.
관세평가분류원, 관세평가 판례평석집, 2018~2020.
관세평가분류원, 브뤼셀 평가정의와 GATT 평가협정의 비교
관세평가분류원, 주요 교역국 관세평가 규정 해설, 2017.
관세평가분류원, WTO 관세평가협정집, 2017.
국세청, OECD 이전가격 가이드라인 한글번역판, 2017.
구종순, 허은숙, 무역결제(개정판), 박영사, 2019.
김겸순, 정재완 공저, 수출입회계와 세무실무, 영화조세통람, 2010.
김준석, 한인섭, 김태경 공저, 국제조세실무, 삼일인포마인, 2019.
남상오, 회계이론, 다산출판사, 2002.
박광서, 무역결제(제4판), 삼영사, 2017.
박균성, 행정법강의(제17판), 박영사, 2020.
박대위, 구종순, 무역실무(제14판), 법문사, 2019.
박덕영, 이재영 공편, WTO통상조약집, 박영사, 2006.
박덕영, 국제경제법 기본조약집, 박영사, 2016.
박영기, 관세형사법, 세창출판사, 2020.
관세제재법, 세창출판사, 2009.
석광현, 국제물품매매계약의 법리, 박영사, 2010.
이용근, 무역실무(제5판), 삼영사, 2021.
이용섭, 이동신 공저, 국제조세, 세경사, 2012.
이준봉, 조세법총론, 삼일인포마인, 2020.
이창희, 국제조세법, 박영사, 2015.
이창희, 세법강의(제18판), 박영사, 2020.
지원림, 민법강의, 제17판, 홍문사, 2020.
채형복, EU관세법상 관세평가제도에 대한 고찰, 법조, 2003.
한국국제경제법학회, 신국제경제법, 박영사, 2018.
Saul L. Sherman & Hinrich Glashoff, GATT 관세평가규정 해설집, 1991. 대한상공회의소
Juan Martin Jovanovich, Customs Valuation and Transfer Pricing, KLUWER LAW, 2002.
Sheri Rosenow and Brian J. O'Shea, A Handbook on the WTO Customs Valuation Agreement, Cambridge University Press, 2010.
WCO, WCO GUIDE TO Customs Valuation & Transfer Pricing, 2015.

| 저 | 자 | 소 | 개 |

박 영 기

[저자약력]

국립세무대학 관세학과/ 성균관대학교 대학원 법학과/ 제41회 행정고등고시(재경직)/ 제47회 사법고시(연수원 37기)/ 관세청, 부산세관, 광주세관 등 근무/ 기획재정부 세제발전심의위원회, 관세심의위원회, 국제거래가격조정심의위원회 위원/ 법제처 법령해석심의위원회 위원/ 국민권익위원회 관세분야 자문위원/ 관세청 이전가격세제 민관합동위원회, 포상심사위원회, 보세판매장 특허심사위원회 위원, 관세국경관리연수원 외래교수/ 서울본부세관 고문변호사, 범칙조사심의위원회, 관세평가협의회, 적극행정자문위원회 위원/ 인천본부세관 고문변호사, 범칙조사심의위원회, 관세심사위원회, 특송업체심사위원회 위원/ 김포세관 관세심사위원회 위원/ 수원세관 관세심사위원회 위원/ 서울시립대학교 세무학과 강사(관세법)/ 고려대학교 법무대학원 강사(관세법) 등 역임

(현) 법무법인 광장 구성원 변호사(2009～현재)

[저서, 논문 등]

- 관세제재법(2009, 세창출판사)
- 관세형사법(2020, 세창출판사)
- 주요선진국의 관세형벌 분석을 통한 우리나라 관세형벌의 개선방안 연구(2009, 기획재정부)
- 수요자친화형 품목분류제도 개선방안 연구(2014, 기획재정부)
- 특별사법경찰관제도 운영 및 개선방안 연구(2017, 관세청)
- 신 통관절차법 제정방안 연구(2019, 기획재정부 및 관세청)

[수상실적]

- 조세의 날 기획재정부 장관 표창(2013)
- 조세의 날 국무총리 표창(2016)
- Chambers Asia Pacific Ranked Lawyers (2019, 2020, 2021, International trade 분야)
- Chambers Global Ranked Lawyers (2019, 2020, 2021, International trade 분야)
- Chambers Asia Pacific 2019 Lawyer Rankings (2019, International trade 분야)

최신판 **관세평가법**

2021년 7월 16일 초판 인쇄
2021년 7월 23일 초판 발행

저 자 박 영 기
발 행 인 이 희 태
발 행 처 **삼일인포마인**

저자협의
인지생략

서울특별시 용산구 한강대로 273 용산빌딩 4층
등록번호 : 1995. 6. 26 제3－633호
전 화 : (02) 3489－3100
F A X : (02) 3489－3141
I S B N : 978－89－5942－410－8 93320

♣ 파본은 교환하여 드립니다.

정가 50,000원